新时期中国家庭农场研究

杜志雄　编著

中国农业出版社

北　京

图书在版编目（CIP）数据

新时期中国家庭农场研究 / 杜志雄编著. —北京：
中国农业出版社，2022.10
ISBN 978-7-109-30027-9

Ⅰ.①新…　Ⅱ.①杜…　Ⅲ.①家庭农场—研究—中国
Ⅳ.①F324.1

中国版本图书馆 CIP 数据核字（2022）第 168430 号

新时期中国家庭农场研究
XINSHIQI ZHONGGUO JIATING NONGCHANG YANJIU

中国农业出版社出版
地址：北京市朝阳区麦子店街 18 号楼
邮编：100125
策划编辑：张丽四
责任编辑：卫晋津　　文字编辑：张雪娇　吴丽婷
责任校对：周丽芳　刘丽香
印刷：北京通州皇家印刷厂
版次：2022 年 10 月第 1 版
印次：2022 年 10 月北京第 1 次印刷
发行：新华书店北京发行所
开本：787mm×1092mm　1/16
印张：52.75
字数：1100 千字
定价：300.00 元

当前和今后一个时期，要突出抓好农民合作社和家庭农场两类农业经营主体发展，赋予双层经营体制新的内涵，不断提高农业经营效率。

习近平

序　言

中国社会科学院农村发展研究所　杜志雄

　　摆在读者面前的这个文辑，是中国社会科学院农村发展研究所家庭农场监测团队 2013 年至今关于新时期家庭农场问题研究的主要成果。

一、关于家庭农场监测和研究的背景

　　1978 年中国农村改革打破了人民公社体制，农业经营方式进入了基于家庭联产承包责任制的"大国小农"时代。随着乡镇企业发展，在江苏省南部等一些地方，开始出现部分农民洗脚上田，由此形成了部分乡镇企业内部"工"和"农"的分工，并在企业里出现农业作业队以及农业规模化经营的雏形。20 世纪 80 年代后期以来，随着工业化（包括乡村工业化）特别是城镇化进程的加快，农民离农、进城越来越成为普遍现象，而这部分农民离农后释放出来的土地也开始不断孕育规模化经营的农业专业户或专业大户。

　　农业专业户或专业大户是相对于家庭联产承包责任制条件下的传统小农户经营而言的。它是党和国家农业政策中对成长于传统小农户基础上的规模化经营农户的一种称谓和概念。进入 21 世纪后，随着规模化经营农户的数量及其经营规模水平的提升，他们的经营形式和经营内容都与传统农户有了越来越大的差别，"专业大户"已不能很好地刻画农业中客观存在并不断涌现的那种具有一定规模且行为方式与传统小农户具有重大差别的生产主体类型。由此，农户"家庭农场"的概念开始在理论界被运用和讨论，并逐渐被中国农业政策界接受和运用。

　　在正式文件中，最早使用"家庭农场"概念的是 1984 年的中央一号文件——《关于一九八四年农村工作的通知》。但此文件中提到的家庭农场显然指的是国营农场改革后实行家庭联产承包责任制的农场职工家庭经营形式。在正式文件里再次使用"家庭农场"并以此刻画基于一定程度的规模化经营的传统农户的是 2008 年中国共产党第十七届中央委员会第三次全体会议的报告。这个文件的划时代的意义在于，针对早期的农业专业户或专业大户（较多耕种的是家族外出劳动力释放出来的土地）开始通过租用非家族成员的土地扩大规模的现实，文件明确了对通过土地流转扩大耕作规模、发展家庭农场的肯定。该报告指出，"按照依法自愿有偿原则，允许农民以转包、出租、互换、转让、股份合作等形式流转土地承包经营权，发展多种形式的适度规模经营。有条件的地方可以发展专业大户、家庭农场、农民专业合作社等规模经营主体。"紧接着，2009 年中央一号文件提出，"根据新增农业补贴的实际情况，逐步加大对专业大户、家庭农场种粮补贴力度。"总体上看，尽管家庭农场这一概念在这一时期的正式文件里已有所呈现，但使用频率并不高，更没有被精确界定。

2013 年是一个标志性的年份，在这一年"家庭农场"被视为现代农业发展主体，发展"家庭农场"作为重要农政措施来进行推动。2013 年的中央一号文件从农业补贴资金倾斜、流转土地流向支持和农业经营者培育培训重点等视角使用"家庭农场"概念。2014 年的中央一号文件同样对"家庭农场"给予了高度重视。由此，"家庭农场"作为农业经营主体培育政策的重要对象，正式成为高频农业政策语言，并受到社会各界广泛关注。进一步的，人们对于什么是家庭农场，为什么要发展家庭农场以及家庭农场与其他规模化主体如专业大户、专业合作社和龙头企业之间的关系等这些重要和基础性问题的关注日益增加。2014 年 2 月，农业部制定和发布了《关于促进家庭农场发展的意见》。这个意见对什么是家庭农场并没有给出明确的数量标准（种多少土地的农户就可以称之为家庭农场），但对其进行了定性的界定，即家庭农场的核心是农户家庭经营，主要劳动力是农民的家庭内部成员，主要收入来源是农业经营收入，实现途径是土地的承包或流转，经营方式是规模化、集约化、商品化的农业生产等。

自此，"家庭农场"不但进入了中央一号文件，而且有了专门的政策文件加以推动，成为中国现代农业发展的重要趋向。培育和发展家庭农场更成为基层政府在推动现代农业发展实践中的重要行动。

二、关于家庭农场的监测工作

（一）监测工作的缘起

自 2013 年、2014 年两年的中央一号文件提出发展规模化家庭农场，特别是

2014年2月《关于促进家庭农场发展的指导意见》发布后，全国各地家庭农场呈现快速发展的态势。为了整体把握全国家庭农场发展的真实情况，当时的农业部农村经济体制与经营管理司（现农业农村部政策与改革司）委托中国社会科学院农村发展研究所开展家庭农场监测工作。根据工作需要，中国社会科学院农村发展研究所组建了由时任副所长杜志雄研究员领衔的"全国家庭农场监测研究团队"（以下简称监测团队）。在农业农村部具体负责家庭农场培育和发展相关工作的各级领导的倾力指导下，2014年上半年监测团队正式启动了全国家庭农场发展监测工作。通过共同研究和协商，监测团队在2014年12月底前依次完成了以下几项工作。

一是问卷设计。实事求是地说，用什么样的指标（以什么样的形式来体现）来真实和准确地反映家庭农场的发展现状和存在问题是一个具有挑战性的工作。为此，监测团队花了大量时间去查阅直接和间接的文献资料，最终根据委托单位的要求，起草了家庭农场监测问卷，并经多次试调查对问卷进行修订完善。经过与各省农业农村主管部门负责家庭农场发展管理工作的同志反复讨论和修改，并经委托单位审定，最终问卷得以正式确定。

二是远程调查系统的设计和构建。由于监测对象涉及众多省份，并且每个省份的样本量要尽可能保持在100个左右，采用实地调查的方式完成3 000家家庭农场数据采集的工作在时间和财务成本上难以得到保证。监测团队经反复研究并征得委托单位同意，确定采取远程调查系统方式采集数据。为此委托专业团队设计了一个远程调查系统，并将问卷导入远程调查系统，以便问卷填写人员在线填写。在开展调查前，监测团队对各省农业农村主管部门参与监测调查的专业人员就如何运用远程调查系统填写问卷开展了专门培训。

三是问卷填写。采取在远程调查系统上线上填写的方式。问卷填写人主要分为两类，一类是家庭农场主自己填写、线上提交；一类是样本省县乡农经站的工作人员现场采集数据，线上填写并提交。监测团队在线审查、修订后，确定完成提交的问卷。每个监测省份抽样2~3个县，每个县选择样本家庭农场30~40家，全国监测样本家庭农场数近3 000家。

第一年的工作为后面年份的持续工作打下了良好的基础。为了考察家庭农场整体及部分特征随时间发生的动态变迁，每年动态调整监测样本家庭农场（监测样本数量基本稳定在3 000家）。不同年份监测问卷的内容基本保持稳定和连续性，但也会根据国家政策变化、关注重点的调整等新增或减少部分调查问题。总体上看，各年监测问卷的内容包括 12～14 部分、110 个左右的监测问题。

（二）对监测数据样本选择的具体说明

本监测工作于 2014 年启动，逐年对 31 个省份进行监测，截至 2019 年 4 月，连续监测了 5 年（2014 年、2015 年、2016 年、2017 年和 2018 年），形成了 5 年的连续追踪数据。

委托单位和监测团队就监测抽样办法进行了反复讨论。受一系列条件约束，这个抽样调查难以完全严格地按照科学合理的统计抽样原则来进行。这是双方一开始就共同认识到的问题。经反复磋商，最终形成如下基本原则：（1）为了把握全国家庭农场整体发展情况，在省级层面进行普查。受经济、社会等因素限制，西藏、新疆和北京的监测样本相对较少。（2）样本省内采取"分层随机抽样"方法进行抽样。各省按照经济发展水平把所有县分成高、中、低 3 层，每层随机抽取 1 个县为样本。每省抽 3 个样本县，必要时根据"空间就近、经济水平接近"的原则选择替补的样本县。每个县根据登记的家庭农场名单等距随机抽取 33 家农场进行监测。每个省大概获得 100 家监测样本，全国每年约 3 000 家监测样本。（3）结合家庭农场发展使命和监测工作的目的，委托单位对进入监测的家庭农场样本类型做原则性约定。一是每个监测县在确定监测家庭农场时，充分借助当地各类家庭农场的比例结构等先验信息进行随机抽样。2014 年是根据各县登记的家庭农场名录进行随机抽样，之后年份，特别是 2018 年主要依据全国家庭农场名录系统进行抽样。二是由于监测项目是把家庭农场放到粮食安全层面进行研究，原则上种植类家庭农场占比不超过 80%，种植类家庭农场中粮食类家庭农场占比不少于 50%。三是样本农场原则上是生产经营情况比较稳定、经营规模符合当地县级以上农业部门确定的规模标准范围内的家庭农场。（4）为了保证数据质量，监测团队采取 3 种方式对问卷填写质量进行监督检查和保障。一是监测团队具有网络填报系统的最高管理员权限，随时对每份问卷的前后逻辑、异常值、缺失值等问题进行查看，将发现的问题及时与样本县和样本农场沟通，核实相关数据。二是监测团队安排专职人员以"电话随机访谈"的方式对问卷质量进行监管，及时保证填写质量。三是监测团队安排专职人员到样本家庭农场进行入户调研，目的是核实和完善网络问卷填报相关信息，同时通过深入访谈以获取进一步研究的灵感、思路和逻辑。最终形成的 2014—2018 年连续 5 年的监测数据情况见表 1。

表1 全国家庭农场监测样本情况

单位：家

年份	按类别分		
	全部家庭农场	种植类	粮食类
2014	2 823	1 847	918
2015	2 903	1 972	1 188
2016	2 998	1 964	1 145
2017	2 947	1 870	1 081
2018	2 952	1 849	1 058

（三）监测数据的处理和使用

每一年的监测数据形成后，监测团队集中、依次开展数据清理、数据处理和数据分析，并按照委托单位要求提交数据统计分析报告。同时监测团队还与委托单位一起，结合各省关于家庭农场年度发展的状况，编写出版《中国家庭农场发展报告》，由中国社会科学出版社正式出版，在监测期内共出版5本。

三、关于监测团队对家庭农场的研究情况

经约定，中国社会科学院家庭农场监测团队拥有监测数据的优先开发和使用权。利用这个优势，监测团队充分利用单年和多年的监测数据，从多个维度和视角对中国家庭农场发展进行了理论和经验研究。截至目前，据不完全统计，监测团队从以下10个方面对新时代中国家庭农场发展情况进行了研究。

1. 家庭农场在中国农业农村现代化中的地位和作用。主要从家庭农场发展背景，中国农业农村现代化发展规律、本质特征、发展趋势和内在要求等角度讨论家庭农场发展的必然性和典型特征等问题。

2. 家庭农场自主发展能力研究。主要围绕家庭农场劳动力、用工、农场主的人力资本、农场土地和资本等问题进行研究。

3. 家庭农场生产经营效率研究。主要讨论家庭农场自身生产效率及其决定因素等问题。

4. 家庭农场与粮食安全研究。粮食安全是农业发展的根本任务，更是农业政策的根本目标之一，因此对家庭农场的"非粮化"等问题进行讨论十分必要。

5. 家庭农场生态绿色发展行为研究。 农业绿色发展是新时期中国农业政策目标调整的主要方向，更是农业高质量发展的具体表现，有必要系统考察家庭农场这一生产主体在高质量发展层面的表现。监测团队对家庭农场的生态绿色生产行为等问题进行了系统的实证研究。

6. 家庭农场产业融合行为研究。 作为现代农业的主要践行者，有必要对家庭农场的合作、引领、融合等产业化现状与特征进行研究。

7. 家庭农场生产服务行为研究。 生产服务业已经成为中国农业现代化发展的一个重要支撑和条件。家庭农场作为一种既是生产主体又是服务主体的"双主体"，有必要对其服务行为的内在理论逻辑进行思考和经验研究。

8. 家庭农场与外部环境冲击研究。 农业生产总会受到自然和市场风险的冲击，家庭农场在面临这些风险的时候会有什么样的反应和应对行为是需要进行考察的重要问题。

9. 家庭农场政策支持研究。 从全国和地区角度对家庭农场发展需要什么样的支持政策进行了探讨；也对职业农民这一作为家庭农场主的主要来源进行了相关研究。

10. 与家庭农场相关的其他专题研究。 例如讨论了荷兰等国外家庭农场发展情况、对家庭农场未来发展趋势进行了展望研究等。

家庭农场是一个新生事物，也是一个发展中的事物，一定还有很多问题值得关注和研究，但我们目前的研究主要涉及以上这些方面。

在监测期及之后，监测团队成员利用相关数据和资料撰写了近100篇学术论文、书籍载文及多篇硕士、博士学位论文。本书收集的是其中一些具有原创性研究和观点的论文。值得指出的，其中大多数文章都已经在学术期刊发表。在每篇文章的首页，我们注明了文章的出处。文辑也收录了2篇2012年发表但与本监测研究关系紧密的文章。同时，利用监测数据撰写，但由于各种原因尚未发表的团队成员的重要手稿也纳入其中。

我们将这些成果集中编辑出版，是为了集中记录和反映监测团队的研究成果，同时，更为重要的，是想以此为未来的相关研究提供参考和借鉴。这些研究和成果绝非完美，但是我们相信，其不完美及研究中存在的问题也可以为未来的研究提供借鉴。

在此，我们向同意我们出版这些论文的所有期刊表示感谢，对论文发表过程中为编辑完善这些论文付出过辛勤劳动的编辑和匿名评审专家们表示崇高的敬意和衷心的感谢。

监测团队核心成员包括郜亮亮、张宗毅、蔡颖萍、肖卫东、王新志、危薇、刘文霞、谭洪业、夏雯雯、来晓东以及孟小暄、燕铭等，朱思柱和钱龙也参与了部分外围工作。中国社会科学院农村发展研究所郜亮亮同志帮助做了大量的组织协调工作，马翠萍、王宾和李登旺也参与了不少工作。其他团队成员均为中国社会科学院的博士后以及我与郜亮亮的硕士、博士研究生。在本书出版的过程中，在读博士研究生李家家、郭燕和王会颖也做了大量的协助工作。在此一并向所有团队成员表示感谢！

四、关于家庭农场研究的重要发现和研究结论

正如前面所指出的那样，监测团队的研究涉及的内容比较广泛。在这里，我把相关研究中得出的一些个人认为比较重要的内容做一个总结。

（一）家庭农场在中国农业现代化中具有核心地位

农业生产经营主体是支撑中国农业农村现代化发展和取得成就的决定性因素。新中国成立以来，中国农业农村取得了巨大成就，粮食产量从1949年的2 263亿斤增加到2020年13 390亿斤，我们用占世界9%的耕地、6.4%的淡水资源，解决了占世界近20%的人口的吃饭问题；农民人均收入也由1949年的44元增加到1978年的134元，再到2020年的17 131元[①]。梳理伟大成就可以发现，只要激活了劳动力或者农业生产经营主体这个要素，农业农村现代化就能取得长足发展。新中国成立初期，中央人民政府在新解放区全面开展土地改革使3亿无地少地农民无偿获得约7亿亩土地；1978年，作为改革开放切入口的家庭联产承包责任制使广大农户可以包田单干：这都是通过激发最基本的农业生产经营主体的生产热情而促进农业发展的。党的十八大以后，中央高度重视现代农业经营体系建设，目的也是为了激活这个时期的生产经营主体。2013年习近平总书记指出，要加快构建以农户家庭经营为基础、合作与联合为纽带、社会化服务为支撑的立体式复合型现代农业经营体

① 唐仁健.百年伟业 "三农"华章：中国共产党在"三农"领域的百年成就及其历史经验［J］.中共党史研究，2021（5）：5-18.

7

系。从马克思主义理论来讲，在一定时点和阶段上必须通过调整生产关系来促进生产力发展，对农业生产经营者的激励就是调整生产关系的核心内容。实际上，经济增长理论也表明，劳动力是不可或缺的生产要素，特别是镶嵌在其中的人力资本要素对创新发展至关重要。相比土地、技术等其他生产要素，劳动力要素是最灵活的要素，是对其他要素具有组合配置功能的要素，是一种具有黏合剂效应的要素。只有搞对了劳动力的激励问题，才能为经济增长注入持续的创新驱动力。对于生产体系、产业体系而言，谁从事农业生产（经营体系）一定程度上决定了用什么样技术和工具（生产体系）以及以什么样的产业组织方式（产业体系）从事农业生产活动。从这个意义上说，在现代农业三大体系构建中，培育多种形式的适度规模经营新主体、形成适应中国社会经济变化的新主体和传统小农户相结合的良好农业生产经营主体生态群落是关键[1]。

中国农业农村现代化处于生产经营主体多元发展阶段。家庭联产承包责任制后，随着工业化和城镇化的快速发展，农业农村人口和劳动力不同程度地流向工业和城市，农村2亿多承包农户的就业和经营状态不断发生变化，"未来谁来种地、怎样种好地"问题日益凸显，农业经营主体也由当初的单纯小农户逐步向专业大户、家庭农场、合作社、农业企业等多元化的主体发展。根据农业农村部统计数据，截至2018年底，全国家庭农场达到近60万家，其中县级以上示范家庭农场达8.3万家。全国依法登记的农民合作社达到217.3万家，是2012年底的3倍多，其中县级以上示范社达18万多家。全国从事农业生产托管的社会化服务组织数量达到37万个。各类新型农业经营主体和服务主体快速发展，总量超过300万家，成为推动现代农业发展的重要力量。各类新型农业经营主体的健康发展，正在有效支撑农产品有效供给，重构中国农业生产主体以小规模农户为主的传统格局[1]。

在农业生产经营主体多元化阶段，什么样的农业生产经营主体能更好地支撑中国农业农村现代化发展是亟待回答的理论和现实问题。从各地实践看，各种经营主体、各种经营形式，各有特色、各具优势，在不同地区、不同产业、不同环节都有各自的适应性和发展空间，不能只追求一个模式、一个标准，应该允许根据各地实际，根据不同农产品生产特点，让农民自主选择他们满意的经营形式。但从构建和发展中国特色农业农村现代化理论的角度，我们应该思考什么样的生产经营主体能更好地支撑中国农业农村现代化发展，能

① 杜志雄.家庭农场发展与中国农业生产经营体系建构［J］.中国发展观察，2018（Z1）：43-46.

更好地实现农业高质量发展，这些不同经营主体的效率特征及差异如何，哪些经营主体的自身目标与国家发展目标的契合程度最为一致，"三农"政策的目标主体应该是那些，哪些主体更有助于实现共同富裕的发展目标，等等。我们更想关注家庭农场这一生产主体在中国农业农村现代化中的地位、效率特征和在上述问题上的表现等。

我们认为家庭农场是最契合当前发展阶段、能较好支撑中国农业农村现代化发展的农业生产经营主体。家庭农场保持了家庭经营这一基本优势。农业的生产特点是经济再生产与自然再生产相互交织的过程，其劳动对象是活的生物体，需要劳动者具备高度责任心和主动性，及时对自然环境变化作出反应。以家庭作为经营单位的家庭农场，其最大优势是产权明晰、内部治理结构简单、成员利益高度一致、劳动责任心强、主动性高，其生产劳动的数量和质量与其最终收益直接相关，劳动监督成本低，对于农业生产特别是种养业生产环节具有天然的适应性和优势[①]。

（二）家庭农场是一种源于传统小规模农户的规模经营主体

农业规模经营是全球农业发展的共同趋势，也是中国农业经营制度和方式转型、创新的重要方向。与小农户相比，家庭农场是一种规模经营主体，这符合中国农业发展趋势，具备了实现农业高质量发展的必要条件。根据农业农村部统计数据，2002—2017年，承包耕地流入农户的面积占比呈下降趋势，由2002年的71.71%下降到2017年的57.62%。截至2016年底，中国各类家庭农场87.7万家；其中，纳入农业农村部门名录管理的家庭农场44.50万户，比2013年增长2.20倍。农业农村部全国家庭农场监测数据（以下简称监测数据）表明，2014年、2015年和2016年有效监测样本家庭农场的平均经营土地面积分别为334.17亩、373.69亩和357.36亩[②]。

（三）家庭农场是处于农业生产最前端的主体，是能衍生出其他主体的主体

农业产业链上的所有主体都可以称之为农业经营主体。但农业经营主体不完全等同于农业生产主体。纯粹从居于现代农业核心地位的农业生产主体的角度而言，家庭农场又是农业新型生产经营主体体系的关键。简言之，家庭农场是一种承上启下的关键主体，小农户扩大规模以后形成家庭农场，进一步，在切实需要合作的条件下，家庭农场之间的自发合作有助于形成真正的合作社这一主体，甚至经过产业化、链条化后形成企业这一主体。

---

① 杜志雄. 家庭农场发展与中国农业生产经营体系建构 [J]. 中国发展观察，2018 (Z1)：43-46.
② 杜志雄，肖卫东. 农业规模化经营：现状、问题和政策选择 [J]. 江淮论坛，2019 (4)：11-19，28.

这也是习近平总书记多次强调"要突出抓好家庭农场这一经营主体发展"的内在原因。具体而言,家庭农场是合作社发展的参与者和助推剂。无论农业生产主体的特征如何,客观上存在着对"合作"的日常需要,但其是否将这种合作的需求转化为合作的行动,取决于其参与合作收益的大小,而收益的大小又取决于其经营规模的大小。相对于小规模农户,家庭农场对农资购买、农产品加工销售、运输贮藏以及农业生产经营技术等服务的需求更为迫切。规模化生产的特征,使其能从合作中获得的效益更大。因而,家庭农场首先是现有合作社的参与者。全国家庭农场监测表明,2016 年 2 998 家有效样本农场中,36.97%的农场加入了合作社。同时,由于家庭农场经营者专业素质较高、更懂农业技术、善于经营管理,在农民合作社组建和运营中也更愿意发挥核心带头作用,其作为合作社发展助推剂的特征也很明显。在不少没有合作社的地方,家庭农场作为创办人建立合作社的情形比较普遍。不仅如此,在家庭农场发展比较密集的区域,家庭农场之间建立协会、联盟等合作性质的行业组织的情况也正在涌现。因此,健康发展的家庭农场,还是加速农民合作和组织化、提升农民合作社规范化水平的重要推动力量。另外,家庭农场是农产品加工企业生产原料的有效提供者。家庭农场专注于农业生产环节,是商品性农产品的主要提供者。农产品加工企业获得生产原料、发展订单农业,更愿意与家庭农场这样有规模的原料供给者打交道,这样其原料供给在数量和质量上就能做到交易成本更加低廉、供给更加稳定。实践中,很多龙头企业都将家庭农场作为原料基地,以此来克服小规模农户生产经营波动大、生产方式不规范和质量安全难保障且违约率高的风险和缺陷。监测数据表明,2016 年 2 998 家家庭农场中有近 1/4(24.39%)与龙头企业有联系;在与龙头企业有联系的家庭农场中,28.39%的家庭农场获得了龙头企业的技术指导,21.15%的家庭农场获得了农产品销售服务[1]。

(四)家庭农场的发展现状和特征符合农业高质量发展的内在要求

监测数据表明,目前家庭农场在某些方面表现出一定的优势。一是家庭农场是使用农业先进适用技术、提高生产经营管理水平的示范带动者。与小规模农户相比,家庭农场集约化、规模化经营水平更高,更有意愿使用先进农机、引进优良品种、采用新技术、开展品牌化经营,能够带动小规模农户改进生产技术、提高产量、降低成本。在 2017 年的 2 947 家有效样本中,72.22%的家庭农场拥有拖拉机,32.50%拥有联合收割机,19.11%拥有插秧机,10.28%拥有烘干机,均高于 2016 年的相应农场占比(72.09%、29.04%、

① 杜志雄,肖卫东.农业规模化经营:现状、问题和政策选择 [J].江淮论坛,2019(4):11-19,28.

17.07％和7.80％）。从拥有数量来看，2017年也比前几年有很大增长。2017年的监测数据显示，家庭农场中，接受培训的农场主占比均在80％以上，接受的培训内容主要包括育种、栽培技术、土肥培育技术、疫病防治技术和农产品加工技术等。这使得家庭农场主除了农机技术外，在优良品种选用、先进耕作技术模式选择等方面也更有优势。在注重先进实用技术使用的同时，家庭农场也日益注重生产经营水平的提高，这突出表现在家庭农场拥有完整日常收支记录的比例逐年上升（加强内部管理）、在工商部门登记注册的农场比例不断增加以及拥有注册商标的数量逐渐上升等监测结果上。二是家庭农场正在成为中国农业绿色发展的具有生态自觉意识的领头雁。以生态友好、资源节约为特征的绿色高质量发展是现阶段中国农业发展的主旋律，保持农业可持续性与保持农产品稳定供给（粮食安全）与不断增加农业生产者收入一样成为农业现代化需要实现的目标。监测结果显示，2014—2017年，有2/3的农场属于灌溉农场，种植类农场采用喷灌技术进行灌溉的农场占比尽管相对稳定，但已接近四成，呈现出了"科学灌溉"的控制农业用水总量行为特征。家庭农场亩均化肥、亩均农药用量低于和等于周边农户的占八成以上。2017年1 870家种植类家庭农场中，40.1％的农场亩均化肥用量低于周边农户，而2015年的这一指标仅为27.27％。这意味着，就亩均化肥用量而言，至少40％的农场在"减量"使用。此外，45％的家庭农场亩均农药用量低于周边农户。这意味着，在同等条件下，家庭农场在化肥和农药使用方面都显现了"减量"使用特征，农药减量程度更大。养殖类和种养结合类家庭农场的无害处理和粪便综合利用水平、农场的秸秆综合利用水平以及农膜进行回收处理水平都不断提高。三是家庭农场还是周边小规模农户农业社会化服务的提供者。由于农业资产设备等生产要素的不可分性和资产专用性的特点，家庭农场在规模经营过程中，自有农业资产设备生产能力出现剩余的情形普遍存在。为提高资产利用效率、减少资本沉淀、降低机械设备使用的平均成本和尽快回收资本成本，作为理性经济人的家庭农场，大多会选择将剩余的农业资产能力向外（周边的其他生产经营主体、农户等）提供。也因此，不少家庭农场变成了"双主体"，即生产主体和服务主体。

（五）家庭农场是实现新时期"三农"政策的理想抓手

任何政策只有找到了合适的主体抓手才能实现政策目标。政策抓手随着发展而变化，需要及时进行调整。这里我们主要是从两个层面来展开分析"三农"政策的。第一个层面是农业产业。我们的研究表明，中国的农业政策目标已经并仍在经历由在保持"保障农产品供给确保粮食安全"和"增加农业生产者收入"两个传统根本目标的同时，向两个传统根本目标＋"农业可持续性保持"三个目标转化。而我们的大量研究表明，家庭农场是现有农业生产主体中实现三个目标的最优生产主体。第二个层面是农业、农村、农民的整体"三农"政策。整体"三农"政策战略目标是实现农业农村现代化，要在保障国家粮食安全这一底线目标的基础上实现农业高质高效、乡村宜居宜业、农民富裕富强。从家庭农场的自身特征看，它具备实现"三农"政策理想目标的内在激励，是实现"三农"整体政策目标的理想抓手。

目　录

第八辑　家庭农场与外部环境冲击

第九辑　家庭农场政策支持

第十辑　其他相关研究

第一辑 家庭农场与农业农村现代化

中国农业基本经营制度变革的理论思考[①]

　　坚持和完善农村基本经营制度，培育新型农业经营主体，构建集约化、专业化、组织化、社会化相结合的新型农业经营体系，对于发展现代农业、提高农业综合生产能力、确保国家粮食安全和重要农产品有效供给等都具有十分重要的意义。家庭农场作为多元化新型农业经营主体之一，顺应现阶段中国农业生产的新变革，既坚持了农业家庭生产经营的传统优势，又有助于破解保持中国未来农业经营主体稳定性和持续性难题、引领现代农业和先进生产力的发展方向。家庭农场是工业化和城市化大背景下完善家庭经营这一中国农业基本经营制度的最适宜、最值得提倡的形式。

一、引言

　　20 世纪 70 年代末 80 年代初，中国农业确立了以家庭承包经营为基础、统分结合的双层经营体制。这项由亿万农民创造并形成的适应社会主义市场经济体制、符合农业生产特点的农业基本经营制度极大地激发了农民的生产积极性和主动性，创造了中国农业和农村经济发展举世瞩目的成就。但毋庸讳言的是，随着工业化和城市化的蓬勃发展和农业劳动力大规模转移，农村的经济社会结构已经并继续发生巨大的历史变革。在中国农村社会整体上进入了一种所谓的"制度化的半工半耕的小农经济形态"的结构特征条件下，曾经发挥过巨大制度效率的农业双层经营体制的弊端与问题也日益显露，农业经营主体的兼业化、低质化趋势愈发严重，农业生产一线精壮劳动力严重匮乏，大量的老、弱、病、残和妇女成为农业生产的主力军。因此，继续创新和完善农业基本经营制度以解决未来由谁来务农种粮确保国家粮食安全已经成为一个迫切需要解决的重大现实问题。

---

　　① 本文原载于：杜志雄，王新志. 中国农业基本经营制度变革的理论思考 [J]. 理论探讨，2013 (4)：72 - 75.

在这种背景下，中国农村基本经营制度开始发生深刻变革，农业经营主体开始分化，除了一般的小农经营主体外，农业专业大户、家庭农场、土地合作社和工商企业等为代表的多元化新型农业经营主体发展势头强劲，已经成为中国建设现代农业、保障国家粮食安全和主要农产品有效供给的重要主体。

农业经营主体多元化是当前和未来的必然趋势，这是一个不争的事实。但究竟哪个（些）新型农业经营主体更符合中国人多地少的特殊国情和现代农业的未来发展方向并成为主导形式以及如何在多元化新型农业经营主体之间实现功能互补、分工协作以构建集约化、专业化、组织化、社会化相结合的新型农业经营体系？这两大核心问题尚需给出理论上的回答。

本文试图通过对实践中出现的多元新型农业经营主体特征的深入辨析，作为一家之言尝试回答这两个基本问题。

二、多元化新型农业经营主体的特征辨析

（一）农业专业大户

一般来说，农业专业大户是指在农业生产经营过程中，在分工的基础上，从传统农户中分离出来具有一定经营规模、围绕某一种农产品从事专业化生产的农户。目前，对农业专业大户的界定主要是以其种植或者养殖的规模为标准。由于土地资源禀赋的差异，全国各地对农业专业大户的数量标准也不尽相同。以种粮大户为例，2012 年全国的界定标准为经营面积达 30 亩以上；黑龙江省的界定标准为实际种粮面积不低于 1 000 亩；山东省的界定标准为粮食种植面积 300 亩及以上（含小麦、玉米、水稻等粮食作物，其中，小麦或水稻种植面积 150 亩及以上）。

农业专业大户在保障国家粮食安全、提高粮食综合生产能力、提高土地资源的有效配置和转变农业发展方式等方面也发挥了十分重要的作用，相对于小规模农户是一个较大的进步。但是，农业专业大户在健康、规范、稳定发展等方面仍然面临着一些不可忽视的问题。第一，土地流转方式不规范。规范的土地流转是农业专业大户（也包括其他经营主体）产生的先决条件，规范的土地流转为农业专业大户的成长提供了土地资源，为催生更多、更大农业专业大户提供了基础条件。一些农业专业大户在土地流转过程中只是口头协议，没有书面合同，或者书面合同不规范，导致农业生产过程中围绕土地流转纠纷不断。由于目前耕地租赁转包政策没有实施细则，耕地转出户大多不愿签订长期流转合同，导致有些农业专业大户转入土地流转期限普遍较短。土地流转不稳定，影响了农业大户长期投入农田基础设施的积极性。第二，地块分散。虽然一些农业专业大户通过土地流转显著地降低了土地的细碎化程度，实现了土地的连片经营和规模经济效益，但是也有一些农业专

业大户承包的耕地存在着分户承包、田块分散等现象，不便于统一布局和管理，制约发展规模生产。第三，大部分农业大户缺乏专业培训。尽管大部分农业大户多年从事农业生产，实践经验丰富，但是他们普遍未经过系统的农业专业培训学习，难以熟练掌握农业新技术，科学种粮水平亟待提高，难以有效承担现代农业发展的重任。第四，农业专业大户也存在一定程度的耕地"非粮化"倾向。受粮食种植比较效益低下、土地流转费用高企等因素影响，一些农业大户流转土地后，将原本用于种粮的土地转为发展养殖业、高效经济作物种植业、生态农业、休闲农业等，耕地的"非粮化"倾向明显。

（二）农民土地合作社

近些年来，农民专业合作社如雨后春笋般发展起来，截至 2012 年第一季度，全国依法登记的农民专业合作社达到 55.2 万家，入社农户达到 4 300 多万户，约占农户的17.2%，转入的土地面积达到 3 055 万亩，占到全国耕地流转总面积的 13.4%[①]。在实践中，合作社作为土地流转的载体，通过托管、入股、租赁等方式把农民分散的土地聚集在一起，由合作社按照公司制方式直接从事农业生产经营。农民专业合作社作为在农村家庭承包经营基础上的一种制度创新，是农户自愿联合形成以优化其成员经济利益为目的的现代农业经营组织，是农民对抗资本、有效降低进入市场的交易费用的制度安排，也是为农业生产主体提供社会化服务的重要载体。但是，由于农业生产监督和计量的先天性困难，再加上农民合作社非营利性特征和集体行动的困难，合作一进入到农业特别是粮食生产领域便告失败，这是一个世界性的现象。因此，农民土地合作社作为农业经营主体的形式之一，仍会有所发展，但从农业生产经营主体视角看，不太可能成为一个普遍化、有效率的主体形式。现实生活中，多数土地合作社实际上都在从事公司化经营，与工商企业进入种植业没有本质的差别。

（三）工商企业

工商企业进入农村和农业领域并非新闻，"龙头企业＋N＋农户"的农业产业化经营是早已开启的资本下乡大潮的典型表现。值得注意的是，近年来，一些城市工商企业借助地方政府招商引资政策，以打造农产品全产业链的经营新思路，并借助自身雄厚的经济实力，通过大肆圈占农民耕地，引发了一股工商企业进入农业（种植业）的新潮。农业（种植业）中出现了工商企业这一新的经营主体。据农业部统计，截至 2012 年 12 月底，全国家庭承包经营耕地流转面积 2.7 亿亩当中，流入工商企业的耕地面积为 2 800 万亩，比

---

① 国家工商行政管理总局 2013 年 1 月 10 日公布数据显示，到 2012 年底，农民专业合作社实有 68.9 万户，比 2011 年底增长 32.07%，出资总额 1.1 万亿元，增长 52.07%。

2009 年增加了 115%。流入工商企业的耕地绝对数量虽然有限，但占流转总面积的比例也已达到 10.3%，且呈现快速上升势头。诚然，工商资本下乡给农村、农业、农民带来的好处毋庸置疑，工商资本下乡可以带来农业发展急需的物质资本、人力资本和社会资本等稀缺资源，引进先进的经营管理方式，以技术示范、市场引导、拉动农村就业等方式带动农民增收致富，对于盘活原来分散低效率的农业和发展现代农业有着重要的作用。

但是，不容忽视的是，工商资本（特别是城市工商资本）下乡是把"双刃剑"，其进入农业生产过程，也可能会带来一系列比较严重的负面影响。第一，如果工商资本大规模、长时间地直接参与农业生产经营，必然会对原来土地上工作的农民产生挤出效应，影响农村人口的就业[1]。尽管工商资本可以吸纳一部分农民为农业工人参加农业生产经营，但是不可能雇用所有转出土地的农民，特别是年龄过高、体弱多病、自身非农就业能力低的弱势农民，再加上当前土地流转的租金普遍不高，势必会影响那些维持可持续生计能力比较差的农民的生活状况。第二，有些工商资本擅自改变土地用途，使流转的土地呈现"非农化""非粮化"等现象。据农业部统计，有些地区工商资本下乡从事粮食生产的只有6%[2]。长此以往，必将在较大程度上危及国家粮食安全政策。第三，工商资本下乡租地经营存在短期行为。部分工商企业本身不具备经营农地的经验，一旦发生经营风险就拍屁股走人，风险势必会转嫁到农民头上，特别是如果一些企业在改变农地用途情况下出现经营困难，则问题更大，农民将面临工商资本退出后耕地被破坏而无法复垦的困境。第四，即使工商企业真正从事农业生产，由于农地成本显性化、虚高化、企业资本逐利性及农产品过度市场化等问题，也必定会非正常提高农产品价格。因此，在当前农业发展阶段，有必要对其实行严格的监控，兴利去弊[3]。包括来自城市的工商资本进入农业可能是未来中国农业发展的一个必然趋势，其可以是农业经营主体的补充，但其不应该、也不可能成为农业经营主体的主导。

三、家庭农场的特征及与其他经营主体的关系

（一）家庭农场的特征

家庭农场是源于欧美的舶来名词。在中国，它是指以家庭成员为主要劳动力，从事农业规模化、集约化、商品化生产经营，并以农业收入为家庭主要收入来源的新型农业经营

---

① 尽管进入种植业的工商企业采取用工或反包倒租等形式也吸纳了部分农业劳动力，但对农业劳动力尤其是其中高龄农业劳动力的挤出效应是存在的。随着中国劳动力市场性质的改变，实际上高龄但有效的农业劳动力对保障劳动力市场稳定、维持中国经济高速增长是十分有利的。

② 乔金亮. 工商资本下乡：鼓励去"务农"，不支持"圈地"[N]. 经济日报，2012 - 2 - 18.

③ 2013 年中央一号文件在提出"鼓励和引导城市工商资本到农村发展适合企业化经营的种养业"的同时，也提出要"探索建立严格的工商企业租赁农户承包耕地（林地、草原）准入和监管制度"。

主体。虽然家庭农场在中国起步时间不长，还缺乏比较清晰的定义和准确的界定标准，但是一般来说家庭农场具有以下特征。

1. 家庭农场主与土地有着天然的依存关系。 家庭农场主基本上来源于本土的自然人，和土地之间有着非常浓厚的情感，恋土情结根深蒂固，土地不仅是他们基本的生产资料和安身立命之本，而且还蕴含着对家庭祖宗认同的血缘亲情意识，体现着他们的价值信仰、精神寄托和一种源远流长的人文精神[①]；同时，他们与农场所在地具有较强的地缘关系，熟悉当地自然与社会环境并对其保持高度的认同感和生命共同体的体认，对保护当地自然和人文环境实现可持续发展有着高度的道德责任感。因此，家庭农场主的行为除了受经济法则的约束之外还受到基于地缘血缘关系、生命共同体的道德约束。这些是家庭农场区别于其他农业经营主体尤其是工商资本企业的一个重要特征。

2. 家庭农场坚持了农业家庭生产经营的优势。 从世界各国农业发展的实践看，农业家庭经营作为农业经营的一种基本形式，较之其他经营方式具有更好的适应性。无论是在"人少地多"的美国、加拿大，在"人地平衡"的法国、德国，还是"人多地少"的日本、韩国等国家，农业家庭经营都是最普遍的农业经营形式。农业家庭经营之所以具有如此广泛的适应性，根本上讲是基于农业生产的特殊性质和家庭经营的特殊优势。农业是一个经济再生产与自然再生产相交织的特殊产业，其生产活动的分散性、频繁性导致对其监督和计量非常困难，容易产生信息不对称、"委托—代理"及机会主义行为等问题，从而导致农业生产效率低下，农业生产的这种特殊性质对其经营组织形式提出了较高的要求。家庭作为一个特殊利益共同体，拥有包括血缘、感情、婚姻伦理等一系列超经济的社会资本纽带，更容易形成共同目标和行为一致性，在农业生产过程中不需要进行精确的劳动计量和监督，使劳动者具有很大的主动性、积极性和灵活性。因此，家庭农场作为一种有效率的特殊组织形式，能负面效应最小化地解决农业生产中的合作、监督和激励问题，是农业特别是粮食生产经营的先天最佳组织形式，也是世界各国农业经营占绝对优势的主要形式。

3. 家庭农场破解了中国未来农业经营主体稳定性和持续性难题。 当前中国农村富余劳动力的转移态势已经导致了农村优质劳动力资源呈单向非均衡的大量流失，农村和农业生产一线精壮劳动力严重匮乏，真正常年从事农业生产的大都是"386199部队"，大量的老、弱、病、残和妇女成为农业生产的主力军，农业的弱质性和农村的弱势地位进一步巩固和强化。未来十几年、几十年由谁来种粮、谁来从事农业生产已经成为一个摆在我们面前迫切需要解决的问题。对家庭农场来说，农业生产的专业化、规模化和现代化是其基本的要求，这就对农场主提出了更高的职业素养要求。农场主作为新型农业经营主体，不但要是农业生产经验丰富、技术全面的种植能手，而且还要具备一定的市场判断能力和风险

---

① 奚卫华. 中国传统农民的"恋土情结"[J]. 和田师范专科学校学报，2004（3）：97-98.

意识以及必须懂得现代农业科技技术。因此，家庭农场主必须是有文化、懂技术和全面掌握生产管理和营销技能的高素质农民。通过培育更多的高素质农民成为家庭农场的主体，农业生产在其发展过程中就会自动实现代际传承和新老交替，从而有效地破解了中国未来农业经营主体稳定性和持续性难题。

4. 家庭农场具有适度规模经济效应。 目前中国一家一户的超小农业规模经营虽然具有内部效率，但却缺乏外部效率和整体效率。第一，一家一户的农业超小规模经营，不利于农业生产的专业化、标准化、机械化、科技化、信息化、品牌化，因此难以实现农业现代化；第二，一家一户的农业超小规模经营，资源配置效率不高，难以实现规模经济，无法降低农业经营成本和提高农业产量，从而农民的收入水平难以提高；第三，一家一户的农业超小规模经营，不利于农户与农业龙头企业等其他农业相关利益主体的博弈。农户在进入市场时，交易成本高、风险大、保护自己利益的力量微薄。

实现农业生产的规模经营是探索中国特色现代农业发展道路的必然要求，也是农业现代化的重要途径。然而，家庭农场的规模也不是越大越好，必须兼顾当地农村劳动力转移速度、现有农业技术装备水平与配套社会服务体系下一个家庭所能顾及的范围，否则如果家庭农场的经营规模超过自身经营能力，资源利用率、土地产出率和经济效益都可能下降。因此，要通过家庭农场的适度规模经营，实现土地、劳动力、资本、管理四大要素的优化配置，以提高农业的劳动生产率、土地产出率和农产品商品率，进而提升农业综合生产能力、抗风险能力和市场竞争力，促进现代农业的快速推进。

（二）家庭农场是农业专业大户的升级版

同样作为农业规模生产经营主体，家庭农场与农业专业大户之间既有联系又有区别。按照农业部提出的家庭农场的三大主要标准（以家庭成员为主要劳动力，从事农业规模化、集约化、商品化生产经营，以农业收入为家庭主要收入来源），家庭农场必然会来源于农业专业大户，但是相比于农业专业大户所面临的种种问题，家庭农场门槛高、准入制度严格，其界定标准也要严格高于农业专业大户。第一，家庭农场必须以家庭成员为主要劳动力，无常年雇工或常年雇工数量不超过家庭务农人员数量。第二，家庭农场的土地流转必须规范。家庭农场的土地流转不但要有正式的合同，而且其土地流转期限一般不得低于十年。第三，家庭农场的土地要实现连片经营。家庭农场要结合当地的资源禀赋，单块土地面积不得低于一定的亩数。第四，家庭农场主必须是职业农民。家庭农场主不仅必须把从事农业作为固定的甚至终身的职业，而且必须具备适应现代化农业发展的文化素养、管理经验、经营能力。第五，家庭农场不得擅自改变原有土地用途，使流转的土地呈现"非农化""非粮化"等现象，危及国家粮食安全。

（三）农民合作社是家庭农场主要服务主体

30 年农业发展的历程已经证明，以家庭承包经营为基础、统分结合的双层经营体制以"统"的集中功能与"分"的灵活优势为农村农业经济发展注入了生机和活力，但是农村基本经营制度和农业生产经营方式并非一成不变，而是在不断创新和完善的。在当前农业市场化、国际化和现代化的新背景下，在坚持农业家庭经营的基础上，更需要追求统分结合的最佳结合点，实现"统"的层次上的创新。创新中最为重要的一点是发展农业社会化服务体系，化解和协同小农生产方式与社会化大生产的尖锐冲突。同时，建设覆盖全程、综合配套、便捷高效的社会化服务体系，也是发展现代农业的必然要求。家庭农场生产规模较大，基于分工的生产专业性较强，农业生产的各个环节之间的联系也很紧密，同样面临较大的市场风险和自然风险，更加迫切需要为其农业产前、产中、产后各个环节提供全方位的社会化服务。因此，合作是家庭农场的基础和条件，同时家庭农场之间的联合也为合作社规模的形成提供了基础，这种基于农户内在需求的联合和合作更有利于农民合作社的发展壮大。

家庭农场拥有一定的适宜经营规模，但这种厂商内部规模并没有大到将其所需的各种社会服务内部化的程度。因此，从这个意义上说，家庭农场急需市场为其提供各种社会服务。农民合作社作为新型农业社会化服务体系的重要主体，可以为家庭农场提供资金服务、信息服务、农业技术服务、农业生产资料和农产品的供销服务、农副产品的初加工和深加工服务等全方位的社会化服务，增强家庭农场的技术风险、自然风险和市场风险防范能力。因此，"农民合作社＋家庭农场"是一种有效率、值得推广的农业产业化经营新模式。这种模式在坚持家庭经营的基础上，实现了土地规模化种植、标准化生产、产业化经营，实现了双层经营体制的"统分结合"的创新，符合现代农业发展的方向，必将成为未来农业的基本经营形式之一。

（四）工商企业是家庭农场的重要补充

工商资本不宜长时间、大规模地直接参与农业特别是粮食生产经营，但是这并不意味着工商企业在农业生产中无法有所作为，工商资本可以凭借其强大的物质资本、人力资本和社会资本，进入设施农业、规模化养殖和"四荒"资源开发等更适合企业化经营的产业，从事农产品的销售和深加工等产业链上游领域，为家庭农场农业生产提供产前、产中、产后等社会化服务，从而充分发挥工商企业对家庭农场的补充、带动和服务效应。但是，一定要确保家庭农场的农业特别是粮食生产规模经营主体地位，建立严格的工商资本租赁农户承包土地准入和监管制度，禁止工商企业凭借自己雄厚的资本实力和弱小的家庭农场争夺耕地的生产经营权。

四、结论

中共十八大报告明确提出，要发展多种形式规模经营，构建集约化、专业化、组织化、社会化相结合的新型农业经营体系，这是今后一个较长时期内中国农业经营主体演化的基本原则和方向。改革和完善农村基本经营制度，培育新型农业经营主体，必须综合考虑中国"人多地少"的特殊国情和当前中国农业发展所处的阶段。

未来中国农业经营主体一定是一个多元主体并存的格局。作为农业专业大户的升级版，家庭农场的出现顺应了当前我国农业发展的新趋势，在坚持和发挥农业家庭生产经营优势的基础上，既有效破解了我国未来农业经营主体稳定性和持续性难题，又通过适度规模经营，以集约化、商品化促进农业增效、农民增收。因此，家庭农场体现着改造传统农业的历史规律性，引领着现代农业的发展方向，代表着中国农业的先进生产力。它理应成为未来我国农业经营体系当中最主要的形式。

同时，其他新型农业经营主体作为补充，其优势也应该得到充分发挥。在"统"和"分"两个层次推进农业基本经营制度创新，以构建集约化、专业化、组织化、社会化相结合的新型农业经营体系；促进农业专业大户的规范、稳定发展，使其向家庭农场转化；构建新型社会化服务体系，充分发挥农民合作社的社会服务功能；对工商资本进入农业既有所鼓励又有所限制，充分发挥工商企业对家庭农场的补充、带动和服务效应。

参考文献：

[1] 杜志雄. 中国农业发展的新变化及几个值得注意的问题 [J]. 中国乡村发现，2012（冬之号）.
[2] 董峻. 中央一号文件鼓励"资本下乡"[N]. 新华网，2013-2-15.
[3] 黄祖辉，俞宁. 新型农业经营主体：现状、约束与发展思路：以浙江省为例的分析 [J]. 中国农村经济，2010（10）：16-26，56.
[4] 李谷成，李崇光. 十字路口的农户家庭经营：何去何从 [J]. 经济学家，2012（1）：55-53.
[5] 刘笑萍. 论我国农村基本经营制度的演变与创新 [J]. 经济地理，2009（2）：267-270.
[6] 王新志. 首提"家庭农场"的意义分析 [N]. 大众日报，2013-2-24.
[7] 朱启臻，杨汇泉. 农地承包关系长久不变条件下的农村双层经营体制创新 [N]. 中国改革报，2008-10-27.

家庭农场发展：模式、功能及政府扶持[①]

自 2013 年中央一号文件首次提出"家庭农场"概念以来，全国各地家庭农场发展迅速，已经成为我国农业生产经营的重要主体。然而，在各地家庭农场发展的实践中，有哪些可供借鉴的发展经验？家庭农场在现代农业发展过程中发挥和承载着哪些作用和功能？家庭农场在发展过程中面临着哪些困难和问题？各级政府为解决家庭农场发展的困难给予了怎样的政策扶持？这些政策在具体实施过程中效果如何？这些问题直接决定着未来我国家庭农场发展的基本方向、发展的速度和发展的绩效，值得进行深入研究和探讨。

一、家庭农场发展已经形成五大模式

作为家庭农场探索的先行者，上海市松江区、浙江省宁波市、安徽省郎溪县、湖北省武汉市、吉林省延边州等地涌现出了一批具有现代农业特征的不同类型、不同特色的家庭农场。

（一）松江模式

自 2007 年起，为了应对农业劳动力非农化和老龄化的趋势，上海市松江区开始实践百亩左右规模的家庭农场模式。其主要做法是，先将农民手中的耕地流转到村集体，然后由区政府出面将耕地整治成高标准基本农田，再将耕地发包给承租者。松江模式的重要意义在于，为我国提供了一个特大型城市在后工业化阶段发展现代规模农业的典型样本。松江模式主要有以下特征：（1）家庭经营。家庭农场经营者原则上必须是本地农户家庭，且

---

① 本文原载于：王新志，杜志雄．我国家庭农场发展：模式、功能及政府扶持 [J]．中国井冈山干部学院学报，2014，7（5）：107-117．

必须主要依靠家庭成员从事农业生产经营活动；不得常年雇用外来劳动力从事家庭农场的生产经营活动。（2）规模适度。全区共有家庭农场1 267户，经营面积15.02万亩，占全区粮田面积的88.8%，户均经营面积118.6亩。（3）农业为主。松江粮食生产家庭农场最大吸引力在于，依靠农业为主的专业生产经营也能增收致富。2013年，松江区家庭农场平均净收入达10万元左右，种养结合家庭农场平均净收入达15万元左右[1]。（4）集约生产。通过耕地流转，将土地、劳动力、农机等生产要素适当集中，实现集约化经营、专业化生产。

（二）宁波模式

宁波作为最早探索发展家庭农场的地方之一，其家庭农场发展的最大特点是市场自发性。20世纪90年代后期，一些种植、养殖大户自发或在政府引导下，将自己的经营行为进行工商注册登记，寻求进一步参与市场竞争的机会，从而演变成"家庭农场"。截至2012年底，宁波市经过工商登记从事种植、畜牧养殖的"法人"型家庭农场共有687家。宁波模式主要有以下特征：（1）经营规模适中。种植类农场的生产规模基本集中在50～500亩，占90%以上，平均每个农场3名雇工；各类家庭农场基本涵盖了粮食、蔬菜、瓜果、畜禽等主导产业，从事种植业生产的有456家，占66.4%[2]。（2）家庭农场主综合素质较好，管理水平较高。绝大部分农场主产业规模都是从小做到大，专业知识、实践技能较强，懂经营、会管理；有不少农场主是购销大户或农产品经纪人，市场信息灵，产销连接紧密，产品竞争力强。

（三）郎溪模式

早在20世纪90年代，安徽省郎溪县家庭农场就开始萌芽。近年来郎溪县工业化、城镇化步伐明显加快，离土进城务工的人越来越多，为一家一户的小规模种植向适度规模经营提供了条件。截至2013年8月，全县已发展各类家庭农场363户，家庭农场人均纯收入将近3万元，约为全县人均纯收入的4倍。成立家庭农场协会是郎溪县家庭农场发展的重要创新。为使家庭农场由单打独斗的"游击队"，转变为协同作战的"集团军"，由郎溪县农业委员会牵头于2009年成立了"郎溪县家庭农场协会"，遴选了产业代表性强、规模较大、辐射带动作用明显且有一定影响力的家庭农场主为会员，让家庭农场抱团，破解家庭农场融资困难，共享技术培训和市场信息。2012年郎溪县家庭农场协会为家庭农场贷款1 000多万元，举办各类培训班158期，受训人员达6 320人次[3]。

（四）武汉模式

武汉市是国内较早推行家庭农场经营模式的地区之一。武汉市对种植业等四类家庭农场提出了具体的要求：一是种植业家庭农场。适度规模种植优质稻、油菜、鲜食玉米、蔬菜、西甜瓜等品种，蔬菜和粮油作物种植面积分别为 50 亩以上和 100 亩以上，机械化作业水平达到 60％以上，实行标准化生产。二是水产业家庭农场。标准精养鱼池达到 60 亩以上，名特优养殖品种率达到 70％以上，机械化作业水平达到 60％以上，有稳定的技术依托单位和一定的生产设施。三是种养综合型家庭农场。家庭农场主进行种植业、水产业等综合经营，以种植业为主，其他产业经营达到相应土地规模标准下限的 50％以上。四是循环农业型家庭农场。以家庭为单位建成规模型畜牧养殖农场，功能分区明显，畜禽饲养、排污等配套设施齐全。同时流转土地进行种植业生产，实行"畜禽—沼—种植"的循环农业模式[4]。

（五）延边模式

延边州地处中朝边境。许多当地人常年在韩国、日本等邻国打工。当地务农人口迅速减少。与之相应的是土地流转呈现加速趋势，农村土地经营权自发向种地大户集中。截至 2013 年底，延边州专业农场总数已发展到 886 家（其中旱田作物 678 家，水田作物 149 家，蔬菜作物 17 家，经济作物 42 家），经营总面积达 6.4 万公顷，其中农户流转面积 5.5 万公顷，占经营总面积的 86％，涉及土地流转农户 2.7 万户，平均每家专业农场经营土地面积 72 公顷。针对专业农场等规模经营主体生产所需资金量大而抵押物不足的情况，延边州在 2011 年创新了农村土地经营权他项权证抵押贷款，全州利用土地经营权他项权证为专业农场贷款 580 万元。2012 年延边州创新了"县（市）农业局＋银行＋担保公司"联合推荐担保贷款新产品的模式，共为专业农场贷款 1 758 万元。2013 年在各县（市）成立了物权融资公司，开辟了农村土地收益保证贷款，为专业农场等新型农业经营主体贷款 7 447 万元。2011—2014 年，延边州金融机构利用抵押贷款、信用贷款、直补保贷款、他项权证贷款、担保贷款、农村土地收益保证贷款等，共为专业农场解决贷款资金 3 亿多元，有效地解决了专业农场的资金需求，促进了新型农业经营主体快速发展。

二、家庭农场正在成为我国农业生产经营的主要形式

随着我国农村剩余劳动力的大量转移和农村土地流转的快速推进，许多地区积极探索新型农业经营形式，通过土地流转促进规模经营，兴办家庭农场。自 2013 年中央一号文件首次提出"家庭农场"概念以来，我国家庭农场发展更加迅速，正在成为我国农业主要生产经营形式。截至 2012 年底，我国共有家庭农场 87.7 万个，经营耕地面积达到 1.76 亿亩，占全国承包耕地面积的 13.4％，平均经营规模达到 200.2 亩，全国家庭农场经营总收入为 1 620 亿元，平均每个家庭农场为 18.47 万元[5]。

（一）家庭农场正在成为农产品供给特别是粮食供给的重要主体

保障农产品供给关系到经济发展、居民生活和社会稳定全局，是国家安全的重要基石。农产品供给保障，首要是粮食的供给保障。我国粮食安全和重要农产品有效供给仍然存在着不可低估的风险和隐患。建立粮食和重要农产品供给安全、稳定、高效的保障体系，是发展现代农业的重大任务。家庭作为一个特殊利益共同体，拥有包括血缘、感情、婚姻伦理等一系列超经济的社会资本纽带，具备灵活的信息反馈和决策机制，更容易形成共同目标和行为一致性，在农业生产过程中不需要进行精确的劳动计量和监督，就能使劳动者具有很大的主动性、积极性和灵活性，最大限度发挥"拥有者精神"，而且家庭农场主基本上是来源于本土的自然人，与农场所在地具有较强的地缘与血缘关系，对当地自然与社会环境保持高度的认同感和生命共同体的体认，对保护当地自然、人文环境和可持续发展有高度责任感。因此，适度规模的家庭农场作为一种有效率的特殊组织形式，能负面效应最小化地解决农业生产中的合作、监督和激励问题，是农产品生产特别是粮食生产经营的先天最佳组织形式[6]。在实践中，家庭农场以农户家庭为基本组织单位，面向市场、以追求利润最大化为目标，使农业由保障功能向盈利功能转变，克服了自给自足的小农经济弊端，专业化生产程度和农产品商品化率较高，能为社会提供更多、更丰富的农产品。

（二）家庭农场正在成为保障农产品质量安全的有效载体

近几年来，我国农产品质量安全形势不容乐观，尤其是农产品质量安全事件频发，严重损害了农民的利益和消费者的健康，影响了"三农"的发展、社会的稳定。如何保障农产品质量安全，已经成为当前经济社会发展中亟待解决的突出问题。长期以来，我国传统的农业生产具有点多面广、分散无序、缺乏规模经济等特点。特别是在工业化、城镇化快速推进的背景下，农村劳动力的外移导致很多地方的务农人员呈现出"老龄化、女性化、低文化"的特点。分散的农户经营格局导致我国农业化学品滥用和部分农户机会主义行为，这是我国农产品质量安全管理难以取得明显成效的根源之一。农业生产经营的"兼业化、粗放化、副业化"使得对农产品质量安全的源头控制愈加困难。"农产品质量安全是生产出来的，不是管理出来的"，这句话表明了农业经营主体在农产品质量安全控制方面的重要作用。与传统小农户相比，家庭农场可以使分散的土地、资金和劳动力等生产要素在较大范围和较高层面上有效的结合，有利于实行统一生产资料供应、技术服务、质量标准和营销运作，有利于对农业投入品进行监管，强有力地推进农业标准化和品牌化建设，便于探索基地农产品的准出和追溯管理，更能够保障农产品的质量安全。

（三）家庭农场正在成为推进科教兴农的有效途径

科学技术是第一生产力，发展现代农业的根本出路也在科技进步。农民是农业生产的主体，也是农业科学技术转化的重要载体。但是，小面积的分散农户采纳新技术的条件和能力有限、对农业科技的有效需求相对不足已经成为农业科技推广的主要障碍。一方面，小规模农户受教育年限比较短、文化水平较低，这限制了他们对现代高科技知识的认知，造成农民普遍对利用科学致富的积极性不高；另一方面，长期以来，小规模农户科学意识淡薄，主要通过长辈的言传身教获得耕种技术，习惯于传统的耕种模式，对新兴技术持观望甚至排斥的态度，而且相当一部分农民为了眼前利益，放弃了对文化知识和新技术的学习，这种短视的行为限制了农民在更深、更广的领域和范围内获得更多的知识。相比较而言，作为规模经营主体，大部分家庭农场主多年从事农业生产，农业实践经验丰富，具备较强的信息采集能力、经营决策能力、抵御风险能力和盈利能力，包括科技文化素质在内的综合素质较高，能够较快地学习掌握先进的农业生产技术，而技术的采用可以通过家庭农场的规模经营获得较高的收益，所以家庭农场比一般农户更迫切需要农业新技术、新品种、新设施，也更有能力接受其推广和使用，从而成为实施科技兴农战略的主力军。

（四）家庭农场正在成为培育职业农民的有效手段

作为农业和农村发展的领头羊，职业农民是指以农业作为稳定职业，具有较高素质和社会责任，利用市场机制和规则来实现利润最大化的农民。与普通农民相比，职业农民一般具有以下特征：（1）职业农民是市场主体。传统农民追求的是维持生计，而职业农民则充分进入市场，并利用一切可能的选择追求报酬最大化，一般具有较高的收入。（2）职业农民具有高度的稳定性，把务农作为终身职业，而且后继有人。（3）职业农民具有高度的社会责任感和现代观念。职业农民不仅要有文化、懂技术、会经营，还要对生态、环境、社会和后人承担责任。通过培育职业农民，可以造就一大批懂技术、会经营的以农业为职业的新型人才，并由他们带动我国现代农业发展，促进传统农业向现代农业转变。通过培育职业农民，可以使农民逐步脱离自然经济和半自然经济状态下的生产生活方式、思维方式和价值观念，转而构建现代化、产业化、商品化的生产方式和城市化、时代化的生活方式。职业农民具有鲜明的时代特征和需求导向，其来源可以是多元的，目前正在土地上耕种的家庭农场主应该是职业农民的主要来源。家庭农场从事农业生产和经营，以获取经济利润为目的，这就为职业农民的形成提供了良好的空间和发展环境，是培育职业农民的最佳载体。

三、家庭农场发展面临的主要问题和挑战

由于我国家庭农场发展尚处于摸索、试点和起步阶段，在土地流转、融资担保、农场主素质、社会化服务等方面还面临一系列困难和瓶颈，其培育和发展具有艰巨性和长

期性。

（一）土地流转难是制约家庭农场发展的首要问题

1. 土地流转特别是连片规模流转租金越来越高。规范的土地流转是家庭农场产生的先决条件。家庭农场对土地特别是连片土地有着十分强烈的需求。然而广大农民，一方面，恋地情结根深蒂固，另一方面，缺乏对承包地的长期收益预期。他们往往不愿意长期出租土地。这种需求旺盛、供给不足的土地流转卖方市场不仅导致土地租金快速上涨，农业生产成本显著上升，而且致使家庭农场难以稳定地保持足够的土地经营规模。

2. 土地流转方式不规范。许多家庭农场在土地流转过程中只是口头协议，没有书面合同，或者书面合同不规范，这导致在农业生产过程中纠纷不断。由于目前土地租赁转包政策没有实施细则，土地转出户大多不愿签订长期流转合同，导致有些家庭农场转入土地流转期限普遍较短，土地流转不稳定，这在很大程度上影响了家庭农场长期投入农田基础设施的积极性。

（二）融资保险困难是制约家庭农场发展的关键因素

1. 家庭农场贷款额度普遍低，贷款期限短，融资成本较高。家庭农场对融资期限的要求更加多元化，既有土地流转租金、农业生产费用等季节性较强的短期融资需求，也有新技术引进、土地整理和品牌打造等较大规模的中长期融资需求。然而，金融机构对农户贷款实行单户限额管理，对农户主要发放 1 年及以内的短期贷款，贷款期限难以满足家庭农场中长期融资需求。

2. 农业保险仍难以满足家庭农场需求。当前，多数家庭农场对保险的期盼远远不能得到满足。一方面，由于农业保险的高风险性、高赔付率，商业性保险不愿介入；另一方面，政策性保险险种较少，产品设计不够合理、补偿标准过低，一旦出现较大的自然灾害，家庭农场仍会遭受巨大的损失。

（三）农场主职业素养不高是制约家庭农场发展的主要瓶颈

作为现代农业经营主体，家庭农场主对家庭农场实行科学化、精细化管理是对其基本的要求。我国家庭农场主大多是农村的种田能手、致富能人，农业生产经验比较丰富，但是多数文化程度不高，对于新品种、新技术和新装备缺乏必要的认识和了解，其信息采集能力、决策管理能力、抗风险能力和市场博弈能力都非常有限，而且很多家庭农场粗放经营，没有财务收支记录，更没有成本核算、效益分析，缺乏长远发展规划，难以适应现代农业发展的需要。据山东省科技厅 2013 年调查显示，从事家庭农场生产经营的绝大多数是承包土地的农民，文化程度相对较低，普遍缺少现代农业科技知识和现代农业企业管理技能。其接受专业技术培训少，对新型农业科学技术和农业机械使用少，只有 13.6％的家庭农场能够接受农技推广机构或者科技特派员的技术指导，有大专院校、科技单位作技术依托的仅占 2.36％；山东省家庭农场的生产模式仍停留在以往水平，80％的农场设施化、机械化、信息化程度低，使用传统品种和传统种植、养殖方式，管理粗放，缺乏现代农业新技术的应用。

（四）农业社会化服务体水平低是制约家庭农场发展的核心问题

总体上讲，我国农业社会化服务体系尚不健全，总体服务水平较低，在不少方面还不能适应农业生产特别是家庭农场发展的需要。公益性服务体系建设仍然滞后、有效供给不充分，农技推广、动植物疫病防控体系以及农村土地流转服务、纠纷仲裁机制还不健全；多元化经营性服务体系格局尚待强化，农民专业合作社农业社会化服务内容单一，服务层次较低，多以提供生产技术服务为主，为营销环节、加工环节提供服务的较少。农业龙头企业与农民的利益联结机制尚不健全，农业社会化服务意识不足。

四、家庭农场已经成为各级政府扶持现代农业发展的重点

自 2013 年中央一号文件首次提出"家庭农场"的概念以来，扶持发展壮大家庭农场就成为政府农业农村工作的重要内容，许多地方政府相继出台了扶持家庭农场发展的政策文件。据不完全统计，截至 2014 年 8 月，全国已有 14 个省、50 多个市（县、区）出台了扶持家庭农场发展的文件，并明确了具体扶持措施。

（一）家庭农场注册登记和认定制度

我国幅员辽阔，各地自然条件、农业发展水平、经济发展水平差别较大，很难在全国范围内提出一个普遍适用的家庭农场注册登记和认定制度，各地根据自身的经济社会发展现状因地制宜地制定了家庭农场注册登记和认定制度。

1. 家庭农场资质标准。山东、湖北、天津、重庆、上海、山西等省市对家庭农场的资质规定较为严格，明确指出家庭农场经营者应为具有农村户籍、或农村集体经济组织成员、或具有农村土地承包经营权的自然人；而江苏、安徽、辽宁、云南等省市对家庭农场经营者的资质没有做出具体的规定；农业部 2014 年发布的《关于促进家庭农场发展指导意见》也只是规定，家庭农场经营者主要是农民或其他长期从事农业生产的人员。出台家庭农场扶持政策的各市（县、区）大体上沿袭了所属省市对家庭农场资质的认定，但是也有一些市（县、区）做出了相对比较灵活的规定。江西省南昌市规定家庭农场的负责人应具备下列三项条件之一：①从事规模种植、畜牧水产养殖、林果业、农家休闲产业三年以

上，②具有农业类专业中专以上学历或具有一定的农业专业技能，③具有初中以上文化的各业公民。湖北省武汉市对家庭农场主资质做出了较为严格的规定，家庭农场主必须是武汉市农村户籍、从事农业生产发展的农户，且具有高中或相当于高中以上水平，具备市农广校以上部门颁发的"绿色证书"，具有5年以上主产业种养经营等。

2. 家庭农场劳动力标准。 大多数省市都规定家庭农场应该以家庭成员为主要劳动力。山西、重庆规定了家庭农场无常年雇工或常年雇工数量不超过家庭务农人员数量。部分县市对家庭农场的劳动力规定比较严格，如江西省万年县规定，家庭农场劳动力必须以家庭成员为主，主要农场劳动力2人及以上。

3. 家庭农场收入标准。 大多数省市都规定家庭农场应该以农业收入为主要收入来源。重庆规定农业净收入占家庭农场总收益的80%以上；山西规定家庭农场主必须具备一定的经济实力，自有流动资金在10万元以上，经营效益比普通经营高出20%以上。

4. 家庭农场土地流转期限标准。 大部分省市规定家庭农场的土地流转期限不能低于5年。云南省规定土地承包经营权流转年限应为3年以上。山东省规定土地经营规模不但要相对稳定，而且要相对集中连片。河南省周口市对土地的不同用途规定了不同的流转期限，从事粮食、蔬菜作物生产为主的土地租期或承包期5年以上，从事林果、花卉生产为主的土地租期或承包期10年以上。四川省丹棱县的规定极为严格，种植业土地租期15年以上，林地租期30年以上。

5. 家庭农场土地规模标准。 各省市按照自身的自然资源经济社会条件，对家庭农场的土地规模标准进行了不同的规定。辽宁省规定从事稻谷、小麦、玉米等粮食作物的家庭农场，土地经营规模应达到100亩以上；从事经济作物、养殖业或种养相结合的家庭农场，经营规模按照当地农业等有关部门确定的规模标准掌握。天津市规定以粮食生产为主的家庭农场，土地规模应在100亩以上，以蔬菜生产为主的应在10亩以上，以果品生产为主的应在20亩以上。山西省规定的更为详细，从事粮食生产的家庭农场，小麦种植面积在50亩以上，玉米、杂粮种植面积在100亩以上；从事露地蔬菜、瓜果、棉花、油料作物、甜菜、烟叶、药材生产的种植面积在50亩以上；从事设施农业的建筑面积达到10亩以上；从事水果业的种植面积达到20亩以上；从事干果业的种植面积达到50亩以上；从事养殖业的，生猪年出栏500头以上，羊年出栏300只以上，肉牛年出栏100头以上，奶牛年存栏100头以上，蛋禽年存栏1万只以上，肉禽年出栏5万只以上；从事种养结合的综合型家庭农场，饲草、饲料作物种植面积达到50亩以上。也有很多省份如山东、浙江、安徽等没有对家庭农场的土地规模标准做出具体的限制，其标准由各县市自主决定，如山东省规定，家庭农场的土地经营规模应达到当地农业部门规定的种植、养殖要求。相应的，也有许多市（县、区）对家庭农场土地规模标准做出了类似山西省的较为详细的规定。

6. 家庭农场技能培训、财务收支记录、示范带动等标准。总体上讲，大多数省市没有对上述标准做出规定，只有重庆等少数省市规定，家庭农场经营者应接受过农业生产经营技能培训，家庭农场经营活动应有比较完整的财务收支记录，应对其他农户开展农业生产经营有示范带动作用。

此外，浙江、安徽等省还出台了示范性家庭农场的认定办法，对示范性家庭农场做出以具体数字衡量的比较严格、详细的标准。如浙江省在《浙江省示范性家庭农场创建办法（试行）》规定，省示范性家庭农场创建必须是县级以上示范性家庭农场、专业从事农业生产 3 年以上；采用先进实用技术，先进科技应用面达到 90％以上；土地产出率、劳动生产率高于同行业全省平均数 30％以上。安徽省在《安徽省示范家庭农场认定办法（试行）》中规定，粮油集中连片规模在 200 亩以上，土地流转年限在 5 年以上；家庭农场年纯收入 10 万元以上，其成员年人均纯收入高于本县（市、区）农民人均纯收入 40％以上。

（二）农村土地流转及用地政策

许多地方在推进土地流转向家庭农场倾斜、加强土地流转服务等方面进行了大量的制度创新。一是鼓励农村土地向家庭农场流转。如安徽、上海等省市规定，本村集体经济组织成员建立的家庭农场，同等条件下可以享有土地流转后的优先承包经营权；鼓励有条件的地方整合相关项目资金，按照农业发展规划建设连片成方、旱涝保收的优质农田，优先流转给示范性家庭农场。上海市鼓励通过建立老年农民养老补贴机制等，引导农民将土地承包经营权委托村委会统一流转；浙江省规定有条件的地区对长期流出土地农民以灵活就业人员参加社会保险的可给予适当的保费补贴。二是健全土地流转服务体系。如山东、安徽、浙江等省市规定，要建立市、县、乡、村土地流转服务机构，为家庭农场提供法律咨询、供求登记、信息发布、中介协调、指导签证、代理服务、纠纷调处等服务。

为了促进土地加速流转，许多市（县、区）出台了相应的财政补贴政策。陕西省商洛市《关于支持农业专业大户家庭农场发展的意见》中指出，对实行标准化种植的专业大户、家庭农场连片流转土地在 30 亩以上的，县区政府结合实际，给予连续 3 年的奖励，分年度兑现；对协助家庭农场一次性流转农村土地 300 亩、500 亩、1 000 亩以上且流转期限在 5 年以上的村、镇，由县区财政给予一定的奖励。山东省诸城市《鼓励扶持家庭农场建设的暂行办法》中规定，家庭农场参与现代农业园区建设，成方连片且管理规范，当年新增流转土地每亩补贴 100 元。

除了促进农村土地加快向家庭农场流转以外，山东、浙江、上海等省市还落实了家庭农场经营用地等优惠政策。如山东省规定，对家庭农场因农业生产需要，直接用于养殖的畜禽舍、工厂化作物栽培或水产养殖的生产设施用地及其相应的附属设施用地，要切实按照《国土资源部、农业部关于完善设施农用地管理有关问题的通知》、省国土资源厅等部门《关于完善设施用地管理的实施意见》办理相关手续；对家庭农场所需的农产品加工场地等建设用地，在符合土地利用规划、城市建设规划和农业相关规划的前提下，由当地政府予以优先安排，按规定办理用地有关手续。

（三）涉农财政政策

财政政策是各级地方政府扶持家庭农场发展的主要政策措施之一，大多省市县都出台了相关政策加大对家庭农场的财政扶持力度，通过直接补助、以奖代补、项目扶持、贷款贴息等方式，给予家庭农场优先安排农业综合开发、农田水利建设、土地整治、农村道路建设等项目，支持家庭农场开展农产品质量安全认证、农业生产基础设施建设、农机购置补贴、种苗繁育、加工储运、市场营销等。

许多市（县、区）出台了财政扶持家庭农场发展的具体细则。

1. 基础设施方面。 浙江省桐乡市对家庭农场开展符合市产业发展规划的主导产业示范基地建设，按其基础性设施和生产性设施设备实际投资额的20%～30%限额100万元给予奖励。浙江省常山县重点扶持被县级以上认定的示范性家庭农场在基础设施、生产设施、生态建设、景观绿化等方面建设，实行家庭农场主项目申报制，凭项目建设方案、有效支出凭证，按当年实际新增投资额计，示范性家庭农场给予30%以奖代补，精品家庭农场给予50%以奖代补。重庆市永川区对检查验收达标的家庭农场，财政一次性给予3万元补助，补助资金主要用于支持家庭农场土地整治、设施建设、新品种、新技术引进、农机具购置补贴等。山东省诸城市鼓励家庭农场发展设施农业，当年新建标准冬暖式大棚（棚内2亩以上）每个补贴5 000元，新建拱棚（棚内1亩以上）每个补贴3 000元。

2. 示范补贴。 浙江省桐乡市对新认定的桐乡市级、嘉兴市级、省级示范性家庭农场，分别给予2万元、3万元和6万元的奖励。浙江省常山县对当年被评为省、市、县级示范性家庭农场的分别给予10万元、8万元、5万元奖励。安徽省合肥市对2013年评选的30家依法登记的市级示范家庭农场，每家一次性补助3万元，被新认定为国家级、省级、市级现代农业示范区的，分别给予一次性奖励100万元、50万元、10万元。

3. 食品认证补贴。 浙江省桐乡市对家庭农场新通过无公害、绿色（有机）食品认证的分别给予1万元和2万元奖励，对无公害换证、绿色（有机）续展的相应减半奖励。浙江省常山县对新认定的有机食品奖励2万元，对新认定的无公害农产品、续展认定的绿色食品奖励1万元，对当年创造浙江农业吉尼斯纪录的奖励2万元。山东省诸城市鼓励家庭农场品牌认证，当年通过"农产品无公害农产品、绿色食品、有机食品认证和农产品地理标志"认证的每个补助1万元。江西省南昌市对家庭农场每新增1个有机食品品牌奖励

19

6 000 元，新增 1 个产品奖励 1 200 元；新增 1 个绿色品牌奖励 5 000 元，新增 1 个绿色产品奖励 1 000 元；新增一个无公害生产基地奖励 2 000 元，新增 1 个无公害农产品品牌奖励 3 000 元，新增一个无公害农产品奖励 800 元。

4. 新技术应用补贴。浙江省常山县对通过与省级以上科研院校合作建立产学研示范基地，并引进新品种、成效明显且有一定示范推广价值的家庭农场奖励 3 万～5 万元。浙江省诸暨市对从事经营两年以上、面积 100 亩以上，推广应用先进农技、农艺，且平均效益比普通农户高 50％以上的家庭农场给予 3 万～5 万元的奖励。江苏省徐州市铜山区对推广应用新技术且平均效益比普通农户高 30％以上的家庭农场，给予 3 万～5 万元的奖励。陕西省咸阳市杨陵区对推广应用新技术且平均效益比普通农户高 30％以上的家庭农场，给予 1 万元的奖励。

5. 品牌建设补贴。浙江省常山县对获得省级著名商标、名牌农产品的奖励 10 万元，对获得市级著名商标、名牌农产品的奖励 3 万元。浙江省湖州市德清县对获得中国驰名商标的奖励 50 万元，对获得国家地理标志（集体）证明商标的奖励 20 万元，对获得总局核准注册的集体商标、省知名商号、省著名商标的奖励 10 万元，对获得市著名商标的奖励 3 万元。江西省南昌市对家庭农场新获得中国驰名商标奖励 5 万元，新获得省著名商标奖励 2 万元，新获得国家标志性产品的奖励 10 万元。

6. 销售业绩补贴。江苏省徐州市铜山区年销售实绩在 100 万元以上的家庭农场，给予实际销售收入 1％的奖励，最高不超过 5 万元。陕西省咸阳市杨陵区对年销售业绩在 100 万元以上的家庭农场，给予实际销售收入 1％的奖励，最高不超过 2 万元。

7. 股份合作农场补贴。浙江省桐乡市对经工商注册登记、管理制度健全、实施规模经营的股份合作农场，按照规模补助启动资金 5 万～10 万元。安徽省郎溪县对家庭农场创办的市、省、国家级示范农民专业合作社，分别奖励 2 万元、5 万元、10 万元。

（四）金融保险政策

1. 信贷政策。各级政府对家庭农场的信贷政策主要集中在以下几个方面。

一是积极开展金融产品创新，如：江苏省南京市鼓励金融机构针对新型农业经营主体的生产经营特点，积极创新金融产品和服务方式，合理确定贷款期限、利率和偿还方式，鼓励金融机构发展小额信贷业务，重点扶持家庭农场；浙江省衢江区对家庭农场开展信用等级评估工作，对资信较好的家庭农场给予授信额度，实行贷款优先、利率优惠。

二是设立规范化家庭农场发展基金，如浙江省桐乡市每年安排不超过 100 万专项资金，对开展标准化生产且无安全事故发生的规范化家庭农场的贷款，按同期贷款基准利率的 30％～50％给予补助。

三是发放贷款补贴，如浙江省要求有条件的市、县（市、区）要对扩大用于家庭农场等新型主体的贷款给予贴息。

四是成立农业担保公司，如安徽省鼓励各市、县（市、区）由政府出资设立的融资性担保公司为符合条件的家庭农场提供融资性担保服务，并与该担保公司享受有关扶持政策挂钩；各市、县（市、区）要将家庭农场纳入融资担保风险补偿范围，分担融资性担保公司开展家庭农场融资担保业务所产生的损失。

五是创新担保方式，如河南省洛南县规定，家庭农场可以通过自有资产抵押或农户联保等形式办理贷款，允许其使用各类符合法律规定和实际需要的农（副）产品订单、保单、仓单以及大型农用生产设施、土地承包经营权、林权、滩涂或水面使用权等财产申请抵（质）押贷款。

2. 保险政策。大多数省、市、县（市、区）都要求，建立政策性农业保险与财政补助相结合的农业风险防范与救助机制，进一步扩大农作物保险品种，提高农业保险覆盖面，为家庭农场发展提供保障。部分市、县（市、区）提供了农业保险补贴，如重庆市梁平区支持鼓励家庭农场参加农业保险，享受保费补贴，财政承担保费的70％，业主承担30％，以降低农业生产的风险。

（五）人才政策

1. 培养人才政策。浙江省要求各地建立家庭农场经营者培训制度，制定培训计划，在安排实施千万农民素质提升工程、农村实用人才培训、现代农业领军人才提升班、农村劳动力培训"阳光工程"等培训时要向家庭农场倾斜；每年组织省级示范性家庭农场专项培训，纳入省中高级农村"两创"实用人才培训范围；加强农业职业技能鉴定工作，提高农业劳动者生产技能；探索组建农业劳务中介服务组织，努力满足家庭农场临时性用工需求。安徽省实施"青年家庭农场主"创业计划，加强对青年农民的农业职业技能、农业创业和农业实用技术普及性培训。

2. 吸引人才政策。浙江省桐乡市对示范性家庭农场招聘涉农专业大学生的给予每人每年2万元奖励，连续奖励3年；对大学生自主创业从事农业生产经营的，成立家庭农场，且生产经营（含种植业、水产）面积50亩以上或蔬菜钢管大棚10亩以上或养殖湖羊100头以上的，给予每人每年3万元的奖励，连续奖励3年。浙江省江山市积极支持大中专毕业生到家庭农场工作，到家庭农场工作的大专（含）以上毕业生可享受省财政补助政策（按1万元/年的标准，连补3年）；市人才交流机构要为其提供人事档案保管、办理集体户口、党团组织关系挂靠等服务；大中专毕业生与家庭农场签订聘用劳动合同，按有关规定参加社会保险并按时足额缴纳社会保险费的，在同一家庭农场连续工作满1年的，可计算连续工龄。山东省青州市为了鼓励大学生、复员退伍转业军人、个体工商户、农村经纪人等投资创办家庭农场，增强农场发展后劲，积极推荐优秀家庭农场经营者作为各级人大代表、政协委员候选人和评先树优备选对象，激发和调动家庭农场经营者的积极性。

（六）提升农业社会化服务水平政策

加快构建以公共服务机构为依托、合作经济组织为基础、龙头企业为骨干、其他社会力量为补充，公益性服务和经营性服务相结合、专项服务和综合服务相协调的新型农业社会化服务体系，为家庭农场提供多元化、多层次、全方位的社会化服务，一直是各级政府进行制度创新的重要领域。如江苏省南京市着力创新服务方式和手段，积极探索"专业化服务公司＋合作社＋专业大户""专业化服务队＋农户""农业经济技术部门＋龙头企业＋农户"等多种服务模式。

1. 农业公益性服务。 上海市要求各有关区县建立农技人员联系家庭农场制度，及时提供各类信息、技术、经营等指导服务；江苏省扬州市要求农业技术部门加强对家庭农场的全程技术服务，建立家庭农场农技特派指导员制度，实行"一对一"服务，切实提高农技推广服务能力；安徽省要求区域性农业科技服务机构、新型农技推广服务单位，把家庭农场作为重要服务对象，指导家庭农场应用优质高产品种和标准化生产技术，开展病虫害统防统治、测土配方和农机化等技术系列服务。

2. 合作社社会化服务。 山东省青州市引导家庭农场组建或加入专业合作社，加快规模化发展；上海市积极探索农机社会化服务新机制，鼓励机农合一、互助合作。

3. 龙头企业社会化服务。 山东省青州市支持农业龙头企业与家庭农场采取保底收购、股份合作、利润返还等形式建立经营合作共同体，鼓励有条件的家庭农场领办、创办农产品加工企业，拉伸产业链条，提高综合效益。

4. 经营性社会化服务。 江苏省南京市鼓励采取政府订购、定向委托、奖励补助、招投标等方式，引导经营性服务组织提供良种示范、农机作业、抗旱排涝、沼气维护、统防统治、产品营销、信息提供等服务；陕西省商洛市积极支持家庭农场采取开展农超、农企、农校、农社产销对接，支持其参加各类农产品展销展示活动。

五、现有政策评价和政策调整方向

从总体上讲，各地政府根据当地家庭农场发展的现状因地制宜地制定了具有较强针对性的扶持政策，比如针对处于不同发展阶段的家庭农场具有不同的政策扶持诉求，不同地区的政策扶持重点亦不相同。如：山东省等一些地区的家庭农场正处于培育发展的初级阶段，其政策扶持的目标在于培育家庭农场从无到有，其政策扶持的重点就放在了诸如促进土地流转、融资服务和农机购置补贴等项目上；而浙江省等一些地区家庭农场已经渡过其发展的初期阶段向更高级阶段发展，其政策扶持的目标在于促使家庭农场稳定、健康、可持续发展，相应的地方政府的改策扶植重点放在诸如打造示范家庭农场、商标品牌培育、人才培养等项目上。可以说，各地政府的扶持政策对于破解我国家庭农场发展过程中遇到的种种问题发挥了极为重要的作用。然而，现有的家庭农场扶持政策并非完美无缺，在某些方面亟须进行适度调整。

1. 政策扶持对象有待纠偏。家庭农场是指以家庭成员为主要劳动力，从事农业规模化、集约化、商品化生产经营，并以农业收入为家庭主要收入来源的新型农业经营主体。既然家庭农场要以家庭成员为主要劳动力，其经营规模就要以一个家庭所能顾及的范围为限，规模不能过于庞大。然而许多地方政府对家庭农场的规模只做出下限的规定，没有对其上限做出规定。于是在实践中，家庭农场经营规模越大越容易受到当地政府的重视，更容易获得政策扶持，结果导致家庭农场规模越来越大，更为甚者许多农民合作社、公司农场为获取政策扶持，纷纷翻牌注册为家庭农场，导致家庭农场发展良莠不齐，许多"假"家庭农场大行其道，套取财政资金扶持，大量"真"的家庭农场反而得不到政策扶持。因此，各地政府要调整家庭农场扶持的精准度，对家庭农场的规模做出上限规定，不应鼓励家庭农场向超大规模发展，扶持真正的以家庭成员为主要劳动力的家庭农场。

2. 政策扶持目标不够准确。保障粮食安全始终是关系我国国民经济发展、社会稳定和国家自立的全局性重大战略问题，也是我国发展家庭农场的主要目标之一。然而在实践中，耕地"非粮化""非农化"的现象已经比较严重。根据河南省的农村土地流转数据，截至 2013 年底，70%的耕地流转给了经营大户，而土地经营大户的"非粮"比例从 2010 年的 43.7%上升至目前的 60%，一般农户流转土地的"非粮"比例也已经高达 40%[7]。因此，各级政府在设计扶持家庭农场的政策时，应将保障粮食安全作为政策扶持的重要目标，采取激励机制鼓励家庭农场发展粮食生产。

3. 政策扶持力度要适度调整。截至 2014 年 8 月，虽然许多省市县地方政府已经出台了促进家庭农场发展的扶持政策，而且其中不少地区的扶持政策具有较高的含金量，破解了家庭农场发展中面临的种种难题。但是从全国范围来看，仍有一半多的省（自治区、直辖市）、大多数的市县没有出台相关扶持家庭农场发展的政策措施，即使一些出台了扶持家庭农场发展政策措施的省市县，其部分扶持政策内容比较空泛，缺乏实践上的可操作性。特别需要指出的是，某些关键性的家庭农场扶持政策还有待进一步破题，如家庭农场面临自然风险和市场风险的双重约束，特别需要农业保险政策的扶持，尽管许多地方政府正在积极探索家庭农场的农业保险政策，但是真正可以付诸实施且具有推广价值的农业保险政策却亟待创新。而有些地区的家庭农场政策则用力过猛，操之过急，不顾当地的经济社会发展实际，过度追求家庭农场的形式和数量，将家庭农场的发展当成一项政治任务，将家庭农场的数量纳入政绩考核机制。

4. 家庭农场政策扶持重点要区别于其他新型农业经营主体。当前，我国农业经营主体开始分化，家庭农场、农村土地合作社和工商资本等为代表的多元新型农业经营主体发展势头强劲。各种新型农业经营主体的基本特征和治理结构之间具有较大的差异性，在农业生产的不同领域和环节具有不同的优势，如家庭农场拥有包括血缘、婚姻伦理等一系列超经济的社会资本纽带，具备灵活的信息反馈和决策机制，"天然为低"的监督管理成本有效地适应了农业的生产特性；农业中普遍存在合作组织的根本原因，在于家庭经营在农业生产中的普遍性和在市场竞争中的局限性，农业家庭经营制度与合作制度的结合，是迄今为止最为有效的农业制度安排[8]，这就决定了农业生产中合作社必须与家庭农场相结合，服务于家庭农场；工商资本组建的公司农场属于现代企业组织，能够以现代经济的方式有效地扩大农场规模，从而使其对国内外农业竞争具有强得多的经济抗力[9]，然而公司农场的较大规模经营却不符合我国"人多地少"的基本国情，在我国当前经济发展阶段工商资本更适合从事农产品加工和物流环节。因此，在实践中要按照新型农业经营主体的特征，实行差异化扶持政策，明确在农业生产不同领域和不同环节优先培育方向和政策扶持重点，要重点培育家庭农场作为农业生产的规模主体，农业合作社作为农业生产的服务主体，工商资本作为农产品加工和物流的主体，鼓励新型经营主体相互融合、协同发展，发挥好自身优势。

六、总结

从上述分析可以看出，虽然我国家庭农场发展正处于起步阶段，仍然面临着土地流转困难、融资保险难、农场主素质不相适应以及农业社会化服务供给不足等一系列困难，但是一些地方的家庭农场已经在困境中实现了突破，形成了具有较强借鉴意义的松江模式、宁波模式、郎溪模式、武汉模式、延边模式这五大发展模式。许多政府已经出台了含金量较高的家庭农场扶持政策，促进了家庭农场的快速发展，但是这些扶持政策的方向性和目标性等仍然需要进行适度调整，不但要使真正的家庭农场得到政策的扶持，而且要发挥家庭农场在保障我国粮食安全方面的重要作用。

参考文献：

[1] 志权. 家庭农场启示录 [N]. 东方早报，2013 - 12 - 24.

[2] 凌永建，朱秀丽，等. 浙江省宁波市家庭农场发展情况的调研报告 [EB/OL]. 中国农经信息网，
   2013 - 05 - 19.

[3] 葛如江. 安徽郎溪：新型"家庭农场"带动农民增收 [EB/OL]. 新华网，2011 - 10 - 29.

[4] 武汉市农村经济经营管理局. 关于武汉市培育家庭农场情况的报告 [EB/OL]. 湖北农业信息网，
   2013 - 02 - 25.

［5］庄红韬.全国家庭农场达 37.7 万个，平均经营规模超过 200 亩［EB/OL］.人民网，2013-06-04.

［6］杜志雄，王新志.中国农业基本经营制度变革的理论思考［J］.理论探讨，2013（3）：72-75.

［7］林远，姜刚，等.土地流转规模日趋增大　耕地种粮比例每况愈下［N］.经济参考报，2014-07-03.

［8］黄祖辉.中国农民合作组织发展的若干理论与实践问题［J］.中国农村经济，2008（11）：4-7，26.

［9］何秀荣.公司农场：中国农业微观组织的未来选择？［J］.中国农村经济，2009（11）：4-16.

新农人在促进中国农业转型中的价值不可估量[①]

化肥、农药、农膜等现代工业投入品过量使用导致的农村生态环境恶化和食品安全"四面救急"的局面正在倒逼中国农业转型发展,由此也决定了中国农业正在进入生产方式转换的历史关键时期。

促进中国农业生产方式顺利转化,离不开目前正在努力实践和探索、具有"生态自觉"的新农人这支有生力量。目前全社会对于这支中国现代农业的有生力量关注度不高、支持度低下,同时虽然有"生态自觉",但新农人对其自身于中国农业整体转型发展的重要意义也还缺乏一份自省和自信。这两者之间具有内在关联性。关心和支持新农人事业的健康发展、帮助新农人提高自信理应成为每一个关心中国现代农业发展的人的共同任务和责任。

1. 生态生产方式是新农人的基因和灵魂。 新农人构成复杂,一般泛指那些在农业全产业链上从事农业生产、产品营销或为生产与营销提供支持和服务的自然人和企业。但与一般的传统农民和企业不同,新农人具有的共同基因是他们都注重生态友好和资源节约性技术的"创新"和"运用"。可以说,新农人以其对农业农村生态环境保护的担当精神,通过把农业生产对外部工业品投入的高度依赖转化成充分利用农业生产系统内物种共生、物质循环的成熟和创新技术,因地制宜、因业制宜,为消费者提供充裕的安全食品,从而实现农业生产者、消费者和农业农村生态环境利益最优化,经济、社会和生态环境效益最大化已成为这批人和企业的活的灵魂。由此我们不难发现,新农人之行为与 2014 年中央一号文件首次明确提出的"促进生态友好型农业发展"的目标是高度统一的。

2. 有机产品供给和服务是新农人的符号和标识。 与新农人生态友好资源节约的生产方式相适应,新农人生产和提供的产品品质优于按传统生产方式生产出来的普通农产品。

---

① 本文原载于:杜志雄. 新农人在促进中国农业转型中的价值不可估量 [J]. 文史博览(理论),2014(10):1.

尽管由于立地条件和现有的生产技术还不能保障新农人生产的农产品都达到严格意义上的"有机产品"等级，以及由于认证成本高等因素很多新农人的产品也没有获得权威认证，但新农人一般均将生产出"有机"产品作为其品质追求和奋斗目标。非生产领域的新农人也将提供有机农产品的服务作为方向。正是从这个意义上说，"有机"已成为新农人的符号和标识。品质认证是国际上农产品安全保障的通行做法，不应由于中国农产品认证体系存在的各种问题而简单地拒绝。政府除了通过改革和创新提供低成本的农产品认证服务外，也应在降低认证成本、提供认证便利等提升认证服务水平的同时，创新认证方法和体系；应支持和鼓励通过购买服务的方式，容许那些认证标准严格、认证程序合理、消费者接受、生产者认同的各种新型认证服务的建立和完善。

3. 社会责任担当是新农人的价值和前途。新农人已经在"生态自觉"基础上通过生产方式转化朝着现代农业发展方向先行一步。但从根本上说，中国农业产业整体转型和现代化并非仅有新农人的力量可以毕其功于一役，正所谓"一花独放不是春，百花齐放春满园"。新农人要注意充分发挥好自身在生态友好型农业发展中的示范带动作用，主动承担社会责任，引领周边普通农业生产者共同运用好生态农业技术、引导他们走上生态农业发展之路。只有这样，才能既有利于自身产品品质保障也有利于中国农业整体转型。因此，发挥好领头羊作用、推动和引领周边农业生产者共同进步、促进共同致富，既是新农人的前途所在，也是新农人之于中国农业整体转型和现代化的价值所在。

新农人自身要有承担这一社会责任的自觉性和主动性。当然，在这个过程中政府注意发挥好新农人这个不可替代的作用同样重要，应赋予新农人这一社会责任，同时给予新农人更多物质的和精神的支持。尽管新农人在生态技术创新、盈利模式构建、物联网和电子商务技术运用、品牌化和差异化营销策略形成等方面都还有很长的路要走，但是，代表中国未来农业发展方向的新农人及其事业前途光明，价值更是不可估量！

中国农业政策新目标的形成与实现[①]

保持农业发展可持续性已经成为与增产、增收并列的农业发展政策新目标。这既是顺应农业发展转型的主动选择，也是全面保护农业多功能性的理性回归。以家庭农场等为代表的新型农业经营主体迅猛发展、其行为特征与政策目标的一致性以及成功实践，都将使新型农业经营主体成为实现农业政策新目标的"合意"主体。实现农业政策新目标，首先要加强新目标的宣传落实，使之深入人心；其次要在政策上提供指引，激励资源节约、环境友好行为；再次要重点扶持家庭农场等新型农业经营主体，加快使其成为农业政策新目标的"合意"主体。

农业具有多功能性。第一，农业本身作为农民的一种生计手段，承载着几亿农户家庭的就业和发展，发挥着重要的经济功能；第二，农业生产的粮食和其他农产品，满足了社会经济发展最为基础、也是最不可替代的需求，是社会稳定的压舱石，因此具有重要的社会和政治功能；第三，农业是最接近自然的生产，其生产资料和产品都是自然的一部分，具有重要的生态环境功能；第四，农业还具有历史文化的传承功能。过去，我们对于农业的需求主要是基于吃饭、穿衣、就业的需求，因此农业的经济和社会功能被强化，而经济功能的过度张扬、农业严重的生态透支还直接导致了其环境功能的退化。当前，随着温饱问题的解决，人们对于农业的其他方面——特别是环境方面的功能提出了更高的要求。综合起来，就是要实现农业的可持续发展、全面保护农业的多功能性，这势必对农业发展政策提出新的要求。

一、中国农业政策新目标的形成

自古以来，农业都是中国的立国之本。作为世界上第一人口大国，足够的粮食产量一

[①] 本文原载于：杜志雄，金书秦. 中国农业政策新目标的形成与实现［J］. 东岳论丛，2016，37（2）：24－29.

直是中国农业政策的基本核心。我国农业发展首当其冲的目标是养活世界上最庞大的人口群体，因此农产品产量是长久追求的主要目标；逐渐地，人们越来越注重农产品的质量，农业发展的目标不仅是让人们吃饱，也要吃好，因此提出优质的要求；随着环境问题的突出，公众环境意识的觉醒，在吃饱、吃好的情况下，要求资源投入更加高效，生态环境得到保护，因此高效、生态、安全也成为现代农业的基本要求。党的十七届三中全会明确提出，发展现代农业，必须按照高产、优质、高效、生态、安全的要求，加快转变农业发展方式。

习近平总书记2013年11月视察山东时，对山东，也在对全国"三农"工作作出的重要指示里明确要求："以解决好地怎么种为导向，加快构建新型农业经营体系；以缓解地少水缺的资源环境约束为导向，深入推进农业发展方式转变；以满足吃得好吃的安全为导向，大力发展优质安全农产品。"2014年中国农业继续稳定增长，但农业面临的严重"产能生态透支"现象更加凸显。同时在农业连年增产背景下进口连增、农业国际竞争力不足、国内外价格倒挂现象也受到全社会关注。鉴于此，2014年的中央经济工作会议和农村工作会议以及2015年中央一号文件，都明确提出了要通过深化改革，坚定不移加快转变农业发展方式，尽快转到数量质量效益并重、注重提高竞争力、注重农业技术创新、注重可持续的集约发展上来，走产出高效、产品安全、资源节约、环境友好的现代农业发展道路。这一方针的提出表明我国农业农村工作总目标已由过去的"保障农产品供给、增加农民收入"的双目标向"保障农产品供给、增加农民收入和保持农业可持续性"的三目标的转变。2015年10月，农业部部长韩长赋更是用通俗的语言指出，"十三五"农业发展的三项任务就是"搞饭、搞钱、搞绿"，"搞饭、搞钱"指的是国家粮食安全和农民收入，"搞绿"就是保护农村生态环境、维持农业发展的可持续性。这意味着主管农业生产的部门都已经将保护生态环境内化为部门工作目标，而生态环境的改善无疑是可持续发展的源动力。而当前，粮食安全保障能力的提高为政策新目标的实现提供了空间。

可以说，在过去相当长一段时间，粮食增产、农民增收是我国农业发展政策目标的两大主题，并且在强农惠农政策的支持下，实现了连续增产增收。近年来，随着农业资源环境约束的日益显现，农业发展的可持续性已经成为农业政策的第三大目标。政策目标的转变，也符合农业发展的一般规律，即从原始农业、传统农业，到现代农业，进而向生态农业的演进脉络[1]。诚然，政策的新目标与已有的增产、增收目标并不矛盾，毕竟中国要成为一个生态文明国家，首先要在食物上自给[2]。

二、保障农业发展可持续性目标的政策体现

可持续发展并不是一个新的概念，过去也频繁被提及，但是在农业领域，过去的可持

续发展具有工具性，也就是说，过去讲农业可持续发展，往往是服务于增产、增收两个目标，而现在，保持农业发展的可持续性已经成为与增产、增收并列重要的第三大目标。

政策实践表明，农业可持续性已成为现代农业第三大目标，集中体现为一系列以保护农业生态环境为核心目标的政策出台，尤其是自 2014 年以来，以农业资源环境保护为核心、旨在实现农业可持续发展的政策频出。

2014 年 1 月，《畜禽规模养殖污染防治条例》正式生效，这是农业污染治理领域第一个专门的国家性法规，对于我国的农业环境治理而言具有里程碑式意义。此外，2014 年修订通过、2015 年正式生效的《环境保护法》，新增了较多关于农业环境治理的内容，集中体现在第三十三、四十九、五十条。作为环境保护基本法，这些条款为农业环境治理体系建设提供了依据。此外，在新的《食品安全法》（2015 年）中也有对农产品中农药残留、安全使用农药、肥料等投入品的有关规定。在农业部门层面，围绕"一控两减三基本"目标，农业部出台了《农业部关于打好农业面源污染防治攻坚战的实施意见》，并迅速发布了化肥、农药零增长行动方案（《到 2020 年化肥使用量零增长行动方案》《到 2020 年农药使用量零增长行动方案》）。针对农药包装废弃物的环境污染问题，环境保护部组织起草了《农药包装废弃物回收处理管理办法（试行）》。该管理办法已经于 2015 年 4 月公开向社会征求意见。

对于保障农业发展可持续性而言，最具有标志性意义的是 2015 年 3 月 18 日国务院常务会议审议通过《全国农业可持续发展规划（2015—2030 年）》（以下简称《规划》）。《规划》于 2015 年 5 月正式由农业部、国家发改委、科技部、财政部等八部委联合印发。自此，我国农业可持续发展有规可循，未来三个五年的农业发展，都将在本《规划》的框架下展开。《规划》与过去几乎所有涉农规划的最显著区别在于强调资源环境的可持续利用和保护。《规划》中基本看不到"传统"的农业发展目标，例如粮食产量、农民收入等；贯穿《规划》通篇的是对农业生产"元能力"的保护，主要包括水土资源保护、生态修复和环境治理（表 1）。

表 1 《全国农业可持续发展规划（2015—2030 年）》中主要可量化指标

任务	类别	指标	2020 年	2030 年
优化布局、稳定产能	农业生产能力	农业科技进步贡献率	60%以上	
		主要农作物耕种收综合机械化水平	68%以上	
保护耕地	耕地面积*	耕地面积保有量	18 亿亩	18 亿亩
		基本农田	15.6 亿亩	15.6 亿亩
	耕地质量	集中连片、旱涝保收高标准农田	8 亿亩	
		全国耕地基础地理提升	0.5 个等级	1 个等级

（续）

任务	类别	指标	2020 年	2030 年
高效用水	水资源红线	农业灌溉用水量	3 720 亿米^3	3 730 亿米^3
		农田灌溉水有效利用系数	0.55	0.6
	节水灌溉	农田有效灌溉率	55%	57%
		节水灌溉率	64%	75%
		高效节水灌溉面积	2.88 亿亩	
治理污染	农田污染	测土配方施肥覆盖率	90%	
		化肥利用率	40%	
		农作物病虫害统防统治覆盖率	40%	
	养殖污染 **	养殖废弃物综合利用率	75%	90%
修复生态	林业生态	森林覆盖率	23%	
		农田林网控制率	90%	95%
	草原生态	草原综合植被盖度	56%	60%
	水生生态系统	水产健康养殖面积占比	65%	90%

注：本表为作者根据《全国农业可持续发展规划（2015—2030 年）》做的总结，仅供参考。

* 没有提具体年份，18 亿亩耕地和 15.6 亿亩基本农田可以理解为长期红线。

** 2017 年底前，关闭或搬迁禁养区畜禽养殖场（小区）和养殖专业户，京津冀、长三角、珠三角提前一年。

与《全国农业可持续发展规划（2015—2030 年）》几乎同时着手制定和实施的是《农业环境突出问题治理总体规划（2014—2018 年）》，该规划明确了今后一个阶段重点要解决的七大农业环境突出问题。2015 年 7 月 30 日，国务院办公厅印发的《关于加快转变农业发展方式的意见》明确指出，要推动农业发展由数量增长为主转到数量、质量、效益并重上来，由主要依靠物质要素投入转到依靠科技创新和提高劳动者素质上来，由依赖资源消耗的粗放经营转到可持续发展上来，走产出高效、产品安全、资源节约、环境友好的现代农业发展道路。以上这些政策文本，均是以整体性文件的形式突出强调农业可持续发展这一个方面，这是与以往政策文本只是零星提及的显著差异。

值得指出的是，把"保持农业可持续性"并列为与增产、增收同等重要的现代农业发展的第三目标，体现的是可持续发展由工具理性向（目标）价值理性的升华，同时，既然将其作为目标，就不再是可有可无，更不是权宜之计；不是将其作为解决其他问题的工具、实现另两个政策目标的手段和措施，而是理论上由农业产业发展自身的内在要求决定、实践中必须确保实现的政策目标之一。这也使得农业可持续性保持变得与农业增产、农民增收一样，成为农业农村工作的考核指标之一，成为部门和国家整体经济工作的硬约束。

三、中国农业新政策目标的实现和承载主体

尽管国家政策频出，但农业各项政策目标的达成仍有赖于农业生产主体，因为他们是

农业生产的资源占有者和使用者。也就是说，无论政策多好，地总归要农民来种。因此，农业生产者一定是农业政策目标的承载主体。

目前，除传统的小规模农户以外，我国的新型农业经营主体主要包括专业大户、家庭农场、农民专业合作社、农业企业等，它们是发展现代农业的微观基础。中国未来的农业生产主体应该是坚持家庭经营的家庭农场或者专业大户，换言之，一定还是要以农民为主体。家庭农场作为多元化新型农业生产经营主体之一，顺应了现阶段中国农业生产的新变革，既坚持了农业家庭生产经营的传统优势，又有助于破解保持中国未来农业经营主体稳定性和持续性难题，将成为引领中国现代农业和先进生产力的发展方向。并且，当前，家庭农场也正在成为农产品供给特别是粮食供给的重要主体、保障农产品质量安全的有效载体、推进科教兴农的有效途径、培育新型农民的有效手段[3]。家庭农场所具有的实现多元化目标的工具价值，使其日益成为符合中国农业发展新政策目标的"合意的"农业生产经营主体，具体表现在以下四个方面。

第一，家庭农场发展迅速，已经成为我国农业经营的重要力量，且潜力巨大。到2014年11月底，全国已有平均种植规模200亩的家庭农场87.7万家，并且在相关政策的鼓励下家庭农场的数量呈快速增长态势。例如，湖北省截至2014年11月底家庭农场总量达到48 370家，增幅达到112.8%；浙江全省经工商注册登记的家庭农场15 763家，比2013年底增长了71.5%。从政策的导向来看，家庭农场可能成为我国农业经营的最主要主体。例如，农业部于2014年2月25日下发了《关于促进家庭农场发展的指导意见》（以下简称《意见》），从生产经营劳动力主体、经营范围和经营能力、土地规模与生产效率等方面明确了家庭农场区别其他农业经营主体的基本特征，强调了家庭农场在保障粮食安全、促进现代农业发展中的重要地位，并从土地流转、政策扶持、社会化服务和人才培养等方面提出了相应的发展支撑和保障条件。《意见》对家庭农场的健康发展有着重要的导向作用。与此同时，一些中央部委、行业部门也陆续出台了支持家庭农场发展的行业性支持政策。例如，中国农业银行于2013年8月出台《专业大户（家庭农场）贷款管理办法（试行）》，中国人民银行于2014年2月出台《关于做好家庭农场等新型农业经营主体金融服务的指导意见》。在地方层面，全国几乎所有的省份都出台了更加详细的促进家庭农场发展的指导意见。政策所提供的激励，必然会带动家庭农产的蓬勃发展。

第二，家庭农场主从业经历丰富，年轻且受教育程度高，对于新事物、新理念的接受意愿和能力更强，且相当一部分是具有生态自觉的"新农人"[4]。2014年全国家庭农场监测调查系统对全国2 826个家庭农场的监测结果显示，53%的家庭农场主曾经是专业大户，22%的家庭农场主曾经是合作社主要负责人，5%的家庭农场主有企业管理层的工作经历，15%的家庭农场主曾经是村干部（含大学生村官），26%的家庭农场是个体从业者，15%的家庭农场主曾经是农机手。值得指出的是，还有6%的家庭农场主是刚毕业的大中专学生，8%的家庭农场主是进城务工返乡人员。受调查农场主平均年龄为 46 岁，相对全国农业从业人员平均水平较为年轻；文化程度较高；接受培训的比例较高。已有的文献表明，年龄老化、文化程度低、接受农技指导的机会少，是农户过度使用化肥、农药等化学投入品，从而导致农业污染的重要原因[5-6]，家庭农场主克服了普通农户的以上缺陷，这使得他们采取环境友好行为的可能性大大增加，有利于保持农业的可持续性。

第三，家庭农场经营目标与农业发展政策新目标具有一致性。家庭农场主与土地有着天然的依存关系。家庭农场主基本上来源于本土的自然人。2014 年全国家庭农场监测调查结果显示，81.78%的家庭农场主户籍为本村，户籍为本乡的占到近 92%。家庭农场主和土地之间有着非常浓厚的情感，恋土情结根深蒂固，土地不仅是他们基本的生产资料和安身立命之本，而且还蕴含着对家庭祖宗认同的血缘亲情意识，体现着他们的价值信仰、精神寄托和一种源远流长的人文精神；同时，他们与农场所在地具有较强的地缘关系，熟悉当地自然与社会环境并对其保持高度的认同感和生命共同体的体认，对保护当地自然和人文环境实现可持续发展有着高度的道德责任感。因此，家庭农场主的行为除了受经济法则的约束，还受到基于地缘血缘关系、生命共同体的道德约束。这些是家庭农场区别于其他农业经营主体尤其是工商资本企业的一个重要特征。此外，即使是租地的家庭农场主，由于租期较长，也更加愿意采取更加可持续的生产方式。上述调查还显示，在有土地转入的 1 932 个家庭农场中，超过 66%的家庭农场的租期超过 5 年，超过 63%的租期在 10 年以上。

第四，许多家庭农场主的实践表明，采取可持续农业行为，是能够同时实现增收的。许多家庭农场开始选择生态农业生产方式，既提高了产出效益，也保护了农业生态环境。例如，湖北省种养结合型家庭农场中不乏种养结合生态循环型。该省潜江市、监利县等地的家庭农场，利用自然禀赋优势，采用稻虾连作模式，每亩除单产 600～700 斤有机稻外，还能产 200 斤左右的小龙虾，每亩纯利润都在 3 000 元以上，效益极为可观。另外，该省不少家庭农场还通过推广秋插二麦、绿肥和深翻"三三制"轮作，推进秸秆还田，改进了肥料使用技术和效率，减少了化肥使用量，也达到改善农业生态环境的效果。

综上判断，家庭农场将成为承载农业发展政策新目标的主体。当然，家庭农场能否成为"合意的"农业生产经营主体不仅在于其是否能够确保实现多项农业发展的总目标，更重要的还在于生产经营者的微观目标，即：是否能使微观主体真正成为有竞争力的市场主体；是否有助于高效农业产业体系的形成，实现更高的农产品附加值和加工收益，从而增加收入，让农业生产者更好、更充分地共享增长成果，实现小康。显然，从上述几个目标看，要使家庭农场真正成为"合意的"农业生产经营主体还有很长的路要走。

除了家庭农场等农业生产主体之外，还应充分发挥合作社、土地托管服务等农业生产服务主体在确保中国现代农业第三目标实现上的主体责任。山东供销社系统开展的土地全托管和半托管服务，减少了化肥农药用量、建构新的农业生产和服务的产业链条关系，从而促使保持农业可持续性增强等方面的成功实践，也使得农业服务主体在保持农业可持续性方面的功能凸显。

四、中国农业政策新目标的实现路径

把保护和增强农业可持续性作为现代农业发展的三大核心目标之一已成为我国现代农业发展方向和行动纲领，同时它也必将成为"十三五"期间我国现代农业发展的主旋律。

政策目标反映的是政府和社会意愿，但政策目标的实现有赖于各类政策参与主体的协同作用。我国农业政策新目标的正式确立时间不长，首先要对新目标进行有力的宣贯，使之深入人心；其次是要在具体政策上对农业生产主体提供方向指引，使其行为自觉转向资源节约、环境友好；再次是重点扶持家庭农场，加快使其成为农业政策新目标的"合意"主体；最后，实施农业供给侧改革，切实祛除不利于农业可持续性增强的产能。

第一，进一步明确宣示农业政策新目标，尤其是强化农业生产主体意识。相比规划而言，中央一号文件在农业生产者中更具有熟识度。1982年中央发布第一个以农业为主题的一号文件，尤其是2004年以后，中央连续发布以农业为主题的一号文件，党和国家的惠农政策深入人心。从过去的一号文件来看，其主题几乎覆盖"三农"问题的方方面面，唯独缺乏专门针对农业资源环境保护的文件。建议近年内以农业资源环境保护作为中央一号文件的主体，着重突出保持农业可持续性的政策目标，使之深入人心。从长期来看，要强化保持农业发展可持续性的国家意志，未来择机修订《农业法》《环境保护法》等基本法时，将保持农业发展可持续性作为基本原则。还应着手研究出台《农业资源环境保护管理条例》的必要性和可行性，为农业发展政策新目标保驾护航。

第二，在财政资金投入方向，引导农业生产者采取环境友好行为。应当立即调整和新设一批农业环境经济政策，包括：调整农业补贴方向，将已有的农资综合直补重点向有机肥、缓释肥、低毒高效低残留农药、生物农药等领域倾斜，加大对测土配方施肥的推广力度；在西北、新疆等缺水地区率先启动农膜以旧换新补贴示范，在东北、中部等粮食主产区启动秸秆还田补助试点；继续加大和完善对规模养殖场沼气建设、有机肥的补贴，引入市场机制，推行养殖小区粪污的第三方集中处理；建立农业生态补偿基金，从土地出让收益中提取一部分比例用于土壤质量保护工作。

第三，健全农业社会化服务体系，强化针对家庭农场等新型主体农业生产发展的服务支撑。家庭农场的经营规模和集约经营的水平受制于社会化服务体系。要加快构建以公共服务机构为依托、合作经济组织为基础、龙头企业为骨干、其他社会力量为补充，公益性服务和经营性服务相结合、专项服务和综合服务相协调的新型农业社会化服务体系。采取政府订购、定向委托、奖励补助、招投标等方式，引导经营性组织参与公益性服务，大力开展农技推广、农机作业、扩旱排涝、统防统治、产品营销、农资配送、信息提供等各项生产性服务，满足家庭农场对社会化服务的需求。要积极引导和扶持家庭农场组建农业合作社，为家庭农场提供产前、产中、产后服务，使其成为家庭农场连接市场的纽带。大力培育农业产业化龙头企业，为家庭农场提供良种、农机、植保，以及农产品加工、储运、销售等一体化服务。

第四，启动农业供给侧改革，祛除不利于农业可持续性目标实现的产能及生产方式。进入 21 世纪以来，中国农业特别是粮食生产成就显著，粮食产量实现连增，农业整体盈利性也由于相关支持政策得到增强。在取得这些成就的同时，我国农业也面临着生产量、进口量、库存量"三量齐增"以及农业发展过于注重数量增长，导致土壤肥力和地下水资源过度消耗、资源环境硬约束正在加剧自然和经济风险等不利于农业可持续性保持的局面。要通过调整农业结构，提高农业供给体系质量和效率，使农产品供给数量充足，品种和质量契合消费者需要，真正形成结构合理、保障有力的农产品有效供给。要退出 25 度以上坡耕地的农业用途以及退出部分严重依赖生态透支为支撑的农业生产产能。同时，要加速农业生产方式转化，大力推进生态农业生产方式。通过上述这一系列调结构、去产能、转方式的措施，确保农业可持续性增强的第三政策目标得到实现。

参考文献：

[1] 李周.生态农业的经济学基础 [J].云南大学学报（社会科学版），2004（2）：44-54.

[2] 小约翰·柯布，王伟.中国的独特机会：直接进入生态文明 [J].江苏社会科学，2015（1）：130-135.

[3] 王新志，杜志雄.我国家庭农场发展：模式、功能及政府扶持 [J].中国井冈山干部学院学报，2014，7（5）：107-117.

[4] 杜志雄."新农人"引领中国农业转型的功能值得重视 [J].世界农业，2015（9）：248-250.

[5] JIN S，BLUEMLING B，MOL APJ. Information，trust and pesticide overuse：interactions between retailers and cotton farmers in China [J]. NJAS-Wageningen Journal of Life Sciences，2015（72-73）：23-32.

[6] 栾江，仇焕广，井月，等.我国化肥施用量持续增长的原因分解及趋势预测 [J].自然资源学报，2013，28（11）：1869-1878.

家庭农场发展与中国农业生产经营体系建构[①]

习近平总书记在党的十九大报告中，把构建现代农业的产业体系、生产体系、经营体系作为实施乡村振兴战略的重要内容。2018 年中央一号文件进一步指出，"乡村振兴，产业兴旺是重点。必须坚持质量兴农、绿色兴农，以农业供给侧结构性改革为主线，加快构建现代农业产业体系、生产体系、经营体系。"本质上讲，现代农业三大体系建设是一个整体，相互依存，相互促进，其根本目的是提高农业创新力、竞争力和全要素生产率，加快实现由农业大国向农业强国转变。但从能动性和发生学视角看，谁从事农业生产（经营体系）一定程度上决定了用什么样的技术和工具（生产体系）以及以什么样的产业组织方式（产业体系）从事农业生产活动。从这个意义上说，在现代农业三大体系构建中，培育多种形式的适度规模经营新主体、形成适应中国社会经济变化的新主体和传统小农户相结合的良好农业生产经营主体生态群落是关键。正是从这个意义上，2018 年中央一号文件明确提出，要"实施新型农业经营主体培育工程，培育发展家庭农场、合作社、龙头企业、社会化服务组织和农业产业化联合体，发展多种形式适度规模经营"。

一、中国新型农业生产经营体系正在快速发展和演化

习近平总书记在 2013 年中央农村工作会议上的讲话中明确指出，要加快构建以农户家庭经营为基础、合作与联合为纽带、社会化服务为支撑的立体式、复合型现代农业经营体系。构建现代农业经营体系的目的是要克服现阶段我国农业经营规模过小的弊端，任务是大力培育新型多元的规模经营主体，发挥多种形式农业适度规模经营主体在农业现代化

---

① 本文原载于：杜志雄. 家庭农场发展与中国农业生产经营体系建构 ［J］. 中国发展观察，2018（Z1）：43 - 46.

中的引领作用，从而形成有利于现代农业生产要素创新与运用的有效载体。

近年来，家庭农场、农民合作社、农业龙头企业、社会化服务组织等新型农业经营主体不断发育成长，呈现出旺盛的生命力和蓬勃发展的良好势头。截至目前，全国家庭农场数量超过 87.7 万户，其中纳入农业部门名录管理的家庭农场达到 44.5 万户；依法在工商部门登记注册的农民合作社数量达到 190.8 万家，实有成员 11 448 万户，占农户总数的 46.6%；各类农业产业化龙头企业数量达到 13 万家，以龙头企业为主体的各类产业化经营组织，辐射带动全国 1.27 亿户农户；各类农业公益性服务机构达到 15.2 万个，农业经营性服务组织超过 100 万个。各类新型农业经营主体的健康发展，正在有效支撑农产品有效供给，重构中国农业生产主体以小规模农户为主的传统格局。

二、家庭农场处于中国农业生产经营体系构建的核心地位

农业产业链上的所有主体都可以称之为农业经营主体。但农业经营主体不完全等同于农业生产主体。纯粹从居于现代农业核心地位的农业生产主体的角度而言，家庭农场又是农业新型生产经营主体体系的关键。农业的生产特点和农户的社会经济属性决定了农户在农产品生产环节具有先天优势。种植业和养殖业是经济再生产与自然再生产相互交织的过程，其劳动对象是活的生物体，需要劳动者具备高度责任心和主动性，及时对自然环境变化作出反应。以家庭作为经营单位的家庭农场，其最大优势是产权明晰、内部治理结构简单、成员利益高度一致、劳动责任心强、主动性高，其生产劳动的数量和质量与其最终收益直接相关，劳动监督成本低，对于种养业生产环节具有天然的适应性和优势。从目前全国家庭农场从事的主要领域看，主要集中于种植业和养殖业的生产环节。农业部的统计表明，全国家庭农场中，从事种植、养殖及种养结合的家庭农场占总数的 98.2%，其中，从事粮食等大田作物生产的家庭农场占农场总数的 40%。

家庭农场在构建新型农业经营体系中的关键地位，突出体现在家庭农场与其他新型农业经营主体以及传统小规模农户的关系上。

（一）家庭农场是合作社发展的参与者和助推剂

无论农业生产主体的特征如何，客观上存在着对"合作"的日常需要，但其是否将这种合作的需求转化为合作的行动，取决于其参与合作收益的大小，而收益的大小又取决于其经营规模的大小。相对于小规模农户，家庭农场对农资购买、农产品加工销售、运输贮藏以及农业生产经营技术等服务的需求更为迫切，尤其规模化生产的特征，其能从合作中获得的效益更大，因而，家庭农场首先是现有合作社的参与者，农业部开展的全国家庭农场监测表明，2016 年 2 998 家有效样本农场中，36.97% 的农场加入了合作社。同时，由

于家庭农场经营者专业素质较高、更懂农业技术、善于经营管理，在农民合作社组建和运营中也更愿意发挥核心带头作用，其作为合作社发展助推剂的特征也很明显。在不少没有合作社的地方，家庭农场作为创办人建立合作社的情形比较普遍。不仅如此，在家庭农场发展比较密集的区域，家庭农场之间建立协会、联盟等合作性质的行业组织的情况也正在涌现。因此，健康发展的家庭农场，还是加速农民合作和组织化、提升农民合作社规范化水平的重要推动力量。

（二）家庭农场是农产品加工企业生产原料的有效提供者

家庭农场专注于农业生产环节，是商品性农产品的主要提供者。农产品加工企业获得生产原料、发展订单农业，更加愿意与家庭农场这样有规模的原料供给者打交道，使其原料供给在数量和质量上得到交易成本更加低廉、供给更加稳定。实践中，很多龙头企业都将家庭农场作为原料基地，克服小规模农户生产经营波动大、生产方式不规范和质量安全难保障且违约率高的风险和缺陷。上述监测同样表明，2016年2 998家农场中有近1/4（24.39%）与龙头企业有联系；在与龙头企业有联系的农场中，28.39%的农场获得了龙头企业的技术指导，21.15%的农场获得了农产品销售服务。

（三）家庭农场是使用农业先进适用技术、提高生产经营管理水平的示范带动者

与小规模农户相比较，家庭农场集约化、规模化经营水平更高，更有意愿使用先进农机、引进优良品种、采用新技术、开展品牌化经营，能够带动小规模农户改进生产技术、提高产量、降低成本。前述农业部全国家庭农场监测表明，2016年，72.09%的家庭农场拥有自己的拖拉机，29.04%的农场拥有联合收割机，17.07%的农场拥有插秧机，平均每家农场的自有农机具价值为22.13万元。

（四）家庭农场还是生态农业技术的使用者和农业绿色发展的实践者

2016年，进行灌溉的种植类和粮食类农场中，采用喷灌技术（含微喷滴灌渗灌）进行灌溉的农场占比分别为36.59%和19.50%；亩均化肥用量低于或者等于周边农户的农场合计占比83.93%。就亩均化肥用量而言，至少40%的家庭农场在"减量"使用；418家养殖类农场中，利用粪便发酵做有机肥、饲料和沼气，或者运输到附近加工厂再进行资源化、综合循环利用和无害化处理的农场占比近八成（79.05%）。

（五）家庭农场还是为周边小规模农户提供农业社会化服务的提供者

家庭农场是规模化、集约化和商品化以及追求利润最大化的农业生产主体。家庭农场的这一主体特征，决定了家庭农场在农业生产中追求规模经济。规模经济的实现需要在土

地面积扩大的前提下，寻求资本和劳动的最佳组合。但由于劳动市场、资本市场以及农业生产服务市场的不完善，家庭农场资本要素投入的选择往往是自购农业资产设备。由于农业资产设备的不可分性和资产专用性的特点，在农场水平上，农业资产设备与经营面积之间不可能实现完全匹配，家庭农场自有农业资产设备生产能力出现剩余的情形普遍存在。为提高资产利用效率、减少资本沉淀、降低机械设备使用的平均成本和尽快回收资本成本，作为理性经济人的家庭农场，大多会选择将剩余的农业资产能力向外〔周边的其他生产经营主体（农户）等〕提供。因此，家庭农场在农业生产实践中既是农业生产主体，又是为周边小农户提供包括农机服务在内的农业生产服务的主体。由于家庭农场与周边小农户距离最近、对其需求更了解从而也更容易与其融合，更容易带动小农户实现现代化。

中国农业要提高资源使用效率、增加经营效益从而增强其国际竞争力，从根本上说都将取决于能否形成一支具有生态自觉意识和企业家精神、能够对不断变化的市场迅速实施冲击—反应式调整、能主要依靠自身力量而非依赖政府政策支持、自主发展能力强，区别于传统小规模农户的农业生产新主体的发育和形成。在所有的新型农业经营主体当中，从现实表现看，家庭农场正在向这样的生产主体演化，成为农业生产主体重构、经营体系构建的重要力量。

三、营造优良外部环境引导家庭农场健康发展

鉴于家庭农场在中国农业生产经营主体体系构建中的关键作用，下一步有必要为其健康发展营造更加良好的外部环境。

（一）引导流转土地有序地向家庭农场集中

2016 年 10 月，中共中央办公厅、国务院办公厅印发《关于完善农村土地所有权承包权经营权分置办法的意见》，提出放活土地经营权的重大政策导向。土地经营权是土地作为农业生产要素功能的直接体现。实施"三权分置"的重要目的，就是更好用活土地经营权，优化土地资源配置，既促使提升土地产出率，又保障务农者的劳动效益和收入水平，更好地促进规模经营和现代农业发展。作为最主要的生产要素，土地的适度集中是家庭农场得以发展壮大的前提。据统计，截至 2016 年底，全国家庭承包经营耕地流转面积达到4.7 亿亩，超过家庭承包耕地总面积的 1/3，这为以租地经营为主的家庭农场发展创造了客观条件，其中也有很大部分流转到了家庭农场。

家庭农场想要持续稳定发展，稳定的经营规模是首要条件。要鼓励土地优先流向家庭农场，鼓励土地流出户与家庭农场签订中长期流转合同，稳定家庭农场经营预期。一是要稳定土地流转关系。要健全土地流转交易市场，加强土地流转平台建设，健全县乡村三级

流转服务体系，开展流转供求信息、合同指导、价格协调、纠纷调解等服务，引导土地依法自愿平稳流转。二是要创新租地农场形成方式。鼓励有条件的地方将土地确权登记、互换并地与农田基础设施建设相结合，整合各类项目资金，建设优质高标准农田，优化流转给示范家庭农场。在鼓励土地租赁的基础上，积极推广股份合作、土地托管等方式。三是要引导形成稳定地租。推广实物计租货币结算、租金动态调整、土地入股保底分红等利益分配方式，稳定土地流转关系，保护流转双方合法权益。

（二）优化农村金融供给政策，有效缓解家庭农场融资困难

前述全国家庭农场监测表明，有 83% 的家庭农场有金融贷款需求，但仅有 13% 的家庭农场可以较为容易获得贷款。在获得贷款的家庭农场中有 66% 的农场贷款资金是从农村信用合作社或亲朋好友中借到的，从大型商业银行获得贷款的比例仅有 7%。监测结果还发现，82% 的种粮家庭农场表示经常遭遇资金紧张困难，93% 表示因资金问题而难以扩大经营规模。

这种局面的形成是金融系统信贷供给特征与家庭农场等新型经营主体的金融需求特征严重不匹配导致的。农村金融供给侧特征集中体现在抵、质押贷款是优先序第一的担保形式，第三方责任人担保居其次，排最后的是信用贷款。但从新型生产经营主体的需求特征看，家庭农场的融资需求意愿、强度都要远远大于传统小农户，且主要用途为生产用途。对金融机构优先序排第一的抵、质押贷款形式，所需要的抵押物或质押物，恰恰是新型农业生产经营主体所缺乏的。在一些地方，由于改革不到位或不彻底，新型农业生产经营主体的耕地、宅基地、自留地、自留山、农机具、农产品等抵押权能尚不彰显；对于金融机构优先序第二的保证贷款形式，新型农业生产经营主体同样缺少相应资源；信用贷款是供给侧优先序排最后的贷款形式，但却是新型农业生产经营主体排第一的贷款形式。监测数据表明，新型农业生产经营主体在缺少抵押物、缺少社会资源的情况下，信用贷款是最为优先选择的贷款形式。

要解决家庭农场融资贷款难问题，需要着力深化农村金融体制改革，多元化多渠道满足家庭农场金融需求。一是创新金融产品和服务。针对粮棉油糖、农作物制种、园艺作物、畜牧业、渔业、农机等不同产业，有针对性地创新和拓展金融服务方式。二是要鼓励发展农村信用贷款。加强农村信用体系建设，尽快建立权威、全国性的家庭农场等新型农业生产经营主体数据库并对金融机构公开。以家庭农场等新型农业生产经营主体为单位，可查询其土地承包经营权、宅基地使用权、土地流转面积、享受国家政策等动态信息，并将该数据库对金融机构公开，便于金融机构对其做信用评级时提供基础数据，针对家庭农场开展信用评定，降低金融机构给新型农业生产经营主体提供信用贷款的成本。三是促进抵押方式多元化。要建立健全农场产权交易市场，完善农村抵押资产变现处置机制，鼓励

金融机构开展农村土地经营权、大型农机具、活体畜禽、在产农作物、各种有价票据等抵押和质押业务。四是大力发展农村合作金融。引导供销社、农村信用社发挥自身优势，鼓励农民合作社开展内部信用合作、资金互助合作。

（三）优化政策保险和拓宽多元化农业保险渠道，提高家庭农场风险保障水平

目前，政府仍是农业保险政策运行的主体，扶持措施单一、力度不够。问题首先表现在保险对象受限，我国主要的大田作物和部分养殖业虽然都已经有了政策性保险，但一些区域性特色产业保险没有或刚刚起步，家庭农场更大规模经营的水果、蔬菜、牛羊畜禽等产品还未纳入保险覆盖；其次，保额偏低，多数农业政策保险只保成本不保收益，满足不了家庭农场保险需求；再次，保险理赔程序复杂、手续烦琐，灾后赔付难度大、比例小，往往难以真正达到保险目的。

健全农业保险管理体制，要以农业保险多元化为方向，以增强家庭农场抵御自然和市场风险的能力为目标。首要任务是丰富农业保险产品，给家庭农场多元化保险选择。根据家庭农场生产经营特性，开发保险新品种，优化政策性保险品种结构，逐步将农业保险补贴覆盖范围从稻麦油等大宗农产品向花果蔬等特色农产品扩大。其次，是要调整保障水平，提高家庭农场农业保险的赔付水平。可提供多档次的风险保障，对不同档次实行差别化的补偿标准，由家庭农场自主选择适合自身需求的参保档次，逐步从保成本向保收益转变。再次，要简化定损、理赔等程序和手续，及时发放保险赔付款。最后，开放农业保险市场，形成政策保险和商业保险、合作保险共同参与的农业保险市场新格局。要发挥财政对保费补贴的杠杆作用，鼓励商业机构更多地参与农业保险。要鼓励家庭农场等各类新型农业经营主体开展多种形式的互助合作保险。

（四）发展农业生产服务业，为家庭农场构建完善的社会化农业生产服务体系

功能健全、运行良好的社会化服务，可以有效地把各种现代生产要素注入家庭农场经营之中，不断提高农业物质技术装备水平，从而在坚持家庭"小生产"的基础上推进农业生产专业化、商品化和社会化。

我国资源禀赋和现有生产条件决定了我国家庭农场不可能像美国等新大陆国家家庭农场那样具备较高的农业机械化水平和自我服务的能力。同时，农场规模再大也不可能将应由市场提供、成本更低的产前和产后生产服务内化到农场内部来。

习近平总书记曾指出，在鼓励适度规模经营同时，要研究完善针对小农生产的扶持政策，加强社会化服务，把小农生产引入现代农业发展轨道。一是要加快构建新型农业社会化服务体系。要培育多元化、多形式、多层次的农业生产服务组织，做好产前的农资供应、市场信息服务，产中的农业技术指导、农机协作服务，产后的贮藏、销售和加工等服

务，为家庭农场发展提供服务保障。二是要适应家庭农场联合的需求，支持和鼓励家庭农场之间的联合合作。引导同产业同类型家庭农场组建专业协会、联合会，发挥集聚效应。三是积极引导家庭农场组建合作社。为家庭农场提供良种、农机、植保以及农产品加工贮藏销售等一体化服务，降低家庭农场生产和服务成本。同时，还应重视家庭农场的服务主题功能，引导其为周边农户提供优质的农业生产机械和技术服务。

从服务内容上看，首先，是要强化农业科技培训和使用的服务。要通过创新农业技术推广服务途径、支持家庭农场积极应用农业新技术、加强农业先进技术的宣传示范和推广等措施，使农业科技成为家庭农场可持续发展的重要支撑。其次，是要强化对家庭农场的产品营销服务。为此，要推动家庭农场信息化水平提升。加强家庭农场信息化基础设施建设，提升家庭农场信息化运用水平，解决其与市场信息不对称的问题。充分利用"互联网＋"技术和手段，促进农业电子商务等新型业态发展。同时，要加强家庭农场产品品牌建设，引导家庭农场通过标准化生产提升农产品质量，帮助有条件的农场创设自身品牌；引导家庭农场开展"三品一标"认证，提升产品质量；鼓励和组织家庭农场直接参与农产品展会等营销活动，解决家庭农场产品销路问题。

农业规模化经营：现状、问题和政策选择[①]

土地流转为农业规模经营发展创造了重要条件。改革以来，家庭经营型、股份合作型、工商租赁型土地规模经营稳步发展，服务带动型农业规模经营快速发展，尤其是，家庭农场日益成为集生产与服务于一体的新型农业规模经营主体。当前，农业规模经营还存在土地经营规模偏小、农业劳动生产率低，土地流转"被流转"、流向不合理、土地租金显著上涨等突出问题。因此，加快发展农业规模经营要引导土地经营权有序流转；优化农村信贷供给政策，有效缓解农业经营主体融资困难；大力发展农业保险，提高农业经营主体风险保障水平；着力发展农业生产性服务业，健全农业生产社会化服务体系。

农业规模经营是全球农业发展的共同趋势，也是中国农业经营制度和方式转型、创新的重要方向。促进土地流转与集中[②]，以实现农业规模经营，一直是社会各界关注的重点，也是国家农业政策的主攻方向和基本目标。本文以土地流转与集中作为切入点，着重分析中国农业规模经营的发展现状，讨论相关重要问题，并提出加快发展农业规模经营的政策选择。

一、农业规模经营发展现状

（一）土地流转为农业规模经营发展创造了重要条件

20世纪80年代初，沿海农村地区就开始出现家庭承包耕地流转（以下统称"土地流转"）现象，并逐步向内地扩展。在2007年以前的较长时期内，农村土地流转的规模基本

---

① 本文原载于：杜志雄，肖卫东. 农业规模化经营：现状、问题和政策选择［J］. 江淮论坛，2019（4）：11－19.

② 本文所指的土地集中，是指通过土地使用权流转，形成适度规模化土地经营的过程和状态，并非指代和倡导"土地所有权向少数人集中"。

保持稳定，农村土地流转面积占家庭承包耕地面积的比重基本上稳定在 4.40％～5.40％。自 2008 年开始，全国各地农村土地流转不断加快，土地流转面积逐年扩大，土地流转率快速上升（图 1）。土地流转面积由 2008 年的 1.09 亿亩快速扩大到 2017 年的 5.12 亿亩，2017 年流转面积是 2008 年的 4.70 倍，年均扩大 0.45 亿亩；土地流转率①由 2008 年的 8.85％快速上升到 2017 年的 36.97％，年均上升 2.81 个百分点。2017 年，流转出承包耕地的农户达 7 070.56 万户，占家庭承包农户总数的 31.16％，比 2016 年上升了 1.47 个百分点。

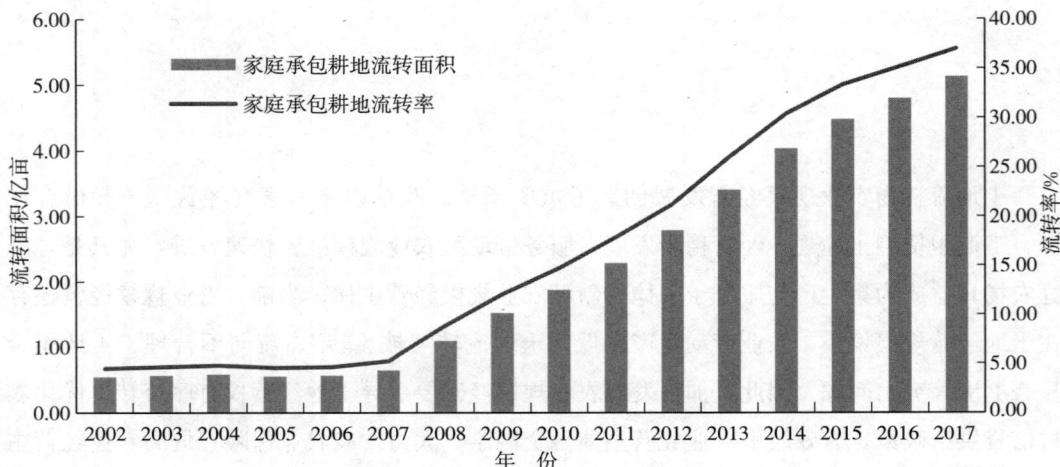

图 1 中国农村土地流转的变化趋势（2002—2017 年）

资料来源：《农村经营管理情况统计总报告》（2012—2017 年）。

农村土地流转方式多样化，采取不同流转方式流转的土地面积呈现出不同的变化趋势，出租（转包）一直处于主导地位（表 1）。2002—2017 年，采取出租（转包）方式流转的土地面积占流转总面积的比重呈现大幅上升趋势，由 2002 年的 66.66％上升到 2017 年的 80.86％，上升了 14.20 个百分点，年均上升 0.89％；采取转让方式流转的土地面积占流转总面积的比重呈现快速、显著的大幅下降趋势，由 2002 年的 12.41％下降到 2017 年的 2.73％，下降了 9.68 个百分点，这表明，越来越多的承包农户不愿意失去承包地及其土地承包经营权；采取股份合作方式流转的土地面积占流转总面积的比重总体上基本不变，但自 2013 年以来呈现小幅下降趋势，由 2013 年的 7.35％下降到 2017 年的 5.86％，下降了 1.49 个百分点；采用互换方式流转的土地面积占流转总面积的比重基本保持不变，维持在 5.60％的平均水平上；采取其他形式流转的土地面积占流转总面积的比重呈现明显下降趋势，由 2002 年的 10.00％下降到 2017 年的 4.69％。2014 年 6 月的调查数据显示，土地经营权不在承包者手中的现象大约涉及 26％的农户[1]。农户承包权与土地经营

---

① 土地流转率＝（家庭承包耕地流转面积/家庭承包耕地面积）×100％。

权分离的现象，在地方实践中己经客观存在，并且成为一种较为普遍的状态。

表1　不同土地流转方式流转面积占流转总面积比重的变化趋势（2002—2017年）

单位：%

年份	出租（转包）	转让	互换	股份合作	其他形式
2002	66.66	12.41	5.74	5.19	10.00
2003	70.18	12.50	6.61	3.57	7.14
2004	72.42	10.34	5.17	5.17	6.90
2005	70.91	10.91	5.45	5.45	7.27
2006	75.00	8.93	5.36	5.36	5.36
2007	79.69	7.81	4.69	3.13	4.69
2008	80.74	6.42	4.59	4.59	3.67
2009	78.29	4.61	4.61	5.26	7.24
2010	78.07	4.81	5.35	5.88	5.88
2011	78.07	4.39	6.58	5.70	5.26
2012	78.42	3.96	6.47	5.76	5.40
2013	77.65	3.82	6.47	7.35	4.71
2014	79.90	2.98	5.71	6.70	4.71
2015	81.43	2.68	5.37	6.04	4.47
2016	82.25	2.71	5.43	5.22	4.38
2017	80.86	2.73	5.86	5.86	4.69

资料来源：《农村经营管理情况统计总报告》（2002—2017年）。

土地流转快速发展，极大地推动了农业规模经营快速、稳步发展。目前，多种形式规模经营面积占承包耕地面积总数的比重超过30%[1]。根据2017年中央一号文件和各地发展实践，农业规模经营主要包括土地流转型和服务带动型两种具体实现路径和形式。

（二）土地流转型农业规模经营稳步发展

土地流转型农业规模经营是指小农户、种植大户、家庭农场、农民合作社、龙头企业等（新型）农业经营主体，通过转包、出租、转让、互换、入股等形式流入土地而形成的土地规模经营。根据农业经营主体和土地流转形式，土地流转型农业规模经营具体可分为家庭经营型、股份合作型和工商租赁型三种土地规模经营类型。

1. 家庭经营型土地规模经营。家庭经营型土地规模经营主要包括两种情形：一种是承包农户通过"互换并地"减少地块数量所实现的土地集中经营。近年来，有些地方针对单个农户拥有承包地块远近不一、大小不等、质量不同、土地细碎化经营的现象，结合农

---

[1]　余瑶.我国新型农业经营主体数量达280万个［N］.农民日报，2017-03-18（006）.

村土地承包经营权确权登记颁证，在坚持农户自愿的基础上，积极探索开展"互换并地"，促进承包地块"小块并大块、多块变一块、分散地块变集中地块"，取得了土地集中经营的良好成效。2017年，全国通过互换方式流转的承包耕地面积达0.30亿亩；2002—2017年，互换流转的承包耕地面积占流转总面积的比重平均为5.65％。"互换并地"减少了承包农户耕作地块数，但并没有显著地扩大承包农户的耕地面积和土地经营规模，只是实现了原有耕地的集中、连片经营，这有利于农机作业和耕地利用，促进农业增产增效，但仍然难以解决承包农户耕地面积规模小、劳动生产率低的问题。另一种是承包农户通过转包、出租等流转方式发展种植大户、家庭农场等新型农业生产主体而形成的土地规模经营。从土地流入主体来看，2009—2017年，尽管流入农户的面积占比呈现下降趋势，由2009年的71.71％下降到2017年的57.62％（表2），但其占比仍然是最高的，且平均占比高达62.90％。其中，大部分流入了专业大户、家庭农场。截至2013年底，中国经营耕地面积在50亩以上的专业大户共有287万户；其中，种粮大户68.2万户，经营耕地面积1.34亿亩[2]。截至2016年底，中国各类家庭农场87.7万家；其中，纳入农业农村部门名录管理的家庭农场44.50万户，比2013年增加2.20倍[3]。农业农村部全国家庭农场监测数据表明，2014年、2015年和2016年有效监测样本家庭农场的平均经营土地面积分别为334.17亩、373.69亩和357.36亩。

表2　承包耕地流入不同主体面积占比的变化趋势（2009—2017年）

年份	流入农户的面积占比/％	流入农民专业合作社的面积占比/％	流入企业的面积占比/％	流入其他主体的面积占比/％
2009	71.71	9.21	9.21	9.87
2010	68.98	11.76	8.02	11.23
2011	67.98	13.60	8.33	10.09
2012	64.75	15.83	9.35	10.07
2013	59.41	20.00	10.59	10.00
2014	58.31	21.84	9.68	10.17
2015	58.84	21.70	9.40	10.07
2016	58.46	21.71	9.60	10.23
2017	57.62	22.66	9.76	9.96

资料来源：《农村经营管理情况统计总报告》（2009—2017年）。

2. 股份合作型土地规模经营。股份合作型土地规模经营是指承包农户将土地经营权入股农民合作社、龙头企业而形成的土地规模经营。从经营主体看，这种形式的土地规模经营，主要包括农产品专业合作社、农村土地股份合作社和土地股份经营公司，且主要开展农业合作生产和农业产业化经营这两种经营方式。近年来，在一些农村劳动力转移程度较高的地区，因受地方政府的大力引导，股份合作型土地规模经营发展较快。2017年，通过股份合作方式流转的承包耕地面积达 0.30 亿亩，占土地流转总面积的 5.86%；2002—2017 年这一流转方式的面积平均占比为 5.39%。2009—2017 年，流入农民专业合作社的承包耕地面积占比由 9.21% 上升到 22.66%（表 2），年均上升 1.49%。

农村土地股份合作社作为农民联合性组织，按照合作制原则组织分散的农户、统一分散的作业、联合分散的经营。从各地实践看，农村土地股份合作模式主要包括以下三种：一是自主经营型土地股份合作模式，农户以土地承包经营权入股组建土地股份合作社或者土地股份经营公司，自己统一组织生产经营，成为规模化的新型农业经营主体。二是内股外租型土地股份合作模式。首先，农户以土地承包经营权入股组建土地股份合作社；然后，土地股份合作社将整理出来、集中起来的连片土地统一对外向专业大户、家庭农场、农业企业等公开出租、转包，推动土地规模经营的形成。在这种模式中，土地股份合作社只是充当了土地流转的中介组织。三是共营制土地股份合作模式，农户以土地承包经营权入股组建土地股份合作社，按照土地股份合作社＋农业职业经理人＋农业综合服务"三位一体"的模式进行"农业共营制"经营。

3. 工商租赁型土地规模经营。工商租赁型土地规模经营是指工商资本（企业）通过租赁农户承包地而形成的土地规模经营。近年来，流入企业的承包耕地面积及其占比呈现不断增长趋势，分别由 2009 年的 0.14 亿亩、9.21% 增长到 2017 年的 0.50 亿亩、9.76%；2013 年占比高达 10.59%（表 2）。农业农村部关于河北、陕西、辽宁、浙江、四川、湖北和广西 7 省（自治区）的调研数据表明，7 省（自治区）总体看，流入企业的承包耕地面积占比由 2015 年的 11.56% 增长到 2016 年的 12.78%，增长了 1.22 个百分点；分省（自治区）看，四川省流入企业的承包耕地面积占比及增长率远高于平均水平，由 2015 年的 14.80% 快速增长到 2016 年的 25.43%，增长了 10.63 个百分点[4]。

当前，工商资本投资农业生产主要有两种方式：一是以直接方式，从承包农户或者村集体经济组织手中租赁承包耕地，直接投资建设标准化基地，雇用农户进行管理的土地规模经营模式。二是以间接方式，采取"龙头企业＋农户""龙头企业＋农民专业合作社＋农户""龙头企业＋基地＋农户""订单农业"等模式进入农业，开展规模化种养活动。工商资本租赁承包耕地进行投资经营，一方面，能在一定程度上解决谁来种地、如何种地、钱从何来、农村劳动力就地就近就业、农业技术提高等现实问题；另一方面，可以为农业发展注入农业技术、种养管理方法与模式等现代的先进生产要素，创新工业反哺农业模式，改善农业生产条件，提升农业规模化经营水平。

（三）服务带动型农业规模经营快速发展

在土地规模经营的带动下，服务带动型农业规模经营快速发展。

1. 农业生产托管日益成为带动小农户发展规模经营的主推服务方式。农业生产托管是农户等经营主体在不流转土地经营权的条件下，将农业生产中的耕、种、防、收等全部或部分作业环节委托给服务组织完成或协助完成的农业经营方式。农业生产托管是服务型规模经营的主要形式，有广泛的适应性和发展潜力。调查结果表明，大部分小农户在经营耕地中已通过多种方式了实现了不同程度的农业规模经营：一种是合作组织带动下的紧密型规模经营；另一种是社会化服务组织带动的松散型规模经营[5]。截至 2017 年底，全国从事农业生产托管的社会化服务组织 22.7 万家，托管服务土地面积 2.32 亿亩、服务农户 3 600 多万户①，涌现出湖南省湘乡市的代耕代种、江苏省射阳县的联耕联种、山东省供销社的土地托管（分为半托、全托两种模式）、四川省崇州市的农业共营制等农业生产托管方式。截至 2016 年底，全国供销合作社系统积极开展的农村土地托管服务范围不断扩大，已从山东拓展到江苏、河南、安徽、江西、辽宁等 29 个省（自治区、直辖市），土地托管面积达 1 亿多亩；建立农村综合服务社 37.4 万家，覆盖全国 66.30％的行政村②，从传统的"一供一销""农资供销"，拓展为全程农业社会化服务和全方位城乡社区服务，成为供销合作社为农服务的一张靓丽名片，探索出了一条以服务规模化推进农业农村现代化发展的新路子。

2. 以服务规模化推进农业现代化具有重要理论价值和实践意义。 土地托管合作社等社会化服务组织立足于农业生产全过程，专业化、全方位为小农户、新型农业经营主体提供各种类农业生产性服务，形成服务型农业规模经营，发展了服务规模经济。这一方面为小农户与现代农业发展有机衔接提供了组织载体和具体路径；另一方面拓展了农业规模经营的内涵，为现阶段实现农业规模经营提供了一条新路径、新模式、新方向，具有重要的理论价值和现实意义。一是构建新型农业生产服务体系、发展农业生产全程社会化服务是构建新型农业经营体系的重要内容；二是发展类似土地托管合作社这样的农业经营性服务组织有利于解决当前中国农业生产力发展与生产关系重塑之间的矛盾；三是土地托管等新型农业服务方式开辟了农业规模经营的新路子，也探索出了一条能更好地保障国家粮食安全的新路子；四是土地托管等新型农业服务方式找到了一条小农户分享现代农业发展成果的新路子，也找到了一条更尊重农民意愿、更符合农民利益的新路子。

（四）家庭农场日益成为集生产与服务于一体的新型农业规模经营主体

家庭农场是规模化、集约化和商品化以及追求利润最大化的规模化农业生产主体。家庭农场的这一主体特征，决定了家庭农场在农业生产中追求规模经济。规模经济的实现需

---

① 国家发改委农村经济司. 农村一二三产业融合发展年度报告（2017 年）[EB/OL]. http：//njs. ndrc. gov. cn/gzdt/201804/t20180419＿882882. html.

② 秉持初心 驶向综合改革新航程：十八大以来供销合作社系统改革发展成就系列综述 [EB/OL]. ht-tp：//www. chinacoop. gov. cn/HTML/2017/09/21/123787. html.

要在土地面积扩大的前提下，寻求资本和劳动的最佳组合。受中国当前劳动市场和农机化服务市场发育不完善的现状影响，家庭农场在做资本要素投入决策时，往往选择自购农业资产设备。但是，农业资产设备的不可分性和资产专用性又决定了在农场水平上农业资产设备与经营面积之间不可能实现完全匹配，因而，家庭农场自有农业资产设备生产能力出现剩余的情形普遍存在。为提高资产利用效率、减少资本沉淀、降低机械设备使用的平均成本和尽快回收购买投资，作为理性经济人的家庭农场，大多进而选择将剩余的农业设备能力向周边的其他生产经营主体（农户）释放，提供服务。因此，家庭农场在农业生产实践中最终呈现既是生产主体又是服务主体的特征[6]。农业农村部全国家庭农场监测数据及典型案例调查的结果表明，家庭农场作为一类重要的新型农业经营主体，实际上已经或正在成为新型农业经营主体和服务主体"双主体"，既是土地规模经营者，也是服务规模经营者。家庭农场双主体功能的发挥，既有助于其生产主体功能的发挥，也有助于现代农业生产服务业的发展。其服务主体功能的发挥，在农业生产社会化服务供给不足的地方，尤其重要。

二、关于农业规模经营几个重要问题的讨论

引导土地经营权有序流转，发展多种形式的农业规模经营，已经成为国家重要的农业政策和现代农业发展的必然趋势。但是，受制于人多地少的独特国情农情、农业转移人口市民化的长期性、家庭农场等新型农业经营主体发育的渐进性，中国农业规模经营的健康快速发展还面临一些需要认真研究讨论和解决的重要问题。

（一）土地经营规模仍然偏小，农业劳动生产率低

上述分析表明，2008 年以来中国土地流转面积、流转率不断增长，土地规模经营趋势明显。但是，与现代农业发展的要求以及国际水平相比，中国土地经营规模仍然偏小，农业劳动生产率低。从规模农户①占比看，经营耕地面积小于 10 亩的农户占比持续稳定在 84%～86%，占比最高，且呈现小幅增长趋势，由 2009 年的 84.02%增长到 2017 年的 85.43%（表 3）。而经营耕地面积等于或者大于 10 亩的规模农户占比仅维持在 14%～16%，且呈现小幅下降趋势。尤其是，2009—2017 年，平均来看，经营耕地面积等于或者大于 30 亩的规模农户占比仅为 3.74%，等于或者大于 50 亩的规模农户占比仅为 1.24%，等于或者大于 100 亩的规模农户占比仅为 0.38%。

---

① 按照农业农村部标准，"规模经营"农户是指一年内经营耕地面积等于或超过 10 亩的农户。

表 3　不同经营规模农户占比变化趋势（2009—2017 年）

单位：%

年份	小于 10 亩	10～30 亩 （含 10 亩）	30～50 亩 （含 30 亩）	50～100 亩 （含 50 亩）	100～200 亩 （含 100 亩）	200 亩以上 （含 200 亩）
2009	84.02	12.20	2.57	0.84	0.27	0.10
2010	85.79	10.83	2.33	0.77	0.19	0.09
2011	85.94	10.69	2.32	0.75	0.20	0.10
2012	86.11	10.48	2.31	0.78	0.22	0.10
2013	85.96	10.28	2.55	0.86	0.24	0.11
2014	85.93	10.18	2.60	0.89	0.28	0.12
2015	85.74	10.32	2.60	0.90	0.31	0.13
2016	85.51	10.48	2.61	0.94	0.33	0.13
2017	85.43	10.41	2.67	0.99	0.35	0.15

资料来源：《农村经营管理情况统计总报告》（2009—2017 年）。

从国际水平来看，目前，中国户均农业土地经营规模为 7.5 亩，约为日本的 1/4，欧盟的 1/40，美国的 1/400；农业劳动生产率约为世界平均值的 47%，高收入国家平均值的 2%，美国的 1%[7]。据世界银行估计，2012 年，中国农业劳动力劳均耕地 5.80 亩；据 FAO 估计，2010 年，中国农业劳动力劳均耕地 3.66 亩；国内官方机构的统计结果表明，2012 年，中国农业劳动力劳均耕地 7.87 亩，农户户均耕地 7.56 亩；显然，中国目前的劳均耕地和户均耕地都超不过 10 亩，这一土地经营规模不仅显著低于世界平均水平，且显著低于亚洲国家平均水平[8]。

（二）土地流转存在"被流转"、流向不合理等突出问题

当前，土地流转、规模经营过程中已经出现一些值得重视的倾向和突出问题，突出表现在速度很快、"被流转"、流向不甚合理。快速工业化和城市化进程使得越来越多的农村劳动力离开土地[9]。正常情况下，这部分进入城市的农民把土地经营权拿出来流转和集中，将成为自然也是必然的过程。但是，目前这样一个自然的历史过程由于一些错误的导向和地方政府、基层社区的冲动，正在被人为地加速。在很多地方，这种加速流转是在农地确权这样一个既涉及农民土地权益保护、也涉及土地用途管治的农地管理基础性工作并没有完成的情况下进行的；同时土地流转或多或少存在"被流转"的情形。1992 年，通过各种方式流转的耕地面积占家庭承包经营耕地面积总数的比重不足 1%。2005 年也只占 4.53%，但到 2017 年达 36.97%，即 2005—2017 年的 13 年间，土地流转率提高了 32.44%，年均增长 2.50 个百分点，土地流转速度显著加快。东部地区土地流转更快，

2017 年土地流转率最高的是上海市，达 75.39%，北京市（63.19%）、江苏省（61.45%）、浙江省（56.80%）次之。

进而言之，理论上看，支持土地流转，应该主要是支持和鼓励流向专门从事农业生产的专业大户、家庭农场，促进这些经营主体的规模经营。但实际情形是，目前，很多地方是把土地集中流转到大企业手中。这样的做法在一定程度上可能短期内解决了规模经营问题、解决了使用效率问题，但遗留下的问题可能更多，例如农民权益保护、农民离农后的生计保障、农地用途管制等。

大量调研表明，当前确实存在这样一种现象，即地方政府和基层社区有一种土地流转偏好，倾向于大规模地、动不动就成千上万亩的流转，而且倾向于把农地流转给大工商企业或大户。工商资本进入农业，有两件事情值得重视：一是防止"非粮化"，就是原来的粮地不种粮食了。如果不种粮食，但还在从事农业生产，那么这种土地资产专用性的改变还不是特别彻底，必要时还可以做粮食生产资源的动员，因而对粮食安全的冲击有限。二是防止和杜绝"非农化"。耕地"非农化"等于把农用地转成建设用地，不是种庄稼而是"种楼房"[10]。

（三）高速度大规模土地流转正在导致土地租金显著上涨

近年来，随着土地大规模流转，土地租金上升非常快。不断攀升的土地租金成为导致土地流转型农业规模经营主体收益下降或者亏损的重要原因。在一些平原地区，年土地租金已攀升到 700～800 元/亩，有的甚至达到或者超过 1 000 元/亩[5]。重庆市梁平区的年土地租金由 2013 年的 680 元/亩上升到 2016 年的 720 元/亩；山东省、河北省、安徽省2015 年的平均土地租金分别为 708 元/亩、668 元/亩、570 元/亩；陕西省、吉林省 2016年的平均土地租金分别达 543 元/亩、811 元/亩[11]。

1. 土地租金上涨事关农业可持续发展大局。从各地调查的实际看，目前的土地租金大致与流转前的亩均纯收益持平。整体上看，租金上涨主要还是市场行为，但工商资本的进入也是不可忽视的因素。租金不断上涨可以为拥有承包权的农民增加一笔财产性收入，但也可能阻碍正常土地流转的进行和新型农业经营主体的成长。根据前几年农业经营成本收益的比较分析，在此前土地成本还没有出现高企的情况下，农业生产特别是粮食生产的利润已经比较低了。现在土地租金上升，对于真正想做农业的人来说，规模扩张的成本压力更大了。从这个角度看，租金上涨不利于粮食生产的稳定和整个农业的可持续发展。

在一些地方的调查发现，虽然整体上看租金是上涨的，但也出现少数土地大规模流转到企业的租金低于之前农民之间流转租金水平的情形。可能的原因，一是政府对租金的过度干预，人为压制和压低租金；二是政府无所作为，对于明显不合理的低租金现象缺乏干预。

从长期看，土地租金事关农业可持续发展大局。人为压低租金至明显小于市场决定的租金水平，对保护农地流出户不利；租金虚高，虽然短期、局部地增加了农地流出户的土地财产性收益，但由于租金在农业生产成本中的占比急剧提升，高租金对农业经营者获得合理利润报偿、保持农业可持续发展是不利的。

2. 应高度关注土地租金非正常上涨可能对中国农产品国际竞争力的负影响。中国近些年农业的生产成本上升得非常快，由此导致中国农业竞争力的显著下降。大概可以得出这样一个判断，21世纪以来的农业生产成本上升，其中的主要原因是劳动力成本的快速上升；其次是化肥、农药、薄膜、水费等其他要素成本的显著增长；最后是土地成本的不断提高。劳动力成本快速上升导致的一个重要负面效应就是农业国际竞争力显著下降。2001年加入WTO前，中国还是一个农产品净出口国，到了2004年就变成了净进口国，农产品贸易逆差持续扩大，由2004年的46.40亿美元扩大到2016年的380.1亿美元，逆差额年均扩大55.32%；2013年，中国农产品贸易逆差额最大，为508亿美元，比2004年扩大了9.95倍。这是主要由劳动力成本上升形成的国际竞争力第一次大幅度下降。

非常值得观察和警醒的是，由于土地租金的大幅度上升，会不会引起第二次农产品国际竞争力的急剧下降？在新形势下，劳动力成本可能仍然还在快速上升，在土地流转趋向规模经营之后，土地租金又在急剧上升。在过去小规模农户从事经营的情况下，土地不能说没有成本，但是是一种影子成本。而现在一旦土地流转，就把隐形的土地成本显性化了。如果任由土地租金上涨，肯定会影响粮食生产和农业规模经营，从而对中国农业国际竞争力产生负面影响。

（四）应重视家庭农场与农民专业合作社之间的功能互补关系

历史发展实践表明，农民专业合作社主要不应是合作生产，或者说不应该是生产领域的合作。当今农民专业合作社的发展，应该主要是为农业生产者提供产前、产中和产后的服务，其要解决的是这样的一个基本问题：由于农业的特殊性，农场规模再大也不可能把应由市场提供的服务内化到厂商内部，因此，农业种植规模越大，对外部提供的社会化服务的需求也越大。这表明，农业领域的生产服务业发展有着巨大潜力和空间。美国的"大农场＋大服务"、日本的"小农户＋大服务"农业发展模式及其经验证实了这一点[12]。

如前所述，中国"最适宜""最合意"的农业经营主体，主要是适度规模化的家庭农场。在这种情形下，参加合作获得边际收益的增长，将会把合作的需求由一般意义上的日常需求转化为实际的有效需求，从而引来农民专业合作社发展的真正的春天。

因此，应高度重视家庭农场与农民专业合作社之间的功能互补关系，家庭农场是农民专业合作社发展的参与者和助推剂。实际上，无论农业生产主体的特征如何，客观上存在着对"合作"的日常需要，但其是否将这种合作的需求转化为合作的行动，取决于其参与合作收益的大小，而收益的大小又取决于其经营规模的大小。相对于小规模农户，家庭农场对农资购买、农产品加工销售、运输贮藏以及农业生产经营技术等服务的需求更为迫切，其规模化生产的特征，使其能从合作中获得的效益更大。家庭农场首先是现有农民专业合作社的参与者，农业农村部全国家庭农场监测数据表明，2016 年 2 998 家有效样本农场中，36.97％的家庭农场加入了农民专业合作社。同时，由于家庭农场经营者专业素质较高、更懂农业技术、善于经营管理，在农民专业合作社组建和运营中也更愿意发挥核心带头作用，其作为合作社发展助推剂的特征也很明显。在不少没有合作社的地方，家庭农场作为创办人建立合作社的情况比较普遍。不仅如此，在家庭农场发展比较密集的区域，家庭农场之间建立协会、联盟等合作性质的行业组织的情况也正在涌现。因此，健康发展的家庭农场，还是加速农民合作和组织化、提升农民专业合作社规范化水平的重要推动力量。

三、加快发展农业规模经营的政策选择

发展农业规模经营是一项涉及新型农业经营体系构建、农村土地制度改革、农业支持保护政策完善等诸多制度和政策内容的系统工程，亟须完善相关扶持政策。

（一）引导土地经营权有序流转

根据《关于完善农村土地所有权承包权就经营权分置办法的意见》（中办发〔2016〕67 号），放活土地经营权是重大政策导向和决策部署。土地经营权是土地作为农业生产要素属性和经济效用功能的直接体现。实施"三权分置"有多重目的，但其中最为重要的是更好更优地用活土地经营权，优化土地资源配置，以更大限度地提升土地产出率、提高劳动生产率和农民收入水平，促进农业规模经营和现代农业又好又快发展。作为最主要的生产要素，土地的适度集中是专业大户、家庭农场得以发展壮大的前提。发展农业规模经营，重点是要培育专业大户、家庭农场，不提倡工商企业长时间、大面积租赁农户承包地。因此，要鼓励土地经营权优先流向专业大户、家庭农场等新型农业生产主体[3]，鼓励土地流出农户与专业大户、家庭农场签订具有较强法律约束力的中长期土地经营权流转合同，稳定专业大户、家庭农场农业生产、投资和经营预期。

一是稳定、完善土地流转关系。加强土地经营权流转交易平台建设和市场体系建设，健全县（市）、乡（镇）、村三级土地经营权流转服务体系，支持开展土地经营权流转市场

供求信息、流转合同咨询指导、流转价格协调、相关纠纷调解等服务，引导土地经营权依法、自愿、有偿平稳流转。

二是创新租地型专业大户、家庭农场形成方式。在有条件的地方，鼓励、引导将土地承包经营权确权登记颁证、互换并地与农田水利等农业基础设施有机结合起来，整合、统筹各类涉农项目资金，集中力量建设优质高标准农田，并将其优先流转给专业大户、示范家庭农场。同时，鼓励各地积极推广股份合作、土地托管、联耕联种等新型农业经营方式和利益联结机制。

三是创新有利于农村土地经营权市场交易的体制机制。例如，探索建立农村承包土地指导价格评估机制，为土地流转方和需求方提供价格指导服务；探索建立土地储备机制，着力提高承包地流转的组织化、规模化程度；引导、鼓励新型经营主体、服务主体与承包农户，在其之间建立合理、顺畅、高效的利益联结机制。

四是加强土地租金调控。从根本上来说，土地租金应该由市场来决定。但由于农业的特殊性，租金的高和低会对不同的利益相关者产生影响，这就成了一个公共领域的事情，要由政府来作出决策。我们认为，在实际租金由市场最终决定的前提下，可以考虑按照土地的区位、土壤肥力状况、土地产出类型等建立基准租金制度[14]。对于明显高于基准租金的，政府予以适当补贴；对明显低于基准租金的，应从保护流出户利益的角度监控租金的形成是否合理以及农户对土地流转是否知情、租金是否公平等。鼓励、引导各地积极推广采用实物计租货币结算、租金动态调整（包括定期和非定期两种方式）、土地入股"保底＋分红"等利益分配方式，切实保障土地经营权流转双方合理合法权益。需要强调的是，所有的租金补贴对象始终应该是真正从事农业的生产经营者，防止"租金过高—补贴—租金进一步上涨"的恶性循环。

（二）优化农村信贷供给政策，有效缓解农业经营主体融资困难

以家庭农场为例，农业农村部全国家庭农场监测数据表明，2016 年，在 2 998 个有效样本中，83％的家庭农场有融资需求，但是，其中仅有 13％的家庭农场的融资需求能较为容易得到满足；在获得贷款的家庭农场中，66％的融资需求是从农村信用合作社或者亲朋好友处得到满足的，从中国农业银行、中国工商银行、中国银行、中国建设银行、交通银行等大型商业银行获得贷款的比例仅有 7％。农业农村部全国家庭农场监测数据统计结果还发现，在 1 145 个粮食类家庭农场有效样本中，82％的粮食类家庭农场表示经常处于资金紧张、困难状态；93％的农场表示土地经营规模难以扩大的重要原因就是资金缺乏、融资难。

这种局面的形成是由于金融系统信贷供给特征和家庭农场等新型经营主体的信贷需求特征严重不匹配。农村信贷供给侧特征集中体现在抵、质押贷款是优先序第一的担保形

式，第三方责任人担保居其次，排最后的是信用贷款。但从新型生产经营主体的需求特征看，家庭农场的融资需求意愿、强度都要远远大于传统小农户，且主要用途为生产用途。对金融机构优先序排第一的抵、质押贷款形式，所需要的抵押物或质押物，恰恰是新型农业生产经营主体所缺乏的，在一些地方，由于改革不到位或不彻底，新型农业生产经营主体的耕地、宅基地、自留地、自留山、农机具等抵押权能尚不彰显。对于金融机构优先序第二的保证贷款形式，新型农业生产经营主体同样缺少相应资源。信用贷款是农村信贷供给侧优先序排最后的贷款形式，但却是新型农业生产经营主体排第一的贷款形式。监测数据统计结果表明，在新型农业生产经营主体缺少抵押物、缺少社会资源的情况下，信用贷款是其优先选择的贷款形式。因此，要持续深化农村金融体制改革，创新农村金融制度和金融支农方式，着力解决家庭农场等新型农业经营主体资金不足、融资难问题，多途径、多渠道有效满足新型农业经营主体资金需求。

一是创新信贷产品和服务。针对粮棉油糖、农作物制种、园艺作物、畜牧业、渔业、农机等不同产业，有针对性地创新和拓展信贷服务方式。

二是鼓励、支持发展农村信用贷款。切实加强农村信用体系建设，尽快建立权威、全国性的家庭农场等新型农业生产经营主体数据库并对金融机构公开。以家庭农场等新型农业生产经营主体为单位，可查询其土地承包经营权、宅基地使用权、土地流转面积、享受国家政策等动态信息，并将该数据库对金融机构公开，便于金融机构对其做信用评级时获取基础数据，针对家庭农场开展信用评定，降低金融机构给新型农业生产经营主体提供信用贷款的成本。

三是促进抵押方式多元化。健全农村产权交易市场基础设施和体系建设，完善、优化农村抵押资产变现处置机制。鼓励金融机构尤其是新型农村金融机构（例如小额信贷公司、村镇银行等）积极开展农村土地经营权、农民住房财产权、大型农机具、在产农作物及订单、活体畜禽、各种有价票据等抵押、质押业务。

四是大力发展农村合作金融。引导供销合作社、农村信用合作社充分、有效发挥自身优势，鼓励农民合作社积极开展内部信用合作、资金互助合作。

（三）大力发展农业保险，提高农业经营主体风险保障水平

目前，政府仍是农业保险政策运行的主体，扶持措施单一、力度不够。问题首先表现在保险对象受限，中国主要的大田作物和部分养殖业虽然都已经有了政策性保险，但一些区域性特色产业保险没有或刚刚起步，家庭农场等新型农业经营主体更大规模经营的水果、蔬菜、牛羊畜禽等产品还未纳入保险覆盖。其次，保额偏低，多数农业政策保险只保成本不保收益，满足不了新型农业经营主体的保险需求。最后，由于保险理赔程序复杂、手续烦琐，灾后赔付难度大、比例小，往往难以真正达到保险目的。

因此，要以农业保险多元化为方向，以增强新型农业经营主体抵御自然和市场风险的能力为目标，不断加强农业保险管理，促进农业保险快速健康发展。

一是丰富农业保险产品，给新型农业经营主体提供多元化的保险选择。根据新型农业经营主体生产经营特性，开发保险新品种，优化政策性保险品种结构，逐步将农业保险补贴覆盖范围从稻麦油等大宗农产品向花果蔬等特色农产品扩大。

二是调整保障水平，提高新型农业经营主体农业保险的赔付水平。设计多层次、多档次农业风险保障水平，对不同层次、不同档次农业风险实行差别化保险补偿标准。新型农业经营主体根据自身情况和需求自主选择参保层次和档次，逐步实现农业保险由"保成本"向"保收益"转变。

三是简化定损、理赔等程序和手续，及时发放保险赔付款。

四是开放农业保险市场，形成政策保险和商业保险、合作保险共同参与的农业保险市场新格局。充分发挥政策性农业保险的财政补贴杠杆作用，鼓励、引导商业保险机构积极开展农业保险业务。引导、支持新型农业经营主体积极开展农业互助合作保险。

（四）着力发展农业生产性服务业，健全农业生产社会化服务体系

功能健全、运行良好的社会化服务，可以有效地把各种现代生产要素注入经营主体的经营之中，不断提高农业物质技术装备水平，从而在坚持家庭"小生产"的基础上推进农业生产专业化、商品化和社会化。中国资源禀赋和现有生产条件决定了中国专业大户、家庭农场不可能像美国等新大陆国家的家庭农场那样具备较高的农业机械化水平和自我服务的能力。同时，专业大户、家庭农场规模再大，也不可能将应由市场提供、成本更低的产前和产后生产服务全部内化到专业大户、家庭农场内部。

习近平总书记曾指出，在鼓励规模经营同时，要研究完善针对小农生产的扶持政策，加强社会化服务，把小农生产引入现代农业发展轨道。

一是加快构建新型农业社会化服务体系[15]。培育发展多元化、多形式、多层次的农业生产服务组织，做好产前的农资供应、市场信息服务，产中的农业技术指导、农机协作服务，产后的贮藏、销售和加工等服务，为农业经营主体发展提供服务保障。

二是适应农业经营主体联合的需求，支持和鼓励农业经营主体之间的联合合作[16]。引导同产业同类型的农业经营主体组建专业协会、联合会，发挥集聚效应。

三是引导专业大户、家庭农场组建农民合作社，为专业大户、家庭农场提供良种、农机、植保、农产品加工贮藏销售等一体化服务，降低专业大户、家庭农场生产和服务成本。同时，重视专业大户、家庭农场的服务主体功能，引导其为周边农户提供优质的农业生产机械和技术服务。从服务内容看，首先，强化农业科技培训和使用服务。通过创新农业技术推广服务途径、支持专业大户、家庭农场积极应用农业新技术、加强农业先进技术

的宣传示范和推广等措施，使农业科技成为专业大户、家庭农场可持续发展的重要支撑。其次，强化对专业大户、家庭农场的产品营销服务。加强专业大户、家庭农场的信息化基础设施建设，不断提升专业大户、家庭农场信息化运用水平，着力解决其所遭遇到的市场信息不对称问题。充分利用"互联网＋"、大数据、云计算等现代化信息技术，促进农村电子商务、智慧农业、精准农业等新业态发展。加强专业大户、家庭农场产品品牌建设，引导专业大户、家庭农场通过标准化生产提升农产品质量水平，帮助有条件的专业大户、家庭农场创设农产品品牌；引导专业大户、家庭农场积极开展"三品一标"质量认证，不断提升产品品质和质量；鼓励、组织专业大户、家庭农场直接参与各类农产品展会等营销活动，着力解决产品销路问题，促进收入增长。

参考文献：

[1] 朱道林，王健，林瑞瑞．中国农村土地制度改革探讨：中国土地政策与法律研究圆桌论坛（2014）观点综述［J］．中国土地科学，2014（9）：89-94.

[2] 张红宇．新型农业经营主体发展趋势研究［J］．经济与管理评论，2015（1）：104-109.

[3] 张红宇，杨凯波．我国家庭农场的功能定位与发展方向［J］．农业经济问题，2017（10）：4-10.

[4] 郜亮亮．中国农地流转市场的现状及完善建议［J］．中州学刊，2018（2）：46-52.

[5] 赵鲲，刘磊．关于完善农村土地承包经营制度发展农业适度规模经营的认识与思考［J］．中国农村经济，2016（4）：12-16，69.

[6] 杜志雄，刘文霞．家庭农场的经营与服务双重主体地位研究：农机服务视角［J］．理论探讨，2017（2）：78-83.

[7] 孙中华．关于深化农村土地改革的几个问题［J］．理论学刊，2016（2）：40-45.

[8] 林万龙．农地经营规模：国际经验与中国的现实选择［J］．农业经济问题，2017（10）：33-42.

[9] 赵丽娜．地方政府如何用好市场之手：从开发区建设看政府职能转变［J］．理论学刊，2019（1）：64-71.

[10] 杜志雄．农民财产权利：效率优先中的公平问题：地怎么种：从"小"到"大"是一个过程［J］．三联生活周刊，2014（3）.

[11] 孔祥智，穆娜娜．实现小农户与现代农业发展的有机衔接［J］．农村经济，2018（2）：1-7.

[12] 杜志雄，王新志．中国农业基本经营制度变革的理论思考［J］．理论探讨，2013（4）：72-75.

[13] 蔡颖萍，杜志雄．家庭农场生产行为的生态自觉性及其影响因素分析：基于全国家庭农场监测数据的实证检验［J］．中国农村经济，2016（12）：33-45.

[14] 杜志雄．家庭农场发展与中国农业生产经营体系构建［J］．中国发展观察，2018（3-4）：43-46.

[15] 熊爱华，张涵．农村一二三产业融合：发展模式、条件分析及政策建议［J］．理论学刊，2019
(1)：72-79.

[16] 杜志雄，谭洪业，郜亮亮．新型农业经营主体与其加入合作社行为的实证分析：基于全国795
家种植业家庭农场面板数据［J］．北京工业大学学报（社会科学版），2019 (2)：60-73.

中国农业发展 70 年：成就、经验、未来思路与对策[①]

新中国成立 70 年来，中国农业发展呈现出了翻天覆地的巨大变化，突出表现在农业产量和产值取得巨大进步，农林牧渔业全面繁荣、协调发展，农业生产条件实现巨大飞跃，新型农业经营体系不断健全，农业发展新动能基本形成，农业对外开放成就跃居世界前列，农村居民生活正向全面小康迈进。党对"三农"工作的领导、农村基本经营制度、支持保护政策、农业科技创新、农产品市场化改革等是中国农业发展 70 年所取得的基本经验。进入新时代，未来推进农业高质量发展，须坚持绿色发展理念和质量兴农战略，大力拓展农业多功能；努力培育新型农业经营与服务主体，加快发展多种形式规模经营；深入推进农业资本化运作；加快推进农业一二三产业融合发展；构建农业对外开放新格局。

1949 年 10 月 1 日，中华人民共和国成立；2019 年 10 月 1 日，中华人民共和国成立 70 年。在中国共产党领导的不断探索和制度创新下，中国农业经历了 70 年的曲折而又伟大的发展征程，农业发展呈现出了翻天覆地的巨大变化，实现了举世瞩目的跨越发展。70 年的农业发展，不仅见证了农业改革开放的伟大成就和系列政策的利弊影响，也为未来农业发展积累了大量弥足珍贵的实践经验，非常值得我们今天高度重视、细致总结和大力弘扬。本文认真总结新中国成立 70 年来中国的农业发展成就与问题、基本经验，并提出未来农业发展的思路与对策。

一、新中国成立以来 70 年的农业发展成就与问题

（一）农业产量产值取得了巨大进步，农林牧渔业全面繁荣、协调发展

2017 年，粮食总产量达 63 160.72 万吨，比 1949 年（11 318.0 亿吨）增长 4.85 倍，年

---

① 本文原载于：杜志雄，肖卫东. 中国农业发展 70 年：成就、经验、未来思路与对策 [J]. China Economist, 2019, 14 (1)：2-33.

均增长 2.43%；比 1978 年增长 1.17 倍，年均增长 2.10%。尤其是，2004—2015 年，粮食生产实现历史性的"十二连增"；2012—2017 年，粮食产量持续稳定在 6 亿吨以上。棉花、油料亦呈现快速增长态势，2017 年的产量分别达 565.30 万吨、3 475.24 万吨，分别比 1949 年增长 11.73 倍、12.55 倍，年均增长率分别达 5.44%、5.59%。糖料、园林水果、畜产品、水产品等高值农产品产量以更快的速度增长。其中，2017 年的糖料产量比 1949 年增长了 39.09 倍，年均增长率达 27.50%，是增速最快的农作物。同期，水产品产量年均增长率达 8.32%。1949—2017 年，肉类总产量年均增长 7.27%。1978—2017 年，牛奶产量年均增长 9.64%。1982—2017 年，禽蛋产量年均增长 7.42%。1949—2016 年，园林水果产量年均增长 9.09%。新中国成立以来，中国粮食、棉花、油料、糖料、畜产品、水果和水产品等重要农产品生产能力显著增强，国家粮食安全保障能力显著提升，农产品市场供给取得了巨大进步，不仅解决了占世界 1/5 人口的吃饭问题，还为加快推进工业化、城镇化进程提供了重要支撑。

农林牧渔业总产值①由 1952 年的 461 亿元（当年价，下同）逐年快速增长到 2017 年的 109 331.72 亿元，年均名义增长率达 11.22%；改革以来（1979—2017 年）的农业总产值增速达 12.14%，是改革开放以前（1952—1978 年）增速（5.26%）的 2.31 倍。其中，农业总产值、林业总产值、牧业总产值和渔业总产值的年均名义增长率分别达 10.13%、12.60%、13.45% 和 16.40%。新中国成立以来农林牧渔业总产值及各项构成年均 10% 以上的高速增长，创造了世界农业发展的奇迹。

从各行业产值占比看（图 1），农林牧渔业结构不断优化。1952—2017 年，农业产值

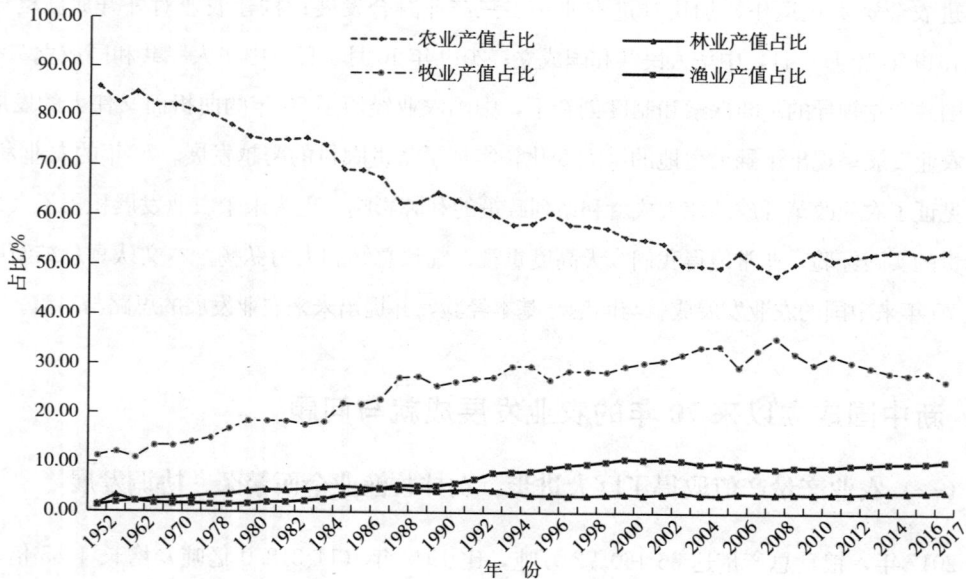

图 1 中国农林牧渔业总产值结构变化趋势（1952—2017 年）

---

① 从 2003 年起，包括农林牧渔服务业产值。

占比不断下降，下降了 32.80 个百分点；牧业产值占比和渔业产值占比不断上升，分别上升了 15.58 个百分点和 9.29 个百分点；林业产值占比基本保持稳定，尤其是自改革开放以来一直在 4% 左右徘徊。由此，经过 70 年逐步发展和深刻调整，农业内部实现了由"以种植业为主、以粮为纲"的高度单一结构向"农林牧渔全面、协调发展"的立体式复合型结构转变。

（二）农业生产条件持续改善并实现巨大飞跃，农业发展基础越来越稳固

新中国成立以来，党和政府大力发展农业机械和兴建农田水利基础设施，农业生产条件实现由薄弱到明显增强的巨大飞跃，对现代农业发展的支撑能力显著增强。

一是农业机械化水平持续提升。1949 年，农业机械总动力仅为 8.10 万千瓦；到 2017 年，达 98 783.35 万千瓦，年均增长率达 15.15%，农业机械总动力快速增长（图 2）。尤其是改革开放 40 年以来，每公顷耕地拥有农业机械动力和每个农业劳动力拥有农业机械动力也呈快速上升趋势，分别由 1978 年的 1.18 千瓦和 0.41 千瓦快速上升到 2017 年的 8.12 千瓦和 4.72 千瓦，年均上升 5.25% 和 6.52%。

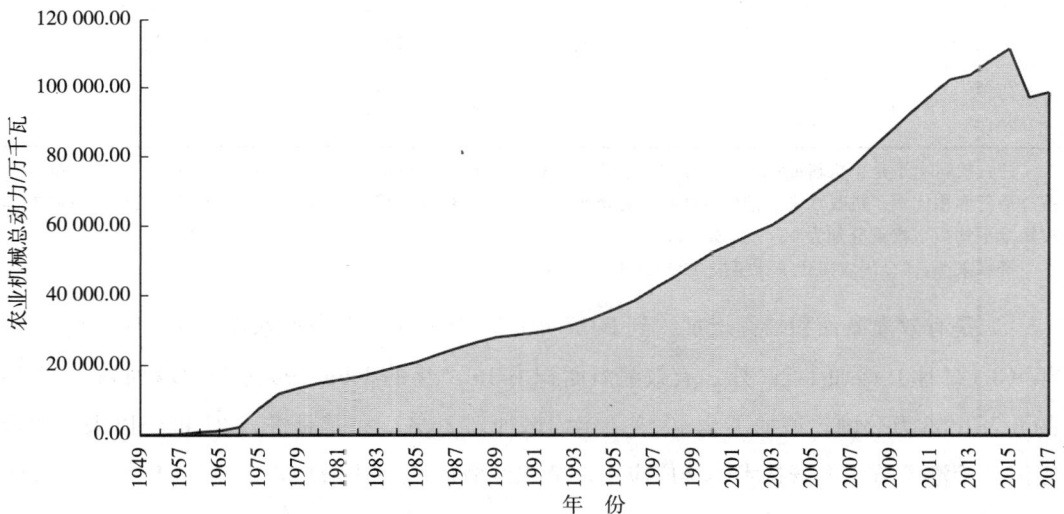

图 2　中国农业机械总动力增长趋势（1949—2017 年）

伴随农业机械总动力的快速增长，农业生产用机械化水平持续上升（表 1），全国农作物耕种收综合机械化水平在 2017 年达到 65.60%，比 2001 年提高 33.42 个百分点，年均提高 1.97 个百分点。其中，机耕水平年均提高 1.97 个百分点，机播水平年均提高 1.65 个百分点，机收水平年均提高 2.30 个百分点。更为重要的是，农业机械服务范围涵盖了农业生产、加工、流通等产前、产中、产后各个环节[1]；作业领域由粮食作物延伸到经济作物，由大田农业延伸到设施农业，由种植业延伸到养殖业、农产品加工业和流通业。

表1　主要农作物机械化水平（2001—2017年）

单位：%

年份	机耕水平	机播水平	机收水平	综合水平
2001	47.41	26.06	17.99	32.18
2002	47.13	26.64	18.33	32.34
2003	46.84	26.71	19.02	32.46
2004	48.90	28.84	20.36	34.32
2005	50.15	30.26	22.63	35.93
2006	55.39	32.00	25.11	39.29
2007	58.89	34.43	28.62	42.47
2008	63.00	38.00	31.00	45.90
2009	65.19	40.59	33.30	48.24
2010	67.70	42.15	36.77	50.76
2011	71.34	43.69	40.11	53.68
2012	72.34	45.44	42.91	55.44
2013	73.98	46.99	46.33	57.59
2014	76.01	48.40	49.49	59.77
2015	78.86	51.04	51.91	62.43
2016	81.40	52.00	55.04	64.67
2017	80.61	54.14	57.05	65.60

注：机耕水平是指机耕面积占实际总耕地面积（总播种面积－免耕播种面积）比重；机播水平是指机播面积占总播种面积比重；机收水平是指机收面积占总播种面积比重；耕种收综合机械化水平为机耕、机播和机收的加权算术平均数，权重分别为0.4、0.3、0.3。

资料来源：《全国农机化统计年报（2001—2017年）》。

二是有效灌溉面积持续增加。到2017年底，全国共有大中型水库4 666座，比2000年（3 124座）增加1 542座。有效灌溉面积由1952年的1 995.90万公顷增加到2017年的6 781.56万公顷，增加了2.40倍，年均增加1.26%。尤其是进入21世纪以来，随着喷灌、滴灌等节水灌溉技术的推广应用，节水灌溉面积快速增加，由2000年的1 638.90万公顷快速增加到2017年的3 431.90万公顷，年均增加4.55%。2017年，节水灌溉面积占有效灌溉面积的比重达50.61%。

（三）农业生产经营主体和经营形式多元化发展，新型农业经营体系不断健全

改革开放前，我国主要采取合作化（1949—1958年）和人民公社化（1958—1978年）的农业组织形式，经营主体（主要为农民集体）、经营形式和经营体系（主要为集体经营）都较为单一。改革开放后，家庭承包经营（1978年至今）成为主要的农业生产组织形式。在家庭承包经营这一组织形式的基础上，由于农业劳动力向城镇和非农产业转移以及农村

改革的不断深化，承包地快速流转，越来越多的农产品开始走向规模化、专业化、集约化、社会化生产和经营。专业大户、家庭农场、农民合作社、龙头企业、农业经营性服务组织等新型农业经营主体和服务主体不断涌现，并逐步发展壮大，各种新的农业经营形式不断成长。统计数据①显示，截至 2016 年底，全国各类家庭农场 87.7 万家，其中纳入农业部门名录管理的家庭农场 44.50 万家；农民合作社 193 万家；各类社会化服务组织 115 万家，其中，从事农业生产托管的服务组织 22.5 万家；各类龙头企业 13 万家。

在新型农业经营主体和服务主体中，种养大户和家庭农场是粮食等重要农产品生产的基本主体和主力军，实行家庭经营，在农业生产经营活动中发挥着基础性作用；农民合作社主要开展合作经营，从而具有联系农民、组织农民、服务农民、带动农民的独特优势和功能；龙头企业主要开展公司经营，在高端农产品生产方面具有显著的引导示范效应和辐射带动效应；农业经营性服务组织着力为各类农业生产主体提供农业服务。由此，新中国成立以来，中国的农业经营主体经历了由改革开放前的农民集体占主导的格局到改革开放初期相对同质性的农民家庭占主导的格局的演变，再到现阶段的多元化经营主体并存、分工协作的格局的转变；以农户家庭经营为基础、合作与联合为纽带、社会化服务为支撑、多种经营形式共同发展的立体式复合型现代农业经营体系日益形成、不断健全。这既是农业向现代化演进过程中的必然[2]，又是历史传承的结果[3]。

（四）农业新产业新业态蓬勃涌现，农业发展新动能基本形成

直到改革开放之初，中国农业产业仍然沿袭农林牧渔业原始产品生产为主的传统格局；设施农业微乎其微，休闲农业等农业多功能性利用产业的产值也很小[4]，农产品加工业发展比较缓慢[5]。1952 年，农产品加工业总产值 193.50 亿元，与农业总产值之比为 0.42∶1；1985 年，农产品加工业总产值与农业总产值之比为 0.77∶1。改革开放后，由于家庭承包经营制度的确立和完善发展、农产品购销体制改革和农村中小企业的快速发展，农业产业极大地突破了传统的农林牧渔业原始产品生产的范畴，新产业新业态蓬勃涌现。特别是 21 世纪以来，新产业新业态加快发展，已经成为农业农村发展新活力和新动能的重要来源。

一是农产品加工业迈上新台阶。截至 2017 年底，规模以上农产品加工业企业达 8.1 万家，实现主营业务收入 19.4 万亿元，实现利润总额 1.3 万亿元②。2015 年，农产品加工转化率达 65%，农产品加工业总产值与农业总产值之比达 2.20∶1③，比 1952 年提高了

---

① 农业部农村经济体制与经营管理司，农业部农村合作经济经营管理总站. 中国农村经营管理统计年报（2016）［M］. 中国农业出版社，2016.

② 农业农村部农产品加工局. 2017 年全国农产品加工业发展持续稳中向好［EB/OL］. http：//www. xqj. moa. gov. cn/tjxx/201802/t20180223_6137312. htm.

③ 《全国农产品加工业与农村一二三产业融合发展规划（2016—2020 年）》（农加发〔2016〕5 号）。

4.24 倍，比 1985 年提高了 1.86 倍。

二是农村电子商务高速发展。商务部统计数据[①]显示，农村地区网络零售额由 2014 年的 1 800 亿元逐年快速增长到 2017 年的 12 448.80 亿元，年均增长 96.23%；农村网络零售额在全国网络零售总额中的比重由 2014 年的 6%逐年提升到 2017 年的 17.40%，年均提升 3.80 个百分点；2017 年，全国农产品网络零售额为 2 436.6 亿元，比 2016 年增长 53.30%；截至 2017 年底，全国共有农村网店 985.6 万家，阿里巴巴淘宝村 2 118 个，农产品大宗商品电子交易市场 585 家；生鲜农产品电商交易额 1 391.30 亿元。

三是休闲农业和乡村旅游蓬勃兴起。统计数据[②]显示，2017 年，全国休闲农业和乡村旅游类经营主体达 33 万家，从业人员 900 万，年接待游客 22 亿人次；经营收入由 2014 年的 3 000 亿元逐年快速增长到 2017 年的 6 200 亿元，年均增长 28.33%，带动 700 多万户农民家庭就业和增收。

由此可见，中国农业已经实现由纯粹农业原始产品生产向农产品生产、加工、销售等全产业链各个环节共同发展，由单纯的农产品生产功能向文化传承、生态保护和旅游体验等农业多功能开发利用的双重转变。

（五）农业对外经济实现了从封闭半封闭到全方位开放的伟大历史转折，对外贸易规模跃居世界前列

新中国成立初期，中国农产品贸易规模极其有限，农业对外开放基本上处于封闭半封闭状态。改革开放尤其是加入 WTO 以来，农业对外开放步伐明显加快、全面推进，从大规模"引进来"到大踏步"走出去"，一跃成为世界农业对外开放大国，开放质量大幅提高。

一是农产品贸易规模持续快速增长。中国农产品进出口贸易总额由 1995 年的 254.20 亿美元增长到 2017 年的 2 013.90 亿美元，增长 6.92 倍，年均增长 10.64%。其中，进口额增长 10.61 倍，年均增长 13.46%；出口额增长 4.18 倍，年均增长 8.11%（图 3）。目前，中国已成为世界第三大农产品贸易国、第一大农产品进口国，出口额居世界第六位。需要注意的是，从 2004 年起，中国农产品贸易长期顺差转变为持续性逆差，并且呈扩大态势，由 2004 年的 46.40 亿美元扩大到 2017 年的 503.30 亿美元，扩大了 9.85 倍（图 3）。

二是农业"引进来"由引资向引技、引智领域不断拓展，成效显著。1997—2016 年，

---

① 中国国际电子商务中心研究院．中国农村电子商务发展报告（2015—2018）［EB/OL］. http://ciecc.ec.com.cn/.

② 国家发改委农村经济司．农村一二三产业融合发展年度报告（2017 年）［EB/OL］. http://njs.ndrc.gov.cn/gzdt/201804/t20180419_882882.html.

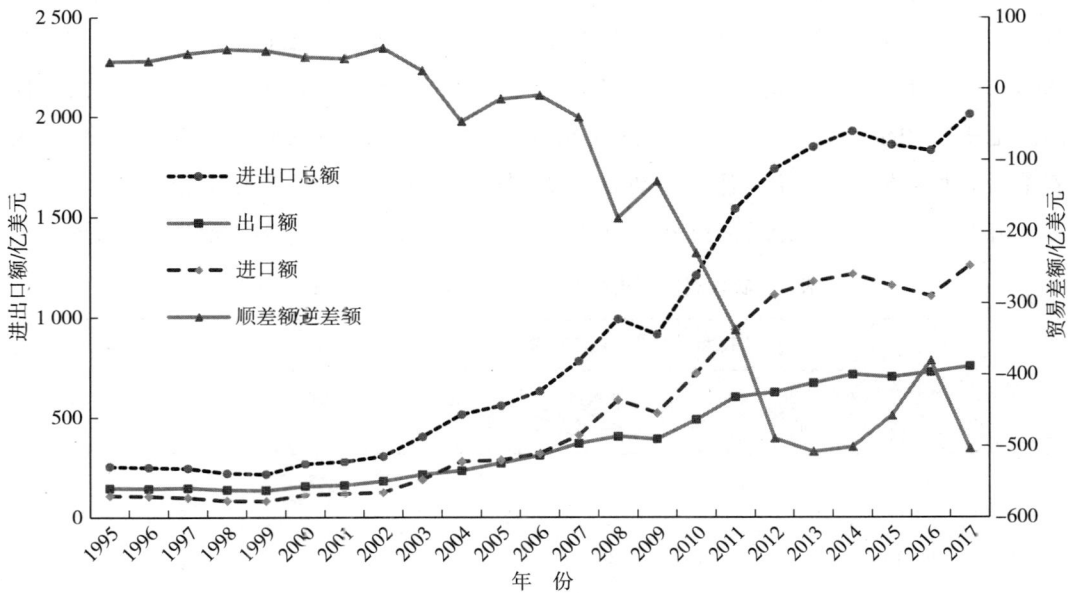

图 3　中国农产品进出口贸易增长趋势（1995—2017 年）

农业①实际利用外商直接投资额、外商投资企业投资总额呈现增长趋势，外资利用规模不断扩大，分别由 1997 年的 6.28 亿美元、125 亿美元增长到 2016 年的 18.98 亿美元、814 亿美元，年均增长 8.08%、12.04%，累计实际利用外商直接投资额 242.78 亿美元、外商投资企业投资总额 5 192 亿美元。在引技、引智方面，通过实施一批重大联合项目，引进了大量农业种质资源、技术、农机装备、管理经验和智力资源。

三是农业大踏步"走出去"，对外直接投资增长势头强劲。农业对外投资流量由 2004 年 2.90 亿美元增长到 2016 年的 32.87 亿美元，年均增长 33.43%；投资存量由 2004 年的 8.34 亿美元扩张到 2016 年的 148.85 亿美元，年均增长 30.13%。截至 2016 年底，中国农业对外投资存量超过 1 800 亿元人民币，在全球 100 多个国家和地区设立农林牧渔类境外企业 1 300 多家②。

（六）农村居民生活取得了巨大进步，正向全面小康迈进

新中国成立 70 年来，农村居民收入持续较快增长，消费水平持续提高，消费结构不断优化升级，扶贫工作成效显著，农村居民生活实现了由贫困到总体小康的历史性跨越，正向全面小康迈进。

---

① 此处农业概指农业、林业、牧业和渔业。
② 白锋哲，吕珂昕. 开放合作引领农业走向世界：党的十八大以来农业国际合作成就综述 [N]. 农民日报，2017 - 09 - 23（001）。

一是农村居民收入持续较快增长，财产性收入进入寻常百姓家。农村居民人均可支配收入[①]由 1949 年的 43.80 元增长到 2017 年的 13 432 元（表 2），增长了 305.67 倍。其中，1949—1978 年年均名义增长 3.9%，1979—2017 年年均名义增长 12.75%，增速大幅提高。尤其是党的十八大以来，各级政府多措并举，从持续增加居民收入尤其是财产性收入着手，全力为农村居民增收注入新动力。农村居民拥有的财产性收入由无到有、由少变多，由 1993 年的 7.02 元增长到 2017 年的 302.96 元（表 2），年均名义增长 24.85%。

表 2 　农村居民可支配收入及其结构（1949—2017 年）

年份	人均可支配收入/元	工资性收入		经营净收入		财产净收入		转移净收入	
		收入额/元	所占比重/%	收入额/元	所占比重/%	收入额/元	所占比重/%	收入额/元	所占比重/%
1949	43.80	—	—	—	—	—	—	—	—
1957	73.00	43.40	59.45	21.50	29.45	—	—	8.10	11.10
1962	99.10	52.30	52.77	38.20	38.55	—	—	8.70	8.78
1965	107.20	63.20	58.96	33.30	31.06	—	—	10.70	9.98
1978	133.60	88.30	66.09	35.80	26.80	—	—	9.50	7.11
1980	191.30	106.40	55.62	62.60	32.72	—	—	22.40	11.71
1985	397.60	72.20	18.16	296.00	74.45	—	—	29.50	7.42
1990	686.30	138.80	20.22	518.60	75.56	—	—	29.00	4.23
1993	921.62	194.51	21.11	678.48	73.62	7.02	0.76	41.61	4.51
1995	1 577.74	353.70	22.42	1 125.79	71.35	40.98	2.60	57.27	3.63
2000	2 253.42	702.30	31.17	1 427.27	63.34	45.04	2.00	78.80	3.50
2005	3 254.93	1 174.53	36.08	1 844.53	56.67	88.45	2.72	147.42	4.53
2010	5 919.01	2 431.05	41.07	2 832.80	47.86	202.25	3.42	452.91	7.65
2011	6 977.29	2 963.43	42.47	3 221.98	46.18	228.57	3.28	563.31	8.07
2012	7 916.58	3 447.46	43.55	3 533.37	44.63	249.05	3.15	686.70	8.67
2013	9 429.59	3 652.50	38.73	3 934.86	41.73	194.71	2.06	1 647.52	17.47
2014	10 488.90	4 152.20	39.59	4 237.40	40.40	222.10	2.12	1 877.20	17.90
2015	11 421.70	4 600.30	40.28	4 503.60	39.43	251.50	2.20	2 066.30	18.09
2016	12 363.41	5 021.85	40.62	4 741.28	38.35	272.05	2.20	2 328.23	18.83
2017	13 432.00	5 498.42	40.94	5 027.82	37.43	302.96	2.26	2 603.23	19.38

资料来源：《新中国农业 60 年统计资料》《中国统计年鉴（1979—2018 年）》。

---

① 1992 年及以前各年，转移性收入包括财产性收入。从 2013 年起，国家统计局开展了城乡一体化住户收支与生活状况调查。2013 年以前，农村居民收入指标为人均纯收入（包括财产性收入、经营性收入、财产性收入和转移性收入）；2013 年起，城镇居民、农村居民收入指标统一为人均可支配收入（包括财产性收入、经营净收入、财产净收入和转移净收入）。在农产品消费上，2013 年的调查范围和指标口径为食品支出，2013 年起为食品烟酒支出。

二是农村居民生活条件持续改善，消费结构不断优化升级。1949—1978年，农村居民人均消费支出增长了1.9倍，年均名义增长3.70%[①]。2017年，农村居民人均消费支出10 954.53元，比1980年（162.20元）名义增长66.54倍，年均名义增长12.29%，比1949—1978年的年均名义增速高8.59倍百分点。1949—1978年，农村居民恩格尔系数都在67%以上。2017年，农村居民恩格尔系数31.20%，比改革开放前的水平下降了近36个百分点。按照恩格尔系数联合国标准[②]，2017年，农村居民生活处于相对富裕阶段，正向富裕阶段跨入，消费层次由温饱型向全面小康型转变。2017年，农村居民人均住房建筑面积比1978年增加了38.60平方米，住房条件大为改善；平均每百户拥有的家用汽车、洗衣机、电冰箱（柜）、彩色电视机、空调、热水器、移动电话、计算机分别增加到19.3辆、86.3台、91.7台、120台、52.6台、62.5台、246.1部、29.2台。农村居民人均国内旅游花费由1994年的54.90元上升到2017年的603.30元，旅游潜力不断释放。

三是扶贫成就举世瞩目。新中国成立初期到1978年，大多数农村居民生活处于绝对贫困状态，1978年，农村绝对贫困人口2.5亿人。改革开放尤其是党的十八大以来，中国全力、稳步实施精准扶贫精准脱贫战略和大规模减贫行动，农村扶贫取得了举世瞩目的成就。按照2010年贫困线标准[③]，农村贫困人口由1978年的7.70亿人减少到2017年的3 046万人，累计减少7.4亿人；贫困发生率由97.5%下降到3.1%。

综上，新中国成立以来，中国农业发展取得了举世瞩目的历史性成就，为全球粮食安全、贫困治理和农业可持续发展做出了巨大贡献。但进入新时代，中国农业发展不平衡不充分的挑战日益突出，面临多重安全隐患（粮食安全的结构性矛盾、种业安全、食品安全和生态安全等）、农村人才队伍建设滞后、农民持续增收动力不足、农业供给质量亟待提高等问题，尤其是农业成本持续上升问题。2001—2016年，三种粮食亩均总成本由350.61元持续快速上升到2016年的1 093.62元，上升了2.12倍，年均上升7.42%；国产大豆、油料、棉花、甘蔗、水果、蔬菜的亩均总成本年均上升率分别达7.61%、8.22%、8.70%、7.27%、11.69%、9.40%。2013年，中国玉米、稻谷、小麦、大豆、棉花这五种主要农产品亩均总成本分别比美国高出56.05%、20.82%、210.42%、38.44%、222.84%[7]。农业成本持续快速上升导致中国农产品国内外价差不断拉大，农业经营效益下降，国际竞争力低弱。

---

① 国家统计局. 城乡居民生活从贫困向全面小康迈进［EB/OL］. http：//www.stats.gov.cn/ztjc/ztfx/qzxzgcl60zn/200909/t20090910_68635.html.

② 联合国根据恩格尔系数大小对一国或地区居民生活水平进行划分，恩格尔系数在60%以上为贫穷，50%～60%为温饱，40%～50%为小康，30%～40%为相对富裕，20%～30%为富裕，20%以下为极其富裕。

③ 农民人均纯收入2 300元（2010年不变价）。

二、新中国成立以来 70 年的农业发展经验

(一) 坚持和完善党对 "三农" 工作的领导

新中国成立伊始，中央就非常重视 "三农" 工作，先后根据当时的国情实施了 "土地改革"、农业合作化和人民公社制度。1982—1986 年和 2004—2018 年，中央先后连续 5 年、15 年出台了以 "三农" 为主题的中央一号文件。尤其是，在 2004 年中央一号文件中，中央就作出了 "把解决好'三农'问题作为全党工作的重中之重" 的战略定位。党的十九大提出了实施乡村振兴战略的重大决策和部署，并进一步强调 "农业农村农民问题是关系国计民生的根本性问题，必须始终把解决好'三农'问题作为全党工作重中之重" 并且 "要坚持农业农村优先发展"。在实践中，中央和全国各地一切从实际出发，不断建立健全、优化完善党委统一领导、政府负责、农业农村工作部门统筹协调的 "三农" 工作领导体制，不断完善党管 "三农" 工作的体制机制和方式方法，强化农业资源要素支持和制度供给，把坚持 "'三农'工作重中之重的战略定位" 和 "农业农村优先发展" 的基本原则体现到各个方面。可见，中央始终把加强和改善党对 "三农" 工作的领导作为推进农村改革发展和农业高质量发展的政治保证。正是在中央的坚强领导和战略部署下，在中央持续实施的一系列支农强农惠农政策支持下，中国农业发展取得了举世瞩目的成就，迈上了新台阶，步入了新时代。可以说，如果没有中央的正确领导、统揽全局、协调各方，中国的农业发展不可能取得如此卓著的成就。

(二) 坚持和巩固完善农村基本经营制度

新中国成立以来，伴随着农村土地制度变革，中国农村基本经营制度也随之完善。新中国成立初期，中国实行了平均地权的土地改革，由此形成了土地私营私有的经营方式和基本经营制度。1953—1956 年，开始农业合作化运动，土地转为私有基础上的互助合作。1957—1978 年的人民公社制度，实行土地集体所有、统一经营、按工分分配劳动成果的经营形式，并由此形成了 "三级所有、队为基础" 的基本经营制度。1978 年改革开放以来，随着家庭联产承包责任制的兴起和人民公社制度的瓦解，以家庭承包经营为基础、统分结合的双层经营体制得以建立。家庭联产承包责任制是适应社会主义市场经济体制、符合农业生产特点的农村基本经营制度。家庭联产承包责任制的实施极大地提高了农民生产积极性，进而促进了农业生产效率的提高。相关研究结果表明，在改革开放初期的农业增长中，约 50% 的增长源于家庭联产承包责任制的实施[8]；在改革开放初期的粮食增长中，约 35% 的粮食单产增长源于家庭联产承包责任制[9]。

20 世纪 90 年代，家庭承包责任制的巩固和完善为中国农业发展注入持续的动力。

1993 年，中央决定将土地承包期从一轮承包的 15 年延长至二轮承包的 30 年。《中华人民共和国农村土地承包法》（2003 年 3 月 1 日起施行）进一步明确规定"耕地的承包期为 30 年"。进入 21 世纪 10 年代，为顺应农民保留土地承包权、流转土地经营权的意愿，适应农村劳动力大量转移、农户承包土地的经营权流转明显加快和农业规模经营快速发展的必然趋势，中央提出并确定了农村土地"三权分置"的基本方向，并于 2016 年 10 月印发了《关于完善农村土地所有权承包权经营权分置办法的意见》。"三权分置"是继家庭联产承包责任制后农村改革又一重大制度创新[10]，是农村土地制度改革理论和政策重大创新与突破[11]。更为重要的是，"三权分置"是农村基本经营制度的自我完善，符合生产关系适应生产力发展的客观规律，展现了农村基本经营制度的持久活力。2017 年 10 月，党的十九大报告进一步明确提出，"保持土地承包关系稳定并长久不变，第二轮土地承包到期后再延长三十年"。随着这一重大战略决策的确立，农村基本经营制度得到了进一步巩固和完善。可见，新中国成立以来尤其是改革开放以来，中国农业发展所取得的巨大成就，正是农村基本经营制度所释放的显著制度绩效。并且，在乡村振兴的宏大背景下，土地集体所有、农户承包经营的农村基本经营制度不能轻易动摇，要保持长久不变[12]。

（三）坚持和加大对农业的支持保护力度

改革开放前，农产品主要实行政府定价、统购统销政策，农业剩余通过工农产品价格"剪刀差"转移到工业，中国农业发展主要处于传统计划经济体制下的"以农养工"阶段，国家对农业的投入很少，支持保护力度小。1952—1978 年，国家财政支农支出 1 577 亿元，年均 54 亿元；而同期，农业向工业提供的资金支持达 3 915 亿元，年均 135 亿元[13]。改革开放后，随着家庭承包经营制的确立、完善和创新发展，国家持续出台了一系列支农强农惠农政策，农业支持保护政策体系不断优化完善。具体看，包括通过建立与 WTO 规则相适应的农产品流通体制，对重要农产品实行最低收购价、目标价格改革试点、"市场化收购＋生产者补贴"等价格支持，完善农产品收储制度等，不断深化农产品价格形成机制改革，优化完善农产品价格支持政策。通过建立农业投入稳定增长机制，优化农业投入结构，改革创新农业投融资方式等，不断优化完善农业投入政策。通过减轻农民负担、全面取消农业税、逐步加大涉农税收优惠、县乡财政管理体制改革等，不断优化完善覆盖城乡的公共财政制度。通过构建农民收入补贴制度、农业生产性补贴制度、农业生态资源保护补贴制度、农业防灾减灾保障制度等，不断优化完善农业补贴政策。通过完善农村金融组织体系、创新农村信贷和农业保险产品和服务等，不断完善、创新农村金融保险政策，拓展农业支持保护政策空间。

党的十九大报告提出，实施乡村振兴战略要"坚持农业农村优先发展""完善农业支持保护制度"；2018 年中央一号文件进一步提出，要"加快建立新型农业支持保护政策体系"。由此，新中国成立以来，中国农业支持保护政策的内涵逐步实现了对农业农村从"以农养工、支城"到"多取少予""少取多予"，再到"优先发展"的根本性转变。农业支持保护政策的范围逐步实现了从农业产中环节向产前、产中、产后环节的全面延伸，实现了从农业生产体系到产业体系、经营体系的全面支撑。农业支持保护政策的手段和工具逐步实现了仅由农业投入的单一型政策体系到以农业投入、价格支持、财政补贴、金融保险为重点的新型政策体系的重大转变。

（四）坚持和创新推动农业科技创新

农业发展一靠政策，二靠科学技术[14]，这在以前、现在乃至未来，都是如此。科技创新是中国农业发展的根本出路，是提高农业综合生产能力、推进现代农业建设的战略支撑[15]。改革开放前，由于国家不重视科学技术，对农业的科技投入甚少，农业科技人员奇缺，导致农业科技极为落后，农村普遍存在"靠天吃饭"现象。改革开放使农业科技创新迎来了春天，国家高度重视、持续强化科技创新对农业生产力解放、提升和农业生产关系变革、重构的驱动作用，从"科学技术是第一生产力"到"创新是引领发展的第一动力"，从实施科教兴农战略到深入实施创新驱动发展战略，农业科技创新发挥了先锋和引领作用。改革开放40年特别是党的十八大以来，国家财政资金对农业科技创新的支持力度不断加大，农业科研体制机制改革不断深化，各类农业经营主体和市场主体的创业创新活力竞相迸发，符合经济高质量发展要求的农业科技创新体系正在逐步形成。统计数据显示，国家对农业的科技投入（S&T）由1978年的7.2亿元增长到2015年的550多亿元，增长了75.39倍；其中，农业研发投入（R&D）由1978年的1.4亿元增长到2015年的260亿元，增长了184.71倍[16]。

农业科技投入的持续增长和农业科研体制机制改革的深入推进，一方面，使得农业科技创新的实力、活力和能力稳步提升。近年来，中国在生物育种、转基因新品种培育、重大动植物疫病防控、农业遥感和信息化等领域不断取得突破；旱作节水、测土配方施肥、统防统治等先进适用农业技术在全国各地大范围推广应用，农业技术推广体系不断完善。2017年，全国农业科技进步贡献率达57.50%，比2012年（53.50%）提高了4个百分点，比2005年（48%）提高了9.5个百分点；主要农作物良种覆盖率稳定在96%以上①。另一方面，使得农业科技创新对农业转型升级、农产品供给优化、新动能培育和农业增长的贡献日益彰显、支撑作用日益增强。农业科技创新是中国农业发展的主要驱动力[16]，并且日益成为引领农业高质量发展、提升农业核心竞争力的重要源泉。

---

① 国家统计局农村司．农村改革书写辉煌历史 乡村振兴擘画宏伟蓝图：改革开放40年经济社会发展成就系列报告之二十［EB/OL］．http：//www.stats.gov.cn/ztjc/ztfx/ggkf40n/201809/t20180918_1623595.html.

（五）坚持和稳步推进农产品市场化改革

改革开放前，为恢复经济，为工业发展提供原材料积累，中国先后实施了农业合作化运动和人民公社制度。这一时期，粮食销售主要在国家控制下实行统购统销。统购统销制度的实施严重制约了农产品市场功能，导致农副产品短缺，人民生活物资匮乏。改革开放后，随着人民公社制度的废除和家庭联产承包责任制的实施，农产品开始由国家定价转为市场定价。由此，针对农业生产发展需求，国家在 1985 年废除了统购统销制度，并启动了粮食收购合同订购制。合同订购制是一种双轨制，即农民交足国家订购的粮食量，其余的通过市场销售。同时，为了提高农民收入，保障粮食安全，国家先后对粮食收购价进行调整。随后，在粮食出现供不应求时，为了保证粮食供给，又实施了保护价收购议价粮政策。2001 年加入 WTO 后，由于国际市场压力，我国逐渐放开了粮食主产区粮食收购，粮食价格由市场供求关系决定。2004 年开始，实行了农业三大补贴和小麦、玉米、水稻、大豆等主粮的最低收购价敞开收购政策。近年来，随着国内外市场的变化，最低收购价敞开收购政策积累的问题日益暴露。2014 年启动了大豆目标价格改革，2015 年实施了玉米收储制度改革。这些改革的目标，都是确立和强化市场在农业要素资源配置中的作用，实现生产和消费的优化。农产品市场化改革的逐步推进，提高了市场配置资源的效率，提高了农产品市场竞争力，增加了农民生产积极性，保障了农民生产收入。在坚持和完善农产品市场化改革中，逐步实现了农产品由国家统一调配到市场配置，发挥了市场作用，促进了农业增长。

三、中国农业发展的未来思路与对策

（一）大力拓展农业多功能，促进农业发展"双目标"向"三目标"转变

农业多功能性是农业及其发展的客观属性[17]。自古以来，农业都是中国的立国之本。中国是世界上第一人口大国，足够的粮食产量、供给量和持续的农民增收一直是中国农业发展的基本功能。在过去相当长的一段时间，粮食增产、农民增收是中国农业发展及其政策目标的两大主题，并且在强农惠农政策的支持下，实现了连续十二年（2004—2015 年）的增产增收。但近年来，随着经济的快速发展、居民收入水平的持续增长以及环境保护意识的日益觉醒，城乡居民越来越注重农产品的质量，不仅要求吃饱，还要求吃好，要求农业农村生态环境得到有效保护，这对中国农业发展提出了优质、高效、生态、安全的基本要求。进一步看，在中国农业发展新的历史阶段，尤其是在中国特色社会主义新时代，如同化肥、农药、农用塑料薄膜等现代生产资料之于农业发展的促进作用，让资源环境等生态要素对农业生产经营者效益和农业发展产生立竿见影的效应，这是中国农业发展新的使

命[18]。正如 2017 年中央一号文件提出的，"要促进中国农业农村发展由过度依赖资源消耗、主要满足量的需求，向追求绿色生态可持续、更加注重满足质的需求转变"。

因此，进入新时代，随着农业资源环境约束的日益显现，保持农业发展可持续性是中国农业发展的第三大目标。这要求大力拓展农业多功能，促进农业发展由过去的"保障农产品供给、增加农民收入"的"双目标"向"保障农产品供给、增加农民收入和保持农业发展可持续性"的"三目标"的转变。对此，首先，对新目标要进行有力的宣贯，使之深入人心。尤其是，从长期看，要强化保持农业发展可持续性的国家意志。其次，要在具体政策上对农业生产主体提供方向指引，使其行为自觉转向资源节约、环境友好。再次，要重点扶持家庭农场，加快使其成为农业政策新目标的"合意"主体。最后，加快推进农业供给侧结构性改革，切实去除不利于农业可持续性目标实现的产能及生产方式。

（二）努力培育新型农业经营与服务主体，加快发展多种形式规模经营

规模经营是全球农业发展的共同趋势，也是中国农业经营制度和方式转型创新的重要方向，其中，主体是前提，是引领者和生力军。因此，要努力培育、发展壮大多元化新型农业经营与服务主体，加快发展多种形式规模经营。

一是建立健全主体之间的分工协作机制。加快发展专业大户、家庭农场，不断强化其生产主体地位和基础作用。规范发展农民合作社，不断强化其服务能力和纽带作用。大力发展龙头企业，不断强化其核心主体地位和引领作用。积极发展农业社会化服务组织，不断强化其服务主体地位和支撑作用。

二是积极、稳妥地推进多种形式农业规模经营。实现农业规模经营是一个长期过程，要处理好积极与稳妥的关系。既要不失时机地推进土地流转与集中以及多种形式的农业规模经营，为扩大农民就地就近就业、农业农村经济提供新的增长空间；又要立足国情农情，从实际出发，认真研究解决推进农业规模经营进程中的突出问题，制定具体政策，探索有效办法，因势利导、循序渐进。

三是农业规模经营既要"追求规模"，更要"注重适度"。要防止脱离实际、违背农民意愿，片面追求超大规模经营的倾向。同时又要促进农业适度规模经营与城镇化进程和农村劳动力转移规模、与农业科技进步和生产手段改进程度、与农业社会化服务水平提高的适应性。农业土地经营规模是一个包含最大值、最小值、目标值①的合理区间[19]。现阶段，应重点支持土地经营规模相当于普通农户 10~15 倍、收入相当于外出务工平均收入的专业大户、家庭农场。

---

① 最大值是主要依靠农户家庭劳力就能耕种的最大土地面积，最小值是根据农业劳动力数量平均分配土地每户得到的土地经营规模，目标值是能够使种粮专业户的年收入与其家庭全部劳动力外出打工收入相等的土地经营规模。

四是探索、创新多种形式农业规模经营的共同发展。发展农业规模经营，不能土地规模经营"单项突进"，而应该是土地规模经营与服务规模经营的共同推进、协同发展。土地规模经营与服务规模经营是实现农业规模经营的两条并行不悖的路径，从土地规模经营转向服务规模经营是现阶段顺应中国农业经营方式转型发展的重要路径[20]。

（三）坚持绿色发展理念和质量兴农战略，促进农业高质量发展

当前，中国农业经济发展正处于转变发展方式、优化经济结构、转换增长动力的关键期，必须坚持绿色发展理念和质量兴农战略，以农业供给侧结构性改革为主线，促进农业高质量发展。

一是构建农业清洁生产促进机制，推进农业绿色发展。各级农业农村部门要将农业清洁生产列入重要工作内容和议事日程，编制符合当地实际情况的农业清洁生产规划，制订实施方案。加快研究、制定符合我国国情农情的农业清洁生产条例，相关政策规定和管理制度。建立完善农业清洁生产技术标准和过程标准体系。加强绿色投入品、农业清洁生产技术的研发和推广应用。

二是大力发展现代生态循环农业，推进农业可持续发展。促进农业生产空间与生态空间协调布局、农业生态化生产与资源环境承载力相匹配。把握现代生态循环农业模式的多样性及其演化规律，完善、创新现代生态循环农业发展模式。加强成熟可行现代生态循环农业发展模式的示范推广。

三是加强农业面源污染防治，提高农业生态治理水平。加快建设现代农田灌排体系和农业高效节水体系，大力发展节水农业。在更大规模、更高层次上推广测土配方施肥，提高化肥利用效率。大力推进绿色防控、统防统治，有效控制农药使用量，推进化肥农药减量化使用。着力推进农作物秸秆、畜禽粪便、农膜全量资源化利用。加强农业面源污染监测体系建设。

四是坚持质量兴农，全面提升农业供给质量。突出优质、安全、绿色导向，健全农产品质量和食品安全标准体系。大力推进内外销农产品和食品"同线同标同质"工程，逐步消除国内外市场产品质量差距。围绕薄弱环节、重点领域，用重典、出重拳、求突破地加强农产品质量和食品安全监管。加快推进农资和农产品质量安全追溯体系和建设，加大国家追溯平台推广应用。

（四）深入推进农业资本化运作，不断拓宽农业发展路径

推进农业资本化运作是实现传统农业向现代农业根本性转变的重要战略选择[21]。

一是大力推进农业固定资产投资增长。加快推进农业基础设施、农业生态环境保护等薄弱环节固定资产投资重大项目库建设，加大补短板投资力度。加快推动落实促进民间资

本投资农业固定资产的系列政策措施，变民间投资"准进来"为"请进来"，探索开辟农业领域中民间投资新空间。积极推广 PPP 模式，大力推进政府和社会资本合作。鼓励、支持改建和技术改造投资。

二是把准农业机械化发展的重要方向。着力短板领域、薄弱环节和区域，全力推进农业生产全程、全面机械化。紧紧围绕"一控两减三基本"目标，强化资源节约型、环境友好型农机装备的研发和制造，集成推广一批绿色生态农机化技术，促进农业机械装备和作业的绿色化发展。着力推进"互联网＋现代农机"，促进农业机械化高质高效发展。

三是鼓励、引导工商资本扎根农业、安农富农。健全工商资本准入制度，完善动态监管制度，加强事中事后监管。引导工商资本根据自身优势、农业行业特性、区域资源禀赋、政府农业政策等慎重考虑和选择经营行业、领域和环节。鼓励工商资本发挥专长，与农民建立稳定合作关系、稳妥利益共享机制、结成紧密利益共同体，促进"为农增利"，规避"与农争利"。

四是完善农地"三权分置"制度，稳妥推进农地资本化。建立健全土地经营权制度，加强农地产权交易平台建设，完善农村社会保障制度，创新推进土地经营权出租、转包、信托、抵押担保、入股农业产业化经营、农村土地银行等多种形式农地资本化路径。当前，要着力引导农地合理资本化，严防农地过度资本化[22]。

（五）加快推进农村一二三产业融合发展，着力塑造农业新业态

实现农业农村现代化，一个不可逾越的重要路径就是推进农村一二三产业融合发展，着力塑造农业新业态，这也是农业发展的必然趋势和西方发达国家的实践经验。

一是稳步推进农业内部各产业之间的交叉型融合，大力发展种养结合循环农业。按照稳粮、优经、扩饲的要求，推进粮经饲协调发展。加快农牧交叉融合发展，形成"以养带种、牧林农复合、草果菜结合、生态循环"的农牧共生型种养模式。积极发展林下经济，推进"林—畜""林—菜""林—果"等农林、林牧复合经营模式。

二是纵深推进农业产业链延伸型融合，塑造终端型农业新业态。立足农产品的开发生产与加工增值，按照"纵向延伸、横向扩张、侧向拓展"的路径，促进农业产业链各环节向高技术化、高知识化、高资本化和高附加价值化方向发展，实现产业链各环节有机整合和集成，逐渐构建"从田间到餐桌"的完整产业体系，扩大农业产业链整体规模，提升农业产业链整体效能和效率。

三是加快推进农业功能拓展型融合，塑造体验型农业新业态。立足农业多种功能的挖掘与拓展，推进农业与旅游、教育、文化、康养等产业深度融合，充分拓展、开发农业多种功能和多重价值。引导、支持实施休闲农业和和乡村旅游精品工程，打造绿色生态环保的乡村生态旅游产业链。加强农村传统文化保护，推动农村特色文化产业发展。引导、支

持发展乡村共享经济、创意农业。

四是创新推进先进要素渗透型融合，塑造智慧型农业新业态。实施"互联网＋现代农业"行动计划，大力发展农村电子商务。推广农业物联网、云计算、大数据技术，积极发展智慧农业。促进分子育种、动物疫苗、发酵工程、生物饲料、生物农药、细胞工程、酶工程、非化学害虫控制等现代生物技术在农业领域中的应用，积极发展生物农业。

（六）构建农业对外开放新格局，不断增强农业国际竞争力

一是积极实施农产品优进优出和进口多元化战略，充分发挥农产品进口对提高资源配置效率和结构优化的促进作用，更好满足国内农业要素和产品需求。充分利用农产品进口的"资源替代效应"对重点农产品产业结构调整的推进作用，正推或者倒逼国内供给能力的提升，扩大国内有效供给；通过农产品出口消化国内产能、减少粮食"高库存"，提升国内供给与国外需求的匹配度。

二是坚持高水平"引进来"和大规模"走出去"并重，积极嵌入全球农业产业链、价值链、供应链和创新链，促进国际国内资源要素有序自由流动、产品和技术开放式创新，构建高水平农业开放型经济。更加注重高端资本的引进，创新创业型人才、先进农业技术、前沿农业知识向中国的集聚、集中、集结。更加注重推动涉农企业"集群"式、"链条"式"走出去"，不断提升对外农业投资的产业链、价值链一体化水平。

三是把"一带一路"倡议作为新时期农业对外开放的顶层设计，依据《共同推进"一带一路"建设农业合作的愿景与行动》深化与沿线国家的农业合作，促进农业对外开放向内陆沿边纵深推进，优化农业区域开放格局和国际市场布局，建立贯穿亚欧非的农业大市场和经济圈，创建农业国际合作新格局。支持涉农企业在"一带一路"框架下重构农产品和食品供应链和价值链并占据主导地位。

参考文献：

[1] 江泽林. 机械化在农业供给侧结构性改革中的作用 [J]. 农业经济问题，2018 (3)：4-8.

[2] 陈锡文. 构建新型农业经营体系刻不容缓 [J]. 求是，2013 (22).

[3] 张红宇. 中国现代农业经营体系的制度特征与发展取向 [J]. 中国农村经济，2018 (1)：23-33.

[4] 蒋和平. 改革开放四十年来我国农业农村现代化发展与未来发展思路 [J]. 农业经济问题，2018 (8)：51-59.

[5] 韩俊. 中国农产品加工业的发展与政策选择 [J]. 商业时代，2001 (11)：73-75.

[6] 冯伟，蔡学斌，杨琴，等. 中国农产品加工业的产业增长特征与趋势 [J]. 贵州农业科学，2016 (3)：183-187.

[7] 张云华. 中美农业基础竞争力对比与建议（上）[J]. 中国经济时报，2017-05-09 (5).

［8］LIN J Y. Rural Reforms and Agricultural Growth in China ［J］. American Economic Review，1992，82 (1)：34 - 51.

［9］HUANG J，ROZELLE S. Technological change：Re-discovering of the engine of productivity growth in China's rice economy ［J］. Journal of Development Economics，1996，49 (2)：337 - 369.

［10］尹成杰 . 三权分置是农地制度的重大创新 ［J］. 农村工作通讯，2015 (16)：4 - 6.

［11］肖卫东，梁春梅 . 农村土地"三权分置"的内涵、基本要义及权利关系 ［J］. 中国农村经济，2016 (11)：17 - 29.

［12］唐忠 . 改革开放以来我国农村基本经营制度的变迁 ［J］. 中国人民大学学报，2018 (3)：26 - 35.

［13］国家发改委农村经济司课题组 . 继续加大"三农"投入支持 完善国家农业支持保护体系 ［J］. 中国经贸导刊，2005 (5)：19 - 21.

［14］邓小平 . 邓小平文选（第三卷）［M］. 人民出版社，1993.

［15］万宝瑞 . 科技创新：中国农业的根本出路 ［J］. 求是，2012 (17)：35 - 37.

［16］黄季焜 . 四十年中国农业发展改革和未来政策选择 ［J］. 农业经济问题，2018 (3)：4 - 15.

［17］尹成杰 . 农业多功能性与推进现代农业建设 ［J］. 中国农村经济，2007 (7)：4 - 9.

［18］李国祥 . 论中国农业发展动能转换 ［J］. 中国农村经济，2017 (7)：2 - 14.

［19］钱克明 . 规模很重要 适度是关键 ［J］. 求是，2015 (7)：37 - 39.

［20］罗必良 . 论服务规模经营：从纵向分工到横向分工及连片专业化 ［J］. 中国农村经济，2017 (11)：2 - 16.

［21］郭晓鸣 . 农业资本化应重视风控 ［EB/OL］. http：//opinion. huanqiu. com/1152/2016-04/8822289.

［22］全世文，胡历芳，曾寅初，等 . 论中国农村土地的过度资本化 ［J］. 中国农村经济，2018 (7)：2 - 18.

将家庭农场置于新型农业经营主体的核心来培育[①]

我国的新型农业经营主体主要包括家庭农场（专业大户）、农民合作社、农业企业、社会化服务组织。对于这些新型农业经营主体之间的关系，以及是否应该采取差异化扶持等问题，学术界及社会各界有不同看法。受原农业部农村经济体制与经营管理司委托，中国社会科学院农村发展研究所的研究团队从2014年开始每年对全国30个省、每省近100家家庭农场（总样本量3 000个左右）开展监测。基于理论逻辑和监测数据，我们认为家庭农场在多种新型农业经营主体中处于核心地位，应予以重点培育。

一、家庭农场在新型农业经营主体培育中占据核心地位

构建现代农业经营体系的关键在于培育新型农业经营主体。从立体式复合型农业经营整体体系视角看，新型农业经营主体表现为家庭农场（专业大户）、合作社、龙头企业、社会化服务组织等主要形式。尽管这些主体之间具有紧密的产业关联，具有互为条件、相互促进的关系特征，但就产业链的整体来看，农产品生产经营主体是处于基础和核心地位的主体。这是因为：

第一，农产品生产是农业产业链上各类为农业提供产前、产中和产后服务的主体发育、成长的必要前提和基础。

第二，中国农业存在大而不强、质量和效益低、环境不友好、国际竞争力弱等问题，这些问题的存在与农业产业链上的所有环节和所有主体都有关系，但根本原因是生产主体不强。目前，我国农业生产经营主体仍然以小规模农户为主，总数仍达近2亿户。这样的农业生产主体结构不进行适当改变，不加大力度培育适度规模化的农业新型生产主体，中

---

① 本文暂未公开发表。

国农业存在的问题很难得到根本解决。

第三，新型农业经营主体培育既可以发挥市场的力量，也可以通过政府的干预来进行。相对而言，农业非生产领域的主体培育和发展可以更多通过市场的力量实现自身发展和优化。从中国农业发展问题和矛盾更多体现在生产领域，以及政府应更多关注和支持那些单纯依靠市场力量无法或不能根本解决的问题看，更加关注农业生产经营主体的培育，不仅合理，且更具针对性。

第四，"大国小农"是我们的基本农情。解决近两亿小农户生产经营面临的困难。一方面，要通过强化为其提供市场、流通、品牌、信息、科技、金融等服务的方式，把他们引入现代农业发展大格局；另一方面，也应遵从农业生产主体演化的客观规律，将部分热爱农业事业、掌握农业技术、谙熟经营管理的小农户培育成具有适度规模经营的现代化家庭农场。可以预见的是，家庭农场将成为中国农业小规模农户生产方式现代化的演进方向之一，这也决定了将家庭农场的培育放在新型农业生产经营主体培育的核心地位，既具有合理性，也具有紧迫性。

二、家庭农场作为新型农业经营主体的特征和表现

尽管近年来部分合作社、龙头企业也开始进入农业生产领域，但就整体而言，坚持农户家庭经营的家庭农场（专业大户）仍是近年来我国农业中出现的新型生产经营主体的主要形式。与其他新型主体一样，近年来家庭农场发展迅猛，其具有不同于传统小规模农户的经营特征。

（一）家庭农场主要来源于传统小规模农户，成为小农户的演进方向

适度规模化的家庭农场仍然是基于家庭经营的农业生产主体。家庭农场主主要为本地户籍农民。在 2017 年监测的 2 947 个有效样本中，农场主主要来自本乡、本村，其中，来自本村的农场主占比 80.22%，来自本乡的农场主占比超过九成（90.64%）。这表明，就监测的农场看，绝大多数都是在原先小农户基础上逐步扩大规模成长起来的。另外，家庭农场从事的领域，主要集中于种植业和养殖业的生产环节。这样的产业分布特征，决定了家庭农场正在成为中国种养业生产环节的主力军。

（二）家庭农场成为农民合作社发展的助推力量

相对于小规模农户，家庭农场对农资购买、农产品加工销售、运输贮藏以及农业生产经营技术等服务的需求更为迫切，其能从合作中获得的效益更大。因而，家庭农场首先是现有合作社的参与者。2014 年，家庭农场加入合作社的比例为 31.51%，2017 年这一比

例上升到了 39.49%。同时，由于家庭农场主专业素质较高、更懂农业技术、善于经营管理，在农民合作社组建和运营中也更愿意发挥核心带头作用，其作为合作社发展助推剂的特征也很明显。在不少没有合作社的地方，家庭农场作为创办人建立合作社的情形比较普遍。不仅如此，在家庭农场发展比较密集的区域，家庭农场之间建立协会、联盟等合作性质的行业组织的情况也正在涌现。因此，促进家庭农场健康发展，将会拓展小农户通过合作社与现代农业实现衔接的发展道路。

（三）家庭农场正在成为实现小农户与现代农业有机衔接重要载体

家庭农场是规模化、集约化和商品化以及追求利润最大化的农业生产经营主体。家庭农场的这一主体特征，决定了家庭农场在农业生产中追求规模经济。规模经济的实现需要在土地面积扩大的前提下，寻求资本和劳动的最佳组合。但由于劳动市场、资本市场以及农业生产服务市场的不完善，家庭农场资本要素投入的选择往往是自购农业资产设备。由于农业资产设备具有不可分性和资产专用性的特点，在农场水平上，农业资产设备与经营面积之间不可能实现恰到好处的完全匹配，这些家庭农场自有农业资产设备生产能力出现剩余的情形普遍存在。为提高资产利用效率、减少资本沉淀、降低机械设备使用的平均成本和尽快回收资本成本，作为理性经济人的家庭农场，大多会选择利用剩余的农业资产生产能力向周边的小农户等提供服务，从而使家庭农场呈现一种独特的"双主体"特征——既是农业生产主体又是服务主体。这是家庭农场促进小农户与现代农业实现有机衔接的另一重要渠道。而且，由于家庭农场与周边小农户距离最近、对其需求更了解，从而也更容易与其融合，更容易带动小农户实现现代化。

（四）家庭农场已成为中国农业中更倾向于使用农机等先进适用技术、更加注重提高生产经营管理水平的新主体

与小规模农户相比较，家庭农场集约化、规模化经营水平更高，更有意愿使用先进农机、引进优良品种、采用新技术、开展品牌化经营，这能对小规模农户在改进生产技术、提高产量和降低成本等方面形成示范带动作用。在 2017 年的 2 947 家有效样本中，72.22% 的农场拥有拖拉机，32.50% 的农场拥有联合收割机，19.11% 的拥有插秧机，10.28% 的拥有烘干机，这些比例均高于 2016 年相应农场占比水平（72.09%、29.04%、17.07% 和 7.80%）。在注重使用先进实用技术的同时，家庭农场也日益注重生产经营水平的提高。这突出表现在家庭农场拥有完整日常收支记录的比例逐年上升（加强内部管理）、在工商部门登记注册的农场比例不断增加以及拥有注册商标的农场比例逐渐上升等监测结果上。2014—2017 年，家庭农场拥有完整日常记录的比例分别为 71.14%、71.69%、74.05%、74.43%；家庭农场在工商部门注册登记占比分别为 61.35%、

63.72％、73.89％、79.13％。2014 年，家庭农场注册商标占比为 11.19％，2015 年提高到了 12.64％。

（五）家庭农场正在成为中国农业绿色发展的具有生态自觉意识的领头雁

以生态友好、资源节约为特征的绿色高质量发展是现阶段中国农业发展的主旋律，保持农业可持续性与保持农产品稳定供给（粮食安全）、不断增加农业生产者收入一道成为农业现代化需要实现的目标。全国监测结果显示：

第一，2014—2017 年，有 2/3 的农场属于灌溉农场，种植类农场采用喷灌技术进行灌溉的农场占比尽管相对稳定，但已接近四成。这表明家庭农场已呈现出明显的控制农业用水总量的"科学灌溉"行为特征。

第二，家庭农场亩均化肥、亩均农药用量低于和等于其周边农户的农场占比高达八成以上。2017 年 1 870 家种植类农场中，40.1％的农场亩均化肥用量低于周边农户，而 2015 年的这一指标仅为 27.27％。这意味着，就亩均化肥用量而言，至少 40％的农场在"减量"使用。此外，45％的家庭农场亩均农药用量低于周边农户。这意味着，在同等条件下，家庭农场在化肥和农药使用方面都显现了"减量"使用特征，且农药减量程度更大。

第三，养殖类和种养结合类农场的无害处理和粪便综合利用水平、农场的秸秆综合利用水平以及农膜进行回收处理水平也都不断提高。例如，2015—2017 年种养结合类农场中资源化、综合循环再利用和无害化处理的比例分别为 84.64％、85.70％和 87％。综上，家庭农场是最符合未来中国农业发展需要和政策目标的新型农业生产经营主体。监测结果也表明，由于大多数家庭农场刚刚起步，实力仍显不足，再加上相应的扶持政策和管理服务制度仍不健全，其健康持续发展仍面临着诸如形成适度规模难、改善农业设施难、农场经营人才缺、获得社会化服务难和融资保险渠道缺等困难，急需从支持政策体系构建和管理制度上发力。

三、建立健全支持家庭农场发展的政策体系和管理制度

鉴于家庭农场在中国农业生产经营主体体系构建中的关键作用，下一步有必要为其健康发展建立健全支持政策体系和管理制度，营造更加良好的外部环境。

（一）引导流转土地有序向家庭农场集中

经营规模的稳定性是家庭农场持续稳定发展的首要条件。因此，要鼓励土地优先流向家庭农场，鼓励土地流出户与家庭农场签订中长期流转合同，以稳定家庭农场经营预期。

一是要稳定土地流转关系，引导土地依法自愿平稳流转。

二是要创新租地农场的形成方式。鼓励有条件的地方将土地确权登记、互换并地与农田基础设施建设相结合，整合各类项目资金，建设优质高标准农田。在鼓励土地租赁的基础上，积极推广股份合作和土地托管等方式。

三是要引导形成稳定地租。推广实物计租货币结算、租金动态调整、土地入股保底分红等利益分配方式，在保护流转双方合法权益的基础上稳定土地流转关系，最终稳定地租。

四是支持家庭农场承担土地整理、土壤改良和小农水建设等农田基建项目，引导其"种地养地"，提高土地生态可持续利用水平。

（二）优化农村金融供给政策，有效缓解家庭农场融资困难

2017年有83%的家庭农场有金融贷款需求，但仅有13%的家庭农场可以较为容易获得贷款。在获得贷款的家庭农场中有66%的农场贷款资金来自农村商业银行或农村信用合作社，或者是从亲朋好友中借到的，从大型商业银行获得贷款的比例仅有7%。同时，82%的种粮家庭农场表示经常遭遇资金紧张现象，93%表示难以扩大经营规模是资金问题导致的。这种局面是金融系统信贷供给特征与家庭农场等新型经营主体的金融需求特征严重不匹配所导致的结果。要解决家庭农场融资贷款难问题，需要着力深化农村金融体制改革，多元化多渠道满足家庭农场金融需求。

（三）优化政策保险和拓宽多元化农业保险渠道，提高家庭农场风险保障水平

目前，政府仍是农业保险政策运行的主体，扶持措施单一、力度不够。要以农业保险多元化为方向，以增强家庭农场抵御自然和市场风险的能力为目标，健全农业保险管理体制。

一是根据家庭农场生产经营特性，开发保险新品种，优化政策性保险品种结构，逐步将农业保险补贴覆盖范围从稻麦油等大宗农产品向花果蔬等特色农产品扩大。

二是提高家庭农场农业保险的赔付水平。

三是简化定损、理赔等程序和手续。

四是开放农业保险市场，尽快形成政策保险和商业保险、合作保险共同参与的农业保险市场新格局。

（四）发展农业生产服务业，为家庭农场构建完善的社会化农业生产服务体系

功能健全、运行良好的社会化服务，可以有效地把各种现代生产要素注入家庭农场经营之中，不断提高农业物质技术装备水平，从而在坚持家庭"小生产"的基础上推进农业

生产专业化、商品化和社会化。我国资源禀赋和现有生产条件决定了我国家庭农场不可能像美国等新大陆国家家庭农场那样具备较高的农业机械化水平和自我服务的能力。同时，农场规模再大也不可能将应由市场提供的成本更低的产前、产后服务完全内化到农场内部来。应进一步完善针对小农生产的扶持政策，加强社会化服务，把小农生产引入现代农业发展轨道。

一是加快构建新型农业社会化服务体系，培育多元化、多形式、多层次的农业生产服务组织，做好产前的农资供应、市场信息服务，产中的农业技术指导、农机协作服务，产后的贮藏、销售和加工等服务，为家庭农场发展提供服务保障。

二是适应家庭农场联合的需求，支持和鼓励家庭农场之间的联合合作。引导同产业同类型家庭农场组建专业协会、联合会，发挥集聚效应。

三是积极引导家庭农场组建合作社，由合作社为家庭农场提供良种、农机、植保以及农产品加工贮藏销售等一体化服务。

（五）开展家庭农场法律研究工作，建立家庭农场动态管理机制

应尽快出台家庭农场认定标准和管理办法，明确家庭农场的概念内涵、成员范围、认定管理、注册登记等。市场监管部门要研究建立家庭农场专门类别的登记制度，并按照程序规范、简便易行的要求，创新服务方式，开展家庭农场登记、变更、注销等业务，为家庭农场注册登记提供"一站式"服务。积极开展示范家庭农场创建活动，以先进典型引领家庭农场发展壮大。通过完善相关法律法规，使之区别于以雇工为主的公司制农场，避免家庭农场概念的泛化；同时，适时将促进和扶持家庭农场发展的政策措施上升为法律规定，为家庭农场健康发展提供法律保障。

（六）建立健全针对作为职业农民的家庭农场主的社会保障制度

只有让职业农民成为体面的职业，家庭农场的发展才是可持续的。这要求尽快消除作为职业农民的家庭农场主从事农业的后顾之忧，尽快完善职业农民的社会保障体系，探索将职业农民纳入城镇职工社会养老保险体制。大中专毕业生与家庭农场签订聘用劳动合同，按有关规定参加社会保险并按时足额缴纳社会保险费的，在同一家庭农场连续工作满一年以上的，应计算连续工龄。

"十四五"时期家庭农场发展目标与路径[①]

家庭农场作为目前我国最适宜和最合意的农业生产经营主体，如何在"十四五"时期培育壮大家庭农场发展，走出一条与农业高质量发展相适应的农业现代化道路显得尤其重要。"十三五"时期，我国家庭农场整体发展态势良好，呈现出一系列特征优势。但是，目前我国家庭农场在其具体发展过程中仍面临着诸多问题，对家庭农场实现高质量发展形成了现实障碍。因此，"十四五"时期推动家庭农场高质量发展，需要坚持以规模适度、产出高效、生态绿色、强化合作、管理科学为发展目标。为顺利实现家庭农场的发展目标，应进一步健全家庭农场培育发展机制，提升家庭农场发展综合能力，完善家庭农场政策扶持制度。

家庭农场经历"十二五"末正式提出、"十三五"时期蓬勃发展后，"十四五"时期将进入数量质量并重、以家庭农场自身的高质量发展推进农业现代化整体水平提升的新发展阶段。本文拟在对当前家庭农场整体发展现状、特征以及发展中存在的现实问题系统全面总结和分析基础之上，提出"十四五"家庭农场发展目标以及实现相关发展目标的政策和路径。

一、"十三五"时期家庭农场发展现状和特征

（一）农场数量稳步增长

"十三五"时期是家庭农场获得政策文件正式确认后全面发展的时期[②]。这期间，我国家庭农场数量持续增长，总量已达到一定规模。2016年底农业部对我国30个省（自治区、直辖市）（不含西藏）家庭农场的专项调查统计显示，我国家庭农场数量已达到44.5

[①] 本文已在《中国农村发展报告 2020》一书中刊出，刊出内容与本文略有不同。

[②] 2013 年中央一号文件正式提出发展家庭农场的政策取向，它也是新时期首次提出。

万家，其中种植类家庭农场占到总数的 60.8%，达到 27.1 万家。到了 2018 年底，全国各级农业农村部门认定或备案的家庭农场已达到近 60 万家。按照 2018 年家庭农场登记注册数量来看，排在前 5 位的省份依次是安徽省、四川省、江苏省、山东省和湖北省[①]。预计到"十三五"末，家庭农场总户数可达 80～100 万家。整体上，家庭农场发展速度较快、数量增长较多、整体态势良好。

（二）政策环境不断优化

从中央到地方，"十三五"时期家庭农场指向的政策创设不断涌现，扶持家庭农场发展的政策环境逐步得到显著优化。一是中央农业发展政策逐渐聚焦家庭农场，政策支持力度不断加大。2014 年农业部印发《农业部关于促进家庭农场发展的指导意见》，提出加快构建新型农业经营体系，推动家庭农场持续稳定发展。随后，支持家庭农场发展的相关政策愈加具体和完善。2016 年，农业部印发《全国农产品加工业与农村一二三产业融合发展规划（2016—2020 年）》，旨在加大主体培育、产业融合和利益联结扶持力度，促进家庭农场融合发展。2017 年，中共中央办公厅、国务院办公厅印发《关于加快构建政策体系培育新型农业经营主体的意见》，鼓励并支持家庭农场发展适度规模经营，引导家庭农场多形式提高发展质量。2019 年，农业农村部印发《关于实施家庭农场培育计划的指导意见》，对促进家庭农场发展、构建政策支持体系等方面提出了更为具体的指导意见。随着我国新型农业经营主体培育发展的逐步壮大，现阶段新型农业经营主体的发展方式需要做出相应转变，以适应农业农村发展、乡村全面振兴的迫切需要。基于此，2020 年，农业农村部印发《新型农业经营主体和服务主体高质量发展规划（2020—2022 年）》，对家庭农场等新型农业经营主体未来的发展目标、发展思路提出了具体的指导意见，旨在不断提高农业现代化水平，推动农业生产经营向高质量发展迈进。二是地方扶持政策更加具体。"十三五"时期，为促进家庭农场高质量发展，推动我国农业现代化建设，几乎所有的省都相继出台了一系列促进家庭农场发展的相关配套政策。如：2017 年，辽宁省农委印发《辽宁省省级示范家庭农场评选办法（试行）》，积极引导各地优化完善家庭农场示范创建工作。2018 年，浙江省出台《关于加快完善培育支持新型农业经营主体政策体系的实施意见》，在财政税费、基础设施、金融信贷、农业保险、科技服务和土地流转等方面对家庭农场等新型农业经营主体发展提供进一步政策扶持。2019 年，天津市农委印发《天津市农户家庭农场培育工作方案》，为小农户与现代农业有机衔接提供政策扶持，不断培育壮大家庭农场发展。相较于中央层面的宏观政策，各省份从当地家庭农场发展实际情况出发，因地制宜、精准施策，出台的相关政策支持文件更加具体、细化，对于适应和促

---

① 资料来源：2019 年 4 月 24 日农业农村部政策与改革司举办的"家庭农场业务培训班"上的主旨报告。

进当地家庭农场培育发展更加具有针对性。

（三）农场主综合素质不断提高

农场主综合素质的不断提高，为家庭农场实现高质量发展提供了有效支撑。家庭农场的高质量发展离不开集约化、专业化、组织化和社会化的适度规模经营，而这一目标的实现对农场主综合素质提出了更高的要求。总的来看，目前家庭农场主综合素质不断提高，逐步发展成为农村农业复合型人才。这主要表现为以下两个方面：一是懂技术。2018 年，接受过培训的农场主占比达到 83.19％，其中接受育种/栽培技术、土肥培育技术、疫病防治技术和经营管理知识培训的农场主占比分别为 54.03％、43.56％、41.69％ 和36.61％。需要说明的是，一部分家庭农场本就是由种养大户发展转换形成。因此，大多数农场主已具有相对较为丰富的生产经验。此外，家庭农场综合培训政策的大力扶持使得农场主种养技术及管理水平有了更进一步的发展和提高。二是善经营。越来越多的家庭农场在农业生产经营中形成了较为完整的日常收支记录，侧面反映出农场内部经营管理能力的不断提高。全国家庭农场典型监测数据显示，2018 年拥有完整收支记录的家庭农场占比达到77.25％，较 2017 年增加 2.39 个百分点。另外，家庭农场经营发展状况总体较好，经营效益不断提高。全国家庭农场典型监测数据显示，2018 年家庭农场平均纯收入达到17.61 万元，较 2017 年增长 0.28 万元。从劳均纯收入来看，2018 年种植类农场劳均纯收入较 2017 年增长 3 704 元，达到 72 918 元/年[1]。这一收入水平无论是对于当年农民可支配收入还是外出务工收入来讲，均具有显著优势[2]。

（四）服务小农户的功能不断增强

家庭农场在发展过程中还逐渐表现出生产主体和服务主体的双重主体特征。家庭农场作为最核心的农业生产经营主体，本身就源自农户，在服务、衔接小农户融入现代农业发展方面更具有天然优势。近年来，家庭农场社会化服务发展迅速，服务和带动小农户能力不断提升，为小农户融入现代农业发展注入了新动能。全国家庭农场典型监测数据显示，2017 年拥有拖拉机、插秧机、联合收割机和烘干机且对外提供服务的家庭农场占比分别达到 11.29％、23.75％、24.44％ 和 14.02％；2018 年这一比值分别达到 31.39％、39.78％、40.63％和47.37％，较 2017 年实现大幅增长。由此表明，家庭农场服务小农的

---

① 数据来源于 2017、2018 年全国家庭农场典型监测。除特别说明外，本文数据均来源于全国家庭农场典型监测。

② 《中国统计年鉴（2019）》显示，2018 年农村居民可支配收入为 14 617.0 元；国家统计局 2019 年 4 月 29日发布的《2018 年农民工监测调查报告》显示，外出务工农民工月均收入为 4 107 元。文中比较时按一年 12 个月进行折合计算。

功能正在不断增强,且正在逐渐成为小农户与现代农业发展相衔接的重要纽带与核心载体。

(五)农场联合发展趋势显现

家庭农场作为一种适度规模经营主体,开展联合与合作是实现家庭农场高质量发展的必由之路,这种联合发展趋势正在逐渐显现。家庭农场、合作社和龙头企业在具体农业生产经营中发挥的作用与功能不同,各新型农业经营主体的联合发展则有助于形成优势互补、互利共赢的发展格局。通过不断加强联合与合作,能够提高家庭农场自身技术风险、自然风险和市场风险防范能力,并在技术指导、产品销售、农资购买、农机作业和获取贷款等方面获得进一步服务。全国家庭农场典型监测数据显示,2018 年超过 1/3[①] 的家庭农场加入了已有和领办的合作社,部分省份如湖南、甘肃家庭农场加入合作社的占比超过65%。同时,家庭农场与龙头企业之间的合作发展趋势也开始显现。2018 年将近 1/3[②] 的家庭农场与龙头企业建立了较为紧密的合作关系,其中安徽省超过 68% 的家庭农场与龙头企业建立了合作关系。另外,家庭农场之间通过组建协会或联盟,发挥合作优势促进农场发展,这种现象在一些家庭农场发展较密集的地区开始呈现。正是由于各新型农业经营主体之间的联合与合作发展,家庭农场更加注重直接生产经营环节,保障了中国未来农业发展的持续性和稳定性。

(六)注重生态友好绿色发展

生态友好型农业生产经营理念在家庭农场中逐步形成与发展,经济效益和生态效益均得到有效提升。家庭农场选择生态友好型生产方式是生态文明建设理念的重要表现,更是由增产向提质转变的重要表现。家庭农场生产经营不再单方面以"量"为生产目标,而是以"量质并重"为新的生产经营理念。首先,家庭农场选择生态友好型生产方式是建立在追求更高经济效益的基础上。在资源要素趋紧、产品同质化现象日益严重的新形势下,如何实现家庭农场增收是农场主需要考虑的重要现实问题,生态友好型发展可以助力家庭农场实现提质增收。其次,为应对复杂的社会竞争环境,选择生态友好型生产方式可以提高农产品市场综合竞争力,进一步激发了家庭农场提质增效的内生动力,有效推动了家庭农场向生态友好型生产方式的转变。家庭农场主具有的生态自觉性及其生产技术的生态化和绿色化是其最大的亮点和特色。2018 年全国家庭农场典型监测数据显示,在进行灌溉的种植类农场中,35.75% 的农场采用喷灌技术(含微喷灌、滴灌和渗灌)进行灌溉,

---

① 具体数值为 35.85%。
② 具体数值为 31.23%。

45.02%的种植类农场选择化肥减量使用，52.11%的种植类农场亩均农药使用量低于周边农户；在畜禽粪便处理方面，选择资源化、综合循环利用和无害化处理的种养结合类农场占比达到89.72%。由此表明，家庭农场正在逐渐成为生态友好型农业发展的积极实践者。

整体上看，家庭农场的这些发展特征是符合中国农业现代化发展方向的，因此，家庭农场能够承担起作为现代农业新型生产主体的责任。

二、"十三五"时期家庭农场发展存在的问题

家庭农场的培育发展起步相对较晚，政策扶持尚未形成系统、规范、完整的制度框架，因此，"十三五"时期家庭农场尽管总体上发展态势良好，但在发展过程中仍存在着诸多制约家庭农场高质量发展的现实问题。

(一)土地连片流转和经营仍有难度

家庭农场实现综合效益提升的首要关键在于适度规模经营。但目前土地难以集中连片的现实困境制约了这一发展目标的实现。一方面，土地流转不规范、土地流转租期短、合同违约率高等问题使得家庭农场土地经营权面临着不确定性，由此导致土地集中连片经营的难度大大提高。另一方面，家庭农场部分周边农户土地流转意愿低甚至不愿意流转土地更是为土地集中连片经营增加了难度。此外，土地租金成本逐年攀升导致家庭农场生产经营成本增加，为家庭农场开展土地集中连片经营带来了巨大挑战。全国家庭农场典型监测数据显示，2017年家庭农场土地流转平均租金为498.62元/亩，2018年土地流转平均租金较2017年上涨了5.51%，导致超过1/3的家庭农场在生产经营中存在土地流转难题[①]。

(二)盲目追求经营规模现象屡见不鲜

适度规模经营是实现家庭农场高质量发展的重要基础。但目前家庭农场在具体发展过程中仍存在盲目追求规模，实际经营规模偏大的问题。中国最适宜、最合意的农业经营主体，主要是适度规模化的家庭农场。为更加有利于农业生产力发展，促进农业适度规模经营，防止农业生产经营脱离实际，片面追求大规模经营的倾向，2014年政府出台相关政策文件并将"适度规模"界定为"土地经营规模相当于当地户均承包地面积10至15倍"[②]。但目前家庭农场适度规模经营的理念并未全面推广落实，过度追求大规模导致了

---

① 2018年生产经营中面临"土地流转难"的家庭农场占比为38.24%，土地平均流转租金为526.11元/亩。
② 新华社.关于引导农村土地经营权有序流转发展农业适度规模经营的意见[EB/OL]. http://www.gov.cn/xinwen/2014-11/20/content_2781544.htm.

家庭农场成本收益率和生产效率双双下降，这种发展现象亟须矫正。家庭农场的发展要适应自身生产经营能力和管理水平。经营规模一旦超出家庭农场自身经营能力范围，综合管理水平将会受到种种限制，自然导致家庭农场综合经营效益降低，这也是避免家庭农场在发展过程中"垒大户"的根本缘由。

（三）生产基础设施较为滞后

基础设施滞后为家庭农场实现高质量发展增添了现实障碍。一方面，由于家庭农场所在地区地形的差异性，部分家庭农场公共基础设施如道路交通、水利设施等难以满足生产经营的需求，严重影响了家庭农场的正常生产经营。另一方面，家庭农场在农产品加工、仓储等方面亟须建设辅助设施用地，但是合法有效获得土地资源以及临时用地审批面临着一系列困难，导致基础设施建设成为制约家庭农场健康发展的一大障碍。此外，基础设施建设需要大量资金投入以及农业生产经营回报周期较长的现实问题，进一步降低了家庭农场基础设施建设投入的积极性。在2018年全国家庭农场典型监测调查中，43.42%的家庭农场面临着生产性基础设施落后的发展难题，这成为制约家庭农场健康、持续、稳定发展的重要影响因素。

（四）劳动力短缺雇工难问题突出

家庭农场劳动力短缺的问题逐渐凸显。2016—2018年，缺乏劳动力的家庭农场占比分别为41.09%、46.32%和47.90%，2018年较2016年上升6.81个百分点。由此表明，劳动力短缺正在逐渐成为制约家庭农场健康发展的关键因素。一方面，城乡劳动力转移失衡造成农村劳动力呈现老龄化、空心化发展，导致农村地区劳动力数量总体相对匮乏，符合家庭农场用工需求的劳动力则更加匮乏。另一方面，家庭农场普遍存在季节性雇工需求，雇工时间与农户农忙时间的重叠加剧了劳动力短缺的现象。此外，雇工成本的不断上升制约了家庭农场经营发展的稳定性。根据全国家庭农场典型监测调查，2017年家庭农场常年雇工平均工资为25 485.29元/年，2018年常年雇工平均工资较2017年上涨4.01个百分点，达到26 549.87元/年。由此可见，劳动力短缺与雇工成本的上升对家庭农场劳动力雇用形成了双重压力。

（五）贷款等金融服务获得难亟待解决

一方面，家庭农场贷款融资需求强烈，但是由于缺乏有效抵押物，家庭农场在正规金融机构获取信贷支持的需求难以满足。另一方面，虽然相关政策要求金融机构为家庭农场发展提供贷款支持，但由于金融机构为农业贷款服务的积极性不高以及贷款审批程序复杂、贷款额度偏低等，家庭农场往往难以获得所需贷款融资服务。全国家庭农场监测数据显示，在制约家庭农场发展的各种因素中，2018 年生产经营中面临"贷款难"的家庭农场占比达到 46.98％。这意味着，将近一半的家庭农场受到了贷款融资约束，这对家庭农场生产经营发展的持续性和稳定性提出了巨大挑战。

（六）农业保险体系仍不完善

农业保险体系不完善使得家庭农场发展面临更大的生产经营风险。健全的农业保险制度能够降低自然、社会和市场风险给家庭农场生产经营带来的不确定性，但是目前家庭农场在农业保险方面仍然缺乏有效保障。一方面，现有的政策性保险较少且保额较低，难以满足家庭农场经营发展的需求；另一方面，商业保险价格相对较高，导致家庭农场投保率偏低。综合以上两个方面，农业保险体系的不完善导致家庭农场持续稳定发展缺乏韧性。在遇到自然灾害、市场价格波动等不可抗拒风险时，家庭农场面临收入下降甚至亏损的现实困境。全国家庭农场典型监测数据显示，2017 年 37.36％的家庭农场发展面临着农业保险不健全的制约风险，2013 年这一占比则达到了 38.37％。提高家庭农场抗风险综合能力是稳定家庭农场收入、增强农场发展可持续性的重要保障，由此凸显了完善农业保险体系的紧迫性。

此外，目前家庭农场发展也还存在区域分布不平衡等客观现实。这种区域分布的不平衡主要是家庭农场发展的自然条件约束如丘陵及浅山区耕地集中、形成连片经营难导致的，是一种正常和自然的表现。

三、"十四五"时期家庭农场发展目标

支持和促进家庭农场发展作为政府工作的一项内容，可以作为工作目标来推进。但是，从现代农业发展的本质特征看，家庭农场发展本身并非目标而是推进农业现代化的重要手段。推动农业高质量发展是实现中国农业现代化的关键。家庭农场作为未来农业生产的核心主体，在推动农业高质量发展进程中将发挥重要的支撑作用。农业现代化的实现在于农业高质量发展，农业高质量发展有赖于培育壮大家庭农场等新型生产和经营主体，走出一条与农业高质量发展相适应的农业现代化道路。

为进一步支撑农业高质量发展，保障未来家庭农场发展的持续性和稳定性，充分发挥其上述"手段"功能，"十四五"期间，家庭农场需要以规模适度、产出高效、生态绿色、强化合作和管理科学为发展的原则目标，不断提高发展质量，真正使其成为推动农业现代化整体水平提升的支撑力量。

（一）规模适度

坚持以适度规模经营为发展理念，量质并重稳发展。一是家庭农场发展要与自身生产

能力和经营管理水平相适应，避免经营规模过大或过小引致的农场收益降低的经营风险，从而切实有效提高农场综合效益。二是家庭农场发展要坚持量质并重。不仅要培育壮大家庭农场队伍，而且要保障家庭农场发展质量。

（二）产出高效

不断提高家庭农场经营效率，保障产品生产质量，切实有效提升农场经营效益。一是坚持家庭农场规模化、标准化、集约化生产经营，不断提高农场经营效率。二是注重品牌建设，提高产品附加值。通过强化家庭农场品牌塑造意识，积极推进家庭农场标准化生产经营，从而不断提高农场经营效益。

（三）生态绿色

积极推动生态友好型农业发展，增强农业发展可持续性。一是积极推广应用绿色生产技术，注重农业资源集约使用，做到经济效益、生态效益与社会效益的相统一。二是积极推进符合条件的家庭农场开展农产品绿色认证，增强市场竞争力，保障产品优质优价，不断拓展家庭农场增收空间。

（四）强化合作

加强家庭农场与其他农业经营主体的合作以及家庭农场之间的联合与合作，增强家庭农场生产经营的持续性与稳定性。一是积极引导家庭农场与其他新型农业经营主体之间深化合作关系，通过优势互补，分工协作，实现互利共赢。二是注重家庭农场发展与小农户相衔接，积极推动家庭农场开展社会化服务，为小农户有机衔接现代农业发展提供重要支撑力量。三是提倡家庭农场之间的合作，通过协会和联盟等形式，解决其自身发展过程中需要合作解决的问题。

（五）管理科学

走家庭农场高质量发展之路，不断提高农场主综合素质能力。实现家庭农场高质量发展关键在于要全面提升家庭农场主综合素质能力。一是要不断提高家庭农场科学种养水平，保障家庭农场生产效率和生产效益逐步提升。二是要全面提高农场主科学管理能力，逐步实现农业现代化综合管理，持续增强家庭农场经营稳定性。

四、"十四五"时期家庭农场发展路径

（一）健全家庭农场培育发展机制

1. 坚持适度规模经营理念。 坚持家庭农场适度规模经营的理念，切实提高家庭农场

亩均效益。一是各地在培育发展家庭农场时，应积极鼓励农业适度规模经营，将家庭农场作为推进适度规模经营的核心载体进行对待。各地在引导家庭农场培育发展时，将提倡适度规模经营发展放在首要位置进行鼓励宣传，切实保障好家庭农场发展过程中的效益提升，避免盲目扩大土地经营规模带来"规模不经济"的经营风险。二是在家庭农场认定方面，应因地制宜，合理确定家庭农场经营规模下限。各地应根据当地家庭农场发展情况，在坚持家庭农场基本经营特征的前提下，按照家庭农场经营作物类别进行分类施策，合理制定家庭农场经营规模下限，将符合条件的普通农户纳入家庭农场培育发展的范围，壮大家庭农场发展队伍。三是继续全面深化落实粮食适度规模经营补贴，保护农民种粮积极性，增强家庭农场主适度规模经营发展意识，确保我国粮食安全和有效供给。

2. 支持家庭农场示范创建。做好家庭农场示范创建工作，发挥家庭农场示范带动作用。一是建立健全省、市、县三级示范家庭农场创建制度，并根据各地区家庭农场总体发展水平制定与之相适应的省级、市级、县级示范家庭农场的认定标准，重点培育扶持符合规模适度、生产规范、绿色友好、效益明显的示范家庭农场。二是积极发挥示范家庭农场的带动作用，引导普通农户、专业大户向家庭农场发展过渡转变。同时，鼓励示范家庭农场积极开展社会化服务，与周边小农户形成利益联结机制，带动周边小农户农业现代化整体水平有效提升。三是各地应积极评选典型示范家庭农场，为当地家庭农场健康发展树立学习标杆。通过报纸、广播、电视、互联网等新闻媒介重点宣传推广典型示范家庭农场的经营模式、种养技术、发展理念和经营效益，从而发挥典型家庭农场的示范带动作用。

（二）提升家庭农场发展综合能力

1. 全面提高农场主综合素质。家庭农场主的素质和能力需要与家庭农场的不断发展相适应，全面提升农场主综合素质是加快实现家庭农场高质量发展的关键。继续全面落实家庭农场主培训制度，不断提高农场主综合素质能力。一是对家庭农场主的培训应体现针对性。当地政府应按照家庭农场经营类别（种植类、养殖类、种养结合类、机农结合类）进行分类指导培训，从整体上提高家庭农场主的经营管理水平。二是对家庭农场主的培训应体现实操性。当地政府应根据家庭农场种养品种展开具体的技术指导培训，切实提高家庭农场主种养技术水平。三是通过组建家庭农场协会或联盟，建立家庭农场网络互助交流平台（如微信群、QQ群等），增进各农场主在技术应用、产品销售、综合管理等方面的互助交流。四是地方政府应做好农场主考察培训的组织工作，适时定期组织当地农场主深入典型示范家庭农场进行考察、学习，从实践层面上提高农场主个人综合能力。

2. 倡导生态友好型生产方式。积极推进家庭农场向生态友好型生产方式转变，促进农业可持续发展。一是完善落实相关法规条例，激发家庭农场生态友好型发展的内生动力。一方面，积极推进各省完善落实《土地管理法》和《耕地质量管理条例》，对农业生态破坏行为形成有效约束；另一方面，建立健全农业生态补偿机制，加快推进落实《生态综合补偿试点方案》《耕地质量保护专项资金管理办法》，对促进家庭农场发展生态友好型农业形成内生动力。二是鼓励家庭农场应用绿色生产技术，提高测土配方技术、喷灌技术（喷灌、微喷灌、滴灌和渗灌）在家庭农场生产经营中的使用率，促进生产经营中实现节水、减肥、控药，进一步提高产品品质，保障质量安全。三是积极推动生态友好型家庭农场申请农产品绿色认证，促进家庭农场农产品品牌化建设，切实提高产品市场综合竞争力，为农业增效、农场增收提供进一步保障。

3. 鼓励支持开展联合与合作。鼓励支持家庭农场开展联合与合作，持续增强家庭农场发展的稳定性。一是鼓励并支持家庭农场与合作社、龙头企业深化合作关系。积极推动家庭农场、合作社、龙头企业根据各自优势展开合作，形成优势互补、产业融合、利益共享的互助合作体系，增强家庭农场健康发展的稳定性。二是支持各地根据家庭农场经营类型、种养品种组建家庭农场协会或联盟，降低农业生产资料购买成本，提高农产品市场价格谈判能力，稳定农产品市场销售关系，进一步保障家庭农场可持续发展的稳定性，从而逐步实现家庭农场高质量发展。三是重视家庭农场在小农户有机衔接现代农业发展中的重要作用，通过建立利益联结机制，不断提高家庭农场社会化服务水平，逐步引导小农户农业生产经营步入现代化农业发展道路。

（三）完善家庭农场政策扶持制度

1. 积极引导家庭农场土地有序流转。积极引导家庭农场土地有序流转，是保障家庭农场土地集中连片、适度规模经营的重要基础。一是要健全县、乡、村三级流转服务体系，优化完善土地流转平台建设，通过互联网平台对土地流转双方信息予以及时公布，增强流转双方获取信息的可得性、便利性和及时性。二是鼓励支持土地流转重点向家庭农场倾斜。基层政府应积极发挥桥梁和纽带作用，推动土地确权颁证，互换并地与农田基础设施建设相结合，整合高标准农田建设项目资金，推广土地托管服务，为家庭农场开展适度规模经营做好配套服务工作。三是积极发挥当地土地合作社的作用，为家庭农场开展土地流转、稳定土地流转关系提供进一步帮扶。四是稳定土地流转租金。推广实行租金动态调整、实物计租货币结算，积极引导农民土地有序流转，保障农户让渡土地经营权的利息、租金、经营权入股分红等收益。

2. 稳步推进家庭农场基础设施建设。加快完善家庭农场基础设施建设，提高家庭农场生产经营的便利性。一是政府应进一步完善农村道路、水利等公共基础设施建设，为家庭农场生产经营、交通运输提供便利性。二是鼓励支持家庭农场积极参与高标准农田建设，推动家庭农场完善仓库、晒场、农机库棚等附属设施配套建设，为家庭农场开展仓储、加工、办公等提供便利，增强家庭农场生产经营的可持续性。三是全面落实农业设施用地审批程序简化发展，提高家庭农场建设配套基础设施的积极性。四是在各地全面推广落实农产品产地初加工补助项目，加大基础设施建设补贴力度，为家庭农场改善生产设施条件营造良好的政策环境。

3. 优化完善财政金融保险政策体系。优化完善财政金融保险供给政策制度，增强家庭农场高质量发展的持续性和稳定性。一是增加家庭农场专项资金投入，逐步加大家庭农场财政支持力度。引导财政资金重点向家庭农场生产基础设施建设、农产品绿色认证、农业标准化生产方向倾斜，进一步加快家庭农场高质量发展进程。二是积极推进金融机构抵押物种类多元化，不断满足家庭农场贷款融资需求。鼓励支持金融机构发展土地经营权、农民住房财产权、农产品订单和大型农机具抵押贷款，并就增加抵押贷款额度、延长抵押贷款期限方面对家庭农场发展予以进一步扶持。三是大力发展政策性保险，积极构建新型农业保险体系，鼓励商业保险机构开展农业保险业务。增大普惠性政策保险支持力度，鼓励家庭农场投保农产品收入保险、农产品价格保险、天气指数保险等新型农业保险，进一步完善农业再保险体系。四是鼓励支持农村保险互助社发展，拓宽家庭农场生产经营风险转移渠道。

4. 建立健全农村农业劳工市场体系。建立完善农村农业劳工市场，鼓励发展劳动协作关系，是解决家庭农场雇工难题的关键。一方面，通过建立完善农村乡镇层面劳动力市场平台，对劳动力供需信息予以及时公布，促进信息互通，为家庭农场雇工需求提供保障。如各乡镇、村可结合当地发展情况将农业劳动力纳入统一的交流平台（如 QQ 群、微信群等）进行管理，增进供需双方信息交流，从而破解家庭农场雇工难题。另一方面，鼓励家庭农场与周边农户形成紧密的劳动协作关系。在农忙季节，鼓励并支持周边农户投入到家庭农场中开展农业生产经营，满足家庭农场季节性的临时雇工需求。同时，通过与周边农户建立稳定的劳动协作关系，稳定雇工工资，解决家庭农场因临时雇用不稳定性而导致雇工成本上升的现实问题。

农业农村现代化：内涵辨析、问题挑战与实现路径^①

    加快农业农村现代化是对我国"三农"工作的统筹推进，更是确保乡村全面振兴的关键与保障。对于农业农村现代化的认识，不同阶段存在着较为明显的演进特征。农业农村现代化是农业现代化与农村现代化的有机耦合，农业现代化是农村现代化的基础，农村现代化是农业现代化的依托。目前，推动农业农村现代化发展仍然面临诸多问题与挑战，如农业农村基础设施建设相对滞后、生态与资源环境面临双重压力、生产成本攀升与供需结构失衡并存、农村产业深度融合发展亟须增强、城乡居民收入仍然存在较大差距、新型农业经营主体发展质量有待提高等。为破解以上现实制约因素，进一步推进农业农村现代化发展，实现农业强、农村美、农民富的发展目标，应做到优先支农扶农，完善基础设施建设；立足县域载体，推动产业深度融合；保障粮食安全，促进农业提质增效；注重生态保护，加强乡风文明建设；强化人才支撑，促进新型农业经营主体高质量发展。

    "加快推进农业农村现代化"是党在十九大报告中对"三农"工作的重大部署，这是党和国家首次将农业现代化与农村现代化融合规划，体现了中国共产党"三农"工作理念的进步与创新，标志我国"三农"工作进入新的阶段。通过梳理农业农村现代化的历史演进，并对其内涵进行辨析，厘清农业农村现代化发展面临的困境与推进农业农村现代化的实现路径，对更好地推进农业农村现代化，助推乡村全面振兴具有重要意义。

一、农业农村现代化的演进历程

    农业农村现代化体现了传统农业农村向现代化农业农村动态演进的历史进程，其内涵

---

    ① 本文原载于：杜志雄. 农业农村现代化：内涵辨析、问题挑战与实现路径 [J]. 南京农业大学学报（社会科学版），2021，21（5）：1-10.

与构成在特定历史时期、不同国家或地区也会有所不同。纵观我国经济社会发展历程，我们党对农业现代化与农村现代化的认识存在着比较明显的时代变迁过程。

（一）新中国成立初期对农业现代化与农村现代化的认识

新中国成立以来，实现农业现代化一直是党中央优先发展的重点工作。1949 年党的七届二中全会上，毛泽东要求引导农业经济向着现代化方向发展[1]，这是农业与现代化首次产生联系，但此时农业现代化尚未上升到战略高度[2]。《1954 年国务院政府工作报告》正式将农业现代化作为奋斗目标纳入国家发展战略框架中，并将现代化的工业、农业、交通运输业和国防业视为摆脱落后贫困，实现革命目标的必要条件①。1963 年，周恩来在上海科学技术工作会议上再次强调农业现代化在建设社会主义强国中的重要作用[3]。随后，1964 年第三届全国人民代表大会第一次会议上，周恩来在《政府工作报告》中进一步明确了"四个现代化"战略②。到 20 世纪 60 年代，"四个现代化"的内容构成发生了调整，原有的"交通运输"被替换成"科学技术"，但农业现代化始终没有缺位。

农村建设也是新中国成立之初党和国家关注的重点。在《一九五六年到一九六七年全国农业发展纲要（修正草案）》中，中央明确提出"建设社会主义农村"，要求发展并改善农村生产关系③。这一时期，农村现代化一直进行着相关实践，但始终没有被确立为战略目标。新中国成立初期，我国的农业生产力水平低下，党和国家在实践中认识到解决农业农村的发展问题是社会主义革命和建设的首要任务，但在审视角度与政策要求方面，相关文件并没有将农业现代化与农村现代化作为一个整体进行表述，而是就农业而农业，就农村而农村进行强调与要求。

（二）改革开放至新时代前对农业现代化与农村现代化的认识

20 世纪 80 年代，"四个现代化"成为家喻户晓的发展目标，从此之后，农业现代化一直作为国家现代化的重要组成部分出现在政府工作报告中。例如：2002 年党的十六大报告提出"建设现代农业，加强农业基础地位"④；2007 年党的十七大报告强调"加强农

---

① 资料来源：中国政府网．1954 年国务院政府工作报告（1954 年 5 月 23 日在中华人民共和国第一届全国人民代表大会第一次会议上）［EB/OL］．（2006 - 02 - 23）［2021 - 06 - 18］．http：//www.gov.cn/test/2006 - 02/23/content_208673.htm．

② 资料来源：中国政府网．1964 年国务院政府工作报告［EB/OL］．（2006 - 02 - 23）［2021 - 6 - 18］．http：//www.gov.cn/test/2006 - 02/23/content_208787.htm．

③ 资料来源：中国经济网．一九五六年到一九六七年全国农业发展纲要（修正草案）［EB/OL］．（2007 - 06 - 04）［2021 - 06 - 18］．http：//www.ce.cn/xwzx/gnsz/szyw/200706/04/t20070604_11596391.shtml．

④ 资料来源：中国日报网．江泽民同志在党的十六大上所作报告全文［EB/OL］．（2012 - 08 - 28）［2021 - 06 - 18］．http：//www.chinadaily.com.cn/dfpd/18da/2012 - 08/28/content_15820005.htm．

业基础地位，走中国特色农业现代化道路"①；2012 年党的十八大报告进一步要求"坚持走中国特色新型农业现代化道路"并提出"促进工业化、信息化、城镇化、农业现代化同步发展"②。从中央颁布的涉农文件的不同表述中，同样能感受到党和国家对农业作为"国民经济基础"的重视，如 1979 年中共十一届四中全会的"根本条件"、1991 年中共十三届八中全会的"根本问题"、1993 年中央农村工作会议的"根本性问题"、1998 年中共十五届三中全会的"重大问题"以及 2002 年党的十六大的"重大任务"。自 2003 年中央农村工作会议至党的十八大，党中央一直将农业强调为"一切工作中的重中之重"。

改革开放极大地解放了农村生产力，农村现代化建设愈加受到重视，农村面貌在一定程度上得到改善。中共十三届八中全会首次提出"农业和农村现代化"的表述。中共十五届三中全会将农村发生历史性巨变的标志总结为"开创了一条有中国特色的农村现代化道路"[4]。2003 年中央农村工作会议确定 20 世纪 80 年代以来中国农村发展取得的伟大成就之一是"开创了中国特色的农村现代化道路"[4]。2005 年，中共十六届五中全会提出"建设社会主义新农村"，在"生产发展、生活宽裕、乡风文明、村容整洁、管理民主"5 项要求中，后 3 项均与推进农村现代化相关。党和国家也通过开展一系列国家级工程，如村村通工程（包括公路、电力、生活和饮用水、电话网、有线电视网、互联网等）、农村电影放映工程和"农家书屋"工程等都显著推动了农村现代化进程。

20 世纪 80 年代至党的十九大，农业一直被视为国民经济的基础，党和国家始终把解决好"三农"问题作为"一切工作中的重中之重"。在审视角度方面，中共十三届八中全会提出"农村的稳定和全面进步、农民的小康与农业的现代化"，这是党和国家首次将农业农村农民三方面联系起来并加以阐述，拉开了党和国家综合审视"三农"工作的序幕。中共十六届五中全会提出的社会主义新农村建设，标志着党和国家真正将"三农"融为一体进行战略规划设计。2013 年中央农村工作会议提出"中国要强，农业必须强；中国要美，农村必须美；中国要富，农民必须富"，这标志着我国"三农"工作实现了由"重要"到"必须"的跨越。但在这一阶段，农村现代化并没有作为目标进入战略设计，"三农"战略中更为重视的仍然是农业现代化，实际工作中得到更多关注的仍是农业的产业发展[4]。

（三）新时代对农业农村现代化的认识

进入中国特色社会主义新时代，党延续了"三农"工作是"一切任务重中之重"的方

---

① 资料来源：中国政府网．胡锦涛在党的十七大上的报告（全文）[EB/OL]．(2007 - 10 - 26) [2021 - 06 - 18]．http://www.scio.gov.cn/tp/Document/332591/332591.htm.

② 资料来源：人民网．胡锦涛在中国共产党第十八次全国代表大会上的报告 [EB/OL]．(2012 - 11 - 18) [2021 - 06 - 18]．http://politics.people.com.cn/n/2012/1118/c1001 - 19612670.html.

针，同时对"三农"工作的认识实现了从"同步发展"到"优先发展"的认识跃升。结合"三农"工作中的突出问题，党中央提出乡村振兴战略，并将农业农村现代化作为乡村振兴战略实施的关键含义与重要目标。2017 年，党的十九大明确提出"坚持农业农村优先发展""加快推进农业农村现代化"[①]，这是农村现代化与农业现代化首次共同进入战略规划。2018 年中央一号文件将农业农村现代化与国家现代化并提，并将推进农业农村现代化发展划分为三个阶段[②]；同年出台的《国家乡村振兴战略规划（2018—2022 年）》则进一步明确了农业农村现代化的发展愿景以及实践路径[③]。这标志着党对农业农村现代化的认知实现了从"为何发展"上升到"如何发展"的跨越。2021 年中央一号文件进一步强调，要全力加快农业农村现代化，同时要求启动实施农业农村现代化规划，到 2025 年农业农村现代化取得重要进展[④]。

从新中国成立要求实现农业现代化且注重社会主义农村建设，到改革开放后走中国特色农业现代化道路并强调社会主义"新"农村建设，再到新时代坚持农业农村优先发展，党和国家始终重视"三农"工作在实现国家现代化中的基础地位。新发展阶段下，面对发展不平衡不充分的突出问题，探索农业农村优先发展、加快农业农村现代化的具体实施路径将对全面推进乡村振兴发挥更大效用。

二、农业现代化、农村现代化与农业农村现代化的内涵辨析

农业农村现代化是新时代党在农村工作中的战略部署，厘清其科学内涵是加快推进农业农村现代化，实现乡村全面振兴的前置条件。那么，农业农村现代化与农业现代化、农村现代化有何联系？又有何不同？对三者具体内涵进行辨析有助于进一步深化对农业农村现代化的认识。

（一）农业现代化的核心内涵

加快推进农业现代化是建设社会主义现代化强国的关键，早在新中国成立之初，党中央就提出了农业现代化的战略构想。根据农业现代化在不同时期、不同语境下的具体内

---

① 资料来源：习近平．决胜全面建成小康社会夺取新时代中国特色社会主义伟大胜利［N］．人民日报，2017 - 10 - 28（1）.

② 资料来源：中国政府网．中共中央　国务院关于实施乡村振兴战略的意见［EB/OL］．（2018 - 02 - 04）［2021 - 6 - 18］．http：//www.gov.cn/zhengce/2018 - 02/04/content_5263807.htm.

③ 资料来源：中国政府网．乡村振兴战略规划（2018—2022 年）［EB/OL］．（2018 - 09 - 26）［2021 - 06 - 18］．http：//www.gov.cn/xinwen/2018 - 09/26/content_5325534.htm.

④ 资料来源：中共中央国务院关于全面推进乡村振兴加快农业农村现代化的意见［N］．人民日报，2021 - 02 - 22（1）.

容，农业现代化的概念可以划分为狭义与广义两种。其中，狭义的农业产业的现代化是指农业产业的现代化，它以现代科学理论为基础，用现代工业生产方式、现代科学技术、现代经济管理方法进行农业生产管理[5]，其内容包括物质、技术、经营管理、环境保护等层面的现代化[6-7]；广义的农业现代化是指"三农"的现代化[5,8]，其内容不仅包括农村物质生产水平的提高，还包括农村非农产业发展水平、农村城镇化水平等与农业部门发展密切相关的社会经济内容[7]。关于农业现代化内涵的认识通常有两种观念：一是内容论，体现为不同历史时期对农业现代化内容的静态认识；二是过程论，体现为将农业现代化看作是用先进生产要素替代传统生产要素从而实现农业部门由落后迈向先进的动态转变。自新中国成立到中共十一届三中全会召开，我国长期坚持以"四化"为特征的农业现代化目标，农业的机械化、水利化、化学化和电气化则是农业现代化实现的必要条件。改革开放以来，中央和理论界从中国国情出发，通过借鉴农业现代化国家的经验，积极探索以"多化论"为特征的具有中国特色的农业现代化道路[9]。经过多年发展，我国农业现代化进程取得了长足的进展和巨大的成就，突出表现为农业发展趋向"八化"，即生产主体规模化、生产手段机械化、农业生产生态化、农业运作资本化、农产品营销品牌化、农产品加工工业化、农业产业融合化和农业产业组织化[10]。尽管不同历史发展阶段对农业现代化内容的认识有所不同，但总的来看，农业现代化主要关注的是农业作为特定产业的现代化，其核心在于农村生产方式的转变。实现农业现代化，关键在于依靠科技进步和制度创新，改善农村的物质生产条件并提高农村综合生产力水平，进而形成独具特色并富有竞争力的现代乡村产业体系，使其更加适应现代经济环境和社会发展需要。

（二）农村现代化的核心内涵

在农业现代化过程中，由传统农村演变为现代农村的过程称之为农村现代化[8]。相对于研究内容极为丰富的农业现代化，学界对农村现代化的研究十分薄弱。现阶段，城乡发展不平衡、农村发展不充分的问题已经严重制约了新时代"三农"的发展，农村的发展越来越受到党和国家的重视。为了解决我国新时代社会主要矛盾，迫切需要加快推进农村现代化以助推乡村全面振兴。以往对农村现代化的两种认识——新农村建设和农村城镇化，均存在一定偏颇。农村现代化不是仅依靠外力建设和改造使农村呈现新面貌，也不是将所有农村完全改造为城镇，而是在城乡逐步融合发展的过程中，通过不断调整农业生产和农村生活方式使其逐渐适应现代经济社会的发展，最终彻底消除城乡差别、实现城乡协调发展[11]。从国家整体战略安排角度来看，农村现代化是乡村振兴的重要内容，亦是全面实现社会主义现代化强国必不可少的重要组成部分。此外，农村现代化还包括人的现代化、物的现代化以及治理现代化。其中，人的现代化指农民要成为现代农民，表现为农民职业化、观念现代化和思想科学化；物的现代化指农业机械化装备化智能化、农村产业链条化以及农民居住环境现代化；治理现代化指乡村公共服务、公共管理、公共安全保障水平显著提高[12]。

（三）农业农村现代化的核心内涵

农业农村现代化并不是农业现代化与农村现代化内容的简单叠加，而是由二者有机耦合而成的互有联系、彼此促进、相互交融的有机整体[13-14]。从政治经济学视域看，农业现代化奠定了农村发展的经济基础，农村现代化筑就了农业发展的上层建筑。从社会学视角看，农业现代化的本质是通过不断变革农业生产方式，并将其发展为更加适应现代社会经济环境和人民生活需要的现代农业，进一步实现农业生产效率和农民经济收益的同步提升；农村现代化的真实内涵则是在大部分村庄逐渐凋敝的趋势已经难以扭转的既定事实下，保持和维续乡村的主体性，推动乡村社会不断调整和改变生产生活方式，实现传统乡村和现代社会协同发展[15]。从社会主义现代化国家建设体系来看，农业现代化是产业现代化的概念，它是将农业升级为现代产业部门的过程，尽管农业生产活动以农村为平台，但其所涉及的农业产业链、供应链、价值链以及农业教育、研发、服务等活动并非局限于农村；农村现代化则诠释了地域现代化的概念，它是变落后的农村为美丽乡村的过程，其内容不仅包括农业产业的现代化发展，也包括农村文化、生态环境、居民生活和乡村治理的现代化，更包括广大农民在内的人的现代化[13]。尽管学者们研究的角度有所不同，但其观点均表明农业现代化与农村现代化共同构成了农业农村现代化的丰富内涵。就二者之间的关系来看，农业现代化是实现农村现代化的物质基础，只有农业实现生产经营管理现代化，才能为农村现代化提供丰富的物质资料；农村现代化是农业现代化的地域保障，为农业现代化发展所必需的人口、土地等资源要素提供空间载体。因此，建设具有中国特色的农业农村现代化必须立足我国基本国情和农情，按照乡村振兴战略的"五大要求"统筹推进农业现代化和农村现代化，才能实现农业农村政治、经济、文化、社会和生态文明的全面提升，并逐步将传统落后的农业农村改造为世界先进水平的现代农业农村。

当前，我国正处于建设社会主义现代化强国的关键时期，单独依靠农业现代化或农村现代化都不足以推动实现整个国家的现代化建设，必须统筹推进农业现代化和农村现代化，才能促进我国早日实现由传统农业农村转变为现代农业农村，加快建成具有中国特色的社会主义现代化强国。

三、农业农村现代化发展面临的问题与挑战

加快推进农业农村现代化发展是实现乡村全面振兴的必要前提，亦是新时期我国"三农"工作的首要任务。目前，我国农业农村现代化发展尚处于起步阶段，具体推进过程中

仍然面临着诸多问题和现实挑战。

（一）农业农村基础设施建设相对滞后

农业农村基础设施建设相对滞后是制约农业农村现代化发展的关键因素。根据第三次全国农业普查，截至 2016 年底，全国拥有电子商务配送站点的村占比为 25.1％，通天然气的村占比仅为 11.9％；饮用水方面，全国接通自来水的农户不到一半，占比为 47.7％；卫生设施方面，全国拥有卫生厕所①的农户占比不到 50％，由此凸显了加快推进农村厕所革命建设的重要性和紧迫性②。此外，城乡在社区综合服务设施方面也存在着较大差距，2019 年城市社区综合服务设施覆盖率已经达到 92.9％，而农村这一相应水平仅为59.3％，二者相差 33.6 个百分点③。此外，我国农业农村基础设施建设发展不仅与农业农村现代化目标存在较大差距，而且还存在重建设、轻管护现象[16]。农业生产性基础设施建设同样也是薄弱环节。以家庭农场为例，2018 年，43.42％的家庭农场面临着生产性基础设施落后的发展难题，对我国农业高质量发展构成了现实挑战。

（二）生态与资源环境面临双重压力

尽管我国在农业生态环境保护和资源利用方面取得了较大成效，但农业绿色化发展水平不高和人均耕地资源不足形成的双重压力依然是农业农村现代化发展所面临的重要约束。一方面，农业绿色化发展水平与现代农业要求仍然存在一定差距。近年来，我国化肥、农药减量增效成果显著，2019 年我国三大粮食作物农药和化肥利用率分别达到39.8％和 37.8％，生态环境突出问题得到初步遏制④。但是，由于我国农业生产经营过程中长期使用化肥、农药等化学投入品，生态环境存量欠债较多，农业面源污染形势依然严峻。此外，我国化肥、农药使用强度明显高于国际安全上限标准和世界平均水平⑤。由此表明，转变农业生产方式、增强农业可持续发展能力势在必行。另一方面，我国农业生产经营过程中分散小农户依然占据较大比例，人均耕地资源不足对农业适度规模经营发展形成了现实制约[17]。从耕地资源来看，我国人均耕地面积不足 1.5 亩，不到世界平均水平

---

① 卫生厕所包括水冲式卫生厕所和卫生旱厕。
② 资料来源：国家统计局网站．第三次全国农业普查主要数据公报（第三号）[EB/OL]．（2017-12-15）[2021-06-11]．http：//www.stats.gov.cn/tjsj/tjgb/nypcgb/qgnypcgb/201712/t20171215_1563589.html.
③ 资料来源：民政部网站．2019 年民政事业发展统计公报 [EB/OL]．（2020-09-08）[2021-06-17]．http：//www.mca.gov.cn/article/sj/tjgb/.
④ 资料来源：中国日报网．中国农业绿色发展报告 2019 在京发布 [EB/OL]．（2020-06-05）[2021-06-11]．http：//cn.chinadaily.com.cn/a/202006/05/WS5eda32eda31027ab2a8ceab2.html.
⑤ 资料来源：经济日报．走中国特色的乡村全面振兴之路 [EB/OL]．（2018-08-02）[2021-06-11]．http：//paper.ce.cn/jjrb/page/1/2018-08/02/16/2018080216_pdf.

的 1/2①，一至三等耕地面积占耕地总面积的比重更是不足 1/3②。现代农业的发展有赖于土地集中连片和适度规模经营，但人均耕地资源不足的"大国小农"现实国情无疑阻碍了农业农村现代化发展进程。

（三）生产成本攀升与供需结构失衡并存

破解农产品生产成本不断攀升与供需结构失衡难题是促进农业提质增效转型升级的关键。一方面，农产品生产成本的不断攀升挤压了农民增收空间，对农民增收的可持续性和稳定性构成了现实挑战。在农业生产经营各类成本中，人工成本与土地成本是构成农产品生产成本攀升的两大关键因素。以小麦为例，2005—2018 年我国小麦实际亩均人工成本和亩均土地成本分别增长 1.06 倍和 1.91 倍③。生产成本快速攀升使得农产品尤其是大宗农产品国内外价格倒挂现象严重，进一步压缩了国内农业生产者的利润空间，打击了农民的种粮积极性。另一方面，随着城乡居民生活水平的不断提高，农产品消费需求也逐步向优质化、个性化和多样化发展转变[18]。但就目前而言，我国优质、绿色农产品供给不足，中低端农产品供给过剩，由此形成的农产品供需错配难以适应和满足消费者对农产品的多元化需求，凸显了转变农业生产经营方式、优化品种结构的重要性和紧迫性。

（四）农村产业深度融合发展亟须增强

现阶段我国产业融合发展面临着不少问题与挑战，对农业转型升级与高质量发展形成了制约。一方面，农村产业融合发展关系存在不稳定性。农业生产经营主体是实现产业融合的践行者。由于各类农业生产经营主体地位差异性以及不对称性的存在，家庭农场尤其是普通农户在同企业开展联合与合作时往往处于劣势地位，这对农村产业融合发展的稳定性构成了挑战。如河南新野县农户参与农村产业融合发展的形式较为单一，大多数农户采用"企业＋农户"订单模式，农户参与程度低且各主体缺乏紧密有效的利益联结机制[19]。另一方面，农村产业融合发展的深度仍然不足。农村产业融合发展还停留在产品初加工阶段，农产品深加工程度不足且农产品在农业全产业链中增值收益小[20]。同时，过度注重农业的经济功能而忽视农业的多功能性也不利于农村产业深度融合发展，更不利于发挥六次产业的发展优势和乘数效应[21]。除此之外，外部支撑环境不健全、自我升级发展困难以及辐射带动能力弱同样也制约了农村产业深度融合发展[22]。

---

① 资料来源：自然资源部网站．全面提高资源利用效率（深入学习贯彻党的十九届五中全会精神）［EB/OL］．（2021－01－16）［2021－06－11］．http：//www.mnr.gov.cn/dt/ywbb/202101/t20210116_2598538.html.
② 资料来源：生态环境部网站．2019 中国生态环境状况公报［EB/OL］．（2020－06－02）［2021－06－11］．http：//www.mee.gov.cn/hjzl/sthjzk/zghjzkgb/202006/P020200605250946417 2096.pdf.
③ 资料来源：中国农业科学院农业经济与发展研究所网站．中国农业产业发展报告 2020［EB/OL］．［2021－06－15］．http：//iaed.caas.cn/cocs/2020－06/20200605102008307704.pdf.

（五）城乡居民收入仍然存在较大差距

不断缩小城乡居民收入差距是实现共同富裕的必然要求，更是加快农业农村现代化发展的重要表现。2011—2020 年，尽管农村居民人均可支配收入实现了快速增长，但与城镇居民相比依然存在较大差距。2020 年，城镇居民人均可支配收入高出农村居民 26 703元，城乡居民收入差距仍然处于较高水平①。一方面，在推进城镇化发展过程中，能力强的农民转移到城市就业定居，而能力弱、收入低、缺少进城机会的农民只能留守农村，进而导致城乡居民收入差距拉大[23]。另一方面，农村缺乏新产业、新业态，农民收入结构单一化也是拉大城乡居民收入差距的关键因素。农村新产业、新业态的发展需要发挥农业的多功能性，而一些乡村衰落正是由于产业分割条件下农业多功能性的丧失而导致的[21]。此外，相对于城镇居民而言，由于农业具有天然弱质性，农民收入增长的持续性和稳定性面临着更大挑战。尤其是在重大外生冲击的影响下，农民增收更显乏力。如突发的新冠肺炎疫情对农民收入稳定性增长产生了极大的负面影响，在一定程度上延缓了农民脱贫致富的进程，增加了城乡收入差距进一步扩大的可能性。

（六）新型农业经营主体发展质量有待提高

新型农业经营主体是确保我国粮食安全和重要农产品有效供给的主要载体，但目前我国新型农业经营主体培育发展仍然存在诸多短板和现实制约。家庭农场、合作社和龙头企业作为我国新型农业经营主体的重要组成部分，尽管形成了功能互补、分工协作的良好发展格局，但其自身发展所面临的规范性欠缺、可持续性较弱和稳定性不足等问题制约了高质量发展进程。就家庭农场而言，土地难以集中连片经营、盲目追求经营规模、劳动力短缺、贷款融资约束以及缺乏完善的农业保险体系等都是制约家庭农场高质量发展的现实问题[24]。合作社发展方面，空壳合作社较多[25]，真正意义上的合作社所占比例较低[26]。此外，在推进农业产业化发展过程中，龙头企业与合作社缺乏稳定的合作机制[27]。对于普通农户而言，龙头企业在农业产业化发展合作过程中占据绝对优势[28]，从而使得双方合作关系呈现较高的脆弱性。因此，为更好地发挥新型农业经营主体的引领作用，保障小农户增收的可持续性和稳定性，各类新型农业经营主体有效衔接小农户发展现代农业的作用和稳定性亟须增强。

---

① 资料来源：农业农村部网站．中国农业农村经济简况［EB/OL］．［2021 - 06 - 18］. http：//zdscxx. moa. gov. cn：8080/misportal/public/publicationRedStyle. jsp？key＝％E4％B8％AD％E5％9B％BD％E5％86％9C％E4％B8％9A％E7％BB％9F％E8％AE％A1％E8％B5％84％E6％96％99.

四、推进农业农村现代化发展的实现路径

加快农业农村现代化是对我国"三农"工作的统筹推进，更是确保乡村全面振兴的关键与保障。推进农业农村现代化，关键在于实现产业现代化、地域现代化和人口现代化的融合发展。但目前我国"三农"工作仍然存在一系列制约因素，对实现农业强、农村美、农民富的伟大目标构成了严重挑战。为进一步加快实现农业质量安全和效益提升、农村青山绿水和设施完备、农民生活富裕和精神富足，亟须促进农业农村高质量发展，补齐农业农村现代化短板。

（一）优先支农扶农，完善基础设施建设

加快农业农村现代化，首先要促进农业农村基础设施建设完备完善和城乡基本公共服务均等化。一是建立健全财政支农扶农惠农政策体系，推动资源要素优先向农业农村倾斜，将"三农"工作放在首要位置契合乡村振兴战略实施开展，努力破解城乡发展不平衡、农村发展不充分的难题。二是加大力度补短板，不断完善农村公共基础设施和基本公共服务。农村基础设施建设和公共服务相对滞后是城乡差距的重要表现，推进农业农村现代化首先要完备完善农村基础设施建设和公共服务，为农民营造宜居宜业的良好环境。一方面，加快农村道路、电网、自来水、清洁能源、网络等基础设施建设。同时，通过推动数字乡村建设，不断激发农业农村发展新动能，进而全面提升农业农村现代化水平。此外，推动农村开展厕所革命和污水治理，不断提高农村卫生厕所普及率和生活污水处理率，进而逐步改善农村人居环境。另一方面，以县域为载体，优化县域内城乡公共资源均衡配置，提高农村基本公共服务水平。统筹城乡发展，积极推动文化教育、社会保障、医疗卫生、养老服务等领域的城乡基本公共服务均等化，为农民就地就近提供优质均等化公共服务。三是加快完善农业基础设施建设，为农业高质量发展提供有效支撑。进一步加大支农扶农惠农政策支持力度，推动高标准农田、水利灌溉设施以及粮食仓储配套设施建设。同时，支持并引导丘陵地区开展农地宜机化改造以提高农业机械化水平，为发展现代农业注入活力。

（二）立足县域载体，推动产业深度融合

大力发展县域经济，推动小城镇建设，助推县域内产业深度融合发展。一是加快小城镇建设，促进县域经济发展，助力乡村振兴与农业农村现代化。通过推进以县域为载体的新型城镇化建设，形成以县带乡、以乡带村的城乡融合发展格局，促进城乡之间土地、资本、劳动力、技术、信息等资源要素双向流动和优化配置，进而畅通城乡经济循环，为农

民就地就近提供高品质的公共服务，不断缩小城乡公共服务水平差距。二是因地制宜、依托地区资源禀赋优势，发挥农业多功能性，构建现代农业产业体系。一方面，鼓励并支持龙头企业在粮食主产区、特色农产品优势区建立农产品加工基地，推动农产品深加工、精加工和标准化生产。另一方面，推进农业现代化示范区建设，以培育重点龙头企业，打造特色农产品品牌。通过发挥龙头企业引领作用优势，逐步构建和完善农业产业体系，拓宽农民增收渠道，促进农民就近就地就业，进而增加农民工资性收入。三是加快培育农村新产业、新业态、新模式，促进农村产业深度融合发展。一方面，支持引导农村发展休闲农业、设施农业、景观农业、体验农业、乡村旅游、农家乐等新产业新业态，充分发挥新产业新业态带动农业农村发展的作用。另一方面，以订单合同为纽带，大力推广发展订单农业，推动龙头企业、合作社、家庭农场开展联合与合作。创新订单农业模式，鼓励发展"农超对接""家庭农场＋合作社＋龙头企业""龙头企业＋合作社＋基地＋农户"等多种形式的订单农业模式，促进各主体形成紧密的利益联结机制，实现农产品产加销一体化发展。

（三）保障粮食安全，促进农业提质增效

坚持以质量安全、效益提升为发展理念，确保粮食安全和重要农产品有效供给，夯实农业生产基础，走农业高质量发展道路。一是积极推进"藏粮于地"和"藏粮于技"战略，不断提高粮食产能，保障粮食安全。此外，还应推广实施"藏粮于库"战略以应对重大突发外生冲击风险，确保粮食和重要农产品供给稳定。二是严守耕地红线，保持土地承包关系稳定并长久不变，坚决遏制耕地"非农化"，为粮食及重要农产品稳产保供奠定坚实基础。三是动态调整优化农产品供给结构以适应市场需求，促进农产品供给差异化、多元化和标准化发展。深化农业供给侧结构性改革，建立农产品质量追溯平台以保障农产品质量安全。同时，依托各地资源禀赋优势，培育推广优质特色农产品生产，打造名特优农产品品牌，确保产品优质优价，契合消费者对于农产品供给数量、质量以及品种的多元化需求。四是坚持和完善农业价格政策和补贴政策，建立健全农产品价格支持保护体系。完善稻谷最低收购价政策和玉米、大豆生产者补贴政策，扩大三大粮食作物完全成本保险和收入保险试点范围[29]，充分调动农民生产积极性，保障农民自身利益不受损害。五是做好农业生物育种工作，打好种业翻身仗。联合高校、企业和科研院所等平台力量，加大农作物种业育种科技攻关力度，筑牢粮食安全基础。六是发挥农业科技创新优势，推广增产增效、绿色防控、生态环保和耕地质量提升相关新技术应用，提高农业生产经营效率和效益，引领现代农业发展。

（四）注重生态保护，加强乡风文明建设

重视生态环境保护，全面提高资源利用效率，加强农村精神文明建设，提高农村居民

文化素质水平。一是坚持绿色引领，增强农业农村生态环境保护意识，全面提高资源利用效率。一方面，加快构建农业农村生态环境保护制度体系，以生态环境友好为导向，推进农业生产过程中化肥、农药等化学投入品减量使用，推广使用测土配方施肥技术等绿色生产技术，严格控制农业面源污染。另一方面，以美丽宜居为导向开展美丽乡村建设，推动农村地区垃圾分类，推动农作物秸秆、畜禽粪便等废弃物资源化循环利用，提高资源利用效率。此外，开展农村生态保护与修复工作，在粮食主产区推行耕地轮作休耕制度，改良土壤肥力、提高耕地质量，进而缓解生态资源压力，增强农业发展可持续性。二是加强乡风文明建设，促进农村形成新文化新风尚。一方面，通过文化宣传墙、宣传栏积极推广宣传社会主义核心价值观与优秀乡村文化，治理高价彩礼、封建迷信等不良社会风气。此外，鼓励支持农村建设图书阅览室与文化活动广场，为培育文明乡风、提升农民文化素养筑牢基础。另一方面，发挥文明道德模范的引领和带动作用，在农村开展文明道德模范评选并积极宣传其优秀文明事迹，促进农村深化移风易俗，形成良好风气与文明风尚。

（五）强化人才支撑，推动新型农业经营主体高质量发展

突出抓好农业农村人才建设，推动新型农业经营主体高质量发展，为农业农村现代化发展提供重要支撑力量。一是加强"三农"人才队伍建设，打造一批具有"三农"情怀的乡村精英。坚持农业农村人才"走出去"与"引进来"导向，建立农业农村劳动力双向流动机制。一方面，鼓励农村剩余劳动力转移到城市就业定居，并为其提供就业、子女教育、社会保障等方面的政策环境保障。另一方面，优化返乡创业就业环境，为致力于服务"三农"的农业农村人才提供良好的创业就业环境，充分发挥"三农"人才在农业农村现代化发展中的引领作用，为加快构建现代乡村产业体系提供智力支撑。二是建立健全农村农业劳工市场体系，通过完善农业农村劳动力市场平台及时发布劳动力供需信息，解决新型农业经营主体季节性雇工与临时性雇工难题。三是坚持规范化管理、绿色化生产和经营效益优的发展理念，促进新型农业经营主体高质量发展。同时，完善农业保险支持体系，加大农业信贷担保支持力度，为增强新型农业经营主体发展的可持续性和稳定性提供保障。四是充分发挥政府引导、服务和推动的职能作用，促进各类新型农业经营主体优势互补、分工协作，提高合作稳定性。五是发挥新型农业经营主体在我国农业生产经营中的引领作用，通过利润返还、保底分红、股份合作等形式创新利益联结机制，有效衔接小农户发展现代农业，提高小农户的组织化程度，增强小农户增收的可持续性和稳定性。六是坚持农业专业化生产与多元化经营并存，引导新型农业经营主体开展农业适度规模经营。完善土地流转服务体系，坚持农业适度规模经营的基础上推动土地集中连片，遏止盲目追求扩大经营规模引致的"规模不经济"风险[24]。

参考文献：

[1] 毛泽东. 毛泽东选集（第四卷）[M]. 北京：人民出版社，1991：1432.

[2] 孙贺，傅孝天. 农业农村现代化一体推进的政治经济学逻辑 [J]. 求是学刊，2021，48（1）：81-89.

[3] 中共中央文献研究室. 周恩来经济文选 [M]. 北京：中央文献出版社，1993：503.

[4] 中共中央文献研究室. 十六大以来重要文献选编（上）[M]. 北京：中央文献出版社，2011.

[5] 赵景阳，郭艳红，米庆华. 广义农业现代化的内涵与评价研究：以山东省为例 [J]. 农业现代化研究，2007（1）：28-31.

[6] 王春光. 迈向共同富裕：农业农村现代化实践行动和路径的社会学思考 [J]. 社会学研究，2021，36（2）：29-45.

[7] 韩士元. 农业现代化的内涵及评价标准 [J]. 天津社会科学，1999（5）：68-70.

[8] 朱道华. 略论农业现代化、农村现代化和农民现代化 [J]. 沈阳农业大学学报（社会科学版），2002（3）：178-181.

[9] 曹俊杰. 新中国成立 70 年农业现代化理论政策和实践的演变 [J]. 中州学刊，2019（7）：38-45.

[10] 杜志雄，肖卫东. 中国"兴"字型农业现代化的演化与趋势 [M]. 中国社会科学出版社，2019：2-4.

[11] 周加来. 城市化·城镇化·农村城市化·城乡一体化：城市化概念辨析 [J]. 中国农村经济，2001（5）：40-44.

[12] 孔祥智，赵昶. 农村现代化的内涵及实现路径 [J]. 中国国情国力，2021（4）：4-8.

[13] 李周，温铁军，魏后凯，等. 加快推进农业农村现代化："三农"专家深度解读中共中央一号文件精神 [J]. 中国农村经济，2021（4）：2-20.

[14] 魏后凯. 深刻把握农业农村现代化的科学内涵 [J]. 农村工作通讯，2019（2）：1.

[15] 陆益龙. 乡村振兴中的农业农村现代化问题 [J]. 中国农业大学学报（社会科学版），2018，35（3）：48-56.

[16] 高强，曾恒源. "十四五"时期农业农村现代化的战略重点与政策取向 [J]. 中州学刊，2020（12）：1-8.

[17] 张照新. 以乡村振兴战略引领新时代农业农村优先发展 [J]. 人民论坛·学术前沿，2018（3）：34-39.

[18] 姜长云，杜志雄. 关于推进农业供给侧结构性改革的思考 [J]. 南京农业大学学报（社会科学版），2017，17（1）：1-10.

[19] 郭军，张效榕，孔祥智. 农村一二三产业融合与农民增收：基于河南省农村一二三产业融合案例 [J]. 农业经济问题，2019（3）：135-144.

[20] 葛新权，和龙. 促进我国农村产业融合发展的政策取向 [J]. 经济纵横，2017（5）：80-85.

［21］周立，李彦岩，王彩虹，等．乡村振兴战略中的产业融合和六次产业发展［J］．新疆师范大学学报（哲学社会科学版），2018，39（3）：16 - 24.

［22］芦千文，姜长云．关于推进农村一二三产业融合发展的分析与思考：基于对湖北省宜昌市的调查［J］．江淮论坛，2016（1）：12 - 16.

［23］贺雪峰．关于实施乡村振兴战略的几个问题［J］．南京农业大学学报（社会科学版），2018，18（3）：19 - 26.

［24］魏后凯，杜志雄．中国农村发展报告：聚焦"十四五"时期中国的农村发展［M］．北京：中国社会科学出版社，2020：260 - 282.

［25］促进农民专业合作社健康发展研究课题组，苑鹏，曹斌，等．空壳农民专业合作社的形成原因、负面效应与应对策略［J］．改革，2019（4）：39 - 47.

［26］邓衡山，徐志刚，应瑞瑶，等．真正的农民专业合作社为何在中国难寻？：一个框架性解释与经验事实［J］．中国农村观察，2016（4）：72 - 83.

［27］张延龙．信任困境、合作机制与"资产收益扶贫"产业组织发展：一个农业龙头企业垂直解体过程中的策略与实践［J］．中国农村经济，2019（10）：81 - 97.

［28］王亚飞，唐爽．我国农业产业化进程中龙头企业与农户的博弈分析与改进：兼论不同组织模式的制度特性［J］．农业经济问题，2013，34（11）：50 - 57.

［29］陈锡文．实施乡村振兴战略，推进农业农村现代化［J］．中国农业大学学报（社会科学版），2018，35（1）：5 - 12.

第二辑　家庭农场自主发展能力

教育水准、代际关系与家庭农场演进的多重因素[①]

农场主特征与其经营的家庭农场特征间存在着相关关系。我们发现，农场主的教育水平越高，农场经营规模越大，土地流转越规范，租金承受力越高，生产资料水平越高，机械化以及用自己的机器实现机械化的水平越高，科学施肥用药水平越高，未来调整规模意愿越高。相比年龄大的农场主，年轻农场主所经营的家庭农场的经营面积、转入土地占比、书面合同占比和土地租金偏高，拥有的生产资料（特别是其产值）较多，也更喜欢通过自己的机器实现机械化，贷款或举债进行家庭农场经营的比例偏高，且以正规金融机构为主要融资渠道。农场主年龄越小，未来调整经营规模的可能性越大。随着农场主户籍归属地离家庭农场所在的村"越远"，经营面积越大，流转租金越高，流转合同租期越长，农场主认为合理的农场规模越大。女性农场主认为合理的农场规模较大，未来保持经营规模不变的比例较高。

新型农业经营主体是农业现代化的具体实践者，对其发展情况进行研究无疑具有重要意义。目前，学界和政府更多聚焦于各类经营主体的培育和发展问题，而对某一类经营主体的生产行为的决定因素关注不够。例如，经营主体（或其经营者）的人力资本水平是否会对农业现代化的发展速度和质量产生影响，不同年代、不同户籍归属地的经营主体是否有不同的经营行为等都是亟待回答的问题。本文将做这样的尝试。

以家庭农场为切入点考察农业经营主体（或其经营者）相关特征对农业生产的影响具有提纲挈领的作用。在众多农业生产经营主体中，家庭农场是中央重点培育的经营主体。这是因为家庭农场是能兼顾家庭经营、集约生产和高效合作的新型经营主体。理论角度，一方面，相比普通农户，家庭农场在保留家庭经营内核的基础上，对经营规模进行了适度

---

① 本文原载于：郜亮亮，杜志雄 . 教育水准、代际关系与家庭农场演进的多重因素［J］. 改革，2016（9）：48 - 58.

拓展，因此不但获得了规模扩大带来的直接好处，还因规模扩大内生出更真实、更强烈的合作需求，从而获得合作带来的间接好处。另一方面，相比土地合作社，家庭农场尽管可能有规模劣势，但不需面对一直困扰农业生产的劳动力监督问题，更不必付出额外成本去搭建理事会等治理机制来维系合作关系以获得合作效益；同时，随着适度规模经营家庭农场的增多，它们之间以及与其他经营主体之间必将联合出更具活力的升级版合作社，从而获得高效合作效益。现实尺度，家庭农场是最契合经济社会发展阶段的经营主体。在今后相当长时期内，普通农户仍占大多数的发展现实，以及城乡一体化与农业现代化之间因相互促进和制约不能彼此独立发展很快的理论关系，都将能兼顾效率与公平目标、能更好落实粮食安全和全面建成小康社会战略目标的家庭农场推上历史舞台，使之成为引领适度规模经营、发展现代农业的有生力量。

与其他研究不同，本文并不聚焦家庭农场的培育问题，而是思考应该培育或者引导什么类别的家庭农场问题，或者农场主的特征是否会决定其所经营家庭农场的特征问题。本文的研究目标是基于 2014 年全国 31 省 1 436 家粮食类家庭农场监测数据，对家庭农场主的教育水平、出生年代、户籍归属地和性别四大特征与家庭农场相关特征（经营规模、生产行为、土地流转特征、生产资料水平、金融借贷以及未来经营意愿等）间的关系进行统计描述分析，从而呈现谁在经营家庭农场及怎样经营家庭农场，并为下一步家庭农场发展政策提供实证依据。

一、数据说明

以 2013 年和 2014 年两年的中央一号文件提出发展规模化家庭农场为起始，特别是 2014 年 2 月底农业部出台《关于促进家庭农场发展的指导意见》后，全国家庭农场发展如火如荼。为了整体把握全国家庭农场发展的真实情况，2014 年开始，农业部农村经济体制与经营管理司（以下简称经管司）委托中国社会科学院农村发展研究所开展家庭农场监测工作[①]。本次监测农场样本覆盖全国 31 个省（自治区、直辖市），在随机分层抽样总原则指导下各省选择 3 个样本县约 100 个家庭农场进行监测。另外，按照农业部经管司要求，每个监测县（市、区）在确定监测家庭农场时，要兼顾种植业、养殖业和种养结合型家庭农场比例，原则上种植业家庭农场占比不多于 80％，粮食类家庭农场占比不少于 50％；样本农场应是生产经营情况比较稳定、从事农业经营 2 年以上的家庭农场。

2014 年共获得 3 092 个家庭农场的数据。经过逻辑检验，剔除存在严重填写不规范、

① 感谢课题组成员（张宗毅、肖卫东、王新志、蔡颖萍、危薇和刘文霞）的数据处理工作；感谢农业部农村经济体制与经营管理司的课题资助。

明显错误以及存在大量缺失值的样本，最终获得有效样本 2 826 家。在 2 826 个有效样本农场中，种植业类家庭农场 1 849 家，占样本总数的 65.42%，其中粮食类家庭农场 1 436 个，占全部样本的 50.81%，占种植业家庭农场的 77.66%；养殖业类家庭农场 430 家，占样本总数的 15.21%；种养结合类家庭农场 525 家，占样本总数的 18.58%；其他类 22 家。

本文利用 1 436 个粮食类家庭农场数据进行分析。这里的粮食类家庭农场涵盖种植小麦、玉米、水稻、薯类、豆类、高粱和燕麦的家庭农场。

二、家庭农场主教育水平与家庭农场特征

本文把家庭农场主教育水平分成不识字或小学、初中、高中/中专/职高和大专及以上四个等级，据此将 1 436 家农场分成 4 组，其中农场主是不识字或小学教育水平的家庭农场有 85 个，占比 5.92%，初中、高中/中专/职高和大专及以上分别占比 53.13%、32.17% 和 8.77%（表 1）。显然，近 60% 的家庭农场的农场主教育水平为初中水平及以下。下面考察每组家庭农场在生产经营等方面的特征差异。

表 1　家庭农场主的教育水平与家庭农场的基本情况

教育水平	样本数/个	样本数占比/%	在工商部门注册登记/%	有比较完整的日常收支记录/%	有注册商标/%	省级示范农场/%	地市级示范农场/%	区县级示范农场/%	已从事规模经营年限/年
不识字或小学	85	5.92	43.53	70.59	3.53	1.18	2.35	25.88	6.55
初中	763	53.13	51.11	66.71	5.50	2.11	3.16	13.55	4.99
高中/中专/职高	462	32.17	69.26	77.92	13.02	5.63	8.66	17.32	4.75
大专及以上	126	8.77	72.22	80.16	12.70	3.97	9.52	13.49	4.33
整体	1 436	100.00	58.36	71.73	8.43	3.35	5.44	15.49	4.95

（一）农场主教育水平与家庭农场的基本情况

从表 1 可知：

第一，随着家庭农场主教育水平的提高，家庭农场在工商部门注册登记的比率提高。在农场主教育水平为不识字或小学的农场中，有 43.53% 的农场在工商部门注册登记；在农场主教育水平为初中水平的农场中，注册登记比率上升到 51.11%；当教育水平变为高中/中专/职高后，注册比率进一步上升到 69.26%；大专及以上的组中，注册比率高达 72.22%。这或许表明，教育水平高的农场主更愿意在工商部门进行登记，既是企业化经营思路的体现，也是品牌化经营的必经之路。整体看，所有农场在工商部门进行登记的比

率不足 60%，为 58.36%。

第二，整体看，有 71.73% 的农场有比较完整的日常收支记录，随着农场主教育水平的提高，这一比率逐步提高。农场主教育水平为大专及以上的农场中有 80.16% 的农场有比较完整的日常收支记录，比不识字或小学组的比率高 9.57 个百分点。这或许表明，教育水平高的农场主更愿意准确记录农场的成本收益。

第三，那些教育水平较高的农场主在竞争省市级示范农场方面具有优势，而教育水平相对低的农场主较多地争取了县级示范农场。农场主教育水平为不识字或小学的农场中，仅有 1.18% 的农场获得了省级示范农场，2.35% 获得地市级示范农场，而有超过 1/4（约 25.88%）的农场获得了区县级示范农场；与此形成鲜明对比，农场主教育水平为大专及以上的农场中，3.97% 的农场获得了省级示范农场，9.52% 获得了地市级示范农场，而只有 13.49% 的农场获得区县级示范农场。假设省级示范农场比区县级示范农场的评比标准更高，农场主教育水平越高，其所经营的农场越具有竞争力。

第四，农场主教育水平与其从事农业规模经营年限呈反向关系。整体看，粮食类家庭农场的农场主都具有 5 年左右的规模经营年限。教育水平为不识字或小学的农场主从事农业规模经营的年限最长，为 6.55 年；大专及以上组为 4.33 年，年限少 2 年左右。

（二）农场主教育水平与家庭农场的土地经营特征

从表 2 可知：

第一，农场主教育水平越高，其所经营的农场面积越大。农场主教育水平为不识字或小学的农场 2014 年平均经营规模为 323.61 亩，随着教育水平增加到初中、高中/中专/职高和大专及以上时，相应的平均经营规模增加到 359.49 亩、512.94 亩和 610.93 亩。这或许是教育水平影响经营规模理念，也或许是决定经营能力，等等。

第二，整体看，农场主教育水平越高，其所经营的农场转入土地面积占比越高。所有农场平均来看，转入土地面积占比为 67.43%，而农场主教育水平为不识字或小学的农场平均转入面积占比为 56.24%，大专及以上组的占比高达 72.08%，两者相差 15 个百分点。这或许是因为农场主教育水平为不识字或小学的农场的土地禀赋较高，也或许是因为教育水平高的农场主具有经营更大规模的能力。

第三，整体看，农场主教育水平越高，采用书面合同的比率越高、采用现金租金的比率越高。农场主教育水平为不识字或小学的农场中有 93.15% 在土地流转中签订书面合同，9.86% 采用现金租金；与此相对，农场主教育水平为大专及以上时，97.48% 的农场采用书面合同，21.19% 采用现金租金。这或许表明教育水平不同对风险的态度和承受能力就不同，教育水平越高可能越谨慎，也可能更愿意诉诸法律解决问题。租金形式的差异或许表明教育水平会影响对通货膨胀的认识和抵御能力。

第四，整体看，那些农场主教育水平高的农场所支付的租金高于农场主教育水平低的农场。农场主教育水平为不识字或小学的农场平均流转租金为 416.64 元/亩，初中组为 481.04 元/亩，大专及以上组为 587.62 元/亩。这或许是教育水平影响支付能力，也或许是教育水平高的农场主因为经营规模较大进而影响了流转市场。

表 2　家庭农场主的教育水平与家庭农场的土地经营特征

教育水平	2014 年农场经营土地面积/亩	转入土地占比/%	书面合同/%	实物租金/%	现金租金/%	2014 年亩均流转租金/（元/年）
不识字或小学	323.61	56.24	93.15	76.06	9.86	416.64
初中	359.49	66.34	93.27	76.41	12.01	481.04
高中/中专/职高	512.94	69.97	97.01	69.91	17.82	563.74
大专及以上	610.93	72.08	97.48	66.95	21.19	587.62
整体	428.80	67.43	94.87	73.40	14.63	514.38

（三）农场主教育水平与家庭农场的生产资料水平

从表 3 可知，农场主教育水平高的那些家庭农场的生产资料水平明显偏高。以农场主教育水平为不识字或小学和大专及以上两组农场为例，前者平均拥有 3.85 台/套农机具、399.90 平方米的仓库、163.84 平方米的农机具库棚和 476.57 平方米的晒场，而后者平均拥有 5.49 台/套农机具、630.42 平方米的仓库、217.98 平方米的农机具库棚和 1 007.20 平方米的晒场，分别比前者高出 42.60%、57.64%、33.05% 和 111.35%。前者平均拥有 0.08 台烘干设备，有 5.88% 有专用冷库地窖等，有 62.98% 和 39.91% 是用自己的机器实现机耕和机收的；后者平均拥有 0.11 台烘干设备，11.11% 有专用冷库地窖等，有 66.02% 和 51.28% 用自己的机器实现机耕和机收，与前者相比都有较大幅度的提升。这或许表明教育水平高的农场主更倾向于用现代技术进行农业生产经营，也或许是因为面临的金融约束较少进而能获得足量的生产资料。

表 3　家庭农场主的教育水平与家庭农场的生产资料水平

教育水平	农机具/（台/套）	农机具/万元	仓库/平方米	农机具库棚/平方米	晒场/平方米	烘干设备/台	有专用冷库地窖等/%	自己机器实现机耕/%	自己机器实现机收/%
不识字或小学	3.85	13.89	399.90	163.84	476.57	0.08	5.88	62.98	39.91
初中	4.40	19.75	187.30	94.81	489.28	0.06	4.91	70.72	52.17
高中/中专/职高	6.05	25.79	414.82	187.21	745.19	0.14	7.83	69.58	49.40
大专及以上	5.49	29.36	630.42	217.98	1 007.20	0.11	11.11	66.02	51.28
整体	5.00	22.20	311.83	139.64	615.33	0.09	6.46	69.48	50.48

（四）农场主教育水平与家庭农场的生产经营

从表4可知，农场主的教育水平与农场经营的专业化、机械化、技术采用等方面均有明显关系。

第一，农场主教育水平不同，所经营农场的专业化程度也不同。平均看，家庭农场经营2.26种作物。农场主教育水平为不识字或小学的农场平均种植2.67种作物；初中组和高中/中专/职高组分别下降到2.09种和2.34种，专业化明显增强；而大专及以上组又增加到2.75种。如果从产值比重看，教育水平与专业化程度似乎呈反向关系。

第二，随着农场主教育水平的提高，农场单产水平逐步提高。农场主教育水平为不识字或小学的农场平均单产水平为1 237.21斤/亩，初中组和高中/中专/职高组分别增加到1 417.00斤/亩和1 626.55斤/亩，大专及以上组回落到1 594.91斤/亩。除了不识字或小学组低于所有平均水平外，其他三组均高于平均水平1 489.62斤/亩。

第三，随着农场主教育水平的提高，农场的机械化水平逐步提高。在农场所有经营中，以产值占比最高的第一种主要作物为例，农场主教育水平为不识字或小学的农场中分别有84.93%、70.11%和75.40%的农场实现了机耕、机播和机收；初中组分别增加到87.71%、75.54%和80.57%；高中/中专/职高组进一步增加到88.03%、76.13%和81.56%；大专及以上组稍微有所回落，基本与高中组持平。

第四，农场主教育水平越高，采用测土配方技术的比率越高。农场主教育水平为不识字或小学的农场中有46.91%的农场采用测土配方技术，初中组增加到50.07%，高中/中专/职高组进一步增加到60.09%，大专及以上组最终增加到65.55%。

第五，农场主教育水平越高，农场亩均化肥施用量比周边农户低的比率越高。农场主教育水平为不识字或小学的农场中有1/4的农场亩均化肥用量比周边农户低，初中组有26.04%的农场比周边农户低；高中/中专/职高组和大专及以上组分别增加到37.30%和39.32%。结合前面的产量，亩均农药用量方面表现出同样的规律，教育水平越高，用量低的比率越高。这或许表明，农场主的教育水平有助于科学施肥和用药。

表4　家庭农场主的教育水平与家庭农场的生产经营

教育水平	种植作物数量/种	第一种主要作物情况						采用测土配方技术/%	亩均化肥用量比周边农户低/%	亩均农药用量比周边农户低/%
		单产/（斤/亩）	产值占总收入比重/%	机耕/%	机播/%	机收/%				
不识字或小学	2.67	1 237.21	71.18	84.93	70.11	75.40		46.91	25.00	33.33
初中	2.09	1 417.00	75.37	87.71	75.54	80.57		50.07	26.04	38.82
高中/中专/职高	2.34	1 626.55	71.50	88.03	76.13	81.56		60.09	37.30	51.03
大专及以上	2.75	1 594.91	69.24	87.84	78.00	81.54		65.55	39.32	52.17
整体	2.26	1 489.62	73.34	87.66	75.62	80.67		54.48	30.77	43.61

（五）农场主教育水平与家庭农场的金融借贷

从表5可知，家庭农场主的教育水平与金融借贷有明显关系。

第一，农场主教育水平越高，农场有贷款/外债的比率越高。农场主教育水平为不识字或小学的农场中有41.46%有贷款/外债，高中/中专/职高组有46.59%、大专及以上组有57.85%的农场有贷款/外债。这或许表明，教育水平高的农场主缺少资本积累，也或许是因为他们具有更好的融资能力。

第二，农场主教育水平不同，融资渠道选择也不同。农场主教育水平为不识字或小学的农场的借贷资金中平均有46.68%来自正规金融机构，0.54%来自资金互助合作社，15.52%来自民间高利贷，还有34.79%来自向亲朋好友借贷。初中组、高中/中专/职高组和大专及以上组农户的贷款中来自正规金融机构的比率分别增加到60.92%、55.00%和51.31%；来自资金互助合作社的比率分别增加到0.57%、1.51%和2.90%；但来自民间高利贷和向亲朋好友借贷都出现不同程度的下降，民间高利贷占比分别下降到5.81%、11.44%和11.02%，向亲朋好友借贷比率也分别下降到31.57%、30.57%和32.67%。综合看，农场主教育水平高的农场更多选择正规金融机构，也能更好利用资金互助合作社达到融资目的，而农场主教育水平低的农场还在相当大程度上依赖民间高利贷或向亲朋好友借贷等非正式融资渠道。

表5　家庭农场主的教育水平与家庭农场的金融借贷

单位：%

教育水平	2014年有贷款/外债	正规金融机构	资金互助合作社	民间高利贷	向亲朋好友借贷
不识字或小学	41.46	46.68	0.54	15.52	34.79
初中	39.29	60.92	0.57	5.81	31.57
高中/中专/职高	46.59	55.00	1.51	11.44	30.57
大专及以上	57.85	51.31	2.90	11.02	32.67
整体	43.39	56.97	1.15	8.90	31.54

注：正规金融机构包括各大商业银行和农村信用合作社等。表9同。

（六）农场主教育水平与家庭农场的其他特征

从表6可知：

第一，家庭农场主教育水平与农场获得补贴有明显关系，农场主教育水平低的农场在获得补贴总额方面具有优势，而农场主教育水平高的农场在获得土地租金补贴方面有明显优势。农场主教育水平为不识字或小学的农场平均能获得35 965.04元补贴；初中组获得补贴最低，为 25 395.18 元；高中/中专/职高组和大专及以上组也都低于第一组，分别为 28 755.84 元和 31 549.23 元。在农场获得的所有补贴中，土地租金补贴额度明显随着农场主教育水平提高而增加。

第二，家庭农场主教育水平与农场的成本结构没有明显关系。尽管农场主教育水平高的农场平均看土地租金成本占比高一些，但雇工成本和农资成本均没有明显差异。

第三，教育水平越高的农场主认为合理的农场规模越大。平均来看，教育水平为不识字或小学的农场主认为合理的农场规模应该为 456.34 亩，初中组和高中/中专/职高组认为应该为 500.69 亩和 683.66 亩，大专及以上组认为应该为 860.51 亩，是小学组的 1.89 倍。这或许表明教育水平影响经营胆识或能力。

第四，教育水平高的农场主未来经营规模调整意愿明显。农场主教育水平为不识字或小学的农场中有 63.29% 表示会扩大规模经营，1.27% 会减小规模经营，其余 35.44% 保持规模不变。初中组农场扩大规模经营比率增加到 78.64%，保持不变的比率下降到 20.27%；大专及以上组农场扩大规模比率最高，为 83.20%，减小规模比率也最高，为 4.00%，但保持规模不变的比率最低，为 12.80%。这或许是因为教育水平会影响风险意识或者经营能力等。

表6 家庭农场主的教育水平与家庭农场的其他特征

教育水平	获得补贴/元		成本结构/%			认为合理的农场规模/亩	未来经营规模意愿/%		
	各类补贴	土地租金补贴	土地	雇工	农资		扩大	减小	不变
不识字或小学	35 965.04	826.92	26.17	21.22	46.15	456.34	63.29	1.27	35.44
初中	25 395.18	815.01	29.99	17.78	48.12	500.69	78.64	1.09	20.27
高中/中专/职高	28 755.84	3 299.85	30.99	18.47	44.51	683.66	75.16	0.88	23.96
大专及以上	31 549.23	2 229.61	32.25	20.91	45.51	860.51	83.20	4.00	12.80
整体	27 645.83	1 729.59	30.29	18.50	46.59	591.45	77.04	1.29	21.66

三、家庭农场主出生年代与家庭农场特征

在 1 436 家粮食家庭农场监测样本中，农场主的出生年代分布很广，从 20 世纪 40 年代到 90 后都有。从表7可知，占比最大的农场主是 20 世纪 60 年代和 70 年代出生的，占比分别为 38.58% 和 38.30%；其次是 20 世纪 50 年代和 80 年代的出生的农场主，分别占比 10.58% 和 9.96%；20 世纪 40 年代和 1990 年及以后出生的家庭农场主占比最少，占比都只略高于 1%，分别为 1.11% 和 1.46%；以 2014 年为计算年的话，45 岁上下的家庭农场主各占一半。根据样本，这些不同年代出生的农场主所经营的家庭农场的特征也有所差异。

表7　家庭农场主的出生年代与家庭农场的基本经营情况

出生年份	样本数/个	样本数占比/%	在工商部门注册登记/%	已从事规模经营年限/年	2014年农场经营面积/亩	转入土地占比/%	书面合同/%	实物租金/%	现金租金/%	2013年租金/(元/亩·年)	2014年租金/(元/亩·年)
1940—1949	16	1.11	50.00	8.31	408.55	38.04	84.62	72.73	18.18	304.44	309.00
1950—1959	152	10.58	51.97	6.56	389.34	64.77	96.50	66.90	10.56	497.24	515.30
1960—1969	554	38.58	57.58	5.21	428.29	67.82	94.54	70.18	17.15	484.21	511.49
1970—1979	550	38.30	59.09	4.54	441.95	68.09	94.46	77.87	12.68	494.36	522.20
1980—1989	143	9.96	65.03	3.70	426.83	69.19	97.71	74.42	18.60	484.35	517.27
1990及以后	21	1.46	66.67	3.14	412.42	69.73	90.00	85.00	0.00	472.64	476.97
整体	1 436	100.00	58.36	4.95	428.80	67.43	94.87	73.40	14.63	488.00	514.38

（一）农场主出生年代与家庭农场的基本经营情况

总体来看，年轻农场主所经营的家庭农场的经营面积、转入土地占比、书面合同占比和土地租金偏高（表7）。

第一，家庭农场经营面积方面，1940—1949年出生的农场主平均经营面积为408.55亩，1960—1969年出生的为428.29亩，1970—1979年出生的为441.95亩，其后面积有所下降，但都高于1960年以前出生的家庭农场主所经营面积。

第二，经营面积中转入土地占比与年龄呈明显的反向关系，由1940—1949年出生的38.04%上升到1950—1959年出生的64.77%，再进一步增加到1960—1969年出生的67.82%、1970—1979年出生的68.09%和1980—1989年出生的69.19%。

第三，年轻的农场主更倾向于签订书面土地流转合同。1940—1949年出生的农场主中有84.62%签订书面合同，而1980—1989年出生的97.17%为最高水平，1960—1969年出生的和1970—1979年出生的也基本高达94.5%，这或许表明年轻农场主在土地流转方面更具风险防范意识，或者更懂得利用规范合同防范风险，当然也可能因为只有年龄大的农场主才因为更深地嵌入当地社会而具有更丰富的关系型合约可以依赖，进而不必追求书面形式的合同。

第四，租金形式方面，年轻农场主采用实物租金的比例较高。1950—1959年出生的农场主中66.90%选择实物租金，1960—1969年、1970—1979年和1990年及以后的农场主分别有70.18%、77.87%和85%选择实物租金。这或许表明，年轻农场主比年长农场主更在意通货膨胀对土地租金的影响。

第五，租金大小方面，除了1940—1949年出生的农场主的流转租金明显低于其他年龄段农场主的租金外，其他年龄段间的租金差异不大，也没有明显的趋势性规律。

（二）农场主出生年代与家庭农场的生产资料情况

总体来看，年轻农场主拥有的生产资料（特别是其产值）较多，他们也更喜欢通过自己的机器实现机械化（表8）。

表8　家庭农场主的出生年代与家庭农场的生产资料水平

出生年份	农机具/（台/套）	农机具/万元	仓库/平方米	农机具库棚/平方米	晒场/平方米	烘干设备/台	自己机器实现机耕/%	自己机器实现机收/%
1940—1949	4.94	17.26	203.75	118.25	654.38	0.25	57.13	44.38
1950—1959	3.85	17.22	265.05	119.43	638.11	0.09	60.89	41.05
1960—1969	5.25	20.89	358.19	138.31	658.13	0.05	69.53	51.68
1970—1979	5.17	25.51	305.20	137.42	581.43	0.13	72.26	52.70
1980—1989	4.48	19.02	233.04	167.12	568.55	0.09	69.58	48.95
1990及以后	5.57	31.29	235.43	212.14	489.43	0.10	67.00	44.25
整体	5.00	22.20	311.83	139.64	615.33	0.09	69.48	50.48

第一，从家庭农场拥有的农机具总价值方面看，1940—1949年和1950—1959年出生的农场主的家庭农场所拥有的农机具价值最低，分别为17.26万元和17.22万元，低于1960年以后出生的农场主的家庭农场相应水平，其中，1970—1979年和1990年及以后出生的组别的水平较高，分别为25.51万元和31.29万元。与此相应的，存放农机具的库棚面积也随着农场主年龄段的增加而减少。

第二，从仓库面积看，1980年及以后出生的农场主比20世纪50—70年代出生的农场主经营的家庭农场的仓库面积低，这或许表面年轻农场主在存粮方面积极性不高；同时，从晒场面积看，以1970年出生为分界点，那些年龄偏大的农场主（1940—1969年出生）经营的家庭农场所拥有的晒场面积明显大于年龄偏小的农场主（1970年及以后出生）。

第三，在实现机械化生产方面，那些年轻农场主利用自己机器实现机械化的比例更高。用自己机器实现机耕的比例由1940—1949年出生组的57.13%增加到1950—1959年出生组、1960—1969年出生组、1970—1979年出生组和1980—1989年出生组的60.89%、69.53%、72.26%和69.58%；用自己机器实现机收的比例也由1940—1949年出生组和1950—1959年出生组的40%左右上升到1960—1969年出生组、1970—1979年出生组和1980—1989年出生组的50%左右。这或许表明，年轻农场主能更好地意识到，在当前社会化服务水平有限和集中抢收特征明显的条件下，只有拥有自己机器——而不是完全靠或者想靠也靠不上的机械化服务市场——才能保证机械化的顺利实施，也或许表明年轻农场主更好地意识到拥有自己的机器不但能保证自家农场的机械化还能通过为其他经营主体提供服务获利。

（三）农场主出生年代与家庭农场的金融借贷及经营意愿

年轻农场主贷款或举债进行家庭农场经营的比例偏高，且在众多贷款渠道（各大商业银行和农村信用合作社等正规金融机构、资金互助合作社、民间高利贷和向亲朋好友借贷）中，他们主要通过正规金融机构贷款（表9）。

表 9　家庭农场主的出生年代与家庭农场的金融借贷及经营意愿

出生年份	2014年有贷款/外债/%	正规金融机构/%	资金互助合作社/%	民间高利贷/%	向亲朋好友借贷/%	认为合理的农场规模/亩	未来经营规模意愿/%		
							扩大	减小	不变
1940—1949	38.46	28.89	0.00	20.00	51.11	435	75.00	0.00	25.00
1950—1959	29.17	51.31	0.50	17.26	30.94	478	69.59	0.68	29.73
1960—1969	41.78	60.27	0.86	9.13	27.73	535	75.51	0.93	23.56
1970—1979	45.20	55.74	1.13	6.94	35.17	657	78.65	1.69	19.66
1980—1989	54.68	57.09	2.78	8.53	29.45	690	83.21	2.19	14.60
1990 及以后	65.00	49.03	0.00	14.74	36.22	577	90.00	0.00	10.00
整体	43.39	56.97	1.15	8.90	31.54	591	77.04	1.29	21.66

第一，年轻农场主贷款经营比例高。1950—1959 年出生的农场主 2014 年经营农场时有贷款/外债的比例最低（29.17%），随着出生年份从 1960—1969 年变化到 1990 年及以后，有贷款的比例分别为 41.78%、45.20%、54.68%和 65%，即 1980 年及以后出生的农场主至少一半有贷款。这或许表明年轻农场主贷款能力高，也或许表明年长农场主因具有更好的资本积累而不需要过多的贷款，等等。

第二，从贷款渠道看，在有贷款的前提下，1940—1949 年和 1950—1959 年出生的农场主通过正规金融机构贷款的比例分别为 28.89%和 51.31%，而 1960—1989 年出生的农场主的这一比例在 55%~60%。同时发现，前者利用非正规金融渠道借贷比例要明显高一些，例如 1940—1949 年出生的农场主有 1/5 通过民间高利贷实现贷款，1950—1959 年出生的农场主这一比例降到 17.26%，1980—1989 年出生的农场主这一比例进一步降到 8.53%；如果将"民间高利贷"和"向亲朋好友借贷"两个渠道的比例累计，1940—1949 年出生和 1950—1959 年出生的农场主这一比例分别为 71.11%和 48.20%，而 1960—1969 年出生、1970—1979 年出生和 1980—1989 年出生的农场主这一比例分别为 36.86%、42.11%和 37.98%，即年轻农场主利用非正规渠道金融借贷比例较低。另外，在农村金融发展受限的情况下，资金互助合作社是经营主体之间在金融资源方面合作的重要创新，是当前制度环境下交易成本较小的融资渠道。但我们发现，年轻农场主比年长农场主利用这一渠道融资的比例高，由 1940—1949 年出生农场主的 0%，增加到 1950—1959 年出生、

1960—1969 年出生、1970—1979 年出生和 1980—1989 年出生农场主的 0.5%、0.86%、1.13%和 2.78%。总之，在需要贷款的条件下，年轻农场主利用正规金融机构贷款比例高，而年长农场主利用民间高利贷或者向亲朋好友借贷的比例高，这表明他们各自在某个方面具有融资优势，但年轻农场主在"资金互助合作社"这种体现融资渠道创新能力方面表现出明显优势。

从经营意愿来看，1990 年以前出生的农场主中，农场主年龄越小，认为合理的农场规模越大，未来扩大经营规模意愿比例越高（表 9）。

第一，1950—1959 年出生的农场主认为合理的农场规模是 478 亩，高于 1940—1949 年出生的农场主的 435 亩水平，但低于 1960—1969 年出生的、1970—1979 年出生的和 1980—1989 年出生的农场主的 535 亩、657 亩和 690 亩。

第二，1940—1949 年出生的农场主约 1/4 不打算在未来变化经营规模，剩下 3/4 拟扩大经营规模；而 1950—1959 年出生的农场主规模"不变"与"扩大"的比例分别为 29.73%与 69.59%；1980—1989 年出生的农场主有 83.21%拟扩大经营规模，14.60%拟保持不变，2.19%拟减小规模。总体来讲，农场主年龄越小，调整经营规模可能性越大。

四、家庭农场主户籍归属地与家庭农场特征

是否允许或者鼓励外地人到本地进行家庭农场经营一直是各界关心的问题。数据显示（表 10），2014 年 1 436 家粮食家庭农场中，1 224 家家庭农场的农场主是本村户籍——即这些家庭农场经营的主要土地所在村与农场主户籍所在村一致，占比 85.24%。农场主是本省但非本村户籍合计占比不足 15%（约 14.55%），剩下 3 家农场主是外省户籍，占比 0.21%。农场主户籍归属地不同其经营农场的特征也有所不同，考虑到外省样本很少，下面主要考虑省内不同户籍归属地情况。

表 10　家庭农场主的户籍归属地与家庭农场的基本经营情况

户籍归属地	样本数/个	样本数占比/%	在工商部门注册登记/%	已从事规模经营年限/年	2014 年农场经营面积/亩	转入土地占比/%	流转租期/年			2013 年租金/(元/亩·年)	2014 年租金/(元/亩·年)	认为合理的农场规模/亩
							[1,3)	[3,5)	≥5			
本村	1 224	85.24	56.45	5.05	420.84	67.34	20.90	18.05	61.05	483	510	582
本乡外村	129	8.98	59.69	4.49	402.31	60.80	6.40	31.86	61.74	435	461	509
本县外乡	70	4.87	84.29	4.26	554.70	76.62	10.74	8.39	80.88	670	667	850
本省外县	10	0.70	90.00	2.90	867.84	89.73	0.00	0.00	100.00	566	615	1 074
外省	3	0.21	66.67	5.33	415.68	96.20	0.00	0.00	100.00	817	843	525
整体	1 436	100.00	58.36	4.95	428.80	67.43	18.82	18.70	62.48	488	514	591

第一，以本村为比较基准的话，随着户籍归属地的"远离"，家庭农场在工商部门注册登记的比例逐渐增加。户籍为本村的农场主所经营家庭农场中有 56.45％在工商部门注册登记，本乡外村、本县外乡和本省外县户籍的农场主其所经营家庭农场的注册比例分别为 59.69％、84.29％和 90.00％。这表明，那些跨村（乡/县）来本村进行家庭农场经营的"外来者"更愿意在工商部门注册登记，即他们有更强的企业经营意识——或许对区域的跨越本身就是一种偏好显示。

第二，从表 10 中数据可以看到，外来经营者的已从事规模经营年限明显偏低。本村户籍的农场主至少已有 5 年从事规模经营年限，本乡外村的有 4.49 年，本县外乡的下降到 4.26 年，本省外县的不足 3 年。这表明当前进行跨区域家庭农场经营的多是规模经营经验少的人，他们或许就是"工商资本下乡"的重要力量。

第三，来自其他乡镇或者县城的农场主所经营的家庭农场的面积（分别是 554.70 亩和 867.84 亩）都比本村户籍农场主的 420.84 亩要大，经营面积中转入地占比也随着户籍归属地的"远离"而增加。

第四，随着户籍归属地由本村到跨村、跨乡和跨县，流转土地的租期逐渐变长。本村户籍农场主的家庭农场在租地时有 61.05％签订了超过 5 年租期的合同，1/5 签订租期在 1～3 年，18.05％签订租期在 3～5 年；而本县外乡的有 80％签订了超过 5 年的租期合同，10％的签订租期为 1～3 年，8.39％的签订租期为 3～5 年；而本省外县的农场主全部签订了超过 5 年租期的流转合同。显然，跨区域的"外来人"到本村进行家庭农场经营，不但要有土地可以转入，还要通过签订更长期的流转合同来降低流转风险。

第五，"外来人"相比"本村人"支付的土地租金明显偏高。本村户籍农场主的土地租金在 2013 年和 2014 年分别为 483 元/亩·年和 510 元/亩·年，而本县外乡农场主的租金两年分别为 670 元/亩·年和 667 元/亩·年。这或许是因为外来人的大量土地需求拉高了租金价格，也或许是因为土地转出方担心陌生人交易可能随时带来的"弃地跑路"风险而通过提高租金来降低损失，而深嵌入本村社会关系网络的本村户籍农场主不需要考虑这么多风险。

第六，相比"本村人"，"外来人"认为合理的农场规模明显偏高。本村户籍农场主认为合理的农场规模是 582 亩，本县外乡和本省外县的农场主认为合理规模分别是 850 亩和 1 074 亩。或许外来农场主经营能力更强，也或许他们只有达到一定规模才能支撑相应成本。

五、家庭农场主性别与家庭农场特征

在 2014 年 1 436 家粮食类家庭农场中，有 133 家是女性农场主，占比 9.26％，不足

1/10（表 11）。女性农场主所认为合理的农场规模为 520 亩，低于男性农场主认为合理的 599 亩，低 13%；在未来经营规模意愿方面，女性农场主中 31.82% 在未来保持经营规模不变，高出男性农场主的相应水平 10 个百分点，而男性农场主中选择扩大经营规模的比例明显偏高。

表 11　家庭农场主的性别与家庭农场的经营意愿

农场主性别	样本数/个	样本数占比/%	认为合理的农场规模/亩	未来经营规模意愿/%		
				扩大	减小	不变
男	1 303	90.74	599	78.05	1.35	20.60
女	133	9.26	520	67.42	0.76	31.82
整体	1 436	100.00	591	77.04	1.29	21.66

六、结论及政策含义

本文利用全国 31 省 1 436 家粮食家庭农场 2014 年监测数据统计描述了家庭农场主相关特征（教育水平、出生年代、户籍归属地和性别）与其所经营家庭农场相关特征（经营规模、生产行为、土地流转特征、生产资料水平、金融借贷以及未来经营意愿等）之间的相关性，并做了粗略解释[①]。结果表明，随着农场主教育水平、出生年代、户籍归属地和性别的变化，其所经营的家庭农场特征也有所变化。一是农场主教育水平与其农场的生产经营具有明显的关系，农场主的教育水平越高，农场经营规模越大、土地流转越规范、租金承受力越高、生产资料水平越高、机械化以及用自己机器实现机械化水平越高、科学施肥用药水平越高、未来调整规模意愿越高。二是相比年龄大的农场主，年轻农场主所经营的家庭农场的经营面积、转入土地占比、书面合同占比和土地租金偏高，拥有的生产资料（特别是其产值）较多，也更喜欢通过自己的机器实现机械化，贷款或举债进行家庭农场经营的比例偏高，且以正规金融机构为主要融资渠道，农场主年龄越小，未来调整经营规模的可能性越大。三是随着农场主户籍归属地离家庭农场所在的村"越远"，经营面积越大、流转租金越高，流转合同租期越长，认为合理的农场规模越大。四是相对于男性农场主，女性农场主认为合理的农场规模较大、未来保持经营规模不变比例较高。

因此，在继续大力培育家庭农场的同时：一是要积极开展农场主的培训工作，或者通过补贴等政策激励高素质的人才成为农场主，从而为中国农业发展奠定坚实的人力资本基础；二是要规范土地流转，引导供需双方签订规范合同，降低土地流转双方的信息不对称以减少作为风险防范的额外租金；三是要进一步培育和大力发展新型农业服务体系，使各

---

① 课题组后期将利用多元统计分析方法更严谨地考察家庭农场相关特征的决定因素。

类家庭农场能便捷获得所需的机械化、科技等社会化服务；四是要继续推进农村金融制度改革，使各类经营主体能获得所需的金融资本；五是家庭农场的发展政策应充分考虑农场主的特征，以实现精准扶持和激励。

参考文献：

[1] 陈定洋．家庭农场培育问题研究：基于安徽郎溪家庭农场调研分析［J］．理论与改革，2015
　　（5）：87－91．

[2] 王新志，杜志雄．我国家庭农场发展：模式、功能及政府扶持［J］．中国井冈山干部学院学报，
　　2014，7（5）：107－117．

[3] 杜志雄，肖卫东．家庭农场发展的实际状态与政策支持：观照国际经验［J］．改革，2014（6）：
　　39－51．

[4] 刘文勇，张悦．家庭农场的学术论争［J］．改革，2014（1）：103－108．

农地租约期限结构对农场主代际传承意愿的影响[①]
——基于 2015 年全国家庭农场监测数据的实证分析

作为重要的新型农业经营主体之一，与传统小规模农户一样，家庭农场同样面临代际传承问题。农地租约期限结构是影响农场主代际传承意愿的重要因素。农场经营土地构成中，租约期限较短的土地经营面积占比越高，农场主进行代际传承的意愿越低。按照家庭农场类别进行分类分析，我们发现租约期限结构显著影响种植类家庭农场主的代际传承意愿，对种养结合类家庭农场主也有一定影响，但对养殖类家庭农场主的代际传承意愿没有显著影响。我们还对农地租约期限结构的作用机制做了进一步探索，发现农地租约期限结构一方面会通过影响家庭农场的经营预期来发挥作用，另一方面会通过影响土地成本来影响代际传承意愿。基于上述发现，我们认为，为规范农地流转契约选择，应当赋予家庭农场长期、更稳定土地经营权。

2013 年中央一号文件关于培育家庭农场、农业合作社等多种形式农业新型经营主体，鼓励农业规模经营的意见引起了社会各界的广泛关注，也让家庭农场成为当年"三农"领域的"热词"。此后，多个中央层面或部委文件持续对家庭农场予以关注，指出家庭农场是发展现代农业的重要基础，提出要加大对家庭农场信贷、税收、水电、财政、社会化服务等多个方面的支持。2019 年中央一号文件《中共中央、国务院关于坚持农业农村优先发展做好"三农"工作的若干意见》则再次强调了家庭农场的重要性，明确提出要重点抓好家庭农场和农民合作社这两类新型农业经营主体，并首次提出要启动家庭农场培育计划。在一系列利好因素的共同支持下，近五年来家庭农场显示出了强劲的发展势头。农业农村部数据显示，2018 年全国家庭农场的数量已经突破 87.7 万户[②]。其中经过各级农业

---

① 本文原载于：钱龙，杜志雄 农地租约期限结构对家庭农场主代际传承意愿的影响［J］. 改革，2019（3）：5 - 17.

② 数据来源：http://news.chinabaogao.com/nonglinmuyu/201807/0J34F2R018.html。

部门认定的家庭农场数量达到了 48.5 万户，相比 2013 年增加了 6.7 倍[1]。

政策层面高度重视家庭农场的发展，是因为家庭农场是现代农业最主要和最有效率的经营形式，也是全球最主流的农业经营载体。联合国粮农组织《粮农状况》数据显示，在发达国家和广大发展中国家，有超过 5 亿个家庭农场，这些家庭农场经营着全球大约 75％的农地[2]。虽然家庭农场在中国的发展历史并不算长，是相对新兴的事物。但从发展导向来看，通过大力发展家庭农场等新型经营主体来实现农业规模经营和推进农业现代化将是今后农业农村工作的一个重点。发展和壮大家庭农场，需要在增量和存量两个方面做好工作。所谓增量就是家庭农场的数量不断增加，无疑 2019 年中央一号文件家庭农场培育计划的提出适时且必要。存量指的是保障已有的家庭农场能够稳定、长期的经营下去，使之成为农业生产中值得依赖的生力军和中坚力量。

然而，若要实现家庭农场的长期稳定经营，就绕不开家庭农场代际传承这一议题。在现代农业发展进程中，家庭农场的代际传承有着十分重要的现实意义。首先，家庭农场的代际传承有助于解决"谁来种地"的问题。诸多研究发现，中国农业生产中劳动力"老年化"现象日益显现[3]，而在人口城镇化背景下，大多数"农二代"不愿意返乡从事农业生产，以致很多学者发出"农业后继无人"的感叹[4]，提出了"谁来种地""谁来保障粮食安全"等问题。相对于辛苦劳作、收入不高的传统小农户，家庭农场主显然更有吸引力[5]。毕竟相对于普通农户，家庭农场更具规模效益、收入水平更高。农业农村部统计资料显示，2017 年，全国层面平均一个家庭农场年销售农产品总值为 32.2 万元，扣除地租、机器折旧、人工成本后，平均每个家庭农场毛收益达到了 18.0 万元①，远超过普通农户的经营性收益。因此，实现家庭农场的代际传承不仅有助于缓解农业生产后继无人的窘境，而且有助于吸引年轻人投身农业成为职业农民。其次，家庭农场能否顺利实现代际传承关乎土地资源的持续利用。来自广大发展中国家的大量经验研究表明，经营期限较短时，农户会减少土壤保护性投资[6-8]和其他长期性投资[9]，而是更倾向于采取短期地利掠夺式经营，这对农业资源的可持续利用十分不利。而代际传承的实现，意味着农场主家庭能够在较长时期内实现自主经营，经济收益能够得到充分保障，这显然有助于其形成长远经营意识，进而有动力去保护土地资源。来自发达国家的经验研究也证实，相对于那些能够实现代际传承的农场，没有继承人的农场更可能忽视土地资源的可持续利用[10]。再次，家庭农场的代际传承与发展壮大有助于缓解中国农业竞争力不足的问题。中国农户的经营规模普遍较小，无法获得规模效益，这导致中国农产品特别是粮食作物的生产成本过高，难以与国外同类农产品进行竞争。并且，传统小农户还面临着难以有效对接市场的缺陷。从全球农业发展的规律来看，家庭始终是农业生产最重要和最有效率的微观组织。传统小

---

① 数据来源：http://journal.crnews.net/ncjygl/2018n/d1oq/bqch/107637 _ 20181106111454.html。

农户只有转变为家庭农场，才能够同时兼顾家庭经营优势和实现农业生产规模化、集约化、组织化[11]。随着家庭农场在保障粮食安全和其他重要农产品供给中的地位越来越突出，需要充分重视家庭农场的代际传承和稳定经营，帮助家庭农场发展壮大。这不仅能够有效缓解中国农业竞争力不足的瓶颈，而且是新时期坚持家庭经营基础性地位的一个有力措施[12]。

从已有文献来看，虽然家庭农场能否顺利的代际传承会受到很多因素影响[13-15]，但是农地租约期限或者经营权稳定性在其中发挥的作用不可忽视，特别对中国的家庭农场而言更是如此。中国式家庭农场是与农地流转相伴而生的，日渐繁荣的农地流转市场为家庭农场的出现和发展提供了现实基础。但中国农地流转市场的一个明显特点是农地租约期限普遍较短[16]，导致家庭农场的经营权并不稳定，使得农场主缺乏长远经营的信心和预期。正是意识到这一点，连续多年的中央一号文件以及农业农村部、自然资源部等多个部委出台的政策文件，均强调要深化农村土地制度变革，指出要健全土地流转规范管理制度，依法推进土地经营权有序流转，并引导农地流转租约走向长期化，进而实现经营权的稳定化。因此，为了尝试解读中国家庭农场的代际传承议题，本文选择从农地租约期限这一独特视角来展开相应的分析。

一、相关文献综述

在相当长的一段时间内，国内关于家庭农场的研究并不多见，直到2008年中共十七届三中全会首次将家庭农场作为新型规模经营主体之一提出后，关于家庭农场的研究才再次引起了学界的广泛关注①。特别是2013年中央一号文件出台之后，关于"家庭农场"的相关成果更是呈现井喷式增长。梳理之后，发现已有成果主要聚焦于下述几个领域，包括：定性探讨家庭农场的内涵[17-18]、形成机制[19]和比较优势[20]，通过案例或实证分析家庭农场的经营行为[21]、家庭农场的经营规模选择[22]、家庭农场的生产效率[23]，对比国内外家庭农场发展规律和国际经验[24]，等等。然而，鲜有文献涉及中国家庭农场的代际传承议题，只有一些文献提及了传统小农户的代际传承[25]。

虽然国内还鲜有研究涉及家庭农场的代际传承，但这一主题很早就引起了国外学者的关注。如Stiglbauer和Weiss对奥地利的研究发现，农场规模越大、家庭人口规模越大、农场经营越呈现多样化，越可能实现代际传承[13]。Kimhi和Nachlieli基于127家以色列家庭农场开展研究，发现农场主年龄、受教育年限对家庭农场的代际传承有显著影响[14]。同样是针对奥地利的研究，Glauben等[15]的研究表明，农场越是专注于专业化生产，越

① 实际上，在20世纪90年代中期，国内曾经掀起过一次研究家庭农场的热潮。

可能实现代际传承[15]。Glauben 等对德国北部地区 233 个奶业家庭农场的研究表明，经营规模和经营效益显著影响农场的代际传承，规模更大和利润更高的农场相对容易实现代际传递[26]。Errington 则对比了法国、英国和加拿大三国家庭农场代际传承方式的共性与差异，发现英国农场主会更早让下一代参与农场劳作与经营，来为代际传承做准备[10]。整体而言，国外文献主要关注农场主个体特征、家庭特征和农场特征对代际传承的影响。

但本文并不打算延续上述思路，而是试图基于中国家庭农场的生成机制和发展现状，从农地租约期限结构这一视角出发，着重分析农场经营的土地租约期限结构如何影响中国家庭农场主的代际传承意愿。之所以选择聚焦家庭农场主的代际传承意愿而非实际的传承行为，主要是因为中国的家庭农场还是相对新兴的产物，创立的年份多不长，尚未到代际传承的节点。因此，相对于实际的行为，当前关注农场主的代际传承意愿更有现实意义。选择农地租约期限结构这一研究视角，是因为中国农村的地权结构十分独特，土地所有权、承包权和经营权"三权分置"特征十分明显[27]。与欧美发达国家农场主大多经营自有耕地、拥有土地所有权不同，中国的家庭农场是与农地流转相伴而生的。中国农场主并不拥有土地所有权，在农场经营的土地构成中，除少数土地属于承包地外，大多数土地是通过流转市场获得的，农场主只拥有土地经营权。也就是说，大多数中国家庭农场是典型的土地租赁式农场[1]。由于中国农户经营呈现细碎化和小规模特征，当家庭农场试图通过流转市场获得土地资源时，就必须与数量众多的小农户直接或间接打交道，并和他们分别达成流转契约[28]。这些小农户在风险意识和贴现率等方面呈现异质性，希望转出的期限不一，从而造成了家庭农场转入的土地实际上有着不同的租约期限[29]。土地是农业生产中最基本和最重要的要素投入之一，因此本文试图去验证：家庭农场经营的土地中，不同租约期限的土地占比会不会影响到家庭农场主的代际传承意愿。

二、研究设计

（一）数据来源

本文数据来自农业部全国家庭农场动态监测 2015 年度调查。从 2014 年起，当时的农业部经济体制与经营管理司委托中国社会科学院农村发展研究所组建专门团队，对全国3 000 个左右的家庭农场展开长期固定监测工作。样本选择参照经济发展水平，在全国每个省选择 2～4 个代表县，在每个县随机调查 30～50 个家庭农场进行问卷调查，内容涉及样本农场 2015 年农业生产经营的各个方面[30]。2016 年初，课题组整理获得了 2015 年家庭农场动态监测数据，共获得 3 069 个家庭农场的基本信息。剔除关键信息缺失的部分样本，最后保留 2 941 个样本，有效率为 95.83%。与已有研究相比，本文的样本规模更大，也更具全国层面代表性。

（二）变量设置

1. 家庭农场主的代际传承意愿。相对西方发达国家，家庭农场在中国仍然是一个新事物，当前大多数农场正处于创立和发展阶段。因此，本文无法借鉴国外已有文献，使用家庭农场是否拥有实际继承人来指示代际传承。相对而言，在中国情景下，调查家庭农场主的代际传承意愿则更具现实意义。问卷中设置了农场主退休之后如何处置农场的问题，并依据其让子女接班意愿的强烈程度，将这一变量设定为有序排列变量"3＝子女继承；2＝没有想好；1＝转给他人"。因而，数值的增大，意味着农场主更希望子女接班来实现农场的代际传递。从样本统计性分析来看，有34.25%的农场主希望自己的子女接班，超过56%农场主仍然没有想好是否让子女从事农场经营，只有9.54%的农场主明确表示会转给他人经营。

2. 农地租约期限结构。正如前述所言，中国的家庭农场大多是通过农地流转市场发展起来的[1]，家庭农场经营的土地，可以按照租期期限长短进行分类。2015年全国家庭农场监测数据将转入土地的租约期限区分为小于5年，5～10年，10～30年，30年及以上四大类别，在家庭农场经营的土地构成中，除自家承包地占一定比例外，租约期限小于5年的土地面积占比为19.33%，5～10年的土地面积占比为26.71%，10～30年的土地面积占比为28.63%，30年以上的土地面积占比为10.28%①。为了有效识别租约期限对家庭农场主代际传承意愿的影响，本文将租约期限小于5年的土地面积占比、租约期限在5～10年的土地面积占比、租约期限在10～30年的土地面积占比归类为租约期限较短的农地流转契约②，将期限大于等于30年的农地流转契约认定为租约期限较长的流转契约。为了避免强共线性带来的干扰，本文使用较短租约期限的三类土地面积占比来指示家庭农场面临的农地租约期限结构。

3. 控制变量。为尽可能保障拟合回归结果的可靠性，减少遗漏变量引致的不稳健，本文引入一系列可能影响家庭农场主代际传承意愿的控制变量。参照已有成果[5,26]，引入农场主个体特征、农场人地禀赋特征、农场其他特征3个维度的变量。具体而言：（1）农场主通常是家庭经营的主要决策者，因此引入农场主年龄、年龄的平方、受教育程度、从事规模经营的经验、农业技术培训经历来控制农场主个体层面的影响。（2）农业生产中，劳动力和土地是最重要的两类资源，已有文献也证实，人地禀赋很可能会影响到代际传承

---

① 尽管在党的十九大召开后国家才正式宣布农村承包地在二轮承包到期后延包三十年，但由于此前国家已经明确表示承包经营权"长久不变"，实际上，地方政府和农户都已经形成了二轮承包延包的政策预期。并且，各地为了扶持家庭农场发展，也对10～30年期限甚至30年以上期限的农地租约持鼓励态度。

② 也许有人会质疑10～30年租约期限对于家庭农场来说并不算短，但考虑到农场主平均年龄为46.6岁，若其到60～70岁后再实现代际传承，留给子女经营的时间并不长，因而这一区间可以认定为较短期限的租约。

意愿[13]。因而，引入经营规模、土地细碎化、地形地貌、自有劳动力人数、自有劳动力平均年龄来控制这一层面因素的影响。（3）本文还引入农场级别、农场类别、农场所在地、是否创立商标、是否加入合作社和农业固定资产价值等变量，来识别家庭农场其他特征可能产生的影响。

表1对上述变量进行了介绍和描述统计性分析。

表1　变量定义与统计描述

变量名称	变量定义	平均值	标准差
农场主代际传承意愿	退休之后如何处置家庭农场：3＝子女继承；2＝没有想好；1＝转给他人	2.25	0.61
租约短于5年的土地面积占比	租约期限＜5年土地面积占农场总面积的比例/%	19.39	34.28
租约在5～10年的土地面积占比	5年≤租约期限＜10年土地面积占家庭农场总面积的比例/%	26.71	38.98
租约在10～30年的土地面积占比	10≤租约期限＜30年土地面积占家庭农场总面积的比例/%	28.63	41.36
年龄	农场主的实际年龄/岁	46.63	9.31
年龄平方项	农场主实际年龄的平方/10	226.08	83.48
受教育程度	1＝没上过学；2＝小学；3＝初中；4＝高中（或中专）；5＝大专及以上	3.54	0.78
从事规模经营的经验	农场主从事规模经营的年限/年	6.27	4.76
农业技术培训经历	农场主是否接受农业技术培训：1＝是；0＝否	0.82	0.38
经营规模	农场实际经营规模（对数）/亩	5.03	1.33
自家承包地占经营规模比例	农场中属于自家承包地面积占比/%	17.34	27.97
土地细碎化	农场经营的总地块（对数）	2.29	1.34
地形地貌	农场主要地形地貌：1＝平地；2＝丘陵；3＝山地	1.46	0.74
自有劳动力人数	在农场从事农业的家庭劳动力总人数	3.67	2.09
自有劳动力平均年龄	农场中家庭劳动力平均年龄	43.02	6.25
农场级别	1＝无级别；2＝区县级示范农场；3＝市级示范农场；4＝省级示范农场	1.68	0.93
农场类别	1＝种植类；2＝养殖类；3＝种养结合类	1.51	0.78
农场所在地	1＝本村；2＝本乡外村；3＝本县外乡；4＝本省外县；5＝外省	1.27	0.67
是否创立商标	1＝是；0＝否	0.14	0.35
是否加入合作社	1＝加入；0＝没有加入	0.35	0.48
农业固定资产价值	家庭农场拥有的农业固定资产总价值（对数）/万元	3.25	1.50

（三）模型选择

由于因变量是有序排列变量，因而本文适合使用有序Probit模型予以分析。基准模型设定如下：

$$Chuanchen = w_1 Contract + w_i \sum X_i + \varepsilon_i \tag{1}$$

其中，$Chuanchen$ 指示家庭农场主的代际传承意愿；$Contract$ 表示农场面临的农地租约期限结构；X_i 表示一系列控制变量，w_1 和 w_i 为相应的影响系数，ε_i 为随机扰动项。本文主要关注系数 w_1 的显著性和影响方向，并以此来识别农地租约期限结构对家庭农场主的代际传承意愿的影响。

三、计量结果与分析

（一）整体样本分析

本文按照影响因素的维度逐一添加控制变量，分别形成模型一、模型二、模型三和模型四，拟合结果如表 2 所示。通过对比上述四个模型发现，农地租约期限结构的三个变量均通过了显著性水平检验，且负向影响农场主的代际传承意愿。这意味着家庭农场所经营的土地中，租约期限短于 5 年的土地面积占比越高、租约期限在 5～10 年的土地面积占比越高、租约期限在 10～30 年的土地面积占比越高，家庭农场主越不希望子女接班。由于这三类租约代表的是期限较短的农地租约，上述拟合结果也就意味着，租约期限较短的农地占比越高，农场主进行代际传承的意愿越低。

表 2　租约期限结构与家庭农场主的代际传承意愿

变量	模型一	模型二	模型三	模型四
租约短于 5 年的土地面积占比	−0.002 8***	−0.002 6***	−0.002 1***	−0.002 0***
	(0.000 7)	(0.000 7)	(0.000 7)	(0.000 8)
租约在 5～10 年的土地面积占比	−0.004 8***	−0.004 5***	−0.003 7***	−0.003 8***
	(0.000 6)	(0.000 6)	(0.000 7)	(0.000 7)
租约在 10～30 年的土地面积占比	−0.002 2***	−0.001 9***	−0.001 5**	−0.001 7**
	(0.000 6)	(0.000 6)	(0.000 7)	(0.000 7)
年龄	—	−0.044 4**	−0.059 0***	−0.066 1***
	—	(0.018 0)	(0.018 6)	(0.018 7)
年龄的平方	—	0.005 8***	0.007 7***	0.008 5***
	—	(0.002 0)	(0.002 1)	(0.002 1)
受教育程度	—	−0.005 9	−0.015 6	−0.021 6
	—	(0.028 1)	(0.029 0)	(0.029 6)
规模经营的经验	—	0.011 0**	0.008 6*	0.009 7**
	—	(0.004 5)	(0.004 6)	(0.004 7)
农业技术培训经历	—	−0.103 0*	−0.055 5	−0.088 8
	—	(0.057 3)	(0.058 7)	(0.060 4)

（续）

变量	模型一	模型二	模型三	模型四
经营规模	—	—	0.063 8***	0.032 9*
	—	—	(0.020 9)	(0.022 0)
自家承包地占经营规模比例	—	—	0.001 6*	0.000 9
	—	—	(0.000 9)	(0.001 0)
土地细碎化	—	—	−0.061 3***	−0.059 0***
	—	—	(0.017 0)	(0.017 2)
地形地貌	—	—	0.084 4***	0.087 1***
	—	—	(0.030 7)	(0.030 9)
自有劳动力人数	—	—	0.027 4***	0.025 4**
	—	—	(0.010 5)	(0.010 6)
自有劳动力平均年龄	—	—	−0.017 0***	−0.015 1***
	—	—	(0.003 6)	(0.003 7)
农场级别	—	—	—	0.090 3***
	—	—	—	(0.024 6)
农场类别	—	—	—	0.022 9
	—	—	—	(0.028 4)
农场所在地	—	—	—	−0.092 2***
	—	—	—	(0.034 0)
是否创立商标	—	—	—	−0.137 0**
	—	—	—	(0.065 0)
是否加入合作社	—	—	—	−0.081 0*
	—	—	—	(0.047 5)
农业固定资产价值	—	—	—	0.062 0***
	—	—	—	(0.015 9)
切点一	−1.553 0***	−2.326 0***	−2.886 0***	−2.963 0***
	(0.051 1)	(0.410 0)	(0.473 0)	(0.479 0)
切点二	0.164 0***	0.599 0	−1.119 0**	−1.173 0**
	(0.043 8)	(0.408 0)	(0.471 0)	(0.477 0)
观察值	2 941	2 941	2 898	2 890
LR	60.37***	91.89***	181.59***	199.16***
R^2	0.011 1	0.017 0	0.034 2	0.037 7

注：***、**、*分别表示1％、5％和10％的显著性水平，括号内为标准误。

农场主个体特征中，农场主年龄、年龄的平方、规模经营的经验三个变量通过了显著性检验，且影响十分稳健。其中，年龄负向影响农场主的代际传承，年龄的平方正向促进代际传承，表明年龄带来的影响是非线性的。这与预期相符，因为家庭农场主的平均年龄为46.63岁，短期内进行传承的意愿较低，但随着年龄增长和体力精力的下降，农场主会逐渐倾向把农场交接给子女，呈现U形演变规律。规模经营的经验在5％显著性水平上正向促进家庭农场主的代际传承意愿，说明农场主从事规模经营的经验越丰富，越期望子女继承自家农场的经营。

农场人地禀赋特征维度，经营规模、土地细碎化、自有劳动力人数、自有劳动力平均年龄均稳健地影响农场的代际传承，说明人地禀赋确实是影响农场主传承意愿的关键因素。其中，经营规模正向提升农场主的代际传承意愿，表明农场规模越大，农场主越期待子女接班。这可能是因为经营规模越大，家庭农场的规模效益越明显，继承农场越有利可图，这与已有成果保持一致[26]。土地细碎化通过了1%显著性水平，且影响方向为负，说明农场经营越是呈现细碎化，农场主越不希望子女继承。地形地貌通过了1%显著性水平，表明地形地貌因素对农场主代际传承意愿也有显著影响。自有劳动力人数在1%显著性水平正向促进家庭农场的代际传承，表明家庭农场的自有劳动力越多，农场主越希望子女接班，这与已有成果也保持一致[13]。这主要是因为家庭农场得以存在的一个前提是，主要依赖自有劳动力而非雇用劳动力。自有劳动力越多，家庭农场的自主经营越有保障，也会省去一大笔雇工支出[31]。自有劳动力平均年龄在1%显著性水平负向影响农场主的代际传承，即家庭劳动力老年化程度越高，农场主越不倾向子女继承农场，这与预期也相符。因为家庭劳动力老年化程度越高，家庭内部能够提供的有效劳动供给会减少，对雇用劳动力的依赖也会更高，这不利于家庭农场的稳定经营[20]，也降低了农场的利润水平。

家庭农场的其他特征维度，除农场类型没有通过显著性检验，农场级别、农场所在地、是否创立商标、是否加入合作社、农业固定资产价值五个变量均通过了显著性水平检验。具体的，农场级别在1%显著性水平正向促进农场主的代际传承意愿，相对较低示范级别的认定，农场主更希望子女继承高级别的示范农场，这可能是因为高示范级别的农场盈利能力更强，更有价值进行代际传承。农场所在地在1%显著性水平负向影响家庭农场主的代际传承意愿，说明越是本地的家庭农场，农场主越希望子女继承经营。是否创立商标在5%显著性水平上负向影响农场主的代际传承意愿，即那些没有独立商标农场，反而更可能实现代际传承，这与预期不符，具体原因有待后续研究探讨。是否加入合作社在10%显著性水平负向影响家庭农场主的代际传承意愿，说明相对于已加入合作社的农场主，没有加入合作社的农场主更希望子女接班。农业固定资产价值在1%显著性水平正向促进家庭农场主的代际传承意愿，表明农村固定资产规模越大，农户越期待子女继续从事农业生产。

（二）不同类别农场分析

上述分析并没有识别农地租约期限结构是否对不同类型家庭农场有差异化影响，因而将家庭农场区分为种植业、养殖业和种养结合类三大类别，分组进行拟合验证（表3）。不难发现，对于种植类家庭农场，租约短于5年的土地面积占比、租约在5～10年的土地面积占比、租约在 10～30 年的土地面积占比分别在 10％、1％和 5％显著性水平负向影响家庭农场主的代际传承意愿，这与表 2 的结论完全一致。但对于养殖类农场，不同租约期限的土地面积占比没有通过显著性检验，表明这一因素对养殖类家庭农场主的代际传承意愿没有关键性影响。对于种养结合类家庭农场，租约短于 5 年的土地面积占比和租约在 5～10 年的土地面积占比分别通过了 10％和 1％的显著性水平检验，但租约在 10～30 年的土地面积占比没有通过显著性检验。表明这一类农场主的代际传承意愿受到租约期限的影响程度有所降低。

为何农地租约期限结构对不同类别家庭农场农场主的代际传承意愿有差异化影响？本文认为，关键在于三种类型家庭农场对土地的依赖程度有较大差异。对于种植类家庭农场而言，其主要产品和农场利润水平对土地经营规模依赖性最高，因而相对容易受到土地租约期限结构的影响。养殖类家庭农场对土地的需求相对较小，最终产品与土地的关联度较低，相对不容易受到土地租约期限结构的影响。种养结合类家庭农场对土地的依赖性介于以上两类家庭农场之间，农地租约期限结构对其影响要弱于种植类家庭农场、强于养殖类家庭农场。

表 3　租约期限结构与不同种类家庭农场主的代际传承意愿

变量	种植类农场	养殖类农场	种养结合类农场
租约短于 5 年的土地面积占比	−0.001 7*	−0.002 5	−0.003 6*
	(0.000 9)	(0.002 8)	(0.001 9)
租约在 5～10 年的土地面积占比	−0.003 7***	−0.002 6	−0.005 2***
	(0.000 9)	(0.002 6)	(0.001 6)
租约在 10～30 年的土地面积占比	−0.002 0**	0.000 2	−0.001 6
	(0.000 9)	(0.001 9)	(0.001 4)
农场主个体特征	已控制	已控制	已控制
农场人地禀赋特征	已控制	已控制	已控制
农场其他特征	已控制	已控制	已控制
切点一	−2.786***	−3.538**	−2.940***
	(0.576 0)	(1.583 0)	(1.101 0)
切点二	−1.027 0*	−1.390 0	−1.115 0*
	(0.574 0)	(1.576 0)	(1.097 0)
观测值	2 018	319	553
LR	141.26***	30.90**	57.95***
R^2	0.037 7	0.058 7	0.057 9

注：***、**、*分别表示 1％、5％和 10％的显著性水平，括号内为标准误。为节省篇幅，控制变量拟合系数不再展示，下同。

四、稳健性检验与进一步分析

（一）稳健性检验

正如前述所言，按照农地租约期限长短，农场转入的土地可以区分为四个组别，并可划分为租约期限较短的租约和租约期限较长的租约这两个亚类。表2使用期限相对较短的三种契约来指示农地租约期限结构，为保障拟合结果稳健性，表4使用租约期限较长的租约做进一步的检验。如果这一变量通过显著性检验，且正向促进农场主的代际传承意愿，则提供了与表2拟合结果相一致的证据。表4显示，租约期限≥30年的土地面积占比的影响与预期一致，显著正向提升农场主的代际传承意愿，表明较长租约的土地占比越高，越有助于提升家庭农场主的代际传承意愿，从而与表2的发现相互印证。

表4　稳健性检验：替代变量法

变量	模型五	模型六
租约期限≥30年的土地面积占比	0.002 3***	—
	(0.000 7)	—
转入地块中最长的租期	—	0.005 4***
	—	(0.001 7)
农场主个体特征	已控制	已控制
农场人地禀赋特征	已控制	已控制
农场其他特征	已控制	已控制
切点一	−2.931 0***	−2.843 0***
	(0.478 0)	(0.477 0)
切点二	−1.151 0**	−1.059 0**
	(0.476 0)	(0.475 0)
观测值	2 892	2 903
LR	177.62***	177.89***
R^2	0.033 6	0.033 5

注：***、**、*分别表示1%、5%和10%的显著性水平，括号内为标准误。

需要指出的是，农场主的代际传承意愿可能反向作用于农地租约期限结构。即那些有着更强代际传承意愿的农场主很可能会倾向于与合作者达成期限更长的租约，没有代际传承意愿的农场主更可能与土地转出方达成短期租约。这意味着因变量和关键自变量可能互相影响，存在反向因果问题。然而，在中国情境下，这一问题或许并不严重。当前，大多数农场主仍然年富力强（平均年龄只有46.63岁），并不急于进行代际传承。而且，大多数家庭农场正处于初创阶段，在创办家庭农场时，农场主更多考虑的是稳定的经营收益，基本不会考虑子女将来接不接班的问题，从而不太可能特意为子女将来可能的接班而要求更长或更短期限的农地流转租约。

此外，本文还引入了一个相对有效的替代变量，来弱化农地租约期限结构和农场主代际传承意愿之间可能存在的内生性问题。本文选择家庭农场转入的所有地块中，租约期限最长的那一块是多少年，来测度农地租约期限长短对家庭农场主代际传承意愿的影响。由于家庭农场拥有很多地块，而实现代际传承并不取决于某一地块的期限长短。因而，农场主进行代际传承决策时，基本不会刻意追求某一地块的租约期限。也就是说，在地块层面，农场主代际传承意愿对某一地块的租约期限基本没有影响，此时内生性问题在很大程度上被削弱了。因而，将模型五中"租约期限≥30年的土地面积占比"替换为"转入地块中最长的租期"，拟合结果如模型六所示（表4）。结果表明，这一替代变量在1％显著性水平上正向促进家庭农场主的代际传承意愿，从而再次印证了租约期限较长的土地占比越高，农场主越期待子女接班。

在上述分析中，作为因变量家庭农场主代际传承意愿被设置为有序虚拟变量。这里做进一步的转换，将明确让子女接班的样本归为一类，尚在考虑中和转给他人的样本归为另一类。即按照农场主是否最终确定让子女继承家庭农场，将因变量设定为二分类变量"1＝是；0＝否"，并使用二元Logit模型进行稳健性，拟合回归结果如表5所示。模型七显示，租约小于5年的土地面积占比、租约在5～10年的土地面积占比、租约在10～30年的土地面积占比分别通过了1％、1％和5％的显著性水平检验，且影响方向为负，这与表2保持一致。模型八显示，租约期限≥30年的土地面积占比在1％显著性水平正向促进家庭农场主的代际传承意愿，这与表4中模型五的拟合结果一致。模型九显示，转入地块中最长的租期在1％显著性水平正向促进农场主的代际传承意愿，这与表4中模型六的拟合结果一致。因而表5再次证实：租约期限较短的土地面积占比越高，农户越不倾向于让子女继承农场；租约期限较长的经营面积占比越高，农户越愿意让子女接班[1]。

表5　稳健性检验：二元Logit模型

变量	模型七	模型八	模型九
租约短于5年的土地面积占比	−0.004 0***	—	—
	(0.001 5)	—	—
租约在5～10年的土地面积占比	−0.004 7***	—	—
	(0.001 3)	—	—
租约在10～30年的土地面积占比	−0.003 1**	—	—
	(0.001 3)	—	—

[1]　需要指出的是，以30年为分水岭来界定较短期或较长期限的租约并不是绝对的标准，主要是因为问卷无法提供其他可能的设定标准。但本文也足以说明，契约期限较短和较长对农场主的代际传承有关键性影响。

（续）

变量	模型七	模型八	模型九
租约期限≥30年的土地面积占比	—	0.003 7***	—
	—	(0.001 3)	—
转入地块中最长的租期	—	—	0.008 9***
	—	—	(0.003 3)
农场主个体特征	已控制	已控制	已控制
农场人地禀赋特征	已控制	已控制	已控制
农场其他特征	已控制	已控制	已控制
常数	3.051 0***	3.039 0***	2.891 0***
	(0.877 0)	(0.876 0)	(0.874 0)
观测值	2 890	2 892	2 903
LR	174.23***	166.57***	166.50***
R^2	0.046 8	0.044 7	0.044 5

注：***、**、*分别表示1%、5%和10%的显著性水平，括号内为标准误。

（二）作用机制分析

前述分析稳健地表明：农地租约期限较短的土地占比越高，家庭农场主进行代际传承的意愿越低。但前述分析并没有具体阐述农地租约期限对农场主代际传承意愿的影响机制。本文认为，租约期限长短之所以能够显著影响家庭农场主的代际传承意愿，主要取决于两个机制：一是通过影响家庭农场的长期经营预期，二是通过影响农场的经营成本。

首先，农地租约期限可能会通过影响家庭农场主的经营预期来影响其代际传承意愿（机制Ⅰ）。代际传承，顾名思义就是既要保障农场主的稳定经营，还需保障子代能够稳定经营。因而，相对于期限较短的租约，期限较长的农地租约有助于农户形成稳定的经营预期，让家庭农场能够基于长远安排来进行农业生产，而不用担心前期投入付诸东流[32]。一旦家庭农场拥有了长远经营意识，形成了"有恒产者有恒心"的良性循环，就会更加珍惜和爱护土地[6]，加大对农业资源与环境的保护[33]。经营取向上，考虑到子女将来很可能继续经营，会更倾向保护农业生态和土壤质量，以谋求长期收益最大化，而不是为了短期利润而进行地利掠夺式经营。即农地租约期限发挥作用的一个可能机制是：租约长期化让农场主拥有长远经营预期，期待长远回报，形成"但留方寸地，留予子孙耕"的心理，从而更愿意进行代际传承。

其次，农地租约期限很可能会通过影响农业生产成本，尤其是土地成本来影响家庭农场的代际传承（机制Ⅱ）。中国家庭农场是典型的土地租赁型农场，高度依赖农地转入而非自有耕地。因而，相对于普通农户，家庭农场会面临较大的土地成本压力。诸多调查显示，近些年来土地租金上涨态势明显，呈现刚性增长，占农业生产总成本的比例也越来越高[34]。这一点也得到全国层面数据的证实，以三大主粮为例，《全国农产品成本收益资料汇编 2016》显示，2006—2015 年十年期间，土地成本累计增长率为 219.1%，快于同期劳动力成本上涨速度，是同期物质与服务费用累计增长幅度的 2.46 倍。就农地租约期限而言，诸多调查也表明，有相当比例的农户不愿意将土地长期租赁给家庭农场等新型经营主体[35]，而是选择交易费用相对较高的短期租约。之所以如此，是因为短期租约能相对便利地进行再谈判，有利于农户依靠"退出威胁"来实现土地租金周期性上涨[36]。因而，本文预测租约短期化会提高家庭农场的土地成本，侵蚀农场利润，从而降低农场主代际传承的意愿；而租约长期化有助于降低家庭农场的土地成本，让家庭农场利润水平不至于过低，使得代际传承在经济上是划算的。

对于可能的作用机制Ⅰ（表6），本文拟使用家庭农场相对于普通农户的化肥使用量和农药使用量这两个指标来指示农场主的长远经营预期，并将其设置为有序虚拟变量"1＝用得少；2＝差不多；3＝用得多"。之所以使用上述两个指标是因为，短期而言随着化肥使用量的增加，农作物的营养会得到充分保障；随着农药使用量的增加，病虫害能够得到更为有效的控制，进而农业收益会更加有保障。但长远而言，长期过量使用化肥会造成土壤板结、土壤酸化等问题，造成土壤质量下降；而过多使用农药会带来较为严重的农业

表6　农地租约期限的作用机制Ⅰ

变量	化肥使用量		农药施用量	
	（1）	（2）	（3）	（4）
租约短于 5 年的土地面积占比	−0.002 2	—	0.000 1	—
	(0.000 8)	—	(0.000 8)	—
租约在 5～10 年的土地面积占比	−0.000 7	—	0.000 2	—
	(0.000 7)	—	(0.000 7)	—
租约在 10～30 年的土地面积占比	−0.001 5	—	−0.000 7	—
	(0.000 7)	—	(0.000 7)	—
租约期限≥30 年的土地面积占比	—	−0.001 3*	—	−0.001 9**
	—	(0.000 7)	—	(0.000 8)
农场主个体特征	已控制	已控制	已控制	已控制
农场人地禀赋特征	已控制	已控制	已控制	已控制
农场其他特征	已控制	已控制	已控制	已控制
观测值	2 702	2 605	2 702	2 702
LR	165.78***	164.08***	200.79***	204.20***
R^2	0.035 0	0.034 6	0.044 7	0.045 5

注：***、**、* 分别表示 1%、5%和 10%的显著性水平，括号内为标准误。

面源污染，对土壤和水资源的可持续利用十分不利。已有研究表明，中国农户在农业生产过程中使用的化肥和农药远远超过国际平均水平，亩均使用量达到了世界平均水平的2.5~3倍[37]，亟须予以调减①。因而，使用家庭农场相对于普通农户的化肥使用量和农药使用量，能够较好地显示农场主是否有长远经营预期，拟合结果如表6所示。结果显示，在列（1）和列（3）中，租约短于5年的土地面积占比、租约在5~10年的土地面积占比和租约在10~30年的土地面积占比均未通过显著性水平检验，列（2）列（4）中，租约期限≥30年的土地面积占比则显著负向影响化肥使用量和农药使用量。这表明租约长期化确实能够有效减少家庭农场的化肥使用量和农药使用量，让家庭农场形成长远预期，作用机制Ⅰ得到验证。

对于可能的作用机制Ⅱ（表7），本文拟通过分析农地租约期限结构对农场平均土地租金的影响来予以验证。列（5）显示，租约小于5年的土地面积占比、租约在5~10年的土地面积占比、租约在10~30年的土地面积占比均通过了1%的显著性水平检验，且正向影响平均土地租金成本。这意味着短期租约的经营面积占比越高，农场的平均租金成本越高。列（6）显示，租约期限≥30年的土地面积占比在1%显著性水平负向影响平均土地成本，表明长期租约的经营面积占比越高，家庭农场的土地租金成本越低。因而，列（5）和列（6）的拟合结果支持前述推测，即租约期限结构还可能会通过影响家庭农场的生产成本来发挥作用。然而，平均租金水平对租约期限结构也可能有反向影响。为了减缓这种内生性，本文选择家庭农场经营地块中租金最高的那块作为农场平均租约水平的替代变量，再次分析租约期限结构对家庭农场土地成本的影响。相对而言，某个地块的租金水平对家庭农场租约期限结构不会构成实质性影响，此时反向因果问题并不严重。列（7）和列（8）显示，租约短于5年的土地面积占比、租约在5~10年的土地面积占比和租约在10~30年的土地面积占比依然显著正向影响地块最高租金水平，租约期限≥30年的土地面积占比依然在1%显著性水平负向影响地块最高租金水平，因而机制Ⅱ也得到了验证。

表7　农地租约期限的作用机制Ⅱ

变量	平均租金水平		地块最高租金水平	
	（5）	（6）	（7）	（8）
租约短于5年的土地面积占比	0.014 9***	—	0.005 8*	—
	(0.001 0)	—	(0.000 7)	—
租约在5~10年的土地面积占比	0.016 4***	—	0.007 6***	—
	(0.000 9)	—	(0.000 6)	—

---

①　这也是2015年原农业部印发《到2020年化肥使用量零增长行动方案》和《到2020年农药使用量零增长行动方案》的主要原因。

（续）

变量	平均租金水平		地块最高租金水平	
	(5)	(6)	(7)	(8)
租约在 10～30 年的土地面积占比	0.015 8***	—	0.007 3***	—
	(0.000 9)	—	(0.000 6)	—
租约期限≥30 年的土地面积占比	—	−0.005 0***	—	−0.003 2***
	—	(0.001 0)	—	(0.000 7)
农场主个体特征	已控制	已控制	已控制	已控制
农场人地禀赋特征	已控制	已控制	已控制	已控制
农场其他特征	已控制	已控制	已控制	已控制
观测值	2 702	2 702	2 814	2 816
F 值	71.35***	48.87***	62.89	44.31
调整 R^2	0.328 2	0.230 1	0.305 6	0.216 9

注：***、**、*分别表示 1%、5%和 10%的显著性水平，括号内为标准误。

五、简要结论与启示

要实现中国农业的现代化转型，提升农业整体竞争力，离不开新型经营主体的发展壮大。作为新型经营主体重要构成的家庭农场内生于农户经济，是农户经济的未来发展方向，同时也是推动乡村振兴的重要力量。随着人口城镇化的深入推进和农地流转市场日益成熟，农户群体会继续分化，那些精于农事的农户很可能演变成为规模适度、经济效益明显的家庭农场。作为新型经营主体的重要组成，家庭农场顺利实现代际传承对发展现代农业、农业资源可持续利用和农业后继有人均有积极的影响。本文基于全国家庭农场监测2015 年数据对 2 941 个家庭农场的调查，从农地租约期限结构视角分析了家庭农场主的代际传承意愿。研究结果表明：（1）在家庭农场经营的土地构成中，较短租约的土地占比越高，家庭农场主让子女接班的意愿越低，表明租约期限较短导致的经营权不稳定不利于家庭农场的代际传承。（2）由于不同类型家庭农场对土地的依赖性有差异，农地租约期限结构对三类家庭农场主代际传承意愿的影响出现分化。其中，农地租约期限结构对种植类家庭农场主的代际传承意愿有显著影响；对种养结合类家庭农场主的代际传承意愿也有一定影响；但对养殖类家庭农场主的代际传承意愿没有显著影响。（3）对农地租约期限结构的影响机制探索表明，农地租约期限结构之所以会影响到家庭农场主的代际传承意愿，一方面是因为租约期限结构能显著影响到家庭农场的长远经营预期，另一方面是因为租约期限结构能够显著影响家庭的土地租金成本。

本文证实，家庭农场经营面积中，租约期限越长土地经营面积占比越高，越有利于提升家庭农场主的代际传承意愿，证实稳定的地权对于家庭农场的代际传承有着十分关键的影响。然而，当前中国的家庭农场主很难长期稳定持有土地经营权。这主要受制于中国特定的"三权分置"地权结构，农村土地所有权归集体所有，农户拥有一定期限的承包权，从承包权中分离出经营权进行市场化配置。因此，作为一种附属权利，家庭农场经营权的稳定性很大程度上取决于承包权的稳定性。正是意识到这一点，近些年来农业农村领域出台了一系列改革措施，朝着稳定农户承包权和放活经营权的方向不断演进。包括2013—2018年在全国分阶段推进的农地确权颁证工作，就是为了确实权、颁铁证，提升承包权的产权强度，让农户敢于将土地经营权流转出去。党的十九大报告提出，要保持土地承包关系稳定并长久不变，二轮承包到期再延长三十年的政策。这不仅稳定了农户的预期，而且有助于提升经营权的稳定性。因此，除了期待后续政策继续保障农户承包权的稳定性、赋予家庭农场和其他规模经营主体优先经营的权利外，当前最紧要的工作就是充分落实农村承包地"三权分置"政策。一方面，要稳定承包权，在基本完成确权颁证的基础之上，做好收尾工作，妥善处理遗留问题；另一方面，要健全土地流转规范管理制度，推动流入方和流出方形成稳定的利益共同体，引导农地租约期限长期化，达到放活经营权的目标。除此之外，还要抓紧研究和明确二轮承包到期后延包的具体办法，确保政策衔接平稳过渡。当然，对于不同类别的家庭农场，相应的政策可以有所差异。种植类和种养结合类家庭农场对土地的依赖性更强，更容易受到租约期限短期化的影响，因此要重点关注租约期限对这两类家庭农场主代际传承意愿的负面作用，通过市场调节和政策干预相结合的手段，保障种植类、种养结合类家庭农场拥有稳定的土地经营权。

参考文献：

［1］袁梦，易小燕，陈印军，等. 我国家庭农场发展的现状、问题及培育建议：基于农业部专项调查34.3万个样本数据［J］. 中国农业资源与区划，2017，38（6）：184-188.

［2］张云华. 家庭农场是农业经营方式的主流方向：发展家庭农场的国际经验及对我国的启示［J］. 农村工作通讯，2016（20）：24-27.

［3］毛学峰，刘靖. 农地"女性化"还是"老龄化"？：来自微观数据的证据［J］. 人口研究，2009，33（2）：69-80.

［4］徐水源，宋月萍，谢卓树. 中国农业生产会后继无人么？：城镇化背景下新生代农村人口务农状况考察［J］. 人口与发展，2015，22（3）：63-70.

［5］WHITE, B. Agriculture and the generation problem：Rural youth，employment and the future of Farming［J］. IDS Bulletin，2012，43（6）：9-19.

［6］黄季焜，冀县卿. 农地使用权确权与农户对农地的长期投资［J］. 管理世界，2012（9）：76-81，99，187-188.

［7］JACOBY H G，LI G，ROZELLE S. Hazards of expropriation：Tenure insecurity and investment in rural China [J]. American Economic Review, 2002, 92 (5): 1420 - 1447.

[8] 郜亮亮, 黄季焜, ROZELLE S, 等. 中国农地流转市场的发展及其对农户投资的影响 [J]. 经济学 (季刊), 2011, 10 (4): 1 499 - 1 514.

[9] GOLDSTEINA M, HOUNGBEDJIB K, KONDYLIS F. Formalization without certification?: Experimental evidence on property rights and investment [J]. Journal of Development Economics, 2018 (132): 57 - 74.

[10] ERRINGTON A. Handing over the reins: A comparative study of intergenerational farm transfers in England, France and Canada [J]. Exploring Diversity in the European Agri-Food System, 2002 (4): 28 - 31.

[11] 邹心平. 论家庭农场在新型农业经营体系中的主体地位 [J]. 求实, 2017 (2): 84 - 96.

[12] 张红宇. 家庭农场是我国农户经济发展的基本方向 [J]. 农村工作通讯, 2018 (4): 12 - 15.

[13] STIGLBAUER A M, WEISS C R. Family and non-family succession in the upper-Austrian farm sector [J]. Cahiers d'Economie et de Sociologie Rurales, 2000 (54): 5 - 26.

[14] KIMHI A, NACHLIEL N. Intergenerational succession on Israeli family farms [J]. Journal of Agricultural Economics, 2001, 52 (2): 42 - 58.

[15] GLAUBEN T, TIETJE H, WEISS C R. Intergenerational succession in farm households: Evidence from upper Austria [J]. Review of Economics of the Household, 2004, 2 (4): 443 - 462.

[16] 钱龙, 洪名勇. 为何选择口头式、短期类和无偿型的农地流转契约: 转出户控制权偏好视角下的实证分析 [J]. 财贸研究, 2018 (12): 48 - 59.

[17] 杜志雄, 王新志. 中国农业基本经营制度变革的理论思考 [J]. 理论探讨, 2013 (4): 72 - 75.

[18] 刘文勇, 张悦. 家庭农场的学术论争 [J]. 改革, 2014 (1): 103 - 108.

[19] 杨成林. 中国式家庭农场形成机制研究: 基于皖中地区 "小大户" 的案例分析 [J]. 中国人口·资源与环境, 2014, 24 (6): 45 - 50.

[20] 朱启臻, 胡鹏辉, 许汉泽. 论家庭农场: 优势、条件与规模 [J]. 农业经济问题, 2014, 35 (7): 11 - 17, 110.

[21] 尚旭东, 朱守银. 家庭农场和专业农户大规模农地的 "非家庭经营": 行为逻辑、经营成效与政策偏离 [J]. 中国农村经济, 2015 (12): 4 - 13, 30.

[22] 郭熙保, 冯玲玲. 家庭农场规模的决定因素分析: 理论与实证 [J]. 中国农村经济, 2015 (5): 82 - 95.

[23] 曾福生, 李星星. 扶持政策对家庭农场经营绩效的影响: 基于 SEM 的实证研究 [J]. 农业经济问题, 2016, 37 (12): 15 - 22, 110.

[24] 杜志雄, 肖卫东. 家庭农场发展的实际状态与政策支持: 观照国际经验 [J]. 改革, 2014 (6): 39 - 51.

[25] 周利平, 翁贞林. "新农保" 对农业经营代际传承的影响研究 [J]. 广东财经大学学报, 2017, 32 (5): 58 - 69.

[26] GLAUBEN T, PETRICK M, TIETJE H, WEISS C. Probability and timing of succession or clo-

sure in family firms：A switching regression analysis of farm households in Germany ［J］. Applied Economics，2009，41 (1)：45－54.

［27］刘守英，高圣平，王瑞民. 农地三权分置下的土地权利体系重构 ［J］. 北京大学学报（哲学社会科学版），2017，54 (5)：134－145.

［28］叶剑平，丰雷，蒋妍，等. 2016 年中国农村土地使用权调查研究：17 省份调查结果及政策建议 ［J］. 管理世界，2018，34 (3)：98－108.

［29］徐志刚，张骏逸，吕开宇. 经营规模、地权期限与跨期农业技术采用：以秸秆直接还田为例 ［J］. 中国农村经济，2018 (3)：61－74.

［30］蔡颖萍，杜志雄. 家庭农场生产行为的生态自觉性及其影响因素分析：基于全国家庭农场监测数据的实证检验 ［J］. 中国农村经济，2016 (12)：33－45.

［31］黄宗智. 中国的隐性农业革命（1980—2010）：一个历史和比较的视野 ［J］. 开放时代. 2016 (2)：11－35，5.

［32］诸培新，苏敏，颜杰. 转入农地经营规模及稳定性对农户化肥投入的影响：以江苏四县（市）水稻生产为例 ［J］. 南京农业大学学报（社会科学版），2017，17 (4)：85－94，158.

［33］WALMSLEY A，SKLENICKA P. Various effects of land tenure on soil biochemical parameters under organic and conventional farming：Implications for soil quality restoration ［J］. Ecological Engineering，2017 (107)：137－143.

［34］郜亮亮，杜志雄. 教育水准、代际关系与家庭农场演进的多重因素 ［J］. 改革，2016 (9)：48－58.

［35］何欣，蒋涛，郭良燕，等. 中国农地流转市场的发展与农户流转农地行为研究：基于 2013—2015 年 29 省的农户调查数据 ［J］. 管理世界，2016 (6)：79－89.

［36］林文声，王志刚. 农地租约短期化的特点、成因与影响 ［J］. 郑州航空工业管理学院学报，2016，34 (2)：40－44.

［37］黄季焜，齐亮，陈瑞剑. 技术信息知识、风险偏好与农民施用农药 ［J］. 管理世界，2008 (5)：71－76.

中国家庭农场的生产经营情况及农场主教育水平对其影响分析[①]

——基于全国 31 个省份 2014—2017 年的监测数据

家庭农场是当前阶段最符合未来中国农业发展需要和政策目标的新型农业生产经营主体，对其生产经营情况进行研究具有重要的现实意义。本文基于全国 31 个省份 2014—2017 年种植类家庭农场的监测数据，对家庭农场的土地经营特征、常年雇用劳动力情况、生产资料情况、生产经营管理水平、组织化情况、绿色化生产等进行了统计描述分析，同时进一步分析了农场主教育水平对这些生产经营特征的影响，最后结合上述结论给出了政策建议。

一、引言

2013 年，中央一号文件首次提出发展家庭农场，2019 年《关于促进小农户和现代农业发展有机衔接的意见》中进一步提出启动家庭农场培育计划。家庭农场作为农业专业大户的"升级版"，保留了家庭经营的内核，坚持了农业家庭生产经营的优势[1-2]，并且在家庭生产经营的基础上，具备土地规模化、生产要素集约化、农产品商品化等特点[3-4]。在整个中国农业生产经营体系中，家庭农场处于核心地位，是最适合农业生产的主要实践者[1]和组织形式[5]，是农户经济发展的基本方向[3]，是最契合经济社会发展阶段的经营主体[6]，并且在农业生产中具有稳定的主导地位[7]。那么，家庭农场从 2013 年发展至今，生产经营情况如何？农场主的教育水平是否会对农场的发展速度和质量产生影响？这些都是亟待回答的问题。

家庭农场作为中央重点培育和突出抓好的新型农业生产经营主体，肩负着国家粮食安

---

① 本文暂未公开发表。

全的使命。因此，选取种植类家庭农场进行分析具有更大的政策意义，而且这样也能有效回避农场类别对生产经营的影响，进而更好地分析农场主教育水平对生产经营的影响。因此，本文基于2014—2017年种植类家庭农场的监测数据，对家庭农场的生产经营情况进行描述分析，进一步呈现出农场主教育水平对农场生产经营特征的影响。基于以上分析结果，为下一步家庭农场的发展提供政策建议。

二、数据说明

本文所用数据来源于农业农村部委托中国社会科学院农村发展研究所开展的家庭农场监测。家庭农场监测样本覆盖全国31个省（自治区、直辖市），在随机分层抽样总原则指导下各省份选择3个样本县、约100家家庭农场进行监测。2014—2017年，分别获得有效监测样本2 826家、2 903家、2 998家和2 947家。本文选取2014—2017年每年种植类样本进行分析（表1），包括2014年1 589家、2015年1 731家、2016年1 774家和2017年1 683家。这里的种植类家庭农场为种植小麦、玉米、水稻、薯类、豆类、高粱、燕麦、花生、蔬菜瓜果的农场。

表1　2014—2017年按照家庭农场主教育水平分组的样本数及其占比

教育水平	2014年		2015年		2016年		2017年		平均/总体[a]	
	样本数/个	占比/%	样本数/个	占比/%	样本数/个	占比/%	样本数/个	占比/%	样本数/个	占比/%
不识字或小学	83	5.22	98	5.66	91	5.13	77	4.58	349	5.15
初中	825	51.92	826	47.72	820	46.22	825	49.02	3 296	48.64
高中/中专/职高	537	33.79	638	36.86	694	39.12	609	36.19	2 478	36.56
大专及以上	144	9.06	169	9.76	169	9.53	172	10.22	654	9.65
总体/平均	1 589	100.00	1 731	100.00	1 774	100.00	1 683	100.00	6 777	100.00

注：a代表是2014—2017年4年的样本数之和。

三、家庭农场生产经营情况

这里把家庭农场主教育水平分成不识字或小学、初中、高中/中专/职高和大专及以上四个等级（表1）。农场主的教育水平为农场的生产经营提供了关键的人力资本支撑。总体来看，接近10%的农场主教育水平为大专及以上，85%左右的农场主教育水平为初中或高中/中专/职高；同时，与2017年农村居民家庭户主文化程度相比[①]，农场主教育水

---

① 数据来源于2018年《中国农村统计年鉴》：农村居民家庭户主文化程度为小学及以下的占比为33%，大专及以上的占比为1.50%。

平为大专及以上水平的占比高 8%，不识字或小学水平的占比低 30%左右；并且，在 2014—2017 年，农场主教育水平为大专及以上水平的占比从 9.06%上升到 10.22%，而农场主教育水平为不识字或小学水平的占比从 5.22%下降到 4.58%。下面考察整体及每组家庭农场在生产经营等方面的特征。

（一）土地经营特征

从表 2 可以发现：

第一，农场土地经营规模基本适度，并且随着农场主教育水平的提高，农场土地经营规模增加。总体来看，农场土地经营规模平均为 402.97 亩，如果按户均 8 亩土地核算，相当于 50 户农民的土地集中连片。2014—2017 年，尽管土地经营规模存在浮动，但基本稳定在 350～450 亩。2015 年，不识字或小学组的农场土地经营规模为 261.82 亩；当农场主教育水平提高到初中时，农场土地经营规模增加到 379.87 亩；当农场主教育水平进一步提高到高中/中专/职高时，农场土地经营规模进一步增加到 483.36 亩；在大专及以上组，农场土地经营规模为 517.32 亩。这或许说明教育水平能够影响农场主的经营理念或经营能力。

第二，超过 1/3 的农场对土地进行了整理，并且，农场主的教育水平越高，农场对土地进行整理的比率越高。总体上，不识字或小学组农场进行土地整理的比率为 29.75%，分别比初中组农场的 34.07%低 4.32 个百分点，比高中/中专/职高组农场的 37.10%低 7.35 个百分点，比大专及以上组农场的 44.50%低 14.75 个百分点。

第三，农场土地的地块数逐渐减少，平均每块的经营规模逐年增加，即土地细碎化程度减弱，并且农场主教育水平越高，平均每块的经营规模越大。2014—2017 年，农场土地平均由 24.84 块地块组成，平均每块的经营规模为 86.53 亩。2014 年农场土地平均有 30.94 块地块，平均每块的经营规模为 76.18 亩；2017 年，农场土地平均地块减少到 16.58 块，平均每块的经营规模相应增加到 88.93 亩。分组来看，不识字或小学组农场平均每块的经营规模为 56.95 亩，而大专及以上组农场平均每块的经营规模达到 102.24 亩，增幅近一倍。并且，2014—2017 年每年基本都具有相同特征。

第四，农场土地平均流入年限整体较短，但是，农场主教育水平高的农场平均流入土地年限相对较长。整体上，农场土地平均流入年限接近但不足 5 年。分组来看，初中组农场的土地平均转入年限不足 5 年，大专及以上组农场的土地平均流入年限在 5 年以上。土地流入年限的长短反映了土地使用权的稳定性，而土地使用权的稳定性能够影响农户的投资行为[8]。这或许说明，教育水平高的农场主通过延长土地转入年限的方式，保持土地使用权的稳定，进而便于农地投资和进行农业的长期打算。

综上，家庭农场为实现最佳经营规模仍在做努力，并且一直致力于改善土地的细碎化状况。但是，农场平均土地流入年限较短的现状约束了农场无法或不能获得长久稳定的土地使用权，进而可能会影响到农场的生产投资等行为[8]；相对来说，农场主教育水平较高的农场在土地规模、土地集中经营、土地平均流入年限等方面略占据优势。

（二）常年雇用劳动力情况

由表 3 可知：

第一，整体上，农场拥有常年雇用劳动力的数量逐渐减少，并且农场主教育水平不同，农场拥有常年雇用劳动力的数量也不同。家庭农场拥有常年雇用劳动力的数量基本维持在 2.54 人左右[①]，2017 年农场平均拥有常年雇工的数量为 2.46 人，低于 2015 年的 2.86 人和 2016 年的 2.56 人。以不识字或小学组和大专及以上两组为例。总体上，农场主教育水平为不识字或小学的农场平均雇用常年劳动力 1.94 人，当农场主的教育水平提升到大专及以上时，农场平均常年雇用劳动力增加到 3.92 人。同样，2017 年后者平均雇用常年劳动力 3.89 人，几乎是前者平均雇用常年劳动力的 1 倍。农场主教育水平高的农场常年雇用劳动力的数量偏多可能是土地规模偏大造成的，但从亩均常年雇用劳动力的需求量看，仅大专及以上组 100 亩土地需要常年雇用劳动力 2 人，其余三组则平均需要常年雇用劳动力 1 人，因此基本排除了此原因。那么，大概原因可能是，教育水平高的农场主由于偏重于农场的管理工作，从而需要较多的常年雇用劳动力进行农场种植等体力劳动，也或许是农场主教育水平高的农场更倾向于种植劳动密集型的高附加值经济作物[9]。

第二，农场常年雇用劳动力的年龄逐年增加，并且农场主教育水平高的农场雇用常年劳动力的年龄偏大。综合四年样本看，农场常年雇用劳动力的平均年龄 42 周岁左右，随着农业劳动力老龄化不断加剧。2014—2017 年，农场常年雇用劳动力的年龄从不到 40 周岁逐年增加到接近 45 周岁。总体上，农场主教育水平为不识字或小学农场的常年雇用劳动力的平均年龄 41 周岁左右，当农场主教育水平提升到高中/中专/职高时，农场常年雇用劳动力的平均年龄 42 周岁左右，大专及以上组农场常年雇用劳动力的平均年龄 43 周岁左右。

第三，农场支付常年雇用劳动力的工资逐年提高，并且随着农场主教育水平的提高，农场支付的工资水平提高。总体上，农场平均支付常年雇用劳动力每人每年 1.41 万元，此项支出从 2014 年每人每年 1.10 万元增加到 2017 年每人每年 1.60 万元。如果按农场平均雇用常年劳动力 2.54 人核算，农场 2017 年雇用劳动力的成本相对于 2014 年增加了 1.27 万元，接近 2015 年农场支付给常年雇用劳动力每人每年的工资 1.34 万元。2017 年不识字或小学组农场平均支付常年雇用劳动力每人每年 1.37 万元，大专及以上组农场平

---

① 这也符合农业农村部认为农场常年雇用劳动力不应该超过家庭自有劳动力 1 倍的定义。

表2　2014—2017年家庭农场的土地经营特征与家庭农场主教育水平

教育水平	经营规模/亩					土地是否整理(是=1,否=0)/%					地块数/块					平均每块的经营规模/(亩/块)					平均土地转入年限区间a			
	2014年	2015年	2016年	2017年	总体	2014年	2015年	2016年	2017年	总体	2014年	2015年	2016年	2017年	总体	2014年	2015年	2016年	2017年	总体	2015年	2016年	2017年	总体
不识字或小学	290.44	261.82	336.69	371.23	312.22	34.21	22.34	34.33	30.95	29.75	21.92	28.68	17.88	19.92	22.36	48.24	49.49	74.26	55.36	56.95	1.85	1.71	1.68	1.76
初中	351.24	379.87	363.36	432.27	388.55	34.47	30.22	27.87	46.74	34.07	27.69	30.78	21.14	14.38	23.43	71.61	73.10	82.69	96.30	83.83	1.79	1.64	1.68	1.71
高中/中专/职高	372.91	483.36	386.56	415.15	416.86	40.48	33.92	36.43	38.69	37.10	36.69	31.06	23.25	18.60	26.95	81.40	94.75	89.23	82.45	90.16	1.95	1.78	1.88	1.87
大专及以上	461.90	517.32	425.40	478.85	471.25	52.55	43.98	36.05	46.49	44.50	33.04	33.43	17.4	18.53	25.29	98.19	113.49	105.11	91.58	102.24	2.08	1.89	2.02	2.00
总体/平均	365.46	424.75	377.04	428.07	402.97	38.18	32.49	32.35	43.04	36.00	30.94	31.02	21.44	16.58	24.84	76.18	83.66	86.94	88.93	86.53	1.88	1.72	1.79	1.80

注: a代表在土地平均流转年限区间中，1=5年以下，2=5~10年，3=10~30年，4=30年以上。

表3　2014—2017年家庭农场雇用劳动力情况与家庭农场主教育水平

教育水平	常年雇用劳动力数量/人					亩均常年雇用劳动力数量/(人/亩)					常年雇用劳动力的平均工资/(万元/年/人)					常年雇用劳动力的平均年龄区间a				
	2014年	2015年	2016年	2017年	总体	2014年	2015年	2016年	2017年	总体	2014年	2015年	2016年	2017年	总体	2014年	2015年	2016年	2017年	总体
不识字或小学	2.04	1.93	2.05	2.01	1.94	0.01	0.01	0.01	0.01	0.01	1.11	1.44	1.40	1.37	1.33	2.84	2.98	3.12	3.13	3.01
初中	2.04	2.46	2.30	2.09	2.19	0.01	0.02	0.01	0.01	0.01	0.97	1.23	1.48	1.43	1.26	2.84	3.02	3.16	3.26	3.07
高中/中专/职高	2.59	3.14	2.61	2.60	2.71	0.02	0.01	0.01	0.01	0.01	1.22	1.34	1.71	1.75	1.51	2.95	3.07	3.24	3.30	3.15
大专及以上	4.25	4.27	3.95	3.89	3.92	0.02	0.03	0.02	0.02	0.02	1.40	1.80	1.94	1.94	1.78	2.99	3.17	3.28	3.47	3.23
整体	2.42	2.86	2.56	2.46	2.54	0.01	0.02	0.01	0.01	0.01	1.10	1.34	1.61	1.60	1.41	2.90	3.05	3.21	3.30	3.12

注: a代表在年龄区间中，1=30周岁以下，2=31~40周岁，3=41~50周岁，4=51~60周岁，5=61周岁以上。

表4　2014—2017年家庭农场的生产资料水平与家庭农场主教育水平

教育水平	所有农机具价值/万元					自有仓库面积/平方米					自有晒场面积/平方米					平均自有仓库和晒场面积占比a/%				
	2014年	2015年	2016年	2017年	总体	2014年	2015年	2016年	2017年	总体	2014年	2015年	2016年	2017年	总体	2014年	2015年	2016年	2017年	总体
不识字或小学	19.89	19.33	14.82	25.32	19.61	230.01	218.17	298.48	307.48	261.81	471.70	359.36	828.49	603.78	562.85	0.53	0.45	0.56	0.55	0.53
初中	17.98	24.28	23.24	27.09	23.17	185.30	209.75	241.28	255.46	223.13	426.01	615.11	560.82	649.54	564.23	0.37	0.49	0.53	0.53	0.48
高中/中专/职高	20.98	33.45	27.06	30.74	28.34	340.84	400.47	347.17	378.56	367.47	521.53	852.35	765.49	773.84	739.67	0.52	0.53	0.61	0.69	0.59
大专及以上	24.16	35.73	33.25	27.24	30.35	523.42	470.66	397.75	379.38	438.26	719.19	1 038.24	850.36	884.36	881.20	0.76	0.78	0.75	0.63	0.72
总体/平均	19.64	28.50	25.25	28.35	25.56	269.47	305.99	300.54	315.01	298.46	486.50	729.38	682.20	716.39	658.70	0.47	0.53	0.59	0.60	0.55

注: a代表自有仓库和晒场面积之和占土地总面积的比重。

均支付常年雇用劳动力每人每年 1.94 万元，仍然低于 2017 年本地农民工[①]工资 3.81 万元。教育水平高的农场主倾向于雇用年龄偏大的劳动力（仍未超过 50 周岁），并且愿意支付较高的工资（仍未超过本地农民工工资），或许是因为年龄稍大的农业劳动力在劳动力市场中更代表稳定性和持久性。相应地，农场主也愿意支付较高的工资来延长这种持久性，当然也不排除教育水平较高的农场主具有更强的支付能力。

综上，由于农场常年雇用劳动力的年龄逐年增加、劳动力的雇用成本逐年上升，机械替代劳动已成普遍趋势。但是，在当前生产条件下，农场仍然能够解决当地一部分农业劳动力的就业问题，并且，农场主教育水平越高的农场对于劳动力的吸纳能力更强。

（三）生产资料情况

由表 4 可知：

第一，农场拥有农机具的价值逐渐提高，并且，农场主教育水平高的农场拥有农机具的价值普遍偏高。总体上，农场拥有农机具的价值平均在 25.56 万元。2014 年农场拥有农机具的价值平均在 19.64 万元，比 2015 年 28.50 万元、2016 年 25.25 万元、2017 年 28.35 万元分别低 8.86 万元、5.61 万元和 8.71 万元。以初中组和大专及以上两组的农场进行比较。初中组农场平均拥有农机具的价值在 23.17 万元，比大专及以上组农场平均拥有农机具的价值 30.35 万元低 7.18 万元。2015 年两组农场平均拥有农机具的价值差额达到 11 万元左右。这或许表明，教育水平高的农场主更倾向于使用农机等现代农业技术进行生产。

第二，农场拥有自有仓库和晒场的面积逐渐增加，农场主教育水平高的农场对于仓库、晒场等配套设施用地的需求更为强烈。总体上，农场拥有自有仓库和晒场的面积分别是 298.46 平方米（不足 0.50 亩）和 658.70 平方米（接近 1 亩）。2014—2017 年，农场自有仓库面积和自有晒场面积分别增加 45.54 平方米（0.07 亩）和 229.89 平方米（0.34 亩），平均每年增幅 5.63 个百分点和 15.75 个百分点。分组来看，初中组农场平均拥有自有仓库和晒场面积分别是 223.13 平方米（0.33 亩）和 564.23 平方米（0.85 亩），比大专及以上组农场拥有自有仓库和晒场面积低 215.13 平方米（0.32 亩）和 316.97 平方米（0.48 亩），2014—2017 年每年基本具有相同特征。这或许表明，教育水平高的农场主由于农机具较多，拥有的仓库面积较大，并且也更愿意仓储农产品，待价而沽。

第三，农场自有仓库和晒场面积占土地经营规模的比例逐年提高，并且随着农场主教育水平的提高而提高。整体上，农场自有仓库和晒场面积占土地经营规模的比例为

---

① 本地农民工：指在户籍所在乡镇地域以内从业的农民工。

0.55%，按土地平均经营规模402.97亩核算，自有仓库和晒场面积之和为2.22亩，基本接近规模化粮食生产中国家规定的配套设施用地规模[①]。初中组农场平均拥有自有仓库和晒场面积之和占土地经营规模的比重是0.48%，比大专及以上组农场平均拥有自有仓库和晒场面积之和占土地经营规模的比重低0.24%，大概低0.82亩。

综上所述，家庭农场作为追求规模化、商品化和利润最大化的生产主体，在当前农业生产性服务市场不健全等现实条件的约束下，农场往往会选择自己购买农机具、自行配套设施用地，从而成为先进农业技术的率先使用者，这种情况在农场主教育水平高的农场中表现更为普遍。同时，农场可以利用剩余的农业资产生产能力向周边小农户等提供服务，实现了小农户与现代农业的有机衔接，从而使家庭农场呈现出一种独特的"双主体"特征——既是农业生产主体又是服务主体。

（四）生产经营管理

家庭农场的生产经营管理主要表现在农场在工商部门注册登记情况和拥有比较完整日常收支记录情况。

从表5可以发现：

第一，农场在工商部门注册登记的比例逐年上升，并且，农场主教育水平越高的农场，此比例越高。总体上，有超过2/3的农场在工商部门注册登记。2014年农场在工商部门注册登记的比例仍不足60%，2015年超过60%，2016年达到72.32%，2017年接近80%。同时，在2014—2017年，不同教育水平的农场主经营的农场在工商部门注册登记的比例都在提高，增幅均在10%以上。2015年，农场主教育水平为高中/中专/职高的农场在工商部门注册登记的比例为67.87%，比不识字或小学组和初中组农场占比分别高24%和11.09%，相较于大专及以上组农场，此比例低0.18%。这或许表明，教育水平影响了农场主的生产经营理念。

第二，农场拥有比较完整日常收支记录的比例逐渐提高，并且，农场主教育水平越高的农场，此比例越高。总体上，接近3/4的农场拥有完整日常收支记录。2014年农场拥有比较完整的日常收支记录的比例为70.55%，比2017年的71.18%低0.63%。分教育水平来看，农场主教育水平为不识字或小学的农场拥有比较完整日常收支记录的比例为61.03%；当农场主教育水平达到初中时，农场拥有比较完整日常收支记录的比例增加到66.69%；当教育水平进一步提高到高中/中专/职高时，此比例进一步增加到76.39%；在大专及以上组农场中，此比例达到80.89%。而且，在2014—2017年，不识字或小学

---

① 《农业部关于进一步支持设施农业健康发展的通知》中规定，南方从事规模化粮食生产种植面积500亩、北方1 000亩以内的，配套设施用地控制在3亩以内；超过上述种植面积规模的，配套设施用地可适当扩大，但最多不得超过10亩。

组农场拥有比较完整日常收支记录的比例逐渐降低，降低了 14.32 个百分点；而大专及以上组农场拥有比较完整日常收支记录的比例从 2014 年的 76.39％增加到 2017 年的 83.14％，增加了 6.75 个百分点。这或许说明，教育水平较高的农场主，更倾向于对农场的成本收益状况进行完整地记录。

综上，在 2014—2017 年，农场的生产经营管理水平稳步提升。并且，农场主的教育水平对于农场生产经营管理水平的提高起到重要的支撑作用。

表5 2014—2017 年家庭农场的生产经营管理水平与家庭农场主教育水平

教育水平	在工商部门注册登记的占比/%					有比较完整日常收支记录的占比/%				
	2014 年	2015 年	2016 年	2017 年	总体	2014 年	2015 年	2016 年	2017 年	总体
不识字或小学	49.40	43.88	68.13	67.53	56.73	66.27	58.16	67.03	51.95	61.03
初中	51.76	56.78	65.24	74.18	61.98	66.67	66.46	66.83	66.79	66.69
高中/中专/职高	69.46	67.87	79.83	83.25	75.34	75.61	74.92	78.53	76.19	76.39
大专及以上	70.83	68.05	78.11	78.49	74.01	76.39	81.07	82.25	83.14	80.89
总体/平均	59.35	61.24	72.32	77.60	67.76	70.55	70.54	72.89	71.18	71.31

（五）组织化情况

随着家庭农场土地规模的扩大，农场会产生强烈的合作需求。由表6可知：

第一，农场加入合作社的比例逐年上升，随着农场主教育水平提高，农场加入合作社的比例提高。在所有样本中，接近四成的农场加入了合作社。2017 年农场加入合作社的比例为 39.71％，分别比 2016 年 37.34％、2015 年 33.62％和 2014 年 31.32％高 2.37％、6.09％和 8.39％。从教育水平不同的四组农场来看，后两组农场加入合作社的比例高于前两组农场。大专及以上组农场加入合作社的比例为 40.12％，比初中组农场的 31.78％高出 8.34％。这也许表明，农场主的教育水平有助于农业的合作经营。

第二，农场与龙头企业有联系的比例逐渐上升，并且，农场主教育水平越高，农场与有龙头企业有联系的比例越高。总体上，有超过两成的农场与龙头企业有联系。2017 年有 26.52％的农场与龙头企业有联系，超过 2014 年 9.02 个百分点。分组来看，大专及以上组农场与龙头企业有联系的比例为 29.71％，高于初中组农场 12.79 个百分点，2014 年两组农场与龙头企业有联系的比例差值达到 17.89％。

总之，相对于普通农户，家庭农场对于农资购买、农业生产经营技术、农产品加工销售等服务的需求更为迫切，合作意愿也更强烈，更愿意加入或创办合作社并保持与龙头企业的联系；相对于农场主教育水平较低的农场，农场主教育水平较高的农场加入合作社及与龙头企业有联系的比例更高。

表6 2014—2017 年家庭农场的组织化程度与家庭农场主教育水平

教育水平	加入合作社占比/%					与龙头企业有联系的占比/%				
	2014 年	2015 年	2016 年	2017 年	总体	2014 年	2015 年	2016 年	2017 年	总体
不识字或小学	25.30	35.71	35.16	35.06	32.95	16.87	7.14	13.19	23.38	14.61
初中	28.64	28.33	32.44	37.70	31.78	12.67	14.53	17.44	23.03	16.92
高中/中专/职高	33.77	38.24	42.51	43.59	39.78	21.50	19.59	28.53	30.59	25.21
大专及以上	40.97	40.83	41.07	37.79	40.12	30.56	25.44	32.74	30.23	29.71
总体/平均	31.32	33.62	37.34	39.71	35.57	17.50	17.04	23.01	26.52	21.07

（六）绿色化生产

以生态友好、资源节约为特征的绿色高质量发展是现阶段中国农业发展的主旋律，保持农业可持续性、保持农产品稳定供给（粮食安全）与不断增加农业生产者收入一道成为农业现代化需要实现的目标。

由表7和表8可知：

第一，亩均化肥使用量低于或等于周边农户的农场占比八成以上，亩均农药使用量低于或等于周边农户的农场占比九成以上。就亩均化肥使用量而言，至少35%的农场在"减量"使用，同时，至少47%的农场化肥使用量与周边农户持平。2017年，亩均化肥使用量低于或等于周边农户的农场占比80.92%，比2014年的77.01%提高了3.91个百分点。并且，2017年有39.30%的农场化肥使用量低于周边农户，比2014年35.10%提高了4.20个百分点。相比于化肥使用量，至少42%的农场在减量使用农药，50%左右的农场农药使用量与周边农户持平。2017年亩均农药用量低于或等于周边农户的农场合计占比90.54%，比2014年88.91%提高1.63个百分点。总之，农场在化肥和农药使用方面都呈现出"减量"使用特征，农药减量程度更大。

随着农场主教育水平的提高，亩均化肥、农药使用量低于或等于周边农户的农场占比提高。综合四年样本来看，农场主教育水平为不识字或小学的农场亩均化肥、农药低于或等于周边农户的占比为78.90%和88.69%，大专及以上组农场的占比均超过80%和90%。大专及以上组农场在化肥和农药减量使用方面，超过不识字或小学组农场18.15个百分点和20.95个百分点。以2015年初中组和大专及以上组为例分析，初中组家庭农场亩均化肥、农药低于或等于周边农户的占比比大专及以上组农场的占比分别低4.51%和5.24%，更进一步，亩均化肥、农药低于周边农户的占比比大专及以上组农场的占比分别低10.94%和10%。这或许表明，教育水平高的农场主更倾向于科学施肥和用药。

第二，接近2/3的农场属于灌溉农场，接近四成的农场在采用喷灌等节水技术进行灌溉，并且农场主教育水平越高的农场，两者的比例越高。2017年，有74.90%的农场进行

表 7　2014—2017 年家庭农场的 "两减" 使用情况与家庭农场主教育水平

教育水平	亩均化肥使用量比周边农户低的占比/%					亩均化肥使用量与周边农户相等的占比/%					亩均农药使用量比周边农户低的占比/%					亩均农药使用量与周边农户相等的占比/%				
	2014年	2015年	2016年	2017年	总体	2014年	2015年	2016年	2017年	总体	2014年	2015年	2016年	2017年	总体	2014年	2015年	2016年	2017年	总体
不识字或小学	27.50	14.29	39.56	27.27	26.88	46.25	72.45	40.66	45.45	52.02	34.18	17.35	42.86	36.36	32.17	51.90	76.53	45.05	49.35	56.52
初中	31.16	23.97	38.90	33.70	31.93	45.98	65.01	45.61	48.36	51.30	42.95	29.06	41.34	36.97	37.51	47.01	63.92	50.49	53.82	53.90
高中/中专/职高	40.04	30.72	43.80	44.74	39.85	36.94	60.34	40.35	35.36	43.59	53.38	32.29	49.86	53.45	46.93	34.24	61.13	42.51	37.17	44.28
大专及以上	44.03	34.91	48.52	52.33	45.03	34.33	58.58	33.73	29.65	39.29	59.09	39.05	56.80	58.72	53.12	30.30	59.17	36.69	32.56	40.19
总体/平均	35.10	26.98	41.77	39.30	35.82	41.91	63.08	42.16	41.62	47.36	47.46	30.56	46.22	45.12	42.18	41.45	63.14	45.77	45.42	49.19

表 8　2014—2017 年家庭农场的 "一控" "两基本" 使用情况与家庭农场主教育水平

教育水平	采用灌溉占比/%				采用喷灌、滴灌、渗灌技术的占比/%				秸秆还田占比/%				农膜回收处理占比/%		
	2015年	2016年	2017年	总体	2015年	2016年	2017年	总体	2015年	2016年	2017年	总体	2016年	2017年	总体
不识字或小学	73.20	72.53	68.83	71.70	30.11	34.95	42.70	35.79	47.96	60.44	50.65	53.01	84.88	77.42	81.76
初中	72.28	65.12	70.40	69.27	28.77	35.03	34.58	32.73	48.79	55.57	57.66	54.00	75.46	82.48	78.76
高中/中专/职高	77.71	79.39	79.57	78.90	38.32	34.99	33.52	35.53	59.69	60.78	62.54	60.97	81.53	83.63	82.47
大专及以上	81.07	81.55	82.56	81.73	39.15	42.93	42.56	41.58	56.21	68.26	65.70	63.39	81.01	89.66	85.15
总体/平均	75.19	72.65	74.90	74.22	33.72	35.91	35.64	35.11	53.47	59.06	59.93	57.47	78.96	83.46	81.02

153

了灌溉，比 2016 年 72.65％提高了 2.25 个百分点；采用喷灌等节水技术的农场占 35.64％，比 2015 年 33.72％提高了 1.92 个百分点。总之，农场呈现出了"科学灌溉"的控制农业用水总量的行为特征。分组来看，农场主教育水平为初中的农场进行灌溉的占比是 69.27％，采用喷灌等节水技术的占比为 32.73％；当农场主教育水平提高到高中/中专/职高和大专及以上时，农场进行灌溉的占比变化到 78.90％和 81.73％，采用喷灌等节水技术的占比进一步提高到 35.53％和 41.58％。这或许说明，农场主教育水平有助于"科学灌溉"。

第三，接近六成的农场进行秸秆还田，并且进行秸秆还田的农场占比逐年提高；农场主教育水平越高，农场进行秸秆还田的占比越高。2017 年进行秸秆还田的农场占 59.93％，比 2016 年农场占比的 59.06％提高了 0.87 个百分点，比 2015 年农场占比的 53.47％提高了 6.46 个百分点。大专及以上组农场进行秸秆还田占比为 63.39％，比不识字或小学组农场进行秸秆还田的占比 53.01％高 10.38 个百分点。2017 年两组家庭农场进行秸秆还田的占比差值达到 15％左右。2015—2017 年，大专及以上组家庭农场进行秸秆还田的占比增幅（16.88％）高于不识字或小学组农场的占比增幅（5.61％）10％左右。这或许说明，教育水平高的农场主更注重对农田土壤和农业环境的保护。

第四，超过八成的农场选择农膜回收处理，并且该比例逐年增加；农场主教育水平高的农场选择农膜回收处理的比例较高。2017 年有 83.46％的农场选择农膜回收处理，比 2016 年提高了 4.50 个百分点。总体上，大专及以上组家庭农场选择农膜回收处理的占比为 85.15％，比初中组家庭农场进行农膜回收处理的占比 78.76％高 6.39％左右。2016—2017 年大专及以上组选择农膜回收处理的农场增幅（10.68％）高于不识字或小学组农场占比增幅（－8.79％）的 20％左右。这也许说明，教育水平高的农场主更愿意合理处理农膜。

综上，农场具有比较明显的绿色生产行为特征；而且，农场主教育水平较高的农场的绿色生产行为特征更为突出。

四、结论及政策含义

本文利用 2014—2017 年四年的种植类家庭农场监测数据（2014 年分析样本 1 589 家、2015 年分析样本 1 731 家、2016 年分析样本 1 774 家、2017 年分析样本 1 683 家，四年综合样本 6 777 家），统计描述了家庭农场的生产经营情况，并且进一步分析了农场主教育水平与农场生产经营特征（经营规模、土地平均转入期限、常年雇用劳动力情况、生产资料水平、生产经营管理、组织化、绿色化等特征）之间的相关性，并对两者关系做了粗略解释。

　　结果表明：（1）家庭农场的土地经营规模基本适度、土地细碎化程度逐渐减弱、土地平均流入期限较短；农场常年雇用劳动力的年龄逐年增加、劳动力工资成本逐年提高，雇用数量有所减少；农场拥有的生产资料水平较高，是现代农业技术的率先使用者；生产经营管理水平稳步提升；农场积极加入合作社并与龙头企业有联系；农场绿色生产行为特征明显。（2）农场主的教育水平与农场经营规模、平均每块土地的经营面积、农场常年雇用劳动力的数量、工资支付能力、农场的生产资料水平、农场在工商部门登记注册的比例、拥有完整日常收支记录的比例、组织化和绿色化程度等反映家庭农场生产经营水平和效率等方面的指标呈现正相关关系。

　　因此，应积极推进农场主教育培训工作，可侧重向现有农场主进行农业生产技术、农业经营管理等培训，提升农场主适应市场变化的能力。同时，应营造良好的政策环境，鼓励和引导人力资本水平高的劳动者成为农场主，例如可利用专项补贴或贷款贴息等政策鼓励大学生、返乡创业的农民工等高素质人才成为农场主，更好地发挥家庭农场引领和辐射周边小农户的作用。

参考文献：

[1] 杜志雄. 家庭农场发展与中国农业生产经营体系建构 [J]. 中国发展观察，2018（Z1）：43-46.

[2] 杜志雄，王新志. 中国农业基本经营制度变革的理论思考 [J]. 理论探讨，2013（4）：72-75.

[3] 张红宇. 家庭农场是我国农户经济发展的基本方向 [J]. 农村工作通讯，2018（4）.

[4] 王丽霞. 经营规模与家庭农场投资效率：抑制还是提升？[J]. 南京农业大学学报（社会科学版），2018（5）：98-108.

[5] 韩朝华. 个体农户和农业规模化经营：家庭农场理论评述 [J]. 经济研究，2017（7）：184-199.

[6] 郜亮亮，杜志雄. 教育水准、代际关系与家庭农场演进的多重因素 [J]. 改革，2016（9）：48-58.

[7] 联合国粮食及农业组织. 粮食及农业状况：家庭农业中的创新 [R]. 罗马：联合国粮食及农业组织，2014.

[8] 郜亮亮，等. 中国农地流转市场的发展及其对农户投资的影响 [J]. 经济学（季刊），2011（4）：1499-1514.

[9] 钟甫宁，陆五一，徐志刚. 农村劳动力外出务工不利于粮食生产吗?：对农户要素替代与种植结构调整行为及约束条件的解析 [J]. 中国农村经济，2016（7）：36-47.

雇工成本对家庭农场规模扩张的影响[①]

农业适度规模经营是理论界和政策界的共识，而兼具家庭经营与适度规模特征的家庭农场是当前中国农村改革发展的重要推动力量。近年来，中国农业劳动力成本远远快于同期其他要素成本的增长速度，作为家庭农场生产成本的重要组成部分，这对家庭农场规模扩张会产生怎样的影响呢？为揭示两者之间的关系，本文基于全国种植业家庭农场监测数据，采用 OLS 回归模型和广义倾向得分匹配法（GPS）分析了雇工成本对农场耕地转入规模的影响。我们发现，雇工成本对农场规模扩张决策的影响效应呈先下降再上升的趋势，具有典型的 U 形特征。这主要是因为随着雇工成本上涨，当其超过一定的阈值之后，将彻底扭转农业生产中机械投入较之于劳动投入的比价劣势，从而提高了家庭农场的规模扩张激励。基于此，我们认为在推进农业适度规模化进程中，尤其是鼓励家庭农场发展壮大时，要高度重视农村雇工市场带来的影响，考虑劳动力要素成本对家庭农场土地转入的促进作用。另外，要考虑雇工和农业机械的相对优势变化会对家庭农场规模扩张决策有差异化影响。因此，预计随着雇工成本的进一步上涨，家庭农场会越来越多使用农业机械，相应的土地转入需求也将逐渐增加，政府需要做好前瞻性预判和针对性应对。

当前，发展农业适度规模经营已经成为理论界和政策界的共识。过度分散且规模狭小的传统小农越来越不适应现代农业的发展要求，创新农业经营体系、扩大农业经营规模成为中国农业发展刻不容缓的选择。自 2003 年《农村土地承包法》实施以来，在市场力量和政府干预的双重作用下，中国农地流转市场的得以快速发展，并为农业规模经营主体的形成创造了良好条件，但在较长一段时期，新型农业经营主体的发展仍较为缓慢。为此，

---

① 本文原载于：钱龙，蔡荣，汪紫钰，等. 雇工成本对家庭农场规模扩张的影响［J］. 中国人口·资源与环境，2019，29（12）：87 - 94.

中共十八届三中全会强调在坚持农业生产中家庭经营基础性地位的前提下，鼓励和支持承包土地向专业大户、家庭农场、农民合作社流转，发展多种形式的适度规模经营。2014年，农业部专门下发了《关于促进家庭农场发展的指导意见》，要求切实加强政策扶持和工作指导。这就意味着，在未来，以家庭经营和规模经营相结合为特征的家庭农场模式将成为中国农业生产的主导模式。近年来，在各级政府的积极扶持和推动下，从事规模化经营的家庭农场数量增长十分显著。截至2016年底，全国共有符合统计标准的家庭农场120多万个，经营耕地面积约2亿亩[1]。家庭农场的健康发展在保障农产品有效供给、建设现代农业中发挥着重要的促进和支撑作用，是当前农村改革发展和实现乡村振兴的重要推动力量[2]。

然而，当前中国家庭农场经营也面临过度规模化、雇用劳动力缺乏、生产成本上涨、社会化服务落后等诸多风险[3]。其中，家庭农场过度规模化问题尤为突出，经营者行为逻辑与国家政策目标严重背离，不少家庭农场的实际经营方式已逐渐突破家庭经营的基本范畴，开始偏向于企业化经营，部分家庭农场的土地经营规模也超出了其经营能力。究其背后原因，一方面，固然与多数地区对家庭农场经营规模界定不明有关，另一方面，也是受到了家庭农场专项补贴政策的激励影响。除此之外，也有学者认为，持续上涨的农业生产成本日益挤压了农产品（特别是粮食）的利润空间，促使了家庭农场经营目标从追求收益最大化向依靠规模扩张和寻求政府补贴转移[4]。相关研究已经表明，由于农村劳动力大量转移至非农产业，中国农业劳动力成本从2004年开始就呈现出了两位数的增长速度，远远高于同期化肥、农药等其他要素成本的增长速度[5]。那么，作为家庭农场生产成本的重要组成部分，雇工成本会影响家庭农场规模扩张吗？为了回答这一问题，本文将基于已有研究成果提出研究假说，并使用近期调查的全国家庭农场监测数据进行实证检验。通过本文研究，不仅有助于增强对当前中国家庭农场过度规模化现象及其成因的认识，也能够为相关农业部门制定和完善家庭农场扶持政策提供经验启示。

一、文献回顾与理论假说

（一）文献回顾

家庭经营在当前仍是世界范围内农业经营最主要的方式。半个多世纪以来，美国、法国、日本等发达国家的耕地越来越向大规模农场集中[6]，小规模农场虽在数量上占据主导，但其经营的耕地面积却在持续萎缩。经调查发现，这一分化现象在中国也不例外[7]。在宏观层面，Lindsey和Michael[8]认为农业收入增长是促使大规模农场继续扩张的主要动因，收入较高的农场，规模扩张较快，而收入较低的农场，规模则呈萎缩之势。Viaggi等[9]通过对比欧盟国家在实施共同农业政策前后的农场规模，发现土地政策引起了农场规模的变化，由此认为土地制度是影响农场规模最主要的因素。事实上，在此之前，Kislev 和 Peterson[10] 曾使用美国 1930—1970 年的要素相对价格和农场规模数据研究发现，要素价格变化能够解释农场规模变化的绝大部分。之后，Atwood 等[11] 使用美国 1950—2000 年部分地区的统计数据进一步分析了资本投资价格、非农就业机会和农场收入对农场规模的影响，结果表明，技术进步、农场收入增长及资本投资价格下降对农场规模存在显著促进作用。郭熙保和冯玲玲[12] 使用历史数据对发达国家农场规模变化的决定因素也进行了考察，分析发现，经济发展水平、技术进步、制造业—农业工资比以及劳动—资本价格比的提高是农场规模不断扩大的重要因素。在微观层面，近年有个别学者分析了劳动力工资变化对农场耕地转入决策的影响。例如，Yamauchi[13] 利用印度尼西亚 2007 年和 2010 年两次农户调查构造面板数据模型分析发现，农业劳动力工资上涨越快，农场耕地转入规模越大。与之类似，Wang 等[14] 利用中国 6 省（河北、辽宁、陕西、浙江、四川、湖北）农户面板调查数据研究表明，非农就业工资对农场规模扩张具有显著促进作用，而农业劳动力工资对农场规模扩张的影响为负，但不显著。

总体上，对于农场规模的决定因素，已有一些学者进行了实证研究，涉及的因素包括农场收入变化、土地政策、要素相对价格、技术进步、劳动力价格等多个方面。其中，对于劳动力价格变化究竟会怎样影响农场规模变化这一问题，为数较少的微观研究目前尚未给出一致答案。结合当前中国家庭农场实践，本文将主要考察雇工成本对家庭农场规模扩张的影响，并揭示其背后的作用机理。这是因为，一方面，伴随着经营规模的扩大，家庭农场的劳动力结构也发生了改变，逐渐由以家庭自有劳动力为主或少量雇工向主要依靠雇工转变；另一方面，从效率角度判断，当前中国有不少家庭农场的规模存在过度扩张现象，致使劳动力和农资要素投入数量不足，生产过程过于依赖农业机械服务[4]。有学者就此呼吁，家庭农场在发展过程中应防止无效而盲目的规模扩张，适度规模经营才是提升要素配置效率的关键[15]。因此，需进一步揭示家庭农场规模扩张的潜在诱因，制定相应政策抑制其过度规模化，使其转向适度规模经营的"理性"轨道。

（二）理论假说

在不断加快的工业化和城市化背景下，农村大量青壮年劳动力纷纷涌向城市和非农产业，改变了既定价格水平上的劳动力供给量，从而造成农村劳动力市场上供应曲线向内移动，大大抬升了农村劳动力价格，并且上升速度远远超过同期农村居民人均纯收入的上升速度[16]。劳动力价格的上涨势必会影响到农户生产经营决策，特别是对雇用劳动力依赖性较大的家庭农场，雇工价格上涨直接增加了要素使用成本，挤压了农场利润空间。面对劳动力成本上涨的现实，普通农户选择的调整策略有三种：（1）改变种植结构，选择收益率较高的经济作物来替代收益率较低的粮食作物[17]；（2）转出耕地或撂荒，转而从事非农就业或外出务工来赚取更高收益[18]；（3）使用农业机械作业代替劳动投入，并在逐利动机下适度扩大耕地规模[13]。其中，后两点涉及耕地规模调整。

本文认为，对于家庭农场，雇工成本上涨对其规模扩张决策存在正负两方面的潜在影响。当雇工成本处于低位上涨时（此时雇工成本相对较低），自购农业机械作业替代农业投入缺乏经济性，生产作业仍需依靠劳动投入，农场面临收益下降压力，其结果是促使其调整作物种植结构或减少耕地转入规模。但是，调整作物种植结构将需要雇用更多劳动力，劳动投入成本必然进一步上涨，并且相较于粮食作物，种植经济作物也需要投入更多的化肥、农药等其他生产要素。受当前农村信贷市场不完善的约束，家庭农场更有可能采取减少耕地转入规模的决策。有研究指出，在劳动力成本较低且农业机械化程度较低的条件下，小规模农户的土地生产率相比大规模农户而言具有明显优势[19]。因此，此时家庭农场通过调减农场规模有助于提高土地生产率，也能够规避雇工成本上涨造成的收益损失。相反，当雇工成本处于高位上涨时（此时雇工成本相对较高），自购农业机械作业替代劳动投入的优势开始凸显，此时家庭农场自行购置农业机械的动机会越来越强。需要注意的是，在农业机械不可分性的限制下，家庭农场在农机设备上的投资与自身耕地经营规模之间不可能实现完全匹配，农机设备生产能力出现过剩的情形在现实中普遍存在。为了提高资产利用效率，尽快收回农机投资成本，这些家庭农场除了向周边农户提供有偿农机服务外，还可以通过继续扩大自身耕地规模来实现[4]。从效率角度讲，上述逻辑也揭示了雇工成本与家庭农场最优规模之间的关系（图1）。也就是说，在雇工成本较低时，劳动密集型的生产方式较具效率优势，农场最优规模会相对较小；在雇工成本较高时，资本密集型的生产方式开始具有效率优势，农场最优规模会相对较大。

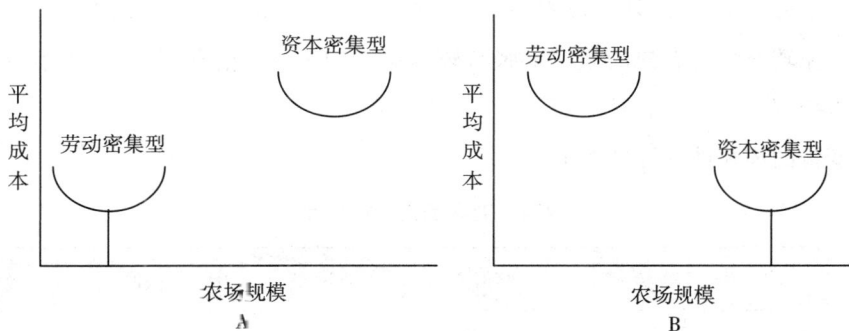

图1　低工资情境下（A）和高工资情境下（B）的最优农场规模

基于以上阐述，本文提出理论假说：雇工成本对农场规模扩张的影响效应先下降再上升，具有U形特征。

二、数据与实证方法

(一) 数据与变量

本文所用数据来自全国家庭农场的监测数据。受原农业部委托，中国社会科学院农村发展研究所自 2014 年起对全国约 3 000 个家庭农场开展长期固定的监测工作。在样本选择上，首先按照经济发展水平高低在每个省级行政区选择 2～4 个样本县，再在每个样本县随机选择 30～50 个家庭农场，然后由县级农业主管部门组织家庭农场主进行在线填报问卷。2016 年初，全国共有 3 073 个家庭农场进行了数据填报，内容涉及 2015 年全年生产经营的各个方面。本文选取样本中以种植业为主的家庭农场，剔除了生产规模达不到家庭农场最低经营规模要求、填报信息有误、关键变量缺失的样本。最终，本文分析所用的家庭农场样本个数为 1 379 个。

雇工成本是本文的关键解释变量，在衡量时，雇工成本使用家庭农场临时雇用的男性劳动力和女性劳动力的平均工资（元/人·日）作为指标。受限于调查问卷本身，本文只能使用这一绝对数来体现雇工成本，而无法提供雇工成本与当地工资水平比较的相对雇工成本。对于规模扩张行为，本文使用家庭农场从外部转入的耕地规模（亩）作为指标。借鉴已有成果，本文引入的控制变量涉及户主特征、经营特征和外部环境等维度的因素[4,7,14]，其中，户主对家庭农场的农业生产决策具有决定性影响，因此引入户主的规模种植年限（年）、受教育程度（小学及以下＝1，初中＝2，高中＝3，大专及以上＝4）、村干部（是＝1，否＝0）、技术培训（是＝1，否＝0），来控制这一层面特征的影响。家庭经营特征事关家庭农场的发展，本文引入自有劳动力数（个）、平地地形（是＝1，否＝0）、固定资产投资（万元）、参加合作社（是＝1，否＝0）、雇工年龄（30 岁及以下＝1；31～40 岁＝2；41～50 岁＝3；51～60 岁＝4；60 岁以上＝5）等变量来予以控制。外部环境，考虑到土地流转补贴对农户的规模扩张有较为关键的影响（能获得＝1，不能获得＝0），因此也予以控制。

上述变量的描述性统计见表 1。

表 1　变量的描述性统计

变量名	观测值	均值	标准差	最小值	最大值
规模扩张	1 379	321.28	349.14	20	2 000
雇工成本	1 372	101.61	32.31	30	200
规模种植年限	1 379	5.77	4.37	1	30
受教育程度	1 379	2.53	0.75	1	4

（续）

变量名	观测值	均值	标准差	最小值	最大值
村干部	1 379	0.16	0.37	0	1
技术培训	1 379	0.85	0.36	0	1
平地地形	1 379	0.68	0.46	0	1
固定资产投资	1 374	64.61	99.53	1	860
雇工年龄	1 359	3.20	0.77	1	5
参加合作社	1 379	0.34	0.47	0	1
土地流转补贴	1 379	0.23	0.42	0	1

根据统计，样本农场耕地转入规模最小的为 20 亩，最大的是 2 000 亩，平均约 321 亩；雇工成本为 30～200 元/人·日，平均约 102 元/人·日。户主从事农业规模种植年限平均约 6 年，并以初中和高中学历为主，两者之和占 84.1%；约有 16% 的户主为村干部。样本农场中，有 85% 参加过专门的技术培训，农场固定资产投资平均约 64.6 万元/户，最多的有 860 万元/户。样本农场的地形以平地为主，占 68%。雇主年龄以 41～50 岁为主，占 51.1%，其次为 51～60 岁，占 27.6%。另外，有 34% 的样本农场参加了合作社，表示能够获得土地流转补贴的农场占 23%。

（二）实证方法

为验证上述理论假说，本文先不考虑雇工成本的内生性问题，而是直接采用 OLS 回归模型（被解释变量为连续变量）来分析雇工成本及其他控制变量对农场规模扩张决策的影响。具体函数表达式如下：

$$S_i = \beta_0 + \beta_1 wage_i + \beta_2 wage_i^2 + \beta_3 control_i + \varepsilon_i \qquad (1)$$

其中，S_i 为农场耕地转入规模（亩），$wage_i$ 为雇工成本（元/人·亩），$wage_i^2$ 为雇工成本（元/人·亩）的平方项，旨在检验雇工成本对农场耕地转入规模是否存在非线性影响，$control_i$ 为一组控制变量（表 1）。β_0、β_1、β_2 和 β_3 为待估计参数，ε_i 为随机扰动项。

上述 OLS 方法的估计结果尽管能对雇工成本如何影响农场规模扩张决策这一问题做出某种意义上的回答，但却无法确切地得出结论，这是因为雇工成本外生于农场规模扩张决策的假设很可能不成立。首先，农场规模扩张本身也会反向影响农场向雇工支付的工资价格，规模越大的农场所需的雇工数量越多。为了解决农忙作业，在农村劳动力开始短缺（特别是青壮年劳动力）的背景下，必须提高雇工待遇来吸引足够多的劳动力资源。其次，某些不可观测因素可能会同时影响雇工成本和农场规模扩张决策，如农场主创业动机。创业动机强的农场主通常更期望使自身农场规模保持在一个相对较大的水平，并且也更加看重与雇工间的契约关系能够持续稳定，故而会给出较高的工资价格来激励雇工履约。鉴于雇工成本是一个连续性变量，加上很难找到合适的工具变量，本文使用广义倾向得分匹配法（Generalized Propensity Score，GPS），将在每一个处理水平上评估雇工成本对农场规模扩张决策的影响[20]。与倾向得分匹配法（PSM）相似，广义倾向得分匹配法（GPS）假设在控制协变量 X（共同影响雇工成本与规模扩张的变量）的条件下，雇工成本取值对应的农场耕地转入规模相互独立，也就是雇工成本取值具有随机分布性，因此，该方法可以消除所有与协变量 X 相关的估计偏误。

实现广义倾向得分匹配估计有三个步骤：第一步，在给定协变量 X 的情况下，估计处理变量的条件概率密度分布。首先，估算处理变量 T（需满足正态分布条件）的条件分布 $g(T_i)$，见式（2）。

$$g(T_i) \mid X_i \sim N[h(\gamma X_i), \sigma^2] \tag{2}$$

其中，$h(\gamma X_i)$ 是协变量 X 的线性函数，γ 和 σ^2 是待估计参数，可通过最大似然法估计得到。接下来，根据上式估计出第 i 个观测样本的概率密度，即广义倾向得分（GPS），见式（3）。

$$\hat{R}_i = \frac{1}{\sqrt{2\pi\hat{\sigma}^2}} \exp\left\{ -\frac{1}{2\hat{\sigma}^2} [g(T_i) - h(\hat{\gamma}X_i)] \right\} \tag{3}$$

第二步，使用处理变量 T 和经式（3）估计出的广义倾向得分 $\hat{R}_i$ 构造模型，计算结果变量 S_i 的条件期望（即农场耕地转入规模）。根据 Hirano 和 Imbens[20]，其计算公式为：

$$E(S_i \mid T_i, \hat{R}_i) = \lambda_0 + \lambda_1 Ti + \lambda_2 T_i^2 + \lambda_3 \hat{R}_i + \lambda_4 \hat{R}_i^2 + \lambda_5 T_i \hat{R}_i \tag{4}$$

值得说明的是，上式中，$\hat{R}_i$、$\hat{R}_i^2$ 和 $T_i\hat{R}_i$ 的作用是控制内生性和样本选择偏误。另外，上式可使用普通最小二乘法（OLS）进行估计，所有待估计参数不具有任何经济意义。这一步的主要目的是为下一步分析做准备。

第三步，将式（4）的回归结果代入到以下方程中，估计处理变量为 t 时结果变量 S_i 的期望值：

$$\hat{E}[S(t)] = \frac{1}{N} \sum_{i=1}^{N} [\hat{\lambda}_0 + \hat{\lambda}_1 t + \hat{\lambda}_2 t_i^2 + \hat{\lambda}_3 \hat{r}(t, X_i) + \hat{\lambda}_4 \hat{r}(t, X_i)^2 + \hat{\lambda}_5 t \hat{r}(t, X_i)] \tag{5}$$

其中，N 为样本观测值个数。$\hat{r}(t, X_i)$ 为处理变量的条件概率密度预测值。根据式（5），将处理变量的取值范围 $\bar{T} = [t_0, t_1]$ 划分为 m 个子区间 $\bar{T}_m(m=1, 2, \cdots, m)$，在每个子区间都能够分别估计出雇工成本对农场规模扩张决策的因果效应。如果将不同取值范围下的因果效应用线连接起来，则可得到整个 $\bar{T} = [t_0, t_1]$ 区间内雇工成本对家庭农场规模扩张的因果效应大小与雇工成本之间的函数关系图。

三、实证结果分析

（一）OLS 回归结果分析

表 2 汇报了式（1）的 OLS 回归结果。其中，模型Ⅰ与模型Ⅲ的主要区别在于，后者加入了控制变量，而前者没有；模型Ⅱ与模型Ⅲ的主要区别在于，后者考虑了地区固定效应，而前者没有。可以看出，雇工成本及其平方项的系数符号与显著性水平在三个模型之间具有较强的稳健性。雇工成本的系数负向显著，其平方项的系数正向显著，意味着在其他条件不变的情况下，雇工成本上涨将促使农场耕地转入规模先减少再增加，从而证实了前文理论假说中对两者关系的判断。本文以模型Ⅲ的估计结果为依据，通过计算发现，当雇工成本＜82.5 元/日·人（＝3.14÷0.04）时，雇工成本上涨，农场耕地转入规模减小；当雇工成本≥82.5 元/日·人时，雇工成本上涨，农场耕地转入规模增加。并且，经计算还发现，雇工成本＝32.5 元/人·日对应的最小农场耕地转入规模约为 315 亩，表明雇工成本对农场耕地转入规模的影响始终为正，但在雇工成本的不同水平上，其影响效应存在程度上的差异。

此外，在模型Ⅲ中，自有劳动力数、固定资产投资、参加合作社、土地流转补贴、规模种植年限和村干部等变量对农场耕地转入规模也有显著影响。具体而言，在其他条件不变的条件下，农场自有劳动力数越多、固定资产投资越大，其耕地转入规模也越大；参加合作社、表示能获得土地流转补贴或户主为村干部的农场，耕地转入规模也会相对较大。但是，农场主规模经营年限越久，耕地转入规模反而越小，其原因可能是规模经营年限越久的农场主，越能够意识到适度规模经营的重要性，从而能够使农场规模维持在一个与自身资源禀赋和经营能力相匹配的水平。

表 2　农场规模扩张的影响因素模型 OLS 回归结果

变量名	模型Ⅰ		模型Ⅱ		模型Ⅲ	
	系数	标准误	系数	标准误	系数	标准误
雇工成本	−3.99***	1.36	−2.70**	1.29	−3.30**	1.30
雇工成本平方项	0.02***	0.00	0.02***	0.00	0.02***	0.00
平地地形	—	—	17.02	18.93	−20.08	20.69
受教育程度	—	—	4.33	12.13	3.59	11.56
规模种植年限	—	—	−3.03	2.03	−4.11**	2.04
村干部	—	—	30.33	24.09	39.56*	23.07
技术培训	—	—	41.54	34.57	9.31	24.99

（续）

变量名	模型Ⅰ		模型Ⅱ		模型Ⅲ	
	系数	标准误	系数	标准误	系数	标准误
雇工年龄			3.17	11.75	18.89	13.29
自有劳动力数	—	—	16.62***	4.17	16.31***	4.01
固定资产投资	—	—	1.06***	0.09	0.94***	0.08
参加合作社	—	—	38.72**	18.78	35.13*	18.73
土地流转补贴	—	—	63.87***	21.13	83.01***	22.91
地区固定效应	已控制		未控制		已控制	
R^2	0.19		0.17		0.28	
观测值数	1 372		1 367		1 367	

注：***、**、*分别代表在1%、5%、10%的统计水平上显著。

（二）GPS 估计结果分析

在使用广义倾向得分匹配（GPS）时，处理变量 T 必须满足正态分布这一条件。本文通过对雇工成本分布的偏度和峰度进行联合检验，发现卡方统计值为 3.15，对应的伴随概率为 0.000，拒绝了服从正态分布的原假设。因此，本文对处理变量（雇工成本）做了 Box-Cox 变换处理，正态分布检验（Kolmogorov-Smirnov test）结果显示对应的伴随概率为 0.113，从而满足了正态分布条件。接下来，首先使用前文给出的协变量为自变量、处理变量为因变量的广义线性方程估算广义倾向得分值。鉴于估计系数没有实际意义[21]，为节省篇幅，估算结果未列出。然后，检验经过广义倾向得分调整后的协变量能否通过平衡性检验。如果通过检验，表明本文列出的协变量是充分的。本文将所有观测对象分成 4 组，然后比较任意一组中某个协变量的均值与其他三组合并后该协变量的均值是否具有显著差异，检验方法为 t 检验。如果所有的均值比较均在统计上不显著，就表明完全满足平衡性检验。表 3 汇总了本文研究中 10 个协变量 4 组个案均值比较的 40 个 t 值。结果显示，经广义倾向得分调整后仅剩余 2 个 t 值大于临界值 1.96，较为理想。最终检验结果显示，10 个控制变量的设定在 1% 的统计水平上能够使平衡性检验获得通过。

表 3　广义倾向得分匹配的平衡性检验

变量名	匹配前				匹配后			
	[30, 80]	(80, 100]	(100, 120]	(120, 200]	[30, 80]	(80, 100]	(100, 120]	(120, 200]
平地地形	−4.39***	1.15	−0.31	3.62***	−0.98	0.93	−1.19	−0.36
受教育程度	−4.09***	2.54***	1.10	0.36	−1.40	2.66***	0.99	−1.34
雇工年龄	0.42	0.37	−0.19	0.78	−0.17	−0.21	−0.64	1.13

（续）

变量名	匹配前				匹配后			
	[30, 80]	(8), 100]	(100, 120]	(120, 200]	[30, 80]	(80, 100]	(100, 120]	(120, 200]
规模种植年限	4.93***	−0.72	−2.08**	−2.42**	1.55	−0.74	−1.39	−0.12
村干部	−0.56	2.37**	−0.37	−1.78*	−0.90	2.22**	0.34	−1.45
技术培训	−3.51***	0.31	−0.02	3.38***	0.20	0.57	−0.36	−0.77
劳动力个数	−0.88	1.85*	−0.30	−0.91	−1.10	1.74	0.13	−1.48
固定资产投资	2.61***	1.14	−1.45	−2.74***	−0.45	1.13	−0.98	−0.59
参加合作社	−0.76	0.31	−1.41	1.77*	0.01	0.19	−1.24	0.89
土地流转补贴	−0.06	1.20	−1.28	−0.12	0.14	0.92	−1.46	0.41
样本数	356	477	249	297	356	477	249	297

注：***、**、*分别代表在1%、5%、10%的统计水平上显著。

在平衡性检验之后，接着对前文中的式（4）进行 OLS 估计。鉴于估计方程的系数并无实际意义，估计结果此处省略。值得说明的是，在式（4）估计结果中，λ_3 和 λ_4 均在 1% 的统计水平上显著，证实了雇工成本具有内生性。最后，利用式（5）估算雇工成本在不同位置上农场耕地转入规模的期望值 $\{\hat{E}[S(t)]\}$ 及其边际变化 $\{\hat{E}[S(t')] - \hat{E}[S(t)]\}$，见图 2。由于广义倾向得分匹配法（GPS）很好地控制了协变量的差异，此时农场耕地转入规模的增长或减少可以解释为雇工成本的变化对农场耕地转入规模的因果效应。从图 2 可以看出，雇工成本对农场耕地转入规模的影响始终为正值，但影响效应的大小呈先下降再上升的 U 形趋势，从而进一步证实了本文的理论假说。

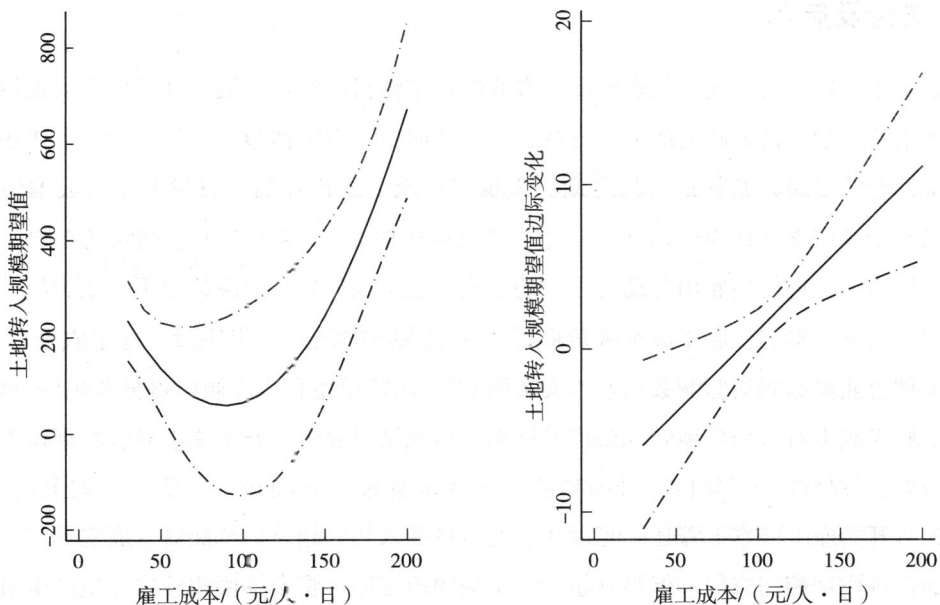

图 2　雇工成本对农场规模扩张的影响效应

为了进一步揭示雇工成本在不同位置上对农场规模扩张的影响效应，表4汇报了雇工成本在区间 [30，200] 上，步长 $t'-t=10$ 处的耕地转入规模期望值 $\hat{E}[S(t)]$。结果显示：（1）在雇工成本处于较低水平时（[30，50]），随着雇工成本上涨，其对农场耕地转入规模的影响效应逐渐下降；（2）在雇工成本处于中等水平时（[60，130]），雇工成本对农场耕地转入规模的影响不显著；（3）在雇工成本处于较高水平时（[140，200]），随着雇工成本上涨，农场耕地转入规模急剧增加，并且在1‰的统计水平显著。

表4　雇工成本在不同水平上对农场规模扩张的影响效应

雇工成本	耕地转入规模期望值		雇工成本	耕地转入规模期望值	
	估计系数	标准误		估计值	标准误
30	234.09***	42.05	120	106.23	102.75
40	180.22***	39.07	130	141.87	100.93
50	136.06***	48.19	140	187.49**	97.01
60	101.88	61.24	150	243.07***	91.52
70	77.66	73.92	160	308.63***	85.38
80	63.43	84.74	170	384.17***	80.15
90	59.17	93.16	180	469.68***	78.18
100	64.88	98.98	190	565.17***	82.12
110	80.57	102.15	200	670.63***	93.70

四、结论及启示

近年来，以家庭农场为代表的新型农业经营主体得以快速发展，其发展壮大也得到了国家政策的鼓励和地方政府的大力支持，并逐渐向这一类主体倾斜。与此同时，伴随着中国经济社会的发展，尤其是农村劳动力大量转移至非农产业后，农村劳动力成本快速上涨，以至于有些学者认为中国已经越过了"刘易斯拐点"。鉴于中国家庭农场在农业生产经营中较为广泛地使用雇用劳动力，劳动力成本已经成为其经营决策中不可缺少的关键影响因素。因此，本文从雇工成本视角探讨了家庭农场的规模扩张决策。基于农业部2015年全国种植业家庭农场监测数据，本文采用OLS回归模型和广义倾向得分匹配法（GPS）分析了雇工成本对农场耕地转入规模的影响。研究结果显示，雇工成本对农场规模扩张决策的影响效应呈现先下降再上升的趋势，具有典型的U形特征。之所以呈现上述规律，是因为一开始雇工成本上涨还不足以让农业机械变得相对划算，从而对家庭农场扩大经营规模的促进作用相当有限。但当其超过一定的阈值之后，将会彻底扭转农业生产中机械投入较之于劳动投入的比价劣势，两类要素禀赋的相对价格发生逆转，农业机械投入变得更加划算。此时，为了匹配农业机械带来的效率改进，家庭农场有着更强的意愿进行规模扩张。

基于上述研究，本文得出以下两点启示：首先，本文证实家庭农场的雇工成本会影响其规模扩张决策，随着雇工成本的上升，家庭农场始终有动力去扩大经营规模。因此，在推进农业适度规模化进程中，尤其是鼓励家庭农场发展壮大时，要高度重视农村雇工市场带来的影响，考虑劳动力要素成本对家庭农场土地转入规模的促进作用及其效应变化。这也间接说明家庭农场规模扩张除了与政府扶持政策有关，也与外部市场环境发生变化密切相关。其次，本研究表明雇工和农业机械相对优势变化会对家庭农场的规模扩张决策有差异化影响。在农业机械具有比价优势时，家庭农场有更强意愿去转入耕地来扩大农场规模，即资本能够对劳动进行有效替代时，扩大经营规模会是家庭农场的理性举措，这不仅能够有效应对劳动力成本上涨，而且能够提升农业生产效率和家庭农场的获利能力。可以预见的是，如果雇工成本进一步上涨，家庭农场会越来越多的使用农业机械，相应地，土地转入需求也会日渐增加。政府需要做好预判，从农机补贴、规范和培育土地流转市场等多方面做好应对。

参考文献：

[1] 何劲，祁春节. 家庭农场产业链：延伸模式、形成机理及制度效率 [J]. 经济体制改革，2018 (2)：78-84.

[2] 杜志雄. 家庭农场处于农业产业振兴核心地位 [J]. 农村经营管理，2018 (5)：22-23.

[3] 张悦，刘文勇. 家庭农场的生产效率与风险分析 [J]. 农业经济问题，2016，37 (5)：16-21，110.

[4] 尚旭东，朱守银. 家庭农场和专业农户大规模农地的"非家庭经营"：行为逻辑、经营成效与政策偏离 [J]. 中国农村经济，2015 (12)：4-13，30.

[5] 杨进，钟甫宁，陈志钢，等. 农村劳动力价格、人口结构变化对粮食种植结构的影响 [J]. 管理世界，2016 (1)：78-87.

[6] 杜志雄，肖卫东. 家庭农场发展的实际状态与政策支持：观照国际经验 [J]. 改革，2014 (6)：39-51.

[7] HUANG J, DING J. Institutional innovation and policy support to facilitate small-scale farming transformation in China [J]. Agricultural Economics，2016，47 (S1)：227-237.

[8] LINDSEY S, MICHAEL L. A long-term analysis of changes in farm size and financial performance [R]. Atlanta：Southern Agricultural Economics Annual Meeting，2009.

[9] VIAGGI D, BARTOLINI F, PUDDU M, et al. Farm/household-level simulation results of testing policy and other scenarios [J]. General Information，2013，6：2-13.

[10] KISLEV Y, PETERSON W. Prices, technology and farm size [J]. Journal of Political Econo-

my，1982，90（3）：578-595.

[11] ATWOOD J A，HELMERS G A，SHAIK S. Farm and nonfarm factors influencing farm size ［R］. California：American Agricultural and Applied Economics Association Annual Meetings，2002.

[12] 郭熙保，冯玲玲. 家庭农场规模的决定因素分析：理论与实证 ［J］. 中国农村经济，2015（5）：82-95.

[13] YAMAUCHI F. Rising real wages，mechanization and growing advantage of large farms：evidence from Indonesia ［J］. Food Policy，2016，58：62-69.

[14] WANG X，YAMAUCHI F，OTSUKA K，et al. Wage growth，landholding，and mechanization in Chinese agriculture ［J］. World Development，2016，86：30-45.

[15] 王丽霞，常伟. 我国家庭农场的全要素生产率及其差异 ［J］. 华南农业大学学报（社会科学版），2017，16（6）：20-31.

[16] 钟甫宁. 正确认识粮食安全和农业劳动力成本问题 ［J］. 农业经济问题，2016，37（1）：4-9，110.

[17] LI T，YU W，TOMAS B，et al. Rural demographic change，rising wages and the restructuring of Chinese agriculture ［J］. China agricultural economic review，2017，9（8）：478-503.

[18] 钱龙，陈会广，叶俊焘. 成员外出务工、家庭人口结构与农户土地流转参与：基于 CFPS 的微观实证 ［J］. 中国农业大学学报，2019，24（1）：184-193.

[19] OTSUKA K，LIU Y，YAMAUCHI F. Growing advantage of large farms in Asia and its implications for global food security ［J］. Global Food Security，2016，11：5-10.

[20] HIRANO K，IMBENS G. The propensity score with continuous treatments ［D］. Mimeo：University of California Berkeley，2004.

[21] BIA M，MATTEI A. A stata package for the estimation of the dose response function through adjustment for the generalized propensity score ［J］. Stata Journal，2008，8：354-373.

什么样的农场主在经营中国的家庭农场[①]
——基于全国 31 个省份 5 年的监测数据

了解家庭农场的农场主的年龄、教育水平等特征及变迁对完善农业劳动力市场，健全农业职业培训体系具有基础意义。基于全国 31 省（自治区、直辖市）2014—2018 年家庭农场监测数据，我们发现农场主性别呈"男九女一"特征；农场主平均 47 岁；农场主学历教育水平方面，50%～60% 为初中及以下，至少 1/3 为高中（中专或职高），10% 左右为大专及以上（含本科和研究生）；八成到九成农场主接受再教育培训，平均每年接受 3 类培训；农场主们平均有 5～7 年规模经营经历，但越来越多的没有规模经营经历和经历短的人成为农场主；近六成农场主有 1 种以上从业经历，他们至少有 2 种经历，最多的有 6～9 种经历；八成农场主是本村的，九成是本乡的。我们认为，为实现农业农村现代化，应强化对家庭农场主的培育，下一步应加快农业职业化步伐。

一、引言

谁来种地是中国"三农"问题必须面对的挑战，对其进行研究具有现实性和急迫性。改革开放以来，农业发展取得了巨大成就，但随着工业化和城镇化快速发展，农村人口和农业劳动力急剧减少，谁来种地日益成为必须解决的现实问题。1978—2017 年，乡村人口从 1978 年的 7.9 亿人下降到 2017 年的 5.77 亿人，城镇化率相应地由 17.92% 增加到 58.52%；乡村就业人员尽管有所增加，由 1978 年的 3.06 亿人增加到 2017 年的 3.52 亿人，但同期第一产业人员占比显著下降，由 92.4% 下降到 59.5%。同时，农业劳动力老龄化趋势明显，据 1996 年的第一次全国农业普查数据，56 岁以上农业劳动力的占比为

---

① 本文原载于：郜亮亮，杜志雄，谭洪业．什么样的农场主在经营中国的家庭农场［J］．农业经济问题，2020（4）：98 - 110.

12.7％，到了 2016 年的第三次全国农业普查，55 岁及以上农业劳动力占比上升到了 33.6％，几乎是 20 年前的 3 倍。很多研究把农业劳动力老龄化和妇女化现象比喻为"3860"。还有研究表明，农二代和农三代呈"离土不回村"的趋势[1]。显然，什么样的人来种地，什么样的人来经营农业，直接决定中国农业发展的可持续性和现代化水平。

"谁在经营家庭农场"是"谁来种地"问题中的基础性问题，把研究聚焦于家庭农场这一类生产经营主体的经营者，特别是聚焦于农场主这一农场最主要决策者的特征具有现实意义，更是科学研究的内在要求。一方面，面对农业劳动力的减少，中国农业最核心的问题是构建现代农业经营体系，其关键在于培育新型农业经营主体。从立体式复合型农业经营整体体系视角看，新型农业经营主体表现为家庭农场（专业大户）、合作社、龙头企业、社会化服务组织等主要形式。而家庭农场是这些经营主体中的核心主体[2]。研究家庭农场的农场主问题就抓住了谁来种地问题的最基本、最重要部分。另一方面，农业生产经营主体的多元化要求研究农业问题必须注意主体特征的差异性。基于传统的农户样本可能包括了传统小农户、家庭农场、合作社等多种生产经营主体，基于这种"大一统"样本对某一行为的研究可能会忽略这些不同主体本身特征对该问题的影响。总体的分化，必须用分化的样本来分析。因此，聚焦某一类生产经营主体，比如家庭农场的农场主特征或许是科学研究的第一步。

本文的研究目的是，基于全国 31 个省份家庭农场 5 年（2014—2018 年）的监测数据，对家庭农场的农场主特征及其变迁进行统计描述分析，为下一步家庭农场的发展政策提供依据。我们将对农场主的年龄、性别、教育水平、从业经历、户籍等特征进行动态考量。需要说明的是，本文的定位是以翔实的数据呈现事实，对事实的原因不做过多的解释，也不对事实之间的联系做因果分析。文章第二部分介绍数据来源及数据结构特征，第三部分详细分析农场主的特征，第四部分是结论和政策含义。

二、数据来源及数据结构特征

（一）数据来源

本文所用数据来自农业农村部政策与改革司（简称政改司）[①] 委托中国社会科学院农村发展研究所开展的全国家庭农场监测研究。本监测工作于 2014 年启动，每年对 31 个省份进行监测，本文选取 2014—2018 年 5 年监测数据。监测工作的抽样情况：（1）为了把握全国家庭农场整体发展情况，对所有省份进行监测，由于经济社会因素，其中西藏、新

---

① 本项工作最初是 2014 年农业部农村经济体制与经营管理司（简称经管司）委托中国社会科学院农村发展研究所开展的，2019 年后由农业农村部政改司委托。

疆和北京的监测样本相对较少。（2）各省根据本省家庭农场的发展情况和区域分布，采取随机原则选择3～4个样本县（市、区），个别省份的样本县超过4个。每个县随机抽取33家左右家庭农场进行监测。每个省大概获得100家监测样本，全国每年约3 000家监测样本。（3）结合家庭农场发展使命和监测工作目的，农业农村部对进入监测的家庭农场样本类型做了原则性约定。一是每个监测县（市、区）在确定监测家庭农场时，充分借助当地各类家庭农场的比例结构等先验信息，原则上种植类家庭农场占比不多于80%，种植类中粮食类家庭农场占比不少于50%；二是纳入监测范围的粮食类家庭农场的土地经营规模原则上应在50～500亩，经济作物、养殖类或种养结合型农场的规模应在当地县级以上农业部门确定的规模标准范围内；三是样本农场应是生产经营情况比较稳定、原则上从事农业经营2年以上的家庭农场；四是整个监测样本的采集坚持"动静结合、新老统筹"原则。这是指，每年既要对部分样本连续追踪监测（以对这些"静止"样本的相关特征如何随时间发生变迁加以考察），每年又要不断新增一些监测样本（以对作为整体的家庭农场这个总体的新发展等相关特征加以考察，即增加新样本以获得新发展的信息，对老样本信息形成补充）。

本文分析所用样本是连续5年的监测数据（表1）。（1）所有农场样本方面，2014—2018年有效监测样本分别是2 823、2 903、2 998、2 947和2 952家。（2）2014—2018年，种植类农场样本个数以及其中粮食类农场（种植玉米、小麦和水稻的农场）的样本个数见表1。2014年种植类农场样本1 847家，其中粮食类918家。

表1　全国家庭农场监测样本情况

单位：家

年份	全部农场	种植类	粮食类
2014	2 823	1 847	918
2015	2 903	1 972	1 188
2016	2 998	1 964	1 145
2017	2 947	1 870	1 081
2018	2 952	1 849	1 058
合计	14 623	9 502	5 390

（二）数据结构特征

如表2所示，本文所用监测数据是一个5年期的混合横截面数据集（Pooled Cross-Sectional Data），由一个5年期的面板数据集（Panel Data）和一个5年期的每年独有数据集混合构成，总共三类数据。（1）5年面板数据集（简称面板数据）。从2014年开始，在实际监测中，按计划每年追踪60%～80%的样本（约2 400家），剔除无效样本（某农场因为很多关键变量缺失或无效，或者该农场在某一年退出经营等），4 年（2014—2017年）都被追踪到的样本农场大约 1 600 家，而 5 年都被追踪到的农场则降为 1 350 家，最终形成一个样本个数为 6 750 的 5 年期面板数据。（2）5 年每年独有数据集（简称每年独有）。家庭农场作为一个整体（总体）①，每年都会有所发展，为了捕捉整体发展的新动向，每年在追踪监测样本（老样本）之外，再随机选取部分当年新成立的家庭农场成为当年新增监测样本（新样本）。这些新增样本是上一年和下一年都没有监测的样本，是当年独有的样本，含有刻画当年家庭农场总体发展的信息，这些信息是被连续追踪的"老样本"无法包括的。剔除无效样本后，2015 年独有样本 569 家，2018 年独有样本 387 家。从信息"全新"这个角度讲，监测初年 2014 年的所有样本都是独有样本，这 2 823 家样本农场代表了当年家庭农场发展情况；如果进一步剔除当年被追踪的农场样本等，剩下另外一个 2014 年独有数据（255 家）。最后，每年被随机抽取的独有样本混合起来形成一个样本数为 4 587 的 5 年期每年独有数据集，这个数据集是典型的混合横截面数据集。（3）5 年混合全部样本集（简称全部样本）。每年所有监测样本混合起来形成一个样本量为 14 623 的 5 年期混合横截面数据集。这个数据集的信息含量最大，本文将主要依此进行分析。

表 2 数据结构特征

单位：家

年份	全部样本	面板数据	每年独有				
			2014 年	2015 年	2016 年	2017 年	2018 年
2014	2 823	1 350	2 823（255）[a]				
2015	2 903	1 350		569			
2016	2 998	1 350			311		
2017	2 947	1 350				497	
2018	2 952	1 350					387
总计	14 623	6 750	4 587（2 019）				

注：a. 括号中的 255 是 2014 年另外一个独有样本数。

本文将从农场类别、时间和数据集三个维度对家庭农场主的相关情况进行综合的全面和系统分析。（1）农场类别维度。将从全部农场（含畜牧养殖类和种植类）、种植类农场（含经济作物种植类）和其中粮食类农场三类农场维度进行分析。三类农场比较分析时，本质上比较的是粮食类、经济作物种植类和畜牧养殖类农场的差异。（2）时间维度。将考察家庭农场主相关特征随时间（2014—2018 年）的变动情况。（3）数据集维度。将主要利用全部样本数据集对家庭农场主的所有特征进行分析，适当时候利用面板数据集分析同

---

① 这里的整体是指某个时点（某年）上家庭农场这个事物的总体。

一家庭农场主的相关特征是如何发生动态变迁的，适当时候利用每年独有数据集对作为整体的家庭农场的农场主特征进行分析。例如，针对家庭农场主的年龄问题，用面板数据分析得不出有意义的答案，因为这些被追踪的农场主的年龄将每年递增一岁；只有用每年独有样本进行分析才能考察是否存在老龄化等问题。再如，针对农场主的教育水平问题，用面板数据分析正规的学历教育也没有意义，但若用其分析接受培训再教育问题，则就能较好回答那些一直被追踪的农场主是否随着时间推移而选择越来越多或者越来越少的再教育。

四点说明：（1）除非特别标明数据类型，所有表格的结果是基于全部样本数据进行计算；（2）除非特别说明变量或指标含义，表格中所有数据是相关变量及其相关样本组的平均数；（3）尽管有 5 年的数据，但描述现状时以 2018 年为准；（4）表格中的"—"表示此处数据缺失或没有相应数据。

三、什么样的农场主在经营农场

家庭农场最重要的劳动者就是农场主。农场主是家庭农场所有劳动者中最积极、最主动、无须任何监督的那个劳动者，也是农场生产发展的最重要决策者，还是各种生产要素的组织者，他的个人特征直接决定了家庭农场的性质和发展水平。

（一）农场主九成为男性

经济学家和政策制定者注意到在很多领域都存在性别差异问题，例如消费行为、投资行为，特别是在劳动力市场上[3]，经常存在性别歧视，女性劳动者由于人力资本等差异导致在同一行业获取不同工资，或者从事不同的行业。后者的一种具体表现是"农业女性化问题"，一般认为"农业女性化是指在农业发展过程中，男性逐渐从传统农业部门中抽离出来转向非农领域，而女性接替男性成为农业生产主体的社会经济与社会人口现象[4]"，该问题得到关注起源于各界日益关注中国农业中的"谁来种地"问题。家庭农场作为中国当前很重要的农业生产经营主体，农场主的性别问题自然需要考察清楚。

监测数据表明，中国家庭农场的农场主性别呈"男九女一"特征，且女性农场主占比逐年微增。（1）总体而言，粮食类农场的女性农场主占比最低，种植类次之，全部农场最高（表3），即畜牧养殖类农场女性农场主占比最高，经济作物种植类次之，粮食类最低。全部样本农场中男性农场主占比近九成，由 2014 年的 88.91% 略微下降至 2018 年的 87.60%，女性农场主占比超一成，由 2014 年的 11.09% 小幅增至 2018 年的 12.40%。而种植类农场，特别是其中粮食类农场的男性农场主占比超九成，女性农场主占比不足一成，但也由 2014 年的 6.97% 小幅增至 2018 年的 8.41%。粮食类农场的女性农场主占比在每一年都相对较低，这或许表明当前阶段女性劳动者主要涌入的是对技术和劳动细致性要求较高的畜牧养殖类农场和经济作物的种植类农场。（2）考虑到全部样本包括了那些已至少经营了5年的"老农场主"们，每年独有样本显示的作为整体的粮食类农场中女性农场主占比则更高一些——占比从2016年起就开始超过一成。（3）据第三次全国农业普查数据，2016年全国农业生产经营人员[①]中男女占比分别为52.5％和47.5％，女性偏低，但基本呈"各占半壁江山"态势，这与家庭农场的"男九女一"形成鲜明对比。如果像很多研究表明的，男性劳动力人力资本水平高于女性[5]，那么，这意味着当前中国家庭农场这种生产经营主体聚集的主要是人力资本水平较高的男性劳动者；如果像很多研究表明的，男性比女性不那么风险规避且更具竞争精神[3]，那么，当前主要由男性经营的中国家庭农场在农业风险处理和市场竞争中的表现可期，毕竟一个现代农业经营者需要一定的风险精神才敢扩大经营规模，也只有具备一定的竞争精神才能推动具有标准化、品牌化和企业化等现代特征的农业发展。（4）需要强调的是，尽管越来越多的女性劳动者开始经营家庭农场——与学界所关注的"农业女性化"趋势基本一致，但背后含义或许不同。我们认为，在当前中国农业所处的新型经营主体重构、规模化经营既必要又快速发展、企业化经营越来越必要的发展阶段，这些女性劳动者"自由"涌入成为家庭农场主并不是一时冲动的象征，恰恰是她们的较高人力资本等综合实力的显示和结果。这样的监测结果也表明，当前中国家庭农场是向所有劳动者敞开的一种农业经营单位。可以预期，随着农业的进一步职业化，农场主性别比会逐渐趋近于其他行业。

表3　各类家庭农场农场主的性别比

单位：％

年份	全部农场：全部样本		种植类：全部样本		粮食类：全部样本		粮食类：每年独有
	男	女	男	女	男	女	男
2014	88.91	11.09	90.53	9.47	93.03	6.97	91.03
2015	88.77	11.23	89.60	10.40	92.93	7.07	93.07
2016	87.66	12.34	88.80	11.20	92.14	7.86	82.14
2017	87.55	12.45	88.24	11.76	91.40	8.60	86.62
2018	87.60	12.40	88.37	11.63	91.59	8.41	89.72
平均	88.10	11.90	89.11	10.89	92.22	7.78	88.52

（二）农场主平均47岁

随着经济发展，特别是城镇化水平的提高，各国农业劳动力基本都出现了老龄化现

---

① 第三次全国农业普查数据表明，即使在规模农业经营户的农业生产经营人员中，男女占比也基本呈"各占半壁江山"态势，分别为52.8％和47.2％。

象[6]，有人将中国农业经营者形象地称为"3860 部队"。那么，家庭农场作为重要的新型经营主体，决定其发展水平的农场主的年龄特征有无新的突破？监测数据表明，中国家庭农场的农场主年龄平均 47 岁，且逐年变老，但老龄化速度慢于岁月增加速度（呈相对"年轻化"趋势），粮食类农场的农场主比经济作物种植类和畜牧养殖类农场的农场主年老 1 岁左右。

1. 全部农场来看， 农场主平均年龄由 2014 年的 44.04 岁增加到 2018 年的 46.75 岁，5 年增加了 2.71 岁，远低于 5 岁，农场主年老速度只有岁月增加速度的一半。粮食类农场的农场主相对年老一些，2014 年平均 45.07 岁，高于种植类的 44.26 岁和全部农场的 44.04 岁，2018 年增加到 47.75 岁，高于同年种植类和全部农场的 46.94 岁和 46.75 岁。中位数与平均数的结果差别不大，不同于土地规模等变量或者经营行为，毕竟年龄是农场主自身无法选择和决定的自然属性。从中位数来看，全部农场的农场主年龄由 2014 年的 44 岁增加到 2018 年的 47 岁，种植类也由 2014 年的 44 岁增加到 2018 年的 47 岁，但其中粮食类则由 2014 年的 45 岁增加到 2018 年的 48 岁，5 年增加了 4 岁（表 4）。

表 4　各类家庭农场的农场主年龄

单位：岁

年份	全部农场				种植类农场				粮食类农场			
	平均数	中位数	最小值	最大值	平均数	中位数	最小值	最大值	平均数	中位数	最小值	最大值
2014	44.04	44	16	74	44.26	44	17	73	45.07	45	17	73
2015	44.86	45	17	82	45.09	45	18	82	45.76	46	22	74
2016	45.78	46	19	77	46.01	46	19	75	46.66	47	23	75
2017	46.22	46	18	78	46.47	47	18	74	47.09	48	18	73
2018	46.75	47	18	74	46.94	47	19	74	47.75	48	21	74
平均	45.53	45.60	17.60	77.00	45.75	45.80	18.20	75.60	46.47	46.80	20.20	73.80

2. 从各年龄段的农场主分布看， 呈"60 岁以下至少九成且逐年递减，60 岁以上不足一成且逐年递增；60 岁以下以 45 岁为界，左右各占一半，45 岁以下逐年递减，45 岁以上逐年递增；60 岁以上的以 70 岁以下为主，且逐年递增，70 岁以上占比很少但也逐年递增"的特征（表 5）。（1）从全部农场来看：一方面，60 岁以下农场主占比由 2014 年的 97.13%（=7.26%+48.64%+41.23%）下降到 2018 年的 94.78%。46～60 岁农场主占比由 2014 年的 2/5 增加到 2018 年的至少 1/2；31～45 岁则相反，由 2014 年的近 1/2 下降到 2018 年的近 2/5；30 岁以下则由 2014 年的 7.26% 下降到 2018 年的 3.66%，下降了近一半。另一方面，年龄超过 60 岁以上的农场占比由 2014 年的不足 3%（2.87%=2.69%+0.18%）小幅增至 2018 年的 5.22%（=4.98%+0.24%）。61～70 岁农场主占比由 2014

年的 2.69％增加到 2018 年的 4.98％，增加近一倍；70～80 岁占比不足 1/3 个百分点，由 2014 年的 0.18％增至 2018 年的 0.24％；80 岁以上几乎为零。（2）粮食类农场主年龄特征及变化与此极为类似，只是相对来说要偏老一些，60 岁以下占比低一点（由 2014 年的 96.95％下降到 2018 年的 93.46％），60 岁以上占比高一点（由 2014 年的 3.05％增加到 2018 年的 6.52％）。

表 5　按农场主年龄段分组的家庭农场占比

单位：%

年份	全部农场						粮食类					
	≤30 岁	[31,45] 岁	[46~60] 岁	[61~70] 岁	[70~80] 岁	>80 岁	≤30 岁	[31,45] 岁	[46~60] 岁	[61~70] 岁	[70~80] 岁	>80 岁
2014	7.26	48.64	41.23	2.69	0.18	0.00	4.14	47.28	45.53	2.83	0.22	0.00
2015	6.10	46.12	44.16	3.27	0.31	0.03	4.55	42.51	49.75	2.95	0.25	0.00
2016	4.54	43.26	47.97	3.90	0.33	0.00	3.06	40.26	53.01	3.14	0.52	0.00
2017	4.31	40.90	49.83	4.72	0.24	0.00	3.33	37.10	54.21	5.09	0.28	0.00
2018	3.66	38.88	52.24	4.98	0.24	0.00	2.55	35.19	55.72	6.24	0.28	0.00
平均	5.17	43.56	47.09	3.91	0.26	0.01	3.53	40.47	51.64	4.05	0.31	0.00

3. 上述根据全部样本数据的分析已知，农场主年龄尽管在增加，但速度慢于岁月增速。这是因为每年的全部样本中都包括了新进入家庭农场的新鲜样本，这些新农场主们都是更加年轻的劳动者，因此稀释了"年龄增长"。如果将全部样本中的 1 350 位被连续追踪 5 年的农场主们的年龄控制住——他们的年龄必须遵循"天增岁月人增寿"规律，这种年龄相对"年轻化"的特征更明显。（1）不管是哪类农场，利用每年独有数据得到的农场主平均年龄都低于全部样本的年龄。而且，每年独有数据显示，2014—2018 年，农场主年龄基本呈"先增后降"特征，这不同于全部样本数据的"持续增加"特征，2017 年开始出现明显的"年轻化"趋势（表 6）。这表明，作为整体的家庭农场，2014—2018 年，越来越多的年轻劳动者开始经营家庭农场，"年轻血液"的冲击程度很大以至于 5 年间农场主的平均年龄不增反降。全部农场的农场主平均年龄由 2014 年的 44.05 岁下降到 2018 年的 43.77 岁，粮食类则由 44.99 岁下降到 43.25 岁。（2）利用每年独有数据得到的农场主平均年龄不因农场类别再有明显差异。例如，2018 年全部农场的农场主平均年龄为 43.77 岁，种植类为 43.15 岁，粮食类为 43.25 岁。这或许表明，作为整体的家庭农场的职业化程度越来越高，职业内部的作业内容不会对劳动者形成明显的"职业筛选"作用，或许是各经营内容的边际收入正在逐渐拉平，即不管是经营粮食类农场，还是经营经济作物的种植类农场，或者经营畜牧养殖类农场，农场主基本都能过上"体面的生活"，各种年龄的劳动力的机会成本都将能得到补偿。

表 6　每年独有样本下各类家庭农场的农场主平均年龄

单位：岁

年份	全部农场	种植类	粮食类
2014	44.05	43.71	44.99
2015	44.51	44.71	45.54
2016	45.04	45.55	45.98
2017	43.90	44.31	45.65
2018	43.77	43.15	43.25
平均	44.25	44.29	45.08

（三）五成到六成农场主为初中及以下教育水平

劳动力的人力资本水平是决定经济增长的重要因素。城镇化过程中，农业农村的劳动力数量和质量都出现了明显的下降，致使中国农业经营者出现劳动力的数量短缺和质量低下问题。我们将从正规学历教育和从业过程中的再教育（或接受培训）两方面考察中国家庭农场的农场主人力资本水平。

监测数据表明（表7），中国家庭农场的农场主学历教育水平呈如下特征：50%～60%为初中及以下，至少1/3为高中（中专或职高），10%左右为大专及以上（含本科和研究生）；粮食类农场主学历教育水平相对较低，其初中及以下占比和高中及以上占比分别高于和低于种植类和全部农场的相应水平；2014—2018年，各类农场主中初中及以下占比逐年小幅下降，高中（中专或职高）和大专及以上（含本科和研究生）的占比都逐年小幅增加。

1. 从全部农场来看，教育水平为初中及以下的农场主占比至少一半，由2014年的54.84%（=0.18%+6.06%+48.78%）小幅降至2018年的50.5%，其中以初中水平为绝大多数、小学水平次之，占比分别由2014年的48.78%和6.06%下降到2018年的45.66%和4.84%，而没上过学的农场主占比很少，不超过1/5个百分点。高中（中专或职高）的占比至少1/4，由2014年的34.96%（=26.14%+7.37%+1.45%）小幅增至2018年的37.73%，其中以高中水平为主且逐年增加（占比由2014年的26.14%增加到2018年的28.42%），中专次之且逐年增加（占比由2014年的7.37%小幅增至2013年的7.99%）、职高占比最低且呈略微下降之势。大专及以上占比10%以上，由2014年的10.03%（=8.43%+1.49%+0.11%）小幅增至2018年的11.55%，其中以大专为主（由2014年的8.43%增加到2018年的9.52%），本科次之（由2014年的1.49%增加到2018年的1.96%），研究生及以上占比极少（由2014年的0.11%小幅降至2018年的0.07%）。

表7 各类农场按农场主教育水平分组的农场占比

单位：%

年份	全部样本									每年独有								
	没上过学	小学	初中	高中	中专	职高	大专	本科	研究生及以上	没上过学	小学	初中	高中	中专	职高	大专	本科	研究生及以上
	全部农场																	
2014	0.18	6.06	48.78	26.14	7.37	1.45	8.43	1.49	0.11	0.39	10.20	50.20	18.82	8.24	1.18	9.02	1.96	0.00
2015	0.14	5.58	48.29	26.15	7.44	1.48	9.27	1.58	0.07	0.00	5.45	44.11	26.19	8.44	1.41	12.13	2.11	0.18
2016	0.13	5.34	46.03	28.05	7.91	1.43	9.41	1.60	0.10	0.32	4.18	35.69	34.41	10.93	0.32	11.90	2.25	0.00
2017	0.17	5.40	45.16	27.89	8.08	1.39	9.87	1.97	0.07	0.20	3.62	41.05	28.17	9.46	0.60	12.68	4.23	0.00
2018	0.20	4.84	45.66	28.42	7.99	1.32	9.52	1.96	0.07	0.26	4.39	40.57	31.52	9.82	1.55	8.79	3.10	0.00
平均	0.16	5.44	46.78	27.33	7.76	1.41	9.30	1.72	0.08	0.23	5.57	42.32	27.82	9.38	1.01	10.90	2.73	0.04
	种植类农场																	
2014	0.11	5.31	51.00	25.99	6.98	1.25	8.01	1.35	0.00	0.00	8.82	48.24	19.41	9.41	1.76	9.41	2.94	0.00
2015	0.10	5.27	51.17	25.51	6.59	1.12	8.98	1.22	0.05	0.00	5.56	46.30	26.46	7.94	0.53	12.17	0.79	0.26
2016	0.10	4.79	48.22	28.11	7.23	1.12	8.91	1.43	0.10	0.48	3.38	35.75	38.65	9.66	0.00	10.14	1.93	0.00
2017	0.16	4.92	48.02	26.84	8.02	1.02	9.36	1.66	0.00	0.33	5.56	48.04	23.20	9.80	0.33	9.15	3.59	0.00
2018	0.16	3.84	49.32	27.74	7.30	1.14	8.65	1.84	0.00	0.00	3.96	45.37	29.07	8.81	2.20	7.49	3.08	0.00
平均	0.13	4.83	49.55	26.84	7.22	1.13	8.78	1.50	0.03	0.16	5.46	44.74	27.36	9.12	0.96	9.67	2.47	0.05
	粮食类农场																	
2014	0.11	5.34	55.01	25.49	5.56	0.65	6.86	0.98	0.00	0.00	10.26	53.85	16.67	7.69	1.28	7.69	2.56	0.00
2015	0.08	5.56	54.29	25.25	5.22	1.01	8.25	0.34	0.00	0.00	6.49	47.62	29.00	6.06	0.87	9.52	0.43	0.00
2016	0.09	4.63	51.53	28.56	5.76	0.87	7.77	0.79	0.00	0.89	3.57	34.82	47.32	4.46	0.00	7.14	1.79	0.00
2017	0.09	5.27	51.53	27.01	7.12	0.93	7.40	0.65	0.00	0.00	6.34	43.66	26.06	14.08	0.00	7.04	2.82	0.00
2018	0.09	3.97	53.12	27.60	6.24	0.85	6.81	1.32	0.00	0.00	1.87	49.53	26.17	10.28	1.87	6.54	3.74	0.00
平均	0.09	4.95	53.10	26.78	5.98	0.86	7.42	0.82	0.00	0.18	5.71	45.90	29.04	8.51	0.80	7.59	2.27	0.00

2. 种植类和粮食类农场各种教育水平的农场主占比略有差异，但其随时间的变化特征基本一样。粮食类的初中及以下占比约 60%，高于种植类和全部农场的相应水平，但呈逐年下降趋势，由 2014 年的 60.35% 下降到 2018 年的 57.09%，都高于种植类 2014 年的 56.31% 和 2018 年的 53.16%。同时，粮食类的高中（中专或职高）占比和大专及以上占比都相对较低，但也都呈逐年增长趋势，前者由 2014 年的 31.7% 增至 2018 年的 34.69%，后者由 2014 年的 7.84% 增至 2018 年的 8.13%。

3. 总体而言，中国家庭农场的农场主教育水平远远高于全国农业生产经营人员的受教育水平。从全部农场来看，2018 年未上过学、小学、高中（中专或职高）、大专和本科及以上的农场主占比分别为 0.20%、4.84%、37.73%、9.52% 和 2.03%。第三次全国农业普查数据表明，2016 年的全国农业生产经营人员中，未上过学、小学、高中或中专、大专和本科及以上的人员占比分别为 6.4%、37.0%、48.4%、7.1% 和 1.2%；全国规模农业经营户的农业生产经营人员的相关组别占比分别为 3.6%、30.6%、55.4%、8.9% 和 1.5%。

4. 总体而言，根据每年独有数据计算的各类农场的各种教育水平的农场主占比差别不大，只是波动幅度较大。例如，全部农场的初中及以下农场主占比由 2014 年的 60.4% 快速下降到 2018 年的 44.96%，而高中（中专或职高）占比由 2014 年的 28.24% 快速增加到 42.89%。

（四）至少八成以上农场主接受再教育（培训）

除了正规的学历教育外，农场主们在经营过程中也根据需要接受各种培训教育。监测数据表明，中国家庭农场主的再教育呈如下特点：八成到九成农场主接受再教育或培训；粮食类农场主接受培训的比例低于经济作物种植类农场和畜牧养殖类农场；那些接受培训的农场主们每年平均接受 3 类培训，且类别数逐年递增，即培训的丰富性增强。（1）至少八成以上农场主接受培训。例如，从全部农场来看，接受培训的农场主占比由 2014 年的 84.91% 增加到 2018 年的 88.35%。2018 年种植类和粮食类分别有 85.88% 和 82.89% 的农场主接受培训（表8）。不管哪一年，粮食类农场主接受培训的比例均低于其他种植类和畜牧养殖类的比例。例如，2018 年有 82.89% 的粮食类农场主接受培训，而种植类和全部农场分别有 85.88% 和 88.35%，前者包括种植经济作物的种植类农场，后者包括畜牧养殖类农场。这或许表明，畜牧养殖类农场对再教育培训的需求最大，种植类次之，其中的粮食类最小。（2）培训的"累积效应"。2014—2018 年，接受培训的农场主占比呈"先增后降"特征，但增多降少。从全部农场来看，接受培训的农场主占比先由 2014 年的 84.91% 增加到 2017 年的 88.97%，后从 2018 年开始下降，但总体看是增加的。种植类和粮食类都是从 2017 年开始下降。这或许表明，相比畜牧养殖类农场来说，种植类农场所需要的技术等知识相对简单或易学，因此通过前 3 年的培训学习积累，一些农场主从第 4 年开始就退出培训，致使培训占比出现一定程度的下降，即前期的培训在知识上形成"累积效应"。（3）如果只关注连续 5 年被追踪的粮食类农场，总体而言，每一年这些"老农场主"们接受培训的比例都较高，即他们比家庭农场新入者更看重培训。但有意思的是，各类农场主接受培训的比例在第二年就达到最大值，第三年开始下降，即这些"老农场主"们接受培训有更加明显的"累积效应"（表 8）。（4）培训的"多样性"趋势。对那些已经接受培训的农场主来说，我们发现他们接受培训的类别数逐年递增。全部农场中那些接受培训的农场主们平均每年接受的培训类别数由 2014 年的 2.78 类增加到 2018 年的 3.11 类，即在接受培训的条件下，农场主们对培训的多样性有进一步需求。相对而言，粮食类农场主们接受培训的多样性程度低于经济作物的种植类农场和畜牧养殖类农场。更有意思的是，利用面板数据分析可知，不管哪类农场，"老农场主"们接受培训的类别数逐年递增，而且每一年都比新入者接受培训的类别数多（表 9），即他们对培训的多样性需求更高一些，这也可能预示着农场主"越经营，就越想学习；越学习，就越想学新的东西"。

表 8　农场主接受在职培训的农场占比

单位：%

年份	全部样本			面板数据		
	全部农场	种植类	粮食类	全部农场	种植类	粮食类
2014	84.91	84.46	83.77	86.81	86.72	86.48
2015	87.15	86.16	84.43	89.63	88.66	86.63
2016	88.66	87.88	86.38	88.22	86.15	81.85
2017	88.97	87.43	86.03	89.11	87.06	83.42
2018	88.35	85.88	82.89	88.74	85.89	81.37
平均	87.61	86.36	84.70	88.50	86.90	83.95

表 9　接受培训的农场主平均接受培训的类别数

单位：类

年份	全部样本			面板数据		
	全部农场	种植类	粮食类	全部农场	种植类	粮食类
2014	2.78	2.85	2.66	2.87	2.89	2.70
2015	3.09	3.16	3.12	3.23	3.27	3.17
2016	3.06	3.13	3.15	3.20	3.15	3.07
2017	3.06	3.07	3.13	3.25	3.22	3.17
2018	3.11	3.02	2.96	3.27	3.11	2.97
平均	3.02	3.05	3.00	3.16	3.13	3.02

（五）农场主平均有 6 年规模经营经历

相比传统小农户，家庭农场是适度规模经营的生产主体，那么，农场主们有无从事规模经营的经历也是"谁在种地"问题应考察的维度。监测数据表明：中国家庭农场的农场主们平均有 5～7 年的规模经营经历，平均年限逐年增加，但增速慢于岁月增速；粮食类农场主的平均经营年限相对短一些。（1）从全部农场来看，农场主平均从事规模经营年限由 2014 年的 5.48 年增至 2018 年的 7.80 年；从中位数来看，平均年限略短一些，由 2014 年的 4 年增加到 2018 年的 6 年。种植类和粮食类农场主的从事规模经营年限也呈同样的变化特征，只是粮食类农场主的平均年限相对短一些（表 10）。（2）越来越多的没有规模经营经历或者经历时间较短的劳动者正在开始经营家庭农场。一方面，农场主从事规模经营年限的平均数 5 年间只增加 3 年多，这是因为每年都有很多没有规模经营经历或者只有更短年限经历的人成为农场主。另一方面，考虑到被追踪农场主们的已从事规模经营年限每年都要增加一年，利用每年独有数据可以看到，这些新粮食类农场主的从事规模经营年限每年都要更低一些（表 10）。

表 10　农场主从事规模经营的年限

单位：年

年份	全部农场		种植类		粮食类		
	全部样本		全部样本		全部样本		每年独有
	平均数	中位数	平均数	中位数	平均数	中位数	平均数
2014	5.48	4	5.29	4	5.01	4	4.66
2015	6.28	5	6.12	5	6.00	5	5.44
2016	6.76	5	6.56	5	6.28	5	5.76
2017	7.30	6	7.07	5	6.74	5	5.70
2018	7.80	6	7.70	6	7.27	6	6.21
平均	6.72	5.20	6.55	5.00	6.26	5.00	5.55

（六）六成农场主有 1 种以上从业经历

到底是具有什么从业经历的人在经营家庭农场？监测数据表明：近六成农场主有 1 种以上从业经历且这样的农场主在逐年减少，平均来看，他们至少有 2 种经历，最多的有 6～9 种经历；最主要的从业经历依次是普通农民、专业大户、个体投资者、合作社主要负责人和农机手等；总体而言，种植类、特别是粮食类农场主曾有普通农民、专业大户和农机手的从业经历比例高一些，而畜牧养殖类农场主曾是个体投资者、进城务工返乡人员和大学（中专）生的比例高一些。

1. 全部农场来看（表 11），**曾有 1 种以上从业经历的农场主占比由 2014 年的 64.61%下降到 2018 年的 52.44%。**这或许表明，那些具有丰富从业经历的人最先涌入了家庭农场这支队伍，后期从业经历相对简单的人也开始经营家庭农场。2014 年，这些农场主平均曾有至少 3 种从业经历，到 2018 年下降到 1.85 种。有的农场主从业经历很丰富，最多的曾有 9 种经历。具体经历层面：第一主要经历是普通农民，至少六成到七成农场主曾是普通农民，且这一比例由 2014 年的 62.70%增加到 2018 年的 73.29%，这表明越来越多的普通农民涌入家庭农场这个行业，这也预示着家庭农场是普通农民（传统小农）的演进方向。第二经历是专业大户，大概至少一半的农场主曾是专业大户。第三经历是个体投资者，至少两成到三成农场主曾是个体投资者。第四经历是合作社主要负责人，占比至少两成，且由 2014 年的 22.46%增加到 2018 年的 26.47%。第五经历是农机手，近两成农场主曾是农机手。还有一成多曾是村干部，近一成是进城务工返乡人员，6%左右是大学/中专生，5%～7%曾是企业管理层。除了曾是村干部的农场主比例在逐年下降外，有其他从业经历的农场主的占比基本都在逐年增加，考虑到每个农场主的从业经历可多种且其平均从业经历种数在下降，可以判断中国家庭农场主正由"什么都干过的人"向"只干过什么的人"转变，那些曾是普通农民、专业大户、个体投资者、合作社主要负责人、农机手、进城务工返乡人员、大学/中专生、企业管理层的人正越来越多地涌入家庭农场这个行业并成为农场主。

2. 种植类农场及其中的粮食类农场的农场主的从业经历特征基本类似（表 11）。有 1 种以上经历的农场主也近六成且逐年下降，每个农场主平均经历种数也有 2 种且呈逐年下降特征，具体的经历分布也基本一致，只是每种具体经历的农场主占比有所差异。第一主要从业经历依然是普通农民，但粮食类农场主中有这一经历的占比高于种植类农场（含经济作物种植类农场），两者又都高于全部农场（含畜牧养殖类农场）的相应比例。例如，2018 年有近 80%的粮食类农场主曾是普通农民，高于种植类的 76.26%，又都高于全部农场的 73.29%。种植类特别是粮食类农场主中曾是农机手的比例也相对较高，但曾是个体投资者、大学/中专生、进城务工返乡人员的农场主比例低于种植类和畜牧养殖类农场的相应水平——即一个大学/中专生或者进城务工返乡人员，如果决定了要经营家庭农场，他们往往会优先考虑经营畜牧养殖类农场，然后是经济作物种植类农场，最后是粮食类农场。这种有不同从业经历的人经营不同类别的家庭农场，或者不同类别的家庭农场吸引不同从业经历的人来经营，要么是因为不同经营内容的农场对农场主的技术、知识等要素禀赋的要求有所差异，要么是因为不同类别农场受行业性质所限从而导致创收能力不同进而对农场主实现体面生活的支撑能力也不同。无论如何，这为家庭农场政策优化提供了相关依据。

表 11　各类家庭农场按农场主的从业经历分组

年份	经历的种数			各种具体经历/%									
	大于1种的农场占比/%	平均数/种	最大值/种	专业大户	合作社主要负责人	普通农民	企业管理层	村干部	个体投资者	农机手	大学/中专生	进城务工返乡人员	其他
全部农场													
2014	64.61	3.17	9	54.13	22.46	62.70	5.10	15.69	27.56	15.94	6.20	9.10	—
2015	68.96	2.22	9	59.39	22.48	62.56	4.34	14.75	26.03	15.79	5.62	10.65	0.14
2016	52.03	1.78	8	—	26.39	73.61	5.21	13.71	27.73	15.65	5.74	9.68	0.37
2017	56.36	1.89	7	—	27.37	71.24	7.06	13.89	32.56	18.98	6.93	11.24	0.58
2018	52.44	1.85	8	—	26.47	73.29	7.05	12.71	29.90	17.59	6.17	10.81	0.64
平均	58.88	2.18	8.20	56.76	25.03	68.68	5.75	14.15	28.76	16.79	6.13	10.30	0.43
种植类农场													
2014	65.89	3.20	8	56.36	21.82	65.24	4.71	16.78	24.91	18.46	5.09	7.90	—
2015	69.12	2.21	8	59.79	21.60	64.40	3.80	15.37	23.12	19.07	4.92	8.92	0.05
2016	50.56	1.76	7	—	25.61	75.66	4.89	14.15	24.13	17.57	5.04	8.45	0.20
2017	54.55	1.85	7	—	26.26	74.33	5.72	13.16	28.93	21.76	5.94	9.09	0.27
2018	49.70	1.79	8	—	24.01	76.26	5.84	12.49	26.88	18.93	5.35	9.14	0.32
平均	57.96	2.16	7.60	58.07	23.86	71.18	4.99	14.39	25.59	19.16	5.27	8.70	0.21
粮食类农场													
2014	66.45	3.15	7	57.84	20.59	67.32	3.38	15.36	19.06	22.55	3.70	5.99	—
2015	72.31	2.28	8	63.47	21.04	66.25	3.87	15.99	20.96	25.00	3.87	7.15	0.00
2016	48.47	1.73	6	—	23.06	78.86	3.76	14.32	19.74	22.01	3.58	7.86	0.09
2017	56.06	1.92	7	—	27.10	77.06	5.64	13.51	27.20	28.58	4.44	8.79	0.09
2018	48.11	1.78	8	—	20.98	79.11	5.58	12.57	23.91	24.01	3.88	7.47	0.19
平均	58.28	2.17	7.20	60.66	22.56	73.72	4.44	14.35	22.17	24.43	3.89	7.45	0.09

（七）八成农场主有本村户籍

农业规模化过程必然伴随着承包户与经营户的分离，承包户能否或者是否愿意把土地流转给外村人既有既定政策的顾虑也有理性人的考量，前者正是大家所熟知的《农村土地承包法》中"在同等条件下，本集体经济组织成员享有优先权"条款在各地的具体执行情况，后者则是承包户和经营户在某些条件下都觉得他们两者如果都是本村人或者是熟悉的人将能避免很多流转合约无法解决的问题。当然，随着要素市场发展和各方面制度的完善，受彼此户籍限制的规模经营将逐渐减少甚至消失，毕竟，在更大的市场范围内彼此才能找到更好成就自身的对象。

本文所言的本村户籍是指家庭农场大多数土地所在村与农场主户籍所在村一致，否则是外村户籍。监测数据表明：中国家庭农场的农场主八成都是本村的，九成是本乡的（一成是本乡外村的），98%以上是本县的，2014—2018年这样的比例构成基本稳定；粮食类农场主"本村化"和"本县化"程度偏高一些。（1）从全部农场来看（表12），农场主为本村户籍的比例在2014年为81.79%，到2018年微降至79.98%，这表明约80%的农场主经营的土地是本村的土地。本乡外村的农场主约占10%，本县外乡约7%，三者合计约98%。需要注意的是，本县外乡、本省外县以及外省的农场主合计占比有较为明显的增加趋势，由2014年的7.97%增加到2018年的9.32%，这预示着家庭农场这种经营主体正逐渐在越来越大的市场范围内优化劳动力和土地要素的配置。（2）粮食类农场主为本村户籍的占比明显高于经济作物种植类和畜牧养殖类，而且由2014年的85.40%小幅增至2018年的86.77%，而本乡外村、本县外乡等外村合计占比由2014年的14.60%小幅下降至2018年的13.23%。但若控制那些被连续追踪的"老农场主"们样本，每年独有数据显示，外村户籍的粮食类农场主占比由2014年的11.54%增加到2018年的14.95%；而且至少从2016年开始，每年独有样本的这一比例就明显超过全部样本的相应水平（表13）。因此，粮食类农场对农场主的选择也是逐步在更大劳动力市场范围内完成的。

表12　按农场主户籍分组的农场占比

单位：%

年份	全部农场					种植类				
	本村	本乡外村	本县外乡	本省外县	外省	本村	本乡外村	本县外乡	本省外县	外省
2014	81.79	10.24	6.66	0.99	0.32	82.08	10.29	6.06	1.14	0.43
2015	82.33	9.34	6.92	1.10	0.31	83.52	8.82	6.24	1.06	0.35
2016	81.52	10.17	6.84	1.13	0.33	82.13	10.13	6.31	1.02	0.41
2017	80.29	10.35	8.01	1.09	0.27	81.93	9.57	7.11	1.07	0.32
2018	79.98	10.70	7.69	1.22	0.41	81.29	9.95	7.30	0.97	0.49
平均	81.18	10.16	7.22	1.11	0.33	82.19	9.75	6.60	1.05	0.40

表 13　粮食类农场按农场主户籍分组

单位：%

| 年份 | 全部样本 | | | | | | 每年独有 |
	本村	本乡外村	本县外乡	本省外县	外省	外村合计	外村合计
2014	85.40	9.04	4.58	0.65	0.33	14.60	11.54
2015	87.54	7.32	4.38	0.59	0.17	12.46	10.39
2016	86.29	8.73	4.37	0.52	0.09	13.71	15.18
2017	86.40	8.42	4.44	0.65	0.09	13.60	19.01
2018	86.77	8.13	4.16	0.76	0.19	13.23	14.95
平均	86.48	8.33	4.39	0.63	0.17	13.52	14.21

四、结论及政策建议

本文基于全国 31 个省份 2014—2018 年 5 年监测数据，对中国家庭农场的农场主的年龄、性别、教育水平、户籍等情况进行了统计描述分析。研究表明：（1）农场主性别呈"男九女一"特征，且随时间推移女性农场主占比逐年微增。粮食类农场的女性农场主占比最低，不足一成。（2）农场主平均年龄 47 岁，且随时间增加，但增速慢于岁月增速，总体呈"年轻化"趋势。从农场主年龄段来看，以 60 岁为界，60 岁以下至少九成且逐年递减，60 岁以上不足一成但逐年递增。粮食类农场主比经济作物种植类和畜牧养殖类农场主老 1 岁左右。（3）农场主学历教育水平方面，50％～60％为初中及以下，至少 1/3 为高中（中专或职高），10％左右为大专及以上（含本科和研究生）；2014—2018 年，各类农场主中初中及以下占比逐年小幅下降，高中（中专或职高）和大专及以上（含本科和研究生）的占比都逐年小幅增加。粮食类农场主学历教育水平相对较低。各类农场主教育水平远高于全国农业生产经营人员的教育水平。（4）再教育接受培训方面，接受培训的农场主占比八成到九成，由于培训学习的"累积效应"，占比在后面年份出现下降趋势。接受培训的农场主平均每年接受培训的类别数逐年递增（"多样性"趋势），平均每年接受 3 类培训。"老农场主"们表现出明显的"越经营，就越想学习；越学习，就越想学新的东西"特征。（5）从事规模经营的经历长短，农场主们平均有 5～7 年规模经营经历，但越来越多的没有规模经营经历和经历短的人成为农场主。（6）从业经历方面，近六成农场主有 1 种以上从业经历，最多的有 6～9 种经历，最主要的从业经历依次是普通农民、专业大户、个体投资者、合作社主要负责人和农机手等。（7）八成农场的大部分土地所在村与农场主户籍所在村一致，即八成农场主是本村的，九成是本乡，98％以上是本县的，粮食类农场主的这种本地化特征更甚。

　　下一步应继续完善劳动力市场建设，让任何一个愿意经营家庭农场的人，不管性别、年龄、从业经历、户籍如何都能成为农场主；完善农业职业教育培训体系，不但要增加培训的可获得性，也要增加培训的多样性以满足精准需求，让愿意接受培训的家庭农场主可以获得满意的教育培训。

参考文献：

［1］刘守英．农二代还愿意回农村吗？［J］.中国生态文明，2017（6）：93.

［2］杜志雄．将家庭农场置于新型农业经营主体的核心来培育［J］.城乡一体化智库专刊，2019，69（8）.

［3］CROSON RACHEL，GNEEZY URI. Gender Differences in Preferences［J］. Journal of Economic Literature，2009，47（2）：448-474.

［4］蔡弘，黄鹂．谁来种地?：对农业劳动力性别结构变动的调查与思考［J］.西北农林科技大学学报（社会科学版），2017，17（2）：104-112.

［5］邓峰，丁小浩．人力资本、劳动力市场分割与性别收入差距［J］.社会学研究，2012，27（5）：24-46，243.

［6］曾俊霞，郜亮亮，王宾．中国职业农民是一支什么样的队伍？基于国内外农业劳动力人口特征的比较分析［R］.北京：中国社会科学院农村发展研究所，2019.

家庭农场的用工行为及特征研究：基于全国监测数据^①

基于全国 31 个省（自治区、直辖市）2014—2018 年家庭农场监测数据，本文对家庭农场的用工行为及特征进行了统计描述分析，这些用工是除了农场主外的劳动力，包括家庭自有劳动力、常年雇工、临时雇工和未来经营者，并尝试从劳动力市场不完善的视角对相关特征进行初步分析。我们发现，约 3/4 的家庭成员在农场工作，除农场主外还有 2 名家庭成员投入农场；60% 的农场有常年雇工，平均雇用 4 个常年雇工；80% 的农场雇用临时雇工；雇工年龄逐年增大；50% 以上的农场主没考虑过自己退休后如何处置农场，至少 1/3 的人准备让子女继承，10% 左右的人准备给其他人经营。这些特征很大程度上是家庭农场对劳动力市场不完善的应对。下一步应完善农业劳动力市场，加快农民职业化步伐。

一、引言

我国农业目前存在小农户、家庭农场、合作社和农业龙头企业等几种主要的生产经营主体，其中家庭农场是最为核心的主体^[1]，对其生产经营行为进行研究具有重要的现实意义。以往研究重点关注家庭农场的土地问题以及农场的生产经营行为^[2-4]，但关注家庭农场劳动力问题的研究不多，除农场主外，家庭成员和雇工是参与家庭农场生产经营的重要劳动力，这些劳动力的配置使用对家庭农场的生产经营产生重要影响。那么，有多少家庭成员、常年雇工和临时雇工投入农场，谁是家庭农场的未来经营者等问题亟待研究。实际上，相比传统的小农户，家庭农场的一个最大特征是经营土地的规模扩大了，这必然涉及人地比例的优化调整，即扩大规模后，农场如何、能否以及多大程度上通过调整投入到农

---

① 本文原载于：郜亮亮，杜志雄，谭洪业. 家庭农场的用工行为及其特征：基于全国监测数据［J］. 改革，2020（4）：148 - 158.

场上的劳动力来实现最优要素组合成为农场面临的现实问题。

聚焦家庭农场劳动力问题的研究文献很少，其中一些为本研究提供了基础。例如，郭熙保和冯玲玲强调，尽管不同国家或机构对家庭农场的定义不完全一致，但其核心标准都相同，即家庭成员是主要劳动力来源，负责管理一定规模的农场[5]。因此，对家庭农场的家庭成员进行研究具有重要意义。谌润杰和邹富良利用镇江家庭农场调研数据发现，相比当地普通农户，镇江家庭农场平均拥有常年劳动者的数量要多一些，前者为 3.65 人，后者为 3.77 人，而且劳动者的年平均工作日，后者（245.77 天）远大于前者（92 天）[6]。进一步地，有的学者对家庭农场经营户家庭劳动力农业供给的决定因素进行了研究，他们认为非农经营收入对家庭农场农业劳动供给具有显著负作用，但农场自有劳动力供给是提高农业规模经营效益和稳定性的重要途径，因此应引导家庭农场进行适度规模经营，促进家庭劳动力的农业投入，降低劳动力雇用等方面的农业经营成本[7]。郜亮亮和杜志雄则利用 2014 年全国家庭农场监测数据对家庭农场农场主的特征及其对生产经营的影响进行了统计分析[8]。钱龙和杜志雄对家庭农场的代际传承问题进行了实证研究[9]。

本文的研究目标是，基于全国 31 个省（自治区、直辖市）家庭农场 5 年（2014—2018 年）监测数据，对家庭农场的用工行为及特征进行统计描述分析，这些用工是指除了农场主外的劳动者，包括自有劳动力（投入到农场上的家庭成员）、常年雇工、临时雇工和未来经营者，并着重从劳动力市场不完善的视角对这些特征进行初步解释，从而为下一步家庭农场的发展政策提供依据。需要说明的是，本文的定位是以翔实的数据呈现事实，对事实的原因不做过多的解释，也不对事实之间的联系做因果分析。

二、数据来源及数据结构特征

（一）数据来源

本文所用数据来自农业农村部政策与改革司①委托中国社会科学院农村发展研究所开展的全国家庭农场监测研究。本监测工作于 2014 年启动，每年对 31 个省（自治区、直辖市）进行监测，本文使用 2014—2018 年 5 年监测数据。监测工作的抽样情况：（1）为了把握全国家庭农场整体发展情况，对所有省份进行监测，由于经济社会因素，其中西藏、新疆和北京的监测样本相对较少。（2）各省份根据本省家庭农场的发展情况和区域分布，采取随机原则选择 3~4 个样本县（市、区），个别省份的样本县超过 4 个。每个县随机抽取 33 家左右家庭农场进行监测。每个省份大概获得 100 家监测样本，全国每年约 3 000

---

① 本项工作最初是 2014 年农业部农村经济体制与经营管理司委托中国社会科学院农村发展研究所开展的，2019 年后由农业农村部政策与改革司负责。

家监测样本。（3）结合家庭农场发展使命和监测工作目的，农业农村部对进入监测的家庭农场样本类型做了原则性约定。一是每个监测县（区、市）在确定监测家庭农场时，充分借助当地各类家庭农场的比例结构等先验信息，原则上种植类家庭农场占比不多于80%，种植类中粮食类家庭农场占比不少于50%；二是纳入监测范围的粮食类家庭农场的土地经营规模原则上应在50～500亩，经济作物、养殖类或种养结合型农场的规模应在当地县级以上农业部门确定的规模标准范围内；三是样本农场应是生产经营情况比较稳定、原则上从事农业经营2年以上的家庭农场；四是整个监测样本的采集坚持"动静结合、新老统筹"原则。这是指，每年既要对部分样本连续追踪监测（以对这些"静止"样本的相关特征如何随时间发生变迁加以考察），每年又要不断新增一些监测样本（以对作为整体的家庭农场这个总体的新发展等相关特征加以考察，即增加新样本以获得新发展的信息，对老样本信息形成补充）。

本文分析所用样本是连续5年的监测数据（表1）。（1）所有农场样本方面，2014—2018年有效监测样本分别是2 823、2 903、2 998、2 947和2 952家。（2）2014—2018年，种植类农场样本个数和其中粮食类农场（种植玉米、小麦和水稻的农场）样本个数见表1。例如，2014年种植类农场样本1 847家，其中粮食类918家。

表1　全国家庭农场监测样本情况

单位：家

年份	全部农场	种植类	粮食类
2014	2 823	1 847	918
2015	2 903	1 972	1 188
2016	2 998	1 964	1 145
2017	2 947	1 870	1 081
2018	2 952	1 849	1 058
合计	14 623	9 502	5 390

（二）数据结构特征

本文所用监测数据是一个5年期的混合横截面数据集（Pooled Cross-Sectional Data），由一个5年期的面板数据集（Panel Data）和一个5年期的每年独有数据集混合构成，总共三类数据。（1）5年面板数据集（简称面板数据）。从2014年开始，在实际监测中，按计划每年追踪60%～80%的样本，剔除无效样本（某农场因为很多关键变量缺失或无效，或者该农场在某一年退出经营等），四年（2014—2017年）都被追踪到的样本农场大约1 600家，而五年都被追踪到的农场则降为1 350家，最终形成一个样本个数为6 750的5年期面板数据（表2）。（2）5年每年独有数据集（简称每年独有）。家庭农场作为一个整

189

体（总体）①，每年都会有所发展，为了捕捉整体发展的新动向，每年在追踪监测样本（老样本）之外，再选取部分当年新成立的家庭农场成为当年新增监测样本（新样本）。这些新增样本是上一年和下一年都没有监测的样本，是当年独有的样本，含有刻画当年家庭农场总体发展的信息，这些信息是被连续追踪的"老样本"无法包括的。剔除无效样本后，2015 年独有样本 569 家，2018 年独有样本 387 家。从信息"全新"这个角度讲，监测初年 2014 年的所有样本都是独有样本，这 2 823 家样本农场代表了当年家庭农场发展情况；如果进一步剔除当年被追踪的农场样本等，剩下另外一个 2014 年独有数据（255 家）。最后，每年被随机抽取的独有样本混合起来形成一个样本数为 4 587 家的 5 年期每年独有数据集，这个数据集是典型的混合横截面数据集。（3）5 年混合全部样本集（简称全部样本）。每年所有监测样本混合起来形成一个样本量为 14 623 家的 5 年期混合横截面数据集。这个数据集的信息含量最大，本文将主要依此进行分析。

本文将从农场类别、时间和数据集三个维度对家庭农场的相关情况进行全面和系统分析。（1）农场类别维度。将从全部农场（含畜牧养殖类和种植类）、种植类农场（含经济作物种植类）和其中粮食类农场三类农场维度进行分析。三类农场比较分析时，本质上比较的是粮食类、经济作物种植和畜牧养殖类农场的差异。（2）时间维度。将考察农场劳动力相关特征随时间（2014—2018 年）的变动情况。（3）数据集维度。将主要利用全部样本数据集对家庭农场劳动力的所有特征进行分析，适当时候利用面板数据集分析同一家庭农场的雇工等相关特征是如何发生动态变迁的，适当时候利用每年独有数据集对作为整体的家庭农场的劳动力特征进行分析。下面行文过程中：（1）除非特别标明数据类型，所有表格的结果是基于全部样本数据进行计算；（2）除非特别说明变量或指标含义，表格中所有数据是相关变量及其相关样本组的平均数；（3）尽管有 5 年的数据，但描述现状时以 2018 年为准；（4）表格中的"—"表示此处数据缺失或没有相应数据。

表 2　数据结构特征表

单位：家

年份	全部样本	其中，连续五年都被调查到的农场样本：面板数据	每年独有				
			2014 年	2015 年	2016 年	2017 年	2018 年
2014	2 823	1 350	2 823（255）ª				
2015	2 903	1 350		569			
2016	2 998	1 350			311		
2017	2 947	1 350				497	
2018	2 952	1 350					387
总计	14 623	6 750	4 587（2 019）				

注：a. 括号中的 255 是 2014 年另外一个独有样本数。

① 这里的整体是指某个时点（某年）家庭农场这个事物的总体。

三、家庭农场的自有劳动力分析

家庭成员是除了农场主外可以直接利用的劳动力，不存在雇工面临的监督难和雇用难问题。监测数据表明，我国家庭农场平均每个农场有 4 名多家庭成员，约有 3/4 的成员在农场工作，这一比例呈逐年微降趋势；这一特征在 2016—2018 年几乎保持不变，也不随农场类别发生明显变化。（1）从全部农场来看，2016 年农场的家庭人数[①]为 4.57 人，这个人数到 2018 年基本保持不变。其中在农场工作的家庭人数由 2016 年的 2.93 人微降至 2018 年的 2.84 人，即除了农场主外，平均每个农场有 1.9 个家庭成员投入农场工作，或者有 1.9 个自有劳动力投入农场。从中位数看，4 人家庭成员的农场有 3 人投入了农场工作，即除了农场主外，另外有 2 名家庭成员投入农场工作，2016—2018 年皆如此（表 3）。种植类和粮食类农场的情况与此基本类似（表 4）。（2）根据《中国人口和就业统计年鉴》，2017 年，全国乡村地区平均家庭规模为 3.26 人/户。因此，当前经营我国家庭农场的是那些户均人口较多的家庭。这些家庭的人口和劳动力数量较多成为契合当前发展阶段的重要优势：其一，家庭农场是规模经营主体，传统小农户的土地不足问题在这里变成了劳动力相对不足问题，家庭成员较多的家庭具备的劳动力数量"优势"凸显出来；其二，如果劳动力市场是完善的，任何一个规模的家庭农场总可以在劳动力市场上雇用到所需要的劳动力，那么家庭成员数量与经营规模之间应该没有显著的统计关系，但若劳动力市场不完善，家庭劳动力数量将对农场的经营规模形成约束；其三，即使劳动力市场能够基本满足雇工需求，但基于农业生产的特殊性，雇工的监督成本要远远高于家庭劳动力的监督

表 3　农场的家庭人数及其中在农场工作的人员情况

年份	全部农场						种植类					
	平均数			中位数			平均数			中位数		
	家庭人数/人	其中在农场工作的人		家庭人数/人	其中在农场中工作的人		家庭人数/人	其中在农场工作的人		家庭人数/人	其中在农场工作的人	
		数量/人	占比/%		数量/人	占比/%		数量/人	占比/%		数量/人	占比/%
2016	4.57	2.93	64.11	4.00	3.00	75.00	4.50	2.91	64.67	4.00	3.00	75.00
2017	4.62	2.87	62.12	4.00	3.00	75.00	4.49	2.79	62.14	4.00	2.00	50.00
2018	4.57	2.84	62.14	4.00	3.00	75.00	4.47	2.79	62.42	4.00	2.00	50.00
平均	4.59	2.88	62.74	4.00	3.00	75.00	4.49	2.83	63.08	4.00	2.33	58.33

---

① 需要说明的是，这个问题是从 2016 年开始进行监测的。

成本，陌生雇工的监督成本高于熟悉雇工的监督成本，这也是家庭农场最契合当前发展阶段的重要原因所在。最终如这里数据所显示的，那些内嵌在本村各种复杂的正式和非正式制度中的当地人口多的家庭，在聚拢本地土地充分利用自有劳动力开展家庭农场的规模经营竞争中就脱颖而出。

表4 粮食类家庭农场的家庭人数及其中在农场工作的人员情况

年份	全部样本						每年独有		
	平均数			中位数			平均数		
	家庭人数/人	其中在农场工作的人		家庭人数/人	其中在农场工作的人		家庭人数/人	其中在农场工作的人	
		数量/人	占比/%		数量/人	占比/%		数量/人	占比/%
2016	4.33	2.86	66.05	4.00	3.00	75.00	4.57	3.07	67.18
2017	4.36	2.79	63.99	4.00	2.00	50.00	4.61	2.89	62.69
2018	4.30	2.77	64.42	4.00	3.00	75.00	4.49	2.95	65.70
平均	4.33	2.81	64.82	4.00	2.67	66.67	4.56	2.97	65.19

四、家庭农场的常年雇工分析

常年雇工是除了农场主和家庭其他投入到农场的劳动力之外最重要的农场生产经营参与者，农场是否雇用常年雇工，他们有什么样的特点是急需回答的问题。

监测数据表明，六成左右农场有常年雇工，平均每个农场雇用4个左右常年雇工，有雇工的农场占比基本稳定，农场平均雇工个数基本呈小幅下降趋势，雇工的平均年龄逐年增大；粮食类农场有常年雇工的农场占比相对较低，雇工个数也相对较少，但雇工的平均年龄相对较大（表5）。具体而言：

第一，从全部农场来看，至少有六成农场有常年雇工，这一比例由2014年的61.54%在波动中小幅增至2018年的62.54%。这些农场平均雇用4个常年雇工，雇工个数由2014年的4.28个微降至2018年的4.03个。雇工的平均年龄段则由2014年的2.89段增至2018年的3.39段——由靠近50岁变为超过50岁。更具体的，常年雇工中40~50岁的占比接近50%，50~60岁的雇工占比次之，且其占比逐年快速增加，由2014年的18.11%增加到2018年的36.90%，翻了一倍；60岁以上的雇工占比增加更快，由2014年的2.55%快速增至2018年的7.77%，增加了2倍；而30~40岁的雇工占比急剧收缩，由2014年的30.41%下降到2018年的10.88%，下降了近2倍；30岁以下的雇工占比也收缩很快，由2014年的2.09%下降到2018年的0.96%，占比不足1个百分点。

第二，种植类和粮食类农场的常年雇工情况基本一样。只是，粮食类农场有常年雇工的农场占比相对较低——2014年的52.02%低于种植类的58.16%和全部农场的61.54%，

表 5　各类家庭农场中有常年雇工的农场情况

年份	全部样本								每年独有							
	农场占比/%	雇工个数/个	雇工平均年龄段[a]	其中:不同年龄段雇工占比/%					农场占比/%	雇工个数/个	雇工平均年龄段	其中:不同年龄段雇工占比/%				
				≤30岁	(30,40]岁	(40,50]岁	(50,60]岁	>60岁				≤30岁	(30,40]岁	(40,50]岁	(50,60]岁	>60岁
全部农场																
2014	61.54	4.28	2.89	2.09	30.41	46.84	18.11	2.55	54.90	3.94	2.79	2.17	35.51	44.20	16.67	1.45
2015	64.55	4.52	3.07	1.08	19.91	52.73	23.85	2.43	65.55	5.86	3.07	0.81	20.05	51.49	26.29	1.36
2016	62.47	3.96	3.20	0.97	14.75	52.49	26.70	5.09	63.99	5.13	3.32	0.00	11.68	49.24	34.52	4.57
2017	63.71	4.19	3.30	0.60	12.64	48.69	32.24	5.83	62.50	5.32	3.19	0.66	16.78	48.68	30.26	3.62
2018	62.54	4.03	3.39	0.96	10.88	43.48	36.90	7.77	69.51	4.12	3.21	2.63	20.68	36.84	33.08	6.77
平均	62.96	4.20	3.17	1.14	17.72	48.85	27.56	4.73	63.29	4.87	3.12	1.25	20.94	46.09	28.16	3.55
种植类农场																
2014	58.16	4.29	2.89	2.16	29.86	47.32	18.50	2.16	52.94	3.84	2.76	3.37	34.83	44.94	15.73	1.12
2015	60.70	4.71	3.05	1.18	20.96	51.94	23.40	2.53	63.76	6.29	3.09	0.84	21.43	47.90	27.73	2.10
2016	59.52	4.07	3.22	0.77	14.76	52.10	26.87	5.49	59.90	5.09	3.33	0.00	10.48	49.19	37.10	3.23
2017	59.69	4.13	3.29	0.27	13.38	48.30	32.17	5.87	52.79	4.98	3.17	0.63	18.75	47.50	29.38	3.75
2018	57.88	4.01	3.40	0.88	10.06	45.61	35.06	8.40	64.76	4.01	3.19	2.74	19.86	41.10	28.08	8.22
平均	59.19	4.24	3.17	1.05	17.80	49.05	27.20	4.89	58.83	4.84	3.11	1.52	21.07	46.13	27.60	3.68
粮食类农场																
2014	52.02	3.61	2.91	1.69	28.69	49.37	17.93	2.32	43.59	2.47	2.79	0.00	35.29	50.00	14.71	0.00
2015	56.14	4.61	3.08	1.06	17.88	55.30	23.33	2.42	60.61	6.11	3.04	1.46	21.90	48.91	26.28	1.46
2016	57.64	3.59	3.24	0.46	13.68	52.89	27.20	5.78	50.89	4.88	3.19	0.00	14.04	54.39	29.82	1.75
2017	56.89	3.41	3.31	0.50	13.88	45.82	33.61	6.19	50.00	4.14	3.25	1.41	14.08	49.30	28.17	7.04
2018	53.12	3.40	3.48	0.76	7.63	44.27	37.98	9.35	64.49	2.89	3.37	2.94	17.65	29.41	39.71	10.29
平均	55.10	3.72	3.20	0.89	16.35	49.53	28.01	5.21	53.92	4.10	3.13	1.16	20.59	46.40	27.74	4.11

注: a. 年龄被分成 5 段(≤30 岁、(30, 40] 岁、(40, 50] 岁、(50, 60] 岁和>60 岁),每一段依次定义取值 1、2、3、4 和 5,平均年龄段是这些取值的平均数。

2018 年的 53.12％低于种植类的 57.88％和全部农场的 62.54％，毕竟经济作物种植类和畜牧养殖类农场相对要劳动密集一些。粮食类农场的雇工个数也相对较少，但雇工的年龄却相对偏大。例如，60 岁以上常年雇工占比和增速都高于种植类和全部农场，由 2014 年的 2.32％增加到 2018 年的 9.35％，增加了 3 倍多，高于种植类的 2.8 倍和全部农场的 2 倍。从 2016 年开始，粮食类农场的 50～60 岁常年雇工的占比就超过其他两类农场水平，而 30 岁以下的雇工占比一直低于其他两类。

第三，为了规避被追踪的农场样本在常年雇工行为上的路径依赖以及可能存在的已立雇工合同的锁定效应影响，利用每年独有数据分析可知：作为整体的家庭农场其进行常年雇工的农场占比呈明显的逐年增加态势。这表明，相比那些"老农场"来说，新入者更有冲动利用劳动力市场来解决劳动力问题。而且，不同于"老农场"，农场新入者的平均常年雇工个数也基本稳中有升。常年雇工的平均年龄也遵循大势——呈明显的老龄化趋势。

五、家庭农场的临时雇工分析

临时雇工作为常年雇工的补充，主要用来解决农场的季节性用工问题。多少农场在雇用临时雇工，临时雇工个数和年龄有什么特征等问题都需要回答。

监测数据表明，我国家庭农场有八成农场在雇用临时雇工，单次雇工个数最多时平均雇用 19 个工人，进行雇工的农场占比逐年下降，雇工的平均年龄逐年增加；种植类和粮食类农场的情况基本一样，只是粮食类农场的临时雇工明显偏老（表 6）。具体而言：

第一，从全部农场来看，有临时雇工的农场占比由 2014 年的 90.44％下降到 2018 年的 82.66％。单次雇工个数最多时平均雇工 19 人。所雇工人的平均年龄逐年增加，平均年龄段由 2014 年的 2.95 段增加到 2018 年的 3.42 段——由 2014 年的不足 50 岁，到 2015 年开始突破 50 岁，到 2018 年接近 55 岁。临时雇工以 40～50 岁为主，50～60 岁的占比次之，其占比由 2014 年的 1/5（20.64％）快速增加到 2018 年的 1/3（34.10％）；60 岁以上的工人占比增长飞快，由 2014 年的 2.55％增加到 2018 年的 11.89％，增加了近 4 倍；而 40 岁以下的工人占比快速下降，其中 30～40 岁的工人占比由 2014 年的 27.89％快速降到 2018 年的 13.65％，折了一半，30 岁以下的也由 2014 年的 1.18％小幅降至 2018 年的 0.94％。相比常年雇工，临时雇工的老龄化问题更严重一些，体现在 60 岁以上雇工占比的大小及其增速。

第二，种植类和粮食类农场的临时雇工情况基本类似，雇工农场占比逐年下降、雇工平均年龄逐年老化，只是粮食类农场临时雇工年龄更大。2014 年，粮食类农场的临时雇工平均年龄已经超过 50 岁，2018 年，其平均年龄段的值为 3.61，高于同期种植类的 3.46 和全部农场的 3.42，很可能跨过了 55 岁。而且，粮食类农场的 50～60 岁临时雇工占比在

表6　各类家庭农场中有临时雇工的农场情况

年份	全部样本								每年独有							
	农场占比/%	单次雇工个数最多时的人数/个	雇工平均年龄段	≤30岁	其中:不同年龄段雇工占比/% (30,40]岁	(40,50]岁	(50,60]岁	>60岁	农场占比/%	单次雇工个数最多时的人数/个	雇工平均年龄段	≤30岁	其中:不同年龄段雇工占比/% (30,40]岁	(40,50]岁	(50,60]岁	>60岁
全部农场																
2014	90.44	19.69	2.95	1.18	27.89	47.75	20.64	2.55	88.63	18.39	2.93	1.77	31.86	38.94	26.11	1.33
2015	92.70	19.28	3.12	1.11	18.84	50.43	25.98	3.64	91.56	20.01	3.06	1.73	20.54	50.10	24.95	2.69
2016	86.76	—	3.21	1.04	14.06	51.13	27.26	5.61	86.17	—	3.41	0.00	9.33	45.32	40.30	4.05
2017	87.14	—	3.31	0.74	15.03	44.35	31.93	7.94	87.32	—	3.21	1.84	20.05	39.17	32.95	5.99
2018	82.66	—	3.42	0.94	13.65	39.43	34.10	11.89	86.30	—	3.24	0.90	20.66	40.42	29.34	8.68
平均	87.94	19.49	3.20	1.00	18.07	46.62	27.98	6.33	88.00	19.20	3.17	1.25	20.49	42.83	30.73	4.71
种植类农场																
2014	93.50	20.69	2.97	0.98	27.10	48.29	20.79	2.84	91.76	19.94	2.94	1.28	32.69	38.46	26.28	1.28
2015	95.99	20.32	3.14	0.63	19.33	49.76	26.15	4.12	95.24	21.43	3.07	1.39	22.22	47.78	25.28	3.33
2016	88.34	—	3.23	0.92	15.45	49.57	27.67	6.40	86.47	—	3.45	0.00	9.50	42.46	41.34	6.70
2017	87.70	—	3.34	0.49	15.18	42.68	33.11	8.54	85.95	—	3.18	1.90	20.53	41.06	30.80	5.70
2018	82.26	—	3.46	0.79	13.68	37.74	34.78	13.02	87.67	—	3.28	1.01	20.10	40.20	27.14	11.56
平均	89.56	20.51	3.23	0.76	18.15	45.61	28.50	6.98	89.42	20.69	3.18	1.12	21.01	41.99	30.17	5.71
粮食类农场																
2014	92.37	17.98	3.04	0.71	22.76	50.59	23.47	2.48	91.03	14.57	3.11	0.00	23.94	42.25	32.39	1.41
2015	95.96	18.67	3.21	0.35	17.81	47.72	29.04	5.09	94.37	19.73	3.07	0.92	26.61	41.74	26.15	4.59
2016	87.95	—	3.32	0.99	11.82	49.75	29.10	8.34	82.14	—	3.42	0.00	7.61	47.83	39.13	5.43
2017	87.05	—	3.43	0.32	12.43	41.76	35.18	10.31	83.10	—	3.34	1.69	13.56	43.22	32.20	9.32
2018	76.09	—	3.61	0.62	9.81	33.79	39.75	16.02	84.11	—	3.61	2.22	12.22	27.78	37.78	20.00
平均	87.88	18.33	3.32	0.60	14.93	44.72	31.31	8.45	86.95	17.15	3.31	0.97	16.79	40.56	33.53	8.15

2018 年将近 2/5，高于其他两类的 1/3；60 岁以上的雇工占比也由 2014 年的 2.48％急剧增加到 2018 年的 16.02％，增加了近 5.5 倍，增速最大。

第三，不像对待常年雇工那样——尽可能把雇工锁定，同时尽可能用机械对其形成替代，农场主对待临时雇工最直接的办法就是尽可能替代，特别是"老农场主"们更希望如此，只是新入者可能还来不及出手解决这个问题。利用每年独有数据分析可知，家庭农场新入者每年进行临时雇工的农场占比并没有随时间发生明显下降趋势，这与包括了"老农场"全部样本的逐年递减趋势形成鲜明对比。例如，从全部样本农场平均来看，每年新入者有临时雇工农场的比例由 2014 年的 88.63％小幅降至 2018 年的 86.30％，种植类农场则由 91.76％下降至 87.67％，这都与同年相应农场的全部样本所呈现的"明显降势"形成鲜明对比；但粮食类农场有比较明显的下降趋势，由 2014 年的 91.03％下降到 2018 年的 84.11％——但这也比同期全部样本的下降幅度低很多，这是因为粮食类农场相对来说是最容易实现机械替代劳动力的。

不管哪类农场，劳动力问题的解决都需要更加完善的劳动力市场。因为农场主不可能靠自身劳动力禀赋、锁定常年雇工、利用机械替代劳动等方式解决所有问题，更何况雇工（特别是临时雇工）还面临着较为严峻的监督问题。

六、家庭农场的未来经营者分析

农业是永恒的产业，但家庭农场未必是永恒的经营主体。当前阶段，家庭农场是能很好解决我国农业发展问题的生产主体，有必要对其未来发展走向有所战略思考。尽管农场主对农场的未来传承等决策完全由其个人成本收益计算决定，但他们的决策加总起来的社会收益未必超过社会成本，因此有必要进行政策激励和引导。

监测数据表明，我国家庭农场的农场主们在自己退休或干不动后，一半以上农场主还没考虑过如何处置农场这个问题[①]，至少 1/3 的农场主准备让子女继承农场，一成左右准备给其他人经营；粮食类农场主准备采取给其他人经营方式的人占比明显偏高。（1）从全部农场来看，一半以上农场主还没考虑农场的未来处置方式，而且这类农场主占比由 2014 年的 51.89％增加到 2015 年的 56.86％。计划让子女继承的农场主占比由 2014 年的 41.52％下降到 2015 年的 33.89％；同时，准备采用给其他人经营方式的农场主占比由 2014 年的 6.59％增加到 9.26％（表 7）。（2）种植类农场主和粮食类农场主的相关情况基本类似，还没考虑如何处置的人占比至少一半，准备让子女继承的比重有所下降，同时准备给其他人经营的比重有所上升。特别是粮食类农场，准备采用给其他人经营处置方式的

---

① 需要说明的是，这个问题只在 2014 年和 2015 年进行了监测。

农场占比高于经济作物的种植类和畜牧养殖类农场。（3）相比"老农场主"们，家庭农场新入者，不管哪类农场，准备退休后把农场给其他人经营的农场占比都较高，而且，这些新入者回答还没考虑的农场比例也较低（表8）。

表 7　全部样本情况下农场主自己退休或干不动后，按农场处置方式分组的农场占比

单位：%

年份	全部农场			种植类			粮食类		
	子女继承	给其他人经营	还没考虑	子女继承	给其他人经营	还没考虑	子女继承	给其他人经营	还没考虑
2014	41.52	6.59	51.89	41.66	6.92	51.42	41.67	9.46	48.87
2015	33.89	9.26	56.86	33.06	10.48	56.46	31.33	13.26	55.41
平均	37.71	7.93	54.38	37.36	8.70	53.94	36.50	11.36	52.14

表 8　每年独有数据情况下农场主自己退休或干不动后，按农场处置方式分组的农场占比

单位：%

年份	全部农场			种植类			粮食类		
	子女继承	给其他人经营	还没考虑	子女继承	给其他人经营	还没考虑	子女继承	给其他人经营	还没考虑
2014	41.43	9.56	49.00	45.51	10.18	44.31	42.86	14.29	48.87
2015	31.99	11.78	56.24	29.89	14.02	56.08	27.27	18.61	55.41
平均	36.71	10.67	52.62	37.70	12.10	50.20	35.07	16.45	48.49

七、结论及政策建议

本文基于全国 31 个省（自治区、直辖市）2014—2018 年的监测数据，对我国家庭农场的自有劳动力（家庭成员）、常年雇工、临时雇工和未来经营者的用工特征进行了统计描述分析。研究表明：第一，当前经营家庭农场的家庭规模（4.5 人）显著高于全国平均水平（3.26 人），这表明相对农地流转市场而言，劳动力市场可能更不完善，因为显然是土地流向了人员（劳动力）多的家庭，而不是这些家庭多出来的人员（劳动力）流向了其他行业。实际上，农户在生产经营过程中将选择交易成本小的那个市场来实现最优要素比，家庭农场也会对农地流转市场和劳动力市场的不完善程度做出权衡判断，进而做出是"人随地走"还是"地随人走"的决策。我们的数据进一步发现，这些家庭农场的家庭约3/4 的成员在农场工作。第二，六成农场有常年雇工，雇工平均年龄约 50 岁且逐年增大，粮食类农场的雇工年龄更大；特别发现那些新农场中进行常年雇工的农场占比逐年递增，与"老农场"的微降趋势形成对比；这些结论预示着六成家庭农场都通过常年雇工来锁定雇用关系，而且新农场的这种行为逐年增多。不排除常年雇工有满足特殊岗位的需要，但当前阶段常年雇工很大程度上是为了解决"随需随雇"和劳动力监督的难题①。第三，八成农场在雇用临时雇工，雇工的平均年龄逐年增加，粮食类农场的雇工年龄更大。第四，在未来经营者方面，一半以上的农场主没考虑过自己退休后如何处置农场，至少1/3的人准备让子女继承，一成左右的人准备给其他人经营。可以想象，如果劳动力市场比较完善，那么，农场的未来经营者问题也自然消失，因为农场主可以把农场非常便捷地转给一个合格的承接者；否则，只能寄希望于血缘关系的儿女继承来解决农场未来的经营问题。

上述结论表明，家庭农场在生产经营的时候，除了农场主外，还要根据自身禀赋条件和外在条件去充分利用家庭自有劳动力、常年雇工和临时雇工来完成生产经营，同时还要考虑家庭农场未来的传承问题。如结论所示，并不是所有的家庭农场都有充分的自有劳动力可以用来经营农场，并不是所有的农场都能雇用到常年雇工和临时雇工，也并不是任一家庭农场可以如愿以偿地雇到所希冀年龄的劳动者，更不是每个农场都能轻松自由地解决未来传承问题，所有这些很大程度上是因为家庭农场所在劳动力市场不完善和其他条件约束造成的。如果劳动力市场能够得到进一步的完善，农地产权制度和农地流转市场能得到进一步的改进，家庭农场的具体政策能进一步建立健全，将有更多的劳动力（人才）投身家庭农场事业，同时他们经营家庭农场时将有更多的选择空间，其生产经营也将达到一个更优的均衡状态。为此，应从如下方面入手：

第一，以"三权分置"为核心深化农地产权制度改革。明确经营权的产权属性，提升经营权的稳定性，为家庭农场能够长期稳定经营土地提供条件；积极开展二轮到期三轮延包的衔接工作，将届时延包工作对当前农业规模经营的负面冲击降到最低。

第二，完善农地流转市场，让家庭农场成为一个"既能进、也可出""进也快、出也快"的生产领域。一是鼓励开展农地流转服务，鼓励农民合作社和相关个体或企业开展农地流转服务，让愿意经营家庭农场的人能够便捷地获得土地。二是鼓励各地积极探索"家庭农场整体流转"服务，方便退出经营的家庭农场仍能以整体农场形式转手给下一个经营者，尽可能降低经营者更换对农场整体性的负面冲击。一个家庭农场的形成要克服很多类似于聚集土地、雇用劳动者等交易成本，成形的农场可能还包括很多土地整理、基础设施修建等专用性投资，现在经营者退出后对整个社会而言最节约的方式就是将整个农场直接转手到下一个经营者手里，而不必将组织起来的土地再退回到各承包户手中。为此，政府或者相关流转中介组织可以做一些无缝对接服务，比如租金担保、资产专用性投资的核实和评估等。但需要强调的是，一切服务要充分尊重退出者与接手者的意愿。三是鼓励家庭

---

① 课题组2019年在辽宁抚顺调研的一个家庭农场的常年雇工基本都是农场主的亲戚（姐夫、小舅子等），主要原因是关系稳定、用起来放心。

农场与承包户签订长期的流转合同，条件允许的情况下对规模经营的最低期限设一定要求。

第三，建立健全城乡一体化的劳动力市场。一是消除劳动力在城乡之间双向流动的障碍，允许任何一个想要经营家庭农场的劳动者成为农场主。二是加快推进农民职业化工作。研究并确定农民职业属性，并进行社会保障、儿女教育、农村住房等配套改革，使农民成为体面职业，这是确保农业（以及家庭农场）"拴住"人才的根本和长久举措。只要让家庭农场主成为体面职业，让经营家庭农场的人获得体面生活，传承问题自然可以解决。

第四，建立健全家庭农场发展支持政策体系。一是鼓励乡村能人、返乡人员、大中专毕业生、农业科技人员等人才创办家庭农场。二是健全家庭农场经营者培训制度。各地根据中央发布的《关于实施家庭农场培育计划的指导意见》制定家庭农场经营者培训实施细则，对有意愿经营家庭农场的人和目前农场经营者开展必要的培训，提升从业者的整体素质。三是积极探索对家庭农场的财政补贴政策。家庭农场是典型的规模经营主体，在当前中国农业逐渐走向规模化经营的阶段，农业政策的制定和实施要充分考虑规模经营主体的政策需求，提升政策的精准性和实施的激励兼容程度。

参考文献：

[1] 杜志雄. 把家庭农场培育成高质量的新型农业经营主体 [J]. 农村经营管理，2019（11）：16-17.

[2] 张宗毅，杜志雄. 土地流转一定会导致"非粮化"吗?：基于全国 1 740 个种植业家庭农场监测数据的实证分析 [J]. 经济学动态，2015（9）：63-69.

[3] 杜志雄，刘文霞. 家庭农场的经营和服务双重主体地位研究：农机服务视角 [J]. 理论探讨，2017（2）：78-83.

[4] 刘文霞，杜志雄，邬亮亮. 玉米收储制度改革对家庭农场加入合作社行为影响的实证研究：基于全国家庭农场监测数据 [J]. 中国农村经济，2018（4）：13-27.

[5] 郭熙保，冯玲玲. 家庭农场规模的决定因素分析：理论与实证 [J]. 中国农村经济，2015（5）：82-95.

[6] 谌润杰，邹富良. 家庭农场与传统农户劳动生产率比较研究：基于江苏省镇江市部分家庭农场的调查 [J]. 中国集体经济，2018（9）：1-4.

[7] 吴清华，周晓时，李俊鹏. 非农经营收入与家庭农业劳动供给：基于家庭农场调查数据的实证分析 [J]. 华中农业大学学报（社会科学版），2019（3）：61-70，161.

[8] 邬亮亮，杜志雄. 教育水准、代际关系与家庭农场演进的多重因素 [J]. 改革，2016（9）：48-58.

[9] 钱龙，杜志雄. 农地租约期限结构对家庭农场主代际传承意愿的影响 [J]. 改革，2019（3）：5-17.

小农户与家庭农场：内涵特征、属性差异及演化逻辑[①]

家庭农场具有内在制度优势，是现阶段中国"最适宜""最合意"的新型农业经营主体，也是新时代国家农业政策的重点扶持对象。与小农户相比，家庭农场与其他相关利益主体博弈时具备更强的讨价还价能力，组织治理效率较高。从行为动机上看，家庭农场以实现利润最大化为目标，更加注重生产要素的优化配置；从经营特征上看，家庭农场农业专业化水平更高，更加具备生态自觉性和合作意识，更需要农业社会化服务。当前，中国农村社会整体上进入了"制度化的半工半耕的小农经济形态"，农业经营主体的兼业化、低质化趋势越发严重，农业发展面临严峻挑战。因此，必须打破小农经济的这种制度锁定状态，加快推进城镇化进程，降低小农户向农业规模经营主体演化的交易成本，使小农户沿着"纯农户—家庭农场"或者"纯农户—兼业户—家庭农场"的路径演化。

2013 年中央一号文件提出，鼓励和支持农户承包的土地向专业大户、家庭农场、农民专业合作社流转，"家庭农场"概念首次出现在中央一号文件中；2015 年中央一号文件强调进一步推动包括家庭农场在内的新型农业经营体系的构建与发展，对家庭农场的扶持要落到实处；2016 年中央一号文件确立了将家庭农场等新型农业经营主体发展成为建设现代农业骨干力量的重要目标，对其进一步的发展方向作了具体指导；2019 年中央一号文件强调，要突出抓好家庭农场和农民合作社两类新型农业经营主体，启动家庭农场培育计划；2020 年中央一号文件进一步强调，"重点培育家庭农场、农民合作社等新型农业经营主体"。中央对家庭农场的扶持具有较强的连续性、一贯性特点，而且随着家庭农场日益发展壮大和对家庭农场认识的不断深化，扶持家庭农场发展的政策更加具有针对性、可操作性，含金量也越来越高。这表明，培育壮大家庭农场是促进农业高质量发展和推动乡

---

① 本文原载于：王新志，杜志雄. 小农户与家庭农场：内涵特征、属性差异及演化逻辑［J］. 理论学刊，2020（5）：93-101.

村振兴的重要内容，是新时代国家的重大农业政策导向和经济主战场。由此，如何深刻认识家庭农场在现代中国农业生产经营体系中的地位和作用，促进小农经济逐步向家庭农场演化，既是重要的理论命题，也是亟待展开系统研究的重要现实课题。

一、小农户与家庭农场的内涵特征分析

（一）小农户的内涵特征

国外关于小农经济性质的争论已经持续了数百年之久，初步形成了三大理论流派：以舒尔茨为代表的"理性小农"理论、以切亚诺夫为代表的"道义小农"理论和以马克思为代表的"剥削小农"理论。国内学者依托中国小农经济的丰富实践，借助国外经典的小农经济理论，对我国小农家庭经济的性质进行了深入的探讨。如著名学者黄宗智在总结上述三大理论流派的基础上指出，"理性小农""道义小农""剥削小农"这三大理论流派都具有其一定的合理性，能解释特定状态下的小农行为，但是"小农"这三个方面的性质是密不可分的统一体，三大理论流派只是各自反映了这个统一体的一个侧面，无法对处于急剧变革中的中国小农户的性质作出较为合理的解释。黄宗智通过深入研究 20 世纪 30 年代中国华北地区小农户的历史资料，提出了中国传统小农内卷化的概念，即：在边际产出小于边际投入且劳动边际报酬已经很低的情况下，为了获取微薄的收入，小农户仍然会不计成本继续向土地投入精耕细作的劳动，实质上是"没有发展的增长"[1]。

小农户属于多元性社会生产关系集合的范畴[2]，其内涵具有历史的动态开放性，随着社会情境的变迁而不断变化，至今尚未形成一个统一的标准。其最初的内涵源自恩格斯对"小农"的经典界定：小农是小块土地的所有者或租佃者——尤其是所有者，这块土地既不大于以自己全家的力量通常所能耕种的限度，也不小于足以养活他的家口的限度。在当前中国语境下，本文认为小农户的内涵可以界定为：以家庭经营为基础，以家庭成员为主要劳动力，从事农业小规模经营，集生产与消费于一体的农业微观经济组织。

（二）家庭农场的内涵特征

从国内外现有的研究成果看，学术界没有形成一个统一的、公认的家庭农场的内涵，而是随着经济社会制度的变迁，其内涵也随之动态演进。如卜凯从广义的视角界定了家庭农场的内涵："一切以农户家庭为基本单位专业从事农业生产，并为社会提供农产品的经济组织都可称为家庭农场。"[3] 更多的学者则主要从产业组织的视角来界定家庭农场的内涵。如高强等将家庭农场界定为一种新型农业微观经营主体，该组织以农户家庭经营为基础，集约使用现代农业生产要素和秉承现代农业经营理念，从事专业化生产、社会化协作和规模化经营[4]。杜志雄和肖卫东则对家庭农场中"家庭"的概念进行了深化，指出家庭

具有独立市场决策行为能力、职业和收入体面[5]。孔祥智和毛飞从我国家庭农场的实践出发，将家庭农场界定为从事农业规模化、机械化和知识化生产并在工商部门登记注册的专业大户[6]。马华等认为，家庭农场属于现代型、法人型、中间型农业经营主体，代表了农业新生产力发展的方向，在没有改变家庭经营外壳的情况下，改变了生产要素的作用方式[7]。房慧玲首次从企业的视角界定了家庭农场的内涵，她认为，家庭农场就是"适应现有生产力水平与市场要求进行专业化生产，进而形成适度规模经营的农业种养的农户企业"[8]。黎东升等进一步深化了对家庭农场企业本质的认识，认为家庭农场是以农户家庭为基本农业生产组织单位，以市场为导向，以最大化利润为动机，从事农林牧渔生产、加工和销售，实行自主经营、自我积累、自我发展、自负盈亏的适度规模的企业化经济实体[9]。高帆认为家庭农场兼具传统农户和农业企业的双重特性，是"介于单个农户和农业企业两者之间的中间型经营组织方式，与其他两种农业组织形态存在着多种差别"[10]。2014年农业农村部发布的《关于促进家庭农场发展的指导意见》指出，家庭农场以农民家庭成员为主要劳动力，以农业经营收入为主要收入来源，从事规模化、集约化、商品化农业生产。

国际组织和很多国家对家庭农场的内涵也进行了界定。如联合国粮农组织（FAO）将家庭农场定义为"主要依靠家庭成员劳动和经营的农场"。美国界定家庭农场的标准主要有两点：农场主要经营者及与主要经营者有血缘、婚姻关系的人员拥有农场50％以上的所有权、农场现金总收入达到1 000美元。日本界定家庭农场的标准主要是：农业收入是农场的主要收入来源、土地经营规模必须足够大。法国界定家庭农场的标准主要是：以家庭劳动力为主从事农业规模经营，农场经营规模必须与家庭劳动力的经营管理能力相匹配，必须有正规的会计核算体系。荷兰界定家庭农场的标准主要是：家庭农场以农业收入为主，农场必须达到一定规模，以家庭成员为主要劳动力。

借鉴上述家庭农场的内涵界定，结合我国农业农村经济发展的实际情况和人多地少的国情，本文认为，中国语境下家庭农场的内涵至少应该包含以下几个方面的维度：从组织性质看，家庭农场要以农户家庭为基本生产单位；从劳动性质看，农户家庭成员是家庭农场的主要生产经营者，雇工劳动只能起到辅助作用；从经营规模看，家庭农场必须从事农业规模经营，但是其经营规模应该适度，不宜过小也不宜过大；从收入来源看，家庭农场必须是家庭经营的主业，农业收入应该是家庭收入的主要来源。

二、小农户与家庭农场组织治理效率的差异

从经济学的视角看，组织治理结构是关于组织控制权和剩余索取权分配的一整套制度性安排，有效率的组织治理结构能够在较大程度上降低各利益相关主体的交易成本，从而

实现治理收益最大化和治理成本最小化。在与其他利益相关主体博弈时，小农户由于缺乏影响市场的力量而处于弱势地位，而家庭农场在要素市场和农产品市场上都具有一定的影响力，在与其他相关利益主体博弈时具有较强的讨价还价能力，因而拥有较高的组织治理效率。

从 2018 年全国家庭农场监测数据看，与 2016 年第三次全国农业普查数据相比，粮食类家庭农场主的平均年龄明显低于全国农业生产经营人员（小农户）平均年龄[①]；粮食类家庭农场主受教育程度远高于全国农业生产经营人员（小农户）[②]。1 057 个粮食类家庭农场平均经营土地面积 361.74 亩，平均纯收入为 15.99 万元，同期农村居民家庭总收入约为 4.79 万元。可见，与小农户相比，家庭农场主大多文化程度高，土地经营规模较大，整体经济实力较强。同时，小农户整体上处于分散、封闭的状态，组织程度低，在要素市场和产品市场上处于近乎单打独斗的状态，在与其他有组织的相关利益主体进行博弈时，明显处于"信息劣势"和"组织劣势"地位，缺乏市场影响力。作为新型农业经营主体，家庭农场主人脉关系和社会资源都比较广，能够有效获取相关市场信息和政策信息，农产品销售和农资购买均具有一定的规模，在与其他相关利益主体博弈时具备较强的市场谈判地位。

（一）与小农户相比，家庭农场在要素市场上更具有影响力

在农业生产要素市场上，小农户在与化肥、农药、种子等农资经销商打交道时常常面临高昂的交易成本，处于信息弱势地位，无法全面了解所要购买农业生产资料的市场信息和科技含量，也无法准确把握生产要素的价格，部分小农户甚至花高价购买了劣质的化肥、农药、种子，给农业生产造成了较大的经济损失。

与小农户相比，家庭农场的农资需求有其自身的特点：家庭农场一次性需要购置数量较大的农资产品，具有较强的市场谈判能力；家庭农场为追求利润最大化，在购买农资时会进行成本控制，且更偏好高效、药效时间长、低残留的农资；家庭农场不仅需要农资经销商的农资产品，更需要其相关配套服务，如为农作物提供病虫害防治等；为了降低农业生产成本，家庭农场会积极通过互联网、农资大会等渠道搜集农业生产资料的相关信息，比较熟悉各种农资的情况，在选购农资时也会进行大量筛选。作为农资市场上的优质客户，家庭农场自然会成为农资经销商们所追逐的重要目标。为了获得与家庭农场长期稳定

[①]　目前，我国农业经营主体仍然以小农户为主，因此全国农业生产经营人员可以近似为小农户。

[②]　2018 年全国家庭农场监测由农业农村部和中国社会科学院农村发展研究所合作开展，监测样本覆盖全国 31 个省（自治区、直辖市），每个省份选择 3 个样本县约 100 个家庭农场，2018 年获得 2 950 个有效样本。在 1 848 种植类家庭农场中，粮食类家庭农场 1 057 个，养殖类家庭农场 353 个，种养结合类家庭农场 674 个。本文主要以 1 057 个粮食类家庭农场为研究对象。感谢全国家庭农场监测团队成员在前期数据收集与处理中所做的大量工作。

的合作关系，农资经销商之间会进行激烈的市场竞争，为家庭农场提供各种形式的促销打折服务，针对家庭农场农资需求的特点构建相应的营销网络服务。可见，小农户与农资经销商之间是多对一的关系，家庭农场与农资经销商之间是一对多的关系，所以家庭农场拥有更多的选择集合和筛选余地，在市场上具备更高的谈判地位。

（二）与小农户相比，家庭农场在农产品销售市场上更具有影响力

在农产品销售市场上，小农户的利润常常被农产品收购商所挤占。小农户大多销售渠道狭窄，交易手段落后，销售产品数量少并且多为没有经过加工的初级农产品，在与几乎处于绝对垄断地位的农产品收购商博弈时毫无市场地位可言，受到农产品收购商的层层盘剥。小农户根本无法分享农产品研发、育种、加工、销售等产业链上的价值增值，而这些环节正是农产品产业链上主要的价值增值环节。而在小农户能获益的农业种植环节，其利润只占到整个产业链价值增值非常小的一部分，但就是这一小部分农产品种植环节的利润，也常常被具有垄断地位的农产品收购商挤占，导致小农户在农业产业链上价值增值分配中遭受严重不平等、不公平的对待。

与小农户相比，家庭农场在农产品销售市场上能够获取更高的利润。许多家庭农场生产绿色、有机、生态、高效农产品，为农产品注册商标和品牌，占据农产品高端市场，分享农产品附加值；许多家庭农场拓展生产经营范围，延长农业产业链条，如一些家庭农场以农业生产为依托，大力发展休闲观光采摘农业，在让消费者体验农业生产乐趣、生态文化的同时获得农产品增值收益；一些家庭农场以自家生产的农产品为原料发展净化、包装、分类等农产品初级加工，甚至有些家庭农场进行农产品深加工，获得农产品加工环节的利润。家庭农场销售农产品的渠道相对比较通畅，既可以把农产品销售给普通的收购商，也可以直接销售给农民合作社和农业企业。在 2018 年调查的 1 057 个粮食类家庭农场中，有 27.08% 的家庭农场已经与农业产业化龙头企业建立了较为紧密的联系，成为农业产业链条中的重要一环，有效地促进了农村三次产业的融合发展。在原有传统销售渠道的基础上，随着网络信息技术的日益发展，家庭农场也开始通过网络平台销售农产品以获取营销环节的收益。

（三）与小农户相比，家庭农场对地方政府的农业政策更具有影响力

在与地方政府进行博弈时，小农户无法影响到政府农业政策的制定与实施。当前小农户组织化率仍然不高。截至 2018 年 12 月，加入农民合作社的农户有 7 400 万户，仅占全国农户数的 25% 左右，还有相当数量庞大的小农户没有参加农民合作社，而且大约 80% 的农民合作社或者是为了套取国家的财政资金，或者是地方政府出于政绩需要成立的，基本上是形同虚设，无法起到带动农户的作用。正是由于小农户的组织化程度低，没有形成

压力集团，无法对政府农业政策产生实质性影响。

与小农户相比，家庭农场能够享受更多的政策优惠。作为新型农业经营主体，家庭农场的发展壮大自然受到各级政府的重视，甚至有些地方政府把家庭农场的发展作为地方政绩考核的目标，针对家庭农场发展中存在的问题给予大量的政策扶持。2018 年的调查显示，在 1 057 个粮食类家庭农场中，有 56.07％的农场获得了各级政府的补贴，平均补贴金额为 6.32 万元。在涉农财政政策方面，各级政府通过直接补助、以奖代补、项目扶持等方式，优先给予家庭农场安排农业综合开发、农田水利建设、土地整治等项目，支持家庭农场开展农产品质量安全认证、品牌建设、农机购置、种苗繁育、精深加工、市场营销等；在金融保险政策方面，各级政府通过创新农村金融产品和服务、担保保险、贷款贴息等方式扶持家庭农场发展；在土地流转方面，各级政府健全了土地流转服务体系，鼓励土地向家庭农场流转，给予家庭农场土地流转补贴；在人才政策方面，各级政府也把农村人才培训工程向家庭农场倾斜，优先培训家庭农场主。

三、小农户与家庭农场的行为动机与经营特征差异

（一）与小农户相比，家庭农场更追求利润最大化

行为动机是驱使决策人从事各种经济活动的内在原因，是决策人为了达到一定目标所展现出的意愿和内在动力。在其他外部条件相同的情况下，行为主体性质的差异直接决定着其行为动机的差异。与传统的自给自足、处于封闭状态的小农不同，现代小农户家庭越来越被广泛和深入地卷入到一个高度开放、流动、分化的社会中，社会化开始成为小农户家庭经济生产、生活的重要标签。然而社会化在给小农户家庭经济生产、生活注入新的活力的同时，也给他们带来了新的压力，使他们的生活面临着更大的风险和不确定性，这种风险和不确定性给他们带来了货币化的压力，其结果是小农家庭经济围绕着货币而开展，其行为动机是货币收入最大化，以缓解生产生活社会化带来的现金支出压力，而非像理性经济人那样追求利润最大化[11]。

与小农户一样，社会化也是家庭农场的特征之一。家庭农场农业生产的产前、产中、产后各个环节都离不开社会化的支持：产前环节需要从市场上购买化肥、农药、种子等农业生产资料，产中环节需要从社会上购买机耕机播机收、病虫害防治、技术指导等服务；产后环节需要从社会上购买运输、烘干、加工、销售等服务。与小农户相比，家庭农场由于经营规模较大、经济实力较强、融资渠道比较宽（相比小农户，正规金融机构更偏好向家庭农场贷款，2018 年的调查显示，2017—2018 年有 55.53％的家庭农场从农村信用社、邮政储蓄银行等正规金融机构贷过款）。虽然社会化是家庭农场的特征之一，但是社会化没有给家庭农场带来过大的现金支出压力，因此社会化不是其最主要最关键的特征。相比

大部分小农户的兼业化经营，大部分家庭农场都是把从事农业生产作为一项职业和一项事业来经营，其绝大部分收入也来源于农场的生产经营，因此，其行为动机不会像小农户那样追求货币收入最大化，而是以追求利润最大化为目的。他们往往会详细记录家庭农场的每一笔收入和开支，按照边际收入等于边际成本的成本效益核算方式对农业生产经营进行核算，成为以企业经营的理念来经营农场、自主经营、自负盈亏、自我发展、自我约束的现代农业经济组织。在 2018 年调查的 1 057 个粮食类家庭农场中，72.37％有比较完整的收支记录。可见，家庭农场更加具有市场意识、现代经营管理意识和风险防范意识，对农业生产新技术、新品种、新设备、新管理等现代生产要素的需求更加强烈，家庭农场可以通过适度规模经营，以边际成本递减的方式使用先进的生产技术和管理方式，提高农业生产的社会化分工和专业化水平，使生产要素的投入水平达到最佳组合，降低农业经营的生产成本和交易成本，发挥出农业生产的规模经济效应，不仅可以把土地产出率尽可能提高到最佳，也可以兼顾劳动产出率的均衡提高，以实现劳动、土地、资本、技术等生产要素的优化配置和更新来达到最佳效益。

（二）与小农户兼业经营相比，家庭农场农业专业化水平更高

现代经济理论认为，专业化是经济增长的源泉。然而，小农户的兼业化经营影响了农村劳动力生产效率的提高，制约了农村经济的增长。长期以来，耕地少、人口多一直都是我国农业农村发展所面临最大的国情，小农户单纯依靠从事农业经营，在农业内部无法实现充分就业，家庭经济日常的消费也难以持续。在我国城镇化、工业化的大潮下，很多小农户的主要劳动力纷纷到城镇从事非农产业。但是外出打工的农民大多文化程度较低，技能水平也不高，多以体力劳动为主，收入水平不高，就业也不稳定。因此，农民工在城镇打工难以实现较为稳定的就业，获得足以在城镇维持体面生活的收入，也无法彻底融入城镇。可见，小农户无论是单靠从事农业生产经营还是离开农业到城镇打工都无法维持较为体面的生活，他们理性的选择就是"农业＋外出打工"，从而导致农村社会整体上进入一种所谓的"制度化的半工半耕的小农经济形态"，农业经营主体的兼业化、低质化趋势愈发严重，劳动生产率难以得到提高。

与小农户相比，家庭农场经营规模较大、经济实力较强，家庭成员在农业内部就可以实现较为充分的就业。在 2018 年调查的 1 057 个粮食类家庭农场中，平均经营土地面积 361.74 亩，每个家庭农场平均拥有 2.87 个自有劳动力，家庭农场成员完全可以在农业内部实现充分就业。从家庭收入看，2018 年全国家庭农场平均总收入为 65.04 万元，平均总成本为 49.05 万元，平均纯收入为 15.99 万元，同期农村居民家庭总收入约为 4.79 万元，家庭农场的平均纯收入水平要远远高于一般的小农户。从人均净收入看，2018 年全国家庭农场自有劳动力的年均净收入为 6.66 万元；2018 年外出务工农民工人均年均收入

4.93 万元，家庭农场自有劳动力的年均净收入要高于外出农民工的年均打工收入。2018 年城镇私营单位就业人员年平均工资为 4.95 万元，家庭农场自有劳动力的年均净收入也高于城镇私营单位就业人员的年均工资。因此，家庭农场经营规模大、收入水平高，足以使其成员安心从事农业专业化生产，从而切实保障我国粮食安全。

（三）与小农户相比，家庭农场更加具备生态自觉性

在小农户占主导的农业经营模式下，成千上万的小农户分散经营、独立进行生产决策，确保农产品质量安全的难度极大。一般情况下，在农业生产中，小农户难以有效获得科学的生产知识和技术指导服务，无法清楚地了解农药、化肥等要素的合适使用剂量，主要依靠以往的耕作经验和观察来主观决定使用农药等要素剂量的大小，"以病试药"已经成为较为普遍的现象，从而难免导致农产品的农残超标。同时，收购商关注的重点在于农产品的大小、新鲜度、色泽等可以直接观察到的外观属性，对那些无法直接观察到的诸如化肥、农药、饲料和重金属残留等内在属性，由于检测成本较高或者难以大批量检测，销售商常常没有办法检测。而且，即使农产品被发现存在质量安全问题，由于同类农产品供给者的数量极大，造成农产品质量安全问题的单个小农户也难以被追溯到。因此，在几乎无安全责任的情况下，小农户缺乏应有的激励约束机制来保证农产品质量安全。

相较于小农户，作为新型农业经营主体，在一个区域范围内，家庭农场具有较强的示范带动效应，他们往往都是各级政府农业生产技术、农业田间管理等培训的重点，特别是家庭农场经营规模大，在使用农药化肥等生产资料时会充分考虑成本收益问题，因此会在技术人员的指导下合理有效地使用化肥农药等，使其发挥最大的效益。而且在当前消费者日益重视农产品质量安全甚至愿意以较高的价格购买质量安全的农产品的情况下，追求利润最大化的动机会更加激励家庭农场转变农业生产方式，由原先的单纯追求农产品数量向质量和数量并重转变，由单纯注重经济效益向生态和效益并重转变，以生产出品质优良、生态安全的农产品。如有些家庭农场构建了农产品质量安全追溯体系，详细记录整个产业链农产品的生长情况、种子化肥农药等使用情况、加工销售情况，实现了农产品供应链每个环节都有记录、可以查询农产品相关信息、跟踪农产品的具体流向，出现问题可以直接追究相关人员的责任，能够及时召回有问题的农产品，增强了农产品生产的透明度，切实保障了农产品的质量安全。

从 2018 年调查的 1 057 个粮食类家庭农场主要作物亩均化肥、农药使用量与周边小农户比较看，41.53% 的家庭农场亩均化肥使用量低于周边小农户，45.32% 的家庭农场亩均化肥使用量和周边小农户持平，13.15% 的家庭农场亩均化肥使用量高于周边小农户；48.63% 的家庭农场亩均农药使用量低于周边小农户，44.47% 的家庭农场亩均农药使用量和周边小农户持平，6.91% 的家庭农场亩均农药使用量高于周边小农户。上述数据表明，

与周边小农户相比，家庭农场是具有生态自觉性和生态效率的新型农业经营主体，能够主动减少化肥农药的使用量，更加关注农业生态效益，实现农业的可持续发展。

（四）与小农户相比，家庭农场更加具备合作意识

从总体上讲，当前我国农民合作社的发展仍处于初级阶段，经济规模小、综合实力较弱、服务能力较差，特别是有大量的农民合作社处于不规范运作的状态，根本起不到带动农村经济发展的作用。为什么对农民有利的合作制度在现实生活中难以得到顺畅发展呢？根本原因在于合作行为与其他经济行为一样是有成本收益的。虽然从长远看，合作行为所带来的总收益要远远大于合作行为所需要付出的成本，但是对于单个分散的小农户来讲，独立承担合作成本却要大于合作所带来的收益，此时单个小农户理性的选择是自己搭便车享受他人组织合作的收益，由其他人承担合作行为的成本。正是单个个体的经济理性导致集体的经济非理性，从而使合作行为陷入"囚徒困境"。农民并非没有合作的意愿，而是无法支付达成合作的成本。

相较于小农户，家庭农场经营规模大，即使是单位土地面积成本的少量降低或者单位土地面积收益的少量增加，都会给家庭农场的总收入带来较大的变化，从长远来看与其他农业经营主体进行合作将会给家庭农场带来更大的利益，因而家庭农场具有强烈的联合和合作的需求。家庭农场大多综合经济实力较强、人力资本水平和社会资本水平都比较高，既可以以家庭农场为依托形成较强的向心力，也有经济能力支付达成联合和合作所需要的投入。因此，家庭农场不但有较为强烈的合作意愿，而且具备达成合作意愿的能力，使得家庭农场领导小农户或者家庭农场之间联合起来成立农民合作社变得更加可行，以此来共同抵御风险、提高农业生产的效率，并且联合起来形成强大的市场主体，提高他们在市场交易中的谈判地位，强化其对抗农业龙头企业的市场博弈力量，改变其在市场上的弱势地位，在整个农业产业链上获取更大的收益。在2018年调查的1 057个粮食类家庭农场中，21.00%的家庭农场主是农民合作社的主要负责人，32.30%的家庭农场加入了农民合作社，这都充分说明了家庭农场参与农业合作的意愿和能力都比较强。

（五）与小农户相比，家庭农场更需要农业社会化服务

近十年来，随着我国农业社会化服务体系的快速发展，小农户在农业生产的诸多环节越来越多地开始使用农业社会化服务，特别是在农业机械化作业方面。然而，小农户土地经营规模小，地块较为分散、零碎，使用农业社会化服务的成本相对较高，从中获取的直接收益并不是特别明显，"增收节支"的效果亦有限。从节约农业生产成本的角度出发，小农户更愿意自己动手、丰衣足食。比如在整地、播种、施肥、病虫害防治、运输等力所能及的生产环节中，小农户亲力亲为的现象仍然普遍存在。虽然使用社会化服务能够降低小农户的劳动

辛苦程度，但是同时也增加了他们的农业生产成本。因此，小农户对农业社会化服务的需求并不十分的强烈，大多只是简单替代辛苦劳动的较低层次、部分农业生产环节的需求，而对农业科技服务、测土配方施肥等较高层次以及成套的农业社会化服务的需求则相对不高。

相比于一般小农户，家庭农场生产规模较大，基于分工的生产专业性较强，农业生产产前、产中、产后各个环节之间的联系也很紧密。如果在部分生产环节使用人工劳动，往往在较短的时间内需要较大数量的农业劳动力，这就会显著增加家庭农场对农业劳动力的搜寻、协调、管理、监督成本，进而增加农业生产所面临的风险。城镇化进程的快速推进也使农村青壮年劳动力日益短缺，直接推动了农业生产人工费用的急剧上涨，有可能极大地增加农业生产成本。因此，与一般农户相比，家庭农场更加迫切需要农业生产产前、产中、产后每个环节全程化的农机作业服务[12]。而且，家庭农场作为新型农业经营主体，耕地规模大、成方连片、品种相对比较单一，能够在较大程度上克服小农户因耕地面积分散、地块狭小而无法发挥农业社会化服务优势的难题，可以大大提高农业社会化服务的效率。更为重要的是，在利润最大化动机的激励下，家庭农场会结合自身的实际需求，按照专业化、社会化大生产的要求实现新品种、新技术等生产要素的优化配置和更新，而这些先进农业高新技术的推广应用需要较高技术水准的农业社会化服务组织来提供，因此家庭农场对农业社会化服务需求的层次要明显高于小农户。

四、小农户向家庭农场演化的逻辑

从上述分析可以看出，促进小农户向家庭农场演化属于典型的帕累托效率改进，能够显著提升我国的农业综合生产能力和国际竞争力。然而，小农户向家庭农场演化也并非是自然而然、水到渠成的过程。改革开放 40 多年特别是进入 21 世纪以来，我国经济社会发展面临着"百年未有之变局"，深度融入世界经济格局，市场化进程日益加快，小农户也被广泛而深度地卷入到高度开放、流动、分化的现代社会中，这给他们的生产生活注入了新的活力，使他们获得了更多在非农领域的选择机会，也使他们面临着更大的市场风险和不确定性，小农户自身也开始逐步动态分化。

近些年来，我国农业社会化服务业取得了突破性进展，农业生产性服务能力大大增强，这为农业适度规模经营和提高农业生产效率提供了重要的支撑和保障。部分有远见、有经济实力的小农户在意识到土地规模经营的潜在利润后，便向周边农户流转土地从事农业规模经营。家庭农场等新型农业规模经营主体迅速崛起，推动了农业经营体系的创新和经营制度的变迁。但是，对于大部分小农户来讲，他们无力承担向规模农业经营主体转型的高额交易费用，因此只能到城镇从事非农产业以增加家庭收入，不过由于他们中大多数非农就业层次较低、劳动关系不稳定、收入不高，单靠非农就业收入也难以确保小农户整个家庭经济的可持续和稳定运转，从而形成所谓的"以代际分工为基础的半工半耕"生计模式[13]，在无外力帮助下，大多数小农户既无力从事专业化、规模化的农业经营，也无法彻底摆脱农业产业成为城镇居民，从而陷入一种半工半耕、兼业化经营、低效率的制度锁定状态。

同时，从整体上看，我国家庭农场尚处于初期发展阶段，其制度优势和辐射带动能力还没有得到充分释放，仍面临一系列现实困难和制约瓶颈。如土地连片流转租金越来越高，家庭农场生产成本显著上升，增加了家庭农场经营风险；土地承租契约的不完全、不稳定、不规范，缺乏运作良好有效的协商机制和农业经营风险共担机制，制约了家庭农场的健康可持续发展；农业基础设施仍然比较薄弱，农业生产条件相对落后，防御自然灾害能力较弱；农业保险险种少，产品设计不够合理，补偿标准过低，理赔程序复杂，农业保险远远不能够满足家庭农场的实际需求；等等。现实中有些家庭农场未能妥善处理好上述困难和问题，导致生产经营面临着种种困境，甚至少部分家庭农场因巨额亏损而破产倒闭，这也给小农户向家庭农场演化带来了负面效应，小农户转型从事农业规模经营的积极性严重受挫。

综上所述，加快小农经济整合、促进小农户向家庭农场演进应该重点沿着两条主线展开：一是强化农民变市民的政策扶持，加快推进城镇化进程。从 2018 年调查的 1 021 个有转入土地的粮食类家庭农场看，转入土地来自农户数的平均数是 58.01 户，中位数是 29 户，最大值是 1 400 户，平均从每个农户流转入 3.59 亩土地。上述数据意味着，发展 1 个家庭农场平均要转入 58 个农户的土地。因此，要想实现小农经济向农业适度规模经营转型，必须强化政策扶持，加快小农户非农化进程，使农民能够在城镇安居、安业、安心、安家。如加大农民工培训力度提高他们的就业层次、健全农民工社会保障政策提升他们的就业稳定性、深化农村集体产权制度改革让农民放心进城等政策，使小农户沿着"纯农户—兼业户—非农户"或者"纯农户—非农户"的路径演化。二是加大政策扶持力度，降低小农户向农业规模经营主体演化的交易成本，打破小农经济的制度锁定状态，促进农业适度规模经营。如加大资金政策扶持力度、实施粮食作物完全成本保险、农产品质量保证保险和土地流转保险、大力发展农业生产性服务业为家庭农场提供规模化服务等，加快推动我国由小农经济为主的农业经营方式逐渐向适度规模经营的家庭农场经营方式转型，使小农户沿着"纯农户—家庭农场"或者"纯农户—兼业户—家庭农场"的路径演化。

小农经济的这两条整合路径是相辅相成、相互促进的，只有加快城镇化进程，让大多数小农户彻底离开土地进入城镇从事非农产业，家庭农场才能有稳定的土地经营规模和足够的生存发展空间；家庭农场的平稳可持续发展，也能够使小农户获得稳定的土地租金收入，提高他们在城镇生活的稳定性，促进城镇化进程。小农经济的这两条整合路径都属于诱致性制度变迁的范畴，具有渐进性、平稳性的特点，新旧制度变迁轨迹平滑、衔接较好，不会引起较大的社会动荡，也是符合我国人多地少的基本国情、制度变迁成本较低的一种方式。当然，可能在今后相当长的一段时间内，传统的小农经济仍将继续是我国农业经营的主体形态，而且随着小农经济与农业社会化服务体系的深度融合，农业家庭经营的诸多环节将被剥离出去，小农经济的内在性质和运行逻辑会发生根本改变[14]。但是从长期发展趋势看，未来适度规模经营的家庭农场将会逐步取代小农经济，成为我国农业生产占主导的经营形式。

参考文献：

[1] 黄宗智 . 华北的小农经济与社会变迁 [M]. 北京：中华书局，1986.

[2] 叶敬忠，豆书龙，张明皓 . 小农户和现代农业发展：如何有机衔接？[J]. 中国农村经济，2018（11）：64 - 79.

[3] 卜凯 . 中国农家经济 [M]. 太原：山西人民出版社，2015.

[4] 高强，刘同山，孔祥智 . 家庭农场的制度解析：特征、发生机制与效应 [J]. 经济学家，2013（6）：48 - 56.

[5] 杜志雄，肖卫东 . 家庭农场发展的实际状态与政策支持：观照国际经验 [J]. 改革，2014（6）：39 - 51.

[6] 孔祥智，毛飞 . 农业现代化的内涵、主体及推进策略分析 [J]. 农业经济与管理，2013（2）：9 - 15.

[7] 马华，姬超，等 . 中国式家庭农场的发展：理论与实践 [M]. 北京：社会科学文献出版社，2015.

[8] 房慧玲 . 发展家庭农场是中国农业走向现代化的最现实选择 [J]. 南方农村，1999（2）：3 - 5.

[9] 黎东升，曾令香，查金祥 . 我国家庭农场发展的现状与对策 [J]. 福建农业大学学报（社会科学版），2000（3）：5 - 8.

[10] 高帆 . 中国语境中的"家庭农场"[J]. 探索与争鸣，2013（6）：57 - 61.

[11] 徐勇 . "再识农户"与社会化小农的建构 [J]. 华中师范大学学报（人文社会科学版），2006（3）：2 - 8.

[12] 王新志 . 自有还是雇佣农机服务：家庭农场的两难抉择解析：基于新兴古典经济学的视角 [J]. 理论学刊，2015（2）：56 - 62.

[13] 夏柱智，贺雪峰 . 半工半耕与中国渐进城镇化模式 [J]. 中国社会科学，2017（12）：117 - 137.

[14] 张慧 . 农民经济的分化与转型：重返列宁—恰亚诺夫之争 [J]. 开放时代，2018（3）：112 - 128.

中国种植类家庭农场的土地形成及使用特征[①]
——基于全国 31 省（自治区、直辖市）2014—2018 年监测数据

　　家庭农场是中国农业当前发展阶段最核心的生产经营主体，其经营的土地是如何形成和使用的是当前亟待回答的现实问题。本文基于全国 31 省（自治区、直辖市）家庭农场 5 年（2014—2018 年）监测数据，对种植类特别是粮食类家庭农场经营的土地规模、构成、流转、使用、未来打算等方面的特征从纵向时间维度和横向地区维度进行统计描述分析。我们发现，2014—2018 年，家庭农场土地经营规模逐年递增，2018 年平均规模约 400 亩；农场的土地处于分割状态，平均一个农场经营 15 块地，需要从 48～58 户农户手中转入土地，跨村跨镇经营渐成趋势；2/3 农场通过中介流转土地，采用书面流转合同的农场占比约 96％，流转租金逐年上涨，九成农场采用现金形式租金，其中有九成采用固定现金租金；2/5 的农场对转入土地进行整理，整理后有 2/5 的农场土地面积增加，面积约增加 7％；平均每个农场种植 2 种作物，第一种主要作物面积占比超过 83％；除了 2015 年外，其他年份农场实际经营面积均小于理想经营规模，未来准备缩小规模或保持规模不变的农场逐年增多。建议推进农地产权制度、完善农地流转市场和农业保险市场，为家庭农场进行连片、长期的规模经营提供便利。

一、引言

　　家庭农场是中国农业当前发展阶段最核心的生产经营主体。自家庭联产承包责任制之后，中国农业取得了巨大成就。但土地细碎化、农业小规模生产、农业劳动力外流、种地

　　①　本文原载于：郜亮亮.中国种植类家庭农场的土地形成及使用特征：基于全国 31 省（自治区、直辖市）2014—2018 年监测数据［J］.管理世界，2020，36（4）：181-195.

积极性下降等问题日益严重。因此，构建现代农业经营体系是现阶段中国农业发展适应工业化、信息化和城镇化快速发展的重大现实需要，也是实现农业绿色发展和推进农业高质量发展的必然要求。构建现代农业经营体系的关键在于培育新型农业经营主体。从立体式复合型农业经营整体体系视角看，新型农业经营主体表现为家庭农场（专业大户）、合作社、龙头企业、社会化服务组织等主要形式。而家庭农场是这些经营主体中的核心主体[1]，这也是中央高度重视家庭农场的缘由所在①。因此，对家庭农场的发展现状和相关行为进行研究具有重要的现实意义。

家庭农场的一切生产经营行为都以土地为基础。那么，家庭农场的土地经营规模现状如何；他们经营的土地中多少是转入地，多少转出户能支撑一个家庭农场，经营的土地是否跨村跨镇；他们是如何进行土地流转的，流转的合约形式和期限如何，租金如何变化；他们是否对转入土地进行整理，又是如何使用土地的：这些问题亟待回答。本文将做这样的尝试。

本文的研究目的是，基于全国 31 省（自治区、直辖市）家庭农场 5 年（2014—2018年）监测数据，对种植类特别是粮食类家庭农场经营的土地规模、构成、流转、使用、未来打算等方面的特征及其变迁规律进行统计描述分析，从纵向时间维度和横向地区维度综合考量这些特征及其变迁，为下一步家庭农场的发展政策提供依据。需要说明的是，本文的定位是以翔实的数据呈现事实，不做严谨的因果判断和分析。文章第二部分介绍数据来源及数据结构特征；第三部分介绍家庭农场经营土地的规模大小，第四部分介绍土地的构成，第五部分聚焦土地流转方式、合同特征等，第六部分介绍农场对土地的使用和基本经营情况，第七部分介绍农场主对土地经营的未来打算，第八部分总结全文。

二、数据来源及数据结构特征

（一）数据来源

本文所用数据来自农业农村部政策与改革司（简称政改司）② 委托中国社会科学院农村发展研究所开展的全国家庭农场监测研究。本监测工作于 2014 年启动，每年对 31 省（自治区、直辖市）进行监测，本文选取 2014—2018 年 5 年监测数据。监测工作的抽样情况：（1）为了把握全国家庭农场整体发展情况，对所有省份进行监测，由于经济社会因

---

① 从这个意义上，我们也就不难理解习近平总书记 2018 年 9 月 21 日在中共中央政治局就实施乡村振兴战略进行的第八次集体学习时强调"要突出抓好农民合作社和家庭农场两类农业经营主体发展，赋予双层经营体制新的内涵，不断提高农业经营效率"的深刻用意。胡春华副总理在 2018 年 12 月纪念农村改革开放 40 周年座谈会上也指出要突出抓好农民合作社和家庭农场发展。

② 本项工作最初是 2014 年农业部农村经济体制与经营管理司（简称经管司）委托中国社会科学院农村发展研究所开展的，2018 年后由农业农村部政改司委托。

素，其中西藏、新疆和北京的监测样本相对较少。（2）各省根据本省家庭农场的发展情况和区域分布，采取随机原则选择3~4个样本县（市、区），个别省份的样本县超过4个。每个县随机抽取30家左右家庭农场进行监测。每个省大概获得100家监测样本，全国每年约3 000家监测样本。（3）结合家庭农场发展使命和监测工作目的，农业农村部对进入监测的家庭农场样本类型做了原则性约定。一是每个监测县（市、区）在确定监测家庭农场时，充分借助当地各类家庭农场的比例结构等先验信息，原则上种植类家庭农场占比不多于80%，种植类中粮食类家庭农场占比不少于50%；二是纳入监测范围的粮食类家庭农场的土地经营规模原则上应在50~500亩，经济作物、养殖类或种养结合型农场的规模应在当地县级以上农业部门确定的规模标准范围内；三是样本农场应是生产经营情况比较稳定、原则上从事农业经营2年以上的家庭农场。

本文分析所用样本是连续5年的监测数据，重点是其中的种植类农场，特别是种植类农场中的粮食类农场（表1）。（1）所有农场样本方面，2014—2018年有效监测样本分别是2 823、2 903、2 998、2 947和2 952家。按照国家统计局的分类方法，我们将全国分成华北（北京、天津、河北、山西、内蒙古）、东北（辽宁、吉林、黑龙江）、华东（上海、江苏、浙江、安徽、福建、江西、山东）、华中（河南、湖北、湖南、广东、广西、海南）、西南（重庆、四川、贵州、云南）和西北（陕西、甘肃、青海、宁夏、新疆）六个区域。（2）2014—2018年，种植类农场样本个数及其中的粮食类农场（种植玉米、小麦和水稻的农场）样本个数见表1。例如，2014年种植类农场样本1 847家，其中粮食类918家。（3）总体而言，监测样本中东北和华东地区样本个数较多。2018年2 952家样本农场中，东北和华东地区样本分别为524家和677家。

表1　全国家庭农场监测样本情况

单位：家

年份	按类别分			按地区分					
	全部农场	种植类	粮食类	华北	东北	华东	华中	西南	西北
2014	2 823	1 847	918	360	571	562	470	464	396
2015	2 903	1 972	1 188	355	604	600	417	500	427
2016	2 998	1 964	1 145	375	511	658	518	510	426
2017	2 947	1 870	1 081	342	541	663	567	409	425
2018	2 952	1 849	1 058	350	524	677	552	412	437

（二）数据结构特征

本文所用监测数据是一个5年期的混合横截面数据集（Pooled Cross-Sectional Data），由一个5年期的面板数据集（Panel Data）和一个5年期的每年独有数据集混合构成，总共三类数据。（1）5 年面板数据集（简称面板数据）。从 2014 年开始，在实际监测中，按计划每年追踪 60％～80％的样本（约 2 400 家），剔除无效样本（某农场因为很多关键变量缺失或无效，或者该农场在其一年退出经营等），2014—2017 年都被追踪到的样本农场大约 1 600 家，而五年都被追踪到的农场则降为 1 350 家，最终形成一个样本个数为 6 750 家的 5 年期面板数据（表 2）。（2）5 年每年独有数据集（简称每年独有）。家庭农场作为一个整体，每年都会有所发展，为了捕捉整体发展的新动向，每年在追踪监测样本（老样本）之外，再选取部分当年新成立的家庭农场成为当年新增监测样本（新样本）。这些新增样本是上一年和下一年都没有监测的样本，是当年独有的样本，含有刻画当年家庭农场整体发展的信息，这些信息是被连续追踪的“老样本”无法包括的。剔除无效样本后，2015 年独有样本 569 家，2018 年独有样本 387 家。从信息“全新”这个角度讲，监测初年 2014 年的所有样本都是独有样本，这 2 823 家样本农场代表了当年家庭农场发展情况；如果进一步剔除当年被追踪的农场样本等，剩下另外一个 2014 年独有数据（255 家）；在后面利用独有数据进行分析时，将基于 2014 年 2 823 家这个独有样本（当年最大信息集合）进行分析。最后，每年被随机抽取的独有样本混合起来形成一个样本数为 4 587 家的 5 年期每年独有数据集，这个数据集是典型的混合横截面数据集（表 2）。（3）5 年混合全部样本集（简称全部样本）。每年所有监测样本混合起来形成一个样本量为 14 623 家的 5 年期混合横截面数据集。这个数据集的信息含量最大，本文将主要依此进行分析。

表 2　数据结构特征

单位：家

年份	全部样本	面板数据	每年独有
2014	2 823	1 350	2 823（255）[a]
2015	2 923	1 350	569
2016	2 958	1 350	311
2017	2 947	1 350	497
2018	2 972	1 350	387
总计	14 623	6 750	4 587

注：a. 括号中的 255 是 2014 年另外一个独有样本数。

本文将从农场类别、时间、地区和数据集四个维度对家庭农场的相关情况进行综合的全面和系统分析。（1）农场类别维度。将主要分析种植类，特别是其中的粮食类农场的相关情况。（2）时间维度。将考察家庭农场相关特征随时间（2014—2018 年）的变动情况。（3）地区维度。将比较不同地区家庭农场某个特征的差异。（4）数据集维度。将主要利用全部样本数据集对家庭农场经营土地的所有特征进行分析，适当时候利用面板数据集分析同一家庭农场的相关特征是如何发生动态变迁的，适当时候利用每年独有数据集对作为整体的家庭农场的某些特征的基本情况和变迁进行分析。例如，针对家庭农场的土地整理行为，用面板数据进行分析得到的是该农场的土地整理行为是如何随时间发生变化的，面板数据集中的农场对整体具有相当代表性，但无法包含每年新发展的家庭农场的相关信息；用每年独有数据进行分析得到的是作为整体的家庭农场的土地整理行为是如何随时间发生变化的，独有数据集中的家庭农场都是每年新发展出来的，这个集合很大程度上刻画了当年家庭农场这个整体的土地整理行为的基本情况；用全部样本进行分析得到的是上述两个结果的综合。再如，刻画作为整体的家庭农场的流转租金情况，就不能只利用面板数据进行分析，更要充分利用每年独有数据所含有的新信息，毕竟每年独有样本是那种当年新进入流转市场的家庭农场，它们支付的租金最能反映当年的租金情况。除非特别说明，下文的表格和分析都是基于全部样本数据集进行的分析。

三、规模几何：经营土地的规模情况

规模经营是农业走向现代化的关键途径。家庭农场是中国目前比较有代表性的规模经营主体，它经营土地的规模有如下特征：家庭农场的平均经营规模约 400 亩，粮食类农场规模大于种植类，种植类大于全部农场平均水平；且经营规模从 2014 年到 2018 年呈小幅增长趋势（表 3）；不同区域的经营规模不同，呈"北方大、西南小"特征（表 4 和表 5）。

表 3　各类家庭农场的土地经营规模

单位：亩

年份	全部农场		种植类		粮食类	
	平均值	中位数	平均值	中位数	平均值	中位数
2014	334	156	368	200	384	219.5
2015	374	172	429	200	471	260
2016	364	180	395	200	421	250
2017	398	200	432	207	438	248
2018	424	200	403	230	432	300

表 4　种植类家庭农场的土地经营规模

单位：亩

年份	全国	华北	东北	华东	华中	西南	西北
2014	368	258	599	342	241	143	398
2015	429	378	672	346	268	144	552
2016	395	416	547	352	317	158	519
2017	432	547	606	400	260	149	500
2018	403	608	527	330	236	158	503

表 5　粮食类家庭农场的土地经营规模

单位：亩

年份	每年独有	面板数据	全部样本						
	全国	全国	全国	华北	东北	华东	华中	西南	西北
2014	384	350	384	223	513	352	261	210	455
2015	667	402	471	304	586	392	323	220	704
2016	475	396	421	365	455	406	305	303	684
2017	483	400	438	412	473	417	320	271	681
2018	538	383	432	575	415	397	288	268	678

1. **种植类农场平均经营规模为 400 亩，经营规模的中位数为 200 亩；粮食类则分别为 430 亩和 300 亩；且都随时间呈增长趋势。**（1）种植类农场平均来看，2014 年的经营规模为 368 亩，2015 年快速增加到 429 亩，经 2016 年小幅下降后，2017 年增加到 432 亩，2018 年又回落至 403 亩。总体而言，经营规模呈增加趋势。如果减弱大规模农场样本对平均数的影响，从中位数来看，经营规模则基本稳定在 200 亩左右，并由 2014 年的 200 亩增加到 2017 年的 207 亩，再增至 2018 年的 230 亩。（2）粮食类农场的平均经营规模约在 380～430 亩，中位数则处在 220～300 亩。从全部样本数据来看，2014 年粮食类农场平均经营规模为 384 亩，2015 年快速增加到 471 亩，增加近 90 亩，2016 年快速下降到 421 亩，随后小幅增值 2017 年的 438 亩，并稳定在 2018 年的 432 亩；如果弱化大规模农场等极值样本的影响，中位数刻画的经营规模约为 260 亩，从 2014 年的 219.5 亩快速增至 2015 年的 260 亩，然后经过 2016 和 2017 年小幅下降后，于 2018 年增至 300 亩（表3）。根据粮食类农场全部样本数据，2018 年，80% 的农场的规模在 100～800 亩，70 亩以下农场占比 5%，1 000 亩以上农场占比 7%，50% 的农场没超过 300 亩，70% 没超过 400亩，80% 没超过 500 亩，90% 没超过 800 亩。每年独有数据所显示的每年新成立的家庭农场的经营规模普遍偏大，2015 年为 667 亩，大于同期全部样本的 471 亩，2018 年的 538亩大于同期的 432 亩，而同期的面板数据农场经营规模最小，分别为 402 亩和 383 亩（表5）。而连续五年被追踪的粮食类农场的经营规模基本在 350～402 亩波动，波幅不超过 50亩；而每年独有样本的农场 5 年间规模变化波幅高达 283 亩（表 5）。这表明家庭农场新入者对规模情有独钟、冲劲十足，而经过时间洗礼后，可以预期它们也将如那些被追踪 5年的农场一样，经营规模逐渐稳定，并在谨慎和理性中扩张和收缩，不断优化经营规模。（3）平均来看粮食类农场比种植类农场规模大 20 亩左右。2014 年和 2018 年前者的规模分别为 384 亩和 432 亩，都大于同期后者的 368 亩和 403 亩。即使减弱大规模农场的影响，2014 年粮食类农场经营规模的中位数为 219.5 亩，并快速增加到 2015 年的 260 亩，随后小幅下滑至 2017 年的 243 亩，2018 年又增至 300 亩，都大于同期种植类农场的相应

水平。这是因为，种植类农场包括种植豆类等粮食作物和蔬菜等经济作物，对土地规模的要求低于种植小麦、玉米和水稻的粮食类农场，而全部农场样本中包括的养殖类农场对土地规模的要求更小，进一步拉低了经营规模的平均水平。（4）家庭农场由于其内在的家庭经营优势，一直是中央鼓励发展的经营主体，以 2014 年 2 月农业农村部印发的《关于促进家庭农场发展的指导意见》为标志，家庭农场才真正进入快速发展阶段。因此，我们在表 3 和表 5 中看到，2015 年相比 2014 年农场经营规模都有一个较大幅度的扩张。随后，2015 年 9 月国家发改委会同国家粮食局等部门宣布下调 2015 年东北玉米临时收购价格，以及 2016 年启动的玉米收储制度改革可能是造成 2016 年农场经营规模出现明显下降的原因。随后，家庭农场经营规模变化较为理性。

2. 农场规模存在明显的地区差异，呈现"北方大、西南小"特征。（1）种植类农场的经营规模存在明显地区差异。2018 年华北种植类农场的经营规模最大（608 亩），东北次之（527 亩），西北也达到 503 亩，最小的是西南 158 亩、华东 330 亩、华中 236 亩（表4）。2014—2017 年，这个"北方大、西南小"特征基本保持不变。（2）粮食类农场的经营规模也基本上是"北方大、西南小"特征，只是西北的粮食类农场规模最大，东北、华北次之，西南依然最小。（3）除了东北粮食类农场的经营规模总体呈下降趋势外（除了2015 年一个大幅度增加），其他地区的经营规模基本都呈现增加趋势（表 5），毕竟，2016年的玉米收储制度改革正是从东三省和内蒙古开始实施的。这表明，家庭农场是能够较快对政策做出反应的经营主体。

四、如何构成：经营土地的构成情况

（一）多少块组成

土地细碎化是农业走向现代化的一个主要障碍。两个经营规模相同的家庭农场，若土地块数不同，则它们的生产行为、生产方式和效率都会有巨大差异。根据我们的监测数据，中国家庭农场经营的土地块数在 2014—2018 年下降了一半，到 2018 年每个农场经营的土地块数仍高达 15 块左右。

1. 种植类家庭农场平均每个农场经营土地块数由 2014 年的 32.4 块持续下降到 2018年的 16.3 块，下降了一半。同年，有的农场经营块数高达 1 269 块。从中位数来看，每个农场经营土地块数基本维持在 5 块左右（表6）。

2. 粮食类农场平均经营块数由 2014 年的 28.7 块快速增加到 2015 年的 33.8 块——同当时规模增加同步，2016 年开始快速下降到 23 块，一直下降到 2018 年的 14.1 块，块数下降了一半多。从中位数来看，粮食类农场经营块数基本稳定在 6 块（表6）。（1）从粮食类农场全部样本数据的累积分布来看，7% 的农场经营 1 块地，经营块数不超过 5 块的农场占比约 48%，70% 的农场没超过 10 块地，80% 的农场没超过 15 块地，90% 没超过 30 块地，有 5% 的农场经营 31~55 块地，3% 的农场经营块数在 56~100 块，经营块数在 140~385 块的农场占比 1%。这意味着，2018 年 1 个 430 亩（规模水平处于均值处）的家庭农场，其土地是由 14 块面积约 30 亩的土地分散构成的。（2）若考察连续 5 年被追踪的粮食类农场，每个农场平均经营 13.6 块地，块数下降速度较大，从 2014 年的 29.8 块下降到 2018 年的 13.6 块，中位数也是 6 块（表 7）。（3）从每年独有数据来看，2018 年粮食类农场平均经营 9.2 块地，按当年平均面积为 538 亩为计，单块地平均面积为 60 亩，是全部样本农场 30 亩的 1 倍。与面板数据的 13.6 块相比可知，每年那些家庭农场新入者比已经经营多年的农场细碎化程度要低很多，不但经营面积大 150 亩，而且块数少近 5 块，单块土地面积增加 30 亩，即新家庭农场不但经营规模大，而且土地连片程度高。从 2014—2018 年土地块数下降速度来看，新入者 5 年下降最快（70%），那些已经摸爬滚打至少 5 年的农场也毫不示弱，5 年下降了 54%，而所有粮食类农场平均看 5 年下降了 50%。因此，整体看，家庭农场的土地细碎化问题正得到越来越快的解决。（4）农场细碎化存在较为明显的地区差异。2018 年东北地区粮食类农场平均经营了 12.2 块地，而西北高达 27.7 块地，华北经营块数最少（8 块），相应的单块土地面积分别为 35 亩、24 亩和 72 亩。

表 6　各类家庭农场经营土地的块数

单位：块

年份	种植类			粮食类								
	平均数	中位数	最大值	平均数	中位数	最大值	平均数					
	全国	全国	全国	全国	全国	全国	华北	东北	华东	华中	西南	西北
2014	32.4	5	1 800	28.7	6	1 800	24.3	13.6	31.0	28.9	87.5	88.8
2015	34.1	7	1 545	33.8	10	1 545	13.5	23.7	44.5	37.5	109.8	57.6
2016	24.3	5	1 563	23.0	6	1 000	6.5	15.1	31.5	19.0	31.3	62.2
2017	19.4	5	1 743	17.8	6	500	10.1	15.4	14.9	17.2	37.8	47.0
2018	16.3	5	1 269	14.1	6	385	8.0	12.2	10.8	23.5	24.0	27.7

表 7　粮食类家庭农场经营土地的块数

单位：块

年份	面板数据			每年独有		
	平均数	中位数	最大值	平均数	中位数	最大值
2014	29.8	6	800	28.7	6	1 800
2015	37.1	10	1 000	33.4	15	310
2016	21.7	6	1 000	9.2	5	140
2017	17.5	6	420	15.6	4	420
2018	13.6	6	360	9.2	4	96

(二) 多少转入地

相比传统小农户,家庭农场既保留了家庭经营的优势,又是在很大程度上实现规模经营的经营主体。而实现规模经营的关键是获得流转土地,对那些在农村没有承包土地的人要实现经营家庭农场的梦想则完全需要靠转入土地来支撑。根据监测数据,2014—2018年,中国种植类和粮食类家庭农场的经营土地中转入土地面积占比逐年提高。种植类农场转入地面积占比由 2014 年的 70%一直增加到 2018 年的 85%(表 8)。粮食类农场则由2014 年的 73%增加到 2018 年的 87%,比种植类高出 3 个百分点。2018 年土地资源丰富的东北粮食类农场转入地面积约占 80%,华东地区农场主要靠转入地实现农场经营,占比高达 95%,西北地区农场转入地面积占比也从 2016 年开始高涨,2018 年达到 96%(表 9)。不同地区转入地占比高低首先取决于农场主自有土地禀赋,也取决于农场所在地区土地资源的丰裕程度,特别受当地农地流转市场完善与否的影响。

表 8 种植类家庭农场的转入土地情况

年份	经营规模/亩	转入面积/亩	转入面积占比/%
2014	367.52	254.39	69.86
2015	429.40	320.33	69.21
2016	394.76	344.62	85.77
2017	432.29	353.56	81.98
2018	403.36	338.12	84.57

表 9 粮食类家庭农场的转入土地情况

年份	经营规模/亩	转入面积/亩	转入面积占比/%						
			全国	华北	东北	华东	华中	西南	西北
2014	383.82	275.13	72.97	51.12	66.77	88.16	87.00	65.05	74.10
2015	471.17	363.59	74.77	60.05	72.05	83.86	80.52	81.59	74.47
2016	420.56	378.63	88.61	78.44	84.01	96.21	92.77	88.02	92.64
2017	438.42	384.60	86.29	81.67	79.94	94.53	89.10	83.97	88.42
2018	432.33	373.42	86.53	78.82	81.55	95.40	86.38	83.35	96.47

(三) 多少户组成

规模经营的背后是多个规模狭小的转出户通过农地流转市场把地集中到一个规模较大的经营主体手里。目前,中国一个家庭农场到底需要从多少农户转入土地才能获得其理想数量的土地,或者多少转出户的土地才能支撑一个适度规模经营的家庭农场,或者一个家庭农场能够把多少户的农业劳动力从土地上解放出来等都是急需回答的问题。根据监测数据，2014—2018 年，家庭农场转入土地涉及的户数逐年增加，粮食类农场涉及的户数大于种植类农场。（1）一个种植类家庭农场转入土地平均涉及的户数由 2014 年的 38 户增加到 2018 年的 48 户；从中位数看，则由 2014 年的 15 户增加到 2018 年的 20 户。（2）粮食类农场则由 2014 年的 40 户增加到 2018 年的 58 户（表 10）。根据累积分布统计，2018 年粮食类农场中，1/4 的农场流转土地涉及户数不超过 5 户，1/3 不超过 10 户，1/2 不超过 26 户，60% 不超过 38 户，70% 不超过 52 户，80% 不超过 80 户，90% 不超过 130 户，超过 200 户的农场占比约 5%，涉及 500 户及以上农户的农场占比约 1%。根据中位数，粮食类农场转入土地涉及户数从 2014 年的 18 户增加到 2018 年的 27 户。总体而言，一个粮食类农场要比种植类农场需要更多转出户的支撑，大概要多 10 户左右。（3）总体而言，东北的粮食类农场约需 20 个农户支撑，西北则需要 100 户，华东约需要 87 户，地区差异明显（表 11）。（4）综上，2018 年处于均值处的一个 432 亩的粮食类农场平均要转入 373 亩地，需要获得 58 个农户的支持，平均需要每个农户为其供应 6 亩土地。

表 10　各类家庭农场转入的土地涉及的户数

单位：户

年份	种植类		粮食类	
	平均数	中位数	平均数	中位数
2014	37.6	15	39.7	18
2015	42.8	15	51.4	20
2016	45.7	20	56.5	25
2017	47.9	20	58.0	28
2018	47.9	20	58.3	27

表 11　粮食类家庭农场转入的土地涉及的户数

单位：户

年份	全国	华北	东北	华东	华中	西南	西北
2014	39.7	26.2	17.8	82.5	35.9	41.5	49.7
2015	51.4	35.5	20.8	88.2	83.3	56.9	77.2
2016	56.5	39.9	17.3	90.6	83.4	56.7	90.6
2017	58.0	49.7	23.1	101.7	50.9	63.2	92.9
2018	58.3	63.9	22.3	86.8	71.6	53.7	107.4

（四）横跨多少村

土地流转是否出村，外地人能否到本村经营家庭农场一直都是学界关注的热点问题。家庭农场经营的土地是否跨村，跨多少村，又具有什么特点呢？根据监测数据，中国种植类家庭农场，特别是粮食类家庭农场经营的土地涉及的村数可以总结为"基本不跨村，平均跨两村，个别需跨镇，跨村跨镇渐成势"。

1. 种植类农场经营的土地跨村个数在 2014—2018 年呈增长态势，由 2014 年的 1.32 个村增加到 2018 年的 1.43 个村。 2014 年跨村个数最多的农场跨村 13 个，2018 年增加到 43 个，增加了 2 倍多；但从中位数来看，经营土地主要来自 1 个村（表 12）。

2. 粮食类农场经营的土地跨村个数也呈增长态势，由 2014 年的 1.32 个增加到 2018 年的 1.47 个。 尽管涉及村数的中位数 5 年里都是 1，但涉及村数越来越多的农场也越来越多。（1）2014 年，78.35% 的农场经营的土地只涉及 1 个村，涉及 2 个村的农场占比 15.60%，涉及 3 个村的农场占比 4.07%，涉及 4～18 个村的农场占比 1.98%。若以 2014 年国家统计局数据全国平均每个乡镇约 18 个村[①]为基准，2014 年没有一个粮食类农场经营土地涉及的村数超过一个镇的村数，即 2014 年一个最大的粮食类家庭农场所经营的土地也没有突破一个镇的范围。（2）从 2015 年开始，粮食类农场经营土地只涉及 1 个村的农场占比开始由 78.35% 下降到 74.28%，并持续下降到 2018 年的 73.72%。涉及 2 个村的农场占比开始小幅增加至 2018 年的 17.01%。2016 年涉及 3 个村的农场占比增加到 6.57%，随后开始下降至 2018 年的 6.24%；涉及村数在 4～18 个的农场占比增加至 2017 年的 3.62%，随后开始下降；超过 18 个村的农场占比从 2015 年开始突破 0 增至 0.08%，2016 年小幅增至 0.09% 并稳定保持到 2017 年，但从 2018 年开始陡然翻倍至 0.18%。显然，2015—2018 年，农场经营土地涉及村数变化的总体特征是超过 1 个村的农场占比逐年增多；而且这种增加分两个阶段：2015—2017 年可以总结为镇内村数扩张阶段，2018 年是镇外扩张阶段。（3）粮食类农场经营土地涉及村数存在较为明显的地区差异。华北和东北地区的粮食类农场经营土地涉及村数在任何一年都小于全国平均水平，且华北小于东北；华中则任何一年都大于全国平均水平（表 13）。

表 12　各类家庭农场转入的土地涉及的村数

年份	种植类			粮食类							
	平均数/个	中位数/个	最大值/个	中位数/个	最大值/个	平均数/个	按平均涉及的村数分组的农场占比/%				
							1 个村	2 个村	3 个村	4～18 个村	19 个村及以上
2014	1.32	1	13	1	13	1.32	78.35	15.60	4.07	1.98	—
2015	1.39	1	40	1	40	1.44	74.28	16.19	6.41	3.04	0.08
2016	1.39	1	32	1	32	1.45	74.23	15.60	6.57	3.51	0.09
2017	1.41	1	42	1	42	1.47	73.75	16.14	6.40	3.62	0.09
2018	1.43	1	43	1	43	1.47	73.72	17.01	6.24	2.85	0.18

---

① 根据国家统计局 2014 年数据，全国乡镇数 32 683 个（乡数 12 282 个，镇数 20 401 个），村民委员会个数 585 451 个，平均每个乡镇 17.91 个村。

表 13　粮食类家庭农场转入的土地涉及的村数

单位：个

年份	全国	华北	东北	华东	华中	西南	西北
2014	1.32	1.11	1.31	1.31	1.53	1.34	1.16
2015	1.44	1.18	1.41	1.35	2.20	1.13	1.32
2016	1.45	1.16	1.39	1.44	1.74	1.31	1.83
2017	1.47	1.19	1.34	1.62	1.53	2.40	1.45
2018	1.47	1.39	1.38	1.32	2.22	1.52	1.28

五、如何流转：经营土地的流转情况

与其说家庭农场是一个农业生产主体，不如说它是一个把土地、劳动力、技术等各种要素进行集中并开展农业生产的组织者，而且是处于某农业产业最前端的生产组织者。家庭农场首先要组织的是土地要素。如前所述，平均来看，家庭农场需要把 30～60 户农户手中的土地流转进来以形成自己的经营土地。那么，这个组织流转过程的顺利程度（或交易成本）很大程度上取决于流转方式。流转合同的形式、期限结构、租金大小和形式都将对流转意愿、流转结果以及后期土地经营使用行为形成巨大影响。

（一）流转方式：直接还是间接

理论上，土地流转有直接流转和间接流转两种方式。直接流转是需求方直接与供给方进行谈判达成流转交易，往往是"一对多"的局面，即一个需求方（经营主体）面对多个供给方（转出农户）。双方首先需要花费搜寻彼此的成本，然后需求方要逐个与转出户进行谈判、签订合约等，最终达成交易。间接流转是指需求方和供给方都分别与一个第三方进行交易即可。这个第三方统称为流转中介组织（或平台），在现实中有产权交易中心、土地银行、土地合作社、农地流转平台等各种具体表现形式。这些中介组织的发起者或组织者也不同——有的为农户自发形成的合作社、村集体、乡镇政府、县政府、纯粹的第三方市场主体等。相同的是，供需双方只需要和中介组织打交道即可，转出方把土地及相关信息委托给中介组织，需求方与中介组织对接获得自己所需要的土地。显然，同等条件下，间接流转能很大程度上降低土地流转的交易成本：一是供需双方可以省去极大的交易对象搜寻成本，而且由于交易市场范围扩大而提升交易质量；二是省去了极大的谈判成本，尤其对转入者来说，由原先的"一对多"所要求的逐一谈判，变成"一对一"一次谈判；三是中介组织在相当大程度上为供需双方提供了某种担保作用，双方对流转变得更加放心，降低了合约谈判和执行成本。尽管如很多研究者发现，中国农地流转市场存在亲属间流转盛行的特点[2]，那种情况下土地流转交易很容易达成。但随着经济的发展，随着新型经营主体的构建，随着越来越多"村外陌生人"变成家庭农场经营者，随着经营规模的扩大，这种利用中介组织进行流转的交易方式将受到青睐。

根据监测数据，2014—2018 年，中国家庭农场采用直接流转方式进行土地流转的农场比例逐年下降，间接流转比例逐年增加；总体而言，直接与间接两种方式的农场比由 2014 年的"五五开"变为"三七开"。（1）种植类农场采用直接流转方式的农场占比由 2014 年的 55.12％下降到 2018 年的 34.83％，间接流转农场占比则由 2014 年的 44.88％增加到 2018 年的 65.17％。2018 年，华北种植类农场的间接流转比接近 70％，华东和华中均超过 76％，东北和西南有一半农场采用间接流转方式（表 14）。（2）粮食类农场采用间接流转方式进行土地流转的农场占比由 2014 年的 47.06％增加到 2016 年的 76.07％，后又回落至 2018 年的 65.12％。西北粮食类农场 2018 年间接流转农场占比高达 85.90％，东北仅有 48.10％。根据每年独有数据可以发现，粮食农场新入者采用间接流转方式的比例还要偏高一些，例如 2018 年为 71.03％，高出同期包括那些已经至少经营 5 年的老家庭农场的所有样本的平均比例（65.12％）近 6 个百分点（表 15）。这从很大程度上验证了上述理论判断，随着家庭农场流转土地涉及户数、跨村个数的增多，间接流转方式将受到青睐。

表 14　种植类农场中采用直接流转和间接流转两种方式的农场占比

单位：%

年份	直接流转	间接流转						
	全国	全国	华北	东北	华东	华中	西南	西北
2014	55.12	44.88	30.56	40.96	67.42	35.02	42.57	41.56
2015	59.23	40.77	24.48	32.12	70.70	35.74	39.63	29.84
2016	28.82	71.18	69.64	65.35	81.56	83.33	55.68	66.12
2017	29.36	70.64	73.96	60.38	86.52	76.95	54.89	62.95
2018	34.83	65.17	69.19	49.58	76.00	77.45	51.81	68.70

表 15　粮食类农场中采用直接流转和间接流转两种方式的农场占比

单位：%

年份	全部样本								每年独有
	直接流转	间接流转							间接流转
	全国	全国	华北	东北	华东	华中	西南	西北	全国
2014	52.94	47.06	29.03	46.91	68.18	33.59	32.50	46.00	47.06
2015	56.99	43.01	22.08	33.95	75.52	29.41	45.16	43.18	38.53
2016	23.93	76.07	67.97	63.96	86.82	85.98	81.08	86.05	85.71
2017	24.79	75.21	74.02	60.05	90.03	81.25	65.00	84.52	78.87
2018	34.88	65.12	67.79	48.10	75.18	78.42	69.57	85.90	71.03

（二）合同形式：口头还是书面

书面合同比口头合同更规范，为借助法律工具提升合同可执行程度提供可能，能稳定供给双方的预期，减少彼此"敲竹杠"的投机行为，是农地流转市场走向成熟的重要标志，也是流转土地高效使用[①]的必然要求。根据监测数据，家庭农场土地流转采用书面合同的比例在 2014—2018 年一直都很高，基本稳定在 96％左右。（1）种植类农场采用书面流转合同的农场比由 2014 年的 95.51％略微增加到 2018 年的 95.57％。华东地区农场这一比例最高，接近 99％，华中、西南较低也超过 92％。总体而言，那些每年新进入的种植类农场更偏好签订书面合同（表 16）。（2）粮食类农场签订书面合同的农场比由 2014 年的 95.72％略增至 2018 年的 95.92％，华东、西南的这一比例接近 100％，其他地区为 95％左右。那些粮食类农场新入者签订书面合同的农场比例普遍较高（表 17）。总体而言，粮食类农场签订书面合同的农场占比略高于种植类农场。

表 16　种植类家庭农场签订书面流转合同农场占比

单位：％

年份	全部样本							每年独有
	全国	华北	东北	华东	华中	西南	西北	全国
2014	95.51	85.48	97.69	99.23	91.91	96.54	95.39	95.51
2015	95.42	91.11	95.96	97.21	96.88	92.72	96.61	95.98
2016	94.36	89.79	93.74	96.92	95.19	90.23	98.71	95.51
2017	94.04	92.68	91.55	98.79	89.01	93.98	97.21	96.81
2018	95.57	94.54	95.05	98.87	92.59	92.41	97.35	94.68

表 17　粮食类家庭农场签订书面流转合同农场占比

单位：％

年份	全部样本							每年独有
	全国	华北	东北	华东	华中	西南	西北	全国
2014	95.72	80.87	97.97	99.54	95.28	100.00	95.65	95.72
2015	96.15	90.28	95.46	97.93	97.79	100.00	100.00	97.37
2016	95.01	92.31	93.51	96.10	95.71	97.30	100.00	99.08
2017	93.27	96.33	90.65	98.52	85.89	93.75	97.18	96.15
2018	95.92	95.42	95.26	99.03	92.91	100.00	94.37	96.43

---

① Gao 等的研究表明，随着流转的发展，中国农地分为自家地和转入地，农户在自家地上施用有机肥的概率和用量都显著高于转入地，但随着转入地流转合同规范性提升，例如书面形式合同比例提升、合同期限延长等，两种地上的有机肥投入差异就显著缩小[3]。

（三）合同期限：期限长短结构

家庭农场的高效生产依赖于其所经营土地的产权稳定性，这主要取决于流转土地的合同期限长短。根据监测数据，中国家庭农场转入土地以 10 年以下期限为主，10 年以上为辅；10 年以下面积占比 70%～85%，是 10 年以上 15%～30% 的 2.5～5.8 倍；10 年以下占比在 2014—2018 年呈增长态势，10 年以上则逐年收缩；10 年以下流转面积中，5 年以下和以上基本各占一半，且都逐年增加，10 年以上流转面积中以 30 年以下为主，30 年以上为辅，且都逐年下降。

1. 种植类农场转入土地中流转期限 5 年以下的面积约占 1/3。 5～10 年面积占比从 2015 年的 34.65% 增加到 2018 年的 38.27%，10 年以下合计占比从 2015 年的 61.19% 增加到 2018 年的 71.37%，4 年增加了 10 个百分点（表 18）。10 年以上面积占比由 2015 年的 38.82% 下降到 2018 年的 28.63%，4 年下降了 10 个百分点；其中 30 年以上占比不足 10 个百分点，由 2015 年的 8.79% 略降到 2018 年的 8.18%。10～30 年占比由 2015 年的 30.03% 下降到 2018 年的 20.45%，4 年下降了 10 个百分点。总之，种植类农场转入土地中除了 5～10 年期限面积占比有所增长外，5 年下基本不变，10～30 年和 30 年以上的基本都呈下降趋势，即表现出一种"短期不变、中间微增、长期下降"的变化特征。

2. 粮食类农场转入土地的流转期限结构变化呈现一种"短期增加、中期微增、长期下降"的特征。（1）粮食类农场转入地中流转期限 5 年以下面积占比呈增长趋势，由 2014 年的 37.47% 增加到 2018 年的 40.33%，这是一种短期化趋势；5～10 年占比由 2015 年的 41.06% 增加到 2018 年的 45.80%；两者合计来看，10 年以下面积占比快速增长，由 2015 年的 72.66% 增加到 2018 年的 86.13%。10 年以上占比则呈下降趋势，其中 10～30 年占比快速下降，由 2015 年的 24.70% 下降到 2018 年的 11.93%，缩减了一半多；而 30 年以上的占比也由 2015 年的 2.64% 下降到 2018 年的 1.94%（表 18）。（2）粮食类农场每年独有数据所展现的特征没有明显差异。（3）粮食类农场转入土地流转期限结构存在地区差异。东北地区农场 5 年以下期限面积占比最高，2018 年达到 58.01%，西南最低，为 6.57%；30 年以上面积占比西南最高，2018 年达到 9.75%，东北最低为 0.70%，不足 1 个百分点（表 19）。

3. 总体而言，粮食类农场流转土地期限结构不如种植类农场。 特别是 30 年以上的流转面积占比，后者是前者的 4 倍多。但前者 10 年以下占比高出后者 15 个百分点左右。5 年以下这种短期结构，前者也比后者高 5 个百分点以上；而 10～30 年这种中长期合约面积比，粮食类的仅是种植类的一半左右。

表 18　家庭农场转入土地中不同流转期限土地面积比

单位：%

年份	种植类—全部样本						租赁类—全部样本						租赁类—每年拥有					
	<5年	[5, 10)年	[10, 30)年	≥30年	≥5年	<10年	<5年	[5, 10)年	[10, 30)年	≥30年	≥5年	<10年	<5年	[5, 10)年	[10, 30)年	≥30年	≥5年	<10年
2014[a]	33.91				66.10		37.47				62.53		37.47				62.53	
2015	26.54	34.65	30.03	8.79	73.46	61.19	31.60	41.06	24.70	2.64	68.40	72.66	25.16	39.61	33.40	1.84	74.84	64.77
2016	30.76	37.97	24.27	7.00	69.24	68.73	37.71	45.87	14.34	2.09	62.29	83.58	31.03	54.62	13.38	0.96	68.97	85.65
2017	31.69	38.60	22.01	7.70	68.31	70.29	37.50	44.79	14.52	3.19	62.50	82.29	35.06	51.30	11.61	2.03	64.94	86.36
2018	33.10	38.27	20.45	8.18	66.90	71.37	40.33	45.80	11.93	1.94	59.67	86.13	40.77	45.63	12.38	1.22	59.23	86.40

注：a 表示 2014 年只有 5 年以下和以上两个数据。

表 19　不同地区的粮食类家庭农场转入土地中不同流转期限土地面积比

单位：%

年份	<5年						≥30年					
	华北	东北	华东	华中	西南	西北	华北	东北	华东	华中	西南	西北
2014[a]	30.21	40.10	42.15	39.90	25.92	16.86	—	—	—	—	—	—
2014[b]	—	—	—	—	—	—	69.79	59.90	57.85	60.10	74.08	83.14
2015	29.85	38.84	26.15	22.22	10.00	34.71	6.50	1.19	2.05	2.90	14.46	1.82
2016	22.76	51.15	33.92	31.23	9.93	39.89	2.75	2.08	1.09	2.20	5.56	2.94
2017	12.36	54.55	33.04	34.44	5.26	29.38	7.83	2.53	0.60	5.22	5.26	3.62
2018	29.46	58.01	30.14	33.17	6.57	32.77	3.82	0.70	2.54	1.11	9.75	1.67

注：a. 这一行的 2014 数值是表示这些地区<5 年的情况，与其他年份一样；b. 这一行的 2014 数值是表示这些地区≥5 年的情况，不同于其他年份的≥30 年情况。

（四）流转租金

1. 租金大小。租金是土地供需双方一切信息交汇以后形成的一个价格，租金的大小直接影响家庭农场生产经营成本高低，其变化也将影响家庭农场的发展趋势。根据监测数据，中国家庭农场土地流转租金在 2014—2018 年呈逐年上涨趋势，粮食类农场比种植类农场面临的租金要高，上涨压力也较大。（1）种植类农场土地流转租金从 2014 年的每亩 540.90 元上涨到 2018 年的 713.67 元，上涨幅度为 32%。从中位数来看，亩均租金从 2014 年的 450 元持续稳定到 2016 年，于 2017 年开始涨至 500 元，2018 年维持不变。从每年独有数据来看，总体而言，每年新进入的种植类农场面临的土地租金高于同期包含已经营农场 5 年以上的"老农场"的全部样本农场面临的租金。例如，2017 年每年独有数据的平均租金为 586.62 元/亩，高于同期的 543.98 元/亩，2018 年的每亩 891.66 元高出同期 178 元（表 20）。这表明，总体而言，如果不考虑被追踪监测样本农场由于以前流转合约对租金的"锁定"和"束缚"作用，家庭农场这个整体每年面临的租金上涨压力将更大。（2）粮食类家庭农场土地流转租金在 2014—2018 年也呈上涨趋势，由 2014 年的每亩 529.31 元上涨到 2018 年的 864.46 元/亩（表 20）。第一，根据 2018 年粮食类农场全部样本的租金累积分布可知，36% 的农场租金没有超过 400 元/亩，一半的农场租金没有超过 500 元/亩，60% 农场的租金没有超过 600 元/亩，85% 农场的租金没有超过 800 元/亩，租金超过每亩 1 200 元的农场占比约 4 个百分点，而 2017 年租金超过 1 200 元的农场占比不足 1 个百分点。从全部样本租金的中位数来看，5 年租金都为 500 元/亩，没有发生变化。第二，同样地，根据每年独有数据分析，新入者面临的租金压力高于含有"老农场"的所有样本的租金水平。这表明，作为整体的家庭农场这个经营主体，租金上涨压力较大，2017 年由 2016 年的每亩 530.56 元上涨到每亩 584.62 元，上涨 10%，又进一步上涨到 2018 年的 1 377.31 元/亩，翻了一倍多。即使从每年独有数据的租金中位数来看，也从 2017 年开始出现明显上涨，由 2016 年的每亩 500 元上涨到 2017 年的 650 元，涨幅高达 30%，2018 年又回落至 605 元/亩（表 20）。第三，粮食类农场流转租金存在较为明显的地区差异，总体而言，华东地区农场租金普遍较高，2014—2017 年东北农场的租金都较低（表 21）。（3）总体而言，粮食类农场土地租金水平高于种植类农场，而且 2018 年的涨幅水平也较高。因此，租金可能是粮食类农场面临的较大问题。

表 20　各类家庭农场土地流转租金

单位：元/亩

年份	种植类				粮食类			
	全部样本		每年独有		全部样本		每年独有	
	平均数	中位数	平均数	中位数	平均数	中位数	平均数	中位数
2014	540.90	450	540.90	450	529.31	500	529.31	500
2015	504.24	450	467.50	400	541.81	500	494.89	400
2016	487.46	450	532.45	500	509.32	500	530.56	500
2017	543.98	500	586.62	600	528.37	500	584.62	650
2018	713.67	500	891.66	500	864.46	500	1 377.31	605

表 21　粮食类家庭农场土地流转平均租金

单位：元/亩

年份	全国	华北	东北	华东	华中	西南	西北
2014	529.31	536.99	415.36	710.82	549.09	424.80	557.02
2015	541.81	525.34	431.91	723.71	586.35	416.45	557.21
2016	509.32	549.14	354.17	685.31	498.69	377.36	589.95
2017	528.37	526.75	407.58	709.46	528.12	278.65	514.20
2018	864.46	554.35	1 141.68	743.51	508.62	323.05	1 271.62

2. 租金形式。租金形式方面，总体分为现金租金和实物租金两种，每种租金又可分为固定租金和浮动租金两类。根据监测数据，中国家庭农场土地租金以现金租金为主，实物租金为辅，现金租金占九成，实物租金占一成，而且两者随时间没有明显变化。（1）种植类农场土地租金以固定现金结算的农场占比由 2014 年的 72.88% 增加到 2018 年的 80.91%，按一定比例浮动的现金结算农场占比则由 2014 年的 16.04% 下降到 2018 年的 7.88%；两者合并，以现金租金结算的农场占比总体而言稳定在 89% 左右。而以固定数量的实物，折价成现金结算的农场占比由 2014 年的 10.14% 小幅下降到 2018 年的 9.08%；固定数量实物结算农场占比不足 1 个百分点，由 2014 年的 0.59% 下降到 2018 年的 0.38%；两者合并，以实物租金结算的农场占比约为 10%。其他租金形式结算的农场

约占 1%（表 22）。（2）粮食类农场按固定现金结算农场占比波动中，从 2014 年的 71.01%增至 2018 年的 79.09%，按一定比例浮动的现金结算农场占比则由 2014 年的 16.76%下降到 2018 年的 7.76%，下降了一半多：两者合计的现金形式结算农场比约为 88%。实物租金则以实物折合成现金的结算形式为主，实物结算为辅，前者农场占比约为 10.6%，后者约 0.5%，合并可知以实物租金形式结算的农场比约占 11%（表 22）。粮食类农场的租金形式存在一定地区差异。以现金结算农场占比为例，东北地区现金形式结算农场占比最高，2018 年达到 99.5%，西北和华中次之，也都超过 95%，华北约占 85%，华东最低，约为 63%（表 23）。（3）总体而言，种植类和粮食类农场租金形式没有显著差异，粮食类农场以实物租金结算的农场占比高出种植类约 1 个百分点。另外，两类农场中以现金租金形式结算的农场里，固定现金形式占比增加，浮动现金形式减少，这或许表明当前家庭农场面临的流转市场存在不稳定性，体现到租金层面就是"先拿到固定租金再说"，不太敢寄希望于等着条件变化再去调整租金。

表 22　各类家庭农场中采用不同租金形式进行土地流转的样本占比

单位：%

年份	种植类					粮食类				
	固定现金结算	按一定比例浮动的现金结算	固定数量的实物，折价成现金结算	固定数量实物结算	其他形式	固定现金结算	按一定比例浮动的现金结算	固定数量的实物，折价成现金结算	固定数量实物结算	其他形式
2014	72.88	16.04	10.14	0.59	0.35	71.01	16.76	11.78	0.23	0.23
2015	80.28	9.60	7.94	0.93	1.25	79.48	8.93	10.30	1.03	0.26
2016	77.60	11.76	8.08	0.61	1.94	77.71	12.50	8.83	0.70	0.26
2017	77.46	11.78	7.80	0.70	2.26	75.93	13.10	9.85	0.46	0.65
2018	80.91	7.88	9.08	0.38	1.74	79.09	7.76	12.30	0.28	0.57

表 23　粮食类家庭农场中采用现金形式结算进行土地流转的样本占比

单位：%

年份	全国	华北	东北	华东	华中	西南	西北
2014	87.77	89.74	98.84	66.97	91.05	75.00	100.00
2015	88.41	92.26	96.49	66.55	97.80	148.38	100.00
2016	90.21	94.12	99.74	72.66	95.73	81.08	95.35
2017	89.03	92.85	96.59	73.54	95.46	65.00	95.12
2018	86.85	85.81	99.50	63.13	95.68	69.57	97.44

注：本表的现金形式结算是"固定现金结算"和"按一定比例浮动的现金结算"的合计。

六、如何使用：经营土地的使用情况

（一）是否整理

同样的土地规模，块数不一样，经营效率会有天壤之别。因此，很多家庭农场对转入的土地进行整理，平坦、连片，为更高效的生产方式奠定基础。根据监测数据，全国家庭农场进行土地整理的特征可以总结为"两个 2/5"：进行土地整理的农场逐年增加，到2018 年，约 2/5 的农场进行了土地整理，整理后约 2/5 的农场土地面积得以增加；面积平均增加 7% 左右。

1. 是否对转入地进行整理。 种植类农场中进行土地整理的农场占比逐年增加，由2014 年的 37.66% 增加到 2018 年的 44.44%；粮食类农场则由 2014 年的 33.72% 增加到2018 年的 41.80%。是否进行土地整理存在地区差异，华东进行土地整理的农场不足 1/3，西南和西北约为 2/3（表 24）。

2. 整理后面积增加多少。 种植业农场进行土地整理的农场中整理后面积增加的农场占比逐年提高，由 2014 年的 17.40% 增加到 2018 年的 44.01%。粮食类农场整理后面积增加农场占比也呈增长态势，由 2014 年的 16.47% 增加到 2018 年的 43.41%；2018 年，西北地区进行整理的农场中整理后面积增加的农场占比高达 60.53%，东北约 1/3 的农场整理后面积增加（表 25）。

进行整理农场占比增加意味着家庭农场进行土地整理的意识和需要逐年增加；整理后土地面积增加的农场占比增加意味着家庭农场土地整理效率是逐年提高的。

表 24　各类家庭农场中进行土地整理的农场占比

单位：%

年份	种植类	粮食类						
	全国	全国	华北	东北	华东	华中	西南	西北
2014	37.66	33.72	34.21	29.73	34.74	35.59	31.58	53.19
2015	32.01	31.86	34.93	30.31	33.45	19.12	32.26	50.00
2016	33.69	28.43	33.90	21.19	32.65	27.39	20.00	44.44
2017	43.70	42.11	46.99	42.41	35.52	40.00	36.36	59.32
2018	44.44	41.80	45.10	39.91	32.69	43.53	66.67	65.96

表 25　各类家庭农场中土地整理后面积增加的农场占比

单位：%

年份	种植类	粮食类						
	全国	全国	华北	东北	华东	华中	西南	西北
2014	17.40	16.47	13.22	10.98	20.00	22.03	26.47	23.26
2015	27.16	28.76	39.80	15.09	36.02	51.85	36.00	33.51

（续）

年份	种植类	粮食类						
	全国	全国	华北	东北	华东	华中	西南	西北
2016	31.36	30.82	36.96	24.81	30.11	38.78	44.00	30.88
2017	38.67	43.95	50.00	49.13	39.45	38.46	41.67	38.78
2018	44.01	43.41	57.58	34.87	41.76	41.82	37.50	60.53
面积增加	7.77	6.78	12.25	5.01	4.55	4.64	2.88	13.59

注：本表最后一行是整理后土地面积增加的百分比。

（二）经营内容

随着经营规模的扩大，经营主体会在种植专业化和多样化之间存在取舍，而且规模扩大也使得他们对待风险的态度和应对风险的方式发生变化，这些都会在某种程度上体现在土地经营内容上。那么，家庭农场是如何使用自己的土地呢？或者用土地来种植什么作物呢？种植多少种呢？

1. 种多少种：种植作物数量。 根据监测数据，家庭农场种植作物数量经历了先下降又增加的变化特征，总体而言呈专业化发展趋势。（1）种植类家庭农场平均每年种植作物数量由2014年的2.23种先快速下降到2015年的1.85种，2016年又增加到1.92种，2017增加到1.95种，2018年下降到1.87种。从中位数看，5年都稳定在2种。2014年有的农场种植作物数量最多达到11种，2018年最多达到7种（表26）。（2）粮食类家庭农场平均每年种植作物数量基本稳定在2种左右，2014年为2.04种，2015年先下降到1.97种，2016年开始增加到2.09种，2017年进一步增加到2.13种，2018年回落至2.02种（表26）。根据2018年粮食类家庭农场全部样本计算的作物数量累积分布可知，32.89%的家庭农场只种植1种作物，42.82%的农场种植2种作物，16.45%的农场种3种作物，6.05%的农场种4种作物，种植5种及以上作物的农场占比不足2个百分点。从中位数看，2014—2018年，种植作物为2种。总体而言，粮食类家庭农场种植作物数量存在地区差异，2018年西南地区农场平均种植2.48种作物，东北只种1.69种（表27）。（3）总体而言，粮食类农场种植作物数量略高于种植类农场。（4）种植类农场和粮食类农场种植作物数量都以2015年和2018年为转折点，在2014—2018年出现"先降后升再降"的变化特征，粮食类农场这个特征更加明显。这可能是因为2014—2015年，在较为稳定的粮食收购市场环境下，随着规模的扩张，家庭农场进行专业化生产进而实现某种作物规模经营的意愿明显；随后2016年玉米收储价格改革，价格下跌，使得家庭农场再次通过多元化种植来分散经营风险。随着市场渐趋稳定，2018年开始重启专业化发展。这预示着，家庭农场能够比较及时地对农业政策和市场风险作出反应。

表 26　各类家庭农场种植作物的数量

单位：种

年份	种植类			粮食类		
	平均数	中位数	最大值	平均数	中位数	最大值
2014	2.23	2	11	2.04	2	10
2015	1.85	2	10	1.97	2	10
2016	1.92	2	8	2.09	2	7
2017	1.95	2	9	2.13	2	9
2018	1.87	2	7	2.02	2	7

表 27　各地区粮食类家庭农场种植作物的平均数量

单位：种

年份	华北	东北	华东	华中	西南	西北
2014	2.09	1.57	2.31	2.38	2.80	2.61
2015	2.25	1.51	2.17	2.45	2.74	2.38
2016	2.44	1.67	2.14	2.33	2.43	2.62
2017	2.59	1.72	2.05	2.47	2.65	2.70
2018	2.55	1.69	1.88	2.31	2.48	2.54

2. 主要种什么：第一作物面积占比。根据监测数据，家庭农场专业化经营水平较高，第一种主要作物种植面积占比在 83%～88%（表 28）。（1）种植类农场第一种主要作物种植面积占比基本稳定在 83%，2014 年占比为 82.91%，2015 年最高为 84.93%，随后开始持续下降，2018 年占比 82.65%。（2）粮食类农场第一种主要作物种植面积占比在 2014—2018 年呈下降趋势，由 2014 年的 89.84% 持续下降到 2018 年的 86.77%，这表明粮食类农场在农场土地面积配置上有多元化趋势。不同地区农场第一种主要作物面积占比有两个特点：一是占比的大小存在较为明显的地区差异。2018 年，东北农场的占比为 82.82%，华东占比最高，为 95.51%，西北最低，为 74.48%。二是占比的变化趋势基本一致，2014—2018 年呈下降趋势。（3）总体而言，粮食类农场配置给第一种主要作物的土地面积要高于种植类作物，约高出 5 个百分点。

表 28　各类家庭农场第一种主要作物种植面积占比

单位　%

年份	种植类	粮食类						
	全国	全国	华北	东北	华东	华中	西南	西北
2014	82.91	89.84	88.35	87.78	99.33	89.98	78.60	74.78
2015	84.93	89.31	83.65	88.09	97.87	91.40	79.56	77.93
2016	84.78	89.71	82.46	86.47	102.79	89.55	82.33	73.50
2017	83.22	87.48	86.08	85.78	96.54	85.67	83.79	70.38
2018	82.65	86.77	82.86	82.82	95.51	93.21	77.92	74.48

七、如何打算：理想规模与未来意愿

(一) 当年理想规模

每一个家庭农场主都会根据农场可以或者能够配置的土地、劳动力、技术和管理水平等条件来确定一个理想经营规模，这个规模可以理解成无交易成本世界中的规模。现实中，由于土地、劳动力、技术、资本等要素市场存在不同的完善程度，观察到的某一农场的实际经营面积总会和理想经营规模有所差距。通常情况下，实际经营规模小于理想规模，但也不排除由于初期理想热切和经验缺乏而出现实际规模大于理想规模的情况。理论上讲，不同时点的理想经营规模应该是一条比较理想的规模经营均衡路径，随着各种市场的发展以及农场主经过一定时期的"干中学"训练，实际经营规模将无限趋近这条均衡路径。尽管这个理想经营规模未必能观测到，但让农场主综合各种信息做一个判断依然是有意义的，据此可以为家庭农场相关政策提供依据。

根据监测数据，家庭农场主认为合理的经营规模是一个不断调整的变量，总体而言，2014—2018 年，理想经营规模波动中呈增长态势（表 29）。(1) 种植类农场主认为合理的规模由 2014 年的 419.61 亩，先下调到 2015 年的 375.82 亩，然后大幅度增加到 2016 年的 465.47 亩和 2017 年的 507.61 亩，最后回调到 2018 年的 470.19 亩。5 年总体而言是增加态势。从中位数来看，2016 年开始由 2014 年和 2015 年的 200 亩增加到 260 亩，基本维持到 2018 年。(2) 粮食类农场主认为的合理规模也呈"先下调、后增加、再下调"的变化特征，由 2014 年的 420.88 亩下调到 2015 年的 410.77 亩，后增加到 2017 年的 507.90亩，又于 2018 年回调到 486.73 亩。从中位数来看，由 2014 年的 200 亩增加到 2015 年的 250 亩，进一步增加到 2016 年的 300 亩，并维持至 2018 年。理想规模存在明显的地区差异，2018 年，东北农场主认为合理的规模是 520 亩，西北认为是 739 亩，西南认为 237 亩。

表 29 各类家庭农场的农场主认为合理的农场经营规模

单位：亩

年份	种植类		粮食类							
	全国	全国	全国	全国	华北	东北	华东	华中	西南	西北
	平均数	中位数	中位数	平均数						
2014	419.61	200	200	420.88	265.13	551.19	386.83	302.33	221.64	490.11
2015	375.82	200	250	410.77	309.86	473.94	382.55	306.45	266.45	541.41
2016	465.47	260	300	496.30	439.50	552.43	494.71	344.73	334.19	705.37
2017	507.61	255	300	507.90	558.68	573.70	430.15	326.39	280.00	836.96
2018	470.19	260	300	486.73	578.93	520.16	389.29	384.61	236.74	739.26

（3）总体而言，粮食类农场合理规模高于种植类农场合理规模。（4）结合表 3 数据，不管是种植类还是粮食类农场，只有 2015 年的实际经营规模大于当年理想规模，其他年份均小于。

（二）未来经营意愿

我们对家庭农场未来经营土地意愿进行了监测，据此可知，未来扩大土地经营规模的农场占比逐年下降，减小和保持规模不变的农场占比逐年增。（1）种植类农场中未来准备扩大规模的农场占比由 2014 年的 75.23% 持续下降到 2018 年的 46.28%。准备缩小规模的农场占比则由 2014 年的 1.16% 快速增加到 2018 年的 5.60%，增加了近 4 倍。保持规模不变的农场占比也至少翻了一番，由 2014 年的 23.61% 增加到 2018 年的 48.12%。（2）粮食类农场也呈现同样的变化特点。未来准备扩大经营规模的农场占比由 2014 年的 76.71% 下降到 2018 年的 48.10%。打算保持规模不变的农场占比增长了一倍，由 2014 年的 22.52% 增加到 2018 年的 45.85%。打算减小规模的农场占比增长最快，由 2014 年的 0.77% 增加到 2018 年的 6.04%，增加了近 7 倍（表 30）。减小和不变规模渐成趋势或许表明，家庭农场看待土地的规模大小更加理性，或许他们认为扩规模和增效益同等重要，甚至后者更重要。

表 30　各类家庭农场中未来不同经营土地意愿农场占比

单位：%

年份	种植类—全部样本			粮食类—全部样本		
	扩大	不变	减小	扩大	不变	减小
2014	75.23	23.61	1.16	76.71	22.52	0.77
2015	58.26	37.61	4.13	59.85	35.00	5.16
2016	50.44	45.32	4.24	50.22	44.68	5.09
2017	52.80	42.44	4.76	55.80	39.30	4.90
2018	46.28	48.12	5.60	48.10	45.85	6.04

八、结论及政策含义

本文基于全国 31 省（自治区、直辖市）5 年家庭农场监测数据，对农场经营的土地的相关情况进行了统计描述分析，研究表明：第一，经营多大土地。2014—2018 年，家庭农场的土地经营规模逐年递增，到 2018 年，一个农场大约 400 亩，粮食类农场规模较大。农场会随着政策环境和市场变化而调整规模。第二，如何构成土地。家庭农场经营的土地依然处于分割状态，平均一个农场是由 15 块面积约为 30 亩大小的地块组成，块数从

2014 到 2018 年下降了一半。家庭农场主要靠转入土地来实现规模经营目标，5 年来，农场土地中转入地面积占比逐年提高，2018 年占比 85％以上。进一步发现，一个农场需要转出户支持的户数逐年增加，2018 年，一个种植类农场需要从 48 个农户手里转入土地，粮食类农场则需要从 58 户手中转入土地。流转土地涉及的村数也呈逐年递增趋势，平均来看一个农场流转土地要跨 1.5 个村，2018 年开始需要跨镇流转趋势明显。第三，如何流转土地。家庭农场流转土地不是直接与每个转出户进行流转，而是通过某种中介组织进行土地流转，采用这种流转方式的农场占比逐年增加，到 2018 年约有 2/3 的农场间接流转土地。采用书面流转合同的农场占比 96％左右。而流转合同期限以 10 年以下为主，10 年以下流转合同面积占比 70％～85％，10 年以上期限的流转面积占比逐年下降，30 年以上的也呈下降趋势。流转租金呈逐年上涨态势，2018 年每亩租金为 700～900 元，中位数租金则基本稳定在 500 元/亩。九成农场采用现金形式租金，其中又九成采用固定现金租金。第四，如何使用土地。2/5 的农场对转入土地进行整理，整理后又 2/5 的农场土地面积增加，面积约增加 7％左右。两类农场平均种植 2 种作物，种植数量随农业政策和市场而调整，在 2014—2018 年呈"先降后升再降"的特点。第一种主要作物面积占经营面积的 83％～88％。第五，除了 2015 年外，两类农场实际经营面积均小于理想经营面积，理想中认为合理的面积约 470～490 亩。未来准备扩大规模的农场占比逐年下降，到 2018 年不足一半，保持规模不变的农场逐年增加，准备减小规模的农场增加速度更快。第六，土地规模、构成、流转、使用等特征均存在不同程度的地区差异。

为此，建议各地鼓励家庭农场进行适度规模经营；以农地"三权分置"和农村集体产权制度改革为契机推动农地制度改革，可借鉴陕西榆林榆阳区"一户一田"的做法，积极探索"先整理再发包再流转"的规模发展路径，各地积极构建适合当地的农地流转交易平台，为家庭农场上规模和连成片奠定基础；尽早探索"二轮承包到期再延长三十年"政策实现形式和路径，不断规范农地流转市场，为农场签订更长流转合约创造条件；积极完善农业保险市场，为农场专业化生产创造条件。

参考文献：

[1] 杜志雄. 将家庭农场置于新型农业经营主体的核心来培育 [J]. 城乡一体化智库专刊，2019 (8).

[2] GAO Liangliang，HUANG Jikun，ROZELLE Scott. Rental markets for cultivated land and agricultural investments in China [J]. Agricultural Economics，2012，43 (5)：4，391-403.

[3] GAO Liangliang，SUN Dingqiang，MA Cuiping. The Impact of Farmland Transfers on Agricultural Investment in China：A Perspective of Transaction Cost Economics [J]. China & World Economy，2019，27 (1)：93-109.

农户向家庭农场流转土地的续约意愿及影响因素研究^①

当前，农地流转期限普遍较短、流转合同不规范、合同违约率高等问题导致家庭农场土地经营权不稳定，严重抑制了家庭农场主对流入土地的长期投入。因此，如何引导农户向家庭农场长期稳定地流转土地，成为推动家庭农场可持续发展的关键所在。本文基于湖南省498家农户土地流转数据，运用计划行为理论和结构方程模型分析了农户向家庭农场流转土地的续约意愿及其影响因素。我们发现，在农户向家庭农场流转土地的续约意愿模型中，行为态度是主要影响因素，主观行为规范和知觉行为控制也是重要影响因素；在农户行为态度方面，农户对土地流转预期收益越有信心，或农户对家庭农场上一轮土地流转行为越满意，在此基础上构建起的行为态度越能促进农户土地流转续约意愿的形成；在主观行为规范方面，当农户感知到来自周围的人特别是亲人对农户续约的支持态度越强烈，在此基础上构建的主观行为规范越能促进农户土地流转续约意愿的形成；在知觉行为控制方面，农户对农户禀赋和环境禀赋两方面的感知会影响农户土地流转续约意愿的形成，其中户主工作性质和上一轮流转期限影响最大。

一、引言

随着中央和地方鼓励家庭农场发展的系列政策陆续出台，全国各地家庭农场近几年蓬勃发展。然而，中国基本土地制度决定了租地农场是中国家庭农场区别于国外家庭农场的显著特征^[1]。据农业农村部公布数据显示，截至2018年底，进入农业农村部名录的家庭农场有60万家，土地经营面积1.6亿亩，其中71.7%的土地来自流转。同时，中国大部

---

① 本文原载于：兰勇，蒋黾，杜志雄. 农户向家庭农场流转土地的续约意愿及影响因素研究 [J]. 中国农村经济，2020（1）：65 - 85.

分地区土地流转期限分布在 5~10 年的区间段，而最长的不超过 30 年，最短的少于 3 年[2]。农地流转期限较短和契约不规范，不仅给双方租赁关系增加了不稳定性，同时也不利于租入方的长期投入和规模经营[3]。因此，土地流转是否长期稳定成为影响中国家庭农场可持续发展的关键因素。此外，家庭农场一般流转本村村民的土地，具有天然的地缘和亲缘优势，相比合作社、企业、大户等农业经营主体，能够更加便捷地流转土地[4]；在农村熟人社会中，农户对家庭农场主更为信任，土地转出意愿也更加强烈[5]；同时笔者在调研中发现，农户即使向合作社、企业、大户等其他农业经营主体流转土地，一般也是在政府、村委会等第三方的推动下进行的。基于此背景，深入研究农户向家庭农场流转土地的续约意愿问题，对提高土地经营权稳定性从而促进家庭农场可持续发展具有重要意义。

土地流转是否续约主要取决于双方意愿，且大部分情况下，农户转出意愿在土地流转中起着决定作用。因此，本文主要针对农户向家庭农场流转土地的续约意愿及其影响因素展开探讨。已有文献对农户土地流转意愿开展了较多研究。一方面，农户自身因素会对农户流转意愿产生较大影响[6]，这些因素主要包括农户受教育程度和家庭农业人口数量[7]、农户家庭收入及构成[8]、预计找到工作和拿到工资的概率[9]、农地退出心理成本以及农地非农化意愿[10]。另一方面，外部因素也会影响农户土地流转意愿。如土地承包权安全性[11-12]、农地流转价格[8]、土地承包期长短[10]、基础设施状况和农产品价格水平[13-14]、社会保障水平和土地流转制度完善程度[15]、自然风险和租金风险[9]等。

到目前为止，学者们对农户土地流转续约意愿问题的研究却很少。郭斌等运用社会网络理论和渠道行为理论分析农地流入方的渠道权力应用方式对农地流出方续约倾向的影响时，发现保护农地流出方利益、降低流入方农地投资风险、提高流转交易关系稳定性等方式有利于提升流转双方续约意愿[16]；薛建良利用全国东、中、西部 4 个县（市、区）的土地流转调研数据分析土地流转经营权稳定性时，发现规定新型农业经营主体享有到期"同价优先"的续约权利，为其长期从事农业规模经营建立了制度保障，提升了流转土地经营权的稳定性[17]；肖鹏和王丹基于 102 个家庭农场的数据分析，认为赋予家庭农场流转合同期限届满后同等条件下的优先续约权，是对其生存基础的基本保障，是由农业生产的特点决定的，也是农业适度规模经营的重要条件[18]。

总而言之，现有文献对农户土地流转续约意愿的研究还有待深入。尽管影响流转意愿的各种因素可能会影响续约意愿，但续约行为作为一种过去行为的延续，具有其自身的独特性，其影响因素也不尽相同。例如，农户在进行续约决策时，往往会潜意识地关注家庭农场主在上一轮流转期内的土地使用行为、农场经营状况、租金预期实现状况、国家土地政策变化趋势等因素。从心理学角度考虑，农户土地流转续约意愿的产生过程复杂多变。计划行为理论对个体行为意愿的形成过程具有较强的解释力，也能够全面反映农户向家庭农场流转土地的心理及行为。本文以计划行为理论为基础构建模型，探讨农户向家庭农场流转土地的续约意愿及其影响因素，以期为相关政策的制定提供依据。

二、理论模型与研究假说

（一）理论基础

理性行为理论（TRA）是由美国学者 Fishbein 和 Ajzen 共同提出，通过行为态度和主观行为规范来解释个体行为的经典理论之一。后来，Fishbein 和 Ajzen 为了进一步提高理性行为理论的解释力，引入感知行为控制变量，提出计划行为理论[19]。在计划行为理论中，个体行为在某种程度上可由行为意愿（behavioral intention，BI）进行推断，而行为意愿有 3 个决定因素：行为态度（attitude toward the behavior，AB）、主观行为规范（subjective norms，SN）和知觉行为控制（perceived behavioral control，PBC）。其中，行为态度是指个体对执行某种行为的喜爱或不喜爱程度；主观行为规范是指个体感知到身边重要的组织或个人对其执行或不执行某种特定行为所产生的压力程度；知觉行为控制是指个体感知在采取某种特定行为时自身可以掌握（或控制）资源的程度。随后，Ajzen 又将影响行为态度、主观行为规范、知觉行为控制的因素具体分为结果评价（evaluation of results，ER）、结果信念（result belief，RB）、规范信念（normative belief，NB）、顺从动机（motivation to comply，MC）和控制信念（control belief，CB）五类，增强了模型解释力[20]。他运用计划行为理论有效地分析和预测了个体行为意愿和实际行为，并显著提高了个体行为意愿影响因素的解释力。目前，该理论主要在购买行为[21]、慈善行为[22]、低碳环保行为[23]、信用行为[24]、网络与社交行为[25]等个体行为研究中被运用。

（二）研究假说

基于计划行为理论，本研究假设农户向家庭农场流转土地的续约意愿受到行为态度、主观行为规范和知觉行为控制三个因素的影响，同时这三个因素也受到农户自身禀赋、资源环境、社会环境等内外部因素的影响。相应地，提出农户向家庭农场流转土地续约意愿的假说模型（图 1）。

1. 行为态度与农户土地流转续约意愿。与计划行为理论一致，行为态度是指农户对执行向家庭农场流转土地续约行为的喜爱或不喜爱程度。一般而言，行为态度越积极，农户向家庭农场流转土地的续约意愿越强烈，反之则越弱。根据计划行为理论，农户行为态度主要受到两个维度的因素影响：一是结果评价，即对行为结果的评估；二是结果信念，即对行为结果发生可能性的评估[20]。

由于农户流转土地的续约行为是一种持续行为，因而过去行为的满意度对行为态度存在显著影响[26]。因此，结果评价除了包括对未来续约行为的结果评价之外，还应包括对

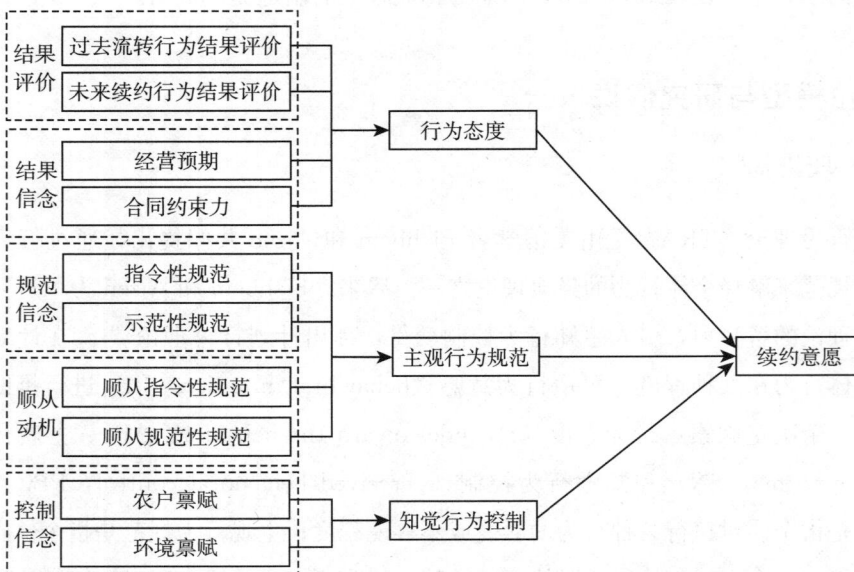

图 1　影响农户向家庭农场流转土地续约意愿因素的假说模型

过去流转行为的结果评价。何欣等在研究农户流转行为时，发现农户流出土地的一个重要原因是获得土地租金[27]。此外，转入户的失约行为使农户不但无法获得土地租金，甚至要承担复耕成本，严重挫伤了农户流转土地的积极性[28]。因此，农户对过去流转行为的结果评价，自然会关注对上一轮土地流转租金收益、家庭农场地力保护状况、家庭农场主履约状况等方面的满意度；农户对未来续约行为的结果评价，自然会关注对下一轮土地流转租金预期收益的满意度。徐珍源和孔祥智在研究中还发现低价值的土地流转收益一般较低，农户更偏向于通过延长流转期限来提高流转收益[29]。因此，农户未来续约行为的结果评价还会关注下一轮土地流转期限。

根据计划行为理论，每个结果评价必然和一个结果信念相关联[20]。在农户向家庭农场流转土地的续约意愿模型中，结果信念是指农户认为下一轮土地流转租金预期收益实现的可能性。一个人的结果信念越强，他执行这一行为的态度就越强。研究结果表明，农户的结果信念强度首先体现在对上一轮土地流转周期内家庭农场经营状况的评价上。例如，罗必良等在研究土地经营权退出意愿时就发现，农户担心把土地流转出去后，转入户因经营状况或履约状况太差而无法按时支付租金。农户的结果信念强度还体现在对上一轮土地流转合同的约束力评价上[10]。例如，罗必良和刘茜在研究农户土地流转契约期限时，发现农地流转中普遍存在的关系型合约、口头合约以及合约不完全等问题，极易诱发事后机会主义行为，并由此产生纠纷[30]；Hart 和 Moore 指出不同合约形式的约束力是不同的，粗糙的契约形式会带来投机行为，当事人的利益得不到保障[31]。

基于上述分析，可以推断：农户行为态度越积极，其向家庭农场流转土地的续约意愿就越强烈；农户感知到的结果评价和结果信念越强，其行为态度就越积极。基于此，本文研究提出如下假说。

H1：行为态度对农户向家庭农场流转土地的续约意愿有正向影响。

H2：结果评价对农户行为态度有正向影响。

H3：结果信念对农户行为态度有正向影响。

2. 主观行为规范与农户土地流转续约意愿。 主观行为规范是指农户在形成向家庭农场流转土地的续约意愿时所感知到的社会压力。这种压力一般来自政府、亲人、朋友、邻居等方面。根据计划行为理论，个体主观行为规范是个体规范信念乘以个体顺从动机的集合。

规范信念是指农户认为重要的个人或组织赞成农户向家庭农场进行土地流转续约的程度。这种规范信念具体包括指令性规范和示范性规范[20]。徐敬俊等利用计划行为理论研究高铁乘客意向选择行为时，发现来自家人及朋友的建议示范和大众及媒体的宣传示范与高铁乘客的主观行为规范存在很大关系[32]；张高亮等在研究渔民参与专业合作社行为时也发现，政府支持（指令性规范）和邻居支持（示范性规范）对渔民行为意愿产生较大的正向影响[33]。据此推断，农户在进行土地流转续约行为决策时，可能会考虑来自亲友、亲友以外的重要个人、政府组织或社会团体的规范性要求，即他们对农场主是否进行续约的支持力度。这种规范信念，一般建立在亲友、亲友以外的重要个人以及政府组织或社会团体对上一轮土地流转的满意度或支持度上。

顺从动机是指个体服从规范信念的倾向[19]。张进美等在进行居民慈善捐赠行为实证分析时，发现规范信念只有乘以相应的顺从动机后才构成实际的主观行为规范[22]。徐敬俊等[32]、张高亮等[33]等的研究也证明了这一观点。因此，农户主观行为规范就是其顺从来自亲友、亲友以外的重要个人、政府组织或社会团体的规范信念概率。

基于上述分析，可以推断：农户感受到外界强烈支持其进行续约，并且产生了强烈的顺从动机，会形成较强的续约意愿。基于此，提出如下假说。

H4：主观行为规范对农户向家庭农场进行土地流转续约意愿有正向影响。

H5：规范信念对农户主观行为规范有正向影响。

H6：顺从动机对农户主观行为规范有正向影响。

3. 知觉行为控制与土地流转续约意愿。 知觉行为控制是指农户对向家庭农场进行土地流转续约难易程度的感知。一般来说，农户感知他们所拥有的资源和机会越多，他们的预期障碍就越少，知觉行为控制就越大，随之产生续约意愿的可能性就越大。然而，农户流转土地续约是一种合约的延续，因此影响其知觉行为控制的因素还应该包括对过去经验的感知。

农户控制信念因素包括农户禀赋（内部，internal）和环境禀赋（外部，external）两个维度[34]。其中，农户禀赋包括自身禀赋（以户主为代表的成员禀赋）和家庭禀赋（收入结构、劳动力构成等）。张复宏和胡继连在研究果农无公害种植行为时，发现果农年龄、性别、文化程度等自身禀赋对果农行为决策存在很大关系[34]。何欣等认为，劳动力构成、收入结构等家庭禀赋对农户参与土地流转产生显著影响[27]。由此可见，农户禀赋对农户续约意愿的知觉行为控制产生影响。同时，影响农户流转土地续约意愿的农户禀赋不仅应包括当前农户禀赋，也应包括上一轮流转周期内的农户禀赋。

环境禀赋对农户知觉行为控制的影响同样不容忽视。何欣等发现，土地禀赋对农户参与土地流转产生显著影响[27]。孔祥智和徐珍源发现，农地流转双方的关系对土地经营权稳定性存在较大影响[3]。一般来说，当农地流转行为发生在熟人社会，由于传统人情关系、风俗习惯的协调作用及较高的相互信任度，违约风险相对较低，土地经营权相对比较稳定。徐珍源和孔祥智还发现随着社会保障制度的不断完善，农地特有保障功能不断下降，农户更加偏重于农地的长期流转[29]。同时，代瑞熙和蔡海龙在对河南和山东两省的土地流转分析中，发现流转市场不健全、相关法律法规缺失、农户对土地流转政策不了解等因素都会导致土地纠纷频频发生，造成农户对土地长期流转心怀顾虑[35]。

基于上述分析，可以推断：农户对农户禀赋和环境禀赋中拥有的资源越自信，感知预期的阻碍越小，其向家庭农场流转土地的续约意愿会越强烈。基于此，提出如下假说。

H7：知觉行为控制对农户土地流转续约意愿有正向影响。

H8：农户禀赋对农户知觉行为有正向影响。

H9：环境禀赋对农户知觉行为有正向影响。

三、数据来源与研究方法

（一）样本选择和数据收集

本文数据来源于课题组对农户的问卷调查。调研组成员主要由企业管理专业的老师、硕士研究生、本科生组成，共计约30名。在调研前，课题组的专家统一对师生进行了问卷及调研注意事项的培训，具体内容包括问卷含义、调查方式以及具体抽样方法等。课题组于2018年6—8月在湖南省14个市（州）进行抽样调查，从每个市（州）随机抽取2~3个有家庭农场的行政村，共40个村，从每个村正在或已经向家庭农场流转土地的农户中随机选取15位进行调查，具体样本包括刚与家庭农场签订土地流转合同（合同签订不到1年）的农户、正在与家庭农场履行合同的农户以及与家庭农场合同即将到期（距合同到期不到1年）的农户。为保证问卷的有效性，本课题组首先在湖南省长沙市进行了预调查，并根据调查结果对原始问卷和模型进行了修改，此数据不参与最终模型分析。课题组成员共发放600份问卷，回收550份，剔除填写不完整及答案多为极端值、答案全部一样的无效问卷之后，剩余有效问卷498份，有效回收率90.5%。样本农户的基本特征如表1所示。

表1　样本农户的基本特征

特征	分类	人数	比例	特征	分类	人数	比例
性别	男	451	90.56%	流转面积	2亩及以下	8	1.61%
	女	47	9.44%		2~4亩（含）	38	7.63%
户主	是	463	92.97%		4~6亩（含）	66	13.25%
	否	35	7.03%		6~8亩（含）	211	42.37%
年龄	25岁及以下	39	7.83%		8亩以上	175	35.14%
	26~35岁	56	11.24%	流转年限	2年及以下	50	10.04%
	36~45岁	84	16.87%		2~4年（含）	54	10.84%
	46~55岁	140	28.11%		4~6年（含）	118	23.69%
	56岁及以上	179	35.94%		6~8年（含）	275	55.02%
学历	小学及以下	227	45.58%		8年以上	2	0.41%
	初中	187	37.55%	流转租金	200元及以下	10	2.01%
	高中或中专	51	10.24%		200~400元（含）	54	10.84%
	大专或本科	33	6.63%		400~600元（含）	81	16.27%
	研究生	0	0%		600~800元（含）	322	64.66%
家庭收入	0.5万元及以下	31	6.22%		800元以上	32	6.43%
	0.5万~1万元（含）	50	10.04%	全部流转	是	339	68.07%
	1万~1.5万元（含）	62	12.45%		否	159	31.93%
	1.5万~2万元（含）	28	5.62%	非农收入占总收入比例	20%及以下	56	11.24%
	2万元以上	327	65.66%		20%~40%（含）	22	4.42%
外出务工	有	369	74.10%		40%~60%（含）	11	2.21%
	无	129	25.90%		60%~80%（含）	59	11.85%
					80%以上	350	70.28%

如表1所示，被调查对象中户主占92.97%，男性占90.56%，92.17%的年龄在26岁及以上。从受教育程度上来看，受访对象拥有小学及以下学历者227人（占比45.58%），初中学历者187人（占比37.55%），高中或中专学历者51人（占比10.24%），大专或本科学历者33人（占比6.63%）。从收入水平上来看，65.66%受访农户家庭年收入在2万元以上，74.10%家庭拥有外出务工人员，82.13%的家庭非农收入比例超过总收入的60%。从实际流转情况来看，将土地全部流转给家庭农场的农户占比68.07%，向家庭农场流转土地面积在2亩以上的农户占比98.39%；土地流转年限集中在4~8年（占比78.71%），土地流转租金集中在200~800元（占比91.56%）。由此可见，受访农户受教育程度较低，家庭有人外出务工比例较高，家庭非农收入占比较高，家

庭收入对农业收入依赖程度较低，超过一半的农户将土地全部流转给了家庭农场。

（二）问卷设计

1. 题项设计与测量方式。 为了确保问卷设计的科学性，本文问卷量表在参考国内外成熟量表的基础上，根据农户向家庭农场流转土地的续约意愿特征与实地调研资料，对每个变量进行了题项设计。问卷共设计续约意愿、行为态度、主观行为规范、知觉行为控制、结果评价、结果信念、规范信念、顺从动机、农户禀赋以及环境禀赋 10 个潜变量和 50 个相关可观测变量。问卷主要测量方式采用李克特五分量表法（完全不同意＝1；不同意＝2；一般＝3；同意＝4；非常同意＝5），并根据实际调研情况将连续数值型变量转化为分类变量，降低样本极值对最终测量结果的影响，如表 2 所示。

表 2　问卷测量题项及定义

潜变量	可测变量	定　义
续约意愿	Bi1：目前农户参与土地流转续约的意愿强度	完全不愿意＝1；不愿意＝2；一般＝3；愿意＝4；非常愿意＝5
	Bi2：农户愿意努力促成土地流转续约的意愿强度	完全不愿意＝1；不愿意＝2；一般＝3；愿意＝4；非常愿意＝5
	Bi3：合同签订时，农户的续约意愿强度	完全不愿意＝1；不愿意＝2；一般＝3；愿意＝4；非常愿意＝5
行为态度	Ab1：农户认为续约对自己有益的程度	完全无益处＝1；无益处＝2；一般＝3；有益＝4；非常有益＝5
	Ab2：农户认为续约会带来收益的概率	完全不可能＝1；不可能＝2；一般＝3；可能＝4；非常可能＝5
	Ab3：农户对上一轮土地流转行为的满意程度	完全不满意＝1；不满意＝2；一般＝3；满意＝4；非常满意＝5
结果评价	Ab4：农户对上一轮流转租金的满意程度	完全不满意＝1；不满意＝2；一般＝3；满意＝4；非常满意＝5
	Ab5：农户对上一轮流转地力保护状况的满意程度	完全不满意＝1；不满意＝2；一般＝3；满意＝4；非常满意＝5
	Ab6：农户对上一轮流转履约状况的满意程度	完全不满意＝1；不满意＝2；一般＝3；满意＝4；非常满意＝5
	Ab7：农户对下一轮流转租金预期的满意程度	完全不满意＝1；不满意＝2；一般＝3；满意＝4；非常满意＝5
	Ab8：农户对下一轮流转期限的满意程度	完全不满意＝1；不满意＝2；一般＝3；满意＝4；非常满意＝5
结果信念	Ab9：合同签约形式	口头协议＝1；书面协议＝2
	Ab10：流转是否有政府或第三方参与	是＝1；否＝0
	Ab11：合同是否有第三方参与	是＝1；否＝0
	Ab12：农户认为上一轮流转期内家庭农场的项目经营前景	完全无前景＝1；无前景＝2；一般＝3；有前景＝4；非常有前景＝5

（续）

潜变量	可测变量	定　义
主观行为规范	Sn1：土地流转续约完全由农户决策的程度	完全不是=1；不是=2；一般=3；是=4；完全是=5
	Sn2：农户对他人支持不支持续约的顺从程度	完全不顺从=1；不顺从=2；一般=3；顺从=4；非常顺从=5
	Sn3：他人对农户续约的支持力度	完全不支持=1；不支持=2；一般=3；支持=4；非常支持=5
规范信念	Nb1：亲人对农户土地流转续约的支持力度	完全不支持=1；不支持=2；一般=3；支持=4；非常支持=5
	Nb2：朋友对农户土地流转续约的支持力度	完全不支持=1；不支持=2；一般=3；支持=4；非常支持=5
	Nb3：政府或村集体对土地流转续约的支持力度	完全不支持=1；不支持=2；一般=3；支持=4；非常支持=5
	Nb4：其他流转户对土地流转续约的支持力度	完全不支持=1；不支持=2；一般=3；支持=4；非常支持=5
顺从动机	Mc1：农户对来自亲人支不支持续约的顺从程度	完全不顺从=1；不顺从=2；一般=3；顺从=4；非常顺从=5
	Mc2：农户对来自朋友支不支持续约的顺从程度	完全不顺从=1；不顺从=2；一般=3；顺从=4；非常顺从=5
	Mc3：农户对来自政府或村集体支不支持续约的顺从程度	完全不顺从=1；不顺从=2；一般=3；顺从=4；非常顺从=5
	Mc4：农户对来自其他流转户支不支持续约的顺从程度	完全不顺从=1；不顺从=2；一般=3；顺从=4；非常顺从=5
知觉行为控制	Pbc1：农户想续约的概率	完全不可能=1；不可能=2；一般=3；有可能=4；非常有可能=5
	Pbc2：农户认为续约的困难程度	非常有困难=1；有困难=2；一般=3；容易=4；非常容易=5
	Pbc3：农户愿意克服困难进行续约的意愿强度	非常不愿意=1；不愿意=2；一般=3；愿意=4；非常愿意5
农户禀赋	Ipbc1：户主的年龄	25 岁以下=1；26～35 岁=2；36～45 岁=3；46～55 岁=4；56 岁以上=5
	Ipbc2：户主的受教育程度	小学及以下=1；初中=2；高中或中专=3；大专或本科=4；研究生及以上=5
	Ipbc3：户主的身体状况	非常不健康=1；不健康=2；一般=3；健康=4；非常健康=5
	Ipbc4：户主的工作性质	务农（非农收入 20%以下）=1；务农为主，非农为辅（非农收入 20%～40%）=2；一般（非农收入 40%～60%）=3；非农为主，务农为主（非农收入 60%～80%）=4；非农（非农收入 80%以上）=5
	Ipbc5：户主的工作非常稳定	完全不同意=1；不同意=2；一般=3；同意=4；非常同意=5
	Ipbc6：家庭成员中年龄在 18～59 岁的占比	20%及以下=1；20%～40%（含）=2，40%～60%（含）=3，60%～80%（含）=4；80%以上=5

（续）

潜变量	可测变量	定　义
农户禀赋	Ipbc7：家庭成员中的务工人员比例	20%及以下＝1；20%～40%（含）＝2，40%～60%（含）＝3，60%～80%（含）＝4；80%以上＝5
	Ipbc8：去年家庭非农收入占总收入比例	20%及以下＝1；20%～40%（含）＝2，40%～60%（含）＝3，60%～80%（含）＝4；80%以上＝5
环境禀赋	Epbc1：农户向家庭农场流转出的土地面积	2亩及以下＝1；2～4亩（含）＝2；4～6亩（含）＝3；6～8亩（含）＝4；8亩以上＝5
	Epbc2：农户流转出的土地面积占自有土地比例	20%及以下＝1；20%～40%（含）＝2，40%～60%（含）＝3，60%～80%（含）＝4；80%以上＝5
	Epbc3：上一轮土地流转租金/（元/亩·年）	200元及以下＝1；200～400元（含）＝2；400～600元（含）＝3；600～800元（含）＝4；800元以上＝5
	Epbc4：上一轮土地流转期限	2年及以下＝1；2～4年（含）＝2；4～6年（含）＝3；6～8年（含）＝4；8年以上＝5
	Epbc5：农户流转出的土地细碎化程度	完全不连片＝1；不连片＝2；一般＝3；连片＝4；完全连片＝5
	Epbc6：农户流转出的土地平整程度	非常不平整＝1；不平整＝2；一般＝3；平整＝4；非常平整＝5
	Epbc7：农户流转出土地的肥沃程度	非常贫瘠＝1；贫瘠＝2；一般＝3；肥沃＝4；非常肥沃＝5
	Epbc8：农户流转出的土地配套设施完善程度	非常不完善＝1；不完善＝2；一般＝3；完善＝4；非常完善＝5
	Epbc9：农户流转出的土地交通便利程度	非常不便利＝1；不便利＝2；一般＝3；便利＝4；非常便利＝5
	Epbc10：农户流转出的土地是否确权	否＝0；是＝1
	Epbc11：农户对土地流转政策的熟悉程度	完全不熟悉＝1；不熟悉＝2；一般＝3；熟悉＝4；非常熟悉＝5
	Epbc12：农户与家庭农场主关系的亲密程度	外村人＝1；同村人＝2；邻居＝3；朋友＝4；亲人＝5
	Epbc13：农户土地流转的便利程度	非常不便利＝1；不便利＝2；一般＝3；便利＝4；非常便利＝5

2. 题项说明。（1）续约意愿。本文基于 Ajzen 的研究[20]，结合农户向家庭农场流转土地续约意愿特征设置农户续约意愿量表，包括"目前农户参与土地流转续约的意愿强度""农户愿意努力促成土地流转续约的意愿强度"和"合同签订时，农户的续约意愿强度"3 个题项（Bi1－Bi3）。（2）行为态度。根据 Ajzen[20]、Oliver[26]、何欣等[27]、吕军书等[28]、罗必良和刘茜[30]、徐珍源和孔祥智[29]和 Hart 和 Moore[31]等的研究结论，本文设计农户续约意愿的行为态度问卷量表。具体包括"农户认为续约对自己有益的程度""农户认为续约会带来收益的概率"和"农户对上一轮土地流转的满意程度"3 个题项（Ab1－Ab3）。同时，从结果评价和结果信念两个方面感知来考察农户参与土地流转续约意愿的行为态度影响因素，包括农户对上一轮土地流转的满意度、农户对下一轮土地流转的满意

度、合同约束力，政府或第三方参与度和上一轮流转期内的家庭农场经营前景等因素，共
9 个题项（Ab4 - Ab12）。（3）主观行为规范。根据 Ajzen[20]、张进美等[22]、徐敬俊
等[32]、张高亮等[33]学者的研究成果，本文设计了农户土地流转续约意愿的主观行为规范
量表。具体包括"土地流转续约完全由农户决策的程度""农户对他人支不支持续约的顺
从程度"和"他人对农户续约的支持力度"3 个题项（Sn1 - Sn3）。同时，从规范信念和
顺从动机两个维度来考察主观行为规范的影响因素。其中，规范信念主要测度来自亲人、
朋友、政府或村集体以及其他流转户的规范性要求，共设 4 个测量题项（Nb1 - Nb4）。与
规范信念相对应的顺从动机，共设 4 个测量题项（Mc1 - 4）。（4）知觉行为控制。依照
Ajzen[20]、张复宏和胡继连[34]、何欣等[27]、孔祥智和徐珍源[3]以及代瑞熙、蔡海龙[35]的
研究结论，本文设计了农户土地流转续约意愿的知觉行为控制量表。具体包括"农户想续
约的概率""农户认为续约的困难程度"和"农户克服困难进行续约的意愿强度"3 个题
项（Pbc1 - Pbc3）。同时，从农户禀赋和环境禀赋两方面测量控制信念因素。其中，农户
禀赋主要评价农户对上一轮流转期内的自身禀赋（自身的年龄、受教育程度、身体状况、
工作性质、工作稳定性）、家庭禀赋（家庭成员的年龄构成、务工比例、非农收入比例）
等方面的感知，共 8 个题项（Ipbc1 - Ipbc8）；环境禀赋主要涉及农户对上一轮流转期内的
土地禀赋（流转面积、流转租金、流转年限、细碎化程度、平整程度、肥沃程度、设施状
况、交通状况、确权情况等）和流转环境因素（政策了解程度、双方关系、流转便利程
度）的感知，共 13 个题项（Epbc1 - Epbc13）。

（三）计量分析方法

本文基于 TPB 构建假说模型，主要研究农户行为态度、主观行为规范、知觉行为控
制与农户向家庭农场流转土地的续约意愿等抽象变量（潜变量）之间的相互作用关系。一
般而言，抽象变量不能被直接观测。结构方程模型可以通过一些直接可观测的变量来反映
难以观测的潜变量，同时处理多个因变量来估计因子和因子结构间的关系，并允许一定的
测量误差。因此，本文运用结构方程模型对农户向家庭农场流转土地的续约意愿及其影响
因素进行分析，其测量方程和结构方程如下。

结构方程：

$$\eta = B\eta + \Gamma\xi + \zeta \tag{1}$$

测量方程：

$$x = \Lambda_x \xi + \delta \tag{2}$$

$$y = \Lambda_y \eta + \varepsilon \tag{3}$$

在结构方程公式（1）中，$B\eta$ 描述了内生变量 η 之间的彼此影响；$\Gamma\xi$ 描述了外生潜
变量 ξ 对内生潜变量 η 的影响；ζ 表示残差项。在测量方程中，公式（2）表示外生潜变量

的测量方程，公式（3）表示内生潜变量的测量方程。在本文的结构方程模型中，内生潜变量 η 为农户向家庭农场流转土地的续约意愿、行为态度、主观行为规范和知觉行为控制，外生潜变量 ξ 包括结果评价、结果信念、规范信念、顺从动机、农户禀赋、环境禀赋等。

四、结果分析

（一）问卷的信度和效度

1. 数据的信度检验。 首先，将数据导入 SPSS 24.0 中，采用最大方差法（Vari-max Rotation）对 50 个指标进行因子旋转分析，剔除因子载荷系数低于 0.5 的 17 个指标，剩余 33 个指标。然后，对剩余的 33 个指标进行了巴特立球体检验，KMO 值均大于 0.7，巴特立球体检验的结果在 $P=0.000$ 的水平上显著，说明量表具有较好的相关性。其次，对保留的 33 个指标进行信度分析，Cronbach's Alpha 值均大于 0.6（表 3），说明量表具有可靠的信度。

表 3 潜变量的信度检验

潜变量	Cronbach's Alpha	可测变量个数
续约意愿	0.741	3
行为态度	0.692	3
结果评价	0.800	3
结果信念	0.601	4
主观行为规范	0.678	3
规范信念	0.850	4
顺从动机	0.827	4
知觉行为控制因	0.749	3
农户禀赋	0.627	3
环境禀赋	0.750	3

注：Cronbach's Alpha 值最好超过 0.7，数值在 0.6～0.7 可以接受，如果在 0.6 以下就要考虑重新编制问卷。

2. 数据的效度检验。 本次调查问卷的潜变量路径构想和问题设定是基于相关理论、文献综述、预调研数据等综合考虑的结果，因此问卷具有良好的内容效度和准则效度。如表 4 所示，各量表的因子载荷标准化系数都大于 0.5，且具有高度显著性，这说明数据具有较高的效度，表明续约意愿、行为态度、主观行为规范、知觉行为控制、结果评价、结果信念、规范信念、顺从动机、农户禀赋和环境禀赋等潜变量均能被其对应的观测变量较好地诠释出来。

表 4 问卷效度检验

潜变量	可测变量	因子载荷	标准误	均值	P 值
续约意愿	Bi1：目前，农户参与二地流转续约的意愿强度	0.910	0.041	3.79	0.000
	Bi2：农户愿意努力促成土地流转续约的意愿强度	0.885	0.041	3.61	0.000
	Bi3：合同签订时，农户的续约意愿强度	0.629	0.044	3.44	0.000
行为态度	Ab1：农户认为续约对自己有益的程度	0.809	0.043	3.65	0.000
	Ab2：农户认为续约会带来收益的概率	0.775	0.036	3.43	0.000
	Ab3：农户对上一轮土地流转的满意程度	0.824	0.042	3.41	0.000
结果评价	Ab4：农户对上一轮流转租金的满意程度	0.794	0.047	3.32	0.000
	Ab5：农户对上一轮流转地力维护状况的满意程度	0.882	0.038	3.43	0.000
	Ab6：农户对上一轮流转履约状况的满意程度	0.867	0.040	3.62	0.000
结果信念	Ab9：合同签约形式	0.813	0.028	1.52	0.000
	Ab10：流转是否有政府或第三方参与	0.923	0.027	0.40	0.000
	Ab11：合同是否存在第三方参与	0.906	0.026	0.34	0.000
	Ab12：农户认为上一轮土地流转期内家庭农场的项目经营前景	0.553	0.048	3.17	0.000
主观行为规范	Sn1：土地流转续约完全由农户决策的程度	0.769	0.045	3.99	0.000
	Sn2：农户对他人支不支持续约的顺从程度	0.721	0.046	3.39	0.000
	Sn3：他人对农户续约的支持力度	0.688	0.035	3.83	0.000
规范信念	Nb1：亲人对农户土地流转续约的支持力度	0.840	0.038	3.94	0.000
	Nb2：朋友对农户土地流转续约的支持力度	0.848	0.041	3.82	0.000
	Nb3：政府或村集体对土地流转续约的支持力度	0.777	0.036	3.89	0.000
	Nb4：其他流转户对土地流转续约的支持力度	0.888	0.037	3.74	0.000
顺从动机	Mc1：农户对来自亲人规范信念的顺从程度	0.796	0.050	3.29	0.000
	Mc2：农户对来自朋友规范信念的顺从程度	0.804	0.046	2.99	0.000
	Mc3：农户对来自政府或村集体规范信念的顺从程度	0.784	0.049	3.37	0.000
	Mc4：农户对来自其他流转户规范信念的顺从程度	0.802	0.048	3.30	0.000
知觉行为控制	Pbc1：农户想续约的概率	0.821	0.039	3.81	0.000
	Pbc2：农户认为续约的困难程度	0.782	0.039	3.58	0.000
	Pbc3：农户愿意克服困难进行续约的意愿强度	0.879	0.033	3.79	0.000
农户禀赋	Ipbc4：户主的工作性质	0.793	0.055	3.25	0.000
	Ipbc7：家庭成员中的多工人员比例	0.755	0.071	3.86	0.000
	Ipbc8：去年家庭非农收入与总收入比例	0.762	0.064	4.42	0.000
环境禀赋	Epbc3：上一轮土地流转租金	0.739	0.098	2.74	0.000
	Epbc4：上一轮土地流转期限	0.869	0.067	2.39	0.000
	Epbc12：农户与家庭农场主关系的亲密程度	0.717	0.065	3.85	0.000

（二）模型拟合结果

根据农户向家庭农场流转土地的续约意愿假设模型与样本数据，运用 Amos24.0 软件对结构方程模型进行拟合，发现顺从动机对农户主观行为规范的路径系数不显著，假说H6 不成立。同时，结合实际发现，农户顺从动机观测指标显示数值较低，表示农户对规范信念的顺从动机强度不高，对农户主观行为规范的影响不明显，因此把顺从动机到农户主观行为规范的路径删除，得到了初始模型图 2。

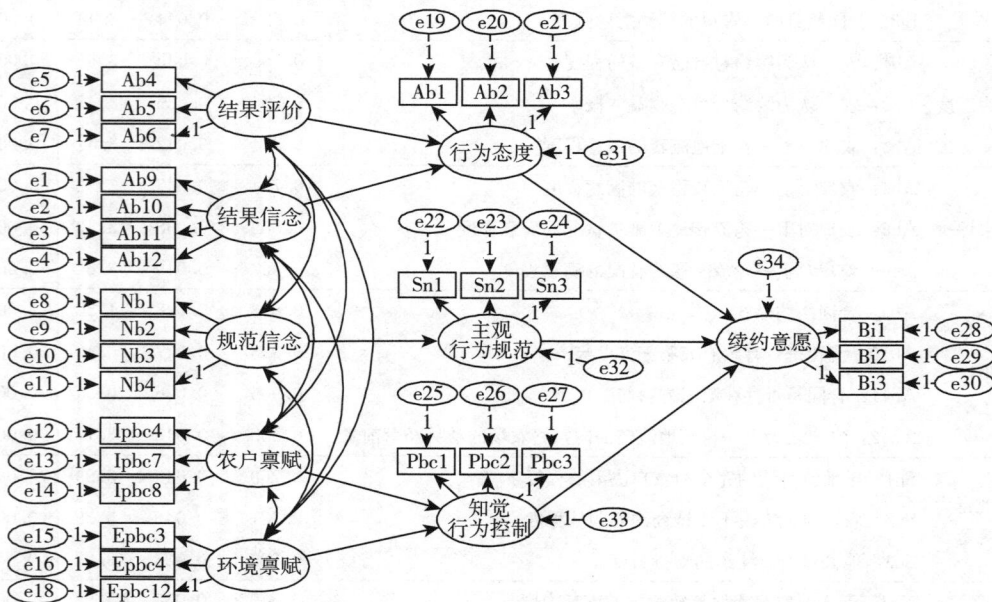

图 2　农户向家庭农场流转土地的续约意愿的初始路径

根据初始结构方程模型路径图 2，运用 Amos24.0，得到初始模型的拟合值，初始模型拟合结果及评价标准如表 5。

表 5　结构方程整体适配度的评价指标体系及拟合结果

指数名称		评价标准	初始拟合值	结果
绝对拟合指数	χ^2/df	越小越好	1 870/420	不好
	GFI	大于 0.9	0.867	不好
	RMSEA	小于 0.08 尚可，小于 0.05 较好	0.058	尚可
	ECVI	应小于饱和模型和独立模型值	3.441	理想
	NFI	大于 0.9，越接近 1 越好	0.733	不好
	IFI	大于 0.9，越接近 1 越好	0.843	不好
相对拟合指数	TLI	大于 0.9，越接近 1 越好	0.793	不好
	CFI	大于 0.9，越接近 1 越好	0.821	不好
	AIC	越小越好	1 317.218	不好
信息指数	PNFI	大于 0.5	0.631	理想
	PCFI	大于 0.5	0.680	理想

注：GFI 表示拟合优度指数，RMSEA 表示近似误差均方根，NFI 代表规范拟合指数，TLI 代表塔克—刘易斯指数，CFI 代表比较拟合指数，IFI 代表增量拟合指数，AIC 代表赤池信息准则。

（三）模型的修正和最终确定

1. 模型的修正。 由于初始模型拟合效果不佳，应当提高模型的拟合的优度，对农户土地流转续约意愿影响因素初始模型进行修正。因样本数据经过科学性检验，问卷信度很好，因此潜变量的可测变量指标不进行修改，只对协方差修正指数 MI 进行修正，按照每次释放一个参数的原则并结合实际调研情况依次对模型进行修正，一共增加了 4 个残差相关路径，最终得到最优模型（图 3）。

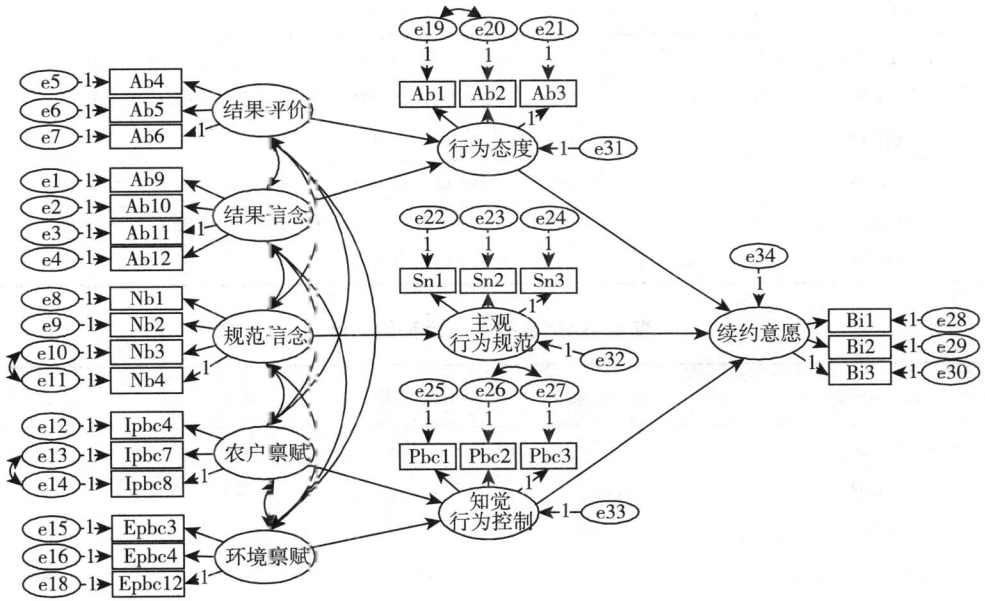

图 3　农户向家庭农场流转土地的续约意愿的优化路径

2. 修正后模型最优结果。 从表 6 可以看出，χ^2/df 明显变小，各拟合指数都得到较大的改善，特别是拟合优度指数（GFI）初始值为 0.867（表 5），调整后为 0.912，大于接受标准 0.9。同时，其他指数值均达到模型可接受标准。这表明本文提出的农户土地流转续约意愿的理论模型修正后具有良好的拟合度。

表 6　修正后的模型拟合指数计算结果

拟合	χ^2/df	GFI	RMSEA	ECVI	NFI	IFI	TLI	CFI	AIC	PNFI	PCFI
结果	936.901/441	0.912	0.067	3.341	0.916	0.928	0.945	0.922	856.211	0.711	0.763

同时，对样本数据进行标准化，得到优化模型潜变量效应（表 7）和优化模型各路径系数估计（表 8）。模型各个路径系数的临界比值为 3.022~19.392（表 8），且从 P 值可以看出，优化模型路径关系都在 1% 的水平上存在显著性差异。

表7 模型中各潜在变量之间的直接效应、间接效应以及总效应标准化的结果

变量	效应	环境禀赋	农户禀赋	规范信念	结果评价	结果信念	知觉行为控制	主观行为规范	行为态度	行为意愿
知觉行为控制	总效应	0.438	0.308	0	0	0	0	0	0	0
	直接效应	0.438	0.308		0	0	0	0	0	0
	间接效应	0	0	0	0	0	0	0	0	0
主观行为规范	总效应	0	0	0.988	0	0	0	0	0	0
	直接效应	0	0	0.988	0	0	0	0	0	0
	间接效应	0	0	0	0	0	0	0	0	0
行为态度	总效应	0	0	0	0.861	0.494	0	0	0	0
	直接效应	0	0	0	0.861	0.494	0	0	0	0
	间接效应	0	0	0	0	0	0	0	0	0
行为意愿	总效应	0.027	0.056	0.325	0.410	0.042	0.183	0.329	0.476	0
	直接效应	0	0	0	0	0	0.183	0.329	0.476	0
	间接效应	0.027	0.056	0.325	0.410	0.042	0	0	0	0

表8 优化模型各路径系数估计

路径关系	路径系数	标准误差	临界比	P
Bi←续约意愿	0.925	0.289	7.213	***
Bi2←续约意愿	0.81	0.261	7.121	***
Bi3←续约意愿	0.399			
行为态度→续约意愿	0.476	0.067	4.668	***
Ab1←行为态度	0.805	0.118	11.106	***
Ab2←行为态度	0.584	0.081	7.960	***
Ab3←行为态度	0.64			
结果评价→行为态度	0.861	0.11	8.249	***
Ab4←结果评价	0.699	0.127	10.150	***
Ab5←结果评价	0.708	0.078	13.537	***
Ab6←结果评价	0.64			
结果信念→行为态度	0.494	0.06	3.684	***
Ab9←结果信念	0.646	0.061	13.135	***
Ab10←结果信念	0.955	0.06	19.392	***
Ab11←结果信念	0.846			
Ab12←结果信念	0.459	0.117	3.121	0.003
主观行为规范→续约意愿	0.329	0.163	3.022	***
Sn1←主观行为规范	0.31	0.327	3.602	***
Sn2←主观行为规范	0.256			

（续）

路径关系	路径系数	标准误差	临界比	P
Sn3←主观行为规范	0.873	0.573	4.515	***
规范信念→主观行为规范	0.988	0.096	4.436	***
Nb1←规范信念	0.875	0.074	16.235	***
Nb2←规范信念	0.794	0.082	14.549	***
Nb3←规范信念	0.561	0.059	12.572	***
Nb4←规范信念	0.746			
知觉行为控制→续约意愿	0.183	0.033	3.397	***
Pbc1←知觉行为控制	0.709	0.092	10.434	***
Pbc2←知觉行为控制	0.614	0.087	9.605	***
Pbc3←知觉行为控制	0.871			
农户禀赋←知觉行为控制	0.308	0.06	3.978	***
Ipbc4←农户禀赋	0.674	0.144	6.969	***
Ipbc7←农户禀赋	0.591	0.166	6.826	***
Ipbc8←农户禀赋	0.59			
环境禀赋→知觉行为控制	0.438	0.042	3.602	***
Epbc3←环境禀赋	0.512	0.136	8.419	***
Epbc4←环境禀赋	0.743	0.1	11.478	***
Epbc12←环境禀赋	0.67			

注：*** 表示显著水平小于 0.001。

（四）结果分析

如图 3 所示，本文提出的农户向家庭农场流转土地的续约意愿理论模型得到证实。从表 7 中可以看出，农户行为态度、主观行为规范、知觉行为控制对农户续约意愿存在显著正向直接效应，且路径系数分别为 0.476、0.329、0.183，从而验证了假设 H1、假设 H4 和假设 H7。这表明，在农户向家庭农场流转土地的续约意愿模型中，农户续约意愿受到农户行为态度、主观行为规范和行为态度的直接影响，其中农户行为态度影响最大。同时，从实证结果上来看，农户续约意愿还受到结果评价、结果信念、规范信念、农户禀赋和环境禀赋的间接影响，其作用强度依次是结果评价（0.410）＞规范信念（0.325）＞农户禀赋（0.056）＞结果信念（0.042）＞环境禀赋（0.027）。这也表明结果评价和规范信念对续约意愿的间接影响不容忽视。

1. 农户土地流转续约意愿的行为态度及其影响因素。农户行为态度对农户向家庭农场流转土地的续约意愿有正向影响。从表 8 中可知，农户行为态度的三个观测变量：农户认为续约对自己有益的程度（Ab1）、农户认为续约会带来收益的概率（Ab2）和农户对上一轮土地流转满意程度（Ab3）均在 1% 的水平上显著，路径系数分别为 0.805、0.584、0.64。这表明，在农户向家庭农场流转土地的续约意愿形成过程中，农户行为态度客观上受到 Ab1、Ab2 和 Ab3 的共同作用，且农户认为续约对自己有益的程度是农户形成积极续约行为态度的最主要因素。

在影响农户行为态度的潜变量中，结果评价路径系数（0.861）＞结果信念路径系数（0.494），且在 1％的水平上显著，从而证明了假设 H2 和假设 H3 成立，结果评价是影响农户行为态度的最主要因素。从表 8 可知，结果评价所有观测指标在该变量的负载均大于0.6，且均在 1％的水平上达到显著，这表明租金满意度（Ab4）、地力保护满意度（Ab5）和履约情况满意度（Ab6）等因素对结果评价起到显著正向作用，并通过行为态度显著作用于农户续约意愿。同时也证明只有提高农户对家庭农场上一轮土地流转租金、地力保护、履约情况三方面满意度，才能提高农户对续约的结果评价，进而增强农户续约行为态度的积极性。此外，模型分析结果显示，农户结果信念的四个观测变量：合同签约形式（Ab9）、流转是否有政府或第三方参与（Ab10）、合同是否存在第三方参与（Ab11）和家庭农场经营前景（Ab12）在 1％的水平上显著，且路径系数分别为 0.646、0.951、0.852、0.459。这表明，农户结果信念分别受到 Ab9、Ab10、Ab11 和 Ab12 等因素共同作用。流转是否有政府或第三方参与和合同是否存在第三方参与是农户结果信念形成的最主要因素。

2. 农户土地流转续约意愿的主观行为规范及其影响因素。农户主观行为规范对农户向家庭农场流转土地的续约意愿有正向影响。模型的实证结果显示，农户主观行为规范受到关于续约的农户自主决策度（Sn1）、他人支持影响度（Sn2）和他人支持度（Sn3）三个观测变量的共同作用，均在 1％的水平上显著，且路径系数分别为 0.31、0.256、0.873。这表明，在农户向家庭农场流转土地的续约意愿形成过程中，农户主观行为规范受到农户自主决策度、他人支持影响度、他人支持度的共同作用，且他人支持度是形成农户主观行为规范的主要因素。

影响农户主观行为规范潜变量的规范信念在 1％的水平上显著，且路径系数为 0.988，证明假设 H5 成立。农户规范信念的四个观测指标负载均超过了 0.5，其中亲人对续约的支持度（Nb1）、朋友对续约的支持度（Nb2）和其他流转户对续约的支持度（Nb4）的负载超过了 0.7（表 8）。这进一步说明来自亲人、朋友、政府或村集体和其他流转户的续约支持度对农户规范信念起显著作用，并通过规范信念显著作用于主观行为规范，进而影响农户向家庭农场流转土地的续约意愿，且来自亲人的续约支持力度是农户形成规范信念的最主要因素。

3. 农户土地流转续约意愿的知觉行为控制及其影响因素。农户知觉行为控制对农户向家庭农场流转土地的续约意愿有正向影响。从表 8 可知，知觉行为控制的三个观测指标的负载均大于 0.6，且在 1％的水平上显著，表明农户想续约的概率（Pbc1）、续约困难程度（Pbc2）和克服困难意愿（Pbc3）等因素作用于农户知觉行为控制，进而影响农户向家庭农场流转土地的续约意愿。这说明当农户续约越便捷，遇到的续约阻碍越小，克服困难续约的意愿越强，农户知觉行为控制能力也就越强，从而农户更加愿意继续将土地流转给家庭农场。

作为农户知觉行为控制的控制信念，环境禀赋路径系数（0.438）＞农户禀赋路径系数（0.308），且在1％的水平上显著，从而验证了假设H8和假设H9。这表明，在农户知觉行为控制方面，农户对环境禀赋的感知大于农户对自身禀赋的感知。同时，由表8可知，户主工作性质（Ipbc4）、家庭成员务工比例（Ipbc7）和家庭非农收入比例（Ipbc8）对农户禀赋的作用负载分别为0.674、0.591、0.59，表明三个观测指标对农户禀赋起显著作用，并通过知觉行为控制显著影响农户土地流转续约意愿，其中户主工作性质影响最大。这也说明通过改变户主工作性质、家庭成员务工比例、家庭非农收入比例等农户禀赋因素，可通过影响农户知觉行为控制进而影响农户续约意愿。由表8可知，上一轮土地流转租金（Epbc3）、上一轮土地流转期限（Epbc4）、流转双方关系（Epbc12）等观测指标对环境禀赋的负载分别为0.512、0.743、0.67，说明该3项指标通过环境禀赋影响农户知觉行为控制，进而影响农户土地流转续约意愿，其中上一轮土地流转期限最为显著。

五、研究结论与政策启示

（一）研究结论

本文以湖南省498个已经参与向家庭农场流转土地的农户作为样本，以计划行为理论作为理论基础，运用Amos24.0软件实证分析了农户向家庭农场流转土地的续约意愿及其影响因素。从实际调研结果上来看，498个被调查的农户中有73.9％愿意把土地继续流转给家庭农场；当土地流转续约遇到困难，只有56.02％的农户表示愿意努力促成土地流转续约；在上一轮土地流转合同签订时就考虑过续约的农户仅占样本总数的53.61％。因此，绝大多数农户在土地流转合同到期后愿意继续把土地流转给家庭农场。然而，也有一部分农户在土地流转合同到期后不愿意续约或者续约积极性不高，这严重影响转入方的土地经营权稳定性。

同时，本文通过实证分析，验证了行为态度、主观行为规范和知觉行为控制对农户向家庭农场流转土地的续约意愿的影响，探讨了结果评价、结果信念、规范信念、农户禀赋和环境禀赋对农户向家庭农场流转土地的续约意愿的间接影响，从整体上剖析和揭示了农户向家庭农场流转土地的续约意愿的形成机制。具体结论如下：第一，农户的行为态度、主观行为规范和知觉行为控制对农户向家庭农场流转土地的续约意愿存在正向显著影响，尤其是农户行为态度的影响力更强烈；第二，在行为态度方面，当农户对续约预期收益越有信心，或对家庭农场上一轮土地流转行为越满意，在此基础上构建起的行为态度越能促进农户土地流转续约意愿的形成；第三，在主观行为规范方面，当农户感知到来自周围的人特别是亲人对农户续约的支持态度越强烈，在此基础上构建的主观行为规范越能促进农户土地流转续约意愿的形成；第四，在知觉行为控制方面，来自农户自身禀赋和环境禀赋两方面的控制信念因素会影响到农户土地流转的续约意愿的形成，其中户主工作性质和上一轮的流转期限影响最大。

（二）政策启示

基于以上结论，可以通过三种干预路径来提升农户的土地流转续约意愿：（1）通过提高农户土地流转满意度或增强农户土地流转信心来培育农户积极的行为态度；（2）通过提高农户规范信念的期望值来强化主观行为规范的正向影响；（3）通过优化农户自身禀赋结构或提升流转环境禀赋来增强知觉行为控制。

针对农户行为态度积极性不高的问题，政府应采取针对性措施来强化结果评价和结果信念。从强化结果评价来看，重点在于提高农户对上一轮土地流转租金水平、履约状况和地力保护的满意度。一是完善土地流转市场机制，特别是完善土地流转定价机制，构建更加科学的土地流转租金形成机制，引导农户与家庭农场形成合理的流转租金预期，从而提高双方对流转租金的满意度；二是完善土地流转监管机制，确保流转双方按流转合同履行职责和义务，确保地力得到保护。从强化结果信念来看，重点在于强化合同约束力，提高家庭农场经营前景，增强农户对下一轮土地流转获取预期收益的信心。一方面，合理定位地方政府角色，规范合同条款与签订形式，增强流转合同约束力，保护流转双方合法权益。另一方面，应严格规范家庭农场创建标准，聚焦家庭农场发展难点，加强对家庭农场社会化服务，提高家庭农场经营前景。

针对农户主观行为规范正向影响不足的问题，政府应强化来自农户亲人、朋友、政府或村集体及其他流转户的规范信念。一是要加强土地流转政策宣传，提高农户亲朋对土地流转政策的了解程度。二是要加大对土地流转的鼓励和补贴，提高农户亲人和朋友对土地流转的支持度。三是要降低土地流转交易成本和保护农户合法权益，提高已经流转农户的续约支持度。

针对农户知觉行为控制不足的问题，政府应强化农户对农户禀赋和环境禀赋的控制信念。强化对农户禀赋的控制信念，应重点加强农户就业培训和服务，增加农户非农就业机会，提高农户家庭非农收入比例；完善农村社会保障体系，降低农户的非农就业风险和对土地的依赖程度。强化对环境禀赋控制信念，应重点建立土地流转信息平台，推动市场机制更好发挥作用，促进形成合理的流转价格和期限；加强土地流转的管理协调工作，完善流转双方的沟通机制和纠纷调解机制，帮助改善流转双方关系。

参考文献：

［1］杜志雄，王新志．加快家庭农场发展的思考与建议［J］．中国合作经济，2013（8）：35 - 39.

［2］肖鹏，吕之望．土地经营权抵押的制约与创新［J］．西北农林科技大学学报（社会科学版），

2016（4）：53-56.

[3] 孔祥智，徐珍源. 转出土地农户选择流转对象的影响因素分析：基于综合视角的实证分析 [J]. 中国农村经济，2010（12）：17-25，67.

[4] 邹秀清，郭敏，周凡，等. 发展家庭农场对农户流转土地意愿的影响：来自江西省新余市的经验证据 [J]. 资源科学，2017（8）：1469-1476.

[5] 李德轩. 交易成本对土地流转价格的影响分析 [D]. 武汉：华中农业大学，2016.

[6] 江淑斌，苏群. 经济发达地区农户土地流转影响因素分析：基于江苏 684 个农户调查样本的实证 [J]. 生态经济，2014（5）：18-21.

[7] 杜培华，欧名豪. 农户土地流转行为影响因素的实证研究：以江苏省为例 [J]. 国土资源科技管理，2008（1）：53-56.

[8] 李启宇，张文秀. 城乡统筹背景下农户农地经营权流转意愿及其影响因素分析：基于成渝地区 428 户农户的调查数据 [J]. 农业技术经济，2010（5）：47-54.

[9] 赵晓秋，李后建. 西部地区农民土地转出意愿影响因素的实证分析 [J]. 中国农村经济，2009（8）：70-78.

[10] 罗必良，何应龙，汪沙，等. 土地承包经营权：农户退出意愿及其影响因素分析：基于广东省的农户问卷 [J]. 中国农村经济，2012（6）：4-19.

[11] MULLAN K，GROSJEAN P，KONTOLEON A. Land Tenure Arrangements and Rural-urban Migration in China [J]. World Development，2011（3）：123-133.

[12] GILES J，MU R. Village Political Economy，Land Tenure Insecurity，and the Rural to Urban Migration Decision：Evidence from China [J]. American Journal of Agricultural Economics，2018，100（3）：521-544.

[13] KHANTACHAVANA S V，TURVEY C G，KONG R，et al. On the Transaction Values of Land Use Rights in Rural China [J]. Journal of Comparative Economics，2013，41（3）：863-878.

[14] YU Q，WU W，VERBURG P H，et al. A Survey-based Exploration of Land-System Dynamics in an Agricultural Region of Northeast China [J]. Agricultural Systems，2013，121：106-116.

[15] 兰勇，熊彬雁，易朝辉. 家庭农场土地经营权流转的动力机制 [J]. 农业现代化研究，2018（4）：610-616.

[16] 郭斌，魏阁宏，占绍文. 农村土地流转交易关系中流出方续约倾向研究：基于社会网络理论和渠道行为理论 [J]. 会计与经济研究，2013（1）：78-84.

[17] 薛建良. 流转土地经营权稳定性评价：基于新型农业经营主体的视角 [J]. 西北农林科技大学学报（社会科学版），2018（2）：63-70.

[18] 肖鹏，王丹. 试论土地经营权租赁合同的完善：基于 102 个家庭农场的调研 [J]. 中国土地科学，2015（10）：20-27.

[19] FISHBEIN M，AJZEN I. Belief Attitude Intention and Behavior：An Introduction to Theory and Research [M]. MA：Addison-Wesley，1975.

[20] AJZEN. From Intentions to Actions：A Theory of Planned Behavior ［M］//J KUHL，BECK-MANN J. Action-control：From cognition to behavior. Berlin：Springer Verlag，1985：11 - 39.

[21] 武瑞娟，李东进，吴波．中国农民消费者对下乡家电产品的购买意向分析 ［J］．中国软科学，2010（1）：40 - 52.

[22] 张进美，刘天翠，刘武．基于计划行为理论的公民慈善捐赠行为影响因素分析：以辽宁省数据为例 ［J］．软科学，2011（8）：71 - 77.

[23] 侯博，应瑞瑶．分散农户低碳生产行为决策研究：基于 TPB 和 SEM 的实证分析 ［J］．农业技术经济，2015（2）：4 - 13.

[24] 王大海，姚飞，郑玉香．基于计划行为理论的信用卡使用意向分析及其营销策略研究 ［J］．管理学报，2011（11）：1682 - 1689.

[25] 刘人境，柴婧．SNS 社交网络个人用户持续使用行为的影响因素研究 ［J］．软科学，2013（4）：132 - 135，140.

[26] OLIVER R L. A Cognitive Model of the Antecedents and Consequences of Satisfaction ［J］．Journal of Marketing research，1980，17（3）：460 - 469.

[27] 何欣，蒋涛，郭良燕，等．中国农地流转市场的发展与农户流转农地行为研究：基于 2013—2015 年 29 省的农户调查数据 ［J］．管理世界，2016（6）：79 - 89.

[28] 吕军书，贾威．"三权分置"制度下农村土地流转失约风险的防范机制研究 ［J］．理论与改革，2017（6）：181 - 188.

[29] 徐珍源，孔祥智．转出土地流转期限影响因素实证分析：基于转出农户收益与风险视角 ［J］．农业技术经济，2010（7）：30 - 40.

[30] 罗必良，刘茜．农地流转纠纷：基于合约视角的分析：来自广东省的农户问卷 ［J］．广东社会科学，2013（1）：35 - 44.

[31] HART O D，MOORE J. Incomplete Contracts and Renegotiation ［J］．Econometrica，1988，56（4）：755 - 786.

[32] 徐敬俊，权锡鉴，葛珊珊．基于计划行为理论的高铁乘客选择行为意向研究 ［J］．经济管理，2016（2）：102 - 113.

[33] 张高亮，张璐璐，邱咸．基于计划行为理论的渔民参与专业合作组织行为的产生机理 ［J］．农业经济问题，2015（8）：97 - 104.

[34] 张复宏，胡继连．基于计划行为理论的果农无公害种植行为的作用机理分析：来自山东省 16 个地市（区）苹果种植户的调查 ［J］．农业经济问题，2013（7）：48 - 55，111.

[35] 代瑞熙，蔡海龙．土地流转的现状、问题与政策建议：基于河南和山东两省的调研分析 ［J］．农业经济，2016（5）：97 - 99.

家庭农场融资需求实证研究：意愿、强度与用途[①]
——基于 1 966 家种植业家庭农场数据

现阶段家庭农场的融资意愿较高，平均需求额度较大，并且多用于农场的生产性用途。融资需求在不同的家庭农场之间存在较大差异，融资意愿、融资强度和融资用途主要受到农场主性别、年龄、受教育程度、社会地位等个人及家庭特征变量影响，同时，经营面积、土地流转租金、雇用农业劳动力工资、农场农机具维护与淘汰更新支出、从事规模经营年限、种植作物类型等反映农场经营特征的变量也对融资需求产生影响。这些认知表明，针对异质性强的家庭农场，金融部门在进行农业农村金融产品设计时，应充分考虑农场融资需求的差异化，针对不同的群体应有不同的金融产品方案。

一、引言

随着农业劳动力的老龄化、减量化，土地流转加快，以家庭成员为主要劳动力、从事种养专业化生产、经营规模大大高于传统农户的家庭农场，正日益成为我国农业生产的重要经营主体。目前全国土地流转面积占家庭承包耕地总面积的 35％左右[1]，也即约 7 亿亩耕地被流转。据国家工商行政管理总局数据，截至 2016 年底在册家庭农场数量有 42 万个，还有大量未注册家庭农场。据 2016 年对 3 000 家家庭农场的监测数据分析显示，家庭农场平均规模达到 373.69 亩[2]。7 亿亩被流转的耕地假如有一半流转到家庭农场，简单按照每个农场 373.69 亩计算，全国也有 93.66 万个家庭农场。显然，家庭农场已经是我国农业生产的重要经营主体。

---

① 本文原载于：李莉，张宗毅，杜志雄. 家庭农场融资需求实证研究：意愿、强度与用途：基于 1 966 家种植业家庭农场数据 [J]. 金融教育研究，2020，33（2）：3 - 11.

　　然而由于存在诸多信贷约束，与其他发展中国家一样，"贷款难"问题在我国农村长期和普遍存在[3]，资金不足成为家庭农场持续发展的掣肘[4]。2017年针对3 000家家庭农场的监测数据也证实了这一情况，86.32%的家庭农场面临着融资困难，融资障碍制约了家庭农场的进一步发展。

　　关于我国农户的融资障碍问题，有大量相关文献，总结起来无外乎以下几点：（1）信用环境欠佳，没有健全的农村信用体系[5]；（2）缺乏合格的抵押品[6-8]，国外的一些研究也表明抵押品对信贷资金的可获得性至关重要[9-10]；（3）农户联保和公务员、事业单位人员等第三自然人担保机制存在天然缺陷[11]；（4）信用贷款由于风险较大，一般贷款额度较小，利率较高，不能满足农户需求[12]；（5）银行自身信贷管理技术落后[13]。针对这些问题，又有诸多文献提出了对农户进行信用评级[14]、给农民更多物权以扩大抵、质押担保范围[8]、创新金融方式发展小额信贷[15]、微贷技术[16]、产业链金融[17]等对策。2017年中央一号文件也提出要加快农村金融创新。这些文献侧重于研究农户融资障碍和对策，虽然都提出了一些针对性的对策，但大多将农户当成一个均质的整体。但目前，还鲜有将与普通农户存在较大差别的家庭农场作为一个单独的群体，来研究其信贷特征。

　　对农户金融需求的研究，同样存在对传统小农户和家庭农场不加区分的情况。黎翠梅和陈巧玲研究的农户群体以经营土地规模10亩以下的农户为主[18]，熊学萍等研究的样本中，30亩以下的农户占87.3%，30亩以上的样本仅25个[19]。即使一些以东北农户为研究对象的，也以小农户为主，如于丽红等以辽宁农户为研究对象，50亩以下的农户占比高达86.8%，而50亩的规模在东北并不算大，2015年在东北如果种植50亩玉米甚至会亏损[20]。

　　实际上，家庭农场这一以农业收入为主要来源的新型经营主体与中国绝大部分以非农收入为主要来源的传统小农家庭有很大的区别，具有专业化、规模化、商品化、资本密集、劳动生产率较高等诸多特征[21-22]。全国家庭农场经营情况监测的数据表明，2016年家庭农场的平均土地经营规模为373.69亩、农场主高中以上文化程度为48.30%，而目前全国平均每个农户土地经营规模不足10亩、高中文化程度不足7%（2010年全国人口普查数据）。显然，家庭农场与传统小农有本质区别，不能简单将传统小农的信贷特征套用到家庭农场上。

　　作为农业生产新型主体的家庭农场究竟有着什么样的融资需求？金融系统如何适应农业经营主体的变化来调整融资服务策略？如何根据家庭农场等新主体的融资需求有针对性地设计金融产品？本文试图回答这些现实中提出的问题。我们将家庭农场金融需求细分为是否有融资意愿、融资需求强度、融资需求用途三个维度，① 以全国家庭农场固定观察数

①　这三个维度在监测问卷中的问题分别是："通常您的家庭农场对贷款额度需求每年约为多少"（本问题剥离出贷款意愿和贷款强度两个维度。如果填0或者未填则认为没有贷款意愿，如果有填写大于0的数值则为有贷款意愿，其数值为贷款强度），"您贷款用途主要是什么"（贷款用途维度）。

据中 1 966 个种植类型的家庭农场数据集为样本，深入分析家庭农场的融资需求特征及影响因素，并据此提出对金融部门产品设计、政府家庭农场金融扶持政策制定的政策含义。

二、模型选择

（一）融资需求影响因素分析

根据以往研究来看，对农户融资需求的影响因素众多，本文将从农户个人和家庭特征、经营特征等因素来进行考察①。

农户个人及家庭特征中：男性家庭农场主有养家的压力，会更倾向于通过金融杠杆来快速扩大再生产，而女性农场主的配偶通常在外务工，有外源性收入，在农业投资央策上倾向于保守；年龄越大的农场主由于体力下降越倾向风险规避，对于扩大再生产的意愿将大幅下降进而影响融资需求；受教育程度较高和具有一定社会地位的农场主会对金融杠杆有更充分的认识，会有更强的融资需求；家庭人口较多表明开支较大，可能对资金需求有正向影响，同时家庭人口较多也意味着更多的融资使用途径是生活性需求而非生产性需求。

对于经营特征：土地经营面积越大，就意味着种子、化肥、农药等相关的农资投入需求较大，因而对资金需求更多；流转土地面积较大则意味着需要支付的土地流转费较多，因而也扩大了资金需求；常年雇用劳动力人数多，则劳务支出费用较大，对融资需求会增加；农场农机具价值较大，意味着对农机的购买、维修和淘汰更新等相关资金的需求就会较大；从事规模经营的年数越长的家庭农场主，意味着对风险的掌控能力和对市场的把握程度要更强，因此通过融资扩大再生产的意愿可能会更强烈；此外，粮食作物的种植目前已经变为资本密集型，而经济作物的种植仍然属于劳动密集型，因此种植粮食作物的家庭农场可能对资金的需求更强烈，更大规模的粮食作物种植将意味着更强烈的资金需求和更高的需求强度以及更多地将资金用于生产用途。

基于前述分析，本文提出以下假说。

假说 1：农场主性别、年龄、受教育程度、社会地位、家庭人口等个人和家庭特征对家庭农场融资意愿、强度和用途有显著影响。

假说 2：经营面积、流转土地资金、常年雇用人数、农场农机具价值、从事规模经营的年数、种植作物类型（粮食作物、非粮食作物）、种植作物类型与经营面积的交互项等

---

① 其中，由于难以观测有贷款需求但未得到贷款农户的贷款利率，本文未就贷款利率这一因素进行考察，但是利率内生于农户的社会关系以及个人资产，社会关系好和个人资产状况较好的农户可能会获得更低的融资利率，这两个变量我们在模型中用社会地位以及农机具价值予以体现（由于全国家庭农场监测数据库中未调查农户家庭资产指标，但家庭农场以农业经营为主，因此其农场拥有的农机具价值一定程度也能反映资产状况）。

经营特征对家庭农场融资意愿、强度和用途有显著影响。

(二) 模型选择

为了验证以上假说，本文采用二元选择模型 Probit 模型来验证家庭农场融资意愿和融资用途影响因素及方向，采用 Tobit 模型来验证融资强度影响因素及方向。

1. 对于融资意愿以及融资用途选择二项分布的 Probit 模型来进行研究。 模型的基本表达式如下：

$$P(y_j = 1 \mid X_j) = \Phi(c_j + \beta_j X_j) + \mu_j = \int_{-\infty}^{c_j + \beta_j X_j} \varphi(t)dt + \mu_j \qquad (1)$$

在表达式（1）中，$j=1$，2，分别表示融资意愿模型和融资用途模型。y_j 是虚拟变量，$y_j = 1$ 时表示家庭农场有融资意愿或融资用于生产性用途；$y_j = 0$ 表示家庭农场没有融资意愿或融资用于非生产性用途。X_j 表示模型 j 的解释变量向量，包括个人和家庭特征、经营特征等。Φ 为累计标准正态分布函数。c_j 为常数项，β_j 为待估计的系数向量，μ_j 为随机误差项。

2. 对于融资强度的研究，由于融资需求强度没有低于 0 的样本，因此采用 Tobit 模型。 模型形式如下：

$$y^* = \beta X + \varepsilon , \ \varepsilon \sim N(0, \ \theta^2)$$
$$y = \begin{cases} y^*, \ y^* > 0 \\ 0, \ y^* \leqslant 0 \end{cases} \qquad (2)$$

式（2）中，y 为因变量，即融资强度；y^* 是潜在变量，X 为解释变量向量，即影响农户融资强度的主要因素；β 为回归系数向量；ε 为随机误差。当 $y^* > 0$ 时 $y = y^*$，当 $y^* \leqslant 0$ 时 $y = 0$。

三、数据来源及样本描述

(一) 数据来源

自 2014 年开始，农业部农村经济体制与经营管理司组织启动了全国家庭农场固定监测工作。每年在全国 31 个省（自治区、直辖市）的 100 个县（市、区）对 3 000 个左右家庭农场进行跟踪监测。为了避免出现有的解释变量并不适用于所有样本的情况（如土地经营规模变量、土地租金变量、作物种植类型变量并不适用于养殖类家庭农场），因此本研究仅选择了 3 000 家家庭农场样本中的 1 966 个种植业农场样本 2016 年监测数据，并运用模型（1）、（2）对前述假说进行实证。

（二）变量描述

表 1 展示了所有被解释变量和解释变量的均值、最小值和最大值。其中被解释变量基本情况如下：有融资意愿的家庭农场占 80%、平均需求额度为 53.70 万元、79% 的家庭农场融资主要用于生产性用途，可以看出家庭农场融资意愿较高，融资强度远高于普通小农，且主要用于生产用途；解释变量基本情况如下：个人及家庭特征中 89% 的家庭农场主为男性、平均年龄为 46.81 岁、平均受教育年限为 10.59 年、平均家庭人数为 4.45 人、18% 的家庭农场主有企业管理层或村干部（含大学生村官）的从业经验，经营特征中平均经营规模为 385.67 亩、平均土地流转总租金为 16.10 万元、农场长期雇工平均为 2.37 人、农场自有农机具价值平均为 26.30 万元、农场主从事规模经营的时间平均为 6.52 年、样本中 59% 的农场为粮食作物农场。

表 1　变量定义及描述性统计

变量类别	变量名	变量定义或单位	均值	最小值	最大值
被解释变量	融资意愿	有融资需求＝1；无融资需求＝0	0.80	0	1
	融资强度	单位：万元	53.70	0	1 000
	融资用途	将融资用于生产性用途＝1；用于非生产用途＝0	0.79	0	1
解释变量	个人及家庭特征变量：				
	性别	男＝1；女＝0	0.89	0	1
	年龄	单位：年	46.81	23	76
	受教育程度	没上过学＝0；小学＝6；初中＝9；高中、中专、职高＝12；大专＝15；本科＝16；研究生及以上＝19	10.59	0	19
	家庭人口	单位：人	4.45	1	10
	社会地位	从业经历有过企业管理层或村干部（含大学生村官）职位的人＝1；其他＝0	0.18	0	1
	经营特征变量：				
	经营规模	单位：亩	385.67	2	6 360
	地租支出	单位：万元	16.10	0	430.44
	常年雇用劳动力	单位：人	2.37	0	50
	农场农机具价值	单位：万元	26.30	0	1 200
	规模经营年限	单位：年	6.52		26
	种植作物类型	种植面积最大的作物为粮食＝1；为非粮作物＝0	0.59	0	1
	经营规模与种植作物类型交互项		251.78	0	6 360

注：在统计融资用途时，剔除了融资强度为 0 的样本。

（三）家庭农场融资状况经营规模关系

通过调研的实际分析，我们发现传统意义上的小农户和家庭农场最本质的差异在于经营规模，家庭农场的经营规模显著大于小农户，由此本处有必要首先简要分析一下家庭农场经营规模与三个被解释变量之间的关系。从表1可以发现，现阶段家庭农场的经营面积分化较大，从2亩到6 360亩。为了粗略观察经营规模与家庭农场融资意愿、强度以及用途这三个被解释变量之间的关系，我们将家庭农场的规模分成了10组，分组统计了三个被解释变量的均值（表2）。

表2　家庭农场资金需求、强度和用途与土地经营规模关系

家庭农场经营规模/亩	样本农场数量	有融资意愿的农场数量	融资需求均值（有需求=1；无需求=0）	融资强度均值/万元		融资用途均值（有生产性用途=1；非生产性用途=0）	
				全部样本	有融资意愿样本	总样本	有融资意愿样本
<10	5	1	0.20	1.00	5.00	0.20	1.00
[10, 50)	115	70	0.61	28.52	46.86	0.43	0.70
[50, 100)	201	150	0.75	33.91	45.43	0.47	0.63
[100, 150)	341	227	0.67	31.92	47.95	0.47	0.70
[150, 200)	255	195	0.76	37.45	48.97	0.62	0.81
[200, 500)	608	511	0.84	44.18	52.57	0.68	0.80
[500, 1 000)	260	242	0.93	90.31	97.02	0.83	0.88
[1 000, 2 000)	137	131	0.96	119.38	124.85	0.83	0.87
[2 000, 3 000)	22	19	0.86	104.55	121.05	0.68	0.80
≥3 000	22	21	0.95	275.23	288.33	0.95	1.00
平均	—	—	0.80	53.71	67.39	0.63	0.79

从表2可以看出：（1）家庭农场的融资意愿会随着规模的扩大而逐渐上升。其中从10亩以下到10～50亩有一个较大的提升，存在融资意愿的农场从20%增加到61%，而1 000～2 000亩的农场有融资需求的占比达96%。（2）同样，无论是全部样本还是有融资意愿的样本，家庭农场的融资强度也呈现出随着规模的扩大而上升的趋势。其中10亩以下农场也就是传统小农户融资强度很小，平均每户为1万元，有融资需求的农户平均为5万元；经营规模为10～500亩的有融资意愿的家庭农场融资强度为46.86万元；500亩以上的家庭农场融资强度均值都在90万以上。（3）融资用途仍然有类似规律，随着家庭农场规模的扩大，融资用途也逐渐转向生产[1][2]。其中10亩以下的小农户，总样本中只有20%用于生产，随着农场规模增大到150亩以上，有融资意愿的家庭农场会将80%以上的融资资金用于农业生产，经营规模在3 000亩以上的农场则平均有高达100%将贷款用于生产性用途。可见，如果有生产性专用贷款，针对规模较大的农场贷款更具有指向性。

与此同时，我们发现融资需求可能并不与经营规模呈简单的线性关系，比如有资金需

---

①　这里的生产性用途指的是购买化肥、种子等生产资料、支付土地流转费、购买农机、购买土地、厂房、设备等固定资产等支出。

②　对于融资强度有需求的样本统计中由于小于10亩的样本数只有1个则需剔除小于10亩的样本。

求的农场中，经营规模50～100亩的家庭农场平均资金需求是45.43万元，而经营规模500～1 000亩的家庭农场平均资金需求是97.02万元，而非45.43万元的10倍。随着规模的扩大10倍，农场种子、化肥、农药等可变成本投入可能增加了10倍，但其他固定资产投入变化并非同步增长，比如可能都只需要一台拖拉机就能完成全部作业。因此，假定农户经营规模与农户融资需求存在非线性的关系，这里简单假设为对数关系，并在后续实证模型中予以验证。

四、实证分析

（一）估计结果

使用前述数据集，运用stata13.0软件进行了回归分析，回归结果如表3至表5所示。我们将融资意愿、融资强度、融资用途分别通过规模取对数和不取对数进行研究，目的是为了更准确地刻画关键变量规模与融资需求的关系。从回归的结果中我们不难发现，当规模以对数形式纳入模型中时，规模都在1%的水平上显著影响融资的意愿、融资强度和融资用途，模型中规模变量显著程度更高（z统计值更高）。显然规模与融资需求的关系并不是简单的线性关系，对数这种非线性关系可以更好地刻画。由此，我们将采用经营规模取对数的模型来进行分析。

表3　融资意愿计量模型回归结果

变量类型	变量名	规模取对数		规模不取对数	
		回归系数	z值	回归系数	z值
个人及家庭特征变量	性别	−0.036 9	−0.34	−0.043 9	−0.4
	年龄	−0.002 6	−0.63	−0.003 1	−0.74
	受教育程度	0.030 7 **	1.98	0.028 3 *	1.83
	家庭人口	0.008 9	0.41	0.006 7	0.31
	社会地位	0.264 8 ***	2.58	0.280 1 ***	2.74
经营特征变量	经营规模	0.505 1 ***	6.14	0.001 1 ***	4.17
	地租支出	0.000 5	0.16	0.002 8	0.76
	常年雇用劳动力	0.062 9 ***	4.87	0.069 6 ***	5.39
	农场农机具价值	0.002 5 **	2.12	0.003 0 ***	2.57
	规模经营年限	−0.008 4	−1.04	−0.008 4	−1.05
	种植作物类型	0.196 4 *	1.95	−0.155 8	−1.62
	经营规模与种植作物类型交互项	−0.330 5 ***	−3.88	−0.325 5 ***	−3.21

注：①***、**、*分别表示在1%、5%、10%的水平下显著。表4、表5同。

②为了降低多重共线性，将交互项中的规模变量改为每个样本的土地规模与全部样本土地规模的均值之比值，在规模取对数的模型中也对该数值取对数。后同。处理方法借鉴文献：杰弗里·M·伍德里奇. 计量经济学导论（第五版）[M]. 北京：中国人民大学出版社，161.

表 4　融资强度计量模型回归结果

变量类型	变量名	规模取对数		规模不取对数	
		回归系数	t 值	回归系数	t 值
个人及家庭特征变量	性别	−7.944 9	−0.87	−8.963 2	−0.98
	年龄	−0.257 5	−0.73	−0.332 6	−0.95
	受教育程度	2.719 4**	2.1	2.924 1**	2.25
	家庭人口	8.369 7***	5.2	8.361 7***	5.19
	社会地位	34.802 7***	4.61	37.215 3***	4.93
经营特征变量	经营规模	22.166 9***	3.86	0.003 7	1.25
	地租支出	0.684 5***	4.84	0.794 3***	4.67
	常年雇用劳动力	2.401 9***	6.05	2.685 2***	6.78
	农场农机具价值	0.194 4***	3.31	0.232 1***	3.9
	规模经营年限	−0.261 9	−1.08	−0.393 9	−0.58
	种植作物类型	−34.600 0***	−4.89	−11.947 7	−1.64
	经营规模均值比与种植作物类型交互项	2.336 0	0.38	10.561 5**	2.55

表 5　融资用途计量模型回归结果

变量类型	变量名	规模取对数		规模不取对数	
		回归系数	z 值	回归系数	z 值
个人及家庭特征变量	性别	0.221 5**	1.99	0.193 4	1.74
	年龄	−0.012 3***	−2.78	−0.012 9***	−2.92
	受教育程度	0.007 7	0.46	0.012 5	0.75
	家庭人口	−0.021 4	−1.07	−0.021 1	−1.05
	社会地位	−0.033 2	−0.35	−0.022 5	−0.24
经营特征变量	经营规模	0.419 5***	5.45	0.000 7***	3.58
	地租支出	−0.003 4	−1.84	−0.004 4	−1.61
	常年雇用劳动力	−0.001 9	−0.43	0.000 8	0.17
	农场农机具价值	−0.000 6	−0.88	−0.000 6	−0.84
	规模经营年限	0.021 3**	2.34	0.020 4**	2.26
	种植作物类型	−0.017 2	−0.18	0.086 1	0.85
	经营规模均值比与种植作物类型交互项	−0.133 9	−1.62	0.041 2	0.47

将规模取对数的三个各模型计算偏效应，得见表 6。

表 6　边际效应估计结果

变量类型	变量名	融资意愿	融资强度	融资用途
个人及家庭特征变量	年龄	−0.009 4	−4.755 1	0.061 4
	受教育程度	−0.000 7	−0.154 1	−0.003 4
	家庭人口	0.007 8	1.627 6	0.002 1
	社会地位	0.002 3	5.009 3	−0.005 9
	年龄	0.067 1	20.829 6	−0.009 2

（续）

变量类型	变量名	融资意愿	融资强度	融资用途
	经营规模	0.127 9	13.267 0	0.116 2
	地租支出	0.000 1	0.409 7	−0.001 0
	常年雇用劳动力	0.015 9	1.437 5	−0.000 5
经营特征变量	农场农机具价值	0.000 6	0.116 4	−0.000 2
	规模经营年限	−0.002 1	−0.156 8	0.005 9
	种植作物类型	0.049 8	−20.708 3	−0.004 3
	种植作物类型（种植作物类型＝1）	−0.026 3	−20.531 7	−0.029 1
	经营规模均值比（种植作物类型＝1）	−0.037 2	0.596 9	−0.015 3

（二）对个体特征实证结果的讨论

1. 性别对融资意愿和融资强度的影响不显著，但对融资用途的影响在 5% 的显著性水平上通过了检验。表明男性农场主比女性农场主有更大的概率将融资用于生产用途。与预期方向一致，且在所有其他因素保持不变的情况下，男性农场主比女性农场主将融资用于生产的概率要高出 6.14%。其合理性还在于，家庭农场主如果是女性，可能意味着其配偶或子女多在外务工，有较多外源性收入；若家庭农场主为男性，则农业可能为家庭主要收入来源，其生活压力更大，因而会更倾向于将借款用于生产以增加收入。

2. 年龄对融资用途的影响在 1% 的显著性水平上通过了检验且方向为负，对融资意愿和融资强度的影响不显著但方向也为负，与预期一致。表明农场主的年龄越大将融资借款用于农业生产的倾向越弱，且在其他因素保持不变的情况下，农场主年龄每增加 10 岁，其将融资用于生产的概率要下降 3.40%。

3. 农场主的受教育程度对融资意愿和融资强度都有正向影响，且显著水平都为 5%，对融资用途影响虽然不显著但方向为正，与预期相符。表明农场主的文化水平越高，其有融资意愿就会越大，融资需求的强度就会越高。在所有其他因素保持不变的情况下，农场主受教育程度每增加 1 年，产生融资意愿的概率会提高 0.73%，融资强度将会增加 1.63 万元。显然，农场主受教育程度越高，对金融杠杆的理解越透彻，会更愿意用未来的钱投资现在的扩大再生产，其融资意愿和融资强度就会越大。

4. 家庭人口数对融资强度在 1% 显著性水平上通过检验且影响方向为正，对融资意愿影响虽然不显著但方向为正，对融资用途影响方向为负且不显著。表明农场家庭人口数越多，融资意愿、融资强度也会随之升高。在所有其他因素保持不变的情况下，农场主家庭人数每增加 1 人，融资强度将会增加 5.01 万元。

**5. 社会地位对于农场主的融资意愿、融资强度都有正向影响，且显著性水平均为

1%。表明具有企业管理层、村干部、大学生村官从业经历的农场主具有更强烈的融资意愿，同时融资强度也更大。在所有其他因素保持不变的情况下，具有企业管理层、村干部、大学生村官从业经历的农场主，产生融资意愿的概率会提高 6.71%，融资强度会增加 20.83 万元。显然，这类群体见多识广，自身的人力资源机会成本相对普通农户要高，一旦决定投身农业生产经营，必然要求更高的回报，对使用金融杠杆来加大投资力度的愿望和强度高于普通农户。

(三) 对经营特征实证结果的讨论

1. 土地流转总租金对融资强度有正向影响，且在 1% 的显著性水平上通过了检验。表明土地流转租金总量越多，融资强度也会随之增强。在其他因素保持不变的情况下，土地流转总租金每增加 1 万元，融资强度将会增加 0.41 万元。这较容易理解，样本中家庭农场的平均土地流转费为 16.10 万元/年，而且一般为一次性支付，这对于农场主来说是一笔较大的开支，总租金费用越高，融资强度必然上升。

2. 常年雇用劳动力人数对融资意愿和融资强度有正向影响，且在 1% 的显著性水平上通过了检验。说明雇用人数越多，产生融资意愿的概率就会越高，融资强度也会逐渐上升。在其他因素保持不变的情况下，农场每增加一个雇工，产生融资意愿的概率就会提高 1.59%，融资强度就会增加 1.44 万元。

3. 农场机具的价值对是否产生融资意愿以及融资强度有正向影响，且分别在 5%、1% 的显著性水平上通过了检验。在其他因素保持不变的情况下，农场每增加 1 万元的农机具，产生融资意愿的概率就会提高 0.06%，融资强度就会增加 0.12 万元。农场的农机具价值越高表明农场用于农机维修保养、淘汰更新的需求都将有所提高，因而直接刺激了融资意愿和融资强度。

4. 从事规模经营的年数对融资用途有正向影响，并且在 5% 的显著性水平上通过检验。表明农场主从事规模经营的时间越长，将融资用于生产的概率也会越大。保持其他因素不变的情况下，农场主从事规模经营的年数每增加 1 年，农场主将融资用于生产的概率就会提高 0.59%。农场主从事规模经营的年数越多，对农业生产就更加具有经验，而这些经验就会使农场主比其他人更有信心去扩大经营，更加"敢干、能干"，由此将所融资用于农业生产的概率将会越大。

5. 经营规模对融资意愿、融资强度以及融资用途都有显著正向影响，且在 1% 的显著性水平上通过了检验，与预期一致。表明经营的土地规模越大，融资意愿越强烈，同时融资用于生产用途的概率也越大。在其他因素保持不变的情况下，农场经营面积平均值每增加 1%，其产生融资意愿和将融资用于生产的概率分别增加 12.80% 和 11.62%，贷款强度随之上升 13.27 万元。由此可见规模的变化对融资需求影响较大。

6. 种植作物类型对融资意愿的影响方向为正且显著水平为 10%，与预期一致；对融资强度的影响方向为负且显著水平为 1%，与预期相反。这表明虽然粮食类家庭农场有融资意愿的概率更大，但融资强度却相比经济作物类家庭农场要偏低。保持其他因素不变的情况下，农场主为粮食类家庭农场则融资意愿上升 2.35%（本身的偏效应 4.98%＋交互项该变量的偏效应 2.63%），而贷款强度却下降 41.24 万元（本身的偏效应负的 20.71 万元＋交互项该变量的偏效应负的 20.53 万元）。这或许是因为目前粮食种植已经变为资本密集型农业，主要以化肥、农药、农机投入为主，而经济作物为劳动密集型农业，因此在以自有劳动力为主的情况下，粮食类农场普遍有较高的融资意愿；但在平均融资规模上却低于经济作物家庭农场，有贷款需求的粮食类家庭农场平均贷款需求规模为 58.88 万元，而经济作物类家庭农场平均贷款需求规模却达 82.66 万元，显然经济作物家庭农场虽然整体贷款概率略低，但是一旦上了规模，其投入强度更大，特别是设施农业的基建、棚内设施投入以及经济作物机械化技术供给不足情况下对劳动力更大的需求，在基建成本和农业劳动力成本不断攀升的今天，有融资意愿的经济作物家庭农场其资本需求强度将显著高于有融资意愿的粮食类家庭农场。

7. 经营规模（经营规模与全部样本经营规模均值之商）**与种植作物类型的交互项也对融资意愿影响方向为正且显著水平为 1%，与预期一致。**可以看出，保持其他因素不变的情况下，相对经济作物类家庭农场，粮食类家庭农场的土地规模相对于平均规模每增加 1%，对融资意愿的偏效应将下降 3.72%。这表明粮食类家庭农场相对于经济作物类家庭农场，土地经营规模对融资意愿的偏效应略低。

五、结论与政策含义

本文利用全国家庭农场监测数据中的 1 966 个种植类型家庭农场 2016 年的监测数据，分别运用 Probit 模型和 Tobit 模型从融资意愿、融资强度和融资用途三个维度展开了融资需求研究，研究结果表明：（1）对于融资意愿，受教育程度较高、有过企业管理层及村干部（含大学生村官）从业经历等个体特征的家庭农场，以及经营规模较大、雇用农业劳动力较多、拥有农业机械价值较大、种植粮食作物的家庭农场的产生融资意愿的概率更大。（2）对于融资强度，受教育程度较高、家庭人口数量、有过企业管理层及村干部（含大学生村官）从业经历等个体特征的农户，以及土地租金支出较多、雇用农业劳动力数量较大、拥有农机价值较高的农场主融资强度更大。但种植类型为粮食类家庭农场的融资强度要显著低于种植类型为经济作物的家庭农场。（3）对于融资用途，男性、低龄的家庭农场主，以及土地经营较大、规模经营时间较长的家庭农场主将融资用于生产用途的概率更大。（4）在抵押贷款和他人保证贷款等产品模式遇到诸多障碍的今天，无须抵押的信用贷款是一种有效对接农户金融需求的产品模式。然而家庭农场之间存在极大差异，异质性强。金融部门在具体的金融产品设计时，应将家庭农场根据不同特征进行进一步区分而不是看成一个整体，或者说应深入了解农场主的个体特征、经营特征，以及其融资意愿、融资强度和融资用途，进而设计出针对性的金融产品，如设计不同的信用额度、还款周期、频率、利率等。关注家庭农场的异质性在政府家庭农场金融扶持政策制定时同样十分重要。

参考文献：

[1] 韩长赋. 全国土地流转面积约占家庭承包耕地总面积 35% [EB/OL]. (2017/03/07) [2019 - 12 - 02] http：//money. 163. com/17/0307/12/CEU6DNRH002580S6. htmll.

[2] 农业部农村经济体制与经营管理司，中国社会科学院农村发展研究所. 中国家庭农场发展报告（2016 年）[M]. 北京：中国社会科学出版社，2016.

[3] 岳正华，杨建利. 我国发展家庭农场的现状和问题及政策建议 [J]. 农业现代化研究，2013，（4）：420 - 424.

[4] STIGLITZ J E，WEISS A. Credit Rationing in Markets with Imperfect Information [J]. American Economic Review，1981，73（3）：393 - 410.

[5] 郎波. 农村金融与担保机制研究：基于专业农牧担保的实证分析 [D]. 成都：西南财经大学，2013.

[6] 韩喜平，金运. 中国农村金融信用担保体系构建 [J]. 农业经济问题，2014（3）：37 - 43.

[7] ALIDE. Collateral in Rural Loans [R]. Rome：FAO，1996.

[8] 高圣平，刘萍. 农村金融制度中的信贷担保物：困境与出路 [J]. 金融研究，2009，344（2）：64 - 72.

[9] PETRICK M. A microeconometric analysis of credit rationing in the Polish farm sector [J]. European Review of Agricultural Economics，2004，31（1）：77 - 101.

[10] PAULSON A L，TOWNSEND R M，KARAIVANOV A. Distinguishing Limited Liability From Moral in a Model of Entrepreneurship [J]. The Journal of Political Economy，2006，114（1）：100 - 144.

[11] 赵岩青，何广文. 农户联保贷款有效性问题研究 [J]. 金融研究，2007，325（7）：61 - 77.

[12] 中国人民银行合作金融机构监管司. 农户小额信用贷款报告 [J]. 中国金融，2003（8）：13 - 15.

[13] 秦红松. 农户贷款担保困境及破解机制研究：以重庆市为例 [D]. 重庆：西南大学，2014.

[14] 张三峰，卜茂亮，杨德才. 信用评级能缓解农户正规金融信贷配给吗?：基于全国 10 省农户借贷数据的经验研究 [J]. 经济科学，2013（2）：81 - 93.

[15] 叶文浩. 江西省上高县农村信用社小额农贷运行状况调研报告 [D]. 成都：西南财经大学，2010.

[16] 高霞．德国 IPC 微贷技术植入中国村镇银行问题研究 [D]．天津：天津大学，2010．

[17] 胡跃飞．供应链金融：极富潜力的全新领域 [J]．中国金融，2007（22）：38 - 39．

[18] 黎翠梅，陈巧玲．传统农区农户借贷行为影响因素的实证分析：基于湖南省华容县和安乡县农户借贷行为的调查 [J]．农业技术经济，2007（5）：44 - 48．

[19] 熊学萍，阮红新，汪晓银．农户金融行为与融资需求的实证分析 [J]．农业技术经济，2007（4）：85 - 94．

[20] 于丽红，兰庆高，戴琳．不同规模农户农地经营权抵押融资需求差异及影响因素：基于 526 个农户微观调查数据 [J]．财贸研究，2015（4）：74 - 84．

[21] 杜志雄，肖卫东．家庭农场发展的实际状态与政策支持：观照国际经验 [J]．改革，2014，（6）：39 - 51．

[22] 张宗毅，杜志雄．土地流转一定会导致"非粮化"吗?：基于全国 1 740 个种植业家庭农场监测数据的实证分析 [J]．经济学动态，2015（9）：63 - 69．

第三辑　家庭农场生产经营效率

新时期家庭农场经营规模与土地生产率之间关系的研究[①]

　　家庭农场作为适度规模经营的重要载体，引领我国现代农业的发展，围绕其经营规模与生产率展开研究对积极培育家庭农场、推动我国现代农业发展具有重要意义。本文利用全国 530 个粮食型家庭农场数据考察了新时期家庭农场经营规模与土地生产率之间的关系及其变化，发现粮食型家庭农场生产过程中仍然存在规模报酬递减现象，但随着劳动力市场、机械（租赁）市场的愈加活跃，家庭农场土地生产率随着经营规模的扩大将下降得越慢。同时，尽管家庭农场土地生产率将随着雇工工资水平的提高而显著下降，但通过扩大经营规模可以弥补该下降。

一、引言

　　经营规模与土地生产率的关系一直是发展经济学领域的热点研究问题。早在 20 世纪 20 年代，俄国泰斗级学者恰亚诺夫就观察到单位面积产量随着农地经营规模的增加而下降的现象，称之为经营规模与土地生产率的"反向关系（IR，Inverse Relationship）"，即农业生产中的规模报酬递减现象。随后，不少研究者在发展中国家的实证研究普遍发现农地生产率与经营规模呈现"反向关系"。Sen[1]、Bardhan、Berry 和 Cline、Carter[2] 在印度观察到了同样的现象；Comia[3] 对 15 个发展中国家进行研究，发现其中 12 个国家的农场规模与生产率呈"反向关系"，小农场的高产出主要归因于生产要素更高水平的投入以及对耕地更集约的使用。但"反向关系"并非已成定论，不少研究同样发现"规模报酬递增"现象在农业生产中的存在，并认为导致"反向关系"结论的原因主要来自几个方面：

---

　　① 本文原载于：危薇，杜志雄. 新时期家庭农场经营规模与土地生产率之间关系的研究［J］. 农村经济，2019（3）：6 - 14.

一是核心变量数据统计问题。现有文献大多基于农户层面进行研究，因小农户土地轮作、复种等多作物种植的复杂情况而采用产值数据来衡量土地产出率[4-5]。也有学者基于法国农场的数据，由于所采用的衡量土地生产率的指标不同，得出的结论截然相反，以亩产值作为土地生产率的代理变量得出"反向关系"的结论，而以亩产量作为土地生产率的代理变量，研究结果表明农业规模经营与提高单产并行不悖。

二是要素市场的不完善。因为劳动力市场、土地市场、信贷市场等不完善，农户经营规模不同，其投入要素的影子价格不同，从而要素的投入数量不同。Klaus等基于印度17邦242个村在1982年、1999年和2008年的农户面板数据对劳动力市场之于农户土地生产率与经营规模间"反向关系"的影响进行了实证研究，结果表明随着时间的推移，劳动力市场日趋完善，"反向关系"亦随之减弱；基于越南1992年、1998年、2002年、2004年、2006年和2008年的农户面板数据同样有此发现[6]。

三是地块质量变量遗漏，现有文献大多未将耕地土壤质量纳入影响因素，有调研数据表明，小规模经营农户的耕地土壤质量普遍高于较大规模经营者[2,7]。

四是土地面积测量误差，调查时由农户自己汇报经营面积数据，小规模农户倾向于系统性高报经营面积，规模经营者倾向于低报[4,8]。也有研究表明耕地土壤质量是农户农业生产中规模报酬递减现象的一个重要原因，他们使用工具变量来校正农户经营面积的偏差，结论证实土地面积测量误差也是规模报酬递减的一个主要成因。Chen等的研究表明，在控制土壤质量变量和引入工具变量后，农户土地生产率与经营规模之间的负相关关系消失了[7]。

综上，存在四种潜在影响家庭农场经营规模与土地生产率之间负相关关系的解释，分别是核心变量数据统计问题、土地质量变量遗漏、土地面积测量误差、生产要素市场不完善（主要包括劳动力市场不完善与资本市场不完善）。已有研究认为，劳动力市场不完善是农业经营规模与土地生产率之间负相关关系的主要成因，而随着资本市场的进一步完善，经营规模与土地生产率之间的负相关关系将减弱，甚至转变为正相关关系，即由规模报酬递减转变为规模报酬递增。由于数据可得性等原因，本文将通过机械（租赁）使用来考察家庭农场主在生产过程中的资本投入情况。近年来，中国劳动力市场、机械（租赁）市场都发生了深刻变化。机械化水平的提高有助于大规模农场减轻其相对小规模农场较低的土地生产率，即随着机械化水平的提高、机械（租赁）使用的活跃，经营规模与土地生产率之间的负相关关系将减弱，甚至转变为正相关关系。对于本研究而言，土地质量变量数据无法获得，而农场所经营的土地面积数据是通过农场主自报获得，囿于时间、经费等问题并未逐一进行实地勘察测量，因此也无法获得土地面积测量误差数据。但是，由于本文采用数据样本期仅一年，跨度较短，可将土地质量变量与土地面积测量误差近似看作农户层面的非观测因素，采用非观测效应模型能将该因素考虑在内。因此，本文将主要考察劳动力市场不完全和机械化水平对家庭农场经营规模与土地生产率之间关系的影响。

二、研究思路与分析框架

（一）生产要素市场影响经营规模与土地生产率之间关系的论证

本文接下来将从理论层面论证劳动力市场不完全和机械（租赁）使用这两种因素对家庭农场经营规模与土地生产率之间关系的负向、正向影响。

为简化起见，我们假定土地市场不运转，即农场之间不交易土地，农场主当前所拥有的土地数量 T 是固定不变的；且假定农场仅投入两种生产要素劳动力 L 和机械 M。假定农业生产中规模报酬不变，θ_i 表示劳动力的影子价格，k_i 表示机械的价格。假定农场 i 的经营目标符合利润最大化原则，且农场产品产量不影响农产品市场价格，则有：

$$y_i = Q_i/T_i = f(l_i, m_i) = f[l(\theta_i, k_i), m(\theta_i, k_i)] \tag{1}$$

（1）式中，y_i 表示农场亩均产出，Q_i 表示产出，T_i 表示农场投入生产的土地，$l_i = L_i/T_i$、$m_i = M_i/T_i$ 分别表示农场亩均劳动投入和亩均机械投入。如果对任意农场 i 都有 $\theta_i = \theta$ 和 $k_i = k$，那么意味着要素价格相对农户是外生的，市场将这些生产要素在各农场固定不变的土地资源禀赋间进行分配，最终各农场生产率将达到一致。但是如果除土地要素之外的非土地要素市场也不能很好地运行，那么不同生产单位将面临不同的（影子）价格，从而导致农场规模与生产率之间存在某种相关关系。

基于以往相关研究思路，为刻画农场规模扩大其劳动力搜寻成本和监督成本随之上升的情况，假设 θ_i 将随着 T 的提高而提高，k_i 将随着 T_i 的降低而降低，以反映大型农业机械与规模化之间互动互促的关系（即随着土地规模的扩大，单位土地面积的机械费用将降低）、融资能力与土地规模之间的正相关关系（即土地规模越大，借贷成本越低）以及体现农业机械租赁过程中非零且必需的搜寻成本或交易成本（即伴随着机械租赁行为产生的一定量的费用，与土地规模大小无关，但土地规模越大，单位面积交易费用越低）。那么，在规模报酬不变情况下，农场规模与亩产量之间非常数关系的存在源自不完全市场，因为如果劳动力市场和机械租赁市场完全，那么将有 $\partial\theta_i/\partial T_i = 0$ 与 $\partial k_i/\partial T_i = 0$，意味着即使在缺乏土地流转市场的情况下，亦有 $\partial y_i/\partial T_i = 0$，即农场亩产量不因土地规模的不同而不同。但是如果劳动力市场和机械租赁市场中的任一市场不完全，则 θ_i 与 k_i 对 T_i 的一阶导数不全为 0，如果是劳动力（机械租赁）市场不完全占主导，那么有 $\partial y_i/\partial T_i <(>)0$。因此，当劳动力市场不完全占主导时，将更利于小规模农场生产，即负相关关系出现；而当资本市场不完全占主导时，将更利于大规模农场生产，即农场规模与土地生产率之间呈正相关关系。如果经济结构转型中市场摩擦、市场失灵情况减少，即推动 $\partial\theta_i/\partial T_i$ 与 $\partial k_i/\partial T_i$ 均趋近于 0，那么农作物土地生产率与农场规模之间的关系将减弱。

(二) 提出假说

尽管本文采用 2014 年、2015 年两期面板数据，样本期仅为一年，但我国这两年农村、农业发生了深刻变化，农村劳动力工资水平上升幅度大、机械化水平提高快。2014—2015 年，我国玉米、稻谷、小麦产业综合机械化水平分别提高了 7.04%、4.35% 和 1.59%，这意味着我国农村生产要素市场不完全程度大大降低。基于以上理论分析结果，提出第 1 个假说：样本期间，我国家庭农场经营规模与土地生产率之间的负相关关系将减弱，即随着经营规模的扩大，土地生产率降低得越慢。

检验样本期内家庭农场经营规模与土地生产率之间关系的变化之后，本文将考察生产要素市场对该关系的具体影响。劳动力市场价格与机械投入量分别是劳动力市场和机械（租赁）市场活跃程度的重要指标：劳动力市场价格越高，表明劳动力生产要素市场不完全程度越低；而农业生产过程中机械投入量越多，表明农业机械化水平越高、机械（租赁）市场不完全程度越低。而劳动力市场价格越高、机械化水平越高将促使农业生产中"机械代替人工"，从而使经营规模与土地生产率之间的负相关关系进一步减弱。由此，提出第 2 个假说：在其他条件保持不变的情况下，劳动力市场价格越高，家庭农场经营规模与土地生产率之间的负相关关系减弱得越快，也就是说，劳动力市场价格越高，大小农场土地生产率之间的差距缩小得越快。

三、模型、变量与数据

(一) 计量模型与变量

本文采用数据主要来自农业部农村经济体制与经营管理司（以下简称经管司）委托中国社会科学院农村发展研究所开展家庭农场监测工作的监测数据[①]。监测农场样本覆盖了全国 31 个省（自治区、直辖市），按照随机分层抽样原则共选择了 3 000 多家样本农场。通过数据清理，最终获得 2014 年、2015 年有效样本 2 826、2 902 家，对其中 2 353 家家庭农场进行了两年的追踪调查。结合研究需要及数据特征，本文最终选择了以稻谷、小麦、玉米三种主粮为第一主产作物的粮食型家庭农场作为研究样本[②]。经过数据清理，最

① 该监测工作从 2014 年开始，本文为作者博士学位论文中核心章节，截至博士学位论文完成已获得两期数据。感谢课题组成员（邰亮亮、张宗毅、肖卫东、王新志、蔡颖萍和刘文霞）的数据处理工作；感谢农业部农村经济体制与经营管理司的课题资助。
② 粮食型家庭农场当年粮食作物播种面积占比均值超过 95%，第一主产作物指所种粮食产品中产值最大的作物。

终获得 2014 年、2015 年 530 家农场的追踪调查数据。这 530 个样本覆盖了 25 个省（自治区、直辖市），54 个区县。除此之外，本文所用宏观数据来自相应统计年鉴。

结合数据特征，为考察粮食型家庭农场经营规模与土地生产率间关系是如何变化的，本文构建了 3 个方程式［（2）、（3）、（4）式］，后文将分别采用随机效用方法和固定效应方法这两种非观测效应方法对其进行估计。在介绍计量模型之前，本文在此先对接下来将要用到的固定效应方法和随机效应方法进行简要介绍。相较混合数据而言，利用面板数据的优势在于能把影响因变量的无法观测因素分为两类：一类是恒常不变的，另一类则随时间而变。将非观测因素带来的效应考虑在内的模型被称为非观测效应模型，本文模型中分别用 a_i 和 μ_{it} 来表示这两类因素带来的效应。而本文在针对面板数据的非观测效应模型的选择上，采用了应用较为广泛的 Hausman 检验方法。下文将对所构建的计量模型分别进行 OLS 回归、固定效应回归和随机效应回归，其中 OLS 回归作为基准模型，并根据 Hausman 检验结果作出选择。

在（2）式中，a_i 代表了影响家庭农场单产水平且不随时间而变化的全部因素。诸如农场主某些个人特征（如年龄、性别等）、农场所在区域等地理特征，均包含于 a_i 之中。其他观测到的许多因素不一定毫无变化，但在 2014—2015 年两年间，可视为大致不变。包括当地居民的某些特性，如人口结构、传统习性等，不同特性可能对粮食生产具有不同影响，但这些却是变化缓慢的。因此，出于历史原因，即使种植同样的农作物，不同家庭农场可能具有很不相同的单产水平，而这些现象至少部分地由非观测效应 a_i 加以描述。如果 a_i 与解释变量相关，使用混合 OLS 方法进行估计，结果将是偏误且不一致的。

在考察家庭农场经营规模与土地生产率之间关系随着时间推移而出现的变化及其影响因素之前，本文先考虑反映经营规模与土地生产率之间关系的模型：

$$\ln y_{it} = \alpha_0 + \alpha_1 \ln T_{it} + \varphi X_{it} + \tau time + a_i + \mu_{it} \quad t=1,2 \qquad (2)$$

（2）式中，y_{it} 表示家庭农场 i 在时期 t（时期 1 表示 2014 年，时期 2 表示 2015 年）的土地生产率；T_{it} 表示种植面积；X_{it} 表示其他控制变量（包括家庭农场主是否接受技术培训、主产作物虚拟变量）；a_i 代表了影响家庭农场单产水平且不随时间而变化的全部因素，包括农场主特征（包括农场主年龄、性别、受教育程度、相关经验）、家庭自有劳动力特征（自有劳动力数、平均年龄等）、农场所在地区及土地主要地形等特征；μ_{it} 表示随时间变化的随机扰动项。在控制上述变量后，α_1 可以看作经营规模对家庭农场土地生产率水平的简约式效应（reduced form effect），即经营规模对土地生产率的综合影响，这种综合影响既包括经营规模对土地生产率的直接影响，有包括通过各种"渠道变量"对土地生产率的间接影响。因此，如果 $\alpha_1 < 0$，表明家庭农场经营规模与土地生产率之间存在负相关关系。

由于近年来中国劳动力市场、资本市场、农业机械化水平发生了重大变化，接下来本文将通过构建如（3）所示的模型以考察家庭农场经营规模与土地生产率之间关系随着时间推移而出现的变化。

$$\ln y_{it} = \alpha_0 + \alpha_1 \ln T_{it} + \delta \ln T_{it} \times time + \varphi X_{it} + \tau time + a_i + \mu_{it} \quad t = 1, 2 \quad (3)$$

其中，各变量含义与（2）式中一致，在（2）式的基础上引入种植面积（$\ln T_{it}$）与时间虚拟变量（$time$）的交互项 $\ln T_{it} \times time$，用此来检验"关系"是否随着时间的推移发生的变化。δ 是本文所关注的核心参数，如果 $\delta > 0$，那假说 1 就得到了验证，即随着时间的推移，粮食型家庭农场经营规模与土地生产率之间的负相关关系将减弱。

但通过（3）式仅能检验经营规模与土地生产率之间的负相关关系是否随着时间的推移而发生变化，并不能确定该变化是由哪些因素导致，而其中又有多少变化是由生产要素市场的变化导致的。为此，本文构建了如（4）式所示的模型以考察生产要素市场变化对经营规模与土地生产率之间"反向关系"的影响：

$$\ln y_{ipt} = \xi_0 + \xi_1 \ln w_{pt} + \xi_2 \ln w_{pt} \times \ln T_{ipt} + \xi_3 \ln T_{ipt} + \varphi X_{it} + \tau time + \xi_i + v_{ipt}$$
$$t = 1, 2 \quad (4)$$

其中，w_{pt} 表示家庭农场所在地市真实平均工资，其余变量与（3）式中含义一致。

ξ_i 表示家庭农场层面不随时间变化的非观测因素带来的效应，v_{ipt} 表示满足经典假定的随机误差项。ξ_2 为本文所关注的核心参数，如果 $\xi_2 > 0$，即假说 2 得到了验证，表明随着劳动力市场价格的提高，家庭农场经营规模与土地生产率之间的负相关关系减弱得越快。

（二）变量定义与数据基本描述

参照土地生产率与农户经营规模关系已有文献[9]，本文采用农场粮食亩产量作为衡量农场土地生产率的代理变量，农场粮食种植面积为农场经营规模的代理变量。在对劳动力市场的不完全进行检验时，计量模型中纳入的控制变量包括主要包括农场雇工平均真实工资、作物特征、时间特征等变量。具体如表 1 所示。

表 1　模型变量名称及定义①

变量名称	变量定义
亩产量（y）	家庭农场亩均（种植面积）农产品产量（单位：公斤/亩）
种植面积（T）	根据家庭农场经营土地面积与农作物复种指数计算获得（单位：亩）
农场雇工平均真实工资（w）	每个地市男性临时雇工平均真实工资（单位：元/人/天）
主产作物类别（$crop$）	分类变量：小麦；玉米；稻谷

---

① 农场雇工平均真实工资基于本文调研数据计算得来，即每个地市的男性临时雇工日平均工资（调研数据共覆盖 51 个地级市）。接受技术培训包括：育种栽培技术、土肥育种技术、疾病防治技术、地膜覆盖技术、农机驾驶操作技术、养殖技术、农产品加工技术、"三品一标"及农产品质量安全知识培训、经营管理知识培训。

（续）

变量名称	变量定义
农场主年龄（age）	单位：岁
农场主性别（male）	0＝女；1＝男
农场主受教育程度（edu）	1＝小学及以下；2＝初中；3＝高中、中专、职高；4＝大专及本科；5＝研究生以上
接受技术培训（train）	0＝无；1＝有
农场主相关经验（exper）	从事农业规模经营年数（单位：年）
时间虚拟变量（time）	0＝2014 年；1＝2015 年
地形特征（G）	分类变量：平地；丘陵；山地；其他
地区特征（D）	分类变量：华北；东北；华东；华中；华南；西南；西北

除此之外，农场雇工平均真实工资（w_{μ}）是基于 2014 年 914 家样本农场、2015 年 1 187 家样本农场的两个横截面数据集计算得来的，该数据共覆盖 31 个省份 75 个地市，以地市为单位计算地市级的临时男、女雇工的日均工资[①]。接下来将对粮食型家庭农场雇工平均真实工资基本情况进行简要介绍。

如表 2 所示，总体而言，2015 年粮食生产中雇用劳动力真实平均工资高于 2014 年工资水平，尤其是 2015 年女性雇工平均工资明显高于 2014 年相应工资水平，提高了近 6 个百分点。各地区之间的工资差异略有缩小，东北地区粮食生产雇工工资水平最高，2015 年男、女雇工工资相较上年增幅均未超过 0.5％；华北、华中、西南地区粮食生产雇工工资水平较低，2015 年雇工工资相较上一年增幅相对较大，2015 年男雇工、女雇工工资相对上年增幅分别为 2.71％、12.03％（华北、华中、西南增幅平均值）。

表 2 不同地区粮食生产雇用劳动力日均工资（元）

地区	2014 年日均工资/元		2015 年日均工资/元		工资增幅/％	
	男雇工	女雇工	男雇工	女雇工	男雇工	女雇工
全国	109.04	84.00	109.28	88.78	0.22	5.69
华北	91.61	56.64	93.41	66.34	1.97	17.13
东北	120.69	100.37	120.97	100.45	0.23	0.08
华东	105.56	74.12	103.48	76.11	−1.97	2.69
华中	88.44	68.12	93.81	74.24	6.07	8.99
华南	109.41	88.82	99.89	85.11	−8.70	−4.18
西南	96.96	73.28	97.05	80.60	0.09	9.99
西北	103.38	80.76	106.60	78.19	3.12	−3.19

---

① 2015 年临时雇工日均工资数据以 2014 年为基期的各省居民价格指数（CPI）进行了消胀处理。

四、实证结果与分析

（一）经营规模与土地生产率之间的关系

1. 相关性分析。 在进行实证回归分析之前，为更清楚直观地了解本文研究的核心变量之间的关系，在此先对其进行两两相关关系检验。通过 spearman 相关性检验，综合来看，粮食类家庭农场经营规模与土地生产率呈明显的负相关关系，相关系数为－0.25，且在 1％的水平上显著①。除了相关性检验，本文还采用广义可加模型[10] 对以亩均产量为因变量，以种植面积为关键自变量进行了非参数回归分析②，根据回归结果拟合的平滑曲线如

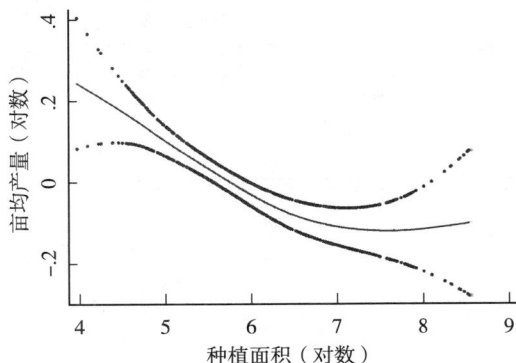

图 1　家庭农场土地生产率与种植

面积非参数回归拟合图

注：虚线表示 95％的置信区间。

图 1 所示。尽管广义可加模型没有考虑变量间的交互作用，也只是对真实曲面的近似，且在较大数据集情况下精确性不高，但相较仅考虑两因素间关系的 spearman 相关性检验而言，广义可加模型将其他重要影响因素考虑在内，因而更能反映真实关系。但要考察所关注的核心自变量对因变量的具体影响，还需要进行更严谨的计量分析。从图 1 中可知，粮食类家庭农场与种植面积之间均存在明显的负相关关系。

2. 回归结果。 作为计量实证分析的起点，本文首先考察经营规模与土地生产率之间的关系。表 3 中第 1、第 2 列为模型（2）的非观测模型估计结果[11]③，依次为混合 OLS 和固定效应估计结果。从表 3 可知，粮食类家庭农场经营规模与土地生产率之间存在着显著的"反向关系"，其混合 OLS 估计参数和固定效应估计参数均为负，且均在 1％的水平上显著。说明家庭农场经营规模与土地生产率之间确实存在显著的负相关关系，且比较稳健，该结论与已有研究发展中国家农业生产中存在"规模报酬递减"的结论基本一致。具体而言，在现有生产要素市场条件、政策环境下，在其他变量保持不变的情况下，粮食类

---

① 进行 spearman 相关性检验时，经营规模与土地生产率均采用的对数形式。

② 因变量与自变量均采用对数形式。

③ 本文采用固定效应方法与随机效应方法对（2）式进行了估计，结果显示两种模型都至少在 1％的检验水平上显著，并进行了稳健的 Hausman 检验，二者检验 P 值为 0.046 5，即在 5％的水平上拒绝原假设，结果显示固定效应回归将更有效。此处需要提及的是，在大样本下，Hausman 检验统计量渐进地服从卡方分布，但在有限样本分析中却经常出现负值，以上 Hausman 检验过程中就出现了此类问题。本文运用 Hausman Robust 检验，采用修正后 Hausman 统计量很好地克服了上述缺陷。

家庭农场经营规模扩大一倍，其亩产量将下降 8.9 个百分点。除此之外，本文还基于小麦型、玉米型、稻谷型家庭农场对经营规模与其土地生产率之间的关系进行了检验，限于篇幅，本文中不报告检验结果。

表 3　模型估计结果

变量	因变量：lny					
	1	2	3	4	5	6
$\ln w$					0.205	−0.385**
					(0.199)	(0.156)
$\ln w \times \ln T$					0.102*	0.056***
					(0.06)	(0.021)
$\ln T$	−0.074***	−0.090***	−0.104***	−0.181***	−0.478*	−0.289**
	(0.015)	(0.029)	(0.019)	(0.039)	(0.281)	(0.119)
$\ln T \times time$			0.060**	0.073***		
			(0.027)	(0.02)		
crop	−0.046***	−0.018	−0.046***	−0.012	−0.080***	−0.027**
	(0.017)	(0.04)	(0.017)	(0.039)	(0.016)	(0.012)
age	−0.007***	—	−0.007***	—	−0.005***	—
	(0.002)	—	(0.002)	—	(0.001)	—
male	0.055	—	0.055	—	0.071	—
	(0.051)	—	(0.051)	—	(0.046)	—
edu	−0.012	0.048	−0.013	0.04	−0.009	0.042
	(0.021)	(0.03)	(0.021)	(0.03)	(0.019)	(0.029)
train	−0.079**	−0.002	−0.078 3**	0.001 1	0.000 4	0.001 9
	(0.036)	(0.045)	(0.035 5)	(0.044 3)	(0.031 7)	(0.043 9)
exper	0.003	—	0.003 1	—	0.004	—
	(0.003)	—	(0.003)	—	(0.003)	—
time	0.062***	0.058***	−0.292*	−0.375***	0.055***	0.055***
	(0.024)	(0.017)	(0.157)	(0.12)	(0.02)	(0.017)
G	0.020 4	—	0.023 7	—	−0.028	—
	(0.025 4)	—	(0.025 3)	—	(0.022)	—
D	−0.081***	—	−0.080***	—	−0.041***	—
	(0.011)	—	(0.011)	—	(0.009)	—
C	7.272***	6.970***	7.447***	7.209***	4.047**	9.444***
	(0.133)	(0.262)	(0.155)	(0.267)	(2.023 1)	(2.157 4)
R^2	0.151	0.050	0.387	0.052	0.390	0.125

注：***、**、* 分别表示在 1%、5%、10% 的检验水平上显著；括号内为标准差。

（二）经营规模与土地生产率间关系的变化

表 3 中第 3、第 4 列分别为模型（3）的混合 OLS 和固定效应估计结果[①]，显示无论用哪种方法，引入种植规模与时间虚拟变量交互项 $\ln T \times time$ 之后，种植规模 $\ln T$ 的系数仍然为负，且在 1% 的水平上显著；但交互项 $\ln T \times time$ 的系数均为正值，且至少在 5% 的水平上显著；同时，对 $\ln T$ 和 $\ln T \times time$ 进行联合检验，得到 F 统计量分别为 16.34 和 13.8，均在 1% 的水平显著。以上结果表明，在其他变量保持不变的情况下，随着时间的推移，农场种植规模与亩均产量之间的负相关关系显著减弱。这可能与样本期内生产要素市场日渐活跃有关，如农业劳动力的去过密化、农业机械化水平的提高等，还可能与家庭农场分工、专业化、经营管理效率随时间的推移而提高有关，具体原因有待进一步研究。

（三）生产要素市场对经营规模与土地生产率间关系变化的影响

1. 相关性分析。综合来看，粮食类家庭农场雇工市场工资与土地生产率呈明显的正相关关系，spearson 相关系数为 0.29，且在 1% 的水平上显著，表明农业劳动力市场工资越高地市，农场土地生产率也越高，这与本文预期一致。在农业生产中，劳动力要素与机械要素呈替代关系，假定短期内土地投入量固定不变，劳动力价格的上升将导致机械替代人工。

农作物的机械化水平主要取决于以下两个方面：一是相关农业科技的发明创新，即技术水平的提高。就同一种作物而言，体现为能满足不同规模经营主体的需要。比如日本同样面临人多地少的资源约束，基于其国情与农业生产特点，改良、创造的农业机械偏小型化，对小规模经营的适应能力强。而我国农机在满足小规模农业经营的需求上还存在很大的发展空间。二是农机社会化服务的完善，即农机服务供给量的提高，主要体现在农机服务的可及性方面。以上两个方面均是农业机械（租赁）市场活跃程度的表现。仍然假定短期内家庭农场土地投入量固定不变，农机（租赁）市场活跃程度越低，大规模农场面临的农机要素价格较小农场的越低，即大规模农场对机械需求量的变动对劳动力价格的变动的反映程度将大于小规模农场。而从调研数据看，2014 年小规模小麦型家庭农场的综合机械化水平为 94%，高于玉米型家庭家庭农场和稻谷型家庭农场的 79% 和 85%[②]。综上，表明劳动力价格的上升推动了农场生产中机械替代人工，而作物机械化水平越低，机械对

---

① 本文采用固定效应方法与随机效应方法对（3）式进行了估计，结果显示两种模型都至少在 1% 的检验水平上显著，并进行了 Hausman 检验，二者检验 P 值为 0.016 9，即在 5% 的水平上拒绝原假设，结果显示固定效应回归将更有效。

② 2015 年调查数据未包含耕种收农机化水平的指标；2014 年小规模玉米型和稻谷型家庭农场耕种收综合农机化水平均为 80%，全国小麦、玉米、稻谷耕种收综合农机化水平依次为 92.86%、77.94% 和 73.42%。

大农场生产更有益，从而减轻其因劳动力市场不完全而致的相对小农场的劣势地位。

2. 回归结果。 表3中第5、第6列是分别采用OLS和固定效应方法对模型（4）进行估计的回归结果[①]。从固定效应回归结果可以看出，农场雇工平均真实工资（$\ln w$）、种植规模（$\ln T$）及其交互项（$\ln w \times \ln T$）的估计参数符号均与预期一致，且均至少在5%的水平上显著。首先，种植规模（$\ln T$）的估计参数显著为负再次证实了粮食型家庭农场生产中规模报酬递减现象的存在。其次，种植规模与农场雇工平均真实工资交互项（$\ln w \times \ln T$）的估计参数为正表明雇工市场工资越高，将推动农场使用机械替代人工，从而这些地区大规模家庭农场与小规模家庭农场的土地生产率之间的差距缩小得越快。再次，在其他变量保持不变的情况下，从雇工平均真实工资（$\ln w$）的估计参数显著为负可知，雇工平均真实工资的上升将导致农场土地生产率下降。尽管如此，但从第2列 $\ln w \times \ln T$ 的固定效应估计量可知，家庭农场生产经营中男雇工平均工资增长50%所致土地生产率的降低可以通过扩大一倍土地经营规模得以弥补。

种植面积的系数表示雇工平均真实工资为0时，种植面积对粮食亩产的偏效应，而雇工平均真实工资为0的情况又是没有意义的（在这个样本中，最小的雇工平均真实工资为5.45元）。通过雇工平均真实工资（$\ln w$）和交互项雇工平均真实工资·种植面积（$\ln w \times \ln T$）的系数可以估计出种植面积对粮食亩产的偏效应。在固定效应模型中代入有意义的雇工平均真实工资，可以算出当男雇工平均真实工资为106.8元时，种植面积对粮食亩产量的影响是（$-0.289\,9$）$+0.055\,5 \times 106.8 = -0.030\,8$，即种植面积扩大一倍，农场粮食亩产量将降低3.08个百分点。同理可算出当种植面积为367.9亩时，雇工平均真实工资对粮食亩产量的影响是（$-0.384\,8$）$+0.055\,5 \times 367.9 = -0.057\,1$，即雇工平均真实工资提高50%，农场粮食亩产量将降低2.86个百分点。

五、小结

综上，本文基于近年来我国劳动力市场、机械（租赁）市场发生重大变化的实际，采用实证分析方法对粮食型家庭农场经营规模与土地生产率之间关系在样本期内（2014—2015年）的变化进行了检验。分析结果表明，样本期内，我国粮食型家庭农场经营规模与土地生产率之间的负相关关系显著减弱，且结果比较稳健。但尚不能据此确定生产要素市场的日渐活跃是导致该关系减弱的原因。为此，本文进一步构建了模型以考察劳动力生产要素市场变化（采用劳动力市场价格变量表示）对家庭农场经营规模与土地生产率之间

---

① 本文采用固定效应方法与随机效应方法对（4）式进行了估计，结果显示两种模型都至少在1%的检验水平上显著，并进行了稳健的Hausman检验，二者检验 P 值为0.009 1，即在1%的水平上拒绝原假设，结果显示固定效应回归将更有效。

关系的影响。研究结果表玥，在其他条件不变的情况下，对于劳动力市场价格水平不同的地区，家庭农场经营规模对土地生产率确实具有不同的影响，即证实了劳动力生产要素市场变化是影响家庭农场经营规模与土地生产率之间负相关关系发生变化的一个重要原因。具体而言，家庭农场雇工市场工资越高，将推动农场使用机械替代人工，从而这些地区大规模家庭农场土地生产率与小规模家庭农场之间的差距将缩小得越快。尽管在保持其他变量不变的情况下，家庭农场土地生产率将随着雇工市场工资的上升而显著下降，但雇工工资水平的下降所致的土地生产率的下降可以通过经营规模的扩大弥补。具体地，家庭农场生产经营中男雇工平均工资提高50%所导致的土地生产率的降低可以通过扩大一倍土地经营规模而得以弥补。

本文研究结论蕴含的政策含义是，在劳动力市场不完全程度较大及农业技术水平较低的发展中国家，小规模农场土地生产率明显高于大规模农场，出于粮食安全目标，相关部门倾向于制定相关政策以支持土地细分和小规模农场的发展。但是，农村劳动力市场和农业机械（租赁）市场的活跃将弱化土地生产率与经营规模之间的负相关关系，甚至转为正向关系。因此，扩大经营规模与提高土地生产率是可以并行不悖，关键在于农业机械化水平的提高、劳动力市场和农业社会化服务体系的完善。

参考文献：

[1] SEN A. An Aspect of Indian Agriculture [J]. Economic Weekly, 1962 (14).

[2] CARTER M R. Identification of the Inverse Relationship between Farm Size and Productivity: An Empirical Analysis of Peasant Agricultural Production [J]. Oxford Economic Papers, 1984 (36).

[3] COMIA C A. Farm size, land yields and the agricultural production function: an analysis for fifteen developing countries [J]. World Development, 1985 (4).

[4] KIMHI A. Plot size and maize productivity in Zambia: Is there an inverse relationship? [J]. Agricultural Economics, 2006 (1).

[5] 王建英，陈志刚，黄祖辉，REARDON T. 转型时期土地生产率与农户经营规模关系再考察 [J]. 管理世界，2015 (9)：65 - 81.

[6] KLAUS D, JIN Songqing, LIU Yanyan, et al. Can labor market imperfections explain changes in the inverse farm size-productivity relationship?: Longitudinal evidence from rural India [R]. Washington: World Bank Group, 2016.

[7] CHEN Z, WALLACE E H, SCOTT R. Inverse relationship between productivity and farm size: the case of China [J]. Contemporary Economic Policy, 2011 (4).

[8] CARLETTO C S, ZEZZA A. Fact or Artifact: The Impact of Measurement Errors on the Farm Size-Productivity Relationship [J]. Journal of Development Economics, 2013 (7).

[9] BARRETT C B, BELLEMARE M F, HOU J Y. Reconsidering conventional explanations of the

inverse productivity-size relationship [J]. World Development，2010 (1).

[10] HASTIE T，TIBISHIRANI R. Generalized additive models [M]. London：Chapman and Hall，1990.

[11] CAMERON A C，TRIVEDI P K. Microeconometrics Using Stata [M]. Texas：Stata Press，2009.

示范家庭农场技术效率更高吗?[①]
——基于全国家庭农场监测数据

当前中国家庭农场的技术效率水平如何?什么样的家庭农场更可能成为示范典型?成为示范典型提高家庭农场技术效率了吗?基于全国家庭农场监测数据,我们使用随机前沿生产函数和多值处理效应模型分析示范家庭农场与非示范家庭农场的技术效率及其差异。我们发现,当前中国家庭农场技术效率水平整体偏低,存在较大的提升空间;农场主文化程度较高、参加过技术培训、耕地规模较大、对耕地进行平整、有完整日常收支记录、与龙头企业建立联系以及对农药进行减量施用的家庭农场,成为示范典型的可能性较高;尽管与其他家庭农场相比,省级示范家庭农场的技术效率略高一些,但总体而言,成为示范典型并未给家庭农场带来技术效率的提高。因此,示范家庭农场创建评审应坚持效率优先原则,建立健全激励约束制度,使示范家庭农场能够真正发挥典范引领作用。

一、引言

发展家庭农场是在工业化、城镇化深入推进的大背景下,为应对农业兼业化、农村空心化、农民老龄化等事关未来农业和经济社会发展的战略问题而提出的重大战略举措,是当前中国农业政策指向的重点。"家庭农场"一词在 2008 年被写入中共十七届三中全会《中共中央关于推进农村改革发展若干重大问题的决定》后,在 2013 年被明确为新型农业经营主体的重要组成部分。家庭农场经营与农业生产特点高度契合,其灵活的信息决策机制能够快速有效地洞察和规避风险[1]。当前,以适度规模经营为特征的家庭农场已成为政

---

① 本文原载于:蔡荣,汪紫钰. 杜志雄. 示范家庭农场技术效率更高吗?:基于全国家庭农场监测数据 [J]. 中国农村经济,2019 (3):65-81.

府和学者积极倡导和推广的农业生产新形式[2]。

2014 年，农业部在其印发的《关于促进家庭农场发展的指导意见》中指出，"要积极开展示范家庭农场创建，建立和发布示范家庭农场名录，引导和促进家庭农场提高经营管理水平"。为了贯彻落实这一重要指示，各地农业主管部门纷纷加强对示范家庭农场创建工作的组织和指导，加大财政扶持力度，目的是促进家庭农场更好地在现代农业建设中发挥积极影响。这也意味着，示范家庭农场创建不仅是引领家庭农场规范有序发展的主要抓手，也是促进小农户与现代农业发展有机衔接的重要举措。事实上，这一目的能否实现，关键在于示范家庭农场是否具有较高的技术效率水平。那么，中国家庭农场的技术效率水平如何？什么样的家庭农场更可能成为示范典型？成为示范典型提高家庭农场技术效率了吗？对于这些问题，现有研究尚未给出答案。

现有文献对中国农业技术效率的研究主要聚焦于小农户这一微观主体[3-4]。也有一些文献对小农户与专业大户的生产效率进行了对比分析[5-6]，专门以家庭农场为分析对象的研究较少[7-9]。从不同耕地规模的农户技术效率的测算结果来看，家庭农场的技术效率通常要高于传统小农户[10]。然而，通过调查发现，当前绝大多数家庭农场的生产方式并未得到实质性改变，仍然是以高投入、高消耗、掠夺式、粗放型生产方式为主[11]。除此之外，家庭农场还普遍存在着规模过度扩张、雇用劳动力缺乏、生产成本上涨、社会化服务落后等诸多风险[2]。为数较少的定量研究发现，从事水稻生产的中国家庭农场的平均技术效率水平仅为 0.17[9]；张德元和宫天辰的测算结果也显示，粮食生产型家庭农场的技术效率水平整体偏低，相对于共同前沿的技术效率水平仅在 0.19～0.53[7]。

这些研究的样本并不能够代表全国范围内的家庭农场，其研究结论的外部效度值得商榷。并且，现有研究也无法回答本文提出的研究问题。为此，基于全国家庭农场监测数据，本文使用随机前沿生产函数（stochastic frontier production function，SFPF）对家庭农场的技术效率进行测度，在此基础上，进一步使用多值处理效应模型（multi-valued treatments effects，MTE）分析家庭农场能否成为示范典型的影响因素，并估计示范级别对家庭农场技术效率的平均处理效应。

本文余下内容安排如下：第二部分交代本文数据来源及所使用样本的基本情况；第三部分分析家庭农场成为示范典型对技术效率的预期影响及其作用机理，并引入本文所使用的实证分析方法，即随机前沿生产函数和多值处理效应模型；第四部分报告和分析模型估计结果；第五部分归纳本文主要结论及政策启示。

二、数据来源及样本统计

（一）数据来源

本文所用数据全部来源于全国家庭农场监测数据。2014 年受农业部委托，中国社科院农村发展研究所对全国约 3 000 家家庭农场开展长期固定监测工作。在样本选择上，首先按照经济发展水平在每个省级行政区选择 2~4 个样本县，再在每个样本县随机选择 30~50 家家庭农场，然后由县级农业主管部门组织家庭农场主在线填报问卷。2016 年初，全国共有 3 073 家家庭农场进行了数据填报，内容涉及 2015 年全年生产经营的各个方面。本文选取其中的种植业家庭农场作为样本[①]。剔除存在异常值、缺失值的样本后，进入本文分析的样本有 1 278 家。

各省级行政区的样本分布如表 1 所示。

表 1　样本地区分布情况（n＝1 278）

地区	样本数	地区	样本数	地区	样本数	地区	样本数	地区	样本数
北京	8	吉林	184	福建	19	广东	17	陕西	24
天津	16	黑龙江	201	江西	17	广西	20	甘肃	22
河北	58	上海	77	山东	43	四川	23	青海	32
山西	35	江苏	39	河南	76	贵州	7	宁夏	49
内蒙古	35	浙江	33	湖北	21	云南	25	新疆	28
辽宁	76	安徽	46	湖南	19	重庆	28		

（二）样本统计

1. 农场特征。在 1 278 家样本中，省级、市级、县级示范家庭农场分别有 80 家、143 家、272 家，其余 783 家为非示范家庭农场，占 61.3%。农场主受教育程度总体较低，与理想中的高素质农民相差较远，有 84.2% 的样本家庭农场的农场主只有初中或小学学历，拥有大专及以上学历的仅占 0.7%。农场主从事规模经营[②]的平均年限约为 6 年，最长的有 30 年。有 81.9% 的样本家庭农场的农场主接受过农业技术培训，培训提供方主要是当地农业主管部门，也有一些是合作社、专业协会、农资生产企业、农资经销商或农业科研机构。培训内容主要以作物栽培、土壤肥力培育等技术的推广应用为主，较少涉及农产品质量安全管理、产后贮藏与加工等内容。样本家庭农场的耕地规模为 20~2 000 亩，平均 397.8 亩。其中，规模在 100 亩以内的占 10.1%，规模在 100~200 亩的占 30.3%，规模在 200~500 亩的占 35.4%，规模在 500~1 000 亩的占 13.9%，规模在 1 000 亩及以上的占 10.3%。样本家庭农场的耕地地形以平地为主，占 73.4%；丘陵地形和山地地形次之，分别占 16.7%、9.9%。

2. 管理特征。在样本家庭农场中，采用测土配方施肥、节水灌溉技术的分别占

---

① 鉴于监测数据中养殖业家庭农场、种养混合型家庭农场的有效样本相对较少，且两者与种植业家庭农场在技术使用、要素投入等方面存在较大差异，为了使不同家庭农场的技术效率更具有可比性，故本文仅选择其中的种植业家庭农场作为研究样本。

② 实际经营的耕地规模要求在 30 亩及以上。

61.0％、21.6％；所生产的农产品获得"三品一标"认证的占 14.3％。粮食作物播种面积占全年总播种面积的平均比例为 78.8％，常年雇用劳动力个数平均为 2.5 个。有 94.4％的家庭农场耕地流转采用了书面合同，33.1％的家庭农场对转入耕地进行了平整，71.0％的家庭农场有完整的日常收支记录。样本家庭农场的保险意识总体还有待提高，目前仍有 30.7％没有选择购买作物保险。样本家庭农场中加入合作社的占 32.7％，与龙头企业建立业务联系的占 16.4％。在化肥和农药使用上，亩均用量低于周边普通农户的样本家庭农场分别占 24.2％、28.6％。

3. 投入产出。样本家庭农场每亩耕地的平均产出价值为 0.19 万元，最少的仅为 0.02 万元，最多的有 0.90 万元。样本家庭农场自有劳动力数平均为 3.6 个，每亩耕地上的平均雇工投入成本不到 0.03 万元，在 0～0.20 万元。样本家庭农场中，有 50 家无雇工投入，完全依靠家庭自有劳动力从事农业生产。每亩耕地上的平均机械投入成本约为 0.01 万元，机械投入成本最高的为 0.09 万元，有 174 家无任何机械投入，占 13.6％。每亩耕地上的平均农资投入成本为 0.05 万元，在 0～0.20 万元，其中，农资投入成本在平均水平以下的样本占 63.0％。经统计发现，产出价值、农资投入和机械投入的均值在非示范、县级示范、市级示范、省级示范 4 组家庭农场之间存在显著差异。表 2 为家庭农场投入与产出指标的统计情况。

表 2　家庭农场投入与产出指标统计

指标	总样本	分样本				均值差异（F 检验）
		非示范	县级示范	市级示范	省级示范	
产出价值/（万元/亩）	0.187 (0.113)	0.180 (0.111)	0.183 (0.107)	0.203 (0.119)	0.238 (0.134)	7.62***
自有劳动力/个	3.631 (2.159)	3.593 (2.132)	3.757 (2.271)	3.741 (2.482)	3.375 (1.194)	0.89
雇工投入/（万元/亩）	0.026 (0.029)	0.025 (0.028)	0.027 (0.030)	0.027 (0.030)	0.027 (0.026)	0.62
农资投入/（万元/亩）	0.046 (0.035)	0.045 (0.036)	0.042 (0.030)	0.051 (0.035)	0.064 (0.040)	9.11***
机械投入/（万元/亩）	0.014 (0.012)	0.013 (0.013)	0.012 (0.010)	0.014 (0.013)	0.019 (0.013)	7.40***

注：①括号内数值为标准差；② *** 表示均值差异在 1％的水平上显著。

三、预期影响与实证分析方法

（一）预期影响

家庭农场主要以家庭成员为主要劳动力，从事农业规模化、集约化、商品化经营，并且农业收入为其主要收入来源。在各地实际工作中，对家庭农场的登记、注册、认定也基本以此为衡量标准或判别依据。相较于家庭农场认定需要达到的标准而言，示范家庭农场的评定标准要高得多。以浙江省省级示范家庭农场创建为例，要求必须是县级以上示范家庭农场、专业从事农业生产3年以上，并且要具备"有资质、有技能、有规模、有设施、有规范、有效益"等多项条件，同时还要提供土地流转合同清册、生产收支记录或财务报表、农场执行的生产标准及相关管理制度等若干证明材料。家庭农场争取成为示范典型的动力主要在于示范家庭农场所享受的各种政策支持。根据笔者掌握的各地家庭农场扶持政策文件，被评为示范家庭农场所享受的政策支持要远大于普通家庭农场。例如，湖北省武汉市规定对市级家庭农场的生产拓展项目可以给予每家5万元的扶持资金补助，福建省每年从省级财政中专门安排1 500万元用于支持省级示范家庭农场建设。除此之外，示范家庭农场拥有的声誉效应能够吸引多方关注。一是政府部门更为关注。当地政府部门对示范家庭农场的关注除了政策文件中所描述的资金资助外，还表现为相关部门领导的重视，这不仅有利于示范家庭农场进一步增强经济实力，也有利于示范家庭农场可以借助不断积累的社会资本使运营更为顺畅。二是其他市场主体关注。在信息不对称条件下，示范家庭农场的"示范"标识能够成为其他市场主体选择交易伙伴、节约交易成本的有效手段。正因为是示范家庭农场，一些农产品收购企业便会主动上门与其签订农产品收购协议，或者将种子、肥料等农资赊账提供给这类家庭农场使用。以往研究指出，当前中国的大多数家庭农场都有融资需求，资金缺乏是经营过程中面临的最大制约[12]。因此，示范家庭农场所获得的政策支持以及"示范"标识本身所蕴含的声誉效应，能够在一定程度上改善家庭农场的要素生产率，从而有利于提高家庭农场的技术效率水平。

（二）实证分析方法

1. 随机前沿生产函数。技术效率是衡量微观主体生产管理水平的重要指标之一。对技术效率的分析包括参数法和非参数法两类，参数法一般是采用随机前沿生产函数进行测度，非参数法则是利用数据包络分析法（DEA）进行估计。参数法设定了具体的函数形式，较非参数法可以更大程度地降低随机扰动项对分析结果的影响。鉴于农业生产受到很多不可预测因素的作用，随机扰动项的影响不可忽略。通常认为，随机前沿生产函数对现实的拟合程度要优于数据包络分析法，能够获得更准确的估计结果，故本文采用随机前沿生产函数来测度家庭农场的技术效率。函数形式设定如下：

$$Y_i = f(X_i, \beta)\exp(v_i)\exp(-u_i) \qquad (1)$$

（1）式中，Y_i 表示家庭农场单位耕地面积的产出价值，X_i 表示农资投入、机械投入、雇工投入等变量，下标 i 表示第 i 个样本家庭农场；β 为估计系数。模型误差项包含两个部分：一部分表示统计误差，用 v_i 表示，假设其服从独立正态同分布，即 $v_i \sim N(0, \sigma_v^2)$；

另一部分表示技术效率损失，用 u_i 表示，假设其服从独立半正态分布，即 $\mu_i \sim N^+(0, \sigma_u^2)$。在利用极大似然估计法得到模型估计参数后，将技术效率损失项 u_i 从混合误差项 $(v_i - u_i)$ 中分离出来，就能计算出每个样本家庭农场的技术效率[13]。技术效率的计算公式为：

$$TE_i = \exp\left[-E\left(-u_i \mid \varepsilon_i\right)\right] \tag{2}$$

在数值上，技术效率 TE 在 $0 \sim 1$，数值越大，表示技术效率越大或技术效率损失越小。值得说明的是，本文对家庭农场技术效率的测度及比较没有划分作物类型，而是将作物结构视为影响技术效率的因素，这一处理方式在以往文献中也被广泛运用[3,14]。表3为随机前沿生产函数中投入与产出变量的定义。

表3　投入与产出变量及其定义

变量	定　义	均值	标准差
产出价值	全年生产的各类农产品产出价值总和/(万元/亩)	0.187	0.113
自有劳动力	家庭农场自有劳动力人数	3.631	2.159
雇工投入	全年的劳动力雇佣成本/(万元/亩)	0.026	0.029
农资投入	化肥、种子、农药等直接投入品成本/(万元/亩)	0.046	0.035
机械投入	农机作业费/(万元/亩)，自有农机作业按对外作业价格核算	0.014	0.012

2. 多值处理效应模型。核心变量满足外生性假设是进行效应评价的前提，家庭农场能否被评为示范典型并不满足随机分布的要求。这是因为，在实践中，不论是县级示范家庭农场、市级还是省级示范家庭农场，相关行政主管部门都会设置若干门槛条件。并且，示范级别越高，门槛条件也越高。除此之外，农户特征（如耕地规模、农场主文化程度、关系运作能力、经营目标与动机等）也会影响家庭农场被评为示范家庭农场的概率。因此，分析家庭农场示范级别对其技术效率的影响必须考虑家庭农场示范级别的非随机分布特征所带来的样本选择偏差问题，否则将很可能导致估计结果有偏。倾向值匹配（propensity score matching，PSM）和内生转换回归（endogenous switching regression，ESR）是效应评价中最常用的两阶段计量分析模型，但都要求处理变量必须是二值变量。在本文中，处理变量为多值变量（包括非示范、县级示范、市级示范和省级示范四种情形），如果强行将其调整为二值变量进行分析会造成信息丢失，从而影响估计效率[15]。针对此类问题，Bourguignon 等（2007）将内生转换回归拓展为多元内生转换回归（multinomial endogenous switching regression，MESR），从而在"反事实"因果分析框架下能够估计出多个处理状态的平均处理效应，但其前提是找到合适的排他约束变量[16]。然而，要找到合适的排他约束变量往往很困难。此时，可以借助 Cattaneo 提出的多值处理效应

模型[①]进行分析。

假设农场主申请示范家庭农场的目的是追求最大化期望收益。成为示范家庭农场，一方面有机会享受到更多政策红利和其他潜在收益，另一方面也需要付出相应成本（如申报材料准备费用、寻租费用等）。因此，是否申请示范家庭农场是综合权衡的结果。一般情况下，家庭农场 i 的技术效率 O_i、处理状态 T_i（包括非示范、县级示范、市级示范、省级示范四种情形）以及协变量 Z_i（包括影响处理状态和技术效率的一组变量）都能够被观测到。假设 $D_{im}(T_i)$ 为家庭农场 i 选择处理状态 m 的指示变量，$m \in \psi = \{0, 1, \cdots, M\}$，当 $T_i = m$ 时，$D_{im}(T_i) = 1$，否则 $D_{im}(T_i) = 0$。另外，每个家庭农场 i 都有一组潜在的结果变量 O_{im}，即处理状态 $T_i = m$ 时的技术效率。事实上，在这些潜在结果中，仅有一个结果能够被观测到，对应家庭农场 i 实际选择的处理状态。根据"反事实"因果分析框架，O_i 可被表示为指示变量 $D_{im}(T_i)$ 和潜在结果变量 O_{im} 的函数，即：

$$O_i = \sum_{m=0}^{M} D_{im}(T_i) O_{im} \tag{3}$$

为了满足因果推断的随机分布条件，多值处理效应模型假设模型满足条件独立假设（conditional independence assumption，CIA）和无空值假设（no-empty-cell，NEC），后者也被称为重叠假设（overlap assumption，OA）。条件独立假设指给定协变量 Z_i，处理变量与结果变量相互独立，即：$O_{im} \perp D_{im} | Z_i$。该假设表明，农场主个体偏好、能力及家庭农场外部经营环境等不可观测因素不会明显改变家庭农场的示范级别认定和技术效率分布。Imbens 和 Wooldridge[20]、Binam 等[17]指出，在协变量 Z_i 的个数较多时，模型能够估计得到无偏且有效的平均处理效应。无空值假设指家庭农场 i 基于协变量 Z_i 被安排到任何一种处理状态 T_i 的概率均为正，即：$\Pr[T_i = m | Z_i] > 0$。

根据上述假设，技术效率的条件期望值的函数表达式可表示为：

$$E[O_{im} | Z_i] = E[O_i | T_i = m, Z_i] = \beta_{0m} + Z_i \beta_{1m} \tag{4}$$

（4）式中，$\beta_m = [\beta_{0m} \ \beta_{1m}]$ 为待估计参数。需要指出的是，多值处理效应模型要求使用广义倾向值（GPS）回归调整法来计算不同处理状态 T_i 对应的结果变量方程的条件期望值。也就是说，使用广义倾向值对各处理状态 T_i 下的协变量 Z_i 的观测值进行逆概率加权，从而确保它们在不同处理状态之间实现平衡[21]。鉴于处理状态 T_i 和协变量 Z_i 可被观测，使用有序 Probit 模型进行回归可计算得到广义倾向值，也就是家庭农场 i 被安排到不同处理状态的概率[15]。广义倾向值 r_i 的表达式为：

---

① 该模型已被不少学者所使用。例如，Binam 等分析自然资源再生管理行为（按再生指数高低分为三组）对西非半干旱地区农户生计的影响[17]，Ma 等探讨集约化养殖（低强度、中等强度、高强度）与新西兰奶牛产出质量及收益之间的关联[18]，Hong 等考察林地使用权流转（无流转、转入、转出）对福建、湖南、云南等七省林农经济福利及劳动分配的作用[19]。

$$r_i = (m, Z) = \Pr[T_i = m \mid Z_i] = E[D_{im}(T_i) \mid Z_i] \qquad (5)$$

据此，就可以估计处理状态 T_i 从 k（$k \in \psi = \{0, 1, \cdots, M\}$）变成 m 时的平均处理效应，总样本及子样本的平均处理效应的表达式分别为：

$$ATE_{mk} = (\hat{\beta}_{0m} - \hat{\beta}_{0k}) + \frac{1}{N} \sum_{i=1}^{N} Z_i(\hat{\beta}_{1m} - \hat{\beta}_{1k}) \qquad (6)$$

$$ATET_{mk} = (\hat{\beta}_{0m} - \hat{\beta}_{0k}) + \frac{1}{N_{m i, D_t(T_i=m)=1}} \sum_{i, D_t(T_i=m)=1}^{N} Z_i(\hat{\beta}_{1m} - \hat{\beta}_{1k}) \qquad (7)$$

多值处理效应模型为计算平均处理效应提供了多种估计策略，包括回归调整法（regression adjustment，RA）、逆概率加权法（inverse-probability weighting，IPW）、扩展版的逆概率加权法（augmented inverse probability weighting，AIPW）和逆概率加权回归调整法（inverse probability weighted regression adjustment，IPWRA）[22]。其中，回归调整法仅规定结果变量 O_i 的函数形式，对处理变量 T_i 的函数形式不做任何假定；而逆概率加权估计法则相反，仅规定了处理变量 T_i 的函数形式，对结果变量 O_i 的函数形式不做任何假定；扩展版的逆概率加权估计法和逆概率加权回归调整法则对处理变量 T_i 和结果变量 O_i 都规定了函数形式，其估计结果具有双重稳健优势。也就是说，即便处理变量方程或结果变量方程发生了误设情形，只要不是同时发生误设，就仍能得到平均处理效应的一致估计[22]。为此，本文使用逆概率加权回归调整法估计平均处理效应（ATET、ATE），并使用扩展版的逆概率加权估计法的估计结果作为稳健性检验。对于协变量 Z_i，本文借鉴种粮大户、家庭农场技术效率的相关研究成果[3,7-8]，并结合各地示范家庭农场创建的政策文件规定及调查数据的可得性，最终共选择了包括核心变量在内的 20 个变量。主要变量的定义及赋值如表 4 所示。

表 4　多值处理效应模型的主要变量、定义及赋值

变量	定义及赋值	均值	标准差
被解释变量			
技术效率	根据随机前沿生产函数测算得到的家庭农场技术效率值	0.721	0.126
解释变量			
示范级别	根据家庭农场示范级别的高低分别赋值，依次为 0～3	0.624	0.913
文化程度	小学及以下=1；初中=2；高中、中专或职高=3；大专及以上=4	2.740	1.253
种植年限	农场主从事规模种植的年限/年	6.010	4.429
技术培训	是否参加农业技术培训：否=0；是=1	0.819	0.384
耕地规模	实际经营的耕地总面积/亩	397.830	379.082
丘陵农场	是否为丘陵地形（以平地农场为参照）：否=0；是=1	0.167	0.373
山地农场	是否为山地地形（以平地农场为参照）：否=0；是=1	0.098	0.298
测土配方	是否采用测土配方技术：否=0；是=1	0.610	0.487
节水灌溉	是否采用节水灌溉技术：否=0；是=1	0.216	0.411
"三品一标"	产品是否获得"三品一标"认证：否=0；是=1	0.143	0.350

（续）

变量	定义及赋值	均值	标准差
粮作占比	粮食作物播种面积占总播种面积之比/%	0.788	0.339
常雇人数	常年雇用劳动人数	2.527	4.092
耕地平整	是否对转入耕地进行平整：否＝0；是＝1	0.331	0.470
流转合同	耕地流转是否采用书面合同：否＝0；是＝1	0.944	0.229
收支记录	是否有完整的日常收支记录：否＝0；是＝1	0.710	0.453
化肥减量	家庭农场施肥较周边普通农户少：否＝0；是＝1	0.242	0.428
农药减量	家庭农场施药较周边普通农户少：否＝0；是＝1	0.286	0.452
作物保险	是否购买作物保险：否＝0；是＝1	0.693	0.461
合作组织	是否加入合作社：否＝0；是＝1	0.327	0.469
龙头企业	与龙头企业是否建立业务联系：否＝0；是＝1	0.164	0.370

四、模型结果分析

（一）随机前沿生产函数估计结果分析

在采用随机前沿生产函数分析前，有三点需要说明。一是函数形式的设定，本文选择了更适合分析微观调查数据的超越对数生产函数，因为 C-D 生产函数假定不同要素之间的替代弹性是固定的，该假定与现实可能不符。二是鉴于部分投入变量（雇工投入、机械投入）存在取值为 0 的情况，本文在对数化处理时做了特殊处理，即这些变量在原值基础上加上 0.01 后再取对数，同时在函数中增加了该项投入是否大于 0 的哑变量。三是使用随机前沿生产函数进行估计之前要先确定样本家庭农场是否存在技术效率损失。本文使用 OLS 回归法对生产函数进行估计后发现，模型残差的偏度为 -0.823，并且在 1% 的水平上拒绝服从正态分布的原假设（卡方值为 258.38），从而证实样本家庭农场确实存在技术效率损失。表 5 为随机前沿生产函数的估计结果，整体拟合效果较好。

表 5　随机前沿生产函数估计结果（n＝1 278）

变量	估计系数	标准误		估计系数	标准误
雇工投入	0.132	0.213	自有劳力	0.094	0.131
农资投入	0.343**	0.159	自有劳力平方项	0.004	0.010
机械投入	0.089	0.407	自有劳力×农资投入	-0.013	0.015
雇工投入平方项	0.068***	0.026	自有劳力×机械投入	0.052**	0.026
机械投入平方项	0.014	0.059	自有劳力×雇工投入	-0.046**	0.020
雇工投入×农资投入	-0.056**	0.024	农资投入平方项	0.075***	0.014
雇工投入×机械投入	-0.136***	0.037	农资投入×机械投入	-0.054	0.036
对数似然值	-586.78		卡方统计检验	1 429.29（p=0.000）	

注：①所有投入变量都做了对数化处理；②*、**、*** 分别表示系数在 10%、5% 和 1% 的水平上显著。

从表 5 的估计结果可以看出，各项投入平方项的系数均为正，并且雇工投入和农资投入的平方项系数均在 1% 的统计水平上显著。生产理论认为，在合理的生产区间内，要素投入的边际报酬具有递减的特点。本文分析结果表明，中国家庭农场要素投入的边际报酬仍处于递增阶段，尤其是劳动投入（雇工）和农资投入，这意味着在当前的耕地规模下，各项投入的数量尚未达到最佳水平。以往研究发现，家庭农场普遍有季节性雇工需求来从事精细化的农田管理活动，但现实是，家庭农场雇工时间与普通农户农忙时间重叠，加上农村留守青壮年劳动力缺乏以及劳动力价格不断攀升，家庭农场雇工面临不稳定、老龄化和高成本等问题[2]。另外，在各地资金扶持政策激励下，家庭农场出现了过度规模化倾向，其结果便是要素配置结构失当，成本约束条件下扩张耕地规模将必然是以减少其他要素投入为代价，这也是规模扩张后土地生产率出现下降趋势的一个重要原因[23]。

对随机前沿生产函数的解释变量求一阶偏导数可得到各类要素的边际生产率。经计算，雇工投入、农资投入、机械投入、自有劳力的边际生产率分别为 0.301、0.301、0.217、0.062。进一步计算家庭农场的技术效率，得到其均值为 0.72，介于 0.10～0.96 之间，其中，位于均值之上的家庭农场有 807 家，占 63.1%。比较非示范、县级示范、市级示范和省级示范四组家庭农场的技术效率，发现前三者的均值较为接近，分别为 0.71、0.72、0.72，省级示范家庭农场的技术效率水平略高，为 0.76。各组家庭农场技术效率的概率密度分布见图 1。

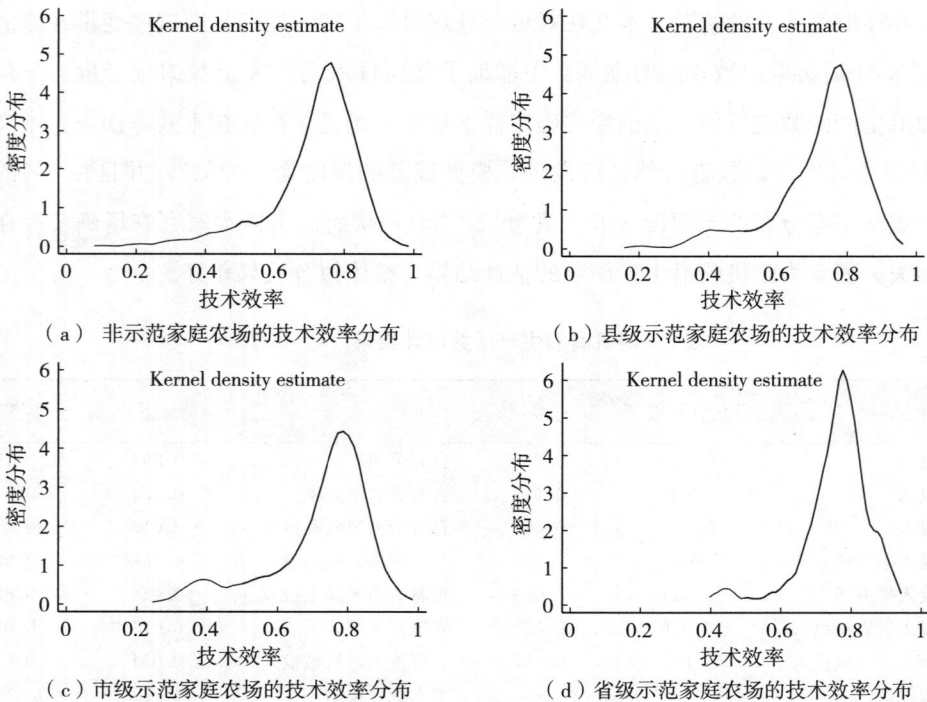

（a）非示范家庭农场的技术效率分布　　　（b）县级示范家庭农场的技术效率分布

（c）市级示范家庭农场的技术效率分布　　　（d）省级示范家庭农场的技术效率分布

图 1　家庭农场技术效率的概率密度分布

（二）多值处理效应模型估计结果分析

1. 家庭农场成为示范典型的有序 Probit 模型估计结果。在实践中，各地制定的示范家庭农场评选标准不完全一致。例如耕地规模，有些地区仅规定了一个下限，但也有地区还规定了上限，优先扶持满足适度规模经营的家庭农场。而且，制定的评选细则详尽有别，有些地区未对规范化生产做出要求，而有些地区对家庭农场管理规范化、生产标准化、经营市场化等方面均给出了详细规定。那么，什么样的家庭农场更可能成为示范典型呢？表 6 为家庭农场成为示范典型的有序 Probit 模型估计结果，其中，第（2）至第（5）列汇报了解释变量在均值处对家庭农场入选各示范级别的边际效应。在全部 15 个解释变量中，有 7 个变量对家庭农场成为示范典型的可能性存在显著影响。其中，农场主文化程度越高，家庭农场成为示范典型的概率越高，农场主文化程度每提高一个层次，成为示范家庭农场的概率总体将会上升 2.7 个百分点（其中，成为县级示范、市级示范、省级示范的概率各上升 0.9 个百分点）。耕地规模越大，家庭农场成为示范典型的概率越高，耕地规模每扩大 10 亩，成为示范家庭农场的概率总体提升约 1 个百分点。农业技术培训对家庭农场成为示范典型具有积极影响，与农场主没有接受过农业技术培训的家庭农场相比，接受农业技术培训能够使家庭农场成为示范典型的概率总体上升 9.7 个百分点（其中，成为县级示范、市级示范、省级示范的概率分别上升 3.2 个、3.4 个、3.1 个百分点）。对转入耕地进行平整也将提升成为示范家庭农场的概率，与未进行耕地平整的家庭农场相比，进行耕地平整使家庭农场成为示范典型的概率总体提升 11.2 个百分点（其中，成为县级示范、市级示范、省级示范的概率分别上升 3.7 个、3.9 个、3.6 个百分点）。有完整日常收支记录能够提升家庭农场成为示范典型的可能性，与没有日常收支记录相比，有日常收支记录将使家庭农场成为示范典型的概率总体上升约 12 个百分点（其中，成为县级示范、市级示范、省级示范的概率分别上升 3.9 个、4.1 个、3.9 个百分点）。减量施用农药的家庭农场更有可能成为示范家庭农场，与未减量施用农药相比，减量施用农药能够使家庭农场成为示范典型的概率总体上升 7.5 个百分点（其中，成为县级示范、市级示范、省级示范的概率分别上升 2.5 个、2.6 个、2.4 个百分点）。另外，与龙头企业建立业务联系也有助于成为示范家庭农场，在边际效应上，与龙头企业建立联系能使家庭农场成为示范典型的概率总体提升 7.5 个百分点（其中，成为县级示范、市级示范、省级示范的概率分别上升 2.4 个、2.6 个、2.4 个百分点）。

2. 无空值假设（NEC）检验。前文指出，重叠假设或无空值假设成立是进行多值处理效应模型分析的前提条件之一。本文对这一假设进行了检验，结果证实样本家庭农场归为非示范家庭农场、县级示范家庭农场、市级示范家庭农场和省级示范家庭农场的条件概率均大于 0 小于 1，并且条件概率分布存在重叠区间，具体见图 2。

表 6　家庭农场成为示范典型的有序 Probit 模型估计结果 （$n=1\,278$）

变量	估计系数 (1)	边际效应			
		非示范 (2)	县级示范 (3)	市级示范 (4)	省级示范 (5)
文化程度	0.078***	−0.027***	0.009***	0.009***	0.009***
	(0.027)	(0.009)	(0.003)	(0.003)	(0.003)
种植年限	−0.008	0.003	−0.001	−0.001	−0.001
	(0.008)	(0.003)	(0.001)	(0.001)	(0.001)
耕地规模	0.001***	−0.001***	0.000***	0.000***	0.000***
	(0.000)	(0.000)	(0.000)	(0.000)	(0.000)
技术培训	0.281***	−0.097***	0.032***	0.034***	0.031***
	(0.099)	(0.034)	(0.011)	(0.012)	(0.011)
测土配方	−0.003	0.001	−0.000	−0.000	−0.000
	(0.074)	(0.026)	(0.008)	(0.010)	(0.008)
节水灌溉	−0.002	0.001	−0.000	−0.000	−0.000
	(0.086)	(0.030)	(0.010)	(0.101)	(0.009)
"三品一标"	0.095	−0.033	0.011	0.011	0.010
	(0.099)	(0.034)	(0.011)	(0.012)	(0.011)
常雇人数	−0.005	0.002	−0.001	−0.001	−0.001
	(0.007)	(0.003)	(0.001)	(0.001)	(0.001)
耕地平整	0.322***	−0.112***	0.037***	0.039***	0.036***
	(0.072)	(0.024)	(0.008)	(0.009)	(0.008)
流转合同	0.108	−0.037	0.012	0.013	0.012
	(0.165)	(0.057)	(0.019)	(0.020)	(0.018)
收支记录	0.344***	−0.120***	0.039***	0.041***	0.039***
	(0.083)	(0.028)	(0.009)	(0.010)	(0.010)
化肥减量	−0.012	0.004	−0.001	−0.001	−0.001
	(0.073)	(0.025)	(0.008)	(0.008)	(0.008)
农药减量	0.219***	−0.075***	0.025***	0.026***	0.024***
	(0.076)	(0.026)	(0.008)	(0.009)	(0.009)
合作组织	0.054	−0.018	0.006	0.006	0.006
	(0.075)	(0.026)	(0.009)	(0.009)	(0.008)
龙头企业	0.215**	−0.075**	0.024**	0.026**	0.025*
	(0.093)	(0.032)	(0.010)	(0.011)	(0.010)
对数似然值	−1\,219.94				
卡方统计检验	161.25 （$P=0.000$）				

注：①括号内数值为系数标准误；② **、 *** 分别表示系数在 5% 和 1% 水平上显著。

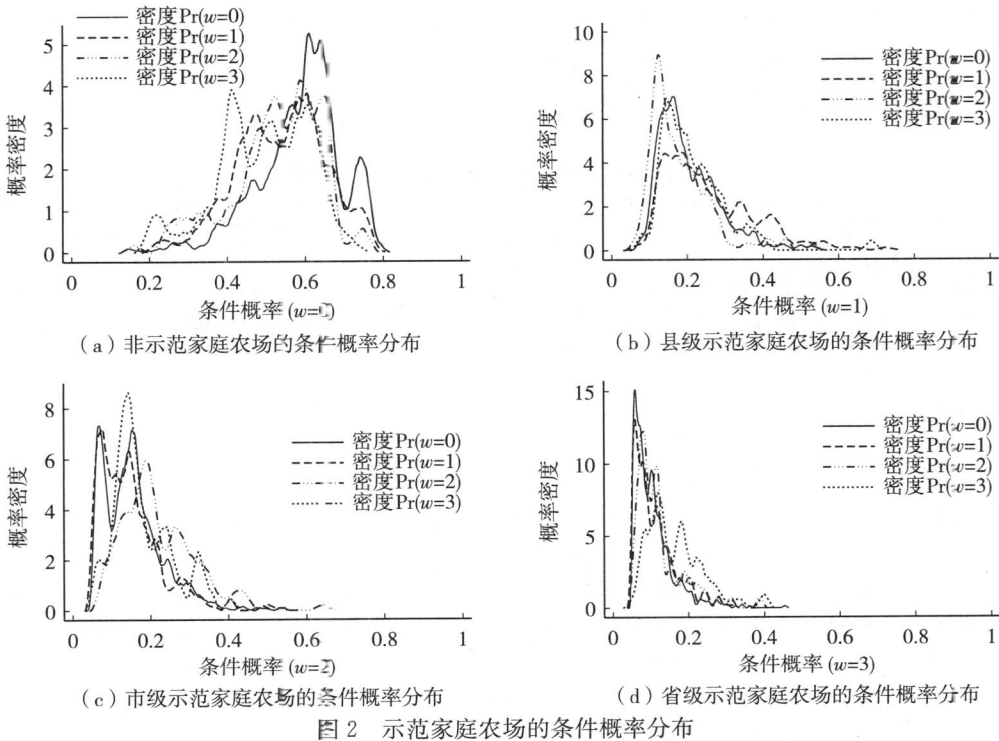

（a）非示范家庭农场的条件概率分布

（b）县级示范家庭农场的条件概率分布

（c）市级示范家庭农场的条件概率分布

（d）省级示范家庭农场的条件概率分布

图 2　示范家庭农场的条件概率分布

3. 家庭农场技术效率的影响因素回归结果。表 7 汇报了（4）式的参数估计结果，即家庭农场技术效率的影响因素回归结果。结果显示，家庭农场技术效率受规模经验、耕地规模、丘陵地形、山地地形、测土配方、节水灌溉、粮作占比、耕地平整、作物保险等变量的影响。总体而言，从事农业规模种植的经验越丰富，家庭农场的技术效率越高，原因是这类农场主通常已经积累了较多的物质资本和社会资本，更有能力获得较低的农资要素价格和较高的产品销售价格，从而有利于提高技术效率。耕地规模对家庭农场的技术效率存在负面效应，这与王丽霞和常伟的研究结论一致[8]。当前中国家庭农场普遍存在过度规模化的现象[28]，本文研究中的样本也不例外，实际经营的耕地面积远远超出了一般所认为的适度规模边界，这对家庭农场生产经营效率提升构成了严重威胁[2]。耕地地形对家庭农场的技术效率也有显著影响，与平地相比，丘陵和山地地形都不利于家庭农场提高技术效率。采用测土配方和节水灌溉技术对家庭农场的技术效率具有促进作用，这与张瑞娟和高鸣的结论一致[6]，即新技术采纳行为能够显著提升不同经营规模农户的技术效率。粮作占比对家庭农场的技术效率存在显著的负向影响，这是因为粮食作物与其他作物相比缺乏比较优势，在其他因素相同的条件下，同等数量的要素投入，粮食作物的净收益一般要低一些。耕地平整对家庭农场的技术效率具有显著的正向影响，其原因在于，耕地平整减少了耕地细碎化程度。以往研究发现，耕地细碎化程度越低，农户技术效率越高[24]。购买作物保险有助于提高家庭农场的技术效率，这是因为作物保险能够消除家庭农场生产经营过程中面临农业风险而遭受损失的顾虑，稳定产出预期，进而激励家庭农场选择风险高但产值更高的农产品，最终提高了技术效率[25]。从表 7 也可以看出，这些变量对家庭农场技术效率的影响在不同组样本中存在差异。

表 7　家庭农场技术效率影响因素的回归结果

变量	总样本 (1)		非示范样本 (2)		县级示范样本 (3)		市级示范样本 (4)		省级示范样本 (5)	
	系数	标准误	系数	标准误	系数	标准误	系数	标准误	系数	标准误
文化程度	0.006	0.004	0.005	0.003	−0.006	0.007	0.009	0.007	−0.003	0.008
规模经验	0.003***	0.001	−0.000	0.001	0.004**	0.002	0.002	0.002	0.001	0.002
耕地规模	−0.000**	0.000	−0.000	0.000	−0.000*	0.000	−0.000*	0.000	−0.000	0.000
技术培训	0.054	0.048	0.008	0.013	0.034	0.019	−0.011	0.061	0.067	0.068
丘陵农场	−0.208***	0.073	−0.016	0.014	−0.007	0.018	−0.008	0.037	−0.294***	0.064
山地农场	−0.093***	0.032	−0.044**	0.019	−0.021	0.034	−0.116**	0.053	−0.108	0.066
测土配方	0.029***	0.009	0.034***	0.028	0.016	0.016	−0.002	0.025	−0.005	0.024
节水灌溉	0.054**	0.024	−0.004	0.010	0.034	0.021	0.070***	0.022	0.017	0.027
"三品一标"	0.034	0.018	0.027	0.014	0.044	0.023	−0.009	0.026	0.011	0.021
粮作占比	−0.001**	0.000	−0.000		−0.001*		−0.001		−0.001***	
耕地平整	0.059***	0.018	0.008	0.010	0.049***	0.016	0.027	0.021	−0.003	0.017
收支记录	−0.018	0.023	0.009		−0.026	0.020	−0.048	0.034	−0.004	0.020
作物保险	0.046***	0.017	0.036***	0.010	0.065**	0.025	0.039	0.026	−0.009	0.021
合作组织	−0.005	0.004	−0.004	0.010	0.017	0.013	−0.031	0.023	−0.007	0.016
龙头企业	0.044	0.030	0.018	0.016	−0.024	0.019	0.047	0.035	−0.031	0.016
R^2	0.43		0.41		0.42		0.34		0.27	
观测值	1 278		783		272		143		80	

注：*、**、*** 分别表示系数在 10%、5% 和 1% 水平上显著。

4. 示范级别对家庭农场技术效率的平均处理效应。 基于上述分析，本文对（6）式和（7）式使用逆概率加权回归调整法可以进一步得到示范级别对家庭农场技术效率的平均处理效应（ATE、ATET），结果如表 8 所示。

表 8　示范级别对家庭农场技术效率的平均处理效应

示范级别	ATET（IPWRA）	ATE（IPWRA）	ATE（AIPW）	ATE（OLS）
县级示范	−0.004	−0.004	−0.002	0.001
	(0.013)	(0.009)	(0.010)	(0.009)
市级示范	−0.008	0.011	0.007	0.005
	(0.017)	(0.014)	(0.016)	(0.011)
省级示范	0.020	0.001	0.004	0.010*
	(0.012)	(0.011)	(0.012)	(0.005)

注：①括号内数值为标准误；② * 表示系数在 10% 水平上显著。

表8显示，在其他条件保持不变的情况下，从非示范家庭农场（$T=0$）转为县级示范家庭农场（$T=1$）、市级示范家庭农场（$T=2$）或省级示范家庭农场（$T=3$），其技术效率均不会产生显著变化。利用增强版逆概率加权估计法（AIPW）进行稳健性检验，结果证实上述结论仍然成立。进一步将本文评估结果与普通最小二乘法（OLS）的回归结果进行对比发现，在后者分析结果中，除了省级示范家庭农场的系数通过显著性检验之外（在10％水平上），其余变量的系数也不显著。也就是说，家庭农场成为示范典型并没有提高自身的技术效率水平，这和前文理论分析的预期相悖。究其原因，本文认为可能有以下两点：一是家庭农场从政府获取的扶持奖励资金并未支配于对自身生产经营能力的提升上，而是继续追求生产经营规模的扩张。近年来，中国农业生产面临着要素"地板"价格和农产品"天花板"价格的双重挤压，农产品（特别是粮食）利润空间越来越小，从而促使家庭农场的经营目标从追求收益最大化向依靠规模扩张和寻求政府补贴转移。当前，通过扩大耕地经营规模外延式地增加收益已成为很多家庭农场的首要选择[23]。其结果是，这些家庭农场一方面享受着规模扩张带来的政策红利，另一方面又不得不面对雇工效率低下、监督成本上升等问题的困扰。有调查研究也发现，各级政府提供的财政支农补贴虽然在一定程度上刺激了家庭农场的快速发展，但土地生产率却并没有得到显著提高，并且家庭农场的经营风险在急剧上升[26]。二是专门针对示范家庭农场的政策扶持力度仍较小。曾福生和李星星指出，目前最能直接降低家庭农场生产成本、提高其经营收益的扶持政策是各种财政补贴，但家庭农场的资本投入一般较大，而这些补贴在较高的家庭农场资本投入中所占比例很小，尚不足以发挥显著作用[27]。事实上，家庭农场扶持政策的重心也并非仅局限于财政补贴或奖励，制定能够改善家庭农场市场经营环境的政策更加重要，具体包括创新劳动力市场制度、土地流转制度、农村金融保险制度以及农业社会化服务制度等一系列政策措施[28]，但这些都还需要经历一个漫长的过程。

五、结论与启示

本文基于全国家庭农场监测数据，使用随机前沿生产函数和多值处理效应模型分析发现：当前中国家庭农场的平均技术效率为0.72，还存在很大的提升空间；省级示范农场平均效率水平较非示范家庭农场、县级示范家庭农场和市级示范家庭农场平均效率水平略高，差异仅为0.04；农场主文化程度高、参加过技术培训、耕地规模大、对耕地进行平整、有完整日常收支记录、与龙头企业建立业务联系以及减量施用农药的家庭农场，被评为示范家庭农场的可能性相对较高；尽管成为示范家庭农场能够优先获取政策优待和资金扶持，但并未给自身技术效率带来明显提升。

基于本文研究可以得到如下政策启示。第一，防止家庭农场过度规模化，优化要素配置，提升经营效率。调查发现，在家庭农场专项补贴政策的刺激下，很多家庭农场的耕地规模远远超出了各地推荐的适度规模边界。家庭农场过度规模化会致使投入要素配置失当。因为，在农村金融和劳动力供给短缺的条件下，耕地规模过度扩张将造成家庭农场劳动（雇工）和农资投入的不足。而这也正是当前中国家庭农场技术效率整体偏低的主要原因。第二，示范家庭农场评选认定不宜追求数量增长，而应重视发展质量。在实践中，一些地方对示范家庭农场的发展下指标、定任务，成为示范家庭农场是否具备典范引领作用值得怀疑。当前，各级别示范家庭农场与非示范家庭农场在效率水平上差异十分微弱，甚至可以忽略不计，而且，对于那些减量施用化肥、采用测土配方和节水灌溉技术的家庭农场，其成为示范家庭农场的概率也未上升，这充分说明对示范家庭农场筛选的机制尚需进一步完善。第三，制定专门针对示范家庭农场的效率提升机制，建立健全激励约束制度。对示范家庭农场给予政策扶持或资金奖励并不必然保证经营者能够主动提升自身经营管理能力，也有可能会诱导其采取寻租手段争取农业项目、包装宣传自己等投机行为，从而偏离政府扶持其发展的政策目标。因此，必须在当前政策扶持或资金奖励的基础上，对示范家庭农场建立动态监测和激励机制，使其进入高质量发展的良性轨道，并以此为基础逐步探索建立健全扶持政策。

参考文献：

[1] 朱启臻，胡鹏辉，许汉泽. 论家庭农场：优势、条件与规模 [J]. 农业经济问题，2014，35 (7)：11 - 17.

[2] 张悦，刘文勇. 家庭农场的生产效率与风险分析 [J]. 农业经济问题，2016，37 (5)：16 - 21.

[3] YANG J，WANG H，JIN S，et al. Migration，Local Off-farm Employment，and Agricultural Production Efficiency：Evidence from China [J]. Journal of Productivity Analysis，2016，45 (3)：247 - 259.

[4] 李谷成，冯中朝，范丽霞. 农户家庭经营技术效率与全要素生产率增长分解 (1999—2003 年)：基于随机前沿生产函数与来自湖北省农户的微观证据 [J]. 数量经济技术经济研究，2007 (8)：25 - 34.

[5] 李博伟，张士云，江激宇. 种粮大户人力资本、社会资本对生产效率的影响：规模化程度差异下的视角 [J]. 农业经济问题，2016，37 (5)：22 - 31.

[6] 张瑞娟，高鸣. 新技术采纳行为与技术效率差异：基于小农户与种粮大户的比较 [J]. 中国农村经济，2018 (5)：84 - 97.

[7] 张德元，宫天辰. "家庭农场"与"合作社"耦合中的粮食生产技术效率 [J]. 华南农业大学学报（社会科学版），2018，17 (4)：64 - 74.

[8] 王丽霞，常伟. 我国家庭农场的全要素生产率及其差异 [J]. 华南农业大学学报（社会科学版），2017，16 (6)：20 - 31.

［9］ 周炜. 多元化经营背景下家庭农场水稻生产效率：基于全国农村固定观察点的实证研究 ［J］. 南京农业大学学报（社会科学版），2017，17（5）：132 - 137，155 - 156.

［10］ 刘德娟，周琼，黄欣乐，等. 福建省水稻生产效率及其影响因素分析：基于家庭农场和传统小农户的微观视角 ［J］. 江苏农业科学，2018，46（24）：422 - 426.

［11］ 任重，薛兴利. 家庭农场发展效率综合评价实证分析：基于山东省 541 个家庭农场数据 ［J］. 农业技术经济，2018（3）：56 - 65.

［12］ 兰勇，周孟亮，易朝辉. 我国家庭农场金融支持研究 ［J］. 农业技术经济，2015（6）：48 - 56.

［13］ BATTESE E，COELLI T. Prediction of Firm-level Technical Efficiencies with a Generalized Frontier Production Function and Panel Data ［J］. Journal of Econometrics，1988，38（3）：387 - 399.

［14］ 程竹，陈前恒. 种植专业化会提高小农生产技术效率吗 ［J］. 财经科学，2018（9）：50 - 62.

［15］ CATTANEO M. Efficient Semi-parametric Estimation of Multi-valued Treatment Effects Under Ignorability ［J］. Journal of Econometrics，2010，155（2）：138 - 154.

［16］ BOURGUIGNON F，FOURNIER M，GURGAND M. Selection Bias Corrections Based on the Multinomial Logit Model　Monte Carlo Comparisons ［J］. Social Science Electronic Publishing，2007，21（1）：174 - 205.

［17］ BINAM N，PLACEl F，KALINGANIRE A，et al. Effects of Farmer Managed Natural Regeneration on Livelihoods in Semi-arid West Africa ［J］. Environmental Economics & Policy Studies，2015，17（4）：1 - 33.

［18］ MA W，RENWICK A，BICKNELL K. Higher Intensity，Higher Profit？Empirical Evidence from Dairy Farming in New Zealand ［J］. Journal of Agricultural Economics，2018，69（3）：739 - 755.

［19］ HONG Y，CHANG H，DAI Y. Is Deregulation of Forest Land Use Rights Transactions Associated with Economic Well-being and Labor Allocation of Farm Households？Empirical Evidence in China ［J］. Land Use Policy，2018，75（2）：694 - 701.

［20］ IMBENS G，WOOLDRIDGE M. Recent Developments in the Econometrics of Program Evaluation ［J］. Journal of Economic Literature，2009，47（1）：5 - 86.

［21］ IMBENS G. The Role of the Propensity Score in Estimating Dose-response Functions ［J］. Biometrika，2000，87（3）：706 - 710.

［22］ LINDEN A，UYSAL S，RYAN A. Estimating Causal Effects for Multi-valued Treatments：A Comparison of Approaches ［J］. Statistics in Medicine，2016，35（4）：534 - 552.

［23］ 尚旭东，朱守银. 家庭农场与专业农户大规模农地的"非家庭经营"：行为逻辑、经营成效与政策偏离 ［J］. 中国农村经济，2015（12）：4 - 13，30.

［24］ 黄祖辉，王建英，陈志钢. 非农就业、土地流转与土地细碎化对稻农技术效率的影响 ［J］. 中国农村经济，2014（11）：4 - 16.

［25］ 赵立娟. 农业保险发展对农业生产效率影响的动态研究：基于 DEA 和协整分析的实证检验 ［J］. 湖北农业科学，2015，54（21）：5476 - 5480.

[26] 邵平，荣兆梓. 家庭农场财政补贴政策的效用研究：以上海松江模式为例 [J]. 上海经济研究，2015（9）：112-119.

[27] 曾福生，李星星. 扶持政策对家庭农场经营绩效的影响：基于 SEM 的实证研究 [J]. 农业经济问题，2016，37（12）：15-22，110.

[28] 何劲，熊学萍. 家庭农场绩效评价：制度安排抑或环境相容 [J]. 改革，2014（8）：100-107.

加入合作社对粮食类家庭农场收入影响的实证分析[①]
——基于全国 644 家粮食类家庭农场面板数据

　　家庭农场加入合作社是顺应新型农业经营主体协同发展的重要表现，保护农民种粮积极性、提高粮食生产效益更是稳定我国"三农"发展的重要基础。因此，研究粮食类农场入社行为对其收入的影响具有重要的现实意义。基于此，通过利用 2014—2015 年 644 家粮食类家庭农场面板数据进行实证分析，验证了加入合作社对粮食类家庭农场亩均纯收入的影响作用，为了避免作物类别对两者关系的影响，本文分作物种类对农场入社行为与亩均纯收入之间的关系作进一步实证检验。研究表明：加入合作社对玉米类家庭农场亩均纯收入产生了显著的正向促进作用；小麦和水稻类家庭农场加入合作社对其亩均纯收入同样也具有显著的正向促进作用；即使考虑到种植作物类别差异的影响，结论依然稳健。最后，为切实提高家庭农场经营效率和生产效益，保障未来家庭农场发展的稳定性和持续性，政府应进一步支持家庭农场加入合作社，优化完善农地流转平台建设，鼓励家庭农场发展适度规模经营，倡导家庭农场开展土地整理工作等。

一、引言

　　培育壮大新型农业经营主体是实现我国农业农村现代化的重要保障，各新型农业经营主体之间的协同发展势在必行。家庭农场、合作社和龙头企业作为乡村振兴战略中的重要生产经营主体，是确保我国粮食供给和粮食安全的重要载体，更是实现中国农业高质量发展、提高农业综合竞争力的中坚力量。但家庭农场、合作社和龙头企业在具体经营中各有

---

　　① 本文原载于：来晓东，杜志雄，郜亮亮. 加入合作社对粮食类家庭农场收入影响的实证分析：基于全国644 家粮食类家庭农场面板数据 ［J］. 南京农业大学学报（社会科学版），2021，21（1）：143-154.

优势与不足，在农业生产经营中发挥着不同的作用与功能[1]。基于此，2014 年《关于促进家庭农场发展的指导意见》中提出"鼓励工商企业通过订单农业、示范基地等方式，与家庭农场建立稳定的利益联结机制，提高农业组织化程度"，从而引导家庭农场加强联合与合作。同时，2019 年农业农村部出台《关于实施家庭农场培育计划的指导意见》，鼓励家庭农场发展合作经营，并提出"积极引导家庭农场领办或加入农民合作社，开展统一生产经营"，这充分调动了家庭农场加入合作社的积极性。由此看出，家庭农场与其他新型农业经营主体之间的合作尤其是与农民合作社之间的合作受到了高度重视。

家庭农场加入合作社是顺应新型农业经营主体协同发展的重要表现，学者们对此展开了一系列研究。相关研究集中在以下几个方面：第一，对家庭农场加入合作社的必要性进行研究。家庭农场具有以家庭生产经营为主导的优势，在农业生产经营中发挥着基础性作用，保障了中国未来农业经营主体发展的稳定性和持续性[2]。但是，家庭农场的主要优势在于直接生产环节，在产前和产后环节则表现相对不足[3]。而合作社更加注重企业家精神，其宗旨在于为其成员提供高质量服务[4]，且在对接企业、联结市场方面，合作社优势更加明显[5-6]。研究表明，家庭农场加入合作社有助于二者在生产经营过程中优势互补、和谐共生[7-9]。第二，对家庭农场加入合作社的影响因素展开研究。如随着家庭农场土地经营规模的扩大，农场加入合作社的概率将逐渐提高[10]。此外，2016 年内蒙古和东北三省实行的玉米收储制度改革政策也提高了当地玉米类农场加入合作社的概率[11]。第三，家庭农场入社行为对其生产经营影响的研究。一方面，家庭农场加入合作社不仅有益于改善农业生产设施条件、增强农民主体地位[12]，而且对于促进农场选择环境友好型生产方式[13]和优化农业治理结构[14]同样具有促进作用。同时，加入合作社的种粮大户购买农机和提供农机服务的意愿更强，其农机社会化服务水平更高[15]。另一方面，家庭农场加入合作社有助于提高农场单产水平和纯利润[16]。此外，加入合作社对种植类农场创新销售渠道、增加销售收入、提高亩均净效益也具有显著的正向促进作用[17]。对于普通农户而言，加入合作社同样也能够提高其收入水平，且低收入水平的农户受益程度更高[18]。需要指出的是，一些研究低估了收入影响因素的复杂性，比如经济类作物与粮食类作物的亩均收入差距悬殊，即使同为粮食类的玉米农场和水稻农场不但有不同的生产资料投入，而且也面临不同的产品销售市场（在所享受的收购政策与价格上存在差别）。忽略这些多因素且有差别的影响，仅将粮食类农场作为整体研究加入合作社对其收入的影响，得出的结论缺乏稳健性。本文将对此进行科学改进。需要说明的是，本文研究的出发点依然是加入合作社对粮食类农场的收入影响（并不是聚焦于某一类作物农场），只是在进行实证分析时，先对不同作物农场进行分析，如果不同作物农场的结论一致，则可以得出加入合作社对粮食类农场影响的结论。

综上所述，家庭农场通过加入合作社实现了彼此优势互补、和谐共生，推动了家庭农场持续、稳定和高质量发展。但是，通过文献梳理发现，对于家庭农场加入合作社的研究更多基于理论分析层面①，实证分析层面也大多基于对家庭农场入社行为的研究，鲜有文章研究家庭农场尤其是粮食类农场入社行为对其收入的影响。此外，确保粮食安全和粮食供给是乡村振兴战略的重要任务，如何保护农民种粮积极性，提高粮食生产效益更是稳定我国"三农"发展的重要基础，这为本文研究开展提供了现实依据。因此，本文基于2014—2015 年全国 644 家粮食类家庭农场监测数据，利用面板固定效应模型的估计方法，实证分析小麦、玉米和水稻三类农场加入合作社对其收入的影响作用，从而为家庭农场与合作社协同发展提供理论依据②。本文接下来内容安排如下：第二部分对家庭农场加入合作社对农场增收的影响机制展开理论分析；第三部分介绍本文数据来源以及描述性统计分析；第四部分通过构建计量模型并验证本文假说；第五部分对本文的研究结论及其政策含义进行归纳总结。

二、理论分析：加入合作社对家庭农场增收的影响机制

家庭农场加入合作社通过优势互补、契约分工、要素互通和风险共担，从而促进了家庭农场整体效益的提升。本文将家庭农场加入合作社的行为定义为家庭农场通过合作社获取农资购买、土地流转、技术指导、农机服务、产品销售等各类服务而开展的契约合作模式，并将入社行为对家庭农场收入产生的影响划分为降低生产资料交易成本、降低家庭农场管理成本和提高家庭农场销售收入三个主要方面③。

（一）降低生产资料交易成本

家庭农场通过加入合作社主要降低了农资交易成本和土地交易成本。一是合作社在良种供应、农资购买方面优势明显，能够降低家庭农场农资交易成本[20-21]。这可能是由于农资联购使得市场谈判能力增强，农业生产资料如种子、化肥、农药等的购买价格较单方面购买有所降低，从而降低了亩均生产成本。二是土地流转交易成本降低。有序开展土地流转是实现家庭农场规模经营必要的一个环节。但是，由于土地规模流转难度大以及土地

---

① 其中最为著名的是本文作者之一杜志雄曾经做出过著名的假设，即："无论农业生产主体的特征如何，客观上存在着对合作的日常需要，但其是否将这种（日常）合作的需求转化为合作的行动，取决于其参与合作收益的大小，而收益的大小又取决于其经营规模的大小。相对于小规模农户，家庭农场对农资购买、农产品加工销售、运输贮藏以及农业生产经营技术等服务的需求更为迫切，其能从合作中获得的效益更大"[19]，因而更具有合作的需求与行动。

② 本文粮食类农场指种植作物主要为小麦、玉米、水稻的家庭农场。

③ 除生产型合作社（如土地合作社等）外，农户加入合作社，通过合作购买农业生产资料投入品、共同销售产出品从而获得购买低价降低成本、销售高价提高销售收入，是农户为什么要加入合作社的接近公理性的经济解释。这里的讨论旨在对家庭农场加入合作社为何有增收效应做前提性解释，而非是需要验证的假设。

承包关系的不稳定性，导致家庭农场土地细碎化问题突出，从而难以从事土地集中连片经营，这是制约农场增收的重要现实障碍。而合作社（如土地合作社）能够稳定土地承包关系，协助家庭农场流转土地开展规模化、专业化经营，为家庭农场获取规模经济效益增添保障[22]。

（二）降低家庭农场管理成本

合作社对家庭农场的帮助主要表现在技术指导和农机服务两个方面，有效降低了家庭农场管理成本。一是提供技术指导提高了农场综合管理水平。通过开展生产技术、病虫害防治培训指导，引导农场主科学管理、合理施肥、统防统治，降低农场综合治理成本、增强风险抵抗能力。二是农机服务水平得到提升。拥有大型农机具的家庭农场在加入合作社后其农机社会化服务水平得到提高，增加了农机对外作业收入。而经营规模较小的家庭农场通常情况下未购买大型农机具，通过与合作社建立合作关系则满足了其农机服务的需求。如上海松江区农委组建 30 家农机专业合作社，开创"大机互助化、小机家庭化"的服务模式，提高了农机服务综合使用效率，降低了家庭农场农机具闲置成本[23]。

（三）提高家庭农场销售收入

通过加入合作社提高家庭农场销售收入具体体现在亩产水平提高、产品优质优价和产品销售稳定三个方面。一是加入合作社的农场前期通过合作社引进良种、开展综合治理后，其亩产水平得到提高。如闻朝鲜家庭农场在加入合作社后，2013、2014 年其单季稻每公顷产量均高于当年村民单产水平[11]。二是单个农场由于缺乏市场竞争力，难以保障农产品优质优价。家庭农场与合作社联合后，市场谈判能力增强，通过协同定价避免农产品被低价收购[24]。三是加入合作社的家庭农场销售关系通常较为稳定。随着农产品同质化现象日趋严重，市场竞争愈加激烈，导致部分农场产品销售受阻。而加入合作社的农场可以通过与合作社签订订单合同，规避农产品滞销风险，农场收入得到进一步充分保障。

综上，家庭农场通过与合作社建立密切合作关系，使得生产资料交易成本、家庭农场管理成本降低和农场销售收入增加，综合提高了农场经营效率和整体效益。因此，本文提出如下研究假说：在其他因素保持不变的情况下，家庭农场加入合作社能够提高农场收入水平。

三、数据来源与描述性统计

（一）数据来源

本文所使用数据来自 2014、2015 年全国家庭农场监测项目，该项目由中国社会科学院农村发展研究所"全国家庭农场发展监测研究"课题组负责对全国家庭农场开展长期固定监测工作。该监测工作自 2014 年起，到 2019 年已完成为期 5 年的家庭农场监测工作。监测范围覆盖全国 31 个省，监测内容涵盖家庭农场生产经营的各个方面。在本文所使用的 2014 年和 2015 年家庭农场监测数据中，2014 年家庭农场有效样本 2 826 个，其中粮食类农场 918 个；2015 年家庭农场有效样本 2 903 个，其中粮食类农场 1 188 个。

考虑到种植类农场作物种类较为复杂、专业化程度较低，本文选取粮食类家庭农场作为本文的数据分析样本，并且以家庭农场亩均纯收入作为主要被解释变量，同时对是否加入合作社对其他类别收入（劳均纯收入、纯收入和总收入）的影响做进一步分析[1]。经过数据处理后，形成了一个包含 644 家粮食类家庭农场共计 1 288 个有效样本的 2 年面板数据集。样本数据概况如表 1 所示。

表 1　样本概况

年份	有效样本/个	粮食类农场/个	粮食类农场分析样本		
			总数/个	入社数量/个	入社比例/%
2014	2 826	918	644	204	31.68
2015	2 903	1 188	644	236	36.65
合计	5 729	2 106	1 288	440	34.16

数据来源：2014—2015 年全国家庭农场监测数据。

（二）描述性统计

总体上看，加入合作社的粮食类农场亩均纯收入高于未加入合作社的农场。以 2014 年为例，加入合作社的粮食类农场亩均纯收入高出未加入合作社的粮食类农场 25.96 元；2015 年，加入合作社的粮食类农场亩均纯收入高出未加入合作社的粮食类农场 126.54 元（见表 2）。平均来看，加入合作社的粮食类农场亩均纯收入均值同样高于未加入合作社的粮食类农场。这表明，加入合作社有助于提高粮食类农场亩均纯收入水平。

接下来，分作物种类进一步比较家庭农场入社行为对亩均纯收入的影响，比较结果如下。

第一，从 2014 年到 2015 年，各类家庭农场加入合作社的比例逐渐上升。其中，小麦类农场加入合作社的占比由 2014 年的 26.73% 增加到 2015 年的 41.54%，在各类农场中增幅最大，提高了 14.81 个百分点[2]。玉米类农场和水稻类农场加入合作社的占比增加幅

---

[1]　对于家庭农场而言，总收入和纯收入所包含的收入来源及影响因素相对较为复杂，而劳均纯收入则受到家庭农场自有劳动力变化的动态影响，亩均纯收入相对以上三种类别收入来说更具解释力度，能够更好地衡量家庭农场入社行为对其收入的影响作用。

[2]　在表 2 样本数及占比一栏中，上方为各类农场样本数量，下方为相应占比情况。

度相对较小，分别为 4.44％和 0.54％。这表明，随着家庭农场发展，新型农业经营主体之间的合作更加紧密，协同发展、互促共赢成为二者共同目标。

第二，除玉米类农场亩均纯收入外，加入合作社的各类农场亩均纯收入均值均高于未加入合作社的农场。从亩均纯收入均值来看，加入合作社的小麦和水稻类农场亩均纯收入均值分别高出未加入合作社的农场 137.18 元和 110.15 元，而玉米类农场亩均纯收入均值较未加入合作社的玉米类农场略低 12.07 元（表 2）。这表明，除玉米类农场亩均纯收入均值发生小幅波动外，加入合作社为小麦、玉米和水稻类农场带来的增收效果与粮食类农场保持基本一致，这进一步说明加入合作社能够提高家庭农场亩均纯收入水平。

表 2　各类家庭农场是否加入合作社与亩均纯收入的关系

家庭农场类别	是否加入合作社	样本数及占比		亩均纯收入/元		
		2014 年	2015 年	2014 年	2015 年	平均
粮食类家庭农场	否	440 (68.32%)	408 (63.35%)	621.16	647.99	634.07
	是	204 (31.68%)	236 (36.65%)	647.12	774.53	715.46
小麦家庭农场	否	74 (73.27%)	76 (58.46%)	584.53	524.83	554.28
	是	27 (26.73%)	54 (41.54%)	578.97	747.70	691.46
玉米家庭农场	否	203 (73.29%)	168 (68.85%)	614.49	599.31	607.61
	是	74 (26.71%)	76 (31.15%)	540.98	648.66	595.54
水稻家庭农场	否	163 (61.28%)	164 (60.74%)	646.09	754.94	700.68
	是	103 (38.72%)	106 (39.26%)	741.24	878.44	810.83

数据来源：2014—2015 年全国家庭农场监测数据。

通过比较发现，农场主个人特征不同，其农场亩均纯收入也存在着一定差异。

第一，随着农场主教育程度增加，家庭农场亩均纯收入水平呈现先下降后上升的发展趋势。从表 3 可以看出，教育程度为小学及以下的农场主其农场亩均纯收入水平最高，平均值达到 730.18 元，分别高出农场主教育程度为初中、高中/中专/职高和大专及以上的农场 37.81 元、131.30 元和 100.15 元（表 3）。这可能的解释是，教育程度为小学及以下的农场主大多年龄较大，从事农业生产经营的时间较长，在农业生产经营、社会网络构建、人力资本积累等方面已相对较为成熟，从而在生产经营中占据优势地位。

第二，家庭农场亩均纯收入随农场主规模经营年限增长呈现先上升后下降的趋势[①]。从亩均纯收入均值来看（表3），按照组别顺序，家庭农场亩均纯收入分别为590.59元、588.96元、754.06元和711.64元。可以看出，农场主从事规模经营年限小于等于2年和大于2年小于等于4年的农场组别在亩均纯收入方面仅表现出细微差异，亩均纯收入差值仅为1.63元。因此，基本可以认为农场亩均纯收入随农场主规模经营年限增加呈现先上升后下降的趋势。

表3　农场主特征与家庭农场亩均纯收入的关系

农场主特征	选项	家庭农场亩均纯收入/元		
		2014年	2015年	平均
教育程度	小学及以下	688.66	771.69	730.18
	初中	666.32	718.42	692.37
	高中/中专/职高	563.52	634.23	598.88
	大专及以上	564.93	695.12	630.03
农场主从事规模经营年限/年	≤2	557.77	713.82	590.59
	(2，4]	584.23	591.96	588.96
	(4，7]	725.70	779.97	754.06
	>7	661.43	753.47	711.64

数据来源：2014—2015年全国家庭农场监测数据。

此外，通过比较发现，家庭农场经营特征与亩均纯收入也存在一定的关系（表4）[②]。如粮食类示范农场亩均纯收入均值略低于粮食类非示范农场，二者亩均纯收入分别为668.85元和648.23元；亩均农资投入方面，可以看出，农场亩均农资投入小于250元对应的亩均纯收入最低，为630.59元。而农场亩均农资投入大于等于650元对应的亩均纯收入最高，为729.30元[③]；农场雇工支出方面，农场雇工支出小于2万元对应的亩均纯收入最高，达到730.46元。而当雇工支出大于9万元时，农场亩均纯收入最低，为582.01元；土地经营规模方面，家庭农场土地经营面积与亩均纯收入呈负向关系，土地经营规模越大，农场亩均纯收入越低。这说明，土地经营规模扩大降低了家庭农场亩均纯收入水

[①]　在对粮食类农场2年面板数据的分析中，按照四分法原则对规模经营年限进行分组，规模经营年限小于等于2年、小于等于4年、小于等于7年的农场占比分别为18.09%、50.31%和77.80%。
[②]　农场亩均农资投入、农场雇工支出、土地经营面积、农机具总值均按照四分法原则进行分组，土地平均租金和农场土地块数均按照二分法原则进行分组，此处不再对各分界点数值进行描述。
[③]　农场亩均农资投入包括直接投入和间接投入两个部分，其中直接投入包括种子、化肥、农药等直接生产资料投入，间接投入为农机作业成本。

平；租金方面，租金小于 500 元/年的农场亩均纯收入均值为 642.81 元，而租金大于等于 500 元/年的农场亩均纯收入均值为 676.04 元；农场土地块数方面，土地块数越多，亩均纯收入越低，这与土地细碎化经营制约农场效益增值的观点相一致[25]；土地整理方面，就亩均纯收入均值来看，对转入地进行整理的农场亩均纯收入低于未对转入地进行整理的农场。由于描述性统计并未考虑到个体和时间效应，这并不能说明土地整理制约了亩均纯收入的增长，本文将在下文计量分析中对此进行进一步检验；另外，从家庭农场拥有的农机具总值来看，农机具总值越高，其亩均纯收入水平越低。

表 4   家庭农场经营特征与亩均纯收入的关系

家庭农场经营特征	选项	家庭农场亩均纯收入/元		
		2014 年	2015 年	平均
是否示范农场	否	645.32	702.27	668.85
	是	574.03	684.83	648.23
亩均农资投入/元	<250	553.76	692.91	630.59
	[250，400)	599.28	689.29	652.95
	[400，650)	611.18	651.97	631.16
	≥650	712.13	756.66	729.30
雇工支出/万元	<2	728.31	732.50	730.46
	[2，4)	638.91	653.40	645.77
	[4，9)	630.28	750.27	691.24
	≥9	522.59	640.36	582.01
土地经营面积/亩	<130	883.80	895.81	889.86
	[130，230)	659.18	760.58	709.72
	[230，420)	557.17	615.54	587.07
	≥420	432.15	505.69	467.77
土地平均租金/元	<500	633.86	651.71	642.81
	≥500	626.06	726.15	676.04
农场土地块数/块	<7	633.53	724.35	678.86
	≥7	625.58	667.05	646.34
是否对转入地进行整理	否	667.92	688.21	678.27
	是	567.44	705.36	634.09
农机具总值/万元	<5	665.82	823.83	740.61
	[5，15)	660.39	712.61	684.73
	[15，30)	624.95	661.77	644.42
	≥30	567.38	610.73	590.40

数据来源：2014—2015 年全国家庭农场监测数据。

四、计量分析

(一) 模型设定

为进一步分析是否加入合作社对粮食类家庭农场收入的影响，本文建立如下模型进行估计：

$$Y_{it}^a = \alpha_0 + \beta M_{it} + \lambda_k Z_{it}^k + \varphi_j W_i^j + \delta D_{year} + u_i + \varepsilon_{it} \tag{1}$$

(1) 式中，Y_{it}^a 表示第 i 个农场在第 t 年的亩均纯收入、劳均纯收入、纯收入和总收入情况，M_{it} 表示第 i 个家庭农场在第 t 年是否加入合作社，加入合作社取值为 1，未加入合作社取值为 0（t 为 2014 或 2015）。Z_{it}^k 是随个体和时间变化影响家庭农场收入的一系列控制变量，包括农场主年龄、农场主年龄平方项、农场主从事规模经营年限、是否示范类农场（2014、2015 年该农场是否为示范类农场；是＝1，否＝0）、亩均农资投入（2014、2015 年农场种子、化肥、农药和农机作业成本的亩均投入成本之和：万元）、雇工支出（农场常年雇工和临时雇工的工资支出之和：万元）、农机具总值（农场当年现存农机具总价值：万元）、土地流转平均租金（取农场土地流转平均租金对数：元）、土地经营面积（取农场土地经营面积对数：亩）、土地块数（2014、2015 年农场经营土地的地块数量：块）、是否对转入地进行整理（2014、2015 年农场对流转的土地是否进行平整、归并零散地块、改良土壤等；是＝1，否＝0）、亩均化肥施用量是否比周边农户少、亩均农药施用量是否比周边农户少、各县家庭农场加入合作社占比和种植作物类别（小麦、玉米或水稻）；W_i^j 是不随时间变化影响家庭农场收入的一系列控制变量。这里的 W_i^j 包括农场主性别、农场主教育程度、省份（家庭农场所在省）和地区（家庭农场所在地区）[①]；D_{year} 表示年份虚拟变量（2015 年为 1，2014 年为 0），用于控制不随时间变化的不可观察因素；α_0、β、λ_k、φ_j、δ 为模型中的待估计参数，其中 β 是本文重点关注的参数，它衡量了家庭农场入社行为对收入的影响。当 $\beta > 0$ 时，说明家庭农场加入合作社对于提高农场收入水平有正向促进作用；当 $\beta < 0$ 时，反之。u_i 表示农场固定效应；ε_{it} 为随机扰动项。模型中相关变量的描述性统计见表 5。

控制变量由家庭农场生产经营特征变量（农场生产投入变量和经营特征变量）和农场主特征变量两部分组成。农场生产投入变量（亩均农资投入、雇工支出、农机具总值、土地流转平均租金、土地经营面积）用来考察农场农资投入、劳动力雇佣成本、农机设备总值、土地租金成本以及土地经营规模大小对农场收入的影响。在控制农场生产投入变量的

---

① 本文家庭农场分析样本来源地区包括华北、东北、华东、华中、西南和西北 6 个地区。

基础上，进一步对家庭农场经营特征变量（土地块数、是否对转入地进行整理、亩均化肥施用量是否比周边农户少、亩均农药施用量是否比周边农户少、是否为示范类农场）进行控制。如考虑到同等土地经营规模的农场可能在地块数量方面存在差异以及是否对转入地进行整理对农场收入的影响，本文进而对农场土地块数、是否对转入地进行整理进行控制。此外，亩均化肥或农药施用量是否比周边农户少两个控制变量用于考察农场化肥、农药减量施用对农场收入的影响，是否为示范类农场变量则用来检验示范类农场是否具有更高的收入水平。农场主特征变量（农场主性别、农场主年龄、农场主年龄平方项、农场主教育程度、农场主从事规模经营年限）用来考察农场主个人特征对家庭农场收入的影响，其中农场主年龄平方项变量用来检验年龄对家庭农场收入的边际影响作用①。

表 5　回归分析所用变量的描述性统计结果

变量名称	含义及单位	均值	标准差
亩均纯收入	万元	0.066 2	0.043 6
是否加入合作社	是＝1，否＝0	0.341 6	0.474 4
农场主性别	男＝1，女＝0	0.927 0	0.260 2
农场主年龄	岁	45.732 9	8.305 2
农场主教育程度	小学及以下＝1，初中＝2，高中/中专/职高＝3，大专及以上＝4	2.396 0	0.698 6
农场主从事规模经营年限	年	5.627 3	4.124 4
亩均农资投入	万元	0.054 7	0.054 7
雇工支出	万元	6.857 9	9.413 1
农机具总值	万元	27.113 8	41.026 6
土地流转平均租金	元/（亩·年）	553.722 7	256.463 2
土地经营面积	亩	365.914 7	431.861 4
土地块数	块	24.301 2	55.120 0
是否对转入地进行整理	是＝1，否＝0	0.371 1	0.483 3
亩均化肥施用量是否比周边农户少	是＝1，否＝0	0.264 0	0.441 0
亩均农药施用量是否比周边农户少	是＝1，否＝0	0.338 5	0.473 4
是否为示范类农场	是＝1，否＝0	0.338 5	0.473 4
各县家庭农场加入合作社占比	100%	0.344 7	0.227 8

---

① 农场主年龄平方项变量在下文回归结果中呈现，在表 5 变量描述性统计结果中未具体体现。

（二）估计方法

为尽可能解决模型中可能存在的遗漏变量问题，本文使用面板双向固定效应模型对（1）式进行估计。第一，理论上讲，面板双向固定效应模型能够解决不随时间变化且随个体而异和不随个体变化但随时间变化的遗漏变量问题。一方面，本文通过使用面板双向固定效应模型有效解决了家庭农场所在地地形地貌、农场主户籍归属、农场主从业经历、农场主个人能力以及农场主性格等遗漏变量问题。另一方面，在使用面板双向固定效应模型的基础上，本文对农场主个人特征变量、农场经营特征变量进行控制。同时，考虑到家庭农场所在地区以及省份差异可能对收入产生一定的影响，本文在所有回归方程中对地区、省份一系列虚拟变量进行进一步控制。此外，不同作物种类（小麦、玉米或水稻）的家庭农场在收入方面可能具有差异性，本文在表6（4）列和表7（1）（2）和（3）列中通过控制作物类别虚拟变量以解决农场收入可能因经营作物不同而发生变化的问题。最后，考虑到家庭农场是否选择加入合作社会受到农场所在县有无合作社以及合作社数量多少的影响，进而会对农场收入产生影响。本文采用"各县家庭农场加入合作社的占比"作为各县合作社数量的代理变量并对此进行控制，从而进一步确保估计结果的一致性。第二，本文在对混合回归、随机效应和固定效应的方法选择上进行了统计检验。其中，LM检验在1%水平上拒绝了"不存在个体随机效应"的原假设，同时Hausman检验在1%水平上拒绝了随机效应模型，故本文选择采用固定效应模型对（1）式进行估计。第三，在样本回归分析中，本文首先分作物种类对小麦、玉米和水稻农场是否加入合作社对亩均纯收入的影响进行分析，以考察是否加入合作社对不同作物类别的农场收入影响是否具有一致性。然后对粮食类农场（小麦、玉米和水稻的混合样本农场）是否加入合作社对亩均纯收入的影响进行估计，最后对粮食类农场是否加入合作社对劳均纯收入、纯收入和总收入的影响做进一步分析。

（三）内生性讨论

本文可能存在的内生性问题主要体现为以下两个方面。一是遗漏变量。"能力"强的农场主不但会加入合作社甚至会领办合作社，由此而导致样本存在"自选择"问题。本质上，这种"自选择"问题主要源于遗漏变量[26]，特别是遗漏家庭农场主的"能力"变量。为此，本文将农场主教育程度、从事规模经营年限等变量作为"能力"变量的代理变量并加以控制。同时，本文使用2014和2015年两期面板数据并进一步采用了面板双向固定效应模型进行回归估计，即控制了那些不随时间变化但会影响被解释变量和关键解释变量的因素，比如"能力"，特别是那些影响农场主加入合作社且也影响其亩均纯收入的因素。因此，本文存在遗漏变量的可能性较低。二是反向因果关系。家庭农场加入合作社可能会提高农场亩均纯收入，但家庭农场亩均纯收入的高低并不会对农场是否加入合作社产生必然的联系。这是因为，家庭农场是否加入合作社与当地有无合作社、合作社数量的多少以及合作社与家庭农场二者之间距离的远近有着必然的联系。因此，这就会导致家庭农场可能受限于当地没有合作社或者合作社位置较为偏远而不能选择加入合作社，这一行为与家庭农场亩均纯收入的高低无关。所以，反向因果关系而导致的内生性问题在本文计量分析中可以基本忽略。此外，本文还进行了稳健性检验以克服可能存在的内生性问题，比如分样本回归（小麦、玉米和水稻类家庭农场）和替换被解释变量（劳均纯收入、纯收入和总收入）。结果显示，表6和表7中的各回归结果均保持一致。综上，本文较好地解决了模型中可能存在的内生性问题。

（四）估计结果

表6中，（1）（2）和（3）列分别是玉米、小麦和水稻类农场加入合作社对亩均纯收入影响的OLS固定效应模型估计结果；（4）列为粮食类农场加入合作社对亩均纯收入影响的OLS固定效应模型估计结果。表7中，（1）（2）和（3）列分别为粮食类农场加入合作社对劳均纯收入、纯收入和总收入影响的OLS固定效应模型估计结果。总的来看，表6和表7中各列F值均较大，模型估计效果良好，具体估计结果解释如下。

1. 玉米类家庭农场加入合作社对其亩均纯收入具有显著的正向影响作用。如表6（1）列所示，是否加入合作社变量的估计系数为正，且在1%的水平上显著；同时，该变量估计系数为0.022 5。这表示，在控制其他变量不变的前提下，加入合作社的玉米类家庭农场亩均纯收入较未加入合作社的玉米类家庭农场高出225元。这一亩均纯收入增值相当于2014、2015年玉米类家庭农场亩均纯收入均值的1/3[①]

除核心解释变量外，其他解释变量对粮食类农场亩均纯收入也产生了一定影响。由表6（1）列可以看出，农场主年龄变量的估计系数为正且在5%水平上显著，而农场主年龄平方项变量的估计系数为负，且在5%水平上显著，这与表6（4）列的估计结果相一致。这表明农场主年龄越大，该农场亩均纯收入水平越高，但随着农场主年龄的增大，其对农场亩均纯收入的边际影响在逐渐降低。这意味着，农场主年龄对农场亩均纯收入的影响呈现一种"倒U形"的关系。此外，亩均农资投入对亩均纯收入具有正向影响作用，且在5%的水平上显著，这进一步证明了农资投入与农场产出的正向关系。同时发现，是否示范类农场和是否对转入地进行整理两个变量分别在5%和10%水平上显著，且对亩均纯收入均具有正向影响。这意味着，玉米类示范农场较非示范农场在农业生产经营方面亩均纯收入水平更高，对转入地进行整理也能够提高玉米类农场亩均

---

① 体值为37.24%，2014、2015年521家玉米类农场亩均纯收入均值为604.14元。

纯收入水平。

2. 小麦、水稻类家庭农场加入合作社对其亩均纯收入同样具有显著的正向影响作用。由表 6（2）（3）列可以看出，是否加入合作社变量的估计系数均为正，且在 5％的水平上显著，该变量估计系数分别为 0.023 6 和 0.013 2。这表示，在控制其他变量不变的前提下，小麦和水稻类家庭农场加入合作社分别能够提高该农场亩均纯收入 236 元和 132 元。通过比较可以看出，加入合作社对小麦和玉米类农场亩均纯收入的影响效果基本一致。而对于水稻类农场来说，加入合作社带来的亩均纯收入增值则小于玉米和小麦类农场。

从其他解释变量来看，土地流转平均租金、土地经营面积（对数）和土地块数对亩均纯收入也产生了一定影响。由表 6（2）（3）列可以看出，土地流转平均租金（对数）分别在 10％和 5％水平上对农场亩均纯收入产生了负向影响作用。土地经营面积方面，表 6（2）（3）列中该变量估计系数均为负，但只有（3）列在 10％的水平上显著。通过对比表 6（4）列后，仍然可以认为，土地规模的增大降低了粮食类农场尤其是水稻类农场的亩均纯收入水平。这一判断与家庭农场适度规模经营的理念相一致[27]。土地块数方面，表 6（2）列中该变量在 1％水平上对小麦类农场亩均纯收入产生了负向影响作用。这可能是因为农场土地块数越多，其土地细碎化程度越高，使得农场呈现土地碎片化经营，从而制约了农场收入增加。

3. 即使考虑到作物类别差异，用玉米、小麦和水稻混合的样本农场（粮食类农场）数据进行分析，在控制作物类别后，加入合作社对农场亩均纯收入也同样具有显著的正向影响作用。由表 6（4）列可以看出，是否加入合作社变量的估计系数为正且在 1％水平上显著。这意味着，在其他变量保持不变的前提下，加入合作社能够提高粮食类农场亩均纯收入 178 元。此外，在作物类别虚拟变量中，以小麦为基准，玉米和水稻虚拟变量的系数均不显著。这进一步表明，至少对于粮食类家庭农场来说，加入合作社对家庭农场亩均纯收入的影响并不会因种植作物种类不同而发生显著变化。

4. 若不考虑其他类别收入影响因素的异质性，计量发现加入合作社对粮食类农场其他类别收入仍具有显著的正向影响作用。由表 7（1）（2）和（3）列可以看出，是否加入合作社变量的估计系数均为正且在 1％水平上显著。这说明，即使考虑到劳均纯收入、纯收入和总收入影响因素的差异性，加入合作社对其仍具有正向促进作用。此外，与亩均纯收入回归估计结果不同的是，农机具总值和土地经营面积（对数）两个变量的系数在其他收入类别估计结果中均表现为显著的正向性。一般来讲，农机具总值在一定程度上衡量了农业机械化水平，而农业机械化水平的提高是建立在规模经营的基础上。因此，农机具总值越高的家庭农场其土地经营规模可能往往越大。这意味着，土地经营规模扩大和农机具总值增加能够明显提高劳均纯收入、纯收入和总收入，为家庭农场带来规模经济效应，但这并不能提高亩均效益。

表6 各类型家庭农场加入合作社对亩均纯收入影响的估计结果

变量名称	(1) OLS—FE—玉米	(2) OLS—FE—小麦	(3) OLS—FE—水稻	(4) OLS—FE—混合样本
是否加入合作社	0.022 5 ***	0.023 6 **	0.013 2 **	0.017 8 ***
	(0.007 9)	(0.010 6)	(0.006 7)	(0.005 2)
农场主性别	—	—	—	—
	—	—	—	—
农场主年龄	0.025 5 **	0.018 7	0.006 4	0.028 3 **
	(0.011 5)	(0.021 8)	(0.019 5)	(0.011 0)
农场主年龄平方项	−0.000 3 **	−0.000 2	0.000 1	−0.000 2 **
	(0.000 1)	(0.000 2)	(0.000 2)	(0.000 1)
农场主教育程度	—	—	—	—
	—	—	—	—
农场主从事规模经营的年限	—	—	—	—
	—	—	—	—
亩均农资投入	0.100 9 **	0.065 0	0.159 3 ***	0.151 4 ***
	(0.043 1)	(0.076 0)	(0.046 8)	(0.035 1)
雇工支出	0.000 8	0.000 8 *	0.000 2	0.000 4 *
	(0.000 6)	(0.000 5)	(0.000 3)	(0.000 3)
农机具总值	−0.000 0	0.000 2	0.000 1	0.000 1
	(0.000 1)	(0.000 1)	(0.000 1)	(0.000 1)
土地流转平均租金（对数）	0.003 8	−0.110 9 *	−0.033 3 **	−0.031 4 **
	(0.008 1)	(0.058 4)	(0.014 9)	(0.012 2)
土地经营面积（对数）	0.007 0	−0.013 3	−0.019 8 *	−0.024 2 **
	(0.008 4)	(0.015 1)	(0.010 8)	(0.010 1)
土地块数	−0.000 1	−0.002 1 ***	−0.000 2	−0.000 2 **
	(0.000 1)	(0.000 7)	(0.000 1)	(0.000 1)
是否对转入地进行整理	0.010 8 **	0.006 9	0.000 7	0.007 5 *
	(0.004 7)	(0.009 0)	(0.005 8)	(0.004 0)
亩均化肥施用量是否比周边农户少	0.005 4	−0.007 3	−0.000 3	0.001 0
	(0.008 0)	(0.012 4)	(0.005 0)	(0.004 7)
亩均农药施用量是否比周边农户少	0.002 3	0.023 0 **	0.005 7	0.004 8
	(0.006 7)	(0.010 1)	(0.005 4)	(0.004 2)
是否为示范类农场	0.016 9 ***	−0.012 4	0.006 1	0.006 9 *
	(0.004 7)	(0.010 0)	(0.007 2)	(0.004 1)
各县家庭农场加入合作社占比	−0.009 2	0.040 9 **	−0.015 7	0.000 4
	(0.018 0)	(0.015 7)	(0.018 4)	(0.012 4)

（续）

变量名称	(1)	(2)	(3)	(4)
	OLS—FE—玉米	OLS—FE—小麦	OLS—FE—水稻	OLS—FE—混合样本
作物类别虚拟变量（玉米）	—	—	—	0.002 7
	—	—	—	(0.008 9)
作物类别虚拟变量（水稻）	—	—	—	0.006 6
	—	—	—	(0.010 4)
地区	控制	控制	控制	控制
省份	控制	控制	控制	控制
年份	控制	控制	控制	控制
观测值数	521	231	536	1 288
组数	303	143	292	644
F 值	10.371 3	3.322 0	5.245 2	8.173 9
$Prob>F$	0.000 0	0.000 1	0.000 0	0.000 0

注：括号内为稳健标准误；*** 、** 和 * 分别表示在 1%、5% 和 10% 的显著水平上显著。

表7 家庭农场加入合作社对其它类型收入影响的估计结果

变量名称	(1)	(2)	(3)
	OLS—FE—劳均纯收入	OLS—FE—纯收入	OLS—FE—总收入
是否加入合作社	1.831 1***	5.992 1***	19.429 3***
	(0.603 7)	(1.734 2)	(5.088 5)
农场主性别	—	—	—
	—	—	—
农场主年龄	1.368 6	7.390 5**	17.404 6*
	(1.220 3)	(3.282 0)	(9.220 2)
农场主年龄平方项	−0.009 0	−0.064 2*	−0.105 6
	(0.012 6)	(0.033 9)	(0.098 7)
农场主教育程度	—	—	—
	—	—	—
农场主从事规模经营的年限	—	—	—
	—	—	—
亩均农资投入	11.716 3***	38.670 2***	378.435 3***
	(3.549 4)	(10.414 2)	(69.889 6)
雇工支出	0.020 4	0.162 4	2.057 2***
	(0.060 3)	(0.147 8)	(0.509 3)
农机具总值	0.022 6**	0.070 8***	0.220 5**
	(0.009 7)	(0.027 2)	(0.105 8)

（续）

变量名称	（1）OLS—FE—劳均纯收入	（2）OLS—FE—纯收入	（3）OLS—FE—总收入
土地流转平均租金（对数）	−0.601 1	−4.852 5*	−4.441 3
	(0.868 9)	(2.667 3)	(9.345 6)
土地经营面积（对数）	5.611 2***	20.081 3***	71.343 0***
	(1.572 8)	(4.197 7)	(11.139 9)
土地块数	−0.027 1**	−0.096 7***	−0.253 8***
	(0.011 5)	(0.033 7)	(0.097 8)
是否对转入地进行整理	1.124 5***	3.548 3***	5.709 6*
	(0.431 8)	(1.240 0)	(3.327 6)
亩均化肥施用量是否比周边农户少	0.516 1	2.260 5	6.360 1*
	(0.545 6)	(1.566 4)	(3.397 4)
亩均农药施用量是否比周边农户少	1.116 8**	3.204 4**	3.268 3
	(0.463 0)	(1.292 6)	(3.493 6)
是否为示范类农场	1.848 0***	6.258 1***	7.393 9*
	(0.568 0)	(1.567 0)	(3.894 0)
各县家庭农场加入合作社占比	−0.888 0	0.218 6	−19.020 3
	(1.141 8)	(3.638 6)	(11.556 9)
作物类别虚拟变量（玉米）	−1.108 8	−0.822 7	−0.443 4
	(1.110 4)	(2.953 8)	(5.867 9)
作物类别虚拟变量（水稻）	0.482 6	1.983 8	8.210 2
	(1.306 7)	(3.408 5)	(7.489 2)
地区	控制	控制	控制
省份	控制	控制	控制
年份	控制	控制	控制
观测值数	1 288	1 288	1 288
组数	644	644	644
F值	5.619 2	7.892 9	8.984 1
Prob>F	0.000 0	0.000 0	0.000 0

注：括号内为稳健标准误；***、**和*分别表示在1%、5%和10%的显著水平上显著。

五、结论与政策启示

有效提高家庭农场收入水平是稳定家庭农场发展的先决条件，为应对市场综合风险、促进节本增效，家庭农场加入合作社成为必由之路。基于此，为进一步论证家庭农场加入合作社对农场收入的影响，本文利用2014—2015年644家粮食类家庭农场面板数据进行实证分析，得出主要结论如下：（1）无论是小麦类农场、玉米类农场还是水稻类农场，加入合作社均能够有效提高家庭农场亩均纯收入水平；（2）农场主年龄与亩均纯收入呈现"倒U形"关系，随着农场主年龄逐渐增加，其对农场亩均纯收入的边际影响作用逐渐降低；（3）土地经营规模扩大能够带来规模经济效应，但却抑制了家庭农场亩均纯收入的提高，家庭农场适度规模经营才是更适宜、更合意的生产经营方式；（4）农业机械化程度提高能够显著增加农场劳均纯收入、纯收入和总收入，但对于提高农场亩均纯收入并无明显作用；（5）土地细碎化经营制约了家庭农场各类收入的增加，对流转土地进行整理则有助于提高农场各类收入水平。

综合以上研究结论，得到政策启示如下：

第一，鼓励并支持家庭农场加入或领办合作社以及具有合作经济功能的家庭农场联盟和协会。充分发挥合作社互助经济组织平台作用，促进家庭农场与合作社形成优势互补、产业融合、利益共享的互助合作体系，为家庭农场在农资购买、技术指导、农机服务和产品销售等方面提供进一步帮助，从而增强家庭农场市场竞争能力、提高农业生产效益，进一步引领我国农业现代化发展。此外，支持各地组建家庭农场联盟和协会，通过家庭农场联盟或协会来降低农业生产资料购买成本，提高农产品市场价格谈判能力，稳定农产品市场销售关系，增强家庭农场健康发展的可持续性和稳定性。第二，全面推广家庭农场主培训制度，尤其是加强青壮年农场主及新建家庭农场主的培训工作，不断提升家庭农场专业化、标准化、规模化和集约化生产水平。各地对家庭农场主的培训工作应体现针对性和具体性，需按照家庭农场类型以及种养品种开展特定的指导培训，全面提高各年龄段的农场主综合素质能力。第三，坚持家庭农场适度规模经营的发展理念。家庭农场经营发展要适应自身生产力，规避经营规模过大或过小引致的农场收益降低的经营风险。在充分考虑家庭经营特征的前提下，当地政府应因地制宜，合理确定家庭农场经营规模下限和上限并予以积极引导，提高农场主适度规模经营的科学发展意识。第四，优化完善农地流转平台建设，保障土地流转有序高效进行。当地政府应进一步完善农地市场交易平台建设，对农地流转交易信息予以及时公布，增强流转双方信息获取的可得性、便利性和及时性。同时，依托农村土地合作社等平台优势，鼓励和支持土地流转重点向家庭农场倾斜，为家庭农场开展土地流转提供有效帮扶，解决好农业生产经营中的土地细碎化等突出问题，引导家庭农场土地集中连片与适度规模经营。第五，推动当地政府开展土地宜机化整治，鼓励具备条件的家庭农场自行开展土地整理工作，为农场机械化生产经营提供保障。通过土地平整、陡坡缓坡化等综合改造改善农业生产经营条件，为中大型农机具作业提供便利，提高农地综合利用率和土地产出率，进而提高家庭农场经营效益。

参考文献：

[1] 姜长云.龙头企业与农民合作社、家庭农场发展关系研究［J］.社会科学战线，2018（2）：58-67.

［2］杜志雄，王新志．中国农业基本经营制度变革的理论思考［J］．理论探讨，2013（4）：72－75．

［3］韩朝华．个体农户和农业规模化经营：家庭农场理论评述［J］．经济研究，2017，52（7）：184－199．

［4］DIAZ-FONCEA M，MARCUELLO C. Entrepreneurs and the context of cooperative organizations：A definition of cooperative entrepreneur［J］．Canadian Journal of Administrative Sciences，2013，30（4）：238－251．

［5］张秀生，单娇．加快推进农业现代化背景下新型农业经营主体培育研究［J］．湘潭大学学报（哲学社会科学版），2014，38（3）：17－24．

［6］郭亮，刘洋．农业商品化与家庭农场的功能定位：兼与不同新型农业经营主体的比较［J］．西北农林科技大学学报（社会科学版），2015，15（4）：87－91，128．

［7］陈文标．家庭农场兴起背景下的农民专业合作社转型升级［J］．农村经济，2014（2）：113－116．

［8］王勇．家庭农场和农民专业合作社的合作关系问题研究［J］．中国农村观察，2014（2）：39－48，93－94．

［9］姜长云．龙头企业的引领和中坚作用不可替代［J］．农业经济与管理，2019（6）：24－27．

［10］杜志雄，谭洪业，郜亮亮．新型农业经营主体与其加入合作社行为的实证分析：基于全国795家种植业家庭农场面板数据［J］．北京工业大学学报（社会科学版），2019，19（2）：60－73．

［11］刘文霞，杜志雄，郜亮亮．玉米收储制度改革对家庭农场加入合作社行为影响的实证研究：基于全国家庭农场监测数据［J］．中国农村经济，2018（4）：13－27．

［12］赵晓峰，刘威．"家庭农场＋合作社"：农业生产经营组织体制的理想模式及功能［J］．天津行政学院学报，2014，16（2）：80－86．

［13］蔡荣，汪紫钰，钱龙，等．加入合作社促进了家庭农场选择环境友好型生产方式吗：以化肥、农药减量施用为例［J］．中国农村观察，2019（1）：51－65．

［14］SHEN M，SHEN J. Evaluating the cooperative and family farm programs in China：A rural governance perspective［J］．Land Use Policy，2018，79：240－250．

［15］张晖，吴霜，张燕媛，等．加入合作社对种粮大户农机投资及服务供给行为的影响分析［J］．中国农村观察，2020（2）：68－80．

［16］周其淋．"家庭农场＋农民专业合作社"的经济效益分析［J］．云南农业大学学报（社会科学），2018，12（3）：58－63．

［17］刘同山，孔祥智．加入合作社能够提升家庭农场绩效吗：基于全国1 505个种植业家庭农场的计量分析［J］．学习与探索，2019（12）：98－106．

［18］徐阳，谭一杰，邵慧敏，等．加入合作社提高了农户的收入水平吗：基于云南省微观调查数据的实证分析［J］．西部经济管理论坛，2019，30（6）：32－41．

［19］杜志雄．家庭农场发展与中国农业生产经营体系建构［J］．中国发展观察，2018（Z1）：43－46．

［20］万江红，苏运勋．村庄视角下家庭农场的嵌入性分析：基于山东省张村的考察［J］．华中农业

大学学报（社会科学版），2016（6）：64-69，144.

[21] 伍开群. 家庭农场的理论分析 [J]. 经济纵横，2013（6）：65-69.

[22] 兰勇，蒋黾，何佳灿. 三种流转模式下家庭农场土地经营权的稳定性比较研究 [J]. 农业技术经济，2019（12）：21-33.

[23] 袁吕岱，操家齐. 政府与市场双轮驱动下的家庭农场发展路径选择：基于上海松江、浙江宁波的调查数据分析 [J]. 上海经济研究，2016（3）：120-129.

[24] 王征兵. 论新型农业经营体系 [J]. 理论探索，2016（1）：96-102.

[25] 万广华，程恩江. 规模经济、土地细碎化与我国的粮食生产 [J]. 中国农村观察，1996（3）：31-36，64.

[26] HECKMAN J. Sample Selection Bias as a Specification Error [J]. Econometrica，1979，47（1）：153-161.

[27] 杜志雄，肖卫东. 家庭农场发展的实际状态与政策支持：观照国际经验 [J]. 改革，2014（6）：39-51.

家庭农场更有效率吗？^①
——基于理论与实证的比较分析

有效率的组织是经济增长的关键，适度规模的家庭农场能够有效实现资源要素的优化配置，是实现小农户与现代农业有机融合的重要载体，与我国发展绿色生态农业以促进农业提质增效的长远目标相吻合，是最符合当前中国现代农业发展需要和政策目标的新型农业经营主体。实证分析说明，适度规模经营的家庭农场而非小农户是当前最有生产效率的农业经营主体，然而在当前农业生产条件下，并非所有的家庭农场都是有生产效率的农业经营主体，如果家庭农场超出自身的经营能力范围也是同样缺乏生产效率的。

一、引言

有效率的组织是经济增长的关键[1]家庭农场作为新型农业经营主体，是促进农业集约化、专业化、规模化、现代化经营的有效组织形式。目前，国内外学者已经从不同角度对家庭农场进行了较为深入的研究，主要包括以下几个方面的内容。

一是家庭农场的存续问题。关于家庭农场的存续问题有两派截然不同的观点：一派的主要观点是小农的性质决定其无法与先进的生产力相容，雇工经营的资本主义大农场将取代以家庭为基本经济单位的小农场；另一派的主要观点是小农家庭农场具有强韧的生命力，能以其"农民生产方式"抵御资本主义的渗透而不会被资本主义所改造[2]。黄宗智等沿袭了恰亚诺夫的逻辑，认为面对三大历史性变迁交汇的现实，中国农业正在形成资本和劳动双密集型的"新农业"家庭农场和适度规模的"旧农业"家庭农场将是中国未来农业

---

① 本文原载于：王新志，杜志雄．家庭农场更有效率吗：基于理论与实证的比较分析［J］．东岳论丛，2020，41（7）：172–181．

发展的主要力量[3]。

二是家庭农场的效率问题。农业生产监督和度量先天性困难使其对经营组织形式提出了较高的要求，而家庭农场所具有的内在制度优势，尤其是其具有的激励与约束机制，正好适应了农业所具有劳动的监督度量困难等特点。高强等也认为家庭农场经营体制具有不可比拟的经济效率和绝对优势，有利于农业的集约化、专业化、规模化、产业化经营[4]。Jensen 和 Meckling 发现，代理成本的存在使得家庭农场的效率要优于雇工经营的农场[5]。

三是家庭农场的规模与产出效率关系问题。20 世纪 60 年代以前，各国的学者都坚信大农场能够更有效率地实行机械化、专业化和集约化生产。舒尔茨率先反驳了大规模农场更有效率的观点；Sen 通过更细密的研究表明，随着农场规模的扩大，单位面积的土地产出明显下降，即后来被称为农业发展中的"IR 关系（inverse relationship）"[6]。危薇和杜志雄等也从不同角度采用不同计量方法验证了"IR 关系"的正确性[7]。

综上所述，国内外专家学者在家庭农场研究方面已经取得了很多有价值的思想理论观点和对策建议，对后续的扩展和深入研究具有十分重要的借鉴意义和参考价值。但是从总体上讲，国内学者对家庭农场的研究尚处于起步阶段，仍有许多关键问题有待进一步的探索和研究。比如，与小农户相比，家庭农场到底是不是具有较高生产效率的农业组织形式？能否成为农业生产特别是粮食生产的主导力量？家庭农场的经营规模与其产出效率具有什么样的关系？这些问题既是重要的理论命题，也是实践和政策需求命题，更是需要亟待展开系统和深入研究的重要现实课题。为此，本文将在借鉴前人研究成果的基础上，以粮食类家庭农场作为研究对象，利用规模经济理论、专业化分工理论、契约理论等相关经济理论，构建家庭农场的基本理论分析框架，利用问卷调研数据对上述问题做深入实证研究。

二、家庭农场经营绩效的理论分析

（一）家庭农场是具有较高生产效率的农业经营主体

1. 家庭农场具有家庭经营的传统优势。农业生产对自然条件的巨大依赖是农业组织影响深远的、最基本的部门专属特征[8]。农业生产通常需要长达数月甚至数年的生产周期，这就决定了农业生产者必须结合农作物的生长特点，在农作物的不同生长阶段及时地投入劳动，农业生产组织的责任心、主动性和灵活性在其中发挥决定性的作用。而劳动者付出的全部劳动将最后体现在农作物的产量上，而不可能像制造业那样，分别计量和监督生产过程各个环节中劳动者付出的有效劳动的劳动数量、劳动强度和劳动质量。由于农业空间分布太广、劳动工种繁多、作业分散，使得对农业生产中劳动努力程度的监督变得十分困难，监督成本也极为高昂[9]。

因此，农业生产的上述特性对农业生产组织提出了较高的要求。而家庭农场"天然为低"的管理成本有效地适应了农业生产的这些特征[10]，家庭作为一个特殊的利益共同体，拥有包括血缘、感情、婚姻伦理等一系列超经济的社会资本纽带，具备灵活的信息反馈和决策机制，更容易形成共同目标和行为一致性，在农业生产过程中不需要进行精确的劳动计量和监督，使劳动者具有很大的主动性、积极性和灵活性，最大程度发挥"拥有者精神"。孙新华也指出："只有让劳动者拥有全部剩余索取权才能彻底解决农业生产中的劳动监督问题。而符合这一条件的经营组织形式就是家庭。"[11]

2. 家庭农场能够以企业理念经营农业。徐勇、邓大才在深入分析经典小农理论的基础上，提出了对当前中国小农的动机和行为具有更强解释力的社会化小农理论，他们认为小农是理性的，其理性表现为"农户家庭追求货币收入最大化，缓解生产和生活消费膨胀的现金支出压力，小农家庭的一切行为围绕货币而展开"，而不像企业一样追求利润最大化[12]。相比于传统小农户，家庭农场是以市场为导向，以职业农民为生产主体，以追求利润最大化为目的，以企业经营理念从事农业生产，按照成本效益核算方式对农业经营进行核算的自主经营、自负盈亏、自我发展、自我约束的现代农业经济组织。因此，在利润最大化动机的激励下，家庭农场更加具有市场意识、现代经营管理意识和风险防范意识，对农业生产新技术、新品种、新设备、新管理方式等现代生产要素的需求更加强烈。家庭农场不仅要把土地产出率尽可能提高到最佳，也要兼顾到劳动产出率的均衡提高，通过劳动、土地、资本、技术等生产要素的优化配置和更新来实现最佳效益。

3. 家庭农场具有适度规模经济效应。李谷成等以 1999—2003 年湖北省农户数据为证据，利用随机前沿生产函数法实证分析了农户农业效率与耕地规模的关系，印证了 Sen 提出的"IR 关系"。李谷成等的研究深刻揭示了小农户农业经营的内在弊端，即目前中国一家一户的超小农户虽然具有土地产出的内部效率，但是缺乏整体效率和外部效率：农业生产的专业化、集约化、社会化水平无法得到有效提高，农业资源配置难以实现规模经济，无法有效降低农业经营成本，难以分享整个农业产业链上的收益[13]。而家庭农场能够以边际成本递减的方式使用先进的生产技术和管理方式，提高农业生产的社会化分工和专业化水平，使生产要素的投入水平达到最佳组合，降低农业经营的生产成本和交易成本，发挥出农业生产的规模经济效应，从而克服小农经营的内在弊端。更为重要的是，家庭农场具有强烈的联合和合作的需求，使得他们容易联合起来成立农民合作社，增强对抗农业龙头企业的市场力量，从而在整个农业产业链上获得更高的收益。

（二）家庭农场是具备生态自觉性的农业经营主体

在小农户占主导的农业生产模式下，小农户数量庞大、分散经营，管控农产品投入品安全的难度极大，不利于农产品质量安全的监管，这也是我国农产品质量安全事件层出不穷的关键原因之一。对于那些难以直接感受到的重金属、农药残留等农产品内在属性，由于种种技术因素农产品消费者往往无法知晓或者知晓成本过高，因此他们更为关注的是农产品的新鲜程度、大小、色泽、口感等一些可以直接通过视觉或者味觉感受到的主观属性，于是农产品消费者的消费导向也直接导致了小农户"更重视外观而忽视内在质量"的生产导向。即使消费者发现了农产品质量安全问题，由于同类农产品生产者数量巨大，导致农产品质量安全问题的小农户也难以被直接追溯。因此，在上述种种因素的影响下，小农户往往没有能力或者缺乏足够的激励约束机制向消费者提供质量安全的农产品。在这种背景下，我国部分地区农业生产化肥、农药等要素长期过量使用的问题，严重影响了农业的可持续发展。

相比较于小农户，在一定区域内，家庭农场经营规模大、示范效应明显，往往是各级政府政策扶持、技术指导和培训服务的重点对象，也是各种先进农业技术设备的优先实验对象，而且他们整体文化素质较高，善于学习，科学种田水平较高。特别是他们以追求利润最大化为目的，在使用化肥农药时会充分考虑成本收益问题，因此能够高效率的使用化肥农药而不会像小农户那样以产量最大化为导向不计成本的投入。在消费者对绿色、生态、安全农产品的需求日益提高甚至愿意以高价购买的大背景下，为了实现利润最大化，许多家庭农场积极转变农业生产方式，更加注重农产品的生态效益，更愿意为消费者提供品质优良、生态安全的农产品[14]。

（三）家庭农场是具备较强合作意识的农业经营主体

从国际经验看，农民合作社兼具经济组织和社会组织等多种属性，在经济发展、社会公平、农民教育以及民主政治等诸多领域发挥着十分重要的作用。但是从我国农民合作社发展的实际情况来看，效果却难以令人满意，面临着综合实力弱、辐射带动能力差、运作不规范等种种问题，甚至一大批农民合作社有名无实、虚假注册。以农民合作社发展情况较好的山东为例，据山东省 2018 年抽样调研，真正发挥合作经营功能的合作社只占到20%～30%，其余 70%～80% 的农民合作社根本就无法规范运转，属于典型的空壳合作社。"为什么这样一项农民受益的合作制度在我国无法有效运行"这一问题值得深思。按照现代经济学理论，合作是有成本收益的，而且一般来讲合作行为的长期总收益要大大高于合作行为的长期总成本。然而往往合作成本并不是平均分摊的，对一个个分散经营的理性小农户来讲，独自承担合作成本要远远大于合作收益，此时他最理性的决策就是让他人承担合作成本而自己搭便车享受合作收益，这就是典型的"个体理性所造成的集体非理性"，没有人愿意承担合作成本导致合作行为无法达成。从更深层次看，即使有较高威望和公益心的个人、村集体、地方政府、农业企业等外界力量，承担合作成本创办了农民合作社，但是对于户均耕地面积 7 亩左右的小农户而言，从合作行为中获得的收益不足以对其生产生活产生明显改善，会在较大程度上影响小农户参与农民合作社的积极性。

与小农户相比，家庭农场土地经营面积较大，单位土地面积收益的小量增加或者成本的小量下降，对其总收入或者总成本都会造成较为明显的变化。而且从长期来看，参加农民合作社能够有效提升家庭农场的市场主体地位，使其能够共享整个农业产业链条的收益，降低参与市场的交易成本。从上述经济激励机制看，理论上家庭农场应该具有较为强烈的合作意愿。一般来讲，家庭农场大多整体经济实力较强，在各级政府的大力扶持下有足够的经济能力承担合作所需支付的成本，而且农场主大多拥有较高的人力资本和社会资本，能够广泛动用各种社会资源，形成以家庭农场为核心的凝聚力和向心力。综上所述，家庭农场不但具有强烈的合作意愿，而且具有达成合作意愿的现实基础，使得家庭农场领导小农户或者家庭农场之间联合起来成立农民合作社更加具有可行性，以实现小农户与现代农业发展的有机衔接，增强家庭农场和小农户在市场交易中的博弈力量，使他们在整个农业产业链条上获取更大的收益。因此，鼓励以家庭农场为核心组建合作社应该成为各级政府扶持农民合作社发展的重点，而且随着家庭农场的发展壮大，能够真正为农民提供社会化服务的农民合作社发展的"春天"终将到来。从现实发展情况看，在 2016 年 1 135 个粮食类家庭农场中，23.35％的家庭农场主是农民合作社的主要负责人，40.30％的家庭农场加入了农民合作社，这都充分说明了家庭农场参与农业合作的意愿和能力都比较强。

（四）家庭农场是更注重产业链延伸的农业经营主体

微笑曲线理论（Smiling Curve）认为，产业的价值链主要由上游的产品研发、中游的生产制造和下游的物流销售服务 3 个环节组成。其中，处于价值链中游的生产组装制造环节技术含量相对较低、产品附加值不高，处于价值链上游的研发设计和下游的物流品牌营销售后服务环节技术含量相对较高、产品附加值也较高，于是产业的价值链就形成了一条中间低、两端高的 U 形"微笑曲线"。因此，向"微笑曲线"的两端拓展升级是提高产品附加值、获得较高经营利润的重要途径，只是简单地专注于生产环节是难以实现产业升级、获得高额利润的。对于大多数小农户而言，非农产业收入已经超过农业经营收入，成为他们的第一收入来源，并且随着农业生产性服务业特别是"托管""半托管"等服务的快速发展，小农户在农业生产大多数环节都能获得相应的农业生产服务，他们已经无须在农业生产上投入过多的劳动，大多以从事非农产业生产经营活动为主，也缺乏继续延伸农业产业链条的积极性。

而对于家庭农场而言，他们中相当一部分来自农资经销商、农机服务大户、农产品加工大户等，原本就处于与农业生产相关的产业链条上，从事土地规模经营后会更加重视农业产业链的延伸，积极向农业附加值更高的"微笑曲线"两端延伸。比如一些家庭农场向周边农户提供农业机械服务、农业生产资料供应、农业病虫害防治等生产性服务，其在农业规模经营中服务供给的特征也很明显，兼具农业生产者和服务供给者双重主体的地位，实现了农业生产性服务的溢出。在 2016 年 1 135 个粮食类家庭农场中，拥有插秧机且对外提供服务的农场占比为 47.40%，拥有联合收割机且对外提供服务的农场占比为 46.89%，拥有烘干机且对外提供服务的农场占比为 70.97%。家庭农场兼具农业生产者和服务供给者双重主体的地位，是当前农业生产性服务市场发展滞后的结果，具有一定的市场合理性，有效地降低了家庭农场的农业生产成本，提高了家庭农场的收益水平，也较大程度提升了农业生产服务业的整体水平，是当前农业专业化生产性服务市场的重要补充，而且在农业生产资料销售、农产品烘干、仓储乃至加工销售等方面的服务功能将与其生产功能长期并存。

三、家庭农场经营绩效的实证分析

通过上述理论分析可以看出，家庭农场能够成为实现小农户与现代农业有机融合的重要载体，是最符合现代农业发展需要和政策目标的新型农业经营主体[15]。然而，从实证角度来看，"家庭农场到底符不符合中国人多地少的特殊国情和现代农业的未来发展方向"这一问题尚需进一步深入研究。本文将从比较分析小农户与家庭农场经营绩效和不同规模家庭农场经营绩效两个层次进行实证研究。

（一）小农户与家庭农场经营绩效的比较分析

1. 数据来源。本部分数据来源于 2015 年初笔者委托山东师范大学学生对山东省泰安、菏泽、德州、聊城等中西部地区小农户与家庭农场的调研。本文共发放 230 份调查问卷，收回 227 份有效问卷，有效率达到 98.6%①。考虑到调查样本土地规模的分布均衡性和样本个数的分布均衡性，本文把小农户与家庭农场划分为 6 个组别，即面积为 0～20 亩（不含 20 亩）、20～40 亩（含 20 亩，不含 40 亩；下同）、40～60 亩、60～110 亩、110～200 亩和 200 亩以上。其中，0～60 亩大体上可认定为小农户，60 亩以上可认定为家庭农场。经营面积为 0～20 亩的占比为 32.60%，20～40 亩的占比为 16.74%，40～60 亩的占比为 17.18%，60～110 亩的占比为 10.13%，110～200 亩的占比为 11.45%，200 亩以上的占比为 11.89%。

2. 农户最优经营规模的标准选择。农户本质上属于微型企业组织，同样面临着最优经营规模问题。对于如何界定农户的最优规模标准，众多学者从不同的角度展开了深入的

① 为了便于小农户与家庭农场进行对比分析，笔者特别要求参与调研的学生必须按照"经营面积为 50 亩以下的农户"和"经营面积为 50 亩以上的农户"进行 1∶1 的比例进行调查。

研究。如郭庆海认为农户最优经营规模应确保以下两点：从效率的视角看要能够实现农户收益最大化，从收入的视角看要能够获得与外出务工农户（或城镇居民）大体均等的收入[16]。张红宇认为界定农户适度规模经营应有三大标准：要与农户家庭成员的劳动生产经营能力相适应，要实现较高的土地产出率、劳动生产率和资源利用率，要确保土地经营者获得与当地城镇居民大体均等的收入[17]。林万龙则认为，不能单纯地以生产收入倒推农户最优经营规模，必须考虑农业劳动力转移数量这一现实约束，否则可能会带来严重的社会问题[18]。综上所述，张红宇从理论和现实两个角度提出了农户最优经营规模的标准，是比较符合我国农业发展实际的。本文将在小麦生产调研数据的基础上，以张红宇提出的标准为基准，并综合考虑其他一些标准，通过比较分析家庭农场与小农户的生产经营状况来尝试界定农户最优经营规模。

3. 农户最优经营规模的实证分析。一是农户最优经营规模要实现较高的土地产出率、劳动生产率和资源利用率。能够实现劳动、土地、资本、技术等农业生产要素的有效配置是对农户最优经营规模的基本要求。从表1可以看出，不同规模农户的小麦亩均成本分别为858.2、850.31、828.26、811.02、807.68和852.97元，亩均产量分别为1 098.35、1 060.67、1 000.84、1 063.87、905.15和903.37斤，亩均净收入分别为490.09、397.91、362.11、480.62、310.71和277.74元，亩均净利润率分别为57.11%、46.80%、43.72%、59.26%、38.47%和32.56%。从上述数据可以看出，200亩以上家庭农场"大投入小产出"，明显缺乏效率；60～110亩家庭农场"小投入大产出"，效率较高；0～20亩小农户"大投入大产出"，110～200亩家庭农场"小投入小产出"，20～40亩、40～60亩小农户的生产特征不明显，无法准确地判断是否具有效率。从表2可以看出，不同规模农户小麦生产的综合技术效率分别为0.54、0.66、0.56、0.67、0.46和0.50，生产效率最高的是60～110亩的家庭农场，生产效率最低的是200亩以上的家庭农场，20～40亩的小农户与60～110亩的家庭农场生产效率大致相当。综上所述，从生产效率的角度看，60～110亩的家庭农场和20～40亩的小农户都是具有较高农业生产效率的经营主体。

表1　不同规模农户的小麦亩均投入产出表

农户经营规模/亩	亩均成本/元	亩均产量/元	亩均总收入/元	亩均净收入/元	亩均净利润率/%
[0，20)	858.2	1 098.35	1 348.29	490.09	57.11
[20，40)	850.31	1 060.67	1 248.22	397.91	46.80
[40，60)	828.26	1 000.84	1 190.37	362.11	43.72
[60，110)	811.02	1 063.87	1 291.64	480.62	59.26
[110，200)	807.68	905.15	1 118.39	310.71	38.47
200亩以上	852.97	903.37	1 130.71	277.74	32.56

表 2　不同规模农户的小麦生产效率分析[①]

农户经营规模/亩	综合技术效率	纯技术效率	规模效率
0～20	0.54	0.59	0.92
20～40	0.66	0.68	0.97
40～60	0.56	0.61	0.91
60～110	0.67	0.76	0.87
110～200	0.46	0.55	0.84
200 以上	0.50	0.68	0.75

二是农户最优经营规模要确保农户能够获得与当地外出务工农户（或城镇居民家庭）大致相当的收入。该标准主要是从机会成本的视角来探讨农户的最优经营规模。按照机会成本理论，如果农民专业从事农业生产经营，从短期看将失去从事非农产业可能获得的收入，从长期看将失去成为城镇居民可能获得的收入。因此，从机会成本的视角看，从短期看农户最优经营规模要能够保证农业从业人员获得与农村外出务工劳动力大体相当的收入水平，从长期来看要能够保证农户家庭获得与当地城镇居民家庭大体相当的收入水平。

从表 3 可以看出，不同经营规模农户的劳均纯收入分别为 1.966、3.119、2.561、4.081、4.957 和 10.134 万元，2014 年山东省农村外出务工劳动力年收入为 3.558 万元，0～20 亩、20～40 亩、40～60 亩的小农户与 60～110 亩、110～200 亩、200 亩以上的家庭农场与农村外出务工劳动力收入比例分别为 0.55∶1、0.88∶1、0.72∶1、1.15∶1、1.39∶1 和 2.85∶1。0～20 亩、20～40 亩和 40～60 亩小农户的劳均收入要低于农村外出务工劳动力收入，60～110 亩和 110～200 亩家庭农场的劳均收入与农村外出务工劳动力收入大体相当，200 亩以上家庭农场的劳均收入要远远高于农村外出务工劳动力收入。因此，从短期来看，60～110 亩、110～200 亩的家庭农场属于比较合意的经营规模范围。

从调查样本看，不同规模农户的人均纯收入分别为 0.96、1.708、1.548、2.289、2.651 和 5.269 万元，2014 年山东省城镇居民人均可支配收入为 2.922 万元，0～20 亩、20～40 亩、40～60 亩的小农户与 60～110 亩、110～200 亩、200 亩以上的家庭农场人均纯收入与城镇居民收入的比例分别为 0.33∶1、0.58∶1、0.53∶1、0.78∶1、0.91∶1 和 1.8∶1。0～20 亩、20～40 亩、40～60 亩小农户和 60～110 亩家庭农场的人均纯收入要低于城镇居民人均可支配收入，110～200 亩家庭农场的人均纯收入与城镇居民人均可支配收入大体相等，200 亩以上家庭农场的人均纯收入要高于城镇居民人均可支配收入。因

① 不同规模农户小麦种植的农业生产效率计算如下：以农户小麦种植的总收入为农业生产效率测量的输出变量，以农户的物质雇工投入、农机械使用费用和土地租金作为测量农业生产效率的输入变量，利用数据包络分析模型（DEA）计算不同经营规模农户的农业生产效率。

此，从长期来看，110～200 亩的家庭农场属于比较合意的经营规模范围。

表 3　不同规模农户的家庭收入情况分析

农户经营规模/亩	平均纯收入/万元	人均纯收入/万元	务农平均纯收入/万元	务农人均收入/万元	劳均纯收入/万元	务农纯收入占农户纯收入比重/%
[0，20)	4.128	0.96	1.194	0.278	1.966	28.92
[20，40)	7.173	1.708	2.441	0.581	3.119	34.03
[40，60)	6.657	1.548	2.498	0.581	2.561	37.52
[60，110)	9.387	2.289	7.592	1.852	4.081	80.88
[110，200)	11.401	2.651	9.835	2.282	4.957	86.26
200 亩以上	26.348	5.269	21.869	4.374	10.134	83.00

　　三是农户最优经营规模要能够与家庭成员的劳动能力和经营管理能力相适应。此标准具有两个层面的含义。一是指农户经营规模不能过小，其家庭成员无法在农业内部实现充分就业，无法充分发挥他们的劳动生产能力和经营管理能力，只能转移到非农产业从事兼业化经营。2014 年不同规模农户的专业化率分别为 28.92%、34.03%、37.52%、80.88%、86.26% 和 83.00%。0～20 亩、20～40 亩、40～60 亩小农户的专业化程度明显较低，家庭成员难以在农业内部充分就业，因此无法达到农户最优经营规模。二是指农户经营规模也不能过大，超出了其家庭成员的劳动生产能力和经营管理能力范围。如果农户经营规模过大，他将面临以下两种选择：一是只是依靠自身家庭成员粗放式经营，这将无法实现生产要素的有效配置，农业生产效率难以提高；二是雇佣农业工人与家庭成员共同经营，如果雇工数量较少，其生产活动能够得到有效监督，则适度雇工经营能够促进农业生产效率的提高，但是如果雇工人数较多，其生产活动无法得到有效监督，雇工就容易产生机会主义行为，农业生产效率就会降低。因此，从整体上讲，农户最优经营规模应该与家庭成员的劳动能力和经营管理能力匹配，少量的雇工是有益的补充，但是大量的雇工则是无益的。

　　通过上述分析可以看出，从生产效率的角度来看，20～40 亩小农户和 60～110 亩家庭农场是比较合意的农户最优经营规模；从收入的角度看，短期内 60～110 亩和 110～200 亩的家庭农场是比较合意的农户最优经营规模，长期内 110～200 亩的家庭农场是比较合意的农户最优经营规模；从家庭成员生产管理能力的角度来衡量，60～110 亩、110～200 亩和 200 亩以上的家庭农场可能是农户最优经营规模，但是经营规模也不能过大。综合考虑上面 3 个标准，60～110 亩的家庭农场是最有生产效率的农业经营主体，是2014 年山东省中西部地区小麦种植的最优经营规模。

（二）不同规模家庭农场经营绩效的比较分析

为了更为准确地把握全国家庭农场发展的整体情况，2014 年农业农村部农村经管司委托中国社会科学院农村发展研究所开展全国家庭农场监测工作，目前全国家庭农场监测工作已经持续进行 5 年，监测样本覆盖全国 31 个省（市、自治区），按照随机抽样分层原则，每个省选择 3 个样本县约 100 个家庭农场[①]。本文使用 2016 年家庭农场的监测数据。2016 年全国共获得 2 998 个有效样本，其中 1 964 个种植类家庭农场，粮食类家庭农场 1 227 个，占种植类家庭农场有效样本的 62.47%；养殖类家庭农场 418 个，种养综合类家庭农场 568 个，其他类家庭农场 48 个[②]。本文将以粮食类家庭农场为研究对象，剔除不符合本课题所给出的家庭农场概念的样本，如土地经营规模过大、以雇工经营为主等，最终获得 1 135 个粮食类家庭农场有效样本。从表 4 可以看出，在 1 135 个粮食类家庭农场中，平均经营面积为 291.67 亩，自有劳动力为 2.87 人，平均总收入为 588 592.99 元，平均总成本为 463 446.58 元，平均净收入为 125 146.40 元，平均成本收益率为 27%，亩均收入为 501.78 元，劳均净收入为 50 316.03 元。从以上数据可以看出，我国家庭农场总体发展形势良好，正处于平稳健康发展态势中，整体经营绩效较好。

表 4　2016 年粮食类家庭农场生产经营情况

指标	单位	粮食类家庭农场
有效样本数	个	1 135
平均经营面积	亩	291.67
自有劳动力	个	2.87
平均总收入	元	588 592.99
平均总成本	元	463 446.58
平均净收入	元	125 146.40
平均成本收益率	%	27
亩均净收入	元	501.78
劳均净收入	元	50 316.03

从表 5 和图 1 可以看出，随着土地经营规模的不断扩大，家庭农场的平均总收入整体上呈现出逐步增加到大幅下降的趋势，经营面积在 700~800 亩家庭农场的平均总收入最

---

① 按照农业农村部要求，每个监测县（区市）在确定监测家庭农场时，要兼顾种植业、养殖业和种养结合型家庭农场比例，原则上种植业家庭农场占比不多于 80%，粮食类家庭农场占比不少于 50%；样本农场应是生产经营情况比较稳定、从事农业经营 2 年以上的家庭农场。

② 感谢课题组成员（郜亮亮、张宗毅、肖卫东、蔡颖萍、危薇和刘文霞）的数据处理工作。

高，800～900 亩家庭农场的平均总收入出现了较大幅度的降低。家庭农场的平均总成本呈现出与平均总收入大体一致的趋势，50～100 亩家庭农场的平均总成本最低，700～800 亩家庭农场的平均总成本最高，800～900 亩家庭农场的平均总成本也出现了较大幅度的降低。家庭农场的平均净收入呈现出与平均总收入、平均总成本大体一致的趋势，200～300 亩家庭农场的平均净收入最低，700～800 亩家庭农场的平均净收入最高，800～900 亩家庭农场的平均净收入也出现了较大幅度的降低。从平均净收益率看，家庭农场趋势线比较复杂，100～200 亩家庭农场的平均净收入率最高，达到 37.21%，然后随着土地经营规模的扩大，平均净收入率逐步下降，200～300 亩家庭农场的平均净收入率降到 20.36%，随后逐步增加到 32.39%（400～500 亩），又整体呈现出继续下降的趋势。

表 5　2016 年不同规模粮食类家庭农场成本收益情况

经营面积/亩	平均总收入/元	平均总成本/元	平均净收入/元	平均净收益率/%	平均土地产出率/（元/亩）	平均劳动生产率/（元/人）
[50，100)	307 395.94	250 539.18	79 553.42	31.75	979.84	27 913.48
[100，200)	371 930.62	283 070.79	105 327.24	37.21	740.80	36 699.38
[200，300)	512 434.34	425 748.68	86 685.66	20.36	363.33	34 678.91
[300，400)	686 980.24	543 967.07	143 013.17	26.29	428.26	61 605.62
[400，500)	675 588.73	510 314.08	165 274.65	32.39	380.25	55 963.62
[500，600)	937 638.64	723 862.50	213 776.14	29.53	417.86	65 918.45
[600，700)	1 204 993.00	1 003 939.50	201 053.5	20.03	320.14	87 341.67
[700，800)	1 656 276.90	1 373 350.00	282 926.9	20.60	387.11	123 941.00
[800，900]	1 077 763.20	863 078.95	214 684.25	24.87	255.38	84 473.11

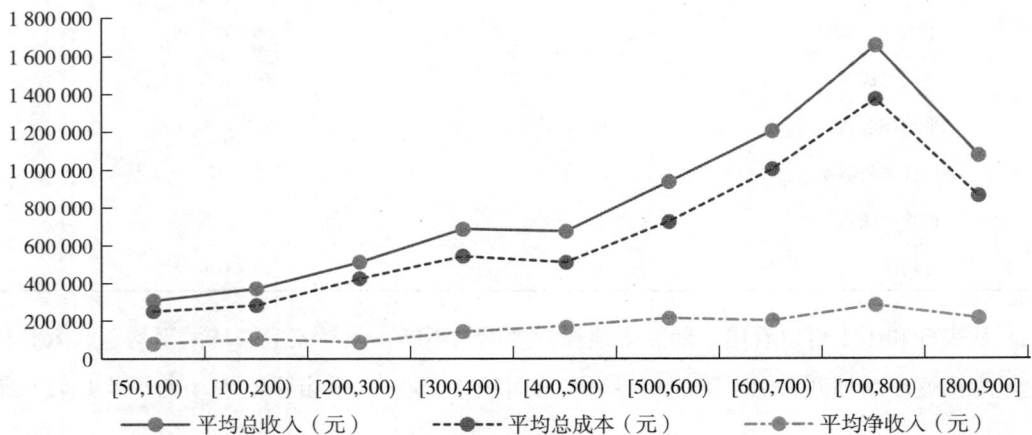

图 1　2016 年不同规模粮食类家庭农场成本收益情况

　　从图 2 可以看出，经营面积在 50～100 亩家庭农场的亩均土地产出率最高，为 979.84 元/亩，其次是 100～200 亩家庭农场的亩均土地产出率，为 740.80 元/亩，且随着经营规模的逐步扩大，家庭农场的亩均土地产出率整体上呈现出逐步下降的趋势，在 800～900 亩达到最低点，为 255.38 元/亩。"50～100 亩家庭农场的亩均土地产出率最高"这一结论与"小农户与家庭农场经营绩效比较分析"的结论"50～100 亩的家庭农场是最有生产效率的农业经营主体"大体吻合，不同的数据来源产生了大体类似的结论，这两个结论得到了相互的印证。从平均劳动生产率看，随着经营规模的逐步扩大，家庭农场的平均劳动生产率呈现出逐步上升的趋势，在 700～800 亩达到最高点，但是在 800～900 亩出现了大幅下跌。

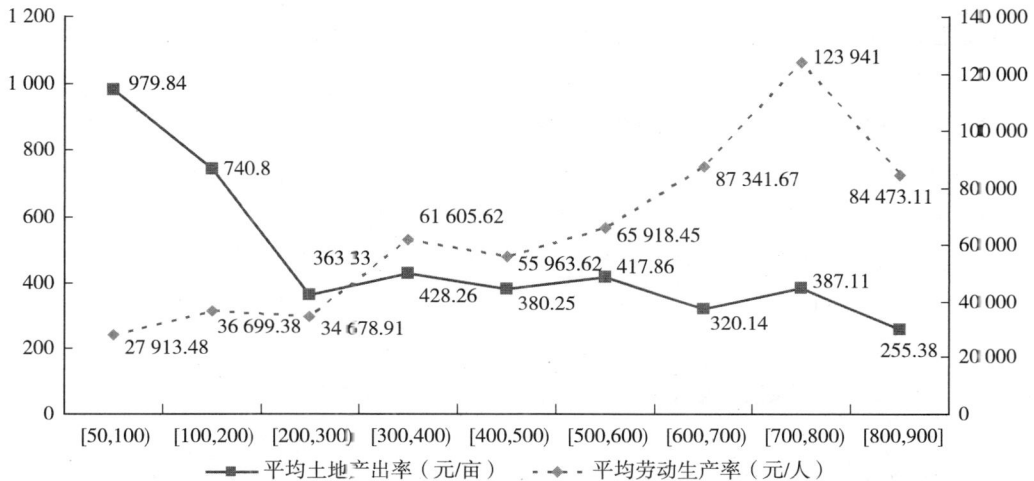

图 2　2013 年不同规模粮食类家庭农场生产绩效情况

四、研究结论

综上所述，从理论上讲，与小农户相比，适度规模的家庭农场能够有效实现资源要素的优化配置，是与市场机制兼容度更高的专业化农业经营主体；能够有效推动农业生产方式转变，与我国发展绿色生态农业以促进农业提质增效的长远目标相吻合；能够提高小农组织化程度，促进小农户与现代农业的有机衔接，促进一二三产业深度融合发展。因此，家庭农场是一种更高层次、更高效率、更可持续的最符合现代农业发展需要和政策目标的新型农业经营主体。通过两个层次的实证分析说明，适度规模经营的家庭农场而非小农户是当前最有生产效率的农业经营主体，然而在当前农业生产条件下，并非所有的家庭农场都是有生产效率的农业经营主体，如果家庭农场超出自身的经营能力范围也是同样缺乏生产效率的。当然，家庭农场最优经营规模属于一个动态演化的范畴，受到自然、社会、经济、文化、技术等多方面因素的影响，在不同条件的国家和地区，以及同一国家和地区在农业发展的不同阶段，家庭农场最优经营规模也在动态变化。我国地域广阔，不同地区自然经济条件差异较大，农业发展也处于不同的阶段，在全国范围内划定一个通用的家庭农场最优经营规模，显然是完全不可能而且不切合实际的，可行的途径是综合考虑一定区域范围内的农业资源禀赋、农业发展阶段、农作物品种等诸多因素大体上测算出该地区的家庭农场最优经营规模。

参考文献：

[1] 诺思. 制度、制度变迁与经济绩效 [M]. 杭行，译. 上海：格致出版社，2008.

[2] CHAYANOV A. V. The Theory of Peasant Economy [M]. Madison：University of Wisconsin Press，1986.

[3] 黄宗智，高原，彭玉生. 没有无产化的资本化：中国的农业发展 [J]. 开放时代，2012（3）：10-30.

[4] 高强，刘同山，孔祥智. 家庭农场的制度解析：特征、发生机制与效应 [J]. 经济学家，2013（6）：48-56.

[5] JENSEN，M，MECKLING W. Theory of the Firm：Managerial Behavior，Agency Costs and Ownership Structure [J]. Journal of Financial Economics，1976，3（4）：305-360.

[6] SEN A K. Peasants and Dualism with or without Surplus Labor [J]. Journal of Political Economy，1966，74（5）：425-450.

[7] 危薇，杜志雄. 新时期家庭农场经营规模与土地生产率之间关系的研究 [J]. 农村经济，2019（3）：6-14.

[8] VALENTINOV，VLADISLAV. Why are cooperatives important in agriculture? An organizational economics perspective [J]. Journal of Institutional Economics，2007，3（1）：55-69.

[9] 罗必良，等. 农业家庭经营：走向分工经济 [M]. 北京：中国农业出版社，2017.

[10] 胡新艳. 合同农业产生的交易成本经济学机理 [J]. 财贸研究，2009（6）：29-35.

[11] 孙新华. 农业经营主体：类型比较与路径选择：以全员生产效率为中心 [J]. 经济与管理研究，2013（12）：59-66.

[12] 徐勇，邓大才. "再识农户"与社会化小农的建构 [J]. 华中师范大学学报（人文社会科学版），2006（3）：2-8.

[13] 李谷成，冯中朝，范丽霞. 小农户真的更加具有效率吗：来自湖北省的经验证据 [J]. 经济学（季刊），2009，9（1）：95-124.

[14] 杜志雄. 家庭农场发展与中国农业生产经营体系建构 [J]. 中国发展观察，2018（3）：43-46.

[15] 杜志雄. 将家庭农场置于新型农业经营主体的核心来培育 [J]. 城乡发展一体化智库，2019（5）.

[16] 郭庆海. 新型农业经营主体功能定位及成长的制度供给 [J]. 中国农村经济，2013（4）：4-11.

[17] 农业部新闻办公室. 发展家庭农场 解困"谁来种地". http：//www. moa. gov. cn，2014-2-28.

[18] 林万龙. 农地经营规模：国际经验与中国的现实选择 [J]. 农业经济问题，2017（7）：33-42.

第四辑　家庭农场与粮食安全

土地流转一定会导致"非粮化"吗？[①]
——基于全国 1 740 个种植业家庭农场监测数据

　　土地流转导致"非粮化"进而影响粮食安全的问题，近年来受到了广泛关注和担忧。我们运用全国 1 740 个种植业家庭农场数据进行定量实证分析，发现：由于非粮作物与粮食作物在劳动生产率上存在的显著差异，使得家庭农场通过土地流转实现的经营规模较小时，非粮化的比率较高，而随着土地经营规模的扩大，非粮作物种植比率显著下降，土地经营规模较大的样本更倾向于较高比率种植粮食作物。因此，我们认为不讨论属于政府监管范畴的"非农化"问题，在严格监管耕地用途的前提下，无须过度担心土地流转、规模经营所导致的"非粮化"问题。

一、问题提出

　　尽管保持较高的粮食自给率是否合理受到质疑[1-2]，但鉴于我国粮食消费总量较大，自给率每降低 1％就会挤占 2％的世界粮食市场份额[3]，再加上计划经济下粮食短缺的惨痛记忆，粮食安全问题仍然受到决策层的高度重视。即使通过土地流转发展规模经营是提高农业生产经济效益、发展现代农业和提升我国农产品国际竞争力的必经途径已成为共识[4-8]，然而关于土地流转会导致"非粮化"甚至"非农化"进而影响粮食安全的担忧，仍然不断被提及[9-12]。

　　这种担忧也一定程度影响了决策层，如陈锡文[13]提出"土地被转租之后非粮化、非农化现象必须被遏制"。由于"非农化"问题是土地用途管制问题，土地流转导致的"非

---

　　① 本文原载于：张宗毅，杜志雄. 土地流转一定会导致"非粮化"吗：基于全国 1 740 个种植业家庭农场监测数据的实证分析 [J]. 经济学动态，2015（9）：63 - 69.

农化"问题属于政府监管力度问题，不作为本文的研究内容，本文重点分析：在耕地用途严格管制条件下，在粮食作物与非粮作物之间进行选择，经营者为了追求利益最大化，土地流转是否必然导致"非粮化"?[①]

关于土地流转是否必然导致"非粮化"的研究，相关文献较少，均定性认为经济因素驱动经营者必然采取"非粮化"决策，但所提到的流转规模均相对较小，或者调查样本的非粮作物种植比率其实低于全国平均水平。如：李晓俐[14]提到的江苏省赣榆区墩尚镇银河村改水稻种植为泥鳅养殖的例子，2.1万亩土地从全镇9 800个农户手中流转到6 000个农户手中，人均耕地面积只不过从2.14亩提高到3.5亩而已，仍然是小规模、劳动密集型经营，与常见的流转数十上百亩存在差距。尹成林和胡卫[15]的调查表明：2014年7月，安徽界首市流转耕地44.2万亩，其中非粮食作物共5.3万亩，约占总流转面积的12%。而2013年全国非粮作物播种面积占52 671千公顷，占当年农作物播种面积的32%。王勇等[16]提到浙江金华市郊农户流转土地面积中有75.2%用于种植非粮作物。但该课题组另外一篇文献[17]提到调研样本流转土地后平均经营规模仅从3.88亩达到26亩，经营规模仍然较小，同时通过Logit模型分析表明转入耕地面积与种植非粮作物行为存在显著负向关系，但却没给出清晰的解释。

这些文献中，一个重要的事实被忽略，即粮食作物和非粮作物的劳动生产率存在巨大差异。如2013年水稻、小麦、玉米3种粮食每亩用工量全国平均为6.17天，而每亩蔬菜平均用工量高达32.80天、棉花19.44天、甘蔗15.24天、苹果37.89天（数据来源：《全国农产品成本收益汇编2014》）。由于产业特征导致对劳动力需求差异再加上生产机械化水平的巨大差异[18]导致非粮作物的用工量大都远远大于粮食作物，同时，随着规模的扩大，这种差异所导致的边际成本变化也是不同的。以往研究均忽略了这种差异，认为无论土地流转规模多大，土地流入方均可自由选择种植粮食作物或非粮作物。但实际上，由于非粮作物和粮食作物劳动生产率的巨大差异，导致非粮作物和粮食作物的经济规模存在较大差异，一个农户可以管理上千亩的粮食作物农场，但一定无法管理上千亩的蔬菜、花卉或其他经济作物的农场。

本文接下来的内容安排如下：第二部分理论分析，通过理论分析厘清土地经营规模与非粮作物种植比率之间的关系，并构建相应模型；第三部分简要介绍一下数据来源，并对样本进行简要描述；第四部分进行实证分析，对第二部分提出的理论模型进行实证；第五部分为结论建议。

---

① 这个强政策导向的研究问题可转化为学术化的问题是：农户在不同经营规模条件下，如何因不同产业（品）特征决定的劳动生产率不同而选择不同的经营策略——"产业（品）单一化生产"与"产业（品）多元化"?

二、理论分析

假定非粮作物和粮食作物正常情况下的单产分别为$\overline{g_1}$和$\overline{g_2}$，为达到该单产水平，在目前既定的劳动生产率水平下（或者既定的机械化水平下），非粮作物需要投入劳动力和其他要素量分别为L_1和I_1，粮食作物需要投入劳动力和其他要素量分别为L_2和I_2。

同时，由于家庭自有劳动力有限，随着生产规模的扩大，需要雇佣的劳动力规模也将扩大，而农业的季节性、周期性又较强，因此雇佣的劳动力将主要以临时雇佣为主，也意味着随着生产规模的扩大，单位面积的劳动力交易成本（包括直接支付的雇工费用、谈判成本、监督成本等）将上升，也可简化为随着生产规模的扩大，L_1和L_2将正向增加。由此，假定为了达到正常单产水平$\overline{g_1}$和$\overline{g_2}$，存在以下简化线性关系：

$$L_1 = a_1 + b_1 A_1 \tag{1}$$
$$L_2 = a_2 + b_2 A_2 \tag{2}$$

其中，A_1表示农户种植非粮作物面积，A_2表示农户种植粮食作物面积。设非粮作物和粮食作物的价格分别为P_1、P_2，劳动力价格为P_L，土地租金为P_A，非粮作物其他投入要素（种子、化肥、农药、机械、基础设施建设等）平均价格为P_{I_1}，粮食作物其他投入要素平均价格为P_{I_2}，农户经营土地面积总规模为A。b_1和b_2分别受主要受非粮作物和粮食作物的生产机械化水平影响，机械化水平越高该值越小，若机械化水平高到一定程度该值可能为负，若低到一定程度该值为正。则可构建农户利润函数如下：

$$\pi(A_1, A_2, L_1, L_2) = \overline{g_1} P_1 A_1 + \overline{g_2} P_2 A_2 - P_A(A_1 + A_2) - P_L(A_1 L_1 + A_2 L_2) -$$
$$P_{I_1} A_1 I_1 - P_{I_2} A_2 I_2 \tag{3}$$

构建优化模型如下：

$$Max \quad \pi(A_1, A_2, L_1, L_2)$$
$$s.t. \quad A_1 + A_2 = A$$
$$L_1 = a_1 + b_1 A_1$$
$$L_2 = a_2 + b_2 A_2 \tag{4}$$

运用拉格朗日乘数法，可以求得在劳动生产率受限情况下利润最大化时的非粮作物种植面积A_1^*，具体表达式如下：

$$A_1^* = \frac{A}{b_1/b_2 + 1} + \frac{(\overline{g_1} P_1 - \overline{g_2} P_2) - (P_{I_1} I_1 - P_{I_2} I_2) - (a_1 - a_2)}{2(b_1 + b_2) P_L} \tag{5}$$

用A_1^*除以总种植面积A即可得到非粮作物种植面积比率，则非粮作物种植比率的函数形式$f(\cdot)$可以表达为如下形式：

$$f(\cdot) = \frac{A_1^*}{A} = \frac{1}{b_1/b_2 + 1} + \frac{(\overline{g_1} P_1 - \overline{g_2} P_2) - (P_{I_1} I_1 - P_{I_2} I_2) - (a_1 - a_2)}{2(b_1 + b_2) P_L A} \tag{6}$$

由于 $\overline{g_1}P_1-\overline{g_2}P_2$ 为非粮作物与粮食作物单位面积毛收入差，$P_{I_1}I_1-P_{I_2}I_2$ 为非粮作物与粮食作物单位面积其他要素投入成本差，因此可定义 $R_d=(\overline{g_1}P_1-\overline{g_2}P_2)-(F_{I_1}I_1-P_{I_2}I_2)$ 为非粮作物与粮食作物单位面积净利润差；$\gamma=a_1-a_2$ 表示完全人工作业情况下单位面积种植非粮作物与粮食作物的劳动力需求差，通常情况下该值大于 0；$\alpha=\dfrac{1}{b_1/b_2+1}$，$\beta=\dfrac{1}{2(b_1+b_2)P_L}$，则 $f(\cdot)$ 可表达为：

$$f(\cdot)=\alpha+\beta\frac{\gamma+R_d}{A} \tag{7}$$

显然，如果 $\beta>0$，则 $f(\cdot)$ 是关于 R_d 的增函数，关于总经营规模 A 的减函数。也即是非粮作物与粮食作物单位面积净利润差 R_d 越大，则非粮作物种植比率越高；总经营规模越大，则非粮作物种植比率越低。

根据泰勒公式，在任意一点 (R_{d0}, A_0)，对 $f(\cdot)$ 进行展开，并只保留一阶泰勒公式，得到

$$f(\cdot)\approx f(R_{d0}, A_0)+[(R_d-R_{d0})\frac{\partial}{\partial R_d}+(A-A_0)\frac{\partial}{\partial A}]f(R_{d0}, A_0) \tag{8}$$

根据公式（7）分别对 R_d、A 求偏导得到 $\dfrac{\partial f}{\partial R_d}$、$\dfrac{\partial f}{\partial A}$ 并代入公式（8），可得到

$$f(\cdot)\approx\alpha+\frac{\beta(\gamma+R_{d0})}{A_0}+\frac{\beta}{A_0}R_d-\frac{\beta(\gamma+R_{d0})}{A_0}A \tag{9}$$

可简化为

$$f(\cdot)\approx k_1+k_2R_d-k_3A \tag{10}$$

其中 k_1 至 k_3 为简化的待估计参数，分别对应公式（9）中的相应参数。

除了非粮作物与粮食作物净利润差、经营规模等经营特征变量外，农户种植决策还受到户主年龄、性别、受教育程度等个人特征变量的影响[17,19-20]，以及地块数量[21-22]和耕地地形[23]等耕地资源禀赋因素的影响。这里不考虑规避风险、减少家庭劳动力投入等多目标决策[24]。因此将模型（10）修正为：

$$f(\cdot)\approx k_1+k_2R_d-k_3A+k_4AGE+k_5SEX+k_6EDU+k_7RNum+k_8Hill \tag{11}$$

其中，k_1 至 k_8 为待估计参数，AGE、SEX、EDU 分别表示户主年龄、性别和受教育程度等个人特征控制变量，$RNum$ 和 $Hill$ 分别表示地块数量的倒数和耕地中丘陵山地占比等耕地资源禀赋控制变量。下面我们将用调研数据进行实证。

三、数据来源与样本描述

（一）数据来源与处理说明

2014 年受农业部委托，中国社会科学院农村发展研究所开始对全国家庭农场展开长

期固定监测工作，项目团队在全国按照经济水平高低每个省选择 2～3 个代表县，每个县选择 30～50 个家庭农场，数据采集由地方农业经管部门组织家庭农场经过培训后在线填报。2014 年，全国共计 3 092 个家庭农场样本被纳入监测，本文数据即来源于该数据集。为准确刻画耕地面积与种植粮食作物或非粮作物行为决策之间的关系，本文只使用了全部样本中 1 740 个种植业为主的家庭农场，养殖业等非种植类家庭农场未被纳入。简要的数据处理说明及其对因变量影响预期方向见表 1。

表 1　样本家庭农场变量处理说明

变量	计算方法	预期方向
非粮作物种植比率/%	直接询问得到	
耕地规模/亩	鉴于各地复种指数差异较大，本处用实际耕地面积乘以复种指数，以代表真实经营规模	—
利润差/（元/亩）	利润差＝毛收入差—生产成本差。毛收入差＝农场种植主要非粮作物每亩毛收入—主要粮食作物每亩毛收入，若没有种植非粮作物或者没有种植粮食作物则用所在县样本平均数替代。生产成本差＝非粮作物平均每亩投入成本—粮食作物平均每亩投入成本。若农场主要以非粮作物种植为主，则其粮食作物生产成本为本县其他粮食作物家庭农场平均数；若农场主要以粮食作物种植为主，则非粮作物生产成本为本县其他非粮作物家庭农场平均数	＋
性别（男＝1，女＝0）	调查数据	＋
年龄/岁	调查数据	—
受教育程度	调查数据。1. 文盲，2. 小学，3. 中学，4. 中专、职高或高中，5. 大专，6. 本科及以上	＋
地块数量倒数	调查地块数据倒数	＋
耕地中丘陵山地比率/%	调查数据，用耕地中平地以外的地块面积和除以耕地总面积	＋

（二）样本地区分布

样本的地域分布情况见表 2，可以看出，本次样本分布在全国除西藏外的 30 个省，各省样本占比除黑龙江较多外大致均衡，因此本样本在地域上具有一定的代表性。

表 2　样本家庭农场样本地域分布

省份	样本数	占比/%	省份	样本数	占比/%	省份	样本数	占比/%
北京	21	1.21	安徽	75	4.31	四川	48	2.76
天津	25	1.44	福建	44	2.53	贵州	36	2.07
河北	63	3.62	江西	33	1.90	云南	98	5.63
山西	61	3.51	山东	44	2.53	西藏	0	0.00

（续）

省份	样本数	占比/%	省份	样本数	占比/%	省份	样本数	占比/%
内蒙古	39	2.24	河南	77	4.43	陕西	48	2.76
辽宁	79	4.54	湖北	25	1.44	甘肃	34	1.95
吉林	146	8.39	湖南	51	2.93	青海	50	2.87
黑龙江	251	14.43	广东	34	1.95	宁夏	52	2.99
上海	77	4.43	广西	30	1.72	新疆	30	1.72
江苏	47	2.70	海南	29	1.67	—	—	—
浙江	44	2.53	重庆	49	2.82	合计	1 740	100.00

（三）主要变量描述

表 3 对监测样本的变量描述表明，样本农场平均非粮作物种植比率仅为 23.34%，远低于全国平均水平的 32%；而考虑复种指数后的种植规模，平均为 546.15 亩，远远高于全国平均不足 10 亩的水平；单位面积利润非粮作物比粮食作物平均高 8 725.61 元/亩，主要是由于种植非粮作物样本中，种植果树和蔬菜的样本占比较高（表 4），以苹果为例亩产 3 000 千克毛收入即可达到 1 万多元，可见仅从土地产出率看家庭农场是有利益驱动去生产非粮作物；家庭农场主平均年龄为 45.22 岁，户主以男性为主，平均受教育程度介于初中至高中之间；耕地地块数量倒数平均为 0.27；此外，耕地中丘陵山地比率平均为 24.42%。

表 3　样本家庭农场主要变量描述

变量	均值	标准差	最小值	最大值
非粮作物种植比率/%	23.34	37.96	0.00	100.00
种植规模/亩	546.15	769.67	8.00	12 000.00
毛收入差/（元/亩）	10 202.77	3 583.62	200.00	19 400.00
生产成本差/（元/亩）	1 477.16	1 831.81	1.05	13 543.64
利润差/（元/亩）	8 725.61	3 824.80	64.75	19 243.00
性别（男=1，女=0）	0.91	0.29	0.00	1.00
年龄/岁	45.22	8.56	18.00	74.00
受教育程度（文盲=1，小学=2，中学=3，中专、职高或高中=4，大专=5，本科及以上=6）	3.49	0.77	1.00	6.00
地块数量倒数	0.27	0.29	0.00	1.00
耕地中丘陵山地比率/%	24.42	38.33	0.00	100.00

表 4 样本家庭农场种植作物中产值第一的作物

产值第一大作物名称	样本数/个	百分比/%	累计百分比/%	产值第一大作物名称	样本数/个	百分比/%	累计百分比/%
小麦	162	9.31	9.31	烟叶	18	1.03	64.89
玉米	386	22.18	31.49	蔬菜瓜果	171	9.83	74.71
稻谷	370	21.26	52.76	果树	287	16.49	91.21
薯类	84	4.83	57.59	茶	73	4.20	95.40
豆类	62	3.56	61.15	中草药	33	1.90	97.30
高粱	7	0.40	61.55	橡胶	24	1.38	98.68
燕麦	16	0.92	62.47	其他	23	1.32	100.00
棉花	14	0.80	63.28	合计	1 740	100.00	—
花生	10	0.57	63.85				

（四）种植规模与非粮作物种植面积比率关系描述

依据不同土地规模分组，计算不同分组的非粮作物平均种植比率，得到种植规模与非粮作物种植面积比率关系见图 1。

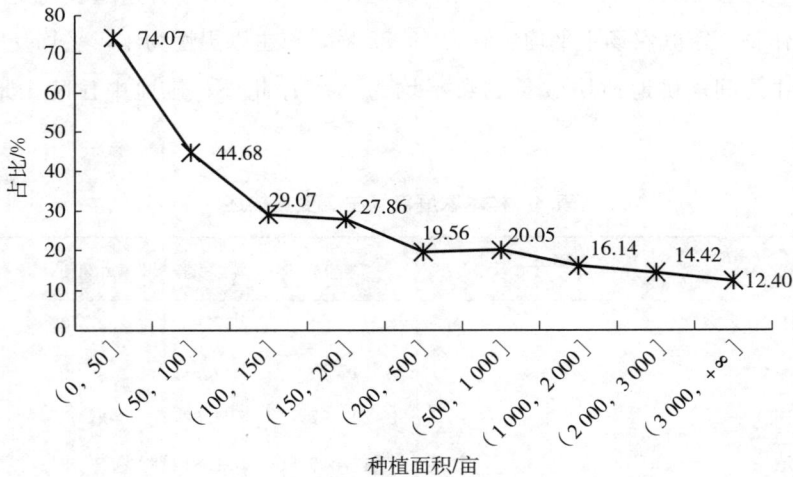

图 1 种植规模与非粮作物种植面积比率关系

从图 1 可以看出：随着经营规模的扩大，非粮作物种植比率快速下降。小于（0，50]亩分组的非粮作物平均种植比率高达 74.07%，而（50，100]亩分组则快速下降到 44.68%，（100，150]亩分组下降到 29.07%，此后下降相对平缓，至（3 000，+∞]亩的分组降至 12.40 亩。可以看出，种植规模与非粮作物种植面积比率的方向与基本公式（7）和泰勒级数展开式（11）是一致的，即随着种植面积的上升，非粮作物种植比率下降。然而，由于公式（11）为了使估计模型不因为估计参数过多导致自由度下降以及变量的高次项导致的共线性问题而影响估计效果，只保留了泰勒级数一阶展开式，经营规模与非粮作物之间呈线性关系，未能准确刻画出两者之间的曲线关系。因此，为了使模型更加逼近同时又不增加估计参数，对模型（11）进一步修正，将种植面积的线性形式改为对数形式。即

$$f(\cdot) \approx k_1 + k_2 R_d - k_3 LnA + k_4 AGE + k_5 SEX + k_6 EDU + k_7 RNum + k_8 Hill$$

$$(12)$$

四、实证分析

由于因变量存在上限和下限，因此本处采用 Tobit 模型，将数据代分别入模型（12）进行回归，得到估计结果见表5。

表5　模型估计结果

	变量	估计系数	标准差	t 值
核心变量	耕地规模（LnA）	−22.958***	3.783	−6.07
	单位面积净利润差（R_d）	0.008***	0.001	9.21
控制变量	性别（SEX）	−20.619*	11.939	−1.73
	年龄（AGE）	0.014	0.426	0.03
	受教育程度（EDU）	13.888***	4.945	2.81
	地块数量倒数（$RNum$）	29.921**	12.830	2.33
	耕地中丘陵山地比率（$Hill$）	0.605***	0.094	6.44
	常数（$\_cons$）	−26.917	37.195	−0.72

注：表中的标准差为 Huber-White 异方差稳健性（heteroscedastic-robust）标准差。*** 表示 1% 水平上显著，** 表示 5% 水平上显著，* 表示 10% 水平上显著，后同。

进一步，求各解释变量对非粮作物种植比率的条件期望偏效应，可得到表6。

表6　各变量的条件期望偏效应

	变量	dy/dx	标准差	z 值
核心变量	耕地规模（LnA）	−5.710***	0.899	−6.35
	单位面积净利润差（R_d）	0.002***	0.000	10.54
控制变量	性别（SEX）	−5.128*	2.964	−1.73
	年龄（AGE）	0.003	0.106	0.03
	受教育程度（EDU）	3.454***	1.219	2.83
	地块数量倒数（$RNum$）	7.442**	3.178	2.34
	耕地中丘陵山地比率（$Hill$）	0.150***	0.022	6.76

从表 6 可以得出：

(1) 耕地规模对非粮作物种植比率的影响方向为负，与预期方向一致。也即是随着经营规模的扩大，边际劳动投入和管理成本上升而导致非粮作物种植比率下降，耕地规模每增加 1 亩则非粮作物种植比率下降 $-5.710/A$ 个百分点，1 740 个样本平均经营规模为 546.15 亩，则因为耕地规模导致的样本平均非粮作物种植比率累计变化值为 $-5.710 \times \ln(546.15) = -35.99$ 个百分点。可以看出，在严格限制耕地用途情况下，土地规模经营并不必然导致非粮化，反而是由于劳动生产率的差异导致管理成本快速上升，进而使得非粮作物种植比率快速下降，粮食作物种植比率快速上升。

(2) 单位面积非粮作物与粮食作物净利润差对非粮作物种植比率的影响方向为正，与预期方向一致，即追求更高的经济收益是种植非粮作物的驱动力。单位面积净利润差每增加 1 元，非粮作物种植比率增加 0.002 个百分点。1 740 个样本单位面积非粮作物与粮食作物净利润差平均为 8 725.61 元，净利润差导致样本平均非粮作物种植比率变动为 $0.002 \times 8 725.61 = 17.93$ 个百分点。

(3) 个人特征变量中，年龄变量不显著，性别变量和受教育程度变量显著。性别特征在 10% 水平上显著，方向与预期相反，即男性种植非粮作物比率比女性低，这可能是由于男性农场主一般在农闲时从事其他兼职，其收入远远高于其种植非粮作物带来的收入，性别特征导致样本平均非粮作物种植比率下降 4.67 个百分点；受教育程度对非粮作物种植比率的作用方向显著为正，与预期方向一致，即种植非粮作物需要的知识储备、管理能力和相关技能要求更高，因此受教育程度高的农户中种植非粮作物比率更高。受教育程度每提高一个档次则非粮作物种植比率提高 3.454 个百分点。1 740 个样本平均受教育程度为 3.49，则受教育程度导致样本平均非粮作物种植比率变动为 $3.454 \times 3.49 = 12.06$ 个百分点。

(6) 地块数量倒数对非粮作物种植比率的影响方向为正，或者地块数量越多则非粮作物种植比率越低，与预期方向一致。即是地块数量越少，则管理成本越低，非粮作物种植比率越高。家庭农场种植非粮作物比率可能越高，若只有减小到极端情况只有一块耕地则种植非粮作物比率要高 7.442 个百分点，1 740 个样本平均地块倒数为 0.27，则样本平均种植非粮作物比率提高了 $7.442 \times 0.27 = 2.01$ 个百分点。

(7) 耕地中丘陵山地比率对非粮作物种植比率的影响方向为正，与预期方向一致，即耕地中的丘陵山地即使有相应机械也由于地块狭小而使用效率低下，与种植粮食作物相比劳动用工量差异不大，同时由于环境较好，种植有机蔬菜、有机茶等作物产值更高，因此丘陵山地更容易被用来种植果、蔬、茶等非粮作物。耕地中丘陵山地比率每增加 1 个百分点，非粮作物种植比率增加 0.150 个百分点。1 740 个样本耕地中丘陵山地比率平均值为 24.42%，则样本平均种植非粮作物比率提高了 $0.150 \times 24.42 = 3.67$ 个百分点。

可以看出，以上变量中，耕地规模对非粮作物种植比率的影响最大，使样本平均非粮作物种植比率下降了35.99%。

五、研究结论

针对关于土地流转是否一定导致"非粮化"问题，本文假设由于非粮作物目前与粮食作物劳动生产率存在巨大差异，使得非粮作物种植规模扩大时的相对和绝对劳动成本都会快速上升，使得非粮作物种植规模会随着土地经营规模增加而快速下降。本文进行了理论分析和模型构建，并运用全国1 740个家庭农场数据进行了实证。研究表明：

（1）土地经营规模扩大，非粮作物种植比率显著下降，土地经营规模变量使样本平均非粮作物种植比率下降了35.99%。土地经营规模的扩大，在非粮作物劳动生产率相对较低的生产条件下，必然伴随着劳动用工量的快速上升，非粮作物的最优种植规模存在天花板。因此，土地流转并不必然带来"非粮化"，反而是相对较小的经营规模（如50亩以内）更容易"非粮化"，较大的土地经营规模在不转变耕地用途前提下更倾向于种植粮食作物。

（2）单位面积非粮作物与粮食作物的净利润差对非粮作物种植比率有显著正向影响，男性农场主种植非粮作物比率较女性低，受教育程度、地块数量、耕地中丘陵山地比率等控制变量对非粮作物种植比率也有显著正向影响。

因此，本文的主要观点是，土地流转后，经营主体从事农家乐或开发成旅游景点导致土地的"非农化"问题属于政府监管范畴，不能因政府监管不到位而对土地流转有所限制。在严格监管耕地用途前提下，由于非粮作物与粮食作物的劳动生产率存在巨大差异，目前土地流转并不必然导致"非粮化"，反而是随着土地流转规模的扩大会降低"非粮化"比率，只有较低规模水平的土地流转才会导致"非粮化"。

当然，目前由于机械化生产技术供给过低，导致的非粮作物与粮食作物劳动生产率差较大，进而导致非粮作物种植比率过低这种现状，会随着需求的进一步提升和技术的突破而改变。不过，这正是市场配置资源的力量所在，只有如此才能让我国资源配置效率不断优化。

参考文献：

[1] 卢锋. 比较优势与食物贸易结构：我国食物政策调整的第三种选择 [J]. 经济研究，1997（2）：3-11.

[2] 黄季焜，杨军，仇焕广. 新时期国家粮食安全战略和政策的思考 [J]. 农业经济问题，2012（3）：4-8.

[3] 刘振伟. 我国粮食安全的几个问题 [J]. 农业经济问题，2004（12）：8-13.

[4] 艾云航. 实现农业集约化、现代化的必由之路：浙江乐清县土地适度规模经营的调查 [J]. 农业

技术经济，1994（4）：8-11.

[5] 韩俊．从小规模均田制走向适度规模经营［J］．调研世界，1998（5）：8-9.

[6] 黄祖辉，陈欣欣．农户粮田规模经营效率：实证分析与若干结论［J］．农业经济问题，1998
（11）：2-7.

[7] 梅建明．再论农地适度规模经营：兼评当前流行的"土地规模经营危害论"［J］．中国农村经济，
2002（9）：31-35.

[8] 黄季焜．新时期的中国农业发展：机遇、挑战和战略选择［J］．中国科学院院刊，2013，28
（3）：295-300.

[9] 陈先发，姜刚，徐海涛．皖流转土地"非粮化"明显［N］．新华每日电讯，2011-6-21（006）.

[10] 刘建华．非农非粮化倾向必须遏制［N］．人民日报，2014-2-11（020）.

[11] 陈相花．土地流转"非粮化"必须遏制［N］．中国国土资源报，2014-2-27（007）.

[12] 杜志雄 王新志．中国农业基本经营制度变革的理论思考［J］．理论探讨，2013，173（4）：
72-74.

[13] 陈锡文．进行土地制度改革"四个不能"是底线［EB/OL］．（2014-01-22）［2015-02-02］.
http://news.xinhuanet.com/politics/2014-01/22/c_126043606.htm.

[14] 李晓俐．防止耕地流转中的"非粮化"［J］．中国粮食经济，2012（7）：17-18.

[15] 尹成林，胡卫．耕地流转"非粮化"趋势应引起重视［J］．中国粮食经济，2015（2）：55-57.

[16] 王勇，陈印军，易小燕，等．耕地流转中的"非粮化"问题与对策建议［J］．中国农业资源与
区划，2011，32（4）：13-16.

[17] 易小燕，陈印军．农户转入耕地及其"非粮化"种植行为与规模的影响因素分析［J］．中国农
村观察，2010（6）：2-10，21.

[18] 张宗毅．中国农业机械化发展现状与前瞻［M］//中国社会科学院农村发展研究所．中国农村
经济形势分析与预测（农村绿皮书）．北京：社会科学文献出版社，2015.

[19] 吕开宇，俞冰心，邢鹏．新阶段的粮农生产决策行为分析：粮价上涨对非贫困和贫困种植户的
影响［J］．中国农村经济，2013（9）：31-43.

[20] 薛艳，郭淑静，徐志刚．经济效益、风险态度与农户转基因作物种植意愿：对中国五省723户
农户的实地调查［J］．南京农业大学学报（社会科学版），2014，14（4）：25-31.

[21] 徐庆，尹荣梁，章辉．规模经济、规模报酬与农业适度规模经营［J］．经济研究，2011（3）：
59-71，94.

[22] WAN G H，CHENG E. Effects of Land Fragmentation and Returns to Scale in the Chinese Farm-
ing Sector［J］．Applied Economics，2001（33）：183-194.

[23] 张宗毅，曹光乔．农户油菜种植及油菜生产机械化需求意愿实证研究［J］．江西农业大学学报
（社会科学版），2011，10（2）：16-24.

[24] 刘莹，黄季焜．农户多目标种植决策模型与目标权重的估计［J］．经济研究，2010（1）：148-
157，160.

供给侧生产端变化对中国粮食安全的影响研究[①]

在"谷物基本自给、口粮绝对安全"的粮食安全战略背景下，粮食供给侧生产端对于保障中国粮食安全起到关键性作用。近年来，随着城镇化和农业现代化的推进，新型农业经营主体和土地规模化经营快速发展，粮食生产在质量效益和专业化水平不断提高的同时，其土地生产效率的提高和市场风险的防范面临挑战；粮食生产成本的攀升和比较收益的下降，使农业支持家庭生计的功能不断弱化，导致农户种粮意愿普遍降低；居民食物消费结构升级引致种植结构调整，使保障口粮绝对安全的政策成本上升。粮食生产主体结构与行为、生产成本与比较收益、供需匹配关系等生产端的重要变化，对粮食供给能力进而对国家粮食安全产生重要影响。为此，需要优化粮食安全目标，合理协调"保产量"与"优结构"的关系；完善价格激励机制，以需求升级为导向优化生产结构；优化收储调控机制，增强粮食安全风险应对能力；多举措提高农户种粮和地方政府发展粮食积极性的同时充分利用国外资源和国际市场。

粮食安全是国家经济安全的重要组成部分，与社会和谐、政治稳定、经济持续发展等息息相关。根据世界粮农组织（FAO）提出，粮食安全是指确保所有人在任何时候既买得到又买得起他们所需要的质量合格的基本食品。从定义可以看出，粮食安全是一个复杂的系统，既涉及粮食生产和供给问题，也涉及粮食需求和消费问题，同时又与食品分配系统（如仓库、流通、运输设施及能力等）关系紧密[1]。尽管粮食安全涉及的领域较广，但粮食生产和供给是影响粮食安全状况的最基本因素。而在中国"谷物基本自给、口粮绝对安全"的粮食安全战略背景下，虽然国际粮食贸易对国内粮食供给的补充不可或缺，但是按照"中国人的饭碗里应主要装中国粮"的要求，中国粮食自身供给对于保障粮食安全具

① 本文原载于：杜志雄，韩磊. 供给侧生产端变化对中国粮食安全的影响研究 [J]. 中国农村经济，2020 (4)：2-14.

有关键性作用。

2015 年 12 月召开的中央农村工作会议要求"着力加强农业供给侧结构性改革，提高农业供给体系质量和效率，真正形成结构合理、保障有力的农产品有效供给"。推进农业供给侧结构性改革，是加快转变农业发展方式的重要途径，也是加快转变农业发展方式在农业供给侧的聚焦和升华[2]。近年来，中国农业生产端发生了重要变化，特别是生产主体结构与行为、成本与比较收益以及供需匹配关系等方面。这些变化关系到粮食供给能力，进而其对国家粮食安全产生重要影响[3]。本文试图对中国粮食供给侧生产端的变化特征进行分析，探究这些变化对中国粮食安全的短期和中长期影响，并在此基础上提出保障粮食安全的政策建议。

一、粮食生产主体结构与行为变化对粮食安全的影响

随着城镇化推进和农村劳动力流出，农村土地也在快速流转。以专业大户、家庭农场、农民合作社、农业企业等为代表的新型农业经营主体不断涌现，土地规模经营不断发展。农业土地规模化经营之于粮食安全具有两面性，它在提高生产效率、增加产出等方面具有正面影响的同时，也在一定程度上存在"非粮化"现象，进而给粮食生产和粮食安全带来挑战并形成负面影响的可能性。

（一）新型农业经营主体不断涌现，土地规模化经营快速发展

中国的农业经营主体经历了由改革前的农民集体占主导的格局向改革初期相对同质性的农民家庭占主导格局的演变，再向现阶段的多元化经营主体并存、分工协作格局的转变。当前，以农户家庭经营为基础，以合作与联合为纽带，以社会化服务为支撑，以多种经营形式共同发展的立体式复合型现代农业经营体系日益形成、不断健全[4]。这既是农业向现代化演进过程中的必然，又是历史传承的结果。

以利润最大化为目标的新型农业经营主体，在规模经济的驱动下，通常表现出规模化、集约化与商品化的特征。因此，规模经营的发展与新型农业经营主体的发展往往是同步的。第三次全国农业普查数据显示，2016 年，在农业普查登记的 20 743 万农业经营户中，以商品化经营为主的规模农业经营户有 398 万①。虽然中国农业规模经营农户的占比仍然较少，但近年来该比例明显上升。2009—2017 年，经营规模在 100～200 亩（含 100 亩）的农户占比从 0.27% 提高到 0.35%，经营规模在 200 亩以上（含 200 亩）的农户占

---

① 在第三次全国农业普查中，国家统计局将种植业规模化的标准定为：一年一熟制地区露地种植农作物的土地达到 100 亩及以上、一年二熟及以上地区露地种植农作物的土地达到 50 亩及以上、设施农业的设施占地面积 25 亩及以上。

比从 0.10% 上升到 0.15%（表 1）。2014—2017 年，农业农村部全国家庭农场监测的粮食类家庭农场的平均经营土地面积从 383.82 亩增加到 434.45 亩①。

表 1 中国不同经营规模农户占比变化趋势（2009—2017 年）

单位：%

年份	小于 10 亩	10～30 亩（含 10 亩）	30～50 亩（含 30 亩）	50～100 亩（含 50 亩）	100～200 亩（含 100 亩）	200 亩以上（含 200 亩）
2009	84.02	12.20	2.57	0.84	0.27	0.10
2010	85.79	10.83	2.33	0.77	0.19	0.09
2011	85.94	10.69	2.32	0.75	0.20	0.10
2012	86.11	10.43	2.31	0.78	0.22	0.10
2013	85.96	10.23	2.55	0.86	0.24	0.11
2014	85.93	10.13	2.60	0.89	0.28	0.12
2015	85.74	10.32	2.60	0.90	0.31	0.13
2016	85.51	10.43	2.61	0.94	0.33	0.13
2017	85.43	10.41	2.67	0.99	0.35	0.15

资料来源：农业农村部农村合作经济指导司，农业农村部政策与改革司.中国农村经营管理统计年报［M］（2009—2017 年，历年）.北京：中国农业出版社.

（二）规模化生产下非粮化现象显现，粮食生产的稳定性和农业可持续发展可能会受到威胁

规模经营的发展伴随着土地流转的发展，租赁土地是家庭农场等新型农业经营主体扩大规模的主要途径。截至 2017 年底，全国家庭承包经营耕地流转面积 5.12 亿亩，流转面积占家庭承包经营耕地总面积的比重达到 37%②。在土地流转过程中，农业经营的土地成本从隐性的机会成本转变为显性的租金成本，而规模流转往往会进一步推高土地租金。农业农村部家庭农场监测数据显示，2017 年粮食类家庭农场经营的土地中，转入土地面积占比平均为 85.51%，粮食类家庭农场土地流转租金每年约为 532.51 元/亩③。不断攀升的土地租金成为导致土地流转型农业规模经营主体收益下降或者亏损的重要原因［5］。

相对于种粮收益而言，当前中国土地流转租金较高，这倒逼流入土地的农业经营主体更倾向于种植收益较高的经济作物。在粮食作物与非粮作物的劳动生产率存在巨大差异的

---

① 数据来源：农业农村部政策与改革司，中国社会科学院农村发展研究所.中国家庭农场发展报告［M］.北京：中国社会科学出版社，2015，2018.

② 数据来源：农业农村部.新中国成立 70 年来我国粮食生产情况. http://www.moa.gov.cn/z-zl/70zncj/201909/t20190917_6328044.htm.

③ 数据来源：农业农村部政策与改革司，中国社会科学院农村发展研究所.中国家庭农场发展报告［R］.北京：中国社会科学出版社，2018.

情况下，非粮作物种植规模扩大时的相对和绝对劳动成本都快速上升，非粮作物种植比率随着土地经营规模的扩大而下降[6]。但是，随着现代农业的发展和机械化水平的提高，粮食作物和非粮作物的生产效率差异在不断缩小，规模化生产下"非粮化"现象逐渐显现。同时，在土地适度规模经营中，大量工商资本和企业家直接租赁农户承包地进入农业生产环节，其凭借敏感的市场意识、先进的科技支撑和较高的经营能力成长为现代农业发展的重要力量，但资本逐利与种粮比较收益降低的冲突导致耕地"非粮化"趋势更加显现，不利于粮食的稳定生产及农业的可持续发展。

中国社会科学院农村发展研究所"国家粮食安全潜在风险及防范对策研究"课题组（后文简称"课题组"）于 2019 年初对全国覆盖 26 个省（自治区、直辖市）的 275 个村庄的调查结果显示，在耕地使用结构方面，随着土地经营规模的扩大，用于粮食种植的耕地面积在农业经营主体总经营面积中的占比趋于下降（图 1）。具体来说，2018 年，土地经营规模在 50～100 亩的农业经营主体用于粮食种植的耕地占比为 89.82%，经营规模在 100～200 亩、200～500 亩和 500～1 000 亩的农业经营主体用于粮食种植的耕地占比分别为 81.31%、67.98%和 48.50%，而经营规模在 1 000 亩以上的农业经营主体用于粮食种植的耕地占比仅为 29.43%。从农业农村部监测的家庭农场的情况来看，与 2016 年相比，2017 年有 53.19%的粮食类家庭农场减少了粮食作物的播种面积①。

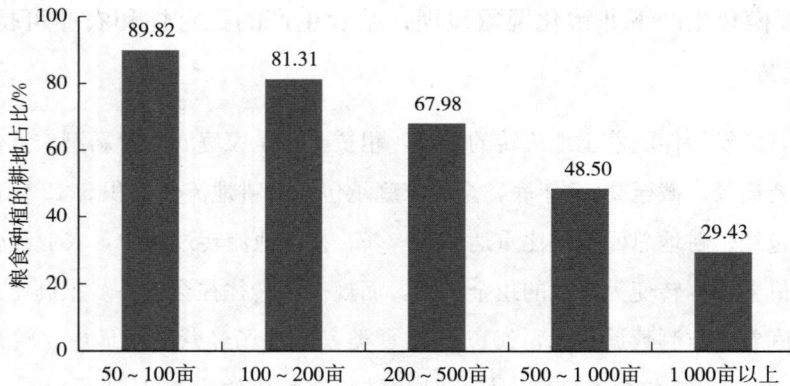

图 1　2018 年不同经营规模农户经营耕地中用于粮食种植的耕地占比

数据来源：根据中国社会科学院农村发展研究所"国家粮食安全潜在风险及防范对策研究"课题组 2019 年村庄调研的数据整理得到。

（三）新型农业经营主体以质量效益为导向，土地经营规模扩大并不一定带来单产的提高

中国农业生产方式正在从以追求数量为主的粗放型向实现质量和效益并重的新型转

---

① 数据来源：农业农村部政策与改革司，中国社会科学院农村发展研究所．中国家庭农场发展报告［R］．北京：中国社会科学出版社，2018.

变。早在 2015 年 2 月，农业部就出台了《到 2020 年化肥使用量零增长行动方案》和《到 2020 年农药使用量零增长行动方案》。双零增长行动方案实施以来，全国的化肥、农药使用总量均已呈现下降趋势，提前实现了到 2020 年化肥、农药使用量零增长的目标。国家统计局公布的数据显示，2015—2018 年，中国农用化肥使用折纯量从 6 022.60 万吨持续下降到 5 653.42 万吨；2014—2017 年，农药使用量从 180.69 万吨持续下降到 165.50 万吨。2017 年以来，中国实施旨在减少化肥用量和提高畜禽废弃物肥料化利用水平的"果菜茶有机肥替代化肥"项目，各地因地制宜地探索，呈现出适合当地生产条件的多样化做法。

新型农业经营主体是中国高质量农产品的重要供给力量。新型农业经营主体更加关注绿色生产和有机食品，更加注重农业生态效益，是资源节约型和环境保护型技术采纳、应用的主力军。农业农村部的家庭农场监测数据显示，2017 年，在粮食类家庭农场中，亩均化肥施用量低于、等于和高于周边农户的农场分别占 38.33%、45.00% 和 16.67%，亩均农药使用量低于、等于和高于周边农户的农场分别占 43.52%、47.22% 和 9.26%（图 2）。

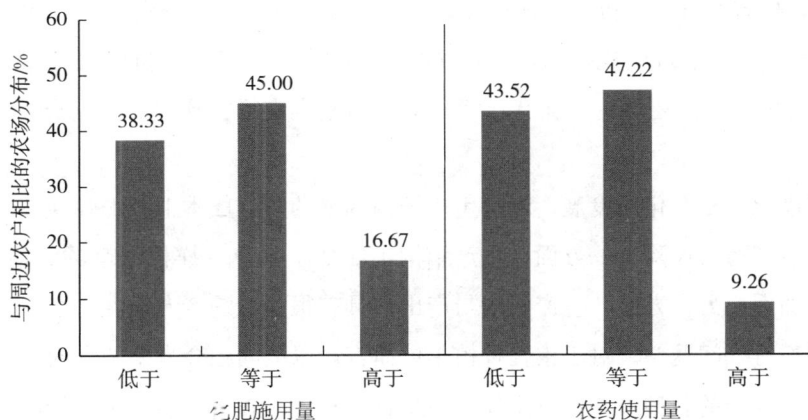

图 2　2017 年粮食类家庭农场亩均化肥和农药使用量与周边农户相比的农场的分布情况

数据来源：农业农村部政策与改革司，中国社会科学院农村发展研究所．中国家庭农场发展报告［R］．北京：中国社会科学出版社，2018.

但是，以绿色、环保技术应用为重要内容的农业生产方式转变和农业高质量发展也给粮食安全带来挑战。一方面，绿色、环保技术应用往往要求更高的投入并导致更高的成本，在国内农产品国际竞争力已明显不足的情况下，必然带来更大的竞争力差距。另一方面，有机肥等技术的应用往往要求相关农艺技术、农业生产管理的配套发展，否则就会出现土地单产的下降或土地地力的下降。从实践来看，国内相关配套技术、管理与服务的发展是不足的，主要表现为单产在短期或长期的下降。

与此同时，整体上看，新型农业经营主体的土地生产率通常低于普通小农户。与小农户相比，新型农业经营主体通过扩大经营规模，科学组合和集约利用各种生产要素，有助于劳动生产率的提高和单位面积生产经营成本的下降。但是，众多研究表明，土地经营规模与土地生产率之间存在 U 形关系[7-8]，而要使中国种粮农户的平均粮食播种面积超过极小值拐点在客观上又很难实现，所以土地经营规模扩大对粮食单产具有负向影响，这将主导中国未来土地规模集中过程[7]。而农业农村部家庭农场的监测数据显示，种植类家庭农场和粮食类家庭农场均表现出同样的规律，即随着土地经营规模的扩大，家庭农场的劳动生产率（劳均纯收入）均不断增加，土地生产率（亩均纯收入）不断下降①。因此，仅从保障供给的角度讲，中国土地经营规模的扩大和新型农业经营主体的发展对于粮食安全可能带来潜在挑战。

（四）规模化经营提高种植专业化，生产结构转变困难导致市场风险提高

与小农户相比，新型农业经营主体在规模化经营中专业化水平往往也在提高，主要体现在：一是生产结构更加专业化，二是社会资本和生产技术更加专业化，三是专用性固定资产投资增加。农业农村部家庭农场的监测数据显示，2017 年拥有拖拉机的家庭农场占比 72.22%，拥有联合收割机、插秧机和烘干机的家庭农场占比分别为 32.50%、19.17% 和 10.28%；而且随着经营规模的扩大，家庭农场拥有以上各类农机的数量和总价值均呈上升趋势②。监测数据还显示，拥有仓库和晒场的家庭农场占比也较高，分别为 80.97% 和 71.01%。

随着规模化与专业化的发展，农户生产结构调整的机会成本上升、弹性下降，并可能带来更大的生产经营风险。一方面，生产结构不能如小农户一样根据市场波动灵活调整，使市场风险加大。另一方面，生产设施与产出都具有很强的资产专用性，在不完全合约条件下会面临敲竹杠问题[9]。对于粮食种植主体而言，以上问题会带来两方面的影响：一是已经从事粮食生产的新型农业经营主体，在粮食比较收益较低和经营风险较高情况下，在较低的利润水平上维持生存；二是面临生产决策的新型农业经营主体，更倾向于种植比较收益较高的作物。根据中国社会科学院农村发展研究所"国家粮食安全潜在风险及防范对策研究"课题组 2019 年对全国 275 个村庄的调查结果，2018 年对于农民合作社和农业企业，粮食种植面积占总经营面积的比重分别仅有 54.0% 和 32.4%。

二、农户种粮成本收益变化对粮食安全的影响

近年来，中国粮食种植的成本不断上升，尤其是随着工业化和城镇化的推进，种粮的

---

① ② 资料来源：农业农村部政策与改革司，中国社会科学院农村发展研究所．中国家庭农场发展报告［R］．北京：中国社会科学出版社，2018.

土地机会成本和劳动力机会成本快速上升。与此同时，国家从 2014 年开始对重要农产品价格形成机制和收储制度进行了改革，成为粮食价格持续下降的重要原因。在成本上升与价格下降的共同作用下，种粮利润不断压缩，农户种粮意愿逐步下降，这将对粮食生产与粮食安全产生重要影响。

（一）生产成本上升与价格下降并存，农户种粮利润空间不断压缩

近年来，中国稻谷、小麦和玉米生产的人工成本、土地租金等各项成本不断上升，尤其是 2011 年以来粮食生产成本快速上升。根据国家发改委编制的《全国农产品成本收益资料汇编》数据，2006—2013 年，稻谷、小麦和玉米三大主粮的平均生产总成本从 444.92 元/亩上涨到 1 093.65 元/亩。同期，三大主粮生产的平均人工成本从 151.96 元/亩上涨到 419.24 元/亩，平均土地成本从 68.25 元/亩上涨到 224.86 元/亩（图 3）。

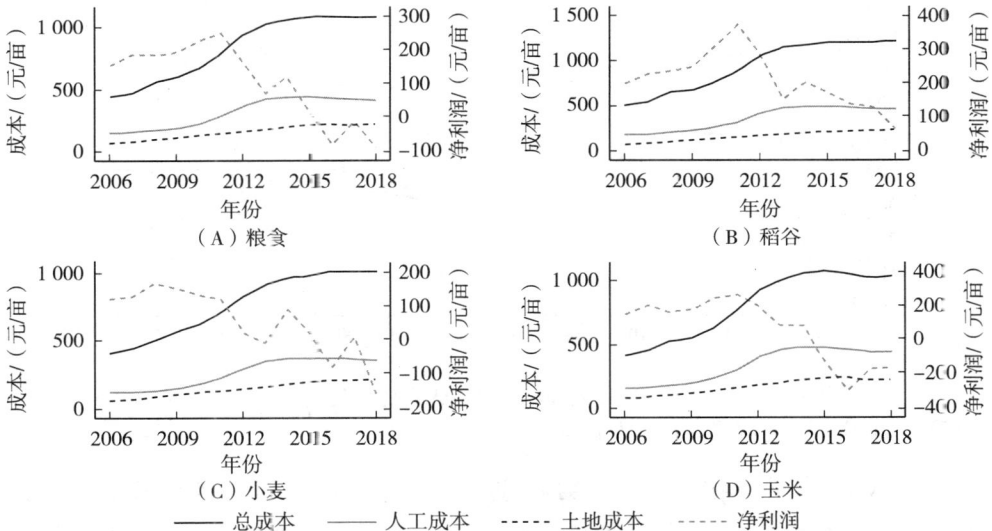

图 3　中国粮食成本收益变化趋势（2006—2018 年）

数据来源：国家发改委价格司．全国农产品成本收益资料汇编（2007—2019）［M］．北京：中国统计出版社，2020.

从 2014 年开始，国家采取"分品种施策、渐进式推进"的办法，对重要农产品价格形成机制和收储制度进行了改革。2015 年，国家首次降低了玉米临时收储价格；2016 年启动了东北地区的玉米价格改革，取消了玉米临时收储并配套了玉米生产者补贴制度，并且首次下调了早籼稻最低收购价；2017 年，全面下调了稻谷、小麦最低收购价；2018 年，正式启动了稻谷价格改革，改革保留了稻谷最低收购价政策框架，但分别将粳稻和中晚籼稻价格下调了 0.2 元/斤和 0.1 元/斤[10]。小麦最低收购价从 2014 年的 1.18 元/斤下降到 2019 年的 1.12 元/斤，粳稻最低收购价从 1.55 元/斤下降到 1.3 元/斤。根据农业农村部监测数据，玉米集贸市场价格从 2014 年 9 月的 1.35 元/斤下降到 2019 年 9 月的 1.06 元/斤。

在生产成本不断攀升与粮食价格不断下降的背景下，2012 年以来种粮的利润空间不断压缩。根据《全国农产品成本收益资料汇编》数据，三大谷物的平均净利润从 2011 年的 250.77 元/亩下降到 2018 年的－85.48 元/亩。

（二）农业支持农户家庭生计的功能不断弱化，农户种粮意愿普遍下降

从 20 世纪 80 年代初以来，经营性收入占农村居民家庭人均可支配（纯）收入的比重不断下降，而工资性收入占比不断上升。2015 年，工资性收入占比达到 40.27％，经营性收入占比下降到 39.43％，第一次出现工资性收入比重超过经营性收入；到 2018 年工资性收入和经营性收入占比分别为 41.02％和 36.66％。粮食生产比较效益低，包括粮食生产在内的种植业收入占农民纯收入的比重从 1984 年的 56.13％下降到 2013 年的 25.11％（图 4）。

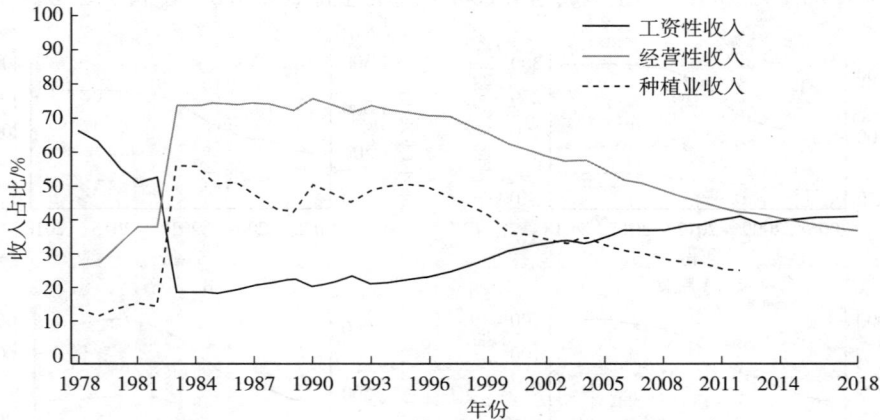

图 4　农村居民家庭工资性收入和经营性收入占比变化趋势（1978—2018 年）
数据来源：国家统计局网站（http://data.stats.gov.cn/）。

种植业（粮食生产）在农民收入结构中重要性的显著下降，农业支持家庭生计的功能在不断弱化，而且粮食生产由于比较效益低、财政贡献小，一定程度上影响了种粮区地方政府抓粮食生产的积极性，在以上两个方面的共同作用下，农民从事粮食生产的积极性减弱，耕地撂荒现象比较普遍。自然资源部的数据显示，近年来全国每年撂荒的耕地约 3 000 万亩。根据对全国山区县的调查研究，2014—2015 年 78.3％的村庄出现土地撂荒（指完全停止耕种，不包括季节性撂荒和休耕）现象，耕地撂荒率为 14.32％[11]。

（三）农业优质劳动力流失严重，粗放式生产影响粮食生产效率和质量

近年来，与粮食种植亩均净利润不断下降对应的是城镇单位就业人员平均工资的不断上涨，从事粮食种植的劳动力机会成本不断上升。这将对粮食种植主体和粮食生产方式产生重要影响。种粮劳动力机会成本的上升会驱使更多的年轻人进城务工从事非农行业，随着农村大量青壮年劳动力转移至城市非农就业，农业优质劳动力流失问题凸显，中老年及

妇女农村劳动力成为农业生产经营的主力。

根据第三次全国农业普查主要数据公报，2016 年全国农业生产经营人员约为 3.14 亿人，其中年龄 55 岁及以上的农业从业人员占比约为 33.6%，初中及以下受教育程度农业从业人员占比约为 91.7%。而留在农村从事粮食种植的中老年及妇女群体大多采用粗放型种植方式，对于良种改善、先进机械设备和技术以及绿色生产技术采用的积极性和主动性较低，进而影响粮食生产效率和质量。根据相关研究，家庭农场农场主的受教育年限越长，农场采用绿色生产技术的概率越高；年轻的农场主更倾向于采用绿色病虫害防控技术和施用有机肥[12]。

三、粮食供给与需求的匹配错位对粮食安全的影响

随着中国经济的发展和收入水平的提高，居民食物消费结构转型升级。但在"保产量"政策导向下，农业生产结构与食物消费升级趋势之间存在偏离。中国粮食供需在结构和质量方面的匹配错位对未来保障粮食安全带来挑战。

（一）居民食物消费结构转型升级，粮食供给与需求匹配错位

随着中国居民收入水平不断提高，食物消费结构也相应发生了重大变化。由传统的粮食消费为主向注重营养搭配转变，食物消费中粮食等主食消费比例减少，肉蛋奶和水产品等动物性食品比例增加。根据联合国粮农组织（FAO）的统计数据，1980—2013 年，中国居民每年人均小麦、大米、玉米和大豆的消费量变化不大，但肉蛋和水产品消费量大幅上升，猪肉消费量从 11.39 千克/人增加到 38.43 千克/人，蛋类消费量从 2.51 千克/人增加到 18.76 千克/人，水产品消费量从 4.41 千克/人增加到 35.14 千克/人（表2）。肉蛋奶产品消费的快速增加使得畜牧业得到快速发展，1978—2018 年中国农林牧渔业产值中，牧业产值占比从 14.98% 上升到 25.27%，而农业（种植业）产值占比从 79.99% 下降到 54.11%。

另外，课题组基于中国健康与营养调查数据（CHNS）的研究发现，2004—2011 年中国城乡居民食物消费结构演变呈现以下特征：（1）来自谷物的能量在膳食能量总摄入量中的占比不断下降，从 2004 年的 55.7% 降至 2011 年的 43.1%；而营养需求的增长主要体现为蛋白质摄入量的增长。（2）城镇居民的人均谷物消费量和膳食能量总摄入量中谷物能量占比明显低于农村居民，而且这种差距随着收入的增长明显扩大。2011 年，城镇居民谷物能量占比为 35.4%，而农村居民谷物能量占比为 22.6%；最低收入组城镇居民每人每日谷物消费量比农村居民低 12.1%，最高收入组这一差距扩大到 22.2%。（3）优质及特色谷物在谷物总消费中的占比有快速增长趋势，且优质及特色谷物消费在城镇居民谷物

消费中的占比更高，而且增速也更大。

表 2 中国居民人均食物消费量变化

单位：千克/人，%

种类	1980 年	1992 年	1996 年	2013 年	1980—2013 年增长幅度
小麦	59.02	79.11	78.36	63.36	7.35
大米	75.36	73.58	77.50	78.18	3.74
玉米	4.77	5.14	7.87	6.78	42.14
大豆	3.88	0.75	4.48	3.66	−5.67
猪肉	11.39	20.99	23.59	38.43	237.40
牛肉	0.29	1.37	2.50	5.12	1 665.52
羊肉	0.45	1.04	1.45	3.13	595.56
禽肉	1.33	3.74	6.40	13.20	892.48
蛋	2.51	7.72	14.34	18.76	647.41
水产品	4.41	12.25	22.13	35.14	696.83

数据来源：张在一，毛学峰，杨军. 站在变革十字路口的玉米：主粮还是饲料粮之论 [J]. 中国农村经济，2019（6）：38 - 53.

在居民食物消费转型升级的背景下，当前中国粮食供需匹配还存在错位现象。一方面，在国内粮食产量居于高位、粮食市场对外开放程度不断提高的背景下，当前中国粮食供求总量宽松与粮食结构供需矛盾突出共存。近几年，作为口粮的稻谷和小麦的国内产出始终维持在较高水平，但国内消费增长乏力，尽管贸易量保持相对稳定，但是其库存不断提高；对于玉米而言，2016 年以来随着价格市场化，国内玉米的饲料消费量快速增长，去库存效果明显；中国自 1996 年成为大豆进口国以来，大豆进口量持续快速增长，是严重供不应求的粮食品种。2015—2018 年，中国大米库存消费占比从 66.1% 上升到72.4%，小麦的库存消费占比从 64.4% 上升到 95.9%，中国玉米库存消费占比从 2015 年的 72.5% 下降到 2018 年的 49.8%[13]。2018 年，国内大米产量占消费量的比重为95.99%，而对于小麦、玉米和大豆而言，产量占消费量的比重分别为 103.79%、90.33% 和 15.28%。从农业农村部对粮食生产量和消费量的预测来看，未来 10 年以上产品供需形势将不会改变（表 3）。

表 3 中国粮食生产、进口与消费预测

单位：万吨

类别		2018 年	2022 年	2026 年	2028 年
大米	生产量	14 850	15 006	15 525	15 650
	进口量	308	373	432	460
	消费量	15 471	15 747	15 949	16 011

（续）

类别		2018 年	2022 年	2026 年	2028 年
小麦	生产量	13 143	13 091	13 301	13 490
	进口量	310	438	507	516
	消费量	12 663	13 159	13 716	13 986
玉米	生产量	25 733	28 253	31 220	31 919
	进口量	352	487	624	650
	消费量	28 487	29 893	32 148	32 825
大豆	生产量	1 600	2 055	2 124	2 140
	进口量	8 806	9 220	9 623	9 886
	消费量	10 470	11 082	11 599	11 882

注：2018 年为实际数据，2022 年、2026 年和 2028 年为预测数据。数据来源：农业农村部市场预警专家委员会 . 中国农业展望报告（2019—2028）[M]. 北京：中国农业科学技术出版社，2019.

另一方面，在品质和多元化方面，粮食供给与需求还不能完全匹配。随着收入和消费水平的提高，城乡居民对农产品的消费需求日益呈现优质化、个性化和多样化的趋势，品质消费、品牌消费、安全消费、绿色消费、体验消费等日益成为农产品消费需求新的重要增长点，甚至满足居民对农耕文化、农业科教和生态价值的需求，也日益成为农业创新供给追求的"新常态"[2]。但是，中国稻谷和小麦最低收购价政策均未体现"优质优价"，农民种植行为存在重产量轻品质现象，导致普通粮过剩与优质粮不足并存。以小麦和稻谷为例，当前国内对优质强筋小麦的需求约为 700 万吨，而产量还不到 400 万吨；国产优质粳稻占比约为 30%，优质籼稻占比约为 10%[14]。

（二）消费结构升级引致种植结构调整，保障口粮绝对安全的政策成本上升

居民对畜产品的需求不断增加，对食物优质化、个性化和多样化的追求日益增强，这影响了农产品的市场供求关系、价格和收益水平，进而引致中国种植结构的调整。一方面，在政策层面，受土地和水资源的约束及可持续发展目标的导向，中国 2015 年提出优化农业生产结构，开展"粮改饲"试点，并调减"镰刀弯"地区玉米种植面积，试点县从 2015 年的 30 个增加到 2017 年的 431 个；2016 年起开展耕地轮作休耕制度试点，轮作休耕试点面积从最初的 616 万亩增加到 2018 年的 2 400 万亩，到 2020 年将达到 5 000 万亩以上。以上政策调整是 2016 年以来我国粮食播种面积减少的重要原因，根据国家统计局公布的数据，2017 年全国粮食播种面积减少了 1 862 万亩，2018 年又减少了 1 426 万亩。

另一方面，在农户决策层面，由于饲草种植的收益要高于粮食作物，农户也更倾向于种植牧草。根据高海秀等（2019）[15]的研究，2017 年苜蓿、黑麦草和青贮玉米的亩均纯收益分别达到 585.23、465.59 和 623.66 元，小麦、玉米和水稻的亩均纯收益则为 136.19、

135.03 和 440.44 元；2010—2017 年，虽然以上作物的纯收益均有所下降，但是粮食作物纯收益的下降速度显著快于牧草，较高的比较收益提高了农户种植牧草的积极性。国家统计局数据显示，中国青饲料的种植面积从 2014 年的 158.37 万公顷增加到 2017 年的 187.41 万公顷。

在政策推动和农户自发调整的共同作用下，中国种植结构的调整实现了由传统的粮食生产到直接向生产饲草的转变，这种转变从某种程度上讲减少了成本、节约了资源，但同时也导致粮食种植面积的下降。与此同时，文化传承、生态保护和旅游体验等农业多功能的开发也会占用土地，使得粮食安全的潜在风险日益加大。在这种背景下，要实现"谷物基本自给、口粮绝对安全"的粮食安全目标，国家需要投入更多的补贴资金，以提高农户种粮积极性，保证足够的粮食种植面积。这无疑使保障粮食安全的政策成本大幅上升。

四、对策建议

（一）优化粮食安全目标，合理协调"保产量"与"优结构"的关系

粮食安全的内涵、保障的手段和水平都应根据经济社会发展环境适时调整。在当前以产量为核心目标的粮食安全观与农业政策已成为农业结构性矛盾的内在原因和深入推动农业供给侧结构性改革的制度性障碍的背景下，适时调整优化粮食安全目标，才能缓解"高产出、高进口、高库存"的困境。首先，应该在"谷物基本自给、口粮绝对安全"粮食安全总体目标下，进一步优化具体发展目标，关键是合理协调"保产量"与"优结构"之间的关系。根据食物消费结构升级的趋势，明确"优结构"的方向、重点及相应的体制机制建设要求。其次，明确粮食安全保障中市场、社会和政府的边界，发挥市场在资源配置中的决定性作用，让供求关系、比较优势、资源禀赋成为市场经营主体生产决策的主要依据，扭转长期实施的"保产量"政策导致的生产要素的扭曲与错配。

（二）完善价格激励机制，以需求升级为导向优化生产结构

首先，完善与粮食价格形成机制相关的支持政策。对农业支持保护是各国通行做法，当前中国农业支持保护政策改革的重点在于，在减少资源配置扭曲、提高政策效率、促进生产方式转变和生产结构优化的要求下完善中国农业支持政策体系。针对粮食产业，要围绕城乡居民对高品质、异质化粮食的增长性需求，通过引入契合市场需求的"优质优价"机制，改变现行粮食价格形成机制的激励导向与食物消费升级趋势的偏离状态。其次，因地制宜推进粮食品种优质化，结合不同区域气候、土壤条件，强化优质粮食品种的选育和推广，通过优选优种、优化种植结构，引导农民与新型农业经营主体种植适销对路的优质粮食品种。再次，完善政策支撑，包括构建"以质论价、优质优价、分品种分等级单收单

储"政策性收储制度，加强粮食质量监督和检测监测服务。最后，提高农户组织化程度和引导发展订单化种植，提升农户对接市场的能力，消除优质品种种植的市场风险，构建利益共享、风险共担的利益联结机制。

（三）优化收储调控机制，增强粮食安全风险应对能力

在实现粮食安全目标由单一"保产量"向"保产量"与"优结构"并重转变的同时，要加强市场调控与稳定机制建设，提高粮食安全风险应对能力。首先，完善收储制度和以适度储备量为基础的调控机制，要在去库存的基础上合理控制粮食储备规模。按照国际经验，一个国家的粮食储备在年度总消费量的17%～18%即可保障基本安全。即使要确保更高保障水平，也只需保持在30%～40%。但是，中国粮食储备远远高于这一水平，导致过高的财政负担和不必要的损耗浪费。其次，建立完善粮食托市收储的市场化机制，进一步放宽粮食加工企业参与托市收储的条件；培育多元粮食收购主体，并根据企业收储和代储的发展，建立和完善储备粮监督和管理体系。最后，发展和完善粮食保险、金融与期货工具，丰富粮食生产主体应对市场风险的工具，促进粮食生产的稳定。

（四）多举措提高农户和粮与地方政府抓粮食生产的积极性

首先，着力提高农户与新型农业经营主体种粮积极性。为此，一要进一步发展农业社会化服务体系，包括发展专业型农业社会化服务主体、增强新型农业主体服务功能、改善和提升公益性服务供给、探索多样化社会化服务模式等。通过社会化服务促进机械化水平、技术水平、粮食质量、劳动效率、土地效率与资源利用效率的全面提升，促进小农户与市场、小农户与现代农业生产方式的对接。二要以经营权优化配置与保护为核心深化农地制度改革，促进经营权向生产率更高的农户稳定流转，促进农业投资。同时，要完善农地用途管制，避免规模经营发展过程中的"非农化"和"非粮化"。三要全面促进农业技术进步和农业技术推广，重点加强优良品种培育与推广，加强先进农业机械、农艺技术的发展，加强水土资源集约技术的发展与应用。其次，加大对主产区粮食产业政策支持，提升主产区地方政府发展粮食生产的积极性。在主产区大力发展粮食深加工产业，提高粮食加工转化率，推进主产区粮食产业转型升级。鼓励发展与粮食深加工配套的现代物流、中介服务、科技信息等生产性服务业。在加工企业与农户之间建立更加紧密的利益联结机制，使农户分享产业链发展的增值收益。

（五）统筹利用"两种资源、两个市场"

在农业供给侧结构正在经历重大调整，特别是粮食生产端出现重大变化的背景下，中国要更加关注统筹利用"两种资源、两个市场"的战略作用。目前，中国的谷物进口依赖

率远低于亚洲国家和世界平均水平，虽然受国际市场粮食可贸易量所限，过分依靠进口来满足国内粮食需求并不现实，但适度扩大进口并不会从根本上影响中国的粮食安全状况。一方面，考虑中国资源禀赋特点和粮食安全需要，在贸易方面可以更多进口土地密集和水资源密集的资源密集型农产品，适度进口粮食产品。另一方面，继续推进农产品进口多元化，缓解农产品进口地区集中、品种集中的问题，并通过进口的倒逼机制促进国内农业生产方式的转型升级。同时，在投资方面，要促进农业生产要素的国际国内双向流动，促进国内农业技术进步，助力海外农业生产发展。

参考文献：

[1] 杜志雄，王永春，张梅林. 我国粮食生产困境及解决思路 [J]. 中国党政干部论坛，2015（3）：98-101.

[2] 姜长云，杜志雄. 关于推进农业供给侧结构性改革的思考 [J]. 南京农业大学学报（社会科学版），2017（1）：1-10.

[3] 杜志雄. 70年中国粮食安全的成效与经验 [J]. 人民论坛，2019（32）：16-19.

[4] 杜志雄，肖卫东. 中国农业发展70年：成就、经验、未来思路与对策 [J]. 中国经济学人，2019，14（1）：4-35.

[5] 杜志雄，肖卫东. 农业规模化经营：现状、问题和政策选择 [J]. 江淮论坛，2019（4）：11-19.

[6] 张宗毅，杜志雄. 土地流转一定会导致"非粮化"吗：基于全国1740个种植业家庭农场监测数据的实证分析 [J]. 经济学动态，2015（9）：63-69.

[7] 倪国华，蔡昉. 农户究竟需要多大的农地经营规模：农地经营规模决策图谱研究 [J]. 经济研究，2015（3）：159-171.

[8] 仇焕广，刘乐，李登旺，等. 经营规模、地权稳定性与土地生产率：基于全国4省地块层面调查数据的实证分析 [J]. 中国农村经济，2017（6）：30-43.

[9] 黄祖辉，王祖锁. 从不完全合约看农业产业化经营的组织方式 [J]. 农业经济问题，2002（3）：28-31.

[10] 李登旺，韩磊. 重要农产品价格形成机制改革背景下粮食型家庭农场发展困境与对策研究 [J]. 价格理论与实践，2019（1）：35-39.

[11] 李升发，李秀彬，辛良杰，等. 中国山区耕地撂荒程度及空间分布：基于全国山区抽样调查结果 [J]. 资源科学，2019，39（10）：1801-1811.

[12] 夏雯雯，杜志雄，郜亮亮. 家庭农场经营者应用绿色生产技术的影响因素研究：基于三省452个家庭农场的调研数据 [J]. 经济纵横，2019（6）：101-108.

[13] 胡冰川. 2018年农业对外开放形势及2019年展望 [M]//中国农村经济形势分析与预测（2018—2019）. 北京：社会科学文献出版社，2019.

[14] 谌琴. 新时代我国粮食供需形势及面临的新挑战 [J]. 中国发展观察，2019（7）：35-37.

[15] 高海秀，王明利，石自忠，等. 中国牧草产业发展的历史演进、现实约束与战略选择 [J]. 农业经济问题，2019（5）：121-129.

农地租约期限结构对家庭农场"非粮化"的影响[①]
——基于全国 2 047 个种植业家庭农场的实证分析

种植业家庭农场正在成长为保障中国粮食安全的中坚力量,但其较强的"非粮化"倾向需要引起高度警惕。我们尝试从农地租约期限结构的视角来理解家庭农场的"非粮化"行为,并利用全国家庭农场 2015 年动态监测数据进行实证分析。基于全国 2 047 个种植业家庭农场数据的研究表明,农地租约期限结构确实显著影响家庭农场的"非粮化"行为。在家庭农场经营的土地总面积中,租约期限较长的土地占比越高,家庭农场的"非粮化"倾向越明显。使用替代变量法、工具变量法、间接验证法以及其他多种形式的稳健性检验,证实上述结论仍然成立。进一步研究发现,相对于经营规模较小和地租成本较高的家庭农场,农地租约期限结构对经营规模较大和地租成本较低家庭农场"非粮化"行为的影响较弱。分区域的异质性分析表明,农地租约期限结构对东部和西部地区的家庭农场有显著影响,但对中部地区家庭农场的"非粮化"行为没有显著影响。家庭农场会理性地匹配不同租期的农地与农作物以谋取自身利益最大化,但这种基于家庭层面的理性安排很可能带来宏观层面的集体非理性,可能会威胁国家粮食安全,应引起高度重视。

一、引言

改革开放 40 年以来,农村劳动力不断向城市非农产业转移,国家统计局 2018 年发布的《2017 年农民工监测调查报告》显示,全国农民工数量达到了 2.86 亿,其中外出农民工达到了 1.72 亿人[②]。农村劳动力的大量流失对农业与农村产生了深刻影响,其中一个

---

① 本文暂未公开发表。

② 数据来源:http://www.stats.gov.cn/tjsj/zxfb/201804/t20180427_1596389.html。

显著变化就是农村土地流转市场的兴起。截至 2017 年 6 月，全国土地流转面积达到了 4.97 亿亩，占家庭承包耕地面积的 36.5%，相比 2007 年 6 400 万亩的流转规模增长了 6 倍有余[①]。随着土地流转市场的兴起，中国的家庭农场迎来了发展的春天。一方面，"半工半耕"的小农户希望将土地流转出去，避免土地撂荒的同时还可以获得一定的租金收入；另一方面，专业种植户则有着强烈的转入愿望，希望扩大经营规模来获得更高收入水平。在"看不见的手"的影响之下以及政府"看得见的手"的推动之下，种植大户及其升级版——家庭农场得以蓬勃发展。截至 2018 年 6 月，全国家庭农场数量已超过 87.7 万户[②]。

土地流转市场的兴起和家庭农场的发展壮大，一方面为中国农业从传统农业向现代农业转型提供了契机；但另一方面，也带来了发展的烦恼，即土地流转后家庭农场有着较强的"非粮化"倾向，而这很可能威胁到粮食供给和国家粮食安全[1]。如张茜等[2]以河南省舞钢市 21 个家庭农场为个案的研究，蔡洋洋等[3]基于重庆市 131 个家庭农场的调查，张宗毅和杜志雄[4]基于全国 1 740 个家庭农场的分析，均发现家庭农场种植结构"非粮化"现象较为突出。一些学者致力于解释"非粮化"背后的经营主体动机[5]，学界主流观点认为，农户如何调整种植结构，关键取决于自身劳动力禀赋和土地禀赋特征[6-7]。由于经济作物是劳动密集型，粮食作物是土地密集型[8]，因而当劳动力数量较为充足、土地资源相对稀缺时，有助于经济作物的种植[9]；反之，当土地资源较为丰富、劳动力资源相对不足时，则有助于粮食作物的种植[10-11]。基于这一视角开展的研究，主要分析了非农就业对种植结构的影响[12-14]，经营规模对种植结构的影响[15-16]。当然，有很多学者指出，土地细碎化、地形地貌、劳动力结构、农业机械等因素会调节劳动力禀赋和土地禀赋对种植结构的影响[17-19]，并做了进一步细化研究。

已有成果对家庭农场种植结构"非粮化"及其背后动机进行了丰富和饶有意义的讨论，这为本文奠定了良好基础。但本文并不打算延续上述思路，而是基于中国农村家庭农场的生成机制，选择农地流转租约期限这一视角来理解家庭农场的"非粮化"行为。中国情景下的家庭农场是典型的土地租赁式农场，以种植业家庭农场为例，农业农村部《2017 年年中农村经营管理基本情况报告》显示，截至 2017 年 6 月，平均每个种植业家庭农场经营耕地 175.8 亩，其中超过八成来自农地流转[③]。尽管已有少数学者意识到不能忽略农地流转对家庭农场种植结构"非粮化"的影响[1,5,16,20]，但这些文献主要考虑土地经营规模或者租金成本带来的影响[4,21-22]，并没有意识到农地流转租约期限可能发挥的作用。本文认为，考虑到中国家庭农场的特点，需要考虑农地流转租约期限对家庭农场种植结构的

---

① 数据来源：http://www.sohu.com/a/220626730_217394。
② 数据来源：http://www.sohu.com/a/344102552_260836。
③ 数据来源：http://www.soutudi.so/news-15468-63-view.htm。

影响。农场经营的土地主要来自农地流转市场，为了获得土地经营权，家庭农场需要与数量众多的小农户进行谈判[23]，或者通过中介组织（村委会、地方政府等）来与小农户进行沟通。由于传统农户呈现异质性，不同特征农户希望与家庭农场达成的租约期限有较大差异，一部分农户希望将土地长期流转给家庭农场，也有一部分农户只希望短期转出。这就造成了家庭农场实际经营着不同租约期限的土地[24-25]。实际上，由于流转对象和外在环境的差异，中国的家庭农场会拥有差异化的农地租约期限结构[26]。即对不同的家庭农场而言，农场主会经营不同比例的各类期限长短不一的土地。引出下面的问题：由于经济作物和粮食作物的投资强度、收益和风险等方面的差异，在地块层面，家庭农场会不会根据地块租约期限来安排经济作物和粮食作物的种植？上升至家庭层面，既定的农地租约期限结构对家庭农场"非粮化"倾向有影响吗？

之所以有上述疑问，是受地权安全性与农户种植决策相关文献的启发。一些研究发现，地权安全性对农户种植决策有显著影响[27]。如 Brasselle 等基于埃塞俄比亚的研究发现，农地产权对农户的树木种植决策有显著影响[28]，仇童伟等发现地权稳定性的改善会抑制农户种植农作物，且对经济作物的抑制作用大于对粮食作物的抑制作用[9]。洪炜杰等基于"中国劳动力动态调查"，以是否持有承包经营权证书来衡量产权安全性，发现有证书的农户会更多种植果树（经济作物）[29]。由于在地块层面，租约期限长短实际上就是地权稳定性的直接体现。因此，本文猜测租约期限结构可能会影响到农户的种植决策，并致力于检验这一命题。

文章后续安排如下：第二部分进行理论分析并提出研究假说；第三部分为研究设计，包括数据来源、变量设置和模型选择；第四部分进行实证结果与分析；第五部分为进一步讨论和拓展性分析；最后一部分为结论与启示。

二、理论分析

对于特定的家庭农场 A，其土地面积为 L，农场 A 可以将这些土地全部用于种植经济作物，也可以全部种植粮食作物，具体种植多少比例的粮食作物和经济作物，取决于如何实现家庭农场的利润最大化。也就是说，在新古典经济学框架中，假定家庭农场是理性决策主体，最终选择种植比例为 a 的经济作物，以及 $(1-a)$ 比例的粮食作物，其家庭总收益 $Y=P_1 aL+P_2(1-a)L$ 必然是最大的。其中，P_1、P_2 分别为单位面积经济作物和粮食作物的利润。

然而，上述推断需要建立在一个基础假设之上：农户土地经营权在产权稳定性方面是同质化的，土地经营权期限没有本质差异。但对中国式家庭农场而言，这一前提假定无法满足。由于土地产权结构的差异，中国的家庭农场是典型租赁式农场[30]，所经营的土地主要从流转市场获得，家庭农场只拥有一定期限的土地经营权。并且，由于中国传统小农户呈现经营细碎化特征，家庭农场若要实现一定规模的经营，就必须与数量众多的小农户谈判来获得土地经营权[31]。而不同农户呈现异质性，有着不同强度的土地依赖性和风险偏好，希望与家庭农场达成的流转契约期限也有较大差异[26]。即使一些家庭农场为了节省交易成本，依靠土地中介组织、村集体或地方政府来进行集中流转，不需要与众多小农户进行直接谈判，能相对容易达成期限较为集中的土地租约。但中介组织（村集体、地方政府）仍然需要面对农户异质性问题，不同村庄、村庄内部不同片区的农户仍然可能对土地流转契约期限有差异化需求。部分村庄或片区的农户很可能非农就业率较高，农业劳动力不足，更希望长期流转土地[32]；而另一部分村庄或片区，农业仍然是农户的主要生计之一，只希望短期流转土地。契约是双方协商的结果，因而中介组织（村集体、地方政府）也很难让家庭农场获得统一期限的农地租约。也就是说，家庭农场无论是直接与小农户进行谈判，还是通过中间代理人与小农户进行协商，都不太可能拥有经营期限完全一致的农地。这意味着家庭农场经营的土地，按照契约期限长短可以划分为不同组别[33]。假定家庭农场的土地租约按照是否长于 Y 年来划分长期和短期租约，那么家庭农场就同时经营着一定比例 W_1 的较长期限租约（期限$\geqslant Y$）和一定比例 W_2 的较短期限租约（期限$<Y$）。当家庭农场拥有面积为 LW_1 的较长期限租约和面积为 LW_2 的较短期限租约，以及面积为 $L(1-W_1-W_2)$ 的自家承包地时，就需要考虑合理配置土地资源来实现利益最大化。

不同农作物的特性有差异，家庭农场就需要考虑到这一层面因素，从而合理配置土地资源。相对粮食作物而言，经济作物有三大突出特点。其一，前期投入大。相对于种植粮食作物，种植经济作物时家庭农场前期通常需要投入较多的资金对土地进行整理、土壤培育、相关附属设施的建设，用于种苗、技术和灾害防范的费用也更高。此外，经济作物多是劳动密集型的，且不易被机械替代，其人工成本也远高于粮食作物。因此，作为土地密集型作物的粮食作物的资金投入门槛要远低于经济作物[12]。也就是说，相对于种植粮食作物，种植经济作物是一类资金密集型的投资决策[18]，相应的资产专用性更高。其二，经济作物的相对收益较高。无论是学者们开展的微观调查，还是较为权威的公开数据，无一例外的表明，单位面积经济作物的利润远远高于单位面积粮食作物的利润[21,34]。特别是近些年来土地租金成本上涨较快，家庭农场种植粮食作物的利润空间越来越小，从而倒逼家庭农场种植结构更趋"非粮化"[35]。其三，种植经济作物面临更高的风险。粮食作物会面临自然风险，但粮食销售有国家政策托底，销路问题基本不用操心。经济作物则不同，不仅要克服农业自然风险，而且要面对市场风险，价格波动有可能让农户遭受重大损失，属于较高风险型农作物[36]。因此，经济作物属于"高投入、高收益和高风险"型，粮食作物属于"低投入、低收益和低风险"型。除此以外，部分经济作物属于跨年度生长的农作物，成熟周期长，天然地对地权稳定性有着更高的要求，而粮食作物多是一年一熟或者一年多熟，对地权稳定性的要求较低[29]。

正如新制度经济学经典文献指出的那样，契约双方更可能选择长期契约来配置那些资产专用性高、不确定性大的资产[37-38]。因而，在地块层面上，考虑到经济作物前期投入大和风险高两个特性，农场主在进行农作物配置时，很可能会将经济作物种植在经营期限较长的地块上[39]，将粮食作物种植在流转期限较短的地块上。上升至家庭层面不难推断出，当家庭农场拥有更高比例的长期限租约土地时，由于满足经济作物特性的土地资源更丰富，家庭农场有条件去更多种植经济作物。而且，有研究证实，由于粮食作物和经济作物的收获周期有较大差异。大多数粮食作物一年一熟，地权是否稳定对农户种粮食作物的影响并不大，但是大部分经济作物的生长周期偏长，要跨年度，因此对地权稳定性要求更高[9,28]。鉴于农地租约期限能够较好地显示地块层面的地权稳定性，而农地租约期限结构是家庭农场整体地权稳定性的标志。因此，租约期限较长的地块越多时，适合经济作物种植的地块也越多，家庭农场就能够更高比例的种植经济作物。基于此，提出下述假说：

特定家庭农场经营的土地总面积中，契约期限较长的土地占比越高时（W_1 越大），家庭农场越可能多的种植经济作物（a 越大），农场的"非粮化"倾向越明显。

三、研究设计

（一）数据来源

本文数据来自农业部全国家庭农场动态监测 2015 年度调查。从 2014 年起，当时的农业部农村经济体制与经营管理司委托中国社会科学院农村发展研究所组建专门团队，对全国 3 000 个左右的家庭农场展开长期固定监测工作。选取标准是参照经济发展水平，在全国每个省选择 2～4 个代表县，在每个县随机调查 30～50 个家庭农场进行问卷调查，内容涉及样本农场 2015 年农业生产经营的各个方面。2016 年初，课题组整理获得了 2015 年家庭农场动态监测数据，剔除关键信息缺失样本，共获得 2 047 个种植业家庭农场的基本信息。与已有研究对比，本文的优势在于样本规模更大，更具全国层面代表性。样本家庭农场区域分布如表 1 所示。

表 1　家庭农场的区域分布

省份	家庭农场/个	省份	家庭农场/个
北京	23	河南	83
天津	25	湖北	29
河北	75	湖南	43
山西	71	广东	47

（续）

省份	家庭农场/个	省份	家庭农场/个
内蒙古	57	广西	29
辽宁	93	海南	27
吉林	206	四川	49
黑龙江	270	贵州	59
上海	87	云南	110
江苏	60	重庆	53
浙江	54	陕西	54
安徽	76	甘肃	46
福建	66	青海	49
江西	34	宁夏	70
山东	62	新疆	38

（二）变量设置

（1）"非粮化"种植行为。与已有成果一致，本文使用一个反向指标——家庭农场的粮食种植比例，即粮食作物种植面积占总种植面积的比例来显示家庭农场的"非粮化"行为[13]。

（2）农地租约期限结构。农地租约期限结构指的是，按照租约期限长短及其相应的土地占比来理解家庭农场的土地配置情况。中国情境下的家庭农场是通过农地流转市场发展起来的[30]，为获得土地经营权，农场主需要面对众多小农户直接进行谈判[23]；或者通过中介组织（村集体、地方政府）来与小农户进行沟通。由于农户呈现异质性，希望流转的期限有差异，因而家庭农场很难获得经营期限一致的农地租约。这意味着家庭农场实际经营的面积，可以按照租期期限长短进行分类[22]，从而拥有差异化的农地租约期限结构。2015 年全国家庭农场监测数据将家庭农场转入土地的租约期限区分为小于 5 年①、5～10年、10～30 年、30 年以上四个类别。鉴于当前政策环境下，政府鼓励农户和家庭农场签订长于 10 年的流转契约来保障农场主经营稳定性，且考虑到此次数据样本分布实际情况，本文将短于 10 年的契约归类为期限较短的租约；将大于等于 10 年期限的契约归类为期限较长的租约②。统计结果显示，在家庭农场经营的土地构成中，除自家承包地占一定比率外（占比 11.48%），期限较长租约土地面积占比为 35.37%，期限较短租约土地面积占比

---

① 对于农户和家庭农场之间达成的口头协议或契约，经调查发现多是一年一约的短期契约，可故归类为小于5 年这一组。

② 同时将四个类别的农地租约期限引入方程，通过识别四类农地租约对家庭农场"非粮化"种植行为的影响，实证结果发现租约期限小于 5 年、5～10 年对家庭农场"非粮化"行为的影响有正向促进，而期限在 10～30年、30 年及以上期限对家庭农场"非粮化"行为的影响有负面效应。因而，这一结果支持以 10 年为界来划分长短期租约。

为 53.15%。如此，家庭农场经营的土地可划分三大类型，转入的土地按租约期限长短则分为两个亚类。为减缓强共线性带来的影响，本文借鉴钱龙等（2019）[26]，引入期限较长租约土地占比作为农地租约期限结构的代理变量，同时将自家承包地面积占比作为关键控制变量予以引入。

（3）其他控制变量。为尽可能减少遗漏变量可能带来的影响，本文还控制了农场主个体特征、农场多维度特征。农场主是家庭农场的创办者和主要决策者，需要对这一主体的特征予以控制[40]，因而本文引入了农场主年龄、年龄的平方、受教育程度、技术培训经历、规模种植经验。结合已有文献[5,12]和本次调查的开展情况，本文还引入家庭农场劳动力禀赋、雇佣劳动力人数、土地经营规模、平均地租水平、土地细碎化程度、农业固定资产价值、农场是否加入合作社、政府补贴水平、农场主要地形地貌、农场认定级别等控制变量，来控制家庭农场异质性禀赋带来的影响。为控制区域层面因素的影响，本文还引入了省级层面的虚拟变量。

上述变量的定义及描述统计性分析如表 2 所示。

表 2　变量定义及描述性统计

变量	定　义	平均值	标准差
"非粮化"种植行为	粮食种植面积×100/家庭农场土地面积	61.71	42.80
农地租约期限结构	期限较长租约土地占比：期限≥10 年土地面积×100/家庭农场土地面积	35.37	44.60
自家承包地占比	农场主自家承包地面积×100/家庭农场土地面积	11.48	21.02
农场主年龄	2015－出生年份（年）	46.80	9.28
农场主年龄的平方	农场主年龄的平方/10	227.63	83.32
农场主受教育程度	5＝大专及以上；4＝高中、职高、中专；3＝初中；2＝小学；1＝文盲（对照）	3.52	0.76
农场主技术培训经历	农场主是否接受过专业培训：1＝是；0＝否	0.82	0.39
农场主规模经营经验	农场主从事规模经营的年限（年）	6.13	4.55
农场劳动力禀赋	家庭农场拥有的劳动力人数（人）	3.49	1.46
雇佣劳动力人数	家庭农场常年雇佣的劳动力人数（人）	2.93	5.50
经营规模	家庭农场土地经营规模（对数）	5.37	1.03
平均地租水平	家庭农场总租金支出/转入土地规模（对数）	5.76	1.47
土地细碎化	家庭农场拥有地块数（对数）	2.42	1.34
农场固定资产价值	家庭农场拥有的农机、仓库、农机场库棚、晒场、圈舍等固定资产投资总额（对数）	3.14	1.49
农场是否加入合作社	1＝是；0＝否	0.34	0.47
政府补贴水平	家庭农场获得的补贴金额（对数）	3.95	23.58
农场主要地形地貌	3＝山地；2＝丘陵；1＝平地（对照）	1.43	0.71
农场认定级别	4＝省级示范农场；3＝市级示范农场；2＝县级示范农场；1＝非示范农场（对照）	1.65	0.93

（三）模型选择

为测度农地租约期限结构对家庭农场"非粮化"种植行为的影响，引入下述方程：

$$Grain_i = a_0 + a_1 Contract_i + a_2 Own - land_i + \sum a_\beta X_i + e_i \qquad (1)$$

其中，$Grain_i$ 表示家庭农场 i 的"非粮化"种植行为，使用反向指标家庭农场的粮食种植比例来予以测度。$Contract_i$ 表示农场 i 的农地租约期限结构，使用期限较长租约的土地占比予以显示；$Own - land_i$ 表示自家承包地占比，a_1 和 a_2 为相应的影响系数。X_i 为一系列控制变量，a_β 为对应的影响系数，e_i 为随机误差项。

模型选择方面，本文先引入 Ols 模型进行分析。然而，对整体样本的统计表明，全部种植业家庭农场样本中，有 432 个家庭农场只种植经济作物，占比为 21.1％；有 867 个家庭农场只种植粮食作物，占比为 42.35％；另外 36.55％的家庭农场同时种植粮食作物和经济作物。这意味着家庭农场的粮食种植比例介于 0～1 之间，因而式（1）更适合采纳 Tobit 模型进行分析。当然，为提高研究结论可信性，本文同时采纳两种模型进行分析以相互印证。

四、实证结果与分析

（一）基准回归

表 3 显示了基准回归，发现期限较长租约土地占比始终在 1％显著性水平上负向影响粮食种植比例。以列（4）为例，这意味着租约期限较长土地占比每上升 1％，农户会减少大约 0.2％的粮食作物，说明农地租约期限结构确实会显著影响家庭农场的"非粮化"种植行为。从而证实当家庭农场拥有更多的契约期限较长、经营权稳定的土地时，此时满足经济作物种植所需的稳定地权土地更为丰富，农户确实会减少粮食作物的种植，相应提升经济作物的种植比例，研究假说得到初步证实。即地权稳定性越强，越有利农户选择经济作物而非粮食作物，这与主流文献保持一致[28,29]。

控制变量方面，稳健影响种植结构"非粮化"的包括农场主受教育程度、家庭农场劳动力禀赋、雇佣劳动力人数、土地经营规模、平均地租水平、土地细碎化、农场主要地形地貌、家庭农场认定级别共 8 个控制变量。其中，农场主受教育程度越高，家庭农场越不可能种植粮食作物。家庭农场劳动力禀赋和雇佣劳动力人数均 1％显著性水平负向影响粮食种植比例，土地经营规模在 1％显著性正向促进粮食种植比例。即劳动力资源越丰富，越有助于经济作物的种植[11]；土地资源越丰富，越有助于粮食作物的种植[15]。平均地租水平在 1％显著性水平上负向影响粮食种植，这与已有成果也保持一致，即土地成本越高，家庭农场的种植结构越可能趋于"非粮化"[2]。土地细碎化和农场主要地形地貌分别在1‰显著性水平正向促进或负向影响粮食种植比例，表明土地细碎化程度越高，家庭农场越可能种植粮食作物[16]；家庭农场的主要地形越平坦，粮食种植比例越高，均与已有成果保持一致[41]。家庭农场认定级别在1‰显著性水平负向影响粮食种植比例，表明家庭农场的认定级别越高，"非粮化"倾向越明显。这可能与当前家庭农场的认定标准密切相关，农业部门在认定家庭农场时多关注"非农化"这一底线，而对"非粮化"较少关注和干预。由于那些"非粮化"越突出的家庭农场越可能获得高盈利，因而也更可能入选级别的农场认定目录。

表3　农地租约期限结构与家庭农场"非粮化"行为：基准回归

变量	(1)	(2)	(3)	(4)
	Ols	Tobit	Ols	Tobit
期限较长租约土地占比	−0.175***	−0.234***	−0.149***	−0.199***
	(0.019)	(0.024)	(0.018)	(0.023)
自家承包地占比	0.021	0.042	−0.074*	−0.088*
	(0.042)	(0.053)	(0.040)	(0.052)
农场主年龄	−0.667	−0.600	−0.692	−0.657
	(0.679)	(0.843)	(0.649)	(0.804)
农场主年龄的平方	0.094	0.093	0.087	0.088
	(0.076)	(0.094)	(0.072)	(0.089)
农场主受教育程度	−3.035***	−4.308***	−3.566***	−4.982***
	(1.094)	(1.363)	(1.046)	(1.302)
农场主技术培训经历	2.866	3.717	6.595***	8.703***
	(2.136)	(2.648)	(2.059)	(2.553)
农场主规模经营经验	−0.268	−0.463**	−0.319*	−0.543***
	(0.177)	(0.220)	(0.169)	(0.210)
农场劳动力禀赋	−1.905***	−2.105***	−2.082***	−2.352***
	(0.557)	(0.689)	(0.532)	(0.657)
雇佣劳动力人数	−0.878***	−1.053***	−0.835***	−0.982***
	(0.150)	(0.191)	(0.144)	(0.182)
经营规模	17.080***	21.430***	13.910***	17.320***
	(0.941)	(1.190)	(0.927)	(1.165)
平均地租水平	−3.126***	−3.860***	−2.445***	−2.923***
	(0.586)	(0.747)	(0.562)	(0.715)
土地细碎化	2.305***	3.238***	3.564***	4.850***
	(0.617)	(0.765)	(0.597)	(0.739)
农场固定资产价值	−0.188	−0.088	0.071	0.267
	(0.607)	(0.753)	(0.580)	(0.718)

（续）

变量	(1) Ols	(2) Tobit	(3) Ols	(4) Tobit
农场是否加入合作社	−2.257	−2.816	−2.594	−3.004
	(1.719)	(2.127)	(1.643)	(2.026)
政府补贴水平	0.034	0.041	0.024	0.027
	(0.034)	(0.041)	(0.032)	(0.039)
农场主要地形地貌	−10.080***	−13.570***	−8.172***	−11.180***
	(1.199)	(1.521)	(1.154)	(1.461)
农场认定级别	−4.209***	−5.053***	−2.546***	−2.841***
	(0.893)	(1.107)	(0.861)	(1.065)
省份	未控制	未控制	已控制	已控制
常数	4.040	42.700***	44.085	31.525
	(16.520)	(20.610)	(16.041)	(19.928)
sigma	—	42.701		40.625
		(0.790)		(0.750)
N	2 047	2 047	2 047	2 047
R^2	0.317	—	0.377	—

注：***、**、*分别表示1％、5％和10％的显著性水平，括号内为标准误[1]。

（二）内生性讨论

基准回归表明，期限较长租约土地占比越高，家庭农场的种植结构越可能趋于"非粮化"。然而，反向思考，当家庭农场希望种植经济作物时，会提前考虑到经济作物的特性。因而，可以预见的是，家庭农场在与农户达成农地流转租约时，会事先要求签订更长期限的农地租约。反之，家庭农场选择种植粮食作物时，会容忍相对短期的农地流转租约。这意味着作为关键自变量的农地租约期限结构和作为因变量的"非粮化"种植行为可能存在逻辑上的反向因果。如果确实如此，那么基准回归的可信性是值得怀疑的。为此，本文尝试通过两种方式来予以解决。

首先，使用替代变量法来削弱两者之间可能存在的内生性。本文选择家庭农场转入地块最长的租期作为期限较长租约土地占比的代理变量。一方面，农地流转契约期限较长的土地面积占比越高时，家庭农场拥有租期较长地块的概率越高。另一方面，由于家庭农场实际经营着很多地块，因而家庭层面的种植结构基本不会影响到单一地块的租约期限。也就是说，在地块层面，因变量与关键自变量之间的反向因果在很大程度上被削弱了。拟合结果表明（表4），无论是否控制省级层面特征，转入地块中最长的租期始终在1％显著性

---

[1] 作者使用稳健标准误再次对表4的模型进行了拟合回归，发现各个变量的系数变化很小，显著性也没有任何改变，说明基准模型的结论是可信的。后续表5至表8也是如此，不再赘述。

水平负向影响家庭农场的种植结构，研究假说再次得到印证。

表 4　农地租约期限结构与家庭农场"非粮化"行为：替代变量回归

变量	(1)	(2)	(3)	(4)
	Ols		Tobit	
转入地块中最长的租期	−0.598***	−0.500***	−1.056***	−0.877***
	(0.066)	(0.063)	(0.100)	(0.097)
自家承包地占比	0.023	−0.071*	0.033	−0.091*
	(0.042)	(0.040)	(0.053)	(0.052)
农场主年龄	−0.672	−0.695	−0.707	−0.734
	(0.679)	(0.649)	(0.840)	(0.802)
农场主年龄的平方	0.092	0.086	0.102	0.094
	(0.076)	(0.072)	(0.094)	(0.089)
农场主受教育程度	−3.401***	−3.881***	−4.515***	−5.163***
	(1.092)	(1.044)	(1.357)	(1.298)
农场主技术培训经历	2.359	6.137***	3.336	8.254***
	(2.133)	(2.058)	(2.635)	(2.546)
农场主规模经营经验	−0.120	−0.195	−0.221	−0.340
	(0.178)	(0.170)	(0.220)	(0.211)
农场劳动力禀赋	−1.936***	−2.108***	−2.071***	−2.325***
	(0.557)	(0.533)	(0.687)	(0.656)
雇佣劳动力人数	−0.972***	−0.916***	−1.138***	−1.059***
	(0.149)	(0.143)	(0.189)	(0.180)
经营规模	17.450***	14.240***	21.420***	17.450***
	(0.935)	(0.923)	(1.184)	(1.160)
平均地租水平	−3.047***	−2.383***	−3.673***	−2.802***
	(0.586)	(0.562)	(0.746)	(0.715)
土地细碎化	2.567***	3.792***	3.469***	5.032***
	(0.613)	(0.593)	(0.757)	(0.732)
农场固定资产价值	−0.377	−0.097	−0.177	0.158
	(0.605)	(0.579)	(0.749)	(0.716)
农场是否加入合作社	−1.912	−2.301	−2.086	−2.383
	(1.719)	(1.644)	(2.116)	(2.020)
政府补贴水平	0.026	0.017	0.028	0.016
	(0.034)	(0.032)	(0.040)	(0.039)
农场主要地形地貌	−9.647***	−7.854***	−12.150***	−10.120***
	(1.211)	(1.165)	(1.540)	(1.479)

（续）

变量	(1)	(2)	(3)	(4)
	Ols		Tobit	
农场认定级别	−4.374***	−2.693***	−5.169***	−2.986***
	(0.893)	(0.862)	(1.102)	(1.063)
省份	未控制	已控制	未控制	已控制
常数	4.934	44.550***	−14.353***	34.914
	(16.523)	(16.053)	(20.535)	(19.887)
sigma	—	—	42.496	40.508
			(0.786)	(0.746)
N	2 047	2 047	2 047	2 047
R^2	0.317	0.376	—	—

注：***、**、*分别表示1%、5%和10%的显著性水平，括号内为标准误。

其次，使用工具变量法来消除两者之间可能的反向因果联系。本文选择了两个工具变量来分别予以验证[①]。工具变量1为家庭农场的所在地。2015年全国家庭农场监测数据调查了家庭农场的区位，本文按照由近到远的原则，将其设定为有序虚拟变量，即"1＝本村；2＝本乡外村；3＝本县外乡；4＝本省外县；5＝外省"五个备择选项。之所以选择这一变量作为工具变量，一方面，是因为家庭农场所在地能够显著影响到农地流转契约期限。农场所在地实际上指示了家庭农场的社会网络，家庭农场所在地距离本村越近，表明家庭农场与土地转出方的地缘关系越亲近。有较为丰富的文献表明，农地流转租约期限与契约双方的熟悉度密切相关，差序格局的社会网络对农地流转租约的期限有显著影响[42]，满足工具变量显著影响关键自变量的前提假设。另一方面，这一变量对家庭农场的种植结构而言却是相对外生的，从而满足工具变量另一基本条件。第一阶段回归结果显示，家庭农场所在地在1%显著性水平上正向影响期限较长租约土地占比，表明双方的差序格局关系网络越远，反而更可能达成长期流转租约，这与已有文献一致[24]。且方程 F 值达到27.31，表明不存在弱工具变量问题。豪斯曼检验的 P 值小于0.05，说明关键解释变量农地租约期限结构确实是内生的，运用工具变量法更加合适。表5显示了基于这一工具变量的拟合回归。结果表明，使用工具变量消除可能的反向因果内生性问题后，农地租约期限结构依然在1%显著性水平负向影响粮食种植比例。

工具变量2为农场主在家庭农场所在地是否拥有土地承包权，并设定为二值变量"1＝有；0＝没有"。之所以选择这一工具变量是因为，当农场主在家庭农场所在地拥有土地承包权，表明农场主是本地人，和土地转出方相对熟悉，双方有着密切的地缘关系。也

---

① 之所以分开验证这两个工具变量而不是在同一个方程中予以纳入，主要是考虑到这两个工具变量引入思路基本一致，呈现强相关性。

就是说，第二个工具变量与第一个工具变量的引进思路十分类似，满足工具变量的基本前提。表6中列（3）和列（4）显示了基于这一工具变量的拟合回归，第一阶段回归结果显示，家庭农场所在地在1%显著性水平上显著负向影响期限较长租约土地占比，表明家庭农场与转入方的社会网络越亲近，农地租约期限更可能是短期的，这与工具变量1的表现可以相互印证。由于方程F值达到22.96，表明不存在弱工具变量问题。同样进行豪斯曼检验，也证实农地租约期限结构是内生变量，说明引入工具变量2是合适的。拟合回归表明（表5），消除可能的反向因果问题后，期限较长租约土地占比依然在1%显著性水平负向影响粮食种植占比，表明租约期限长期化不利于粮食作物种植的结论是可信的。

表5 农地租约期限结构与家庭农场"非粮化"行为：工具变量法

变量	(1)	(2)	(3)	(4)
	Iv-reg	Iv-tobit	Iv-reg	Iv-tobit
	工具变量1		工具变量2	
期限较长租约土地占比	−0.575***	−0.803***	−0.725***	−1.126***
	(0.107)	(0.139)	(0.232)	(0.321)
自家承包地占比	−0.076	−0.094	−0.120	−0.186*
	(0.052)	(0.068)	(0.075)	(0.104)
农场主年龄	−0.818	−0.809	−0.894	−0.956
	(0.750)	(0.956)	(0.816)	(1.109)
农场主年龄的平方	0.118	0.127	0.129	0.149
	(0.084)	(0.107)	(0.092)	(0.124)
农场主受教育程度	−1.079	−1.620	−0.083	0.304
	(1.310)	(1.672)	(1.752)	(2.392)
农场主技术培训经历	5.996**	8.290***	6.604**	9.872**
	(2.493)	(3.193)	(3.013)	(4.121)
农场主规模经营经验	−0.272	−0.468*	−0.315	−0.534*
	(0.195)	(0.249)	(0.212)	(0.289)
农场劳动力禀赋	−1.786***	−1.913**	−1.795***	−1.896**
	(0.615)	(0.782)	(0.671)	(0.911)
雇佣劳动力人数	−0.443**	−0.452*	−0.297	−0.122
	(0.201)	(0.259)	(0.302)	(0.416)
经营规模	13.74***	16.71***	12.19***	13.56***
	(1.356)	(1.749)	(2.351)	(3.227)
平均地租水平	−2.881***	3.512***	−2.893***	−3.497***
	(0.649)	(0.844)	(0.708)	(0.978)
土地细碎化	0.073	0.078	−0.669	−1.577
	(0.896)	(1.150)	(1.482)	(2.041)

（续）

变量	(1)	(2)	(3)	(4)
	Iv-reg	Iv-tobit	Iv-reg	Iv-tobit
	工具变量1		工具变量2	
农场固定资产价值	1.085	1.743*	1.539	2.768**
	(0.747)	(0.959)	(1.021)	(1.400)
农场是否加入合作社	−2.862	−3.732	−3.227	−4.350
	(1.902)	(2.420)	(2.115)	(2.868)
政府补贴水平	0.044	0.055	0.084	0.142
	(0.037)	(0.046)	(0.139)	(0.189)
农场主要地形地貌	−4.337**	−5.448**	−2.057	−0.601
	(1.999)	(2.587)	(3.676)	(5.058)
农场认定级别	−3.913***	−4.662***	−3.819***	−4.435***
	(0.987)	(1.257)	(1.073)	(1.458)
常数	22.040	5.060	29.900	21.050
	(18.810)	(24.080)	(22.640)	(30.910)
省份	已控制	已控制	已控制	已控制
观测值	2 047	2 047	2 019	2 019
R^2	0.171	—	0.039	—

注：***、**、*分别表示1%、5%和10%的显著性水平，括号内为标准误。

(三) 其他稳健性检验

除上述检验，本文还做了多种其他形式的稳健性验证，以进一步证明农地租约期限结构对家庭农场"非粮化"种植行为的影响是可信的[①]。

首先，既可以使用期限较长租约（≥10年）的土地占比来指示家庭农场面临的租约期限结构，也可以使用期限较短租约（<10年）的土地占比来予以指示。这里使用后者进行稳健性检验，结果显示，无论是使用Ols模型还是Tobit模型，期限较短租约土地占比始终在1%显著性水平正向促进粮食种植比例。表明租约短期化有利于粮食作物的种植，这与基准回归的发现可以相互印证。

其次，前述回归以10年期限来区分长短契约，但一些研究认为，租约长于5年即可认定为较长期限的流转租约[43]，这里将租约期限区分为小于5年界定为期限较短的租约，将5~10年、10~30年、30年以上三个类别认定为期限较长的租约并引入基准回归方程。拟合回归结果显示，5~10年租约期限土地面积占比在5%的显著水平上正向促进家庭农

---

① 为节省篇幅，下面三个稳健性检验的拟合回归的结果并没有显示，如有需要请向作者索取。

场的粮食种植比例，而10~3C年期限土地面积占比、30年及以上期限土地面积占比均在1%的显著性水平上负向影响家庭农场的粮食种植比例。这一方面表明以10年为界限划分较长期限和较短期限的农地租约是合理的，另一方面则再次印证了期限较长租约有助于激励家庭农场的"非粮化"种植行为。

再次，有研究表明，家庭农场的土地租金水平和其"非粮化"行为可能存在反向因果联系，较高的租金水平会带来更严重的"非粮化"倾向，家庭农场的"非粮化"行为也会带来土地租金成本的上升[21]。为了避免这一因素对回归结果可信性的干扰，本文使用家庭农场地块层面最高租金值和最低租金值分别作为平均地租水平的替代变量。由于这两个变量是地块层面的，而"非粮化"行为是家庭农场层面的，因而能够有效缓解反向因果联系。结果表明，地块层面最高租金值显著负向影响家庭农场的粮食种植比例，地块层面最低租金值显著正向促进家庭农场的粮食种植，这与理论预期相符。与此同时，显示农地租约期限结构的期限较长租约土地占比依然在1%的显著性水平负向影响粮食种植比例，基准回归的结论并未发生改变。

最后，上述回归引入了省级层面虚拟变量来控制区域层面因素可能带来的影响，这里参照冷智花等[44]的研究，考虑到县级层面虚拟变量能够更好地控制不同区域的差异化特征，引入更为严格的县级虚拟变量来进行拟合回归。结果显示，期限较长租约土地占比依然极为显著的负向影响家庭农场的粮食种植行为。

五、进一步讨论与拓展性分析

(一) 进一步讨论

理论分析部分提及，当家庭农场拥有更多的较长租约土地时，由于适合种植经济作物的土地更加充裕，理性的家庭会选择更多的种植经济作物，"非粮化"倾向更突出（逻辑A）。如果上述逻辑成立，那么由于经济作物的市场价格更高、相对效益更高，那么家庭农场的农产品销售收入会相应更高（逻辑B）。反之，如果逻辑B成立，那么可以反向推断逻辑A成立。为了进一步验证农地租约结构对家庭农场"非粮化"种植行为的影响，本文对逻辑B进行了实证检验，拟合结果如表6所示。回归结果表明，期限较长租约土地占比越高，家庭农场的农产品销售收入也更高，即逻辑B是成立的。那么，也就是说，期限较长租约土地占比越高时，家庭农场确实会更青睐种植经济作物，逻辑A成立，研究假说是成立的。

此外，如果较长租约的土地占比越高，家庭农场越可能种植经济作物、倾向于减少粮食作物的推断成立（逻辑A）。那么，由于经济作物的种植通常难以使用农业机械来替代劳动力[18]，此时家庭农场的农业机械作业成本会更低（逻辑C）。反之，如果逻辑C成立，反向推断逻辑 A 也成立。基于上述分析，本文对逻辑 C 进行了实证检验，拟合结果如表 6 所示。结果显示，期限较长租约土地占比显著负向影响家庭农场农业机械总成本。当家庭拥有更高占比的较长租期的土地时，家庭农场的农业机械成本确实更低，即逻辑 C 成立。那么，这也意味着逻辑 A 得到了验证，再次说明本文的研究假说是可信的。

表 6　农地租约期限结构与家庭农场销售收入及农业机械成本

变量	家庭农场农产品销售收入		家庭农场机械总成本	
	Ols	Tobit	Ols	Tobit
期限较长租约土地占比	0.002*	0.002*	−0.004**	−0.005***
	(0.001)	(0.001)	(0.001)	(0.002)
自家承包地占比	−0.003***	−0.003***	−0.002**	−0.003**
	(0.001)	(0.001)	(0.001)	(0.001)
农场主年龄	0.035***	0.035***	−0.034**	−0.044**
	(0.013)	(0.013)	(0.015)	(0.018)
农场主年龄的平方	−0.004***	−0.004***	0.004**	0.005**
	(0.001)	(0.001)	(0.002)	(0.002)
农场主受教育程度	0.089***	0.089***	0.029	0.025
	(0.021)	(0.021)	(0.024)	(0.029)
农场主技术培训经历	0.122***	0.122***	0.034	0.031
	(0.041)	(0.040)	(0.048)	(0.059)
农场主规模经营经验	0.019***	0.019***	0.014***	0.016***
	(0.003)	(0.003)	(0.004)	(0.005)
农场劳动力禀赋	0.011	0.011	0.002	0.002
	(0.011)	(0.011)	(0.012)	(0.015)
雇佣劳动力人数	0.021***	0.021***	−0.002	−0.004
	(0.003)	(0.003)	(0.003)	(0.004)
经营规模	0.415***	0.415***	0.388***	0.426***
	(0.018)	(0.018)	(0.021)	(0.026)
平均地租水平	0.056***	0.056***	0.022*	0.028*
	(0.011)	(0.011)	(0.013)	(0.016)
土地细碎化	−0.023**	−0.023**	0.009	0.016
	(0.012)	(0.012)	(0.013)	(0.016)
农场固定资产价值	0.096***	0.096***	0.084***	0.104***
	(0.012)	(0.012)	(0.013)	(0.016)
农场是否加入合作社	0.103***	0.103***	0.199***	0.234***
	(0.033)	(0.033)	(0.037)	(0.045)
政府补贴水平	−0.000	−0.000	0.007***	0.007***
	(0.001)	(0.001)	(0.002)	(0.003)

（续）

变量	家庭农场农产品销售收入		家庭农场机械总成本	
	Ols	Tobit	Ols	Tobit
农场主要地形地貌	−0.097***	−0.097***	−0.284***	−0.374***
	(0.023)	(0.023)	(0.027)	(0.033)
农场认定级别	0.082***	0.082***	0.017	0.011
	(0.017)	(0.017)	(0.019)	(0.023)
省份	已控制	已控制	已控制	已控制
常数	−0.347	−0.347	−0.435	−0.452
	(0.314)	(0.312)	(0.372)	(0.454)
sigma	—	0.672	—	0.882
		(0.105)		(0.167)
观测值	2 045	2 045	1 914	1 914
R^2	0.479	—	0.389	—

注：***、**、*分别表示1%、5%和10%的显著性水平，括号内为标准误。

（二）不同人地禀赋家庭农场的拓展性分析

已有研究表明，鉴于粮食作物和经济作物的生产性约束不同和要素替代难易程度差异，使得人地禀赋对家庭农场粮食种植比例有关键影响[13,17]。经济作物是劳动密集型的农作物，粮食作物是土地密集型的农作物[8]。当劳动力资源相对丰富时，有利于农户选择种植更多经济作物；当土地资源相对丰富时，种植粮食作物的比较优势就凸显出来了[18,19]。为了识别农地租约期限结构对异质性劳动力禀赋农场和异质性土地规模农场的影响是否有差异，本文将整体样本进行分组回归。首先，按照劳动力禀赋是否大于等于样本均值，将整体样本区分为劳动禀赋不足的家庭农场和劳动力禀赋充足的家庭农场。其次，按照家庭土地经营规模是否大于等于样本均值，将整体样本区分为土地规模较小农场和土地规模较大农场两个分样本。

应用 Tobit 模型进行分析，拟合回归表明（表7），对于不同劳动力禀赋的家庭农场和不同土地规模的家庭农场，其限较长租约土地占比均通过了1%显著性水平，且影响方向为负。这与基准回归保持一致，再次印证了研究假说。从影响力度来看，期限较长租约土地占比对劳动力禀赋不足农场和劳动力禀赋充足农场的影响较为接近。但对不同土地规模禀赋的家庭农场，农地租约期限的影响出现显著分化。显而易见的是，期限较长租约土地占比对规模较小农场的影响力度更大，对土地规模较大农场的影响则较为微弱。本文认为，之所以如此，还是与农作物自身的特点密切相关。经济作物的是劳动密集型产品，粮食作物则是土地密集型产品。正如较多文献指出的那样[9]，随着土地经营规模的扩大，一方面，种植粮食作物的规模效应会逐渐显现；另一方面，粮食作物生产过程中的劳动力需求较容易被农业机械所替代，能够相对容易的突破劳动力不足的约束[18]。而经济作物种植过程中对劳动力的需求更大，人工成本更高，且很难被农业机械替代，这导致了经济作物的种植比例很难随着土地经营规模的扩大而得到快速提升[4]。

为进一步识别不同土地经营规模情景下期限较长租约土地占比对家庭农场粮食种植比例的影响，本文在基准回归（表4列4）基础之上引入两者的交叉项。结果显示，交叉变量显著负向影响家庭农场的"非粮化"种植行为，表明土地经营规模会负向调节期限较长租约土地占比对粮食种植比例的影响①。这一结果意味着，土地经营规模的扩大会削弱租约期限长期化带来的不利影响，有利于缓解家庭农场的"非粮化"倾向。

表7　农地租约期限结构与家庭农场"非粮化"行为：不同人地禀赋农场

变量	劳动力禀赋不足农场	劳动力禀赋充足农场	土地规模较小农场	土地规模较大农场
期限较长租约土地占比	−0.190***	−0.206***	−0.259***	−0.098***
	(−5.56)	(−6.68)	(−7.18)	(−3.40)
自家承包地地占比	0.003	−0.172*	−0.133*	0.265
	(0.04)	(−2.36)	(−2.19)	(1.83)
农场主年龄	1.931	−2.172*	1.041	−1.453
	(1.50)	(−2.11)	(0.82)	(−1.46)
农场主年龄的平方	−0.196	0.254*	−0.099	0.168
	(−1.38)	(2.22)	(−0.71)	(1.51)
农场主受教育程度	−5.733**	−4.351**	−7.764***	−1.270
	(−2.78)	(−2.60)	(−3.95)	(−0.76)
农场主技术培训经历	9.016*	8.349*	17.590***	−1.749
	(2.17)	(2.58)	(4.45)	(−0.54)
农场主规模经营经验	−0.932**	−0.266	−0.715*	−0.336
	(−3.03)	(−0.91)	(−2.12)	(−1.31)
农场劳动力禀赋	—	—	−2.007	−2.099**
			(−1.88)	(−2.67)
雇佣劳动力人数	−0.839***	−1.130***	−0.883**	−0.879***
	(−3.38)	(−4.13)	(−3.01)	(−4.01)
经营规模	15.220***	18.640***	—	—
	(8.47)	(12.04)		
平均地租水平	−2.969**	−2.768**	−1.279	−4.485***
	(2.68)	(2.93)	(1.29)	(4.29)
土地细碎化	5.298***	4.644***	−6.660***	−2.869**
	(4.53)	(4.85)	(5.40)	(3.29)

---

① 为节省篇幅，这一拟合回归的结果并没有显示，如有需要，请向作者索取。

（续）

变量	劳动力禀赋 不足农场	劳动力禀赋 充足农场	土地规模较小 农场	土地规模较大 农场
农场固定资产价值	1.576	−0.501	0.622	0.868
	(1.36)	(−0.54)	(0.59)	(0.89)
农场是否加入合作社	−2.305	−4.486	0.694	−3.736
	(−0.73)	(−1.65)	(0.22)	(−1.50)
政府补贴水平	0.022	0.070	0.053	−0.074
	(0.55)	(0.48)	(1.22)	(−0.59)
农场主要地形地貌	−11.090***	−10.180***	−9.301***	−10.170***
	(−5.00)	(−5.19)	(−4.18)	(−5.29)
农场认定级别	−4.294**	−1.885	−5.852**	−1.110
	(−2.69)	(−1.31)	(−3.19)	(−0.90)
省份	已控制	已控制	已控制	已控制
常数	−10.780	64.150*	−21.080	85.560**
	(−0.34)	(2.44)	(−0.66)	(3.12)
sigma	40.860***	40.070***	43.360***	35.990***
	(35.41)	(41.06)	(36.21)	(40.61)
观测值	881	1 166	1 073	974

注：***、**、*分别表示1%、5%和10%的显著性水平，括号内为标准误。

（三）不同地租水平与不同区域家庭农场的异质性分析

以往研究表明，地租成本对于家庭农场的"非粮化"行为有显著影响。相对于低租金水平的家庭农场，高地租会激励农户更多的种植非粮作物[21]。特别是近些年来，为了应对地租成本的不断上涨，鉴于种植粮食作物没有明显的经济收益，为了最大化家庭收益，家庭农场有很强的激励进行"非粮化"生产[4,22]。因为相对于粮食作物，单位面积经济作物能够带来更高的纯利润，能够更为有效地改善农场主家庭的经济情况。为了识别农地租约期限结构对不同地租水平家庭农场是否有差异化影响，本文按照家庭农场的平均地租水平是否大于等于整体样本均值，将样本区分为较高租金农场和较低租金农场两组。同样，应用 Tobit 模型进行实证分析，结果如表8所示。结果显示，期限较长租约土地占比对较高租金农场的影响力度更大，这与理论预期完全相符。因为较高租金农场的土地成本更高，面临的经济压力更大，当其拥有更高比例的期限较长租约的土地时，会优先选择收益率更高的经济作物。

中国地域广大，东部、中部和西部的区域发展水平呈现明显的层次性。为识别不同区域家庭农场是否有差异化的"非粮化"行为，本文将整体样本区分为东、中、西①三个分样本，检验农地租约期限结构是否会带来异质性影响效应，拟合结果如表 8 所示。结果显示，期限较长租约土地占比对西部地区家庭农场的影响最大，对东部家庭农场的影响次之，但对中部家庭农场的"非粮化"行为没有显著影响。这一结果表明，西部地区和东部地区的家庭农场的"非粮化"行为仍然受到农地租约期限结构的显著影响。但在中部地区，家庭农场进行粮食种植结构调整时，这一因素不会发挥关键性作用。之所以如此，本文猜测这主要是因为中部地区是粮食主产区，土地禀赋相对充足，家庭农场的经营规模较大，种植粮食有显著的规模效益。因而，本区域的家庭农场依靠种植粮食就能够获得相当可观的收益，进行"非粮化"种植结构调整的动机较弱。统计性结果也支持这一判断，东部地区、中部地区、西部地区家庭农场的平均经营规模分别为 259.3 亩，464.5 亩和 294 亩，中部地区确实是三大区域中土地禀赋最为充足的地区，种植粮食作物存在比较优势。

表 8 农地租约期限结构与家庭农场"非粮化"行为：不同区域和地租水平农场

变量	较高租金农场	较低租金农场	东部地区	中部地区	西部地区
期限较长租约土地占比	−0.285***	−0.150***	−0.189***	−0.044	−0.269***
	(0.047)	(0.026)	(0.040)	(0.031)	(0.057)
自家承包地地占比	−0.096	−0.155**	−0.115	0.021	0.004
	(0.088)	(0.066)	(0.071)	(0.101)	(0.131)
农场主年龄	0.747	−1.171	1.403	1.671	−3.800*
	(1.540)	(0.931)	(1.357)	(1.045)	(2.069)
农场主年龄的平方	−0.052	0.138	−0.142	−0.159	0.415*
	(0.172)	(0.103)	(0.150)	(0.116)	(0.231)
农场主受教育程度	−5.661**	−4.380***	−6.394***	−3.415*	−6.581**
	(2.708)	(1.449)	(2.153)	(1.801)	(3.166)
农场主技术培训经历	16.110***	2.744	21.120***	2.133	8.403
	(4.657)	(3.096)	(5.772)	(2.846)	(7.406)
农场主规模经营经验	−0.780*	−0.490**	−0.092	−0.276	−1.534***
	(0.430)	(0.237)	(0.335)	(0.285)	(0.558)
农场劳动力禀赋	−1.985	−2.514***	−1.962	−1.416*	−3.815**
	(1.309)	(0.750)	(1.222)	(0.816)	(1.602)
雇佣劳动力人数	−0.462	−1.254***	−1.429***	−0.787***	−0.827*
	(0.373)	(0.204)	(0.362)	(0.207)	(0.497)

---

① 东部地区包括北京、天津、河北、上海、江苏、浙江、山东、福建，辽宁、广东、海南；中部地区包括黑龙江、吉林、安徽、江西、湖南、湖北、河南、山西，西部地区包括内蒙古、陕西、甘肃、宁夏、青海、新疆、四川、重庆、贵州、云南、广西。

（续）

变量	较高租金农场	较低租金农场	东部地区	中部地区	西部地区
经营规模	12.810 ***	19.880 ***	17.480 ***	11.310 ***	19.110 ***
	(2.222)	(1.365)	(2.313)	(1.738)	(2.652)
平均地租水平	—	—	−2.348 *	−5.644 ***	−0.669
			(1.425)	(1.288)	(1.340)
土地细碎化	4.155 ***	5.107 ***	9.309 ***	2.856 ***	3.971 ***
	(2.496)	(0.839)	(1.637)	(1.070)	(1.513)
农场固定资产价值	2.160	−0.483	−1.708	1.463	2.683
	(2.539)	(0.795)	(1.075)	(0.999)	(2.051)
农场是否加入合作社	−0.020	−3.796 *	−1.972	−5.147 *	3.439
	(4.367)	(2.224)	(3.374)	(2.689)	(5.150)
政府补贴水平	−0.289	0.033 3	0.055	0.070	−0.823 **
	(0.270)	(0.036)	(0.038)	(0.177)	(0.328)
农场主要地形地貌	−12.970 ***	−10.600 ***	−15.450 ***	−2.133	−14.27 ***
	(2.484)	(1.923)	(3.608)	(2.112)	(2.917)
农场认定级别	−3.081	−2.534 **	−0.966	−4.965 ***	−2.048
	(2.405)	(1.149)	(1.669)	(1.587)	(2.552)
省份	已控制	已控制	已控制	已控制	已控制
常数	29.07	53.13 **	−28.44	−29.75	91.73 *
	(37.33)	(22.93)	(34.08)	(26.40)	(52.58)
sigma	46.71 ***	37.40 ***	38.31 ***	33.52 ***	50.19 ***
	(2.597)	(0.819)	(1.293)	(0.879)	(1.989)
观测值	571	1 374	620	811	614

注：*** 、** 、* 分别表示 1%、5% 和 10% 的显著性水平，括号内为标准误。

六、结论与启示

随着农村人口大量向非农产业转移，传统小农经营陷入劳动力老年化和后继无人的境地，这很可能会危及农业可持续生产和国家粮食安全。但随着农地流转规模的快速扩大，包括家庭农场在内的新型经营主体得以蓬勃发展，并且日益成为保障中国粮食安全的中坚力量。相对传统小农户，家庭农场既能够发挥家庭经营的优势，又能够相对有效地对接市场，是中国农业发展的未来方向，需要政府予以鼓励和大力扶持。然而，家庭农场基于自身利益最大化的导向，有着很强的"非粮化"倾向。基于中国家庭农场的生成机制，本文尝试从农地租约期限结构的视角对这一现象进行解释，研究发现，家庭农场经营的土地总面积中，期限较长租约的土地占比越高，家庭农场的粮食种植比例越低，"非粮化"现象越突出。基于替代变量和工具变量的稳健性检验，以及其他多种形式的稳健性检验均证实上述结论是可信的。另外，研究还进一步发现，农地租约期限结构对不同土地规模的家庭农场的影响力度有差异。相对于较大规模的农场，较小规模的农场更可能随着租约长期化土地占比的提升而趋向"非粮化"。农地租约期限结构对不同租金水平家庭农场的影响也有一定差异，相对于较低租金水平家庭农场，农地租约期限结构对较高租金水平家庭农场的影响力度更大。并且，农地租约期限结构对家庭农场"非粮化"种植行为的影响还存在区域差异。对东部和西部地区的家庭农场，农地租约期限结构的作用依然显著。但对于中部地区，农地租约期限结构的影响不再显著，上述结论不再成立。基于上述发现，本文得出以下几点启示。

首先，农地租约期限结构能够较为有效地解释家庭农场的"非粮化"倾向，表明流转契约安排和土地经营权稳定性确实能影响家庭农场的种植结构安排，从而提供了一个理解家庭农场种植结构"非粮化"的独特视角。家庭农场为了实现自身利益最大化，有着较强的"非粮化"倾向，这对于家庭农场而言是理性的。但如果这一现象较为普遍，那么在宏观层面就可能导致粮食生产不足，会损害国家粮食安全。特别是随着家庭农场等新型经营主体的发展壮大，其对粮食生产与粮食安全的支撑作用愈发明显，这一点要特别引起重视。当然，这实际上反映了粮食生产领域的两难。一方面，家庭农场种植多少粮食是微观主体行为，主要考虑的是最大化自身收入问题。另一方面，粮食是一种社会外部性很强的农产品，国家层面基于粮食安全考虑，会期望粮食供给稳定且有保障，因而对农业经营主体的"非粮化"行为有担忧。因而，如何在提升经营主体的收入问题和保障国家粮食安全之间寻找平衡，兼顾粮食生产的私人性和社会性，仍然是一个十分重要而有待回应的命题。

其次，虽然本文发现，租约期限长期化会激励家庭农场的"非粮化"行为，但是本文并不意味着为了保障国家粮食安全，就必须对农地租约进行管控，或者鼓励农户和家庭农场之间签订短期化租约。一方面，这是因为合作双方的租约期限选择是一种市场行为，是双方基于长远考虑而进行的理性选择，政府并不应当进行过多的干预。另一方面，短期化租约虽然有利于提升家庭农场的粮食种植比例，但是还会带来其他多个领域的负面效应。已经有大量的研究证实，经营期限过短会导致家庭农场缺乏长期经营的预期，不利于家庭农场投资土地、保护土壤和改进生产技术等。而且近年来，为了让农户积极参与农地流转和敢于长期流转土地经营权，包括农地确权颁证、二轮承包到期后再延包三十年、农村承包地的"三权分置"等政策陆续得到落实和实施，其目标均指向土地经营权长期化和稳定化。因而，租约短期化也是与当前的政策导向相背离的。本文研究的意义在于，发现一枚硬币有正反两面：虽然稳定的土地经营权能够带来诸多益处，但租约长期化也会带来一些不利影响。为了减少这一负面效应，可以考虑设立粮食生产补助基金来引导家庭农场的生产行为，每年对家庭农场的种植结构进行动态考核，一旦其种植粮食的比例低于考核线，不能拿到相应的补助基金。超过考核目标的，则给予额外奖助，从而激励家庭农场种植粮食作物。

第三，期限较长租约的土地占比对土地经营规模较小农场的影响力度更大，而土地经营规模的扩大有助于削弱农地租约期限结构带来的不利影响。这意味着土地禀赋在家庭农场"非粮化"种植行为中发挥关键性作用。因而，为了遏制过度的种植结构"非粮化"，一方面，政府需要重视较大规模农场在保障粮食安全中发挥的关键作用，另一方面则要鼓励有条件的中小型家庭农场做大做强。这一点也符合发展规律，从欧美国家的经验来看，近些年来，大型农场的比例在提升，而中小型农场的比例在逐年下降。

第四，要关注土地租金成本对粮食种植的不利影响。研究表明，如果家庭农场的地租成本较高，农地租约期限结构对其"非粮化"倾向的影响力度更大，这意味着高地租成本会激励家庭农场更多的种植经济作物。因而，为了防止家庭农场种植结构的过度"非粮化"，地方政府除了限制基本农田只能种植粮食作物，还可以尝试建立健全区域性的土地流转市场，减少信息不对称带来的流转价格扭曲。政府应当充分重视土地租金上涨带来的"非粮化"，有财政能力的地方可对家庭农场进行租金补贴，降低家庭农场的土地成本。

第五，要考虑到区域性差异。整体样本分析发现，农地租约期限结构对家庭农场的"非粮化"行为有显著影响，且这一结论适用于东部地区和西部地区的家庭农场。但是对于中部地区的家庭农场，农地租约期限结构并不能发挥关键性影响。因而，考察农地租约期限结构对家庭农场"非粮化"行为时，应重点关注东部和西部地区。

参考文献：

［1］曾雅婷，吕亚荣，蔡键. 农地流转是农业生产"非粮化"的诱因吗？［J］. 西北农林科技大学学报（社会科学版），2018（3）：123-130.

［2］张茜，屈鑫涛，魏晨. 粮食安全背景下的家庭农场"非粮化"研究：以河南省舞钢市 21 个家庭农场为个案［J］. 东南学术，2014（3）：94-100，247.

［3］蔡洋洋，骆云中，王金捷. 家庭农场"非粮化"种植行为驱动力分析［J］. 广东农业科学，2016（12）：152-158.

［4］张宗毅，杜志雄. 土地流转一定会导致"非粮化"吗：基于全国 1 740 个种植业家庭农场监测数据的实证分析［J］. 经济学动态，2015（9）：63-69.

［5］罗必良，江雪萍，李尚蒲，等. 农地流转会导致种植结构"非粮化"吗［J］. 江海学刊，2018（2）：94-101，238.

［6］倪国华，蔡昉. 农户究竟需要多大的农地经营规模：农地经营规模决策图谱研究［J］. 经济研究，2015（3）：159-171.

［7］杨进，钟甫宁，陈志钢，等. 农村劳动力价格、人口结构变化对粮食种植结构的影响［J］. 管理

世界，2016（1）：78-87.

[8] 唐轲，王建英，陈志钢.农户耕地经营规模对粮食单产和生产成本的影响：基于跨时期和地区的实证研究 [J].管理世界，2017（5）：79-91.

[9] 仇童伟，罗必良.种植结构"趋粮化"的动因何在：基于农地产权与要素配置的作用机理及实证研究 [J].中国农村经济，2018（2）：65-80.

[10] 易小燕，陈印军.农户转入耕地及其"非粮化"种植行为与规模的影响因素分析：基于浙江、河北两省的农户调查数据 [J].中国农村观察，2010（6）：2-10，21.

[11] 齐元静，唐冲.农村劳动力转移对中国耕地种植结构的影响 [J].农业工程学报，2017（3）：233-240.

[12] 王翌秋，陈玉珠.劳动力外出务工对农户种植结构的影响研究：基于江苏和河南的调查数据 [J].农业经济问题，2016（2）：41-48，111.

[13] 钟甫宁，陆五一，徐志刚.农村劳动力外出务工不利于粮食生产吗：对农户要素替代与种植结构调整行为及约束条件的解析 [J].中国农村经济，2016（7）：36-47.

[14] 赵丹丹，周宏.农户分化背景下种植结构变动研究：来自全国31省农村固定观察点的证据 [J].资源科学，2018（1）：64-73.

[15] 陈菁，孔祥智.土地经营规模对粮食生产的影响：基于中国十三个粮食主产区农户调查数据的分析 [J].河北学刊，2016（3）：122-128.

[16] 钱龙，袁航，刘景景，等.2018.农地流转影响粮食种植结构分析 [J].农业技术经济（8）：63-74.

[17] 徐志刚，谭鑫，郑旭媛，等.农地流转市场发育对粮食生产的影响与约束条件 [J].中国农村经济，2017（9）：26-43.

[18] 郑旭媛，徐志刚.资源禀赋约束、要素替代与诱致性技术变迁：以中国粮食生产的机械化为例 [J].经济学（季刊），2017（1）：45-66.

[19] 王善高，田旭.农村劳动力老龄化对农业生产的影响研究：基于耕地地形的实证分析 [J].农业技术经济，2018（4）：15-26.

[20] LIU Y，WANG C，TANG Z，et al. Will farmland transfer reduce grain acreage? Evidence from Gansu province, China [J]. China Agricultural Economic Review，2018，10（2）：277-292.

[21] 蔡瑞林，陈万明.粮食生产型家庭农场的规模经营：江苏例证 [J].改革，2015（6）：81-90.

[22] OTSUKA K，LIU Y，YAMAUCHI F. The future of small farms in Asia [J]. Development Policy Review，2016，34（3）：441-461.

[23] 叶剑平，丰雷，蒋妍，等.2016年中国农村土地使用权调查研究：17省份调查结果及政策建议 [J].管理世界，2018（3）：98-108.

[24] 邹宝玲，罗必良，钟文晶.农地流转的契约期限选择：威廉姆森分析范式及其实证 [J].农业经济问题，2016（2）：25-32，110.

[25] 李星光，刘军弟，霍学喜.农地流转中的正式、非正式契约选择：基于苹果种植户的实证分析 [J].干旱区资源与环境，2018（1）：8-13.

[26] 钱龙，杜志雄. 农地租约期限结构对家庭农场主代际传承意愿的影响 [J]. 改革，2019 (3)：5-17.

[27] GERMAN G，AKINNIFESI F K，EDRISS A K，et al. Influence of property rights on farmers willingness to plant indigenous fruit trees in Malawi and Zambia [J]. African Journal of Agricultural Research，2009，4 (5)：427-437.

[28] BRASSELLE A S，GASPART F，PLATTEAU J P. Land tenure security and investment incentives：puzzling evidence from Burkina Faso [J]. Journal of Development Economics，2002，67 (2)：373-418.

[29] 洪炜杰，罗必良. 农地产权安全性对农业种植结构的影响 [J]. 华中农业大学学报（社会科学版），2019 (3)：32-40，159-160.

[30] 袁梦，易小燕，陈印军，等. 我国家庭农场发展的现状、问题及培育建议：基于农业部专项调查34.3万个样本数据 [J]. 中国农业资源与区划，2017 (6)：184-188.

[31] 叶剑平，丰雷，蒋妍，等. 2008年中国农村土地使用权调查研究：17省份调查结果及政策建议 [J]. 管理世界，2010 (1)：64-73.

[32] 徐珍源，孔祥智. 转出土地流转期限影响因素实证分析：基于转出农户收益与风险视角 [J]. 农业技术经济，2010 (7)：30-40.

[33] 刘文勇，孟庆国，张悦. 农地流转租约形式影响因素的实证研究 [J]. 农业经济问题，2013 (8)：43-48，111.

[34] 庞守林，乔忠，田志宏，等. 中美粮食生产成本及结构差异的竞争影响分析 [J]. 管理世界，2005 (1)：83-90.

[35] 匡远配，刘洋. 农地流转过程中的"非农化""非粮化"辨析 [J]. 农村经济，2018 (4)：1-6.

[36] 冯璐，吴春梅，张焱，等. 不同种植结构条件下的农户利润风险分析：基于云南南部边境山区农户的调查 [J]. 农业现代化研究，2017 (1)：38-45.

[37] MASTEN S E，CROCKE K J. Efficient adaptation in long-term contracts：Take-or-pay provisions for natural gas [J]. American Economic Review，1985，75 (5)：1083-1093.

[38] WILLIAMSON，O E. The economic institutions of capitalism：Firm，markets and relational contracting [M]. New York：The Free Press，1985.

[39] KLEIN B，CRAWFORD R G，ALCHIAN A A. Vertical integration，appropriable rents，and the competitive contracting process [J]. The Journal of Law and Economics，1978，21 (2)：297-326.

[40] 江永红，戚名侠. 生成机制、个人禀赋与家庭农场主培育 [J]. 中国人口·资源与环境，2018 (5)：170-176.

[41] 应瑞瑶，郑旭媛. 资源禀赋、要素替代与农业生产经营方式转型：以苏、浙粮食生产为例 [J]. 农业经济问题，2013 (12)：15-24，110.

[42] 钱龙，洪名勇，龚丽娟，等. 差序格局、利益取向与农户土地流转契约选择 [J]. 中国人口·

资源与环境，2015（12）：95 - 104.

[43] 罗必良，邹宝玲，何一鸣．农地租约期限的"逆向选择"：基于 9 省份农户问卷的实证分析 [J]．农业技术经济，2017（1）：4 - 17.

[44] 冷智花，付畅俭，许先普．家庭收入结构、收入差距与土地流转：基于中国家庭追踪调查（CF- PS）数据的微观分析 [J]．经济评论，2015（5）：111 - 128.

粮食收储制度改革对家庭农场保费支出的影响[①]
——基于 DID 模型的实证研究

作为深化农业供给侧结构改革的关键举措，以取消玉米临时收储制度为先导的粮食收储制度改革，一定会引起粮食生产者的行为调整和响应，规模化的家庭农场更应如此。根据这样的假设，基于家庭农场购买保险的事实，利用实证检验方法对粮食收储制度改革的政策效应进行评价。通过全国家庭农场监测 2016 年和 2017 年粮食类家庭农场两期面板数据，并建立 DID 双重差分模型进行政策效应估计，我们发现在控制其他条件不变的情况下，2016 年在东北三省及内蒙古地区开展的粮食收储制度改革确实导致了这些地区粮食类家庭农场 2017 年保费支出的显著增加。这一结论再次印证了家庭农场的市场主体特征，同时也提出了深化粮食收储制度改革的同时，推动农业保险升级创新、更加适应粮食生产主体需求的必要性。

一、引言

自 2013 年中央一号文件首提家庭农场概念以来，以家庭农场为代表的新型农业经营主体在政策和理论层面开始得到高度关注，尤其是家庭农场发展迅速，蓬勃向上。截至 2018 年底，全国家庭农场达到近 60 万家，土地经营总总面积 1.62 亿亩，年销售农产品总值 1 946.2 亿元，平均每个家庭农场 32.4 万元，家庭农场已经成为我国农业现代化发展的新生力量。家庭农场实现了家庭生产与规模经营的有效结合，具有产权明晰、监督成本低、治理简单、目标一致等先天优势[1]。对农业生产主体地位而言，家庭农场是新时代

---

① 本文原载于：谭洪业，杜志雄，郜亮亮. 粮食收储制度改革对家庭农场保费支出的影响 [J]. 西北农林科技大学学报（社会科学版），2020，20（6）：94 - 103.

最适宜、最合意的农业经营主体，更是新型农业生产经营体系的核心所在[2-3]。

家庭农场可持续发展离不开农业保险的有效支持。长久以来，由于保险市场发展滞后、保险外部性、系统性风险、信息不对称以及保险合同的高交易成本等缺陷[4-6]，我国农业保险普遍存在"保险失灵"、参保意愿不高、实际投保率低下等问题[7-9]。但是，家庭农场规模化、集约化、市场化的生产经营特征，不仅要面对更大的自然和市场风险，也造成了风险更加集中，风险一旦发生，损失不可估量[10]。因此，家庭农场对农业保险具有较高的现实需求与高度依赖[11-12]。从政策层面看，国家支持农业保险发展的政策信号也十分明显：2014 年银监会与农业部联合发布《金融支持农业规模化生产和集约化经营的指导意见》、2019 年财政部和农业农村部发布《关于加快农业保险高质量发展的指导意见》、2020 年农业农村部制定《新型农业经营主体和服务主体高质量发展规划（2020—2022 年）》等文件强调着重完善针对家庭农场等新型农业经营主体的金融支持和保险服务，满足其多层次、多样化的农业风险保障需求。

重回现实世界，于 2004 年建立并渐趋完善的粮食收储制度，在促进粮食生产、稳定粮价波动、保证种粮收益等方面作用突出，已经成为保障国家粮食安全和农民持续增收政策体系的最重要构件[13]。但是，随着经济社会发展，我国粮食供需结构矛盾开始激化，呈现粮食供给"三高"、粮食价格"三个倒挂"、托市政策"两板一箱"和"供需失衡"等一系列问题[14-15]①，这既扭曲了粮食价格的市场形成机制，又导致了国家财政的沉重负担。于是，基于农业供给侧结构改革的现实需求，2016 年以取消玉米临时收储制度为开端的新一轮粮食收储制度改革拉开序幕，同年 3 月正式取消在东北及内蒙古四省份实施了长达 8 年的玉米临时收储制度，并建立"市场化定价＋生产者补贴"的收储新机制。

粮食收储制度改革的政策效应也逐渐显现。从运行效果来看，粮食收储制度改革在优化玉米产业链、调整粮食种植结构、完善市场价格和理顺供求关系等方面作用明显；然而，玉米价格下跌、短期内卖粮难、农民种粮收入赔本和种植结构调整混乱等问题不断涌现[16-17]；对家庭农场而言，粮食收储制度改革的风险冲击同样显著：粮食收储制度改革导致家庭农场收入下降显著，规模化经营意愿降低，甚至在部分地区出现了规模化经营"开倒车"现象[18-19]。那么，面对粮食收储制度改革的政策冲击，家庭农场的保险行为会产生怎样的影响？家庭农场是否会选择农业保险的风险管理工具？以及农业保险未来完善的方向又在哪里？这些问题的回答不但能够侧面评价粮食收储制度改革的政策效应，也具有重要的现实意义和理论价值。

---

① 具体来看：供给"三高"是指粮食产量、进口量和库存量持续快速增长；粮食价格"三个倒挂"是指粮食产区与销区、原粮与成品粮、国内外粮食市场价格"三个倒挂"；托市政策"两板一箱"是指现有粮食托市政策遭遇成本"地板"、价格"天花板"和补贴政策接近"黄箱"上限的局面；"供需失衡"主要是指玉米与稻谷产需过剩、大豆产需缺口的农产品供需不平衡状态。

因此，本文基于全国家庭农场监测 2016—2017 年面板数据，采用倍差估计方法（DID 模型）实证检验粮食收储制度改革与家庭农场保险行为，以分析粮食收储制度改革的政策效应，同时为粮食收储制度的进一步深化提供实证依据。

二、理论与逻辑分析

众所周知，高风险是农业作为弱质性产业的关键标签之一，而政策风险已然成为诸多风险的重中之重。除了传统的自然风险和市场风险以外，技术风险、经济风险及制度风险等应运而生，农业风险的内涵正不断扩大和外延。与此同时，不同类型风险错综交织也逐渐成为现代农业经营的显著特征[20]：制度变迁导致市场结构不稳定放大市场风险；市场体系与市场机制不健全引发制度风险；农业技术的"非独享性"以及市场需求的"易变性"引致技术风险等。加之农业风险固有的风险发生频率高、风险单位大、农业生产伴生性强、灾害损失高等特点[21]，使得农业风险难预测性和不可控性进一步加强，农业风险一旦发生其危及范围和致损程度将成倍增加。事实上，政策风险或制度风险一直是我国农业发展道路上难以逾越的障碍。这是因为，我国农业发展素来秉承"一靠政策、二靠科学、三靠投入"的思路，政策始终是发展农业的关键支撑[22]。而农业政策的不稳定、政策决策失误、农业经营体制转换、农业制度改革与变迁等因素必然会导致农业生产、经营管理和市场销售等产业链各环节的剧烈变动，进而增加农业不确定性预期。

而家庭农场规模化生产又使其面对多种风险威胁和承担多重风险损失。一是家庭农场农业生产的专业化和商品化，决定着在农业生产和农产品销售等环节，家庭农场势必面临农业技术、生产融资、市场价格、宏观政策等多样化、多方面的风险威胁[23]；二是土地的规模化生产经营需要家庭农场投入大量的设施、人员、技术和资本等专用性资产[①]，而高专用性资产则带来了市场交易过程中"敲竹杠"的机会主义风险；三是家庭农场将经营管理触角延伸到整个农业产业链的同时，也将农业风险逐步渗透到物资购买、生产、销售过程中所涉及的资金、技术、人员等各类生产要素[24]。进一步来看，传统小农户可以通过兼业生产抵抗农业风险，农业甚至可以完全沦为家庭副业；区别于此，家庭农场既要面对农业生产的多重风险威胁，又丧失了兼业经营的风险管理工具，一旦遭遇风险，必然要承担远高于小农户的风险损失。

家庭农场是当下所有农业生产主体中最"能够对不断变化的市场迅速实施冲击反应式调整"的主体[25]。事实上，面对高昂的市场风险威胁，农业保险已经成为家庭农场风险

---

① "随着家庭农场土地经营规模的增加，家庭农场的拖拉机、插秧机、联合收割机和烘干机拥有数量整体呈上升趋势，农机装备总价值同样呈上升趋势"；"同时，随着土地经营规模的增加，家庭农场自有仓库面积和自有晒场面积也呈正向增加趋势"——《中国家庭农场发展报告（2017）》。

管理的首要选择。一方面，传统的、非正规的风险应对措施已然失效[26]。家庭农场规模化和专业化的生产方式意味着家庭农场不宜采用多元种植结构、保守农业品种和技术的事前规避措施；而事后社会网络内部风险统筹方法存在内部规模有限、信息不对称、收入变动协同发生等问题，难以实现完全帕累托有效的风险配置；跨时期收入转移措施同样面临流动性约束和民间金融信贷滞后的困境，风险规避的作用和效率较低[27]。另一方面，农业保险功能齐全、机制完善和作用突出等功能渐趋明显。农业保险作为 WTO 认可的"绿箱政策"，其不仅具有损失补偿、资金融通和社会管理的三大功能，而且在稳定市场价格，减少政府财政负担、促进农业产出、扩大农业生产规模和实现农业现代化等方面具有明显的促进作用[28]；同时，随着正规风险应对机制，尤其是专门针对新型农业经营主体的商业保险和政策保险的不断完善，农业保险已经成为现代农业风险管理的主要措施和有效手段。

于是，农业保险顺理成章成为家庭农场风险管理的"优选策略"。基于农场主"经济人"假设，出于农场经营的获利性目的，规避风险以实现利润最大化是摆在每一个农场主面前最现实的问题。没了兼业化经营的收入来源，大规模、专业化、农场式的生产却催生了农场主较高的保险需求和参保意愿[29]。再者，农场主相对较高的个人素质①也不断深化其农业保险认知水平，从而形成了相对较高的风险预期、保障预期和收益预期；最后，较高的保险收益预期同时又不断刺激着农场的保险需求[30]。因此，参保成为农场主的理性选择。

当再次审视收储区开展的粮食收储制度改革，可以肯定收储制度变迁带来的不确定性变化势必进一步激发收储区粮食类农场的参保行为。这是因为，粮食收储制度改革既打破了原有的农产品供需均衡局面，又引发了收储区农业生产、土地租金、粮食销售、市场价格等环节的连锁反应；尤其是进一步放大了政策风险、收储风险、价格风险等风险威胁，提高了农业生产不确定性预期，从而直接影响农业生产成本和种粮收益②。就收储区粮食

---

① a.《2017 年家庭农场监测报告》显示农场主的平均年龄为 46.16 岁，50 岁以下占比 65.21%远远高于 2010 年全国人口普查数据 47.13%的比例，农场主平均年龄明显低于全国农业从业人员平均年龄。

b. 农场主受教育程度以初中和高中为主，占比高达 72.62%，而 2010 年全国人口普查数据显示 43.45%的农业从业人员受教育程度为小学及以下。

c. 全部家庭农场中，接受培训的农场主占比高达 83.73%；其中粮食类农场主接受培训的占比为 80.57%。

② a. 顾莉丽、郭庆海（2017）调查发现玉米收储制度改革后，在玉米收购市场上并未出现多元化的市场主体，"粮食多了渠道少了"的现象开始出现，农民卖粮的效率低，存在大面积"坏粮"风险。就玉米而言，2016 年玉米价格"几近腰斩"，如绥化地区潮粮（含水 30%以上）价格由 2015 年的每斤 0.7~0.8 元降至最低的 3 斤 1 元，大量规模经营农户出现亏损（张义博、黄汉权，2017）。同时，以玉米"临储价格"签订的土地租金合同由于取消临时收储制度而成为"高价地租"，规模经营主体再次面临高地租成本问题（丁声俊，2017）。

b. 李娟娟、黎涵（2018）调研也发现 2016 年和 2017 年玉米生产者补贴标准公布和补贴发放皆在当年秋粮上市之后，且关于补贴持续的时间未有明确规定，增加了农户在是否流转土地、按什么价格流转及选择何种作物生产方面的决策风险。并且，规模经营农户种植收益的减少直接削弱其还贷能力，加之银行为规避风险对涉农贷款发放更为谨慎，使规模化经营主体再贷款难度增大，进一步影响其生产积极性。

c. 央视 2017 年 4 月曝光：春耕之前辽宁、吉林、黑龙江、内蒙古四省区的农业主管部门，仍然没有对社会公布 2017 年的农业补贴政策，农民心急如焚。并坦言：东北农民种地如"押宝"！（http://money.163.com/17/0414/22/CI12S2LF002581PP.html）

类家庭农场而言，由于身处粮食收储制度改革的漩涡中心，不免首当其冲承受着来自制度变革的种种危机。因此，为进行风险规避和保证种粮收益，收储区家庭农场会更加倾向于通过正规保险来应对农业生产的风险困境和不确定性预期。

总而言之，东北三省及内蒙古地区率先开展的粮食收储制度改革带来的制度变迁和政策不确定性，必然影响收储区粮食类农场的生产经营和收益预期，进而会影响农场主的保险行为；但是，在粮食收储制度改革区农场主参保率相对较高的现实情况下[①]，继续扩大保费支出、提高保费额度成为农场主应对风险冲击的最优选择。因此，本文提出如下研究假说：在保持其他条件不变的情况下，2016 年在东北三省及内蒙古自治区开展的一系列粮食收储制度改革措施，会导致收储区粮食类家庭农场 2017 年保费支出的显著增加。

三、样本来源与统计描述性分析

（一）数据来源

文章所用数据来自农业农村部政策与改革司与中国社会科学院农村发展研究所联合开展的全国家庭农场监测活动，该监测活动覆盖全国 31 个省，各省选取 2～4 个监测县，每个县选取 30～50 个样本农场，共计 3 000 多家样本家庭农场，监测内容涉及与家庭农场生产经营相关的各个方面。监测活动自 2014 年开始，已对样本农场进行了连续 4 年的持续性追踪监测。由于以取消玉米临时收储制度为开端的新一轮粮食收储改革开始于 2016 年，因此本文选取并使用 2016 年和 2017 年两年粮食类家庭农场[②]追踪数据为分析样本。

2016 年样本总量为 2 998 户，其中粮食类农场 1 215 户：收储改革区 489 户，非收储改革区 726 户；2017 年样本总量为 2 880 户，其中粮食类农场 1 164 户：收储改革区 487 户，非收储改革区 677 户。

（二）统计描述性分析

1. 粮食收储改革与农场保费支出分析。 样本农场平均保费支出呈递增态势；但与非收储区农场相比，收储区粮食类农场收储改革之后保费支出增幅显著（表 1）。

第一，不考虑收储改革差异，总体来看无论是全部农场还是粮食类农场，2017 年平均保费支出水平都要高于 2016 年。其中，全部农场保费增幅为 0.244 万元，而粮食类农

---

① 2017 年收储区粮食类农场参保率高达 85.36%，而全国粮食类农场参保率为 75.62%，非收储区参保率仅为 68.64%。也就是说，收储区粮食类农场参保水平不仅高于全国水平，而且远高于非收储区参保水平。

② 本文粮食类农场定义为小麦农场、玉米农场、水稻农场和大豆农场四种类型。东北及内蒙古地区作为我国主要的大豆产区，大量农场将大豆作为主要种植作物，并且粮食收储制度改革同样会涉及"粮改豆"种植结构调整，因此将大豆农场同样归于粮食类农场之中。

场保费增幅略高为 0.427 万元。保费支出的递增态势可能与农场的经营面积有关，随着经营规模的不断扩大，农场需要支出更多的保险保费[①]；当然，这也一定程度上反映了农场主保险意识和参保意愿的增强。

第二，进一步考虑粮食收储改革差异，收储区和非收储区粮食类农场平均保费支出水平同样呈递增态势。具体来看，收储区粮食类农场平均保费支出水平由 2016 年的 0.386 万元迅速增加至 2017 年的 1.377 万元，增长 0.991 万元；而非收储区平均保费支出则由 2016 年的 0.581 万元缓慢增加至 2017 年的 0.607 万元，增长仅有 0.026 万元。可以明显看到，收储区粮食类农场 2017 年保费支出增长高达 0.991 万元，不仅高于全部农场和粮食类农场增长，而且也与非收储区 0.026 万元增长形成鲜明对比。因此，在一定程度上，可以说在不考虑其他因素的情况下，粮食收储制度改革后，收储区粮食类农场保费支出增长明显。

表 1　2014—2017 年各类家庭农场平均保费支出与增长

单位：万元

年份	全部农场		粮食类农场		收储区粮食类农场		非收储区粮食类农场	
	平均保费	保费增长	平均保费	保费增长	平均保费	保费增长	平均保费	保费增长
2016 年	0.435	—	0.502	—	0.386	—	0.581	—
2017 年	0.679	0.244	0.929	0.427	1.377	0.991	0.607	0.026

2. 农场主特征、农场生产特征与农场保费支出分析。第一，农场主特征层面。男性、具有高中以上学历、具有非农就业经历和接受过专门培训等个体特性的农场主相比来看会有更高的保费支出水平。例如，接受专门培训的农场主无论是 2016 年还是 2017 年相比未接受专门培训的农场主都有着更高的保费支出水平（表 2 第 7、8 行）。同时，我们还发现农场主特征与保费支出间的时间趋势特征。如果不考虑农场主个体特征的差异，就时间维度而言，无论在哪种个体特征情况下，2017 年家庭农场的保费支出水平都要明显高于2016 年，即保费支出呈现递增的时间趋势。

第二，农场生产经营特征层面。本文进一步从农场是否入社、农场自有劳动力占比、农场收入、是否贷款、经营规模、农场农机具价值和是否获得补贴等农场生产经营特征入手，分析了其与农场保费支出水平关系（表 2）。事实上，农场经营特征与农场保费支出之间存在的种种关系，其本质上反映的是保险支付能力与风险致损程度两个关键因素对农场参保行为的驱动力影响。例如，以 2017 年家庭农场收入来看（表 2 第 14～18 行）：收入低于 20 万元的农场保费平均支出仅为 0.591 万元，而收入达到 100 万～200 万的农场保费支出高达 1.330 万元，收入高于 200 万元的农场保费支出已达到 1.957 万元；随着农场

[①]　经计算，2016—2017 年全部农场的经营面积分别为 357 亩和 394 亩，农场平均经营面积稳步提升；随着经营规模的扩大，农场保费支出水平也呈现递增趋势。

收入等级的提升，农场平均保费支出也逐之上涨。同时，从 2017 年家庭农场经营规模来看（表 2 第 21～25 行）：50 亩以下经营规模的农场保费支出仅为 0.297 万元，而规模达到 1 000 亩以上的农场保费支出已增至 2.182 万元；可以看出，随着农场经营面积的增加，农场平均保费支出同样节节攀升。当然，再次从时间维度来看，无论在何种生产经营特征下，农场 2017 年保费支出水平都要高于 2016 年，保费支出的时间趋势特征再次印证。

表 2　按相关特征分组的粮食类农场平均保费支出水平

单位：万元

变量	选项	2016 年	2017 年
性别	男	0.511	0.940
	女	0.400	0.795
教育程度	高中以上	0.531	0.949
	高中及以下	0.497	0.925
非农就业经历	是	0.698	1.093
	否	0.283	0.754
是否接受专门培训	是	0.544	1.031
	否	0.291	0.490
是否加入合作社	是	0.691	1.457
	否	0.389	0.561
自有劳动力占比	≤50	0.546	0.807
	(50, 80]	0.455	0.950
	(80, 100]	0.503	1.053
家庭农场收入	≤20	0.221	0.591
	(20, 50]	0.306	0.657
	(50, 100]	0.547	1.198
	(100, 200]	1.083	1.330
	>200	1.556	1.957
是否贷款	是	0.593	1.143
	否	0.341	0.644
土地经营面积	≤50	0.491	0.297
	(50, 200]	0.338	0.411
	(200, 500]	0.432	0.862
	(500, 1 000]	0.577	1.311
	>1 000	1.173	2.182
农机具价值	≤20	0.310	0.746
	(20, 50]	0.526	1.135
	>50	1.049	1.117
是否获得补贴	是	0.564	1.185
	否	0.385	0.572

从表 2 的描述性分析中可以看出，无论是农场主个人特征还是农场生产经营特征，都可能会与农场保费支出之间存在一定的联系；并且，保费支出在时间维度上也呈现出递增态势，时间趋势特征明显。因此，为保证后文计量检验的正确进行，需要采取严格的多元回归分析方法以控制农场主和农场生产经营的相关特征变量，而且也需要通过时间虚拟变量方法来控制计量模型中存在的时间趋势特征。

四、变量选取与模型设定

（一）变量选取

1. 被解释变量。保费支出。本文采用家庭农场保费支出水平（万元）作为核心解释变量。全部样本中粮食类农场平均保费支出为 0.71 万元，最小值为 0 万元，最大值为 10 万元。

2. 核心解释变量。粮食收储制度改革。本文通过采用交互项的方式刻画政策效应，即通过地区虚拟变量（粮食收储改革区＝1；非粮食收储改革区＝0）和时间虚拟变量（2017 年＝1；2016 年＝0）的乘积作为文章研究的核心解释变量。

3. 控制变量。基于已有相关研究，并考虑到农场主特征、农场生产经营特征等因素会对家庭农场保费支出产生影响[31-32]。本文选取性别、年龄、教育、户籍、非农从业经历、专门培训和规模经营年限代表农场主特征，选取登记注册、示范农场、是否入社、农场收入、劳动力占比、是否贷款、土地规模、租金水平、农机价值、作物种类、是否获取补贴代表农场生产经营特征，共同作为控制变量（表3）。

表 3　计量模型变量的统计描述

变量名称	含义及单位	均值	标准差	最小值	最大值
家庭农场保费支出水平	万元	0.71	1.46	0	10
收储区变量与年份变量交互项	2017 年东北三省及内蒙古＝1；其他＝0	0.2	0.4	0	1
农场主性别	男＝1；女＝0	0.92	0.27	0	1
农场主年龄	岁	46.53	8.38	18	75
农场主教育程度	没上小学＝1；小学＝2；初中＝3，高中＝4；中专＝5；职高＝6；大专＝7；本科＝8；研究生及以上＝9	3.74	1.25	1	9
农场主户籍归属	本村＝1；本乡外村＝2；本县外乡＝3；本省外县＝4；外省＝5	1.19	0.54	1	5
农场主是否有非农从业经历	是＝1；否＝0	0.56	0.5	0	1
农场主当年是否接受专门培训	是＝1；否＝0	0.82	0.38	0	1

（续）

变量名称	含义及单位	均值	标准差	最小值	最大值
农场主从事农业规模经营年限	年	6.59	4.21	1	35
农场是否登记注册	是＝1；否＝0	0.74	0.44	0	1
农场是否为示范农场	是＝1；否＝0	0.47	0.5	0	1
农场是否加入合作社	是＝1；否＝0	0.39	0.49	0	1
家庭农场收入对数	万元	3.75	0.91	0.41	6.71
农场自有劳动力占家庭人口比	%	67.97	21.74	16.67	100
农场当年是否贷款	是＝1；否＝0	0.61	0.49	0	1
农场当年土地经营面积对数	亩	5.73	0.91	3	9.24
农场当年土地流转平均租金对数	是＝1；否＝0	6.07	0.65	2.48	7.50
农场拥有的农机具价值	万元	34.72	52.09	0	560
农场当年农作物种类数	种	2.09	1.02	1	9
农场当年是否获取补贴	是＝1；否＝0	0.61	0.49	0	1

（二）模型设定

本文采用 DID 模型实证分析粮食收储制度改革对家庭农场保费支出的影响[33]，并且将具体计量模型设定如下：

$$y_{it} = \alpha + \beta area_i + \delta year_{2017} + \varphi area_i \cdot year_{2017} + \gamma Z_{it} + \lambda X_{it} + a_i + \mu_{it} \tag{1}$$

（1）式中，y_{it} 表示第 i 个农场在 t 年的保费支出水平；$area_i$ 是地区虚拟变量，表示农场 i 是否属于粮食收储改革区：农场位于东北及内蒙古地区则 $area_i = 1$，否则为零；$year_{2017}$ 为时间虚拟变量：时间为 2017 年则 $year_{2017} = 1$，2016 年则 $year_{2017} = 0$；$area_i \cdot year_{2017}$ 是地区虚拟变量与时间虚拟变量的交互项，是反映政策效应的关键解释变量；Z_{it} 表示一系列随时间和农场变化的可观测的控制变量，包括规模经营年限、农场收入、土地规模、农机具价值、租金等变量；X_{it} 表示一组不随时间变化，或随时间同等变化的可观测控制变量，包括性别、年龄、教育、户籍、非农从业经历等；a_i 表示非观测效应，μ_{it} 表示随机扰动项。其中，模型相关变量的描述性统计如表 3 所示。

在 DID 模型中 φ 被称为倍差估计量（difference-in-differenceestimator），也正是本文的关键解释变量系数，其具体计算形式为：

$$\varphi = (y_{1,2017} - y_{1,2016}) - (y_{0,2017} - y_{0,2016}) \tag{2}$$

即通过计算不同年份家庭农场保费支出的平均差值在两个不同地区的差别，从而得出 2016 年粮食收储制度改革对家庭农场 2017 年保费支出影响的估计值。

五、实证检验与分析

(一) 实证检验

1. 内生性问题。 就本研究而言，实证检验过程中可能存在三个方面的内生性问题：自选择问题、遗漏关键解释变量问题和非观测效应问题。

第一，农场主对项目参与的"自选择"导致内生性问题。在项目评估的实证研究中，要得到无偏和一致的估计结果，需要保证项目参与的严格外生性假设，即不存在项目参与的自选择问题。不过，本研究中自选择问题基本不存在，外生性假设成立。因为，2016年在东北三省及内蒙古地区实行的粮食收储制度改革是国家行政决策的结果，具有完全的外部性和强制性，农场是否参与其中完全取决于其所在区域是否属于收储改革区，并不是农场主按照自我意愿进行选择的结果。即自我选择的内生性问题在本研究中基本可以忽略。

第二，遗漏关键解释变量。在计量检验过程中，遗漏关键解释变量同样会造成严重的内生性问题，影响估计结果稳健性。就本文而言，农场保费支出不仅是农场主根据农场生产经营进行决策的结果，保险品种、保费费率等外生农业保险服务水平同样是影响保费支出的关键解释变量。但问卷中并没有直接反映农场外部农业保险服务水平的变量，所以计量模型中可能会存在遗漏关键解释变量引发的内生性问题。因此，本文尝试采用县域变量与年份虚拟变量的交互项来作为这一关键解释变量的代理变量：一方面，既可以控制县级层面的影响因素，进一步保证检验结果的高可信度；另一方面，也可以反映农场外部保险服务水平的动态发展状况。

第三，非观测效应影响。农场保费支出水平不仅仅会受粮食收储制度改革的影响，农场主的性别、教育程度、工作经历等农场层面非观测效应，甚至是否有参加保险的传统习惯等村级层面非观测效应，都会影响农场的保费支出。因此，有必要采用固定效应模型隔离出各类型的非观测效应，以保证最终计量结果的无偏性和有效性。

2. 估计方法。 根据数据特征和研究需要，本文按如下方法进行实证检验。

第一，首先对两年混合数据采用 DID-OLS 估计方法进行初步估计（表4第1列）。虽然简单的 OLS 估计方法会存在计量结果稳健性较差的问题，但可以反映整体趋势、具有一定的参考作用。

第二，考虑到两期面板数据结构特征，继续采用非观测效应面板数据模型（表4第2列和第3列）。一方面，利用该模型可以控制农场层面甚至农村层面的非观测效应，进一步保证计量结果的一致性。另一方面，文章同时进行了随机效应（第2列）和固定效应（第3列）两种面板估计方法进行计量检验。当然，LM检验在1%的显著水平上拒绝了混合估计，Hausman 检验也在 1% 的显著水平上拒绝了随机效应估计，也就是说固定效应模型更加适合本文研究需要。

表 4　粮食类农场 DID 模型估计结果

变量名称	(1)	(2)	(3)
家庭农场保费支出水平	DID-OLS	DID-RE	DID-FE
收储区变量与年份变量交互项	1.047***	0.992***	0.827***
	(0.138)	(0.133)	(0.153)
收储区虚拟变量	−0.016	0.009	—
	(0.078)	(0.082)	
年份虚拟变量 2017 年	−0.053	−0.047	−0.111
	(0.102)	(0.089)	(0.093)
农场主性别	0.204**	0.198*	—
	(0.099)	(0.104)	
年龄	−0.005	−0.006	—
	(0.004)	(0.004)	
农场主教育程度	−0.070***	−0.073***	—
	(0.025)	(0.027)	
农场主户籍归属	0.067	0.046	—
	(0.050)	(0.058)	
农场主是否有非农从业经历	0.185***	0.189**	—
	(0.068)	(0.074)	
农场主当年是否接受专门培训	0.127*	0.084	−0.259
	(0.074)	(0.082)	(0.196)
农场主从事农业规模经营年限	−0.020***	−0.019***	−0.009
	(0.006)	(0.007)	(0.017)
农场是否登记注册	0.274***	0.231***	−0.187
	(0.063)	(0.072)	(0.242)
农场是否为示范农场	0.105	0.112*	−0.025
	(0.064)	(0.065)	(0.138)
农场是否加入合作社	0.431***	0.433***	0.297*
	(0.062)	(0.069)	(0.151)
农场收入对数	0.102*	0.062 5	0.061
	(0.061)	(0.060)	(0.095)
农场自有劳动力占家庭人口比	0.002	0.002	−0.001
	(0.001)	(0.001)	(0.002)
农场当年是否贷款	0.019 8	0.028	0.050
	(0.066)	(0.070)	(0.126)

（续）

变量名称	(1)	(2)	(3)
农场当年土地经营面积对数	0.181 ***	0.229 ***	0.399 **
	(0.063)	(0.064)	(0.184)
农场当年土地流转平均租金对数	0.161 ***	0.229 ***	0.756 ***
	(0.043)	(0.050)	(0.220)
农场拥有的农机具价值	0.001	0.001	0.001
	(0.001)	(0.001)	(0.003)
农场农作物种类数	−0.069 **	−0.072 **	−0.099
	(0.031)	(0.033)	(0.067)
农场当年是否获取补贴	0.357 ***	0.345 ***	0.172 *
	(0.055)	(0.056)	(0.091)
县域变量与年份虚拟变量交互项	0.001	0.001	0.001 *
	(0.001)	(0.001)	(0.001)
常数项	−2.444 ***	−2.804 ***	−6.154 ***
	(0.465)	(0.506)	(1.867)
农场固定效应	—	—	控制
观测值	2 120	2 120	2 120
组数	—	1 392	1 392
F/LRChi² /WaldChi²	12.21 ***	217.98 ***	3.88 ***

注：①括号内为稳健标准误。② ***、** 和 * 分别表示在 1%、5% 和 10% 的显著水平上显著。

（二）估计结果

第一，无论采取何种计量模型，可以发现收储区与年份交互项的系数都为正数且通过了 1% 的显著性检验（表 4）。也就是说，2016 年在东北三省及内蒙古地区实行的粮食收储制度改革确实导致了收储区粮食类农场 2017 年保费支出的显著增加，再次印证了本文假说的正确性。

第二，DID 固定效应模型显示，收储区与年份交互项的系数为 0.827，且在 1% 的显著水平上显著。也就意味着，在其他条件既定的情况下，2016 年粮食收储制度改革会使收储区粮食类农场在 2017 年保费支出平均增加 0.827 万元。同时，DID 混合效应模型估计结果和 DID 随机效应模型估计结果也证实了上述论断的真实性。

第三，当然，除收储制度改革影响显著以外，其他一些因素同样对农场保费支出具有显著的正向影响。首先，加入合作社对于农场保费支出影响显著，这可能是因为合作社作为农场参与市场竞争和降低交易风险的重要手段，选择加入合作社一定程度上反映了农场主具有相对较高的风险防范意识，从而也会倾向于进行农场参保。其次，农场经营规模也对保费支出具有显著的促进作用，这与已有的文献研究结论一致：农业生产规模越大，风险损失程度会越严重，因而农户参保意愿和保险水平会相对越高。再者，土地平均流转租金水平同样显著促进了农场保费支出，可能是因为土地租金水平直接决定着农场成本，而高额的地租成本需要降低风险损失以保证足够的利润空间。最后，农场是否获得补贴对农场保费支出也具有正向影响，这或许一方面是由于补贴（尤其是保费补贴）作为一种转移支付手段可以直接提高农场的保费支付能力，另一方面获得补贴的农场可能是具有较高的经营管理水平，故农场主会更加注重农场的风险管理。

第四，我们发现县域变量与年份虚拟变量交互项在 10% 的显著水平上正向作用于农场保费支出。虽然保费支出增加的水平十分有限，但是，这也反映出完善外部农业保险机制和提升农业保险服务水平，在一定程度上会利于引导家庭农场参加农业保险；可见，外部宏观保险政策支持与保险服务体系完备对于家庭农场风险管理必不可少。

（三）稳健性检验

对模型参数回归结果的分析验证了本文研究假说的成立，但是为了再次验证上述结论的真实性和可靠性，需要进行稳健性检验。在解释变量和估计方法不变的情况下，本文进一步采取缩小样本的方法进行稳健性检验（表5）。

一方面，考虑到粮食收储制度改革可能会对不同类型粮食类农场影响不一；另一方面，出于稳健性检验的需要；本文进一步按作物种类差异分别对小麦类农场、玉米类农场、水稻类农场和大豆类农场进行了固定效应计量模型检验。但是，小麦类农场和大豆类农场的估计结果中 F 检验缺失，这主要是由于样本量过少导致：总样本中收储区小麦类农场只有 21 个有效样本，而非收储区大豆类农场只有 11 个有效样本[①]。

稳健性检验结果显示，无论是玉米类农场还是水稻类农场，收储区与年份变量交互项同样呈现正向符号性，且都通过了 5% 的显著性水平检验。具体来说，2016 年粮食收储制度改革非常显著地促进了 2017 年玉米类农场平均保费支出增加 0.592 万元，水稻类农场平均保费支出增加 0.507 万元。这与表4的计量结果相差无几，关键解释变量的符号方向、估计值大小和显著性水平也基本保持一致。因此，可以认为本文粮食收储制度改革对粮食类家庭农场保费支出的模型设定和估计结果具有较强的稳健性，据此所得结论也具有较高可靠性。

---

① 由于小麦类农场和大豆类农场样本量较少，DID 固定效应模型估计结果并不能真实反映变量间的因果关系，稳健性和可信性较低。因此，后文以玉米类农场和水稻类农场估计结果为准进行探讨分析。

表 5　不同类型农场 DID 模型稳健性检验估计结果

变量名称	(1)	(2)	(3)	(4)
家庭农场保费支出水平	DID-FE（小麦）	DID-FE（玉米）	DID-FE（水稻）	DID-FE（大豆）
收储区变量与年份变量交互项	1.312***	0.592**	0.507**	7.402**
	(0.449)	(0.265)	(0.209)	(3.525)
收储区虚拟变量	—	—	—	—
年份虚拟变量 2017 年	0.003	−0.161	−0.196	−11.41**
	(0.092)	(0.231)	(0.162)	(4.817)
农场主性别	—	—	—	—
年龄	—	—	—	—
农场主教育程度	—	—	—	—
农场主户籍归属	—	—	—	—
农场主是否有非农从业经历	—	—	—	—
农场主当年是否接受专门培训	−0.0518	−0.153	−0.812*	3.971***
	(0.170)	(0.256)	(0.479)	(0.694)
农场主从事农业规模经营年限	0.013	−0.012	0.012	0.126
	(0.015)	(0.035)	(0.020)	(0.089)
农场是否登记注册	0.262	0.020	−0.681	1.703
	(0.193)	(0.357)	(0.596)	(2.053)
农场是否为示范农场	−0.034	0.138	−0.218	−8.020*
	(0.126)	(0.261)	(0.172)	(4.230)
农场是否加入合作社	0.016	0.363	−0.119	−3.306
	(0.070)	(0.241)	(0.145)	(2.016)
农场收入对数	−0.076	0.0217	−0.003	−1.019
	(0.085)	(0.276)	(0.093)	(1.357)
农场自有劳动力占家庭人口比	0.002	−0.00351	−0.00143	−0.028
	(0.002)	(0.004)	(0.004)	(0.036)
农场当年是否贷款	0.127	0.242	0.0457	−1.478
	(0.152)	(0.205)	(0.139)	(0.991)
农场当年土地经营面积对数	0.201	0.541	0.407**	−2.525**
	(0.139)	(0.377)	(0.191)	(1.243)
农场当年土地流转平均租金对数	−0.052	0.296	0.163	9.567***
	(0.113)	(0.256)	(0.361)	(2.016)
农场拥有的农机具价值	0.003	0.002	0.004	−0.024
	(0.004)	(0.002)	(0.004)	(0.019)

（续）

变量名称	（1）	（2）	（3）	（4）
农场农作物种类数	0.099	0.090 1	−0.035	−2.756**
	(0.062)	(0.130)	(0.060)	(1.154)
农场当年是否获取补贴	0.041	0.236	−0.026	−2.830***
	(0.080)	(0.144)	(0.139)	(0.838)
县域变量与年份虚拟变量交互项	0.001	0.002	0.001	0.052 4**
	(0.001)	(0.001)	(0.001)	(0.021)
常数项	−0.968	−4.774*	−1.195	−21.29**
	(0.972)	(2.774)	(2.579)	(9.570)
农场固定效应	控制	控制	控制	控制
观测值	405	665	926	124
组数	288	470	610	98
F/LRChi²/WaldChi²	—	2.26***	1.32*	—

注：①括号内为稳健标准误。② ***、** 和 * 分别表示在1%、5%和10%的显著水平上显著。

六、结论及政策启示

本文基于全国家庭农场监测 2016—2017 年两年追踪数据，通过建立双重差分模型（DID 模型）实证检验了粮食收储制度改革对粮食类家庭农场保费支出的政策效应。研究发现：（1）粮食收储制度改革的保费支出效应显著，尤其是促进了玉米类农场和水稻类农场保费支出的显著增加。（2）家庭农场是否入社、经营规模、租金水平、是否获得补贴等因素也正向促进家庭农场保费支出。（3）家庭农场保费支出受外部政策和保险环境影响，完善相关政策和保险制度必不可少。

可以认为，2016 年粮食收储制度改革在引导种粮结构调整、发挥市场资源配置功效的同时，也将农业生产者直接暴露于市场风险之中。尤其是家庭农场作为规模化和市场化经营主体，面对不确定性预期，更加倾向于采用农业保险的市场行为规避风险。因此，在粮食收储制度改革推进过程中，需要不断完善制度和措施来保障家庭农场粮食生产的稳定收益。第一，制定并完善粮食收储、种粮补贴、收益补偿、社会化服务等政策措施，及时采集并发布粮食规模生产、补贴标准、市场价格、制度政策等重要信息，保障家庭农场生产预期和种粮收益。第二，建立专门针对家庭农场等新型农业经营主体的保险制度，构建政策保险、商业保险、合作保险相结合的农业保险体系，探索产量保险、气象保险、价格保险和收入保险等保险品种，开发"保险＋期货"等新型金融保险工具。第三，强化家庭农场风险自我管理，通过管理知识培训、种植结构优化、社会化服务购买、产业链合作经营等措施，提升农场主风险识别和应对能力。

参考文献：

[1] 杜志雄，王新志. 中国农业基本经营制度变革的理论思考 [J]. 理论探讨，2013 (4)：72-75.

[2] 朱启臻，胡鹏辉，许汉泽. 论家庭农场：优势、条件与规模 [J]. 农业经济问题，2014，35 (7)：11-17，110.

[3] 杜志雄. 家庭农场发展与中国农业生产经营体系建构 [J]. 中国发展观察，2018 (Z1)：43-46.

[4] 王志刚，黄圣男. 农民专业合作社法对农户参与行为和农业纯收入的贡献：一个粮食主产省的实地调查 [J]. 农村金融研究，2013 (6)：16-21.

[5] 庹国柱. 我国农业保险的发展成就、障碍与前景 [J]. 保险研究，2012 (12)：21-29.

[6] 黄英君，林俊文. 我国农业风险可保性的理论分析 [J]. 软科学，2010，24 (7)：129-132，140.

[7] KNIGHT T O, COBLE K H. Survey of U. S. Multiple Peril Crop Insurance Literature Since 1980 [J]. Review of Agricultural Economics, 1997, 19 (1)：128-156.

[8] 宁满秀，苗齐，邢鹂，等. 农户对农业保险支付意愿的实证分析：以新疆玛纳斯河流域为例 [J]. 中国农村经济，2006 (6)：43-51.

[9] 庹国柱. 全球保险业垄断加剧及其成因 [J]. 中国保险，2001 (11)：42-43.

[10] 蔡颖萍，杜志雄. 家庭农场：政策需求与政策供给 [J]. 经济研究参考，2017 (45)：3-14，61.

[11] 陈五湖，印笋. 促进农业保险和家庭农场互动发展 [J]. 农村经营管理，2014 (4)：36-37.

[12] 毛政，兰勇，周孟亮. 新型农业经营主体金融供给改革探析 [J]. 湖南农业大学学报（社会科学版），2016，17 (1)：9-14.

[13] 李国祥. 深化我国粮食政策性收储制度改革的思考 [J]. 中州学刊，2017 (7)：31-37.

[14] 刘妍杉. 关于对粮食供给侧结构性改革的几点思考 [J]. 中国粮食经济，2016 (2)：34-36.

[15] 张晓山，刘长全. 粮食收储制度改革与去库存 [J]. 农村经济，2017 (7)：1-6.

[16] 张义博，黄汉权，涂圣伟. 玉米收储制度改革的成效、问题及建议：基于黑龙江省绥化市的调查 [J]. 中国经贸导刊，2017 (16)：50-52.

[17] 丁声俊. 玉米收储制度改革的进展及深化改革的措施 [J]. 价格理论与实践，2017 (3)：5-9.

[18] 郭天宝，董毓玲，周亚成. 玉米临储制度取消带给农民的究竟是什么：以东北玉米主产区为例 [J]. 经济研究参考，2017 (14)：18-23.

[19] 朱晓乐. 粮食收储制度改革：动因、成效与展望 [J]. 宏观经济研究，2018 (4)：119-123.

[20] 姜春海. 我国农业风险管理的问题与对策 [J]. 湖南经济，1999 (4)：14-16.

[21] 张祖荣. 农业保险的保费分解与政府财政补贴方式选择 [J]. 财经科学，2013 (5)：18-25.

[22] 柴智慧. 农业保险的农户收入效应、信息不对称风险 [D]. 呼和浩特：内蒙古农业大学，2014.

［23］杜志雄，谭洪业，郜亮亮．新型农业经营主体与其加入合作社行为的实证分析：基于全国 795 家种植业家庭农场面板数据［J］．北京工业大学学报（社会科学版），2019，19（2）：60－73．

［24］王步天，林乐芬．政策性农业保险供给评价及影响因素：基于江苏省 2300 户稻麦经营主体的问卷调查［J］．财经科学，2015（10）：121－132．

［25］杜志雄．把家庭农场培育成高质量的新型农业经营主体［J］．农村经营管理，2019，11（11）：16－17．

［26］张燕媛，袁斌，陈超．农业经营主体、农业风险与农业保险［J］．江西社会科学，2016，36（2）：38－43．

［27］马小勇．中国农户的风险规避行为分析：以陕西为例［J］．中国软科学，2006（2）：22－30．

［28］吴钰，蒋新慧．保险业服务农业现代化有效路径分析［J］．保险研究，2013（12）：23－28．

［29］MONTE L V. Demand for area crop insurance among litchi producers in northern Vietnam［J］. Agricultural Economics，2001，26（2）：173－184．

［30］熊存开．市场经济条件下农业风险管理的研究［J］．农业经济问题，1997（5）：43－47．

［31］于洋，王尔大．多保障水平下农户的农业保险支付意愿：基于辽宁省盘山县水稻保险的实证分析［J］．中国农村观察，2011（5）：55－68，96－97．

［32］郭翔宇，刘从敏，李丹．交易成本视角下农户购买政策性种植业保险意愿的实证分析：基于黑龙江省的调查［J］．农业现代化研究，2016，37（3）：551－557．

［33］阮荣平，刘爽，郑风田．新一轮收储制度改革导致玉米减产了吗：基于 DID 模型的分析［J］．中国农村经济，2020（1）：86－107．

第五辑　家庭农场生态绿色行为

食品短链、生态农场与农业永续：京郊例证[①]

　　常规现代农业发展带来的各种弊端一方面可在现代农业内部通过发展方式调整予以解决，另一方面可通过包括食品短链在内的各种新型农业模式探索新的出路。基于问卷调查结果，我们分析了位于北京郊区的 41 个中小型生态农场的主要特征，包括经营者、土地、资金、雇工、技术、价格与销售等。结果显示，中小型生态农场在社会和生态维度具有较强可持续性，但在经营层面存在较大经营风险，尤其是财务风险；总体上存在的信任危机问题在短期内还难以通过参与式认证体系加以解决。食品短链对于生态农业发展具有引领性价值，其政策借鉴意义在于培养生态农业经营人才和发展环境。

　　农业可持续发展几乎是一个不证自明的重要议题。可持续农业概念最早在 1992 年出现于联合国环境与发展大会《21 世纪议程》文本中，而对现代农业发展模式的反思、对替代性农业模式的探索则较早[1]。中国在 20 世纪 80 年代初开始发展生态农业，在 1994 年的《中国 21 世纪议程》中也采纳了可持续农业战略思想。但是这么多年来，伴随着持续的农业产量增长，中国农业的资源消耗、环境恶化、食品安全形势严峻等局面没有根本缓解。这表明在需求增长和资源约束双重压力下，以及由于现代农业体制的惯性力量，追求和实现农业可持续发展难度极大。2015 年初通过的《全国农业可持续发展规划》提出采取"一控两减三基本"措施[②]，代表着中国现代农业追求可持续发展的最新努力。

一、食品短链的缘起与特征

　　对现代农业弊端的反思和批判也引发各种后现代农业思潮以及相应的后现代农业实践

---

　　① 本文原载于：檀学文，杜志雄. 食品短链、生态农场与农业永续：京郊例证［J］. 改革，2015（5）：102-110.

　　② 即严格控制农业用水总量，减少化肥、农药施用量，地膜、秸秆、畜禽粪便基本资源化利用。

模式，也可以称为新型农业模式[2]。新型农业模式内涵宽泛，有多个平行的概念，如可持续农业、生态农业等，其典型的类型有循环农业、绿色农业、有机农业、低碳农业、朴门永续农业（permaculture）、自然农法等。随着时间的推移，新型农业模式的应用范围趋于扩大。例如，农夫市集在发达国家已经存在超过 30 年，但是通过农夫市集带动生态型农产品销售却在最近几年在发展中国家变得流行。朴门永续农业和自然农法作为后现代农业思潮和实践，都存在了多年，但是也在近年来焕发新的生机，在农场层面获得更多应用。

有机农业是一种技术标准最为复杂、严格和明确的新型农业模式，需要独立第三方检测认证。但是近年以来，有机农业内部的改良或替代模式——参与式保障体系（PGS）①在发达国家和发展中国家都正在快速推进。所有这些不同部门发生的变化合在一起，代表着一种新型农业模式——食品短链的兴起[3]。其中，农场采用生态农业技术，农夫市集促进了生态型农产品的直接销售，农夫市集组织的消费者考察以及 PGS 可以促进消费者对农场的监督和信任。

食品短链作为食品供应链的一种类型，以"短"为其基本特征，体现其所在的食品供应链的可持续性[4]。食品供应链的长短表现在三个方面：（1）农产品和食品从初级生产者到最终消费者的空间距离；（2）农产品和食品在离开田间或工厂后达到最终消费者所需要的时间；（3）食品从初级生产者到最终消费者所经过的储运和加工的环节以及增值程度。如在北京郊区农场收获的蔬菜，当天早上运送到农夫市集，当天即可端上餐桌；与此相反，在寿光农场收获的蔬菜，需要经历地头市场、寿光蔬菜批发市场、新发地批发市场、某个二级批发市场、农贸市场才能到达北京消费者。这个过程里，后者所需的时间和空间距离显然都大大长于前者。类似地，苹果经过加工、包装后成为苹果干、果汁、果冻，其所经历的中间环节和增值程度都远远大于作为鲜果的苹果产品。

从农业产业化经营角度，农业产业链需要延长和增值，但是食品短链则从另外一个视角看问题。与常规食品供应链相比，食品短链缩短了运输距离，降低了食品的经济成本和生态环境成本；缩短了食品运销的时间，提高了最终消费者所消费食品的新鲜程度并降低了保存成本；缩短了生产者和消费者的距离，提高了消费者监督和参与的可能性，从而有利于食品安全；减少了加工和包装，降低了消费成本并改善了食品消费的健康方式。食品短链中的高度信息对称性以及对生产过程的监督，有助于生产者和消费者之间建立稳定信任关系，从而发育出更加有效、生产者和消费者同时获益的销售模式。

对于新型农业模式需要回答两方面问题：一方面，就其自身而言，是否能够在不同

---

① PGS 是由国际有机农业运动联盟（IFOAM）发起，其官方定义是：一种为所在地提供质量保证的体系，该体系在所有相关方都积极参与的前提下对生产者实施认证，并以此建立起一种彼此信任、互相沟通和认知交流的基础关系（http：//www. ifoam. bic/en/value-chain/participatory-guarantee-systems-pgs）。

维度①和不同环节都能实现可持续性？另一方面，新型农业模式是否能推动常规农业向更加可持续的新型现代农业发展？它们如何体现未来的发展方向？对于食品短链，我们同样应当回答以上两个方面的问题。本文将对北京郊区小型生态农场调查的结果进行概括和分析，探讨代表食品短链的中小型生态农场在上述两个问题上的发展情况。

二、北京郊区中小型生态农场调查结果分析

2013—2014 年，我们承担的两个研究项目联合开展以"新农人"②为主体的中小型生态农场调查。由于缺乏统计学意义上的总体清单，无法开展代表性的随机抽样，只能采用"拉网式"方法，在不同场合（最主要的是各种相关会议以及市集）对所遇到的符合条件的"新农人"进行问卷调查。经过为期半年左右的调查，我们共获得 76 份调查问卷。由于已经很难再获得新的调查对象，我们认为我们的样本对于研究问题而言具有一定的代表性。为使分析对象有所聚焦，本文把分析对象集中在位于北京郊区和河北省且主要针对北京市场的 41 个农场。所调查的 41 个农场中，有 33 个位于北京市，多数位于昌平区、海淀区和顺义区；另外 8 个位于河北省保定、廊坊等地。农场规模分布于各个区间，小的不足 0.67 公顷，大的大于 33.33 公顷，整体而言多数属于中小规模。如果以 6.67 公顷为界，则规模较大的农场有 16 个，占 39%。样本农场生产最多的品种是蔬菜，共有 21 个；除此之外生产较多的品种是家畜、家禽、蛋类、水果和粮食，其他"小品类"的品种有蜂蜜、水产品、中药材、鲜花等。

（一）经营者以年轻和高学历者为主，持有农业户籍者不足半数

受调查农场经营者普遍比较年轻，40 岁以下的占 70.7%，50 岁以下的占 92.7%，以 30～39 岁年龄段为主体。他们的文化程度普遍较高，大专以上的占 78%，其中本科文化水平的占 41.5%，研究生文化水平的占 22%，不乏博士毕业生。他们当中更多的人拥有城镇户口，比例为 56.1%。他们的年龄与文化程度呈现显著负相关，年龄越高的文化程度越低。他们的文化程度与户口呈现显著正相关，拥有城镇户口的人的文化程度高于农村户口的人（表1）。

①　食品供应链的可持续性可以概括为经济、社会、技术和管理四个维度。请参考：张晓山，杜志雄，檀学文. 可持续食品供应链：来自中国的实践［M］. 哈尔滨：黑龙江人民出版社，2009.
②　目前理论上对"新农人"尚无统一概念。杜志雄（2014）认为，生态生产方式是"新农人"的基因和灵魂。"新农人"泛指那些农业全产业链上从事农业生产、产品营销或为生产与营销提供支持和服务的自然人和企业。与一般的传统农民和企业不同，他们具有的共同基因是基于"生态自觉"基础上的注重生态友好和资源节约性技术的创新和运用。

表1　样本农场经营者年龄、学历和户口性质分布

单位：%

年龄段	占比	学历	占比	户口性质	占比
20～29 岁	26.8	大专以下	22.0	城镇户口	56.1
30～39 岁	43.9	大专	14.6	农业户口	43.9
40～49 岁	22.0	大学本科	41.5		
50 岁及以上	7.3	研究生	22.0		

（二）多数土地来源于租赁

在所调查的农场中，50%的农场的土地完全是租赁而来的，另外 24%的农场的土地完全是自有的，还有 26%的农场同时拥有自有土地和租赁土地。在部分租赁土地的情况下，也是租赁所占比例达到或超过一半的情况占多数（图 1）。这就是说，生态农场大部分依靠租赁土地，也有一部分返乡青年依靠自有土地发展生态农业。土地租赁的周期绝大多数都是 10 年以上，占 82.9%；除此以外，只有 2 个是无规定期限随时变更，另有 5 个的租期在 10 年以下。从这一点来看，生态农场的土地使用权是相对较稳定的。土地租金的分布比较分散，在 500 元以下和 5 000 元以上的各个区间都有分布，但是总体上偏高。我们可以粗略判断，1 000～2 000 元以及 5 000 元以上分别代表普通土地和大棚的常见租金水平。

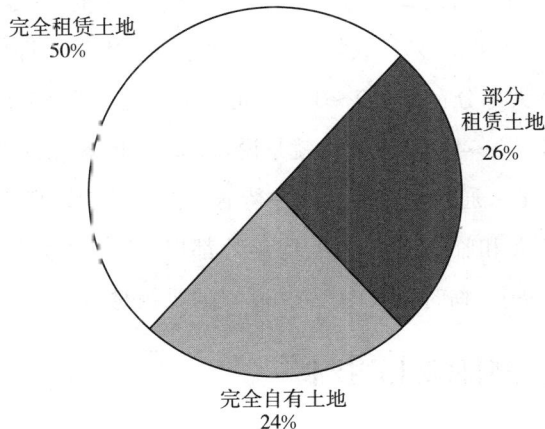

图1　样本农场的土地租赁情况

（三）资金投入较大，基本源于自有资金

调查农场用于农业生产的总投入较多地分布于 10 万～500 万元，占 78%；10 万元以下的和 500 万元以上的都比较少（图 2）。其中，投资额在 100 万～500 万元的有 16 个，

占 39%。投资额超过 100 万元的共有 20 例，占将近 48.8%，其中超过 1 000 万元的有 3 个。可以认为，生态农场并不是普通人的生意，是名副其实的投资项目。农场经营资金绝大多数情况下都是来自自有资金，占 87.8%。尽管如此，实际发生过贷款的有 12 例，占 29.3%。贷款的来源包括商业银行、资金合作社以及民间借贷等。

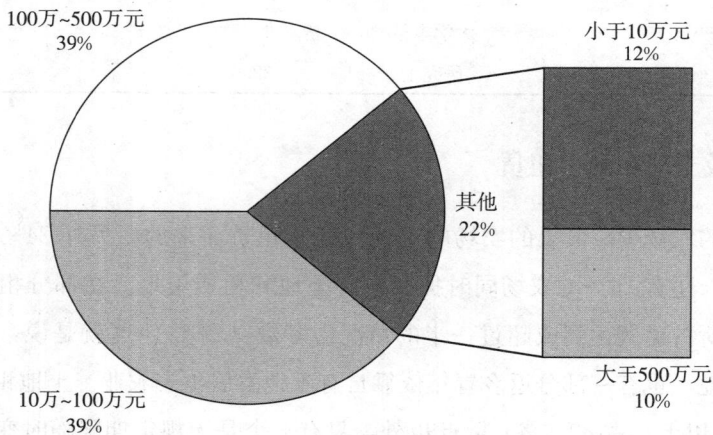

图 2　样本农场的资金投入规模

（四）雇工不多，工资偏低且年龄偏大

大部分样本农场的职工人数在 10 人以下，这样的农场共有 23 家，占 56.1%。78% 的农场雇用常年工，22% 的农场只雇用临时工。在雇用常年工的 32 家农场中，21 家农场的雇工人数在 10 人以下，占 65.6%。农场工人大部分来自本地，即农场所在乡镇。目前，常年工人的平均月工资大部分在 2 000～3 000 元，所占比例为 48.8%；另外有 22% 的农场的常年工人成本在 3 000～4 000 元。也就是说，70.7% 的农场的常年工人平均月工资在 2 000～4 000 元。常年工人通常享受免费吃住待遇，但是较少地享受提成、交通补贴、社会保险等待遇。常年工人和临时工人的平均年龄都以 40～60 岁为主，其中常年工人中 40～50 岁的要相对多一些，临时工人中 50～60 岁的要相对多一些。

（五）主要采用生态型农业生产技术

所调查的农场主要采用生态型农业生产技术。除种子外，大部分生产资料都是自制的。对于种子而言，将近一半的农场主要使用有机种子[①]，略多于一半的农场使用常规种子，还有 4 个农场同时使用常规种子和有机种子。

农药使用最多的是自己开发的农药/生物农药和有认证的生物农药，对常规农药和无

---

① 指专门为从事有机栽培的农场或客户生产的、完全不采用化学处理（NCT）的农作物种子。

认证的生物农药的使用都很少。农药使用方法的习得途径比较多的是看说明书和自己看书学习，也有部分农场依靠参加培训和与周边农户交流。

　　同样地，样本农场主要使用生态型肥料。有 30 个农场使用自己的堆肥，有 11 个农场使用有机认证肥料，有 4 个农场使用未经认证的有机肥料，只有 1 个农场使用了常规肥料（图 3）。对于堆肥技术，绝大部分农场都使用露天堆肥（30 个），有部分农场使用了新型菌物发酵技术（11 个）。

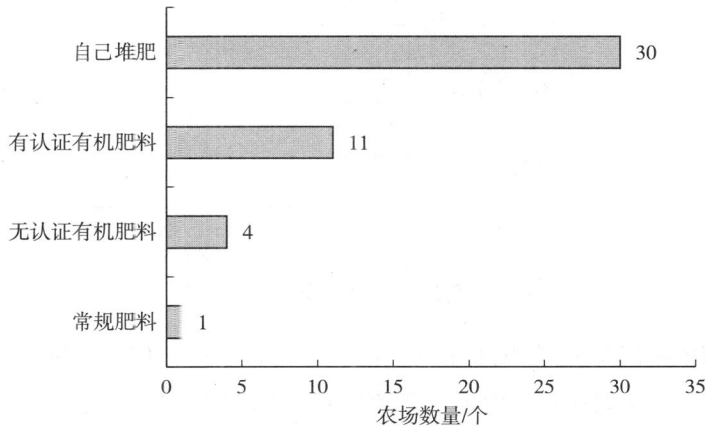

图 3　样本农场肥料使用情况

　　被调查农场所使用的饲料绝大部分都是自制的，只有极少数使用有认证的饲料或常规饲料。各农场的种植和养殖技术的主要来源是农场负责人或经营者自己，占 51.2%；少量是当地农民以及聘请的专职技术员，其他来源如政府技术员等都很少。

（六）很少参加正规质量认证

　　样本农场参加正规产品质量认证的比例非常低。只有 5 个农场获得国家有机食品认证，占 12%；另外分别有 1 个农场获得国家无公害农产品认证和 GAP 认证。其余的 34 个农场无任何质量认证，占 83%。没有企业获得过绿色食品、HACCP、ISO 等认证（图 4）。

　　与此对应，受访者对正规质量认证的信任程度以一般居多，而选择非常相信和相信的人与选择不相信和完全不相信的人基本上对等。这个结果与对普通居民的调查结果

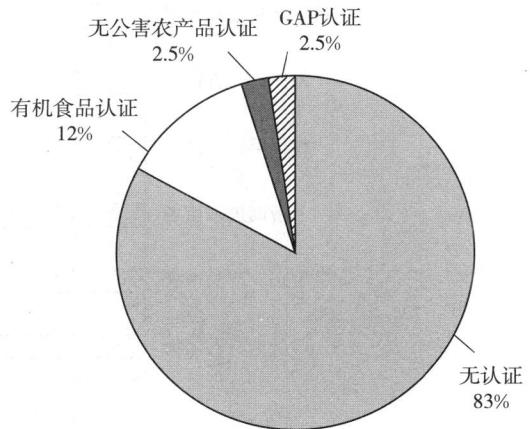

图 4　样本农场质量认证情况

基本一致，一般人也认为认证食品质量可靠性一般[5]。他们认为目前我国有机认证制度存在很多问题，如制度设计脱离实际、认监委监管不到位、认证机构监管不到位等，第三方

认证也不是最值得信任的认证方式。从而，他们对"安全食品"定义认可最多的是"按照有机方式种植，但是未必获得认证"（图5）。

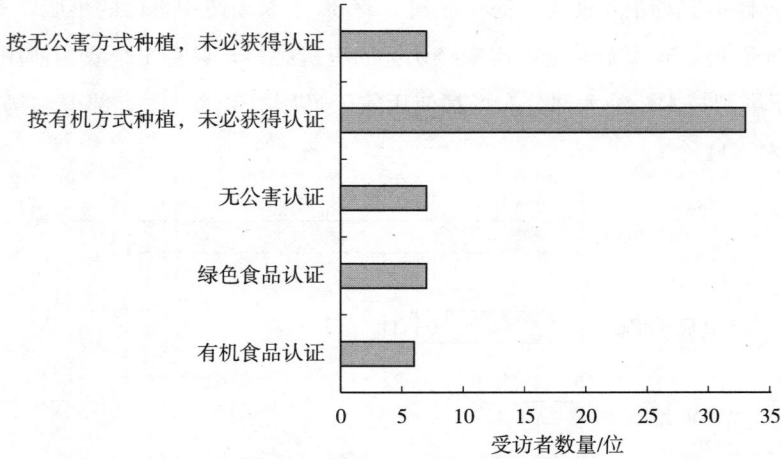

图5　受访者认可的安全食品定义

大部分受访者都知道有机食品认证的替代认证——PGS。他们中的绝大部分（81.5%）认为PGS主要作用是增进生产者与消费者之间的信任。此外，分别有4～9人次选择促进生态农产品销售、帮助小农户和小农场等进入生态农产品市场、替代第三方认证、补充第三方认证、促进社区建设和环保等（图6）。可见，尽管从初衷来说，PGS的功能是替代正规第三方认证，但当前"新农人"基本上还是将其当作取得消费者信任的工具，而并未将其置于与第三方认证同等重要的位置。

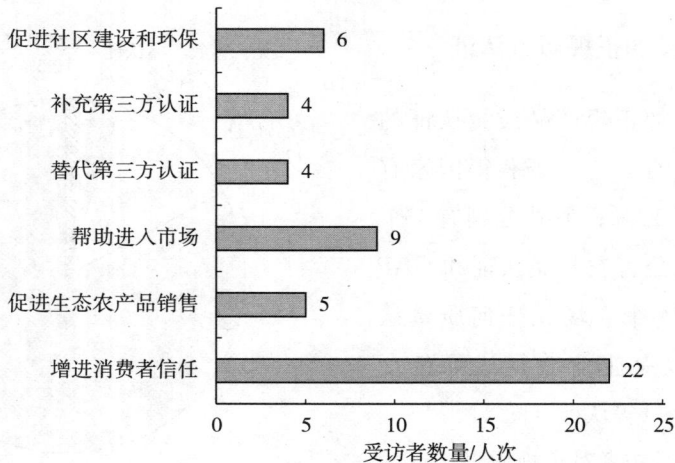

图6　受访者对PGS作用评价

这与他们对PGS的作用的认知相一致，受访者对PGS能否解决信任危机问题并非非常乐观。在了解PGS的受访者中，有60.6%的人认为PGS能够甚至肯定能够解决信任危机，30%的人认为一般或者不可以，分别只有1人和3人表示不能够以及不清楚。在销售上，尽管只有 5 人认为促进销售是 PGS 的主要作用，但是有 21 人认为 PGS 能够促进销售。也正因为如此，绝大部分受访者都表示愿意参与 PGS 活动①。

（七）销售与盈利总体上不容乐观

所调查的生态农场的产品价格主要是由生产成本决定，同时参考竞争对手的同类产品价格，有的也考虑市场供应数量和同类产品品质。34 位受访者认为成本决定价格，占全部受访者的 82.9%。这些受访者中同时有 7 人认为价格也受竞争对手同类产品价格的影响。只有 6 人认为价格主要受竞争对手的同类产品价格影响。据我们观察和了解，生态农场的产品价格相当于农贸市场同类产品价格的 2~8 倍，因季节和具体产品而有所差别。但是，很可能由于生产成本较高的缘故，大部分受访者都认为自己农场产品的价格水平一般。虽然也有人认为价格便宜或者比较贵，但是他们都不认为产品价格非常贵或者非常便宜。

所调查的生态农场的销售渠道都是非常规的。他们最主要的销售渠道是直接销售，包括市集和宅配。市集销售和宅配各有 25 个和 23 个，分别占 61% 和 56.1%。部分农场还拥有一定比例网店销售、消费者团购、公司或股东内部供应等销售渠道。传统销售渠道，包括批发市场、农贸市场、超市、零售店等，对于生态农场来说属于极少数或例外。宅配和市集同样也是生态农场的销售利润最高的渠道。

样本农场的盈利情况总体上不容乐观。较多的农场基本持平，盈利和亏损的农场均存在，但是亏损的农场要多于盈利的农场。具体地说，32.5% 的农场的盈利状况基本持平，只有 27.5% 的农场存在不同程度的盈利，而 40% 的农场存在不同程度的亏损（图 7）。

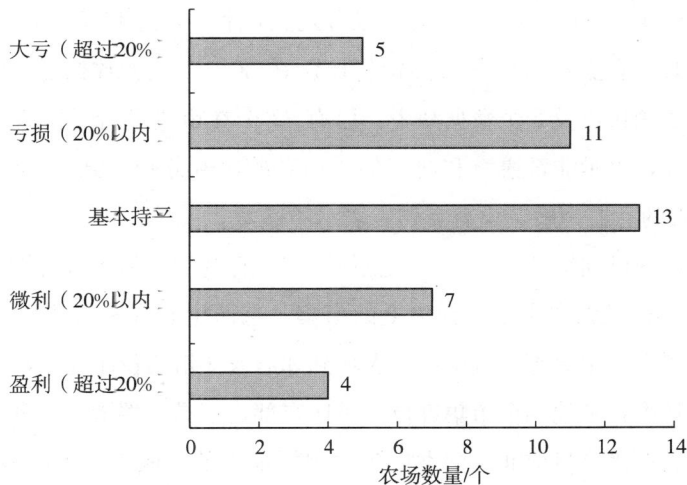

图 7　样本农场盈利情况

---

① 据了解，中国境内目前有若干个民间自发性的 PGS 项目正在试验中，其中有一个项目位于北京郊区，有 4~5 家农场参与了该项目。

农场盈亏与经营时间存在一定相关性，亏损农场多数经营时间都比较短，前期固定投入可能是亏损原因之一。尽管如此，只有不到 30％农场盈利表明该行业具有较高的经营风险，如何培育可持续发展能力是要解决的主要问题。

（八）很少得到政府扶持

总体来看，政府对中小型生态农场的扶持有待改善。在 41 个生态农场中，有 26 个从来没有获得过政府扶持，占 63.4％。在 15 个获得政府支持的农场中，有 10 个分别获得过 1 项次政府扶持，有 3 个分别获得过 2 项次政府扶持，另外各有 1 个分别获得过 5 项次和 7 项次政府扶持。由此可见，一方面，政府对生态农场的政策扶持总体偏少；另一方面，生态农场获得的政策扶持的分布高度不均，少数农场享用了多数政府资源，存在明显的"精英俘获"现象。政府扶持项目中较多的是农资补贴和农机具补贴，其他补贴也有，但都比较少，包括协调贷款、保险补贴、贴息贷款、税费减免等。

尽管如此，这些农场经营者仍然期待扶持政策，其中，最期待的政策包括农机具补贴、农资补贴、租地补贴等，而对减免税费、信息咨询、生产营销培训等方面的期待不高。

三、市集与生态农场发展

市集对这些生态农场发展具有重要意义。大部分被调查农场在市集的销售比例（按销售额）在 60％以内。其中，有 15 个农场（占 41.5％）的市集销售比例在 20％以下，市集销售比例在 20％～40％和 40％～60％的农场分别有 8 个（各占 19.5％）。有少量农场在市集没有销售，同时也有少量农场的市集销售比例在 80％以上。数据显示，41 个农场中，除了 2 个未在市集销售以及 2 个数据缺失，已有 37 个在市集进行过销售。受访者对于进入市集的意愿很高，表示非常愿意和愿意的受访者的比例分别达到 53.7％和 39.0％，仅有 7.7％的受访者的意愿一般，没有受访者表示不愿意。

目前，北京市内已陆续产生多个组织主体不同、行为和交易内容有别的农夫市集，比较活跃的包括北京有机农夫市集、舌尖上的市集、京西生态农夫市集、北京社区农夫市集、从农场到邻居农夫市集等。其中，从农场到邻居农夫市集位于北二环内，京西生态农夫市集位于西四环内，其他 3 个市集都位于市区东部，都是高端消费人群密集场所。

北京有机农夫市集是目前北京同类市集中规模最大的，成立于 2010 年 9 月，由一位国际艺术家发起，后转由国内志愿者接手，希望鼓励城乡、产销沟通，探讨食品体系存在的问题和出路①。2012 年以来，北京有机农夫市集发展速度加快。到 2014 年，该市集拥

---

① 本节内容根据对北京有机农夫市集负责人的访谈记录整理而成。

有 9 名固定员工，建立了 4 个固定市集场地、若干流动市集场地和 1 个社区中心"集市"，开办了 240 余场市集活动，拥有近 40 个经营商户，每场市集平均销售金额达到 10 万～15 万元。商户中有 20 多个是所谓的"农友"，即本研究界定的中小型生态农场，另外 10 余个是加工作坊、非政府组织（NGO）、企业等。除此以外，该市集还有近 100 个处于"等候"状态的商户申请者。从近期情况看，由于场地限制，现有商户不退出，等候的申请者很难进入市集。从 2012 年起，市集向经营商户收取"赶集金"，对不同的类型按照不同标准收取，总体上不高于销售收入的 5%。从很少有商户主动退出来看，"赶集金"是商户们所能够接受的。

　　所调查的 41 家农场中有 14 家是北京有机农夫市集的商户，占样本的 1/3。其中，有 10 家农场位于北京郊区，4 家农场位于河北省；1 家农场以合作社形式经营，12 家农场以独立农场形式经营，另外 1 家为普通家庭农户。这 14 家农场中有 9 家主要生产蔬菜，有的兼营少量养殖业、食品加工等。其中有 11 家未进行任何形式的产品质量认证，另外 3 家则持有有机食品认证。这些农场通过市集渠道销售的比例都低于 80%，在各区间内相对均匀地分布。总体上看，市集的销售份额低于宅配，但是这些农场仍然十分看重市集对销售的贡献。对他们来说，市集的宣传功能是最重要的，其次是发掘潜在顾客，产品销售只是排列在第三位。不过，与此同时，其中 65% 的受访者也认为市集对销售的作用是明显或者非常明显的。可见，对于绝大部分生态农场来说，假定其技术条件和产品质量有保障，销售是至关重要的。以更高成本生产出来的生态农产品，尤其是鲜活产品，一旦不能马上售出，就只能以同类常规产品的价格处理掉①。从这一点来看，对多数生态农场来说，通过市集进行宣传和促销比销售的作用更加重要。

四、总结与思考

　　农业可持续发展应当惠及全体居民，面向高端消费群体的短链型生态农场也应将其作为更高的追求目标。从而，对这些生态农场的考察应当着眼于两个层面，即它们自身的发展以及更大范围内生态农业的发展。下面首先通过对文初提出的两个问题的回答来总结短链型生态农场自身的发展趋势，其次依托生态农场的发展特点，思考农业可持续发展视野内的几个相关问题。

（一）生态农场的可持续发展及其对农业转型发展的意义

1. 短链型生态农场的可持续性问题。食品供应链的可持续性体现在经济、社会、生

---

①　这可以部分地解释上文中提到的生态农场亏损面较大的原因。

态等维度，可以具体化为环境保护、营养和健康、食品质量安全、盈利性和利益公平分配等方面。从调查情况看，北京郊区中小型生态农场在上述多数维度基本上能够实现可持续性，尤其是与常规食品供应链相比，在环境保护、营养和健康、食品质量安全、利益公平分配等方面具有明显优势。

生态农场基本上都采用环境友好技术，很少或者不使用化肥和农药，这既有利于环境保护，也有利于营养、健康以及食品安全。生态农场的产品销售主要采取宅配和市集销售模式，从田间到餐桌的时间较短，空间距离缩小，降低了"食物里程（food miles）"，提高了食物的新鲜程度。该销售模式还减少了中间环节，剩余均归农场，所以在社会意义上是可接受的。在文化层面，作为短链象征的市集直销和消费者互动机制使得社会重新认识饮食问题的重要性、当前食品体系问题的严重性以及对替代性食品生产和消费的信心，所以代表着进步的社会潮流和文化方向。

不过，生态农场的经济可持续性仍然存疑。代表短链的生态农场在盈利性上并非那么稳定和可观，尽管价格不低，但是规模不经济以及营销能力不足，亏损多于盈利，较多的农场只是维持盈亏平衡。这种状况可能对吸引更多"新农人"和资本进入中小型生态农业难以形成足够的正向激励。受访者对于选择从事生态农业的理由，选择最多的前三项分别是为自己或朋友提供安全食品、实现个人理想抱负以及看好生态农业市场。通过访谈可以得知，有不少人向往与都市白领完全不同的生活方式，当前能够承受亏损。在这种情况下，中小型生态农场有多大发展空间，很难给予乐观的估计。

生态农场另一个不可回避的问题是，作为一个群体，其可信赖性仍然存在问题。就像"新农人"以及普通居民对正规食品质量认证不够信任一样，社会对生态农场的产品也不够信任，这来自调查过程中从"新农人"那里得到的反馈。尽管很多中小型生态农场富有责任意识和值得信赖，但是也有不少农场的做法名不副实。更重要的是，由于普遍缺乏认证，普通消费者真假难辨，干脆不进入该市场，从而形成"旧货市场"效应，限制短链型生态农场的发展。

2. 中小型生态农场对农业转型的推动意义。到目前为止，采取直销形式的中小型生态农场的市场角色注定是曲高和寡和小众的，其成本、价格以及销售方式都是重要的限制因素。从而，对第二个问题的回答就显得特别重要，即自身"小而美"的中小型生态农场的发展能在多大程度上对常规农业以及食品体系的转型产生推进和促进作用。

首先，对地方性食品体系而言，作为食品短链以及地方性食品体系一部分的中小型生态农场打破了传统食品体系的一个缺口，为消费者提供新的选择机会，为繁杂的食品体系增添了一种可行的、替代性的食品模式。食品短链契合了一部分高端消费人群的需求，也令一部分人看到了商机或实现梦想的机会，并在新媒体、城镇化、个性化、多样化消费趋势等宏观背景下发展起来。从为现有食品体系提供更加丰富的替代性食品模式的意义看，食品短链的出现和发展本身意味着食品体系的改进。与此同时，我们也要客观看待这种价值，不能将其过度夸大。直锁的农产品走入寻常百姓家仍然看不到可行的实现路径，农贸市场、菜市场、超市仍然是绝对的主流。生产成本和配送成本决定的相对高昂的价格以及定量预定和定期配送方式都限制了对中小型生态农场的有效需求。所以就食品体系而言，食品短链的引领性价值更甚于扩张性价值。

其次，生态农场技术模式的借鉴意义在于农业经营者。中小型生态农场的技术路径和经营模式基本上与常规现代农业的发展模式背道而驰，主要体现在：不重视正规认证，主要通过"口碑"取得信任；主要用自制的生物肥料替代化学肥料；利用天敌、轮作套种、沼气等传统农耕智慧；重视农产品直销而不是大规模批发流通等。虽然生态农场的自身规模不算很小，但是与常规农业相比就显得微不足道，无法与大市场抗衡。不过，从中小型生态农场实践中提炼出的基本经验可以供常规农业学习借鉴，尤其是改良土壤和培肥地力、套种轮种和正确使用沼气技术等。这些技术手段的知识都存在，常规农业所缺的是正确采用这些知识的人。所以，小型生态农业拥有更加胜任的经营者，常规农业则面临谁来经营的根本性困境。常规农业的根本性出路恐怕还在于解决经营者问题。

（二）生态农场相关问题引申

1. 生态农场：利益还是价值或梦想的逐鹿场？ 理想很丰满，现实很骨感。中小型生态农场虽然是一部分城乡有识之士回归田园的一种途径，但是总体上来说，它们都是有风险的投资项目。经营需要赚钱，亏本太多或太久就会退出，生态农场给家庭、朋友圈或社会带来的正外部效应最终可能仍然要服从于投资规律。所以，生态农场虽然是未来农业发展的方向，但从经营和财务可持续性看，不能将其神圣化；特别是在现有市场格局和消费者对高端产品的支付意愿和能力约束下，市场风险同样很大，特定阶段还要接受无利润或亏损的现实。

2. 食品短链如何解决食品安全问题？ 食品短链致力于解决营养、口味和安全，其方法主要是采用传统生态农业方法，减少化肥和农药的使用。从调查结果看，很多生态农场都能够做得很好，具有强烈的社会责任感和科学意识，有的比经过正规认证的有机农业企业（农场）做得还要好。但是小型生态农场作为一个群体来说，其核心问题在于缺乏统一、透明、有公信力的品质认证，基本上依靠自我宣传和消费者互动，发展状况良莠不齐，消费者真假莫辨。生态农场的经营者基本上不看好正规认证，其规模通常也不适宜于正规认证，所以看起来PGS是目前较为可行的一条解决路径。但是，PGS的成功要以农场真正采取生态或有机耕作方式、符合有机农业标准为前提。如果农场采取投机行为，那么PGS是无法成功的。另外，中国的社会文化体制也使得PGS当中最为关键的多方参与机制困难重重。

3. 谁来养活中国人？——农业劳动力问题。 著名的"布朗问题"——"谁来养活中国人"，讲的是世界资源和世界市场问题[6]。在国内范围看，未来农业发展面临农业经营者和劳动者的更新和持续问题，这是另一种"谁来养活中国人"的问题。因此当前中国社会特别重视新型农业经营主体的培育和构建。在农村人口和劳动力流失严重，务农劳动力和人才缺乏的情况下，如何培育新型农业经营主体和高素质农民成为热点话题。"新农人"群体的出现似乎对这个问题提供了一个答案[7]。但是我们的分析表明，中小型生态农场不同于家庭农场，其经营者以年轻人为主，但是劳动者仍以中老年人为主。他们的工资待遇不高，不少人并不理解或接受生态农业技术，工人短缺现象也经常发生。所以即使在生态农场，劳动者意义上的"谁来养活中国人"的问题也未完全解决。

4. 如何促进大范围生态农业发展？ 中小型生态农场在技术和经营上的成功似乎为大范围的生态农业的发展以及现代农业在总体上朝向高效和生态的方向发展提供了榜样，特别是其生态生产方式的示范效应。一些"新农人"对生态农业优质不高产、成本过高等说法并不认同，一些好的生态农场的确能够做到优质、高产、高效。我们实地考察过的一些农场都采用了精细的生态农业技术并在经济上取得成功。可以说，作为储备的知识，可行的技术、经验都存在，只是有没有足够的人才去发现这些知识并将其正确地在农场的层面上应用和落实。所以，在农场或经营单位层面来说，关键在于人力资本，即从事农业生产的经营者和劳动者是否具备发展生态农业的意识、信念、技术、经验等。对生态农业的投资可以将现有人才聚集起来，但是要将广大的农民培养成具备生态农业素质的人才，将是漫长和缓慢的过程。政府对生态农场或生态农业的支持必不可少，财政扶持固然重要，但对这种有利于保持农业可持续性的生产方式的精神鼓励和社会环境氛围的营造同样很重要[8]。

参考文献：

[1] 程序. 可持续农业的几个理论问题 [J]. 生态农业研究，1999，7（1）：14-18.

[2] 檀学文，杜志雄. 从可持续食品供应链分析视角看"后现代农业"[J]. 中国农业大学学报（社会科学版），2010，27（1）：156-165.

[3] GIARÉ F, GIUCA S. Farmers and short chain: legal profiles and socio-economic dynamics [M]. Italy: National Institute of Agricultural Economics, 2013.

[4] 杜志雄，檀学文. 食品短链的理念与实践 [J]. 农村经济，2009（6）：3-5.

[5] 陈雨生，乔娟，李秉龙. 消费者对认证食品购买意愿影响因素的实证研究 [J]. 财贸研究，2011，22（3）：121-128.

[6] BROWN L R. Who will feed china? Wake-up call for a small planet [J]. The Worldwatch Environmental Alert Series, 1995, 4（9）：10.

[7] 杜志雄. 新农人在促进中国农业转型中的价值不可估量 [J]. 食品界，2014（1）：1.

[8] 杜志雄. 呼吁设立生态农业国家奖 [N]. 南方农村报，2014-01-15.

家庭农场生产行为的生态自觉性及其影响因素分析[①]
——基于全国家庭农场监测数据的实证检验

农业可持续发展已经成为农业政策的新目标，以家庭农场为代表的新型农业经营主体迅猛发展，正在成为现代农业的有生力量，它们面临着承担起实现农业政策新目标的主要任务。我们以全国 1 322 个家庭农场为样本，用是否采用测土配方施肥、亩均化肥施用量和亩均农药使用量是否比周边普通农户少、是否选择秸秆机械化还田和是否采用节水灌溉作为变量，对家庭农场的生产行为进行了分析。我们发现，家庭农场的生产行为已初具生态自觉性；农场主受教育程度、接受过培训以及从事农业规模经营的年限、加入合作社、被评比为示范家庭农场、产品通过"三品一标"认证、拥有注册商标等因素对家庭农场生态生产行为具有显著的正向影响。政府应当重点扶持家庭农场等新型农业经营主体，并在政策上提供指引，激励其选择资源节约、环境友好的农业生产行为。

一、引言

近年来，中国农业发展面临着资源约束日益显现、生态环境总体堪忧的现实情况。农业污染给生态环境带来了一系列负面影响，例如，过量使用化肥造成水体富营养化，过量使用农药造成土壤中有毒元素增加，过量使用塑料薄膜造成土壤中含有大量不易溶解的化学物质，以及农产品中有害物质超标等[1]。2003 年以来，中国粮食单产几乎没有显著增长，但亩均化肥施用量却增长了近 40%，每千克化肥生产的粮食不足 19 千克。尽管如此，这一生产效率水平正在以每年 1 千克的速率下降[2]。农药的广泛施用已经带来了一系

---

① 本文原载于：蔡颖萍，杜志雄. 家庭农场生产行为的生态自觉性及其影响因素分析：基于全国家庭农场监测数据的实证检验 [J]. 中国农村经济，2016 (12)：33 - 45.

列生产、环境和食品安全问题[3]，氮肥的过量施用是导致中国农田土壤酸化的最主要原因[4]。同时，化肥、农药还是农业生产中重要的碳排放来源，约占农业碳排放总量的25％～30％[5]。由于长期粗放生产，传统的"高投入、高消耗、高污染、低效益"的农业发展方式与资源环境之间的矛盾日益尖锐[6]，过量使用化肥、农药、兽药、农膜以及秸秆燃烧、畜禽粪便排放等造成的污染已成为农业生态系统破坏的主要原因[7]。因此，党的十七届三中全会明确提出，发展现代农业，必须按照高产、优质、高效、生态、安全的要求，加快转变农业发展方式。另外，随着经济发展水平的提高，公众对安全优质农产品和良好生态环境的需求越来越大。当前农业领域供给侧结构性改革的内容中隐含着对农产品优质化、安全化和生产可持续性的要求[8]。中国农业面临着转型升级。

要转变农业生产方式，最终仍有赖于农业经营主体生产行为的改变，因为他们是农业生产的资源占有者和使用者。目前，农户是中国农业生产的基本主体[9]，但除传统的小规模农户以外，新型农业经营主体如专业大户、家庭农场、农民专业合作社、农业企业等发展迅速。关于传统小农户，有文献指出，中国以家庭为单位的传统农业生产方式，其弊端是规模小、效率低，难以抵抗各方面的风险，很难满足农业可持续发展的要求[10]。随着农业现代化的进一步推进，传统农业家庭经营方式日益显现其局限性，例如经营分散化阻碍规模经营和农业现代化进程，劳动力老弱化不符合农民知识化和科学种田的要求，农户兼业化、农业副业化致使耕地粗放经营甚至撂荒，导致资源浪费[11]。张灿强等基于对全国棉农的调查分析认为，农户不合理的生产经营行为直接对农业生态环境产生影响，表现为农药、地膜等残留对环境的直接污染，过量施肥、施药形成的间接污染和对水资源的过度开采及对耕地地力的掠夺开发[12]。田云等基于湖北省调查数据的研究显示，只有5.68％和3.36％的农户选择低于标准施用化肥和使用农药[13]。关于新型农业经营主体，已有很多研究肯定了合作社与农业企业对农户的带动作用。但是，也有研究指出，理论上可以给农户带来诸多好处的农民合作社，在现实中却发展缓慢且水平较低，单个农户的"搭便车"行为，容易导致集体行为的非理性[14]；在农民合作社内部管理制度尚不健全，成员文化素质普遍不高的现状下，生产高质量农产品的额外成本越高，初始阶段守规农户的比例越低，合作社越容易陷入农产品低质量供给的困境[15]。农业企业或产业化组织虽然可以通过合同来规定安全农产品的生产操作标准，并指导农户合理采用农业技术及对农业生产投入品进行有效控制[16]，但是，现有市场条件下农民与产业化组织的利益联结机制并不完善[17]，单方面违反合同的现象时有发生。

自2013年中央一号文件提出发展家庭农场以来，家庭农场呈现出蓬勃发展之势。截至2015年底，县级以上农业部门纳入名录管理的家庭农场超过34万个，比2013年增加了近1倍；在工商部门注册的家庭农场达到42.5万个，比2013年增加了3倍多[①]。现有研究发现，家庭农场有其自身的诸多优势。例如，家庭农场是农业专业大户的"升级版"，保留了家庭经营的内核，坚持了农业家庭生产经营的优势，符合中国农村基本经营制度[18]；与大规模的机械化农场相比，以适度规模经营为主要特征的家庭农场更加符合中国人多地少的基本国情[19]；在辐射带动、盈利能力、产品认证、品牌建设、销售渠道等方面具有明显优势[20]；可以在有限规模下实现集约化经营和农地资源的有效配置[21]；具有旺盛的生命力和强韧的竞争力，以及较高的土地产出率、资源利用率和劳动生产率，正在成为保障农产品供给和农产品质量安全的重要主体[22-23]。

部分学者通过理论层面的分析做出判断，认为家庭农场是发展生态农业、实现可持续农业的"合意"主体。其原因在于，家庭农场经营者具有"理想农民"的特征，由于经营规模相对较大也更接近"理性经济人"的假设[24-25]；家庭农场主与现代农业发展的要求相适应，具有高度的社会责任感和现代观念，其行为要求对生态、环境、社会和后人承担责任，更有利于耕地保护和农业可持续发展[26-27]。由于家庭农场主从业经历丰富，年轻且受教育程度高，对于新事物、新理念的接受意愿和能力更强，且相当一部分是具有生态自觉的"新农人"[28]，因此，家庭农场在采取可持续农业行为的同时，是能够实现增收的。胡光志和陈雪进一步提出，中国生态农业的发展适宜采用以家庭为单位进行适度规模经营的家庭农场模式[29]；杜志雄和金书秦提出，家庭农场所具有的实现多元化目标的工具价值，使其日益成为符合可持续发展的农业生产经营主体[30]。有鉴于此，本文研究旨在通过实际调查数据对上述观点进行实证检验，即利用大样本数据分析家庭农场的生产行为是否比普通农户更具生态自觉性。为实现研究目标，本文利用 2015 年全国家庭农场监测数据，在吸收已有研究成果的基础上，分析家庭农场是否采用测土配方施肥、亩均化肥施用量和亩均农药使用量是否比周边普通农户少、是否选择秸秆机械化还田和是否采用节水灌溉等生产行为，以验证家庭农场是否是可持续农业的"合意"主体；并建立回归模型，分析影响家庭农场选择生态生产行为的因素。

二、数据来源、样本特征及描述性统计分析

（一）数据来源

本文研究所用数据来源于对全国家庭农场的监测。从 2014 年起，受农业部委托，中国社会科学院农村发展研究所对全国近 3 000 个家庭农场展开长期固定监测工作。首先，按照经济水平高低在每个省级行政区选择 2～4 个代表县，在每个县选择 30～50 个家庭农

---

① 数据来源：农业部农村经济体制与经营管理司，农业部农村合作经济经营管理总站．中国农村经营管理统计年报（2015 年）[M]．北京：中国农业出版社，2016．

场；然后，由县级农业经管部门组织家庭农场主经过培训后在线填报问卷[31]①。2016年初，全国共计3 073个家庭农场进行了数据填报，形成有效问卷2 903份，问卷有效率达到94.5%，问卷内容涉及样本农场2015年全年生产经营的各个方面。

家庭农场的经营类型主要包括种植业型、养殖业型以及种养结合型，本文选取了样本中以种植业为主的农场，主要是种植粮食作物的农场；同时，为了进行对比分析，另外选取了种植经济作物的农场。根据农场种植主要作物（即农场产值最大的作物）的情况，本文最终选取了主要种植小麦、玉米、水稻、蔬菜瓜果的4类农场。进入本文分析的样本总量为1 322个。其中，主要种植小麦的224个，占16.9%；主要种植玉米的468个，占35.4%；主要种植水稻的484个，占36.6%；主要种植蔬菜瓜果的146个，占11.1%。样本分布涵盖了除西藏外的其余30个省份。其中，黑龙江省样本数最多，为204个，占15.4%；广东与海南样本数最少，合计仅有6个，占0.45%；平均每个省级单位的样本数为44个。

（二）样本特征

1. 农场主特征。在1 322个样本农场中，92.2%的农场主是男性；87.1%的农场主年龄在55岁及以下，年轻农场主占比较高；绝大部分农场主具有初中及以上受教育程度，其中，46.4%的农场主受教育程度为高中及以上，农场主普遍受教育程度较高；81.5%的农场主接受过如育种栽培、疫病防治、农机驾驶等专门的技术培训，培训覆盖面较广；87.8%的农场主为本村户籍，农场主地缘优势明显；64.8%的农场主从事农业规模经营年限在5年及以下（表1）。

表1　样本主要特征及其分布

单位：%

农场主特征	选项	百分比	家庭农场特征	选项	百分比
性别	男	92.2		<50	2.0
年龄/岁	≤35	10.7	农场经营规模/亩	[50, 200)	37.7
	(35, 45]	34.3		[200, 500)	35.7
	(45, 55]	42.1		[500, 1 000)	15.1
	>55	12.9		≥1 000	9.5
受教育程度	小学及以下	5.7	农场经营的土地来源	家庭承包土地面积	10.8
	初中	47.9	（占农场土地总面积比例）	流转农户土地面积	74.4
	高中、中专、职高	36.9		开荒地等土地面积	14.8
	大专	8.4	农场转入土地的最长	≤5	34.1
	本科及以上	1.1	年限分布/年	(5, 10]	37.5
接受过培训	是	81.5		>10	28.4
户籍在本村	是	87.8	示范家庭农场	是	39.3
从事农业规模	≤5	64.8	"三品一标"认证	有	15.8
经营年限/年	(5, 10]	25.0	注册商标	有	11.3
	≥10	10.2	加入合作社	是	33.2

① 农业部规定纳入监测范围的粮食型家庭农场原则上规模应在50～500亩，地方农业部门已制定粮食型家庭农场认定标准的，按地方标准；从事经济作物、养殖业或种养结合型家庭农场规模应在当地县级以上农业部门确定的规模标准范围内。

2. 家庭农场特征。样本农场中，多数农场规模在 50～500 亩，这个规模区间的农场数占到了样本总量的 73.4%，而 50 亩以下的农场只占 2%，1 000 亩及以上的农场也只占 9.5%。在农场经营的土地来源中，其中农场家庭承包的土地面积占农场经营总面积的 10.8%，流转农户的土地面积占 74.4%，自行开荒地和承包集体机动地等土地面积占 14.8%；在转入土地中，最长年限为 5 年及以下的农场占 34.1%，在 5～10 年的农场占 37.5%，大于 10 年的农场占 28.4%。有 39.3% 的农场被省级、市级或县级农业部门评定为示范家庭农场，15.8% 的农场产品获得"三品一标"[①] 认证，11.3% 的农场拥有注册商标，33.2% 的农场加入了合作社。

（三）家庭农场生产行为

本文研究关注的是家庭农场在农业生产过程中围绕"一控两减三基本"[②] 的生产行为，在家庭农场监测问卷中设计了相关问题，包括"是否采用测土配方施肥，亩均化肥施用量是否比周边普通农户少（以下简称'是否更少施用化肥'），亩均农药使用量是否比周边普通农户少（以下简称'是否更少使用农药'），是否选择秸秆机械化还田，是否采用节水灌溉"等。借鉴已有相关研究成果，例如田云等将农户低于标准或按标准施用化肥和使用农药视为低碳农业生产行为[13]，本文将"采用测土配方施肥、更少施用化肥、更少使用农药、选择秸秆机械化还田、采用节水灌溉"这五种有利于减少农业污染、保护地力、节约资源的生产行为视为家庭农场的生态生产行为。

表 2　样本农场生产行为基本情况

选项	样本数/个	百分比/%
采用测土配方施肥	838	63.4
更少施用化肥	352	26.6
更少使用农药	392	29.7
选择秸秆机械化还田	782	59.2
采用节水灌溉	277	27.1

表 2 显示，样本中有 63.4% 的农场采用测土配方施肥；26.6% 的农场表示其更少施用化肥，29.7% 的农场表示其更少使用农药；59.2% 的农场选择秸秆机械化还田；27.1%

---

① "三品一标"是指无公害农产品、绿色食品、有机农产品和农产品地理标志。
② 农业部在《关于打好农业面源污染防治攻坚战的实施意见》中就防治农业面源污染提出了"一控两减三基本"的目标："一控"即严格控制农业用水总量，大力发展节水农业；"两减"即减少化肥和农药使用量 实施化肥、农药使用量零增长行动；"三基本"指畜禽粪便、农作物秸秆、农膜基本实现资源化利用。

的农场采用喷灌、滴灌、渗灌等节水灌溉[①]。调查数据表明，多数家庭农场生产行为出现"生态自觉性"的趋势。

（四）描述性分析

1. 农场主特征与家庭农场生产行为。 农场主特征不同，家庭农场的生产行为也表现出一定的差异。表3显示，农场主为男性的农场，其采用测土配方施肥的比例、选择秸秆机械化还田的比例较高；而农场主为女性的农场，其更少使用农药的比例、采用节水灌溉的比例较高。从年龄分布看，45～55岁的农场主，其农场采用测土配方施肥的比例最高，为66.1%；35～45岁的农场主，其农场更少施用化肥和更少使用农药的比例、选择秸秆机械化还田的比例最高，分别为32.9%、36.6%、60.0%；35岁及以下的农场主，其农场采用节水灌溉的比例最高，为36.9%。

表3　不同农场主特征下家庭农场生产行为

单位：%

农场主特征	选项	测土配方施肥	更少施用化肥	更少使用农药	秸秆机械化还田	节水灌溉
性别	男	64.1	26.7	29.0	67.0	25.7
	女	55.3	26.2	36.9	58.5	41.4
年龄/岁	≤35	61.3	19.7	23.9	57.4	36.9
	(35, 45]	62.3	32.9	36.6	60.0	28.6
	(45, 55]	66.4	24.8	26.3	59.0	25.0
	>55	58.5	21.6	26.9	59.1	21.7
受教育程度	初中及以下	61.6	22.6	27.2	54.9	20.6
	高中及以上	65.4	31.3	32.5	64.2	34.2
接受培训	是	67.0	29.3	32.9	61.8	26.6
	否	47.5	14.8	15.2	47.5	29.3
户籍归属	本村	62.3	25.2	27.1	55.6	26.5
	非本村	71.4	36.6	47.8	77.6	30.3
从事农业规模经营年限/年	≤5	58.9	25.6	28.2	57.2	32.0
	(5, 10]	70.6	24.2	27.0	63.3	17.6
	>10	74.1	39.3	45.2	61.5	19.2

将样本农场主按受教育程度分为2组，一组学历是初中及以下，另一组学历是高中及

[①] 样本中有22.5%的农场选择了"靠天吃饭，平时不灌溉"的选项。它们选择不灌溉，有可能是因为农场处于多雨水的地区或者农作物特性等原因不需要灌溉，也可能是因为处于干旱少水的地方没有条件灌溉，这两种情况可能都不能说明农场主出于主观节水的考虑而选择不灌溉。所以，本文描述性分析与回归分析中，没有考虑这一部分样本农场，造成在节水灌溉这一项有299个样本量缺失。

以上。从表3可以看出，受教育程度较高的农场主，其农场选择生态生产行为的比例都较高。同理，与未接受过培训的农场主相比，接受过培训的农场主，其农场除在采用节水灌溉上没有表现出明显的差异外，选择其他生态生产行为的比例也都较高。

表3中数据还显示，非本村户籍农场主与本村户籍农场主相比，其农场具有更高的比例选择生态生产行为，这可能是因为非本村户籍的农场主到相对于自己户籍所在地的外地从事农业经营，这部分农场主生态观念更为强烈，经营能力也更为专业，更加具有职业性。同时，农场主从事农业规模经营年限越长，其农场的生产行为也越表现出"生态自觉性"。具体而言，除采用节水灌溉外，从事农业规模经营年限越长的农场主，其农场采用测土配方施肥的比例、更少施用化肥和更少使用农药的比例、选择秸秆机械化还田的比例也越高。

2. 农场特征与家庭农场生产行为。从样本统计情况看（表4），水稻种植农场采用测土配方施肥的比例最高，达到 71.7%；蔬菜瓜果种植农场更少施用化肥和更少使用农药的比例最高，分别为 44.5%和 50.0%；小麦种植农场选择秸秆机械化还田的比例最高，达到 89.3%；蔬菜瓜果种植农场采用节水灌溉的比例最高，达到 65.0%。

表 4　不同种植作物下家庭农场生产行为

单位：%

作物类型	测土配方施肥	更少施用化肥	更少使用农药	秸秆机械化还田	节水灌溉
小麦	61.2	30.8	30.8	89.3	48.4
玉米	58.3	14.1	15.8	36.3	33.5
水稻	71.7	31.4	36.4	67.8	3.0
蔬菜瓜果	55.5	44.5	50.0	57.9	65.0

将1 322个样本农场按经营规模分为5组后（表5），可以看出，随着农场经营规模的扩大，农场采用测土配方施肥的比例也提高，从50亩以下组的46.2%提高到1 000亩及以上组的74.6%。从更少施用化肥和更少使用农药的比例看，较高的是50亩以下的小农场和1 000亩及以上的大农场，都在35.0%以上。选择秸秆机械化还田比例较高的在200亩及以上的农场中，达到60.0%左右。采用节水灌溉的比例最高的为50亩以下的小农场，达到65.2%；随着农场经营规模扩大到1 000亩及以上，采用节水灌溉的比例降到最低，只有18.4%。

表 5　不同经营规模下家庭农场生产行为

经营规模/亩	测土配方施肥/%	更少施用化肥/%	更少使用农药/%	秸秆机械化还田/%	节水灌溉/%
<50	46.2	46.2	38.5	46.2	65.2
[50, 200)	57.4	26.9	26.3	57.1	29.0
[200, 500)	64.8	23.3	30.7	61.9	23.3
[500, 1 000)	70.0	25.5	30.0	61.0	28.7
≥1 000	74.6	35.7	36.5	57.1	18.4

表 6 显示，样本农场中，示范家庭农场（包括省级、市级和县级）的生产行为比非示范家庭农场具有更加明显的"生态自觉性"。相比于非示范家庭农场，示范家庭农场采用测土配方施肥的比例高出 8.4 个百分点，更少施用化肥和更少使用农药的比例分别高出 15.1 个和 17.4 个百分点，选择秸秆机械化还田的比例高出 16.5 个百分点，采用节水灌溉的比例高出 5.4 个百分点。相比于产品没有获得"三品一标"认证的农场，产品获得"三品一标"认证的农场采用测土配方施肥的比例较高，达到 81.3%；更少施用化肥和更少使用农药的比例较高，分别达到 41.6% 和 39.7%；选择秸秆机械化还田的比例较高，达到 84.1%。相比于没有注册商标的农场，拥有注册商标的农场选择生态生产行为的比例都较高。其中，更少使用农药的比例差距最大，拥有注册商标的农场比没有注册商标的农场高出 22.6 个百分点。相比于没有加入合作社的农场，加入合作社的农场选择生态生产行为的比例也都较高。其中，采用测土配方施肥的比例差距最大，加入合作社的农场比没有加入合作社的农场高出 15.9 个百分点。

表 6 不同农场特征下家庭农场生产行为

单位：%

农场特征	说明	测土配方施肥	更少施用化肥	更少使用农药	秸秆机械化还田	节水灌溉
示范家庭农场	是	68.5	35.8	40.2	69.2	30.3
	否	60.1	20.7	22.8	52.7	24.9
产品获得"三品一标"认证	是	81.3	41.6	39.7	84.1	22.7
	否	60.0	23.8	27.8	54.5	28.1
拥有注册商标	是	77.9	43.6	49.7	68.9	36.4
	否	61.6	24.5	27.1	58.0	25.8
加入合作社	是	74.0	36.0	40.1	67.2	28.6
	否	58.1	22.0	24.5	55.2	26.3

三、变量选择与模型设定

（一）变量选择

已有诸多文献对农户农业生产过程中种植行为规范化、新技术采用意愿等的影响因素开展了广泛深入的研究。例如，农户对技术的选择与采纳受农户个人特征包括年龄、性别、受教育程度等因素的影响[32-33]，也受农户经营特征包括种植规模、农田细碎化程度、是否参加合作经济组织等因素的影响[34]。孔祥智从资源禀赋、农户特征、新技术的进入门槛和技术采纳的机会成本等方面考察了影响农户采纳农业新技术的可能性[35]；李后建的研究认为农户收入水平和农户受教育程度会在一定程度上调节部分因素对其循环农业技术采纳意愿的正向影响[2]；蔡颖萍和周克的研究得出农户受教育程度、家庭经营耕地面积、家庭劳动力数量等对其选择发展家庭农场的意愿有显著影响的结论[36]；田云等的研究认为，耕地面积小、务农年限长、户主为男性的农户，倾向于选择低于标准或按标准施用化肥和使用农药[13]；Jin等认为，劳动力年龄老化、文化程度低、接受农技指导的机会少，是农户过度使用化肥、农药等化学投入品，导致农业污染的重要原因[37]。本文在已有研究的基础上，选取农场主年龄、受教育程度、是否接受过培训等农场主个人特征和经营规模、流转土地比例、土地流转期限、地块数、收入水平、是否加入合作社等农场特征作为主要解释变量，分析影响家庭农场采用生态生产行为的因素。变量的具体赋值及描述性统计如表7所示。

表7　变量的含义及描述性统计

变量	含义及赋值	均值	标准差
是否采用测土配方施肥	是＝1；否＝0	0.634	0.432
是否更少施用化肥	是＝1；否＝0	0.266	0.442
是否更少使用农药	是＝1；否＝0	0.297	0.457
是否选择秸秆机械化还田	是＝1；否＝0	0.592	0.492
是否采用节水灌溉	是＝1；否＝0	0.271	0.445
年龄	农场主实际年龄/岁	46.259	8.558
受教育程度	农场主受教育程度？高中及以上＝1；初中及以下＝0	0.464	0.499
培训	农场主是否接受过培训？是＝1；否＝0	0.815	0.388
户籍归属	农场主户籍归属？本村＝1；非本村＝0	0.878	0.327
从事农业规模经营年限	农场主实际从事农业规模经营年限/年	5.945	4.263
经营规模	家庭农场实际经营的耕地面积/亩	389.277	419.683
收入水平	家庭农场2015年纯收入/万元	22.410	33.549
流转土地面积占比	流转其他农户土地面积占农场经营总面积的比例/%	74.442	32.556
转入土地最长期限	转入土地中的最长流转期限/年	9.875	6.720
地块数	农场实际拥有地块数量/块	31.828	68.206
加入合作社	农场是否加入了合作社？是＝1；否＝0	0.332	0.471
示范家庭农场	农场是否是省级、市级、县级示范农场？是＝1；否＝0	0.393	0.489
"三品一标"认证	农场产品是否获得"三品一标"认证？是＝1；否＝0	0.158	0.365
注册商标	农场是否有注册商标？是＝1；否＝0	0.113	0.316

（二）模型设定

从前文的描述性分析中可以看出，农场主特征、农场特征与家庭农场的生态生产行为具有一定的相关性，本文利用计量模型来进一步验证这种关系。由于家庭农场生态生产行为由5个变量表示，且每个变量都是0~1赋值，因此，本文研究选择二元Logit回归模型进行分析，模型设定为5个。基本模型表示如下：

$$Y_i = \ln \frac{p_i}{(1-p_i)} = \beta_{0i} + \beta_{1i}x_1 + \beta_{2i}x_2 + \cdots + \beta_{14i}x_{14} + \gamma_i Z + \mu \tag{1}$$

（1）式中，Y_i（i＝1，2，3，4，5）分别表示是否采用测土配方施肥、是否更少施用化肥、是否更少使用农药、是否选择秸秆机械化还田、是否采用节水灌溉5种生态生产行为。p 表示家庭农场选择生态生产行为的概率，β_0 表示回归截距；$x_1 \sim x_{14}$ 是描述性分析中的有关解释变量，$\beta \sim \beta_{14}$ 为相应解释变量的回归系数；Z 为控制变量，具体包括农场种植作物类型和地区，γ 为控制变量的估计系数；μ 为随机干扰项。

四、估计结果与分析

（一）模型估计结果

经过多重共线性检验后，本文利用上述二元 Logit 模型估计各变量对家庭农场选择生态生产行为的影响，回归结果如表8所示。从模型估计结果看，各个方程拟合情况较好，整体显著。在控制了地区及作物类型变量后，农场主受教育程度、接受过培训、农场加入合作社等变量对家庭农场选择生态生产行为有不同程度的影响。同时，由于蔬菜瓜果种植农场不会大量产生秸秆，所以，方程4只对种植粮食作物的样本农场进行回归，其样本量有所减少。

表8　Logit 模型估计结果

变量	方程 1 测土配方施肥	方程 2 更少施用化肥	方程 3 更少使用农药	方程 4 秸秆机械化还田	方程 5 节水灌溉
年龄	0.001 (0.007)	−0.005 (0.008)	−0.007 (0.008)	−0.003 (0.008)	−0.005 (0.011)
受教育程度	0.017 (0.131)	0.283** (0.144)	0.007 (0.142)	0.405*** (0.143)	0.506** (0.197)
培训	0.488*** (0.169)	0.357 (0.229)	0.517** (0.226)	−0.063 (0.178)	0.325 (0.267)
户籍归属	−0.127 (0.209)	0.046 (0.206)	−0.489** (0.198)	−0.966*** (0.268)	0.080 (0.289)
从事农业规模经营年限	0.050*** (0.017)	0.041*** (0.016)	0.037** (0.016)	0.007 (0.016)	−0.065*** (0.024)
经营规模	0.000* (0.000)	0.000** (0.000)	0.000* (0.000)	0.000 (0.000)	0.000 (0.000)
收入水平	0.003 (0.003)	0.000 (0.002)	−0.000 (0.002)	−0.009** (0.004)	0.000 (0.003)
流转土地面积占比	0.014 (0.217)	−0.018 (0.237)	−0.300 (0.230)	0.077 (0.245)	−0.100 (0.291)
转入土地最长期限	0.005 (0.010)	−0.011 (0.011)	−0.012 (0.011)	−0.004 (0.012)	0.032** (0.014)

（续）

变量	方程 1	方程 2	方程 3	方程 4	方程 5
	测土配方施肥	更少施用化肥	更少使用农药	秸秆机械化还田	节水灌溉
地块数	−0.001	0.001	0.002	0.001	−0.005**
	(0.001)	(0.001)	(0.001)	(0.001)	(0.002)
加入合作社	0.454***	0.278*	0.411***	0.330**	0.134
	(0.144)	(0.147)	(0.145)	(0.155)	(0.214)
示范家庭农场	0.183	0.467***	0.618***	0.392***	−0.055
	(0.136)	(0.142)	(0.140)	(0.149)	(0.203)
"三品一标"认证	0.584***	0.277	−0.320	1.205***	0.429
	(0.223)	(0.197)	(0.200)	(0.268)	(0.335)
注册商标	0.369	0.222	0.606***	−0.431	−0.149
	(0.249)	(0.223)	(0.222)	(0.269)	(0.334)
东部地区	0.292	−0.042	0.096	0.574**	0.087
	(0.200)	(0.212)	(0.212)	(0.243)	(0.268)
中部地区	0.268	−0.272	−0.069	−0.814***	1.026***
	(0.190)	(0.209)	(0.207)	(0.215)	(0.273)
小麦	0.174	−0.634**	−0.890***	—	−0.984***
	(0.255)	(0.256)	(0.258)	—	(0.280)
玉米	0.239	−1.429***	−1.522***	—	−1.437***
	(0.245)	(0.265)	(0.262)	—	(0.303)
水稻	0.479**	−0.683***	−0.593***	—	−4.370***
	(0.239)	(0.239)	(0.238)	—	(0.390)
卡方统计量	107.64	137.45	173.11	221.60	380.60
Prob>χ^2	0.000 0	0.000 0	0.000 0	0.000 0	0.000 0
Pseudo R^2	0.072 4	0.091 5	0.111 2	0.143 7	0.325 3
样本数	1 322	1 322	1 322	1 176	1 023

注：①*、**、***分别表示在10%、5%、1%的统计水平上显著，括号中数字为标准误。②东部地区包括北京、天津、河北、辽宁、上海、江苏、浙江、福建、山东、广东和海南11个省级行政区，中部地区包括山西、吉林、黑龙江、安徽、江西、河南、湖北、湖南8个省级行政区，西部地区包括四川、重庆、贵州、云南、西藏、陕西、甘肃、青海、宁夏、新疆、广西、内蒙古12个省级行政区。地区控制变量以"西部地区"为参照组。

（二）估计结果分析

1. 农场主特征的影响。回归结果显示，农场主受教育程度对农场选择生态生产行为具有显著的正向影响，农场主学历为高中及以上对农场更少施用化肥的影响系数为0.283，且在5%的统计水平上显著；对农场选择秸秆机械化还田的影响系数为0.405，且在1%的统计水平上显著；对农场采用节水灌溉的影响系数为0.506，且在5%的统计水平上显著。这说明，具有高中及以上受教育程度的农场主，其生产行为更具"生态自觉性"。可能的原因是，受教育程度较高的农场主，知识储备相对丰富，接受新事物的能力较强，更具开拓精神，也更有远见，更能认识到生态生产行为对农产品质量安全以及环境保护的重要性。农场主接受过培训对农场采用测土配方施肥、更少使用农药具有显著的正向影响。这可能是由于培训促进了农场主对新知识、新技术的了解和掌握，接受过培训后，农场主更容易将所学知识和技术应用到农业生产中去。

农场主从事农业规模经营年限对农场采用测土配量方施肥、更少施用化肥和更少使用农药具有显著的正向影响。可能的解释是，农场主从事农业规模经营年限越长，对农业生产环节和农作物生长特征越了解，越倾向于减量施用化肥和使用农药。但是，该变量对农场采用节水灌溉却有显著的负向影响，这可能是由于节水灌溉需要一次性投入较大，而且推广的时间也不是很长，从事农业规模经营年限越长的农场主，越容易依赖自己的生产经验选择灌溉方式。

农场主是本村户籍对农场选择生态生产行为具有一定程度的负向影响，回归结果显示非本村户籍农场主反而比本村户籍农场主更加注重选择生态生产行为。这可能与能到外地发展家庭农场的农场主综合素质较高和实力相对较强有关。农场主年龄对农场选择生态生产行为影响不显著。这可能是由于样本农场主普遍比较年轻，年龄稍大的农场主数量并不多，1 322 个样本中，60 岁以上的农场主只有 55 个，65 岁以上的农场主只有 17 个。

2. 农场特征的影响。农场经营规模对农场采用测土配方施肥、更少施用化肥和更少使用农药有显著的正向影响。这说明，农场规模的扩大有利于农场生态生产行为的选择。这可能是一方面随着农场规模的扩大，为了降低物质成本，农场选择减量施用化肥和使用农药，另一方面由于农场规模越大，农场主越会投入全部精力进行科学化生产和专业化管理。加入合作社对农场选择生态生产行为具有显著的正向影响，其中，对农场采用测土配方施肥的影响在 1% 的统计水平上显著，对农场更少施用化肥的影响在 10% 的统计水平上显著，对农场更少使用农药的影响在 1% 的统计水平上显著，对农场选择秸秆机械化还田的影响在 5% 的统计水平上显著。可见，合作社对家庭农场的服务功能不容忽视，合作社能够促进农业新知识、新技术及新品种在家庭农场中的传播与应用，例如在荷兰，为家庭农场提供社会化服务的主体主要是家庭农场主联合建立的合作社，其目标是提高农业系统的效率[38]。被评比为各级示范家庭农场对农场更少施用化肥和更少使用农药、选择秸秆机械化还田具有显著的正向影响，农场产品经过"三品一标"认证对农场采用测土配方施肥、选择秸秆机械化还田具有显著的正向影响，拥有注册商标对农场更少使用农药具有显著的正向影响。

郜亮亮等研究得出"农户在转入地上的有机肥施用概率和用量要比在自家地上的少，从而说明农户更注重对自家地的保护"的结论[39]，但是，本文回归结果显示，农场流转土地面积占比对农场选择生态生产行为的影响不显著。这可能由于一方面，流转土地面积占比较低的农场规模较小，影响了农场对生态生产行为的选择；另一方面，发展家庭农场绝大多数需要流转土地，流转其他农户的承包地成为农场最主要的土地来源，且农场转入土地较稳定（例如流转期限较长），农场主在农业生产过程中不会区别对待自家的承包地和转入的土地，没有出现明显的差异化经营。郜亮亮等也指出，随着农户租赁土地稳定性的提高，对自家地和转入地上有机肥的投资差异在缩小[39]。表8中的回归结果显示，转入土地最长期限对农场采用节水灌溉有显著的正向影响，说明转入土地的期限越长，农场越愿意对农田基础设施进行投资。同时，地块数对农场采用节水灌溉有显著的负向影响，说明土地细碎化程度越严重，越不利于灌溉等农业基础设施的建设。

3. 控制变量的影响。以西部地区农场为参照组，东部地区对农场选择秸秆机械化还田具有显著的正向影响。这可能与东部地区开展秸秆综合利用有关，例如，江苏省对秸秆机械化还田进行补贴，样本中江苏省农场进行秸秆机械化还田的比例高达98％。中部地区对农场选择秸秆机械化还田具有显著的负向影响，但对农场采用节水灌溉具有显著的正向影响。以蔬菜瓜果种植农场为参照组，水稻种植农场对采用测土配方施肥有显著的正向影响；相比较于种植蔬菜瓜果，种植小麦、玉米、水稻等粮食作物对农场更少施用化肥和更少使用农药、采用节水灌溉有显著的负向影响，特别是种植玉米的农场在化肥施用和农药使用上还不够环境友好。

五、结论与启示

本文基于全国家庭农场监测数据，以是否采用测土配方施肥、是否更少施用化肥、是否更少使用农药、是否选择秸秆机械化还田、是否采用节水灌溉共5个变量来代表家庭农场的生态生产行为，应用二元 Logit 回归模型，分析了家庭农场选择生态生产行为的影响因素。主要研究结论包括三个方面：第一，家庭农场在农业生产过程中已经开始呈现出注重生态、低碳生产方式的端倪与趋势。第二，农场主受教育程度、接受过培训以及从事农业规模经营年限对家庭农场选择生态生产行为具有显著的正向影响。第三，家庭农场经营规模、转入土地期限、地块数等特征对家庭农场选择生态生产行为具有一定的影响；加入合作社、被评比为示范家庭农场、产品通过"三品一标"认证、拥有注册商标等因素对家庭农场选择生态生产行为具有显著的正向影响；而农场收入水平、流转土地面积占比等因素影响不显著。

根据上述结论，得到几点启示：第一，在逐步提升农场主及家庭农场从业人员受教育程度的同时，应加大对农场主的培训，可以专门设计针对生态、低碳生产行为的培训内容，提高农场主在农业生产过程中的资源节约与环境保护意识；鼓励与支持大学毕业生、返乡创业人员、大学生村官等从事现代农业，成为年轻的农场主。第二，在保障国家粮食供给安全的前提下，推进农业供给侧结构性改革，调整种植结构，适度减少对环境损害大、效益低的作物品种的种植面积，研究与开发效益高、污染少、易采用的新产品与新技术，使家庭农场在作物种植过程中更易于采用生态生产行为。第三，鼓励家庭农场参加示范评比，开展"三品一标"认证，注册商标，拥有自己的产品品牌；鼓励家庭农场领办或加入合作社，在合作经营中扩大生态生产方式的应用范围。第四，稳定家庭农场土地经营权，鼓励家庭农场长期连片流转土地，使其对土地投资有稳定的预期；同时，不将农场主户籍局限于农场所在村庄，鼓励外村、外乡甚至外省有能力善经营的农场主在有条件的地方经营自己的家庭农场。第五，调整农业补贴方向，引导家庭农场采取资源节约与环境友好的生产行为，可以将"三补合一"的农业支持保护补贴的一部分重点向有机肥、低毒高效低残留农药、生物农药等领域倾斜，加大对测土配方施肥的推广力度；在东北等粮食主产区实施秸秆综合利用补贴政策，限制直接焚烧；扶持具有市场竞争力的生态农业技术。目前现代农业发展中土壤肥力和地下水资源过度消耗、资源环境硬约束加剧等不利于农业可持续发展的局面凸显，政府应当鼓励家庭农场在成为高效率的农业经营组织形式的同时积极承担起改善这一局面的任务。

参考文献：

［1］李周．生态农业的经济学基础［J］．云南大学学报：社会科学版，2004，3（2）：44-54，95.

［2］李后建．农户对循环农业技术采纳意愿的影响因素实证分析［J］．中国农村观察，2012（2）：28-36.

［3］黄季焜，齐亮，陈瑞剑．技术信息知识、风险偏好与农民施用农药［J］．管理世界，2008（5）：71-76.

［4］GUO J H, LIU X J, ZHANG Y, et al. Significant acidification in major Chinese croplands［J］. Science，2010，327（5968）1008-1010.

［5］张广胜，王珊珊．中国农业碳排放的结构、效率及其决定机制［J］．农业经济问题，2014（7）：19-26.

［6］朱春江，SINGH S P, COMER S L. 论农业与生态文明建设［J］．生态经济，2013（11）：127-131.

［7］朱立志．农业发展与生态文明建设［J］．中国科学院院刊，2013，28（2）：232-238.

［8］孔祥智．农业供给侧结构性改革的基本内涵与政策建议［J］．改革，2016（2）：104-115.

［9］周洁红，唐利群，李凯．应对气候变化的农业生产转型研究进展［J］．中国农村观察，2015（3）：74-86.

［10］陈首珠．生态文明视阈下的农业生产方式转型研究［J］．前沿，2012（18）：83-85.

［11］陈汉平．转型与升级：我国农业家庭经营的必由之路：基于农业现代化的视角［J］．江苏师范大学学报（哲学社会科学版），2015，41（4）：132-137.

［12］张灿强，杜珉，刘锐，等．农户生产行为的资源环境影响及相关对策建议：基于对全国棉农的问卷调查［J］．经济研究参考，2015（28）：82-86.

[13] 田云，张俊飚，何可，等. 农户农业低碳生产行为及其影响因素分析：以化肥施用和农药使用为例 [J]. 中国农村观察，2015 (4)：61-70.

[14] 任大鹏，郭海霞. 合作社制度的理想主义与现实主义：基于集体行动理论视角的思考 [J]. 农业经济问题，2008 (3)：90-95.

[15] 浦徐进，范旺达，路璐. 公平偏好、强互惠倾向和农民合作社生产规范的演化分析 [J]. 中国农业大学学报：社会科学版，2014，31 (1)：51-62.

[16] 胡定寰. 农产品"二元结构"论：论超市发展对农业和食品安全的影响 [J]. 中国农村经济，2005 (2)：12-18.

[17] 郝朝晖. 农业产业化龙头企业与农户的利益机制问题探析 [J]. 农村经济，2004 (7)：45-47.

[18] 杜志雄，王新志. 中国农业基本经营制度变革的理论思考 [J]. 理论探讨，2013 (4)：72-75.

[19] 黄宗智，彭玉生. 三大历史性变迁的交汇与中国小规模农业的前景 [J]. 中国社会科学，2007 (4)：74-88，205-206.

[20] 黄祖辉，俞宁. 新型农业经营主体：现状、约束与发展思路：以浙江省为例的分析 [J]. 中国农村经济，2010 (10)：16-26，56.

[21] 郭熙保，郑淇泽. 确立家庭农场在新型农业经营主体中的主导地位 [J]. 山西农经，2014 (1)：30-31.

[22] 贺雪峰. 取消农业税后农村的阶层及其分析 [J]. 社会科学，2011 (3)：70-79.

[23] 黄宗智. 《中国新时代的小农经济》导言 [J]. 开放时代，2012 (3)：4-9.

[24] 曹东勃. 适度规模：趋向一种稳态成长的农业模式 [J]. 中国农村观察，2013 (2)：29-36，94.

[25] 李文明，罗丹，陈洁，等. 农业适度规模经营：规模效益、产出水平与生产成本：基于1 552个水稻种植户的调查数据 [J]. 中国农村经济，2015 (3)：4-17，43.

[26] 杨继瑞，杨博维，马永坤. 回归农民职业属性的探析与思考 [J]. 中国农村经济，2013 (1)：40-45.

[27] 朱启臻，胡鹏辉，许汉泽. 论家庭农场：优势、条件与规模 [J]. 农业经济问题，2014，35 (7)：11-17，110.

[28] 杜志雄. "新农人"引领中国农业转型的功能值得重视 [J]. 世界农业，2015 (9)：248-250.

[29] 胡光志，陈雪. 以家庭农场发展我国生态农业的法律对策探讨 [J]. 中国软科学，2015 (2)：13-21.

[30] 杜志雄，金书秦. 中国农业政策新目标的形成与实现 [J]. 东岳论丛，2016，37 (2)：24-29.

[31] 张宗毅，杜志雄. 土地流转一定会导致"非粮化"吗?：基于全国1 740个种植业家庭农场监测数据的实证分析 [J]. 经济学动态，2015 (9)：63-69.

[32] KEBEDE Y. Risk behaviour and new agricultural technologies：the case of producers in the Central Highlands of Ethiopia [J]. Quarterly Journal of International Agriculture，1992，31 (3)：269-284.

[33] SAHA A，LOVE H A，SCHWART R. Adoption of emerging technologies under output un-cer-

tainty [J]. American Journal of Agricultural Economics，1994，76（44）：836 - 846.

[34] 王琛 吴敬学．农户粮食种植技术选择意愿影响研究 [J]．华南农业大学学报：社会科学版，2016，15（1）：45 - 53.

[35] 孔祥智，方松海，庞晓鹏，等．西部地区农户禀赋对农业技术采纳的影响分析 [J]．经济研究，2004（12）：85 - 95，122.

[36] 蔡颖萍，周克．农户发展家庭农场的意愿及其影响因素：基于浙江省德清县 300 余户的截面数据 [J]．农村经济，2015（12）：25 - 29.

[37] JIN S，BLUEMLING B，MOL A P J. Information，trust and pesticide overuse：interactions between retailers and cotton farmers in China [J]. NJAS-Wageningen Journal of Life Sciences，2015（72/73）：23 - 32.

[38] 肖卫东，杜志雄．家庭农场发展的荷兰样本：经营特征与制度实践 [J]．中国农村经济，2015（2）：83 - 96.

[39] 郜亮亮，黄季焜，ROZELLE S，等．中国农地流转市场的发展及其对农户投资的影响 [J]．经济学（季刊），2011，10（4）：1499 - 1514.

家庭农场施药行为的影响因素分析[①]
——以 371 个粮食类家庭农场为例

促进粮食类家庭农场绿色健康发展离不开对于农药施药行为的关注。为研究家庭农场施药行为，我们以 371 个粮食类家庭农场的施药行为作为被解释变量，以家庭农场主个体特征、家庭农场资源禀赋、外部生产环境等作为解释变量，利用 Logistics 回归模型实证分析了家庭农场施药行为的影响因素后，结果表明家庭农场主的年龄、受教育水平、从业经历、从事规模经营年限和家庭农场是否获得"三品一标"认证、种植作物品种以及是否与农业龙头企业有联系、是否获得政府补贴等变量对家庭农场施药行为具有显著的正相关关系，而家庭农场主的性别、农业技术水平和家庭农场自有劳动力个数、土地经营规模、是否有完整的收支记录、是否示范类家庭农场、是否有注册商标、是否参加农民合作社等变量则没有通过显著性检验。上述结论有助于提出促进粮食类家庭农场绿色健康发展的政策建议。

一、引言

中国早已成为全球农药使用第一大国，全世界约一半的农药用在了中国。农药使用量从 1996 年的 114.08 万吨，增加到 2014 年的 180.69 万吨，近 20 年间增加了 66.61 万吨，增长率达到 58.39%。而同时期，英国农药使用量降低了 44%，法国降低了 38%，日本降低了 32%，意大利降低了 26%，越南降低了 24%。据《科学周刊》测算，2005—2009 年美国每公顷耕地使用农药 2.2 千克，法国 2.9 千克，英国 3 千克，而中国每公顷耕地使用农药 10.3 千克，约为美国的 4.7 倍，世界平均水平的 2.5 倍[②]。2015 年我国水稻、玉米、

---

① 本文原载于：王兴国，王新志，杜志雄. 家庭农场施药行为的影响因素分析：以 371 个粮食类家庭农场为例 [J]. 东岳论丛，2018，39（3）：36 - 44.

② 数据来自搜狐财经。

小麦三大粮食作物的农药利用率仅为 36.6%，而欧美发达国家三大粮食作物的农药利用率约为 50%～60%，高出中国约 15%～25%[1]。

诚然，农药在提高我国农作物产量和保障粮食安全方面发挥了巨大作用，据农业农村部农药检定所的数据，通过防治病虫草鼠害等植保措施，中国每年挽回粮食损失 2 000 亿斤左右，占总产量的 15% 以上，相当于增加 1 亿多亩耕地产出的粮食[2]。然而，过量使用农药也对我国农业的可持续发展造成了较为严重的威胁，不仅关系到农产品质量安全，直接威胁人民群众的身体健康，更是通过径流、渗漏污染了土壤和水环境，影响农田生态环境安全：农药污染耕地土壤面积已经超过了 1 亿亩，中国农业面临的资源和环境约束，可以说已经接近极限[3]。为了切实推进农业发展方式转变，有效控制农药使用量，保障农业生产安全、农产品质量安全和生态环境安全，促进农业可持续发展，2015 年农业部出台《到 2020 年农药使用量零增长行动方案》指出："到 2020 年，单位防治面积农药使用量控制在近三年平均水平以下，力争实现农药使用总量零增长。"①

农业适度规模经营是中国现代农业发展的必然趋势[4]。作为农业适度规模经营主体，家庭农场保留了家庭经营的内核，坚持了农业家庭生产经营的优势，能够实现农业资源的优化配置，符合中国农村基本经营制度[5]，已经成为现代农业发展的骨干力量[6-7]。因此，对于到 2020 年农药使用总量零增长的短期目标和中国农业可持续发展的长远目标，家庭农场应该是而且能够是完成政策目标的重点群体。如蔡颖萍和杜志雄通过实证分析表明，家庭农场比普通农户更具生态自觉性，是发展生态农业、实现农业可持续发展的"合意"主体[8]；朱启臻和赵杨昕也认为，家庭农场主具有高度的社会责任感和现代观念，其行为能够对生态、环境、社会和后人负责，更有利于耕地保护和农业可持续发展[9]。因此，本文将以 371 个粮食类家庭农场作为研究对象，实证分析家庭农场主个体特征、家庭农场资源禀赋、外部生产环境等因素对家庭农场施药行为的影响，为中国制定相关农业经济政策提供理论依据。

二、数据来源与研究假设

（一）数据来源

自 2013 年和 2014 年中央一号文件连续两年提出要加快家庭农场发展后，特别是在各级政府的政策激励下，全国的家庭农场发展呈现出井喷之势，发展质量也在稳步提升。为了从整体上把握全国家庭农场发展的基本情况，2014 年 7 月农业部农村经济体制与经营

---

① 资料来源于《农业部关于印发〈到 2020 年化肥使用量零增长行动方案〉和〈到 2020 年农药使用量零增长行动方案〉的通知》。

管理司委托中国社会科学院农村发展研究所开展全国家庭农场监测工作。该监测已经持续3年，样本覆盖全国31个省（自治区、直辖市），按照随机抽样分层原则在各省选择3个样本县约100个家庭农场进行监测[①②]。

2015年共获取3 073个家庭农场样本，通过逻辑检验，剔除严重填写不规范、明显错误、大量缺失值的样本，获得2 903个样本。其中，种植业类家庭农场1 972个，占样本总数的67.93%，其中粮食类家庭农场1 188个，占全部样本的40.92%；养殖业类家庭农场406个，占样本总数的13.99%；种养结合类家庭农场516个，占样本总数的17.77%。结合本研究的需要，剔除土地规模过大、以雇佣劳动为主、农业经营收入比例过低等样本，获得972个粮食类家庭农场样本，其中，313个粮食类家庭农场的农药施用量要低于周边农户（Ⅰ类家庭农场），58个粮食类家庭农场的农药施用量要高于周边农户（Ⅱ类家庭农场），601个粮食类家庭农场的农药施用量与周边农户持平（Ⅲ类家庭农场）。本文将Ⅰ类和Ⅱ类共371个粮食类家庭农场为样本研究家庭农场施药行为的影响因素。

（二）研究假设

虽然影响家庭农场施药行为的因素繁多而复杂，家庭农场主个体特征、家庭农场资源禀赋、外部生产环境对其农药施用行为更具有内在的决定性和根本性影响。本文在借鉴前人研究的基础上，将家庭农场主个体特征、家庭农场资源禀赋、农业生产外部环境等变量纳入一个统一的分析框架，并提出以下理论假设。

1. 家庭农场主个体特征。 家庭农场主个体特征主要包括家庭农场主的性别、年龄、受教育水平、从业经历、技术水平和从事规模经营年限等因素（表1）。

（1）性别。由于受到社会传统意识影响和约束，女性更多的从事家庭内部日常事务，获取信息资源的能力要弱于男性[10]。Morris和Doss通过研究加纳玉米种植者的施药行为发现，性别是影响农户施药风险状况的重要因素，女性农业生产者更容易造成施药行为风险[11]。因此，本文倾向于人为男性家庭农场主比女性家庭农场主更会减少农药的施用量。在371个粮食类家庭农场中，男性家庭农场主占比为90.57%，女性家庭农场主占比为9.43%，男性家庭农场主的比例要远远高于女性家庭农场主。

（2）年龄。Andres和Wall通过调研西班牙130个水稻种植农户风险态度发现，农户年龄与其风险态度具有较为密切的关系，年龄大的农户农业经验丰富，农药施用行为更为合理，而年龄小的农户则属于风险规避者，更倾向于加大农药施用量[12]。Ntow等通过调

---

①　按照农业部经管司要求，每个监测县（市、区）在确定监测家庭农场时，要兼顾种植业、养殖业和种养结合型家庭农场比例，原则上种植业家庭农场占比不多于80%，粮食类家庭农场占比不少于50%；样本农场应是生产经营情况比较稳定、从事农业经营2年以上的家庭农场。

②　感谢课题组成员（郜亮亮、张宗毅、肖卫东、蔡颖萍、危薇和刘文霞）的数据处理工作。

研加纳地区 137 个农户的施药行为发现，由于种植和施药经验缺乏，45 岁以下农户更易过量施用农药[13]。因此，本文预期家庭农场主的"年龄"变量对其施药行为具有正向影响。在 371 个粮食类家庭农场中，家庭农场主平均年龄为 45.29 岁，30 岁及以下的家庭农场主占比为 4.58%，31～40 岁的占比为 23.99%，41～50 岁的占比为 46.36%，51～60 岁的占比为 20.49%，60 岁以上的占比为 4.58%。

表 1　家庭农场主的个体特征变量

特征变量	变量说明	占比
性别（X_1）	男性	90.57%
	女性	9.43%
年龄（X_2）	30 岁及以下	4.58%
	31～40 岁	23.99%
	41～50 岁	46.36%
	51～60 岁	20.49%
	61 岁及以上	4.58%
受教育水平（X_3）	小学及以下	4.31%
	初中	45.28 %
	高中	40.17 %
	大专及以上	10.24%
从业经历（X_4）	普通农民	7.82%
	村干部	8.63%
	专业大户和农机手	52.56%
	农民合作社主要负责人和企业管理层	30.99 %
农业技术水平（X_5）	接受过相关培训	94.88%
	没有接受过相关培训	5.12%
从事规模经营年限（X_6）	单位：年	5.98 年

（3）受教育程度。受教育程度是客观反映家庭农场主人力资本存量的重要指标，也是影响农药施用量的因素之一。Karisson[14]、Isin 和 Yildirim[15]认为，农户的受教育程度会对其认知水平产生较为重要的影响，有些农户因为不能理解农药施用说明书而造成他们过度施用农药。而且，提高农户受教育程度能够增强他们自身利用、吸收和消化技术的能力，从而更为高效的施用农药[16]。因此，本文预期家庭农场主的"受教育程度"变量对家庭农场施药行为具有正向影响。在 371 个粮食类家庭农场中，具有小学及以下文化程度的家庭农场主占比为 4.31%，具有初中文化程度的占比为 45.28 %，具有高中文化程度的占比为 40.17 %，具有大专及以上文化程度的占比为 10.24%。

（4）从业经历。目前，家庭农场主的身份主要有普通农民、村干部、专业大户、农机手、农民合作社主要负责人和企业管理层等。一般而言，不同的从业经历意味着所拥有的人脉资源不同，获取新技术、新知识的渠道不同，其农业经营管理水平也存在着较大的差异性。本文把家庭农场主的从业经历分为以下四个层次：普通农民、村干部、专业大户和农机手、农民合作社主要负责人和企业管理层。本文预期"从业经历"变量对农药施用行为具有正向影响。在371个粮食类家庭农场中，家庭农场主身份为普通农民的占比为7.82%，为村干部的占比为8.63%，为专业大户和农机手的占比为52.56%，为农民合作社主要负责人和企业管理层的占比为30.99%。

（5）农业技术水平。Andrea和Evaldice通过调研巴西亚马孙河地区农户农药施用情况后发现，农药外包装上的专业术语晦涩难懂，农户难以理解农药本身的属性、药效，导致不合理的用药行为[17]，而通过相关技术培训能够让农户深入了解农药的属性，从而有效的施用农药。张伟和朱玉春通过对陕西省杨凌示范区211个农户的调研发现，政府指导培训越多，农户越注重农园生产中农药施用安全[18]。因此本文预期"农业技术水平"变量对家庭农场施药行为具有正向影响，在371个粮食类家庭农场中，未接受过相关农业技术培训的家庭农场主占比为5.12%，接受过相关农业技术培训的占比为94.88%。

（6）从事规模经营年限。一般而言，家庭农场主从事农业规模经营的时间越长，越能够深入了解农业规模经营的规律，农业规模经营经验越丰富，越能够有效地施用农药。因此本文预期"从事规模经营年限"变量对农药施用行为具有正向影响。在371个粮食类家庭农场中，家庭农场主从事规模经营的平均年限为5.98年，40.16%的从事规模经营年限在3年以下，64.69%的在6年以下，87.87%的在10年以下。从整体上看，家庭农场主从事规模经营的年限相对比较短。

2. 家庭农场资源禀赋。 家庭农场资源禀赋主要包括家庭农场自有劳动力个数、土地经营规模、是否有完整的收支记录、是否示范类家庭农场、是否有注册商标、是否"三品一标"认证和种植作物品种等诸多因素（表2）。

（1）自有劳动力个数。一般情况下，拥有劳动力个数更多的家庭农场在施药过程中能够投入更多的精力，更容易精耕细作；但是如果家庭农场劳动力资源比较丰富，就可能不采用较为先进的技术设备降低农药施用量。因而本文无法预期"自有劳动力个数"变量对家庭农场施药行为的影响。在371个粮食类家庭农场中，家庭农场主自有劳动力的平均个数为4.8人，27.22%的家庭农场自有劳动力个数少于3人，67.12%的少于5人。

（2）土地经营规模。王全忠等利用超越对数生产函数实证分析2010年江苏水稻农户的生产要素投入与种植面积的关系发现，化肥、农药、稻种投入与种植面积的替代弹性显著，水稻种植面积扩大能有效降低化肥、农药和稻种投入费用[19]。吴林海等通过实证分析河南省233个农户农药施用行为的影响因素发现，种植面积也是影响农药施用行为非常重要的因素之一，两者呈现出正相关关系[20]。因此，本文预期"土地经营规模"变量对家庭农场的施药行为具有正向影响。在 371 个粮食类家庭农场中,家庭农场的平均经营规模为 292.22 亩,39.89%的家庭农场经营规模在 200 亩以下,64.96%的在 300 亩以下,84.37%的在 500 亩以下。

(3) 是否有完整的收支记录。尚未有相关文献研究"是否有完整的收支记录"变量对施药行为的影响。一般来说,是否有完整的收支记录是衡量家庭农场经营管理水平高低的重要指标之一,而经营管理水平高的农户倾向于更高效率的施用农药。因此本文预期"是否有完整的收支记录"变量对家庭农场的施药行为具有正向影响。在 371 个粮食类家庭农场中,具有完整收支记录的家庭农场占比为 76.55%,没有完整收支记录的家庭农场占比为 23.45%。

(4) 是否示范类家庭农场。一般来说,示范类家庭农场都是经营管理水平比较高的农场,也是各级政府资金、技术的重点扶持对象,这也会激励家庭农场提高自身的经营管理水平和农产品品质,从而在农药的施用中进行有效的控制。因此本文预期"是否示范类家庭农场"变量对家庭农场的施药行为具有正向影响。在 371 个粮食类家庭农场中,属于示范类家庭农场的占比为 49.87%,不属于示范类家庭农场的占比为 50.13%,从整体上看示范类家庭农场呈现出快速发展的势头。

(5) 是否有注册商标。注册商标是无形的财富,能提高家庭农场产品的知名度和信誉度,增强农场经营者的归属感。而为了维护自身农场的声誉,拥有注册商标的农场经营者会更加注重农产品的质量,避免过多过度施用农药。因此,本文预期"是否有注册商标"变量对家庭农场的施药行为具有正向影响。在 371 个粮食类家庭农场中,有注册商标的家庭农场占比为 13.21%,没有注册商标的家庭农场占比为 86.79%,从整体上看有注册商标的家庭农场相对较少。

(6) 是否获得"三品一标"认证。无公害农产品、绿色食品、有机食品和农产品地理标志(简称"三品一标")已经成为衡量农产品质量安全的标尺和规范。一般来讲,"三品一标"认证对农作物的农药残留已经做出了较为严格的规定,农户必须按照标准程序从事农业生产。因此,本文预期"是否获得'三品一标'认证"变量对家庭农场施药行为具有正向影响。在 371 个粮食类家庭农场中,获得"三品一标"认证的家庭农场占比为 16.44%,没有获得"三品一标"认证的家庭农场占比为 83.56%,从整体上看获得"三品一标"认证的家庭农场数量较少。

(7) 种植作物品种。从农业生产的实践看,种植作物品种与农药的施用强度有着较为密切的关系,某些品种的作物的确比其他作物要多施用农药。姜培红利用 2001—2003 年福建省的农药数据分析了农药施用的影响因素,发现种植结构的调整也能显著地减少农药施用[21]。虽然种植作物品种对家庭农场施药行为有影响,但是本文无法预期小麦类家庭农场、水稻类家庭农场、玉米类家庭农场对施药行为的具体影响方向。在 371 个粮食类家庭农场中,小麦类家庭农场占比为 22.64%,水稻类家庭农场占比为 47.98%,玉米类家庭农场占比为 29.38%。

表 2　家庭农场的资源禀赋变量

特征变量	变量说明	占比
自有劳动力个数（X_7）	单位：个	4.8 人
土地经营规模（X_8）	单位：亩	292.22 亩
是否有完整的收支记录（X_9）	是	76.55%
	否	23.45%
是否示范类家庭农场（X_{10}）	是	49.87%
	否	50.13%
是否有注册商标（X_{11}）	是	13.21%
	否	86.79%
是否获得"三品一标"认证（X_{12}）	是	16.44%
	否	83.56%
种植作物品种（X_{13}）	小麦	22.64%
	水稻	47.98%
	玉米	29.38%

3. 外部生产环境。本文以是否参加农民合作社、是否与农业龙头企业有联系、是否获得政府补贴来代表家庭农场所面临的外部生产环境（表 3）。

（1）是否参加农民合作社。蔡荣和韩洪云基于山东省 348 个苹果种植户的调查数据，利用 Heckman 两步估计模型实证分析了合作社对农户施药行为的影响，研究发现，农民合作社能够通过农药残留检测、农药施用控制、价格确定方式和生产过程监督等激励措施来影响农户农药施用决策，降低农户农药施用量[22]。但是，魏欣和李世平运用二元 Logistic 回归模型分析影响杨凌示范区 220 个蔬菜种植户施用农药的主要因素发现，农民合作社只是提高了区域蔬菜种植的知名度，并没有实质的权力制约农户的蔬菜生产行为，并不能有效减少农户在生产过程中的用药量[23]。因此，本文无法预测"是否参加农民合作社"变量对家庭农场施药行为的影响。在 371 个粮食类家庭农场中，加入农民合作社的家庭农场占比为 40.16%，没有参加农民合作社的家庭农场占比为 59.84%。

（2）是否与农业龙头企业有联系。黄祖辉和钱峰燕利用浙江省杭州市 164 个茶农的数据实证分析茶农施药行为的影响因素发现，茶叶企业是促进茶农使用无公害及绿色等安全农药的主要推动力量[24]。因此，本文预期"是否与农业龙头企业有联系"变量对家庭农场的施药行为具有正向影响。在 371 个粮食类家庭农场中，与农业龙头企业有联系的家庭农场占比为 23.45%，与农业龙头企业没有联系的家庭农场占比为 76.55%。

（3）是否获得政府补贴。Shumway 和 Chesser 实证分析了美国得克萨斯州中南部农户施药行为，研究发现政府对农药征税而非补贴能够有效降低农药的施用量[25]。而

Skevas 等通过对荷兰农户施药行为的研究表明，征税和罚款并不能有效降低农药的施用量，对低毒农药的补贴也不能降低高毒农药的施用量[26]。因此，本文无法预期"是否获得政府补贴"变量对家庭农场施药行为的影响（表4）。在 371 个粮食类家庭农场中，获得政府补贴的家庭农场占比为 61.73%，没有获得政府补贴的家庭农场占比为 38.27%。

表 3　家庭农场的外部生产环境变量

单位：%

特征变量	变量说明	占比
是否参加农民合作社（X_{14}）	是	40.16
	否	59.84
是否与农业龙头企业有联系（X_{15}）	是	23.45
	否	76.55
是否获得政府补贴（X_{16}）	是	61.73
	否	38.27

表 4　变量的定义、赋值与描述性统计

	变量	变量含义	平均值	标准差	预期影响
	家庭农场施药行为	用药低于周边农户=1；用药高于周边农户=0	0.843 7	0.363 7	—
家庭农场主特征	性别（X_1）	男性=1；女性=2	1.094 3	0.292 7	
	年龄（X_2）	30 岁及以下=1；31～40 岁=2；41～50 岁=3；51～60 岁=4；60 岁以上=5	3.002 7	0.940 1	正向
	受教育水平（X_3）	小学及以下=1；初中=2；高中=3；大专及以上=4	2.579 5	0.721 1	正向
	从业经历（X_4）	普通农民=1；村干部=2；专业大户和农机手=3；农民合作社主要负责人和企业管理层=4	3.067 4	0.840 4	正向
	农业技术水平（X_5）	接受过相关培训=1；没有接受过相关培训=0	0.948 8	0.220 7	正向
	从事规模经营年限（X_6）	单位：年	5.978 4	4.722 5	正向
家庭农场资源禀赋	自有劳动力个数（X_7）	单位：个数	4.803 2	2.074 7	不确定
	土地经营规模（X_8）	单位：亩数	292.228 2	181.689 1	正向
	是否有完整的收支记录（X_9）	是=1；否=0	0.765 5	0.424 3	正向
	是否示范类家庭农场（X_{10}）	是=1；否=0	0.498 7	0.500 7	正向
	是否有注册商标（X_{11}）	是=1；否=0	0.132 1	0.339 0	正向
	是否获得"三品一标"认证（X_{12}）	是=1；否=0	0.164 4	0.371 2	正向
	种植作物品种（X_{13}）	小麦=1；水稻=2；玉米=3	2.064 9	0.718 4	不确定
外部生产环境	是否参加农民合作社（X_{14}）	是=1；否=0	0.401 6	0.490 9	不确定
	是否与农业龙头企业有联系（X_{15}）	是=1；否=0	0.234 5	0.424 3	正向
	是否获得政府补贴（X_{16}）	是=1；否=0	0.617 3	0.486 7	不确定

三、影响家庭农场施药行为的实证研究

本文以粮食类家庭农场施药行为作为被解释变量，以家庭农场主个体特征（性别、年龄、受教育水平、从业经历、农业技术水平、从事规模经营年限）、家庭农场资源禀赋（自有劳动力个数、土地经营规模、是否有完整的收支记录、是否示范类家庭农场、是否有注册商标、是否获得"三品一标"认证、种植作物品种）和家庭农场外部生产环境（是否参加农民合作社、是否与农业龙头企业有联系、是否获得政府补贴）为解释变量，利用stata 13.0计量软件运用 Logistics 回归方法实证分析影响家庭农场施药行为的因素。

（一）家庭农场主个体特征的影响

从家庭农场主的个体特征对施药行为的影响看，家庭农场主的"性别"变量没有通过显著性检验，原因可能在于女性之所以能够成为家庭农场主，大多都综合素质较高、社会资本较为丰富、经营管理水平比较高，她们数量虽然不多但是属于典型的女强人，反映在施药行为上其有效施用农药的能力并不弱于男性家庭农场主；家庭农场主的"年龄"变量通过了 1% 的显著性检验且系数为正，与 Andres 和 Wall[12]、Ntow 等[13] 的研究结论相一致，也符合预测结果，这表明家庭农场主的年龄越大，农业经营管理水平越高，其有效施用农药的能力越强；家庭农场主的"受教育水平"变量通过了 1% 的显著性检验且系数为正，与 Karisson[14]、Isin 和 Yildirim[15] 的研究结论相一致，也符合预测结果，这表明家庭农场主的受教育水平越高，其有效施用农药的能力越强；家庭农场主的"从业经历"变量通过了 10% 的显著性检验且系数为正，与预测结果一致，这表明家庭农场主的从业经历越丰富，从业层次越高，其经营管理水平越高，其施药能力越强；家庭农场主的"农业技术水平"变量没有通过显著性检验，原因可能在于家庭农场主虽然接受了政府提供的培训，但是培训的内容方式方法都比较单一，缺乏针对性，培训效果较差；家庭农场的"从事规模经营年限"变量通过了 10% 的显著性检验且系数为正，与预测结果一致，这表明从事农业规模经营年限越长的家庭农场主，越了解规模农业的生产经营规律，其有效施用农药的能力越强。

（二）家庭农场资源禀赋的影响

从家庭农场的资源禀赋对施药行为的影响看，家庭农场的"自有劳动力个数"变量没有通过显著性检验，这与本文的假设基本一致，"自有劳动力个数"变量对家庭农场的施药行为既有正向影响，又有负向影响，无法形成统一的作用力；家庭农场的"土地经营规模"变量没有通过显著性检验，原因可能在于当前家庭农场的发展正处于初期阶段，有些

家庭农场的经营规模超过了自身的经营管理能力，只能采取粗放式发展方式，从而导致"土地经营规模"变量对施药行为没有显著影响；家庭农场的"是否有完整的收支记录"变量没有通过显著性检验，原因可能在于具有完整的收支记录是大部分地区家庭农场认定的标准，很多家庭农场只是为了满足认定的门槛而进行收支记录，并没有从根本上提高家庭农场的管理水平；家庭农场的"是否示范类家庭农场"变量没有通过显著性检验，原因可能在于当前各级政府制定示范性家庭农场的标准时，仅仅注重于家庭农场的经营者身份、土地经营规模、土地租赁期限、农业基础条件等一些外在的衡量标准，而忽视了农产品质量安全这一内在的衡量标准；家庭农场的"是否有注册商标"变量没有通过显著性检验，原因可能在于家庭农场尚处于初级阶段，只注重了拥有注册商标的虚名，而没有从根本上提高农产品的质量；家庭农场的"是否'三品一标'认证"变量通过了5％的显著性检验且系数为正，与预测结果一致，这说明拥有"三品一标"认证的家庭农场的确注重其施药行为，能够有效地施用农药；家庭农场的"种植作物品种"变量通过了5％的显著性检验且系数为正，与预测结果一致，这说明玉米类家庭农场比水稻类家庭农场更注重其施药行为，水稻类家庭农场比小麦类家庭农场更注重其施药行为。

（三）外部生产环境的影响

从家庭农场的外部生产环境对施药行为的影响看，家庭农场的"是否参加农民合作社"变量没有通过显著性检验，这与本文的预期结果相一致，这也充分说明了虽然近些年来农民合作社发展速度很快，但发展质量令人担忧，农民合作社并没有发挥出其应有的作用，家庭农场无法从中得到有效的服务；家庭农场的"是否与农业龙头企业有联系"变量通过了10％的显著性检验且系数为正，与黄祖辉和钱峰燕[24]的研究结论相一致，也符合预测结果，这表明与农民合作社的徒有虚表相比，农业龙头企业确实带动了家庭农场的发展，为家庭农场提供了有效的服务；家庭农场的"是否获得政府补贴"变量通过了5％的显著性检验且系数为正，这与Shumway和Chesse[25]的研究结论相反，原因可能在于能够获得政府补贴的家庭农场大多经营管理水平比较高，能够较为有效地施用农药。

表5　家庭农场施药行为影响因素的实证结果

变量	系数	标准误	t 统计值	概率	95％置信区间	
性别（X_1）	1.165 78	0.750 29	0.24	0.812	0.330 21	4.115 72
年龄（X_2）	0.593 97	0.108 33	−2.86	0.004 ***	0.415 45	0.849 21
受教育水平（X_3）	1.977 308	0.500 97	2.69	0.007 ***	1.203 41	3.248 89
从业经历（X_4）	1.441 34	0.273 17	1.93	0.054 *	0.994 12	2.089 76
农业技术水平（X_5）	0.484 71	0.340 71	−1.03	0.303	0.122 22	1.922 17

（续）

变量	系数	标准误	t 统计值	概率	95％置信区间	
从事规模经营年限（X_6）	1.098 25	0.055 32	1.86	0.063*	0.995 01	1.212 21
自有劳动力个数（X_7）	1.795 94	0.661 78	1.59	0.112	0.872 24	3.697 88
土地经营规模（X_8）	1.028 06	0.082 34	0.35	0.73	0.878 71	1.202 81
是否有完整的收支记录（X_9）	0.540 52	0.272 31	−1.22	0.222	0.201 36	1.450 92
是否示范类家庭农场（X_{10}）	1.367 91	0.820 13	0.52	0.601	0.422 39	4.429 95
是否有注册商标（X_{11}）	1.804 33	0.677 43	1.57	0.116	0.864 43	3.766 15
是否获得"三品一标"认证（X_{12}）	0.581 76	0.143 13	−2.2	0.028**	0.359 19	0.942 25
种植作物品种（X_{13}）	0.998 08	0.000 917	−2.09	0.037**	0.996 28	0.999 87
是否参加农民合作社（X_{14}）	0.826 43	0.297 22	−0.53	0.596	0.408 39	1.672 41
是否与农业龙头企业有联系（X_{15}）	2.458 71	1.205 53	1.83	0.067*	0.940 48	6.427 77
是否获得政府补贴（X_{16}）	1.983 77	0.683 63	1.99	0.047**	1.009 62	3.397 86
_ cons	3.187 56	5.272 89	0.7	0.483	0.124 564	81.568 69

注：***、**和*分别表示在1％、5％和10％的统计水平上显著。

四、结论与建议

本文利用我国 2015 年 371 个粮食类家庭农场的微观调查数据，以家庭农场的施药行为作为被解释变量，以家庭农场主的个体特征、家庭农场的资源禀赋、外部生产环境等变量作为解释变量，运用 Logistic 回归方法实证分析了影响家庭农场施药行为的主要因素，得到以下结论：家庭农场主的年龄、受教育水平、从业经历、从事规模经营年限和家庭农场是否获得"三品一标"认证、种植作物品种以及是否与农业龙头企业有联系、是否获得政府补贴等变量对家庭农场施药行为具有显著的正相关关系，家庭农场主的性别、农业技术水平和家庭农场的自有劳动力个数、土地经营规模、是否有完整的收支记录、是否示范类家庭农场、是否有注册商标、是否参加农民合作社等变量则没有通过显著性检验。

本文的研究结论对促进家庭农场的绿色健康快速发展具有积极的参考价值。依据以上结论，本文提出以下有针对性的政策建议：（1）注重提高家庭农场主培训的有效性。从培训内容上讲，既要能够提高家庭农场主的规模种植实用技术，也要能提高他们的经营管理能力、市场营销能力；从培训方式上讲，要坚持集中授课和灵活指导相结合的原则，特别要组织专业技术人员深入田间地头给家庭农场主开展接地气、通俗易懂的实用技术培训[27]。（2）切实发挥农民合作社的带动示范作用。要完善农民合作社的内部治理机制，推动农民合作社从粗放型的数量发展向集约型的质量发展，避免内部人控制使得合作社成为少数几个人牟利的工具，让农户（家庭农场）更多的参与合作社的经营管理，也要鼓励家庭农场之间联合或者与农户联合成立合作社，有效地促进家庭农场真正融入农民合作社。（3）强化农业龙头企业的辐射带动作用。农业龙头企业资金科技实力都比较雄厚，精深加工能力比较强，已经是农业一二三产业融合发展的重要载体，要构建有效的利益联结机制充分发挥农业龙头企业对家庭农场的辐射带动作用[28]。（4）加大对家庭农场的政策扶持力度。各级政府要继续加大对那些运作规范、经营管理水平高、经济效益好的家庭农场的政策扶持力度，使他们成为家庭农场发展的标杆，引导家庭农场健康发展。

参考文献：

［1］王克. 中国亩均化肥用量是美国的 2.6 倍，农药利用率仅为 35% 农资市场期待"大户时代"［J］. 中国经济周刊，2017（34）：70-71.

［2］周喜应. 浅谈我国的农药与粮食安全［J］. 农药科学与管理，2014，35（8）：5-8.

［3］尹晶晶. 韩俊：中国化学农药使用量增速惊人［EB/OL］.（2015-03-21）［2017-09-11］. http：//ccnews. people. com. cn/n/2015/0321/c141677-26728740. html.

［4］周应恒，胡凌啸，严斌剑. 农业经营主体和经营规模演化的国际经验分析［J］. 中国农村经济，2015（9）：80-95.

［5］杜志雄，王新志. 中国农业基本经营制度变革的理论思考［J］. 理论探讨，2013（4）：72-75.

［6］张照新，赵海. 新型农业经营主体的困境摆脱及其体制机制创新［J］. 改革，2013（2）：78-87.

［7］苏昕，刘昊龙. 中国特色家庭农场的时代特征辨析［J］. 经济社会体制比较，2017（2）：105-113.

［8］蔡颖萍，杜志雄. 家庭农场生产行为的生态自觉性及其影响因素分析：基于全国家庭农场监测数据的实证检验［J］. 中国农村经济，2016（12）：33-45.

［9］朱启臻，赵杨昕. 新型农业生产经营体系构建的基础［J］. 中国农业信息，2013（3）：22-25.

［10］TENGE A J, GRAAFF J D, HELLA J P. Social and economical factors affecting the adoption of soil and water conservation in West Usambara Highlands, Tanzania［J］. Land Degradation & Development, 2004, 15（2）：99-114.

［11］MORRIS M L, DOSS C R. How does gender affect the adoption of agricultural innovations? The case of improved maize technology in Ghana［J］. Agricultural Economics, 2001, 25（5）27-39.

［12］ANDRES J P T, WALL A. Production risk, risk aversion and the determination of risk attitudes among Spanish rice producers［J］. Agricultural Economics, 2011, 42（4）：451-464.

［13］NTOW W J, GIJZEN H J, KELDERMAN P, et al. Farmer perceptions and pesticide use practices in vegetable production in Ghana［J］. Pest Management Science, 2010, 62（4）：356-365.

［14］KARISSON S. Agricultural pesticides in developing countries：a multilevel governance［J］. Environment, 2014, 45（4）：23-42.

[15] ISIN S, YILDIRIM I. Fruit-growers' perceptions on the harmful effects of pesticides and their reflection on practices: the case of Kemalpasa, Turkey [J]. Crop Protection, 2007, 26 (7): 917 - 922.

[16] 史常亮, 朱俊峰, 栾江. 我国小麦化肥投入效率及其影响因素分析: 基于全国 15 个小麦主产省的实证 [J]. 农业技术经济 2015 (11): 69 - 78.

[17] ANDREA W V, EVALDICE E. Do farmers understand the information displayed on pesticide product labels? A key question to reduce pesticides exposure and risk of poisoning in the Brazilian Amazon [J]. Crop Protection, 2007, 26: 576 - 583.

[18] 张伟, 朱玉春. 基于 Logistic 模型的蔬菜种植户农药安全施用行为影响因素分析 [J]. 广东农业科学, 2013, 40 (4) 216 - 220.

[19] 王全忠, 周宏, 朱晓莉. 规模扩大能否带来要素投入节约?: 以江苏农户水稻为例 [J]. 科技和产业, 2013, 13 (11): 41 - 46.

[20] 吴林海, 张秀玲, 山丽杰, 等. 农药施药者经济与社会特征对施用行为的影响: 河南省的案例 [J]. 自然辩证法通讯, 2011, 33 (3): 60 - 68, 127.

[21] 姜培红. 影响农药使用的经济因素分析 [D]. 福州: 福建农林大学, 2005.

[22] 蔡荣, 韩洪云. 农民专业合作社对农户农药施用的影响及作用机制分析: 基于山东省苹果种植户的调查数据 [J]. 中国农业大学学报, 2012, 17 (5): 196 - 202.

[23] 魏欣, 李世平. 蔬菜种植户农药使用行为及其影响因素研究 [J]. 统计与决策, 2012 (24): 116 - 118.

[24] 黄祖辉, 钱峰燕. 茶农行为对茶叶安全性的影响分析 [J]. 南京农业大学学报 (社会科学版), 2005 (1): 39 - 44.

[25] SHUMWAY C R, CHESSER R R. Pesticide tax, cropping patterns, and water quality in South Central Texas [J]. Journal of Agricultural and Applied Economics, 1994, 26 (1): 224 - 240.

[26] SKEVAS T, STEFANOU S E, LANSINK A O. Can economic incentives encourage actual reductions in pesticide use and environmental spillovers? [J]. Agricultural Economics, 2012, 43 (3): 267 - 276.

[27] 苏昕, 王可山, 张淑敏. 我国家庭农场发展及其规模探讨: 基于资源禀赋视角 [J]. 农业经济问题, 2014, 35 (5): 3 - 11.

[28] 王兴国. 推进农村一二三产业融合发展的思路与政策研究 [J]. 东岳论丛, 2016, 37 (2): 30 - 37.

土地经营规模对测土配方施肥技术应用的影响研究

——基于家庭农场监测数据的观察①

在土地规模化和农业绿色发展的背景下，我们从全国和地区层面分析了家庭农场土地经营规模对测土配方施肥技术应用的总体影响，并且发现其应用概率显著提高了具体土地规模区间。我们运用 IV 方法对 LPM 和 Probit 模型进行估计并得出如下结果：（1）土地经营规模对农场应用测土配方施肥技术具有显著正向影响。土地经营规模每增加 100 亩，测土配方施肥技术应用概率平均提高 2.10%。（2）政府倡导的适度规模经营与测土配方施肥技术的推广应用并不存在矛盾。相对于土地经营规模 75 亩以下的农场，当土地经营规模达到 110 亩后，农场应用测土配方施肥技术的概率会显著提高；110～225 亩与 225 亩以上的农场应用测土配方施肥技术的概率无显著性差异。（3）相比于东北地区的样本农场，土地经营规模对测土配方施肥技术应用的正向影响效应在西部地区的样本农场中更明显。因此，我们认为应促进土地向家庭农场等适度规模经营主体流转并注重不同地区测土配方施肥技术推广的差异性。

一、引言

绿色发展是农业现代化推进的重要举措，是农业未来发展的内在要求[1-2]，实现过程中离不开农业生产方式的转变和绿色生产技术的支撑[3-4]。土地作为农业生产的重要载体，土地质量受到化肥等化学投入品的严重威胁[5-7]。《2018 中国统计年鉴》显示化肥总施用量从 2000 年的 4 146.4 万吨增加到 2017 年的 5 859.4 万吨（年均增长率 2.4%），施

---

① 本文原载于：夏雯雯，杜志雄，郜亮亮. 土地经营规模对测土配方施肥技术应用的影响研究：基于家庭农场监测数据的观察［J］. 中国土地科学，2019，33（11）：70-78.

用强度①从 265 千克/公顷提高到 2017 年的 352 千克/公顷（年均增长率 1.9%），远超国际公认的 225 千克/公顷的施肥上限。但是，总量和强度的增加并未带来较高的化肥利用效率，据《2018 中国生态环境状况公报》报告，2017 年水稻、玉米和小麦三大粮食作物的化肥利用率仅为 37.80%。

《农业绿色发展技术导则（2018—2030 年）》中指明测土配方施肥技术是农业绿色发展和生态文明建设过程中重点推广应用的一项化肥农药减施增效技术，其应用能够改善耕地质量，提高农产品质量效益[6,8-9]。测土配方施肥技术以土壤测试和田间肥料测试为基础，依据农作物类别和土壤状况，有针对性地解决土壤中营养元素不均衡的状况，进而有效避免氮、磷、钾等元素的过量投入。此项技术从 2005 年开始推行，截至 2019 年已推行 14 年，但是，现实中全国农户测土配方施肥技术采用率不足 1/3[10]。因此，测土配方施肥技术应用率过低的原因值得探讨和发现。

家庭农场作为当前阶段最符合中国未来农业发展需要和政策目标的新型农业生产经营主体[11]，土地经营规模是其区别于小农户的基本指标。家庭农场作为规模化、集约化和追求利润最大化的生产主体，其应用测土配方施肥技术的现状如何？土地经营规模是影响此项技术应用的关键因素吗？这些问题亟待解答。现有文献中，大多数研究没有直接分析土地经营规模对测土配方施肥技术应用的影响，而是把规模作为控制变量[12-14]，并且经验性结果并未指明土地经营规模对测土配方施肥技术应用的明确方向。此外，也有部分研究围绕在劳动力转移、产出风险、施肥认知、合作社等方面对测土配方施肥技术应用的影响[13,15-17]。

因此，在农业绿色发展的内在要求下，选取规模化的家庭农场为研究主体，关注土地经营规模对测土配方施肥技术应用的影响研究既是现实背景下的客观需要又是对原有文献的创新及补充。本文基于 2014 年全国 802 个粮食类家庭农场的监测数据，实证研究了土地经营规模对农场应用测土配方施肥技术的影响，参考相关结果为此项技术的推广和普及提供依据和建议。

二、理论分析

家庭农场作为依靠农业为主要收入来源的生产主体，为了最大限度地增加农业收入，偏好于能够提高农产品产量、降低农业生产成本的技术。测土配方施肥技术从 2005 年开始推行，相关的技术操作流程等已经比较成熟，与农民按照习惯性施肥相比，粮食作物应用测土配方施肥技术能够实现亩均节本增效 30 元以上[18]。Atanu 等[19]认为生产者采纳某

---

① 化肥施用强度＝总的化肥施用量/农作物总播种面积。

项技术取决于生产者对此项技术的知晓程度，以及此项技术带来的净收益是否大于技术使用成本，而技术本身的特征是土地规模对技术采纳的主要影响因素[20]。那么，农场土地经营规模对测土配方施肥技术的采纳是否会产生影响？如果有所影响，影响效应如何？

逻辑上看，土地经营规模通过两个机制对测土配方施肥技术的应用产生影响（图1）。相对于土地经营规模较小的农场：第一，土地规模较大的农场更有意愿和动机去采纳测土配方施肥技术；第二，土地规模较大的农场更有能力采纳测土配方施肥技术。

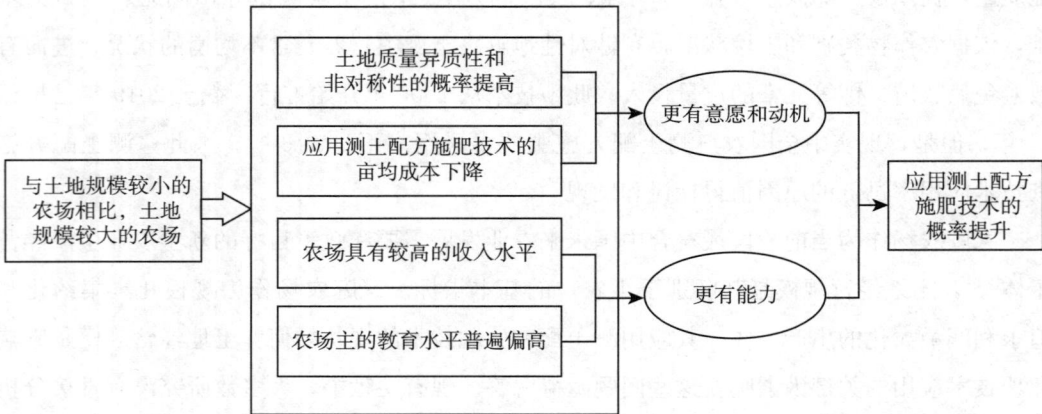

图 1　理论分析框架

土地经营规模较大的农场应用测土配方施肥技术具有更强烈的意愿和动机主要缘于土壤质量异质性和土地质量信息的非对称性概率的提升，以及技术应用亩均成本的下降。农场的土地主要由转入地构成，一般来说，农场土地经营规模越大，转入土地的比率越高，土壤质量异质性的概率也越高。在土地流转交易市场中，由于流入方和流出方对于土地质量信息的非对称性，流出方为了获得较高的交易价格，可能不会完全披露土地质量信息，进而导致农场对转入地的土地质量信息无法完全知晓。另外，测土配方施肥技术应用的总成本主要包括与当地技术服务商、测土配方肥料提供商等整个技术指导过程中的交易成本、前期的土壤检测成本[21]和后期的配方肥成本。那么，农场在寻求农业技术推广部门等机构进行服务时，土地规模较大的农场所付出的亩均交易成本和检测成本相对较少；另外，土地规模较大的农场对配方肥的需求量相对较多，在重复博弈过程中，化肥经销商为了长期保持与农场的联系，销售配方肥的价格可能偏低。因而，可以预期，土地规模较大的农场应用此项技术所付出的亩均成本相对较少。

农场相对偏高的收入水平和农场主较高的教育水平促使土地规模较大的农场更有能力应用测土配方施肥技术[22]。相比于土地规模小的农场，土地规模较大的农场的收入水平一般较高[23]，并且相对容易获得正规机构的金融贷款[24]。并且，假定两个农场种植作物相同，亩均产量相同，市场销售价格相同，规模大的农场应用测土配方施肥技术所支付的成本占农场总收入的份额偏低。另外，土地经营规模较大的农场，农场主的教育水平普遍较高[1]，而教育水平是影响新技术采用的重要因素[25]。正如冯燕和吴金芳[17]通过安徽省肥东县的案例研究表明，500 亩以上的种植大户往往会主动聘请专业的技术人员进行测土配方施肥技术方面的指导。

因此，基于以上分析，本文提出如下假说：在其他因素不变的情况下，相对于土地经营规模较小的农场，土地经营规模较大的农场应用测土配方施肥技术的概率更高。

三、数据来源和研究样本

本文研究所用数据来自 2014 年全国家庭农场监测项目。该项目是受农业农村部委托，从 2014 年起，中国社会科学院农村发展研究所对全国近 3 000 个家庭农场开展的长期固定监测工作。该项目的抽样原则是全国范围内按照经济水平高低在每个省级行政区选择 2~4 个代表县，在每个县选择 30~50 个家庭农场。在抽取家庭农场的过程中，充分考虑各地的家庭农场比例结构，原则上种植类家庭农场不得超过总样本的 80%，种植类中粮食类家庭农场占比不少于 50%，并且所选取的样本应是生产经营情况比较稳定的家庭农场。被抽中的家庭农场，由县级农业经管部门组织家庭农场主经过培训后在线填报问卷，问卷内容包含样本农场全年生产经营的各个方面。本文通过对 2014 年的家庭农场监测数据进行相应处理[2]，最终获得 302 个种植小麦、玉米、水稻的粮食类家庭农场构成的分析样本。在整个分析样本中，结合土地资源禀赋、经济发展水平，将全国的省份分成 4 大区域，包括东北（330 个）、东部（152 个）、中部（194 个）和西部（126 个）。东北地区包括黑龙江省、吉林省和辽宁省；东部地区包括天津市、河北省、山东省、江苏省、浙江省、福建省和广东省；中部地区包括山西省、河南省、湖北省、湖南省、江西省和安徽省；西部地区包括重庆市、四川省、广西壮族自治区、贵州省、云南省、陕西省、甘肃省、内蒙古自治区、宁夏回族自治区、新疆维吾尔自治区和青海省。

在分析样本中，有 423 个家庭农场应用测土配方施肥技术，占总样本的比重是 52.74%。其中，东北和中部应用测土配方施肥技术的比例均低于全国平均水平，分别为 46.36% 和 51.03%，东部和西部应用测土配方施肥技术的比例均高于全国平均水平，分别为 60.53% 和 62.70%。

---

① 在文中分析样本中，农场主教育水平初中以上的农场平均面积为 442.33 亩，比农场主教育水平初中及以下农场平均面积 355.52 亩多 86.81 亩。

② 对北京、上海、海南三地的农场样本及含有异常值的农场样本进行了删除，主要原因是北京和上海经济相对比较发达，尤其是上海的家庭农场发展态势领先于其他省份，而海南属于唯一的热带省份，气候比较特殊，因此三个省份的农场相对不具有代表性。

四、计量分析

(一) 模型设定和变量描述

为了从全国和地区层面估计土地经营规模对测土配方施肥技术的影响，本文设定如下形式的经济计量模型：

$$cetu_i = \alpha_0 + \alpha Land_i + \sum_{k=1}^{k=7} \beta_k Ff_{ki} + \sum_{m=1}^{m=6} \lambda_m Mff_{mi} + \xi_i \qquad (1)$$

$$cetu_i = \alpha_1 + \alpha_2 Land_i + \sum_{k=1}^{k=7} \beta_k Ff_{ki} + \sum_{m=1}^{m=6} \lambda_m Mff_{mi} + \gamma Dis \times Land_i + \xi_i \qquad (2)$$

式（1）和式（2）中：被解释变量 $cetu$ 表示家庭农场是否应用测土配方施肥技术；$Land$ 是关键解释变量，表示家庭农场经营的土地总规模；Ff 表示家庭农场的特征；Mff 表示家庭农场主的特征；α、β、λ、γ 表示模型中的待估计参数，其中，α 为重点关注的参数，预计 $\alpha > 0$，表明土地经营规模对农场应用测土配方施肥技术具有正向影响；ξ_i 为误差项。式（2）中新增地区变量（Dis）与土地规模的交互项，考虑到各地区土地资源禀赋、测土配方施肥技术应用比例和样本的充足性，参考薛美霞和钟甫宁[26]的做法，仅对农场特征差异较大的东北和西部地区进行比较。相关变量的描述性统计结果见表 1。

表 1　回归分析所用变量的描述性统计结果

变量	含义及单位	均值	标准差	最小值	最大值
被解释变量					
农场是否应用测土配方施肥技术	是＝1；否＝0	0.53	0.50	0	1
关键解释变量					
农场土地经营规模	亩	388.43	491.69	30	5 050
家庭农场特征变量					
地块数	块	30.24	73.82	1	800
是否是示范农场	是＝1；否＝0	0.22	0.42	0	1
是否在工商部门注册登记	是＝1；否＝0	0.62	0.49	0	1
是否与龙头企业有联系	是＝1；否＝0	0.19	0.39	0	1
是否购买农业保险	是＝1；否＝0	0.62	0.48	0	1
未来农场土地经营意愿	扩大＝1，不变或缩小＝0	0.76	0.43	0	1
流转土地是否来自一个村	是＝1；否＝0	0.76	0.43	0	1
家庭农场主特征变量					
性别	男＝1；女＝0	0.92	0.27	0	1

（续）

变量	含义及单位	均值	标准差	最小值	最大值
年龄	周岁	45.03	8.30	17	73
教育水平	不识字或小学＝1；初中＝2；高中/中专/职高＝3；大专及以上＝4	2.43	0.70	1	4
是否接受过土肥培育技术的培训	是＝1；否＝0	0.52	0.50	0	1
主要从业经历	普通农民＝1；非普通农民＝0	0.74	0.44	0	1
是否为外村户籍	是＝1；否＝0	0.16	0.37	0	1
式（2）中用到的地区变量					
地区	东北＝1；西部＝0	0.72	0.45	0	1

（二）内生性问题

本文的关键解释变量为土地经营规模，存在内生性问题，该问题会使计量估计结果不一致。一方面，较大的土地经营规模会提高农场应用测土配方施肥技术的概率，而测土配方施肥技术的应用也可能会促使农场土地经营规模的增加，两者之间存在双向因果关系。另一方面，虽然模型已控制了影响测土配方施肥技术及土地规模的重要变量，但仍存在遗漏重要解释变量的问题，如样本农场所在地有无测土配方施肥技术的供给、在有供给的情况下农场获得技术的便利性。

本文采用工具变量方法来克服内生性问题，所选取的工具变量是"2004年样本县人均耕地面积"。2004年样本县人均耕地面积总体上会对农场经营规模产生影响，而农场是否应用测土配方施肥技术难以对2004年样本县人均耕地面积产生影响，进而切断了两者之间的双向因果关系。工具变量的外生性方面，2005年国家才开始推行测土配方施肥技术，因此，2004年的样本县人均耕地面积并不会直接影响当地测土配方施肥技术的供给状况等遗漏变量；相关性方面，2006年国家开始规定18亿亩耕地红线，因此，2004年的县人均耕地面积越大，当地的规模化经营越有可能形成，也越有可能对2014年的农场经营规模产生影响。所以，采用2004年的县人均耕地面积作为2014年农场土地经营规模的工具变量在逻辑上具有合理性。

（三）估计方法和估计结果

利用普通最小二乘法（OLS）和工具变量（IV）方法对LPM模型和Probit模型进行估计（表2），从估计结果可以看出，模型总体运行良好。

关于工具变量的一系列检验结果表明（表2），2004年样本县的人均耕地面积作为农场土地经营规模的工具变量是有效的。从关键解释变量农场土地经营规模的系数（表3）

看，LPM 模型的工具变量方法估计的结果明显大于 OLS 方法的估计结果。从 LPM-OLS 和 LPM-IV 的杜宾–吴–豪斯曼（DWH）内生性检验结果以及 Probit-IV 的 Wald 外生性检验结果看，两者都显著拒绝了农场土地经营规模是外生的原假设。因此，以下讨论基于工具变量法的结果。

表 2　LPM-IV 第一阶段结果（因变量为农场土地经营规模[a]）

工具变量	检验结果
2004 年县人均耕地面积/亩	1.561***
	(0.334)
F 检验值	21.810***
不可识别检验	15.438***
弱工具变量检验	124.786

注：a，为了回归系数不至于太小，表 2 和表 3 中农场土地经营规模用原土地经营规模除以 100 后得到的变量进行回归。相比于直接用农场土地经营规模进行回归，显著性的结果不会改变，而系数会增加 100。

估计结果表明（表 3）：（1）土地经营规模对农场采用测土配方施肥技术有显著的正向影响［第（2）和（3）列］，即，相比于土地规模小的农场，土地规模大的农场采用测土配方施肥技术的概率较高，实证结果证实了假说。LPM-IV 模型[27]的系数表明，如果一个农场以样本农场的平均经营规模 390 亩为起点来分析，在其他变量不变的情况下，若该农场的经营规模提高 100 亩（变为 490 亩），该农场采用测土配方施肥技术的概率将提高 2.30%。Probit-IV 模型的系数意味着农场的土地经营规模每提高 100 亩，农场应用测土配方施肥技术的概率平均提高 2.10%，即在其他条件不变的情况下，土地经营规模 500 亩的农场相比于土地经营规模 100 亩的农场应用测土配方施肥技术的概率平均提高 10%。能够发现，LPM-IV 模型中核心解释变量的预期概率和 Probit-IV 模型中核心解释变量的平均边际概率相差不大，这也证明了结果的稳健性。（2）相比于土地资源禀赋较好的东北地区的样本农场，西部地区农场的土地经营规模增加对提升测土配方施肥技术应用的概率更明显［表 3 第（4）列］。从 LPM-IV 模型的系数可以看出，土地经营规模每增加 100 亩，西部地区应用测土配方施肥技术提高的概率是东北地区的 10 倍左右，或许是因为相对于东北地区而言，随着土地规模的增加，西部地区农场土地质量异质性和非对称性概率更高①。

除关键解释变量之外，其他解释变量也对家庭农场应用测土配方施肥技术产生了影响。如在其他条件不变的情况下，那些准备扩大规模的农场比那些准备保持规模不变或缩小规模的农场应用测土配方施肥技术的概率提升了 15% 左右，这或许表明，那

---

①　根据分析样本数据显示，西部地区农场每百亩土地平均拥有地块数（35.35 块）是东北地区农场每百亩土地平均拥有地块数（5.68 块）的 6 倍左右。

些准备扩大规模的农场对未来有好的预期，保证了现有土地的稳定性，从而促进了测土配方施肥技术的应用[28]；相比于农场主为本村户籍的农场，农场主外村户籍的农场应用测土配方施肥技术的概率提高了15%左右，或许外村户籍的农场主不如本村户籍的农场主对所经营农场的土地质量信息熟悉，从而增加了农场应用测土配方施肥技术的概率。

综上，家庭农场的土地经营规模对于农场应用测土配方施肥技术具有显著正向影响，并且，此影响在土地资源禀赋较差的西部地区更为明显。

表3　农场土地经营规模对测土配方施肥技术影响的估计结果

变量	测土配方施肥技术			
	LPM-OLS（1）	LPM-IV（2）	Probit-IV（3）	LPM-IV（4）
农场土地经营规模	0.008***	0.023**	0.021**	0.098***
	(0.003)	(0.010)	(0.009)	(0.037)
东北地区×土地经营规模	—	—	—	−0.088***
	—	—	—	(0.032)
地块数（对数）	−0.013	−0.007	−0.004	−0.083***
	(0.013)	(0.013)	(0.133)	(0.024)
是否是示范农场	−0.009	−0.044	−0.040	−0.124**
	(0.041)	(0.042)	(0.041)	(0.062)
是否在工商部门注册登记	−0.012	−0.006	−0.007	0.041
	(0.041)	(0.043)	(0.041)	(0.053)
是否与龙头企业有联系	0.113**	0.080	0.080*	0.037
	(0.048)	(0.050)	(0.048)	(0.031)
是否购买农业保险	0.072**	0.088**	0.081	0.132**
	(0.036)	(0.037)	(0.035)	(0.054)
未来农场土地经营意愿	0.129***	0.153***	0.148***	0.290***
	(0.041)	(0.042)	(0.039)	(0.055)
流转土地是否来自一个村	0.049	0.077*	0.076*	0.059
	(0.040)	(0.042)	(0.040)	(0.054)
性别	0.058	0.045	0.045	−0.028
	(0.065)	(0.067)	(0.064)	(0.095)
年龄	0.000	0.000	0.000	0.000
	(0.002)	(0.002)	(0.002)	(0.003)
受教育水平	0.068***	0.071***	0.069***	0.055
	(0.026)	(0.026)	(0.026)	(0.037)
是否接受过土肥培育技术的培训	0.180***	0.181***	0.166***	0.174***
	(0.036)	(0.036)	(0.034)	(0.050)

（续）

变量	测土配方施肥技术			
	LPM-OLS（1）	LPM-IV（2）	Probit-IV（3）	LPM-IV（4）
主要从业经历	−0.017	0.006	0.002	−0.032
	(0.042)	(0.047)	(0.045)	(0.076)
是否为外村户籍	0.168 ***	0.142 ***	0.156 ***	0.251 ***
	(0.048)	(0.051)	(0.053)	(0.075)
作物种类	已控制	已控制	已控制	已控制
地区ª	已控制	已控制	已控制	未控制
常数项	−0.225	−0.378 **	−2.460 ***	−0.123
	(0.156)	(0.166)	(0.468)	(0.237)
观测值	778	736	736	420
F 检验值	8.620 ***	9.690 ***		11.170 ***
Wald chi²			123.310 ***	
Log pseudolikelihood			−2 572.534	
内生性检验	3.355 *			
Wald chi²（Wald test of exogeneity）			2.75 *	

注：a，以东北地区为基准组，东部、中部、西部地区为虚拟变量；括号内为异方差稳健标准误；*** 、** 、* 分别表示在 10％、5％、1％的水平上显著；Probit-IV 的结果为边际概率。

（四）土地规模区间对测土配方施肥技术应用的影响

这里把土地规模分成 6 组进行分析[①][29]，分别为 75 亩以下、75～110 亩、110～225 亩、225～375 亩、375～900 亩以及 900 亩及以上。土地规模在 75 亩以下的农场应用测土配方施肥技术的概率为 37.93％，当土地规模增加到 75～110 亩和 110～225 亩时，此概率提高到 46.34％和 50.75％，当土地规模进一步增加到 225～375 亩时，农场应用测土配方施肥技术的概率进一步提高到 55.14％，随着土地规模增加到 375～900 亩和 900 亩及以上时，农场应用此项技术的概率升高到 55.23％和 62.12％。

表 4 分别利用 2 个模型对以上分组的农场土地经营规模进行回归[②]，LPM 模型中每组

---

① 对土地规模进行如此分组，主要基于以下原因：第一，根据全国户均经营规模 7.56 亩（2012 年）和《关于引导农村土地经营权有序流转发展农业适度规模经营的意见》中提出的"现阶段，对土地经营规模相当于当地户均承包地面积 10～15 倍"，得出粮食生产的适度规模为 75～110 亩。因此选择 75 亩和 110 亩为分割点进行划分。第二，225 亩（15 公顷）基本处于中位数的位置，而中位数不受分析样本中最大值和最小值的影响，能够较好地反映整个分析样本中数据的集中趋势，因此选择 225 亩作为分割点进行划分。第三，375 亩（25 公顷）、900 亩（60 公顷）为分割点的原因主要是两者基本位于分析样本 70％和 90％分位点的位置，保证了 225～375 亩、375～900 亩每部分均等的样本量，并且考虑到处于分析样本尾部 10％位置的规模较大的农场。

② 做回归时，由于未发现多个 IV 对应多个内生变量的命令，因此 2 个模型回归并未克服规模内生性的问题。但是，可以知道的是，如果克服内生性问题的话，相比于土地规模 75 亩以下的农场，土地规模应该在 110 亩以下，就会显著影响测土配方施肥技术的应用概率，因为从表 4 的回归结果中，我们发现，未克服内生性的模型明显低估了规模对技术采用的影响。

规模的预期概率和 Logit 模型中每组规模的平均边际概率相差不大，并且两个模型同时表明，相对于土地规模 75 亩以下的农场，农场土地规模达到 110 亩开始显著影响测土配方施肥技术的应用概率。由于分组后的土地规模为二分虚拟变量，LPM 模型中核心解释变量的系数衡量的是相对于 75 亩以下的农场，其他规模农场应用测土配方施肥技术概率的预期变化，因而避免了该模型估计的自变量边际效应恒为常数的问题；另外，LPM 模型预测概率在 [0, 1] 之外的值又有 10 个，占比仅为 1.29%。因此，LPM 模型的估计结果可以作为主要分析依据。

估计结果（表 4）表明，与土地规模在 75 亩以下的农场相比，土地规模达到 110 亩后的农场应用测土配方施肥技术的概率显著提高，并且随着土地规模区间的提高，影响效应逐渐增强。相比于土地规模 75 亩以下的农场，土地规模达到 110~225 亩和 225~375 亩时，农场应用测土配方施肥技术的概率显著提高了 15.90% 和 17.40%；当土地规模增加到 375~900 亩和 900 亩以上时，农场应用测土配方施肥技术的概率分别显著提高了 17.60% 和 23.40%。另外，模型中的其他控制变量，如未来农场土地经营意愿、受教育程度、是否为外村户籍等均与表 3 中的估计结果显著性相同，这也侧面证明了模型的稳健性。另外，由表 5 可知，与土地规模在 110~225 亩的农场相比，土地规模达到 225~375 亩、375~900 亩或 900 亩及以上时，农场应用测土配方施肥技术的概率并不存在显著性差异。或许表明，相对较大的土地规模并不显著促进农场应用测土配方施肥技术，即目前倡导的土地适度规模经营①[29]与测土配方施肥技术的推广和普及并不矛盾。

综上，相比于土地规模在 75 亩以下的农场，土地规模达到 110 亩后的农场应用测土配方施肥技术的概率显著提高。如果按照农场应用测土配方施肥技术亩均增效 30 元核算，或许表明，测土配方施肥技术预期能够盈利 3 500 元才能够激励农场应用此项技术；这也反向说明，如果测土配方施肥技术亩均增效超过 30 元，农场的土地规模可能会低于 110 亩就会显著提高测土配方施肥技术应用概率。

表 4　农场土地经营规模对测土配方施肥技术影响的估计结果

土地规模/亩	测土配方施肥技术	
	LPM 模型（1）	Logit 模型（2）
<75	—	—
	—	—

① "适度规模经营"频繁出现在历年的中央一号文件中。从经济学角度看，土地适度规模经营点在边际收益和边际成本交汇处，而在本文中，土地适度规模经营点指的是考虑到劳动力转移速度和土地资源稀缺禀赋的约束点。

（续）

土地规模/亩	测土配方施肥技术	
	LPM 模型（1）	Logit 模型（2）
[75，110)	0.059	0.058
	(0.103)	(0.098)
[110，225)	0.159*	0.156*
	(0.093)	(0.088)
[225，375)	0.174*	0.170*
	(0.096)	(0.091)
[375，900)	0.176*	0.171*
	(0.097)	(0.092)
≥900	0.234**	0.227**
	(0.108)	(0.104)
观测值	778	778
F 检验值	7.010***	
Wald chi^2		93.250***
Log pseudolikelihood		−479.856

注：括号内为异方差稳健标准误；***、**、* 分别表示在 10%、5%、1% 的水平上显著；Logit 的结果为边际概率；为节省篇幅，省略的控制变量与表 3（1）列相同。

表 5 LPM 模型中后三组土地经营规模分组的回归系数与 110～225 亩的回归系数比较

土地规模/亩	系数	t 值	P 值
[225，375)	0.018	0.370	0.711
[375，900)	0.021	0.410	0.682
≥900	0.072	1.060	0.291

五、结论与政策启示

在土地规模化和农业绿色发展的内在要求下，测土配方施肥技术作为政府重点推广的一项化肥农药减施技术，普及率仍然过低的原因值得探讨。基于此，本文利用全国粮食类家庭农场监测数据，通过理论和实证分析，得出如下结论：（1）全国层面上，土地经营规模对农场应用测土配方施肥技术具有显著正向影响。土地经营规模每增加 100 亩，农场应用测土配方施肥技术的概率平均提高 2.10%。（2）政府当前倡导的土地适度规模经营与测土配方施肥技术的应用，或者更进一步，与耕地质量的改善并不存在矛盾。相对于土地规模 75 亩以下的农场，土地规模达到 110 亩后，农场应用测土配方施肥技术的概率会显著提高；但是，相对于土地规模 110～225 亩的农场，225 亩以上的农场应用测土配方施肥技术的概率并不会显著提高。(3) 地区层面上,西部地区的样本农场中,土地经营规模对测土配方施肥技术应用的正向影响效应是东北地区样本农场的 10 倍。具体为,土地规模每增加 100 亩,西部地区样本农场应用测土配方施肥技术的概率平均提高 10% 左右。

测土配方施肥技术的应用对于耕地资源的可持续利用和农业的绿色发展具有重要意义。因此,为了推广和普及测二配方施肥技术,特提出如下政策建议。第一,为了耕地质量的改善,应该有效促进土地向家庭农场等适度规模经营主体流转,一味扩大土地经营规模是不可取的。测土配方施肥技术应用概率显著提高的土地规模处于 110～225 亩,随着土地规模的增加,其应用概率并不会显著提高。第二,结合不同地区的土地资源禀赋和土地经营规模对测土配方施肥技术的影响效应,有针对性地采取不同策略普及测土配方施肥技术。比如,在西部地区,农场在土地规模扩大过程中会有较大概率应用测土配方施肥技术,那么应该着重于对测土配方施肥技术操作规范进行指导,并且兼顾对已经从事农业的生产者进行相关土肥培育技术的培训等;而在土地经营规模对测土配方施肥技术应用概率影响较弱的东北地区,政府应该侧重于对农业生产者进行测土配方施肥技术知识宣传和相关土肥培育技术培训,以增强他们对测土配方施肥技术的认知水平。

参考文献:

[1] 于法稳. 新时代农业绿色发展动因、核心及对策研究 [J]. 中国农村经济, 2018 (5): 19-34.

[2] 张红宇. 牢牢把握农业供给侧结构性改革的方向 [J]. 农村工作通讯, 2017 (4): 26-29.

[3] 魏琦, 张斌, 金书秦. 中国农业绿色发展指数构建及区域比较研究 [J]. 农业经济问题, 2018 (11): 11-20.

[4] 何秀荣. 技术、制度与绿色农业 [J]. 河北学刊, 2018 (4): 120-125.

[5] 金书秦, 周芳, 沈贵银. 农业发展与面源污染治理双重目标下的化肥减量路径探析 [J]. 环境保护, 2015 (8): 50-53.

[6] 葛继红, 周曙东, 朱红根. 等. 农户采用环境友好型技术行为研究:以配方施肥技术为例 [J]. 农业技术经济, 2010 (9): 57-63.

[7] 漆信贤, 张志宏, 黄贤金. 面向新时代的耕地保护矛盾与创新应对 [J]. 中国土地科学, 2018, 32 (8): 9-15.

[8] 王世尧, 金媛, 韩会平. 环境友好型技术采用决策的经济分析:基于测土配方施肥技术的再考察 [J]. 农业技术经济, 2017 (8): 15-26.

[9] 洪传春, 刘某承, 李文华. 我国化肥投入面源污染控制政策评估 [J]. 干旱区资源与环境, 2015 (4): 1-6.

[10] 冯晓龙, 霍学喜. 社会网络对农户采用环境友好型技术的激励研究 [J]. 重庆大学学报 (社会科学版), 2016, 22 (3): 72-81.

[11] 杜志雄. 将家庭农场置于新型农业经营主体的核心来培育 [J]. 中国社会科学院城乡发展一体

化智库研究专报，2019（8）：1-12.

[12] 蔡颖萍，杜志雄．家庭农场生产行为的生态自觉性及其影响因素分析：基于全国家庭农场监测数据的实证检验[J]．中国农村经济，2016（12）：33-45.

[13] 张复宏，宋晓丽，霍明．果农对过量施肥的认知与测土配方施肥技术采纳行为的影响因素分析：基于山东省9个县（区、市）苹果种植户的调查[J]．中国农村观察，2017（3）：117-130.

[14] 高瑛，王娜，李向菲，等．农户生态友好型农田土壤管理技术采纳决策分析：以山东省为例[J]．农业经济问题，2017（1）：38-47，110-111.

[15] 张聪颖，霍学喜．劳动力转移对农户测土配方施肥技术选择的影响[J]．华中农业大学学报（社会科学版），2018（3）：65-72，155.

[16] 冯晓龙，仇焕广，刘明月．不同规模视角下产出风险对农户技术采用的影响：以苹果种植户测土配方施肥技术为例[J]．农业技术经济，2018（11）：120-131.

[17] 冯燕，吴金芳．合作社组织、种植规模与农户测土配方施肥技术采纳行为：基于太湖、巢湖流域水稻种植户的调查[J]．南京工业大学学报（社会科学版），2018（6）：28-37.

[18] 王娜．测土配方施肥：带动施肥水平整体提高[EB/OL].（2009-10-14）[2019-04-30]. http://www.moa.gov.cn/ztzl/ctpfsf/jyjl/200910/t20091014_1365202.htm.

[19] ATANU S，LOVE H A，SCHWART R. Adoption of emerging technologies under output uncertainty [J]. American Journal of Agricultural Economics，1994，76（4）：836-846.

[20] FEDER G，JUST R E，ZILBERMAN D. Adoption of agricultural innovations in developing countries：a survey [J]. Economic Development and Cultural Change，1985，33（2）：255-298.

[21] 合信精英联盟．测土配方土壤取样技术[EB/OL].（2018-11-05）[2019-04-30]. http://www.sohu.com/a/273482477_282412.

[22] 侯晓康，刘天军，黄腾，等．农户绿色农业技术采纳行为及收入效应[J]．西北农林科技大学学报（社会科学版），2019，19（3）：121-131.

[23] 曹瑞芬，张安录．耕地保护补偿标准及跨区域财政转移机制：基于地方政府经济福利视角的研究[J]．中国人口·资源与环境，2015（10）：132-138.

[24] 蔡海龙，关佳晨．不同经营规模农户借贷需求分析[J]．农业技术经济，2018（4）：90-97.

[25] ROMER P M. Endogenous technological change [J]. Journal of Political Economy，1990，98（5）：S71-S102.

[26] 薛美霞，钟甫宁．农业发展、劳动力转移与农村贫困状态的变化：分地区研究[J]．农业经济问题，2010，31（3）：37-45.

[27] 伍德里奇．计量经济学导论[M]．费剑平，译．北京：中国人民大学出版社，2010：236.

[28] 郜亮亮，黄季焜，ROZELLE SCOTT，等．中国农地流转市场的发展及其对农户投资的影响[J]．经济学（季刊），2011（4）：1499-1514.

[29] 林万龙．农地经营规模：国际经验与中国的现实选择[J]．农业经济问题，2017，38（7）：33-42.

家庭农场经营者应用绿色生产技术的影响因素研究
——基于三省 452 个家庭农场的调研数据[①]

  绿色生产技术的应用是实现农业生产由增产导向转向提质导向的基础支撑。家庭农场作为农业新型经营主体的主要构成之一，研究其绿色生产行为对于推进农业新型经营主体应用绿色生产技术具有重要意义。基于 2017 年黑龙江、江苏、四川三省的家庭农场调研数据，我们对家庭农场经营者的受教育年限、培训次数、从业经历、年龄、性别、风险偏好等相关特征与农场应用绿色生产技术间的关系进行了统计描述性分析和解释。研究发现，第一，受教育年限越长、接受过培训的家庭农场经营者更倾向于应用绿色生产技术，但并非培训次数越多越好。第二，年轻、风险偏好型的家庭农场经营者应用绿色生产技术的概率较高。第三，女性、习惯运用移动网络的家庭农场经营者应用绿色生产技术的概率较高。在此结论基础上，我们提出了绿色生产技术推广及普及的相关政策建议。

一、引言

  可持续发展是中国农业未来发展的内在要求[1]，而其最终有赖于农业生产经营主体的生产行为[2]。在众多农业生产行为中，绿色生产技术的应用是农业可持续发展的必要条件[3]和重要载体[4]，不仅能够减少农业污染，满足中国农业绿色发展、绿色兴农的需要，还能够在化肥、农药"两减"的背景下保障粮食安全，所以，对生产经营者应用绿色生产技术的影响因素进行研究具有重要的现实意义。家庭农场是政府重点培育的生产经营主体，在实践中呈现蓬勃发展之势。2016 年，我国家庭农场已达 87.7 万个，占新型农业经

---

  ① 本文原载于：夏雯雯，杜志雄，郜亮亮. 家庭农场经营者应用绿色生产技术的影响因素研究：基于三省 452 个家庭农场的调研数据 [J]. 经济纵横，2019 (6)：101 - 108.

营主体总数 270 万个的 32.48%[①]；截至 2017 年底，县级以上农业部门纳入名录管理系统的家庭农场达 54.9 万个，相比 2013 年底增加了 2 倍以上。这进一步印证，家庭农场处于引领农业振兴的核心地位，是最适合农业生产经营的实践者[5]，其生产行为对于实现农业发展的可持续性起到举足轻重的作用[6]。

已有学者对农户应用绿色生产技术影响因素的研究中，郑旭媛等认为，农业技术具有不同的属性，并且受农户的禀赋约束[7]。朱萌等[8]、李卫等[9]认为病虫害防治技术更易被较年轻、受教育水平较高的男性户主应用，测土配方施肥技术更易被受教育水平较高、对种粮有更大积极性的男性户主应用，较年轻、受教育程度较高、对保护性耕作技术认知度较高的风险偏好型农户更倾向于应用保护性耕作技术。高瑛等估计了耕地特征、农业生产管理特征因素对生态友好型农田土壤管理技术应用的影响[10]。另外，从其他外源性影响因素出发，杨志海认为社会网络能够缓解因农户老龄化带来的绿色生产技术应用不足的问题[11]。

已有文献的研究对象主要局限在小农户，很少涉及家庭农场。家庭农场作为在角色定位和生产行为等方面区别于小农户的新型农业经营主体[12]，对其应用绿色生产技术的影响因素进行研究可以对该领域研究起到有益补充。另外，在农业不完全要素市场下，绿色生产技术的应用还会受到农户自身禀赋的约束。如果能够识别出哪些家庭农场经营者在应用绿色生产技术，对于家庭农场经营主体的培育计划也可以提供一些参考。因此，本文利用 2017 年黑龙江、江苏、四川三省 452 个种植类家庭农场的调研数据，对家庭农场经营者的相关特征与农场应用绿色生产技术间的关系进行描述性统计分析，从而得出具有何种禀赋特征的家庭农场经营者会选择应用绿色生产技术，并在此基础上提出绿色生产技术推广及普及的相关政策建议。

二、家庭农场经营者对绿色生产技术的应用情况

为深入研究我国家庭农场对绿色生产技术的应用情况，本研究按照区域分布，分层随机抽取黑龙江、江苏、四川三个样本省份开展入户调研。在每个样本省份中，分层随机选择地级市，县，乡镇的家庭农场进行调研。最终获得 455 个样本，其中有效样本 452 个，有效样本占比为 99.34%。

在农业绿色发展导向下，随着家庭农场数量的不断增加，农场应用绿色生产技术的现状备受关注。农业农村部关于《农业绿色发展技术导则（2018—2030 年）》的通知中提到

---

① 数据截至 2016 年 6 月底（参见：《农业部：耕地流转面积超承包耕地总面积的 1/3》，http：//finance. people. com. cn/GB/n1/2016/1120/c1004－28881924. html）。

绿色生产技术主要包括 9 种①，为了集中体现绿色生产技术的应用情况及影响因素，选择化肥农药减施增效技术和耕地质量提升与保育技术中的 4 项技术进行分析，包括利用生物活体或其代谢产物杀灭或抑制农业有害生物的制剂生物农药、利用生物或物理防治等技术杀灭农业有害生物的绿色病虫害防控技术、有机肥②和秸秆还田技术。

　　整体看，家庭农场应用绿色生产技术的比重偏低（表 1）。应用生物农药和绿色病虫害防控技术的农场数量分别为 86 个和 92 个，占比均在 2 成左右；有 130 个家庭农场使用有机肥，占比不足 3 成；相对而言，家庭农场进行秸秆还田的数量较多，达到 7 成左右。从各省情况看，地域性差异显著。黑龙江省家庭农场应用 4 项绿色生产技术的比重明显低于江苏省和四川省，尤其是秸秆还田技术③的应用率，分别低于四川省 59 个百分点，江苏省 67 个百分点，这有可能是东北黑土地有机碳含量明显下降的原因之一④。在另外两个省份中，四川省应用生物农药、绿色病虫害防控技术和有机肥的比重分别比江苏省高 12、16 和 9 个百分点。

表 1　三个省份中样本农场应用绿色生产技术的数量及其占比

省份	生物农药		绿色病虫害防控技术		有机肥		秸秆还田	
	样本数/个	占比/%	样本数/个	占比/%	样本数/个	占比/%	样本数/个	占比/%
黑龙江	20	12.42	17	10.56	34	21.12	48	29.81
江苏	24	16.55	26	17.93	41	28.28	140	96.55
四川	42	28.77	49	33.56	55	37.67	130	89.04
总计ᵃ	86	19.03	92	20.35	130	28.76	318	70.35

　　注：a 指的是三省之和；在样本中，家庭农场采用 4 项技术组合的数量仅为 7 个，包括江苏省 3 个和四川省 4 个。

三、家庭农场经营者特征与绿色生产技术应用分析

　　家庭农场经营者是农场的主要决策者，家庭农场经营者的禀赋特征不同，生产决策也不同。

（一）家庭农场经营者人力资本水平与绿色生产技术应用

　　人力资本是促进新技术应用的重要因素[13]，主要包括经营者受教育年限、农业培训次数、农业经历等。

　　1. 受教育年限。家庭农场经营者受教育年限越长，农场应用绿色生产技术的占比越高

---

　　① 主要包括耕地质量提升与保育技术、农业控水与雨养旱作技术、化肥农药减施增效技术、农业废弃物循环利用技术、农业面源污染治理技术、重金属污染控制与治理技术、畜禽水产品安全绿色生产技术、水生生态保护修复技术、草畜配套绿色高效生产技术。

　　② 在这里指的是商用有机肥。相对于农场自产的有机肥，商用有机肥更能够显示出农场主的技术选择偏好。

　　③ 黑龙江省有 44.72% 的家庭农场在地头焚烧秸秆。

　　④《中国耕地地球化学调查报告《2015 年》》中指出"东北区耕地有机碳含量下降了 21.9%"；隋雨含的《秸秆焚烧对土壤有机质及团聚体组成的影响研究》中认为，秸秆焚烧会使土壤有机碳含量显著降低。

（表2）。在452个样本中，有22个家庭农场经营者只接受过6年教育（完成小学教育），其农场应用生物农药、绿色病虫害防控技术、有机肥和秸秆还田的占比分别是4.55%、4.55%、31.82%和45.45%；当家庭农场经营者只接受9年教育时（完成初中教育），农场应用4项绿色生产技术的占比分别达15.18%、19.64%、24.11%和48.21%；家庭农场经营者的受教育年限为12年时（完成高中/中专/职高教育），农场应用4项绿色生产技术的占比分别提高到30.36%、26.79%、33.93%和66.07%；完成本科教育的家庭农场经营者，相比于完成小学教育的家庭农场经营者，农场应用生物农药、绿色病虫害防控技术、有机肥和秸秆还田的比重分别高31个百分点、59个百分点、23个百分点和36个百分点。这表明教育水平高的家庭农场经营者更注重对生态环境的保护，同时具备较强的市场敏锐性和学习能力，愿意尝试应用绿色生产技术提高农场盈利水平，是绿色兴农、质量兴农的重要实践者。在不同的受教育年限下，农场应用绿色生产技术占比的增幅不同。当家庭农场经营者受教育年限从9年（完成初中教育）变化到12年（完成高中/中专/职高教育）时，农场应用生物农药和进行秸秆还田的占比增幅最大，分别为15个百分点和20个百分点；当家庭农场经营者受教育年限从12年（完成高中/中专/职高教育）增加到16年（完成本科教育）时，农场应用绿色病虫害防控技术和施用有机肥的增幅最大，达到40个百分点和20个百分点。

表2 按照家庭农场经营者受教育年限分组的样本农场中应用绿色生产技术的农场数量及其占比

绿色生产技术	受教育年限							
	小学（6年）		初中（9年）		高中/中专/职高（12年）		本科（16年）	
	样本数/个	占比/%	样本数/个	占比/%	样本数/个	占比/%	样本数/个	占比/%
生物农药[b]	1	4.55	17	15.18	17	30.36	4	36.36
绿色病虫害防控技术[b]	1	4.55	22	19.64	15	26.79	7	63.64
生物农药/绿色病虫害防控技术[b,c]	2	9.09	29	25.89	23	41.07	8	72.73
有机肥[b]	7	31.82	27	24.11	19	33.93	6	54.55
秸秆还田[b]	10	45.45	54	48.21	37	66.07	9	81.82
总计[a]	22	4.87	112	24.78	56	12.39	11	2.43

注：总计a所对应的样本数和占比分别指不同教育年限下的农场数量及其占总样本（452个分析样本）的比重，表3至表7均与此类似。b，各项技术所对应的样本数和占比分别指不同教育年限下使用该技术的农场数量及其占所使用技术的样本比重，表3至表7均与此类似。c，应用生物农药或者绿色病虫害防控技术，之所以列出此项，一是因为两者同属于农药减施增效技术，在某种程度上是替代品；二是总结出农场应用农药减施增效技术的家庭农场经营者的共同特征，为分别应用生物农药和绿色病虫害防控技术得出的家庭农场经营者特征提供补充。

2. 农业培训次数。首先，与未接受过培训的农场经营者相比，接受过培训的家庭农场经营者更易应用绿色生产技术（表3）。2017年有近7成的家庭农场经营者接受过培训，这些农场应用生物农药、绿色病虫害防控技术、施用有机肥和进行秸秆还田的比重高于经营者未接受过培训的农场10个百分点、15个百分点、16个百分点和28个百分点。这也与 Huang 等[14]认为技术培训能够减少 22％的氮肥使用量、应瑞瑶和朱勇[15]认为农业培训能够降低化学投入品的使用量的研究结论一致。这表明，农业培训能够使家庭农场经营者接触农业绿色发展理念，并且学习绿色生产技术的使用方法和规范，为农户之间分享农业产前、产中、产后的经验提供了交流平台，也为农户和农业技术推广部门构建了供需反馈机制。但随着家庭农场经营者培训次数的增加，农场应用生物农药和绿色病虫害防控技术的占比先增加后减少，施用有机肥和进行秸秆还田的农场占比增加。在全部分析样本中，有 17.48％的家庭农场经营者接受过 1 次培训，24.12％的家庭农场经营者接受过 2 次培训，15.49％的家庭农场经营者接受过 3～4 次培训，11.73％的家庭农场经营者接受过 5 次及以上的培训。家庭农场经营者接受过 1 次培训的农场，比经营者未接受过培训的农场应用生物农药、绿色病虫害防控技术、有机肥和秸秆还田的占比分别提升 7 个百分点、7 个百分点、5 个百分点和 16 个百分点。家庭农场经营者接受培训的次数增加到 3～4 次时，农场应用 4 项绿色生产技术的比重分别比经营者仅参加 1 次培训的农场高 12 个百分点、24 个百分点、15 个百分点和 16 个百分点。这说明，家庭农场经营者参加培训的次数较多能够加深其对农业技术的理解，并且关于农业实际生产中遇到的问题，可以及时与培训老师和其他农户交流，从而得到有效的技术支持。但当家庭农场经营者接受培训次数达到 5 次及以上时，农场应用 4 项技术的概率发生了变化，农场应用生物农药和绿色病虫害技术的比重下降了 5 个百分点和 8 个百分点。这表明，生物农药和绿色病虫害技术作为化学农药减量使用的主要替代性技术，家庭农场经营者需要较强的学习能力，并且需要付出额外的时间成本来了解和熟悉两者的销售渠道、使用规范等，而培训次数过多往往耗费家庭农场经营者较多精力[16]。相对而言，农场施用有机肥和进行秸秆还田的比重上升了 7 个百分点和 13 个百分点。两种技术都属于政府推行多年且相对传统的农业生产技术，培训次数的增加或许能够强化家庭农场经营者对于农业生态环境的保护意识，进而促进其在农场中的应用。

表3　按照家庭农场经营者培训情况分组的样本农场中应用绿色生产技术的农场数量及其占比

绿色生产技术	是否接受过培训a				培训次数/次							
	否		是		1		2		[3, 4]		≥5	
	样本数/个	占比/%	样本数/个	占比/%	样本数/个	占比/%	样本数/个	占比/%	样本数/个	占比/%	样本数/个	占比/%
生物农药	17	12.06	69	22.19	15	18.99	18	16.51	22	31.43	14	26.42
绿色病虫害防控技术	14	9.93	78	25.08	13	16.46	20	18.35	28	40.00	17	32.08
生物农药/绿色病虫害防控技术	24	17.02	108	34.73	22	27.85	32	29.36	32	45.71	22	41.51
有机肥	29	20.57	135	43.41	20	25.32	32	29.36	28	40.00	25	47.17
秸秆还田	72	51.06	246	79.10	53	67.09	84	77.06	58	82.86	51	96.32
总计	141	31.19	311	68.81	79	17.48	109	24.12	70	15.49	53	11.73

注：a，培训内容包括生产技术、农场管理、市场销售、政策法规等。

表4 按照家庭农场经营者主要从业经历分组的样本农场中应用绿色生产技术的农场数量及其占比

绿色生产技术	主要从业经历					
	普通农民		非普通农民[a]		进城务工返乡人员	
	样本数/个	占比/%	样本数/个	占比/%	样本数/个	占比/%
生物农药	37	16.67	49	21.30	14	25.45
绿色病虫害防控技术	34	15.32	58	25.22	19	34.55
生物农药/绿色病虫害防控技术	51	22.97	81	35.22	25	45.45
有机肥	52	23.42	78	33.91	15	27.27
秸秆还田	135	60.81	183	79.57	48	87.27
总计	222	49.12	230	50.88	55	12.17[b]

注：a，非普通农民指进城务工返乡人员、企业事业单位人员、村干部、农机手等；b，是进城务工返乡人员占总样本的比重，而非普通农民样本的比重。

3. 从业经历。相对于普通农民经营的农场，非普通农民和进城务工返乡人员经营的农场应用绿色生产技术的比重较高（表4）。在全部分析样本中，接近一半的家庭农场经营者是由普通农民转变来的，这些农场应用生物农药、绿色病虫害防控技术、有机肥和秸秆还田的比重分别是16.67%、15.32%、23.42%和60.81%，相比非普通农民经营的农场应用4项技术的比重低5个百分点、19个百分点、10个百分点和19个百分点，相比进城务工返乡人员经营的农场应用4项技术的比重低9个百分点、19个百分点、4个百分点和26个百分点。其中，秸秆还田技术占比变化幅度最大，其次是病虫害绿色防控技术。这或许说明，以前主要从业身份是非普通农民或进城务工返乡人员的家庭农场经营者具有更强的生态保护意识，并且具备一定的经济实力，愿意把资金投入到农业生产中，真正把农业当成一份"职业"来做。

（二）农场主年龄与绿色生产技术应用

年轻家庭农场经营者所经营的农场更倾向于应用绿色病虫害防控技术和施用有机肥[①]（表5）；农场应用生物农药的占比与家庭农场经营者年龄呈现倒U形关系。例如，年龄在35周岁以下的家庭农场经营者使用生物农药的概率是17.50%，分别比年龄在35～45周岁和45～55周岁的家庭农场经营者使用率低4个百分点、1个百分点，比年龄在55周岁及以上的家庭农场经营者高3个百分点。绿色病虫害防控技术应用方面，年龄在35周岁以下的家庭农场经营者，分别比年龄在35～45周岁、45～55周岁和55周岁及以上的家庭农场经营者应用概率高5个百分点、7个百分点、17个百分点。55周岁及以上家庭农场经营者进行秸秆还田的概率最高。技术的异质性导致了不同年龄段的家庭农场经营者对

---

① 参考蔡颖萍、杜志雄对年龄的分组（蔡颖萍、杜志雄：《家庭农场生产行为的生态自觉性及其影响因素分析：基于全国家庭农场监测数据的实证检验》，载于《中国农村经济》，2016年第12期）。

于技术应用的不同。生物农药和绿色病虫害防控技术同属于化学农药的替代品，但是生物农药具有与化学农药相似的操作方法，具备原有农业生产方式经验且面临较少资金约束的35～55周岁的家庭农场经营者更倾向于应用，而绿色病虫害防控技术属于物理性操作，愿意接受新鲜事物且学习能力较强的年轻家庭农场经营者则会更倾向于应用。处于55周岁及以上的家庭农场经营者，由于自身体力的限制，更倾向于应用节约劳动力的技术，这也是其农场施用有机肥的比例最低和进行秸秆还田比例最高的主要原因。

表5　按照家庭农场经营者年龄分组的样本农场中应用绿色生产技术的农场数量及其占比

绿色生产技术	年龄/周岁							
	<35		[35，45)		[45，55)		≥55	
	样本数/个	占比/%	样本数/个	占比/%	样本数/个	占比/%	样本数/个	占比/%
生物农药	7	17.50	30	21.90	40	18.96	9	14.06
绿色病虫害防控技术	11	27.50	31	22.63	43	20.38	7	10.94
生物农药/绿色病虫害防控技术	14	35.00	44	32.12	62	29.38	12	18.75
有机肥	13	32.50	39	28.47	61	28.91	17	26.56
秸秆还田	29	72.50	81	59.12	158	74.88	50	78.13
总计	40	8.85	137	30.31	211	46.68	64	14.16

（三）家庭农场经营者风险偏好与绿色生产技术应用

风险偏好型的家庭农场经营者应用绿色生产技术的比重较高（表6）。在全部分析样本中，风险偏好型的家庭农场经营者接近4成，其经营的农场应用生物农药、绿色病虫害防控技术、有机肥和秸秆还田的比重分别比风险规避者高12个百分点、16个百分点、12个百分点、4个百分点，比风险中立家庭农场经营者分别高5个百分点、12个百分点、13个百分点、5个百分点，这也贴合了Dercon和Christiaensen认为风险规避类型的农民不愿意使用新技术的研究结论[17]。

表6　按照家庭农场经营者风险偏好分组的样本农场中应用绿色生产技术的农场数量及其占比

绿色生产技术	风险偏好					
	风险规避		风险中立		风险偏好	
	样本数/个	占比/%	样本数/个	占比/%	样本数/个	占比/%
生物农药	22	13.41	37	20.44	27	25.23
绿色病虫害防控技术	24	14.63	35	19.34	33	30.84
生物农药/绿色病虫害防控技术	34	20.73	52	28.73	46	42.99
有机肥	43	26.22	46	25.41	41	38.32
秸秆还田	115	70.12	124	68.51	79	73.83
总计	164	36.28	181	40.04	107	23.67

（四）家庭农场经营者性别、是否习惯运用移动网络与绿色生产技术应用

第一，女性家庭农场经营者更倾向于应用生物农药、绿色病虫害技术和秸秆还田、男性家庭农场经营者更倾向于使用有机肥（表7）。在全部分析样本中，家庭农场经营者主要以男性为主，女性家庭农场经营者占比不足1成，但女性家庭农场经营者应用生物农药、绿色病虫害防控技术和秸秆还田的概率相比于男性家庭农场经营者高7个百分点、15个百分点、20个百分点。这说明女性家庭农场经营者具有更强的环境保护意识。第二，家庭农场经营者习惯运用移动网络会加大农场应用绿色生产技术的概率。在452个样本中，93.37%的家庭农场经营者习惯运用移动网络，相比于不习惯运用移动网络的家庭农场经营者应用生物农药和绿色病虫害防控技术的概率高1/7左右，施用有机肥的概率高1/5左右。移动网络拓宽了家庭农场经营者获取信息的渠道，对农场应用绿色生产技术进行农业生产有促进作用。

表7　按照家庭农场经营者性别和是否习惯运用移动网络分组的
样本农场中应用绿色生产技术的农场数量及其占比

| 绿色生产技术 | 性别 | | | | 是否习惯运用移动网络 | | | |
| | 男性 | | 女性 | | 是 | | 否 | |
	样本数/个	占比/%	样本数/个	占比/%	样本数/个	占比/%	样本数/个	占比/%
生物农药	77	18.47	9	25.71	84	19.91	2	6.67
绿色病虫害防控技术	80	19.18	12	34.29	90	21.33	2	6.67
生物农药/绿色病虫害防控技术	117	28.06	15	42.86	129	30.57	3	10.00
有机肥	301	72.18	21	60.00	126	29.86	4	13.33
秸秆还田	287	68.82	31	88.57	294	69.67	24	80.00
总计	417	92.26	35	7.74	422	93.37	30	6.63

四、结论与政策建议

（一）结论

本文利用2017年黑龙江、江苏、四川三省家庭农场调研数据统计描述了家庭农场经营者相关特征（人力资本、年龄、风险偏好、性别、是否习惯运用移动网络）与农场应用绿色生产技术之间的相关性，并进行了解释分析。结果表明，随着家庭农场经营者相关特征的变化，农场应用绿色生产技术的占比也相应有所变化。具体如下：第一，家庭农场经营者的人力资本与其农场应用绿色生产技术的占比具有明显关系。家庭农场经营者的受教育年限越长，农场应用绿色生产技术的概率越高，其中，绿色病虫害防控技术的增幅尤为

明显。接受过培训的家庭农场经营者应用绿色生产技术的概率高于未接受过培训的家庭农场经营者；但并非家庭农场经营者参与培训的次数越多，农场应用生物农药和绿色病虫害防控技术的占比就越高。普通农民转变为家庭农场经营者对应用绿色生产技术的重视程度不高。第二，年轻家庭农场经营者倾向于应用绿色病虫害防控技术和施用有机肥；农场应用生物农药的概率与年龄呈现倒 U 形关系；55 周岁及以上的家庭农场经营者进行秸秆还田的比例最高。第三，在风险偏好方面，属于风险偏好型的家庭农场经营者应用绿色生产技术的概率较高。第四，习惯运用移动网络和女性家庭农场经营者应用绿色生产技术的概率较高。

（二）政策建议

1. 提升家庭农场经营者的人力资本水平。家庭农场经营者的人力资本水平对于农场应用绿色生产技术具有重要作用。第一，应通过财政补贴等政策吸引大学生、进城务工人员等返乡创业，支持其成为家庭农场经营者，并鼓励其带动普通农民在相关领域的生产经营，从而提升家庭农场经营者素质和市场适应能力。第二，加强对现有家庭农场经营者的培训，培训内容着重向绿色生产技术倾斜，特别是对于生物农药、绿色病虫害防控技术等非传统的农业技术培训，切实加深家庭农场经营者对绿色生产技术的认知。但培训次数不必过多，重要的是建立家庭农场经营者与农技推广部门之间的沟通反馈机制，确保家庭农场经营者在实际生产过程中遇到相关问题时能够得到及时指导。

2. 创新绿色生产技术的推广策略。家庭农场经营者禀赋特征的不同和技术异质性的存在决定了绿色生产技术推广的不同策略选择。第一，重点向愿意尝试新技术的风险偏好型、相对年轻的家庭农场经营者推介，尤其是绿色病虫害防控技术，使新技术的推广主体更具有针对性，从而扩大新技术应用的概率，通过技术的扩散效应和应用新技术后的良好示范效应，进而促进周边农户效仿。第二，拓宽家庭农场经营者接收绿色生产技术信息的渠道。当地农技部门可以通过推送公众号等方式推介相关的绿色生产理念、生物农药或有机肥的购买渠道、绿色病虫害防控技术的使用规范等内容，对于对不习惯运用移动网络、偏好应用节省劳动力的秸秆还田技术的家庭农场经营者，重点应在于实地推广和指导。

3. 改善绿色生产技术应用的约束条件。第一，相关农业补贴政策可以向应用绿色生产技术的农场倾斜，从而鼓励农场应用对环境产生正外部性的绿色生产技术，也弥补农场由于应用绿色生产技术造成生产成本过高等可能带来的短期收益下降的问题，通过农业贷款贴息、抵押担保等政策措施解决家庭农场在实际应用绿色生产技术过程中面临的金融资金约束。第二，完善秸秆还田技术或积极探索秸秆的其他农业或商业用途，确保秸秆能够得到有效处理。虽然近些年国家一直鼓励农户进行秸秆还田，但机械化秸秆还田的劣势也渐渐显露，即在实践过程中，由于秸秆还田量较大、秸秆粉碎不均匀等容易导致田地病虫害滋生、农作物根系无法深植到土壤等问题。因此，应优化秸秆还田技术或开发秸秆的其他用途。

参考文献：

［1］于法稳. 新时代农业绿色发展动因、核心及对策研究［J］. 中国农村经济，2018（5）：19 - 34.

［2］蔡颖萍，杜志雄. 家庭农场生产行为的生态自觉性及其影响因素分析：基于全国家庭农场监测数据的实证检验［J］. 中国农村经济，2016（12）：33 - 45.

［3］何秀荣. 技术、制度与绿色农业［J］. 河北学刊，2018，38（4）：120 - 125.

［4］杨志海. 老龄化、社会网络与农户绿色生产技术应用行为：来自长江流域六省农户数据的验证［J］. 中国农村观察，2018（4）：44 - 58.

［5］杜志雄. 家庭农场处于农业产业振兴核心地位［J］. 农村经营管理，2018（5）：22 - 23.

［6］杜志雄，金书秦. 中国农业政策新目标的形成与实现［J］. 东岳论丛，2016（2）：24 - 29.

［7］郑旭媛，王芳，应瑞瑶. 农户禀赋约束、技术属性与农业技术选择偏向：基于不完全要素市场条件下的农户技术应用分析框架［J］. 中国农村经济，2018（3）：105 - 122.

［8］朱萌，齐振宏，邬兰娅，等. 新型农业经营主体农业技术需求影响因素的实证分析：以江苏省南部 395 户种稻大户为例［J］. 中国农村观察，2015（1）：30 - 38.

［9］李卫，薛彩霞，姚顺波，等. 农户保护性耕作技术应用行为及其影响因素：基于黄土高原 476 户农户的分析［J］. 中国农村经济，2017（1）：44 - 57.

［10］高瑛，王娜，李向菲，等. 农户生态友好型农田土壤管理技术应用决策分析：以山东省为例［J］. 农业经济问题，2017，38（1）：38 - 47.

［11］MUKASA A N. Technology adoption and risk exposure among smallholder farmers: panel data evidence from Tanzania and Uganda［J］. World Development，2018（105）：299 - 309.

［12］张瑞娟，高鸣. 新技术应用行为与技术效率差异：基于小农户与种粮大户的比较［J］. 中国农村经济，2018（5）：84 - 97.

［13］ROMER P M. Endogenous technological change［J］. Journal of Political Economy，1990，98（5）：71 - 102.

［14］HUANG J，XIANG C，JIA X，et al. Impacts of training on farmers' nitrogen use in maize production in Shandong, China［J］. Journal of Soil and Water Conservation，2012，67（4）：321 - 327.

［15］应瑞瑶，朱勇. 农业技术培训方式对农户农业化学投入品使用行为的影响：源自实验经济学的证据［J］. 中国农村观察，2015（1）：50 - 58，83，95.

［16］宁光杰，尹迪. 自选择、培训与农村居民工资性收入提高［J］. 中国农村经济，2012（10）：49 - 57.

［17］DERCON S，CHRISTIAENSEN L. Consumption risk，technology adoption and poverty traps: evidence from Ethiopia［J］. Journal of Development Economics，2011，96（2）：159 - 173.

加入合作社促进了家庭农场选择环境友好型生产方式吗?[①]

——以化肥、农药减量施用为例

在资源环境约束趋紧的背景下,家庭农场能否以及如何促进农业可持续发展成为亟待回答的重大现实问题。我们以化肥和农药减量施用行为为例,利用全国家庭农场监测数据并基于计量分析模型构建"反事实"分析框架,估计了加入合作社对家庭农场化肥和农药减量施用概率的平均处理效应。经过我们的研究发现,第一,减量施用化肥和农药的家庭农场占比目前还比较低。第二,加入合作社对家庭农场选择环境友好型生产方式能够起到积极效果,与不加入合作社相比,加入合作社能够使家庭农场化肥和农药减量施用概率分别提高 43.3% 和 43.7%。第三,从合作社获得的服务或福利差异在一定程度上能够解释不同家庭农场加入合作社对其选择环境友好型生产方式概率的处理效应差异。

一、引言

伴随中国城乡一体化的深入推进和农村富余劳动力的非农化转移,推进多种形式的农地适度规模经营成为发展现代农业的重要举措。其中,家庭农场作为转变农业发展方式的有效载体和构建现代农业经营体系的重要组成部分,近年来得到了各级政府的积极扶持和推动,数量增长十分显著。据有关部门统计,截至 2016 年底,全国共有符合统计标准的家庭农场 120 多万个,平均经营规模 210 亩[1]。然而,整体而言,当前中国家庭农场发展壮大所需的社会化服务还十分短缺。并且,与传统兼业农户相比,家庭农场投入更多,资产专用性更强,面临的经营风险也更大。为了规避风险和追求最大化收益,家庭农场对合

---

① 本文原载于:蔡荣,汪紫钰,钱龙,等. 加入合作社促进了家庭农场选择环境友好型生产方式吗?:以化肥、农药减量施用为例 [J]. 中国农村观察,2019 (1):51-65.

作的需求明显增强，加入合作社成为家庭农场稳定销售渠道、节约交易成本、获取销售订单的重要途径之一。例如，2016 年，在东北三省和内蒙古地区实施的以"市场定价、价补分离"为原则的玉米收储制度改革，使得该区域的玉米农场开始面临市场销售问题。为了规避玉米销售风险，该区域的家庭农场选择加入合作社的概率要明显高于其他地区[2]。这是因为，合作社的服务功能有助于破解家庭农场在农技服务获取、农资采购、产品销售、仓储物流等方面的约束。"家庭农场＋合作社"模式及其扩展形态未来有望成为联结中国农业生产与现代市场，加速实现农业现代化的创新组织模式。

然而，必须要指出，家庭农场能否成为现代农业发展的理想主体还取决于其能否克服传统农业生产方式的局限，其中包括撤弃对农业生态环境和农产品质量安全产生负面效应的过量施肥和施药行为。长期以来，中国化肥和农药施用量远远超出经济学意义上的最优施用量，是危及农业可持续发展的极大隐患[3-4]。一些学者从理论上给出了判断，认为与传统兼业农户相比，家庭农场有激励将农业生产带来的生态与环境效应纳入其行为决策中，从而有利于耕地保护和农业可持续发展[5]。有学者利用全国家庭农场监测数据进行统计分析发现，家庭农场在农业生产过程中总体上开始呈现出注重生态和低碳生产方式的端倪与趋势[6]。与此相关，本文研究旨在回答的问题是，加入合作社的行为决策在实践中是否加快了家庭农场对环境友好型生产方式的选择？目前，针对这一问题为数不多的研究[6-7]并未给出明确答案，并且在模型估计时将加入合作社的行为决策直接作为外生变量来处理，忽视了模型内生性问题可能产生的估计偏误。

鉴于此，本文基于全国家庭农场监测数据，采用计量分析模型并构建"反事实"分析框架，估计加入合作社对家庭农场选择环境友好型生产方式概率的平均处理效应。此外，本文还从合作社功能视角分析不同家庭农场加入合作社对其选择环境友好型生产方式概率的处理效应差异及其形成原因。

二、理论分析

根据国内合作社发展实践和以往相关研究成果，合作社影响成员生产行为的作用机制具有多元性。一是提供生产技术培训或指导。农户过量施肥或施药的主要原因之一是农技推广机构未能向其有效地提供信息和支持，尤其是农业化学品投入水平和养分平衡等信息。如果向农户提供优质的、足够的农技指导，帮助其掌握或选择环境友好型田间管理技术，提升化肥和农药利用率，农业化学品投入过量问题在一定程度上就能得到合理控制。在实践中，合作社向成员提供种植技术培训与指导方面的服务最为普遍，此类服务主要通过合作社的技术服务队、合作社邀请的农业专家、当地的农技推广人员等共同向成员提供标准化的技术指导和培训，从而减少化肥和农药滥用。二是传递农业化学品质量信息。在农资市场上，化肥和农药的种类繁多，各种肥料在用途、有效成分含量及配比、作物吸收利用效率等方面存在差异性，不同农药对作物的作用及病虫害防治效果也是如此。农资市场的差异化使农户很难通过经验积累正确地使用农资，加上农资质量信息获取成本较高，致使一些农户出于规避风险的考虑而普遍采取过量施肥或施药行为[2]。目前，有很多合作社都具备了统一农资采购服务功能，一方面能够确保肥料和农药质量，另一方面也减少了成员获取农资质量信息的成本，从而起到促进化肥和农药规范使用的效果。三是提供优质农产品溢价激励。质量溢价激励往往与分级收购制度联系在一起，是指对同等级农产品，合作社的收购价高于市场价的水平。在生产过程中存在信息不对称以及监督成员生产比较困难的情况下，为了保证能够收购到高质量的农产品，不少合作社选择了分级收购制度来激励成员采取合意的生产行为，从而在保障成员利益的同时避免了成员不按照合作社要求进行生产的机会主义行为[3]。对于质量溢价激励与农户生产行为之间的关系，已有研究证实了前者对后者处理效应的存在，即农户生产行为受到收购合同中质量溢价条款的影响，溢价激励强度越大，这些影响就越明显[9-10]。四是提升成员生产管理水平。对成员生产管理水平的衡量往往采用技术效率指标，是指在既定的技术和产出水平下，潜在的最小要素投入量与实际投入量之间的距离。距离越大，技术效率越低；距离越小，技术效率越高。根据技术效率的高低可以判断要素配置的合理性及其利用效率水平。合作社运作规范化和服务功能强化是提高成员技术效率的基本前提。当前，不少合作社的服务功能已经从单一向多样的格局发展，这些多样化的服务有助于改善成员生产技术效率，降低成员市场风险和保障成员收益长期稳定。

基于以上阐述，本文提出研究假说：加入合作社能够促进家庭农场选择环境友好型生产方式。

三、数据来源与描述性统计

(一) 数据来源

本文所用数据来自全国家庭农场的监测数据。受农业部委托，中国社会科学院农村发展研究所自 2014 年起对全国约 3 000 个家庭农场开展长期固定的监测工作。在样本选择上，首先按照经济发展水平高低在每个省级行政区选择 2~4 个样本县，再在每个样本县随机选择 30~50 个家庭农场，然后由县级农业主管部门组织家庭农场主在线填报问卷。2016 年初，全国共有 3 073 个家庭农场进行了数据填报，内容涉及 2015 年全年生产经营的各个方面。本文选取样本中以种植业为主的家庭农场，剔除了生产规模达不到家庭农场最低经营规模要求、身份信息有误、关键变量缺失的样本。此外，为了避免异常值的影响，笔者又根据农场规模对样本进行了右侧"缩尾"处理，剔除了所有大于 99% 分位数的样本。最终，本文分析所用的家庭农场样本个数为 1 927 个，在各省级行政区的分布情况见表1。

表 1 家庭农场样本在各省级行政区的分布情况

单位：个

地区	样本数	地区	样本数	地区	样本数	地区	样本数	地区	样本数
北京	14	辽宁	93	江西	34	广东	45	贵州	57
天津	25	黑龙江	253	福建	63	广西	29	陕西	50
河北	75	上海	87	山东	62	海南	16	甘肃	33
山西	59	江苏	56	河南	81	重庆	50	青海	46
内蒙古	53	浙江	53	湖南	43	四川	47	宁夏	64
吉林	203	安徽	72	湖北	29	云南	100	新疆	35

（二）描述性统计

1. 农场主特征。 在 1 927 个样本家庭农场中，农场主年龄介于 26～66 岁，平均为 46 岁；其中，55 岁及以下的农场主占到了 88.4%，说明年轻农场主占据主导地位。样本农场主平均受教育年限为 10.5 年，绝大多数都具有初中及以上受教育程度，其中，约有 47.0% 的农场主受教育程度为高中及以上，表明农场主普遍受教育程度较高。接近 82% 的农场主接受过育种栽培、地膜覆盖、农机驾驶操作等专门的技术培训，培训内容范围较广。样本农场主从事耕地规模经营（一般为当地户均承包面积的 10～15 倍）的年限最短为 1 年，最长为 30 年，平均年限超过 6 年。

2. 家庭农场特征。 绝大多数家庭农场规模分布在 500 亩及以下的区间，处于这个区间的农场占样本总数的 79.2%，而达到 1 000 亩的农场仅占 8.9%。农场规模的扩大主要依靠耕地流转，年均土地转入租金约 504 元/亩。样本农场自有劳动力个数平均为 3.6 个，最多的有 20 个。经农业部门认定的示范农场约占样本总数的 40%，其中，县级示范农场、市级示范农场、省级示范农场分别占示范农场数的 55.9%、28.0%、16.1%。以粮食作物为主要作物的家庭农场占 62.0%。绝大多数家庭农场都有完整的日常收支记录，占样本总数的 71.0%。产品获得"三品一标"认证（无公害农产品、绿色食品、有机农产品和农产品地理标志）的家庭农场占全部样本的 15.1%。采用测土配方施肥技术、节水灌溉技术（包括滴灌、渗灌、喷灌等）和购买作物保险的家庭农场分别占样本总数的 60.0%、27.0% 和 59.0%。约有 42.9% 的家庭农场存在生产经营性借款，每个家庭农场获得的各类财政补贴接近 4 万元，平均每亩补贴约 246.7 元，包括农机具购置补贴、土地租金补贴、农场专项补贴等多种类别。未来打算继续扩大生产规模的家庭农场占全部样本农场的 57.0%。另外，以平地为主、以丘陵为主和以山地为主的家庭农场分别占样本总数的 69.3%、17.3% 和 13.4%。

3. 家庭农场加入合作社与选择环境友好型生产方式之间的关系。 根据统计，有 650 个样本家庭农场加入了合作社（占比为 34%）。这些家庭农场从合作社获得的服务或福利有：生产技术支持（23.2%）、农资成本节约（18.1%）、销售价格提高（17.5%）、经营能力提升（17.5%）、产品质量改善（15.6%）、农业机械作业（14.3%）和年末利润分红（8.4%）。在加入合作社的家庭农场中，化肥减量施用的占 37.2%，农药减量施用的占 41.7%；在未加入合作社的家庭农场中，化肥减量施用的占 22.2%，农药减量施用的占 25.1%。很显然，无论是化肥施用还是农药施用，加入合作社的家庭农场选择环境友好型生产方式的比例均相对较高。

四、计量模型设定与变量选取

（一）计量模型设定

因果效应识别是本文确定计量模型时必须考虑的问题。因为无法同时观测到同一个家庭农场在加入和未加入合作社两种状态下对环境友好型生产方式的选择情况，所以无法直接评价加入合作社对家庭农场选择环境友好型生产方式的影响。另外，本文使用的是调查数据，家庭农场是否加入合作社的状态并非随机分配，而是其在各种条件或约束下所做出的最优决策。因此，如何在考虑家庭农场选择加入合作社的概率的情况下，估计加入合作社对其选择环境友好型生产方式概率的处理效应，成为本文需要解决的关键问题。为此，本文通过构建内生转换 Probit 模型（Endogenous Switching Probit，ESP），在回归结果的基础上构造"反事实"分析框架，进而估计加入合作社对家庭农场选择环境友好型生产方式概率的处理效应。

首先，将家庭农场是否选择加入合作社作为处理变量（S_i），如果它接受处理则 S_i 值为 1，否则 S_i 值为 0。家庭农场是否接受处理可以表示为：

$$S_i^* = Z_i\alpha + \mu_i, \quad S_i = \begin{cases} 1, & S_i^* > 0 \\ 0, & S_i^* \leq 0 \end{cases} \tag{1}$$

（1）式中，S_i^* 表示家庭农场选择加入合作社行为的不可观测潜变量；Z_i 表示影响家庭农场选择加入合作社的变量；α 为待估计系数；μ_i 为随机扰动项。S_i 表示实际观测到的家庭农场是否加入合作社的决策结果，$S_i = 1$ 表示加入合作社，$S_i = 0$ 表示未加入合作社。

接着，定义不同状态下家庭农场对环境友好型生产方式采用行为的结果方程：

$$y_i = \begin{cases} y_{1i}, S_i = 1, y_{1i} = I(y_{1i}^* > 0), y_{1i}^* = X_{1i}\beta_1 + \varepsilon_{1i} \\ y_{0i}, S_i = 0, y_{0i} = I(y_{0i}^* > 0), y_{0i}^* = X_{0i}\beta_0 + \varepsilon_{0i} \end{cases} \tag{2}$$

（2）式中，y_{1i}^* 和 y_{0i}^* 分别表示加入合作社和未加入合作社时家庭农场选择环境友好型生产方式的潜变量，决定了观测到的二元环境友好型生产方式状态变量 y_{1i} 和 y_{0i}；X_{1i} 和 X_{0i} 是影响家庭农场选择环境友好型生产方式的协变量；β_1 和 β_0 是待估计系数；ε_{1i} 和 ε_{0i} 是随机扰动项，且均值为 0，假设它们都服从正态分布；ε_{1i} 和 μ_i 之间的相关系数为 ρ_1，ε_{0i} 和 ε_i 之间的相关系数为 ρ_0。

在构建选择方程（1）式和结果方程（2）式的基础上，可利用正态分布的累积分布函数 $\Phi(\cdot)$ 估计出家庭农场选择加入合作社的概率，即：$\mathrm{Prob}(S=1|Z)=\Phi(Z\alpha)$。

同样，可利用正态分布的累积分布函数 $\Phi(\cdot)$ 估计出家庭农场选择加入合作社且选择环境友好型生产方式的概率为：

$$\mathrm{Prob}(S=1,y=1|X=x)=\Phi(Z\alpha,X_1\beta_1,\rho_1) \tag{3}$$

家庭农场选择加入合作社但未选择环境友好型生产方式的概率为：

$$\mathrm{Prob}(S=1,y=0|X=x)=\Phi(Z\alpha,-X_1\beta_1,-\rho_1) \tag{4}$$

家庭农场选择不加入合作社但选择环境友好型生产方式的概率为：

$$\mathrm{Prob}(S=0,y=1|X=x)=\Phi(-Z\alpha,X_0\beta_0,-\rho_0) \tag{5}$$

家庭农场选择不加入合作社且未选择环境友好型生产方式的概率为：

$$\mathrm{Prob}(S=0,y=0|X=x)=\Phi(-Z\alpha,-X_0\beta_0,\rho_0) \tag{6}$$

针对（1）～（6）式所刻画的二元内生选择变量和二元结果变量模型，如果选择联立 Probit 模型或带有样本选择偏误纠正项的 Probit 模型进行估计，并不能得到有效的估计量。考虑到选择方程和结果方程误差项之间的相关性，本文采用 Lokshin 和 Newson[11] 构建的对数似然函数，并利用极大似然法进行估计，从而得到一致的估计量。在得到模型的参数估计结果 $\hat{\beta}_1$、$\hat{\beta}_0$ 和 $\hat{\alpha}$ 以及相关系数 $\hat{\rho}_1$ 和 $\hat{\rho}_0$ 之后，就可以计算加入合作社对家庭农场选择环境友好型生产方式概率的处理效应。其中，处理组（$S_i=1$）样本加入合作社对其选择环境友好型生产方式概率的处理效应为：

$$TT=\frac{\Phi(X_1\hat{\beta}_1,Z\hat{\alpha},\hat{\rho}_1)-\Phi(X_0\hat{\beta}_0,-Z\hat{\alpha},\hat{\rho}_0)}{\Phi(Z\hat{\alpha})} \tag{7}$$

控制组（$S_i=0$）样本加入合作社对其选择环境友好型生产方式概率的处理效应为：

$$TU=\frac{\Phi(-X_1\hat{\beta}_1,Z\hat{\alpha},-\hat{\rho}_1)-\Phi(-X_0\hat{\beta}_0,-Z\hat{\alpha},-\hat{\rho}_0)}{\Phi(-Z\hat{\alpha})} \tag{8}$$

全部样本加入合作社对其选择环境友好型生产方式概率的处理效应为：

$$TE(x)=\Phi(X_1\beta_1)-\Phi(X_0\beta_0) \tag{9}$$

（二）变量选取

参照最近的相关研究成果[6-7,12]，本文选取了影响家庭农场加入合作社的变量（Z）和影响家庭农场选择环境友好型生产方式的变量（X），变量名称及定义情况见表 2。需要说明的是，在对内生转换 Probit 模型（ESP）进行完全信息极大似然估计时，要求在选择方程中加入排他约束变量，本文使用家庭农场是否认同"合作社都是假的，没有用"的观点构造排他约束变量"假合作社"。本文认为，该变量会显著影响家庭农场是否选择加入合作社，但对家庭农场是否选择环境友好型生产方式无直接影响①。

表 2　主要变量名称及定义

变量名称	变量定义	均值	标准差
化肥减量施用	农场亩均化肥施用量是否较周边农户少：是＝1，否＝0	0.30	0.46
农药减量施用	场亩均农药施用量是否较周边农户少：是＝1，否＝0	0.27	0.44
户主特征			
年龄	截至 2015 年底的年龄；单位：岁	45.97	8.18
受教育年限	家庭农场主受教育年限；单位：年	10.51	5.82
种植年限	截至 2015 年底家庭农场主从事耕地规模种植的时间；单位：年	6.11	4.51
农场特征			
劳动力个数	农场自有劳动力个数；单位：个	3.65	2.13
农场规模	农场耕地规模；单位：亩	378.04	457.62
示范农场	是否是示范家庭农场：是＝1，否＝0	0.40	0.49
丘陵地形	农场耕地以丘陵地形为主（参照组为平地地形）：是＝1，否＝0	0.17	0.37
山地地形	农场耕地以山地地形为主（参照组为平地地形）：是＝1，否＝0	0.13	0.34
经营特征			
加入合作社	家庭农场是否加入合作社：加入＝1，未加入＝0	0.34	0.47
收支记录	是否有完整的日常收支记录：是＝1，否＝0	0.71	0.45
以粮为主	农场第一大作物品种是否为三大主粮：是＝1，否＝0	0.62	0.48
技术培训	是否接受过农业技术培训：是＝1，否＝0	0.81	0.38
测土配方	是否采用测土配方施肥技术：是＝1，否＝0	0.60	0.49
节水灌溉	是否采用节水灌溉技术：是＝1，否＝0	0.27	0.44
有无借款	2015 年家庭农场是否有生产经营性借款：是＝1，否＝0	0.43	0.49
"三品一标"	农场产品是否获得"三品一标"认证：是＝1，否＝0	0.15	0.36
扩张意愿	下一步是否有继续扩大规模的打算：是＝1，否＝0	0.57	0.49
作物保险	是否购买作物保险：是＝1，否＝0	0.59	0.49
流转租金	转入土地的年均租金；单位：元/亩	504.53	322.75
财政补贴	2015 年每亩耕地平均获得的政府补贴；单位：元	246.71	459.76
排他约束变量			
假合作社	是否认同"合作社都是假的，没有用"的观点：是＝1，否＝0	0.04	0.19

注：观测值个数为 1 927。

---

① 将化肥是否减量施用作为被解释变量、排他约束变量及其他控制变量作为解释变量，运用 Probit 模型回归后发现，排他约束变量的系数为 -0.194，对应的 P 值为 0.290。将农药是否减量施用作为被解释变量、排他约束变量及其他控制变量作为解释变量，运用 Probit 模型回归后发现，排他约束变量的系数为 -0.139，对应的 P 值为 0.425。

五、实证结果分析

（一）模型回归结果

以家庭农场是否选择环境友好型生产方式为结果变量，对（1）式和（2）式进行完全信息极大似然估计，回归结果见表3。

表3　家庭农场选择环境友好型生产方式模型的回归结果（内生转换 Probit 模型）

变量名称	选择方程（是否加入合作社）	结果方程（化肥减量施用）		结果方程（农药减量施用）	
		加入合作社	未加入合作社	加入合作社	未加入合作社
户主特征					
年龄	−0.006	0.004	0.002	−0.001	−0.001
	(0.004)	(0.006)	(0.005)	(0.005)	(0.004)
受教育年限	0.024	0.197	0.021	0.019	−0.011
	(0.046)	(0.170)	(0.052)	(0.060)	(0.050)
种植年限	0.032***	−0.026	0.005	−0.007	0.003
	(0.007)	(0.010)	(0.009)	(0.009)	(0.008)
农场特征					
劳动力个数	−0.002	0.001	−0.018	0.008	−0.010
	(0.015)	(0.022)	(0.018)	(0.020)	(0.017)
农场规模	0.001***	−0.001	0.000	−0.001	−0.000
	(0.000)	(0.000)	(0.001)	(0.000)	(0.003)
示范农场	−0.029	0.301***	0.137*	0.334***	0.101*
	(0.074)	(0.106)	(0.079)	(0.097)	(0.060)
丘陵地形	−0.285	0.269	0.110	0.077	0.163
	(0.202)	(0.178)	(0.102)	(0.070)	(0.134)
山地地形	−0.173	0.258	0.325	0.073	0.182
	(0.145)	(0.171)	(0.253)	(0.076)	(0.165)
经营特征					
收支记录	—	−0.031	−0.087	0.004	0.038
	—	(0.128)	(0.082)	(0.111)	(0.077)
以粮为主	−0.057	−0.072	−0.072	−0.167	−0.117
	(0.092)	(0.129)	(0.109)	(0.120)	(0.100)
技术培训	0.343***	−0.026	0.187	0.014	0.127
	(0.098)	(0.173)	(0.128)	(0.171)	(0.102)
测土配方	0.184***	0.388***	0.413***	0.155	0.379
	(0.071)	(0.124)	(0.082)	(0.105)	(0.376)

（续）

变量名称	选择方程（是否加入合作社）	结果方程（化肥减量施用）		结果方程（农药减量施用）	
		加入合作社	未加入合作社	加入合作社	未加入合作社
节水灌溉	0.188**	0.260**	0.078	0.084	0.046
	(0.088)	(0.123)	(0.093)	(0.108)	(0.091)
有无借款	0.187***	0.064	−0.168	0.112	−0.002
	(0.070)	(0.110)	(0.181)	(0.093)	(0.070)
"三品一标"	0.462***	−0.097	0.027	0.211***	0.285***
	(0.103)	(0.128)	(0.121)	(0.067)	(0.103)
扩张意愿	0.103	0.098	0.073	0.106	0.046
	(0.068)	(0.104)	(0.075)	(0.104)	(0.074)
作物保险	0.188	−0.063	−0.067	−0.033	−0.052
	(0.180)	(0.118)	(0.085)	(0.108)	(0.083)
流转租金	—	−0.001	−0.000	−0.000	−0.000
	—	(0.002)	(0.001)	(0.002)	(0.001)
财政补贴	—	0.000	−0.000	0.000	−0.000
	—	(0.001)	(0.000)	(0.001)	(0.003)
排他约束变量					
假合作社	−1.923***	—	—	—	—
	(0.429)	—	—	—	—
常数项	−0.590**	−0.589**	−0.712***	0.498***	0.232***
	(0.254)	(0.284)	(0.271)	(0.082)	(0.087)
地区固定效应	已控制	已控制	已控制	已控制	已控制
残差相关系数	—	$\rho_1=-0.637$	$\rho_0=-0.874$	$\rho_1=-0.794$	$\rho_0=-0.653$
瓦尔德检验值	—	44.52***		74.22***	
观测值数	1 927	1 927		1 927	

注：括号内为系数标准误，***、**、*分别代表在1%、5%、10%的统计水平上显著。表4至表6同。

从表3的回归结果中可以总结出以下几点：

第一，对加入合作社是否会促进家庭农场选择环境友好型生产方式进行评估确实面临样本选择性偏误的问题，建立模型分析时有必要纠偏。表3中的结果显示，无论是化肥施用还是农药施用，选择方程和结果方程残差项的相关系数都较高，且根据瓦尔德检验值结果，$\rho_0=\rho_0=0$的原假设（H_0）均在1%的统计水平上被拒绝，表明存在不可观测因素同时影响家庭农场是否选择加入合作社和是否对化肥和农药进行减量施用，因而有必要对家庭农场加入合作社的内生性行为所带来的估计偏误进行纠正。

第二，家庭农场的户主特征、农场特征、经营特征以及家庭农场对合作社的认知对家庭农场是否选择加入合作社具有显著影响。在选择方程的回归结果中，种植年限变量在

1％的统计水平上显著，并且系数为正，表明从事耕地规模种植年限较长的家庭农场更有可能选择加入合作社。这可能是因为，规模种植经验有助于家庭农场认识到加入合作社对于稳定销售渠道和降低市场风险的重要性。农场规模变量在1％的统计水平上显著，并且系数为正，表明家庭农场规模越大，选择加入合作社的概率也越高。这与刘文霞等[12]的研究结论相吻合。其原因可能有两点：一是经营规模大的家庭农场更希望通过合作社的销售渠道来实现产品的顺利销售，二是合作社自身也倾向于吸收规模大的家庭农场成员来节约交易成本。技术培训变量在1％的统计水平上显著，并且系数为正，表明参加过技术培训的家庭农场更倾向于选择加入合作社。经调查发现，在参加过技术培训的家庭农场中，有44.4％的家庭农场表示技术培训内容包含了农场经营管理知识，这有助于增强家庭农场的风险管理意识，从而促进其选择加入合作社。测土配方变量和节水灌溉变量分别在1％和5％的统计水平上显著，并且系数均为正，表明采用测土配方施肥技术和节水灌溉技术的家庭农场选择加入合作社的概率也较大。其原因在于，与家庭农场自身相比，合作社在与配方肥供应商、节水灌溉设备销售商交易时，具有较高的议价能力，有助于节约技术采用成本。有无借款变量在1％的统计水平上显著，并且系数为正，表明有借款的家庭农场更倾向于加入合作社。这可能是因为，有借款未还的家庭农场面临着相对较强的流动资金约束，而现实中有很多合作社会向成员赊账供应农资（化肥、农药、种子等），这在一定程度上能够促进有借款的家庭农场选择加入合作社。"三品一标"变量在1％的统计水平上显著，并且系数为正，表明产品获得"三品一标"认证的家庭农场加入合作社的概率较高。其原因有二：一是这类家庭农场为了能够更好地获取产品质量溢价，更期望借助合作社来拓展营销渠道；二是合作社出于品牌创建的需要，也更愿意吸引这类家庭农场加入。此外，假合作社变量在1％的统计水平上显著，且系数为负，表明那些认为"合作社都是假的，没有用"的家庭农场更倾向于不加入合作社。

第三，影响化肥减量施用和农药减量施用的因素具有差异性，并且化肥减量施用方程和农药减量施用方程的回归结果在处理组（$S=1$）和控制组（$S=0$）之间也存在差异。从结果方程的回归结果看，入选示范农场能够促使家庭农场减量施用化肥和农药。其原因可能在于，入选示范农场将接受所在地相关政府部门的动态监测，监测内容一般包括化肥和农药减量施用等环境友好型生产方式的执行情况，如果考核不合格将直接被取消示范家庭农场的称号以及相应的后续扶持，从而对家庭农场化肥和农药施用行为起到了规范和约束作用。采用测土配方施肥技术能够促使家庭农场减量施用化肥。长期以来，中国农业生产中盲目施肥、过量施肥的现象十分严重，化肥利用效率远低于发达国家的平均水平。实践表明，采用测土配方施肥技术的农户施肥相对更合理，而没有采用该技术的农户施肥存在一定的盲目性[13]。产品获得"三品一标"认证的家庭农场更倾向于选择农药减量施用。这可能是因为，"三品一标"认证能够向消费者有效传递农场产品的质量信息，摆脱信息不对称条件下"劣币驱逐良币"的困境，从而形成优质产品的质量溢价。同时，产品获得"三品一标"认证的农场需要接受农业相关部门的质量抽检，对发生重大农产品质量安全事故、产地被污染、产品质量达不到认证标准、质量抽检出现农药残留超标等情况的农场，将被撤销认证证书。因此，获得"三品一标"认证有助于家庭农场形成自我规范农药投入的约束机制，施用不合格农药或过量施用农药的动机得到了弱化。此外，对于加入合作社的家庭农场，采用节水灌溉技术能够促使其减量施用化肥，但对于未加入合作社的家庭农场，采用节水灌溉技术的影响不显著。可能的原因是，加入合作社的家庭农场更加注重生产经营管理效率，在采用滴灌、渗灌等节水灌溉技术时，倾向于将水肥溶液直接输送至作物根系部位，促使养分被充分吸收，提高了肥料利用率，从而减少肥料施用量。

（二）处理效应估计

得到选择方程和结果方程的回归系数之后，根据（7）～（9）式分别计算出处理组、控制组和全部样本的个体处理效应（TT、TU、TE），分别加总后再除以各自的样本个数就可以求出处理组、控制组和全部样本的平均处理效应（ATT、ATU、ATE），结果报告在表 4 中。对于化肥减量施用的概率，处理组（$S=1$）的平均处理效应（ATT）为0.383，表明对于已经加入合作社的家庭农场，如果不加入合作社，化肥减量施用的概率将会降低 38.3%；控制组（$S=0$）的平均处理效应（ATU）为 0.460，表明对于尚未加入合作社的家庭农场，如果加入合作社，化肥减量施用的概率将提高 46.0%；总本平均处理效应（ATE）为 0.433，表明如果家庭农场都加入合作社，那么化肥减量施用的概率将提高 43.3%。对于农药减量施用的概率，处理组（$S=1$）的平均处理效应（ATT）为0.420，表明对于已经加入合作社的家庭农场，如果不加入合作社，农药减量施用的概率将会降低 42.0%；控制组（$S=0$）的平均处理效应（ATU）为 0.448，表明对于尚未加入合作社的家庭农场，如果加入合作社，农药减量施用的概率将提高 44.8%；总体平均处理效应（ATE）为 0.437，表明如果家庭农场都加入合作社，那么农药减量施用的概率将提高 43.7%。由此可见，加入合作社有助于家庭农场选择环境友好型生产方式。表 4 最后一列报告了运用 Probit 模型回归得到的关键变量（加入合作社）的边际效应[①]，如果不控制模型内生性估计偏误，加入合作社对家庭农场化肥减量施用概率的平均处理效应将被低估 36.1 个百分点（43.3%～7.2%），对农药减量施用概率的平均处理效应将被低估34.2 个百分点（43.7%～9.5%）。因此，采用恰当的计量模型控制内生性偏误对准确估算处理效应非常重要。

---

① 解释变量包括是否加入合作社变量和其他控制变量。为节省篇幅，模型回归结果没有列出。

表 4　加入合作社对家庭农场化肥和农药减量施用概率的处理效应

概率	内生转换 Probit 模型			Probit 模型
	ATT（$N=650$）	ATU（$N=1\,277$）	ATE（$N=1\,927$）	边际效应（$N=1\,927$）
化肥减量施用概率	0.383***	0.460***	0.433***	0.072***
	(0.192)	(0.123)	(0.119)	(0.022)
农药减量施用概率	0.420***	0.448***	0.437***	0.095***
	(0.181)	(0.111)	(0.108)	(0.022)

（三）稳健性检验

为了检验上述结果的稳健性，笔者进一步对家庭农场是否加入合作社方程、化肥是否减量施用方程和农药是否减量施用方程进行递归三元 Probit 回归①，也就是说，家庭农场是否加入合作社将作为解释变量出现在另外两个方程中，而化肥是否减量施用和农药是否减量施用这两个变量不出现在家庭农场是否加入合作社方程中。上文采用的内生转换 Probit 模型暗含着化肥是否减量施用和农药是否减量施用这两个决策相互独立，而采用递归三元 Probit 模型将放松这一假设。在表 5 的回归结果中，前 3 列为递归三元 Probit 模型的回归结果。关键变量的回归结果证实了前文的研究结论，即加入合作社有助于家庭农场选择化肥减量施用和农药减量施用的环境友好型生产方式。

表 5　加入合作社对家庭农场选择环境友好型生产方式影响的稳健性检验结果

变量名称	递归三元 Probit 模型			递归 Logit 模型（第二阶段）	
	是否加入合作社	化肥减量施用	农药减量施用	化肥减量施用	农药减量施用
假合作社	−2.010***	—	—		
	(0.432)	—	—		
加入合作社	—	0.747***	0.793***	1.072***	0.794***
	—	(0.107)	(0.113)	(0.053)	(0.072)
常数项	1.286***	−0.406***	−0.961***	−2.142***	−1.650***
	(0.412)	(0.130)	(0.285)	(0.442)	(0.501)
户主特征	已控制	已控制	已控制	已控制	已控制
农场特征	已控制	已控制	已控制	已控制	已控制
经营特征	已控制	已控制	已控制	已控制	已控制
地区固定效应	已控制	已控制	已控制	已控制	已控制
残差相关系数ª	0.886***	−0.377***	−0.366***	—	—
瓦尔德检验值		824.96***		656.46***	475.79***
观测值数		1 927		1 927	1 927

注：a，ρ_{12}、ρ_{13}为是否加入合作社方程的残差分别与化肥是否减量施用方程的残差、农药是否减量施用方程的残差的相关系数，ρ_{23}为化肥是否减量施用方程的残差与农药是否减量施用方程的残差的相关系数。

① 在 Stata 软件中可使用 cmp 命令进行估计。

另外，内生转换 Probit 模型和递归三元 Probit 模型在进行参数估计时都假设（1）式和（2）式中的随机扰动项服从正态分布，下面假设化肥是否减量施用方程和农药是否减量施用方程的随机扰动项服从 Logistic 分布，并且采用递归 Logit 模型对家庭农场是否加入合作社方程和化肥是否减量施用方程进行联立估计，同样，也对家庭农场是否加入合作社方程和农药是否减量施用方程进行联立估计[14]，所得结果（第二阶段）见表5中的最后2列。可以看出，加入合作社对家庭农场选择化肥减量施用和农药减量施用的环境友好型生产方式仍存在正向显著影响。与不加入合作社的情形相比，加入合作社能够使家庭农场化肥减量施用和农药减量施用的概率分别提高 1.92 倍①和 1.21 倍②，从而进一步证实本文研究结果具有较强的稳健性。

（四）进一步分析：个体处理效应差异及其产生原因

上文分析了加入合作社对家庭农场化肥和农药减量施用概率的平均处理效应（ATT、ATU、ATE），但没有指出不同家庭农场加入合作社对化肥和农药减量施用概率的影响差异（即个体处理效应，TT）。事实上，家庭农场之间存在诸多差异，并且各自加入的合作社也不相同，从而决定了加入合作社对家庭农场化肥和农药减量施用概率的个体处理效应（TT）可能高于平均处理效应，也可能低于平均处理效应。基于前文内生转换 Probit 模型的估计结果，笔者利用（7）式计算出加入合作社对家庭农场化肥减量施用概率和农药减量施用概率的个体处理效应（TT）。经统计发现，加入合作社对家庭农场化肥减量施用概率的个体处理效应（TT）介于 0.01～0.90，对家庭农场农药减量施用概率的个体处理效应（TT）介于 0.02～0.91，因此，无论是化肥减量施用概率还是农药减量施用概率，家庭农场加入合作社的个体处理效应（TT）之间存在明显差异。

接下来，笔者从家庭农场从合作社获得的服务或福利角度来揭示个体处理效应（TT）差异产生的原因。为此，本文构建了计量分析模型，将化肥减量施用概率和农药减量施用概率的个体处理效应（TT）作为被解释变量，将家庭农场从合作社实际获得的服务或福利类别（共分7类）作为解释变量。鉴于被解释变量的取值范围在 0～1，且为连续值，本文选择分数 Probit 模型（Fractional Probit Model）和普通最小二乘法（OLS）进行回归分析，估计结果见表6。结果显示，生产技术支持、销售价格提高、经营能力提升、产品质量改善和年末利润分红均能够提高家庭农场加入合作社对化肥和农药减量施用概率的个体处理效应。相反地，农资成本节约会削弱家庭农场加入合作社对化肥和农药减量施用概率的个体处理效应，这与直觉也较为吻合。

---

① exp（1.072）$-1 \approx 1.92$。

② exp（0.794）$-1 \approx 1.21$。

表 6　家庭农场选择环境友好型生产方式个体处理效应差异的成因分析

变量名称	化肥减量施用概率的个体处理效应		农药减量施用概率的个体处理效应	
	分数 Probit 模型	OLS 回归	分数 Probit 模型	OLS 回归
生产技术支持	0.193***	0.069***	0.061***	0.159***
	(0.039)	(0.012)	(0.013)	(0.036)
农资成本节约	−0.084**	−0.030**	−0.044***	−0.112***
	(0.042)	(0.012)	(0.017)	(0.038)
销售价格提高	0.125***	0.043***	0.030**	0.083**
	(0.042)	(0.016)	(0.012)	(0.039)
经营能力提升	0.082**	0.028*	0.027*	0.076**
	(0.041)	(0.014)	(0.016)	(0.038)
产品质量改善	0.096**	0.037**	0.041***	0.104***
	(0.040)	(0.014)	(0.017)	(0.038)
农业机械作业	−0.015	−0.005	−0.001	−0.004
	(0.037)	(0.017)	(0.015)	(0.033)
年末利润分红	0.081*	0.033*	0.027*	0.073*
	(0.043)	(0.017)	(0.013)	(0.039)
常数项	0.213***	0.246***	−0.562***	−0.529**
	(0.069)	(0.094)	(0.214)	(0.266)
观测值数	1 927	1 927	1 927	1 927
卡方值	70.94***	—	61.45***	—
R^2	—	0.12	—	0.11

六、结论与政策启示

在资源环境约束趋紧的背景下，如何走产出高效、产品安全、资源节约、环境友好的农业现代化道路是新时期中国迫切需要解决的重大现实问题。作为被寄予厚望的新型农业经营主体之一，家庭农场能否以及如何促进农业可持续发展成为备受关注的问题。本文利用全国家庭农场的监测数据，以化肥和农药减量施用来表征环境友好型生产方式，基于计量分析模型构建"反事实"分析框架，估计了加入合作社对家庭农场化肥和农药减量施用概率的平均处理效应，并且分析了家庭农场从合作社获得的服务或福利类别差异对个体处理效应的影响。本文研究发现，减量施用化肥和农药的家庭农场占比仍较低，分别仅占37.2%和41.7%；农场主从事规模种植年限、是否参加过技术培训、农场规模、有无借款、产品是否获得"三品一标"认证、是否采用测土配方施肥技术及节水灌溉技术等因素对家庭农场是否加入合作社的行为决策存在显著影响；加入合作社对家庭农场选择环境友好型生产方式能够起到一定的积极效果，平均而言，与不加入合作社相比，加入合作社能够使家庭农场减量施用化肥和农药的概率分别提高43.3%和43.7%；如果不考虑模型内生性造成的估计偏误，那么将得出加入合作社只能使家庭农场减量施用化肥和农药的概率分别提高 7.2% 和 9.5% 的结论，从而造成加入合作社对家庭农场选择环境友好型生产方式的作用被严重低估。进一步的分析发现，不同家庭农场加入合作社对化肥和农药减量施用概率的个体处理效应存在明显差异，生产技术支持、销售价格提高、经营能力提升、产品质量改善和年末利润分红均能够增强家庭农场加入合作社对化肥和农药减量施用概率的个体处理效应，但农资成本节约会削弱家庭农场加入合作社对化肥和农药减量施用概率的个体处理效应。

根据上述研究结论，本文得到如下 3 点政策启示：第一，积极推广"家庭农场＋合作社"及其扩展形态的农业产业化经营模式。作为新型农业经营主体重要形式的家庭农场和合作社，两者之间并非仅有竞争关系，而是可以相辅相成，互相促进。一方面，合作社为家庭农场提供社会化服务，增强其市场竞争力；另一方面，家庭农场也能够为合作社发展提供优质成员基础。因此，应探索构建完善的扶持合作社发展的政策体系，对以家庭农场为基础的合作社给予财政、税收等方面重点扶持，引导各种类型的合作社健康发展。第二，促进合作社提升对家庭农场的社会化服务水平。鉴于目前从合作社获得服务的家庭农场占比仍非常低的客观实际，应该鼓励合作社积极与家庭农场合作，探索符合家庭农场生产特点的社会化服务形式；同时，还要加大对合作社的专项扶持，帮助合作社拓宽服务功能范围和提升服务供给能力。第三，鼓励家庭农场积极申请"三品一标"认证、参加农业技术培训和采用农业可持续发展技术。在实践中，各地应充分利用广播、电视、网络等媒介和科技下乡及各种技术培训班等形式大力开展"三品一标"宣传教育活动，提高家庭农场对"三品一标"认证申报的积极性；积极组织农技推广中心等机构开展农业新技术培训指导，帮助家庭农场解决生产经营过程中遇到的困难及问题；通过技术应用效果现场示范积极向家庭农场推广测土配方施肥技术和节水灌溉技术。这些举措均能够促进家庭农场加入合作社，从而对家庭农场选择环境友好型生产方式产生间接影响。

参考文献：

[1] 何劲，祁春节. 家庭农场产业链：延伸模式，形成机理及制度效率 [J]. 经济体制改革，2018 (2)：78 - 84.

[2] 纪月清，张惠，陆五一，等. 差异化，信息不完全与农户化肥过量施用 [J]. 农业技术经济，2016 (2)：14 - 22.

[3] 仇焕广，栾昊，李瑾，等. 风险规避对农户化肥过量施用行为的影响 [J]. 中国农村经济，2014 (3)：85 - 96.

[4] 朱淀，孔霞，顾建平. 农户过量施用农药的非理性均衡：来自中国苏南地区农户的证据 [J]. 中国农村经济，2014 (8)：17 - 29.

[5] 朱启臻. 新型职业农民与家庭农场 [J]. 中国农业大学学报（社会科学版），2013 (2)：157 - 159.

[6] 蔡颖萍，杜志雄. 家庭农场生产行为的生态自觉性及其影响因素分析：基于全国家庭农场监测数据的实证检验 [J]. 中国农村经济，2016（12）：33 - 45.

[7] 王兴国，王新志，杜志雄. 家庭农场施药行为的影响因素分析：以 371 个粮食类家庭农场为例 [J]. 东岳论丛，2018（3）：36 - 44.

[8] 王军. 中国农民专业合作社社员机会主义行为的约束机制分析 [J]. 中国农村观察，2011（5）：25 - 32，95.

[9] GOODHUE R，MOHAPATRA S，RAUSSER C. Interactions between incentive instruments：contracts and quality in processing tomatoes [J]. American Journal of Agricultural Economics，2010，92（5）：1283 - 1293.

[10] SAENGER C，QAIM M，TORERO M. Contract farming and smallholder incentives to produce high quality：experimental evidence from the vietnamese dairy sector [J]. Agricultural Economics，2013，44（3）：297 - 308.

[11] LOKSHIN M，NEWSON B. Impact of interventions on discrete outcomes：maximum likelihood estimation of the binary choice models with binary endogenous regressors [J]. Stata Journal，2011，11（3）：368 - 385.

[12] 刘文霞，杜志雄，郜亮亮. 玉米收储制度改革对家庭农场加入合作社行为影响的实证研究：基于全国家庭农场监测数据 [J]. 中国农村经济，2018（4）：13 - 27.

[13] 张成玉，肖海峰. 我国测土配方施肥技术增收节支效果研究：基于江苏、吉林两省的实证分析 [J]. 农业技术经济，2009（3）：44 - 51.

[14] MIRANDA A，RABE-HESKETH S. Maximum likelihood estimation of endogenous switching and sample selection models for binary，ordinal，and count variables [J]. Stata Journal，2006，6（3）：285 - 308.

家庭农场畜禽粪污处理方式及其影响因素分析[①]
——基于全国养殖型与种养结合型家庭农场监测数据

　　为分析从事养殖家庭农场的畜禽粪污处理方式及其影响因素，我们利用全国家庭农场3年的监测数据进行了研究。研究表明，总体上，将畜禽粪污直接排放的家庭农场比例较低，仅占8.23%，其中种养结合型农场该比例仅为5.89%。将畜禽粪污用作有机肥或饲料的家庭农场比例较高，占比超过65%，其中种养结合型农场该比例更高，占比接近74%。接着通过描述性统计分析，我们发现，家庭农场总体特征、农场主特征及农场经营特征等与农场畜禽粪污处理方式具有一定的相关性。进一步我们运用计量模型进行估计，结果显示种养结合、示范农场、农场主的受教育程度和接受过培训、农场土地面积、农场畜禽产品年销售收入等对从事养殖的家庭农场进行畜禽粪污资源化利用具有显著的正向影响。

一、引言

　　畜禽产品产量的快速增长带来畜禽粪便排放的大幅度增加，给农村生态环境带来了沉重的压力，并严重影响中国农业可持续发展[1]。近年来，我国高度重视农业绿色发展，而养殖业的绿色发展是其重要的组成部分。2017年9月，中共中央办公厅、国务院办公厅印发的《关于创新体制机制推进农业绿色发展的意见》中提出"把农业绿色发展摆在生态文明建设全局的突出位置"，并规定"到2020年，养殖废弃物综合利用率达到75%，农业废弃物全面实现资源化利用"。2018年中央一号文件指出"以绿色发展引领乡村振兴，

---

　　① 本文原载于：蔡颖萍，岳佳，杜志雄. 家庭农场畜禽粪污处理方式及其影响因素分析：基于全国养殖型与种养结合型家庭农场监测数据[J]. 生态经济，2020，36（1）：178-185.

推进有机肥替代化肥、畜禽粪污处理等"。2019 年中央一号文件进一步提出"加大农业面源污染治理力度，发展生态循环农业，推进畜禽粪污等农业废弃物资源化利用，实现畜牧养殖大县粪污资源化利用整县治理全覆盖"。

自 2013 年家庭农场首次被写入中央一号文件后，近几年发展迅速，已经成为我国新型农业经营主体的重要组成部分。习近平总书记在 2018 年 9 月强调"要突出抓好农民合作社和家庭农场两类农业经营主体发展"。在世界范围内，家庭农场是农业生产的基本单位，在 19 世纪中期就已经相当普遍，其份额在 20 世纪显著上升。根据联合国粮农组织 2014 年的分析报告，全球农业经营主体中 90％以上属于家庭经营，家庭农场在农业生产中始终具有稳定的主导地位[2]。我国家庭农场概念的提出较晚，但发展迅速，2013—2019 年每年的中央一号文件都明确提出鼓励并支持家庭农场培育和发展。截至 2017 年年底，全国经农业部门认定的家庭农场总数接近 54.86 万个，比 2016 年增长了 23％以上。其中，畜牧业家庭农场占 18.34％，渔业家庭农场占 5.45％，种养结合家庭农场占 10.75％[①]。对种植业家庭农场的相关研究认为，家庭农场比普通农户更具生态自觉性，是发展生态农业、实现农业可持续发展的"合意"主体[3]。因为家庭农场主年轻且受教育程度高，具有高度的社会责任感和现代观念，对于新事物、新理念的接受意愿和能力更强，相当一部分是具有生态自觉的"新农人"，更有利于耕地保护和农业可持续发展[4-5]。对于到 2020 年农药使用总量零增长的短期目标和中国农业可持续发展的长远目标，家庭农场应该是而且能够是完成政策目标的重点群体[6]。然而，现有文献对养殖领域家庭农场的研究较少，因此，本文选取造成养殖污染重要组成部分的畜禽粪污处理方式作为关键变量，通过全国家庭农场监测数据，分析养殖业家庭农场的绿色行为方式及其影响因素。

二、文献回顾

养殖业产生的畜禽粪便污染问题得到了学者们的高度关注。第一，部分文献研究了养殖业畜禽粪便污染的现象。畜禽养殖产生的污染物主要来源于畜禽粪便和畜禽养殖废水[7]。我国畜禽养殖在由传统散养向专业化养殖转变过程中，由于畜禽规模化养殖所带来的种植业和养殖业的分离以及规模化养殖地点向城市靠拢，使得畜禽粪便利用率下降，造成环境污染[8-9]。畜禽养殖业粪污的不合理排放是我国农业面源污染的主要来源[10]。畜禽业规模化养殖场的大量出现进一步加剧了农业面源污染，2012 年湖南省 14 810 个规模化畜禽养殖家庭农场的问卷调查研究发现城镇地区的规模化畜禽养殖对耕地生态污染程度最

---

① 数据来源：全国农村经营管理统计资料，农业部农村经济体制与经营管理司，2017 年。

为严重[11]。西部 7 省份由于受经济效益和技术普及的限制，许多养殖场并未对畜禽废物进行合理处理而直接外排，造成资源浪费和环境污染[12]。随着畜禽养殖业规模化、集约化发展，以及种养不平衡导致的环境污染问题，成为畜牧业可持续发展的瓶颈[13-14]。由于对散户的监管成本较高，我国采取了分阶段、分规模逐步控制畜禽养殖污染的策略，优先制定了适用于集约化、规模化畜禽养殖场的污染防治政策。而随着规模化养殖水平的提升，生猪和肉鸡养殖污染将逐步减少，奶牛和蛋鸡养殖污染将经历小幅上升后逐步下降，而肉牛养殖半点源污染需要引起警惕[15]。

第二，相关文献关注了畜禽粪污及其处理方式的影响因素。畜禽养殖污染强度是由养殖结构和污染处理技术水平决定的[15]，而养殖业与种植业的分离是目前畜牧业污染的主要原因之一[13]。环境污染治理政策、饲养规模、人均播种面积、收入水平等因素影响农户畜禽粪便处理方式[1]。不同种类、不同规模、不同区域养殖粪污资源化利用方式存在一定差别，并明显与地区自然条件、农业生产方式、经济发展水平相关[16]。

第三，有研究对解决畜禽粪便污染问题提出了对策。耕地是畜禽粪便主要承载、消纳场所，从国内外解决畜禽污染问题的研究及实践来看，种养结合、发展生态农业、将耕地作为其承载和消纳场所是根本之出路。而从现有的技术条件来看，畜禽粪便等废弃物的特点决定了其无法进行大范围、跨地区的移动，因此在一定区域内自我消化是一个必然选择[17]。生产有机肥是解决畜禽养殖业污染、实现畜禽粪便资源化的有效措施[18]。在有机肥市场尚不健全的情况下，还需要与养殖规模相匹配的土地消纳有机肥，因此要实现区域内农业废弃物就地资源化利用，应实现区域内种养平衡[19]。如丹麦法律规定在农场内一定的家畜养殖量对应一定的农场土地面积，如果需要扩大养殖规模，要购买更多的耕地或与其他耕地所有者签订粪肥施用合同[14]。作为政府部门应考虑采取一定的激励或者强制措施，促进畜禽粪便还田，减少畜禽粪便向环境排放[1]。

三、数据来源、样本选择及描述性分析

（一）数据来源

数据来源于全国家农场监测项目①。从 2014 年起，受农业部委托，中国社会科学院农村发展研究所对全国近 3 000 个家庭农场展开长期固定监测工作。首先，在全国各省（自治区、直辖市）按经济水平高低选择 2～4 个代表县，在每个县选择 30～50 个家庭农场。然后，由县级农业经管部门组织家庭农场主经过培训后在线填写问卷，问卷涉及家庭

---

① 本文感谢郜亮亮、张宗毅、肖卫东、王新志、危薇、刘文霞、谭洪业、夏雯雯在前期数据收集与处理中所做的大量工作。

农场生产经营的各个方面。

截至 2018 年，已完成 2014—2017 年 4 年的监测数据收集工作。2014 年、2015 年、2016 年、2017 年样本家庭农场数分别为 3 092 个、3 073 个、3 050 个和 2 986 个，在剔除了关键信息缺失过多的样本后，有效样本数分别为 2 826 个、2 903 个、2 998 个和 2 880 个，样本有效率分别达 91.4%、94.5%、98.3% 和 96.5%。其中，养殖型家庭农场有效样本数分别为 429 个、406 个、418 个和 364 个，种养结合型家庭农场有效样本数分别为 525 个、516 个、568 个和 629 个。2014—2017 年，养殖型和种养结合型家庭农场数量占监测农场总数的 33.8%、31.8%、32.9% 和 34.5%。

（二）样本选择

由于本文研究的关键内容是家庭农场畜禽粪污处理方式，2014 年的监测问卷中没有设计相关问题，在 2015 年、2016 年和 2017 年的问卷中增加了"农场畜禽粪污处理方式"的选择题，因此本文基于 3 年的数据进行分析。在农场养殖产品类别中，本文选择了牲畜（包括奶牛、肉牛、羊、猪）和家禽（鸡、鸭、鹅等），剔除了养殖水产和特种动物的样本农场。最后纳入本文分析框的样本农场数量及分布如表 1 所示，3 年的样本农场总数为 2 054 个，2015 年 653 个，2016 年 724 个，2017 年 677 个，各年占比都在 30% 以上，分布较为均匀，其中 3 年面板数据总计 1 340 个[①]。

表 1　样本家庭农场 3 年监测数据结构分布

数据结构	年份		
	2015	2016	2017
2015 年和 2016 年两期面板数量/个	130	143	0
2015 年和 2017 年两期面板数量/个	4	0	9
2016 年和 2017 年两期面板数量/个	0	105	117
2015—2017 年三期面板数量/个	443	454	443
2015 年独有样本数量/个	76	0	0
2016 年独有样本数量/个	0	22	0
2017 年独有样本数量/个	0	0	108
样本家庭农场数量总计/个	653	724	677
各年样本量占比/%	31.79	35.25	32.96

表 2 显示，2 054 个样本农场中，养殖型农场总数为 866 个，从表 2 中可以看出，养

---

① 3 年面板数据中，2016 年样本数的增加可能是由于家庭农场调整结构导致的，如 2015 年是以种植为主的农场在 2016 年调整为养殖为主。

殖型样本农场数在 2017 年有一定程度的减少。种养结合型农场总数为 1 188 个，从数量上看，2016 年和 2017 年种养结合型农场数量都比 2015 年有所增加。总体上，种养结合型农场占比较高，都在 50% 以上，特别是 2017 年，种养结合型农场占比超过 60%，而养殖型农场占比下降到 40% 以下。

表 2　养殖型和种养结合型家庭农场各年样本数及占比

农场类型	样本量/个	占比/%	2015 年		2016 年		2017 年	
			数量/个	占比/%	数量/个	占比/%	数量/个	占比/%
养殖型	866	42.16	296	45.33	308	42.54	262	33.70
种养结合型	1 188	57.84	357	54.67	416	57.46	415	61.30

（三）描述性分析

本文将问卷中"畜禽粪污处理方式"的选项归结为 3 类，即直接排放、用作有机肥或饲料、用作沼气。全国家庭农场监测数据显示，样本农场对畜禽粪污的处理方式为直接排放的占 8.23%，用作有机肥或饲料的占 65.68%，用作沼气的占 26.10%。总体上看，畜禽粪污直接排放的比例较低，较高比例的样本农场选择将畜禽粪污资源化利用，用作有机肥或饲料的比例较高，还有部分用作沼气。3 年数据的进一步分析发现，2017 年将畜禽粪污直接排放的样本农场占比有了明显的下降，比 2016 年下降了 2.33 个百分点。而将畜禽粪污用作有机肥或饲料的样本农场占比逐年在提升，2017 年比 2015 年提升了 9.36 个百分点（表 3），这在一定程度上说明家庭农场在养殖领域也初显其生产方式的生态自觉性[①]。前期研究认为，规模化畜禽养殖粪便处理以储存农业利用和生产有机肥为主，粪便生产沼气的方式较少，全国占比在 1% 左右[16]，对比来看，家庭农场将畜禽粪污用作沼气的比例较高。

表 3　样本家庭农场畜禽粪污处理方式占比

畜禽粪污处理方式	样本数量/个	占比/%	分年份占比/%		
			2015 年	2016 年	2017 年
直接排放	169	8.23	8.73	9.12	6.79
用作有机肥或饲料	1 349	65.68	61.10	65.33	70.46
用作沼气	536	26.10	30.17	25.55	22.75

---

①　农业部办公厅在《重点流域农业面源污染综合治理示范工程建设规划（2016—2020 年)》中提到，2015 年中国畜禽粪污综合利用率仅为 60%。2017 年 6 月国务院发布的《国务院办公厅关于加快推进畜禽养殖废弃物资源化利用的意见》进一步明确"到 2020 年全国畜禽粪污综合利用率达到 75% 以上"。

1. 家庭农场类型。分不同类型的农场来看，监测数据分析结果显示纯养殖型农场和种养结合型农场在选择畜禽粪污处理方式上有一定的差异，且呈现出不同的变动趋势。纯养殖型农场将畜禽粪污直接排放的占 11.43%，用作有机肥或饲料的占 54.39%，用作沼气的占 34.18%。从表 4 可以看出，2015—2017 年，纯养殖型农场将畜禽粪污直接排放的样本农场比例逐年上升，从 2015 年的 10.14% 上升到 2017 年的 12.21%。这与前期文献研究结论相似，如仇焕广等[1]研究认为，还田依然是目前中国农户处理畜禽粪便的主要方式，但是还田比例在 2005—2010 年呈下降趋势，畜禽粪便的废弃比例却明显上升。随着未来中国畜禽饲养业的进一步发展，特别是种植业与饲养业的进一步分离，畜禽粪便的还田比例将呈下降趋势。

表 4 纯养殖型与种养结合型家庭农场畜禽粪污处理方式比较

单位：%

畜禽粪便处理方式	纯养殖型处理方式占比				种养结合型处理方式占比			
	样本总体	2015 年	2016 年	2017 年	样本总体	2015 年	2016 年	2017 年
直接排放	11.43	10.14	12.01	12.21	5.89	7.56	6.97	3.37
用作有机肥或饲料	54.39	52.70	54.22	56.49	73.91	68.07	73.56	79.28
用作沼气	34.18	37.16	33.77	31.30	20.20	24.37	19.47	17.35

表 4 显示了种养结合型农场畜禽粪污处理方式情况。种养结合型农场将畜禽粪污直接排放的比例远远低于纯养殖型农场，仅为 5.89%，低于纯养殖型农场 5.54 个百分点。同时，种养结合型农场将畜禽粪污用作有机肥或饲料的比例也较高，达到 73.91%，高于纯养殖型农场 19.52 个百分点。2015—2017 年，种养结合型农场将畜禽粪污直接排放的比例逐年下降，到 2017 年已下降至 3.37%。将畜禽粪污用作有机肥或饲料的比例逐年上升，到 2017 年已上升至近 80%。这说明从数据分析结果上验证了前期文献提出的治理畜禽污染对策的可行性：畜禽污染治理的根本途径是粪便资源化利用，实践中，处理畜禽粪便最佳方案是通过制取沼气、还田利用等进行综合利用。但前提是"种养平衡"，确保养殖规模与能消纳粪便资源的土地规模匹配，实现物质与能量的循环，已成为当前中国解决畜禽养殖污染的理想出路[14,16,20]。

2. 家庭农场养殖产品类别。由于一个家庭农场可能会养殖多种畜禽或水产品，这里的分析只考虑农场最主要的养殖产品，分为牲畜和家禽两方面。总体上，养殖牲畜农场将畜禽粪污直接排放的比例要高于养殖家禽农场 3.09 个百分点，将畜禽粪污用作有机肥或饲料的比例要低于养殖家禽农场 13.94 个百分点，将畜禽粪污用作沼气的比例要高于养殖家禽农场 10.85 个百分点。同时，从表 5 的数据分析结果可以看出，随着年份的变化，无论是养殖牲畜农场还是养殖家禽农场，将畜禽粪污直接排放的比例都有一定程度的下降[①]，将畜禽粪污用作有机肥或饲料的比例都有一定程度的上升，这也可能与国家近几年非常重视畜禽养殖废弃物的资源化利用有关。如 2017 年 5 月，国务院办公厅印发《关于加快推进畜禽养殖废弃物资源化利用的意见》中明确提出：根据不同区域、不同畜种、不同规模，以肥料化利用为基础，采取经济高效适用的处理模式，宜肥则肥，宜气则气，宜电则电，实现粪污就地就近利用。表 5 中 2017 年的监测数据是在 2018 年 4 月份进行统计的截至 2017 年年底的数据，2017 年文件出台后，可能进一步刺激了家庭农场畜禽养殖粪污的资源化利用。

表 5　养殖牲畜和养殖家禽农场粪污处理方式占比

单位：%

畜禽粪污处理方式	养殖牲畜农场				养殖家禽农场			
	总体	2015 年	2016 年	2017 年	总体	2015 年	2016 年	2017 年
直接排放	8.97	9.62	9.17	8.06	5.88	5.26	8.94	3.31
用作有机肥或饲料	62.33	59.62	61.28	66.33	76.27	66.92	77.65	81.77
用作沼气	28.70	30.77	29.54	25.60	17.85	27.82	13.41	14.92

3. 家庭农场总体特征。除了养殖产品类别的差异之外，还有哪些因素可能会与家庭农场的畜禽粪污处理方式具有一定的相关性也有待探讨，表 6 从家庭农场总体特征方面对此做了描述性统计分析。分析结果显示，第一，经过工商注册的样本农场，将畜禽粪污直接排放的比例要低于没有经过工商注册的样本农场，但差异并不明显。这可能是由于经过工商注册的农场占比较高（超过 72%）的原因。第二，在全部样本农场中，有近一半的农场（49.51%）被评为示范农场，包括省级、市级和县级示范农场，示范农场将畜禽粪污直接排放的比例仅为 5.6%，远低于非示范农场。而且示范农场将畜禽粪污用作有机肥或饲料的比例也较高。第三，具有完整日常收支记录的农场将畜禽粪污直接排放的比例也低于没有完整日常收支记录的农场。这在一定程度上说明家庭农场的经营管理总体情况影响着其生产行为，具有较完善的管理制度（如经过工商注册、有日常收支记录等）和较好的经营效果（如被评为示范农场）的家庭农场更倾向于采用绿色生产行为。第四，分地区来看，东部地区农场将畜禽粪污直接排放的比例高于中部和西部地区，中部地区农场将畜禽粪污用作有机肥或饲料的比例较高，西部地区农场将畜禽粪污用作沼气的比例较高。这在一定程度上说明，经济较发达的东部地区人多地少，需要更加重视畜禽养殖废弃物带来的污染问题。

---

①　养殖家禽农场 2016 年将畜禽粪污直接排放的比例有较明显的增加，可能是因为禽流感的原因，某些省份直接排放的比例上升拉高了平均值，如广东省家禽养殖农场直接排放畜禽粪污的比例从 2015 年的 7.69% 上升到 2016 年的 30.77%。

表 6　家庭农场总体特征与畜禽粪污处理方式

单位：%

农场特征	选项	占比	畜禽粪污处理方式占比		
			直接排放	用作有机肥或饲料	用作沼气
是否经工商注册	是	72.35	8.08	62.45	29.48
	否	27.65	8.63	74.12	17.25
是否是示范农场	是	49.51	5.6	67.85	26.55
	否	50.49	10.8	63.55	25.65
是否有比较完整的日常收支记录	有	75.85	7.19	65.73	27.09
	无	24.15	11.49	65.52	22.98
农场所在的省份	东部	23.80	12.35	68.82	18.83
	中部	20.35	5.05	74.54	20.41
	西部	55.85	6.77	62.66	30.57

4. 家庭农场主特征。家庭农场主是农场生产经营的主要决策者和参与者，其相关特征也会在很大程度上影响着家庭农场的生产行为。从表 7 的统计分析中可以看出，第一，农场主是男性的样本农场将畜禽粪污直接排放的比例要高于农场主是女性的样本农场，但男性农场主会更高比例的选择将畜禽粪污用作有机肥或饲料。第二，农场主年龄越小的样本农场将畜禽粪污直接排放的比例较低，特别是年龄在 35 岁及以下的农场主。第三，农场主受过高中及以上教育的样本农场将畜禽粪污直接排放的比例要低于农场主受过初中及以下教育的样本农场。第四，农场主受过培训的样本农场将畜禽粪污直接排放的比例远低于农场主未受过培训的样本农场，而且受过培训的农场主将畜禽粪污用作有机肥或饲料和用作沼气的比例都较高。第五，农场主是非本村户籍的样本农场将畜禽粪污直接排放的比例较低，这与前期研究结果一致：非本村户籍农场主反而比本村户籍农场主更加注重选择绿色生产行为，这可能与能到外地发展家庭农场的农场主综合素质较高和实力相对较强有关[3]。第六，农场主规模经营年数在 5～10 年的样本农场将畜禽粪污直接排放的比例较低，用作有机肥或饲料的比例较高。

表 7　家庭农场主体特征与畜禽粪污处理方式

单位：%

农场主特征	选项	占比	畜禽粪污处理方式占比		
			直接排放	用作有机肥或饲料	用作沼气
性别	男	85.88	8.67	66.44	24.89
	女	14.12	5.52	61.03	33.45
年龄/岁	35 及以下	13.74	6.03	65.60	28.37
	(35, 45]	38.24	8.54	65.35	26.11
	(45, 60]	44.08	8.40	66.19	25.41
	60 以上	3.95	11.11	62.96	25.93

（续）

农场主特征	选项	占比	畜禽粪污处理方式占比		
			直接排放	用作有机肥或饲料	用作沼气
受教育程度	初中及以下	49.81	9.58	67.55	22.87
	高中及以上	50.19	6.89	63.82	29.29
是否接受过培训	是	85.00	6.36	66.49	27.15
	否	15.00	18.83	61.04	20.13
是否具有本村户籍	是	82.77	8.82	65.65	25.53
	否	17.23	5.37	65.82	28.81
规模经营年数/年	5 及以下	54.10	8.66	63.21	28.13
	(5, 10]	30.63	7.01	71.34	21.66
	10 以上	15.27	9.27	62.94	27.80

5. 家庭农场经营特征。家庭农场的经营特征也可能会对农场的生产行为产生影响。表 8 的分析结果显示，第一，在农场工作的家庭成员数[①]即家庭农场自有劳动力数量越多的样本农场将畜禽粪污直接排放的比例越低，家庭自有劳动力在 4 人以上的农场将畜禽粪污直接排放的比例仅为 3.75%。这可能是因为，家庭劳动力越多，越有利于畜禽粪便还田。前期也有研究指出，随着农村劳动力成本的提高，畜禽粪便还田的比例会出现下降趋势[8]。第二，经营土地面积在 100～200 亩的样本农场将畜禽粪污直接排放的比例最低、用作有机肥或饲料的比例较高。将畜禽粪污直接排放的比例从低到高依次是土地面积在 100～200 亩、50～100 亩、200～500 亩的样本农场，而 50 亩及以下和 500 亩以上的样本农场将畜禽粪污直接排放的比例都较高。这说明，经营土地规模适度的家庭农场更倾向于选择将畜禽粪污资源化利用。第三，从牲畜当年年底存栏量[②]来看，存栏量在 100～500 头的样本农场将粪污直接排放的比例最低，其次是存栏量 50～100 头的农场，存栏量超过 500 头的农场将粪污直接排放的比例就变得比较高，当存栏量超过 1 000 头时，该比例超过了 18%。当存栏量在 50 头及以下时，样本农场将粪污用作有机肥或饲料的比例较高，接近 78%，而当存栏量超过 500 头时，该比例就变得较低。数据结果说明，存栏量在适度规模内的牲畜养殖农场将粪污直接排放的比例较低。第四，从家禽当年年底存栏量来看，存栏量 3 000～5 000 只的样本农场没有将粪污直接排放的，其次是存栏量 5 000～10 000 只的样本农场。存栏量在 1 500 只以下的样本农场将粪污直接排放的比例就较高，

---

①　家庭自有劳动力数量仅在 2017 年的问卷中有涉及，因此这里只用了 2017 年单年的数据进行分析。

②　牲畜及家禽存栏量划分标准参考 2015 年《内蒙古自治区家庭农牧场认定工作意见》中对于家庭农场的经营规模标准的规定：农区从事畜牧养殖为主的，养殖规模达到年出栏生猪 500 头以上，或肉羊 100 只以上，或肉牛 50 头以上；从事家禽养殖为主的，肉鸡或肉鸭年出栏 5 000 羽以上，或肉鹅出栏 1 500 只以上，或蛋鸡年存栏 2 000 羽以上，或家禽混养年出栏 3 000 羽以上。

存栏量在 10 000 只以上的样本农场将粪污用作有机肥或饲料的比例较高，超过了 82%。同样，存栏量在适度规模内的家禽养殖农场将粪污直接排放的比例较低。第五，从农场畜禽产品当年销售总收入来看，年销售收入越高的样本农场将畜禽粪污直接排放的比例越低，将畜禽粪污用作有机肥或饲料的比例也越低，而将畜禽粪污用作沼气的比例越高。这可能是由于，农场收入越高，就越有经济实力将畜禽粪污资源化利用，特别是购买设备或建设沼气设施等。

表 8　家庭农场经营特征与畜禽粪污处理方式

家庭农场经营特征	选项	占比/%	畜禽粪污处理方式占比/%		
			直接排放	用作有机肥或饲料	用作沼气
在农场工作的家庭成员数（2017年）/人	2 及以下	44.89	9.57	71.29	19.14
	(2，4]	43.26	4.79	69.52	25.68
	4 以上	11.85	3.75	71.25	25.00
农场经营土地面积/亩	50 及以下	38.78	8.38	54.19	37.43
	(50，100]	12.18	5.42	68.33	26.25
	(100，200]	18.38	4.14	77.07	18.78
	(200，500]	18.98	6.42	70.05	23.53
	500 以上	11.68	9.13	80.00	10.87
年底存栏量（牲畜）/头	50 及以下	13.29	8.70	77.29	14.01
	(50，100]	12.33	8.33	60.94	30.73
	(100，500]	51.06	6.29	61.89	31.82
	(500，1 000]	10.79	11.90	55.36	32.74
	1 000 以上	12.52	18.46	55.38	26.15
年底存栏量（家禽）/只	1 500 及以下	33.26	8.02	74.69	17.28
	(1 500，3 000]	12.73	6.45	66.13	27.42
	(3 000，5 000]	10.06	0.00	77.55	22.45
	(5 000，10 000]	13.96	2.94	75.00	22.06
	10 000 以上	29.98	6.85	82.19	10.96
年销售总收入/万元	10 及以下	46.27	10.02	77.18	12.80
	(10，100]	18.80	6.39	65.30	28.31
	100 以上	34.94	4.67	60.44	34.89

四、计量模型及估计结果

（一）模型设定

为进一步分析家庭农场畜禽粪污处理方式的影响因素，本文建立计量模型进行估计。

模型中将畜禽粪污的处理方式作为被解释变量，其中将畜禽粪污用作有机肥、饲料及用作沼气都统一视为将畜禽粪污资源化利用，另外是将畜禽粪污直接排放。被解释变量为 0～1 变量，因此本文选择 Logistic 模型进行估计，模型形式如下：

$$\ln\left[\frac{P(Y=1)}{1-P(Y=1)}\right]=\alpha+\beta_1 x_1+\beta_2 x_2+\cdots+\beta_i x_i+\varepsilon \tag{1}$$

式中，Y 为家庭农场的畜禽粪污处理方式（如果资源化利用，则 $Y=1$；如果直接排放，则 $Y=0$）。$x_1\sim x_i$ 为解释变量，根据前面的描述性统计结果，解释变量选择农场总体特征，包括养殖类型、养殖品种、工商注册、示范农场、收支记录等；农场主特征，包括性别、年龄、受教育程度、接受培训情况、户籍归属、规模经营年数等；农场经营特征，包括常年雇工劳动力数量、农场土地面积、农场年销售总收入、农场养殖的年底存栏量等。同时，控制地区和时间变量，或者通过加入省份虚拟变量，来控制省份层面随时间不变因素（如资源禀赋、区位特征等）的影响。

（二）估计结果

表 9 显示了模型估计结果。（1）列是所有样本在控制了农场总体特征、农场主特征、农场经营特征之后的 Logistic 模型估计结果。（2）列是在（1）列的基础上加入了地区虚拟变量和时间虚拟变量，将全国按省份所处的地理位置分为东部、中部和西部地区，以东部地区作为基组，设置时间虚拟变量，将 2017 年作为基组。（3）列是在（1）列的基础上控制了省份虚拟变量和时间虚拟变量。（4）与（5）列是区分家庭农场养殖品种单独进行估计，（4）列的被解释变量是牲畜养殖农场畜禽粪污处理方式，（5）列的被解释变量是家禽养殖农场畜禽粪污处理方式，解释变量都与（2）列相同。总体上，各列回归模型的 LR chi² 值较大，均在 1% 的统计水平上显著，表明模型的总体拟合效果较好。

表 9　家庭农场相关特征对畜禽粪污处理方式影响的 Logistic 模型估计结果

变量及其取值	(1) 处理方式	(2) 处理方式	(3) 处理方式	(4) 处理方式（牲畜）	(5) 处理方式（家禽）
养殖类型（种养结合=1，纯养殖=0）	0.236**	0.355***	0.432***	0.445***	0.349
养殖品种（牲畜=1，家禽=0）	−0.044	−0.121	0.058	—	—
工商注册（是=1，否=0）	−0.085	−0.114	−0.514	−0.113	−0.026
示范农场（是=1，否=0）	0.176*	0.160	0.217	0.108	0.421*
收支记录（有=1，无=0）	0.007	0.061	0.027	0.114	0.095
性别（男=1，女=0）	−0.144	−0.089	−0.064	−0.040	−0.256
年龄/岁	−0.001	0.000	0.007	0.001	0.006
受教育程度（高中以上=1，初中以下=0）	0.040	0.005	0.220*	0.041	0.061

（续）

变量及其取值	(1)处理方式	(2)处理方式	(3)处理方式	(4)处理方式（牲畜）	(5)处理方式（家禽）
接受过培训（是＝1，否＝0）	0.801***	0.647***	0.462***	0.576***	0.869***
户籍归属（本村＝1，非本村＝0）	−0.122	−0.148	0.038	−0.235	0.198
从事规模经营年数/年	−0.008	−0.009	−0.027**	0.014	−0.070***
常年雇佣劳动力/个	0.001	0.002	0.000	0.017	−0.017
农场土地面积/亩	0.000	0.000**	0.000	0.001**	0.002
年销售总收入/万元		0.002***	0.001*	0.002***	
农场土地面积的二次项	—	−0.000	—	−0.000	−0.000
年底存栏量/（头/只）	—		—	0.000	0.000
中部地区		0.630***		0.794***	0.282
西部地区		0.658***		0.865***	0.140
2015年	—	−0.407***	−0.671***	−0.461***	−0.110
2016年	—	−0.265**	−0.419***	−0.216	−0.332
省份虚拟变量	—		已控制	—	—
常数项	1.041***	0.873**	0.416	0.410	0.989
样本量	1 957	1 957	1 476	1 483	469
LR chi²	88.37	137.75	239.52	128.22	47.55
Prob＞chi²	0.000 0	0.000 0	0.000 0	0.000 0	0.000 3

注：*、**、***分别表示在10%、5%、1%水平上显著。

从模型估计结果看，解释变量的回归系数结果基本一致，具有一定的稳定性。

第一，种养结合对农场将畜禽粪污资源化利用的影响显著为正，只有在对家禽养殖农场的回归结果中，该系数虽然为正，但不显著，这可能是由于家禽的粪污收集难，且种养结合的农场可能是将家禽散养在种植的地块中，让家禽粪污直接排放在地块上来达到利用的效果。示范农场的系数在第（1）列与第（5）列的回归中，在10%的统计水平上显著为正，这可能是因为被评为示范的家庭农场更注重将畜禽粪污资源化利用。

第二，农场主的受教育程度对畜禽粪污资源化利用具有正向影响，但该系数并不显著，只在第（3）列的回归中，在10%的统计水平上显著。但是农场主接受过培训的系数均在1%的统计水平上显著为正，这说明培训对农场畜禽粪污资源化利用产生重要的正向影响。农场主从事规模经营的年数对畜禽粪污资源化利用具有负向影响，且第（3）列与第（5）列中该回归系数在5%和1%的统计水平上显著为负，这可能是由于从事规模经营的年数越长，农场主的年龄越大，接受新事物的过程较慢。

第三，农场土地面积对畜禽粪污资源化利用具有正向影响，在第（2）与第（4）列中控制了土地面积的二次项之后，该系数在5%的统计水平上显著为正，而二次项的系数为负，但不显著。农场土地面积与畜禽粪污资源化利用存在一定的倒 U 形关系。这说明，畜禽养殖需要一定面积的土地来消纳其产生的粪污，土地面积的扩大增加了畜禽粪污资源化利用概率，但土地面积也不是越大越好，可能是因为土地面积太大会导致畜禽粪污资源化利用的人工成本较高，反而会降低其利用概率。畜禽产品的年销售总收入正向影响着畜禽粪污资源化利用概率，除了家禽这一列，其他系数都显著为正，这可能说明销售收入越高的农场，越有经济实力进行畜禽粪污的资源化利用。第（5）列的回归系数不显著，可能与上述家禽直接散养在种植地块上等原因一致。

此外，根据地区虚拟变量回归结果来看，中部和西部地区对畜禽粪污资源化利用的概率显著为正，高于东部地区，特别是养殖牲畜的粪污资源化利用，这可能是由于东部地区经济发达、人多地少，没有足够的空间来消纳牲畜粪污。2015 年与 2016 年的时间变量系数显著为负，这说明 2017 年家庭农场畜禽粪污资源化利用的概率在上升，这也在一定程度上说明近几年政策文件对畜禽粪污处理的关注与要求起到了良好效果，畜禽养殖农场选择将畜禽粪污直接排放的比例在下降。

五、结论与建议

本文利用全国家庭农场 3 年监测数据，研究了 2 054 个养殖型与种养结合型农场畜禽粪污处理方式的现状及变化趋势，并通过描述性统计和计量模型分析了家庭农场畜禽粪污处理方式的影响因素。结论如下：第一，总体上，家庭农场将畜禽粪污直接排放的比例较低，仅占 8.23%，其中种养结合型农场该比例仅为 5.89%。将畜禽粪污用作有机肥或饲料的比例较高，占比超过 65%，其中种养结合型农场该比例更高，占比接近 74%。第二，2015—2017 年，纯养殖型农场将畜禽粪污直接排放的比例逐年增长，而种养结合型农场该比例是逐年降低的，到 2017 年，种养结合型农场将畜禽粪污直接排放的仅占 3.37%。而且，从数量上看，纯养殖型农场的数量是在下降的，种养结合型农场的数量是在增加的，到 2017 年，种养结合型农场已经占样本农场的 60% 以上。第三，描述性统计分析显示，养殖牲畜的农场将畜禽粪污直接排放的比例要高于养殖家禽的农场，养殖家禽的农场会更高比例的将畜禽粪污用作有机肥或饲料。具有完善管理制度和良好经营效果的农场将畜禽粪污直接排放的比例较低，处在人多地少的经济较发达地区的农场将畜禽粪污直接排放的比例较高。年纪轻、受教育水平较高、接受过培训、具有一定规模养殖经验的农场主将畜禽粪污直接排放的比例较低。劳动力丰富、经营规模和养殖规模适度适中、销售收入较高的农场将畜禽粪污直接排放的比例较低。第四，计量模型估计结果显示，种养结合、示范农场、农场经营者的受教育程度、接受过培训、农场土地面积、农场畜禽产品年销售收入等对从事养殖的家庭农场进行畜禽粪污资源化利用具有显著的正向影响。

　　基于研究结果，为更好地促进家庭农场在养殖过程中采用更加绿色、生态的生产行为，提出以下建议：（1）完善家庭农场培育政策，鼓励扶持家庭农场从事规模养殖业，逐步有序地推进散户养殖向家庭农场转变；（2）鼓励种养结合型农场发展，种养结合能较好地解决养殖农场的畜禽粪污就地资源化利用问题，支持养殖农场利用相匹配的土地发展种植业来消纳畜禽养殖废弃物；（3）出台相关规范性文件，提升家庭农场的经营管理水平，加大宣传力度，向养殖业的从业者普及畜禽粪污直接排放对环境的危害；（4）加大对家庭农场主培训力度，并增加绿色养殖行为相关方面的培训内容，加大对绿色投入品、畜禽废弃物资源化利用技术及所需设备等的研究投入；（5）引导家庭农场进行适度规模经营，可以设立专项资金对有机肥等进行针对性补贴或者以奖代补；（6）适时鼓励东部地区的牲畜养殖产业向中西部地区转移，更好地利用中西部的土地资源，发展现代、绿色种养业和循环农业。

参考文献：

[1] 仇焕广，莫海霞，白军飞，等 . 中国农村畜禽粪便处理方式及其影响因素：基于五省调查数据的实证分析 [J]. 中国农村经济，2012（3）：78 - 87.

[2] 张红宇 . 家庭农场是我国农户经济发展的基本方向 [J]. 农村工作通讯，2018（4）：12 - 15.

[3] 蔡颖萍，杜志雄 . 家庭农场生产行为的生态自觉性及其影响因素分析：基于全国家庭农场监测数据的实证检验 [J]. 中国农村经济，2016（12）：33 - 45.

[4] 朱启臻，胡鹏辉，许汉泽 . 论家庭农场：优势、条件与规模 [J]. 农业经济问题，2014（7）：11 - 17，110.

[5] 杜志雄 . "新农人"引领中国农业转型的功能值得重视 [J]. 世界农业，2015（9）：248 - 250.

[6] 王兴国，王新志，杜志雄 . 家庭农场施药行为的影响因素分析：以 371 个粮食类家庭农场为例 [J]. 东岳论丛，2018（3）：36 - 44.

[7] 袁彩凤，张飞，张粉如，等 . 河南省畜禽养殖污染对环境影响研究 [J]. 中国人口·资源与环境，2012（S1）：44 - 48.

[8] 黄季焜，刘莹 . 农村环境污染情况及影响因素分析：来自全国百村的实证分析 [J]. 管理学报，2010（11）：1725 - 1729.

[9] 仇焕广，严健标，蔡亚庆，等 . 我国专业畜禽养殖的污染排放与治理对策分析：基于五省调查的实证研究 [J]. 农业技术经济，2012（5）：29 - 35.

[10] 武淑霞，刘宏斌，黄宏坤，等 . 我国畜禽养殖粪污产生量及其资源化分析 [J]. 中国工程科学，2018（5）：103 - 111.

[11] 兰勇，刘舜佳，向平安 . 畜禽养殖家庭农场粪便污染负荷研究：以湖南省县域样本为例 [J]. 经济地理，2015（10）：187 - 193.

[12] 雷成，陈佰鸿，郁继华，等 . 西部七省区畜禽废弃物利用状况的调查与探讨 [J]. 干旱区资源

与环境，2014（5）：77-83.

[13] 魏秀芬. 天津畜牧业粪污治理的实践、困境与对策 [J]. 中国畜牧杂志，2017（8）：143-147.

[14] 隋斌，孟海波，沈玉君，等. 丹麦畜禽粪肥利用对中国种养结合循环农业发展的启示 [J]. 农业工程学报，2018（12）：1-7.

[15] 周力. 产业集聚、环境规制与畜禽养殖半点源污染 [J]. 中国农村经济，2011（2）：60-73.

[16] 宣梦，许振成，吴根义，等. 我国规模化畜禽养殖粪污资源化利用分析 [J]. 农业资源与环境学报，2018（2）：126-132.

[17] 胡浩，郭利京. 农区畜牧业发展的环境制约及评价：基于江苏省的实证分析 [J]. 农业技术经济，2011（6）：36-42.

[18] 魏秀芬. 天津畜牧业粪污治理的实践、困境与对策 [J]. 中国畜牧杂志，2017（8）：143-147.

[19] 郑微微，沈贵银，李冉. 畜禽粪便资源化利用现状、问题及对策：基于江苏省的调研 [J]. 现代经济探讨，2017（2）：58-62.

[20] 金书秦，韩冬梅，吴娜伟. 中国畜禽养殖污染防治政策评估 [J]. 农业经济问题，2018（3）：119-126.

契约农业对家庭农场采纳环境友好型技术的影响[①]

为从契约农业参与视角，实证分析家庭农场参与契约农业对其采纳测土配方施肥技术的影响，以期为测土配方施肥技术的推广提供决策依据，本文基于全国 1 706 个种植业家庭农场调查数据，借助 Probit 模型和 PSM 方法实证检验契约农业对家庭农场采纳测土配方施肥技术的影响。Probit 模型结果表明，家庭农场参与契约农业对其采纳测土配方施肥技术具有显著的正向影响，影响系数为 0.621。PSM 模型结果也表明参与契约农业家庭农场与未参与契约农业的家庭农场相比，其平均处理效应约为 0.19。此外，技术培训、农场主从事农业规模经营年限、农场主的从业经历、家庭农场具有规范的日常收支记录以及未来扩张意愿对技术采纳也有影响。因此本文认为，契约农业是影响家庭农场采纳测土配方施肥技术的重要因素，政府应进一步加快建立健全契约农业参与机制，支持家庭农场提升资源禀赋水平。

一、引言

化肥过量施用导致农业面源污染与环境恶化是中国生态治理面临的严重问题之一[1-3]。据统计，2017 年中国农用化肥施用总量为 5 859.4 万吨，亩均施用强度为 23.47 千克，超过国际警戒强度 15 千克/亩（2018 年中国统计年鉴）。几年来，中国政府先后出台了一系列政策文件，推动化肥减量化，测土配方施肥技术是促进化肥减量化的重要途径[4-5]。家庭农场是中国未来现代农业发展进程中最为合意和生命力的经营主体[6]，家庭农场的生产决策行为直接关乎上述目标能否实现。但数据显示，中国目前测土配方施肥技

---

① 本文原载于：岳佳，蔡颖萍，吴伟光. 契约农业对家庭农场采纳环境友好型技术的影响 [J]. 浙江农林大学学报，2022，39（1）：207－213.

术采用率尚不足 1/3[7]。因此，以中国家庭农场等新型经营主体为对象，探究到底是哪些因素对其采纳环境友好型技术产生影响？影响强度有多大？这对促进中国农业绿色转型发展具有重要的现实意义。

已有相关研究表明，创新意识、经营规模、外出务工等是影响家庭农场采纳测土配方施肥技术的重要因素[8-10]。但已有研究很少从契约农业参与的视角来理论和实证分析其采纳测土配方技术的内在机理与效应；同时，已有研究大多基于区域调查数据进行分析，鲜有采用全国大样本调查数据对此展开实证检验，其结论的普适性尚有待进一步验证。

鉴于此，本文基于 2013 年全国家庭农场监测数据，在简要机制分析的基础上，通过构建 Probit-PSM 模型，估计契约农业对家庭农场采纳测土配方施肥技术的实际影响，以期为政府制定相关政策提供依据。

二、作用机制分析与数据来源

（一）作用机制分析

农业收入是家庭农场最为主要的收入来源，并且具备较强能力与资本实力，一般会偏向于采用能提高农产品产量与质量，促进农场增收的技术[9]。测土配方施肥技术作为一种典型的环境友好型生产技术，其增产效果能达到 6%～10%，且亩均节约成本达 30 元以上[11]。从理论上看，经营主体是否采纳某项技术取决于对该技术的认知程度，以及该技术能否带来大于技术采纳成本的净收益[12]。经营主体参与契约农业对测土配方技术采纳的作用机制，主要体现在以下三个方面。

一是通过签订具有法律效力的产品销售与农资供应合约，提前锁定预期收益与生产成本，使得家庭农场对未来投资收益预期更加稳定，从而为采纳测土配方技术等长期投资行为提供正面激励；二是通过契约农业，与上下游主体形成"风险共担、利益共享"共同体，不仅可以有效降低交易成本，还可以起到规避与分散风险的效果，从而促进其对测土配方等技术的采用[13]；三是通过签订契约农业，家庭农场可以获得合作单位诸如技术培训等方面的支持，降低家庭农场采纳新技术的搜寻学习成本以及新技术应用的风险，从而增强其采用技术的可能性。此外，家庭农场自身特征，农场主特征、农场经营特征等也会对技术采纳产生影响。

基于以上分析，本文研究假定：相对于未参与契约农业的家庭农场而言，参与契约农业的家庭农场采纳测土配方施肥技术的概率更高。

（二）数据来源

本文使用数据来自 2018 年全国家庭农场监测项目[14]，从 2014 年起，该项目受农业部委托，中国社会科学院农村发展研究所对全国近 3 000 个家庭农场开展长期固定监测工作。该项目的抽样原则是在全国各省（自治区、直辖市）按经济水平高低选择 2～4 个代表县，在每个县选择 30～50 个家庭农场，所选取的样本基本都是生产经营情况比较稳定的家庭农场。然后，被抽中的家庭农场由县级农业经管部门组织家庭农场主经过培训后在线填写问卷，问卷涉及家庭农场生产经营的各个方面。本文通过对 2018 年的家庭农场监测数据进行相应处理，最终获得 1 706 个种植小麦、玉米、水稻、蔬菜瓜果和水果的种植业家庭农场构成的分析样本。

三、模型设定与变量选取

（一）模型设定

家庭农场测土配方施肥技术采纳与否，所涉及的被解释变量为二分类变量，即采纳测土配方施肥技术为 1，反之为 0。因此，本文拟采用 Probit 模型进行实证分析。同时，考虑到家庭农场是否选择参与契约农业并非随机，而是根据自身需求和资源禀赋所做的选择，为了消除自选择导致的估计偏误，本文将在基础模型分析的基础上，采用倾向得分匹配（PSM）构建一种"反事实推断模型"来进行处理。

Probit 基本模型如下：

$$\ln\left(\frac{P}{1-P}\right) = \beta_0 + \beta_1 X_1 + \sum_{i=2}^{m} \beta_i X_i + \varepsilon \tag{1}$$

（1）式中，P 表示在家庭农场参与契约农业后实际采纳测土配方施肥技术的概率；X_1 表示是否参与契约农业，X_i 表示影响家庭农场测土配方施肥技术采纳行为的特征变量，β_1 和 β_i 分别为其估计系数，β_0 表示常数项，ε 表示随机扰动项。

构建一种"反事实推断模型"来处理这一样本选择问题。或 Logit 模型回归来计算家庭农场参与契约农业的倾向匹配得分。本文主要使用 Logit 模型来估计，

PSM 匹配模型如下：

$$P(Z_i) = P_r(D_i = 1 | Z_i) = \frac{\exp(\beta Z_i)}{1 + \exp(\beta Z_i)} \tag{2}$$

（2）式中，$P_r(D_i = 1 | Z_i)$ 为家庭农场参与契约农业的倾向匹配得分值，Z_i 为一系列的匹配变量，包括农场特征、农场主特征、经营特征等。

基于匹配结果，可以测算家庭农场参与契约农业对测土配方施肥技术采纳行为的平均处理效应（ATT），ATT 的计算公式如下：

$$ATT = E(y_{1i} | Qiyue = 1) - E(y_{0i} | Qiyue = 1) = E(y_{1i} + y_{0i} | Qiyue = 1) \tag{3}$$

（3）式中，y_{1i} 为参与契约农业的家庭农场测土配方施肥技术采纳情况，y_{0i} 为匹配后得到的假如处理组未参与契约农业时家庭农场测土配方施肥技术的采纳情况。

（二）变量选取

基于上述机制分析，本部分就模型变量选择及其测度做简要介绍。

1. 被解释变量。被解释变量为家庭农场测土配方施肥技术采纳行为，是指家庭农场在全年的生产经营过程中是否采纳测土配方施肥技术。

2. 关键解释变量。关键解释变量为家庭农场是否参与契约农业，是指家庭农场是否和合作社或农业企业签订了农产品销售合同。

3. 其他控制变量。参考最近相关的研究成果[9-10,15-16]，本文选取的其他可能影响家庭农场采纳测土配方施肥技术的变量包括农场主个人特征（性别、年龄、受教育程度、是否参加农业技术培训、从事农业规模经营年限、是否为外村户籍和从业经历）、农场特征（是否在工商部门登记注册、是否为农业部门认定的示范农场、农场土地经营总面积、农场经营的全部土地共有几块和家庭成员中在农场工作的人数）、经营特征（是否有日常收支记录、农场未来扩张意愿、是否有生产经营性借款、是否购买过农业保险）等。具体变量说明及描述性统计结果见表1。

表1　变量赋值与说明

类别	变量名称	具体含义与赋值	均值	标准差	最小值	最大值
因变量：						
	是否测土配方施肥技术	0＝否；1＝是	0.61	0.49	0	1
自变量：						
	是否参与契约农业	0＝否；1＝是	0.32	0.46	0	1
农场主特征：						
	性别	0＝女；1＝男	0.89	0.32	0	1
	年龄	岁	46.14	8.52	18	73
	受教育程度	1＝没上过学；2＝小学；3＝初中；4＝高中；5＝中专；6＝职高；7＝大专；8＝本科；9＝研究生及以上	3.89	1.38	1	9
	是否接受过土肥培育技术培训	0＝否；1＝是	0.54	0.50	0	1
	从事农业规模经营年限	年	7.75	4.81	0	36
	是否为外村户籍	0＝否；1＝是	0.82	0.39	0	1
	主要从业经历	0＝非普通农民；1＝普通农民	0.37	0.48	0	1
农场特征：						
	是否在工商部门登记注册	0＝否；1＝是	0.80	0.40	0	1
	是否为农业部门认定的示范农场	0＝否；1＝是	0.55	0.50	0	1

（续）

类别	变量名称	具体含义与赋值	均值	标准差	最小值	最大值
	土地经营总面积	亩	358.08	489.26	30	7 126
	全部经营土地块数	块	13.30	28.32	1	385
	家庭成员中在农场工作的人数	人	2.88	1.17	1	15
	日常收支记录	0＝否；1＝是	0.76	0.43	0	1
	土地未来扩张意愿	0＝否；1＝是	0.41	0.49	0	1
	是否有生产经营性借款	0＝否；1＝是	0.60	0.49	0	1
	是否购买农业保险	0＝否；1＝是	0.62	0.48	0	1

四、实证结果分析

（一）Probit 基准模型结果分析

本文利用 Probit 模型来初步考察契约农业参与对家庭农场测土配方施肥技术的影响。回归结果如表 2 所示。从估计结果来看模型整体拟合程度较好且参数估计符合预期。模型的估计结果初步可以看出从关键解释变量来看，家庭农场参与契约农业对其采纳测土配方施肥技术的影响系数为正，且在 1% 的统计水平下显著，这表明相比未参与契约农业的家庭农场而言，参与契约农业的家庭农场采纳测土配方施肥技术的可能性更大。

就农场主特征来看，农场主参加土肥培育技术培训对家庭农场采纳测土配方施肥技术具有正向影响，影响系数为 0.516，且在 1% 的统计水平下显著。这说明，与未参与土肥培育技术培训的家庭农场相比，参与土肥培育技术培训的家庭农场更愿意采纳测土配方施肥技术；农场主从事农业规模年限对家庭农场采纳测土配方施肥技术具有正向影响，影响系数为 0.018，且在 5% 的统计水平下显著。这说明，农场主农业规模年限越长，越倾向于采纳测土配方施肥技术。另外，农场主的从业经历对家庭农场采纳测土配方施肥技术也有显著的影响。

就农场特征来看，农场具有完整日常收支记录对家庭农场采纳测土配方施肥技术具有正向影响，影响系数为 0.613，且在 1% 的统计水平下显著。这说明，与未具有完整日常收支记录的家庭农场相比，具有完整日常收支记录的家庭农场更愿意采纳测土配方施肥技术。这可能的原因是，家庭农场有完整日常收支记录会极大地提高其成为示范典型的可能性[17]，从而更有意愿和动机采纳测土配方施肥技术。农场土地未来扩张意愿对家庭农场采纳测土配方施肥技术具有正向影响，影响系数为 0.205，且在 1% 的统计水平下显著。这说明，不具有土地未来扩张意愿的家庭农场相比，具有土地未来扩张意愿的家庭农场采纳测土配方施肥技术的可能性更大。这可能的原因是，家庭农场具有未来继续扩张土地的意愿，一定程度能反映出家庭农场土地经营的稳定性较高，而地权稳定性是促进家庭农场可持续发展的重要指标[18]，从而促进家庭农场采纳测土配方施肥技术。

表 2　Probit 模型估计结果

变量	测土配方施肥技术采纳行为	
	系数	标准误
是否参与契约农业	0.621***	0.083
农场主特征：		
性别	−0.013	0.108
年龄	0.006	0.004
受教育程度	0.005	0.027
是否参加土肥培育技术培训	0.516***	0.069
从事农业规模经营年限	0.018**	0.007
是否为外村户籍	−0.144	0.091
主要从业经历	−0.425***	0.076
农场特征：		
是否在工商部门登记注册	−0.091	0.093
是否为农业部门认定的示范农场	−0.123	0.075
土地经营总面积	0.000	0.000
全部经营土地块数	0.000	0.001
家庭成员中在农场工作的人数	0.007	0.029
是否有日常收支记录	0.613***	0.087
土地未来扩张意愿	0.205***	0.072
是否有生产经营性借款	−0.031	0.073
是否购买农业保险	0.196***	0.074
常数项	−0.880***	0.302
样本量	1 706	
Pseudo R^2	0.184	
LR chi^2	420.10	
Prob>chi^2	0.000	

注：括号内为标准误，*、**、***分别代表在10%、5%、1%的统计水平下显著。表3同。

（二）共同支撑假设与平衡性检验

如前所述，由于家庭农场是否参与契约是自主选择的结果，上述 Probit 基准回归结果可能存在选择性偏误。为此，本文进一步采用倾向得分匹配（PSM）来处理可能存在的自选择问题，并就模型分析需要满足的两个基本假定，即共同支撑假设和匹配变量的平衡性假定进行检验来处理可能存在的自选择问题。通过 Logit 模型计算各个家庭农场的倾向得分值后，还需要进行匹配的共同支撑域检验和匹配变量的平衡性检验，以此保证匹配结果的可靠性。

共同支撑假设要求对照组与实验组的倾向得分值重叠区间要足够大，如果重叠区间较小将导致样本缺失较大。结果显示，在 1 706 个家庭农场样本数据中，共有 1 647 个样本数据满足共同支撑假设，进行了匹配。另外，有 59 个样本数据未能满足共同支撑假设，未能匹配。图 1 和图 2 分别为对照组和实验组在匹配前后的概率密度分布图。从图 1 和图 2 可以看出，样本匹配之前，对照组和实验组之间的概率密度曲线重叠部分比较少，吻合度不高，说明两组样本之间存在显著性差异；但样本匹配之后，对照组和实验组之间的概率密度曲线重叠部分多，吻合度较高，说明两组样本之间不存在明显差异，各个维度特征基本趋于相似，满足共同支撑假设。

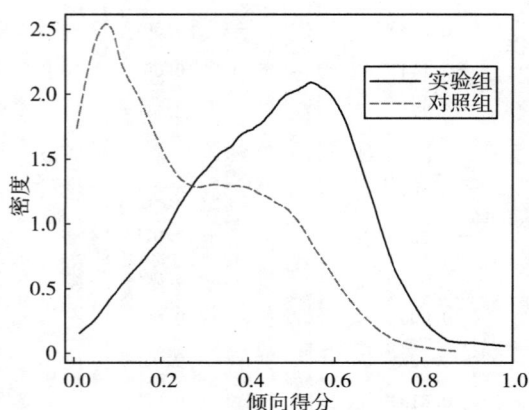

图 1　匹配前概率密度分布图

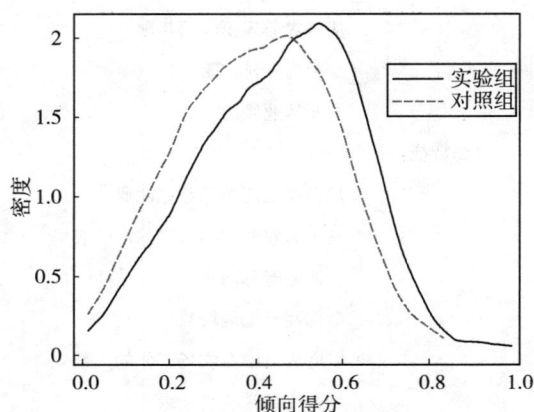

图 2　匹配后概率密度分布图

PSM 的平衡性检验主要是考察匹配变量在对照组与实验组之间是否存在显著性差异。协变量匹配结果显示，各个协变量的标准偏差均有大幅度的减少，除农场主年龄和农场家庭劳动力两个协变量的标准偏差下降幅度分别为 8.5% 和 22.9% 之外，其他协变量标准偏差下降幅度均超过 60%，并且所有协变量的标准偏差均小于 10%。匹配后，实验组家庭农场和对照组家庭农场的均值非常接近，检验也表明匹配后两组样本已不存在显著性差异，即通过了平衡性检验。限于篇幅，本文没有报告协变量匹配结果。

（三）基于 PSM 模型的影响效应

表 3 为基于 PSM 模型所得到的平均处理效应。本文分别采用最近邻匹配（$K=1$）、最近邻匹配（$K=4$）、半径匹配（$R=0.01$）和核匹配四种不同的匹配方法对样本进行了匹配处理。从模型结果来看，4 种匹配结果均通过了 1% 的显著性检验，且处理效应系数差异不大。基于这一结果，可以看出，一是一定程度表明了 PSM 模型估计结果的稳健性；

二是家庭农场参与契约农业确实对其采纳测土配方施肥技术有显著的促进作用。

表3　契约农业参与的平均处理效应

匹配方法	测土配方施肥技术采纳行为	
	处理组/对照组	ATT
最近邻匹配（$K=1$）	538/1 168	0.195*** (0.040)
最近邻匹配（$K=4$）	533/1 114	0.183*** (0.034)
半径匹配（$R=0.01$）	529/1 091	0.196*** (0.029)
核匹配	533/1 114	0.190*** (0.026)

五、主要结论与政策启示

本文以2018年全国家庭农场监测项目1 706个种植业家庭农场，构建Probit-PSM模型实证分析了家庭农场参与契约农业对其采纳测土配方施肥技术的影响，研究发现：（1）家庭农场是否参与契约农业是影响其采纳测土配方施肥技术的重要因素，家庭农场参与契约农业对其采纳测土配方施肥技术具有显著的正向影响，相比未参与契约农业的家庭农场而言，参与契约农业的家庭农场采纳测土配方施肥技术的可能性更大。（2）农场主参加土肥培育技术培训、农场主从事农业规模经营年限、农场主的从业经历、农场具有完整的日常收支记录和农场具有土地未来扩张意愿等都会显著的正向影响家庭农场采纳测土配方施肥技术。

根据上述研究结果与结论，得出以下几点政策启示：第一，政府或相关农业部门单位应该进一步建立健全契约农业参与机制，更加规范契约双方农业生产协议，充分发挥好契约农业的福利提供和约束作用，鼓励家庭农场积极参与契约农业，促使家庭农场积极采纳测土配方施肥技术；第二，更大限度地提升家庭农场资源禀赋水平，家庭农场资源禀赋水平高低很大程度决定了农业生态化经营的发展水平，例如当地政府应该积极开展土肥培育技术等农业技术培训，鼓励家庭农场建立日常收支记录，规范化经营。

参考文献：

[1] FISCHER G，WINIWARTER W，ERMOLIEVA T，et al. Integrated modeling framework for assessment and mitigation of nitrogen pollution from agriculture：concept and case study for China [J]. Agriculture Ecosystems & Environment，2010（1）：116-124.

[2] 仇焕广，栾昊，李瑾，等. 风险规避对农户化肥过量施用行为的影响 [J]. 中国农村经济，2014（3）：85-96.

[3] 梁志会，张露，张俊飚. 土地转入、地块规模与化肥减量：基于湖北省水稻主产区的实证分析 [J]. 中国农村观察，2020（5）：73-92.

[4] 李兴佐，朱启臻，鲁可荣，等. 企业主导型测土配方施肥服务体系的创新与启示 [J]. 农业经济问题，2008（4）：27-30.

[5] 李子琳，韩逸，郭熙，等. 基于 SEM 的农户测土配方施肥技术采纳意愿及其影响因素研究 [J]. 长江流域资源与环境，2019（9）：2119-2129.

[6] 杜志雄. 将家庭农场置于新型农业经营主体的核心来培育 [J]. 中国社会科学院城乡发展一体化智库研究专报，2019（8）：1-12.

[7] 冯晓龙，霍学喜. 社会网络对农户采用环境友好型技术的激励研究 [J]. 重庆大学学报（社会科学版），2016（3）：72-81.

[8] 姚文. 家庭资源禀赋、创业能力与环境友好型技术采用意愿：基于家庭农场视角 [J]. 经济经纬，2016（1）：36-41.

[9] 夏雯雯，杜志雄，郜亮亮. 土地经营规模对测土配方施肥技术应用的影响研究：基于家庭农场监测数据的观察 [J]. 中国土地科学，2019（11）：70-78.

[10] 曹铁毅，王雪琪，邹伟. 家庭农场测土配方施肥行为分析：基于人力资本和社会资本禀赋 [J]. 干旱区资源与环境，2020（5）：117-123.

[11] 王娜. 测土配方施肥：带动施肥水平整体提高 [EB/OL].（2009-10-14）[2019-04-30]. http://www.moa.gov.cn/ztzl/ctpfsf/jyjl/200910/t20091014_1365202.htm.

[12] ATANU S, LOVE H A, SCHWART R. Adoption of emerging technologies under output uncertainty [J]. American Journal of Agricultural Economics，1994（4）：836-846.

[13] 毛慧，周力，应瑞瑶. 风险偏好与农户技术采纳行为分析：基于契约农业视角再考察 [J]. 中国农村经济，2018（4）：74-89.

[14] 郜亮亮. 中国种植类家庭农场的土地形成及使用特征：基于全国 31 省（自治区、直辖市）2014—2018 年监测数据 [J]. 管理世界，2020（4）：181-195.

[15] 岳佳，蔡颖萍，吴伟光. 工商注册对家庭农场化肥农药减量施用的影响分析：基于 452 个家庭农场的调查 [J]. 湖州师范学院学报，2020（5）：7-14.

[16] 蔡颖萍，杜志雄. 玉米临时收储政策调整对家庭农场土地流转租金的影响分析 [J]. 中国农村观察，2020（3）：114-129.

[17] 蔡荣，汪紫钰，杜志雄. 示范家庭农场技术效率更高吗？：基于全国家庭农场监测数据 [J]. 中国农村经济，2019（3）：65-81.

[18] 刘灵辉. 家庭农场土地流转合同期满续约过程中的利益博弈 [J]. 西北农林科技大学学报（社会科学版），2020（2）：79-87.

第六辑　家庭农场产业融合行为

农业生产经营主体的经营规模与合作需求[①]
——宁波市鄞州区 YSN 家庭农场从经营主体到合作社的蜕变

我们通过宁波市鄞州区 YSN 家庭农场的案例说明，在农业现代化发展过程中，只有当农业经营主体的经营规模达到一定程度后，其才产生真实的、内在的合作需求，从而走向利己利他的双赢合作。

农业现代化是落实全面建成小康社会的重要支撑。中央相关文件多次强调要通过构建新型农业经营体系来实现农业现代化发展，同时也特别强调要提高农民组织化程度来促进适度规模经营的发展。那么，某种特定的农业生产经营主体在什么情况下有更强的合作需求？他们是否随着经营规模的扩大才有真正的合作需求？或者家庭农场是否会随着其经营规模的扩大才会产生强烈的合作动机？等等都是亟待回答的问题。

本文基于一个家庭农场案例说明随着经营规模的扩大，其产生了内在真实的合作需求，从而走向利己利他的双赢合作。该家庭农场的发展现状及变迁对我国当前农业经营体系建设具有很强的理论和现实意义。

一、YSN 家庭农场现状及发展

（一）基本情况

YSN，43 岁，初中毕业，不是宁波人。来宁波之前曾多次创业都未成功，后来回归到农业。他 1997 年到宁波开始农业生产，并落户宁波。他经营的家庭农场位于鄞州区南部农业大镇姜山镇某村，最初经营规模 20 亩左右，经过长期发展，2013 年的总面积为

---

① 本文原载于：郜亮亮，杜志雄. 农业生产经营主体的经营规模与合作需求：宁波市鄞州区 YSN 家庭农场从经营主体到合作社的蜕变 [J]. 中国乡村发现，2015（3）：106 - 111.

320亩。主要种植各类大棚和露天蔬菜、藕。目前种植的蔬菜主要品种有大白菜、大头青菜、莴苣、萝卜、小葱等。

（二）土地

1. 规模及来源。2013年，YSN经营的家庭农场总面积为320亩。家庭农场土地全部是转入当地农民的土地而成，该村一半以上的农户[①]将土地流转给了YSN家庭农场。

2. 合约与租金。YSN与其他农户进行土地流转时，委托村集体组织进行流转[②]，对此，村集体提供免费服务。其流转土地的合同期限为10年，每5年对租金进行一次调整。调整时，只要YSN的租金不低于其他农户就具有优先的流转权。租金一年一付，2008—2012年，租金平均600元/亩；2013—2017年，租金升为1 000元/亩。

（三）劳动力

YSN农场雇了12个长工，因为当地农民有较好的非农就业机会，所以这些雇工一般都来自外地，较远的来自广西、山东等地。老Y说劳动力工资已经是生产的主要成本，造成了较大的生产压力。长工的工资按月支付，例如，一对夫妻每月6 000元，包吃住；对技术含量高的长工会提高工资，例如一对夫妻每月7 000元。

农忙时，YSN农场雇用临时工30多人。雇工的工资主要依据"多劳多得"的原则，再结合生产的是蔬菜，所以他们的工资大多数以计件为主。对不能计件的，平均来讲2013年的工资为150元/天，2012年为120元/天，而2007—2008年为60元/天[③]。当然，这个平均工资只是一个基准，如果付出劳动多，工作时间长，也有一天200多元或者300多元的情况。

另外，由于某些时候（例如，必须在2天内抢收西瓜）很难雇到临时工，所以也有不少的老员工。特别的，他雇工时也考虑一些感情因素，例如，"附近有1个70多岁老人（山东的），在这里住了5、6年了，尽管年龄偏大，干不动了，但人有感情了，别的地方他也不去了，凭着这份感情，我也经常雇用他。"

（四）生产

YSN农场的320亩农场主要种植各种设施蔬菜，不同季节种植不同的蔬菜。随着剩余资本的累积和流转土地期限的稳定，老Y滚动投入了100多万元建设简易大棚，目前

---

① 村里剩余的另一半农户基本上都是种口粮田。即使有些在市里生活，也会让亲戚朋友对其耕地进行耕种，这样可以获得"安全"的农产品。
② 镇上有流转服务平台。县里会对此进行考核，考核优秀的每年奖励5万元。
③ 老Y说，记得2009年是雪灾，当时有很多人就来问"要不要小工？"

大棚面积约 200 多亩。

种植蔬菜也进行倒茬。老 Y 是水旱轮作，例如葱是旱作，前三年病虫害较少，种植 3 年后就要种 1 年的水稻。

（五）市场销售

老 Y 的蔬菜并没有直接进入市场，而是先卖给鄞州 NL 果蔬专业合作社[①]，合作社再卖给超市。实际上，老 Y 的产量面临两个问题：一是产量不大；二是倒茬或轮作生产农艺使其产量不稳定，进而导致"不敢以家庭农场的名义与超市合作，而必须通过合作社来与超市进行交易。"

（六）技术

在农业技术方面，老 Y 能够获得区、镇农技站，宁波农科院的关于技术方面的短信。此外，当地气象局根据老 Y 的经营情况，专门提供相关的短信服务，例如半个小时以内的天气状况。

老 Y 聘用了一名大学生来提高技术管理水平，但不是十分满意。老 Y 想请两个更专业一点的大学生。

（七）资本

1. 货币资本。由于种植规模较大，所需资金可能较大，所以有借贷需求。老 Y 说："目前来讲，我只能通过私人借贷来进行融资。我们政府也对这方面提供了很好的努力，包括农产品经纪人协会可以提供担保服务，农林部门也成立了相应的担保公司为农民服务。但是，商业银行的门槛很高，他们不单单需要担保，还必须有抵押，而我们基本没有有效的抵押资产。"银行的借款办理时间也很长，不能满足生产需要。2013 年，老 Y 通过老家温州那边的银行获得了 50 万元的信用额度，但是考虑到利息支付负担，只借了 35 万元，月息 6.3 厘[②]左右。这是因为宁波这边熟人少，所以只能借助老家的人脉关系进行借款。

---

① 鄞州 NL 果蔬专业合作社成立于 2008 年，位于鄞州区南部农业大镇姜山镇虎啸漕村。合作社负责人为 YSN。合作社成立初期，注册资金 116 万元，固定资产 18 万元。社员 51 名。2009 年被评为区级规范性合作社，2010 年通过无公害产品产地认证，并在工商部门注册了鸟鸟品牌。合作社通过抓基地建设，建立营销组织，形成了产供销一条龙生产经营体系，2011 年销售额达 620 多万元。目前种植的蔬菜主要品种有大白菜、大头青菜、莴苣、萝卜、小葱等。2013 年，合作社社员 105 户，其中 96 户进行生产，其他户既生产也销售。老 Y 及其合作社获得了很多荣誉："宁波市十佳农产品经纪人""中国连锁经营协会农超对接示范项目""市级示范性合作社""市级菜篮子基地"等。

② 1 厘利息指月贷款利率为 0.1%。

2. 人力资本。老 Y 初中毕业，早期在非农领域经商，1997 年到宁波开始农业生产。宁波市政府出钱对其进行了职业培训，现在是中专文凭。政府也鼓励他读大专，但没有时间去读。2012 年 6 月，老 Y 随当地政府到台湾省与当地农民进行交流，感受颇深。回来后，老 Y 决心减少蔬菜与市场间的中间环节、拉长自己的产业链。目前，老 Y 已经在一个大型超市里有了自己的一个直销专柜，每天的销售额在 5 000 元左右。

（八）收入

2012 年，每亩产值约 1 万元左右。每亩大概能挣 2 000 元左右[①]。当然，依赖雇工管理的产量要低于老 Y 夫妻俩管理的产量。老 Y 说，2 000 元也是不易实现的目标，如果能达到就"谢天谢地，要放鞭炮了。而 2012 年 8 月发大水，收入就泡汤了！"

（九）社会化服务

1. 自需。老 Y 家庭农场的产量小和不稳定是其需要一个合作社的内生动力。为了保证任何情况下生产出来的产品都能被顺利销售，老 Y 需要寻找一个"稳定器"来熨平他与超市（需求者）之间的供需关系，这个稳定器就是能将很多散户集中起来的合作社。正是这种强烈的自需导致老 Y "成立"合作社来解决产品入市问题。实际上，老 Y 的鄞州 NL 果蔬专业合作社成立于 2008 年，合作社及其前身已经与超市合作了 10 多年，并在当地有较好的口碑。即使老 Y 没有成立合作社，我们预期他有强烈的动机"参与"到一个合作社中。

如果老 Y 的家庭农场规模不是 320 亩，而是较小，例如 50 亩，或许老 Y 会选择"加入"而不是"创立"一个合作社来解决市场对接问题；如果规模更小，例如 5 亩，或许老 Y 的这种对合作社的"自需"将显著变弱。另外，如果规模继续扩大，例如 1 000 亩，这直接导致产量很大，自身标准化程度易于提高，超市会愿意与其直接对接，销路不是大的问题。此时，合作社的某种功能就会隐性地内嵌到这个家庭农场中了。

2. 共赢。无数个生产者（家庭农场）的"自需"就是合作社存在的内生动力，只要联合起来就能实现"共赢"。鄞州 NL 果蔬专业合作社正是这种"自需"的成果，最终形成了一种"共赢"局面。需要强调的是，必要情况下，这种"共赢"的范围可以突破合作社成员的范围。

（1）社员共赢。"进入超市的门槛很高，如为保障超市连锁门店的供应，必须要有充足的供货量，这需要合作社具有一定规模，当超市搞促销提前半个月下订单时，经纪人不

---

① 宁波当地水稻每亩的净收益大概 800 元左右，其中 500 元是不包括补贴的经营收入，200 元是来自中央的农业补贴，另外 100 元则是宁波当地的补贴，这 100 元补贴是通过"价上加价"的方式实现的，即在国家收购价格基础上，再上浮约 0.32 元/斤的价格。

仅要提前估算出半个月后比市场价优惠的价格，而且要有更大量货源的保障；更重要的是，超市对产品质量要求很高。此外，在资金、物流等方面也需要有足够的实力。"

老 Y 则根据与超市的"订单"需求来有计划地进行生产，主要是将需求量科学分配给合作社成员进行生产。老 Y 自己的蔬菜全部给超市，其产量占合作社总产量的 25%左右。

（2）全民共赢。如果所有合作社成员的数量仍然不能满足需求，则可以收购非社员的产品，合作社对此收 2%~3%费用，这部分供给的量不大，但涉及的农户数很多。

3. 准入。合作社收购代销有严格的准入标准：一是抽检，二是送检，非社员在保证质量前提下进行合同收购，例如农药不超标等标准。整个过程首先是合作社初检，然后送检。最后，在某些情况下通过统一采购农药来对蔬菜的质量进行保证。调研发现，严格的准入要求是保证合作社持续发展的保证。

4. 管理。为了合作社的名誉，老 Y 还利用相应的追溯技术。目前有一台 10 万元的追溯机器，当地政府贸易系统补贴 8 万元，老 Y 自己出 2 万元[①]。每个农户有一个卡片，交货时刷卡就将蔬菜和种植者的信息绑定在一起，收到投诉可以直接进行追溯。除此之外，老 Y 还准备上更先进的机器。例如，目前这台机器无法移动，导致上面存储的信息无法有效对接，特别是到较远的地方进行收购的时候。

5. 分红。老 Y 带领的合作社实现了年底分红。2012 年共 122 万元总股本金，拿出了50.1 万元进行分红。

6. 发展。随着蔬菜的量和质都保证了，老 Y 在与超市谈判时就有了较强的话语权。来宁波之前，老 Y 做各种小生意，但都未成功，最终在宁波回归到农业。目前，老 Y 对自己的事业很有信心，而且社员也对其很信任，他感受到了某种责任。他认为成功来自两点：一是他本身是农民出身，对农业有一种天然的热爱；二是做过商业生意，有一定的商业意识。老 Y 接下来准备将在台湾学到的东西付诸实践，准备经营铁皮石斛以及对已有生产进行深加工，延伸产业链条。

二、启示

（一）农业生产经营主体的经营规模大小影响其合作需求

只有当经营规模达到一定程度后，农业生产经营主体才能产生真正的合作需求，合作社发展才迎来真正的春天。在其他调研中，我们发现，随着经营规模的扩大，经营主体对农业保险的需求也越来越真实和急切。所以，应继续大力培育和发展多元的、适度规模的

---

① 老 Y 需要完成每天向商务系统报 5 个数的任务。目前宁波鄞州区有 4 台这样的机器。

农业生产经营主体，随后这些经营主体自然走向共赢的合作状态。当然，随着规模的变化，或许"独立的家庭农场＋独立的合作社"才是最有效率的模式。

（二）农场主的特征很重要

家庭农场主的特征很重要。第一，农场主要具有长期经营农业的经历，内心热爱农业，对农业有热情。第二，农场主具有经营能力。YSN 的经商经历对其后发展具有重要意义，同时，他具有学习热情和能力，故能较好经营农业。第三，农场主应具有一定的社会责任。YSN 凭着多年感情雇用了多年合作的劳动力，不排除长期信任关系可带来极小监督成本的好处，但这种社会责任依然值得我们深思。第四，农场主未必是当地户籍。

（三）政府在农业现代化中的"援助之手"

当地政府在 YSN 家庭农场发展中起到了积极作用。第一，积极提供相关培训。当地政府可以通过培训、创造外出学习机会等方式提高当地农业经营主体的经营素质，为现代农业奠定人力资本基础。第二，政府可以通过适宜的补贴引导和激励经营主体的发展。第三，政府可以大胆创新，为农业生产提供类似天气预报等公益性服务。

新型农业经营主体与其加入合作社行为的实证分析[①]
——基于全国 795 个种植业家庭农场面板数据

　　加入合作社作为农业经营主体参与市场竞争的有效方式，不仅是构建新型农业经营体系的重要举措，也是建设现代农业的应有之义。就新型农业经营主体家庭农场而言，理论上看家庭农场加入合作社的意愿和概率会随其经营规模的扩大而逐渐提升，因此我们想进一步通过实证分析探讨土地经营规模与家庭农场入社行为之间的关系。考虑到土地经营规模与农场加入合作社之间的联立性关系会带来内生性问题，我们采用了工具变量估计方法对全国家庭农场监测 2014—2016 年 795 个种植业家庭农场面板数据进行了实证分析。估计结果表明，家庭农场土地经营规模对于农场加入合作社具有显著的正向作用，即那些经营规模大的农场加入合作社的概率更高。即使考虑到家庭农场所在地区合作社数量的外生影响，这个结论依然稳健。

一、引言

　　培育新型农业经营主体和构建新型农业经营体系是建设社会主义新农村和全面建成小康社会的必要一环。党的十九大报告指出，从现在到 2020 年，是全面建成小康社会的决胜期，要坚定实施乡村振兴战略和区域协调发展战略。全面小康社会是涵盖农业农村和经济社会各个方面的全方位小康，而稳妥有效的解决"三农"问题也是全面小康的题中之义。农业作为"三农"问题的核心，其生产方式的转型升级、经营管理的高质高效和市场地位的转变提升等直接关系到农民创收增收和农村经济发展，所以农业现代化势在必行。

---

　　① 本文原载于：杜志雄，谭洪业，郜亮亮. 新型农业经营主体与其加入合作社行为的实证分析：基于全国795家种植业家庭农场面板数据 [J]. 北京工业大学学报（社会科学版），2019，19（2）：60-73.

而发展现代农业迫切需要新型农业经营主体和完整农业经营体系来支撑[1]。

农业生产的组织化和社会化作为当前农业生产的最薄弱环节，需要坚定不移地推进新型农业经营体系建设[2]。从党的十八大提出"培育新型农业经营主体，构建新型农业经营体系"，到党的十九大再次重申"发展多种形式适度规模经营，培育新型农业经营主体，健全农业社会化服务体系，实现小农户和现代农业发展有机衔接"，以及历年中央一号文件重申培育新型农业经营主体和建立新型农业经营体系等一系列宏观政策方针，不断凸显现代农业中新型农业经营本系的重要性。而现代农业本质上同样需要打破传统农业产供销、农工商分割的体制安排，要求按照市场规律将农业生产、加工、储运和销售等环节一体化，通过合同、合作社、企业等组织形式实现农业市场化经营[3]。这就使得培育新型农业经营主体、构建新型农业经营体系、提升农业组织化与社会化成为当前农业现代化发展的重要任务。

事实上，合作社可以是供提升农民组织化和农业生产社会化的组织基础，也是农业经营主体有效参与市场竞争最直接和最有效的方式[4]。一方面，从农业合作社本质来看：合作社作为农户间的一种经济互助组织，在促进农业生产要素高效配置、提高农户抗风险能力、提升农业市场竞争力和推进农业产业化发展等方面极大地改善了农户的弱势地位；同时，合作社在一定程度上也解决了"小农户"参与"大市场"存在的交易信息缺失、市场地位弱小、谈判能力不足等矛盾，充分发挥"桥梁"作用以有效嫁接"小农户"与"大市场"[5-6]。另一方面，从农业经营主体合作方式来看："企业＋"的纵向合作方式与"合作社＋"的横向合作方式相比普遍存在交易成本过高、利益联结关系脆弱、信息资源不对称等问题[7]，而唯有合作社一体化才是最优的农业产业化模式[8]，更是我国实现农业现代化和产业化的现实选择[9]。然而，从合作社的发展现实来看：虽然自《农民专业合作社法》颁布以来，合作社如雨后春笋般迅速发展，合作社数量突飞猛进，但"空壳合作社""翻牌合作社""合作社异化""农户被参与"等"合作社有名无实"现象屡见不鲜，合作社发展质量和前景饱受质疑[10-12]。当下，过于追求发展数量、过度物质激励、外部监管缺失、农户经营规模小且异质性强等因素导致了合作社效率水平低下，合作社行为扭曲，甚至真正合作社难以实现等问题[13-14]。因此，基于现代农业发展实践，探究如何培育新型农业经营主体，如何保障农业经营主体有效的市场参与，如何引导合作社未来可持续发展，进而完善相关政策以不断推进农业现代化事业等问题有了鲜明的时代内涵和现实意义。

家庭农场作为新型农业经营主体和农业经营体系的关键部分，加入合作社已成为必然选择。就发展现实而言，家庭农场和农业专业合作社作为新型农业经营主体的重要组成部分，已经成为现代农业经营体系不可或缺的重要力量：截至2016年，我国家庭农场、农民专业合作社、农业产业化龙头企业等新型农业经营主体总量达到280万个，其中家庭农场达到87.7万个、农民合作社达到179.4万个[15]，两者已经成为我国现代农业的生力军。而且，基于 2014—2016 年家庭农场监测数据，可以明显地发现家庭农场加入合作社的比例和增速逐年提高，入社已经逐渐成为家庭农场经营的"关键步骤"（图 1）。而就理论而言，家庭农场的规模化生产方式必然需要农场的横向组织化行为，需要外部社会化服务的有效支持。这是因为：第一，家庭农场规模化经营带来了农业生产成本和风险的显著增加，使得家庭农场更倾向于采取合作的方式进行成本控制和风险管理。张晓山指出农户的较大经营规模在其生产过程中成本投入较多，风险也要高于小规模农户，通过合作可以提高市场谈判能力，从而降低市场风险，因而会具有较强的合作意愿[16]。林坚和黄胜忠认为合作社的纵向一体化功能对各种资源投入要求较高，这就导致只有具有较高规模、商品化程度较高的大户才有能力和意愿进行横向间的合作[17]。伍开群指出家庭农场在生产经营过程中要承担相当大的风险成本，可以利用市场途径进行风险成本的转嫁，而合作社则为家庭农场提供了降低生产资料市场和销售市场交易成本的途径，因此家庭农场会有更强的意愿加入合作社[18]。第二，我国农业社会化服务发展相对滞后，并不能完全满足家庭农场等新型农业经营主体的发展需要。杜志雄和王新志指出合作社是家庭农场最主要的服务主体，家庭农场大规模的生产面积、专业化的分工生产、紧密的产业链关系和复杂的经营风险，要求家庭农场利用合作社的方式提供社会化服务；并且"家庭农场＋合作社"的经营方式可以实现规模化种植、标准化生产和产业化经营，是对"统分结合"经营模式的进一步创新[19]。第三，从农业产业链来看，家庭农场农业生产和农产品供给的根本职能决定了其依旧"雄踞"农业产业链的中游"产出环节"，单个家庭农场在市场竞争中依旧处于弱势地位。Valentinov 就指出家庭农场与农业生产上下游企业相比存在明显的组织规模小的问题，这就使得家庭农场在与之进行交易的过程中一定会处于弱势地位，从而存在机会主义威胁，家庭农场同样需要发展合作社[20]。张滢指出位于产业链"产中"位置

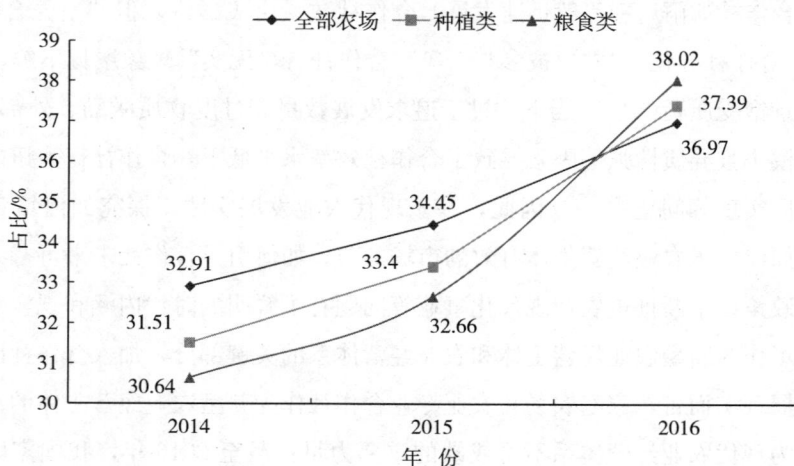

图 1　2014—2016 年各类家庭农场中加入合作社的农场占比
数据来源：《中国家庭农场发展报告（2017）》。

的家庭农场，要实现产业链利益最大化应当采用"家庭农场＋合作社"的方式，从而实现外部经济内部化和获取市场竞争的制度效益[21]。韩朝华通过文献梳理发现家庭农场的优势仅局限在生产环节，而相比与农业产业链的上游与下游来看，家庭农场和小农户都属于弱小者，同样需要发展农业合作社之类的组织[22]。就农业产业链而言，家庭农场的生产方式主要改变了农业生产的产中环节，并没有改善产前和产后环节必然发生的交易行为，反而由于农场专用性资产的增加而更加倾向于合作。

当然，加入合作社也并非农户"一时冲动"，而是多种因素引发的"连锁反应"。第一，农户个体特征。加入合作社是农户自我选择的结果，个体特征的差异会直接影响农户的入社意愿和入社行为。相关文献研究发现农户的文化程度、农民身份特征、对合作社的认知水平、对管理层的信任程度、预期收益和风险偏好等因素对农户参与合作社有显著的影响[23-26]。第二，农业生产经营特征。农户入社的主要动机在于获取必要的农业社会化服务，因此农业生产经营特征也左右着农户的入社决策。在以往的文献中，农作物种植面积、农业生产技术、农产品附加值和农业年收入等生产经营特征被认为是影响农户加入合作社的重要因素[27-28]。第三，市场交易特征。市场交易中的弱势地位催生了单个农户走向合作的意愿，以期望利用合作社的组织方式来降低交易成本、提高市场获利能力。姜明伦等认为农民组织的出现是为了应对市场交易的风险，农户为提高市场谈判能力和改善市场交易地位就会寻求加入合作社[29]；卢向虎等指出农产品商品化程度、农产品销售半径和市场价格的波动程度会影响农户的市场交易预期，为降低市场交易成本和风险，个体农户倾向于进行相互间的合作[30]；朱红根等指出当地农产品流通体系和销售渠道的完善程度反向影响农户合作社的需求，即当地农产品流通体系越不健全和销售渠道越不顺畅，农户对合作社的需求就会越高[31]。第四，合作社制度。合作社制度的规范性、治理机制的完善程度以及合作社理念的正确实施与否是吸引农户参与合作社以及合作深度的重要"拉力"。Fulton指出只有在合作社产权和管理权明晰、民主化的治理结构中，合作社成员才会加大对合作社的投资与交易[32]；Cook和Chaddad在其研究中也指出合作社的产权结构和成员认证政策是影响合作社成员合作意愿的重要因素[33]；孙亚范和余海鹏对农户合作行为的研究则发现合作社的股金制度和盈余分配制度是影响合作意愿的重要因素[34]。第五，成本收入比。成本与收入永远是经济人行为的"尚方宝剑"，而入社的收入与成本比其实是最终决定农户入社与否、退社与否的核心要义。Rhodes[35]、黄胜忠等[36]、崔宝玉等[37]学者就指出农户的集体行动是农户根据成本、风险和收益进行选择的行为结果，并且集体合作的范围和程度同样由这几个因素决定。

综上所述，基于建设现代农业和全面建成小康社会的时代任务，加入合作社不仅是发展现代农业的关键举措，更是家庭农场等新型农业经营主体有效参与市场竞争的必然选择。但是，通过文献梳理可以发现，在影响农场入社选择的种种因素中，鲜有文章专门从土地经营规模视角入手解析其入社行为；已有文献也只是从理论上指出随着经营规模的扩大家庭农场会倾向于进行横向合作[19,38]①。并且，在实证层面，农场扩大经营规模对其加入合作社是具有促进作用还是抑制作用？如果是促进作用，那么这种影响是否显著？以及土地经营规模会在多大程度上影响农场入社行为？等等问题也并没有得到实证数据的验证。这使得从经营规模角度实证分析农场入社行为不仅可以进一步深化已有理论研究，也可以利用微观数据来检验理论可靠性。从而，为家庭农场、合作社等新型农业经营主体的可持续发展指明方向。

据此，本文的研究目的就是基于全国 795 个种植业家庭农场的 2014—2016 年监测数据，利用面板数据和工具变量估计方法，实证分析家庭农场土地经营规模对其入社行为的影响，从而为新型农业经营主体的培养和发展提供一定的政策依据。文章接下来会进行以下几方面的深入探讨：第二部分，探讨家庭农场土地经营规模与其入社行为之间的理论逻辑关系，并提出本文的研究假说；第三部分，介绍文章将要用到的数据，同时进行简单的统计描述性检验；第四部分，建立计量模型并进行实证分析，进一步检验文章假说的正确性；最后，文章给予一定的总结和政策启示。

二、理论分析：家庭农场土地经营规模与其入社行为

从已有研究可以看出，家庭农场的入社选择是多种因素影响的结果，加入合作社更是农场主"深思熟虑"后的理性选择。但是，土地作为家庭农场最为核心的生产要素，农场主的入社行为是否会随其经营规模的增加而变化以及如何变化等问题仍值得深入探究。因此，本章将从成本—收益角度和专用性资产投资角度来分析农场土地规模与入社行为之间的理论逻辑关系。

1. 成本—收益视角。随着土地经营规模的扩大，农地租金、农场雇工、农资农机等生产成本支出成倍增加，相对于传统兼业农户来说，家庭农场的生产经营成本已经成为影响农场利润的关键因素。众所周知，农业作为弱质性产业必然面临着自然风险和市场风险，而家庭农场生产的商品化又使得农产品供求、产销价格、销售渠道等市场风险水平提高；并且，农地经营规模的不断增加又进一步放大了农场风险损失程度，这就使得如何有效地规避风险、控制不确定性因素成为实现收益最大化必须解决的问题[39]。

而合作社作为连接农户与市场的重要载体，在降低成本和风险、提高组织化程度和农

---

① 具体而言，杜志雄（2013）在《中国农业基本经营制度变革的理论思考》中指出家庭农场的规模化经营不能将各种社会服务内部化，"农民合作社＋家庭农场"才是未来农业的基本经营形式之一；郜亮亮（2015）在《农业生产经营主体的经营规模与合作需求》一文中通过对家庭农场案例的分析发现，随着农场经营规模扩大，其会内生出真实的合作需求，从而走向利己利他的双赢合作。

民增收方面可以发挥重大作用。一般来说，合作社可以带来四个方面的潜在收益：一是规模经济收益。单个独立生产经营的家庭农场仍旧不具备足够实力以保证规模经营引致的规模经济水平[9]，只有通过规模经营主体间合作方可实现农产品的有效供给，进一步获取规模经济带来的收益[40]①。二是降低市场风险水平。合作社成员的集体行动可以提高市场价格谈判能力和市场渠道控制能力，以削弱市场风险。三是农业生产经营信息获取。合作社连接着农户和市场，可以帮助农户降低信息不对称问题，及时掌握市场动态和优化生产决策[41]。四是提供社会服务职能。合作社具有的专业服务职能，可以提供农资供应、农业技术、设施、仓储等方面的社会化服务[42]。

基于成本—收益视角，作为理性行为人的家庭农场主，在农场经营规模扩大引致农业生产经营成本和农业风险损失增大的情况下，合作社在规模经济获取、风险控制、农业社会服务等方面的潜在收益，会诱使家庭农场通过加入合作社来实现利润最大化的经营目标。

2. 资产专用性视角。 Williamsono从资产专用性、不确定性和交易频率三个维度出发定义了整个市场交易过程，并率先提出了资产专用性理论，将资产专用性定义为支持某项特殊交易而进行的耐久性投资[43]。也就是说，资产被限定在特定的生产过程，被锁定于特定的交易关系，一旦用于其他用途，资产的生产价值就会大打折扣。事实上，专用性资产大量投资将行为主体"束缚"在特定的交易关系中，由于交易活动的不确定性和交易主体之间容易产生的"敲竹杠"行为，使得行为主体的交易由商品契约形式转向要素契约形式，不断深化一体化的交易模式。

就家庭农场而言，农场经营规模的扩大必然会导致农业机械、场地设施等专用性资产投资规模的增加②，而随着专用性资产水平的提高，内部组织则成了相较于市场机制更为有利的交易方式。这是因为，与市场交易方式相比，内部组织中的交易方式可以实现专用性资产的充分利用，从而避免机会主义行为。以农业机械为例，由于合作社内部成员在信息搜集、谈判议价、交易完成等方面相对较低的交易成本，使得家庭农场为合作社内部成员提供农业机械服务会比为外部其他市场主体提供服务面临更低的成本和更小的风险，也就可以实现农业机械专用性资产的有效利用。

基于资产专用性理论，家庭农场随着生产规模的扩大必然会进行大量的专用性资产投资，而合作社则提供了解决专用性资产市场交易过程中机会主义问题的有效途径。并且，

---

① 以农超对接为例：单个农场依旧不能满足超市对农产品大批量、持续性的供给需求，而农户只有通过联合周边同产业农场进一步扩大生产规模，通过合作社的方式来实现规模化、产业化生产和销售，才能满足"大市场"的农产品需求。
② "随着家庭农场土地经营规模的增加，家庭农场的拖拉机、插秧机、联合收割机和烘干机拥有数量整体呈上升趋势，农机装备总价值同样呈上升趋势"；"同时，随着土地经营规模的增加，家庭农场自有仓库面积和自有晒场面积也呈正向增加趋势"——《中国家庭农场发展报告（2017）》。

合作社也可以利用成员间的横向合作在农业生产资料、生产技术、农产品销售等环节进行市场谈判，可以利用集体行动的方式处理生产环节和市场环节的不确定性问题，降低单个农场市场参与的交易费用，提高生产主体的价格弹性和抵御突发事件的能力[44]。

总之，家庭农场在已有的高额生产要素投入基础上，农场土地经营规模的扩大不仅会引致农场生产经营成本的成倍增加，也带来了农场专用性资产水平的迅速提升，面对农业生产经营过程中的自然风险和市场交易风险，农场必然会倾向于采取有效渠道（加入合作社）来管控成本、分散风险，以实现利润最大化。因此，我们提出本文的研究假说：在保持其他条件不变的情况下，对于家庭农场而言，随着土地经营规模的扩大，家庭农场会更加倾向于加入合作社，即家庭农场的入社概率会随着农场经营规模的扩大而不断提升。

三、样本来源与统计描述性证据

（一）样本数据来源

本文研究所用样本数据来自农业部与中国社会科学院联合开展的全国家庭农场监测活动，该监测活动覆盖全国 31 省（自治区、直辖市），每个省选取 2～4 个监测县，每个县选取 30～50 个样本农场，共计 3 000 多个样本家庭农场，监测内容涉及与家庭农场生产经营相关的各个方面。监测活动自 2014 年开始，已对样本农场进行了连续 3 年的持续性追踪监测。从样本结构来看，2014 年有效样本 2 826 个，其中种植业家庭农场 1 849 个；2015 年有效样本 2 903 个，其中种植业家庭农场 1 972 个；2016 年有效样本 2 998 个，其中种植业家庭农场 1 964 个。

本文选取种植业家庭农场作为分析对象主要是考虑到两方面原因：一方面，种植业家庭农场获取流转土地后需要进行较少的农地建设投资，而其他类型家庭农场必须对农地进行较大规模的基础设施建设，相比而言种植业家庭农场更容易扩大经营规模①；另一方面，与其他类型家庭农场相比，种植业家庭农场生产经营面积相对较大，单位面积产值相对较低，更加追求规模经济。当然，从实证分析角度来看，种植业家庭农场具有较大的样本容量，也可以保证计量分析结果的有效性和可靠性。因此，文章以 2014—2016 年种植业家庭农场面板数据为基础，在进行了相应的数据处理后，构建了一个包含 795 个种植业家庭农场共 2 383 个有效样本的 3 年面板数据集，并对样本信息进行了基本描述（表 1）。

---

① 一般来说：种植业家庭农场仅需对农地进行必要的整理，在保持农地原有状态的情况下就可以开展农业生产活动；养殖类家庭农场则需要建立必要的圈舍、饲料库、卫生防疫室等硬件设施，前期农地投资建设较大。

表 1　总样本与分析样本

年份	有效样本/个	种植业农场/个	分析样本种植业农场			
			总数/个	平均经营规模/亩	入社数量/个	入社比例/%
2014	2 826	1 849	793	361.97	250	31.45
2015	2 903	1 972	795	385.79	271	34.09
2016	2 998	1 964	795	390.55	290	36.48
合计	8 727	5 785	2 383	379.45	811	34.00

数据来源：2014—2016 年全国家庭农场监测数据。

（二）描述性证据

本文首先从数据的描述性统计入手，测算了家庭农场土地经营规模与农场的入社比例。为便于比较，本文将家庭农场的土地经营规模划分为 5 个等级①，然后分别比较在不同年份、不同经营规模下家庭农场的入社比例（表 2）。

表 2　按规模分组的家庭农场入社比例

经营规模/亩	2014 年		2015 年		2016 年		平均
	农场数量/个	入社比例/%	农场数量/个	入社比例/%	农场数量/个	入社比例/%	入社比例/%
≤50	15	6.67	14	21.43	22	13.64	13.73
(50，200]	368	26.63	345	28.7	332	30.72	28.61
(200，500]	259	33.2	266	33.46	282	38.65	35.19
(500，1 000]	104	37.5	104	40.38	95	38.95	38.94
>1 000	47	53.19	66	57.58	64	60.94	57.63
平均	—	31.45	—	34.09	—	36.48	34.00

数据来源：795 个种植业家庭农场 2014—2016 年面板数据。表 3 表 4 同。

由表 2 可以发现：土地经营规模越大，加入合作社的家庭农场占比越高。

第一，分别从 3 个年份的时间维度来看。区分时间维度和规模维度的情况下，在 2014 年、2015 年、2016 年 3 个各自年份中，可以明显地看出随着家庭农场经营规模的增加，农场加入合作社的比例也呈现出明显的递增趋势。以 2016 年为例，经营规模在 50 亩及以下的家庭农场加入合作社的寥寥无几（仅占 13.64%）；而当经营规模在 500～1 000 亩时，家庭农场加入合作社已经蔚然成风（增至 38.95%）；尤其是当经营规模超过 1 000

① 对 795 个家庭农场土地经营规模 3 年数据的整体分析发现：5% 分界点的土地规模为 76 亩，25% 分界点的土地规模为 130 亩，50% 分界点的土地规模为 220 亩，75% 分界点的土地规模为 428 亩，95% 分界点的土地规模为 1 200 亩。所以，家庭农场的土地经营规模主要集中在 50～1 000 亩，进一步选用 200 亩和 500 亩的分界点大致可以反映农场土地面积的分布情况。

亩后，加入合作社的家庭农场已经占据了半壁江山（高达 60.94％）。

第二，从整体时间维度来看。不区分时间维度、区分规模维度的情况下，家庭农场随着经营规模的增加，其加入合作社的比例依旧明显增加。具体来看，经营规模在 50 亩及以下的家庭农场，仅有 1/10 左右的农场加入了合作社（13.73％）；随着经营规模达到 500～1 000 亩时，家庭农场入社比例已经超过了 1/3（38.94％）；如果经营规模超过 1 000 亩，已经过半数的家庭农场选择了加入合作社（57.64％）。

第三，从整体规模维度来看。区分时间维度、不区分规模维度的情况下，随着时间的推移，家庭农场加入合作社的比例同样逐年增加。就所有的样本家庭农场来说，2014 年入社比例为 31.45％，2015 年入社比例为 34.09％，2016 年入社比例为 36.48％。当然，看似时间维度上的变化趋势与本文研究假说并没有关系，但这为后文设定计量模型时必须引入时间趋势变量提供了统计数据支持。

同时，我们也发现农场主不同的个人特征与农场入社比例之间也存在一定的相关关系（表3）。

表3　农场主特征与农场入社比例

单位：%

农场主特征	选项	2014 年	2015 年	2016 年	平均
教育程度	高中以下	30.11	32.26	34.62	32.33
	高中及以上	33.33	36.67	39.09	36.36
是否接受专门培训	是	35.12	35.83	40.60	37.19
	否	14.69	23.68	15.38	17.57
从业经历	在合作社、企业或村集体从事过管理工作	47.10	49.03	58.30	51.48
	其他	23.88	26.87	25.93	25.56
规模经营年限	≤5	28.29	28.74	29.14	28.69
	(5，10]	38.89	44.56	47.50	44.05
	>10	39.62	43.75	43.14	42.55

第一，具有高中及以上学历的农场主中加入合作社的比例相对较高。可以认为，较高的学历水平一定程度上反映了农场主较高的认知水平和综合素质，对合作社会有相对全面的认识，从而更容易选择加入合作社。

第二，接受专门培训的农场主中加入合作社的比例相对较高。这主要是因为专门培训涉及农业生产经营的各个方面，接受专门培训的农场主可能会对合作社在农场生产经营过程中的作用和重要性有着相对较好的理解，从而导致较高的入社比例。

第三，具有合作社、企业或者村委工作经历的农场主中加入合作社的比例相对较高。合作社、企业或者村委的工作经历可以视为农场主的社会资本积累，具有这种工作经历的农场主相比于一般的农场主来说不仅对合作社具有较好的认识，而且也具有相对丰富的资源和渠道参与农业合作过程。

第四，整体来看，农场主从事规模经营年限的时间越长其加入合作社的比例越高。可能是因为，随着规模经营时间和经验的积累，农场主对农业规模经营的成本和风险认知逐渐加深，更加体会到合作社的重要作用，从而更加倾向于走向合作的道路。

当然，当进一步考虑农场经营特征与入社比例时，同样发现两者之间存在一定的相关关系（表4）。

表4 家庭农场经营特征与农场入社比例

单位：%

农场经营特征	选项	2014年	2015年	2016年	平均
农机具价值/万元	≤20	28.75	30.91	30.91	30.15
	(20，50]	37.58	34.76	41.07	37.79
	>50	39.53	49.00	51.52	47.43
是否登记注册	是	30.23	32.76	36.79	33.42
	否	33.33	36.67	35.47	35.13
示范农场类型	否	29.62	29.87	30.95	30.03
	区县级	37.40	41.21	43.39	41.09
	市级	32.73	34.29	40.98	36.83
	省级	39.39	43.84	39.78	41.21

第一，从农场拥有的农机具价值来看：将农机具价值划分为3组后，无论是每个年份还是3年平均，都可以发现拥有的农机具价值较高的农场加入合作社的占比要高于拥有农机具价值相对较低的农场。具体用3年平均来说，农机具价值低于20万元的农场加入合作社的比例将近1/3（30.15%），而农机具价值高于50万元的农场加入合作社的比例却将近一半（47.48%），加入合作社的比例变化显著。从时间维度来看，在每个组内家庭农场加入合作社的比例基本都存在随着年份变化而逐渐增加的趋势。

第二，从家庭农场是否登记注册来看：登记注册的农场与未登记注册的农场在农场入社比例方面相差不大。但是，登记注册的家庭农场中选择加入合作社的比例呈现出明显的随时间递增的趋势：由2014年的30.23%增长到2016年的36.79%。与之相反，在未登记注册的家庭农场中加入合作社的比例近三年变化较小，甚至出现了降低状况。

第三，从示范农场类型来看：无论是每个年份还是3年平均，示范类农场（区县级、市级、省级）加入合作社的比例都要高于非示范类农场。具体用3年平均来说，区县级示范农场入社比例为41.09%、市级示范农场入社比例为36.88%、省级示范农场入社比例为41.21%，明显高于非示范类农场入社比例（30.06%）。从时间维度来看，无论农场是示范农场与否，还是不同层次的示范农场，其加入合作社的占比整体上都呈现随年份变化而逐渐增加的趋势。

四、计量分析

（一）模型设定

为进一步实证分析经营规模对农场入社行为的影响，本文将计量模型设定如下：

$$Y_{it} = \alpha + \beta \times M_{it} + \sum_{j}^{6} \gamma_j \times Z_{it}^i + \delta \times D_{year} + \sum_{p}^{7} \in_p \times W_i^p + \varepsilon_{it} \qquad (1)$$

其中，Y_{it}表示第i个农场在第t年是否加入合作社，加入合作社取值为1，未加入合作社取值为0。M_{it}表示第i个农场在第t年的土地经营规模（亩）。Z_{it}^i是随时间和个体变化的6个控制变量，包括农场主特征：年龄、是否接受专门培训、规模经营年限；也包括农场经营特征：农机具价值、是否登记注册和是否为示范农场。W_i^p是不随时间变化的控制变量，包括性别、户籍、教育程度、从业经历、县域、省份、地区7个变量。D_{year}表示年份虚拟变量（2015＝1，其他＝0；2016＝1，其他＝0），以利用双向固定效应模型来控制计量过程中的时间趋势问题[①]。其中，模型相关变量的描述性统计见表5。

表5　计量模型变量的统计描述

变量名称	含义及单位	均值	标准差	最小值	最大值
是否加入合作社	是＝1；否＝0	0.34	0.47	0	1
经营规模	亩	379.45	465.34	8	6 058
从事农业规模经营年限	年	5.78	4.10	0	27
受教育年限	没上小学＝0；小学＝6；初中＝9，高中＝12；中专＝12；职高＝12；大专＝15；本科＝16；研究生及以上＝19	10.37	2.17	0	16
农场主是否接受专门培训	是＝1；否＝0	0.84	0.37	0	1
户籍归属状况	本村＝0；其他＝1	0.05	0.21	0	1
农场农机具价值	万元	25.67	40.18	0	420
性别	男＝1；女＝0	0.91	0.28	0	1
年龄	岁	46.69	8.31	21	75
从业经历	在合作社、企业或村集体从事过管理工作＝1；其他＝0	0.33	0.47	0	1
登记注册	登记＝1，未登记＝0	0.66	0.47	0	1
是否示范农场	是＝1；否＝0	0.40	0.49	0	1

[①]　从实际情况来看，家庭农场中加入合作社的比例呈现逐年增加的态势（表2），若不对时间趋势加以控制可能会导致估计结果的有偏性，因此需要在模型中加入时间虚拟变量以解决计量过程中的时间趋势问题。

考虑到某一地区在一定时期内合作社的数量和规模变化会影响家庭农场的入社行为，即农场所在地区合作社数量越多其加入合作社可能会越发便利，从而导致更高比例的农场选择加入合作社。也就是说，合作社数量同样是影响农场加入合作社的关键因素之一。因此，为获得无偏估计结果，需要在计量模型中对合作社数量这一关键变量进行控制。但是，问卷中并没有合作社数量题目，所以，本文尝试引入县域虚拟变量与年份虚拟变量交互项（$coun_i \times D_{year}$）的方式以间接控制县域内不同年份合作社数量变化这一事实。这是因为，由县域维度和时间维度乘积构成的交互项（$coun_i \times D_{year}$），一方面，可以对不同县域差异的静态事实加以控制；另一方面，也可以对不同县域随年份变化的动态事实加以控制（2014 年为基期）。从而，可以实现对合作社外部数量进行间接控制的效果，也就得到了计量模型（2）：

$$Y_{it} = \alpha + \beta \times M_{it} + \sum_{j}^{6} \gamma_j \times Z_{it}^i + \delta \times D_{year} + \sum_{p}^{6} \in_p \times W_i^p + \varphi \times (coun_i \times D_{year})_{it} + \varepsilon_{it}$$

$$(2)$$

（二）内生性

就本文而言，计量检验过程中可能存在三个方面的内生性问题。

第一，遗漏关键解释变量。由前文论述来看，合作社数量也是影响家庭农场加入合作社的关键解释变量，倘若不能进行有效控制，可能会导致估计结果的有偏性问题。但是，本文通过在计量模型中引入县域虚拟变量与年份变量的交互项（$coun_i \times D_{year}$），来反映外部合作社数量动态变化的事实。从而一定程度上控制了该内生性问题。

第二，非观测效应影响。从农场层面来看，农场主的性别、工作经历、教育程度等不随时间变化的非观测效应同样会影响农场的入社行为选择，需要对这类变量进行有效控制。于是，本文采用固定效应模型估计方法，以对农场层面的各类非观测效应进行有效控制，从而保证估计结果的无偏性和一致性。

第三，联立性。就本文而言，经营规模与农场是否加入合作社之间可能存在互为因果关系：一方面，家庭农场可能会随着经营规模扩大而选择加入合作社；另一方面，加入合作社后农场也可能会继续选择扩大经营规模。也就是说，经营规模与加入合作社两个变量互相影响、互为因果，从而产生内生性问题。

因此，本文在面板数据的基础上进一步尝试采用工具变量估计方法进行实证检验。工具变量选择参考借鉴 Groves 等在研究员工激励制度与企业生产效率关系一文中，采用奖金比重的滞后项作为当期激励制度的工具变量来解决互为因果带来的内生性问题的做法[25]。所以，本文将农场经营规模的一阶滞后项（上一期经营规模）作为当期农场经营规模的工具变量。这是因为，上一期经营规模与当期经营规模相关，但当期加入合作社与否并不影响上一期农场经营规模，即上一期经营规模与当期加入合作社之间不存在互为因果关系。在控制了其他影响农场加入合作社的变量后，可以认为上一期的经营规模只通过影响当期经营规模来左右农场当期的入社行为，即滞后一期的经营规模变量符合工具变量的要求。

（三）计量方法

根据数据特征以及处理内生性问题的需要，本文逐步采用如下计量方法进行模型估计。

第一，在不考虑3年面板数据结构的基础上，首先对样本的3年混合数据运用普通最小二乘法（OLS）进行初步估计［方程（1）］，结果见表6。

第二，考虑到三年面板数据的数据结构，本文利用OLS固定效应方法（OLS-FE）来控制农场层面的固定效应以及其他不随时间变化的变量，以得到一致性的估计结果［方程（2）］，结果见表6。

第三，进一步考虑互为因果带来的内生性问题，在面板固定效应模型的基础上再利用工具变量固定效应模型（OLS-FE-IV）对计量模型进行估计，以保证估计结果的无偏性［方程（3）］，结果见表6。

第四，考虑到被解释变量的数据特征（是否加入合作社为0-1类型的二值变量），文章进一步采用Logit、Probit模型再次进行计量检验。本文，分别利用Logit固定效应模型（Logit-FE）和Probit固定效应模型（Probit-FE）[1]进行估计，以对农场层面的固定效应进行控制［方程（4）、方程（5）］，结果见表7。

第五，针对二值因变量计量模型中可能存在的内生性问题，文章进一步利用Probit工具变量方法（Probit-IV）来解决计量过程中的互为因果问题［方程（6）］，结果见表7。

当然，考虑到Logit模型和Probit模型的估计结果并没有直观的经济学含义，并不能直接反映变量间的影响程度，因此本文分别计算出了Logit模型的边际概率［方程（7）］和Probit模型的边际概率［方程（8）］，结果见表7。

表6 家庭农场入社行为OLS估计结果

变量名称	(1) OLS	(2) OLS-FE	(3) OLS-FE-IV
经营面积	0.000 128***	0.000 165***	0.000 46*
	(0.000 02)	(0.000 05)	(0.000 27)

[1] 在具体计量操作过程中，Probit-FE估计并不能直接实现，因此本文采用虚拟变量回归方法（Probit-LS-DV），通过控制所有县域虚拟变量来得到固定效应估计结果。因为，虚拟变量回归估计值与除均值所得固定效应回归估计值恰好一样，并且标准误和其他主要统计量也一样，所以固定效应估计可以由虚拟变量回归得到（伍德里奇，《计量经济学导论》）。

（续）

变量名称	(1)	(2)	(3)
	OLS	OLS-FE	OLS-FE-IV
从事规模经营年限	0.011 62***	0.002 42	0.003 83
	(0.002 42)	(0.005 12)	(0.004 89)
教育程度	−0.013 7*	—	—
	(0.007 78)		
是否接受专门培训	0.139 42***	0.066 07**	0.077 3***
	(0.022 32)	(0.026 85)	(0.027 63)
户籍	0.024 28	—	—
	(0.018 25)		
农机具价值	0.000 68***	0.000 41	−0.000 1
	(0.000 243）	(0.000 40)	(0.000 58)
性别	0.115 09***	—	—
	(0.034 00)		
年龄	0.001 36	0.000 2	−0.002 7
	(0.001 18)	(0.018 16)	(0.017 80)
从业经历	0.233 82***	—	—
	(0.021 54)		
是否登记注册	−0.060 99***	0.112 73*	0.128 21**
	(0.021 07)	(0.058 23)	(0.060 53)
是否示范农场	0.016 6	0.010 94	0.007 32
	(0.020 67)	(0.025 89)	(0.026 06)
县域虚拟变量×2015	0.000 19	0.000 183	0.000 20
	(0.000 27)	(0.000 196）	(0.000 204）
县域虚拟变量×2016	0.000 13	0.000 189	0.000 16
	(0.000 26)	(0.000 223）	(0.000 224）
年份虚拟变量2015	已控制	已控制	已控制
年份虚拟变量2016	已控制	已控制	已控制
省份	已控制	已控制	已控制
地区	已控制	已控制	已控制
观测值	2 377	2 377	2 372
组数	—	795	793
F/LR Chi^2/Wald Chi^2	25.18***	3.21***	2.88***

注：括号内为稳健标准误，***、**和*分别表示在1%、5%和10%的显著水平上显著。表7同。

为解决互为因果关系带来的内生性问题，文章采用了两种工具变量计量方法：工具变量固定效应模型（OLS-FE-IV）和Probit工具变量模型（Probit-IV）。具体来说：第一，针对工具变量固定效应模型方法［方程（3）］，第一阶段的弱工具变量检验 F 统计量为 69.48，远高于 10 的临界值水平，因此不存在弱工具变量问题。而且，相应的内生性检验结果（DWH Chi^2 Test＝7.42）在 10％ 的显著水平上显著，表明方程（3）的计量结果具有无偏性，而方程（2）的估计结果存在一定的偏误。第二，针对 Probit 工具变量方法［方程（6）］，其内生性检验结果（Wald Test＝0.29）并不显著，从统计意义上讲，Probit 工具变量方法中体现出来的内生性问题并不严重，Probit-FE［方程（5）］的估计结果本身就具有较高的真实性水平。

因此，本文将以表 6 中的工具变量固定效应模型［方程（3）］和表 7 中的 Probit 固定效应模型及其边际效应［方程（5）和方程（8）］来进行后文的计量结果分析。当然，OLS 估计模型［方程（1）］和 Logit 固定效应模型［方程（4）和方程（7）］可以从侧面反映本文计量结果的稳健性。

表 7　家庭农场入社行为 Logit、Probit 估计结果

变量名称	(4) Logit-FE	(5) Probit-FE	(6) Probit-IV	(7) Logit-FE 边际概率	(8) Probit-FE 边际概率
经营面积	0.001 58 *** (0.000 48)	0.000 357 *** (0.000 09)	0.000 33 *** (0.000 112)	0.000 17 **	0.000 1 ***
从事规模经营年限	0.018 74 (0.039 28)	0.026 99 *** (0.008 715)	0.034 56 *** (0.007 04)	0.002 1	0.007 4 ***
教育程度	—	−0.066 07 ** (0.027 19)	−0.043 52 * (0.024 24)	—	−0.016 9 **
是否接受专门培训	0.674 1 ** (0.264 53)	0.361 09 *** (0.099 66)	0.488 24 *** (0.087 40)	0.074 4 ***	0.098 6 ***
户籍	—	0.112 48 * (0.066 65)	0.070 31 (0.055 62)	—	0.030 71 *
农机具价值	0.002 24 (0.002 88)	0.003 19 *** (0.000 85)	0.001 97 ** (0.000 77)	0.000 23	0.000 9 ***
性别	—	0.457 98 *** (0.113 51)	0.356 0 *** (0.101 15)	—	0.125 0 ***
年龄	—	−0.000 46 (0.004 16)	0.003 39 (0.003 63)	—	−0.000 1
从业经历	—	0.735 96 *** (0.072 68)	0.679 08 *** (0.062 03)	—	0.200 9 ***
是否登记注册	0.845 14 ** (0.398 40)	0.609 96 *** (0.133 01)	−0.167 26 ** (0.066 10)	0.093 26 ***	0.166 5 ***

（续）

变量名称	(4)	(5)	(6)	(7)	(8)
	Logit-FE	Probit-FE	Probit-IV	Logit-FE 边际概率	Probit-FE 边际概率
是否示范农场	0.094 15	0.212 17***	0.054 15	0.010 39	0.057 92***
	(0.214 78)	(0.081 77)	(0.061 96)		
县域虚拟变量×2015	0.002 502	0.000 73	0.000 66	0.000 28	0.000 20
	(0.002 03)	(0.000 95)	(0.000 86)		
县域虚拟变量×2016	0.002 49	0.000 87	0.000 51	0.000 27	0.000 24
	(0.002 03)	(0.000 94)	(0.000 84)		
年份虚拟变量 2015	已控制	已控制	已控制	—	—
年份虚拟变量 2016	已控制	已控制	已控制	—	—
省份	已控制	已控制	已控制	—	—
地区	已控制	已控制	已控制	—	—
观测值	866	2 304	2 374	866	2 304
组数	289	—	—	—	—
F/LR Chi²/Wald Chi²	39.30***	588.66***	291.42***		

（四）估计结果

第一，无论采用哪种计量方法，家庭农场经营面积的系数都表现为显著的正向性。说明随着家庭农场经营规模的扩大其加入合作社的概率就会上升，再一次验证了文章假说。

进一步考虑模型的内生性问题，无论是工具变量固定效应模型［方程（3）］，还是Probit 固定效应模型［方程（5）］的计量检验结果同样显示经营面积系数为显著的正向性，更进一步证明了文章假说。

具体来看，在控制其他变量不变的前提下，工具变量固定效应模型［方程（3）］显示农场经营面积每增加 10 亩，农场加入合作社的概率就会上升 0.46%；Probit 固定效应模型显示［方程（8）］农场经营面积每增加 10 亩，农场加入合作社的概率就会上升 0.1%。而且，OLS 模型和 Logit 模型的估计结果［方程（1）和方程（7）］也从侧面证实了估计结果的稳健性。

第二，从县域虚拟变量与年份的交互项来看，其计量结果并不显著，但具有一定的符号意义。交互项（县域虚拟变量×2015 和县域虚拟变量×2016）在方程（3）、方程（5）和方程（8）中都表现为正向的符号性，可以认为在各个县域地区 2015 年和 2016 年（2014 年作为基期）合作社数量都在增加，但是并没有显著促进农场加入合作社。也就是说，外部合作社数量的增加并不是吸引农场加入合作社的关键因素，农场对合作的自身需求才是诱发其入社决策的根本所在。

第三，至于其他解释变量的估计结果，可以发现农场主是否接受专门培训对农场加入合作社具有明显的促进作用，而且在1%的显著水平上显著［方程（3）和方程（8）］。具体来说，在控制其他因素不变的条件下，相对于未接受专门培训的农场主而言，接受专门培训的农场主加入合作社的概率要高7.73%和9.86%。这说明，关于农业生产经营方面的专门培训，不仅可以提高农场的农业生产技术水平，而且对于提高经营管理水平，尤其是农场合作方面可能具有一定的促进作用。

同时可以发现，登记注册对于家庭农场加入合作社也具有十分明显的促进作用。具体来看，在控制其他因素的条件下，登记注册的农场比未注册的农场加入合作社的概率要高12.82%［方程（3）］和16.65%［方程（8）］。进一步说明具有较强农场经营管理水平的农场主在选择进行登记注册的同时，可能也会更加倾向于选择加入合作社。

五、结论及政策启示

作为新型农业经营主体的家庭农场，其农业生产经营活动要围绕土地的规模化展开，随着土地经营规模的扩大，农场生产过程中的成本和风险不断上升，加之土地、农机等专用性资产投资的增加，需要农场寻找有效途径进行成本和风险控制。而合作社则为家庭农场提供了通过合作方式以优化生产经营和市场竞争行为的有效途径。因此，本文提出了扩大土地经营规模会促进家庭农场加入合作社的研究假说，并利用795个种植业家庭农场2014—2016年面板数据进行了实证检验。考虑到农场经营规模与其入社行为间的互为因果关系可能会导致面板估计结果的有偏性，于是采取了工具变量方法来控制可能存在的内生性问题，并且计量结果也证明了文章假说。与此同时，计量检验还发现，农场主接受农业生产经营专门培训和农场登记注册对于农场加入合作社同样具有非常显著的促进作用。

根据以上研究结论，可以得到以下三点政策启示：第一，进一步鼓励并支持家庭农场等新型农业经营主体的发展。通过深入开展土地确权、建设土地流转市场机制、健全土地流转服务平台等措施促进农地的合理、有序、高效流转，保障家庭农场等新型农业经营主体有效开展规模化生产。同时，培育新型农业经营主体的政策导向也可以实现通过推动土地规模化经营来主动引导合作社事业发展的现实效果，从而在一定程度上避免了"空壳合作社"问题。第二，构建并完善农业社会化服务体系，以满足农业经营主体的合作需求。政策上应改变以往单纯追求合作社发展的思路，通过建立完善的农业社会化服务体系，为农业经营主体提供一系列切实有效的社会化服务，以满足其农业生产经营需要。第三，积极推进农民和农业培训，培育一大批高素质农民。农业现代化需要一大批、高素质的"新农人"为支撑，新型农业经营主体的培育和发展也离不开高素质农民。因此，要继续推进对于农民和农业的专门培训，一方面要注重农业生产的技术培训，提高农业规模化生产的集约化水平；另一方面要重视农业经营管理能力培养，打造具有创业家精神和企业家能力的"新农人"，从而为农业现代化建设提供强有力的人才支撑和智力支持。

参考文献：

[1] 张红宇. 中国现代农业经营体系的制度特征与发展取向 [J]. 中国农村经济，2018 (1)：23 - 33.

[2] 陈锡文. 构建新型农业经营体系加快发展现代农业步伐 [J]. 经济研究，2013，48 (2)：4 - 6.

[3] 周应恒，耿献辉. 现代农业内涵、特征及发展趋势 [J]. 中国农学通报，2007 (10)：33 - 36.

[4] 蔡荣，马旺林，王舒娟. 小农户参与大市场的集体行动：合作社社员承诺及其影响因素 [J]. 中国农村经济，2015 (4)：44 - 58.

[5] 黄祖辉，邵科. 合作社的本质规定性及其漂移 [J]. 浙江大学学报（人文社会科学版），2009，39 (4)：11 - 16.

[6] 王曙光. 中国农民合作组织历史演进：一个基于契约—产权视角的分析 [J]. 农业经济问题，2010，31 (11)：21 - 27，110.

[7] 黄祖辉. 发展农民专业合作社，创新农业产业化经营模式 [J]. 湖南农业大学学报（社会科学版），2013，14 (4)：8 - 9.

[8] 郭晓鸣，廖祖君，付娆. 龙头企业带动型、中介组织联动型和合作社一体化三种农业产业化模式的比较：基于制度经济学现角的分析 [J]. 中国农村经济，2007 (4)：40 - 47.

[9] 黄祖辉，徐旭初，冯冠胜. 农民专业合作组织发展的影响因素分析：对浙江省农民专业合作组织发展现状的探讨 [J]. 中国农村经济，2002 (3)：13 - 21.

[10] 仝志辉，温铁军. 资本和部门下乡与小农户经济的组织化道路：兼对专业合作社道路提出质疑 [J]. 开放时代，2009 (4)：5 - 26.

[11] 潘劲. 中国农民专业合作社：数据背后的解读 [J]. 中国农村观察，2011 (6)：2 - 11，94.

[12] 苑鹏. 中国特色的农民合作社制度的变异现象研究 [J]. 中国农村观察，2013 (3)：40 - 46，91 - 92.

[13] 黄祖辉，扶玉枝，徐旭初. 农民专业合作社的效率及其影响因素分析 [J]. 中国农村经济，2011 (7)：4 - 13，62.

[14] 邓衡山，徐志刚，应瑞瑶，等. 真正的农民专业合作社为何在中国难寻？：一个框架性解释与经验事实 [J]. 中国农村观察，2016 (4)：72 - 83，96 - 97.

[15] 农民日报. 我国新型农业经营主体数量达 280 万个 [EB/OL]. (2017 - 03 - 08) [2018 - 09 - 05]. http：//szb. farmer. com. cn/nmrb/html/2017 - 03/08/nw. D110000nmrb _ 20170308 _ 5 - 06. htm?div=- 1.

[16] 张晓山. 促进以农产品生产专业户为主体的合作社的发展：以浙江省农民专业合作社的发展为例 [J]. 中国农村经济，2004 (11)：4 - 10，23.

[17] 林坚，黄胜忠. 成员异质性与农民专业合作社的所有权分析 [J]. 农业经济问题，2007 (10)：12 - 17，110.

[18] 伍开群. 家庭农场的理论分析 [J]. 经济纵横，2013 (6)：65 - 69.

[19] 杜志雄，王新志. 中国农业基本经营制度变革的理论思考 [J]. 理论探讨，2013 (4)：72 - 75.

[20] VALENTINOV, V. Why are cooperatives important in agriculture? An organizational economic sperspective [J]. Journal of Institutional Economics，2007，3 (1)：55 - 69.

[21] 张滢. "家庭农场＋合作社"的农业产业化经营新模式：制度特性、生发机制和效益分析 [J]. 农村经济，2015 (6)：3 - 7.

[22] 韩朝华. 个体农户和农业规模化经营：家庭农场理论评述 [J]. 经济研究，2017，52 (7)：184 - 199.

[23] 黄珺. 信任与农户合作需求影响因素分析 [J]. 农业经济问题，2009，30 (8)：45 - 49，111.

[24] 张冬平，丁鹭，夏海龙. 基于 Logit 模型下农民加入专业合作社的意愿分析 [J]. 河南农业大学学报，2007 (3)：338 - 341.

[25] 陈楠. 基于 Logistic 模型的粮农合作生产经营意愿及动因分析 [J]. 江苏农业科学，2012，40 (12)：382 - 385.

[26] 于潇，王鹏，庄园，等. 农户参与农业合作组织意愿及其影响因素分析：基于福建南平市的 280 份调查问卷 [J]. 湖南农业大学学报 (社会科学版)，2013，14 (5)：33 - 38.

[27] 占小军. 粮食主产区农户加入农业合作组织意愿的实证分析：以江西省为例 [J]. 经济地理，2012，32 (8)：131 - 135.

[28] 林海英，侯淑霞，李文龙. 基于 Logistic 模型的农民参与农民专业合作组织影响因素分析 [J]. 商业经济研究，2016 (14)：136 - 137.

[29] 姜明伦，于敏，郭红东. 农民合作的经济学分析 [J]. 经济问题探索，2005 (3)：21 - 25.

[30] 卢向虎，吕新业，秦富. 农户参加农民专业合作组织意愿的实证分析：基于 7 省 24 市 (县) 农户的调研数据 [J]. 农业经济问题，2008 (1)：26 - 31.

[31] 朱红根，陈昭玖，翁贞林，等. 稻作经营大户对专业合作社需求的影响因素分析：基于江西省 385 个农户调查数据 [J]. 农业经济问题，2008 (12)：71 - 78，112.

[32] FULTON M. Cooperatives and member commitment [J]. The Finnish Journal of Business Economics，1999，48 (4)：418 - 437.

[33] COOK M L，CHADDAD F R. Redesigning cooperative boundaries：the emergence of new models [J]. American Journal of Agricultural Economics，2004，86 (5)：1249 - 1253.

[34] 孙亚范，余海鹏. 农民专业合作社成员合作意愿及影响因素分析 [J]. 中国农村经济，2012，(6)：48 - 58，71.

[35] RHODES V J. The large agricultural cooperativeasa competitor [J]. American Journal of Agricultural Economics，1983，65 (5)：1090 - 1095.

[36] 黄胜忠，林坚，徐旭初. 农民专业合作社治理机制及其绩效实证分析 [J]. 中国农村经济，2008 (3)：65 - 73.

[37] 崔宝玉，张忠根，李晓明. 资本控制型合作社合作演进中的均衡：基于农户合作程度与退出的

研究视角 [J]. 中国农村经济, 2008 (9): 63 - 71.

[38] 郜亮亮, 杜志雄. 农业生产经营主体的经营规模与合作需求: 宁波市鄞州区 YSN 家庭农场从经营主体到合作社的蜕变 [J]. 中国乡村发现, 2015 (3): 106 - 111.

[39] 苑鹏. 中国农村市场化进程中的农民合作组织研究 [J]. 中国社会科学, 2001 (6): 63 - 73, 205 - 206.

[40] 李莹, 杨伟民, 张侃, 等. 农民专业合作社参与"农超对接"的影响因素分析 [J]. 农业技术经济, 2011 (5): 65 - 71.

[41] 罗玉峰, 邓衡山, 陈菲菲, 等. 农民专业合作社的农户参与: 自选择还是被参与 [J]. 农业现代化研究, 2017, 38 (1): 103 - 110.

[42] 王勇. 家庭农场和农民专业合作社的合作关系问题研究 [J]. 中国农村观察, 2014 (02): 39 - 48, 93 - 94.

[43] WILLIAMSONO E. Transaction-cost economics: the governance of contractual relations [J]. Journal of Law & Economics, 1979, 22 (2): 233 - 261.

[44] 邓衡山, 徐志刚. 《农民专业合作社法》需要大改吗?: 兼论名实之辨的意义与是否需要发展中国特色合作社理论 [J]. 农业经济问题, 2016, 37 (11): 78 - 85, 111 - 112.

[45] GROVES T, HONG Y, NAUGHTON M M. Autonomy and incentives in Chinese state enterprises [J]. Quarterly Journal of Economics, 1994, 109 (1): 183 - 209.

农村一二三产业融合：内涵要解、发展现状与未来思路[①]

一二三产业融合（以下简称"三产融合"）是指农业内部各部门之间、农业与农村二三产业之间通过融合渗透、交叉重组等方式形成农业新产业新业态新模式的新型农业组织方式和过程。"三产融合"的关键和核心是"融合"，其根本目的是促进农业高质量发展、农民福祉持续增进，实现农业农村现代化和乡村振兴。"三产融合"是农业产业化的高级形态和"升级版"。近年来，我国"三产融合"呈现出融合主体多元化、发展模式多样化、农村新产业新业态持续快速发展、利益联结机制日趋紧密的良好态势，"三产融合"发展日益成为农业转型升级和高质量发展的重要特征。构建"三产融合"发展体系，要培育、发展壮大多元化融合主体，强化各主体独特作用；创新发展多类型融合模式，促进不同模式共生协同；打造平台载体，促进"三产融合"集聚集群发展；健全利益联结机制，促进形成"三产融合"利益共同体；完善支持政策，促进"三产融合"可持续发展。

新中国成立 70 年来，中国农业已经实现双重转变：一是由纯粹或者单一的农产品生产转向农产品生产、初级和精深加工、品牌建设、市场销售等全产业链各个环节的共同发展；二是由单一的农产品生产功能转向农耕文化传承、农业生态保护、乡村旅游体验等多功能的综合开发利用[1]，这两大转变，从产业形态看就表现为农村"三产融合"发展。推进"三产融合"发展，是构建现代农业产业体系的重要举措[2]。近年来，各地积极深入贯彻落实中央、国务院决策部署，切实把"三产融合"发展作为推进农业供给侧结构性改革和培育农业农村发展新动能的重要手段，不断创新体制机制和完善政策支持，持续加大工作力度，"三产融合"发展取得了显著成效。鉴于此，本文重点阐释"三产融合"的内涵，分析中国近年来"三产融合"的发展现状，并提出构建"三产融合"发展体系的未来

---

① 本文原载于：肖卫东，杜志雄. 农村一二三产业融合：内涵要解、发展现状与未来思路［J］. 西北农林科技大学学报（社会科学版），2019，19（6）：120-129.

思路。

一、"三产融合"：内涵界定及其理解

（一）文献梳理与内涵界定

自 2015 年中央一号文件正式提出"三产融合"以来，相关文献从不同角度对其概念进行了研究和界定。王乐君和寇广增认为，"三产融合"是指依托农业并通过产业联动、要素集聚、技术渗透和体制机制等手段，以实现农业产业链延伸、价值链跃升、功能拓展、多主体共赢和农民分享二三产业增值收益的过程[3]。姜长云认为，"三产融合"是指以农业基础，以农业产业链多句延伸、产业范围多元拓展、产业功能转型为表征，通过农村一二三产业之间的融合渗透和交叉重组形成新技术、新业态、新商业模式，以实现要素跨界流动、资源集约配置、产业跨界融合和布局优化调整的过程[4]。马晓河认为，"三产融合"是指以农业为依托，通过产业联动、产业集聚、技术渗透、体制创新等方式有机整合农产品生产、加工、销售等环节和农业休闲、其他服务业等，以实现农业产业链延伸、产业范围和产业规模扩展、农民收入增加的过程[5]。有学者指出"三产融合"是在农业生产基础上，通过资源要素融合[6]、"三链"（产业链、价值链和供应链）延伸和对接、农业多功能开发与拓展等发展农业新产业新业态新模式的过程。

综上，不同文献对"三产融合"内涵的分析视角、侧重点不同，有不同理解或者阐释。我们认为，"三产融合"是指农业内部各部门之间、农业与农村二三产业之间通过融合渗透、交叉重组等方式形成农业新产业新业态新模式的新型农业组织方式和过程。

（二）理解要点

对于"三产融合"的内涵，要系统、深刻理解和把握以下三个要点。

1. 准确理解和把握"三产融合"的根基、路径、产出。"三产融合"的关键和核心是"融合"，即以市场需求为导向，通过农业内部、农业与农村二三产业相互间形成联动和融合，多做乘法，从而更好地发挥地域资源优势，发展特色种养业、农产品初级与精深加工业、农业生产性服务业，激发农村产业活力，壮大集体经济，带动农民就业和致富。因此，在"三产融合"这种新型农业组织方式中：（1）根基和依托是农业，即任何形式、任何层次、任何区域中的"三产融合"必须在农业基础上进行和推进。（2）路径和手段是现代先进要素引入与集聚、农业多功能挖掘与开发、产业融合渗透与交叉重组、体制机制和制度完善与创新，推进质量变革、效率变革和动力变革。（3）产出是培育农业新产业新业态新模式、激发农业农村发展新动能，建立健全现代农业产业体系、生产体系、经营体系和现代化农业经济体系，形成利益共同体和命运共同体。

2. 科学理解与把握"三产融合"的根本目的。"三产融合"的根本目的是促进农业高质量发展，持续增进农民福祉，实现农业农村现代化和乡村振兴。在理论上，根据党的十九大报告精神，农业高质量发展是不断满足人民日益增长的美好生活需要的发展，是体现五大新发展理念的发展。其中，创新是农业高质量发展的第一动力，协调是内生特点，绿色是普遍心态，开放是必由之路，共享是根本目标。农业高质量发展是通过农业发展方式加快转变、经济结构持续优化、增长动力灵活转换而实现生产要素投入低、资源配置效率高、资源环境成本低、经济社会效益好的质量型发展。在实践上，农业高质量发展是通过农业质量变革、效率变革、动力变革来实现土地产出率、资源利用率、劳动生产率和全要素生产率提升的发展。农业高质量发展要求着力建设农业科技创新、现代农村金融、农村人力资源协同发展的现代化农业产业体系和经济体系，不断增强农业创新力和竞争力。农民福祉持续增进包括就业创业机会和渠道拓宽、收入持续增长、社会保障与福利水平持续提升、基本公共服务均等化享有等。

3. "三产融合"是农业产业化的高级形态和"升级版"。农业产业化是把农产品生产、加工、销售等环节连成一体所形成的组织形式和经营机制[7]，是通过合约形式将生产者、加工者、销售者、消费者联结起来，从而实现农业产业链延伸、市场自组织化和农业现代化的过程[8]。而"三产融合"是要打破农村一二三产业的边界，不断拓展农业生产、生活、生态功能，实现"1+1+1>3"的产业融合效果，实现经济效益、社会效益、生态效益的最大化和统一。农业产业化是联动发展，"三产融合"是有机融合发展。因此，"三产融合"是农业产业化的高级形态和升级版[9]。虽然，农业产业化与"三产融合"有相通的地方，例如，两者都以市场需求为导向，都注重农业产业链延伸、价值链拓展，都以完善利益联结机制为关键，以促进农民增收为目标。但是，相较于农业产业化，"三产融合"的内涵更为丰富，突出体现在：一是产业边界更加模糊。"三产融合"是农村一二三产业的"打碎、搅匀"，形成"你中有我、我中有他"的有机交融，原有产业边界越来越模糊。二是农业经营主体更加多元化。参与"三产融合"的农业经营主体包括小农户、专业大户（包括种植大户和养殖大户）、家庭农场、农民专业合作社、农业龙头企业、经营性农业服务组织、"新农人"等，主体类型多元，相互之间的关系千丝万缕。部分城市居民通过社区支持农业和乡村休闲旅游等方式，也日益成为"三产融合"的重要参与者。三是农业功能和业态创新更加丰富。"三产融合"更加注重农业经济和产品、环境与生态保护、文化传承与发展、休闲旅游与研学等多元化功能的综合开发利用，努力推动农业与农产品初级与精深加工、流通、乡村旅游与农事体验、传统文化、康养等产业的深度有机融合，不断催生休闲与乡村旅游业、循环农业、生态农业、文化农业、创意农业、智慧农业、研学农业、康养农业、电子商务农业等农业产业新业态。四是利益联结机制更加完善、多样化。"三产融合"更多地采用股份合作、订单合同、技术服务等紧密型利益联结机制，鼓励、引导小农户参与"三产融合",将小农户纳入现代农业发展轨道。五是更加注重城乡双向互动与共生,以及空间拓展。"三产融合"带动城市资源要素源源不断地流入农业农村,引导二三产业向县城、重点乡镇和产业园区集中,着力培育农产品加工、休闲旅游、商贸物流、创意农业等特色小镇、田园综合体等,努力实现农业产业发展与人口集聚、"三产融合"与新型城镇化之间的双向促进和协调发展。

二、农村"三产融合"的发展现状

近年来,中国"三产融合"蓬勃发展,农业产业链不断加粗拉长,农业多功能不断挖掘和拓展,农业新产业新业态新模式不断涌现,这一切成为中国农业转型升级和高质量发展的重要特征。

(一)"三产融合"主体多元化、日益发展壮大

1. 专业大户、家庭农场蓬勃发展。专业大户是指在农业生产经营过程中,在分工的基础上,从传统农户中分离出来具有一定经营规模、围绕某一种农产品从事专业化种植和养殖的农户。家庭农场是指以家庭成员为主要劳动力,从事农业规模化、集约化、商品化生产经营,并以农业收入为家庭主要收入来源的新型农业经营主体,它是专业大户的升级版[10]。专业大户、家庭农场是粮食等重要农产品生产的基础主体和主力军,主要实行家庭经营,其蓬勃发展确保了粮食等重要农产品生产的总量供给和产能基础。统计数据显示,截至2013年底,中国耕地经营面积在50亩以上的专业大户发展到287万户,其中,种植粮食作物的专业大户68.2万户,耕地经营面积占全国耕地面积总数的7.3%[11]。中国农村经营管理统计数据显示,截至2017年2月底,农业部门认定的家庭农场达54.86万个,经营土地面积1.33亿亩。

2. 农民专业合作社驶入规范化发展快车道。农民专业合作社融普通农户与新型经营主体于一体、集生产主体与服务主体于一身,实行合作经营,具有联系农民、组织农民、服务农民的独特优势和功能。《农民专业合作社法》的修订(2017年12月)和正式施行(2018年7月),使得农民专业合作社的法律法规不断建立健全,由此,农民专业合作社驶入规范化发展快车道。截至2018年底,全国依法登记的农民专业合作社达217.30万个,是2012年的3.15倍、2007年的82.31倍;实有入社农户超过1亿户,占全国农户总数的49.1%[12]。2012—2018年,农民专业合作社数量年均增长21.60%。

3. 龙头企业不断发展壮大。农业龙头企业具有产权关系明晰、治理结构完善、经营效率较高的显著优势,实行企业经营,在高端农产品生产、农产品精深加工、农业品牌打造与营销渠道建设、农业商业模式创新方面具有显著的引导示范效应和辐射带动效应。同

时，龙头企业更具有市场适应和灵活反应能力，具有治理农业产业链、价值链和供应链的潜能，在推进农业绿色发展和"三农融合"发展方面更具引领能力[13]。截至 2017 年底，经县级以上农业部门认定的农业产业化龙头企业 8.70 万家，其中，农业产业化国家重点龙头企业 1 242 家，年销售收入超过 1 亿元的省级以上重点龙头企业 8 000 家，超过 100 亿元的省级以上重点龙头企业 70 家[14]。

4. 经营性农业服务组织迅速崛起。近年来，随着土地经营规模的快速推进、土地经营权的细分放活和农业分工分业的深化演进，农业服务规模经营快速发展，经营性农业服务组织快速崛起并迅猛发展。经营性农业服务组织是指利用农机农具、专用设施和专业人员等为农业经营主体提供各类产前、产中、产后服务的经济组织。中国农村经营管理统计数据显示，截至 2016 年底，全国从事生产托管的服务组织 31.25 万个，服务农户 3 376.47 万户，土地托管服务面积 2.41 亿亩。目前，农业社会化服务组织的迅速崛起和发展，展现出了明显的发展活力和引领支撑能力，一方面在很大程度上满足了农业经营主体的生产性服务需求；另一方面也拓展了农业规模经营的内涵，为农业规模经营提供了新的发展方向和基本路径。

（二）"三产融合"发展模式多样化并探索成型

概括起来，全国各地探索成型的"三产融合"发展模式主要有以下四种。

1. 农业内部交叉融合模式。以农业独特的优势资源禀赋为基础，不断调整、优化农业产业与经济结构，构建粮食、经济作物、饲草料协调发展的三元种植结构和新型种养模式。立足农业废弃物的资源化利用，发展生态循环农业，着力构建农业生态保护与经济质量效益并举并重的农业产业新体系。北京市怀柔区鱼菜混搭大棚的"鱼菜共生"、云南省洱源县"一田多效"的"鱼稻共生"、湖南省南县"一田多用、一水多用、一季多收"的"虾稻共生"、广东省阳西县的"稻鸭共生"等新型种养模式，通过种养循环，一方面创新了种养方式，拓展了生态循环农业发展新空间；另一方面，实现了经济效益和生态效益的双赢。

2. 农业产业链延伸融合模式。以农产品终端消费需求为导向，加快推动农业"接二连三"，大力发展农产品"产加销、贸工农"一体化，构建农产品从田间到餐桌、从初级产品到终端消费无缝对接的农业产业链延伸融合模式和现代化农业产业新体系，促进农业全产业链的复合式、融合型和立体化发展。一是前向延伸融合。以农产品加工、流通和销售为基础，向农产品种植环节延伸，强化农产品原料数量和质量供给及时性、稳定性，培育农产品自有品牌。多表现为农产品加工企业、流通企业、超市和大型零售商向前延伸建设规模化、标准化农产品原料基地。二是后向延伸融合。以农业生产为基础，向产后加工、流通、餐饮等环节延伸，带动农业后向产业链、价值链升级和农产品梯度增值。多表现为专业大户等新型农业经营主体大力发展农产品的本地化初级与精深加工、流通和餐饮等。

3. 农业功能拓展融合模式。立足农业多种功能的挖掘与拓展，顺应人民群众精神消费需求日益增长的需要，依托农村绿色生态资源，推进农业与乡村旅游、科普教育、传统文化、康养、素质拓展与休闲运动等产业的深度有机融合，大力发展休闲农业与乡村旅游、农耕体验、科普教育、康体运动、素质拓展、创意农业等，构建集生产、生活、生态功能于一体的农业产业新体系。具体看，以蔬菜瓜果种植农民专业合作社和龙头企业为核心，促进农业生产与旅游观光、农耕体验、节庆采摘、科普教育深度融合。依托农村温泉、传统历史文化资源等，促进农业生产与美丽乡村和特色小镇建设、颐养居住深度融合，大力发展"吃、住、游、购"一体化的特色村寨民宿旅游休闲业、体验农业、康养农业等。依托农村特色农业资源和产品以及历史文化、传统农耕文化和农产品加工文化，引入创意元素，发展参与式、体验式、娱乐式、定制式创意农业。

4. 先进要素渗透融合模式。立足科技进步和模式创新，将互联网、物联网、云计算、大数据等新一代信息技术和传感器、地理信息系统、卫星导航等设备和软件渗透融合于农业生产、加工、营销和服务等领域和环节，大力发展农村电子商务、智慧农业等新产业新业态，以及农商直供、产地直销、食物短链、个性化定制等新型经营模式。例如，专业大户、家庭农场等新型农业经营主体对接天猫、京东、我买网、淘宝等电子商务平台，开设农产品及加工制品特色馆，开拓电子商务销售渠道。鼓励、支持将农村地区的供销社基层网点、村邮站、农家小商店等改造为农村电子商务服务点，发展特色电子商务村。在养殖业、设施农业等领域，鼓励、支持农业经营主体开展农业物联网应用示范工程，对农产品生产、销售、加工等全过程实施智能感知、预警、分析、决策和控制。

（三）农村新产业新业态持续快速发展

1. 着力实施"互联网+"行动计划，农村电子商务快速发展。1995 年以来，中国农村电子商务等新业态发展迅猛，已初步形成了包括农产品网上期货交易、大宗农产品电子交易市场、农产品 B2B 电子商务网站，以及涉农网络零售平台等在内的多层次涉农电子商务市场体系和网络体系。目前，农村电子商务已显现出较高的业态价值和广阔的发展前景，成为农村生产生活、服务消费的新动力。商务部统计数据[①]显示，近几年来中国农村网民规模持续增长，由 2012 年的 1.56 亿人增加到 2017 年的 2.09 亿人，年均增长5.66%；2017 年，农村网民占全国网民总数的 27%。农村互联网普及率逐年提高，由

---

① 中国国际电子商务中心研究院：《中国农村电子商务发展报告（2015—2016；2016—2017；2017—2018）》，http://ciecc.ec.com.cn/。

2012 年的 23.70％提高到 2017 年的 35.40％。2017 年，农村地区网络零售额达 12 448.80 亿元，是 2014 年（1 800 亿元）的 6.92 倍；农村地区网络零售额占全国网络零售总额的比重为 17.40％，是 2014 年（6％）的 2.9 倍。截至 2017 年底，在全国范围内，农村地区网店发展到 985.6 万家，阿里巴巴淘宝村发展到 2 118 个，大宗农产品电子交易市场发展到 585 家。

2. 努力拓展农业多种功能，休闲农业和乡村旅游蓬勃兴起。 2011 年开始，农业部持续开展全国休闲农业和乡村旅游示范县（市、区）和示范点创建、中国最美休闲乡村推介和中国美丽乡村试点创建活动。截至 2018 年底，共认定 388 个全国休闲农业与乡村旅游示范县，推介 710 个中国美丽休闲乡村、248 个美丽田园[①]。全国休闲农业和乡村旅游接待人数，由 2012 年的 8 亿人次快速增加至 2018 年的 30 亿人次，年均增长 30％；营业收入总额由 2012 年的 2 400 亿元逐年大幅增加到 2018 年的 8 000 亿元，年均增长率达 27％[②]。"农家乐""共享农庄""文化农庄""田园农舍""田园综合体""特色小镇""美丽乡村"等休闲农业和乡村旅游日益成为旅游业的新增长点和亮点。

（四）"三产融合"主体之间的利益联结机制日趋紧密

1. 订单合同。 订单合同是指在"三产融合"中龙头企业与普通农户、专业大户、家庭农场等农业生产主体签订的农产品购销合同，其基本模式主要为"企业＋农户""企业＋基地＋农户""企业＋专业大户""企业＋家庭农场"等。通过订单合同，龙头企业与普通农户、专业大户、家庭农场之间形成订单农业关系。这种订单农业关系，在很大程度上缓解了农业生产者"卖难"问题和龙头企业原料"买难"问题，一方面，为稳定农产品价格、提高农民收入增长预期提供重要保障；另一方面，有利于龙头企业获得稳定优质的原料供给。实践中，有的龙头企业按照合同约定价格或者市场价格以现金形式事先向普通农户、专业大户、家庭农场支付价款；或者采取利润返还、二次结算方式订购农产品。

2. 股份合作。 在股份合作中，普通农户主要是以土地经营权、温室大棚、劳务、集体资产股份等入股农民专业合作社和龙头企业，或者龙头企业以资金、技术、品牌等入股领办农民专业合作社，普通农户、农民专业合作社、龙头企业相互之间形成更为紧密的股份（合作）型利益联结机制，建立权益共享、风险共担、互惠共赢的关系。目前，全国各地已探索形成"农户＋土地股份合作社""农户＋龙头企业""农户＋土地股份合作社＋龙头企业"等的股份合作模式，以及"保底收益＋按股分红""按股分红＋务工收入""按资分红＋二次返利""产值分成"等的分配机制。与其他利益联结机制相比，股份合作型的

① 农业农村部乡村产业发展司：《休闲农业和乡村旅游蓬勃发展引领农业转型升级助力乡村振兴》，http：//www. xccys. moa. gov. cn/xxny/201904/t20190410_6314641. htm.

② 《2018 年全国休闲农业和乡村旅游营收达 8 000 亿元》，《中国财经报》，2019 年 4 月 4 日，第 8 版。

利益联结机制更稳固，利益联结关系有新的提升和强化，尤其是农民能够凭借股份获得稳定、可预期的收入，融合三体之间形成了"你中有我、我中有你"的利益共同体和命运共同体。

3. 流转优先聘用。流转优先聘用是指在农户以土地经营权流转方式（包括转包、出租、入股等）参与"三产融合"时，土地经营权流入方在对外雇佣劳动力时优先聘用流转农户。一些地方在推进"三产融合"过程中，鼓励引导参与"三产融合"的农民专业合作社和农业产业化龙头企业优先聘用、家庭农场优先雇用流转出承包地的农民，为他们提供就业机会和岗位技能技术培训。例如，有些龙头企业积极吸纳部分有劳动能力、愿意从事农业生产的入股农户在公司打工赚取薪金，探索实行租金保底、股金分红、薪金创收"三金合一"的分配机制；积极推广"平台公司＋农民专业合作社＋农户"模式，并明确规定平台公司、农民专业合作社要为入股农户优先安排劳务。

三、构建农村"三产融合"发展体系的未来思路

（一）不断培育和发展壮大多元化融合主体，强化各主体独特作用

构建"三产融合"发展体系，主体是基础和前提，是引领者。为此，要大力培育、发展壮大多元化、多向性的新型农业经营主体[15]，建立健全分工协作机制，不断增强多元化融合主体的引领带动作用。

1. 加快发展专业大户、家庭农场，不断强化其生产主体地位和基础作用。引导、鼓励承包农户依法、自愿、有序流转土地经营权，培育、发展壮大规模经营、示范带动能力强的专业大户、家庭农场。引导、鼓励专业大户、家庭农场实行专业化、标准化和清洁化生产及科学化田间管理，申请"三品一标"认证，规范生产记录和财务收支记录，提高经营管理水平。鼓励、引导家庭农场为周边农户提供生产性服务，确立家庭农场的新型农业生产和服务"双重"主体地位[16]，并给予政策倾斜和重点支持。引导专业大户、家庭农场与农民专业合作社、龙头企业积极开展产品对接、要素联结和服务衔接，促进节本、增产、增效。

2. 规范发展农民专业合作社，不断强化其服务能力和纽带作用。坚持发展与规范并举、数量与质量并重，加快推进农民专业合作社的规范化建设和提质增效发展，不断增强其带动能力、经济实力、发展活力、服务效应。鼓励农民专业合作社拓展合作领域和服务内容，积极发展生产、供销、信用"三位一体"综合合作。引导农民专业合作社多向拓展、延伸农业产业链，发展农产品产地产消、农产品产地初加工与精深加工、休闲农业和乡村旅游，综合开发农业的多元功能与多重价值。支持农民专业合作社组建生产型、营销型、产业链型、综合型等联合社，提高合作层次，增强竞争力。

3. 大力发展龙头企业，不断强化其核心主体地位和引领作用。 鼓励、支持龙头企业大力推行高效生态循环种养模式，积极发展农产品精深加工、物流运输、现代营销、精准农业、智慧农业等。引导龙头企业强化产业链建设和供应链管理，制定农业种养、加工和服务标准，示范引导、带动小农户、专业大户、家庭农场等开展标准化、集约化生产。不断强化、提升龙头企业在农业科技创新体系中的主体地位，支持龙头企业采取自主、产学研合作等方式建立研发机构，加大研发投入，提升创新能力。引导、支持龙头企业引入、聚集现代生产要素，建设"生产＋加工＋科技＋仓储＋物流"的现代农业产业园。

4. 积极发展农业社会化服务组织，不断强化其服务主体地位和支撑作用。 全面深化供销合作社、邮政组织、农机系统改革，着力推动加快形成综合性、规模化、可持续的为农服务体系，打造为农服务综合平台组织与网络体系，促进传统农资流通网点向现代农资综合服务商、"三产融合"全程服务商转型。总结推广各地农业生产全程社会化服务试点良好做法与成功经验，大力扶持培育土地托管、农机作业、田间植保、烘干仓储、初加工服务、市场信息、市场营销、品牌建设等经营性服务组织。引导、支持农业社会化服务组织不断创新服务方式和手段，为小农户和各类新型农业经营主体提供系列化、专业化、个性化、定制化服务。

（二）创新发展多类型"三产融合"模式，促进不同模式共生协同

构建"三产融合"发展体系，模式是重点。为此，要创新发展"三产融合"模式，促进不同模式相互之间的优势互补、有机共生和协同发展。

1. 稳步推进农业内部交叉型融合。 以农林结合、农牧结合、农渔结合、农林牧渔融合、循环发展为导向，加快推进农业内部各产业之间的交叉型融合。按照稳粮、优经、扩饲的要求，推进粮经饲协调发展。粮食作物重点发展优质稻米和强筋弱筋小麦，确保口粮绝对安全；经济作物重点巩固主产区棉花、油料、糖料生产和各城市郊区蔬菜生产，优化品种品质，促进质量安全与增值增效。饲料作物重点发展青贮玉米、苜蓿等优质牧草，大力培育现代饲草料产业体系。加快品种改良，大力发展牛羊等草食畜牧业、近海和远洋水产捕捞业，调整优化畜牧水产养殖结构，提高畜牧业、水产品养殖业发展质量。促进种植业与牧业交叉融合发展，形成"以养带种、牧林农复合、草果菜结合、生态循环"的"种—牧共生型"模式，加快发展种养结合型生态循环农业。积极发展林下经济，推进"林业—畜牧业""林业—蔬菜种植""林业—中草药种植""林业—果品种植"等农林、林牧复合经营模式。

2. 纵深推进农业产业链延伸型融合。 强化产业链竞争意识，立足当地实际、分类施策，积极探索、纵深推进具有地方特色的农业产业链延伸型融合。一是按照"纵向延伸、横向扩张、侧向拓展"的思路，通过组建农业产业化联合体、股份合作、发展"六次产

业"等手段持续拉长加粗产业链条，促进农业全产业链的各个组成环节向高技术构成、高资本投入和高附加价值提升的方向发展，实现各个组成环节的有机集成和协同发展，努力构建"从田间到餐桌"的完整现代农业产业体系，增大产业链整体规模。二是加强农产品及加工品的物流链和信息链管理，促进农业产业链上的各个环节环环相扣，链环上的各利益主体协同服务，全面提升农业产业链整体效能和效率。三是实施产业链驱动的农业产业整合与结构升级战略，构建健全完整、高度发达、关联度高、良性互动的现代农业产业体系和经济体系，全面提高现代农业产业链经营水平。

3. 加快推进农业功能拓展型融合。 着力深入挖掘、开发利用农业的文化、科技、教育、研学、旅游观光、休闲度假、运动康养等价值。引导、支持实施休闲农业和乡村旅游精品示范工程，着力打造一批设施完善、功能多样、优势突出的特色村镇、森林人家、乡村民宿、康养基地、休闲观光园区等；加快发展森林草原旅游、河湖湿地观光等产业。引导农业节庆活动提档升级，做好做优中国农民丰收节，引导、支持开发节庆衍生产品。支持发展乡村共享经济、民宿经济、康养经济和创意农业。

4. 创新推进先进要素渗透型融合。 重点推进新一代信息技术、网络技术、生物技术、大数据技术、智能农机等在农业产业中的集成应用，努力促进基于农业全产业链的业态创新、农业生产方式和经营方式创新，以及商业模式创新。实施"互联网＋现代农业"行动计划，大力发展农村电子商务，促进线上线下融合发展；支持小农户、新型农业经营主体利用电子商务加强农产品品牌建设、营销推介；大力推广"种养基地—中央厨房—餐饮门店""田间市场—电子商务平台（企业）—城市终端配送""种养基地—加工企业—电子商务平台（企业）"等产销模式。鼓励对大田农作物种植业、设施农业、养殖业、捕捞业等进行物联网改造，形成农业物联网行业标准和应用模式，积极发展智慧农业。促进分子育种等现代生物技术在农业各行业领域中的示范推广与应用，积极发展生物农业。

（三）打造平台载体，促进"三产融合"集聚集群发展

构建"三产融合"发展体系，平台载体是支撑。推进"三产融合"发展，需要打造有效平台和载体，聚集多方资源和力量协同推进。

1. 优化农业空间布局，推进专业化、多样化农业集聚集群协调发展。 一是加强"三产融合"发展与乡村振兴战略规划、土地利用总体规划、村庄规划等的有效衔接，调整优化农业产业空间布局。严格规范地方政府经济行为，打破地区垄断和行政区域界限，建立区域统筹协调的农业分工和区域协同合作机制，引导形成良好的农业发展空间秩序。二是以主体功能区规划和优势农产品布局规划为依托，科学合理划定、高标准建立粮食生产功能区、重要农产品生产保护区、特色农产品优势区，引导农业生产要素、农产品生产向功能区、优势区转移集聚，完善落实政策支持，形成区域分工合

理、资源禀赋充分利用、区位比较优势充分发挥的专业化农业地理集聚格局，不断优化产品结构、区域结构和现代农业生产体系[17]。鼓励发展"一村一品""一乡（镇）一业""一园一业"等。三是将"三产融合"发展与新型城镇化建设、美丽乡村建设有机对接，引导农村地区的二三产业向县城或者区驻地、重点乡镇、产业园区、科技园区、创业园区等集聚集中，打造产城融合型产业集群。以现代农业"三园"（产业园、科技园、创业园）建设为抓手和平台，加快延伸农业产业链、增粗价值链、畅通供应链，推动多产业叠加融合、多要素集聚、多领域联动创新、多环节提质增效，形成农村一二三产业深度融合、竞争力强的多样化农业集聚格局。

2. 支持打造"三产融合"组织联盟。一是支持打造农民专业合作社一体化产业链组织和农业产业化联合体。其中，家庭农场是基础，专业生产；农民专业合作社是纽带，专注服务；农业龙头企业是核心，专攻市场。三大新型农业经营主体专业分工、优势互补、产业联结、融合发展，实现"1+1+1＞3"的产业发展优势和乘数效应，从而形成一体化的利益共同体。农民专业合作社一体化产业链组织是以股权为纽带的组织内分工模式，农业产业化联合体是以市场契约为纽带的社会化分工模式。二是支持打造田园综合体。统筹运用农业综合开发、美丽乡村建设等成果，支持龙头企业按照"农田田园化、产业融合化、城乡一体化"的发展路径，以自然村落、特色片区为开发的空间单元，全域统筹规划与开发，逐步建成农村生产生活生态"三生同步"、一二三产业"三产融合"、农业文化旅游"三位一体"，集循环农业、创意农业、农事体验于一体的田园综合体。

3. 积极开展"三产融合"发展试点示范。深入实施农村产业融合"百县千乡万村"试点示范工程和示范园创建工程，着力建设好一批国家级农村产业融合发展示范园。全面开展产业兴村强县示范行动，以农业产业强镇（乡）示范建设为载体，培育壮大乡土经济、乡村产业，打造"一村一品""一县一业"发展新格局。加快建设一批田园综合体、农业特色小镇和百亿级、千亿级"三产融合"发展集群，创建一批镇（城）区、园区、农区"三区互动"的产城融合发展先导区，打造一批"三产融合"领军龙头企业。鼓励、支持各地积极开展农业产业化联合体示范创建活动。

（四）健全利益联结机制，促进形成"三产融合"利益共同体

构建"三产融合"发展体系，利益联结机制是关键。为此，要坚持"基在农业、惠在农村、利在农民"原则，以延长产业链、提升价值链、完善利益链为关键，以农民合理分享全产业链增值收益、持续增进农民福祉为核心，建立健全紧密型利益联结机制，引导"三产融合"主体之间及其与小农户之间紧密合作，形成风险共担、互惠共赢、包容互促的紧密型经济共同体、利益共同体和命运共同体，实现小农户与现代农业发展有机衔接，推进"三产融合"可持续发展。

1. 创新发展订单农业。引导工商资本、龙头企业在自主自愿、平等互利的基础上，依法依规依策与小农户、专业大户、家庭农场、农民专业合作社等签订农用生产资料、农产品的购销合同，根据市场供求变化科学确定买卖价格，形成稳定、共赢购销关系。建立健全订单农业信用体系和订单合同审查备案制度。鼓励、支持新型农业经营主体与京东、天猫等电子商务平台和专业农产品电子商务销售平台积极发展"互联网＋订单农业"模式，构建农产品生产者与消费者点对点互动的农产品网络订单体系。引导、支持专业大户、家庭农场、农民专业合作社探索实施农产品消费会员制和种养"众筹"模式，直接与特定消费人群建立无缝对接赊销合同关系，积极发展分享农业。

2. 鼓励发展股份合作。加快推进农村土地"三权分置"与集体产权制度改革，鼓励发展多领域、多种形式股份合作。引导农民以土地经营权入股，规范、改造或者新建土地股份合作社，采取自主经营、内股外租、"自主经营＋内股外租"等模式扎实推进土地股份合作。结合农村集体产权制度改革，将村集体"四荒"（荒山、荒沟、荒丘、荒滩）资源性资产和经营性资产折股量化到户，村"两委"牵头成立股份合作经济组织，或由村集体统一经营，或交由龙头企业进行资源开发和产业经营，稳妥推进集体资产股份合作，实现集体资产保值增值。鼓励、支持贫困村将扶贫专项资金折股量化到贫困户，变资金到户为权益到户，或由村股份合作经济组织统一经营，或者投资入股龙头企业，积极发展资金股份合作，创新扶贫模式。鼓励、引导科研院所、科研人员以知识产权、科研成果通过作价入股等方式向农民专业合作社、龙头企业转移转化，探索推进技术股份合作。

3. 健全风险防范机制。引导龙头企业强化社会责任意识，建立健全龙头企业社会责任报告制度，加强社会责任信息披露制度建设。增强龙头企业支持政策与利益联结机制之间的挂钩程度，创新龙头企业联农、助农、带农的激励机制。鼓励龙头企业优先聘用土地流出农民，为其提供技能培训、就业岗位和社会保障。建立健全工商资本租赁农地审查制度、分级备案制度和退出制度，明确、严格执行租赁农地面积上限控制，完善动态监管制度，加强事中事后监管，规范工商资本租赁农地行为。探索建立农地租赁租金预付、土地流转风险补助等风险保障金制度，防范承包农户权益受损及其他违法违规行为。加强"三产融合"中订单合同、土地经营权流转合同、土地经营权融资担保合同等的履约监督，建立健全订单和土地流转纠纷的调解仲裁体系。

4. 促进小农户和现代农业发展有机衔接。按照"组织、带动、提升、保护"的逻辑思路，将小农户有效纳入社会分工协作体系，把小农生产引入现代农业发展轨道。鼓励小农户与新型农业经营主体和服务主体发展多种形式的联合与合作，增强小农户从事农业生产经营、对接市场的组织化程度。充分发挥新型农业经营主体的引领示范作用，带动小农发展现代农业，共享经济发展成果。帮助、扶持小农户发展农业新产业新业态，提高产品档次和附加值，拓展小农户发展机会和增收空间。加强工商资本租赁农户承包地的监管和风险防范，健全资格审查、分级备案、风险保障金制度，保护小农户权益。

（五）完善支持政策，促进"三产融合"可持续发展

构建"三产融合"发展体系，政策支持是保障。为此，要完善财税、金融等支持政策，不断将政策细化实化，推动各项政策措施落实到位、落地生根，为"三产融合"发展提供强大动力，促进"三产融合"可持续发展。

1. 加强财税支持政策。 在财政投入上，积极将财政现有资金、预算内投资、农业综合开发资金、脱贫攻坚资金向"三产融合"发展项目倾斜，不断建立健全"三产融合"财政投入保障制度，确保财政投入与"三产融合"目标任务相适应。加快形成财政资金优先保障、金融资本重点倾斜、社会资本积极参与的多元投入格局。支持符合条件的家庭农场、农民专业合作社优先申报、承担政府涉农项目。鼓励地方政府设立"三产融合"发展专项基金，撬动金融资本和社会资本更多投向"三产融合"项目。在税收政策上，对新产业新业态实行税收优惠政策，不断扩大农产品初级加工和精深加工企业进项税额核定扣除试点行业范围。调整完善农产品初加工企业所得税免征优惠目录，进一步减轻农产品加工企业税收负担。

2. 完善金融保险政策。 支持符合条件的涉农企业通过债务融资工具进行直接融资，积极发挥企业债券融资对"三产融合"发展的作用。支持符合条件的涉农企业发行上市、新三板挂牌和融资、并购重组；鼓励、支持各地推广应用农业产业链金融模式，借助"互联网＋"开展在线产业链金融服务。鼓励、支持各地积极探索农村承包土地经营权和农民住房财产权抵押贷款新机制、新模式，引导金融机构创新农村信贷管理机制和金融产品。

大力发展政策性农业保险，扩大农产品目标价格保险、重要农产品收入保险试点，并将其纳入中央财政补贴目录。设立中央财政特色优势农产品保费补贴项目，鼓励因地制宜开展特色优势农产品保险试点。推进农民专业合作社开展互助保险。借鉴美国巨灾保险计划（CAT）经验，以全额补贴和产品创新构建普惠性农业保险体系[18]。进一步完善农业再保险、巨灾基金、巨灾风险证券化等巨灾风险转移分摊机制。鼓励、支持各地保险机构大力推广小额贷款保障保险、农业保险保单质押等保险增信模式。

3. 强化科技与人才支持政策。 坚持以科技进步为支撑，整合各类科技创新资源，建立一批现代农业产业科技创新中心、农业科技创新联盟，加强农业科技研发，完善国家、地方农业科技创新体系和现代农业产业技术体系。培育新型农业科技推广主体，创新农业科技推广服务方式，建立一批农科教产学研一体化农业科技推广联盟[19]，加快推进技术融合和集成应用，不断增强"三产融合"发展的科技创新驱动力量。

引导农村外出务工人员、中职和高等院校毕业生、退役士兵、城市非公司制企业主等返乡下乡人员的创业创新向"三产融合"主体和平台载体集中，主动对接"三产融合"

发展。整合各类教育培训资金资源，加大投入，创新教育培训机制，深入推进现代青年农场主、高素质农民培训计划，鼓励实行农业职业经理人制度，着力提高农村人力资本水平。

参考文献：

[1] DU Z X，XIAO W D. Seven decades of China's agricultural development：achievements，experience and outlook [J]. China Economist，2019（1）：2 - 33.

[2] 刘斐，蔡洁，李晓静，等. 农村一二三产业融合的个体响应及影响因素 [J]. 西北农林科技大学学报（社会科学版），2019（4）：142 - 149.

[3] 王乐君，寇广增. 促进农村一二三产业融合发展的若干思考 [J]. 农业经济问题，2017（6）：82 - 88.

[4] 姜长云. 推进农村一二三产业融合发展的路径和着力点 [J]. 中州学刊，2016（5）：43 - 49.

[5] 马晓河. 推进农村一二三产业融合发展的几点思考 [N]. 经济日报，2016 - 02 - 25（12）.

[6] 熊爱华，张涵. 农村一二三产业融合：发展模式、条件分析及政策建议 [J]. 理论学刊，2019（1）：72 - 79.

[7] 尹成杰. 关于农业产业化经营的思考 [J]. 管理世界，2002（4）：1 - 6，87.

[8] 王小映. 农业产业化经营的合约选择与政策匹配 [J]. 改革，2014（8）：56 - 64.

[9] 中央农村工作领导小组办公室调研组. 破解农民增收难题的"金钥匙"：山东农村新产业新业态发展的调研与思考 [N]. 农民日报，2016 - 08 - 30（1）.

[10] 杜志雄，王新志. 加快家庭农场发展的思考与建议 [J]. 中国合作经济，2013（8）：35 - 39.

[11] 张红宇. 新型农业经营主体发展趋势研究 [J]. 经济与管理评论，2015（1）：104 - 109.

[12] 杨久栋，纪安，彭超，等. 2019 年中国新型农业经营主体发展分析报告（二）[N]. 农民日报，2019 - 02 - 23（7）.

[13] 姜长云. 龙头企业与农民合作社、家庭农场发展关系研究 [J]. 社会科学战线，2018（2）：58 - 67.

[14] 郭芸芸，胡冰川，方子恒. 2019 年中国新型农业经营主体发展分析报告（一）[N]. 农民日报，2019 - 02 - 22（7）.

[15] 孙新华，刘秋文，周娟. 农业经营主体发展的多向性及其启示：基于世界农业发展历史的分析 [J]. 西北农林科技大学学报（社会科学版），2019（3）：78 - 86.

[16] 杜志雄，刘文霞. 家庭农场的经营与服务双重主体地位研究：农机服务视角 [J]. 理论探讨，2017（2）：78 - 83.

[17] 赵丽娜. 产业转型升级与新旧动能有序转换研究：以山东省为例 [J]. 理论学刊，2017（2）：68 - 74.

[18] 朱俊生. 农业保险财政补贴的新形势、新要求和新任务 [N]. 中国保险报，2015 - 08 - 10（7）.

[19] 赵月皎，陈志军. 企业集团特征与技术创新关系研究 [J]. 理论学刊，2016（4）：86 - 91.

第七辑　家庭农场生产服务行为

农业生产性服务业发展的主要模式及其经济效应[①]
——对河南省发展现代农业的调查

  农业生产性服务业是农业、农村经济新的增长点，是现代农业发展的重要支撑。河南省农业生产性服务业主要呈现出政府主导的公共农业生产性服务模式、农民专业合作社引领的内在扩张模式、农业产业化龙头企业的外部拉动模式、农产品市场带动与新型农业服务组织模式、传统服务组织的创新发展模式五种主要发展模式。这五种模式不断进行分工协作、优势互补和完善多元化合作机制，日益成为发展现代农业、推进农业发展方式转变的战略引擎。

  农业生产性服务业是指贯穿于农业生产的产前、产中和产后环节，为农业生产、农业生产者和其他经济组织提供中间投入服务的产业。以中间投入品为主、涉及知识和资本的交换、提供定制化的服务是农业生产性服务业的主要特征[1]。当前，发展面向农业的生产性服务业是农业、农村经济新的增长点，是现代农业发展的重要支撑[2]，也是以工促农的产业路径[3]和建立新型工农关系、城乡关系的重要桥梁和纽带[4]。农业生产性服务业发挥好上述作用的关键还在于探索和发展因地制宜、适应农业生产一般或特殊需求的具体实现模式，通过适宜的服务模式推动农业专业化分工深化、农业产业链和价值链向"微笑曲线"两头延伸，提高农业生产率和农业经济增长率。近年来，河南省面向推进农业产业化、发展现代农业和转变农业发展方式的需求，积极发展为农林牧渔业发展的生产性服务业，基本上培育形成了以政府公共服务机构为依托，以农村合作经济组织为基础，以农业产业化龙头企业为骨干，以农产品市场为重要平台、其他社会力量为补充，以民营服务企业为有生力量的多层次、多类型的农业生产性服务业发展模式。而且，在河南省加快建设

---

  ① 本文原载于：肖卫东，杜志雄. 农业生产性服务业发展的主要模式及其经济效应：对河南省发展现代农业的调查 [J]. 学习与探索，2012（9）：112-115.

中原经济区的过程中，为了不牺牲粮食生产、不牺牲农业和不牺牲环境的"三个不牺牲目标"的实现，发展农业生产性服务业的需求正在显著增强，其重要性和紧迫性也正在进一步凸显。

一、政府主导的公共农业生产性服务模式

公益性农业生产性服务，按其供给主体及是否使用了公共权力和公共资源，可分为公共服务和一般公益型服务。涉农政府机构和部门的多功能性、农业技术推广等服务的公共产品属性和外部性，以及农产品的社会属性等决定了涉农政府部门和站所在农业生产性服务中具有无法取代的重要地位。因此，公共农业生产性服务通常是由政府主导，具有服务多样、专业性强的特点。河南省所建立的政府主导型公共农业生产性服务模式有：

1. 依托政府部门和涉农站所，积极开展面向农业产业链的公共服务。河南省各级地方政府中的涉农政府部门和涉农站所是农业技术推广体系中最主要的组成部分，也是目前规模最大、覆盖面最广的由政府支持建设的科技服务体系，尤其是涉农站所是利用公共财政为农业生产提供公共服务的重要组织。各级农技推广中心、种子站、林业站、林科所、农科所、森防站、植保站、土肥站、植检站、农机站、畜牧兽医站等都属于这一系统。植保站按照"绿色植保、公共植保"的方针，为农业生产提供农业病虫害预测预报、植物检疫、病虫害鼠害防治技术指导与服务、良好农业操作规范等配套生产性服务。依托种子站为农户提供农产品重点品种选育服务、农作物新品种示范推广服务，引导企业加强大田良种繁育基地建设。依托土肥站，可以为农业生产提供测土配方施肥及相关信息服务。依托农产品质量检测站，形成对农产品、畜产品和水产品生产、储运、销售及产地环境等从田间到餐桌的全面监控体系。

2. 结合实施惠农政策和实施财政支农项目，加强和创新公共农业生产性服务体系建设。近年来，河南省各地积极探索建立了"县农技推广中心—乡（镇）农技综合服务站—村农技服务组或者科技示范户"的基层农技推广组织体系和"专家组＋农技人员＋科技示范户＋辐射带动户"的农技服务模式。组织实施农村致富带头人培训工作、农业科技特派员包村工作和农民科技书屋建设；积极开展灵活多样的适用技术培训，引导广大科技人员深入基层为农民提供及时、便捷、高效的农技服务。已经基本形成了"市有中心、县有平台、乡有信息站、村有信息员"较为完善的公共农业信息服务体系。农村公共气象服务体系和农村气象灾害防御体系也日益健全，农业气象信息服务模式也不断创新。

3. 积极打造各类农业生产性服务公共服务平台。通过建立农业科技示范园和示范推广基地，形成农业科技、发展方式的示范平台，积极打造各类农业生产性服务公共服务平台，探索促进技术、资源集聚和共享的有效方式。通过示范平台和公共服务平台为农户提

供农业生产性服务，具有多重功效：一是促进农业生产性服务业的聚集发展、规模发展，增强农业生产性服务业的系统性功能；二是凝聚、引导和激发农户对农业生产性服务的需求，促进农户对农业生产性服务的隐蔽需求向显性需求、潜在需求向实际需求的转化和有效需求的满足；三是更好地满足农户对农业生产性服务的差异化、多样化和高端化需求；四是提高农户对农业生产性服务的资源和信息共享水平，降低农户享受农业生产性服务的成本。

二、农民专业合作社引领的内在扩张模式

截至 2010 年底，河南省的农民专业合作社已达 26 596 个，入社成员总数达到 20.5 万人，并且涌现出一批发展规范、产品已取得相关认证、经营情况较好的示范社，目前省级示范社已达 445 个。其中，截至 2011 年 6 月底，河南省经工商部门注册的农机专业合作社达 3 828 个，入社农户超 4.1 万户，服务农户超 430 万户。可见，河南省农民专业合作社的发展速度较快，发展质量不断提升。更为重要的是，河南省农民专业合作社涉及的生产经营范围不断拓宽，为入社农户提供的服务层次逐步提高。农民合作经济组织的加快和规范发展，整合和聚集了有限的农村生产性服务资源，改善和优化了面向农业产业链的生产性服务体系，逐步形成农业生产性服务业的内在扩张能力，日益成为促进农业生产性服务业发展的内在力量和有效组织模式。

1. 面向农业产业链不断创新生产性服务内容和服务模式，积极构建服务农户的新型生产性服务体系。近年来，为适应市场和农户生产经营需要以及自身发展的需求，河南省农民专业合作社的服务内容已经涵盖农业产业链的多数环节，已经由最初的以生产、技术服务为主，逐步向在农资供应、良种引进和培育、市场供求与经营信息服务、病虫害鼠害防疫防治技术指导和服务、农产品加工、质量标准、品牌包装、基地认证、市场拓展和建立稳定的购销关系等环节延伸，涉及农业产前、产中、产后的各个环节。

2. 扶持和引导农民专业合作社加强自身建设，完善运行机制，增强农民专业合作社自我发展和提供公益性农业生产性服务的能力。各地政府积极加强对农民合作经济组织的财政和金融、税收优惠等政策支持；引导农民合作经济组织在民主管理机制、利益联结机制和自律机制等方面加强规范建设；按照试点示范、典型引路的原则，引导合作社加强自身建设；积极组织农民专业合作社参加农产品展示交易会，或与大型连锁超市合作。在政府的扶持和引导下，有些农民专业合作社专门成立了技术服务部、化验室等，并配套相关服务设施，为社员提供无偿技术服务和信息服务等生产性服务；有些农民专业合作社专门聘请职业总经理和高层次技术人员，帮助和指导社员科学决策和种植经营。还有很多合作社聘请科研院所的专家和相关职能部门的工作人员定期为入社成员讲解生产技术、法律法

规和党的方针政策，使得入社成员的综合素质逐步提高。"加大对农民的教育和培训力度，提高农民的自身素质和法律意识，也是实现村民对农业合作社有效监督的关键一环[5]。"

3. 在农民专业合作社的发展中，不同利益相关者合力提供农业生产性服务的格局日趋鲜明。近年来，河南各地成立的农民合作社联盟以及尝试推行的"农业科研院所或者高等院校—农民专业合作社—农户"的服务模式，就是一种各地市合作社合力、农业科研院所或者高等院校与农民专业合作社合力为农户提供农技推广等生产性服务的有效服务格局。这种服务模式强调在各地市的农民专业合作社之间、农民专业合作社与农业科研院所或者高等院校之间建立密切合作关系，在科研人员、农民专业合作社和农户之间建立伙伴关系，探索科研、教育培训和推广相结合的服务创新机制。

三、农业产业化龙头企业的外部拉动模式

近年来，随着河南省农业产业化经营的深入推进，农业产业化龙头企业服务农户的联结模式不断创新，逐步形成市场牵龙头、龙头带基地（农民合作经济组织）、基地带农户的农业组织形式和经营机制。截至 2009 年底，河南省农产品加工企业已发展到 3 万多家，其中，规模以上农业产业化龙头企业达 6 000 多家，省级以上重点龙头企业 601 家，年销售收入超亿元企业 500 多家，年销售额达 30 亿元以上的企业有 10 家。当前，农业产业化龙头企业对农业生产性服务业发展的外部拉动和植入效应日益显现，已成为河南省新型农业生产性服务体系中的骨干力量。

1. "企业＋基地＋农户"的生产性服务提供模式。龙头企业通过农产品基地建设为农户提供生产性服务，以与农户结成利益互惠的共同体。龙头企业利用其雄厚的资本、技术和研发能力，为基地农户提供优质生产资料、信息和资金技术等服务，农户按照公司的生产计划和技术规范进行生产，农产品由公司按照合同价格收购销售。

2. "企业＋农民合作经济组织＋基地＋农户"的生产性服务提供模式。在河南省的实践中主要有两种方式：一是由农民合作经济组织与龙头企业达成一致，来为基地农户提供生产性服务；二是农户分工生产农产品，龙头企业分工加工和销售农产品，农民合作经济组织充当中介，为农户提供产前和产中的农资采购、技术培训等服务，为龙头企业提供收购、粗加工和运输等服务。这两种方式均有利于在龙头企业、农民合作经济组织和农户三者之间形成有效的纵向产业协作关系，它们在协作中也能彼此受益：（1）通过农民合作经济组织，龙头企业可降低生产性服务的成本，从而提高对农户的服务效率；（2）通过农民合作经济组织，龙头企业可以形成覆盖范围更广的层次化的生产性服务网络；（3）依靠农民合作经济组织，可有效实现农户农业生产性服务需求与龙头企业服务供给的对接，使农户和龙头企业拥有的要素优势互补，并有利于平衡农户与企业利益；（4）通过农民合作经

济组织的信任机制，可降低农户和龙头企业的交易成本、经营风险。

3. "企业＋农业园区（食品工业园）＋农户"的生产性服务提供模式。由龙头企业兴建的农业园区（食品工业园）是一种带动地方经济发展的集研究、示范、生产、推广、加工、销售等于一体的新型农业组织形式。通过农业园区，龙头企业为农户提供产前、产中、产后的全过程综合配套服务，把千家万户联结起来，纳入专业化生产和规模经营的生产模式；推进知识、技术、信息等先进生产要素在农业产业链上的有效应用，并适时向研发创新、品牌建设、商业模式等关键服务环节延展，推动农业产业链向"微笑曲线"的两端攀升。依托农业园区，龙头企业还能有效整合各方服务资源，聚集和瞄准农户生产性服务需求，构建区域农业生产性服务体系，产生服务业的聚集效应：一是促进农业生产性服务业的聚集发展和结构升级；二是更好地发挥农业生产性服务尤其是高端服务对区域农业产业结构升级和农业发展方式转变的示范、带动作用；三是更好地增强龙头企业的产业关联性和本地根植性；四是搭建农业生产与全球农业产业链、农产品价值链升级深度融合的通道[6]。

四、农产品市场与新型农业服务组织模式

1. 积极加强和推进农产品市场建设，为发展农业生产性服务业提供重要平台。这种模式主要是以农产品专业批发市场为纽带，带动地方主导产业，并通过合同契约与农户、农民大户及农民合作经济组织构筑稳定的经济关系，为农户提供产销一条龙经营的服务模式。农产品专业批发市场因具有强大的市场凝聚力，可以发挥市场在价格形成、信息交换、产业带动、物流集中等方面的服务功能，并能获得服务的规模经济效应。

2. 农超对接日益成为河南省大型连锁超市为农户提供生产性服务的典型模式。自2007年底国家开展农超对接试点工作以来，各大超市不断创新与农户的联结方式，利用自身在市场信息、管理等方面的优势参与农业生产、加工、流通的全过程，为农户提供技术、信息咨询、物流配送、产品销售等一整套生产性服务。目前，随着商务部、农业部及地方各级政府的积极扶持和大力推进，河南省在实践中农超对接模式主要有两种：一是家乐福超市的"超市＋农民专业合作社＋农户"模式；二是麦德龙超市和沃尔玛超市的"超市＋超市自有或者第三方农业公司＋基地农民（或者'农民＋农民合作经济组织'）"模式。

3. 新型农业服务公司通过市场化运作为农业生产提供专业化的生产经营服务。这是一种在不改变家庭承包制的前提下，将目前的"家庭经营"转变为"企业化经营"，通过企业的市场化运作，实现农业生产的规模化、标准化、规范化，以创新农业生产经营方式和农业生产性服务供给模式。典型案例为河南省项城市汾河湾合作社创造的"陶湾模式"，

该合作社大力发展农业委托代理经营服务公司，采取"农户＋农业经营服务公司＋龙头企业"的农业产业化模式，为农户提供统一良种、统一施肥、统一浇水、统一除病虫害、统一深耕细作等农业生产服务。这种新型农业经营服务公司搭建了农户与龙头企业有效对接的平台和桥梁，具有四方面的服务功能：（1）为农户提供农资、农田设施、农技服务；（2）根据农民自愿，集中收购农户粮食，以企业的身份参与市场竞争，为农产品加工企业提供原料；（3）批量采购种子、农药、肥料等农业生产资料，给农户提供质优价廉的农业生产资料；（4）以农作物秸秆为原料，发展农村新能源。这种新的模式重塑了农户与龙头企业之间的利益连接机制和关系。

五、传统服务组织的创新发展模式

近年来，河南省各地都积极鼓励传统服务组织资源（国有粮食企业、邮政部门、供销社等）面向服务需求，增加农业生产性服务供给，创新服务提供方式，并同新兴、市场化的农业生产性服务组织对接，延伸服务能力，形成不同类型农业生产性服务业合力推进现代农业发展的格局。国有粮食企业中国储备粮管理集团有限公司（以下简称中储粮）作为一种重要的传统服务组织资源，日益成为河南省发展农业生产性服务业的重要力量。中储粮在河南辖区已建立"中储粮河南分公司'三农'服务总社—直属库'三农'服务中心社—乡村'三农'服务社"三级为农服务组织架构和服务网络体系。直属库"三农"服务中心社以网点布设、经营管理、服务指导、商品配送为重点；乡村"三农"服务社则以粮食收购、农资供应和配送为重点，并逐步向土地流转和托管、代农储量和农产品加工、农技和农业机械服务、信息服务、订单农业、通过自身的种植试验推广优良品种等延伸，不断拓展服务范围，完善服务功能。

挖掘传统服务组织的创新服务潜力，是河南省发展农业生产性服务业的重要途径。传统服务组织资源在参与区域农业生产性服务业综合体系建设中，具有三重优势：（1）农村网点多、覆盖面广和比较完善的网络布局优势、渠道优势和规模优势，具有一网多用、双向流通、连接城乡的特点，借此可以更好地贴近农户的生产性服务需求，为农户提供全方位、多层次的综合服务。（2）品牌及其影响力优势、声誉优势，借此一方面可以充分发挥传统组织的品牌功能和价值；另一方面，还容易赢得农民和农业专业大户、农民专业合作社、农业企业等新型农业经营主体的信任，增强相互之间的合作和密切联系，建立"利益共享，风险共担"的稳固关系。（3）相关部门之间的合作优势和相关产业之间的相互支撑优势，借此容易获得其他相关部门的支持，并通过"三农"服务社之类的平台为农产品加工企业提供"保姆式"服务，提高产业间的相互依存度，形成产业协调发展的良性互动。凭借这些优势，通过促进传统服务组织的转型发展和改造来发展农业生产性服务业，可以收到"一举多得"之效：一是消除传统服务组织的运行惰性，并激发其创新服务潜力；二是促进服务供求更好对接，增加农户对农业生产性服务的可得性；三是利用原有渠道和网络，可以降低重新开辟渠道和网络的成本和风险；四是传统服务组织通过实施品牌化运作、网络化管理和规模化物流配送，可以更有效推进城市生产性服务业和公共服务向农村地区延伸，形成一体化的城乡服务链，让广大农民享受到更多的公共服务均等化的成果。

综上所述，当前河南农业生产性服务业的五种主要模式虽然在服务内容上存在一定的同质性，但他们在提供服务的方式、服务功能发挥的完整性程度、农业生产服务提供者与接受者的利益联结以及服务内容本身等诸多方面的差异性也很显著；同时其服务功能互补性特征也正在显现。在农业生产性服务业"现实急需、发展不足"的大背景下，鼓励各种模式的农业生产性服务业的探索和发展，通过政策激励积极引导各种服务向功能互补方向延伸，将有助于更加充分地发挥生产服务业对粮食生产和农产品稳定供给的保障作用。

参考文献：

[1] 程大中. 生产者服务论：兼论中国服务业发展与开放 [M]. 北京：文汇出版社，2006.

[2] 郝爱民. 农业生产性服务业对农业的影响：基于省级面板数据的研究 [J]. 财贸经济，2011 (7)：41.

[3] 潘锦云，李晏墅. 农业现代服务业：以工促农的产业路径 [J]. 经济学家，2009 (9)：76.

[4] 姜长云. 着力发展面向农业的生产性服务业 [J]. 宏观经济管理，2010 (9)：23.

[5] 朱磊. 中国村务监督法律运行机制的完善 [J]. 学术交流，2010 (11)：65.

[6] 赵春江，李江. 新农村建设中公共产品供给问题研究 [M]. 北京：中国物资出版社，2011.

农业生产性服务业发展的瓶颈约束：豫省例证与政策选择[①]

近几年来，河南省农业生产性服务业有了较大发展，已由产中服务逐步向产前和产后服务延伸；农业服务化程度明显提高，农业生产性服务业对农业发展的引领、支撑作用不断增强。但其发展仍然面临着体制和制度环境、政策、金融、人才等几方面的瓶颈约束。因此，要改革与完善有利于农业生产性服务业发展的体制与制度环境，构建促进农业生产性服务业发展的财政和税收政策体系，促进和加快农村地区金融业发展，加强农业生产性服务业人才队伍建设，培育多元化的服务主体、整合服务资源。

近年来，河南省农业生产性服务业发展迅速，成为河南省现代农业产业体系建设中较为引人瞩目的现象，并且农业生产性服务业日益成为河南发展现代农业、战略性调整农业产业结构、统筹城乡一体化发展和转变农业发展方式的战略引擎。《国务院关于支持河南省加快建设中原经济区的指导意见》中明确提出了河南省的战略定位：国家重要的粮食生产和现代农业基地，全国工业化、城镇化和农业现代化协调发展示范区；并要求"坚持走具有中原特点的农业现代化道路""加快转变农业发展方式""培育现代农业产业体系""健全农业社会化服务体系"。可见，在河南省加快建设中原经济区的过程中，农业生产性服务业发展的需求正在显著增强，其重要性和紧迫性也正在进一步凸显。鉴此，本文对河南省农业生产性服务业的发展现状、发展所面临的瓶颈约束进行分析，并提出若干解决问题的政策选择。

一、河南省农业生产性服务业发展现状

（一）农业生产性服务业的引擎作用

农业生产性服务业是指贯穿于农业生产的产前、产中和产后环节，为农业生产、农业生

[①] 本文原载于：杜志雄.农业生产性服务业发展的瓶颈约束：豫省例证与政策选择［J］.东岳论丛，2013，34（1）：144－149.

产者和其他经济组织提供中间投入服务的产业。以中间投入品为主、涉及知识和资本的交换、提供定制化的服务是农业生产性服务业的主要特征[1]。当前，发展面向农业的生产性服务业是农业、农村经济新的增长点，是现代农业发展的重要支撑[2]。一方面，提高生产性服务投入在农业生产中的比重能加快农业的发展，从而提高农业生产效率[3]和提升农业比较利益[4]；另一方面，农业生产性服务业是现代服务业与农业产业耦合的产物，既能拓展现代服务业所涉及的产业领域，也能够有效地通过产业路径实现传统农业向现代农业的蜕变，越来越成为以工促农的产业路径[5]和建立新型工农关系、城乡关系的重要桥梁和纽带[6]。

（二）河南省农业生产性服务业的发展现状

1. 农业生产性服务业有了较大发展，但整体水平还较低。 近年来，河南省农林牧渔服务业增加值呈现稳定的快速增加态势（表1），由2002年的39.33亿元稳步快速增加到2010年的71.60亿元，9年间增加了32.27亿元。并且，农村生产性服务业逐渐成为吸纳农村就业的重要渠道，2002年吸纳就业人数322.70万人，占乡村从业人员的比重仅为6.88%，到2010年，其吸纳就业人数快速增加到458.16万人，占乡村从业人员的比重提高到9.32%。虽然河南省农业生产性服务业有了较大发展，但是，农林牧渔服务业增加值在农林牧渔业增加值中的所占比重不高，并且表现出了一定程度上的下降趋势，由2002年的3.16%下降到2010年的2.20%，2008年的比重仅为2.05%。尤其是，与全国水平和其他地区水平相比，河南省的农业生产性服务业发展仍然处于滞后状态，整体水平不高。2009年，河南省农林牧渔业增加值在农林牧渔业增加值中的比重只有2.19%，而全国水平和山东省水平分别为3.0%和4.11%，分别低了0.81个百分点和1.92个百分点。

表1   2002—2010年河南省农业生产性服务业发展情况

年份	农林牧渔业增加值/亿元	农林牧渔服务业		乡村从业人员数/万人	乡村生产性服务业从业人员	
		增加值/亿元	增加值所占比重/%		人数/万人	所占比重/%
2002	1 246.44	39.33	3.16	4 690.90	322.70	6.88
2003	1 239.70	41.00	3.31	4 695.00	337.30	7.18
2004	1 692.79	45.22	2.67	4 717.98	327.62	6.94
2005	1 892.01	47.96	2.53	4 752.36	350.95	7.38
2006	1 916.73	46.91	2.45	4 776.93	369.31	7.73
2007	2 217.65	49.49	2.23	4 814.56	395.79	8.22
2008	2 658.78	54.40	2.05	4 859.13	422.98	8.70
2009	2 769.05	60.63	2.19	4 881.66	442.05	9.06
2010	3 258.11	71.60	2.20	4 914.67	458.16	9.32

资料来源：河南省统计局，国家统计局河南调查总队，《河南统计年鉴》（2003—2011），北京：中国统计出版社。

注：①本表按当年价格计算。②根据数据可得性，乡村生产性服务业从业人数只包括交通运输、仓储和邮政业，信息传输、计算机服务和软件业、批发和零售业的从业人数。

2. 农业服务化程度明显提高，农业生产性服务业对农业发展的引领、支撑作用不断增强。 从农林牧渔生产性服务支出来看，河南省农业生产性服务业发展迅速（表2），2005—2009年，农林牧渔生产服务支出由118.8亿元快速增加到222.1亿元，5年间增加了103.3亿元，年均增加20.66亿元，年均增长率达17.39%。相应地，农林牧渔生产服务支出在中间消耗中的所占比重也呈现稳步提高态势，由2005年的8.38%稳步提高到2009年的10.56%，5年间提高了2.18个百分点。这表明，河南省农业产业链中正融入越来越多的生产性服务要素，农业服务化程度明显提高，农业与农业生产性服务业呈现融合发展趋势。同时，这也表明，河南省农业生产性服务业对农业发展的引领、支撑作用不断增强。突出表现在：（1）农业与农业生产性服务业交互影响、相互渗透，产生了许多新的新型农业产业，例如，农业旅游业、休闲农业、创意农业等。截至2009年4月，郑州市已有各类农业观光园区近400个，综合收入约1.86亿元，其中"农家乐"观光休闲农业项目有240家，年收入4600多万元。（2）生产性服务业企业向农业的渗透或者农业产业化企业向生产性服务业的渗透，例如，家乐福、沃尔玛等大型超市在河南建设的农产品供应基地；种业集团从种子贸易向种业全产业链的转型；郑州粮食批发市场从粮食交易向涵盖粮油、农资、农副产品收储、贸易、物流、种业、加工等全产业链供应商转型，致力于建设立足中原、辐射全国的一流粮农企业集团。（3）在农业生产过程中大量投入生产性服务，例如，信息化技术、气象预测预报技术等在农业生产中的应用。

表2 2005—2009年河南省农林牧渔生产性服务支出

年份	农林牧渔生产服务支出/亿元	生产服务支出在中间消耗中所占比重/%
2005	118.8	8.38
2006	130.0	8.44
2007	142.0	8.54
2008	172.0	8.55
2009	222.1	10.56

资料来源：国家统计局，《中国农村统计年鉴》（2006—2010），北京：中国统计出版社。
注：表中的农林牧渔生产服务支出按当年价格计算。

3. 农业生产性服务已由产中服务逐步向产前和产后服务延伸。 在河南省的农业生产性服务体系培育当中，产中服务一直比较受重视，例如，生产过程中先进实用技术和生产管理技术的推广和应用，科技入户和万名科技人员进万村行动，努力提高农业机械化水平和农机社会化服务水平，等等。随着市场规模的扩大和国家以及政府政策的支持，农业生产的产前、产后服务业也逐渐发展起来。近几年，河南省气象部门已基本形成集业务、服务、科研一体化的"省、市、县"三级农业气象服务体系和"省、市、县、乡、村"五级现代农业气象服务体系和灾害防御体系，探索出"科技支撑、由点到面、内涵发展"的现代农业气象服务模式。农产品良种繁育技术和推广体系已基本建立，先后在河南农业大学、河南省农业科学院投资建立良种区域技术创新和改良中心，建设农作物新品种推广示范基地，并初步建立和完善了农作物种子质量监督检测体系。农村金融服务方面，已经形成了包括商业银行、政策性银行、农村信用合作社、中国邮政储蓄银行、村镇银行、小额贷款公司、资金互助社等多层次的农村金融服务体系，创新发展了多户联保、公职人员担保、龙头公司担保，担保公司担保等多种形式的贷款担保模式。

4. 农业生产性服务发展对于农业增长的保障作用显著增强。 河南是农业劳动力流出大省。农业劳动力大量流出使农业劳动力的数量和质量下降，并对农业稳定可持续增长形成压力。农业生产服务业的发展，特别是专业化农机（技）服务业的发展，使农户将农业经营的单个或多个环节外包给专业化的农机服务队和农业技术服务组织成为可能，从而使农业劳动力供给和投入由传统的全部依赖家庭内部劳动力转化为依赖农户内外两种来源的劳动力来承担。其结果是，农业劳动力数量减少可由农机替代，同时即使劳动力质量下降，农户对现代实用农业技术的应用并未受阻。这是河南农业近年来并未受劳动力数量和质量减少影响，能连续保持丰收高产的重要原因。

二、河南省农业生产性服务业发展的瓶颈约束

（一）体制和制度环境瓶颈：服务资源分散和管理体制混乱，导致农业生产性服务业发展缺乏统筹规划和综合协调

一是随着农业和农村的改革和发展，河南省农村地区的服务资源已经有了一定积累，但这些资源分散在不同部门、不同地区和不同机构，在相当程度上影响服务资源使用的安全性、有效性和规范性。二是农业生产性服务业涉及的门类较多、横跨的领域较广，并且新型服务业和产业融合现象不断出现，这容易导致政府多头管理、交叉管理，管理体制混乱问题突出，从而难以对农业生产性服务业发展进行统筹规划和综合协调，严重影响了农业生产性服务业的发展活力。河南省组建了各级农业科技服务机构，包括农业科研机构、农业教育机构和农业推广机构，但是这些部门分设，各自独立，而且相互之间缺乏直接和有效的联系。三是由于对农业生产性服务业发展的统筹规划和综合协调不够，还导致其发展过程中的分散布局、重复投资、盲目建设、粗放经营、无序竞争等发展方式问题凸显。

（二）政策瓶颈：多数政策支持力度过小、政策落实难或者效率不高，政策创新滞后

近年来，河南省支持农业生产性服务业发展的政策措施陆续出台，政策取向和指向日趋明显，政策含金量不断提高，这对于加快农业生产性服务业发展产生了积极影响。但

是，也存在一些政策瓶颈：一是多数政策的支持力度过小，导致对涉农服务部门和涉农站所的服务能力建设投入不足和设施设备更新缓慢，严重制约其服务能力的提高。河南省农业技术推广经费投入严重不足，而且被截留或挪用的情况普遍存在，导致多数县市的乡镇农技推广机构除了人员工资以及有限的人头经费外，基本再无其他工作经费，有的专业人员下乡指导农业生产连路费都报销不了。这在很大程度上妨碍了乡镇农技推广机构公益性生产服务供给的增加和服务效率的改善。二是政策落实难或者落实效率不高，这主要表现为政府支持服务组织发展和为农服务供给的增加，在某些方面已有明确的政策规定，但缺乏落实或者落实效果亟待提高。不少支持政策从国家和省政府下达到各服务组织，经过的中间层次和环节过多，导致政策落实中的寻租现象严重，政策实施成本较高，具有明显的时滞性，政策落实效率较低。三是各项支持政策之间缺乏整合性和衔接性，政策创新滞后，导致各种服务组织和涉农政府机构高效、规范的为农服务长效机制仍未形成。例如，2010 年以来，河南省各级气象部门不断加大强农惠农气象服务力度，积极推进人才和资金向农村倾斜、气象基础设施向农村延伸、公共气象服务向农村覆盖，但是，与农业生产对气象服务的需求相比，基层气象部门的业务科技支撑能力、队伍数量和素质与"农村公共气象服务体系和农村气象灾害防御体系"的要求不相适应的问题仍很突出，机构建设、基层队伍建设、经费投入、政策保障等长效机制滞后于为农服务工作的推进速度，气象为农服务尚未真正融入社会公共服务体系。

（三）金融瓶颈：农村金融服务体系不健全不发达，导致农业生产性服务组织融资难问题突出

一是农村地区正规金融服务机构网点的匮乏，新型农村金融机构（村镇银行、小额贷款公司、农村资金互助合作社）的缓慢发展和不规范运营，导致基层农业生产性服务组织获得的金融服务严重不足，尤其是信贷资金的可获得性较低。例如，截至 2010 年 9 月，河南省周口市农村地区平均每个乡镇只有 2～3 个金融机构网点，而且农村支农金融机构以农村信用合作社为主，信贷供给主体较为单一；2005—2009 年，周口市农业贷款余额在全市贷款余额中所占的比重平均不到 25%[7]。据河南省银监局的统计数据显示，2010 年河南省农村地区的金融机构覆盖率不足 40%。二是农村地区金融机构的商业化营运和担保机制、服务体系的缺失，极大地降低了农业生产性服务组织的融资效率。在河南省农村地区的生产性服务业中，以中小企业居多，甚至在许多新型生产性服务业中，小型企业、微型企业的比例更大，其中又有很多企业处于创业阶段，自有资产极少，缺少可用来作为抵押或质押的财产。再加上农村地区担保机制和服务体系的缺失，致使许多农业生产性服务组织容易出现融资难问题，从商业银行贷出大额款项的难度更大。三是农村地区金融市场上金融工具和金融服务产品单一，满足不了为农服务组织尤其是新型农业生产性服

务组织多样化、多层次的金融需求。目前，河南省农村地区金融市场上主要提供储蓄、抵押类贷款及农村小额信贷等金融品种，抵押、担保、承兑、贴现、咨询服务等中间业务还很少，这导致农村金融服务供给与农业生产性服务组织的实际金融需求之间的矛盾日益显现。

（四）人才瓶颈：服务人员专业素质不高和专业人才短缺制约了农业生产性服务业的升级发展

在河南省农业生产性服务业的发展过程中，由于公共农业服务机构和社会化服务组织服务人员的专业素质低下、高层次专业人才的短缺，已然成为制约农业生产性服务业升级发展的突出问题。主要表现在：一是基层公共农业服务机构普遍存在人员队伍不稳、专业结构不合理、人员和知识老化现象严重，导致服务人员的专业技能和综合素质难以满足实际工作的需要。这些现象在县乡（镇）两级农技推广机构尤为普遍。现有农技推广人员年龄老化、学历低，总体素质偏低。由于受编制限制，许多农技推广机构无法吸收农业院校的毕业生，基层农技队伍大多已多年未得到补充和更新，知识出现断层。二是社会化服务组织高端专业人才，特别是领军型、经营管理型、复合型高端人才严重短缺，成为制约其向更高层次发展的重要因素。这种现象在农民专业合作社的发展中尤为明显。例如，农机专业合作社随着服务领域的不断拓展，对人才的需求也越来越迫切，不仅需要农机驾驶、维修等技术型人才，更需要懂经营、善管理的高端人才；蔬菜、瓜果等种植专业合作社随着竞争程度和市场不确定性的增强，迫切需要既熟悉市场经济规则、对市场变化趋势较为敏感，又有一定营销策划能力的人才。

三、加快农业生产性服务业发展的政策选择

（一）改革与完善有利于农业生产性服务业发展的体制与制度环境，以健全对农业生产性服务业发展的统筹规划和综合协调

1. 加强对农业生产性服务业发展的统筹规划，确定发展方向和支持重点。只有有了科学的统筹规划，才能做到在国家农业和服务业产业政策引导下，在立足河南省发展现状、着眼未来的战略谋划引领下，实现农业生产性服务业科学、有序、健康、可持续和高效发展。为此，建议根据全国新增千亿斤粮食生产能力规划、河南省粮食生产核心区建设规划和农产品优势产区建设规划，编制河南省"十二五"农业生产性服务业综合规划和专项规划，以此统筹河南省农业生产性服务业发展与改革，做到全省发展一盘棋。各地市也要立足于当地实际编制地方农业生产性服务业发展规划，明确发展目标和任务，科学谋划重点发展领域。在编制规划时，要把建立需求主导、功能导向、重点突出、层次有序、结

构优化和良性互动的农业生产性服务业体系，促进农业生产性服务业产业链、产业网和产业体系的形成，作为农业生产性服务业的发展方向。同时，还要考虑既有发展基础、技术进步、制度变革、区域和国际竞争等因素，根据不同地区、不同时期农业发展及其对生产性服务的需求，制定农业生产性服务业产业指导目录，明确政府重点支持的关键领域、重点行业和重点项目、薄弱环节和新型服务业业态。

2. 加强对农业生产性服务业发展的组织领导和组织支持，不断完善工作机制。鉴于农业生产性服务业工作横跨部门多、综合协调难度大的特点，建议河南省成立农业生产性服务业发展领导小组，以加强对农业生产性服务业发展的组织领导、统筹规划、政策制定和重大问题协调。鉴于农业生产性服务领域专业性强、新型服务产业和业态以及服务主体不断涌现的特点，建议把加强农业生产性服务业发展的部门合作，作为对服务业发展加强组织领导和综合协调的重点，并逐步建立政府领导、部门合作、分工合理、权责明确的农业生产性服务业工作机制。

（二）构建促进农业生产性服务业发展的财政和税收政策体系，以增强政策支持、完善和优化农业生产性服务业的发展环境

1. 建立财政支持农业生产性服务业投入稳定增长的长效机制，健全财政支持体系。首先，扩大河南省服务业引导资金的规模，尽力争取更多的国家服务业引导资金。要充分发挥服务业引导资金的积极作用，坚持财政支持农业生产性服务业的"两个确保"：一是确保服务业引导资金的规模，随着河南省财政经常性收入的增长保持更高比例的增长；二是确保服务业引导资金和专项资金中，用于支持农业生产性服务业的比例，适当高于农业生产性服务业占服务业 GDP 的比重。其次，创新财政支持农业生产性服务业发展的方式，加强对农业生产性服务业财政支持资金的整合，以提高其使用效果。一是要不断完善各项服务补贴制度；二是要探索适合农业生产性服务业发展特点的专项基金支持，例如设立服务业产业投资基金、服务业创业投资引导基金、农业科技园区和示范区建设专项基金等；三是整合服务领域的财政扶持资金，通过服务业引导资金和专项资金，综合运用财政贴息、财政补助、以奖代补、启动资金支持和奖励等多种方式支持农业生产性服务业发展。

2. 完善支持农业生产性服务业发展的税收优惠政策。要认真落实新的企业所得税法及其实施条例有关规定、调整营业税征税范围和方式、优化增值税征税项目和完善增值税进项税抵扣政策，继续实施并不断强化农业生产性服务业的减免税、降低税率等优惠政策，重点解决农业生产性服务业发展过程中所面临的重复征税和税费歧视问题。具体来说，一是要改革企业所得税。对企业从事农林牧渔服务业项目的所得免征、减征企业所得税；对科研单位和大专院校开展农业生产技术服务取得的收入，以及提供农业产前、产

中、产后相关服务的企业，暂免征收企业所得税或者实行企业所得税收优惠政策；对农产品连锁经营试点实行企业所得税优惠政策；对于吸收就业多、资源消耗低的农业生产性服务业企业，按照其吸收就业人员数量给予补贴或企业所得税优惠。二是调整营业税。这可从调整营业税征税方式、税率设计上和扩大税收优惠范围入手。例如，对于农业生产性服务业发展中的服务外包，则可以采取增值征税的方式，在确定营业税税基时，允许服务外包企业将支付给承包方的营业额从计税依据中扣除，仅对实际取得的营业额征税。在税率设计上，鼓励发展农村金融业等生产性服务业。农民专业合作社从事农业机耕、排灌、病虫害防治、植物保护、农牧保险以及相关技术培训业务所取得的收入，从事家禽、牲畜、水产动物的配种和疾病防治的业务收入，免征营业税。三是优化增值税。一方面，要慎重扩大农业生产性服务业增值税的实施范围和妥善处理农业生产性服务购入的抵扣问题；另一方面，要扩大农业生产性服务业增值税的税收优惠范围。四是要实施印花税、土地使用税等税种的税收优惠政策。

（三）促进和加快农村地区金融业发展，以增强对农业生产性服务业的金融支持

1. 健全农村金融组织体系，增加农业生产性服务业发展的资金供给。引导各类金融机构增加农村金融服务网点，疏通渠道，多引资金"活水"。要激活国有商业银行的县域信贷业务，或者由上级机构按县域机构的存款比例增加贷款，尽快改变只存不贷的局面；股份制银行机构要到农村开设网点，或者建立金融服务进农村的业务运营机制，增加农村信贷业务；农业发展银行、农业银行、农村信用社的农村金融机构更要适应农村经济发展的新要求，提高适应能力；新型农村金融机构要加快发展和规范发展，并认真发挥作用。同时，农村保险、直接融资等金融机构都要到农村增设机构网点，开展业务。

2. 完善农业生产性服务业信贷支持体系，有效缓解农业生产性服务组织融资难问题。河南省辖区内的农村金融机构要研究市场定位，不断开发新的金融产品、新的金融工具，丰富产品供给，充实服务内容，使服务方式能够更加贴近农业生产性服务组织对金融服务的需求。一是要推进农村金融服务产品创新，实现农村金融服务品种多样化。金融机构应针对农业生产性服务业发展的特点，设计针对性金融工具和品种，以满足不同地域、不同领域、不同专业、不同行业农业生产性服务组织的金融需求。借助于郑州商品交易所，积极开发具有河南特色的农产品期货新品种。二是要建立主体多元化的农村信用担保体系，成立由政府引导、市场化运作的行业担保机构，扩大农民专业合作社等服务组织的有效担保物范围。三是积极推进农业生产性服务组织信用体系建设。加强诚信建设，建立符合农村地区实际的征信体系，尽快建立农业生产性服务组织信用档案和信用数据库。

（四）加强农业生产性服务业人才队伍建设，以期为农业生产性服务业发展提供坚实的人力资源和人力资本支撑

大力推进农业生产性服务业发展，人才是关键和生命线。因此，要加强农业生产性服务业人才队伍建设，以期为农业生产性服务业发展提供坚实的人力资源和人力资本支撑。一是要牢固树立人才资源是第一服务资源、人力资本是第一服务资本的观念，并以比观念为统领不断扩大服务人才总量，优化服务人才队伍结构。二是要通过规划引导、政策扶持、资金投入等方式，推动河南省各高校加快农业生产性服务业人才培育，加快建立多层次的农业生产性服务业人才培训体系，加强职业培训，提高整个行业人才队伍的专业水平和整体素质。三是要开展乡土人才培训和健全农民培训体系，坚持职业教育和日常培训相结合，落实好"绿色证书"制度，着力提高和普及农民的农业科技水平和市场营销能力，形成一大批有文化、懂技术、善管理、会经营的高素质农民和高素质农民队伍。四是要大力加强农业科技创新人才队伍建设，培养和造就一批世界一流的农业科学家和科技创新领军人才，建设一支结构合理、业务素质高、爱岗敬业的农业科技创新队伍；大力稳定壮大农业科技创新推广队伍。五是加大对高端专业人才，尤其是领军型、经营管理型、复合型、拔尖型高端人才的培养和引进力度；积极选录高校毕业生充实到各地市、各行业的农民专业合作社等农业生产性服务组织中去，政府对此应给予财政补助；建立和完善大学毕业生从事现代农业尤其是现代农业生产性服务业的机制。

（五）培育服务主体、整合服务资源，以形成多元化的农业生产性服务业发展新格局和网络结点

科学界定农业公共服务机构的职能定位，以农业公共服务机构为依托，完善和优化公益性农业生产性服务的供给方式。公益性农业生产性服务具有不同程度的公共产品属性。根据公共产品理论，公益性农业生产性服务包括公共产品属性较强的农业生产性服务（例如，面向区域农业主导产业的共性技术、关键技术研发和推广应用，动植物疫病统防统治等），具有准公共产品属性的农业生产性服务（例如，只对特定区域、特定产业的农户具有公益性的农业生产性服务）。公共产品属性较强的农业生产性服务应该由公共部门来提供，即由公共农业服务机构来提供，例如区域性农业技术推广、动植物疫病防疫防控、农产品质量监管等公共服务机构。为此，要明确界定这些公共农业服务机构的公益性定位，理顺和创新其管理体制、运行机制和服务机制，使公共服务机构的服务能力与其履行的依托职能相匹配。具有准公共产品属性的农业生产性服务则可以由传统农业服务组织（例如，供销社、邮政部门等）和新型农业服务组织（例如，农民专业合作社、农业产业化龙头企业、农业公共服务平台等）来提供；或者通过培育各种类型的示范基地、示范企业、

示范农户和示范合作社等来提供；还可以通过政府采购公共服务的方式，加强公共农业服务机构对各类农业服务组织提供公益性农业生产性服务的引导作用。

引导社会力量参与、培育多元化市场主体提供农业生产性服务，以更好地满足农户多样化、多层次的服务需求。一是要进一步加强农民专业合作社等合作组织在农业生产性服务中的基础地位。农民专业合作社是农户自愿联合、民主管理的互助性合作经济组织，其最重要的功能就是为农户和农业生产提供产前、产中和产后服务。同时，农民专业合作社具有对内互惠性、对外盈利性的组织优势，可以把满足成员需求和参与市场竞争很好地结合起来。二是要进一步加强农业产业化龙头企业在农业生产性服务中的骨干作用。为此，要努力培育依托地区资源优势、生产高端产品和具有国际市场竞争力的领军型龙头企业，并通过这些领军型龙头企业提升面向本行业、本地区的为农服务功能。三是要积极打造各类公共服务平台和农业科技示范（园）区，探索促进服务资源集聚和共享的有效方式。通过构建各类农业公共服务平台，例如人才服务网络平台、科技资讯平台、信息服务平台、现代农业示范区、农业科技园区等，可以有效地集成服务资源，提高服务资源的使用效率。大力支持社会资本、非营利机构、农业高等院校和科研院所积极参与农业公共服务平台建设和兴办农业公共服务平台；引导和支持公共服务平台完善运行机制，增强服务功能。注意引导各类公共服务平台形成分工协作、优势互补关系。支持驻马店、周口、商丘、濮阳等地建设国家级现代农业示范区，推进许昌、南阳等地建设国家级农业科技园区。

参考文献：

[1] 程大中. 生产者服务论：兼论中国服务业发展与开放 [M]. 上海：文汇出版社，2006.

[2] 郝爱民. 农业生产性服务业对农业的影响：基于省级面板数据的研究 [J]. 财贸经济，2011 (7)：97 - 102.

[3] 韩坚，尹国俊. 农业生产性服务业：提高农业生产效率的新途径 [J]. 学术交流，2006 (11)：107 - 110.

[4] 张宁. 生产性服务业视角下的农业比较利益提升困境与出路 [J]. 改革与战略，2009，25 (7)：84 - 87.

[5] 潘锦云，李晏墅. 农业现代服务业：以工促农的产业路径 [J]. 经济学家，2009 (9)：61 - 67.

[6] 姜长云. 发展农业生产性服务业的模式、启示与政策建议：对山东省平度市发展高端特色品牌农业的调查与思考 [J]. 宏观经济研究，2011 (3)：14 - 20.

[7] 许兆春. 完善欠发达地区农村金融服务体系思考 [N]. 金融时报，2010 - 09 - 27.

自有还是雇佣农机服务：家庭农场的两难抉择解析[①]
——基于新兴古典经济学的视角

与传统小农户相比，家庭农场生产经营规模较大，更加迫切需要全程化、高科技含量、复合型的大中型农业机械服务。当前我国农业机械化正处于转型升级的关键时期，虽然农机服务专业化经济程度和服务交易效率整体水平还不是很高，但是正处于由一个较低水平向中级水平快速爬升的阶段，特别是符合家庭农场等规模经营主体农机需求的专业化服务能力日趋增强，均衡正在由自给自足演进为专业化分工。因此，我国应该顺应农业机械化快速发展的趋势，鼓励家庭农场走上雇佣专业化农机服务而非自给自足的农业机械化发展道路，政策扶持的重点应该是逐步提高农机服务专业化程度和农机服务交易效率，以使家庭农场能够获得低成本、便利化、高质量的农机专业化服务。

农业机械化是现代农业的主要生产方式和重要标志，农业现代化的实现必须以农业生产的机械化为前提。21世纪以来，我国农业机械化实现了快速发展的良好态势，2013年耕种收综合机械化水平超过59%，彻底颠覆了数千年来中国农民"面朝黄土背朝天"的耕作方式，将农民从繁重的体力劳动中解放了出来，在全面提高农业综合生产能力、降低农业生产成本、促进农民持续增收和保障农产品有效供给等方面发挥了十分重要的作用。

与中国正处于农业机械化的快速发展阶段不同，国外发达国家都已经实现了农业生产的高度机械化，因此其研究的重点是农业机械和农业机械管理的优化问题[1-3]，而国内研究者对农业机械化的研究主要集中在中国农业机械化理论[4]、农业机械化面临的问题[5-6]、农业机械化发展的影响因素[7-8]、农业机械化发展的对策[9-10]等问题上。从总体上讲，国内外学者在农业机械化研究方面已经做出了大量有益的探索，取得了很多有价值的

① 本文原载于：王新志. 自有还是雇佣农机服务：家庭农场的两难抉择解析：基于新兴古典经济学的视角 [J]. 理论学刊，2015（2）：56-62.

思想理论观点，这为本文的进一步研究奠定了良好的基础。但是，以下两个方面的问题仍值得深入探讨：（1）作为新型农业规模经营主体，家庭农场与传统小农户在经济属性、组织特征、行为特征等方面有着本质性的区别[11]，对具有规模特性的农业机械设备等现代生产要素的需求也有较大的差别，而国内学者主要是以超小规模农户为基点来探索中国特色的农业机械化道路，对我国家庭农场等适度规模经营主体的农业机械需求的特点和模式尚缺少较为深入的分析；（2）家庭农场自己拥有农机和雇佣农机服务是满足其农机服务需求的两种重要方式，但是究竟哪种方式符合当前我国家庭农场发展的实际情况，尚需从理论上做出进一步的解答，这也涉及我国未来应该走什么样的农业机械化道路问题，因此对此问题的解答具有重要的理论和现实意义。为此，本文在国内外农业机械化现有研究成果的基础上，结合我国家庭农场的特征试图解析家庭农场农业机械需求的特点和模式，并试图利用新兴古典经济学的分工理论对家庭农场自有农机和雇佣农机服务的两难选择做出解答。

一、新兴古典经济学的分工理论

作为经济学的重要组成部分，分工理论在经济学的发展历程中经历了漫长的演进。1776年，亚当·斯密首先提出了劳动分工的概念，系统地阐述了劳动分工对提高劳动生产率和经济增长的巨大作用[12]。然而，此后很长一段时间分工专业化理论被主流经济学理论所忽视，直到1928年阿林·杨格[13]提出迂回生产理论，对亚当·斯密的分工理论进行了发展，全面阐述了市场规模与分工专业化的关系。20世纪90年代以来，以澳大利亚华人杨小凯和黄有光[14]为代表的经济学家继承和发扬了亚当·斯密和阿林·杨格的分工思想，对古典微观经济学理论进行了拓展，突破了传统的纯消费者与纯生产者之两分的经济学框架，以博弈论、交易成本经济学和信息经济学为基础，沿着发展动态经济学和非线性动态经济学的思路，创立了新兴古典经济学的全新框架，将专业化经济、分工和经济组织结构纳入了经济学的核心地位。

新兴古典经济学把研究的焦点从关注资源配置转移到关注经济组织上，基于超边际分析的视角深入阐述了分工产生和深化的原因。对于分工产生的原因，杨小凯和黄有光[14]从内生绝对优势与外生比较优势的角度指出，分工专业化提高了社会掌握知识的能力，从而提高了整个社会的生产总量，并解释了专业化的熟能生巧在提高劳动生产率方面的重要作用。对于分工深化的原因，杨小凯和黄有光[14]沿用个人最优化和市场均衡的方法，论证了人类社会的分工是一个由简单到复杂的演进过程，分工内生演进的基础是专业化经济与交易费用之间的两难选择，即随着专业化水平的提高，买卖双方之间的信息不对称等问题可能会导致较高的交易费用，阻碍专业化水平的进一步提高。杨小凯和黄有光[14]进而指出，交易效率是影响专业化经济发展的关键因素，随着交易效率的改进，均衡由自给自足演进为分工。当交易效率和专业化经济程度足够高时，完全均衡是分工；当交易效率或专业化经济程度相当低时，完全均衡是自给自足。新兴古典经济学的分工一般均衡模型将亚当·斯密的劳动分工理论和罗纳德·科斯[15]的交易成本理论实现了完美的融合，为经济学的发展提供了一个研究的工具，在企业、地区性贸易和国际贸易产生的原因、最终产品和中间产品的种数、交易层系和城市层系的层次数、专业中间商、城市、货币、实业和景气循环的产生等方面具有强大的解释力。

二、家庭农场的基本特征分析

有效率的组织是经济增长的关键[16]，与传统意义上的小农户相比，适度规模的家庭农场作为一种有效率的新型经营主体，兼具家庭经营和企业经营的双重优势，能负面效应最小化地解决农业生产中的合作、监督和激励问题，是农业生产经营的先天最佳组织形式，也是世界各国农业经营占绝对优势的主要形式。

（一）家庭农场具有家庭经营的传统优势

不同于工业生产活动，农业生产活动有其自身的特性：（1）农作物的生长、发育、成熟和繁殖等一系列生命活动都受制于一定的温度、光照、水分、养分等自然条件并遵循一定的生命发育规律，因而农业的生产具有一定的周期性和季节性。农业生产通常需要长达数月甚至数年的生产周期。这就决定了农业生产者必须结合农作物的生长特点，在农作物的不同生长阶段及时地进行劳动投入，而劳动者付出的全部劳动将最后体现在农作物的产量上，而不可能像在制造业中那样，分别计量和监督生产过程中各个环节上劳动者付出的有效劳动的劳动数量、劳动强度和劳动质量[17]。同时由于农业空间分布太广，劳动工种繁多、作业分散、季节差别大，使得农业生产组织对农业生产中劳动努力程度的监督变得十分困难，监督成本也极为高昂[18]。（2）农业生产的最终效果取决于动植物、自然环境和农业生产者劳动之间互动的效果，由于动植物生命的连续性、不可逆性和农业生产条件经常发生变化，农业生产组织的责任心、主动性和灵活性在其中发挥决定性的作用，农业生产组织必须根据农作物的生长发育规律，对农业生产中出现的温度、湿度和其他气候问题的改变随时随地做出灵活的反应和快速的行动，对所有可能出现的问题做出事前预防，否则即使农业生产环节中仅有一个问题没有得到有效的处理，也有可能影响动植物下一阶段的成长，引起一系列的连锁反应，甚至造成无法挽回的损失，直接影响到动植物的最终产量。

因此，农业生产的上述两个特性就对农业生产组织提出了较高的要求。而家庭农场

"天然为低"的管理成本有效地适应了农业生产的这些特性[19]，家庭作为一个特殊的利益共同体，拥有包括血缘、感情、婚姻伦理等一系列超经济的社会资本纽带，具备灵活的信息反馈和决策机制，更容易形成共同目标和行为一致性，在农业生产过程中不需要进行精确的劳动计量和监督，使劳动者具有很大的主动性、积极性和灵活性，最大限度地发挥"拥有者精神"，而且家庭农场主基本上来源于本土的自然人，与农场所在地具有较强的地缘与血缘关系，对当地自然与社会环境保持高度的认同感和生命共同体的体验，对保护当地自然、人文环境和可持续发展有高度责任感[20]。

（二）家庭农场以企业经营理念经营农业

国内外对于小农经济性质的争论已经持续了数百年，初步形成了三大理论流派：舒尔茨的理性小农理论、切亚诺夫的道义小农理论和马克思的剥削小农理论。这三大理论流派都有其合理性，能解释特定的小农行为，但是小农这三个方面的性质是密不可分的统一体，三大理论流派只是各自反映了这个统一体的一个侧面[21]，无法对当前处于急剧变革中的中国超小规模农户的性质做出较为合理的解释。徐勇和邓大才对上述经典小农理论进行深入分析的基础上，提出了对当前中国小农的动机和行为具有更强解释力的社会化小农理论，他们认为小农是理性的，其理性表现为"农户家庭追求货币收入最大化，缓解生产和生活消费膨胀的现金支出压力，小农家庭的一切行为围绕货币而展开"，而非像企业一样追求利润最大化[22]。相比于传统的小农户，家庭农场是以市场为导向，以高素质农民为生产主体，以追求利润最大化为目的，以企业经营理念经营农业，按照成本效益核算方式对农业经营进行核算的自主经营、自负盈亏、自我发展、自我约束的现代农业经济组织。因此，在利润最大化动机的激励下，家庭农场更加具有市场意识、现代经营管理意识和风险防范意识，对农业生产新技术、新品种、新设备、新管理等现代生产要素的需求更加强烈，家庭农场不仅要把土地产出率尽可能提高到最佳，也要兼顾到劳动产出率的均衡提高[23]，以实现劳动、土地、资本、技术等生产要素的优化配置和更新来达到最佳效益。

（三）家庭农场具有适度规模经济效应

1966 年，Sen 通过细密的研究表明，随着农场规模的扩大，单位面积的土地产出明显下降，即后来被称为农业发展中的"IR 关系（inverse relationship）"[24]。李谷成等以1999—2003 年湖北农户数据为证据，利用随机前沿生产函数法实证分析了农户农业效率与其耕地规模的关系，印证了 Sen 所提出的"IR 关系"，但是同时李谷成等也指出，劳动生产率、成本利润率都与耕地规模存在显著正相关关系[25]。李谷成等的研究深刻揭示了小农户农业经营的内在弊端，即目前中国一家一户的超小农户虽然具有土地产出的内部效率，但是却缺乏整体效率和外部效率：农业生产的专业化、集约化、社会化无法得到有效发展，农业资源配置难以实现规模经济，无法降低农业经营成本和提高农产品产量，可以说过密化是小农户经营的重要特征；同时，分散化和原子化的小农户势单力薄，无力与农业龙头企业等其他强势农业经营主体进行博弈，难以分享整个农业产业链上的收益，导致农户交易成本高、风险大、无法有效维护自身利益[25]。因此，在小农户占主导的农业经营模式下，农户单靠农业无法维持家庭经济的运转，难以过上体面的生活，只能以"农业＋外出打工"的模式来维持生计，导致中国农村社会整体上进入了一种所谓的"制度化的半工半耕的小农经济形态"[25]，农业经营主体的兼业化、低质化趋势越发严重，农业生产一线精壮劳动力严重匮乏。而家庭农场可以通过适度规模经营，以边际成本递减的方式使用先进的生产技术和管理方式，提高农业生产的社会化分工和专业化水平，使生产要素的投入水平达到最佳组合，降低农业经营的生产成本和交易成本，发挥出农业生产的规模经济效应，从而克服小农经营的内在弊端。更为重要的是，家庭农场具有强烈的联合和合作的需求，使得他们容易联合起来成立农民合作社，增强对抗农业龙头企业的市场力量，在整个农业产业链上获得更大的收益。

因此，虽然小规模家庭农业仍会是未来中国农业相当长时期内的一个显著特征，但是在中国农业面临着大规模非农就业、人口自然增长减慢和农业生产结构转型三大变迁交汇的历史性契机下，兼具家庭经营和企业经营双重优势的适度规模经营的家庭农场必将成为农业生产经营的重要主体之一。

三、家庭农场的农机服务需求特点分析

同样作为农业微观经营主体，家庭农场与传统小农在经济属性、组织特征、行为特征等方面具有本质性的区别，这也决定了两者在农业机械化服务需求上必然存在着较大的差异。因此，对家庭农场的农机服务需求特点进行深入分析，进而结合这些需求特点探索家庭农场的农业机械化道路更具有十分重要的现实意义和重要性。

（一）家庭农场需要全程化的农业机械服务

作为衡量现代农业发展程度的重要标志，农业机械化最基本的功能是实现了农业机械对人畜力的劳动替代，显著降低了人力劳动的强度。然而农业机械化的重要意义不仅在于机械对劳动的简单替代，其更深层次的功能在于推动了农业生产的标准化、规模化和产业化，提高了农业生产的效率，进而提升了农业综合生产能力。据资料显示，与手工相比，机械施肥可节省 30%～50% 的化肥，用性能优良的植保机械喷药可节省 30%～40% 的农药[27]。随着我国农业机械化过程的快速推进，一般小农户在农业生产的诸多环节也开始普遍使用农业机械，但他们并非迫切需要全程化的农业机械化服务，比如在播种、施肥、

晾晒等许多农民力所能及的农业生产环节中，为了节约生产成本农民使用手工劳动的现象仍然普遍存在。相比于一般小农户，家庭农场生产规模较大，基于分工的生产专业性较强，农业生产产前、产中、产后各个环节之间的联系也很紧密，如果在部分生产环节使用人工劳动，往往在较短的时间内需要较大数量的农业劳动力，这就会显著增加家庭农场农业劳动的搜寻、协调、管理、监督成本，进而增加农业生产所面临的风险。更为重要的是，城镇化进程的快速推进使农村青壮年劳动力日益短缺，直接推动了农业生产人工费用的急剧上涨，有可能极大地增加农业生产成本。因此，与一般农户相比，家庭农场更加迫切需要农业生产产前、产中、产后每个环节全程化的农机作业服务，比如在提高土壤肥力环节需要深松、化肥深施、秸秆还田等农机作业，在栽培种植环节需要精量播种、植保等复合农机作业，在节水灌溉环节需要覆膜保水和灌溉、秸秆覆盖等农机作业，在收获环节需要收割、脱粒、烘干等联合农机作业。如果家庭农场在某些农业生产环节使用了人工劳动而没有使用农业机械，虽然有可能降低农业生产的成本，但也有可能增加农业生产所面临的市场风险和自然风险，给家庭农场造成较大的经济损失。如山东省诸城市贾悦镇西贾悦社区的粮食家庭农场就是这方面一个十分典型的案例，其家庭农场主宋海元 53 岁，2011 年被国务院授予"全国种粮售粮大户"称号，流转了 913 亩土地从事粮食种植，有10 多年规模种粮经验，拥有大型拖拉机、小麦玉米两用联合收获机等大型农业机械以及免耕播种机、深松联合整地机等 14 台（套）先进机械，农机总值达到 70 余万元，在粮食生产的耕、种、割、收环节已经全部实现机械化，唯一没有实现农业机械化的是粮食烘干晾晒环节，每年数十万斤的粮食仍然要靠人工劳动力在马路上进行晾晒，结果风险随之而至。2012 年，宋海元将家庭农场生产的 20 多万斤玉米在马路上晾晒，晾晒长度达 10 千米左右，结果一场大雨不期而至，晾晒的玉米来不及收拾全部被泡，损失了上万元[28]。

（二）家庭农场需要科技含量高、复合型的大中型农业机械服务

与小型农业机械相比，大中型农业机械具有以下优势：一是大中型农业机械性能好、生产效率高。据调查，与农民自主经营相比较，实行大型农业机械联合作业可提高机械效率 25％以上，亩播种节约支出 10 元，机收节约支出 25 元，亩增产 50 千克[29]。二是大中型农业机械易于农机农艺相结合，科技含量高。农机与农艺相互适应、相互促进、深度融合，是建设现代农业的内在要求和必然选择。小型农业机械大多技术含量低，不易于农机农艺相融合，而大中型农业机械大多科技含量高，易于土壤深耕深松、化肥深施、免耕播种、秸秆粉碎还田等先进适用农业技术的推广、普及、应用。在一家一户的超小规模经营条件下，一方面耕地规模小、细碎化程度严重、品种布局不一，制约了大中型农业机械的生产效率，增加了大中型农业机械的使用成本；另一方面由于小农户经营规模小，使用先进农业技术带来的收益过低，降低了农民使用科技含量高的大中型农业机械的积极性。而

家庭农场作为适度规模经营主体，耕地规模大、成方连片、品种比较单一，克服了小农户因耕地面积分散、狭小而无法发挥大中型农业机械优势的难题，可以大大提高大中型农业机械的使用效率。2006 年第二次全国农业普查数据也证明了大机械的使用与经营规模具有高度相关性，随着农业经营规模的扩大，大中型拖拉机使用率也越来越高，小型拖拉机的使用率逐步下降，100 亩以上的规模经营农户要比普通农户大中型拖拉机使用率高出 20% 左右。更为重要的是，在利润最大化动机的激励下，家庭农场会结合自身的实际需求，不断改变传统的农业种植方式，按照专业化、社会化大生产的要求实现新品种、新技术等生产要素的优化配置和更新，而许多先进农业高新技术的推广应用需要一定规模的农业机械复合型立体式作业服务。因此，家庭农场对科技含量高、复合型的大中型农业机械有着较为强烈的需求。

四、自有还是雇佣农机：家庭农场的两难抉择

一般来说，主要有以下两种方式可以满足家庭农场的农机作业服务需求：自己保有农机和雇佣农机服务。那么对于家庭农场来说，究竟是应该选择自己保有农机还是选择从社会上雇佣专业化农机服务呢？这的确是一个两难的抉择。不过，杨小凯等学者已经利用新兴古典经济学的分工理论对此类的两难抉择问题进行了深入探索，做出了明确的解析。按照新兴古典经济学的理论，如果交易效率和/或专业化经济程度极低，交易费用超过分工所带来的好处，而且中间产品交易中的交易效率低于雇佣劳动的生产中间产品的交易效率时，则均衡为自给自足；如果交易效率和专业化经济程度足够大，则均衡为极度专业化；如果交易效率和专业化经济程度处于两个临界值之间，则均衡分工水平随着交易效率和专业化经济程度的提高而提高。那么当前我国农机服务的专业化经济程度和交易效率总体上处于什么样的发展水平以及其发展趋势如何？

（一）从我国农机服务的专业化经济程度上看

一是农业机械专业化服务组织规模小、规范化程度不高。以农业机械组织发展较快的山东为例，从总体上看，2012 年山东省从事农田作业服务的农机服务组织 18 139 个，从业人员 12.6 万人，拥有机械总动力 1.24 亿千瓦，农机化经营总收入 480.68 亿元，全国排名第一。但是从经营规模上看，大多数农机服务组织发展水平相对较低、规模小，在山东省 72 万个农机专业户中，大多数只有 10 万～20 万元的农机保有量，如拥有机械装备 20 万～50 万元的农机大户只有 3.39 万个，50 万元以上的仅有 4 681 个，而且绝大部分农机服务组织的注册资金也只有几十万元，超过 100 万元的较少，家庭农场的农机服务需求往往得不到满足；从农机服务组织规范化程度上看，2012 年山东省 4 313 个农机专业合作

社中，达到"建设标准化、管理规范化、经营企业化、作业规模化、生产科技化"的五化标准的有 1 590 个，仅占总数的 37%，而且多数农机服务组织合作机制脆弱，凝聚力较低，没有真正形成成员间利益攸关的共同体，抗御市场风险能力差。作为农业生产大省和农机服务大省的山东省农业机械服务组织发育程度尚有待于提升，那么就不难做出以下判断：我国整体上农业机械服务组织发育程度仍然不是很高。二是我国农机专业化服务体系的各个环节发展还不平衡。正是由于农机服务组织规模比较小、规范化程度低，导致其农机服务作业链比较短，农机专业化服务组织多提供单一或者数量不多的农机服务，而且多数作业仅限于耕地、播种、收获等传统农业生产环节，像排灌、植保、烘干、农产品加工等服务项目供给不足，更为重要的是，农机服务产业链条完整度还不高，特别是缺乏农业生产产前、产中、产后等环节资源高度整合和对接。作为规模经营主体，家庭农场需要全程化、无缝对接的农业机械服务，而由于农业机械专业化服务组织规模小、规范化程度不高、各环节发展不平衡，使得家庭农场难以获得包括产前、产中、产后在内的一整套的农机专业化服务。

（二）从我国农机服务的交易效率看

新兴古典经济学家杨小凯和黄有光[14]在其论文和著作中多次使用了交易效率这一概念，并把交易效率定义为："如果一个人购买 1 单位（元）商品时，他实际只得到 k 单位（元）商品，那么损失掉的 $1-k$ 单位（元）即为交易成本，而 k 单位则称之为交易效率。"然而杨小凯和黄有光并没有对交易效率的内涵、外延及其影响因素进行深入阐述。在沿袭新兴古典经济学研究思路的基础上，2007 年复旦大学经济学博士后高帆为交易效率提出了更为细化和具体的含义，他把交易效率界定为交易主体在开展交易活动时的投入-产出关系，交易的投入包括为完成交易所支付的时间、财力和物力等，而交易活动的产出包括交易主体的净收益及履约质量等多重维度[30]。由于我国农机服务的专业化经济程度还比较低，农机服务还面临着供需双方信息渠道不畅、作业质量和服务收费无标准等一系列问题，使得家庭农场或者无法得到农机服务组织的相关信息而无法获取急需的农机服务，或者需要投入较长的时间与农机作业服务组织进行沟通协调，或者因农机服务组织提供的作业服务质量无法使家庭农场满意而导致双方产生矛盾纠纷，或者农机专业服务组织凭借其垄断地位向家庭农场索取较高的农机服务费等，上述种种现象都会在一定程度上加大家庭农场使用农机专业化服务的交易成本，降低了农机服务的交易效率。

（三）从我国农业机械化发展的趋势看

近些年来我国农业机械化保持着快速发展的势头：（1）农机装备结构优化，高端大型复式作业农机具增长较快。2013 年大中型拖拉机为 527 万台，比 2012 年增长 8.61%；科技含量高、复合型农机具增长较快，乘坐式水稻插秧机、自走式稻麦联合收获机、自走式玉米联合收获机分别比 2012 年增长 8.72％、8.93％、34.36％。（2）农机专业化服务快速发展，服务能力持续增强。农机化作业服务组织拥有农机原值 20 万～50 万元的同比增长 9.88％，拥有农机原值 50 万元以上的同比增长 20.93％，特别是农机专业合作社同比增长 22.7％，机械化免耕覆盖播种、保护性耕作、机械化秸秆还田、机械烘干粮食、农用飞机作业比 2012 年分别增长 4.33％、19.84％、5.97％、4.34％、5.37％[①]。

结合当前我国农机服务的专业化经济程度、农机服务的交易效率、农业机械化发展的趋势三个方面，可以做出以下判断：我国农业机械化正处于转型升级的关键时期，虽然农机服务专业化经济程度和交易效率整体水平还比较低，但是正处于一个较低水平向中级水平快速爬升的阶段，特别是符合家庭农场等规模经营主体农机服务需求的发展趋势较为明显，均衡正在由自给自足演进为专业化分工。

值得注意的是，在当前我国农业机械化的关键时期，如果继续鼓励家庭农场经营者投入大量资金购入成套的农业机械，走农业机械自给自足的发展道路，将不利于家庭农场的可持续发展。（1）当前阶段家庭农场农业机械自给自足弊端重重。在农业生产实践中，许多家庭农场为了农业生产的便利，纷纷投入大量资金购入一整套的农业机械设备，走上了农业生产经营"大而全"的发展模式，而这种"大而全"的发展模式弊端重重。一是这种模式给家庭农场带来了较为沉重的经济压力。家庭农场生产经营规模较大，其发展需要较高的资金投入，除了每年大量的农业生产资料投入，日益上涨的土地租金已经占用了家庭农场的大量流动资金，如果再购买价值数十万甚至上百万的农业机械设备，无疑将使处于发展成长初期的家庭农场面临更大的资金压力，增加了农业生产的风险。二是这种模式会导致农业机械投资浪费和资源浪费。实际上很多家庭农场可以从市场上获得农机专业化服务，但是在一定程度上受"示范效应"（同村或周边家庭农场购买农业机械并获得相当收益）影响，非理性决策购买了农业机械装备，往往会造成农业机械装备的低效使用。三是这种模式可能会导致家庭农场高昂的沉没成本。我国家庭农场的发展正处于起步阶段，发展还不是很规范，土地租赁期相对较短，再加上规模经营面临较大的自然风险和市场风险，如果家庭农场土地租赁到期后无法再租到土地，或者家庭农场因经营不善而倒闭，那么家庭农场农业机械的巨额投入将带来高昂的沉没成本。（2）我国家庭农场的规模不足以容纳一整套的现代农业机械设备。考虑到我国人多地少和农业就业劳动力数量仍然巨大的特殊国情，农业部对家庭农场做出了较为严格的规定，家庭农场不能大量雇用工人，其农业生产要以家庭成员为主要劳动力，这项规定在一定程度上限制了家庭农场的发展规模；2012 年农业部发布的数据也反映出了我国当前家庭农场的规模，截至 2012 年底平均每个

①　数据来源于农业部农业机械化管理司。

家庭农场有劳动力 6.01 人，平均经营规模达到 200.2 亩，76.8% 的家庭农场规模在 100 亩以下，所以说家庭农场虽然拥有一定的适宜经营规模，但这种厂商内部规模并没有大到将其所需的农机专业化服务内部化的程度。因此，从这个意义上说，家庭农场更急需依靠外部市场来提供农机专业化服务。（3）渐进的分工是报酬递增的保障。按照新兴古典经济学的理论，经济发展的动态均衡是一个从自给自足向低水平分工和高水平分工逐步演进的过程，在经济发展的初期，由于较高的贸易水平会导致较高的交易费用，决策者在选择自给自足还是分工专业化会面临两难抉择，但是随后熟能生巧的作用将逐步提高专业化的动态收益，使决策者能接受更高的专业化水平，分工的演进将扩大市场规模，加速人力资本积累，提高贸易依存度和内生比较优势，导致人均真实收入增长。从新兴古典经济学分工演进的角度看，虽然当前我国家庭农场面临着自有农机还是雇佣农机的两难抉择，如果现在选择专业化分工的道路，熟能生巧和报酬递增将带来更高的生产能力。

未来一段时间内我国家庭农场农业机械化发展道路的选择将直接影响到家庭农场的可持续发展能力，影响到我国的粮食安全保障能力和农业综合生产能力。因此，在这个当前我国农业机械化的关键时期，对家庭农场的农业机械化发展道路做出正确的选择，其重要性不言而喻。鉴于上述家庭农场农机自给自足所带来的种种问题，各级政府亟须转变以往鼓励家庭农场自给自足的农业机械化政策，顺应农业机械化发展的规律，采取激励政策鼓励家庭农场参与社会分工，积极利用专业化服务。

五、结论与建议

家庭农场作为有效率的适度规模农业经营主体，需要全程化、科技含量高、复合型的大中型农业机械服务。虽然当前我国农机服务专业化经济程度和农机服务交易效率整体水平比较低，但是正处于转型升级的关键时期，正处于一个较低水平向中级水平快速爬升的发展阶段。今后我国家庭农场农业机械化政策的选择应该顺应农业机械特别是大中型、高性能的农业机械快速发展的趋势，鼓励家庭农场走上雇佣专业化农机服务而非自给自足的农业机械化发展道路。因此，下一步各级政府农业机械化政策扶持的目标便十分明确，即逐步提高农机服务专业化经济程度和农机服务交易效率，使得家庭农场能够从农机服务组织获得低成本、便利化、全方位、高质量的农机专业化服务。

（一）提高农机服务专业化经济程度

分工的程度取决于市场范围，如果市场范围过小，分工专业化发育的水平就会受到限制。与我国农机服务的需求相比，农机服务特别是大中型农机服务供给严重不足，提高农机服务专业化经济程度的重点就在于培育农机服务主体。（1）鼓励家庭农场成立农机合作社进行农机合作。在这方面法国为我们提供了可供借鉴的经验，为了解决购买昂贵的农业机械的资金困难，法国农民自发地组织起集体购买和共同使用农业机械的专门合作社"居马"，法国政府为促进"居马"合作社发展出台了相关政策措施，如"居马"成立初期政府给予其最初投资额 15%左右的补贴，购买农机时政府给予 20%～40%的财政补贴[31]。因此，我国应该出台类似的农业补贴政策，鼓励家庭农场开展农机服务合作，成立农机合作社。相对于超小规模农户，家庭农场可以从农机合作中获得更大的收益，对于合作有着更为强烈的需求，这种基于农户内在需求的联合和合作也有利于农民合作社的发展壮大。
（2）大力发展农机服务作业公司。可以推广借鉴成都市的经验，按照"政府引导、公司主体，市场运作、一站服务"的发展思路，组建综合性农业社会化服务公司，为产前、产中、产后全程的农业机械化服务。

（二）提高农机服务交易效率

（1）建立农机信息网络，提高交易效率。各地政府可以依托土地流转服务平台，建立健全农机信息网络平台，建立当地的家庭农场、农机大户、农机合作社和农机服务公司数据库，以方便他们的交易，并建立农机服务纠纷处理机制，以提高市场主体的交易效率。
（2）建立农机服务作业补贴制度。为了鼓励家庭农场使用农机社会化服务，可以借鉴浙江省机械化作业环节补贴的经验，结合家庭农场的规模对家庭农场使用农机服务作业的费用进行补贴，切实降低家庭农场使用农机作业服务的成本。

参考文献：

[1] DONALD W, GARNETT L. A Farm firm model of machinery investment decisions [J]. Oxford Journal, 1987, 69: 64 - 77.

[2] JANNOT P H, CAIROL D. Linear programming as an aid to decision-making for investments in farm equipment for arable farms [J]. Journal of Agricultural Engineering Research, 1994, 59 (3): 173 - 179.

[3] RASOOLI S V. The situation of agricultural mechanization in Sarab City-Iran [J]. Ama-Agricultural Mechanization in Asia Africa and Latin America, 2008, 39 (2): 57 - 63.

[4] 白人朴. 关注农机化弱势地区发展 [J]. 河北农机, 2011 (4) 7 - 9.

[5] 刘合光, 余沪荣, 孙东升. 中国农业机械化 30 年: 回顾与展望 [J]. 农业展望, 2008 (9): 38 - 41.

[6] 李曼, 桑永英, 崔和瑞. 浅议农业机械化的发展及相关问题 [J]. 中国农机化, 2006 (1): 18 - 21.

[7] 卢秉福, 张祖立, 朱明, 等. 农业机械化发展关键影响因素的辨识与分析 [J]. 农业工程学报, 2008, 24 (11): 114 - 117.

[8] 林万龙，孙翠清．农业机械私人投资的影响因素：基于省级层面数据的探讨［J］．中国农村经济，2007（9）：25-32.

[9] 刘淑萍，朱方新．我国农机化发展存在的问题及对策［J］．当代农机，2010（9）：78-79.

[10] 辛德树，房德东，周惠君．家庭经营条件下农机作业组织模式的选择［J］．中国农机化，2005（5）：14-16.

[11] 郭振宗．小规模农户与家庭农场：两种家庭经营类型的比较［J］．今日科苑，2009（16）：285.

[12] 亚当·斯密．国民财富的性质和原因的研究［M］．郭大力，王亚南，译．商务印书馆，1972.

[13] 阿林·杨格，贾根良．报酬递增与经济进步［J］．经济社会体制比较，1996（2）：52-57.

[14] 杨小凯，黄有光．专业化与经济组织：一种新兴古典微观经济学框架［M］．张玉纲，译．北京：经济科学出版社，1999.

[15] 罗纳德·科斯．企业的性质［EB/OL］．［2018-10-16］．https：//wenku．baidu．com/agg/49865aeef8c75fbfc77db29f．html.

[16] 诺斯．道格拉斯，罗伯斯．托马斯．西方世界的兴起［M］．厉以平，蔡磊，译．北京：华夏出版社，1999.

[17] 陈锡文，赵阳，陈剑波，等．中国农村制度变迁60年［M］．北京：人民出版社，2009.

[18] 罗必良．农业经济组织的效率决定：一个理论模型及其实证研究［J］．学术研究，2004（8）：49-57.

[19] 胡新艳．合同农业产生的交易成本经济学机理［J］．财贸研究，2009，20（6）：29-35.

[20] 杜志雄，王新志．中国农业基本经营制度变革的理论思考［J］．理论探讨，2013（4）：72-75.

[21] 黄宗智．华北的小农经济与社会变迁［M］．北京：中华书局，1986.

[22] 徐勇，邓大才．"再识农户"与社会化小农的建构［J］．华中师范大学学报（人文社会科学版），2006（3）：2-8.

[23] 黄延廷．现阶段我国农地规模化经营的最优模式：家庭农场经营：兼谈发展家庭农场经营的对策［J］．理论学刊，2013（10）：33-37，127-128.

[24] SEN A K. Peasants and dualism with or without surplus labor［J］. Journal of Political Economy，1966，74（10）：425-450.

[25] 李谷成，冯中朝，范丽霞．小农户真的更加具有效率吗？来自湖北省的经验证据［J］．经济学（季刊），2010，9（1）：95-124

[26] 黄宗智．制度化了的"半工半耕"过密型农业［J］．经济管理文摘，2006（9）：31-35.

[27] 张宝文．论中国特色的农业机械化道路［N］．农民日报，2006-06-12.

[28] 郭杰．诸城家庭农场"摸着石头过河"［N］．农村大众，2012-5-13.

[29] 李秀杰．实施大型农机化作业的几点探索［J］．中国新技术新产品，2009（13）：210.

[30] 高帆．交易效率的测度及其跨国比较：一个指标体系［J］．财贸经济，2007（5）：104-110.

[31] 马铮．法国：补贴与"居马"深度结合［N］．中国农机化导报，2010-05-10.

家庭农场的经营和服务双重主体地位研究：农机服务视角[①]

"十三五"时期，我国要大力培育新型农业经营主体和服务主体，不断提升现代农业发展质量和水平。培育新型农业服务主体与培育新型经营（生产）主体具有同等重要性。家庭农场作为当前和未来中国农业生产中主要的新型农业经营主体，其在充分发挥生产功能、强化生产主体地位的同时，在一定程度上也在发挥服务功能，日益成为重要的新型农业服务主体。家庭农场服务功能的发挥和新型农业服务主体地位的确立，对于我国构建主体多元、竞争充分、分工协作的新型农业服务供给格局具有重要意义。因此，为促进家庭农场快速、可持续发展，要积极鼓励、引导和支持家庭农场不断提高服务质量和水平，完善服务功能[②]。

一、引言

"十三五"时期是我国推进农业现代化、不断提高现代农业质量和水平的关键时期。发展现代农业的关键着力点是重构农业微观经营体系和大力发展农业生产性服务业[1]。2016 年中央一号文件提出："坚持以农户家庭经营为基础，支持新型农业经营主体和新型农业服务主体成为建设现代农业的骨干力量，充分发挥多种形式适度规模经营在农业机械和科技成果应用、绿色发展、市场开拓等方面的引领功能。"这表明，培育新型农业服务

---

① 本文原载于：杜志雄，刘文霞．家庭农场的经营和服务双重主体地位研究：农机服务视角［J］．理论探讨，2017（2）：78 - 83.

② 根据《国务院关于加快发展生产性服务业促进产业结构调整升级的指导意见》（国发〔2014〕26 号，简称《指导意见》）和《国务院关于印发服务业发展"十二五"规划的通知》（国发〔2012〕62 号，简称《规划》）生产性服务业内容丰富，涵盖范围较广。农业生产服务业涵盖的范围同样广泛。本文仅以农业机械服务为例，对家庭农场的服务主体功能进行分析和讨论。实际上，这种讨论还可以推延到更多更广的服务项目上，如育秧服务、技术服务等。

主体与培育新型农业经营主体对于发展现代农业同等重要，二者不可或缺[2]，并且，培育新型农业服务主体、形成农业服务规模经济，可能还是发展多种形式农业适度规模经营更为重要的途径[3]。另外，国际经验也表明，农业现代化必然伴随着农业生产性服务业不断提升和发展的过程。农业生产性服务业是贯穿于农业生产的产前、产中和产后环节，为农业生产、农业生产者和其他经济组织提供中间投入服务的产业[4]。发展农业生产性服务业不仅有助于引导和实现农业规模化经营、推动农村一二三产业融合、延伸农业产业链和价值链，还有助于增加农民收入，实现农业生产经营的专业化分工协作和农业发展方式转变。

当前，我国农业生产性服务业的发展模式主要有以下五种：一是政府主导的公共部门生产性服务模式，二是农民专业合作社引领的内在扩张模式，三是农业产业化龙头企业外部拉动模式，四是农产品市场与新型农业服务组织模式，五是传统服务组织的创新发展模式[5]。当前，我国农业生产性服务的供给主体主要包括公益性组织服务机构（一般由政府搭建）、市场化服务主体和新型服务组织（如农民专业合作社、农民专业技术协会等）[6]。这些分割明显、冗杂繁复的主体，在提供农业生产性服务时存在诸多问题：一是服务供给内容和需求脱节，导致生产性服务获取率和服务满意率低；二是服务内容集中扎堆，同质性强、创新性不足；三是农业服务需求主体与服务主体联系不紧密，农业生产主体获取生产性服务的意愿不强[7]；四是服务部门众多、资源分散、管理体制混乱、政策扶持效率不高[8]。

2014年中央一号文件就已提出"要健全农业社会化服务体系，大力发展主体多元、形式多样、竞争充分的社会化服务"。当前，进一步完善和发展农业生产性服务体系，仍需要在培育和发展多元化的服务主体，引导形成农业生产服务业多元有序竞争格局上下功夫。对如何培育多元化的新型农业服务主体，也需要从理论和实践两个方面不断探索和思考。

近年来，学者们开始注意到许多新型农业经营主体在实践中既是生产性服务需求者，又是生产性服务供给者的事实[9-10]。家庭农场作为当前我国新型农业经营体系中最具活力和最有潜力的新型农业经营主体，其在农业规模经营中同时兼具生产和服务双重主体地位的特征也很明显，并且，部分家庭农场通过向周边农户提供服务，使得这些家庭农场成为新型农业服务主体之一，并在实践中表现出旺盛的生命力。这种基于生产主体基础上衍生出来的新型服务主体的产生和发展，对于未来我国农业生产性服务业多形式、多主体的竞争性格局的形成和发展具有重要意义。

目前，对家庭农场这种双主体特征的现象，理论界和政策界关注尚显不足。为什么家庭农场会具有双重主体地位？家庭农场如何在农业生产的基础上衍生出服务功能？这个事实在理论上有哪些依据，在实践上有哪些具体表现？同时，家庭农场的服务功能对于多元新型农业服务主体发育、整体农业服务体系建设具有哪些实践意义？本文尝试对这些问题进行初步分析和探讨。

二、家庭农场双重主体地位的形成机理

(一) 家庭农场的基本特征

家庭农场是指以农户家庭成员为主要劳动力、以农业经营收入为主要收入来源，利用承包土地或流转土地，从事规模化、集约化、商品化农业生产的新型农业经营主体[11]。不难看出，与其他经营主体的差别在于，家庭农场既保持了家庭生产经营的内核，又实现了规模经营的优势。具体表现为：一方面，家庭农场的生产有利于发挥家庭生产的优势，从而减少和降低农业生产中的监督成本；同时，还有利于发挥家庭决策管理优势，从而节省和降低经营管理成本。另一方面，家庭农场生产经营既能引导和实现农业适度规模经营，实现组织化和商品化生产，从而保证劳动生产率和土地产出率；又能实现专业化、标准化和集约化生产，从而增加农民收入，保障国家粮食安全。相比于传统农户，家庭农场的经营形式主要表现为生产规模的扩大、产品商品化，追求利润最大化、生产技术科学化和经营管理现代化。

(二) 规模经济与要素选择

规模经济主要是指随着产量的增加，某种产品生产的平均成本不断下降，并由此带来效益增加的事实。规模经济的实质是生产要素投入水平的增加所带来的产量的增加，使得固定成本分摊更小，从而平均成本不断下降的过程，其中，"规模"主要是指生产要素的投入和增加。土地是农业最重要的生产要素，家庭农场要实现规模经济，首先是土地规模的适度聚集，并在相对扩大的土地面积上寻求劳动力和资本要素的最佳组合。在实践中，在土地规模先行决策下，家庭农场要素组合集中体现在劳动力和机械之间进行的替代选择，进而实现产出规模的最大化和最优化。

在劳动力市场中，家庭农场主要是以自家劳动力为主，以少量雇工为辅。这主要是出于两个方面的原因：第一，农业生产是自然再生产和经济再生产相互交织的过程，农业产出取决于一系列相互作用的生产要素使用效率，受到自然资源禀赋的限制。农业生产周期长、季节性强、风险不确定性大等特点，导致农业产出的精确计量和劳动监督十分困难。家庭农场以家庭为基本经营组织单位，由家庭进行内部成员之间合理分工，妥善地解决了农业生产中监督和激励的问题，保障了农业生产劳动者的积极性，实现了家庭收益最大化。第二，由于快速的工业化和城镇化进程，大量农村青壮年劳动力外出务工。这不仅加剧了家庭农场雇工的难度，还使雇工工资不断上涨。以上两个因素共同决定了家庭农场不可能有大量的常年雇工，而只能是少量临时季节性雇工，以解决农忙"抢种、抢收'时人

手不足的问题。由于家庭农场对于劳动力的投入主要是以自有劳动力为主、以雇工为辅，这就促使家庭农场要实现增加产出的目标，则必须进一步增加资本投入，实行资本对劳动的替代。

当前，家庭农场的基本状况主要是选择自购农业资产设备为主，获取外部农机化服务为辅。这主要是由于以下四个方面的原因所致：第一，当前，我国家庭农场对于农业机械的需求与传统农户具有显著差异，而我国农机化服务组织一直是以小农户为服务对象，这使得当前农机化服务组织应对家庭农场的服务效率不够高。第二，长期以来，我国农机化服务市场组织规模较小、服务价格不规范、服务纠纷难处理、服务质量不高的状况制约着家庭农场购买农业机械化服务。第三，当前，我国农业机械化服务组织的服务内容多集中于产中环节，而产后初加工等环节则发展缓慢，即农机化服务市场服务环节的不均衡性也严重阻碍了家庭农场购买农业机械化服务的选择。第四，上述分析是基于客观存在农机市场化服务的前提假设，但这个假设在很多地区并不存在。因此，家庭农场自购农业机械设备更重要的原因可能还是在于包括农机服务在内的农业生产服务业的发育不充分。

然而，家庭农场作为市场化的农业生产主体，其对于农业机械化的需求极其强烈。在外部市场不能很好地满足家庭农场这种农机服务需求时，绝大多数家庭农场选择自购农业机械设备。同时，即使农场周边有农机服务的提供者存在，但由于家庭农场一般而言土地规模较大（农业部家庭农场监测数据表明，2014 年，家庭农场平均经营面积达 334.17亩[11]），家庭农场出于抢农时、使用便利性等考虑，也会更多地选择自购设备。此外，2004 年以来我国全面实行的农机购置补贴政策，降低了家庭农场农业机械购置成本也是重要原因。因此，在我国农机化服务市场发育不健全和农机购置补贴的双向推动下，同时出于使用便利化的考量，大部分家庭农场都选择自行购置部分农业机械设备，特别是自购市场上很少提供服务的农业生产机械设备，如烘干设备等更是如此。

（三）家庭农场农业资产生产能力剩余

由于农业机械具有不可分性①，家庭农场购置农业机械设备，很难实现与自身需求完全匹配的数量，通常其购置数量要大于其自身需求，从而产生一定数量的农业设备生产能力的剩余。不仅如此，农业资产的专用性②还使剩余的生产能力不可能在家庭农场内部转化、用于其他用途。

家庭农场机械设备生产能力剩余导致家庭农场的资本沉淀，从而加大设备使用的平均

---

① 农业机械的不可分性是指农业机械本身无法通过细分来匹配家庭农场经营面积和劳动力情况。这使得农业资产和经营面积之间不可能实现完全匹配的关系。而一般情况下，过小的设备可能自我服务能力不足，所以家庭农场购买的机械设备的生产能力往往都超过自身经营所需。

② 资产专用性是指资源（设备）具有特定用途而不具备他用的特性。

成本。在上述情形下，为了降低平均成本，家庭农场通常会将剩余的农业机械设备生产能力通过多种方式，如与周边生产主体（小农户）组建合作社等，向农场外的其他生产主体提供农业（机）服务，以增加收入，平抑自身使用成本，获取收益。于是，家庭农场在生产功能之外，同时又具备了服务功能，即家庭农场在新型农业生产主体基础上衍生出新型农业生产服务主体的特征。

综上所述，家庭农场双主体地位的形成机理，可以简单地归纳为：家庭农场是规模化、集约化和商品化以及追求利润最大化的农业生产主体。家庭农场的这一主体特征，决定了家庭农场在农业生产中追求规模经济。规模经济的实现需要在土地面积扩大前提下，寻求资本和劳动的最佳组合。由于我国劳动市场和农机化服务市场发育不完善的现状，家庭农场在做资本要素投入决策时，往往选择自购农业资产设备。但是，农业机械的不可分性和资产专用性又决定了在农场水平上农业资产设备与经营面积之间不可能实现完全匹配，因而，家庭农场自有农业资产设备生产能力出现剩余的情形普遍存在。为提高资产利用效率、减少资本沉淀、降低机械设备使用的平均成本和尽快回收购买投资，作为理性经济人的家庭农场，大多进而选择将剩余的农业资产设备能力向周边的其他生产经营主体（农户）释放，提供服务。因此，家庭农场在农业生产实践中最终呈现既是生产主体又是服务主体的特征。

三、家庭农场双重主体功能的实践状况

在现实中，随着家庭农场的快速发展，家庭农场的服务功能也在不断显现并表现出强劲的势头。当前，因为我国农机化服务市场发展不均衡、不充分和购机补贴政策的实施，促使越来越多的家庭农场选择自行购置部分农机具，并且规模越大的家庭农场越倾向于购置农机具或购置大型农机具。家庭农场具备的农机具越多，其资产生产能力剩余的可能性也越大，其对外提供服务的能力也越强。这种现象可以从全国家庭农场监测数据和典型案例调查得到验证。

（一）总体情况

从全国总体情况来看，当前，我国家庭农场呈现出经营规模越大，则拥有的农机具数量越多。全国家庭农场监测数据显示[①]，2014 年监测的粮食类农场中[②]，100 亩以下的家

---

　　① 农业部从 2014 年起开始实施对全国近 3 000 个农场的监测。这里的数据均来源于全国家庭农场监测。感谢课题组成员（郜亮亮、张宗毅、肖卫东、王新志、蔡颖萍、危薇）所做的前期数据处理工作；感谢农业部农村经济体制与经营管理司的课题资助。

　　② 粮食类家庭农场是指主要种植小麦、玉米、水稻的家庭农场。

庭农场自有农机平均 2.96 台（套），100～300 亩（不含 300 亩）的自有农机为 3.51 台（套），300～500 亩（不含 500 亩）为 5.04 台（套），500～700 亩（不含 700 亩）的为 7 台（套），700 亩及以上的则为 10.77 台（套）。从百分比来看，100 亩以下自有农机具家庭农场占比 81.67％、100～300 亩的自有农机农场占比为 86.38％，300～500 亩为 97.87％，500～700 亩为 100％，700 亩及以上的则为 98.13％。

另外，当前我国农机化服务市场发展不均衡、不充分促使家庭农场自购部分农业机械设备。数据显示，2014 年我国粮食类农场在被问及主要作物生产环节机械化服务获取水平时，92.98％的农场表示可以从市场获得，但服务主要集中于耕、种、收环节。在产后初加工环节中，农场获得的服务比例则要低得多。2014 年只有 47.51％的粮食类农场在需要烘干服务时，能够从市场获得烘干服务。这反映出当前我国农机化服务市场对家庭农场产后初加工烘干环节的机械化服务需求的满足程度比产中机械化服务环节要低得多。但家庭农场作为新型农业经营主体，其对于农产品的产后处理、产后初加工以及成品深加工等具有强烈需求。仅从烘干来看，随着家庭农场的快速崛起，以前庭院晒场模式已经不能适应短时间、大规模农产品收获后处理需求了，转而需要规模化、高效便捷的烘干服务。然而，当前我国农业生产性服务市场对这一类服务的满足程度还较低，这就迫使家庭农场自行购置烘干设备。而一旦购置了烘干设备之后，就会将剩余的烘干服务能力对外提供。如 2014 年我国粮食类家庭农场平均拥有 4.96 台（套）农机具，其中平均拥有烘干机 0.1 台（套）[12]。总数中约 5.92％的粮食类家庭农场拥有烘干机，其中 72％的农场对外提供了烘干服务。家庭农场尚且如此，其他小规模生产经营主体、传统小农户则更是如此。

同时，家庭农场拥有的烘干机越多，对外提供烘干服务的比例就越大。如 2014 年粮食类农场中拥有 1 台烘干机的家庭农场中 57.14％对外提供了烘干服务，而拥有 1 台以上烘干机的家庭农场则有 90.91％对外提供了烘干服务。这反映出家庭农场的服务供给状况虽然受自身资产购置的影响，但一旦具备资产生产能力的剩余，家庭农场一定会向外提供相应的农机服务，以寻求资产设备的充分利用、降低成本获取收益，帮助回收资产购买成本。

（二）典型案例[①]

我们调查的大量案例也表明，家庭农场部分机械设备（尤其是烘干机等资产专用性更强的设备）剩余生产能力的对外释放和向外提供服务更加普遍。如湖南省溆浦县君益家庭农场，今年 36 岁的农场主米某中专毕业，几年前一直在外打工，见过一些世面，也积累了一些资本，3 年前返乡开始农业种植。平时接受过一些农业生产培训，懂一些农机驾驶

---

① 以下案例均来自作者实地调研的手记。

操作技术。2014 年通过流转的 290 亩地加上自家 10 亩，共经营 300 亩土地，全部种植水稻。每年种植一季，亩产大约 1 500 斤左右，全年可收获 45 万斤左右。一方面，由于自家晒场面积不到 2 亩，而晾晒需要大量的劳动力和时间；另一方面，收获时节天气不一定适合连续晾晒，而干谷价格比湿谷高。于是，农场自己购置了 18 台（套）农机具，其中烘干机 6 台，包含烘干机在内农机具价值大约 96 万元。除了自家稻谷烘干外，也为周边农户提供烘干服务。

这种现象不仅发生在湖南这种粮食主产区，在江苏、浙江、安徽等非农产业发达、经济作物和其他农产品生产普遍的地区也同样如此。

浙江省宁波市方兴水稻家庭农场是一家成立于 2013 年 6 月、经工商登记注册的家庭农场，农场主卢某从 1988 年春季即开始规模化种植，到 2013 年 8 月，种植面积达到 820 亩，其中，种植蔺草面积 200 亩、大棚西瓜面积 150 亩、早稻面积 80 亩、晚稻面积为 280 亩（其中蔺草田晚稻 200 亩）。农场共有家庭人口 11 人，其中有 8 人为家庭农场劳动力。尽管如此，较大的种植面积靠自有劳动力难以满足，除了常年雇用外地工人 3 人（2 个江苏人，1 个山东人）外，还积极利用各级政府的财政扶持资金，先后投入上百万元，购置了 4 台拖拉机、2 台插秧机、2 台收割机、2 台除虫机和 6 台小型烘干机，实现资本对劳动的替代。水稻从种到收全程机械化，不仅使粮食丰收丰产有了保障，且有效解决了农业劳动力快速上涨导致的人力成本上升问题，大大降低了农业生产经营的成本。同时，为了提高农业经营效益，卢某还担任鄞州区农机协会副会长和姜山镇粮油协会副会长职务，他既接受协会提供的农资、育种、播种、施肥、打药、浇水、收割、烘干、运输等农业生产全程社会化服务，同时也充分利用协会与农户的连接关系，向协会会员农户提供服务。据了解，其烘干设备生产能力的将近一半用于为周边水稻种植户提供烘干服务。

安徽广德家庭农场主邓某除了利用土地种植 400 多亩水稻的收入外，还利用其剩余设备生产能力为周边农户提供生产服务获得服务收入。小邓是个 37 岁的大小伙子，高中毕业后即回家务农，没有太多其他经历。他的农场种植面积 400 多亩。除掉其父亲、岳父的承包地外，绝大多数农田是 2008 年从附近、来自同村 2 个村民小组的 57 个农民手里租来。农场建筑面积 3.7 亩，其中包括自家宅基地，岳父家的 1.2 亩宅基地以及少量从附近农户租用的旱地。这里有晒场、机械设备存放场（库棚）等，前两年买的 4 套烘干设备也在这里。2014 年调查时，他拥有的农业机械包括小型拖拉机（15 马力及以下）3 台、大型拖拉机（75 马力及以上）2 台、收割机 2 台、插秧机 4 台、烘干机 4 台。此外还有其他一些小量、不重要的机械（具）。农场全部农机总投入已近百万元［指的是自家的实际投入，此外总共获得农机补贴超过 20 多万元（通过价格抵扣）］。家庭农场拥有的农机（具），除自家使用外也为周边农户提供机械服务。尤其是烘干服务。目前为别人代烘干，按从田里拉回的湿稻为例，烘干服务价格平均 100 元/吨。其拥有的烘干能力是 30 吨/天。

2013年整个对外烘干服务达到400～500吨。2013年的烘干总收入达到6万多元，扣除成本，还能挣一些利润。据其反映，当时买烘干设备是"冒险"。买的时候价格是12.5万元/台（套），自己掏9万元，另外政府补贴3.5万元。之所以当时要买，是因为农场替别人繁育种子，种子价格较高，但对晒场等的要求也高。小邓认为，从现在的经营情况看当时决策并不错。

家庭农场的监测数据及典型案例调查的结果表明，作为新型经营主体的家庭农场实际上已经或正在成为新型经营和服务双主体。

四、家庭农场双重主体地位的演化趋势

家庭农场双重主体地位的确立和显现，对于我国新型农业生产性服务体系的发展和完善，具有重要意义。第一，作为生产主体的家庭农场将是未来一段时间内我国农业生产服务主体的主要服务对象，其对于农业生产性服务的巨大需求对于农业生产服务业的发展具有促进作用。第二，家庭农场这种从生产过程中内生出来的服务主体，其服务功能的发挥有助于解决当前我国农业生产性服务业中面临的主要问题，有助于提升农业生产性服务效率。

这主要是由于：第一，家庭农场与周围农户具有相同的地理环境、土地禀赋以及文化背景，增进了家庭农场与农户及其他主体之间合作的信任感，增加了彼此之间信息的透明度，从而能够更好地解决当前农业生产性服务市场中需求和供给主体不一致所导致的服务脱节和服务水平不高、服务需求意愿不强的问题。第二，家庭农场作为与服务对象处于同一生产区域的服务主体，其服务内容的提供更加具有针对性。第三，由于农业生产的季节性会加剧农业生产的时间紧迫性，家庭农场对外提供生产服务具有时间和地理半径上的相对优势。因此，随着家庭农场这种新型服务主体的不断兴起和发展，一方面，其生产功能的发挥将诱使我国现有的农业生产性服务主体进一步完善自身服务质量；另一方面，其服务功能的发挥将引发我国农业生产性服务体系多元主体的新型格局，从而促使我国农业生产性服务业竞争更加充分，服务模式更加多样，服务效率也更高。

同时，家庭农场作为兼生产和服务一体的新型经营主体，在未来一段时间的发展过程中，其服务功能可能还会不断地凸显和呈现。第一，家庭农场作为现阶段我国多元化的新型农业经营主体之一，其发展不仅有助于发挥规模经营优势，还有助于解决当前我国农业兼业化、弱质化的问题。家庭农场的出现不仅顺应了我国农业生产的新变革，适应了我国农业发展阶段的新要求；其在坚持家庭经营传统优势的基础上，有效破解了我国未来农业经营主体稳定性和持续性难题。家庭农场体现着改造传统农业的历史规律性，代表着中国农业的先进生产力，它是当前中国农业基本经营制度中最适宜、最值得提倡的形式[13]。

只要家庭农场存在资产生产能力的剩余，其服务功能就不会消失。家庭农场的持续发展和壮大将为家庭农场持续稳定地充当新型农业服务主体提供基本保障。第二，家庭农场的服务主体地位将有助于完善农业生产服务业态，对农业生产服务市场发挥补充作用，这与新兴古典经济学理论也并不矛盾。根据杨小凯为代表新兴古典经济学理论，经济将随着交易效率和专业化组织程度的改进而从自给自足演进为完全分工；而分工演进的根本动力就在于分工所引起的网络正效应超过分工引起的交易成本[14]。但是，农业具有特殊性，农业内部的分工可能具有新的、不同于其他产业分工的演进逻辑。家庭农场这种新型服务主体对外提供服务所形成的服务模式对于农业分工更具有适用性和适应性，也更有助于服务效率的提升。家庭农场作为服务分工体系中的一环，增加了服务供给，有利于服务价格发现，同时也实现了服务市场的竞争，从而降低服务费用。这对于促使外部农业生产性服务市场焕发出新的活力，进而引发整个农业经营体系的分工和专业化的演进都具有重要作用。

五、结论和建议

家庭农场作为农业生产经营主体，在生产基础上衍生出来的服务主体功能，对农业社会化服务体系建设具有重要意义，它直接为新型农业生产性服务体系注入了新的活力，将引领我国农业生产性服务业进入新的发展阶段。家庭农场服务主体功能的形成及对农业生产性服务业变革的促进作用可能表现为：一是家庭农场通过向周围散户提供服务，从而形成"家庭农场＋农户"的生产发展模式，这对于增加普通小规模农户的收入以及实现对农户的帮扶具有重要作用。二是家庭农场通过与附近其他农场相互提供借机服务，实现农场互助联合，从而形成"农场＋农场"的生产发展模式，这有利于农业资产设备的充分利用，并对未来新型合作组织的形成具有重要的促进作用。三是家庭农场充当企业家带领农户与其他服务组织主体合作，形成"家庭农场＋农户＋生产性服务组织"的生产发展模式，这有利于发挥家庭农场的示范带动作用，同时能够促使生产性服务组织体系的专业化分工，促进专业化的服务主体提高服务质量、降低服务成本，同时还有利于实现农业产业链的延伸和农产品价值链的提升。

因此，家庭农场作为集生产与服务于一体的新型农业适度规模经营主体，不仅是对提升农产品质量、增加农民收入、发展农业产业化，还对构建农业生产性服务业竞争格局、优化农业经营体系、提高农业竞争力方面都发挥着重要作用。

2017年中央一号文件继续强调要"大力培育新型农业经营主体和服务主体"。在扶持、引导和培育新型农业服务主体过程中，应高度重视家庭农场拥有的双重主体功能，要鼓励和支持家庭农场等新型农业经营主体生产性服务功能的发挥，将家庭农场同时作为服务主体来培育，让家庭农场充分享受多元化农业生产性服务体系培育的优惠政策。通过对家庭农场双主体的培育，完善农业生产服务市场，从而更好地实现农业供给侧结构性改革、农业发展方式转变和农业现代化。

参考文献：

[1] 杜志雄. 找准现代农业发展的重要着力点 [N]. 经济日报，2015 - 12 - 17.

[2] 姜长云. 关于发展农业生产性服务业的思考 [J]. 农业经济问题，2016，37（5）：8 - 15，110.

[3] 姜长云. 培育新型农业服务主体问题研究 [J]. 区域经济评论，2016（5）：156 - 160.

[4] 杜志雄. 农业生产性服务业发展的瓶颈约束：豫省例证与政策选择 [J]. 东岳论丛，2013，34（1）：144 - 149.

[5] 肖卫东，杜志雄. 农业生产性服务业发展的主要模式及其经济效应：对河南省发展现代农业的调查 [J]. 学习与探索，2012（9）：112 - 115.

[6] 孔祥智，徐珍源. 农业社会化服务供求研究：基于供给主体与需求强度的农户数据分析 [J]. 广西社会科学，2010（3）：120 - 125.

[7] 孔祥智，楼栋，何安华. 建立新型农业社会化服务体系：必要性、模式选择和对策建议 [J]. 教学与研究，2012（1）：39 - 46.

[8] 钟真，谭玥琳，穆娜娜. 新型农业经营主体的社会化服务功能研究：基于京郊农村的调查 [J]. 中国软科学，2014（8）：38 - 48.

[9] 仝志辉. "去部门化"：中国农业社会化服务体系构建的关键 [J]. 探索与争鸣，2016（6）：60 - 65.

[10] 农业部.《关于促进家庭农场发展的指导意见》[EB/OL].（2014 - 03 - 11）[2017 - 01 - 05]. http：//www. sdpc. gov. cn/fzgggz/tzgg/ggkx/201403/t20140311 _ 590746. html.

[11] 农业部农村经济体制与经营管理司，中国社会科学院农村发展研究所. 中国家庭农场发展报告（2015 年）[M]. 北京：中国社会科学出版社，2015.

[12] 郜亮亮，杜志雄. 教育水准、代际关系与家庭农场演进的多重因素 [J]. 改革，2016（9）：48 - 58.

[13] 杜志雄，王新志. 中国农业基本经营制度变革的理论思考 [J]. 理论探讨，2013（4）：72 - 75.

[14] 杨小凯. 经济学：新兴古典与新古典框架 [M]. 张定胜，张永生，李利明，译. 北京：社会科学文献出版社，2003.

农户农业生产性服务决策的经济分析[①]

——以农机作业服务为例

农机作业服务已经成为农业生产性服务的重要内容，是连接传统小农户和现代农业之间的重要纽带和工具，但农户购买农机还是购买服务、购买农机的话购买何种农机、作业服务市场对购买决策又有何影响、作业补贴对农户决策又有什么影响？我们发现已有文献对这些问题缺乏深入系统研究。因此本文构建了不同决策的成本模型，分析了不同决策的临界条件，并用 2 397 个家庭农场数据进行了实证。研究结果表明，第一，农户购买农机还是购买服务，以及应该购买何种农机，取决于自身机会成本、不同功率农机平均使用成本和作业服务市场价格这几个变量最低的那一个。第二，不同的农业机械有不同的购买临界规模区间，只有作业规模在此区间才是经济的，购买价格和作业效率更高的农业机械的临界规模下限更高。同时，这个临界规模区间受到服务市场的影响，服务市场的存在将推高低价值和低效率的农业机械的购买临界规模下限，进而将小农机挤出服务市场。第三，补贴并非促进农业生产性服务的灵丹妙药，不恰当的补贴会错误引导农户决策，补贴工具仅应在农业生产性服务市场发育不完善、程度较低时使用。

一、引言

2016 年来，随着玉米临储政策的取消以及小麦、水稻托市收购压力的加大，玉米价格出现断崖式下跌，小麦和水稻价格也呈下行态势，导致大量出现粮食类规模经营主体因巨额亏损而破产或跑路的现象[1-2]。很快，多年来被各类支农政策抬高的土地地租问题出

---

① 本文原载于：张宗毅，杜志雄. 农业生产性服务决策的经济分析：以农机作业服务为例 [J]. 财贸经济，2018，39（4）：146 - 160.

现在决策层和"三农"学者视野，大家很容易就发现经营主体的亏损主要源于高成本，而高成本主要源于高地租[3-4]，于是开始反思通过土地流转推进规模经营的路径，提出通过股份合作、托管、社会化服务等措施消除显性化地租成本的替代方案[4-5]。农业社会化服务因此成为决策层重点关注解决方案，2017 年 6 月农业部、财政部联合发布《关于支持农业生产社会化服务工作的通知》，2017 年 8 月农业部、国家发改委、财政部三部委联合发布《关于加快发展农业生产性服务业的指导意见》，两个文件中，农机作业社会化服务均是重要内容。

那么，农机作业社会化服务谁是提供者？谁是购买者？农户如何决策购买农机还是购买服务？农机作业服务市场对农户决策又会产生什么样的影响？本文将通过数理分析和实证研究，来回答上述问题。

二、文献综述

实际上，农机作业社会化服务在我国已经蓬勃发展多年，利用小麦南北成熟时间差从南到北的跨区作业早在 20 世纪 90 年代就兴起，每年"三夏"期间多个国家部委联合发文为跨区作业机手提供高速免费通行、优先加油、治安管理等各种便利[6]，收获上的时间跨度使跨区作业的作业规模扩大进而能够满足高价值农业机械的最小经济规模[7]。有文献[8-9]甚至称与欧美通过大农场实现农业机械化的路径不同，我国找到了以社会化服务为特色的中国特色农业机械化发展道路，实现了小农户与大生产的对接，在小农户为主的背景下实现了农业机械化水平的快速提高。但其实农机作业社会化服务并非我国特例，无论以大农场为主的发达国家美国①还是印度[10]、孟加拉国[11]、加纳[12]这样的农场规模偏小的发展中国家，农机作业社会化服务都普遍存在。

关于购买农业机械和购买农机作业服务，有大量文献运用多元方差分析法、Probit 或 Logit 二元选择模型研究两者的影响因素[13-21]，通过计量模型，找出了个人及家庭特征（农户年龄、受教育程度、接受培训经历、家庭财富、家庭劳动力状况等）、经营特征（经营面积、种植结构、土地细碎化等）、环境特征（地形地貌、地区经济水平等）、政府行为（购机补贴、作业补贴或环境规制行为）等影响购机或购买服务的因素。但这些文献均单一研究购买农机或购买某个环节的农机作业服务影响因素，未能将两者进行结合研究。同时，这些文献均未能从机理上对农户购机或购买服务的决策进行清晰阐明，仅用计量模型从统计学上对其影响因素的显著性进行检验。少数文献通过数理推导认为劳动力价格上升

---

① 参考 https：//uschi.com，为 U. S. Custom Harvesters, Inc. 主页，美国有不少这类提供各个环节农机作业服务的公司或中介公司。

会导致机械投入增加[22]，但由于使用的宏观数据，仍然未能说清微观决策机理，且没有考虑农机作业效率，进而不能解释农户为何选择不同功率农业机械。

部分文献从社会分工的角度阐述了农机作业服务出现的内在机理。如蔡键和刘文勇认为在人工成本上升和农机购置补贴加大的背景下，人工相对机械的成本越来越高诱发了农户对农业机械化的需求，但小规模的农户无法负担较高的农机购置成本，而社会分工产生的农机作业服务有利于成本分担，进而满足了农户需求[23]。罗必良则认为农业生产的迂回程度大大低于工业生产，农业必须通过购买机器从工业"进口"分工经济和迂回生产效果，才能实现部分的效率改进[24]。龚道广认为农业社会化服务的产生是源于购买服务的农户购买服务支付的成本加上购买服务的交易成本（谈判、签订合同、监督执行、违约风险等）小于等于自己完成某环节生产作业消耗的成本[25]。农机作业社会化服务显然可以显著降低农业生产成本，以至于 Ji 等[26]的研究表明：在我国农业劳动力老龄化背景下，具体某类作物的农机作业服务可获得性甚至影响到了农户种植作物结构的决策，农机作业服务可获得性低的作物由于劳动力成本高而被放弃种植。张宗毅和杜志雄的研究亦表明，由于粮食生产农业机械化发展快于蔬菜生产机械化发展，以致规模大的家庭农场粮食种植面积占比会提高，蔬菜种植面积占比会下降[27]。

然而，是什么决定了农户购买农机还是购买服务？又是什么决定了农户在不同功率农业机械之间进行选择？农机作业服务市场对农户购机决策有什么影响？并无相关文献做深入探讨。本文（1）首先以耕作环节为例，假定人工、2 种不同价格和作业效率的动力机械，通过数理推导分析无作业服务市场条件下农户选择人工作业还是购买不同机械的决策机理，以及有作业服务市场条件下农户选择购买服务还是购买农业机械的决策机理；（2）接着，以微耕机、50 马力拖拉机 2 种动力机械为例，分别从无分工和有分工两个角度分析谁会购买农业机械、谁会购买农机作业服务，以及不同功率和作业效率的机械如何在一个统一的作业服务市场中各自存在；（3）在此基础上，运用 3 000 个家庭农场调查数据，通过简单的分组比较，做了进一步的实证分析。最后提出对策建议。

三、农户技术选择理论分析

（一）无作业服务市场条件下的农户决策

在农户之间互相并不交易，无分工的条件下，也即是无作业服务市场条件下，对于某一环节的生产作业，农户要么全部使用人工完成，要么购买农业机械使用农业机械来完成，而购买农业机械也面临着不同功率、价格和作业效率的机械。那么，究竟选择何种技术模式和装备最为经济？显然，应该是最便宜的那种。在最终技术效果没有显著差异情况下[①]，最直接的体现，即是完成既定作业任务[②]条件下使用总成本最小的那项技术与装备，抑或是完成既定作业任务条件下单位面积平均使用成本最小的那项技术与装备。

对于具体某个农户，拥有耕地面积 S 亩。现以耕地环节为例，假定完成耕地作业有三种技术模式可以选择：人工和 2 种不同功率、作业效率的动力机械 M1 和 M2。人工成本每天为 w 元/天[③]，作业效率为 f_0 亩/天[④]，单位面积人工成本 w/f_0 元/亩；机械 M1 和 M1 的购置成本分别为 P_1、P_2 元/台，并有 $P_1 \leqslant P_2$；机械 M1 和 M2 的作业效率 f_1、f_2 亩/天，并且有 $f_0 < f_1 < f_2$；机械 M1 和 M2 的使用寿命周期为 T_1、T_2 年，单位面积油耗分别为 O_1、O_2 升/亩，油价为 p_o，年度维护成本分别为 R_1、R_2 元/台，单位面积人工成本[⑤]分别为 w/f_1、w/f_2 元/亩。不考虑资金时间价值，则每种技术选择的总成本、人工成本要满足以下等式。

人工作业平均成本如下：

$$AC_0 = w/f_0 \tag{1}$$

令 $i=1$，2，代表两种不同的机械装备即分别为 M1 和 M2；$j=1$，2，分别代表一年一作区和一年两作区。则 TC_{ij}、AC_{ij} 表示两种不同机械在两种不同耕作制度区域的总成本和平均使用成本。

一年一作区，在机械装备生命周期内，累计作业面积 $S \times T_i$，机械作业总成本 TC_{i1} 如下：

$$TC_{i1} = P_i + R_i \times T_i + \left(\frac{w}{f_i} + O_i \times p_o \right) \times S \times T_i \tag{2}$$

一年两作区，在机械装备生命周期内，累计作业面积 $2S \times T_i$，机械作业总成本 TC_{i2} 如下：

$$TC_{i2} = P_i + R_i \times T_i + \left(\frac{w}{f_i} + O_i \times p_o \right) \times 2S \times T_i \tag{3}$$

则使用机械的单位面积成本为，一年一作区平均成本 AC_{i1} 如下：

$$AC_{i1} = \frac{TC_{i1}}{S \times T_i} = \frac{P_i/T_i + R_i}{S} + \frac{w}{f_i} + O_i \times p_o \tag{4}$$

一年两作区平均成本 AC_{i2} 如下：

---

① 如耕地环节的耕深、碎土效果，收获环节的脱净率等。实际上，机械作业效果大多时候远远好于人工作业效果。为了便于分析，假定机械和人工作业，或者不同功率机械作业的最终技术效果并无显著差异，从而不会带来最终产量的影响进而影响到基于成本最小化分析模式的结果。

② 即耕地、播种、收获或其他具体某环节的作业任务。

③ 每个农户的人工成本 w 有所不同，主要取决于该农户的人力资源情况造成的机会成本差异。

④ 按每天 8 小时工作时间计算。

⑤ 农业机械也需要人工操作，并不能完全取代人工，此处用农业机械完成作业时间作为人工消耗。

$$AC_{i2}=\frac{TC_{i2}}{2S\times T_i}=\frac{P_i/T_i+R_i}{2S}+\frac{w}{f_i}+O_i\times p_o \tag{5}$$

因此，对于农户来说，在没有农机作业服务市场情况下，选择人工还是选择购买机械 M1 的临界规模在于两者平均成本的交点，即：

$$AC_0=AC_{1j} \tag{6}$$

选择购买机械 M1 还是购买机械 M2 的临界规模在于两者平均成本的交点，即：

$$AC_{1j}=AC_{2j} \tag{7}$$

分别联立（1）、（4）、（6）或（1）、（5）、（6），可分别求出一作区、两作区农户选择人工作业或购买机械 M1 的平均成本决策交点时的规模 S_{11}^* 和 S_{12}^*。

$$S_{11}^*=\frac{P_1/T_1+R_1}{w\left(\dfrac{1}{f_0}-\dfrac{1}{f_1}\right)-O_1\times p_o} \tag{8}$$

$$S_{12}^*=\frac{1}{2}\times\frac{P_1/T_1+R_1}{w\left(\dfrac{1}{f_0}-\dfrac{1}{f_1}\right)-O_1\times p_o} \tag{9}$$

因 $f_0<f_1$，因此 $\dfrac{1}{f_0}-\dfrac{1}{f_1}>0$，因此在（0，$+\infty$）区间，临界规模 S_{11}^*（一作区）和 S_{12}^*（两作区）是农户的人工成本 w 及机械使用寿命 T_1 的单调减函数，是机具购置成本 P_1、年度维修成本 R_1、燃油消耗 O_1 和油价 p_o 的增函数。也即是说，一个农户的人工成本（或机会成本）越高、机械使用寿命周期越长，决定购买机械的临界规模越小；而机械价格、维护成本、油耗和油价越高，则决定购买机械的临界规模越大。或者，简要地说，使用人工还是机械，取决于其经营规模是否小于或大于某个临界规模，而这个临界规模取决于使用机械时带来的年度固定成本（P_1/T_1+R_1）与单位面积节约的可变成本 $w\left(\dfrac{1}{f_0}-\dfrac{1}{f_1}\right)-O_1\times p_o$ 之间的比值，固定成本越高则临界规模越大，节约的可变成本越大则临界规模越小。而一年一作区相对一年两作区的临界规模要高一倍。

类似地，可分别求出一作区、两作区农户选择购买机械 M1 或 M2 的平均成本决策交点时的临界规模 S_{11}^* 和 S_{12}^*。

$$S_{11}^*=\frac{\left(\dfrac{P_2}{T_2}+R_2\right)-\left(\dfrac{P_1}{T_1}+R_1\right)}{\left(\dfrac{w}{f_1}+O_1\times p_o\right)-\left(\dfrac{w}{f_2}+O_2\times p_o\right)} \tag{10}$$

$$S_{12}^*=\frac{1}{2}\times\frac{\left(\dfrac{P_2}{T_2}+R_2\right)-\left(\dfrac{P_1}{T_1}+R_1\right)}{\left(\dfrac{w}{f_1}+O_1\times p_o\right)-\left(\dfrac{w}{f_2}+O_2\times p_o\right)} \tag{11}$$

从式（10）～式（11），可以看出，使用机械 M1 还是 M2，主要取决于机械 M2、M1

各自的年度固定成本差值 $\left(\dfrac{P_2}{T_2}+R_2\right)-\left(\dfrac{P_1}{T_1}+R_1\right)$ 与单位面积节约的可变成本 $\left(\dfrac{w}{f_1}+O_1\times p_o\right)-\left(\dfrac{w}{f_2}+O_2\times p_o\right)$ 之间的比值，这个比值决定了临界规模，同时一年一作区的临界规模是一年两作区的临界规模的两倍。

图 1 是一年两作区的图解，横轴表示经营规模，纵轴表示平均成本。根据公式（1）可知，人工作业平均成本 AC_0 与经营规模无关，人工的工资 w 和作业效率 f_0 一旦确定，则 AC_0 为一个固定常数，是一条水平直线。而根据公式（5），在其他变量不变时，一年两作区 2 种机械的平均成本是经营规模的单调递减函数，而且效率越高、价格越高的机

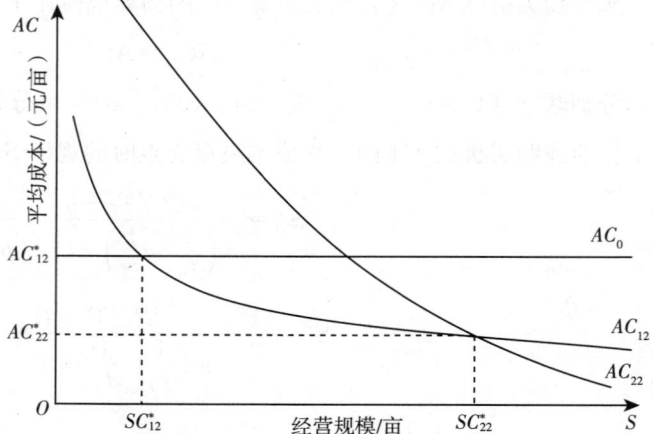

图 1 人工作业、不同作业效率农业机械
平均作业成本与经营规模关系

械在规模较低区域的平均成本越高，在规模较高的区域平均成本下降得越快，因此不同的平均成本曲线随着经营规模的增加必然都会相交，人工与 M1、M1 与 M2 的平均成本曲线交点对应的临界规模分别为 S_{12}^*、S_{22}^*。则有，如果农户的经营规模小于临界规模 S_{12}^*，则人工作业平均成本 AC_0 是最小的，应该选择人工作业；如果农户的经营规模介于临界规模 S_{12}^* 和 S_{22}^* 之间，则使用机械 M1 的平均成本 AC_{12} 最小，农户应选择购买农业机械 M1；如果农户的经营规模大于临界规模 S_{22}^*，则使用机械 M2 的平均成本 AC_{22} 最小，农户应选择购买农业机械 M2。

（二）有作业服务市场条件下的农户决策

如果现在存在分工，也即是存在一个统一的农机作业服务市场，没有农机的农户也可以通过购买农机作业服务来完成耕地作业，即使有小机械 M1 的农户也可向拥有大机械 M2 的农户购买农机作业服务，农户的决策不仅局限于是否购买农机或购买何种农机，还将新增是否购买农机作业服务的选项。下面假设 p_1 和 p_2 两种价格情形，分别分析谁会购买农机、谁会购买农机作业服务。

1. 两种机械 M1 和 M2 并存的作业服务市场。 假定农机作业服务市场是一个完全竞争市场，有给定作业服务价格为 p_1（图 2）。p_1 与人工作业的平均成本曲线没有交点，与购

买使用机械 M1 的平均成本曲线交于（p_1，$S_{12}^{*'}$）点，与购买使用机械 M2 的平均成本曲线交于（p_1，$S_{22}^{*'}$）点。则有：

对于经营规模小于 $S_{12}^{*'}$ 的农户，无论是自己人工作业还是自己买 M1 和 M2 中任何种类的农业机械，都是不经济的，都将会出现平均作业成本高于市场服务价格的情况。规模在 $[S_{12}^{*}$，$S_{12}^{*'}$）的农户在没

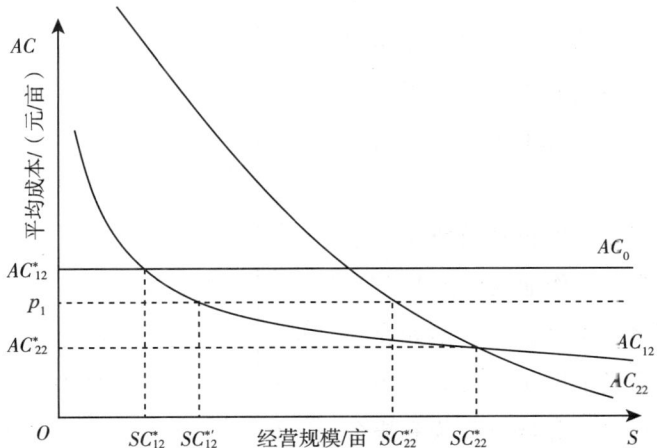

图 2　完全竞争作业服务市场技术选择之一

有分工条件下，本来购买机械 M1 是合算的，但在分工条件下也变得不合算了，通过市场购买服务更加低廉。因此，规模介于（0，$S_{12}^{*'}$）区间的农户是服务购买者，而经营规模大于 $S_{12}^{*'}$ 的农户是农机的购买者。

经营规模大于 $S_{12}^{*'}$ 的农户购买农业机械 M1 还是 M2 的决策，与无分工条件下并无差异，经营规模低于临界规模 S_{22}^{*} 点应该买农业机械 M1 更经济，高于临界规模 S_{22}^{*} 点购买农业机械 M2 更经济。而价格 p_1 与农业机械 M2 的平均成本曲线 AC_{22} 的交点 $S_{22}^{*'}$，因该规模低于 S_{22}^{*}，因此虽然 $[S_{22}^{*'}$，S_{22}^{*}）区间农户购买机械 M2 的平均成本要比市场价格低，但不如购买机械 M1 的平均成本更低。

所以，当市场价格为 p_1 时，经营规模介于（0，$S_{12}^{*'}$）的农户是农机作业服务的购买者，经营规模介于 $[S_{12}^{*'}$，S_{22}^{*}）的农户是小型农业机械 M1 的购买者，经营规模大于 S_{22}^{*} 的农户是 M2 的购买者。同时，购买 M1 和 M2 的农户也是农机作业服务市场的供给者，他们同时向经营规模小于 $S_{12}^{*'}$ 的农户提供作业服务，获得不同的利润回报。显然，那些经营规模或者是服务规模足够大可以买大型机械 M2 的农户（经营规模大于 S_{22}^{*} 的农户），他们的利润空间更大。由于公式（3）所示的总成本对规模求偏导后是一个常数，也即是边际成本是常数，而边际收益 p_1 是大于边际成本的另一个常数，因此对于购买 M2 的农户来说，经营或服务规模越大越好，服务规模越大，利润总量越大、平均成本越小，可以接受更低的市场价格。

2. 大机械 M2 挤出小机械 M1 的作业服务市场。 在市场发育初期，由于机械 M1 价值低有能力购买的农户较多，而机械 M2 价值高有能力购买的人少，因此机械 M1 保有量占多数，而机械 M2 保有量占少数。但这些拥有机械 M2 的人，可以通过不断扩大服务规模来进一步降低平均作业成本，进而可以接受更低的作业市场价格。竞争的加剧，将不断降

低市场价格，最终将作业价格低到永远不会与机械 M1 的平均成本曲线 AC_{22} 相交[1]，出现市场价格为 p_2 的情形（图 3）。

在新的市场价格下，无论是人工作业还是购买 M1，都将是不经济的，不如直接从市场上购买服务。而服务的提供者是经营规模和服务规模总和大于 $S_{22}^{*'}$ 的农户。

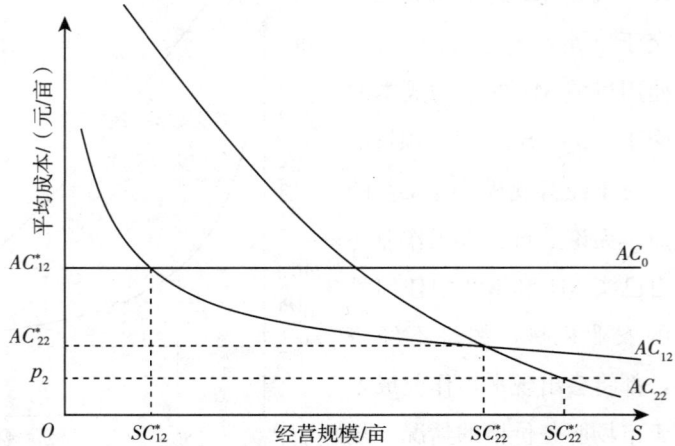

图 3 完全竞争作业服务市场技术选择之情景二

显然，市场竞争有利于作业服务的价格下降，同时通过价格竞争进而诱发资本竞争，将购置成本低、作业效率低的机械 M1 排除在作业市场外。当然，如果有更高效率、更高价值的机械 M3、M4，又将引发新的一轮资本竞赛。这就是最近十来年，随着规模经营（无论是服务规模还是自有经营规模）的增加，作业服务市场的农机马力越来越大的秘密所在。

当然，真实的市场并不是大型机械一统天下，小型农业机械仍然会被购买和使用。这是因为，大型机械的高效率需要在通达性较好、较为平整、连片的地块才能发挥出来，而我国南方地区存在地块细碎、机耕道建设滞后等问题，大大降低了大型机械的作业效率，因而在这样的地块上大型机械的平均成本被抬升，进而机械拥有者要求有更高的价格才能作业，这就为更小的农业机械提供了市场空间。特别是，南方丘陵山区因为机耕道建设和地块整治工作滞后，只有小型机械才能进入地块作业。这就使得大型机械被排除在被分割的作业服务市场外，小型机械可以收取较高的作业服务价格。

同时，由于农机作业服务市场是一个动态的市场，资本竞赛导致服务价格下降是渐进的，而农户关于购买某种农机还是购买作业服务的决策，往往是依据当时的服务市场价格做出的，而一旦购入后对市场价格反应手段有限，可能会仍然保留机械自用。如果服务市场价格下降，此时即使按照新的市场价格来判断购买决策是不经济的，但已经购入，也不能按照原值或简单直线折旧在二手市场处置，而直接闲置不用更加不经济，因为可变成本仍然比作业服务价格要低，因此这部分农户可能会使用旧的、小型的农业机械。

---

① 从公式（5）可以看出，在经营面积趋于无穷大时，机械 M1 和 M2 的平均成本趋于一个常数，而 2 种机械的这个常数差异主要在于其作业效率的高低，作业效率高的机械其平均成本将更低。也即是说让市场价格与某种机械的成本曲线永远不相交是完全可能的。更何况，无论何种机械，都无法将季度作业规模扩大到无穷，因为机械的作业效率是有限的，而满足作物种植的作业时间窗口也是有限的。

而购买农机作业服务的农户在同等价格下，可能会偏好于效率更高的大型农业机械，因此小型农业机械的拥有者的作业服务市场将萎缩，最终会只是自己使用而不对外提供服务。

此外，分工改进了各方福利，一方面降低了整体生产成本，另一方面提供农机作业服务的农户获得了超额利润，该议题本处不深入讨论。

四、情景模拟分析

为验证前述部分理论分析，本部分用人工整地、某品牌微耕机整地、某品牌50马力拖拉机整地3种整地模式来进行验证分析，具体参数见表1。此外，设定燃油价格为5.77元/升，人工成本100元/天。

表1　不同技术模式的技术经济参数

技术模式	一次性投资/元	寿命周期/年	平均年度维护成本/元	油耗/（升/亩）	作业效率/（亩/天）[a]
人工整地	—	—	—		0.50
某品牌微耕机整地	4 500	10	100	2	5
某品牌50马力拖拉机整地	60 000	10	1 200	2	48

注：a，按每天作业时间8小时计算。此处的作业效率是一个概数，实际上即使是同一机型因作业地块大小、土壤条件、机手熟练程度等多种因素不同而不同，此处是假定的所有条件都相同的情况。

对于一年两作区，根据公式（5）可以计算出微耕机和50马力拖拉机的平均成本与经营规模关系如下：

$$AC_{微耕机}=\frac{4\,500/10+100}{2S}+\frac{100}{5}+2\times5.77=\frac{275}{S}+31.54 \quad (12)$$

$$AC_{50马力}=\frac{60\,000/10+1\,200}{2S}+\frac{100}{48}+2\times5.77\approx\frac{3\,600}{S}+13.62 \quad (13)$$

根据公式（9）和（11）可计算出2个临界点，分别为

$$S_{12}^{*}=\frac{1}{2}\times\frac{\frac{4\,500}{10}+100}{100\times\left(\frac{1}{0.50}-\frac{1}{5}\right)-2\times5.77}\approx1.63$$

$$S_{22}^{*}=\frac{1}{2}\times\frac{\left(\frac{60\,000}{10}+1\,200\right)-\left(\frac{4\,500}{10}+100\right)}{\left(\frac{100}{5}+2\times5.77\right)-\left(\frac{100}{48}+2\times5.77\right)}\approx185.58$$

根据公式（12）、（13）的函数形式，可以画出人工、微耕机、50马力拖拉机的平均成本曲线随着经营规模的变化情况，见图4。可以看出：

要购买微耕机的临界点非常低，只要经营规模超过1.63亩就可以购买微耕机，这也

是为什么南方丘陵山区出现家家户户买微耕机的情况，以及河南、山东等地区一度出现的家家户户买小四轮的情况，这种情况下农机作业服务市场并不大。

购买 50 马力拖拉机的临界点为 185.58 亩，但实际的临界点要低。购买 50 马力拖拉机的临界点并不需要等到 185.58 亩那么高，因为一个作业季度的时间窗口是非常有限的，大部分地区留给耕地的作业时间范围一般只有 10 天左右，按照微耕机每天作业 5 亩的效率，也就是一个季度的最大作业面积只有 50 亩左右。那么，经营或服务面积超过 50 亩又小于 185.58 亩的时候，如果家里只有一个劳动力可以操作农业机械，那么只能是要么从市场上购买农机作业服务来弥补，要么购置 50 马力拖拉机。如果家里有两个劳动力可以操作农业机械，则可以考虑再购置一台微耕机，仍然不足而劳动力充足情况可购买第三台，但不应该购置第四台，购置第四台时所覆盖的作业量的平均成本将高于购买 50 马力拖拉机。

不同功率的农业机械有不同的适用经济规模范围，而统一的作业服务市场将压缩小型农业机械的经济规模范围和作业服务市场空间，不断加强的竞争将引发资本投入竞赛，进而促进装备的升级换代。（1）如果农机作业服务市场价格为 100 元/亩，那么购买微耕机的临界点将从 1.63 亩上升为 5 亩，但对购买 50 马力拖拉机的临界点无影响。市场上将同时出现微耕机作业服务和 50 马力拖拉机作业服务的情况。（2）如果农机作业服务市场价格低于 37.04 元/亩，拥有微耕机的农户将不会提供农机作业服务，因为作业价格低于其边际成本。如果没有更高效率的农业机械，市场上将只有 50 马力拖拉机提供农机作业服务。（3）但如果价格低于 37.04 元/亩高于 31.54 元/亩的可变成本时，仍然会有原先已经购买微耕机的农户提供作业服务或者自用而不提供作业服务，只是不会有人新购微耕机。也就是说，拥有小农机的农户，提供作业服务的能力和比率（对

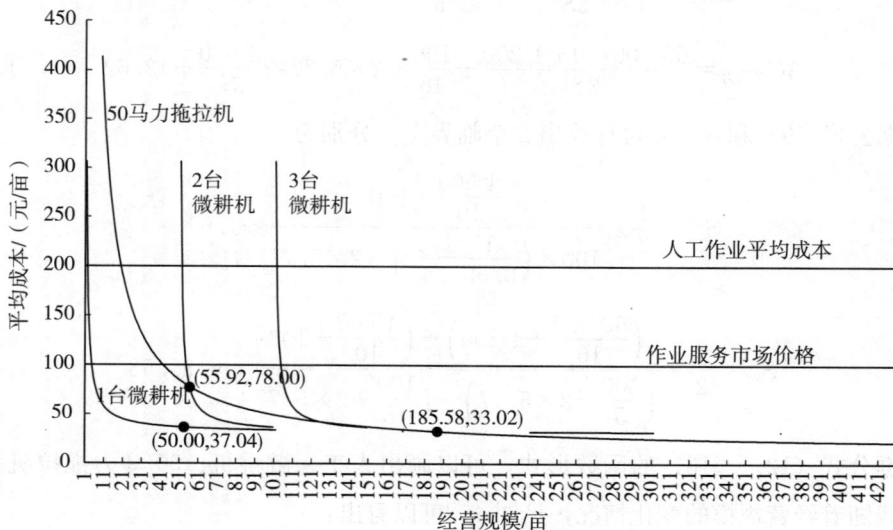

图 4　情景模拟分析

外提供作业服务面积与自营土地面积之比）都会较弱，而拥有大型农业机械的农户提供服务的能力和比率都较强。

然而，由于作业季度的时间窗口存在，无论作业效率多高的机械，一个购机农户一个季度的作业总量是有限的，因此随着购机农户自有经营土地面积的增加，对外提供作业服务的比率将下降。

五、实证分析

本文利用农业部经管司家庭农场固定观察数据①中 2 397 个种植类型、种养结合类型和机农结合类型（以农机作业服务为主）的家庭农场数据集为样本，对前述理论分析中部分结论展开实证分析。主要证实 4 点：（1）农业机械的购买，现实中确实存在临界规模，临界规模以下的农户100%不会购买。（2）在一个统一的农机作业服务市场，小机械将被挤出服务市场，因此拥有小机械的农户的农机作业服务提供率（对外提供作业服务面积与自营土地面积之比）会较小，而拥有大机械的农户的农机作业服务提供率比较大。（3）经营规模越大的农户将追求效率更高、价值更大的农业机械。也即是农户拥有农业机械单台平均价值与农户经营规模与服务规模总和呈正向相关关系。（4）但随着自有经营面积的增加，农机作业服务提供率将先增后减，呈倒 U 形。

（一）三类机械分省临界点

通过对 2 397 个家庭农场样本进行分析，分别用农场自营土地面积和对外提供机耕服务面积、对外提供机插秧服务面积、对外提供机械收获服务面积、对外提供烘干服务面积②进行加总，则分别得到农场拖拉机、插秧机、收割机和烘干机的作业覆盖面积，可比对每个样本进而找到每个省购买了拖拉机、插秧机、收割机或烘干机的农户的最小作业覆盖面积，结果见表 2。可以看出，购买农业机械的最小临界点是真实存在的。例如江苏省的调研样本里，作业覆盖面积小于 50 亩的家庭农场没有购买拖拉机的，小于 129 亩没有购买插秧机的，小于 140 亩没有购买收割机的，小于 286 亩没有购买烘干机的。

------

① 自 2014 年开始，农业部农村经济体制与经营管理司委托时任中国社会科学院农村发展研究所副所长杜志雄研究员组建课题组启动了全国家庭农场固定监测工作。每年在全国 31 个省（自治区、直辖市）的 100 个县（区、市）对 3 000 个左右家庭农场进行跟踪监测。由于本处主要分析的种植业相关农业机械，因此只选择了 3 000 个家庭农场样本中的 2 397 个种植类型、种养结合类型和机农结合类型（以农机作业服务为主）的家庭农场进行分析，而没有使用养殖业农场样本数据。

② 将烘干粮食吨数乘 2 处理成为服务面积，即烘干 1 吨按照服务面积 2 亩折算。

表2　各省购买不同农业机械的最小临界经营规模

省份	拖拉机	插秧机	收割机	烘干机	省份	拖拉机	插秧机	收割机	烘干机
北京	15	275	245	—	湖北	50	320	120	150
天津	100	204	204	233	湖南	111	120	50	206
河北	15	262	130	150	广东	30	100	100	26
山西	22	—	137	101	广西	70	75	80	85
内蒙古	40	—	170	4 500	海南	15	320	130	120
辽宁	50	118	110	8 850	重庆	40	12	40	62
吉林	102	104	100	831	四川	10	110	110	50
黑龙江	43	120	120	1 300	贵州	30	—	300	56
上海	40	158	110	669	云南	12	—	—	80
江苏	50	129	140	286	陕西	21	—	211	21
浙江	51	350	268	50	甘肃	10	900	400	150
安徽	16	312	180	155	青海	20	—	200	375
福建	50	106	55	50	宁夏	30	300	278	606
江西	36	250	100	80	新疆	36	110	150	36
山东	50	—	60	333					
河南	50	320	85	235	平均	41	221	151	684

（二）小农机的服务市场挤出效应

表3展示了样本家庭农场不同农机单价分组下的自营土地规模、对外提供服务规模和作业服务提供率。可以看出，农机单价较小的家庭农场分组对外服务提供能力较弱，作业服务提供率较低。例如农机平均价值在[0.1，1)的家庭农场，单个环节最大对外服务规模平均为13亩，作业服务提供率仅为5.27%；而农机平均价值在[6，7)的家庭农场，单个环节最大对外服务规模平均达到735亩，作业服务提供率高达190.09%。虽然随着农机平均价值的进一步增加，作业服务提供率有所反复甚至下降，但均高于农机平均价值在6万元以下分组，同时对外提供作业服务的绝对能力再增加。显然，在统一的作业服务市场，低价值、低效率的小农机会被不断挤出，而高价值、高效率的农业机械将通过规模效应来降低平均使用成本，进而在作业服务市场获得竞争力。

表3　农机单价与作业服务提供率

购机者单台农机价值/万元	自营土地规模/亩	对外服务规模/亩	作业服务提供率/%
[0，0.1)	136	0	0.00
[0.1，1)	239	13	5.27
[1，2)	224	41	18.37
[2，3)	233	77	33.10

（续）

购机者单台农机价值/万元	自营土地规模/亩	对外服务规模/亩[a]	作业服务提供率/%
[3, 4)	272	89	32.94
[4, 5)	362	167	45.99
[5, 6)	386	194	50.33
[6, 7)	387	735	190.09
[7, 8)	460	818	177.57
[8, 9)	523	384	73.30
[9, 10)	423	866	204.55
[10, 11)	552	810	146.56
[11, 12)	891	913	102.42
>12	751	1 227	163.50

注：a，本处所指购机者对外服务规模，是对外提供耕、种、收、烘干4个环节作业面积中的最大规模，而不是加总。作业服务提供率＝对外服务规模/自营土地规模。表4同。

（三）经营规模与单台农机价值

按照规模对样本进行分组，然后进行分组统计（表4），可以得到：（1）较低规模的农户倾向于购买服务，较高规模的农户倾向于购买农机。随着经营规模的增加，购机者的比例正向上升，10亩以下无人购买农业机械，[10，50)亩购机者比率达到46.58%，而1 000亩及以上的农户购机比率达到100%。（2）随着经营规模的扩大，购机者拥有的农业机械单台农机平均价值正向增加，也即是经营规模的扩大，农场的经营规模将大于更大的农机的最小临界规模，从而使用更高效率、更高价值的农业机械反而更经济。例如经营规模在[10，50)亩的农户拥有的单机平均价值为1.83万元，经营规模在[50，100)亩的农户拥有的单机平均价值为4.71万元，而经营规模在[1 000，2 000)亩的农户拥有的单机平均价值为13.00万元。将购机者自营面积与对外服务面积之和，与购机者单台农机价值进行相关性检验，相关系数为0.392 9，显著水平为0.00。

表4　经营规模与单台农机价值、作业服务对外提供能力及提供率

自营土地规模/亩	样本数/个	购机样本数/个	购机者比例/%	购机者单台农机价值/万元	购机者平均自营规模/亩	购机者对外服务规模/亩	作业服务提供率/%
<10	7	0	0.00	—	—	—	—
[10, 50)	161	75	46.58	1.83	31	19	61.12
[50, 100)	282	176	62.41	4.71	67	138	204.34
[100, 150)	428	279	65.19	4.98	117	164	139.27

（续）

自营土地规模/ 亩	样本数/ 个	购机样本数/ 个	购机者比例/ %	购机者单台 农机价值/ 万元	购机者平均 自营规模/ 亩	购机者对外 服务规模/ 亩	作业服务 提供率/ %
[150，200)	306	245	80.07	5.82	166	411	247.38
[200，500)	757	632	83.49	7.95	294	474	161.01
[500，1 000)	246	240	97.56	9.16	648	700	107.88
[1 000，2 000)	146	146	100.00	13.00	1 306	1 109	84.96
[2 000，3 000)	35	35	100.00	13.14	2 243	1 679	74.86
(≥3 000)	29	29	100.00	16.90	3 755	1 637	43.59
合计	2 397	1 857	77.47	7.46	435	489	112.42

（四）自有经营面积与对外服务规模及提供率

表 4 中也展示了不同自营土地规模分组的购机农场单个环节对外服务最大规模，可以看出：（1）随着自营土地规模的增加，对外提供服务的绝对能力在不断增强，这与杜志雄和刘文霞[28]的关于家庭农场同时兼具农业生产主体和服务主体双主体身份的研究结论是一致的。（2）对外提供作业服务的比率先升后降，呈倒 U 形。经营规模在 [10，50) 亩的家庭农场，单个环节对外提供服务最大面积占自营土地面积比率仅为 61.12%。但经营规模在 [50，100) 亩的家庭农场，单个环节对外提供服务最大面积占自营土地面积比率高达 204.34%；然而，随着规模的进一步扩大，当自营土地面积在 200 亩及以上的家庭农场，单个环节对外提供服务最大面积占自营土地面积比率开始反向下降，自营土地规模在 3 000 亩及以上的家庭农场对外服务面积占自营土地面积比例只有 43.59%。以上实证分析印证了要验证的四个理论推导结论。

六、结论建议

（一）结论

通过前述分析，本文可得出以下结论：（1）完成一个环节的作业，农户到底选择购买农机还是购买服务，取决于自身机会成本、农机平均使用成本和作业服务市场价格这三者中最低的那一个，如果自身机会成本最低则会选择人工作业，如果购买农机后的平均使用成本最低则会购买机械，如果作业服务市场价格最低则会购买服务。然而，这个决策应充分考虑动态的情况，否则可能会出现这种情况：当年买某种功率的农业机械按照当时的作业服务市场价格和机会成本计算是合算的，但第二年出现了效率更高的机械压低了作业价格，使用原来的机械就不合算了。（2）同一个作业环节，有多种作业效率和价格的农业机械，不同的机械有不同的最小经济临界规模和最大经济临界规模，如果农户购买该机械后的作业覆盖规模在这个规模区间外则不应该购买该种机械，在该区间内则可以购买。但是否购买，还应跟作业服务市场的服务价格比较，如果平均使用成本低于作业市场价格则可以购买，如果高于服务市场价格则应购买服务。（3）农机作业服务市场的存在，可以降低整体生产成本，改善农机服务提供者和农机服务购买者的福利，但容易引发资本竞争，通过购买价值更大、效率更高的农业机械挤出低效率农机服务提供者。进而可能会造成市场上小农机过剩，大农机不断淘汰更新。例如很多从事跨区作业的机手，农机只用一个作业季度就转手卖掉。这有可能会加剧农机具市场饱和程度。（4）整体来说，自营土地规模较小的农户是农机作业服务的购买者，而自营土地规模较大的农户是农机作业服务的提供者，自营土地规模与作业服务能力呈正向关系，但服务提供率与自营规模呈倒 U 形关系。自营土地面积在 50～1 000 亩的农场，是作业服务市场的主要供给者，他们的作业服务提供率平均超过 100％，作业服务收入是他们重要收入来源。

（二）对策建议

本文的研究结果，有以下几点启示或建议：（1）农户购机决策应进行合理引导，避免作业市场过度竞争导致的农机饱和闲置，农机购置补贴政策应对已经饱和的机具降低补贴额度甚至取消补贴，以引导市场趋于理性。（2）农机制造企业在一个新的产品批量制造前，应深入调研当前农机作业服务市场和相同功能竞争产品，计算该产品的临界规模下限和上限，进而确定该产品的经济规模区间，从而确定该产品的目标市场销售对象，否则容易生产出没有任何经济规模区间的产品从而失去市场份额。（3）如果为了鼓励作业服务，政府相关鼓励政策可适当对自营规模在 50～1 000 亩的农户进行倾斜，这个区间的农户对外提供作业服务的比率较高。

参考文献：

[1] 潘林青，叶婧. 种粮大户"毁约弃耕"初现 [J]. 瞭望，2017（8）：6-7.

[2] 朱新法. 退地弃种，种粮大户无奈谁来解 [N]. 新华日报，2016-8-24（5）.

[3] 党国英. 中国农业发展的战略失误及其矫正 [J]. 中国农村经济，2016（7）：2-14.

[4] 何秀荣. 关于我国农业经营规模的思考 [J]. 农业经济问题，2016（9）：4-15.

[5] 叶兴庆. 我国农业支持政策转型：从增产导向到竞争力导向 [J]. 改革，2017，277（3）：19-34.

[6] 农业部，公安部，交通部，等. 关于做好联合收割机跨区收获小麦工作的通知 [Z]. 农机发 [1996] 1 号.

[7] ZHANG X B，YANG J，THOMAS R. Mechanization outsourcing clusters and division of laborin Chinese agriculture [J]. China Economic Review，2017，43（4）：184-195.

[8] 宗锦耀. 坚持走中国特色的农业机械化发展道路 [C] //中国农业机械学会. 走中国特色农业机械化道路：中国农业机械学会 2008 年学术年会论文集（上册）北京：中国农业机械学会，2008.

[9] 白人朴. 中国特色农业机械化理论体系研究 [J]. 中国农机化，2011（5）：14-15，24.

[10] KAMBOJ P，KHURANA R，DIXIT A. Farm machinery services provided by selected cooperative societies [J]. Agric EngInt：CIGR Journal，2012，14（4）：123-133.

[11] MOTTALEB K A，RAHUT D B，ALI A，et al. Enhancing smallholder access to agricultural machinery services：lessons from Bangladesh [J]. The Journal of Development Studies，2017，53（9）：1502-1517.

[12] DIAO X S，COSSAR F，HOUSSOU N，et al. Mechanization in Ghana：emerging demand，and the search for alternative supply models [J]. Food Policy，2014，48（1）：168-181.

[13] JOHNSON T G，BROWN W J，O'GRADY K. A multivariate analysis of factors influencing farm machinery purchase decisions [J]. Western Journal of Agricultural Economics，1985，10（2）：294-306.

[14] 曹光乔，张宗毅. 农户采纳保护性耕作技术影响因素研究 [J]. 农业经济问题，2008（8）：69-74.

[15] 刘玉梅，田志宏. 农户收入水平对农机装备需求的影响分析：以河北省和山东省为例 [J]. 中国农村经济，2009（12）：44-55.

[16] 宋修一. 农户采用农机作业服务的影响因素分析 [D]. 南京：南京农业大学，2009.

[17] 纪月清，钟甫宁. 农业经营户农机持有决策研究 [J]. 农业技术经济，2011，5：20-24.

[18] 王志刚，申红芳，廖西元. 农业规模经营：从生产环节外包开始：以水稻为例 [J]. 中国农村经济，2011（9）：4-12.

[19] 刘雨松. 土地细碎化对农户购买农机作业服务的影响分析 [D]. 重庆：西南大学，2014.

[20] 颜玄洲，孙水鹅，欧一智. 农机购置补贴政策下种稻大户购机决策影响因素分析 [J]. 农林经济管理学报，2015，14（6）：592-599.

[21] JI C，GUO H D，JIN S Q，et al. Outsourcing agricultural production：evidence from rice farmersin Zhejiang Province [J]. Plos One，2017，12（1）：1-16.

[22] 郑旭媛，徐志刚. 资源禀赋约束、要素替代与诱致性技术变迁：以中国粮食生产的机械化为例 [J]. 经济学（季刊），2017，16（1）：45-66.

[23] 蔡键，刘文勇. 社会分工、成本分摊与农机作业服务产业的出现：以冀豫鲁三省农业机械化发展为例 [J]. 江西财经大学学报，2017（4）：83-92.

[24] 罗必良. 论农业分工的有限性及其政策含义 [J]. 贵州社会科学，2008，217（1）：80-87.

[25] 龚道广. 农业社会化服务的一般理论及其对农户选择的应用分析 [J]. 中国农村观察，2000（6）：25-34，78.

[26] JI Y Q，HU X Z，ZHU J，et al. Demographic change and its impacton farmers' field production

decisions [J]. China Economic Review，2017，43（1）：64-71.

［27］张宗毅，杜志雄. 土地流转一定会导致"非粮化"吗?：基于全国 1 740 个种植业家庭农场监测数据的实证分析 [J]. 经济学动态，2015（9）：63-69.

［28］杜志雄，刘文霞. 家庭农场的经营和服务双重主体地位研究：农机服务视角 [J]. 理论探讨，2017（2）：78-83.

哪些家庭农场在提供农业生产性服务?[①]

——基于 2014 年、2015 年全国种植类家庭农场监测数据

发展农业生产性服务业为解决当前我国农业问题提供了新思路,为提高农业资源利用率、转变农业发展方式提供了新渠道,为实现小规模农户与现代农业发展有机衔接提供了新途径。家庭农场对农业生产性服务具有双重性,既是农业生产性服务的需求者,更是农业生产性服务的供给者。本文以 2014 年、2015 年全国种植类家庭农场监测数据为依据,分析了当前我国家庭农场农业生产性服务中烘干服务的供给现状及供给农场特征。研究发现当前我国拥有烘干设备的种植类农场中,60%的农场除了自给外还对外提供烘干服务,且这种服务供给比例还在增长。同时,不同的农场主特征和农场特征下的家庭农场烘干服务供给状况也不相同。总体上,男性、年轻、本村农场主供给的烘干服务较多。另外,有借贷款、加入合作社、种植粮食和大规模的家庭农场中对外提供烘干服务的农场比例较高。未来,应重视和引导家庭农场服务功能的发挥,加快构建农业生产性服务业新格局。

一、引言

发展农业生产性服务业是推进我国现代农业建设的重要任务,是提高我国农业资源利用率和转变农业发展方式的重要途径。2017 年中央一号文件提出"大力培育新型农业经营主体和服务主体,加快发展服务带动型规模化经营";2017 年 8 月农业部、国家发改委及财政部联合下发《关于加快发展农业生产性服务业的指导意见》,再次要求加快发展农

[①] 本文原载于:刘文霞,杜志雄. 哪些家庭农场在提供农业生产性服务?:基于 2014 年、2015 年全国种植类家庭农场监测数据 [J]. 农村经济,2018(3):18-24.

业生产性服务业，促进农业增效和农民增收，提高农业综合竞争力；2017 年 10 月，党的十九大报告指出"发展多种形式的适度规模经营，培育新型农业经营主体，健全农业社会化服务体系，实现小农户和现代农业发展的有机衔接"。由此可见，发展农业生产性服务业对于我国农业规模化经营、产业组织化提升、增加农民收入和发展现代农业具有现实意义。但当前我国农业生产性服务业仍处于初级发展阶段，且存在诸多问题[1]。主要表现为：一是现有服务环节重产前产中轻产后，服务内容同质性强、差异化不足；二是以公共服务机构和经营性服务组织为服务主体的服务质量和可得性均较差，农户满意度不高；三是农业生产性服务组织机构冗杂、分工不明、定位不清，服务效率不高[2]。

近年来，随着家庭农场等新型农业经营主体的发展，农业生产性服务业迎来了新的发展契机。这是由于家庭农场等新型农业经营主体在规模扩大后将产生更加强烈的生产服务需求，而新型农业经营主体自身的规模又不足以将各种所需的外部服务内部化；这就决定了，在未来一段时间内，新型农业经营主体是我国农业生产性服务的重要需求方[3]。伴随着新型农业经营主体的农业生产性服务需求多样化的刺激，越来越多差异化、高质量的农业生产性服务可能产生并且发展[4]。未来，不断增加的新型农业经营主体生产服务需求将成为推动我国农业生产性服务业升级发展的重要动力和源泉[5]。

然而，现有研究多集中于新型农业经营主体对农业生产性服务的需求；少有学者关注新型农业经营主体农业生产性服务供给。即使部分研究曾经提及，新型农业经营主体也具有一定的农业生产性服务供给功能[6-7]。但他们所说的经营主体并未明确指出是包括直接从事农业生产的主体，若不做这种区分，其指向意义变得不明显。因为处于农业产业链前端和后端的经营主体，其业务本身就是为农业生产提供服务。而杜志雄和刘文霞曾经直接提出"新型农业生产（经营）主体除了是农业生产性服务的需求者，更是农业生产服务供给者"的命题[8]。并且指出，这种基于生产主体功能上衍生出来的服务功能更加具有农业生产适用性，也更加能够引领和实现多元农业竞争服务格局的形成。新型农业生产（经营）主体农业生产性服务供给功能的发挥对于解决当前我国农业生产性服务业存在的问题、辐射带动小规模农户、创新农业发展模式、提高农业专业化水平和提升农业分工效率都具有重要意义。那么，当前我国新型农业生产（经营）主体农业生产性服务供给状况究竟如何？又是具备哪些特征的新型农业生产（经营）主体在提供农业生产性服务？本文拟进一步尝试在前述命题的基础上开展深入研究。

本文以 2014 年、2015 年全国种植类家庭农场监测数据为依据，通过对家庭农场这种新型农业生产（经营）主体农业生产性服务供给状况及供给农场特征进行简单描述分析，从而呈现新型农业生产（经营）主体农业生产性服务功能发挥状况，并为下一阶段促进我国农业生产性服务业发展的政策制定提供实证依据。

二、家庭农场农业生产性服务供给现状

（一）数据说明

农业部从 2014 年起对全国 31 个省（自治区、直辖市）近 3 000 个家庭农场开展长期固定监测。受农业部委托，时任中国社会科学院农村发展研究所副所长杜志雄研究员组建了课题组并启动监测工作。课题组首先在全国各省按照经济水平高低选择 3～4 样本监测县；然后，每个县选择 30～50 个农场进行监测。样本选择范围兼顾种植业、养殖业和种养结合的家庭农场比重，原则上种植类家庭农场占比不多于 80％，粮食类家庭农场占比不少于 50％。截至 2016 年，课题组完成了 2014 年、2015 年监测工作。其中，2014 年共监测 3 092 个家庭农场，剔除极端异常值、大量缺失等不合格样本后获得 2 826 个有效样本。有效样本中，种植类家庭农场 1 849 个，占有效样本的 65.43％；养殖类家庭农场 420个，占有效样本比 14.86％；种养结合家庭农场 525 个，占有效样本比 18.58％。2015 年共监测 3 073 个家庭农场，剔除不合格样本后获得 2 903 个有效样本，其中种植类家庭农场 1 972 个，占有效样本的 67.93％；养殖类家庭农场 406 个，占有效样本的 13.99％；种养结合类家庭农场 516 个，占有效样本的 17.77％。

本文采用的是 2014 年和 2015 年种植类家庭农场数据进行分析。种植类农场包括种植小麦、玉米、水稻、薯类、豆类、高粱、燕麦及其他作物的农场。

（二）家庭农场农业生产性服务供给状况

从农业生产性服务业发展视角看，家庭农场具有双重性，即家庭农场既是农业生产性服务的需求者，更是农业生产性服务的供给者。那么，现实中，我国家庭农场农业生产性服务供给状况如何？这种供给功能的发展趋势如何？值得指出的是，家庭农场对外提供的服务实际上包括多种，如育秧、耕整、播收等，而为了集中体现家庭农场农业生产性服务供给状况，本文只选取烘干服务进行分析①。

2014 年我国拥有烘干设备的种植类农场中，超过 60％的农场对外提供烘干服务。如表 1 所示，2014 年调查 1 849 个种植类家庭农场中 100 个拥有烘干设备，占比 5.41％；然而，其中却有 64 个对外提供烘干服务，占比 64.00％。这表明，尽管当前我国家庭农场拥有烘干设备的比例较低；但农场在拥有烘干设备后会在很大比例上对外提供烘干服务。由于烘干设备投资较高，家庭农场购买烘干设备需要一定经营规模作为支撑。然而，当前

---

① 选取烘干服务，还主要是基于监测数据的可得性。除烘干服务，在监测数据中，家庭农场其他类型的对外服务未能广泛涉及。

我国外部经营性服务市场很少提供烘干服务，以至于烘干作为农户最需要的产后及时服务也无法得到满足[5]。这迫使家庭农场自行购置烘干设备。而农场一旦拥有烘干设备后，烘干设备生产能力与自身需求之间难以做到完全匹配，且往往能力大于需求，并由此导致烘干能力的剩余。为实现烘干机减最大化利用、降低使用成本并及时回收资产购置成本，增加农场收入，农场进而选择对外提供烘干服务。超过60%拥有烘干设备的农场对外提供烘干服务就意味着，一旦家庭农场在具备农业生产服务供给能力后，会比较倾向于对外提供农业生产服务。这也反映出，家庭农场或许可以并正在成为当前我国普通农户急需的某些农业生产服务的重要供给者。

相比于2014年，2015年种植类农场中拥有烘干设备和对外提供烘干服务的农场比例均有所增长。表1显示，2015年1 972个种植类农场中150个拥有烘干设备，占比7.61%；比2014年的5.41%增加了2.2%，增长了40.67%。而拥有烘干设备的150个农场中110个对外提供了烘干服务，占比73.33%；比2014年的64.00%增加了9.33%，增长了14.58%。这表明，第一，随着家庭农场的快速发展，购买烘干设备的农场不断增加，且增长速度较快。这很可能是，家庭农场经营规模扩大后，原有晾晒方式难以适应现有产品烘干需求。这主要是受天气、场地和人工的限制，农场短时间内无法完成大量产品的集中晾晒干燥。同时，农场主提高产品品质、增加产品附加值的动机也刺激了家庭农场烘干设备需求。而外部市场烘干服务的缺乏加剧了家庭农场自行购置烘干设备的愿望。第二，家庭农场对外提供烘干服务比例的上升，既是家庭农场充分利用机械、增加农场收益能力增强的体现，也是外部烘干服务需求不断增加的体现。这意味着，随着时间的推移，越来越多的家庭农场开始提供烘干服务，发挥农业生产服务功能。

表1　2014—2015年拥有烘干设备及供给烘干服务农场

年份	种植类农场/个	具备烘干设备农场		提供烘干服务农场	
		样本/个	占比/%	样本/个	占比/%
2014	1 849	100	5.41	64	64.00
2015	1 972	150	7.61	110	73.33

三、农场主特征与农场农业生产性服务的供给

农场主特征对农场农业生产性服务供给至关重要。家庭农场主是有文化、懂技术、会经营、善管理的农业企业家，其自身的"企业家精神"是农场参与市场竞争、获取收益、持续稳定发展的重要依托。那么，不同的农场主特征下的家庭农场农业生产性服务供给状况有何不同？下面对此进行考察。

（一）农场主性别、年龄与家庭农场烘干服务的供给

1. 总体上，男性为农场主的农场对外提供烘干服务的比例略高于女性为农场主的农场。 从表2可知，2014年男性农场主农场中对外提供烘干服务的农场比例（64.04%）略微高于女性农场主农场比例（63.64%）。而2015年男性农场主农场中对外提供烘干服务的农场比例（75.59%）则比女性农场主农场的比例（60.87%）高14.72%。这或许表明，随着时间的增加，男性农场主更愿意对外提供烘干服务。当然，这也可能受样本影响，在拥有烘干设备的农场中，女性农场主农场较少，分别为11个和23个，仅占11%和15.33%；而男性农场主农场较多，分别为89个和127个，占89%和84.67%。这也从侧面反映出，相比于女性农场主农场，男性农场主农场供给的烘干服务更多。

2. 年轻农场主供给烘干服务较多。 2014年35岁及以下的农场主农场中对外提供烘干服务的比例为85.71%，但35～45岁农场主农场中这一比例下降为54.55%，而45～55岁农场主农场中这一比例又小幅上升至63.89%，55岁以上的农场主农场中该比例上升至84.62%；2015年对应的比例分别为73.33%、59.68%、86.44%、78.57%。可见，不同农场主年龄下的家庭农场烘干服务供给意愿无明显倾向性。但可以看到，55岁以上的农场主2014年只有13个、2015年也只有14个，占比13%和9.33%。这表明，各地提供烘干服务的农场主90%左右在55岁以下，而45岁以下也在51%以上。因此，年轻农场主是各地烘干服务的主要供给者。这和郜亮亮和杜志雄研究发现一致，即年轻农场主更倾向于自有机器实现机械化，也可能更早意识到通过自有机械对外服务，能够增加农场收益[9]。

表2　不同农场主性别、年龄下的农场烘干服务供给

年份	项目	性别		年龄/岁			
		男性	女性	小于等于35	(35～45]	(45～55]	大于55
2014	样本/个	89	11	7	44	36	13
	占比/%	64.04	63.64	85.71	54.55	63.89	84.62
2015	样本/个	127	23	15	62	59	14
	占比/%	75.59	60.87	73.33	59.68	86.44	78.57

注：样本为拥有烘干设备的种植类农场数量，占比为其中对外提供烘干服务的农场占比，表3至表5同。

（二）农场主教育程度、户籍与家庭农场烘干服务的供给

1. 农场主教育程度对农场是否对外提供烘干服务的影响为中性。 表3显示，2014年农场主教育程度较高的农场对外提供烘干服务的比例较高。如农场主教育水平为不识字或小学的农场中2014年对外提供烘干服务的农场比例为60.00%，随着农场主教育程度增加到初中、高中/中专/职高、大专及以上后，相应的比例增长到60.42%、67.65%和

69.23%。而 2015 年，农场主教育程度较高的农场对外提供烘干服务的比例反而略低。如不识字或小学、初中文化程度下的农场对外提供烘干服务的农场比例分别为 83.33% 和 80.00%，但高中/中专/职高、大专及以上又分别下降到 66.10% 和 72.00%。这或许表明，高教育程度的农场主，在购置烘干设备时，可能意识到对外烘干盈利的市场机会了。但随着外部烘干需求的增加，越来越多的家庭农场开始对外提供烘干服务，农场主教育程度对家庭农场烘干服务功能的影响减弱。

2. 尽管外村农场主更愿意提供烘干服务，但本村农场主才是烘干服务的主要供给者。 表 3 显示，2014 年农场主户籍为外村的农场中对外提供烘干服务的农场比例为 76.00%，比本村农场主农场中对外提供烘干服务的农场比例（60.00%）高 16%；但这一比例在 2015 年缩小为 4.17%。这或许表明，外村农场主比本村农场主更愿意对外提供烘干服务。可能是外来农场主有更强的市场经营意识[10]。但随着时间的推移，二者之间的差异不断减小。这表明，越来越多的本村农场主农场也开始对外提供烘干服务。另外，可以看到，2014 年外村农场主农场仅为 25 个，2015 年 30 个，分别占当年拥有设备农场的 25% 和 20%。这表明，或许外村农场主更愿意对外提供烘干服务，但外村农场主数量较少。因此，各地供给烘干服务的主要还是本村农场主农场。

表 3　不同农场主教育程度、户籍下的农场烘干服务供给

年份	项目	教育程度				户籍	
		不识字或小学	初中	高中/中专/职高	大专及以上	本村	外村
2014	样本/个	5	48	34	13	75	25
	占比/%	60.00	60.42	67.65	69.23	60.00	76.00
2015	样本/个	6	60	59	25	120	30
	占比/%	83.33	80.00	66.10	72.00	72.50	76.67

四、农场特征与农场农业生产性服务的供给

除农场主特征外，农场特征也对农场农业生产性服务供给有重要影响。不同的农场特征可能意味着农场不同的经营能力；不同的农场特征可能代表农场不同的农业生产服务供给能力；不同的农场特征可能还呈现出不同的农业生产服务供给方式，等等。因此，本文继续考察不同农场特征下的家庭农场农业生产性服务供给状况。

（一）农场种植作物、经营规模与家庭农场烘干服务的供给

1. 相比于非粮食作物农场①，粮食作物农场对外提供烘干服务的农场比例要高 12%。

---

①　粮食作物农场指种植小麦、玉米、水稻的农场。

如表4所示，2014年、2015年粮食作物农场中对外提供烘干服务的农场比例均在70.00%以上；而非粮食作物农场的这一比例最高仅为58.00%；二者相差12.00%。这可能是，粮食作物农场农业机械化水平高于非粮食作物农场[11]；同时，粮食作物农场本身对于烘干的需求也更加强烈。毕竟，粮食收获后需要烘干才能存储；而非粮食作物中只有部分作物需要烘干，如茶叶、烟叶、中药材。这可能也促使粮食类农场更多地向周围种植粮食作物的农户或其他生产主体提供烘干服务。这或许表明，农场对于同一地理区域内、种植相同作物、外部需求强烈的其他生产主体供给的服务可能更加具有针对性和适用性。

2. 总体上，经营规模越大的农场对外提供烘干服务的比例越高。 如表4所示，2014年、2015年两年平均，家庭农场经营规模在50亩及以下的农场中对外提供烘干服务的农场比例大约为48.57%；规模增加到200亩，这一比例上升到65.81%左右；而规模增加到1 000亩以上，该比例则上升到80.16%左右。可以看到，农场经营规模越大，农场对外提供烘干服务的比例越高。这很可能是大规模的农场自身烘干需求较强，购买烘干设备的动机也更强。同时，大规模的农场可能也有实力购买大型烘干设备或购买更多的烘干设备。而一旦拥有大型烘干设备或更多烘干设备后，烘干设备服务能力超自身需求的闲置剩余能力更多，从而更可能对外提供服务，回收资产购置成本，增加收益。当然，小规模农场购置烘干设备可能本身就不经济[12]，或者说购置烘干设备本身也存在一个最小规模临界点。然而，小规模农场之所以购置烘干设备，很可能是农场主认为自有机械更加便利；更可能是无法从市场上购买到更低价的烘干服务。因此，小规模农场（50亩及以下）在拥有烘干设备以后，也会极力对外提供烘干服务（48.57%），以充分利用机械，降低使用成本。

表4 不同种植作物、经营规模下的农场烘干服务供给

年份	项目	种植作物		经营规模/亩				
		粮食	非粮食	小于等于50	(50~200]	(200~500]	(500~1 000]	大于1 000
2014	样本/个	50	50	5	35	29	17	14
	占比/%	70.00	58.00	40.00	65.71	58.62	70.59	71.43
2015	样本/个	104	46	7	44	49	23	27
	占比/%	81.73	54.35	57.14	65.91	65.31	91.30	88.89

（二）农场借贷款、补贴与家庭农场烘干服务的供给

1. 有借贷的家庭农场对外提供烘干服务的比例高于没有借贷的农场。 如表5所示，2014年有借贷的农场中比没有借贷的农场中对外提供烘干服务的农场比例高6.89%；

2015 年高 16.72%。可以看到，这主要是那些有借贷的农场中对外提供烘干服务的农场比例增长 14.27%而高于没有借贷农场 4.44%的缘故。这表明，相比于没有借贷的农场，那些有借贷的农场中对外提供烘干服务的农场比例更大，且增幅也更大。有借贷款的农场之所以借贷很可能是购买农机设备（烘干设备）所需。而拥有大型烘干设备或更多烘干设备，则越可能对外提供烘干服务。另外，有借贷的农场也更加希望及时增加农场收益，偿还借贷款。这增加了有借贷农场对外提供烘干服务意愿。

2. 获得补贴的农场对外提供烘干服务的比例高于没有获得补贴的农场。2014 年获得补贴的农场中对外提供烘干服务的农场比例（64.86%）比没有获得补贴的农场中对外提供烘干服务的农场比例（61.54%）高 3.32%；2015 年高 47.49%。同时，从 2014 年到 2015 年，获得补贴的农场中，对外提供烘干服务的农场比例上升了 24.94%，而没有获得补贴的农场则下降了 19.23%。这或许表明，补贴对家庭农场对外提供烘干服务有促进作用。这是因为，农场获得的补贴中，也包括农机购置补贴。获得农机购置补贴的农场有可能购置了更多或更大型的烘干设备，而拥有更多或更大型烘干设备的农场，对外提供烘干服务的可能性更大。

表 5　不同农场信贷、补贴及合作组织联结下的农场烘干服务供给

年份	项目	当年是否借贷		当年是否获得补贴		是否加入合作社		是否与龙头企业有联系	
		是	否	是	否	是	否	是	否
2014	样本/个	52	48	74	26	52	48	41	59
	占比/%	67.31	60.42	64.86	61.54	75.00	52.08	75.61	55.93
2015	样本/个	76	74	98	52	86	64	61	89
	占比/%	81.58	64.86	89.80	42.31	83.72	59.38	75.41	71.91

（三）不同农场合作组织联结状况与家庭农场烘干服务的供给

1. 加入合作社有助于家庭农场烘干服务供给。如表 5 所示，2014 年和 2015 年，加入合作社的农场中对外提供烘干服务的农场比例在 75.00%以上；而没有加入合作社的农场中提供烘干服务的农场比例则在 59.38%以下；二者相差 15.62%。这表明，加入合作社的农场中对外提供烘干服务的农场比例明显高于没有加入合作社农场中的比例。这很可能是由于合作社也是家庭农场烘干服务供给渠道之一。家庭农场可以直接对外提供烘干服务，也可以通过加入合作社，对外提供服务。而无论是采用哪一种方式对外提供服务，其对于创新我国农业生产服务业发展模式、提升我国农业专业化水平和农业分工效率都具有重要意义。

2. 龙头企业对家庭农场烘干服务供给有替代作用。从表 5 可知，2014 年与龙头企业有联系的农场中对外提供烘干服务的农场比例高于没有联系的农场；但 2015 年这两类农

场之间的这一比例相差不大。同时，从 2014 年到 2015 年，与龙头企业联系的农场中对外提供烘干服务的农场比例维持在 75% 左右；而没有与龙头企业联系的农场这一比例却上升了 15.98%。这很可能是龙头企业也提供烘干服务[13]，因此，与龙头企业有联系的农场可以通过龙头企业代烘干，而农场附近的农户和其他生产主体也可能通过龙头企业代烘干。相反，那些没有与龙头企业联系的农场中，在满足自己烘干需求之余可以向周围的农户和其他生产主体提供烘干服务。当然，这也再次侧面反映出外部烘干服务的稀缺及家庭农场在烘干服务市场中的积极作用。

五、结论及政策含义

本文利用全国家庭农场 2014 年、2015 年监测数据中种植类农场统计分析了当前我国家庭农场农业生产性服务供给现状及发展趋势；并进一步分析了不同农场主和农场特征下的家庭农场农业生产性服务供给状况①。结果表明，当前我国家庭农场在某些农业生产性服务如烘干服务供给中发挥着积极作用，拥有烘干设备的种植类农场中，超 60% 的农场对外提供烘干服务，且这种服务供给比例还在增长。同时，男性、年轻、本村的农场主经营的农场是各地烘干服务的主要供给者。而有借贷款、加入合作社、种植粮食和大规模的农场对外提供烘干服务的比例较高。

因此，下一阶段促进农业生产性服务业发展，形成主体多元、形式多样、竞争充分的农业生产性服务业新格局，还需注意以下几点：第一，高度重视和引导新型农业经营主体农业生产性服务供给功能的发挥。当前，我国新型农业经营主体在供给某些市场紧缺的农业生产性服务中发挥着积极作用。未来应继续引导和发挥家庭农场等新型农业经营主体的服务功能，尤其是那些外部服务市场较为欠缺的服务，从而完善我国农业生产性服务市场服务内容，提高农业生产性服务市场服务效率。第二，加大新型农业经营主体经营者培训，提高农场主经营素质。依托高素质农民培育工程，加大农场主培训；实施青年农场主计划，以提高农场主市场经营意识，增强家庭农场市场竞争能力。同时，鼓励和吸引更多高素质人才如返乡农民工、高校毕业生、退伍军人等创办家庭农场。以提高家庭农场经营者的整体素质，为更好地发挥家庭农场农业生产性服务供给功能奠定人才基础。第三，进一步规范和促进家庭农场发展，为家庭农场服务功能发挥夯实基础。家庭农场的服务功能是基于生产功能衍化而来，而只有基于生产功能上衍生的服务功能才更加具有适用性和适宜性。因此，未来要进一步扶持和引导家庭农场发展：一是完善农村土地"三权分置"办

---

① 本文只简单分析了家庭农场农业生产性服务中的烘干服务供给状况及不同农场特征与烘干服务供给的相关性，并做了粗略解释。课题组后期将利用多元统计分析方法更加严谨地考察家庭农场农业生产性服务供给的决定因素。

法，构建土地交易平台，规范土地流转，降低家庭农场土地流转难度[14]。二是进一步完善家庭农场示范农场评比标准，发挥家庭农场示范带头作用；同时，建立家庭农场台账制度，明晰家庭农场财务信息，提升家庭农场经营管理水平。三是继续推进农村金融制度改革，创新抵押方式，为家庭农场农机具购置、土地流转、农资购买等提供资金保障。四是进一步完善农机购置补贴，加大对产后环节农业机械补贴力度。以促进家庭农场持续健康发展，为家庭农场持续稳定发挥服务功能奠定基础。

参考文献：

[1] 李显戈，姜长云．农户对农业生产性服务的需求表达及供给评价：基于 10 省区 1 121 个农户的调查 [J]．经济研究参考，2015（69）：50 - 58，100．

[2] 吴宏伟，侯为波，卓翔芝．传统农业区农业生产性服务业现状、问题和发展思路：以安徽省为例的实证分析 [J]．农村经济，2011（9）：44 - 47．

[3] 杜志雄，王新志．中国农业基本经营制度变革的理论思考 [J]．理论探讨，2013（4）：72 - 75．

[4] 姜长云．农业产中服务需要重视的两个问题 [J]．宏观经济管理，2014（10）：37 - 39．

[5] 张红宇，张涛，孙秀艳，等．农业大县如何发展农业生产性服务业：四川省的调研与思考 [J]．农业经济问题，2015，36（12）：11 - 16．

[6] 钟真，谭玥琳，穆娜娜．新型农业经营主体的社会化服务功能研究：基于京郊农场的调查 [J]．中国软科学，2014（8）：38 - 43．

[7] 姜长云．培育新型农业服务主体问题研究 [J]．区域经济评论，2016（5）：156 - 160．

[8] 杜志雄，刘文霞．家庭农场的经营和服务双重主体地位研究：农机服务视角 [J]．理论探讨，2017（2）：78 - 83．

[9] 郜亮亮，杜志雄．教育水准、代际关系与家庭农场演进的多重因素 [J]．改革，2016（9）：48 - 58．

[10] 蔡颖萍，杜志雄．家庭农场生产行为的生态自觉性及其影响因素分析：基于全国家庭农场监测数据的实证检验 [J]．中国农村经济，2016（12）：33 - 45．

[11] 张宗毅，杜志雄．土地流转一定会导致"非粮化"吗?：基于全国 1 740 个种植业家庭农场监测数据的实证分析 [J]．经济学动态，2015（9）：63 - 69．

[12] 王新志．自有还是雇佣农机服务：家庭农场的两难抉择解析：基于新兴古典经济学的视角 [J]．理论学刊，2015（2）：56 - 62

[13] 赵鲲，刘磊，蔡颖萍．粮价下行形势下家庭农场如何转型调整：以安徽宿州两个家庭农场为例 [J]．农村经营管理，2017（1）：24 - 27．

[14] 肖卫东，梁春梅．农村土地"三权分置"的内涵、基本要义及权利关系 [J]．中国农村经济，2016（11）：17 - 29．

家庭农场资源禀赋对农机服务购买行为影响研究[①]
——基于三省调研数据

农机服务能够实现小农户与现代农业的有机衔接，是加快农业农村现代化的重要路径。在资源禀赋日益分化的社会背景下，我们基于江苏、四川、黑龙江三省455个家庭农场调查数据，采用基准回归模型和Heckman两阶段模型实证分析了家庭农场资源禀赋对农机服务购买行为的影响。我们发现大多数家庭农场具有购买农机服务行为，但是不同类型家庭农场对农机服务需求有差异。家庭农场的人力资本、社会资本、自然资本、经济资本均会影响其农机服务购买行为。另外，土地经营规模与家庭农场购买农机服务存在倒U形影响关系。据此，我们认为首先应以家庭农场需求为导向，因地制宜推广合适农业机械，满足家庭农场农业生产要求；其次应针对不同规模家庭农场农机服务需求，建立多层次、多元化的农机服务供给体系，还需加大农机购置补贴，引导家庭农场成为农机服务主体。

一、引言

随着新型城镇化和农业现代化不断推进，我国农业劳动力供给稀缺和老龄化问题日渐突出，农业机械能够有效替代劳动力，提高农业生产效率，促进农民增收[1]。农业经营主体可以通过购买农机服务来满足农机作业需求，解决农业生产过程中面临的劳动力短缺、劳动质量不高等问题。家庭农场是新型农业经营主体，是促进我国农业可持续发展的新生力量，是加快农业现代化的主力军。作为较大规模经营主体，家庭农场自身规模不足以将

---

① 本文原载于：孙侠，宁可，蔡颖萍，等. 家庭农场资源禀赋对农机服务购买行为影响研究：基于三省调研数据 [J]. 世界农业，2021（3）：36 - 45.

各种所需的外部服务内部化，这就决定了其对农机服务有强烈的需求，满足家庭农场农机服务需求对发展农机服务市场、创新农业发展模式、提高农业专业化水平和提升农业分工效率具有重要意义。家庭农场种植规模普遍高于传统农户，而且不同家庭农场个体差异性较大，其购买农机服务行为不同。因此，研究资源禀赋差异化背景下家庭农场购买农机服务行为，对于构建供需匹配的农机服务体系至关重要。

学术界关于农机服务需求有充分研究。有学者研究农机服务需求的影响因素，张标等认为家庭年收入、农业收入占比、示范户、农业企业、耕地总面积、距离集镇距离、农机购置补贴对农户购买农机行为具有显著正向影响，服务态度具有显著负向影响[1]。金铃等认为劳动力成本上升促进了农机社会化市场的发育[2]。更多学者们从土地经营规模角度论述土地经营规模对农机服务需求的影响。李宁等以新型经营主体为研究对象，认为农地经营规模的扩大降低了新型农业经营主体购买农机服务的概率，并增加了其自购农机使用的程度和向外提供农机服务的概率[3]；许秀川等也认为农户耕地规模越大，购买农机服务的概率越低[4]。应瑞瑶和徐斌以病虫害综合防治法为例，认为农民的种植规模越大，他们需要的劳动力投入就越多，但农业劳动力的老龄化导致劳动要素短缺，农民采用统一的病虫害防治服务可以代替劳动力投入，因此种植规模对农民采用统一病虫害防治服务具有积极影响[5]。李虹韦和钟涨宝基于资产专用性，认为农地经营规模对农户的农机服务需求有显著影响，并在通用资产服务和专用资产服务间表现出显著差异，农地经营规模与农户的通用资产服务需求呈 U 形关系，与农户的专用资产服务需求呈倒 U 形关系[6]。有关家庭农场对农机服务的需求，学者也进行了一些研究。陈骐等认为农机社会化服务能够促进家庭农场效率，减少家庭农场固定投资，降低成本，增加经营者收入[7]。王新志基于新兴古典经济学视角认为家庭农场面临自有农机还是雇佣农机服务的两难抉择，应鼓励家庭农场雇佣专业化农机服务而非自给自足[8]。杜志雄和刘文霞从农机服务视角出发，认为家庭农场作为当前和未来中国农业生产中主要的新型农业经营主体，其在充分发挥生产功能、强化生产主体地位的同时，在一定程度上也在发挥服务功能，日益成为重要的新型农业服务主体[9]。张宗毅和杜志雄运用 2 397 个家庭农场数据进行实证表明农户购买农机还是购买服务取决于自身机会成本、农机平均使用成本和作业服务市场价格等的比较[10]。

综上所述，虽然已有学者研究了农户农机服务需求，但研究结论存在较大的分歧，而且已有研究主要集中于小农户的农机服务需求，本文所关注的则是新型农业经营主体——家庭农场。鉴于此，本研究利用江苏、四川和黑龙江 455 个家庭农场的调查数据，采用基准回归模型和 Heckman 两阶段模型实证分析了资源禀赋对家庭农场购买农机服务行为的影响。该研究对了解家庭农场的农机服务需求特征，完善我国农机服务体系具有指导作用。

二、理论分析

资源禀赋理论最早是由 Ohlin 提出的，他认为资本、劳动力、土地、技术和其他生产要素可以解释国际贸易中交换商品的比较成本优势[11]。资源禀赋是指农户家庭及各个家庭成员所拥有的包括天然的及后天所获得的资源和能力，是家庭成员可以共同利用的资源[12]。家庭农场的资源禀赋是指家庭农场所在地的自然环境和所拥有的劳动力、土地、资本、信息、技术等一系列农业生产要素的丰裕程度[13]。家庭农场土地经营规模大，需要通过购买农机服务降低生产成本、提高经营效益，而家庭农场资源禀赋越高，购买农机服务的能力就越强。

不同学者根据不同研究目的采用不同指标衡量资源禀赋，有学者把农户禀赋划分为户主禀赋、家庭禀赋、农户外源性禀赋等[14]。也有些学者将家庭资源禀赋划分为人力资本禀赋、社会资本禀赋、经济资本禀赋、自然资本禀赋[15-17]。为进一步探讨不同家庭农场资源禀赋特征对其农机服务购买行为的影响，本研究将家庭农场资源禀赋归纳为人力资本禀赋、社会资本禀赋、经济资本禀赋、自然资本禀赋四大类。并做出如下理论分析。

1. 人力资本禀赋。农户的人力资本是指农户的家庭成员因教育、经历经验等获得的知识和能力等累积[18]。家庭农场以家庭成员为主要劳动力，在生产繁忙季节，可以临时雇用工人，人力资本禀赋越强，家庭农场的生产技能越强，家庭农场可能越不倾向于向外购买农机服务。同时，家庭农场实行企业化经营，家庭农场主的年龄、性别、受教育程度及从事农业规模经营年限对家庭农场的经营有着重要影响。年龄越大的农场主受精力、体力限制更愿意购买农机服务[19]。女性农场主相较于男性农场主而言，劳动能力较弱，更倾向于购买农机服务[20]。受教育程度高的农场主务农机会成本更大，更注重采用先进的生产方式来提高农业生产效率，越倾向于购买农机服务[21]。从事农业规模经营年限越长的农场主对农业规模经营成本和风险认知逐渐加深，而且有着丰富的种植经验和较强的资金周转能力，更倾向于自己购买农机[22]。

2. 社会资本禀赋。社会资本是指建立在信任、互惠等基础上的社会关系网络[23]。社会资本禀赋越强，其外部获取资源的能力越强。如果家庭农场主或家庭农场中有成员是村干部，在乡村这一熟人社会，其对农机服务的获得能力显然高于普通家庭农场，购买农机服务概率就比较高[2]。农民专业合作社是一个以成员互助为目的的经济组织，如果家庭农场加入了农民专业合作社，能给农场带来较多的外部信息，就有助于消除信息不对称现象，降低家庭农场购买农机服务的信息搜集成本，那么购买农机服务的可能性就较高[24]。

3. 经济资本禀赋。经济资本体现了农户的经济能力和地位[25]。家庭农场经济资本禀赋越高，经济能力就越强，其购买农机服务的经济约束就越低。家庭农场收入占全部收入比重越高，说明家庭农场以家庭农场收入为主，劳动力、时间投入较多，比较重视家庭农场收入，可能更愿意购置农业机械提高生产效率，进而提高其家庭农场收入[24]。家庭农场拥有的农机数量越多，越倾向于用自家农机作业，而不向外购买农机服务[26]。

4. 自然资本禀赋。自然资本主要是指有助于谋生的自然资源及环境资产的存量[27]。家庭农场的自然资本主要来源于家庭自身承包地与通过土地流转所获得的土地，自然资本越高，表明家庭农场具有较好的地理条件优势。土地面积表明了家庭农场自然资本的价值[28]。家庭农场经营规模越大，受劳动力等约束，家庭农场越倾向于用机械替代劳动力，降低生产成本，向外购买服务[5]。家庭农场经营地块数目越多，机械作业成本越高，从而家庭农场越不倾向于购买农机服务[29]。

三、数据来源、变量选择与模型构建

（一）数据来源

本文研究所用数据来自中国社会科学院农村发展研究所 2018 年 8 月的家庭农场抽样调研，调研省份选取了江苏、黑龙江、四川 3 个省份，在每个样本省份中，按照区域分布，分层随机选择市、县、乡镇的家庭农场开展入户调研，主要采用"一对一"访谈方式。最终获得样本数 455 个。表 1 显示样本分布区域。

表 1　样本地区分布

省份	样本数/个	购买服务样本数/个	购买服务所占比例/%
江苏	148	91	61.48
四川	146	101	69.17
黑龙江	161	90	55.90
合计	455	282	61.97

（二）变量选取

1. 被解释变量。被解释变量 Y_1 为家庭农场是否购买农机服务，农业生产有耕地、播种、插秧、植保、收获、炕干等多个环节，当家庭农场购买其中一种环节的农机服务，取值为 1，代表家庭农场购买农机服务，不购买其中任何环节服务，取值为 0，代表家庭农场没有购买农机服务；Y_2 为家庭农场购买农机服务数量，即家庭农场购买农机服务面积占比。

2. 解释变量。本文选取农场主的年龄、性别、受教育程度、从事农业规模经营年限变量表征家庭农场人力资本禀赋，农场主是否为村干部、家庭农场是否加入合作社变量表征家庭农场社会资本禀赋，家庭农场收入占比、拥有农机数量变量表征家庭农场经济资本禀赋，家庭农场经营规模、经营地块数目变量表征家庭农场自然资本禀赋。考虑到家庭农场的某些特征及不同省份之间政策、经济发展水平等差异可能对家庭农场行为选择有影响，本研究还控制了家庭农场类型、是否为示范农场、地形地貌及省份虚拟变量。主要变量的描述性统计结果如表 2 所示。

表 2　变量界定与描述性统计

维度	变量名称	变量定义及赋值	均值	标准差
因变量	购买农机服务行为	0＝没有购买服务，1＝购买服务	0.62	0.49
	购买农机服务数量	单位：%	0.12	0.31
人力资本	年龄	农场主实际年龄/岁	48.02	8.44
	性别	1＝男，0＝女	0.92	0.27
	受教育程度	农场主实际上学年数/年	9.19	2.96
	从事农业规模经营年限	农场主从事农业规模年限/年	5.98	4.72
社会资本	是否为村干部	0＝否，1＝是	0.33	0.47
	是否加入合作社	0＝否，1＝是	0.38	0.49
经济资本	家庭农场收入占比	单位：%	76.87	28.02
	拥有农机数量	单位：台	6.23	7.28
自然资本	经营规模	单位：亩	461.10	576.50
	经营地块数目	单位：块	6.93	12.20
控制变量	家庭农场类型	0＝非纯种植业，1＝纯种植业	0.28	0.45
	是否为示范农场	0＝非示范农场，1＝省级示范农场	0.22	0.42
	平原	0＝否，1＝是	0.64	0.48
	丘陵	0＝否，1＝是	0.27	0.44
	山区	0＝否，1＝是	0.09	0.29
	江苏	0＝否，1＝是	0.33	0.47
	四川	0＝否，1＝是	0.32	0.47
	黑龙江	0＝否，1＝是	0.35	0.48

（三）模型构建

1. 基准模型。 衡量家庭农场购买农机服务行为是二分类变量，故采用 Logit 模型。购买农机服务的概率为 P，没有购买农机服务的概率为 $1-P$，所以购买服务与未购买服务的概率之比为 $P/(1-P)$，经变换可构建如下模型：

$$Y_1 = \ln(P/1-P) = \beta_0 + \beta_1 X_1 + \cdots + \beta_{14} X_{14} + \varepsilon \tag{1}$$

式（1）中，β_0 代表回归截距，ε 为随机扰动项，X_1、$X_2 \cdots X_{14}$ 代表解释变量，β_1、

$\beta_2\cdots\beta_{14}$ 为相应解释变量的回归系数。因变量 Y_2 是家庭农场购买农机服务数量，即购买农机服务的面积占比，因为 Y_2 是受限因变量，故采用 Tobit 模型，如式（2）：

$$Y_i^* = \alpha + \sum \beta_i X_i + \mu_i$$
$$Y_2 = Y_i^*,\ if\ Y_i^* > 0 \tag{2}$$
$$Y_2 = 0,\ if\ Y_i^* \leqslant 0$$

其中，Y_i^* 为潜在变量；Y_2 为被观测到的因变量，表示家庭农场购买农机服务数量；X_i 为自变量，β_i 为相关系数；a 是常数项；μ_i 为随机误差项。

2. Heckman 两阶段模型。本文研究家庭农场资源禀赋对其是否购买农机服务的影响，针对那些购买农机服务的家庭农场样本进一步分析资源禀赋对其购买农机服务数量的影响。由于无法观测不购买农机服务的样本中资源禀赋对其购买农机服务数量的影响，仅从购买农机服务的样本中得到的估计结果是有偏差的，即式（1）～式（2）中可能出现样本选择问题导致的内生性问题。因此，进一步采用 Heckman 两阶段模型进行估计，以使模型结果更加稳健。

Heckman 模型第一阶段是一个包含全样本的 Probit 模型，用来估计家庭农场购买农机服务的概率，以解决遗漏变量的问题。具体而言，由于是否购买农机服务是一个二分类变量，所以建立 Probit 模型来估计家庭农场是否购买农机服务，对每个样本都估算出逆米尔斯比率 λ，即为每一个样本计算出用于修正样本选择偏差的值。

假定家庭农场购买农机服务的 Probit 模型为：

$$P_r(y=1) = \phi(\beta_0 + \beta_1 \sum_{i=1}^{n} \beta_i X_i) \tag{3}$$

（3）式左边为因变量，表示某个事件发生的概率，在本文中表示家庭农场购买农机服务行为的概率（$y=1$，表示家庭农场购买农机服务；$y=0$，表示家庭农场没有购买农机服务）。公式右边 $\phi(\cdot)$ 是累积的正态分布函数，β_0 是常数项，X_i 是影响家庭农场购买农机服务行为的资源禀赋，分别是人力资本禀赋、社会资本禀赋、经济资本禀赋、自然资本禀赋，β_i 是相应待估参数，反映了解释变量对家庭农场购买农机服务倾向影响的大小。从 Probit 模型的估计结果中得到逆米尔斯比率：

$$\lambda = \phi(\beta_0 + \beta_1 \sum_{i=1}^{n} \beta_i X_i) / \phi(\beta_0 + \beta_1 \sum_{i=1}^{n} \beta_i X_i) \tag{4}$$

（4）式中，分子为标准正态分布的密度函数，分母为累计分布函数。

第二阶段模型中运用普通最小二乘法（OLS）估计家庭农场购买农机服务的数量，这一阶段需要将逆米尔斯比率作为修正项与其他变量一起纳入原有回归模型中并估算出回归参数。若在第二阶段中逆米尔斯比率这个参数不显著，说明开始的回归方程中不存在选择性偏误，可直接运用 OLS 方法估计，反之则说明存在样本选择性偏误，应运用 Heckman

两阶段模型予以修正。

将 λ 代入家庭农场购买农机服务数量的方程中，得到第二阶段方程如下：

$$Y = \alpha_0 + \alpha_1 + \sum_{i=1}^{n} \alpha_i X_i + \omega\lambda + \varepsilon \tag{5}$$

（5）式中，Y 代表家庭农场购买农机服务的数量，X_i 为影响家庭农场购买农机服务数量的资源禀赋，α_0 为回归常数项，α_1、α_i、ω 为相应解释变量的待估参数，ε 是随机扰动项。

四、结果与分析

（一）资源禀赋与家庭农场购买农机服务的交叉统计分析

从统计结果看，家庭农场中购买农机服务的比例为 61.98%，没有购买农机服务的比例占 38.02%（表 3），购买农机服务的家庭农场较多，说明家庭农场对农机服务的需求较强烈，家庭农场是农机服务的重要需求方。

家庭农场购买农机服务行为与家庭农场主的年龄、受教育程度、是否为村干部、家庭农场经营面积等有关。购买农机服务的农场主呈现出老龄化、高学历态势：购买农机服务的家庭农场主在 55 岁以上最多，农场主受教育程度在初中水平购买服务比例是 61.37%，高中以上的家庭农场购买服务比例为 68.09%。可能因为年龄大的农场主受精力、体力限制更倾向于购买服务，受教育程度高的农场主更易于接受新鲜事物；农场主不是村干部的家庭农场购买农机服务的比例为 60.59%，而农场主是村干部的家庭农场占比为 64.86%；家庭农场购买农机服务与经营规模之间存在倒 U 形关系，按照夏雯雯等对家庭农场经营规模的划分，本文将家庭农场的经营规模也分为 6 组[30]，分别为 75 亩及以下、75～110 亩、110～225 亩、225～375 亩、375～900 亩和 900 亩以上。当家庭农场经营规模为 75 亩时，家庭农场购买服务的比例为 73.33%，当经营规模分别在 75～110 亩、110～225 亩、225～375 亩、375～900 亩时，购买服务的比例分别是 88.89%、64.29%、63.64%、58.27%，当经营规模大于 900 亩时，购买服务的比例为 45.61%。随着经营规模的扩大，家庭农场购买农机服务程度呈现出先增大后减小的倒 U 形变化趋势。

表 3　资源禀赋与家庭农场购买农机服务交叉统计表

变量	特征分组	样本量/个	比例/%	生产性服务购买比例/%
农场主性别	男	420	92.29	61.90
	女	35	7.71	62.86
农场主年龄/岁	<45	162	35.6	58.45
	[45，55]	219	48.13	61.54
	(55，65]	66	14.51	65.82
	>65	8	1.76	84.62

（续）

变量	特征分组	样本量/个	比例/%	生产性服务购买比例/%
农场主受教育程度	小学及以下	73	16.04	64.38
	初中	233	51.21	61.37
	高中	102	22.42	58.82
	高中以上	47	10.33	68.09
农场主是否为村干部	否	307	67.47	60.59
	是	148	32.53	64.86
经营规模/亩	≤75	45	9.89	73.33
	(75，110]	18	3.96	88.89
	(110，225]	98	21.54	64.29
	(225，375]	110	24.18	63.64
	(375，900]	127	27.91	58.27
	>900	57	12.53	45.61
总购买比例	是	282	61.98	61.98
	否	173	38.02	38.02

（二）模型估计结果分析

1. 基准模型估计结果。 基准模型回归结果如表 4 所示[1]。人力资本中，年龄、受教育程度均对家庭农场购买农机服务行为具有显著的正向影响。性别和农场主从事农业规模经营年限对家庭农场购买农机服务行为具有显著的负向影响；社会资本中，农场主是否为村干部和家庭农场是否加入合作社对家庭农场购买农机服务行为没有显著影响；经济资本中，拥有农机数量对家庭农场购买农机服务具有显著的负向影响；自然资本中，家庭农场经营规模对家庭农场购买农机服务具有显著的正向影响，而经营规模的平方对家庭农场购买农机服务具有显著的负向影响。

表 4　资源禀赋对家庭农场购买农机服务行为影响的基准模型估计结果

变量类别	变量名称	模型 1（是否购买服务）		模型 2（购买服务数量）	
		边际系数	标准误	边际系数	标准误
人力资本	年龄	0.008***	0.003	0.009	0.010
	性别	−0.127*	0.076	0.035	0.276
	受教育程度	0.024***	0.007	0.045*	0.027
	从事农业规模经营年限	−0.010**	0.005	−0.039**	0.020

---

[1]　为确保估计结果的有效性，本文通过 Stata14.0 软件对变量间的相关性进行了检验，检验结果表明各解释变量间的方差膨胀系数（VIF）小于10，说明各解释变量间不存在严重的多重共线性问题。

（续）

变量类别	变量名称	模型1（是否购买服务）		模型2（购买服务数量）	
		边际系数	标准误	边际系数	标准误
社会资本	是否为村干部	0.041	0.044	−0.281	0.177
	是否加入合作社	0.009	0.043	0.132	0.160
经济资本	家庭农场收入占比	0.001	0.001	0.000	0.003
	拥有农机数量	−0.027***	0.005	−0.083***	0.018
自然资本	经营规模	0.000***	0.000	0.002**	0.001
	经营规模平方	−3.09e−07**	1.50e−07	−1.46e−06*	7.79e−07
	经营地块数目	−0.001	0.002	0.000	0.010
控制变量	家庭农场类型	0.020	0.049	−0.461**	0.192
	是否为示范农场	−0.020	0.051	0.343**	0.171
	丘陵	−0.057	0.052	−0.290	0.208
	山区	−0.164**	0.067	−0.306	0.322
	四川	0.052	0.062	−0.436**	0.211
	黑龙江	−0.286***	0.056	−1.638***	0.288
	常数项	−0.271		−0.919	
	样本量	437		437	
	卡方检验	136.280		121.830	
	对数似然值	−216.044		−177.002	
	伪R^2	0.240		0.256	

注：*、**、*** 分别表示在10%、5%、1%的水平上显著。表5同。

2. Heckman 模型回归结果。 使用 Heckman 两阶段法处理样本自选择问题，估计结果如表5所示。估计结果显示逆米尔斯比率 λ 在1%的统计水平上显著，这说明样本存在选择性偏差的问题，本文采用 Heckman 两阶段模型予以纠正是合适的。表5的回归结果与基准模型回归结果表4相比，关键变量回归系数的符号、大小以及显著性均未发生实质性变化，表明回归结果是稳健的。

表5 资源禀赋对家庭农场购买农机服务的 Heckman 两阶段模型估计结果

变量类别	变量名称	阶段一（是否购买服务）		阶段二（购买服务数量）	
		系数	标准误	系数	标准误
人力资本	年龄	0.008***	0.003	0.015***	0.003
	性别	−0.132*	0.078	−0.260***	0.066
	受教育程度	0.024***	0.008	0.050***	0.009
	从事农业规模经营年限	−0.012**	0.005	−0.024***	0.005

（续）

变量类别	变量名称	阶段一（是否购买服务）		阶段二（购买服务数量）	
		系数	标准误	系数	标准误
社会资本	是否为村干部	0.045	0.045	0.031	0.035
	是否加入合作社	0.015	0.044	0.031	0.030
经济资本	家庭农场收入占比	0.000	0.001	0.001*	0.001
	拥有农机数量	−0.022***	0.004	−0.056***	0.009
自然资本	经营规模	0.001**	0.000	0.001***	0.000
	经营规模平方	−3.02e−07**	1.48e−07	−7.41e−07***	1.40e−07
	经营地块数目	−0.001	0.002	−0.001	0.001
控制变量	家庭农场类型	0.014	0.049	−0.062*	0.033
	是否为示范农场	−0.025	0.052	0.025	0.036
	丘陵	−0.058	0.052	−0.146***	0.040
	山区	−0.160**	0.068	−0.382***	0.079
	四川	0.083	0.061	−0.030	0.049
	黑龙江	−0.279***	0.058	−0.817***	0.111
	常数项	−1.689**	0.704	−1.210***	0.317
	逆米尔斯比率	—	—	0.722***	0.140

　　人力资本中，年龄是影响家庭农场购买农机服务行为和购买农机服务数量的显著性因素，且通过了1%的显著性水平检验，年龄对家庭农场购买农机服务有较强正向影响。这与刘成等得出的年龄对农户购买农机服务具有显著负向影响结论相反[31]，在农村青壮年劳动力外流背景下，农业劳动力呈现老龄化现象，务农劳动力以中老年为主，随着年龄增大，体力也相对较差，对于小农户而言，年龄大的农户更倾向于将土地流转出去，因此购买农机服务的概率较小，而农场主作为家庭的重要劳动力，可能更愿意用农机替代农机服务，导致其更倾向于购买农机服务。性别对家庭农场购买农机服务行为和数量具有显著的负向影响，而熊春林等的研究则得出性别对农户接受农机社会服务意愿没有显著影响[32]。相比女性农场主，男性农场主在体力劳动上比较有优势，其购买农机服务的概率较低。农场主受教育程度在1%显著性水平上对家庭农场购买农机服务行为和数量具有正向影响，说明受教育程度越高，农场主务农机会成本越大，更注重采用先进的生产方式来提高农业生产效率，倾向于购买农机服务，这与王志刚等认为的户主受教育程度越高，接受事物能力越强，越容易将农业生产环节外包的结论相吻合[33]。从事农业规模经营年限变量在两个模型中的系数估计值均为负，且分别在5%、1%的统计水平上显著，这与夏蓓和蒋乃华得出粮食种植年限负向影响农户农业机械服务需求结果相一致[24]，农户成为种粮大户的年限越长，其拥有的农业机械可能越齐备，农户越不购买农机服务，而且规模经营年限越长的农场主有着丰富的种植经验和较强的资金周转能力，更倾向于选择自购农机，而不

购买农机服务。

社会资本中，农场主是否为村干部、家庭农场是否加入合作社对家庭农场购买农机服务行为影响不显著，但其系数在模型中均为正，表明农场主是村干部和家庭农场加入合作社对家庭农场购买农机服务具有正向影响，这与夏蓓和蒋乃华[24]、刘大鹏等[34]的研究结论一致。农场主是村干部和家庭农场加入合作社，能够给家庭农场带来广泛的社会网络关系，降低信息不对称，减少购买农机服务交易成本。

经济资本中，家庭农场收入占比对家庭农场购买农机服务具有正效应，对比收入占比较低的家庭农场，收入占比较高的家庭农场购买农机服务概率增大，在购买农机服务数量方面影响更为显著，家庭农场收入占比每增加1个单位，购买农机服务数量比例提升1%左右，展进涛等认为粮食作物收入占总收入比重越大，说明粮食作物的地位越重要，农户为了确保产出和收益，会提高外包的可能性[29]；同样，家庭农场为确保家庭农场效益，也可能会增加家庭农场购买农机服务的可能性，提高购买农机服务的数量。家庭农场拥有农机数量对家庭农场购买农机服务行为和购买农机数量在1%的水平上显著，且系数均为负。正如彭杨贺等所指出，随着家庭农场拥有农机数量的增加，农户自我提供机械化服务的倾向较明显，购买农机服务的可能性就越小[35]。

自然资本中，家庭农场经营规模对家庭农场购买农机服务行为和数量有显著的正向影响，而其二次项则对家庭农场购买农机服务行为和数量有显著的负向影响，这说明家庭农场经营规模与家庭农场购买农机服务之间存在倒U形影响关系，这与李虹韦和钟涨宝[6]的研究结论一致。即随着经营规模的增大，家庭农场购买农机服务的程度呈现出先增大后减小的变化趋势。原因在于当家庭农场规模较小时，家庭农场倾向于用机械替代劳动力，为降低生产成本，选择向外购买农机服务；当生产成本下降时，家庭农场会扩大农地经营规模，此时向外购买农机服务成本又上升，家庭农场为减少购买农机服务成本，选择自购农机，所以向外购买农机服务的可能性又下降。经营地块数目对家庭农场购买农机服务未通过显著性检验，但回归系数在模型中为负，正如展进涛等[29]、申红芳等[36]所指出，随着土地细碎化程度的提高，农业机械作业受到限制，购买农机服务成本上升，农户农机外包概率下降。家庭农场购买农机服务的可能性也会下降。

控制变量中，家庭农场类型对家庭购买农机服务行为的影响并不显著，但对家庭农场购买农机服务数量在10%的水平上显著。相比纯种植类家庭农场，非纯种植类家庭农场需兼顾种植类作物和非种植类作物，因此为了有更多的时间兼顾非种植类作物，家庭农场可能更倾向于购买农机服务。地形为丘陵和山区对家庭农场购买农机服务影响为负。与平原地形相比，丘陵、山区地形条件较差，农机服务市场发育程度越低，地形条件不利于农业机械应用，家庭农场购买农机服务的可能性较低。黑龙江对家庭农场购买农机服务有显著的负向影响，这是不同省份间经济发展水平、政策差异等导致的。

五、结论与政策建议

（一）结论

家庭农场是现阶段中国重要的新型经营主体，关注家庭农场购买农机服务是关系现代农业发展的重要研究问题。本研究在资源禀赋分化背景下探讨了家庭农场禀赋与其购买农机服务关系的问题。通过研究，得出以下几点结论：一是不同农场主禀赋类型的家庭农场购买农机服务存在差异。家庭农场主的年龄、受教育程度对家庭农场购买农机服务具有显著正向影响。农场主的性别、从事农业规模经营年限对家庭农场购买农机服务具有显著负向影响。二是家庭农场拥有农机数量对家庭农场购买农机服务具有显著的负向影响。拥有农机数量越多，家庭农场购买服务的概率就越低。三是土地经营规模与家庭农场购买农机服务存在倒 U 形影响关系。这表明不同规模家庭农场购买农机服务行为有差异，经营规模较小的家庭农场，对农机服务需求更大，当经营规模进一步扩大时，家庭农场对农机服务需求变小。四是不同类型家庭农场对农机服务需求有差异，纯种植类家庭农场比非种植类家庭农场对农机服务的需求更大。

（二）政策建议

结合研究结果，为完善资源禀赋日益分化背景下家庭农场购买农机服务行为相关制度，本文提出以下政策建议：第一，以家庭农场需求为导向，因地制宜推广合适农业机械，满足家庭农场农业生产要求，同时针对有优势资源禀赋的家庭农场，引导其成为示范农场，发挥其示范作用，带动周边小农户。第二，建立多层次、多元化的农机服务供给体系，以满足不同规模家庭农场的农机服务需求。针对更需要农机服务的规模相对较小的家庭农场，在推动农机服务市场体系构建时，应针对性予以倾斜与引导，针对能自己满足农机服务需求的规模较大的家庭农场，应引导其成为农机服务主体。第三，随着近年来农机购置补贴实施，我国农业机械化水平显著提高，政府支持和资金补贴能够显著影响农户购买农机行为。从上面分析可知，拥有农机数量越多的家庭农场，其购买农机服务的概率越低，当农机闲置时，家庭农场还可能对外提供农机服务。因此，政府应继续完善农机购置补贴制度，有助于家庭农场成为农机服务主体。

本文研究结论对于现代农业发展过程中推进小农户与现代农业有机衔接，促进新型经营主体更高效使用农机服务具有重要意义。需要指出的是，本研究当前只关注了家庭农场购买农机服务行为，后续可重点针对家庭农场提供农机服务行为展开研究，这一方面研究将为政府制定相关政策提供参考。

参考文献：

[1] 张标，张领先，傅泽田，等．农户农机需求及购买行为分析：基于18省的微观调查数据实证 [J]．中国农业大学学报，2017，22（11）：208－223.

[2] 金铃，王建英，刘西川．劳动力成本上升与农机社会化服务需求：以低劳动强度、低技术含量的 稻谷晾晒环节为例 [J]．农林经济管理学报，2020，19（2）：171－180.

[3] 李宁，周琦宇，汪险生．新型农业经营主体的角色转变研究：以农机服务对农地经营规模的影响 为切入点 [J]．中国农村经济，2020（7）：40－58.

[4] 许秀川，李容，李国珍．小规模经营与农户农机服务需求：一个两阶段决策模型的考察 [J]．农 业技术经济，2017（9）：45－57.

[5] 应瑞瑶，徐斌．农户采纳农业社会化服务的示范效应分析：以病虫害统防统治为例 [J]．中国农 村经济，2014（8）：30－41.

[6] 李虹韦，钟涨宝．农地经营规模对农户农机服务需求的影响：基于资产专用性差异的农机服务类 型比较 [J]．农村经济，2020（2）：31－39.

[7] 陈骐，王小朋，郑彬．发展农机社会化服务促进家庭农场发展 [J]．农业经济，2015（11）：22－24.

[8] 王新志．自有还是雇佣农机服务：家庭农场的两难抉择解析：基于新兴古典经济学的视角 [J]． 理论学刊，2015（2）：56－62.

[9] 杜志雄，刘文霞．家庭农场的经营和服务双重主体地位研究：农机服务视角 [J]．理论探讨， 2017（2）：78－83.

[10] 张宗毅，杜志雄．农业生产性服务决策的经济分析：以农机作业服务为例 [J]．财贸经济， 2018，39（4）：146－160.

[11] OHLIN B. Interregional and international trade [M]. Cambridge：Harvard University Press，1933.

[12] 孔祥智，方松海，庞晓鹏，等．西部地区农户禀赋对农业技术采纳的影响分析 [J]．经济研究， 2004（12）：85－95.

[13] 蔡文著，汪达．资源禀赋对家庭农场成长绩效影响的实证研究：创业拼凑的中介效应 [J]．江 西社会科学，2020，40（7）：229－23.

[14] 朱月季，周德翼，游良志．非洲农户资源禀赋、内在感知对技术采纳的影响：基于埃塞俄比亚 奥罗米亚州的农户调查 [J]．资源科学，2015，37（8）：1629－1638.

[15] 温丹，陈美球，邝佛缘，等．资源禀赋对农户生态耕种行为决策的影响分析 [J]．水土保持研 究，2019，26（2）：320－325.

[16] 童庆蒙，张露，张俊飚．家庭禀赋特征对农户气候变化适应性行为的影响研究 [J]．软科学， 2018，32（1）：136－139.

[17] 李连英，聂乐玲，吴欣霞，等．不同资源禀赋下农户参与蔬菜质量安全可追溯体系意愿与差异 性 [J]．北方园艺，2020（4）：159－164.

[18] 刘艳. 家庭人力资本及其分割的立法构想 [J]. 理论探索, 2010 (4)：133-136.

[19] 陆岐楠, 张崇尚, 仇焕广. 农业劳动力老龄化、非农劳动力兼业化对农业生产环节外包的影响 [J]. 农业经济问题, 2017, 38 (10)：27-34.

[20] 纪月清, 王许沁, 陆五一, 等. 农业劳动力特征、土地细碎化与农机社会化服务 [J]. 农业现代化研究, 2016, 37 (5)：910-916.

[21] 陈江华, 罗明忠. 农地确权、水稻劳动密集型生产环节外包的影响：基于农机投资的中介效应 [J]. 广东财经大学学报, 2018, 33 (4)：98-111.

[22] 杜志雄, 谭洪业, 郜亮亮. 新型农业经营主体与其加入合作社行为的实证分析：基于全国 795 家种植业家庭农场面板数据 [J]. 北京工业大学学报 (社会科学版), 2019, 19 (2)：60-73.

[23] COLEMAN J S. Social capital in the creation of human capital [J]. American Journal of Sociology, 1988 (94)：95-120.

[24] 夏蓓, 蒋乃华. 种粮大户需要农业社会化服务吗：基于江苏省扬州地区 264 个样本农户的调查 [J]. 农业技术经济, 2016 (8)：15-24.

[25] 杨歌谣, 周常春, 杨光明. 西部地区农户禀赋对农户参与休闲农业行为及方式的影响：基于云南省国家休闲农业示范区域的调查 [J]. 中国农业大学学报, 2020, 25 (4)：205-220.

[26] 曹峥林, 姜松, 王钊. 行为能力、交易成本与农户生产环节外包：基于 Logit 回归与 csQCA 的双重验证 [J]. 农业技术经济, 2017 (3)：64-74.

[27] 罗明忠, 罗琦, 陈江华. 农业分工、资源禀赋与农村劳动力农业产业内转移 [J]. 江苏大学学报 (社会科学版), 2018, 20 (2)：13-2.

[28] 张朝华. 资源禀赋、经营类型与家庭农场信贷获得 [J]. 财贸研究, 2018, 29 (1)：76-85.

[29] 展进涛, 张燕媛, 张忠军. 土地细碎化是否阻碍了水稻生产性环节外包服务的发展？[J] 南京农业大学学报 (社会科学版), 2016, 16 (2)：117-124, 155-156.

[30] 夏雯雯, 杜志雄, 郜亮亮. 土地经营规模对测土配方施肥技术应用的影响研究：基于家庭农场监测数据的观察 [J]. 中国土地科学, 2019, 33 (11)：70-78.

[31] 刘成, 周晓时, 冯中朝. 农户对农机服务购买行为的差异性分析：基于 303 份微观调查数据的研究 [J]. 农机化研究, 2019, 41 (5)：1-7, 15.

[32] 熊春林, 李卉, 彭杰, 等. 农机社会化服务农户接受意愿及其影响因素：基于湖南省 12 县农户的实证分析 [J]. 江苏农业科学, 2017, 45 (16)：358-362.

[33] 王志刚, 申红芳, 廖西元. 农业规模经营：从生产环节外包开始：以水稻为例 [J]. 中国农村经济, 2011 (9)：4-12.

[34] 刘大鹏, 刘颖, 陈实. 土地流转、规模经营对农业社会化服务需求的影响分析：基于江汉平原 393 个水稻种植大户的调查 [J]. 中国农业资源与区划, 2019, 40 (1)：170-176.

[35] 彭杨贺, 潘伟光, 李林. 水稻规模农户生产环节对机械化服务外包的选择 [J]. 浙江农林大学学报, 2019, 36 (5)：1006-1011.

[36] 申红芳, 陈超, 廖西元, 等. 稻农生产环节外包行为分析：基于 7 省 21 县的调查 [J]. 中国农村经济, 2015 (5)：44-57.

第八辑 家庭农场与外部
环境冲击

玉米收储制度改革对家庭农场加入合作社行为影响的实证研究[①]
——基于全国家庭农场监测数据

玉米收储制度改革是稳步推进中国粮食收储市场化改革的重要举措，是探索中国农产品价格形成机制的重要组成部分，对此进行研究和及时效果评估具有重要的现实意义。本文利用 2014 年、2015 年和 2016 年全国家庭农场追踪监测数据，检验了玉米收储制度改革对家庭农场这种经营主体加入合作社行为的影响。研究表明，在控制了其他影响家庭农场加入合作社行为的因素后，2016 年实施玉米收储制度改革的东北三省和内蒙古地区的玉米农场加入合作社的概率显著高于其他没有实施收储制度改革地区的玉米农场。这是因为玉米收储制度改革后，玉米由原先的国家指定收购转为市场主体自主收购，生产者必须随行就市销售玉米，从而面临市场销售问题，而加入合作社在某种程度上能够降低销售风险。因此，玉米收储制度改革激发了农业生产主体的市场化行为，反映真实供求关系的市场机制开始对生产和需求发挥调节作用。

一、引言

玉米是中国三大谷物之一，种植历史悠久、播种面积大、使用价值高；玉米政策关联着中国玉米的生产者和加工销售者，是中国粮食产业政策的重要组成部分。长期以来，玉米临时收储政策对保障中国粮食安全、增加农民收入、稳定农产品市场秩序发挥了重要作用。但是，随着国内外供求关系和市场形势的变化，这项"托市"政策积累的矛盾逐渐凸

① 本文原载于：刘文霞，杜志雄，郜亮亮. 玉米收储制度改革对家庭农场加入合作社行为影响的实证研究：基于全国家庭农场监测数据［J］. 中国农村经济，2018（4）：13 - 27.

显，突出表现为：第一，不断提高的临时收储价格不仅破坏了市场信号的作用，引致玉米生产者不断增加种植；还与持续走低的国外玉米价格"倒挂"，形成巨大价差，促使玉米及其替代品进口量不断上升。如黑龙江玉米临时收储价格就从 2009 年的 1.48 元/千克（国家三等质量标准）上升到 2014 年的 2.22 元/千克（国家三等质量标准），仅 6 年间就上升了 50%[1]。而与此同时，伴随着国际粮价的下跌，2012 年下半年，中国玉米收储价格开始高于玉米进口到岸完税价①，2013 年下半年高出 6%②，而 2015 年高出近一半③。第二，不断上升的玉米产量和进口量增加了库存量，安全储粮压力剧增，财政负担日益加重。据估计，2015 年中国玉米库存量已达 2.5 亿吨，而每年为存储玉米支出的仓储、管理等费用达 630 亿元④。第三，长期实施的政策性收购破坏了市场公平竞争环境，对指定收购企业外的其他市场主体产生了严重挤出效应[2]，市场活力逐渐丧失。

在上述背景下，为进一步完善农产品价格形成机制、发挥市场调节作用、激发市场活力，国家决定在东北三省及内蒙古地区启动并实施玉米收储制度改革。2015 年 9 月，国家发改委会同国家粮食局等部门宣布下调 2015 年东北玉米临时收购价。2016 年 1 月，中央一号文件提出按照"市场定价、价补分离"的原则积极稳妥推进玉米收储制度改革。同年 3 月，国家发改委等部门在玉米收储制度改革新闻通气会上宣布将按照"市场定价、价补分离"的原则把玉米临时收储政策调整为"市场化收购＋补贴"的新机制。玉米收储制度改革后，玉米价格随行就市，国家对生产者发放种植补贴。同时，国家不再指定收购玉米，而由各市场化主体自行入市收购。

玉米收储制度改革是当前中国农产品价格形成机制的重要内容，学者们对此开展了相应研究。这些研究主要集中于两个方面：第一，对玉米收储制度改革的实施背景及必要性进行讨论。现有研究阐述了玉米临时收储政策带来的问题及当前中国玉米产业面临的困境，并认为市场化改革是解决当前中国玉米产业发展困境的重要方向[3-4]，而实施玉米收储制度改革是市场化改革的重要举措[1-2]。第二，对玉米收储制度改革的实施效果从各个角度进行评估。张志栋阐述了玉米收储制度改革对中国饲料粮行业发展的积极影响[5]；一些研究利用相关统计数据分析发现，收储制度改革后，中国玉米价格和产量均出现下降，国际市场冲击减弱，国内玉米产业活力增强[6]；还有学者通过实地调查重点指出了玉米收

---

① 资料来源：《国内粮食价格为什么一直高于国外？》http：//finance. sina. com. cn/money/future/agri/2016－09－13/doc-ifxvueif6713364. shtml。

② 资料来源：《国内外粮价倒挂：最低收购价成了市场最高价》http：//finance. ifeng. com/a/20141020/13198787 _ 0. shtml。

③ 资料来源：《农产品收储改革成效好于预期，种玉米仍有利可图》http：//www. sohu. com/a/162167116 _616768。

④ 资料来源：《玉米库存成本每年 630 亿，"价补分离"攻坚粮价市场化》http：//www. xinhuanet. com/2016－04－18/c _ 1118647597. htm。

储制度改革后，收储制度改革地区存在玉米种植收益下降、种植结构调整方向不明、政策目标冲突等问题[7-10]。而丁声俊[11]和李国祥[12]分析了玉米收储制度改革对下一阶段小麦、稻谷收储制度改革的参考价值。既然玉米收储制度改革是中国农产品价格形成机制改革，其核心要义在于调节微观玉米供需主体的行为，那么，探究玉米收储制度改革对农业生产主体的影响更具直接意义。进一步地，如果能用大样本微观调查数据对这项改革的效果进行严谨的定量评估，那将能为后续政策调整提供更为可靠的依据。这正是本文的出发点。

本文将选取家庭农场这种生产主体来验证玉米收储制度改革对玉米生产者生产行为的影响，理由如下：第一，农业经营主体的多元性要求生产行为研究聚焦于某一类主体。当前，中国正处于一个农业经营主体分化、多元主体并存的时期，除了传统小规模农户外，家庭农场、农民合作社和农业产业化龙头企业等新型农业经营主体亦蓬勃发展。为了控制不同农业经营主体对某一政策反应的差异，本文只选取其中一种经营主体即家庭农场进行分析。第二，家庭农场是当前中国最重要的新型农业经营主体之一，不仅数量庞大，而且发展迅速。据农业部统计，2016 年中国已有家庭农场 87.7 万个，占新型农业经营主体总数 270 万个的 32.48%，占经营耕地面积 50 亩以上规模经营农户总数 350 万户的 25.06%[①]。另外，2016 年中国纳入县级以上农业部门名录的家庭农场有 44.5 万个，比 2015 年的 34.3 万个增长了近 30%[13]。事实上，可能还有很多家庭农场未被纳入县级名录。因此，可以看到，当前中国家庭农场正不断发展，并日渐成为中国农业生产的中坚力量。关注家庭农场生产经营行为能够对中国农业经营主体的生产经营行为见微知著。第三，家庭农场加入合作社行为也是当前亟待研究的热点问题之一[14-16]，本文也将对这部分文献形成有益补充。

本文的研究目的是运用全国家庭农场 2014 年、2015 年和 2016 年追踪监测数据，就玉米收储制度改革对家庭农场加入合作社行为的影响进行实证检验，以此对玉米收储制度改革对生产者经营行为的影响进行效果评估，从而为下一阶段政策制定提供实证依据。本文接下来内容安排如下：第二部分是理论分析与研究假说，第三部分介绍数据来源、分析样本及（统计）描述性证据，第四部分是计量分析，第五部分归纳主要结论及启示。

二、理论分析与研究假说

2016 年玉米收储制度改革的重点是取消政府"托市"，建立并完善农产品市场价格机

---

① 数据时间截至 2016 年 6 月底。此处假设家庭农场经营耕地面积均在 50 亩以上。资料来源：《农业部：耕地流转面积超承包耕地总面积的 1/3》http://news.xinhuanet.com/fortune/2016-11/20/c_1119947716.htm。

制，充分发挥价格对生产的引导作用。玉米收储制度改革后，玉米价格由市场形成，反映市场供求关系；生产者随行就市出售玉米，各类市场主体自主入市收购。那么，玉米收储制度改革后，收储制度改革地区（东北三省和内蒙古地区）玉米农场面对收储制度改革，可能做出生产行为调整。

玉米收储制度改革后，收储制度改革地区玉米农场将面临玉米市场销售风险。这具体表现为：第一，改革后，玉米农场必须考虑玉米销售问题。收储制度改革前，农场玉米由国家指定收购，农场无须担心玉米销售问题；而收储制度改革后，国家不再指定收购，生产者随行就市出售玉米，玉米农场需自行寻找销售对象，玉米销售问题随即显现。第二，改革后，仓储设施的缺乏增加了玉米销售的迫切性。收储制度改革前，农户玉米由国家粮库收购，农户很少考虑烘干保管问题。即使保管也多采用"地趴粮"的方式短期堆存，仓储设施条件较差[17]，农户也没有投资建设仓储设施的积极性。而收储制度改革后，玉米农场短期内受时间、资金、农场设施用地等限制，难以运用现有条件烘干、存储，这进一步加剧了玉米农场及时通过市场销售玉米的需求。第三，改革后，玉米市场收购方处于孕育、重构发展阶段，这增加了玉米市场销售难度。收储制度改革前，持续实施的政策性收购导致玉米加工企业开工不足、生产停滞①。而收储制度改革后，这些市场主体的收购能力从无到有、从弱到强都需时日②，这加剧了玉米农场自行寻找销售对象的难度。

在上述背景下，为了降低玉米收储制度改革带来的玉米销售风险、保证经营收入，玉米农场选择加入合作社。理论上讲，合作社本来就是小规模散户联合起来增强市场谈判能力、帮助产品进入市场、解决产品"卖难"问题的互助经济组织[18]。一直以来，合作社在帮助社员农资购买、农业生产技术指导、农产品加工销售上都发挥着重要作用。但收储制度改革前后，玉米农场农资购买及玉米种植技术等需求并未发生大幅变化③。这意味着，收储制度改革后，玉米农场选择加入合作社主要是希望通过合作社既有市场渠道，帮助玉米顺利销售。当然，即使玉米农场加入合作社是希望实现统一加工、统一品牌，提高

---

① 2014年黑龙江省大量玉米深加工企业相继停产，其中酒精企业停产近一半；而吉林省玉米深加工行业开工率也不足50%。资料来源：《东北玉米深加工行业陷入困境》http://www.ce.cn/cysc/sp/info/201501/07/t20150107_4279952.shtml.

② 黑龙江是全国最大玉米产区。2016年，全省玉米产量500亿千克左右，而市场收购量只有400亿千克，市场收购能力有限。另外，玉米原料价格大幅下降后，玉米深加工产品价格也随之下降，且未来依然呈现整体下滑趋势，不利于玉米市场收购工作。资料来源：《玉米收储改革开局观察》http://www.chinaneast.gov.cn/2017-02/06/c_136034397.htm.

③ 本文检验了收储制度改革前后玉米农场农资投入成本的均值差异。收储制度改革地区玉米农场收储制度改革前农资投入成本平均值（16.67万元）与收储制度改革后的平均值（17.38万元）没有显著差异；同样，非收储制度改革地区玉米农场收储制度改革前的农资投入成本平均值（19.49万元）和收储制度改革后的平均值（19.26万元）也没有显著差异。

产品附加值，但合作社对于玉米农场产品质量也有一定要求，这决定了玉米农场短期内无法实现这一目标。因此，受玉米收储制度改革的刺激，玉米农场加入合作社主要是希望直接利用合作社现有销售渠道，缓解市场销售风险。事实上，玉米农场加入合作社后，不仅能直接通过合作社销售玉米，还能以合作社为载体，参与市场销售活动、获取销售订单。这节省了玉米农场自行寻找销售对象的搜寻成本和谈判成本，提高了玉米顺利销售的概率。例如，2016 年，黑龙江省举办了农民合作社优质农产品上海展销会、秋季农产品产销对接大会、农民合作社卖粮大会等一系列活动。其中，X 农民合作联社就通过展销活动促成了 321 家合作社统一对外直接销售玉米，还与 173 家大型饲料企业签订了 100 亿千克的销售合同[①]。基于以上分析，本文提出如下假说。

H1：保持其他因素不变的情况下，玉米收储制度改革后，收储制度改革地区（东北三省和内蒙古地区）的玉米农场比非收储制度改革地区（全国其他地区）玉米农场加入合作社的概率更高。

三、数据来源、分析样本及（统计）描述性证据

（一）数据来源、分析样本

本文使用的数据来自全国家庭农场监测项目。该项目为农业部 2014 年启动的对全国 31 个省（自治区、直辖市）近 3 000 个家庭农场的长期追踪监测项目。首先，项目组在全国各省（自治区、直辖市）按经济水平高低选择 2～4 个代表县，在每个县选择 30～50 个家庭农场；然后，由县级农业经管部门组织家庭农场主经过培训后在线填写问卷。问卷内容涉及家庭农场当年生产经营活动的各个方面。另外，监测样本选择上兼顾种植业、养殖业和种养结合的家庭农场，原则上种植类家庭农场比例不多于 80%，粮食类家庭农场[②]比例不少于 50%，样本农场应是生产经营状况稳定、从事农业经营 2 年以上的家庭农场。截至 2017 年，项目组已经完成 3 年监测。其中，2014 年共监测 3 092 个家庭农场，有效样本 2 826 个；2015 年共监测 3 073 个家庭农场，有效样本 2 903 个，追踪 2014 年样本 2 331 个；2016 年共监测 3 050 个家庭农场，有效样本 2 998 个，追踪 2015 年样本 2 516 个[③]。有效样本中，3 年持续追踪样本 2 023 个，共计 6 069 个。追踪样本中，粮食类农场 2 204 个，各年分别为 640 个、803 个和 761 个。

---

① 资料来源：《黑龙江：玉米收储改革一年记》http://www.chinagrain.gov.cn/n316987/n990532/n994298/c1074381/content.html。

② 粮食类家庭农场指种植小麦、玉米和水稻的家庭农场。

③ 监测工作于次年 4 月回收问卷，以监测上一年度家庭农场生产经营状况。因此，"2014 年""2015 年"和"2016 年"指家庭农场实际生产年份。

由于本文分析的政策是玉米收储制度改革，本文选取 3 年追踪样本中的玉米农场为分析样本。具体情况如表 1 所示。2014 年 253 个玉米农场中，153 个位于收储制度改革地区（东北三省和内蒙古地区），占比 60.47%；2015 年的 297 个玉米农场中，214 个位于收储制度改革地区，占比 72.05%；2016 年 270 个玉米农场中，194 个位于收储制度改革地区，占比 71.85%。

表 1　调研数据与分析样本

单位：个

年份	追踪样本	粮食类农场	玉米农场		
			总数	收储制度改革地区	非收储制度改革地区
2014	2 023	640	253	153	100
2015	2 023	803	297	214	83
2016	2 023	761	270	194	76
汇总	6 069	2 204	820	561	259

（二）（统计）描述性证据

本文的调查数据表明：总本上，玉米农场中加入合作社的农场占比随时间不断增加；但相比于非收储制度改革地区，收储制度改革地区玉米农场这种增加幅度在收储制度改革后更明显。

第一，2014—2016 年，玉米农场中加入合作社的农场占比不断上升。不考虑收储制度改革地区差别，所有玉米农场中加入合作社的农场占比由 2014 年的 26.09%，增长到 2015 年 31.65%，再增长到 2016 年的 40.74%（表 2），3 年间提高了 14.65 个百分点。这意味着，以本文调查的玉米农场为基数（表 1）计算，2016 年 270 个玉米农场比 2014 年 253 个玉米农场中多 17 个加入合作社。如果再以张红宇等[13]所言 2016 年中国纳入县级名录的家庭农场 44.5 万个为计算基准，2016 年纳入县级名录的家庭农场中选择加入合作社的农场可能比 2014 年多 6.52 万个。这表明，随着家庭农场的快速发展，面对产品市场化及激烈的竞争形势，加入合作社已经成为某种趋势和选择。这与孔祥智[15]、王勇[16]等的研究判断一致。

第二，两类地区玉米农场中加入合作社的农场占比也随时间增加；但收储制度改革后，收储制度改革地区的增幅更明显。即使考虑收储制度改革地区差异，两类地区玉米农场中加入合作社的农场占比也都随时间增加。如收储制度改革地区玉米农场中加入合作社的农场占比从 2014 年的 26.80%，增长到 2015 年的 32.24%、2016 年的 43.81%；同样，非收储制度改革地区玉米农场该占比从 25% 增长到 30.12%、32.89%。然而，相比于非收储制度改革地区，收储制度改革地区 2016 年玉米农场中加入合作社的农场占比增幅更大。如2016年收储制度改革地区玉米农场中加入合作社的农场占比分别比2015年和2014年增长了35.89%和63.47%，而非收储制度改革地区却分别只增长了9.19%和31.56%。这表明，在两类地区玉米农场中加入合作社的农场占比都随时间增加的前提下，收储制度改革后，收储制度改革地区比非收储制度改革地区增加得更多。那么，在不考虑其他因素影响的情况下，前文的假说基本成立。

表2 两类地区玉米农场中加入合作社的农场占比及其差异

单位：%

	总体	收储制度改革地区	非收储制度改革地区
2014年	26.09	26.80	25.00
2015年	31.65	32.24	30.12
2016年	40.74	43.81	32.89
收储制度改革前后差异			
2016年较2015年上升幅度	28.72	35.89	9.19
2016年较2014年上升幅度	56.15	63.47	31.56

笔者也发现，家庭农场的特征不同，其加入合作社的行为也有所差异（表3）。如男性农场主经营的玉米农场中加入合作社的农场占比基本高于女性农场主经营的农场。从事规模经营年限越长的农场主经营的玉米农场中加入合作社的农场占比也越高。而有借贷款的玉米农场中加入合作社的农场占比也比没有借贷款的玉米农场要高，这或许是因为有借贷款的玉米农场加入合作社可以获得融资服务。

同时，表3还显示，总体上，农资投入占总成本比例较小的家庭农场中加入合作社的农场比例较高。如2014年农资投入占总成本比例在40%及以下的玉米农场中加入合作社的农场比例34.23%，高于农资投入占总成本比例在60%以上的玉米农场中加入合作社的农场比例13.51%。这或许意味着农资投入占总成本比例小的家庭农场加入合作社并不是联合购买农资，而可能是希望通过合作社销售产品。此外，家庭农场经营土地面积越大，加入合作社的农场比例也越高。如经营土地面积在10公顷及以下的家庭农场中加入合作社的农场比例只有20%左右；而经营土地面积增加10公顷后，这一比例上升到30%左右；经营土地面积在20公顷以上的家庭农场中40%左右的农场选择了加入合作社。这与郜亮亮和杜志雄[19]的研究结论吻合，即随着家庭农场经营土地面积的扩大，农场将内生出更加真实强烈的合作需求。这可能是，农场经营土地面积扩大后，产品市场销售问题显现，从而增加了家庭农场与合作社联结需求。

当然，只有在控制所有这些因素的条件下，才能将收储制度改革对家庭农场加入合作社行为的影响效应隔离出来。为此，本文进行多元统计分析。

表 3　按农场相关特征分组的各类农场中加入合作社的农场占比

单位：%

特征	2014 年	2015 年	2016 年
农场主性别			
男	25.97	32.48	40.87
女	27.27	21.74	38.89
农场主已从事规模经营的年限/年			
[1, 3]	20.25	25.00	29.63
[4, 5]	25.00	30.67	36.29
>6	40.30	41.49	53.26
农场是否借贷款			
是	31.78	32.99	43.46
否	21.92	31.00	34.18
农场农资投入占总成本比例/%			
(0, 40]	34.23	31.25	36.73
(40, 60]	21.90	32.23	60.00
>60	13.51	31.25	33.97
农场经营土地面积/公顷			
(0, 10]	15.91	20.21	26.47
(10, 20]	25.00	33.70	35.24
>20	37.65	39.64	56.70

四、计量模型及估计结果

（一）模型设定

为进一步分析玉米收储制度改革对家庭农场加入合作社行为的影响，本文建立以下模型进行估计，具体形式如下：

$$y_{it} = \alpha_0 + \delta area_i \times year_{2016} + Z_{it}\boldsymbol{\beta} + V_t + a_i + \mu_{it} \tag{二}$$

（1）式中，i 代表第 i 个家庭农场；t 代表年份，取值 2014、2015 或 2016。y_{it} 表示第 i 个家庭农场在 t 年是否加入合作社。若家庭农场加入合作社，则 $y_{it}=1$；否则，$y_{it}=0$。$area_i$ 表示第 i 个家庭农场是否为玉米收储制度改革地区（东北三省和内蒙古地区）农场。若农场位于玉米收储制度改革地区，$area_i=1$；否则，$area_i=0$。$year_{2016}$ 表示是否 2016年，是=1，否=0。$area_i \times year_{2016}$ 表示 2016 年玉米收储制度改革地区农场。Z_{it} 表示一系列可观测控制变量，用于控制其他对 y_{it} 有影响的因素，主要包括两类：第一类是随着时间和农场变化的一组控制变量，如农场特征中当年是否借贷款、当年是否拥有烘干机等；

第二类是随着农场变化但不随时间变化或随时间等量变化的变量，如农场主性别、农场主已从事规模经营年限等。其他变量 V_t 表示年份虚变量，用于控制随时间变化的不可观测因素对农场加入合作社行为的影响。a_i 表示农场固定效应，用于控制不随时间变化的不可观测因素。μ_{it} 表示随机扰动项，指随时间和农场变化且影响 y_{it} 的不可观测的扰动因素。α_0、δ 为待估参数，β 为待估参数矩阵。其中，δ 是本文重点关注的参数，它衡量了玉米收储制度改革对家庭农场加入合作社行为的影响。本文预期 $\delta > 0$。$\delta > 0$，表示玉米收储制度改革对收储制度改革地区玉米农场加入合作社行为有正向影响，即玉米收储制度改革增加了收储制度改革地区玉米农场加入合作社的概率；$\delta = 0$ 或 $\delta < 0$，表示玉米收储制度改革并没有增加或减少了收储制度改革地区玉米农场加入合作社的概率。回归所用变量的描述性统计结果见表 4。

表 4　回归分析所用变量的描述性统计结果（样本数 820）

变量	含义及单位	均值	标准差
农场当年是否加入合作社	是＝1，否＝0	0.33	0.47
2016 年玉米收储制度改革地区农场	2016 年东北三省和内蒙古地区农场＝1，其他＝0	0.24	0.43
农场主性别	男＝1，女＝0	0.92	0.27
农场主年龄	岁	46.19	8.37
农场主受教育程度	没上过学＝1，小学＝2，初中＝3，高中＝4，中专＝5，职高＝6，大专＝7，本科＝8，研究生及以上＝9	3.66	1.23
农场主已从事规模经营的年限	年	5.60	4.94
农场主当年是否获得培训	是＝1，否＝0	0.70	0.46
农场主非农就业次数	次	1.98	1.05
农场当年是否借贷款	是＝1，否＝0	0.48	0.50
农场当年纯收入是否为正	是＝1，否＝0	0.92	0.28
农场当年是否拥有仓库	是＝1，否＝0	0.82	0.38
农场当年是否拥有晒场	是＝1，否＝0	0.72	0.45
农场当年是否拥有烘干机	是＝1，否＝0	0.06	0.23
农场当年农资投入占总成本比例	％	51.84	25.22
农场当年拥有农机具价值	万元	23.36	34.85
农场当年土地流转平均租金	元/亩	425.99	258.49
农场当年经营土地面积	公顷	27.36	38.68

（二）估计方法

政策评估中，经常会因为项目自选择问题而导致估计结果不一致。本文中，这个问题不用过多担心。玉米收储制度改革是由外生于家庭农场的力量（国家）决定的，家庭农场是否参与玉米收储制度改革只取决于政府是否在该地区实施改革，而不取决于该地区家庭农场意愿；而且家庭农场也不可能根据是否实施玉米收储制度改革而"以脚投票"。因此，不存在自选择问题。

为了尽可能控制无法观测与遗漏变量的影响，本文采用 OLS 固定效应模型估计（1）式。第一，理论逻辑上讲，采用固定效应模型能够得到一致的估计。尽管本文已经控制了可能影响家庭农场加入合作社行为的因素如农场主特征、农场特征、时间趋势等，但可能仍存在一些不随时间变化且无法观测的因素也影响农场加入合作社行为，如各地地形地貌及气候对农场玉米种植技术的影响。而固定效应模型能够将这些因素加以控制进而得到一致的估计。第二，本文进行了相关统计检验，结果也支持采用固定效应模型。在随机效应模型和混合模型的选择中，Breuschand Pagan 的 LM 检验在 1‰的水平上显著地拒绝了混合模型；而在随机效应模型与固定效应模型的选择中，Hausman 检验同样在 1‰的水平上显著地拒绝了随机效应模型。因此，采用固定效应模型更合适。另外，由于本文采用面板数据，在对（1）式的估计中，还可能存在异方差和组内自相关问题，进而影响估计效率。不过，这种面板数据的组内自相关问题，只有当关注的核心解释变量只在组的层级上变化时，其系数的标准误偏差才会很大[20-21]，从而影响估计效率。然而，本文评估的政策"玉米收储制度改革"外生于家庭农场，玉米收储制度改革地区的确定并不因家庭农场的意愿而变，因此，这里组内自相关问题并不严重。另外，如果样本组数在 42 以上或采用聚类稳健标准误，都可以对此进行较好的修正[20,22]，本文也做了这样的尝试。

事实上，由于因变量为二分变量，采用 OLS 固定效应模型估计（1）式可能面临两个问题：第一，OLS 假设自变量的边际效应为常数；第二，OLS 估计结果的预测概率可能在 0～1 之外。庆幸的是，这两个问题对本文估计结果影响不大。首先，本文的核心变量"是否 2016 年玉米收储制度改革地区农场"本身就是虚拟变量，其系数衡量的是相对于非玉米收储制度改革地区玉米农场，收储制度改革地区玉米农场 2016 年加入合作社概率的预期变化。因而，并不存在解释变量偏效应的问题。其次，本文检查了 OLS 固定效应模型估计结果预测概率的区间，发现预测概率在 0～1 之外的结果仅占 1.22%。因此，线性概率模型的估计结果可以直接用来分析。而且，本文也进行了 Probit 估计〔表 5（1）列〕，发现得到的核心变量 2016 年玉米收储制度改革地区农场的边际概率与 OLS 估计结果（线性概率模型）的预期概率〔表 5（2）列〕差别并不大。为此，综合考虑估计的一致性和有效性，本文采用 OLS 固定效应模型的估计结果作为分析的主要依据。

（三）估计结果

表 5 中①，（2）列是 2014 年、2015 年、2016 年 OLS 固定效应模型估计结果；（3）列

---

① （1）列是 Probit 随机效应模型估计结果，见前文，本部分不再单独解释该列估计结果。

是玉米收储制度改革前 2014 年、2015 年 OLS 固定效应模型估计结果；（4）列是加入 2015 年与东北三省和内蒙古地区交互项的 2014 年、2015 年、2016 年 OLS 固定效应模型估计结果；（5）列是加入农场所在县虚变量与年份虚变量交互项的 2014 年、2015 年、2016 年 OLS 固定效应模型估计结果。（2）～（5）列均控制年份虚变量。总体上，除（3）列外，其余各列 F 值统计量都较大，达到了 1% 的显著性水平，模型运行良好，估计结果具体解释如下。

1. 2016 年玉米收储制度改革显著地正向刺激了收储制度改革地区玉米农场加入合作社的概率。 如表 5（2）列所示，2016 年玉米收储制度改革地区农场变量的估计系数为正，且在 5% 的水平上显著；同时，该变量估计系数为 0.151。这表示，控制其他因素的情况下，玉米收储制度改革后，收储制度改革地区玉米农场加入合作社的概率比非收储制度改革地区玉米农场高 15.1%。这相当于 2016 年玉米农场平均加入合作社比例 40.74%（表 2）的 1/3[①]。这意味着，收储制度改革后如果非收储制度改革地区玉米农场加入合作社的农场比例为 30%，那么，收储制度改革地区玉米农场加入合作社的农场比例则可能为 45.1%。

2. 即使考虑两类地区农场加入合作社行为都有随时间增加的趋势，2016 年玉米收储制度改革地区玉米农场加入合作社的概率依然显著高于非收储制度改革地区。 尽管本文已经在 2014 年、2015 年和 2016 年固定效应模型中［表 5（2）列］控制了所有农场加入合作社行为随时间增加的趋势［年份虚变量（2015 年）、年份虚变量（2016 年）］，但仍需进一步考察收储制度改革前两类地区玉米农场这种趋势的差异。首先，玉米收储制度改革前，收储制度改革地区和非收储制度改革地区玉米农场加入合作社行为随时间增长的趋势相同。本文单独估计了收储制度改革前 2014 年和 2015 年两类地区玉米农场加入合作社的固定效应模型，考察了 2015 年与东北三省和内蒙古地区农场变量的交互项，结果如表 5（3）列所示。模型总体不显著，且 2015 年与东北三省和内蒙古地区农场变量的交互项也不显著。这表明，在玉米收储制度改革前，两类地区玉米农场加入合作社的行为并没有显著差异，二者随时间增长的趋势相同[②]。其次，即使假定玉米收储制度改革前两类地区玉米农场加入合作社的行为随时间增长的趋势不同，这种差异对玉米收储制度改革后玉米农场加入合作社的行为也没有显著影响。本文将收储制度改革前 2015 年与东北三省和内蒙古地区农场变量的交互项加入 2014 年、2015 年和 2016 年固定效应模型中一起估计[③]

---

① 具体为 37.06%。

② 从表 2 也可知，2015 年相比于 2014 年，收储制度改革地区玉米农场加入合作社的农场比例增长了 20.3%，非收储制度改革地区玉米农场加入合作社的农场比例增长了 20.48%，二者差别不大。

③ 此处借鉴 Moser 和 Voena 的做法，通过加入政策实施前年份虚变量与地区虚变量的交互项控制收储制度改革前两类地区玉米农场加入合作社行为可能不同的时间趋势[23]。

［表5（4）列］，结果发现，2015年与东北三省和内蒙古地区农场变量的交互项并不显著，而2016年玉米收储制度改革地区农场变量却依然显著且估计系数为正。这表明，即使考虑收储制度改革前两类地区玉米农场加入合作社行为随时间增长的不同趋势，收储制度改革后，收储制度改革地区玉米农场加入合作社的概率依然显著高于非收储制度改革地区。由此，本文研究假说得以验证。

3. 再进一步控制各地区合作社数量对当地玉米农场加入合作社行为的影响后，2016年玉米收储制度改革地区玉米农场加入合作社的概率仍然显著高于非收储制度改革地区。逻辑上讲，农场加入合作社的行为很大程度上还取决于农场所在地合作社的数量。受限于数据，本文采用农场所在县虚拟变量作为代理变量对此进行控制。考虑到农场所在各县合作社数量可能每年都在变化，本文进一步采用农场所在县虚拟变量与年份虚拟变量的交互项作为代理变量对此进行控制。为此，本文在2014年、2015年和2016年固定效应模型中加入了农场所在县虚拟变量与年份虚拟变量的交互项［表5（5）列］。事实上，加入该交互项的固定效应模型不仅控制了各地各年合作社数量，同时也控制了县级层面随时间变化的其他因素对农场加入合作社行为的影响，如各县各年变化的社会化服务机构数量。

加入该交互项后，核心变量的显著性和估计系数符号依然不变，只是估计系数大小有所变化。如表5（5）列所示，2016年玉米收储制度改革地区农场变量的估计系数依然为正，且在1%的水平上显著。这表明，即使假设收储制度改革地区和非收储制度改革地区的合作社数量及其他县级层面潜在因素有所差异，那么，控制这些因素后，本文研究发现，收储制度改革地区的玉米农场受收储制度改革刺激后加入合作社的概率依然显著高于非收储制度改革地区玉米农场，模型结果非常稳健。

4. 除收储制度改革外，一些其他因素也对玉米农场加入合作社的行为产生了影响。例如，农场主特征中，农场主非农就业次数对农场加入合作社行为有正向影响［表5（5）列］。这或许是非农经历较丰富的农场主更了解合作社，更愿意加入合作社。农场特征中，家庭农场拥有晒场对农场加入合作社行为有正向影响，而农场拥有烘干机则有负向影响［表5（5）列］。这可能是因为，受中国东北气候及农场设施用地、劳动力的限制，传统晾晒方式并不能及时保证玉米晒干储存，以至于农场依然需要及时销售玉米；而拥有烘干机的农场，则可以在短期内完全将玉米烘干后存储，从而自行寻找销售对象、等待销售时机。

表5　2016年玉米收储制度改革对玉米农场加入合作社行为影响的估计结果

变量	(1)	(2)	(3)	(4)	(5)
	Probit-RE	OLS-FE	OLS-FE	OLS-FE	OLS-FE
2016年玉米收储制度改革地区农场	0.144***	0.151**	—	0.148**	0.254***
	(0.028)	(0.065)	—	(0.062)	(0.077)

（续）

变量	(1)	(2)	(3)	(4)	(5)
	Probit-RE	OLS-FE	OLS-FE	OLS-FE	OLS-FE
农场主性别	0.070***	—	—	—	—
	(0.027)	—	—	—	—
农场主年龄	−0.007***	—	—	—	—
	(0.002)	—	—	—	—
农场主受教育程度	−0.056***	—	—	—	—
	(0.010)	—	—	—	—
农场主已从事规模经营的年限	0.024***	—	—	—	—
	(0.004)	—	—	—	—
农场主当年是否获得培训	0.062***	0.060**	0.033	0.060**	−0.016
	(0.017)	(0.028)	(0.045)	(0.029)	(0.041)
农场主非农就业次数	0.052***	0.034*	−0.005	0.034*	0.033*
	(0.011)	(0.018)	(0.013)	(0.018)	(0.019)
农场当年是否借贷款	0.083***	0.058**	0.059*	0.058**	0.038
	(0.020)	(0.029)	(0.031)	(0.029)	(0.029)
农场当年纯收入是否为正	0.056***	0.010	0.137	0.010	0.058
	(0.022)	(0.068)	(0.112)	(0.069)	(0.071)
农场当年是否拥有仓库	0.010	0.078*	0.086*	0.078*	0.061
	(0.026)	(0.048)	(0.051)	(0.047)	(0.050)
农场当年是否拥有晒场	−0.004	0.067*	0.048	0.067*	0.078**
	(0.022)	(0.035)	(0.032)	(0.034)	(0.035)
农场当年是否拥有烘干机	0.145***	0.019	0.328	0.018	−0.303***
	(0.025)	(0.128)	(0.282)	(0.125)	(0.080)
农场当年农资投入占总成本比例	−0.002	0.005**	0.001	0.005**	0.005**
	(0.001)	(0.002)	(0.003)	(0.002)	(0.002)
农场当年农资投入占总成本比例的平方	0.000	−0.000**	−0.000	−0.000**	−0.000**
	(0.000)	(0.000)	(0.000)	(0.000)	(0.000)
农场当年拥有农机具价值	−0.002***	−0.004***	−0.000	−0.004***	−0.005***
	(0.000)	(0.001)	(0.002)	(0.001)	(0.001)
农场当年拥有农机具价值的平方	0.000***	0.000***	−0.000	0.000***	0.000***
	(0.000)	(0.000)	(0.000)	(0.000)	(0.000)
农场当年土地流转平均租金（对数）	0.025*	−0.040	−0.086	−0.040	−0.056
	(0.015)	(0.042)	(0.054)	(0.042)	(0.051)
农场当年经营土地面积（对数）	0.146***	0.120***	0.192**	0.120***	0.101***
	(0.012)	(0.042)	(0.088)	(0.042)	(0.038)
年份虚变量（2015 年）	0.057***	0.035	0.018	0.039	1.452***
	(0.022)	(0.022)	(0.028)	(0.044)	(0.118)

（续）

变量	(1)	(2)	(3)	(4)	(5)
	Probit-RE	OLS-FE	OLS-FE	OLS-FE	OLS-FE
年份虚变量（2016 年）	0.022	−0.006	—	−0.003	1.172***
	(0.026)	(0.057)	—	(0.051)	(0.124)
常数项	—	−0.099	−0.077	−0.098	−0.305
	—	(0.282)	(0.369)	(0.282)	(0.366)
2015 年与东北三省和内蒙古地区农场交互项			0.020	−0.005	
	—		(0.035)	(0.048)	—
农场所在县虚变量与年份虚变量交互项	—	—	—	—	包括
农场固定效应	未控制	已控制	已控制	已控制	已控制
观测值数	820	820	550	820	820
组数	430	430	381	430	430
Wald χ^2 或 F 值	32.90	3.29	1.37	3.14	2.69
Prob>Wald χ^2 或 Prob>F	0.035	0.000	0.161	0.000	0.000

注：括号内数字为农场层级的聚类稳健标准误，***、**、* 分别表示在 1％、5％、10％的水平上显著；Probit-RE 的估计结果为边际概率。为节省篇幅，略去了农场所在县虚变量与年份虚变量交互项的回归结果。

（四）小结

在控制了农场主特征、农场特征、时间趋势、农场固定效应后，本文研究发现，2016 年玉米收储制度改革对收储制度改革地区玉米农场加入合作社行为有显著的正向刺激作用，而且这种正向刺激作用非常明显。这表现为，即使控制了收储制度改革前两个地区玉米农场加入合作社行为随时间变化的趋势、两个地区随时间变化的合作社数量及其他县级层面潜在因素的影响后，这种正向刺激作用仍然非常明显。并且保守估计，在其他条件不变的情况下，受玉米收储制度改革的刺激，2016 年收储制度改革地区玉米农场加入合作社的概率至少比非收储制度改革地区高 15.1％。这意味着，如果两类地区在 2014 年各有 100 个玉米农场，而这些农场的农场主特征和农场特征都基本相似，各地合作社数量、社会化服务机构数量等外部环境也基本相同。同时，如果 2014 年两类地区农场中加入合作社的农场数量相同，且 2014—2016 年两类地区农场中加入合作社的农场数量的增幅也一致，那么，2016 年两地农场中加入合作社的农场数量应该也相同。然而，受玉米收储制度改革的刺激，2016 年收储制度改革地区（东北三省和内蒙古地区）那 100 个玉米农场中加入合作社的农场数量可能会比非收储制度改革地区（全国其他地区）多 15 个。这表明，2016 年玉米收储制度改革刺激了收储制度改革地区玉米农场市场销售行为，增加了市场销售风险。

五、结论及政策启示

本文通过全国家庭农场 2014 年、2015 年和 2016 年追踪监测的玉米农场发现，在所有玉米农场加入合作社的农场占比都随时间增加的前提下，2016 年东北三省及内蒙古地区相比于全国其他地区增加得更多。这可能是 2016 年玉米收储制度改革将玉米农场产品销售问题凸显出来，在农场烘干仓储设施不足、外部市场收购能力尚缺的情况下，玉米农场可能选择加入合作社，以通过合作社销售渠道、降低玉米销售风险帮助产品顺利销售。

本文对上述结论进行了计量检验。在控制了农场主特征、农场特征、时间趋势和农场固定效应后发现，2016 年收储制度改革地区玉米农场加入合作社的概率显著高于非收储制度改革地区玉米农场加入合作社的概率。进一步控制了收储制度改革前两类地区玉米农场加入合作社行为随时间变化的趋势、两类地区变化的合作社数量及其他县级层面潜在因素的影响后，这一结论仍然成立。这表明，2016 年玉米收储制度改革显著地增加了收储制度改革地区玉米农场加入合作社的概率，激发了家庭农场市场化经营行为。当然，这也意味着，玉米收储制度改革在增加农业生产主体市场化经营行为的同时也加大了经营风险。因此，下一阶段要推行玉米及其他粮食收储市场化改革，政府还需配套相应措施，具体包括：第一，及时搭建市场销售平台、传递产品需求信息、激发市场收购活力，以缓解农户产品销售问题。第二，支持农业生产主体仓储设施建设，着力发展农业生产性服务如烘干服务，以增加农业生产者存粮待售机会，降低产品销售难度。第三，大力发展农民专业合作社和其他市场组织，通过合作社和其他市场组织提高农业生产主体与市场联结程度，降低产品销售风险，保障农民种植收益。

参考文献：

[1] 樊琦，祁迪，李霜. 玉米临时收储制度的改革与转型研究 [J]. 农业经济问题，2016（8）：74 - 81，111.

[2] 丁声俊. 玉米供求的阶段性转变与收储制度改革 [J]. 价格理论与实践，2016（8）：25 - 28.

[3] 郭庆海. 玉米产业供给侧结构性改革难点探析 [J]. 农业经济与管理，2017（1）：5 - 11.

[4] 徐志刚，张世煌. 新常态下我国玉米产业安全问题与发展策略 [J]. 农业经济与管理，2017（1）：12 - 16，35.

[5] 张志栋. 供给侧改革背景下饲料粮市场供需形势分析与展望 [J]. 中国猪业，2017（2）：13 - 15.

[6] 孔祥智，张效榕. 新一轮粮食价格改革：背景与方向 [J]. 价格理论与实践，2017（1）：15 - 19.

[7] 张义博，黄汉权，涂圣伟. 玉米收储制度改革的成效、问题及建议：基于黑龙江省绥化市的调

查［J］. 中国经贸导刊，2017（16）：50－52.

［8］张磊，李冬艳. 玉米收储政策改革带来的新问题及其应对：以吉林省为例［J］. 中州学刊，2017（7）：38－43.

［9］蔡海龙，马英辉，关佳晨. 价补分离后东北地区玉米市场形势及对策［J］. 经济纵横，2017（6）：88－94.

［10］张崇尚，陈菲菲，李登旺，等　我国农产品价格支持政策改革的效果与建议［J］. 经济社会体制比较，2017（1）：71－79.

［11］丁声俊. 玉米收储制度改革的进展及深化改革的措施［J］. 价格理论与实践，2017（3）：5－9.

［12］李国祥. 深化我国粮食政策性收储制度改革的思考［J］. 中州学刊，2017（7）：31－37.

［13］张红宇，寇广增，李琳，等. 我国普通农户的未来方向：美国家庭农场考察情况与启示［J］. 农村经营管理，2017（9）：19－24.

［14］杜志雄，王新志. 中国农业基本经营制度变革的理论思考［J］. 理论探讨，2013（4）：72－75.

［15］孔祥智. 联合与合作是家庭农场发展的必然趋势［J］. 中国农民合作社，2014（5）：32.

［16］王勇. 家庭农场和农民专业合作社的合作关系问题研究［J］. 中国农村观察，2014（2）：39－48，93－94.

［17］柳海燕，白军飞，仇焕广，等. 仓储条件和流动性约束对农户粮食销售行为的影响：基于一个两期销售农户决策模型的研究［J］. 管理世界，2011（11）：66－75，187.

［18］黄祖辉. 中国农民合作组织发展的若干理论与实践问题［J］. 中国农村经济，2008（11）：4－7，26.

［19］郜亮亮，杜志雄. 农业生产经营主体的经营规模与合作需求：宁波市鄞州区YSN家庭农场从经营主体到合作社的蜕变［J］. 中国乡村发现，2015（3）：106－111.

［20］ANGRIST J D，PISCHKE J S. Mostly harmless econometrics：an empiricist's companion［M］. Princeton，NJ：Princeton University Press，2009.

［21］郜亮亮，黄季焜，冀县卿. 村级流转管制对农地流转的影响及其变迁［J］. 中国农村经济，2014（12）：18－29.

［22］STOCK J，WATSON M. Introductionto Economics［M］. 3rd. Boston：Addison-Wesley，2011.

［23］MOSER P，VOENA A. Compulsory licensing：evidence from the trading with the enemy act［J］. American Economic Review，2012，102（1）：396－427.

玉米临时收储政策调整对家庭农场土地流转租金的影响分析[①]

近些年农村土地流转过程中出现的"毁约弃耕"等现象引发广泛关注，不少新闻报道指出土地流转租金的居高不下甚至持续上涨是其中的重要原因之一。对此，我们利用全国家庭农场监测数据，以玉米种植农场为分析对象进行相关验证。研究结果表明，从 2015 年玉米临时收储价格的下调，到 2016 年玉米临时收储政策的取消，全国玉米种植农场的土地流转租金总体上呈现出下降趋势。但是，在实施玉米生产者补贴的地区，2017 年玉米种植农场的平均流转租金止跌回升。进一步的计量分析结果显示，玉米临时收储政策的调整显著降低了玉米种植农场的土地流转租金。具体来看，在没有实施玉米生产者补贴的地区，租金的显著下降持续到 2017 年，而在实施玉米生产者补贴的地区，补贴对玉米种植农场 2017 年的租金产生了正向影响。同时，政策调整对租金的影响具有滞后性。此外，家庭农场的相关特征等因素也影响着土地流转租金。

一、问题的提出

近些年，农业规模经营进程中出现的"毁约弃耕""种植大户跑路"等新闻屡见报端。2014 年以前粮价较高时，不少地方出现了土地流转热潮。一些农业领域以外的"新手"带着资金涌入农村，贪多贪快地流转土地，使其在遭遇自然灾害、粮价下跌等突发状况时难以有效应对而选择"毁约弃耕"[②]。许多新闻报道中指出，在粮价下跌的同时种植成本

---

① 本文原载于：蔡颖萍，杜志雄. 玉米临时收储政策调整对家庭农场土地流转租金的影响分析 [J]. 中国农村观察，2020（3）：114-129.

② 新华网，2017 年 2 月 20 日：《种粮大户"毁约弃耕"初现》，http://www.xinhuanet.com/politics/2017-02/20/c_1120494289.htm。

的上涨是导致"毁约弃耕"的主要原因，特别是"土地流转租金年年看涨"。很多地区的土地流转租金由最初的 200 元/亩涨到现在的 800～1 000 元/亩[1]。河北省 2012 年的土地流转租金约 400 元/亩，到 2015 年已抬升至 1 000 元/亩，高的达 1 200～1 680 元/亩[2]。黑龙江、山东等地的土地流转租金在 2015 年大幅上涨，多地涨幅超过 20%[3]；如济南市章丘区 2007 年的土地流转租金低于 500 元/亩，后来上涨至 1 100 元/亩，高的达 1 468 元/亩[4]。河南省延津县的龙头企业、合作社和种粮大户等 2016 年支付的土地流转租金高达 800～1 200 元/亩[5]。可见，土地流转租金已成为农业规模经营主体不可忽略的生产成本。据农业部"百乡万户"在河北省的调研显示，土地成本已成为套在种粮大户头上的一道"紧箍咒"[6]。然而，随着粮食价格开始下降，部分新闻报道提及土地流转租金也呈现出下降趋势。按稻麦两季"吨粮田"计算，粮价每斤降低 0.1 元，每亩就少收入 200 元，这 200 元可能正是一年农业的净利润[7]。2017 年，山东省多个农业大县种粮流转租金普遍下降了 100～200 元/亩。以武城县的玉米种植为例，2012 年玉米价格为 2.6 元/千克，租金为 1 200 元/亩；2014 年玉米价格为 2.2 元/千克，租金多数降为 1 000 元/亩；2016 年玉米价格降至 1.5 元/千克，租金继续降至 800 元/亩[8]。同时，辽宁、吉林、黑龙江等地也出现了土地流转租金下降的情况[9]。

那么，土地流转租金居高不下甚至持续上涨是否具有普遍性？进一步地，政策的调整是否会影响土地流转租金？本文将利用全国家庭农场监测数据进行验证。中国家庭农场发展迅速且受到高度重视，2013—2019 年的中央一号文件都明确提出鼓励并扶持家庭农场发展。家庭农场是直接从事农业生产环节的新型农业经营主体。而中国人多地少，农村户均耕地面积小，家庭农场要达到一定的经营规模，土地流转是必经途径。因此，土地流转租金

---

① 搜狐网，2017 年 11 月 25 日：《为什么种田大户纷纷"跑路"？》，https://www.sohu.com/a/206592545_100067077。

② 樊江涛、李月锋，2015 年 4 月 20 日：《资本下乡：有实力争地，没能力种田——冀南农村土地流转"毁约弃耕"现象调查》，中国青年报。

③ 中国新闻网，2015 年 9 月 29 日：《河南多地卖粮难抬头 大户艰难维持无钱投入再生产》，http://www.chinanews.com/cj/2015/09-29/7549443.shtml。

④ 中国农机化导报，2018 年 5 月 17 日：《强烈关注！种粮大户纷纷退还流转来的土地，谁来种地？》，https://www.nongjitong.com/news/2018/434867.html。

⑤ 人民日报，2017 年 4 月 11 日：《70 后不愿、80 后不会、90 后不提，现在的农村谁在种地？》，https://www.sohu.com/a/162540651_782362。

⑥ 高强，2017 年 3 月 9 日：《理性看待种粮大户"毁约弃耕"现象》，农业部新闻办公室，http://jiuban.moa.gov.cn/zwllm/zwdt/201703/t20170308_5512541.htm。

⑦ 贺雪峰，2015 年 10 月 19 日：《土地的租金》，http://www.wyzxwk.com/Article/sannong/2018/04/388566.html。

⑧ 搜狐网，2017 年 12 月 21 日：《种植大户纷纷"跑路"，农村涌现"退租"潮，到底如何才能通过种地赚钱？》，https://www.sohu.com/a/212261060_765456。

⑨ 搜狐网，2017 年 3 月 26 日：《东北三省惊现地租大减价》，https://www.sohu.com/a/130499787_689453。

就成为家庭农场经营面临的主要成本之一。本文选择玉米种植农场为分析对象。因为玉米是中国的三大主粮之一，且玉米临时收储政策在黑龙江、吉林、辽宁和内蒙古（以下简称东北地区）经历了从建立到取消的过程，这是一项外生于家庭农场意愿及特征的政策变量。

二、文献回顾

农村土地流转的加快促进了中国农业规模经营的发展。据统计，2009—2015年，全国承包耕地流转总面积从1.5亿亩增加到4.4亿亩，增长了1.9倍，年均增长速度超过19.5%[1]。而农地流转价格是影响中国农地市场发育的关键因素，事关农地流转效率和农民权益保障等重大问题，已引起学界的普遍关注[2]。

第一，农地流转价格是在市场化机制下形成的[3]。刘克春和池泽新认为租赁价格在某种程度上反映了农地的供求关系[4]。土地租金是良好的农田价值指标[5]。邓大才认为农地流转就是权利的流转，权利的流转其实是土地收益的流转[6]。超出土地经营者正常利润的部分最终转化为土地租金[7]。早在20世纪初的中国农户，在土地租赁中使用定额支付和分成支付租金的方式，也分别是在交易过程中处于信息对称和不对称结构下的最优制度选择[8]。

第二，现有研究认为国内农地流转价格偏高。根据农村固定观察点2011年的数据计算得出，转出土地且收取租金的农户平均收取了占土地产值25.7%的租金[9]。姜天龙和郭庆海对吉林省玉米产区的调查认为土地租金占玉米生产成本的40%～50%[10]。尤其是从提出发展农业适度规模经营以来，农地流转租金上升非常快，给农业经营规模扩张带来了更大的成本压力[11]。2005—2015年，土地流转成本名义上年均增长13%[12]。中国部分地区已经存在农村土地过度资本化的基本事实，直接证据就是近年来土地租金的过快上涨，其实际水平已经大幅超过了粮食生产所能承担的合理水平，甚至也超过了经济作物生产所能承担的合理水平[13]。土地流转价格不断攀升，已经成为影响规模经营主体从事农业、特别是粮食生产的重要因素；如果任其上涨，肯定会影响粮食生产，规模经营发展不起来，中国农产品的国际竞争力更难以提升[1]。

第三，现有文献研究了国内土地流转租金的影响因素。一是理论层面的研究主要包括：（1）行政干预是高额租金形成的原因之一。政府主导下的大规模土地流转，一般需要支付更高的租金；基层政府统一的土地流转也往往容易抬高租金，导致不能真实反映土地流转市场上的价格信息，造成价格失真[14-15]。而且在政府主导的土地流转形势下，通常承包户很难主动下调流转价格；较为通行的做法是维持上期价格甚至小幅上调，随行就市下调的很少[16]。（2）工商资本下乡抬高了土地流转租金[14]。虽然从整体上看，租金上涨主要还是市场行为，但工商资本的进入也是不可忽视的因素[11]。（3）耕地稀缺性、产权改革、土地租期、租金结算方式、土地转出户非农收入来源的稳定性等其他因素都会影响到土地流转价格[4,14,17-18]。此外，农村土地的"非农化""非粮化"需求和投资性需求是租金上涨的内生动力[13]。二是实证层面的研究也很丰富。伍振军等基于皖、浙两省农户数据分析表明，户主的文化程度、土地经营内容、流转约定年限以及农民的组织化程度对农地流转价格有显著影响[19]。申云等研究发现农地流转价格不仅受农户特征和农地特征的约束，也受当地经济环境特征和政策环境特征的影响，且农地流转价格在区域之间存在一定程度的传导性[18]。江淑斌和苏群利用江苏省农户数据研究表明，种植业结构调整和劳动力转移分别从相反方向影响农地流转租金[20]。朱文珏和罗必良认为，对农地收入与劳动就业依赖程度不高、不以农为生的农户，往往更可能具有过高的租金要价，存在"农地价格幻觉"[2]。

综上所述，目前少有涉及某项制度改革或政策调整影响土地流转租金的研究，而玉米收储制度改革发生不久。起初临时收储政策的出台对稳定国内玉米市场、保护农民生产积极性发挥了重要作用，但造成的负面影响也非常明显[21]。政策实施以来，国内玉米价格总体保持稳步上升趋势[22]，且被分为关内（东北地区）和关外两个区域，关内玉米价格只涨不跌[23]。而玉米临时收储政策的取消在促进种植结构调整、激励多元购销主体入市、激活玉米加工企业、提高国产玉米竞争力等方面取得了显著成效[24]。有部分学者研究了玉米临时收储政策的取消对东北主产区优势产区农户和非优势产区农户收入及种植结构调整意愿的影响，以及对玉米种植农场加入合作社概率的影响等[25-26]。但该项政策调整对从事玉米规模种植的家庭农场土地流转租金的影响尚未有研究。

亚当·斯密在《国富论》①中阐述道："地租与工资利润同为商品价格的构成部分，但其构成的方法不同。工资及利润的高低为价格高低的原因，地租的高低则为价格高低的结果。一件商品有时能提供高地租，有时只能提供低地租，有时全无地租，是因为商品价格有高有低。"可见，土地流转租金会受到农产品价格的影响，而玉米收储政策的调整直接影响到玉米价格。基于此，本文提出假说：玉米种植农场的土地流转租金会因玉米收储政策的调整而发生相应的变动。

三、数据来源、样本选择与描述性分析

（一）数据来源

本文使用的是 2014—2017 年全国家庭农场监测数据[27]。2014 年、2015 年、2016 年和 2017 年监测的有效样本农场数量分别为 2 826 个、2 903 个、2 998 个和 2 880 个；样本有效率分别达 91.4%、94.5%、98.3% 和 96.5%。其中种植类农场数量分别为 1 849 个、1 972 个、1 964 个和 1 833 个，粮食类农场数量分别为 918 个、1 188 个、1 145 个和

———————

① 亚当·斯密. 国富论 [M]. 郭大力，王亚南，译. 南京：译林出版社，2013.

1 063 个。农业农村部从 2015 年开始统计全国家庭农场数量，2015 年、2016 年、2017 年全国家庭农场总数分别约 34.3 万个、44.5 万个、54.9 万个，其中种植类农场分别约 21.2 万个、27.1 万个、33.7 万个，粮食类农场分别约 14.4 万个、17.8 万个、22.5 万个[①]。表 1 显示，从全国统计数据看，种植类农场占农场总数的 60％以上，粮食类农场占农场总数的 40％左右；从监测数据看，这两项占比与全国统计数据接近。这说明监测的样本农场特征与全国家庭农场总体特征具有一致性。

表 1　种植类农场与粮食类农场在家庭农场总数中的占比

单位：%

年份	种植类农场占比		粮食类农场占比	
	全国统计数据	监测数据	全国统计数据	监测数据
2014	—	65.43	—	32.48
2015	61.81	67.93	41.98	40.92
2016	60.90	65.51	40.00	38.19
2017	61.38	63.65	40.98	36.91

（二）样本选择

在有效样本中，持续追踪的样本农场为每年 1 584 个，4 年共计 6 336 个（表 2）。其中种植类农场 4 207 个，粮食类农场 2 442 个，玉米种植农场 870 个[②]。本文以玉米种植农场作为分析样本。由于玉米临时收储政策仅在东北地区实施，因此该项政策调整对玉米种植农场的影响就要区分东北地区和非东北地区。

表 2　2014—2017 年持续追踪的样本农场数量分布

单位：个

年份	面板数据样本量	种植类农场	粮食类农场	玉米种植农场
2014	1 584 (330)	1 050 (277)	514 (203)	200 (125)
2015	1 584 (330)	1 081 (291)	672 (259)	232 (174)
2016	1 584 (330)	1 040 (281)	632 (244)	221 (167)
2017	1 584 (330)	1 036 (276)	624 (234)	217 (164)
总计	6 336 (1 320)	4 207 (1 125)	2 442 (940)	870 (630)

注：括号中数字为其中东北地区样本农场的数量。

东北地区玉米种植农场数量较多，占其样本总数的近一半，占其粮食类农场数量的 60％以上。其中较多的分布在吉林省，因为就吉林省资源禀赋而言，在粮食作物中玉米具

[①]　2014 年家庭农场还未纳入统计口径，2015 年、2016 年、2017 年数据来自全国农村经营管理统计资料。

[②]　在监测问卷中设置了家庭农场的经营范围选项，经营范围分为种植业、养殖业、种养结合及其他；同时，设置了家庭农场种植的第一种主要作物（产值最大的作物）选项。本文的粮食类农场是指经营范围为种植业、种植第一种主要作物为小麦、玉米或水稻的家庭农场，玉米种植农场是指粮食类农场中种植玉米的家庭农场。

有绝对的综合比较优势[28]。非东北地区玉米种植农场的数量较少，仅占其样本农场的4%～6%。且非东北地区玉米种植农场数量占全国玉米种植农场总数的比例从2014年的37.50%下降至2017年的24.42%（表3）。因为农业部在2015年11月印发了《关于"镰刀弯"地区玉米结构调整的指导意见》，并提出了"适当调减一些非优势产区的玉米种植"。

表3 东北地区与非东北地区玉米种植农场数量的占比

单位：%

年份	东北地区玉米种植农场在其样本农场中的占比		非东北地区玉米种植农场在其样本农场中的占比		东北地区玉米种植农场在玉米种植农场总数中的占比	非东北地区玉米种植农场在玉米种植农场总数中的占比
	占其样本总数	占其粮食类农场	占其样本总数	占其粮食类农场		
2014	37.88	61.58	5.98	24.12	62.50	37.50
2015	52.73	67.18	4.63	14.04	75.00	25.00
2016	50.61	68.44	4.31	13.92	75.57	24.43
2017	49.70	70.09	4.23	13.59	75.58	24.42

（三）描述性分析

监测数据表明：总体上玉米种植农场的平均流转租金随时间呈下降趋势，从2014年的453.0元/亩下降至2017年的317.7元/亩，下降了135.3元/亩，降幅较大。表4显示每年租金的下降幅度存在着差异，其中2016年的降幅最大。

在东北地区，2014年玉米种植农场的平均流转租金为398.2元/亩，低于同时期的全国水平；2015年几乎保持不变；2016年较2015年大幅下降了70.3元/亩；2017年没有继续下降，而是在2016年的基础上略有回升。在非东北地区，2014年玉米种植农场的平均流转租金为548.2元/亩，高于同时期的全国水平；在连续3年较大幅下降后，2017年的平均流转租金为275.7元/亩，反而低于同时期的全国水平（表4）。玉米种植农场的土地流转租金变动与玉米临时收储政策调整的时间及内容高度契合。

表4 玉米种植农场的平均流转租金及其与上一年相比的变动幅度

单位：元/亩

年份	全部样本		东北地区样本		非东北地区样本	
	平均租金	变动幅度	平均租金	变动幅度	平均租金	变动幅度
2014	453.0	—	398.2	—	548.2	—
2015	408.1	−44.9	398.0	−0.2	438.5	−109.7
2016	331.2	−76.9	327.7	−70.3	341.9	−96.6
2017	317.7	−13.5	331.3	+3.6	275.7	−66.2
总体	376.1	−135.3	362.0	−66.9	413.4	−272.5

第一阶段，2015 年 9 月，国家首次下调玉米临时收储价格。玉米收购价格从 2014 年的 2.24 元/千克下降到 2 元/千克，打破了只升不降的预期。2014 年是玉米收购价格的最高点，表 4 数据显示 2014 年玉米种植农场的平均流转租金也是最高的。2015 年，全国玉米种植农场的平均流转租金开始下降，非东北地区每亩下降幅度超过了 100 元，但东北地区下降不明显。因为东北地区大多处于玉米种植的优势区，且玉米临时收储政策在东北地区的实施，使得东北地区具有稳定的玉米种植习惯。同时，2015 年玉米收购价格的下调发生在当年玉米收获之时，大部分农场已经支付了当年的土地流转租金。政策的初步调整未能引起政策实施地区的玉米生产者的及时反应，生产要素价格包括土地流转租金的调整，具有滞后性。

第二阶段，2016 年 3 月，国家取消玉米临时收储政策。2016 年的玉米价格遭到断崖式下跌，东北地区的玉米收购价格回落到 1.3～1.5 元/千克。同时，2016 年东北地区玉米种植农场的平均流转租金出现了较大幅度的下降。其中的原因主要包括：一是 2015 年国家释放了改革信号，玉米生产者对政策调整有了预期。二是 2016 年中央一号文件又明确提出了改革方向，东北地区玉米生产者的预期收益减少，从而导致土地流转租金大幅度下降。而非东北地区玉米种植农场的平均流转租金继续下降，且下降幅度超过了东北地区。其中可能的原因是玉米价格主要由市场决定，不仅与国际价格基本接轨，而且形成了地区差价，例如第四、第五积温带的玉米收购价格要明显低于优势产区[1]。在"镰刀弯"地区，即玉米种植的非优势区，玉米收购价格下降得较快[2]。非东北地区多数处于玉米种植的非优势区，玉米价格对市场的反应更为灵敏，下降更为迅速，引起土地流转租金更大幅度的波动。

第三阶段，2016 年 6 月，国家决定在东北地区实施玉米生产者补贴制度。继财政部公布《关于建立玉米生产者补贴制度的实施意见》之后，黑龙江省印发《2016 年黑龙江省玉米生产者补贴实施方案》、辽宁省印发《辽宁省玉米生产者补贴专项资金管理办法》等对实施玉米生产者补贴做出了具体规定。在东北地区通过玉米生产者补贴的发放，基本弥补了玉米价格回落带来的种植收益减少[3]。从表 4 数据可以看出，2017 年东北地区玉米种植农场的平均流转租金比 2016 年略有回升。政策实施的时间将直接影响着农民的生产经营行为和土地流转成本，在补贴细则出台前，东北地区土地流转合同已签订、玉米已经

---

① 杜鹰，2018 年 4 月：《重要农产品价格形成机制和收储制度改革》，北京大学现代农学院"农业经济学前沿"系列讲座。

② 高强，2017 年 3 月 9 日：《理性看待种粮大户"毁约弃耕"现象》，农业部新闻办公室，http://ji-uban.moa.gov.cn/zwllm/zwdt/201703/t20170308_5512541.htm。

③ 同本页注释①。

播种完毕①。因此，补贴制度虽然是在 2016 年出台，但其未能及时影响到 2016 年东北地区玉米种植农场的土地流转租金，而在 2017 年该影响效果才逐渐显现。而非东北地区玉米种植农场由于没有建立玉米生产者补贴制度，其平均流转租金在 2017 年继续下降。此外，受玉米结构调整的影响，非东北地区的玉米种植农场数量也在减少。

在不考虑其他影响因素的情况下，监测数据的统计结果基本支持了本文的假说。另外，利用全国统计数据分析发现：2014—2016 年，全国玉米平均亩产值在下降，从 2014 年的 1 133.6 元下降到 2015 年的 948.5 元再下降到 2016 年的 818.7 元，与玉米价格的变化趋势一致。总体上非东北地区的玉米平均亩产值要高于东北地区，如 2016 年东北地区玉米平均亩产值是 679.1 元，而非东北地区是 853.6 元；全国统计数据也显示，2016 年非东北地区种植玉米的土地流转租金下降幅度超过东北地区②。因此，全国统计数据计算的结果与监测数据显示的结果一致。

当然，如上述文献回顾，影响租金的因素有很多。本文数据也显示，玉米种植农场的特征不同，租金也存在差异。表 5 的多元统计分析显示：一是农场主特征不同，如农场主年龄越大、受教育水平较低、具有本村户籍等，农场的平均流转租金较低。二是农场特征不同，如被评为示范家庭农场、与农业企业有联系等，农场的平均流转租金较高。三是农场流转土地的特征不同，如农场流转土地面积越小特别是流转 100 亩及以下的平均流转租金较低，农场土地块均面积越大特别是块均面积在 50 亩以上的平均流转租金较高等。只有在控制这些因素的条件下，才能将临时收储政策调整对玉米种植农场土地流转租金的影响效应隔离出来。为此，本文通过设定计量模型来进行相关估计。

表 5　按玉米种植农场相关特征分组的各年平均流转租金

变量名称	特征分组	样本占比/%	平均流转租金/（元/亩）			
			2014 年	2015 年	2016 年	2017 年
农场主年龄/岁	≤40	24.94	456.8	426.5	346.4	346.4
	(40，60]	70.92	455.0	401.3	328.3	318.5
	>60	4.14	356.0	380.0	303.3	240.6
农场主受教育水平	初中及以下	65.29	390.9	377.9	296.7	304.6
	高中及以上	34.71	565.8	465.5	398.2	341.6
农场主户籍归属	本村	95.63	451.6	405.4	324.7	316.2
	非本村	4.37	470.0	562.5	468.0	352.2

① 刘慧、秦富，2016 年 11 月 5 日：《进一步完善玉米生产者补贴制度》，农民日报，http：//www. farm-er. com. cn。

② 根据《全国农产品成本收益资料汇编 2015 年》《全国农产品成本收益资料汇编 2016 年》《全国农产品成本收益资料汇编 2017 年》中数据计算得出。

（续）

变量名称	特征分组	样本占比/%	平均流转租金/（元/亩）			
			2014 年	2015 年	2016 年	2017 年
农场主当年是否参加培训	是	66.55	461.4	419.8	359.7	355.1
	否	33.45	434.3	376.7	277.8	264.9
是否被评为示范家庭农场	是	32.07	457.7	468.9	429.1	373.0
	否	67.93	451.9	376.7	276.7	285.4
是否与农业企业有联系	是	12.30	507.7	403.3	438.1	410.2
	否	87.70	444.7	408.7	314.4	304.5
农场流转土地面积/亩	≤100	24.63	368.9	294.3	260.0	237.7
	(100，300]	47.53	476.3	433.2	320.3	327.7
	(300，500]	12.77	465.0	517.2	427.0	384.4
	(500，1 000]	11.16	623.1	447.4	341.6	369.4
	>1 000	3.91	585.7	455.0	506.2	347.5
农场土地块均面积/亩	≤10	39.10	375.2	352.3	270.9	275.7
	(10，30]	30.15	454.1	423.3	345.6	285.5
	(30，50]	9.28	434.9	428.8	363.7	332.7
	(50，100]	8.82	572.7	432.6	391.1	444.7
	>100	12.65	676.4	540.7	403.5	434.7
农场土地流转途径	从农户流转	53.31	469.7	398.8	324.4	293.0
	通过中介流转	46.69	435.0	423.4	339.4	338.8
是否签订土地流转合同	是	84.83	477.2	421.1	338.5	344.8
	否	15.17	251.0	262.1	280.4	251.5
土地流转租金支付形式	固定租金	87.21	425.8	403.7	325.1	313.8
	变动租金	12.79	562.0	477.5	463.3	360.0

四、计量模型及估计结果

（一）模型设定

为进一步分析临时收储政策调整对玉米种植农场土地流转租金的影响，本文建立计量模型进行估计，模型形式如下：

$$y_{it} = a_0 + \theta year_t + \gamma area_i \times year_t + \beta X_{it} + z_i + u_{it}$$

式中，i 代表第 i 个玉米种植农场，t 代表年份，取值 2014、2015、2016 或 2017。y_{it} 表示第 i 个农场在 t 年的流转租金，是大致连续分布的正值因变量。$year_t$ 为年份虚拟变量，表示是否在 t 年，是＝1，否＝0。$area_i$ 表示第 i 个农场是否为东北地区玉米种植农场，若农场位于东北地区，$area_i$＝1；反之，$area_i$＝0。$area_i \times year_t$ 表示 t 年的东北地区玉米种植农场，如 $area_i \times year_{2016}$ 表示 2016 年位于东北地区的玉米种植农场。X_{it} 表示一系列可观测控制变量，用于控制其他对 y_{it} 有影响的因素。X_{it} 主要包括两类：（1）随时间和农场个体变化的变量，如是否被评为示范家庭农场，农场流转土地面积等；（2）随农场个体变化但不随时间变化或随时间固定变化的变量，如农场主年龄、农场主户籍归属等。z_i 表示农场固定效应，用于控制不随时间变化的不可观测因素。u_{it} 表示随机扰动项。a_0、θ、γ、β 为待估参数。其中，θ、γ 是本文关注的参数，它们分别估计了玉米临时收储政策随着时间从释放改革信号、实施改革到后续相关改革措施跟进的调整过程对土地流转租金的影响，及其对位于改革发生地的玉米种植农场土地流转租金的影响。

（二）变量选择

由于玉米临时收储制度改革是国家政策决定的，外生于家庭农场的各项特征。模型中政策调整的变量既不受土地流转租金的影响，也不受家庭农场相关特征的影响，因此模型不存在互为因果或自选择而造成的内生性问题。同时，本文利用面板数据，可以控制不随时间变化且无法观测的因素。估计带有非观测效应的面板数据模型两种常用方法是固定效应和随机效应。本文对此进行了 Hausman 检验，检验结果在 1% 的水平上显著地拒绝了随机效应模型。因此，本文主要采用固定效应模型和 OLS 模型进行估计。表 6 描述了模型中因变量及相关自变量的含义、均值、标准差。

表 6　回归模型中变量的描述性统计结果

变量	含义及单位	均值	标准差
土地流转租金	元/亩	376.07	209.19
2014 年	2014 年＝1，其他＝0	0.23	0.42
2015 年	2015 年＝1，其他＝0	0.27	0.44
2016 年	2016 年＝1，其他＝0	0.25	0.44
2017 年	2017 年＝1，其他＝0	0.25	0.43
东北地区	东北三省和内蒙古＝1，其他省份＝0	0.72	0.45
2015 年×东北地区	2015 年位于东北地区的农场＝1，其他＝0	0.20	0.40
2016 年×东北地区	2016 年位于东北地区的农场＝1，其他＝0	0.19	0.39
2017 年×东北地区	2017 年位于东北地区的农场＝1，其他＝0	0.19	0.39
农场主年龄	岁	46.07	8.35
农场主受教育水平	高中及以上＝1，初中及以下＝0	0.35	0.48
农场主户籍归属	本村＝1，非本村＝0	0.96	0.20
农场主当年是否参加培训	是＝1，否＝0	0.67	0.47
是否被评为示范家庭农场	是＝1，否＝0	0.32	0.47
是否与农业企业有联系	是＝1，否＝0	0.12	0.33

（续）

变量	含义及单位	均值	标准差
农场流转土地面积	亩	297.66	367.02
农场土地块均面积	亩	51.09	116.65
农场土地流转途径	从农户流转＝1，通过中介流转＝0	0.53	0.50
是否签订土地流转合同	是＝1，否＝0	0.85	0.36
土地流转租金支付形式	固定租金＝1，变动租金＝0	0.87	0.33

（三）估计结果

表 7 显示了模型估计结果：（1）列是将年份和东北地区作为自变量的 OLS 模型估计结果；（2）～（4）列是将 2015 年、2016 年、2017 年与东北地区的交互项分别作为自变量的固定效应模型估计结果，并控制了年份变量和家庭农场随时间变化的相关特征变量；（5）列是将年份及年份与东北地区的交互项作为自变量的 OLS 模型估计结果；（6）列是包含年份变量的 OLS 模型估计结果，并控制了家庭农场随时间变化和不随时间变化的相关特征变量，同时将因变量进行取对数处理。总体上，各列回归模型的 F 值较大，均在 1% 的统计水平上显著，表明模型的总体拟合效果较好。

表 7 临时收储政策调整对玉米种植农场土地流转租金影响的估计结果

变量	(1)	(2)	(3)	(4)	(5)	(6)
	租金绝对值	租金绝对值	租金绝对值	租金绝对值	租金绝对值	租金的对数
2015 年	−40.197** (19.609)	−22.574 (19.292)	−9.408 (10.709)	−9.415 (10.707)	−14.493 (30.181)	−0.067 (0.062)
2016 年	−116.912*** (19.838)	−87.753*** (11.176)	−80.204*** (19.633)	−87.545*** (11.186)	−111.112*** (31.033)	−0.302*** (0.064)
2017 年	−130.371*** (19.923)	−89.886*** (11.488)	−89.682*** (11.501)	−80.617*** (19.930)	−177.302*** (31.261)	−0.370*** (0.065)
东北地区	−41.005*** (15.457)					
2015 年×东北地区	—	15.950 (19.564)	—		−40.585 (30.631)	—
2016 年×东北地区	—	—	−9.222 (19.717)	—	−14.249 (31.627)	—
2017 年×东北地区	—	—	—	−11.380 (20.032)	55.520* (31.921)	—
农场主年龄	—	—	—	—	—	−0.010*** (0.003)

（续）

变量	(1) 租金绝对值	(2) 租金绝对值	(3) 租金绝对值	(4) 租金绝对值	(5) 租金绝对值	(6) 租金的对数
农场主受教育水平	—	—	—	—	—	0.034 (0.047)
农场主户籍归属	—	—	—	—	—	−0.032 (0.100)
农场主当年是否参加培训	—	9.791 (9.718)	9.987 (9.720)	10.108 (9.722)	—	0.035 (0.048)
是否被评为示范家庭农场	—	44.718*** (11.063)	44.681*** (11.069)	44.368*** (11.084)	—	0.065** (0.019)
是否与农业企业有联系	—	0.208 (13.531)	−0.309 (13.743)	1.540 (13.566)	—	0.049 (0.067)
农场流转土地面积的对数	—	22.923** (9.457)	23.243** (9.492)	22.760** (9.463)	—	0.112*** (0.028)
农场土地块均面积	—	0.084 (0.051)	0.082 (0.051)	0.082 (0.051)	—	0.047*** (0.018)
农场土地流转途径	—	−9.944 (9.139)	−10.365 (9.122)	−10.008 (9.167)	—	−0.011 (0.044)
是否签订土地流转合同	—	30.973** (13.133)	31.324** (13.150)	30.495** (13.177)	—	0.226*** (0.066)
土地流转租金支付形式	—	−5.198 (14.572)	−6.343 (14.497)	−6.429 (14.492)	—	−0.087 (0.065)
常数项	479.057*** (17.390)	271.225*** (50.674)	268.279*** (50.893)	271.171*** (50.700)	453.038*** (14.394)	5.550*** (0.231)
样本数	867	822	822	822	867	822
F 值	17.7	9.30	9.29	9.18	13.94	13.21
Prob＞F	0.000	0.000	0.000	0.000	0.000	0.000

注：＊、＊＊、＊＊＊分别表示在10％、5％、1％的统计水平上显著，括号中数字为标准误。表8同。

1. 临时收储政策取消显著降低了玉米种植农场的土地流转租金。其一，表7中（1）列的估计结果显示，2015年、2016年和2017年的系数都显著为负。而且随着时间的推进，系数的绝对值越大，显著性水平越高。这说明2015年玉米临时收储价格的下调，使得玉米种植农场的土地流转租金在5％的统计水平上显著下降，平均降幅超过40元/亩。2016年玉米临时收储政策的取消，使得玉米种植农场的土地流转租金在1％的统计水平上进一步显著下降，平均降幅超过100元/亩。且影响具有持续性，2017年总体样本的土地流转租金继续在1％的统计水平上显著下降。其二，东北地区的系数显著为负，说明总体上东北地区玉米种植农场的土地流转租金要显著低于非东北地区，平均低出约40元/亩。

但是，玉米临时收储政策取消同样显著降低了非东北地区玉米种植农场的土地流转租金。表7中（2）～（4）列的估计结果显示，年份与东北地区的交互项系数变得不显著。这说明玉米临时收储政策调整不仅影响到政策实施的东北地区，也显著影响到非东北地区。

2. 玉米临时收储政策取消后，玉米生产者补贴政策的实施正向影响了东北地区玉米种植农场的土地流转租金。表7中（5）列的估计结果显示，在2016年和2017年的系数显著为负的同时，2017年与东北地区的交互项系数在10%的统计水平上显著为正。这说明2016年下半年开始发放的玉米生产者补贴对东北地区玉米种植农场2017年的土地流转租金产生了正向影响。而非东北地区玉米种植农场因为没有补贴的支撑，2017年的土地流转租金继续下降，降至低于当年的东北地区。

3. 除政策调整因素之外，土地流转租金还受到农场相关特征等因素的影响。在加入了可能影响土地流转租金的农场相关特征因素后，表7中（6）列的估计结果显示，2016年和2017年的系数同样显著为负。其他影响土地流转租金的因素包括：其一，农场主年龄的系数显著为负，说明年龄越大的农场主，其农场的租金越低。这可能是一方面由于农场主年龄越大，流转土地的时间较早、租金较低；另一方面由于农场主年龄越大，一般与农场所在地的关系越紧密，可以降低土地流转的交易成本，能以较低的租金流转到土地。其二，被评为示范家庭农场的系数显著为正。表7中（2）～（4）列显示，示范农场的租金比非示范农场的租金平均高出约44元/亩。这可能是由于示范农场往往是经营效益较好的农场，经营效益越好，农场收入越高，租金越高。其三，流转土地面积越大、土地块均面积越大、签订土地流转合同的农场，其租金越高，且回归系数均在1%的统计水平上显著。其中可能的原因包括：（1）流转土地面积越大，涉及的土地转出户越多，交易成本越高；且流转面积越大对土地的要求越高，比如能集中连片；同时对于较大面积的土地流转，通常要借助于村委会等中介进行，租金往往容易被抬高。（2）土地块均面积越大，越容易进行机械化操作，也更方便机耕路、灌溉等基础设施建设，租金较高；相反土地越是细碎化，往往租金越低；因为农户对土地投入的资本和劳动力存在规模经济[29]，租入地块面积较大或与原有地块相邻均可以显著提高租金[30]。（3）签订土地流转合同的多数是正规流转，可能由于农场主和土地转出户之间的非熟人关系、流转面积较大或是村委会等中介协助流转等，造成租金要高于亲人、熟人之间的非正规流转。其四，具有本村户籍的农场主流转土地租金比非本村户籍的低，从农户流转土地租金比通过中介流转的低，固定支付的租金比变动支付的低，但这些系数在回归模型中不显著。

（四）收入的中介效应

上述回归模型显示，玉米临时收储政策调整对土地流转租金产生了显著影响，但政策调整传导到土地流转租金变动的过程中，种植收入起到了中介变量的作用。

由于玉米临时收储政策的取消，直接影响了玉米价格，导致玉米种植收入的变动，进而影响到玉米种植农场的土地流转租金。同时，玉米生产者补贴政策的实施，虽然没有影响玉米价格，却直接增加了玉米种植收入。表 8 的估计结果显示，收入具有显著的中介效应。这与现有的研究结论一致，如朱奇云研究得出农地超额利润的增加是导致租金上涨的主要原因[31]。姜天龙和郭庆海认为地租是土地收益的函数，在价格下调后，单位耕地的收益下降，地租也会发生一定比例的下降，玉米价格下调后的负担由租地户转嫁到了出租户[10]。

表 8　收储政策调整通过收入影响土地流转租金的中介效应估计结果

变量	租金	农场收入	租金
2015 年	−8.945（10.307）	1.133（3.402）	−9.586（10.137）
2016 年	−75.339***（10.449）	−11.813***（3.449）	−68.659***（10.394）
2017 年	−83.234***（10.498）	−7.536**（3.465）	−78.972***（10.371）
农场收入	—	—	0.566***（0.132）
常数项	418.503***（7.530）	48.019***（2.477）	391.319***（9.758）
样本数	837	870	867
F 值	37.63	7.38	33.76
Prob>F	0.000	0.000	0.000

（五）其他主要农产品分析

除玉米外，本文对其他主要农产品也进行了简单分析。第一，2014 年，国家启动新疆的棉花目标价格改革试点。2014—2016 年，棉花目标价格分别为 19 800 元/吨、19 100 元/吨、18 600 元/吨，有一定程度的下降。家庭农场监测数据显示，2014—2016 年，新疆种植棉花的样本农场平均流转租金分别为 500 元/亩、325 元/亩、316 元/亩，也存在一定程度的下降。第二，2014 年，国家启动东北和内蒙古的大豆目标价格改革试点。2014—2016 年，大豆目标价格均为 4 800 元/吨，2017 年取消了大豆目标价格，改为大豆生产者补贴。2014—2017 年，东北和内蒙古种植大豆的样本农场平均流转租金分别为 265 元/亩、259 元/亩、264 元/亩、258 元/亩，变动幅度很小，2017 年的租金略有下降。第三，国家在小麦主产区实行小麦最低收购价政策，2014—2017 年小麦最低收购价格均为 1.18 元/斤。在这期间，小麦主产区省份种植小麦的样本农场平均流转租金分别为 862 元/亩、797 元/亩、768 元/亩、763 元/亩，存在小幅度的下降趋势。这可能是由于一些地区因气候异常、赤霉病害等导致小麦减产后种植小麦的收益下降；也可能是由于 2017 年国家下调了水稻收购价，释放了改革信号。第四，国家在水稻主产区实行水稻最低收购价政策。2017 年早籼稻、中晚籼稻、粳稻的最低收购价分别比 2016 年下调 0.03 元/斤、

0.02 元/斤和 0.05 元/斤。东北三省是中晚籼稻和粳稻的主产区，2014—2017 年，东北三省种植水稻的样本农场平均租金分别为 428 元/亩、501 元/亩、463 元/亩、496 元/亩。2017 年在水稻最低收购价格下降的情况下，种植水稻的土地流转租金反而略高于 2016 年。因为随着 2016 年大豆和玉米价格与市场接轨，水稻由于最低收购价政策的支持明显具有更高、更稳定的收益，生产者又开始改种水稻；一些地方甚至通过多种方式推进"旱改水"，导致 2016 年东北地区水稻种植面积比 2015 年增加了 111.6 千公顷[32]。在玉米价格下跌、种植收益减少的情况下，粮食生产者开始调整种植结构。部分生产者通过改种水稻来获得高于玉米的收益，造成水稻种植农场平均流转租金的上涨，同样印证了本文的假说。

五、研究结果及政策含义

（一）研究结果

本文利用全国家庭农场监测 2014—2017 年的面板数据，以玉米种植农场为分析对象，研究结果显示：土地流转租金会根据政策调整而发生相应的变动，但这种变动具有一定的滞后性。农业种植收入是政策调整影响土地流转租金的中介变量，即随着农业种植收益的变化，土地流转租金会呈现出相应的变化。这说明，土地流转租金会随着粮食价格和种植收益的下降而出现一定幅度的下降，以平衡粮食生产者的实际收益；粮食生产者也会根据市场调整种植行为，以保障农业经营的稳定。

（二）政策含义

本文研究发现的政策含义在于：第一，土地流转租金无论是从理论还是现实角度，都主要是通过市场机制的作用来形成的，坚持市场在土地流转价格形成中的主导和基础性作用应毫不动摇。但市场机制的传导和作用具有滞后性。因此，在必要的政策干预的制定、实施及调整过程中，一方面要留有充足的时间以利于充分发挥政策效果，避免因政策频繁调整而对政策目标产生逆向调节作用；另一方面也要更多地运用市场手段去实施政策干预。第二，农业经营主体对政策调整的反应行为也具有滞后性，特别是对有可能负面影响农业收入的政策一开始会处于观望状态。例如当玉米价格上涨时农户扩大玉米生产的意愿比较强烈，但当玉米价格下跌时农户缩减玉米生产的反应滞后。因此在农产品价格形成机制的改革中，应尽早公布政策的具体操作细节，增加政策的稳定性与透明性，让农户有合理的预期，提早安排生产计划并及时调整相关行为。第三，虽然租金是由市场最终决定，但现实中土地流转租金也会出现过高或者过低的情况，如公司或企业甚至合作社往往会以更高的租金流转土地。因此需要政府建立相关干预机制直接对租金实施调控，如建立基准地租制度，在区域范围内制定土地流转租金的参考价。但在干预的具体执行过程中，应充分利用市场手段，结合完善农业支持保护政策，降低农业生产成本。根据本文的实地调研，上海市松江区和浙江省慈溪市在发展家庭农场过程中对租金的调控措施值得借鉴。在当地政府相关政策的实施下，经济发达的松江区种植水稻的土地流转租金为 600～750 元/亩，而慈溪市土地流转租金平均不超过 600 元/亩。第四，以土地面积为标准的农业补贴，很容易将补贴转嫁到土地流转租金上，从而抬高租金。应探索农业补贴的科学实现机制，转"针对地的补贴"为"针对种地的人的补贴"，转"通过要素和产品价格增加生产者收入"为"根据实际收入水平与应有收入水平差而直接补贴生产者收入"。在实施补贴的同时可以采取相应的控制措施，防止补贴转嫁到农业生产成本上，使补贴真正落实到保障农业生产者的收入上。尤其是要保障家庭农场等规模经营主体的粮食生产，因为规模经营主体与普通农户相比，受粮食价格变动的影响更大，承担的农业经营风险也更大。第五，规范土地流转行为，鼓励长期流转并签订流转合同。但在调研中发现长期流转合同中容易出现租金"只增不减"的情况，应摒弃这些成文或者不成文的约定，建立通过农产品价格变化来带动租金调整的机制，例如采用实物计租、现金结算的方式。另外，应完善农业基础设施及生产配套设施建设，促进土地成方连片流转，减少土地细碎化带来的田间管理难度大、成本高等问题。

参考文献：

[1] 赵鲲，刘磊．关于完善农村土地承包经营制度发展农业适度规模经营的认识与思考 [J]．中国农村经济，2016（4）：12-16，69.

[2] 朱文珏，罗必良．农地价格幻觉：由价值评价差异引发的农地流转市场配置"失灵"：基于全国9省（区）农户的微观数据 [J]．中国农村观察，2018（5）：67-81.

[3] 黄延信，张海阳，李伟毅，等．农村土地流转状况调查与思考 [J]．农业经济问题，2011，32（5）：4-9，110.

[4] 刘克春，池泽新．农业税费减免及粮食补贴、地租与农户农地转入行为：以江西省为例 [J]．农业技术经济，2008（1）：79-33.

[5] BURT O R. Econometric modeling of the capitalization formula for farmland prices [J]. American Journal of Agricultural Economics, 1986, 68: 10-26.

[6] 邓大才．农地流转价格体系的决定因素研究 [J]．中州学刊，2007（3）：44-48.

[7] 钟甫宁，顾和军，纪月清．农民角色分化与农业补贴政策的收入分配效应：江苏省农业税减免、粮食直补收入分配效应的实证研究 [J]．管理世界，2008（5）：65-70，76.

[8] 罗必良，何一鸣．博弈均衡、要素品质与契约选择：关于佃农理论的进一步思考 [J]．经济研究，2015，50（8）：162-174.

[9] 陈奕山，钟甫宁，纪月清．为什么土地流转中存在零租金：人情租视角的实证分析 [J]．中国农

村观察，2017（4）：43-56.

[10] 姜天龙，郭庆海．玉米目标价格改革：难点及其路径选择［J］．农村经济，2017（6）：19-27.

[11] 杜志雄．农地租金价格应加强政府调控［J］．农村经营管理，2014（6）：20.

[12] 杜鹰．小农生产与农业现代化［J］．中国农村经济，2018（10）：2-6.

[13] 仝世文，胡历芳，曾寅初，等．论中国农村土地的过度资本化［J］．中国农村经济，2018（7）：2-18.

[14] 范传棋，范丹．高额耕地租金：原因解析与政策启示［J］．四川师范大学学报（社会科学版），2016，43（6）：114-120.

[15] 郭金丰．乡村振兴战略下的农村土地流转：市场特征、利益动因与制度改进：以江西为例［J］．求实，2018（3）：79-97，112.

[16] 尚旭东，朱守银．家庭农场和专业农户大规模农地的"非家庭经营"：行为逻辑、经营成效与政策偏离［J］．中国农村经济，2015（12）：4-13，30.

[17] 贺振华．农地流转中土地租金及其影响因素分析［J］．社会科学，2003（7）：22-27.

[18] 申云，朱述斌，邓莹，等．农地使用权流转价格的影响因素分析：来自农户和区域水平的经验［J］．中国农村观察，2012（3）：2-17，25，95.

[19] 伍振军，孔祥智，郑力文．农地流转价格的影响因素研究：基于皖、浙两省413户农户的调查［J］．江西农业大学学报（社会科学版），2011，10（3）：1-6.

[20] 江淑斌，苏群．农地流转"租金分层"现象及其根源［J］．农业经济问题，2013，34（4）：42-48，110-111.

[21] 徐志刚，习银生，张世煌．2008/2009年度国家玉米临时收储政策实施状况分析［J］．农业经济问题，2010，31（3）：16-23，110.

[22] 黄季焜，杨军，仇焕广，等．本轮粮食价格的大起大落：主要原因及未来走势［J］．管理世界，2009（1）：72-78.

[23] 樊琦，祁迪，李霜．玉米临时收储制度的改革与转型研究［J］．农业经济问题，2016，37（8）：74-81，111.

[24] 顾莉丽，郭庆海，高璐．我国玉米收储制度改革的效应及优化研究：对吉林省的个案调查［J］．经济纵横，2018（4）：106-112.

[25] 刘慧，薛凤蕊，周向阳，等．玉米收储制度改革对东北主产区农户种植结构调整意愿的影响：基于吉林省359个农户的调查数据［J］．中国农业大学学报，2018，23（11）：187-195.

[26] 刘文霞，杜志雄，郜亮亮．玉米收储制度改革对家庭农场加入合作社行为影响的实证研究：基于全国家庭农场监测数据［J］．中国农村经济，2018（4）：13-27.

[27] 蔡颖萍，杜志雄．家庭农场生产行为的生态自觉性及其影响因素分析：基于全国家庭农场监测数据的实证检验［J］．中国农村经济，2016（12）：33-45.

[28] 顾莉丽，郭庆海．玉米收储政策改革及其效应分析［J］．农业经济问题，2017，38（7）：72-79.

[29] SKLENICKA P, JANOVSKA V, SALEK M, et al. The farmland rental paradox: extreme land

ownership fragmentation as a new form of land degradation [J]. Land Use Policy，2014，38：587-593.

[30] 纪月清，顾天竹，陈奕山，等. 从地块层面看农业规模经营：基于流转租金与地块规模关系的讨论 [J]. 管理世界，2017（7）：65-73.

[31] 朱奇云. 农地流转价格的新动向及研究：以江苏南通为例 [J]. 中国集体经济，2008（22）：12-13.

[32] 徐田华. 农产品价格形成机制改革的难点与对策 [J]. 农业经济问题，2018（7）：70-77.

新冠肺炎疫情对种植类家庭农场生产经营影响的实证分析
——基于 2 324 个种植类家庭农场数据[①]

　　新冠肺炎疫情的突然来袭为研究种植类家庭农场的风险应对行为提供了机会。基于 2 324 个种植类家庭农场调查数据，本文首先分别从 10 个维度和 3 个维度描述性统计分析了疫情对家庭农场的短期影响（即期影响或短期冲击，以及农场的瞬间反应）和长期影响（疫情对农场的未来或长期的生产理念和经营决策的影响）；其次利用因子分析法将 10 个维度的短期影响降维至 3 个维度，形成 F1、F2 和 F3 三个短期影响公因子，又进一步根据三个公因子计算出一个更加综合的公因子 F，同样的思路对 3 个维度的长期影响综合降维成一个公因子 M1；最后，建立计量模型，分别考察疫情严重程度、农场主特征及农场经营特征等因素对农场短期影响（F、F1、F2 和 F3）和长期影响（M1）的决定程度。研究表明：疫情严重程度、"封村"行动以及农场主对疫情的了解程度只对农场产生短期影响，而对农场受的长期影响并无显著影响；农场主性别、年龄和教育水平等个人特征不会减弱也不会增加农场受疫情的短期影响，但会影响长期影响；农场经营年限长短、疫情是否购买保险等特征对农场受的短期和长期影响都有影响。因此，要加快形成有利于家庭农场进行长期稳定经营的政策和市场环境，持续推进家庭农场主的职业培训，进一步完善农业保险市场，以促进家庭农场稳定高效发展。

一、引言

　　家庭农场是中国农业当前发展阶段最适宜、最合意的新型农业生产经营主体[1]，对其

---

　　① 本文原载于：DU Zhixiong, LAI Xiaodong, LONG Wenjin, et al. The short-and long-term impacts of the COVID-19 epidemic on family farms in China: evidence from a survey of 2 324 farms [J]. Journal of Integrative Agriculture, 2020 (19): 2877 - 2890.

生产经营行为进行研究具有重要的现实意义。随着中国工业化和城镇化发展，中国农业进入了多元生产经营主体并存的阶段，目前主要存在传统普通农户（小农户）、家庭农场、合作社和农业龙头企业等几类生产经营主体。在这些生产经营主体中，家庭农场特征具有特殊重要性，一方面，它比传统普通农户的经营规模大，很大程度上可以理解为规模化的小农户；另一方面，它与合作社和农业龙头企业又有区别，家庭农场处于农业产业链的最前端（主要工作是进行农业初级产品的生产），多个家庭农场联合起来形成的合作社是当前及未来农业合作的最主要形式，龙头企业作为拥有先进技术的主体更多地为家庭农场提供技术服务、加工服务和市场销售服务。显然，对家庭农场这种"承上启下"（前端连接小农户，后端连接合作社和龙头企业）的农业生产经营主体的生产经营行为进行研究是中国农业经济研究新的和迫切的任务。

已有很多研究关注家庭农场的生产经营行为，但是关注其风险应对和反应行为及程度的研究不多。比如，一些研究关注了家庭农场的功能与作用[2-3]、土地行为[4]、劳动力问题[5]和绿色生产问题[6-7]，也有一些学者研究政府相关改革政策（如玉米收储制度改革）对家庭农场行为的影响[8]。与本文最接近的一些研究关注了家庭农场的经营风险，他们主要研究了外部环境变化对农户家庭决策的影响[9]、家庭农场应对经营风险的不同表现形式及风险形成的具体原因等[10]。也有研究从理论逻辑上认为现代农业生产经营主体具有"能够对不断变化的市场迅速实施冲击—反应式调整"特征①[1]，但是研究在突发的、重大的、影响范围巨大的自然风险冲击下家庭农场的反应和应对尚不多见。

2020年初发生的新冠肺炎疫情对农业生产而言是一场巨大的自然风险，中国政府及时采取了一系列应对措施。从经济学经验研究角度讲，这场风险（自然实验）尤其是风险应对（准自然实验）为评估各类农业生产经营主体的生产行为提供了条件。家庭农场作为农业生产经营的重要新主体，在实现中国农业政策目标上发挥着重要作用，而种植类农场则承担着保障我国粮油棉等基本农产品供给及粮食安全的任务，作用更加凸显。因此，研究种植类农场的风险反应及应对行为具有重大的理论和现实意义。

本文将基于2020年2月家庭农场线上调研数据，对其中的种植类家庭农场在这场疫情中受到的影响及应对进行实证研究。研究主要从短期影响和长期影响两个层面进行。短期影响主要是指疫情本身以及随之而来的高于农业生产微观决策主体的国家、省市县镇地方政府以及村等决策主体所采取的各类疫情应对措施对农业微观生产主体（种植类家庭农场）的即期影响或短期冲击，以及农业微观生产主体对此的瞬间反应。具体来说，包括日常生产经营、春耕春播（备耕备播）、农资购买和销售收入等方面受到的影响，还包括是

---

① 新冠肺炎疫情看似一场自然灾害，但其对家庭农场经营行为及决策的影响并非灾害本身，而是应对灾害的一系列抗疫措施导致的农场面对的市场环境的变化。因此，本质上肺炎不同于洪涝、冰雹等自然灾害对家庭农场的影响，它很大程度上是一种市场冲击。

否采取应急措施等行为反应。长期影响则是指，疫情对农业微观生产主体的未来或长期的生产理念和经营决策的影响，本文着重强调的是农场种植结构调整、生产经营规模调适和购买农业保险意愿三个方面的影响。研究发现，新冠肺炎疫情对家庭农场产生的短期影响和长期影响有着不同的影响因素。

本文主要有两个创新：一是为新冠肺炎疫情这场全球性自然灾害对农业生产影响的研究提供中国元素；二是较早考察巨大自然风险冲击下家庭农场这种经营主体的应对行为，特别是考察了风险及风险应对措施对家庭农场的短期和长期影响，拓展了家庭农场的研究。文章第二部分介绍数据来源及分析所用样本；第三部分利用数据对疫情下家庭农场受到的短期影响和长期影响进行描述性统计分析；第四部分是利用因子分析法对多维度的短期影响和长期影响进行降维分析，分别计算出 4 个短期影响综合因子（F1、F2、F3 和 F）和 1 个长期影响综合因子（M1）；第五部分是计量分析，把 F、F1、F2、F3 和 M1 作为被解释变量，进行回归分析，主要解释变量包括疫情严重程度、农场主和农场特征等，从而比较分析不同农场主和农场特征的家庭农场的短期影响和长期影响；第六部分是结论及政策含义。

二、数据来源与分析样本

为了考察新冠肺炎疫情对家庭农场生产经营的影响，中国社会科学院农村发展研究所中国家庭农场发展监测研究团队（以下简称监测团队），于 2020 年 2 月 5 日启动了网络调查工作。2020 年 2 月 9 日 12 点 55 分正式上线网络调查问卷，2020 年 2 月 13 日 12 点 55 分关闭网络调查问卷系统，4 天内共收集 9 527 份家庭农场问卷，剔除其中的无效样本，最终获得 6 704 个有效样本。本文则是进一步从全部样本中选取种植类农场（2 324 个）开展研究[①]。

本次调查是由监测团队组织实施，在各省家庭农场主管部门和个人的帮助下，他们在其所管理的家庭农场微信群发布问卷，他们管理的所有家庭农场构成目前中国农业农村部家庭农场名录系统所有样本，这些样本可以视为当前中国家庭农场的总体。根据农业农村部统计，2018 年进入该家庭农场名录的农场约 60 万个，据发展趋势预测 2019 年全国将约有 80 万个农场进入名录系统，因此本次网络调查的回收样本（9 527 个）构成名录系统

---

① 本次调查是由监测团队组织实施，得到中央及省级农业主管部门诸多同志的大力支持和帮助，另外也得到了很多家庭农场主朋友的参与和帮助。在此，向所有为本次调查顺利开展给予支持帮助或直接做出贡献的朋友们表示衷心的感谢！本次调查对象涉及的家庭农场包含种植类农场、养殖类农场和种养结合类农场三类，本文聚焦于种植类这一种农场，既因前述种植业类农场重要性的考量，也有通过控制经营类别对所考察问题干扰的研究方法的需要。

家庭农场总体的 1% 抽样，调查数据具有较好的统计学意义（表 1）。

表 1　数据及分析样本

单位：个

样本类别	数量
总样本	9 527
有效样本	6 704
分析样本（种植类农场）	2 324

三、新冠肺炎疫情对种植类农场生产经营的影响

（一）短期影响

根据前述对短期影响的界定，家庭农场在疫情当下（当期）生产经营受到的影响以及农场即时做出生产经营决策（反应）主要表现在以下几个方面。

第一，新冠肺炎疫情对种植类农场的日常生产经营和春耕春播（备耕备播）产生了普遍影响。如表 2 所示，种植类农场中近七成因为疫情而无法进行日常的生产经营活动，仅 31.41% 的农场表示日常生产经营活动可以正常进行。疫情暴发于农业生产的春耕春播或备耕备播期间，还有 12.99% 的农场表示疫情没有影响春耕春播，而近九成（87.01%）农场表示受到了不同程度的影响，认为受疫情影响程度为较小、一般、较大和非常大的农场占比分别为 21.04%、17.99%、31.45% 和 16.52%，近一半农场的春耕春播受疫情影响较大。

表 2　按日常生产经营和春耕春播受疫情影响程度分组的家庭农场

问题	选项	样本数量/个	样本占比/%
疫情下日常生产经营活动能否正常进行	否	1 594	68.59
	是	730	31.41
疫情对春耕春播的影响	无影响	302	12.99
	影响较小	489	21.04
	影响一般	418	17.99
	影响较大	731	31.45
	影响非常大	384	16.52

第二，新冠肺炎疫情对种植类家庭农场生产要素投入产生了重要影响。疫情发生后，各级政府实施人员和车辆的流动限制，大多数村实行了"封村""封路"等交通管制防疫措施，使家庭农场的农资购买、劳动力雇用和土地流转受到不同程度的影响。从表 3 可知：（1）农资购买影响的面较大，仅约 1/4 的农场表示农资购买不受影响，但 3/4 的农场

受到不同程度影响，能买到农资所需数量的 60%～80%、40%～60%、20%～40% 和 20% 以下的农场占比分别为 11.79%、9.98%、8.35% 和 6.41%，有超过 1/3 的农场（37.39%）完全买不到所需农资。（2）尽管适逢假期且非劳动需求旺季，农场报告其劳动力雇用同样受到影响。16.52% 的农场报告其劳动力雇用没有受到疫情影响，但有 36.23% 的农场因为疫情完全雇不到所需劳动力，只能雇到所需数量的 60%～80%、40%～60%、20%～40% 和 20% 以下的农场占比分别为 11.27%、12.26%、8.56% 和 15.15%。（3）土地流转方面，原本无流转土地计划进而流转也没受到疫情影响的农场占 18.89%，有流转计划但也没受到影响的农场占 69.71%，除了 1.5% 的农场因为疫情使流转面积增加外，剩下约一成农场的流转面积受疫情冲击而下降，流转面积下降 20% 以内和以上的农场占比分别为 4.69% 和 5.21%。显然，与农资和劳动力相比，土地要素的需求受疫情的影响要小很多，这可能与家庭农场土地流转决策在下一个生产周期到来之前已完成（一般是每年秋收时）有关。换言之，新冠肺炎疫情之前农场土地流转行为已经发生，而农资和劳动力的需求决策和实际购买则是当期进行的。

表3　按生产要素投入（农资购买、劳动力雇用和土地流转）**受疫情影响程度分组的家庭农场**

问题	选项	样本数量/个	样本占比/%
疫情对农资购买的影响	不受影响	606	26.08
	只能买到所需数量的 60%～80%	274	11.79
	只能买到所需数量的 40%～60%	232	9.98
	只能买到所需数量的 20%～40%	194	8.35
	只能买到所需数量的 20% 以下	149	6.41
	完全买不到所需农资	869	37.39
疫情对劳动力雇用的影响	不受影响	384	16.52
	只能雇到所需数量的 60%～80%	262	11.27
	只能雇到所需数量的 40%～60%	285	12.26
	只能雇到所需数量的 20%～40%	199	8.56
	只能雇到所需数量的 20% 以下	352	15.15
	完全雇不到	842	36.23
疫情对土地流转的影响	流转面积增加 20% 以上	14	0.60
	流转面积增加 20% 以内	21	0.90
	流转不受影响	1 620	69.71
	流转面积下降 20% 以内	109	4.69
	流转面积下降 20% 以上	121	5.21
	无流转土地计划	439	18.89

第三，疫情发生后，种植类家庭农场积极采取各类应急措施以应对疫情对农场生产经

营的负面影响。由表 4 可知，81.20％的农场采取了应急措施①。采取措施的农场往往同时采取多项应急措施，45.79％的农场提前联系用工（劳动力），43.93％的农场提前进行播种等农事作业，21.20％的农场提前进行耕地机械服务购买等，21.73％的农场抢购种子化肥农药等生产资料，14.94％的农场提前或加快销售库存产品，还有 18.71％的农场提前进行租地谈判。非常有意思的是，疫情冲击之下，农场应急决策最多的是指向劳动用工，这可能反映出当前农场经营过程中尽管机械替代劳动已经大量地发生，但必要劳动力的供给不足程度可能远超过我们想象和预期②。

表 4 种植类农场采取不同应急措施的情况

问题	选项	样本数量/个	样本占比/％
是否采取应急措施	否	437	18.80
	是	1 887	81.20
若采取，采取哪些应急措施	提前联系用工（劳动力）	864	45.79
	提前进行农事作业（播种等）	829	43.93
	抢购种子化肥农药等生产资料	410	21.73
	提前进行耕地机械服务购买等	400	21.20
	提前进行租地谈判	353	18.71
	提前或加快销售库存产品	282	14.94

第四，新冠肺炎疫情对种植类农场的产品销售和成本收益产生了复杂的影响。表 5 显示：（1）65.18％的农场报告其产品销量受疫情冲击而出现不同程度的下降，近 1/5 农场的产品销量下降幅度超过 40％，下降幅度在 20％以内和 20％～40％的农场占比分别为23.49％和 21.90％（都分别超过了 1/5）；32.27％的农场的产品销量没有因疫情而改变，与以往的正常情况一样；也有 2.54％的农场报告产品销量不减反增。（2）超七成的农场报告经营成本增长了 20％～40％，增幅在 40％及以上和低于及等于 20％的农场占比分别为 7.49％和 21.47％。（3）2.79％的农场的销售收入非但不受疫情影响还比往常情况有所增长，17.08％的农场的销售收入与往常保持一样，其他八成左右农场的销售收入都不同程度下降，下降幅度小于 20％，介于 20％～40％、40％～60％和超过 60％的农场占比分别为 28.36％、26.89％、14.97％和 9.90％。显然，疫情对家庭农场形成了经营成本上升

---

① 如此高的应急反应比例实际上反映出家庭农场具备作为新型生产主体应有的市场反应能力。同时，由于调查时疫情蔓延的范围等影响，并非所有的样本农场都需要做出反应，故而，18.80％的农场报告没有采取任何应急措施也很正常。不跟风做出反应，也是成熟的市场主体应有的特征。

② 43.93％的农场提前进行播种等农事作业以及 21.20％的农场提前进行耕地机械服务购买等，本质上也是农场对劳动力供给不足预期的反映。

与销售收入下降的双重挤压,这对种植类家庭农场当年的增收形成不利影响。

表5 按农产品销售、经营成本和销售收入受疫情影响程度分组的家庭农场

问题	选项	样本数量/个	样本占比/%
疫情对农产品销量的影响	与正常情况比,上升20%以上	35	1.51
	与正常情况比,上升20%以内	24	1.03
	与正常情况比,不变	750	32.27
	与正常情况比,下降20%以内	546	23.49
	与正常情况比,下降20%~40%	509	21.90
	与正常情况比,下降40%以上	460	19.79
疫情对农场经营成本的影响	增加幅度小于等于20%	499	21.47
	增加幅度介于20%~40%	1 651	71.04
	增加幅度大于等于40%	174	7.49
疫情对农场销售收入的影响	与正常情况比,增长60%以上	3	0.13
	与正常情况比,增长40%~60%	4	0.17
	与正常情况比,增长20%~40%	17	0.73
	与正常情况比,增长20%以内	41	1.76
	与正常情况比,不变	397	17.08
	与正常情况比,下降20%以内	659	28.36
	与正常情况比,下降20%~40%	625	26.89
	与正常情况比,下降40%~60%	348	14.97
	与正常情况比,下降60%以上	230	9.90

(二)长期影响

面对突然而至的新冠肺炎疫情风险的直接冲击,农业生产经营主体首先是本能地通过制定短期应对策略来减轻疫情对家庭农场的瞬时影响。另外,也是更为重要的,疫情这种风险将对家庭农场关于风险的认知、态度和长期生产经营策略形成深远影响,由此促使农场做出长期的应对策略。这种长期策略对中国农业长期影响可能更大,也更值得重视。

调查发现,疫情及抗疫措施对家庭农场生产经营除了上述短期影响外,还有对农场未来生产经营策略形成长期影响的效应。长期效应主要涉及农场种植结构调整、生产经营规模调适和购买农业保险意愿三个方面(表6)。第一,近一半的种植类农场报告他们会调整其未来种植结构。其中,减少和增加种植种类和经营品种的农场占比分别为29.00%和17.38%。如很多研究[11-14]所指出的那样,调整种植结构一直是农业生产经营主体应对风险的传统手段,对于家庭农场这种规模化经营主体而言,规模的扩大使其能更灵活运用这一策略进行风险应对。第二,种植多大的规模对于生产主体来说可能是一系列因素综合考量的结果。显然，疫情的冲击一定程度上触发了被调查农场对规模的重新认识，做出调适规模的长期决定，尽管这种调适的方向并不一致。调查表明，23.75%的农场表示将减小现有经营规模，也有8.91%的农场表示将继续扩大规模，换言之，有32.66%的农场将通过"调整经营规模"来应对风险[①]。第三，只有在真正发生风险时才会体现出保险的重要性。毫不意外地，无论疫前是否已经购买保险，84.08%的样本农场表示疫情后将购买农业保险[②]。这表明，经此次疫情冲击后，家庭农场购买农业保险的意识整体上被迅速激发出来。

表6　按未来各类经营策略分组的家庭农场

问题	选项	样本数量/个	样本占比/%
疫情对未来种植结构调整的影响	减少种类和品种	674	29.00
	不影响	1 246	53.61
	增加种类和品种	404	17.38
疫情对未来生产经营规模意愿的影响	减小规模	552	23.75
	保持不变	1 565	67.34
	扩大规模	207	8.91
疫情对未来是否会购买农业保险的影响	否	370	15.92
	是	1 954	84.08

四、因子分析

如前所述，新冠肺炎疫情对家庭农场生产经营的短期影响和长期影响都是多维度的，无论从现实角度看还是从理论角度看，这些维度之间并不是相互独立的，不同维度之间难免存在较高程度的相关性，或者某些维度因为具有某种共同特点可以综合为某一方面维度。因此，我们接下来采用主成分因子分析法对短期影响和长期影响进行降维分析，如果能实现降维，或者如果能把前述复杂的短期影响和长期影响分别综合为一个或多个影响，那么，就能方便我们进一步对不同疫情区域、不同特征的农场受到的整体影响进行比较分析，毕竟，通过比较两个农场10个维度影响的异同去推断它们受的整体影响是否相同，难度极大。当然，如果能实现降维，我们将借助计量模型对降维后的短期影响综合因子和

[①]　值得注意的是，仍有67.34%的被调查农场表示未来不会调整经营规模。这一结果或许表明，目前，近七成的农场主认为其现有农场经营规模是合适的，也是能够经得起一定风险考验的。

[②]　同样值得指出的是，仍有15.92%的农场表示不会购买保险。我们没有对这些农场的特征进行进一步的分析和识别。但总体而言，他们亲身经历的或者所见所闻的保险品种供给不足、服务不够等问题可能是这些农场不愿购买保险的主要原因。

长期影响综合因子进行回归分析，这样可以实现"在保持其他因素不变条件下（ceteris paribus）"就某一因素对短期影响和长期影响的偏效应（partial effect）进行比较分析。

（一）短期影响和长期影响的指标体系

为了利用因子分析方法，本文先对前述的短期影响和长期影响分别构建测度指标体系。短期影响方面，共有 10 个测度指标；长期影响方面，共有 3 个测度指标。这些指标的含义及单位见表 7。

表 7 新冠肺炎疫情对种植类农场影响的指标体系

影响类别	测度指标	指标含义及单位
短期影响	疫情对农场销售收入的影响（X1）	与正常情况比，增长 60% 以上＝1，与正常情况比，增长 40%～60%＝2，与正常情况比，增长 20%～40%＝3，与正常情况比，增长 20% 以内＝4，与正常情况比，不变＝5，与正常情况比，下降 20% 以内＝6，与正常情况比，下降 20%～40%＝7，与正常情况比，下降 40%～60%＝8，与正常情况比，下降 60% 以上＝9
	疫情对农产品销量的影响（X2）	与正常情况比，上升 20% 以上＝1，与正常情况比，上升 20% 以内＝2，与正常情况比，不变＝3，与正常情况比，下降 20% 以内＝4，与正常情况比，下降 20%～40%＝5，与正常情况比，下降 40% 以上＝6
	疫情对农场经营成本的影响（X3）	%
	疫情对春耕春播的影响（X4）	无影响＝1，影响较小＝2，影响一般＝3，影响较大＝4，影响非常大＝5
	疫情对农资购买的影响（X5）	不影响＝1，只能买到所需数量的 60%～80%＝2，只能买到所需数量的 40%～60%＝3，只能买到所需数量的 20%～40%＝4，只能买到所需数量的 20% 以下＝5，完全买不到所需农资＝6
	疫情对劳动力雇用的影响（X6）	不受影响＝1，只能雇到所需数量的 60%～80%＝2，只能雇到所需数量的 40%～60%＝3，只能雇到所需数量的 20%～40%＝4，只能雇到所需数量的 20% 以内＝5，完全雇不到＝6
	疫情下日常生产经营活动能否正常进行（X7）	是＝0，否＝1
	疫情对土地流转的影响（X8）	流转面积增长 20% 以上＝1，流转面积增长 20% 以内＝2，流转不受影响＝3，流转面积下降 20% 以内＝4，流转面积下降 20% 以上＝5，没有流转土地计划＝6
	疫情下家庭农场是否接收到更高一级组织（农场联盟或合作社等组织）的统一应急措施（X9）	是＝1，否＝0
	疫情下家庭农场采取应急措施的数量（X10）	个

（续）

影响类别	测变指标	指标含义及单位
长期影响	疫情对未来种植结构调整的影响（D1）	减少种类和品种＝1，不影响＝2，增加种类和品种＝3
	疫情对未来生产经营规模意愿的影响（D2）	减小规模＝1，保持不变＝2，扩大规模＝3
	疫情对未来是否会购买农业保险的影响（D3）	否＝0，是＝1

（二）提取公因子

我们对短期影响的 10 个指标和长期影响的 3 个指标分别进行因子分析效度检验（Validity test）：短期影响方面，KMO（Kaiser-Meyer-Olkin）值为 0.810，表明短期影响的 10 个指标之间存在较高的相关性；进一步地，巴特利特球度检验（Bartlett test of sphericity）统计量的值为 3 768.013，相应 P 值为 0.000，即 10 个指标之间存在统计显著的相关性，因此适合用因子分析法对短期影响的 10 个指标进行降维处理。长期影响方面，3 个指标的 KMO 值为 0.506，巴特利特球度检验统计量的值为 320.797，相应 P 值为 0.000，同样可以用因子分析法进行降维分析。

我们根据特征值大于 1 的标准来选取公共因子，短期影响共提取 3 个公因子，长期影响共提取 1 个公因子（表 3）。短期影响的 3 个公因子分别用 F1、F2 和 F3 表示。其中，F1、F2 和 F3 的方差贡献率分别为 21.37%、19.11% 和 11.84%，它们的累计方差贡献率为 52.32%；长期影响的公因子用 M1 表示，其方差贡献率为 45.56%。进一步地，从旋转后公共因子载荷矩阵（Rotated factor loadings pattern matrix）可以看出（表 9）。第一个公因子 F1 主要承载了 X1、X2、X3 和 X4 四个指标的信息，这意味着 F1 是代表家庭农场经营及效率层面短期影响的因子；F2 主要承载了 X5、X6、X7 和 X8 四个指标的信息，这表明 F2 是代表家庭农场要素及配置层面短期影响的因子；F3 是代表家庭农场风险认知及应对层面短期影响的因子。长期影响公因子 M1 分别承载了 D1（疫情对未来种植结构调整的影响）、D2（疫情对未来生产经营规模意愿的影响）和 D3（疫情对未来是否会购买农业保险的影响）三个指标 81.50%、81.32% 和 20.38% 的信息（表 10）。

表 8　因子结构旋转后的方差贡献率

类别	成分	贡献率/%	累计贡献率/%
短期影响（F）	F1	21.37	21.37
	F2	19.11	40.48
	F3	11.84	52.32
长期影响（M）	M1	45.56	45.56

表 9　旋转后公共因子载荷矩阵及公共因子得分系数矩阵情况（短期影响）

短期影响测度指标	旋转后公共因子载荷矩阵			公共因子得分系数矩阵		
	F1	F2	F3	F1	F2	F3
疫情对农场销售收入的影响（X1）	0.823 0	0.099 9	−0.000 2	0.467 1	−0.181 8	0.008 0
疫情对农产品销量的影响（X2）	0.776 2	0.184 5	−0.034 6	0.413 1	−0.112 4	−0.015 2
疫情对农场经营成本的影响（X3）	0.620 8	0.130 3	−0.024 7	0.335 6	−0.101 4	−0.010 9
疫情对春耕春播的影响（X4）	0.574 9	0.487 5	0.034 2	0.199 5	0.160 6	0.065 9
疫情对农资购买的影响（X5）	0.123 9	0.765 8	−0.048 3	−0.157 7	0.481 3	0.015 4
疫情对劳动力雇用的影响（X6）	0.255 0	0.726 6	−0.031 3	−0.066 5	0.416 0	0.027 2
疫情下日常生产经营活动能否正常进行（X7）	0.212 6	0.567 6	−0.145 1	−0.044 0	0.312 0	−0.081 9
疫情对土地流转的影响（X8）	−0.044 6	0.406 6	0.087 9	−0.150 3	0.297 4	0.105 2
疫情下家庭农场是否接收到更高一级组织（农场联盟或合作社等组织）的统一应急措施（X9）	−0.092 1	0.012 9	0.763 3	−0.058 9	0.093 3	0.653 7
疫情下家庭农场采取应急措施的数量（X10）	0.074 7	−0.102 3	0.752 4	0.076 9	−0.036 8	0.636 0

表 10　旋转后公共因子载荷矩阵及公共因子得分系数矩阵情况（长期影响）

长期影响测度指标	旋转后公共因子载荷矩阵	公共因子得分系数矩阵
	M1	M1
疫情对未来种植结构调整的影响（D1）	0.815 0	0.596 2
疫情对未来生产经营规模意愿的影响（D2）	0.813 2	0.594 9
疫情对未来是否会购买农业保险的影响（D3）	0.203 8	0.149 1

　　每个样本农场对应的 F1、F2、F3 和 M1 这四个公因子都有不同的取值（得分），相关得分可以根据公因子得分系数矩阵计算获得。

　　关于这些公因子取值（得分）大小的含义如下。

　　由于短期影响的 10 个指标的每一个指标的值越大，表明家庭农场在这个方面受疫情的负面影响越大，因此，三个公因子 F1、F2 和 F3 的取值越大，表明家庭农场在相应方面受疫情的负面影响越大。具体的，F1 值越大，说明农场在经营及效率层面受到的短期影响越严重，即农场在销售收入、农产品销量、经营成本和春耕春播方面受到的短期影响程度越大；F2 值越大，说明农场在要素及配置层面受到的短期影响越严重，即农场在农资购买、劳动力雇用、日常生产经营活动和土地流转方面受疫情短期影响的程度越大；F3 值越大，说明家庭农场在生产经营风险认知和应对方面受疫情短期影响的程度越大。

为了更综合地分析疫情对农场的短期影响，我们还进一步将 F1、F2 和 F3 综合计算①出一个因子 F，F 值越大，则表明家庭农场受新冠肺炎疫情的短期影响越严重。

长期影响的 3 个指标的每一个指标的值越大，分别表明家庭农场"多元化""规模化"和"保险化"经营的意愿越强。D1 的值越大，表明农场未来将种植结构调整为"多元化"经营的意愿越强；D2 的值越大，表明农场未来经营规模调整为"规模化"经营的意愿越强；D3 的值越大，表明农场未来通过购买保险来规避风险的意识越强，即"保险化"。那么，综合因子 M1 的值越大，表明家庭农场"多元化、规模化、保险化"经营的特征越明显；考虑到 M1 更多承载了 D1 和 D2 的信息，而承载 D3 的信息约 20％（表 10），因此，更准确地说，M1 的值越大，表明农场"多元经营的规模化"特征越明显。

五、计量分析

（一）模型设定

为了考察新冠肺炎疫情对种植类家庭农场生产经营短期和长期影响的决定因素，本文建立如下模型：

$$Y_i^a = \alpha_0 + \beta M_i + \sum_{k=1}^{k=5} \lambda_k Z_{ki} + \sum_{m=1}^{m=5} \varphi_m W_{mi} + \delta D_i + \varepsilon_i$$

式中，Y_i^a 表示第 i 个家庭农场受新冠肺炎疫情的影响，短期影响时，Y_i^a 对应公因子 F、F1、F2 和 F3 的取值；长期影响时，Y_i^a 对应公因子 M1 的取值。M_i 表示第 i 个家庭农场所在省新冠肺炎每万人确诊率（由于网络调查问卷上线时间为 2020 年 2 月 9 日 12 点 55 分，本文选取截至 2 月 9 日 21 时 59 分的各省新冠肺炎确诊人数，同时基于中国统计年鉴截至 2018 年底各省常住人口数量，计算出各省新冠肺炎每万人确诊率，这能较好地反应当时各地疫情严重程度情况），用来考察疫情严重程度是否会对家庭农场产生不同的短期和长期影响。

Z_{ki} 是一组反映农场主特征的变量，包括农场主对新冠肺炎疫情的了解程度（1＝不太了解，2＝了解，3＝十分了解）、性别（男＝1，女＝0）、年龄、受教育程度（以高中/职高为分界点，高中及以下教育程度包括高中/职高、初中和小学及以下，高中以上教育程度包括大专和本科及以上；0＝高中及以下，1＝高中以上）和经营农场年限（家庭农场成立至今的时间：年）。W_{mi} 是一组反映农场特征的变量，包括农场所在地是否"封村"（是＝1，否＝0），土地经营面积，土地经营面积平方项；疫情前农场是否签订农产品销售合同（是＝1，否＝0），签订表明是拥有订单的农场；疫情前是否购买农业保险（是＝1，

①　F 的计算思路：F 是 F1、F2 和 F3 的加权平均因子，用 F1、F2 和 F3 的方差贡献率分别除以累计贡献率得出各因子的权重。

否＝0）。D_i 表示第 i 个家庭农场所在县是否为国家级贫困县（是＝1，否＝0）。α_0、β、λ_k、φ_m、δ 为待估计参数；ε_i 为随机扰动项。

模型中相关变量的描述性统计见表 11。

表 11　回归分析所用变量的描述性统计结果

变量名称	含义及单位	均值	标准差	最小值	最大值
新冠肺炎每万人确诊率	％	0.384 5	1.141 9	0.021 3	4.580 0
所在地是否"封村"	是＝1，否＝0	0.950 1	0.217 8	0	1
新冠肺炎疫情了解程度	1＝不太了解，2＝了解，3＝十分了解	2.575 3	0.507 3	1	3
性别	男＝1，女＝0	0.822 3	0.382 4	0	1
年龄	岁	45.222 5	8.499 0	21	78
受教育程度	0＝高中及以下，1＝高中以上	0.253 9	0.435 3	0	1
土地经营面积	亩	336.698 9	412.510 1	10	3 000
经营农场年限	年	5.023 2	3.164 4	1	34
是否签订农产品销售合同	是＝1，否＝0	0.387 3	0.487 2	0	1
是否购买农业保险	是＝1，否＝0	0.448 8	0.497 5	0	1
所在地是否为国家级贫困县	是＝1，否＝0	0.076 6	0.266 0	0	1

（二）内生性讨论及估计方法

第一，本文使用最小二乘法（OLS）估计模型（1）不会遇到严重的内生性问题。因为被解释变量"疫情对家庭农场生产经营的短期影响和长期影响"（具体为 F、F1、F2、F3 和 M1）是疫情发生后、调查时点上农场的一些客观和主观判断和决策，而解释变量是发生在这些决策之前的事实（如农场主和农场特征，农场所在合作社或者地区特征等），而且本文较为关注的疫情严重程度（每万人确诊率）更是一个外生冲击变量，因此 OLS 法基本能得到一致估计。第二，但为了更好地控制遗漏变量以得到近似"固定效应"回归的一致估计结果，本文借用虚拟变量回归的精神（Dummy Variable Regression）[15]，我们在模型估计时控制县虚拟变量。按照虚拟变量回归方法，我们本应该在模型中把每个农场个体作为虚拟变量加以控制进行回归，但 Stata 软件无法估计出结果（这也是该方法经常面临的挑战），因此我们将县虚拟变量加以控制，但也能得到近似"固定效应"的回归结果。一方面，样本农场数为 2 324 个，我们控制了 538 个县虚拟变量，平均每个县包括 4.3 个样本，那么用县虚拟变量代替农场个体虚拟变量在现实上较为近似；另一方面，有 223 个县只包括 1 个样本农场，即约 10％（＝223/2 324）的样本完全实现了虚拟变量回归，有 83 个县只包括 2 个样本农场，而且，每个县包括样本农场数不超过 8 个样本农场的县总共 469 个县，这 469 个县总共包括的 1 149 个样本农场，占总样本的 50％，因此，控制县的虚拟变量回归在本文的样本现实背景下基本能得到近似"固定效应"的估计结果。第三，我们首先估计短期影响综合因子 F 和长期影响综合因子 M1 分别对应的模型（1）和模型（2）；为了更具体地考察短期影响，我们还估计了短期影响 F1、F2 和 F3 三个公因子对应的模型（3）、模型（4）和模型（5），估计结果见表 12。

（三）估计结果

从表 12 可知，不管哪一个估计方程，模型总体显著性检验的 F 统计量相应的 P 值都高度接近 0.000 0，因此，每个方程都是总体显著的，即每个方程包括的所有解释变量联合起来对被解释变量的变化具有显著的解释作用。具体估计结果如下。

疫情对家庭农场产生的短期影响方面［表 12（1）列和（3）列～（5）列］：

疫情越严重，家庭农场受到的短期影响越大。新冠肺炎每万人确诊率变量的系数为正且在 1% 的水平上显著，这表明　在控制其他条件不变的情况下，那些疫情严重省份的种植类农场要比不严重省份的农场受到的短期影响更大［表 12（1）列］。更具体地看短期影响 F1、F2 和 F3 三个公因子的回归结果［表 12（3）列～（5）列］发现，确诊率越高，F1 和 F2 的值显著增加，即疫情越严重，农场在经营及效率层面（比如农产品销量下降）和要素及配置层面（比如农资购买受阻）受到的短期影响越严重。

"封村"地区的家庭农场受到的短期影响显著增加。因为"封村"主要影响了交通运输，因此"封村"对家庭农场 F2 公因子的影响是高度显著，即"封村"对农场农资购买、劳动力雇用和日常生产经营活动形成负面冲击。

农场主对疫情越了解，农场受到的短期影响越大。这可能是因为那些对风险越敏感的农场主越去深入了解疫情，也因此其农场生产经营短期行为越受疫情影响，也越可能会及时采取短期的应急措施。

疫情对家庭农场的短期影响大小不因农场主特征变化而变化。回归结果表明，性别、年龄和受教育程度变量的系数都是不显著的［表 12（1）列］，即不管是什么性别、什么年龄和什么教育程度的农场主，他们所经营的农场受新冠肺炎疫情的短期影响没有显著差异。似乎呈现了"疫情面前人人平等"的特征。除了男性农场主比女性农场主经营的农场在要素及配置方面受到冲击更小（可能女性在农资购买方面更受冲击）［表 12（4）列］，高中以上教育水平的农场主比高中及以下农场主的农场在经营及效率方面受到冲击更大外［表 12（3）列］，其他方面的短期影响都不因农场主特征改变而改变。

农场规模大小不影响疫情对农场的短期影响程度。从土地经营面积变量的系数符号看，经营面积大的农场相对于经营面积小的农场受到的短期影响较大，但当土地经营面积扩大到一定程度时，农场生产经营的短期影响将会减小，即农场土地经营面积与短期影响呈现倒 U 形关系［表 12（1）列］，但这种倒 U 形关系在统计上是不显著的。

农场经营年限长短对农场受到的短期影响没有显著影响。尽管从农场经营年限变量的系数来看，经营年限越长的农场平均受到的短期影响越小，但是这种效应在统计上是不显著的［表12（1）列］。

疫情前是否签订销售合同对疫情带来的短期影响有显著的影响。保持其他条件不变的条件下，疫情前签订销售合同的农场（称之为"有订单农场"）比未签订销售合同的农场（称之为"无订单农场"）受到的短期影响要大，且在1%的显著水平上显著［表12（1）列］，这或许表明疫情前的合同反而使农场在疫情到来时受到了更大的冲击。耐人寻味的是，更具体地看短期影响F1、F2和F3的回归结果［表12（3）列～（5）列］可以发现，相比那些没有订单的农场而言，有订单的农场受到的短期影响F3更严重一些，即有订单的农场在认知及应对方面（比如采取应急措施数量等）受到的冲击更大，但是在短期影响F2方面更弱一些，即有订单的农场在要素及配置方面（比如农资购买、劳动力雇用等）受到的冲击要显著变小，一方面可能是因为有订单的农场在平时就注重生产资料等储备以保障订单供应，另一方面可能是因为有订单的农场往往与合作社特别是龙头企业有紧密的合作联系，而后者在很大程度上发挥着保障农场的重要生产资料供应的作用（因为投入统一化和标准化等原因），因此这些订单农场并不必像无订单农场那样直接面对农资等生产要素的市场风险。

疫情前购买农业保险显然显著地降低了农场受到的短期影响［表12（1）列］。更具体地，疫情前购买农业保险的农场受到F1和F2方面的短期影响更小，即因为保险使农场在经营及效率方面（比如农产品销量下降和农场销售收入下降等）、要素及配置方面（比如农资购买、劳动力雇用等）受到的短期影响更小，但是，在认知及应对方面（比如采取应急措施数量等）受到的冲击更大，这或许表明那些疫情前购买农业保险的农场比没有购买保险的农场在疫情面前瞬间反应更强烈。

国家级贫困县的家庭农场并没有比其他地区的农场受疫情的短期影响更小。疫情前后，贫困县在产业政策等方面都受到一定程度的特殊对待，尽管变量所在地是否贫困县的系数符号是负的，但是这种效果在统计上不显著［表12（1）列］，但或许是很多地方利用"消费扶贫"等方式对贫困地区的农产品进行了"特殊"对待，使得贫困地区农场的F1短期影响明显低于其他地区［表12（3）列］。

疫情对家庭农场产生的长期影响估计结果［表12（2）列］：

疫情严重程度、"封村"和农场主对疫情的了解程度都对农场受到的长期影响没有显著影响作用。这表明，疫情严重地方的农场并没有比疫情不严重地方的农场在长期生产经营调整方向上有显著不同，"不封村"地区的和那些对疫情不太了解的农场在疫情后也都要进行同样的生产经营调整。

农场主个人特征对农场受疫情的长期影响有显著影响。在保持其他条件不变的情况下，男性农场主在疫情后比女性农场主要更向着"多元化、规模化、保险化"方向调整。而受教育程度越高，长期影响程度越低，即高中以上农场主比高中及以下农场主在疫情后向着"多元化、规模化、保险化"方向调整意愿显著下降，这或许是因为教育水平高的农场主在平时已经较好地在"多元化、规模化、保险化"方面做了布局和安排，不必等着受到新冠肺炎疫情这种巨大自然风险冲击时才启动调整行动。

经营规模对农场受疫情的长期影响没有显著差异。

农场经营年限越长，疫情带来的长期影响越小。这表明，与那些经营年限短的农场相比，经营年限长的农场或许是因为对风险有更丰富的应对经验和更成熟的应对心态，也或许是在平时已经更好地开展了风险应对工作，因此，此次疫情冲击反而并没有刺激这些"老农场"像那些"新农场"一样做出大幅度的长期经营策略调整反应。

有订单农场比无订单农场因疫情导致的长期影响程度更大。相比无订单农场来说，有订单的农场首先受到了"订单"的约束，即无论任何时候都必须履行订单合约，这种约束在外生的自然风险冲击下显然变成了一种"负担"。如何更好地平衡订单的利弊，可能使得订单农场必须更好地进行长期经营策略调整，即受疫情的长期影响更大。

疫情前购买保险的农场比未购买保险的农场受疫情的长期影响程度要大，这或许是前者比后者对风险更敏感，因此采取长期经营策略调整的意愿更强。

农场所在县是否国家级贫困县并不影响其受疫情的长期影响大小。

综上，疫情对农场产生的短期影响和长期影响有着不同的影响因素。

如本文一再强调的，新冠肺炎疫情作为一种具体的自然风险，它对农业生产经营的影响主要源于各级组织抗疫的行动，而这些行动总体而言是具体的、短期的，真正需要重视的是这次疫情冲击对农业生产经营者在经营理念和长期策略上有哪些影响。如上述计量回归结果所显示的，疫情严重程度、"封村"行动以及农场主对疫情的了解程度这些与新冠肺炎疫情直接关联的因素只对农场产生了短期影响，但对农场的长期影响并不显著。

类似于教育水平这样的决定农业生产者人力资本水平的因素在农业生产经营中扮演着"长期决定因素"的角色，类似的因素还有性别（男性）、经验（农场经验年限）等，这些因素对农业生产经营的影响不因疫情出现与否而改变，决定了农业生产经营的长期均衡路径，因此我们看到了性别、年龄和受教育程度这些个人特征并没有使得农场幸免于难（来自突发疫情的短期冲击），但这些特征对疫后多大程度进行长期经营策略调整具有显著的决定作用。耐人寻味的是，性别变量的系数在短期影响 F 方程中为负的，在长期影响 M1 方程中为正的，这或许表明，保持其他因素不变的条件下，在巨大的自然冲击到来之时，男性农场主更沉稳一些，但也更善于进行长期优化。

尽管贫困县变量是不显著的，但是这个变量在短期影响和长期影响方程中的系数符号是相反的，前者中负的符号表明国家扶贫政策确实有助于缓解疫情对农场的经营风险，后者中正的符号更表明扶贫并没有使得这些地区的家庭农场因扶贫而麻痹大意，疫情冲击反而使其未雨绸缪在未来进行更大的长期经营策略调整。

无法抗拒的自然风险背景下，订单是一把"双刃剑"。如果不考虑自然风险，显然拥有订单就拥有了稳定的市场，即订单锁定了销售渠道，缓解了市场销售风险；但是在无法抗拒的自然风险之下，订单的"违约"像一把随时砸在家庭农场头上的利斧，疫情的到来将使得家庭农场无法执行"订单合约"，这种违约的风险可能是压垮这些家庭农场头上的最后一根稻草。而无订单的农场尽管平时也时刻面临着销售不确定等令人沮丧的事情，但也不必因为无法履行订单合约而成天担心自然风险。因此，我们看到了计量回归中，同样一个订单变量在短期影响和长期影响方程中都是正的系数，且高度显著。

疫情前购买保险的农场主们是一个对风险比较敏感的群体，疫情前因购买保险而受到更小短期影响的是他们，受到疫情冲击后更积极进行长期经营策略调整的也是他们。或许这个群体的农业经营均衡路径要比其他群体具有更大的波动性。

表 12　新冠肺炎疫情对家庭农场短期和长期影响的估计结果

变量名称	(1) 短期影响 F	(2) 长期影响 M1	(3) 短期影响 F1	(4) 短期影响 F2	(5) 短期影响 F3
新冠肺炎每万人确诊率（Diagnosis rate of 2 019-nCoV）	0.102 1***	−0.073 5	0.099 3*	0.202 4***	−0.054 8
	(0.036 1)	(0.062 7)	(0.059 8)	(0.060 7)	(0.062 0)
所在地是否"封村"（Lockdown，是=1，否=0）	0.246 0***	−0.031 7	0.174 5*	0.427 9***	0.081 4
	(0.062 4)	(0.108 4)	(0.103 3)	(0.104 9)	(0.107 2)
新冠肺炎疫情了解程度（Understanding level of 2019-nCoV，1=不太了解，2=了解，3=十分了解）	0.072 3***	−0.016 0	0.021 8	0.077 7*	0.154 8***
	(0.026 1)	(0.045 3)	(0.043 2)	(0.043 9)	(0.044 8)
性别（Gender，男=1，女=0）	−0.001 3	0.139 2**	0.088 4	−0.119 4**	0.027 7
	(0.035 6)	(0.061 8)	(0.058 9)	(0.059 8)	(0.061 1)
年龄（Age）	−0.000 1	0.000 0	−0.003 6	0.003 3	0.000 8
	(0.001 7)	(0.002 9)	(0.002 8)	(0.002 8)	(0.002 9)
受教育程度（Education，0=高中及以下，1=高中以上）	0.010 5	−0.214 7***	0.111 5**	−0.069 7	−0.042 4
	(0.033 2)	(0.057 6)	(0.054 9)	(0.055 7)	(0.056 9)
土地经营面积（Area）	0.000 0	0.000 1	−0.000 1	0.000 2	0.000 1
	(0.000 1)	(0.000 1)	(0.000 1)	(0.000 1)	(0.000 1)
土地经营面积平方项（Square of area）	−0.000 0	−0.000 0	0.000 0	−0.000 0	0.000 0
	(0.000 0)	(0.000 0)	(0.000 0)	(0.000 0)	(0.000 0)
农场经营年限（Year of operation）	−0.004 4	−0.017 6**	−0.000 7	−0.009 3	−0.003 1
	(0.004 4)	(0.007 6)	(0.007 3)	(0.007 4)	(0.007 6)
是否签订农产品销售合同（Order，是=1，否=0）	0.087 1***	0.119 2**	0.072 9	−0.085 2*	0.390 8***
	(0.028 5)	(0.049 5)	(0.047 0)	(0.047 9)	(0.048 9)
是否购买农业保险（Insurance，是=1，否=0）	−0.162 5***	0.241 6***	−0.352 3***	−0.092 2*	0.066 7
	(0.031 4)	(0.054 6)	(0.052 0)	(0.052 8)	(0.054 0)

（续）

变量名称	(1) 短期影响 F	(2) 长期影响 M1	(3) 短期影响 F1	(4) 短期影响 F2	(5) 短期影响 F3
所在地是否贫困县（Poor county，是＝1，否＝0）	−0.022 2 (0.308 5)	0.801 2 (0.535 4)	−0.877 0* (0.510 5)	0.808 6 (0.518 2)	0.179 5 (0.529 6)
县虚变量（Dummy variable of county）	已控制	已控制	已控制	已控制	已控制
常数项（_cons）	−0.588 3 (0.400 6)	−0.651 8 (0.695 3)	−0.115 0 (0.662 9)	−1.272 0* (0.672 9)	−0.339 1 (0.687 7)
N	2 324	2 324	2 324	2 324	2 324
R^2	0.338 6	0.299 9	0.363 6	0.344 2	0.315 0
F	1.654 0	1.384 0	1.846 5	1.696 0	1.486 0
Prob＞F	0.000 0	0.000 0	0.000 0	0.000 0	0.000 0

注：括号内为标准误，***、**和*分别表示在1%、5%和10%的显著水平上显著。

六、结论与政策启示

新冠肺炎疫情以及因此而生的各种抗疫举措对农业生产经营产生了巨大冲击。本文借助线上2 324个种植类家庭农场数据对新冠肺炎疫情对农场生产经营的短期和长期影响进行了实证分析。（1）描述性统计分析表明，新冠肺炎疫情对种植类家庭农场的影响是多维度的，既有农资购买、农产品销售和日常生产经营活动等方面的短期影响，也有调整未来种植结构和经营规模等长期影响。（2）计量分析表明：与新冠肺炎疫情直接关联的因素如新冠肺炎疫情严重程度、"封村"行动以及农场主对疫情的了解程度只对农场产生了短期影响，而对农场的长期影响并没有显著影响。农场主性别、年龄和受教育水平等个人特征并不改变疫情对农场的短期影响，但却会显著改变农场受疫情的长期影响。男性农场主比女性农场主、高中及以下学历农场主比高中以上学历农场主在疫情后将进行更积极的长期经营策略调整。相比经营年限短的农场来说，经营年限长的农场受到的短期影响越小（可能是因为应对风险更"沉稳"和成熟），进行长期生产经营调整的幅度也越小（可能是因为疫情前已经比短期经营者更接近均衡水平）。在新冠肺炎疫情这个无法预期的巨大自然风险背景下，订单对于家庭农场的生产经营是一把"双刃剑"。尽管订单能够稳定农场销售关系，降低销售风险。但是，重大自然风险冲击使得有订单的农场面临着更大的违约风险，因此所受到的短期影响更加严重，同时也使其进行更大幅度的长期经营策略调整以平衡各种风险。疫情前购买保险显著降低了新冠肺炎疫情对农场的短期影响，同时也进一步刺激了农场更大幅度调整长期经营策略。尽管国家级贫困县的家庭农场受疫情短期影响更小，但他们也将在疫情后进行更积极的长期经营策略调整。

综合以上研究结论，得到政策启示如下：第一，持续开展家庭农场主职业教育培训，提升农场主人力资本水平，提升家庭农场生产经营和风险应对能力。第二，营造有利于家庭农场长期稳定经营的政策和市场环境。长期稳定的经营者更有利于处理农业风险，能够更好地达到最优均衡水平。一方面，积极推进农地"三权分置"改革以促进家庭农场能获得更长期更稳定的经营权，进一步完善农地流转市场，使得家庭农场能够签订更长期的流转合同，实现长期稳定经营。第三，完善农业保险市场，进一步开放农业保险市场，鼓励和引导市场微观主体（组织）开展农业保险服务，形成类别多元、服务精准的农业保险市场。

参考文献：

[1] 杜志雄. 家庭农场处于农业产业振兴核心地位 [J]. 农村经营管理，2018（5）：22-23.

[2] 杜志雄，刘文霞. 家庭农场的经营和服务双重主体地位研究：农机服务视角 [J]. 理论探讨，2017（2）：78-83.

[3] 杜志雄. 家庭农场发展与中国农业生产经营体系建构 [J]. 中国发展观察，2018（Z1）：43-46.

[4] 郜亮亮. 中国种植类家庭农场的土地形成及使用特征：基于全国 31 省（自治区、直辖市）2014—2018 年监测数据 [J]. 管理世界，2020，36（4）：181-195.

[5] 郜亮亮，杜志雄，谭洪业. 家庭农场的用工行为及其特征：基于全国监测数据 [J]. 改革，2020（4）：148-158.

[6] 蔡颖萍，杜志雄. 家庭农场生产行为的生态自觉性及其影响因素分析：基于全国家庭农场监测数据的实证检验 [J]. 中国农村经济，2016（12）：33-45.

[7] 夏雯雯，杜志雄，郜亮亮. 土地经营规模对测土配方施肥技术应用的影响研究：基于家庭农场监测数据的观察 [J]. 中国土地科学，2019，33（11）：70-78.

[8] 刘文霞，杜志雄，郜亮亮. 玉米收储制度改革对家庭农场加入合作社行为影响的实证研究：基于全国家庭农场监测数据 [J]. 中国农村经济，2018（4）：13-27.

[9] 贺娜. 外部冲击影响下的农户家庭决策与制度调整 [J]. 贵州财经大学学报，2018（4）：80-89.

[10] 刘畅，邓铭，马国巍. 家庭农场经营风险识别与防范对策研究 [J]. 苏州大学学报（哲学社会科学版），2019，40（4）：102-110.

[11] CORINNE V，G D E，CHRISTIAN J. Diversification as a risk management strategy in an andean agropastoral community [J]. American Journal of Agricultural Economics，1996，5（78）：1329-1334.

[12] STEFAN D. Risk，crop choice，and savings：evidence from Tanzania [J]. Economic Development & Cultural Change，1996，44（3）：485-513.

[13] 张悦，刘文勇. 家庭农场的生产效率与风险分析 [J]. 农业经济问题，2016，37（5）：16-21.

[14] 邹玉友，马国巍，李帮鸿，等. 东北地区粮食型农户家庭农场经营风险认知的影响因素分析 [J]. 中国农业资源与区划，2019，40（10）：85-92.

[15] 杰弗里·M. 伍德里奇. 计量经济学导论：现代方法 [M]. 6 版. 北京：清华大学出版社，2017.

新冠肺炎疫情对家庭农场生产经营影响研究报告[①]

一、调查及样本、数据等基本情况

环视大江南北，新冠肺炎疫情肆虐横行。疫情对生产生活的影响是全方位的。

家庭农场是中国农业生产主体中十分重要的组成部分，更是商品农产品的主要供给者。为了考察新冠肺炎疫情对家庭农场生产经营影响，从而进一步考察疫情对 2019 年底中央农村工作会议确立的 2020 年"三农"工作"稳产保供"重点任务目标实现的影响，中国社会科学院农村发展研究所"中国家庭农场发展监测研究"课题组于 2020 年 2 月 5 日启动了网络调查工作。经过问卷设计、预调研、定稿问卷等程序，监测团队于 2 月 9 日 12 点 55 分正式上线网络调查问卷，开放网络问卷填报。截至 2 月 11 日 12 点 55 分，48 个小时内共收集 7 932 份家庭农场问卷，剔除其中的无效样本，最终获得 7 528 份有效样本（占 95％）数据。

本报告依据此调查的有效样本数据分析完成。

值得指出的是，抗疫期间，不少网络问卷调查工作都在进行。这些调查对于即时掌握疫情对某个局部的影响发挥了重要作用。但对这些调查也存在抽样方法等数据获得合理性和科学性的质疑。我们的调研也难免存在类似问题，由于我们从一开始就注意到了这个问题，调研数据的稳健性得到增强。（1）本次调研对象为家庭农场。课题组原定调查对象是我们自 2014 年始近 6 年开展监测的样本农场。我们通过农业农村部家庭农场监测系统发放问卷，同时通过各省农业农村厅相关家庭农场的微信群发放问卷。因此，本次调查获取的数据具有对特定研究对象跟踪调查的性质。（2）通过线上网络调研问卷后，经广泛传

---

① 本文依据 2020 年 2 月针对全国近 9 000 个庭农场的在线调查获得的数据进行分析。在问卷设计、数据采集和数据处理过程中，监测团队的所有成员均有参与。总报告由杜志雄、郜亮亮和来晓东根据数据分析执笔完成。

播，很多非原监测样本家庭农场主体认识到调研的重要性，踊跃填写问卷。监测样本以外的调研样本来自政府主管部门的推广，故其本质上接近于在政府家庭农场名录系统内的随机选择。根据农业农村部家庭农场名录系统统计，据农业农村部政策与改革司数据，截至2019年底，全国约79.3万个家庭农场进入名录系统。这样，本次回收样本（7 932个）约占进入名录系统家庭农场的1%。由于家庭农场是随机填写的问卷，所以，本次调查相当于在全国进入名录系统的家庭农场中随机抽取1%的农场开展的调查，调查数据具有较好的统计学意义。

课题组理解，疫情对不同区域、不同类别、不同产品类型的家庭农场的影响存在差别。为此，本报告从地区和类别两个维度评估疫情对家庭农场生产经营已经产生和潜在的影响，并观察分析家庭农场生产经营的调整应对行为。（1）地区维度，把样本分成全国、湖北、湖北周边省份（指地理上接壤省份：安徽、重庆、陕西、河南、江西和湖南6省份）、其他省份（24个省份，不含西藏）。本报告主要呈现全国情况，根据需要对某些问题进行地区间比较分析。（2）农场类别维度，本报告将呈现全部农场（7 528个）、种植类农场（2 695个）、粮食类农场（1 332个）和畜牧养殖类农场（372个）四种情况（表1），其中粮食类农场是指种植小麦、玉米和水稻的种植类农场。考虑到家庭农场在粮食安全层面的意义和不同类别农场在疫情下的行为差异，本报告未对种养结合类农场进行分析。

最后需要强调的是，数据很翔实，但数据背后的解释及数据反映的现实都十分复杂。本报告主要目标在于客观反映疫情之下家庭农场的反应及已经和可能受到的影响情况，故暂不进行过多的因果分析和影响机理的分析。

表1 调研样本情况

单位：个

地区	全部样本			
	所有农场	种植类	粮食类	畜牧养殖类
全国	7 528	2 695	1 332	372
湖北	844	186	61	69
湖北周边省份	2 140	802	420	88
其他省份	4 544	1 707	851	215

二、疫情下的农场行为和疫情对农场的影响

（一）全国各地各类家庭农场对疫情普遍高度敏感，离湖北越远敏感度越低

调查发现，全国99%的农场对新冠肺炎疫情有所了解，近六成农场对疫情十分了解，只有1%左右的农场对疫情不了解。种植类、粮食类和养殖类农场对疫情的敏感度没有明显

差异（图1）。同时，离湖北越远的农场对疫情的敏感度越低，了解状况越差。湖北只有 0.59%的农场对疫情不了解，而远低于全国平均水平（1.04%），湖北周边省份和其他省份不了解疫情的农场比分别为0.97%和1.16%；湖北农场对疫情的了解状况最好，湖北、湖北周边省份和其他省份对疫情十分了解的农场占比分别为62.75%、57.24%和57.06%（图2）。

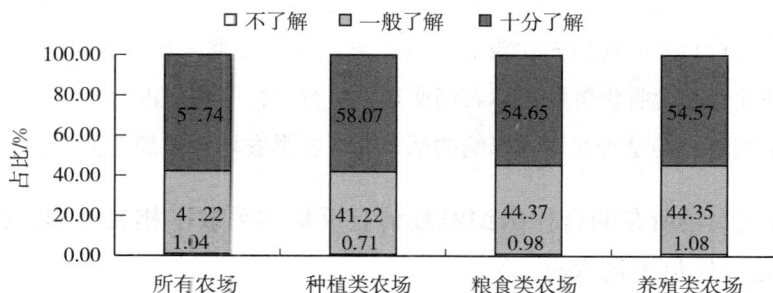

图1　全国各类样本农场对疫情的了解情况

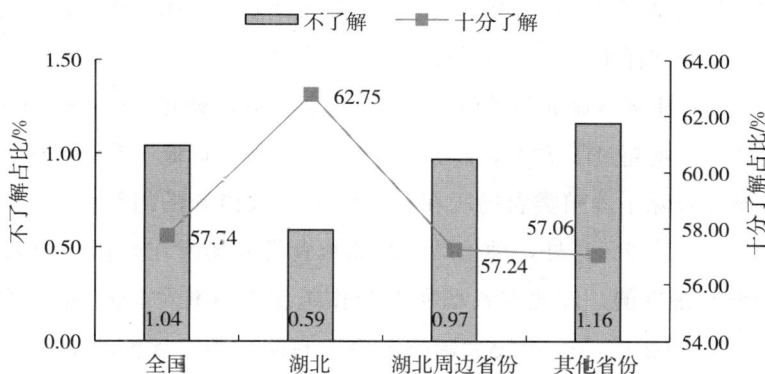

图2　全国各地所有样本农场对疫情的了解情况

（二）全国95%的家庭农场所在村对疫情的反应采取了封村措施，湖北封村比例更高，达97%

疫情发生后，从湖北武汉开始采取一系列防控举措，全国各地防控措施不断升级。从 2020年1月23日开始，全国各省陆续启动重大突发公共卫生事件一级响应，各地方县市、乡村也做出了相应的封城、封村等措施。封村是为了通过限制人员和物资流动对病毒进行物理隔离，但同时也必将对农业生产和农产品流通带来了一定影响。到调研时的2月9—11日全国94.7%的家庭农场所在村采取了封村措施，疫情重灾区的湖北封村比例更高达97.2%，较湖北周边省份高出2.6个百分点。全国其他省份封村比例也达到了94.3%。由此可见，新冠肺炎疫情确实对广大农村地区生产和生活产生了重大影响。

　　总体看，农场所在村封村与否与农场类别关系不大。但由于不同类型的家庭农场对生产物资、劳动力和产品销售的需求存在显著差别，封村对不同农场的经营影响可能存在差距。由于疫情发生在冬季，封村对种植类家庭农场的影响主要反映在对越冬作物田间管理、春耕备耕以及蔬菜等生鲜农产品的输出方面，其影响程度的大小主要受制于封村封路的持续性。对养殖类家庭的影响则更多体现在对饲料等生产物资的供应上。数据表明，各类农场所在村实行封村的村庄占比没有明显差异，全国各类农场所在村有 95% 左右都实行了封村，湖北及其他省份各类样本农场所在村实行封村的村庄占比差别不大。因此，若以封村与否来判断农场是否受疫情影响的话，那么各类农场几乎都要受到影响。

（三）家庭农场所在的合作组织对疫情有反应并采取了相关措施，比例高达七成，但湖北这一比例不足六成

　　本报告中农场所在的合作组织主要指家庭农场加入的合作社、家庭农场联盟、家庭农场协会等组织，他们是家庭农场的利益共同体，对家庭农场个体生产经营决策具有一定的影响力。第一，从全部样本农场平均来看，71% 的农场所在合作组织采取了应急措施。但从区域上来看，疫情重灾区湖北与其他地区呈现明显差异，湖北周边省份和其他省份采取应急措施的合作组织均超过了 72%，而湖北仅有 57.36%，远低于其他省份。第二，若区分农场类别，湖北省除了养殖类农场所在合作组织采取措施的组织占比（75.00%）高于全国平均水平（72.89%）外，种植类农场和粮食类农场所在合作组织采取应急措施的组织占比依然是最低的。湖北省农场所在合作组织的这种"慢反应"可能是由于湖北疫情较为严重，要么已经受到较大影响（由于封闭导致"无能为力"），要么"无暇顾及"。

（四）全国近七成的家庭农场报告其日常生产受影响，而湖北受到的影响更为严重，报告受影响的比重达八成

　　整体来看（图 3），本次疫情对各类农场的日常生产都产生了较大影响。分地区来看，疫情对湖北农场日常生产经营活动影响最大，湖北周边省份次之，其他省份稍小。从所有农场平均来看，全国近七成农场（68.59%）的日常生产受到影响，湖北至少八成受到影响（81.90%），湖北周边省份至少七成（71.80%）、其他省份至少六成（64.67%）受到影响。分农场类别看，不同类型的农场受到的影响有一定的差别，养殖类比种植类及粮食类农场的日常生产受影响程度小。从全国平均看，三类农场中日常生产受影响的农场占比分别为 65.32%、71.76% 和 69.74%；湖北三类农场的这种差异更为明显，分别为 71.01%、91.40% 和 88.52%。这可能是因为，种植类农场（包括其中的粮食类）与养殖类农场在这一时期的生产周期上有所差异。

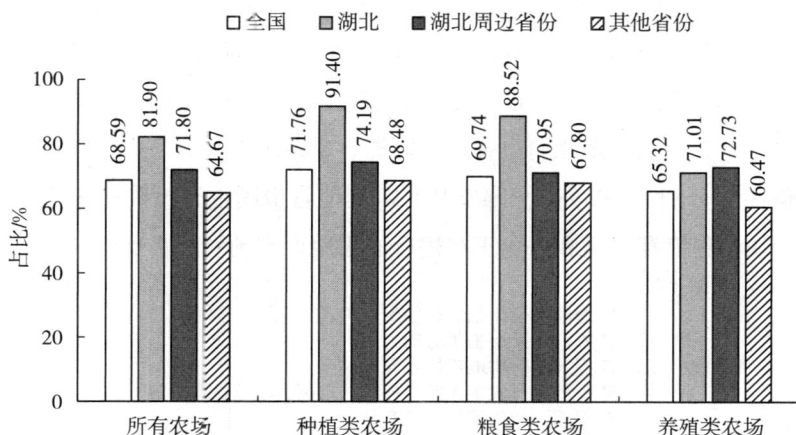

图 3　全国各地各类样本农场中日常生产经营活动受到疫情影响的农场占比

（五）为了减轻疫情对家庭农场生产的负面影响，全部样本农场中有八成农场采取了应急措施，有七成的湖北样本农场也采取了措施；最主要的措施是提前进行生产和销售

分地区看，全国八成、湖北七成样本农场采取了应急措施（图4）。从全部样本农场平均来看，全国只有 19.09％的农场未采取任何措施，而湖北有 29.02％的农场未采取任何措施。湖北这一比例高可能是因为湖北疫情最严重，农场"无暇顾及"或者心有余而力不足。若区分农场类别，未采取任何措施的养殖类农场占比高于种植类和粮食类农场，从全国平均看，有 25.81％养殖类农场没采取任何应急措施，高出种植类的 20.19％和粮食类的 20.05％；湖北的这种差异更明显，40.58％的养殖类农场未采取任何应急措施，高出种植类的 27.96％和粮食类的 26.23％。

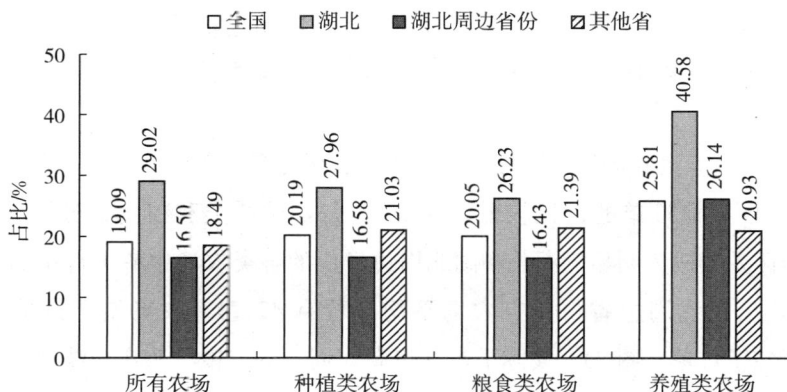

图 4　全国各地各类样本农场中未采取任何应急措施的农场占比

在所采取的应急措施中（图 5），有 40％的农场采取提前雇用工（劳动力）措施，

38.59%采取提前进行农事作业（播种、打药、施肥、除草等），18.87%进行了抢购种子化肥农药等生产资料，18.65%提前进行耕地机械雇佣，16.72%进行了提前、加快销售库存产品，还有19.74%的农场停止了正在进行的租地谈判活动。采取这些应急措施的农场比例在地区之间差异不大，湖北周边省份采取提前联系用工（劳动力）和提前进行农事作业的农场比偏高，分别为46.08%和43.49%，其他省份则进行抢购种子化肥农药等生产资料、提前加快销售库存产品和停止正在进行的租地谈判的农场占比偏高。

□ 抢购种子化肥农药等生产资料
▨ 提前联系用工（劳动力）
■ 提前进行耕地机械雇佣等
▨ 提前进行农事作业（播种、打药、施肥、除草等）
▥ 提前、加快销售库存产品
▦ 停止正在进行的租地谈判

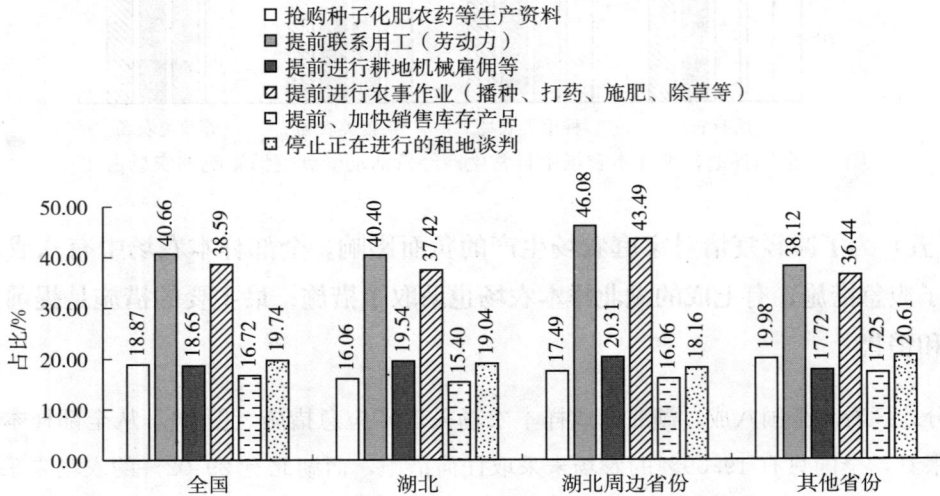

图5　全国各地所有样本农场中采取各类措施的农场占比

（六）疫情对于家庭农场的订单产生了影响

全国所有样本农场中约1/3的农场报告疫情前后有订单行为；2/3农场报告其订单数同比不同程度减少，湖北的和养殖类农场减少更多；也有约1/4的所有样本农场报告其订单不受影响。

课题组考察了家庭农场与个人、合作社或者龙头企业签订的销售订单是否受疫情影响。

第一，约1/3家庭农场签订了订单。从所有农场来看，全国37.63%的农场签订了订单，养殖类农场签订订单的占比较低，为30.38%，种植类和粮食类分别为37.48%和39.71%。地区差异较为明显，湖北和湖北周边省份的各类农场中签了订单的农场占比都较高，比如，从湖北周边省份所有农场平均来看有47.74%农场签了订单，粮食类有52.62%农场签了订单（图6）。实际上，这里湖北周边的安徽、重庆、陕西、河南、江西和湖南6个省份基本都是农业大省，有这个结果不足为奇。

第二，疫情对农场的订单数量影响明显，约2/3～4/5的农场的订单数量同比出现下降情况。从全国来看，约2/3的农场样本在疫情冲击下出现订单数量减少的情况；养殖类受影响较大，有 3/4 农场的订单数量减少（图7）；粮食类受影响最小，有 53.61% 农场的订单出现减少情况。所有农场样本分地区来看，湖北受影响最严重，至少八成农场（81.22%）的订单数量出现减少情况（图7），其他省份则约 2/3 的农场的订单出现减少情况。

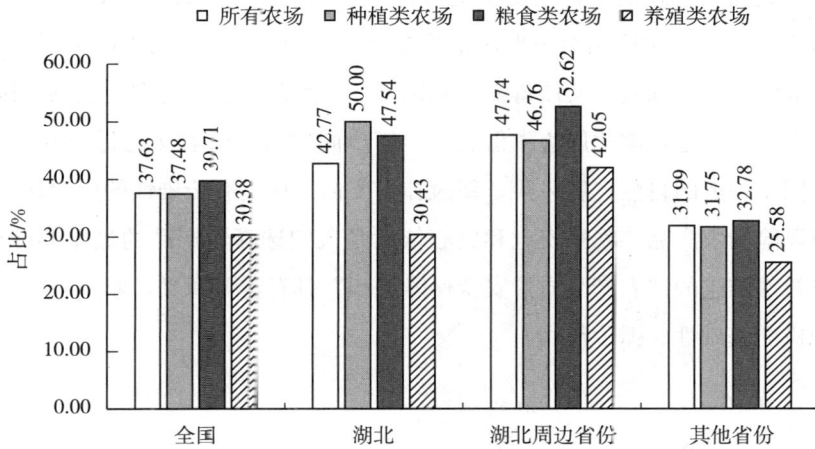

图6　全国各地各类样本农场中签订销售订单的农场占比

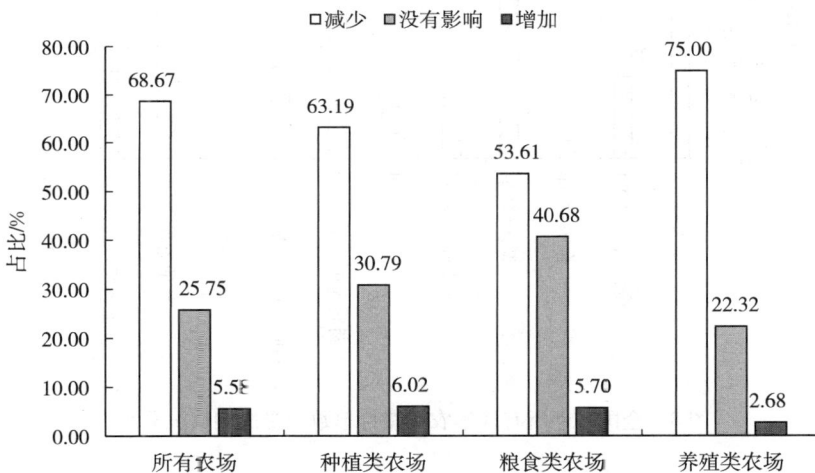

图7　全国各类样本农场按订单数量受影响情况分组

　　第三，疫情下，订单数量同比不受影响的农场很少（图7），占比约 10%～40%。分区域看，全国约 1/4 的农场（25.75%）的订单不受影响，湖北农场订单不受影响比重最低，只有 11.05%，湖北周边省份和其他省份分别有 28.59% 和 27.38% 的农场的订单数量不受影响，因此湖北农场的订单数量受冲击较大。分类别看，全国畜牧养殖类农场订单数量不受影响的比例明显低于种植类和粮食类，分别为 22.32%、30.79% 和 40.68%。可见，至少有 2/5 的粮食类农场的订单没有受到疫情的影响。

第四，仅有3%～10%的样本农场报告即使在疫情之下，其订单数量同比仍增加（图8）。疫情从很大程度上打破了农产品供求和竞争关系，可能导致需求者不得不"就地取材"，因此出现少量农场的订单不减反增情况。分区域看，全国平均近6%的农场的订单数量出现增加，这可能是因为疫情这种无法预期的风险使得平时那些注重风险防范并具有较好抗风险能力的家庭农场脱颖而出，获得了更多的市场份额。而湖北订单数量增加的农场最多，占比为7.73%，至少高出全国平均水平2个百分点，这可能是因为疫情使得湖北与外面市场形成隔绝，内部疫情又使得需求同比增加，因此本省有更多的农场承接了原先没有的订单。有意思的是，湖北周边省份农场中订单同比增加的农场比低于其他省份的比，这表明，不同于一般的自然灾害风险，新冠肺炎疫情这种具有传染性的风险冲击使得市场更青睐远离风险的农产品，吃得安全和放心依然是人们选择农产品的最重要标准。因此，当前农业农村部推进的"农产品质量安全保障工程"具有重要意义，家庭农场理应在其中发挥更为积极的基础性、抓手作用。

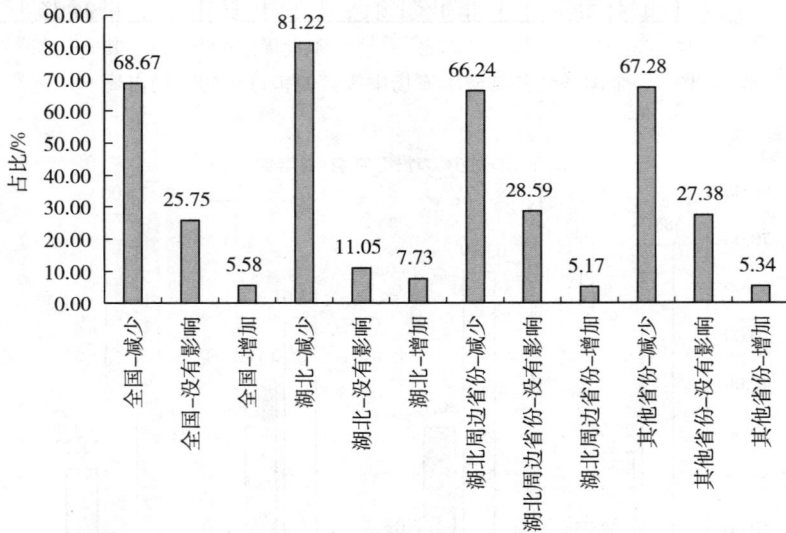

图8　全国各地所有样本农场按订单数量受影响情况分组

（七）全国近九成（湖北95%以上）的种植类样本农场的春耕春播受到疫情影响，粮食类农场受影响程度略低

"农时不等人"，疫情对种植类农场的春耕春播形成较大冲击。首先，从全国层面看（图9），近九成（87.42%）种植类家庭农场的春耕春播不同程度上受到疫情影响，只有一成左右（12.58%）农场表示不受影响。具体看，20.63%的种植类农场表示春耕春播受疫情影响较小，29.94%的农场表示受影响较大，18.44%的农场表示受影响非常大。总体而言，湖北的农场春耕春播受影响面最大，只有4.85%的农场表示不受影响，其他95%

农场都表示受到不同程度的影响，34.95％的农场表示受影响较大，四成农场表示受影响非常大。第二，从全国层面看（图10），种植类中的粮食类农场的春耕春播受疫情冲击程度弱一些，82.21％的粮食类农场表示它们的春耕春播受到不同程度的影响，低于种植类的87.42％；粮食类农场中24.32％和11.41％的农场表示它们的春耕春播受疫情的影响较大和非常大，都低于种植类的29.94％和18.44％。这可能主要是因为大多数粮食类农场冬季种植越冬的小麦，早在2019年底已经种植完毕，同时经济作物的种植类农场由于生产周期相对较短且频繁，因此受冲击较大。

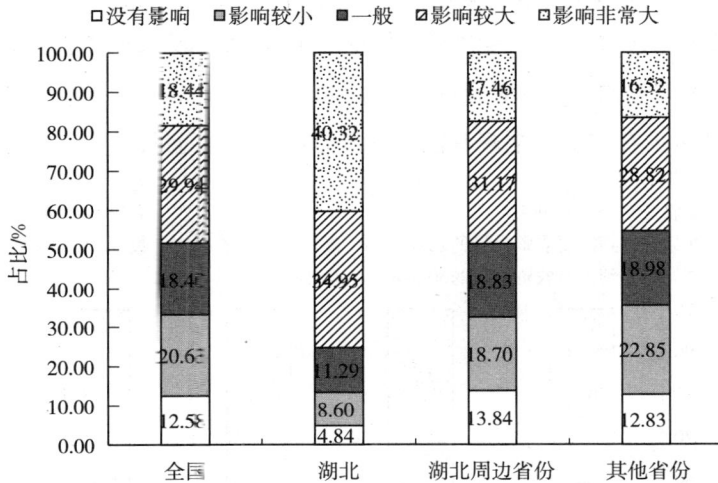

图 9　全国各地种植类样本农场中春耕春播受各种影响的农场占比

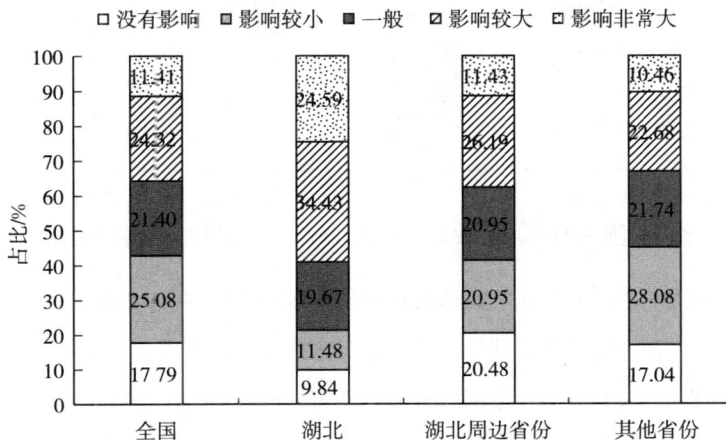

图 10　全国各地粮食类样本农场中春耕春播受各种影响的农场占比

（八）疫情对家庭农场生产资料购买在数量和价格上都产生了影响

全国近八成（湖北超九成）的样本农场报告其生产资料所需购买数量受不同程度影

响。养殖类农场受到的影响相对最大。同时，超一半农场认为疫情导致价格不同程度上涨，湖北的农场和养殖类农场上涨幅度较高。也有近一半的农场认为其生产资料购买价格并没受到疫情影响。

1. 疫情对农场购买生产资料数量的影响。疫情对当前家庭农场购买化肥、农药、饲料等生产资料产生了较大的影响。第一，从全国层面看（图 11），76.78％的样本农场表示它们所需生产资料购买量受到疫情不同程度的影响，只有 23.22％的农场表示不受影响。最主要的影响是农资运不进来，40.89％的农场表示农资完全运不进来；35％的农场表示农资购买数量受到不同程度的限制，无法购买到所需的数量，其中 9.96％的农场表示只能买到需要农资数量的 60％～80％，10.82％的农场只能买到需要农资数量的 40％～60％，7.67％只能买到需要农资数量的 20％～40％，还有 7.43％只能买到需要农资数量的 20％以下，即至少有 15％的农场只能买到所需农资一半的量。

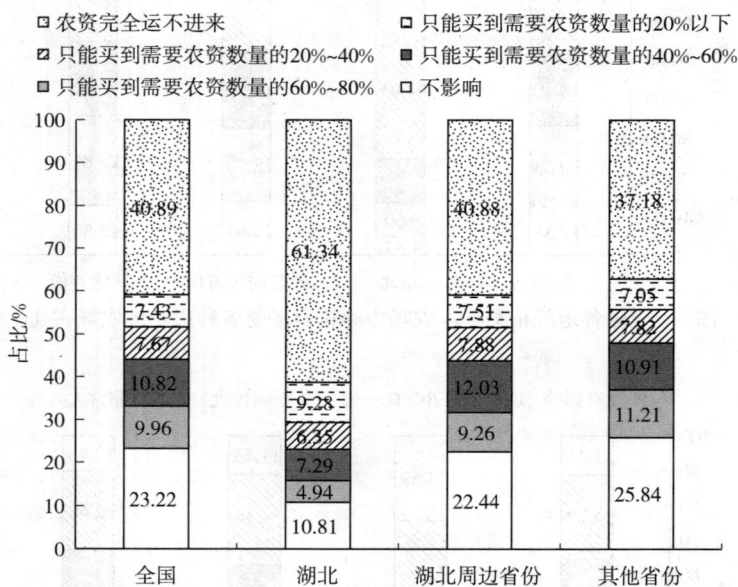

图 11 全国各地所有样本农场按化肥农药饲料等农资的购买数量受疫情影响分组

第二，分地区看，疫情对湖北家庭农场所需购买农资数量影响更为严重。湖北省近九成农场（89.19％）表示农资所需购买数量受到疫情不同程度的影响，61.34％的农场表示农资完全运不进来，9.28％的农场表示所能购买到的农资不到想购买量的 1/5。湖北周边省份的家庭农场也同时受到影响。湖北周边省份的调研样本中，受到疫情影响的农场占比达到 77.56％，40.88％的农场表示生产资料完全运不进来，有 7.51％的农场仅能买到所需生产资料 20％以下的数量。而其他省份的家庭农场受影响的程度小于湖北省及湖北周边地区省份。其他省份的调研样本中，受到疫情影响的农场占比为 74.16％，生产资料完全运不进来的农场占比为 37.18％，只能买到 20％以下数量的生产资料的农场占比为

7.05%；这三个比例分别比湖北省的相应比例低 15.03 个百分点、24.16 个百分点和 2.23 个百分点，分别比湖北周边省的相应比例低 3.4 个百分点、3.7 个百分点和 0.46 个百分点。

第三，分农场类别看（图 12），养殖类农场在购买生产资料数量方面受到影响的比例在所有类型农场中最高，为 80.65%，高出所有农场平均水平 3.87 个百分点，分别高出种植类和粮食类农场 7.33 个百分点和 8.35 个百分点。但养殖类农场表示生产资料完全运不进来的比例却最低，为 37.91%，比所有农场平均水平低 2.98 个百分点，分别比种植类和粮食类农场低 3.17 个百分点和 3.53 个百分点。粮食类农场在购买生产资料数量方面受到影响的比例在所有类型农场中最低，为 72.30%，但粮食类农场表示生产资料完全运不进来的比例却最高，为 41.44%。这可能是因为养殖类农场生产资料（如饲料等）需要的频率远大于种植类。养殖业的特征决定了购买饲料等是刚性需求，在流通环节会获得局部放行，因此完全运不进来的比例低于总体样本；同时，由于养殖业对饲料等的刚性需求，导致养殖类家庭农场受疫情影响较大，被影响的农场比例高于总体样本。

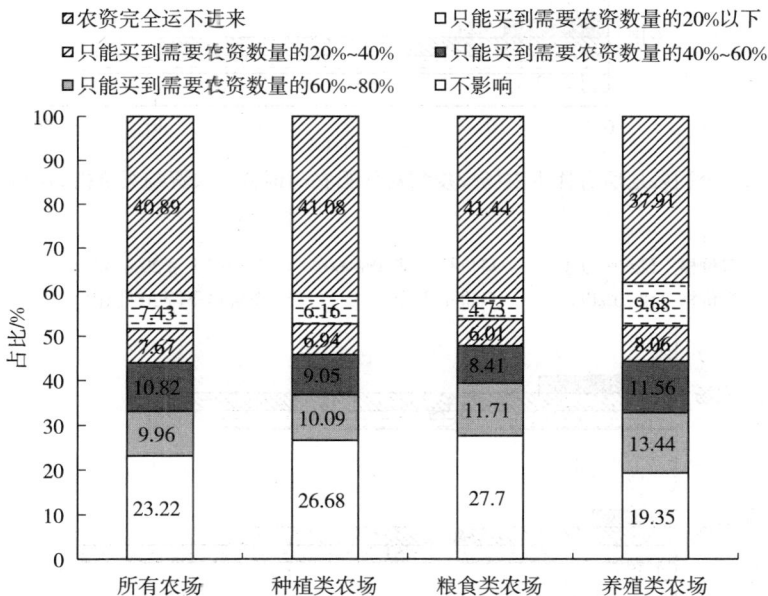

图 12　全国各类样本农场按化肥农药饲料等农资的购买数量受疫情影响分组

2. 疫情对农场购买生产资料价格的影响。疫情已经造成了当前化肥、农药、饲料等生产资料价格的上涨，其中对湖北省的影响程度更大。第一，从全国层面看（图 13），报告购买生产资料价格上涨了的农场占比为 51.04%，其中绝大部分农场购买生产资料的价格涨幅在 20% 以内。而湖北省的调研样本中，购买生产资料价格上涨的农场占比为 55.46%，高于全国和其他省份。第二，养殖类农场受生产资料价格上涨的影响更大。购买生产资料价格上涨的养殖类农场占比为 57.22%，高于种植类农场（45.92%）和粮食类农场（47.15%）的该比例。而且 13.87% 的养殖类农场购买生产资料的价格涨幅超过 20%，高于种植类农场（9.89%）和粮食类农场（8.55%）的该比例（图 14）。

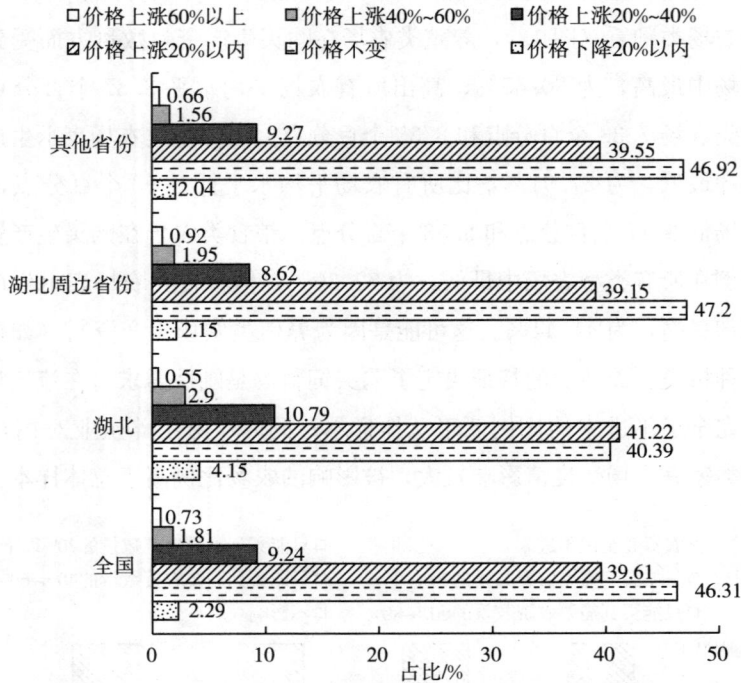

图 13　全国各地所有样本农场按疫情对化肥农药饲料等农资购买价格影响分组

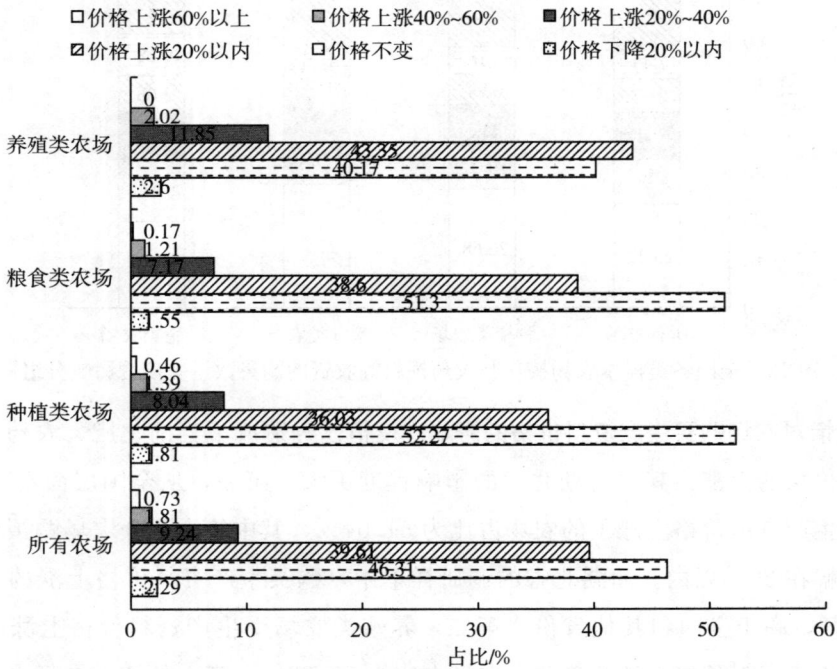

图 14　全国各类样本农场按疫情对化肥农药饲料等农资购买价格影响分组

（九）疫情对家庭农场的用工数量和价格产生影响

全国超八成（湖北近九成）农场报告其生产雇工数量受疫情冲击招工难，其中有四成（湖北六成）样本农场报告当前完全雇不到工人。不同类型的农场雇工受影响差别不大，养殖类农场可能因为雇佣关系较为稳定受到的影响相对较小，也有近3/4的样本农场受到影响。在工资方面，全国超六成（湖北近七成）的样本农场报告雇工价格上涨，价格下降的农场约1%；同样的，养殖类农场雇工的雇佣关系更为稳定，报告工资上涨的农场比相对较低。

1. 疫情对农场生产雇工数量的影响。疫情对家庭农场的生产雇工产生了较大冲击。第一，从全国层面（图15）看，超八成（81.85%）农场的生产所需雇工数量受到影响。四成农场表示完全雇不到所需用工。近一成（9.48%）农场表示只能雇到所需数量的60%，10.25%的农场只能雇到所需数量的40%，13.94%的农场能雇到的雇工数量不足所需数量的1/5。第二，分地区看，湖北农场的雇工数量受影响最严重，近九成农场不同程度上雇不到所需用工，且六成农场完全雇不到用工（比全国水平高两成），一成左右农场只能雇到所需数量的40%～60%，还有一成农场能雇到的用工不足所需数量的1/5。离湖北远的其他省份受影响程度较低，其他省份的农场不足八成的农场雇工数量受影响，完全雇不到用工的农场占35.87%，低于全国平均水平（40.35%）和湖北水平（60.84%）。第三，全国层面分农场类别看（图16），养殖类农场的雇工数量受影响程度低于种植类和粮食类。近3/4（74.30%）的养殖类农场表示雇工数量受到不同程度影响，低于所有农场的平均水平（81.85%）、种植类的84.25%和粮食类的81.17%；养殖类农场中完全雇不到用工的农场比例（38.27%）也较低，低于所有农场和种植类

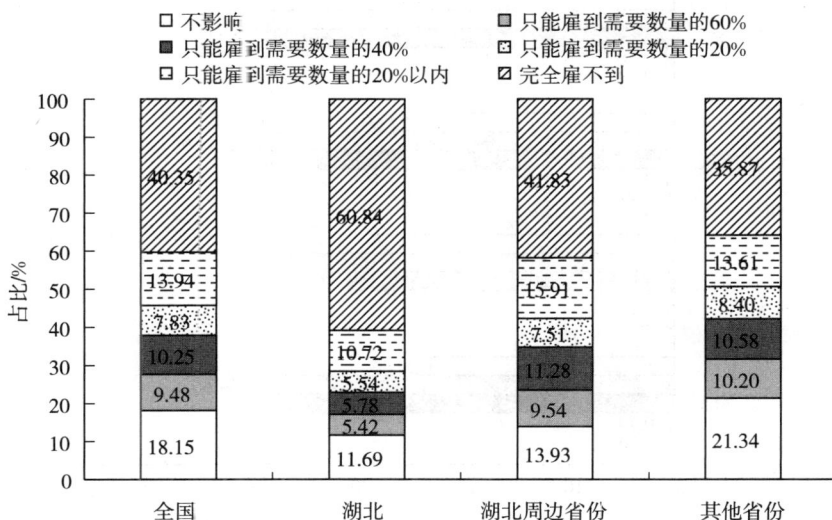

图15　全国各地所有样本农场按疫情对当前农业生产雇工数量的影响分组

的相应比例（40.35%和40.08%）。

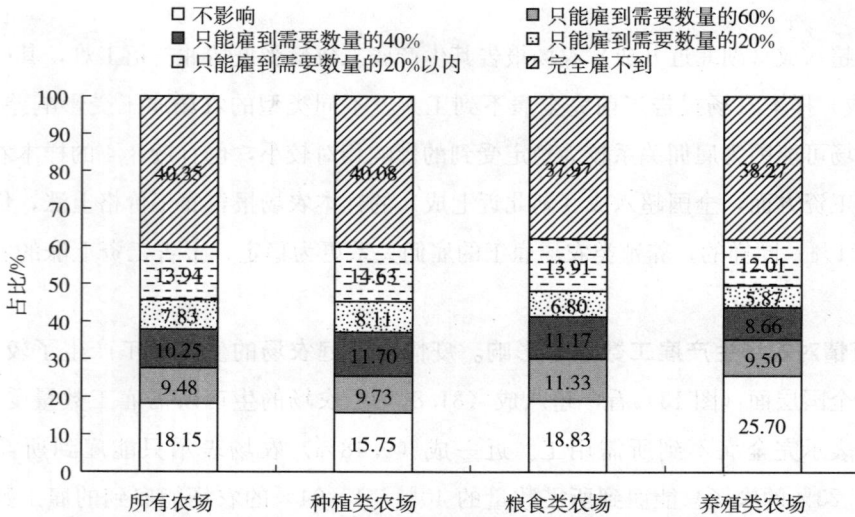

图 16　全国各类样本农场按疫情对当前农业生产雇工数量的影响分组

2. 疫情对农场生产雇工价格的影响。疫情对农场雇工的工资水平产生了明显影响。第一，从全国层面看（图 17），只有 36.08% 的农场的雇工价格不受疫情影响，工资下降的农场约占 1 个百分点，其余六成（62.52%）农场的雇工价格都出现上涨情况，四成农场的雇工价格上涨幅度在 20% 以内，至少两成（22.86%）农场的雇工价格上涨 20%～40%。第二，分地区看（图 17），湖北及其周边省份的农场雇工价格受疫情冲击程度较大，湖北及其周边省份农场中雇工价格上涨的农场占比分别为 68.16% 和 65.35%，高于

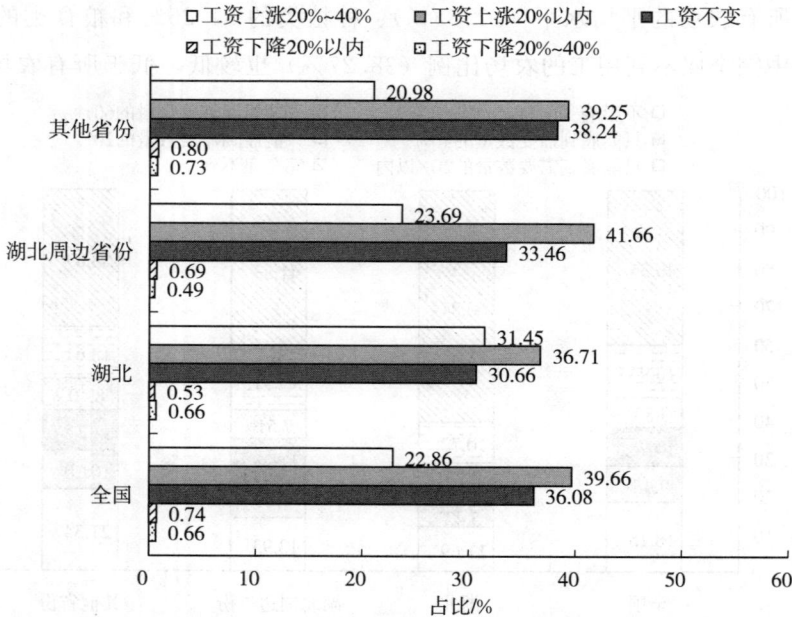

图 17　全国各地所有样本农场按疫情对当前农业生产雇工价格的影响分组

全国的 62.52% 和其他省份的 60.23%；同时，湖北及其周边省份农场中雇工价格不发生变化的农场占比分别为 30.36% 和 33.46%，低于全国的 36.08% 和其他省份的 38.24%；雇工工资出现下降的农场比在湖北省及其周边省份都较低。第三，从全国层面分农场来看（图 18），种植类和粮食类农场的雇工价格受影响程度大于养殖类农场。种植类和粮食类农场中雇工价格上涨的农场占比分别为 63.69% 和 63.62%，都高于养殖类的 56.48%；另一方面，种植类和粮食类农场雇工价格下降的农场比分别为 0.88% 和 0.73%，不足 1 个百分点，远低于养殖类的 2.01%。

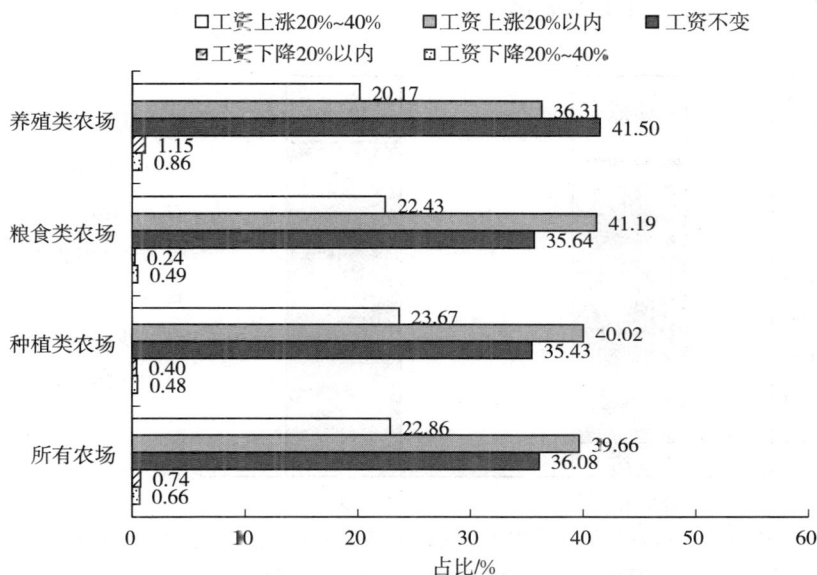

图 18　全国各类样本农场按疫情对当前农业生产雇工价格的影响分组

（十）疫情对家庭农场土地流转的意愿也毫不奇怪地产生了影响

全部样本中，有三成左右的农场报告疫情对其土地流转决策或者意愿产生了很大影响；疫情对农场土地流转租金产生的影响不大；湖北省的种植类农场的土地流转决策或意愿和土地流转租金更受疫情影响，其他省份的粮食类农场更受影响。

1. 疫情对种植类农场土地流转决策或者意愿产生的影响。就农场经营的一般情形而言，大部分农场在每年元旦前就已经基本做出了下一年土地流转的决策或者签订了土地流转合同。但是，新冠肺炎疫情发生在春节前后，而且严重程度和持续时间都超出了农场主的预想，导致农场的土地流转决策或者意愿发生了较大转变。

疫情对三成左右的农场的土地流转决策或者意愿产生了很大影响。疫情发生前，分别有 69.50% 的种植类农场和 71.21% 的粮食类农场签订了 2020 年的土地流转合同，基本不受疫情的影响（图 19）。但是，疫情对还未签订 2020 年土地流转合同的农场产生了很大影响。调查数据显示，20.66% 的种植类农场和 16.24% 的粮食类农场没有土地流转意愿，即无论有无疫情，他们原本就没有进行土地流转的打算。8.59％的种植类农场计划减少土地流转面积，其中，4.69％的种植类农场计划减少20％～40％的土地流转面积，3.90％的种植类农场计划减少20％以内的土地流转面积。10.70％的粮食类农场计划减少土地流转面积，其中，5.85％的粮食类农场计划减少20％～40％的土地流转面积，4.80％的粮食类农场计划减少20％以内的土地流转面积。种植类农场和粮食类农场分别仅有1.25％和1.85％计划增加土地流转面积，增加幅度以20％以内为主。可见，疫情对农场主要产生了不流转土地和减少流转面积的影响；相对来说，疫情对种植类农场土地流转决策或者意愿产生的影响，稍大于粮食类农场。

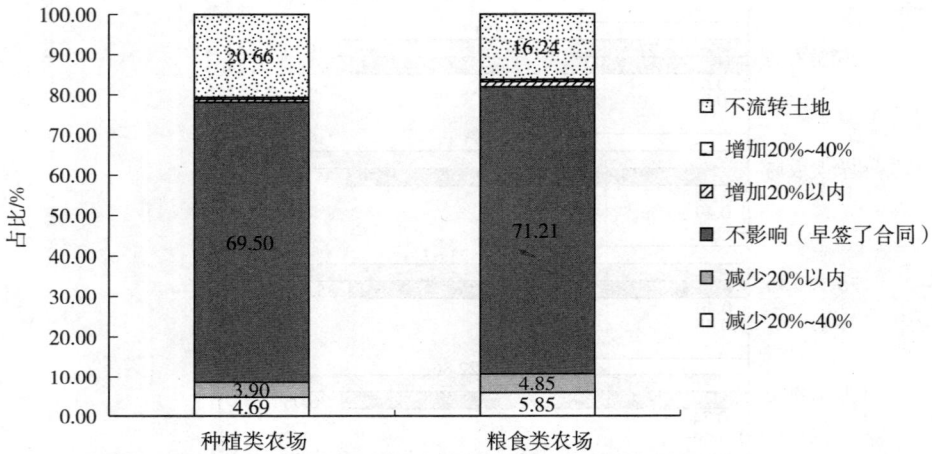

图19　全国种植类样本农场按土地流转决策或意愿受疫情的影响分组

注：这里的"不流转土地"选项意指原本就没有流转土地意愿或计划。

疫情对湖北省种植类农场、其他省份粮食类农场土地流转决策或者意愿的影响略大。调查数据显示（表2），疫情对湖北省32.97％的种植类农场的土地流转决策或者意愿产生了影响，明显高于湖北省周边省份（30.09％）和其他省份（30.42％）。其中，湖北省21.98％的种植类农场做出了不流转土地的决策，略高于湖北省周边省份（20.10％）和其他省份（20.78％）。湖北省10.99％的种植类农场计划减少土地流转面积，略高于湖北省周边省份（8.34％）和其他省份（8.44％）。在湖北省，调研样本中的种植类农场都不计划增加土地流转面积，在湖北省周边省份和其他省，计划增加土地流转面积的农场占比分别为1.64％和1.20％。

疫情对其他省份31.15％的粮食类农场的土地流转决策或者意愿产生了影响，明显高于湖北省（22.03％）和湖北周边省份（25.06％）。但是，湖北省减少土地流转面积的粮食类农场占比为13.56％，明显高于湖北周边省份（8.44％）和其他省份（11.63％）。湖北省的粮食类农场都不计划增加土地流转面积，而在湖北周边省份和其他省份，计划增加土地流转面积的农场占比分别为2.16％和1.81％。相对来说，疫情对三大地区种植类农场土地流转决策或者意愿产生的影响，明显大于粮食类农场。

表2　各地种植类样本农场的土地流转决策或意愿受疫情影响情况

单位：%

地区	影响情况	种植类农场	粮食类农场
湖北	减少20%～40%	6.59	6.78
	减少20%以内	4.40	6.78
	不影响（早签了合同）	67.03	77.97
	增加20%以内	0.00	0.00
	增加20%～40%	0.00	0.00
	不流转土地	21.98	8.47
湖北周边省份	减少20%～40%	4.55	4.58
	减少20%以内	3.79	3.86
	不影响（早签了合同）	69.91	74.94
	增加20%以内	0.88	1.20
	增加20%～40%	0.76	0.96
	不流转土地	20.10	14.46
其他省份	减少20%～40%	4.55	6.42
	减少20%以内	3.89	5.21
	不影响（早签了合同）	69.58	68.85
	增加20%以内	0.78	1.45
	增加20%～40%	0.42	0.36
	不流转土地	20.78	17.70

注：这里的"不流转土地"选项意指原本就没有流转土地意愿或计划。

2. 疫情对农场土地流转租金产生的影响不大。从全国层面看，仅有不足一成的农场认为土地流转租金会受疫情影响。针对有流转计划的家庭农场而言（图20），全国81.14%的种植类农场和81.56%的粮食类农场做出土地流转租金会保持不变的判断，只有6.81%的种植类农场和8.35%的粮食类农场认为土地流转租金会发生变化，其中，5.50%的种植类农场和6.74%的粮食类农场认为土地流转租金会上涨，但上涨幅度以20%以内为主。所以，相对来说，疫情对粮食类农场土地流转租金的影响，明显大于种植类农场。

分地区看，湖北省的种植类农场、其他省份的粮食类农场认为土地流转租金更受疫情影响。调查数据显示（表3），湖北省10.93%的种植类农场认为土地流转租金会受疫情影响，高于湖北周边省份（4.93%）和其他省（7.26%）。其中，湖北省9.84%的种植类农场认为土地流转租金会上涨，高于湖北周边省份（3.54%）和其他省份（5.95%）。并且，三大地区的种植类农场都认为土地流转租金上涨幅度在20%以内。显然，湖北省的

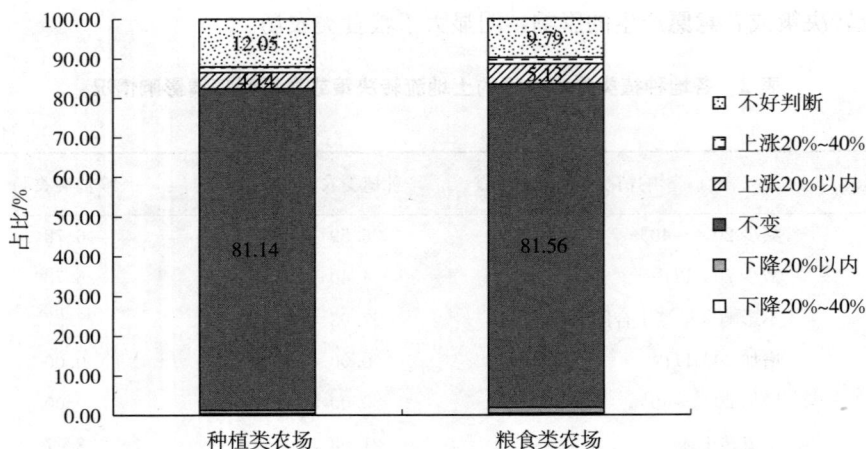

图 20 全国种植类样本农场按疫情对土地流转租金的影响分组

种植类农场认为土地流转租金更受疫情影响，这也表明，疫情对湖北省种植类农场土地流转租金的影响，可能大于湖北周边省份和其他省份。

表3 各地种植类样本农场按疫情对土地流转租金可能产生的影响判断分组

单位：%

地区	影响情况	种植类农场	粮食类农场
湖北	下降 20%～40%	1.09	0.00
	下降 20%以内	0.00	0.00
	不变	77.05	86.67
	上涨 20%以内	6.56	3.33
	上涨 20%～40%	3.28	3.33
	不好判断	12.02	6.67
湖北周边省份	下降 20%～40%	0.51	0.72
	下降 20%以内	0.88	1.20
	不变	83.59	84.86
	上涨 20%以内	2.78	4.09
	上涨 20%～40%	0.76	0.72
	不好判断	11.49	8.41
其他省份	下降 20%～40%	0.30	0.36
	下降 20%以内	1.01	1.68
	不变	80.43	79.54
	上涨 20%以内	4.52	5.78
	上涨 20%～40%	1.43	1.93
	不好判断	12.31	10.71

其他省份 9.75% 的粮食类农场认为土地流转租金会受疫情影响，高于湖北省

（6.66％）和湖北周边省份（6.73％）。其中，其他省份7.71％的粮食类农场认为土地流转租金会上涨，高于湖北省（6.66％）和湖北周边省份（4.81％）。并且，三大地区的粮食类农场都认为土地流转租金上涨幅度在20％以内。显然，其他省份的粮食类农场认为土地流转租金更受疫情影响，这也表明，疫情对其他省份粮食类农场土地流转租金的影响，可能大于湖北省和湖北周边省份。

（十一）疫情对家庭农场产品销售的影响不容忽视

全国七成、湖北八成多样本农场报告其农产品销量数量因疫情不同程度下降，这也意味着，家庭农场目前农产品积压严重。湖北省销量下降40％以上的农场占比明显高出其他地区，养殖类销量下降农场占比较高。不仅如此，全国有近四成样本农场报告其农产品销售价格下降、一半农场报告其价格不变。养殖类农场报告销售价格下降的农场比较高。

1. 疫情对农场农产品销售数量的影响。受疫情影响，家庭农场农产品销售的数量受到明显冲击。第一，从全国层面看，71.90％的农场农产品销量同比出现下降情况，22.69％的农场销量下降小于20％，23.54％的农场销量下降20％～40％，1/4的农场（25.67％）销量下降高达40％以上。同时，也有近3％的农场的农产品销量出现增加情况。第二，分地区看，湖北省的农场销量受影响最大。湖北地区84.23％的农场出现销量下滑问题，高于湖北周边省份70.21％和其他省份的70.51％。尤其是，39.08％的农场销量下降40％以上，远高于其他地区（图21）。第三，分农场类型看，养殖类农场销售问题更为严重。76.61％的养殖类农场存在销售困难，比种植类农场和粮食类农场分别高出3.85个百分点和10.54个百分点；并且，30.70％的养殖类农场销量下降20％～40％，26.32％的养殖类农场销量下降高达40％以上，也远高于种植类农场和粮食类农场（图22）。

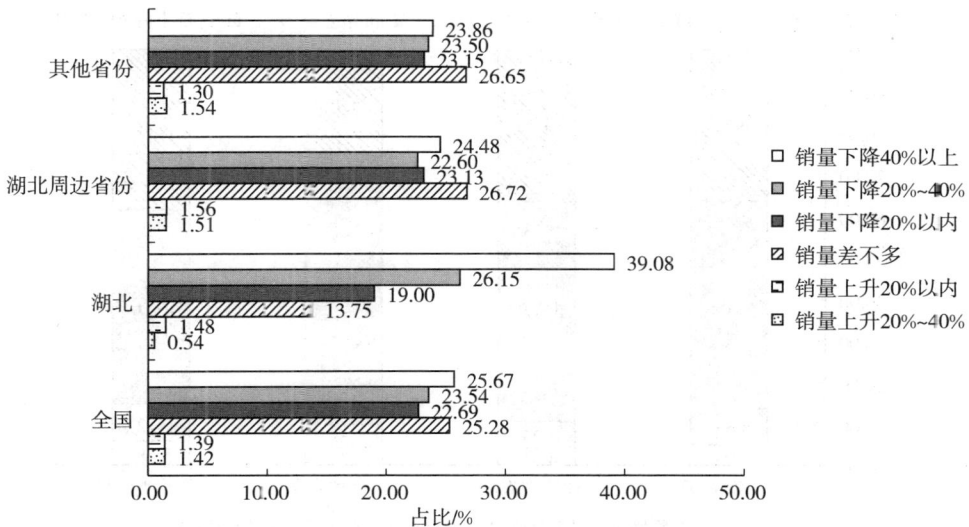

图21　全国各地所有样本农场中疫情对销售数量各种影响的农场占比

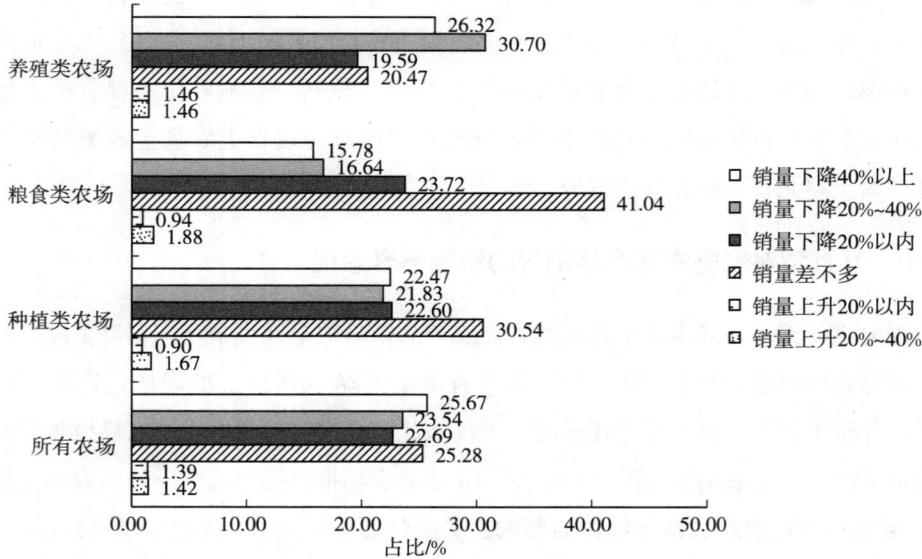

图 22　全国各类样本农场中疫情对销售数量各种影响的农场占比

2. 疫情对农场农产品销售价格的影响。家庭农场农产品销售价格受疫情影响波动暂时还不明显，绝大部分农场农产品销售价格基本不变，甚至略有下降。第一，从全国看，半数农场认为农产品销售价格基本不变，近四成农场认为农产品价格下降20％以内。第二，分地区看，湖北、湖北周边省份以及其他省份农产品销售价格受疫情影响趋势基本相同，地区差异不大。第三，分农场类型看，64.75％的粮食类农场认为农产品销售价格基本不变，远高于种植类农场和养殖类农场；14.90％的养殖类农场认为农产品销售价格上升，略高于种植类农场和粮食类农场（图 23）。

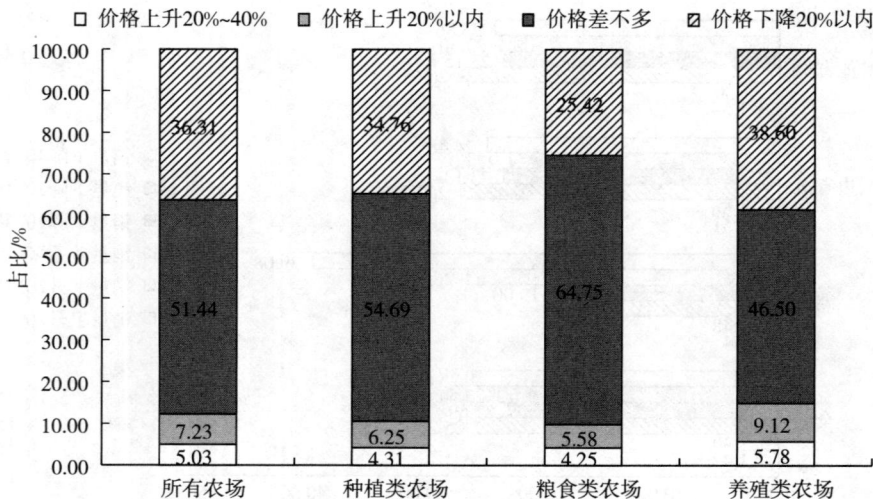

图 23　全国各类样本农场中疫情对销售价格各种影响的农场占比

（十二）疫情对农场成本收益的影响比较复杂，整体看短期内增加成本、减少收益已成定局，长期影响还有待观察

据农场报告，疫情使全国样本农场的生产总成本平均提高 22.9%，其中超七成农场的总成本增长 20%～40%；湖北农场增幅最高，其中成本增幅超过 40% 的农场比高出其他地方近 1 倍；养殖类农场的总成本增幅明显高于种植类农场，粮食类农场受影响暂时最小。从收入方面看，全国超八成样本农场报告其销售收入因疫情下降，其中五成农场的降幅在 40% 以内，三成降幅超过 40%；湖北超过九成农场的销售收入出现不同程度的下降，其中超七成农场的降幅超过 20%；养殖类农场中销售收入下降的农场比最高，粮食类受影响最小。

1. 对农场生产总成本的影响。疫情的发生普遍提高了家庭农场的生产总成本。总体上，疫情使家庭农场的生产总成本平均提高约 22.89%。其中疫情使湖北省样本农场的生产总成本平均提高约 25.53%，高于湖北周边省份和其他省份。分不同经营类型农场看，养殖类农场的生产总成本受疫情影响而增长的比例要高于种植类农场和粮食类农场，粮食类农场的生产总成本受疫情影响而增长的比例最低（图 24）。

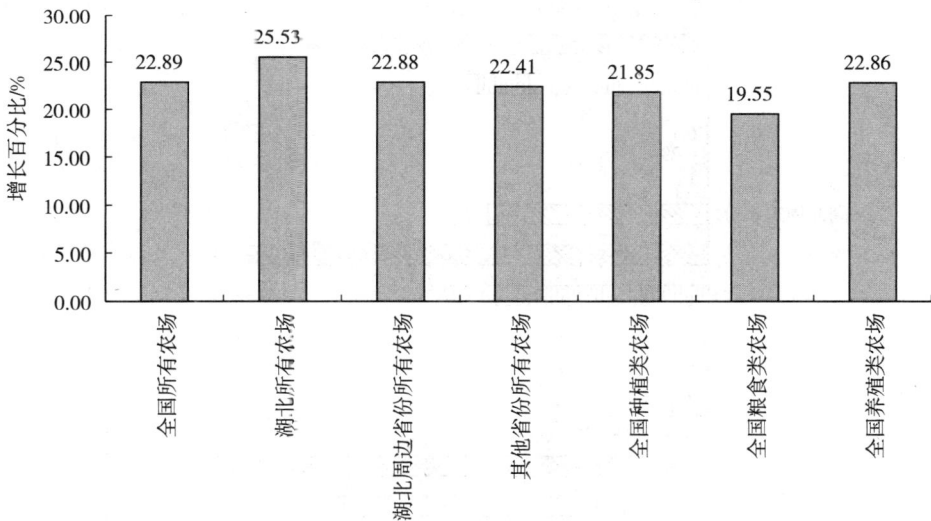

图 24　疫情使各类家庭农场的生产总成本增长百分比

进一步将农场生产总成本提高的百分比进行分组来看，全部样本中，生产总成本提高幅度在 20%～40% 的农场数量最多，占比超过 70%。分地区看，湖北省的调研样本中，生产总成本将提高 40% 以上的比例较高，达到 16.02%，远高于湖北周边省份和其他省份。分家庭农场经营类别看，养殖类农场中生产总成本将提高 40% 以上的比例也较高，达到 11.59%，远高于种植类农场和粮食类农场（表 4）。

表 4　按疫情使农场生产总成本增加比例分组的各类农场占比

单位：%

成本提高比例区间	全国所有农场	湖北所有农场	湖北周边省份所有农场	其他省份所有农场	全国种植类	全国粮食类	全国养殖类
<20	18.65	13.66	18.28	19.72	21.38	26.02	20.75
[20，40)	71.19	70.32	72.58	70.71	70.59	70.08	67.65
≥40	10.16	16.02	9.14	9.57	8.03	3.90	11.59

2. 对农场销售收入的影响。疫情对家庭农场的销售收入将产生较大的影响，总体上，疫情将导致销售收入下降的农场比例高达 83.59%。疫情对湖北省的样本农场销售收入影响更为严重，在湖北省的样本中，销售收入将下降的农场占比达到 91.24%，该比例远高于湖北周边省份（83.25%）和其他省份（82.35%）。其中，认为销售收入会下降 60%～80% 的家庭农场占比达 22.22%，认为销售收入会下降 40%～60% 的家庭农场占比达 22.72%，认为销售收入会下降 20%～40% 的家庭农场占比达 30.37%，这些占比都明显高于湖北周边省份和其他省份（图 25）。

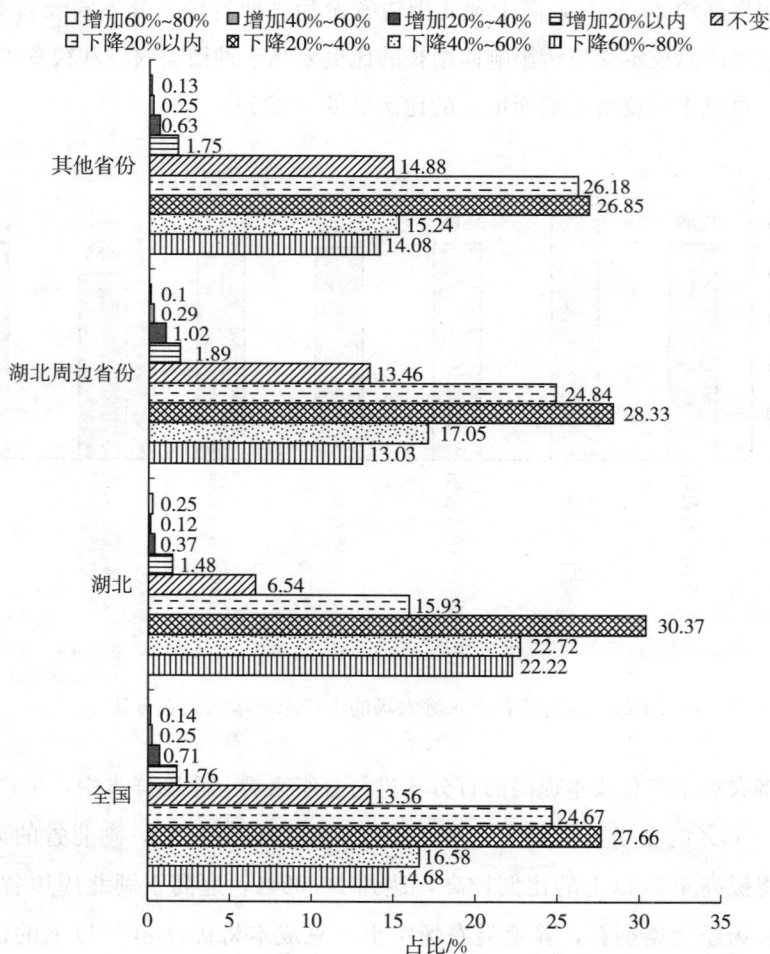

图 25　全国各地所有样本农场按疫情对家庭农场销售收入的影响分组

　　疫情对不同经营类型家庭农场的销售收入影响程度也不同。养殖类家庭受到的影响大于种植类家庭农场，更大于粮食类家庭农场。养殖类农场中，认为销售收入会下降的比例高达 87.4％，该比例远高于种植类农场（79.95％）和粮食类农场（73.1％）。而且养殖类农场中，认为销售收入会下降 60％～80％的家庭农场占比达 17.37％，认为销售收入会下降 40％～60％的家庭农场占比达 19.61％，认为销售收入会下降 20％～40％的家庭农场占比达 29.41％，这些占比都明显高于种植类农场和粮食类农场（图 26）。

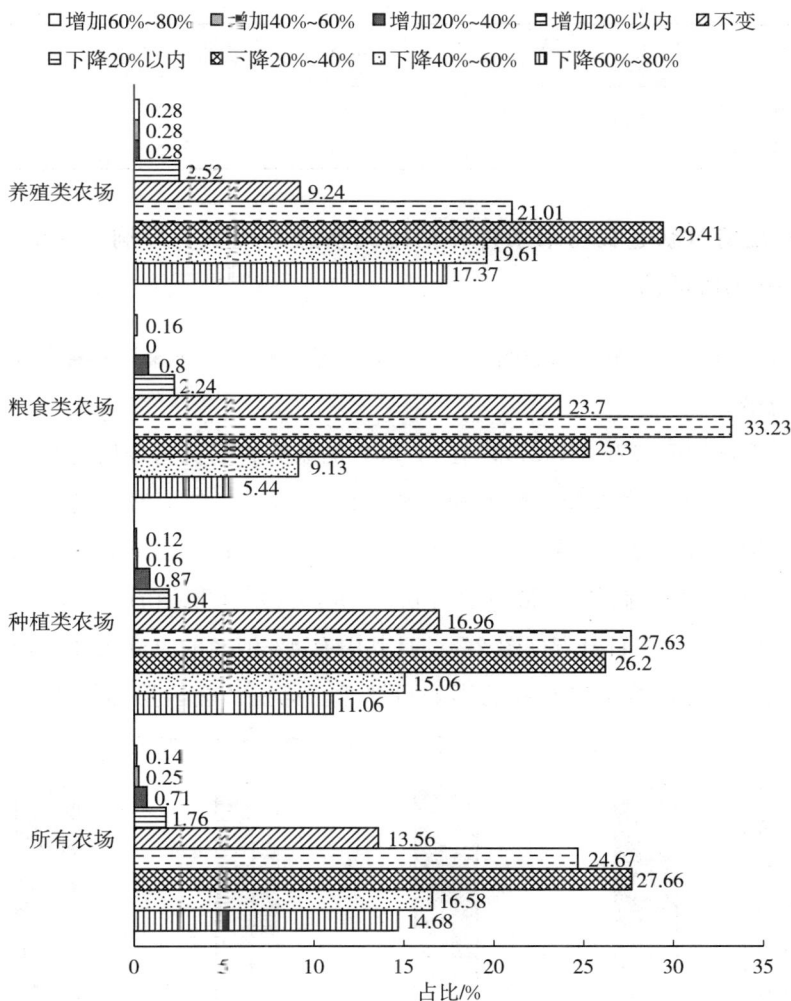

图 26　全国各类样本农场按疫情对家庭农场销售收入的影响分组

　　3. 样本农场 2019 年度销售收入分析。全部样本农场 2019 年度的种植业平均销售收入约 55.41 万元，养殖业平均销售收入约 37.34 万元。其中，种植类农场的种植业平均销售收入约 72.93 万元，养殖类农场的养殖业平均销售收入约 64.20 万元，粮食类农场的种植业平均销售收入约 66.08 万元。分地区看，湖北省样本农场 2019 年度种植业平均销售收入为 66.79 万元，低于湖北周边省份样本农场当年的种植业平均销售收入，但高于其他省份样本农场当年的种植业平均销售收入。湖北省样本农场 2019 年度养殖业平均销售收入为 57.95 万元，远高于湖北周边省份和其他省份的样本农场当年的养殖业平均销售收入。这在一定程度上说明，湖北省是农业大省，特别是农业养殖大省，养殖业收入是湖北省农业生产经营收入的重要组成部分（表 5）。

表 5　全国及各地的所有农场 2019 年平均销售收入

单位：万元

销售收入	全国	湖北省	湖北周边省份	其他省份
2019 年种植业平均销售收入	55.41	66.79	71.05	46.06
2019 年养殖业平均销售收入	37.34	57.95	38.26	33.17

（十三）疫情对家庭农场未来种养结构调整意愿产生了影响，其对中国农业长期发展的影响不可低估

全国至少一半、湖北至少六成的农场认为，疫情将使其在未来调整种养结构，养殖类农场调整意愿最大。

第一，从全国层面来看（图 27），有 51.95％的家庭农场认为疫情将影响未来种养结构。其中，17.90％的家庭农场将增加种类和品种，34.05％的家庭农场将减少种类和品种。第二，分地区看，受此次疫情影响最严重的湖北省，有 62.63％的家庭农场将调整未来种养结构，该比例要高于湖北周边省份（53.73％）和其他省（49.18％），比全国（51.95％）高出 10.68 个百分点（图 27）。且其中有 42.07％的家庭农场将调减种类和品种。由此可见，疫情对湖北省农业的影响更严重。第三，全国层面分农场类别看（图

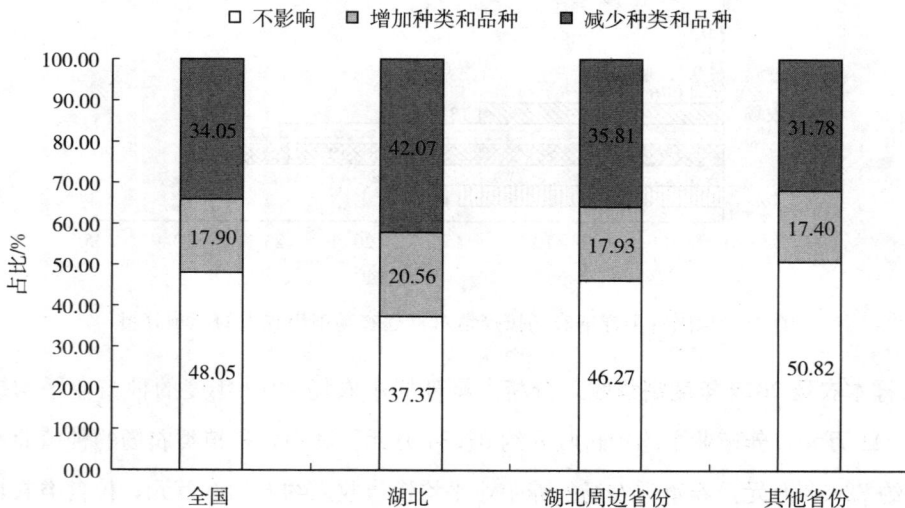

图 27　全国各地所有样本农场按疫情对农场未来种植（养殖）结构的影响分组

28），种植业和其中的粮食类农场的种植意愿调整不明显。54.69%的种植类农场和56.76%的粮食类农场针对此次疫情，并不会调整未来种植结构。但是，疫情对养殖类家庭农场冲击最大，有53.96%的养殖类家庭农场将调整未来养殖结构，其中，37.37%的家庭农场将减少养殖品种。这可能是养殖类农场的风险、经营周期等特征使其不易很快找到一个最优均衡点。

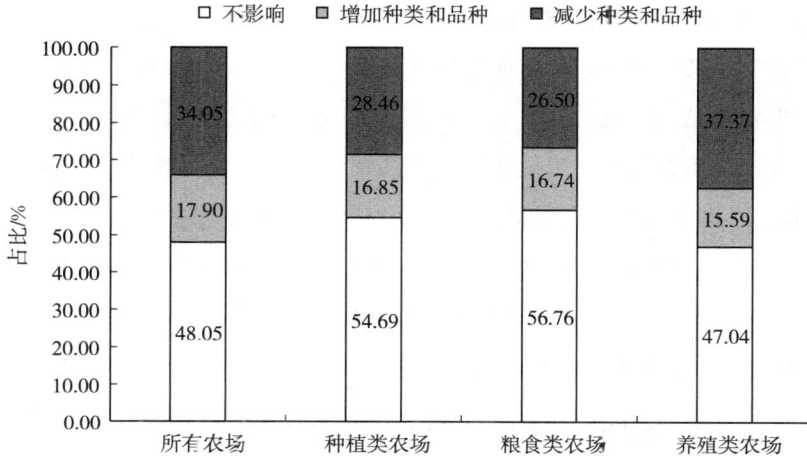

图28　全国各类样本农场按疫情对农场未来种植（养殖）结构的影响分组

（十四）疫情使农场对未来经营规模产生了调整冲动

近四成农场具有明显拟调整生产经营规模的意愿，湖北的和养殖类农场的调整意愿更高。值得重视的是，家庭农场调整规模的意愿尽管因农场生产类型不同而有所差异，但不同类型的农场均以减少生产经营规模为调整的主要方向。

1. 疫情影响下近四成农场具有明显的调整生产经营规模的意愿。第一，从全部农场看（图29），在疫情影响下，37.06%（近四成）的农场有意愿调整生产经营规模，其中，

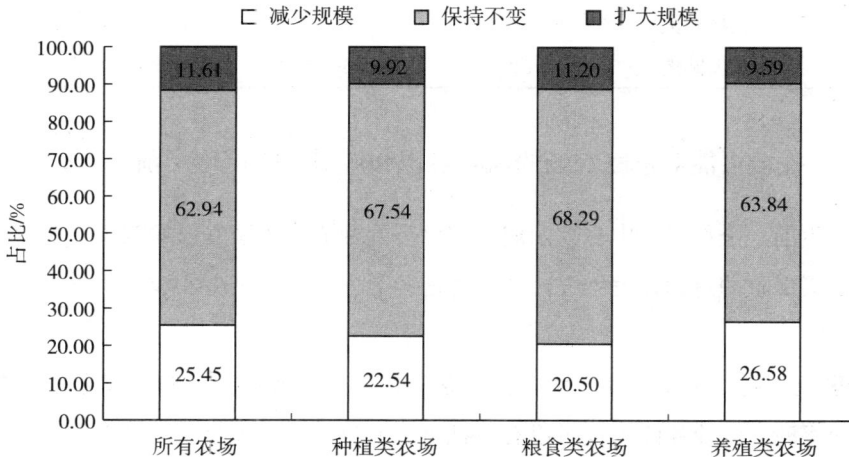

图29　全国各类样本农场按疫情影响下调整生产经营规模意愿分组

25.45%的农场有意愿减少生产经营规模，11.61%的农场有意愿扩大生产经营规模。第二，分农场类型看，养殖类农场中有意愿调整生产经营规模的农场占比为36.16%，明显高于种植类农场（占比32.46%）和粮食类农场（占比31.71%）。显然，疫情对养殖类农场调整生产经营规模的意愿的影响更大，三类农场都以减少生产经营规模的调整为主。

2. 总体看，湖北省的农场调整农业生产经营规模的意愿更受疫情影响。 分地区看，表6显示，在全部农场中，湖北省有意愿调整生产经营规模的农场占比（41.64%）明显高于湖北周边省份（36.94%）和其他省份（36.27%）。并且，农场都有意愿减少生产经营规模，湖北省的农场占比（29.18%）高于湖北周边省份（27.80%）和其他省份（23.67%）。在粮食类农场中，三大地区有意愿调整生产经营规模的农场占比基本一致。在种植类农场中，湖北省有意愿调整生产经营规模的农场占比（40.32%）明显高于湖北周边省份（33.92%）和其他省份（30.89%）。相反，在养殖类农场中，湖北周边省份和其他省份有意愿调整生产经营规模的农场占比稍高于湖北省。三个地区的三类农场中，农场均有意愿减少生产经营规模为主。

表6　各地各类样本农场按疫情下调整生产经营规模意愿分组

单位：%

地区	经营规模	所有农场	种植类农场	粮食类农场	养殖类农场
湖北	减少规模	29.18	26.88	19.67	25.00
	保持不变	58.36	59.68	68.85	66.18
	扩大规模	12.46	13.44	11.48	8.82
湖北周边省份	减少规模	27.80	25.75	22.78	28.74
	保持不变	63.06	66.08	68.82	63.22
	扩大规模	9.14	8.17	8.39	8.05
其他省份	减少规模	23.67	20.54	19.42	26.19
	保持不变	63.73	69.11	67.99	63.33
	扩大规模	12.61	10.36	12.59	10.48

（十五）疫情可能对家庭农场的风险意识和应对策略产生了前所未有的影响

疫情发生前，全部样本中只有四成（湖北不到两成）的家庭农场购买了农业保险；经此疫情，购买保险的意识显著增强，全国各地各类样本农场至少八成以上都表示疫情后要购买农业保险。

1. 全国近六成、湖北至少八成以上的家庭农场未购买农业保险，超七成养殖类农场未购买农业保险。 农业保险不仅可以有效抵御农业生产中的风险，也可以促进农业经济稳定增长。但是，调查数据来看，家庭农场的风险防范意识并不强烈。分地区看（图30），全国 58.60％的家庭农场未购买农业保险，只有 41.40％的家庭农场选择购买农业保险。湖北省家庭农场的农业参保意愿最低，有高达 80.85％的家庭农场未购买农业保险，该比例高于全国平均水平 22.25 个百分点，分别比湖北周边省份（47.19％）、其他省（58.60％）高出 33.66 个百分点和 21 个百分点。换言之，有近六成的农场尚未被纳入保险的范围。家庭农场投入较大，其保险需求较大且理应被满足，但实际情形并非如此。分类别看（图 31），全国养殖类农场未购买农业保险的比重最高，达到 72.85％，风险防范意识最差，种植类农场有 55.55％的家庭农村未购买农业保险。相比之下，粮食类农场保险意识较强，仅有 35.29％未购买农业保险。

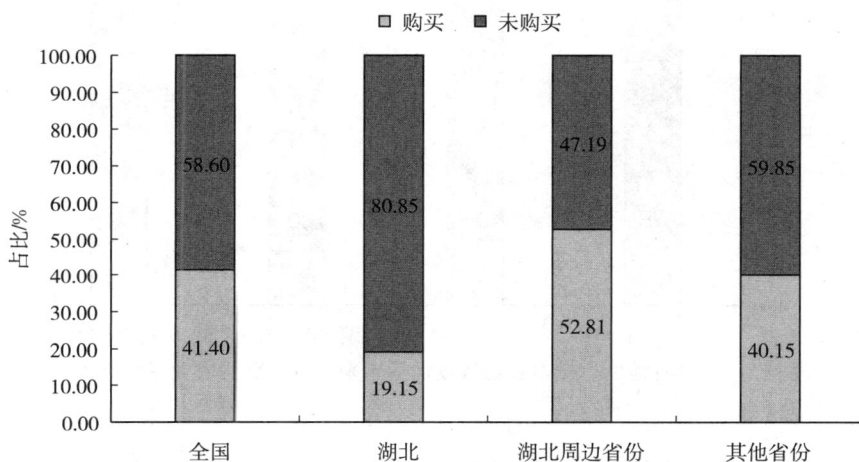

图 30　全国各地所有样本农场按是否购买农业保险分组

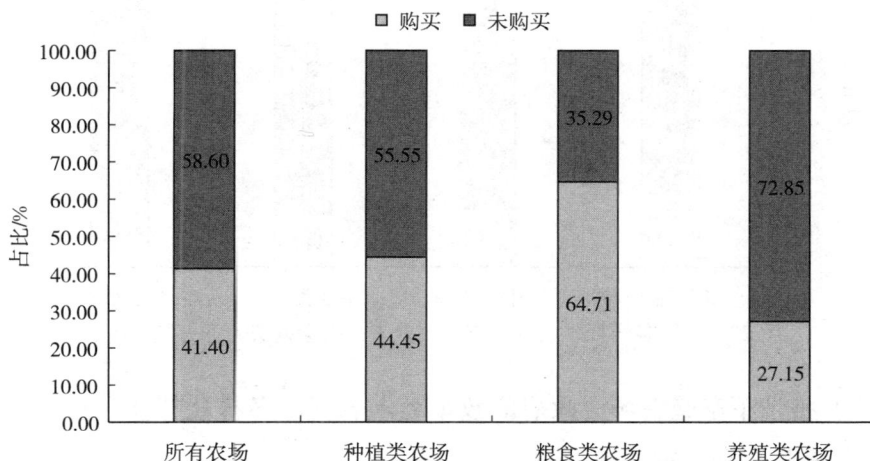

图 31　全国各类样本农场按是否购买农业保险分组

2. 疫情对农场参保意愿的影响：八成以上的全国各省、各类家庭农场选择在疫情后购买农业保险。综合考虑此次疫情风险的复杂性和不确定性，以及可能带来的损失，家庭农场对于农业保险的需求越来越强烈，购买农业保险的意识进一步被激发出来。分地区看（图 32），全国 83.55％的家庭农场选择在疫情后购买农业保险。湖北省也有 81.55％的家庭农场选择购买农业保险，但是该比例，略低于湖北周边省份（84.79％）和其他省（83.33％）。但无论如何，要购买农业保险的家庭农场占比是疫情前的 1 倍多。分农场类别看（图 33），无论是种植类农场（83.56％）、粮食类农场（85.44％），还是养殖类农场（80.65％），对于农业意外保险的认知逐渐加深，都选择在疫情后购买农业保险。

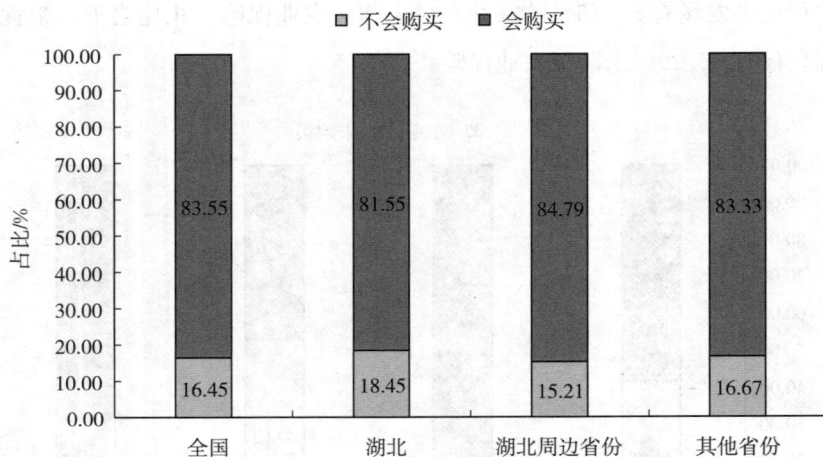

图 32　全国各地所有样本农场按疫情后未来是否会购买农业保险分组

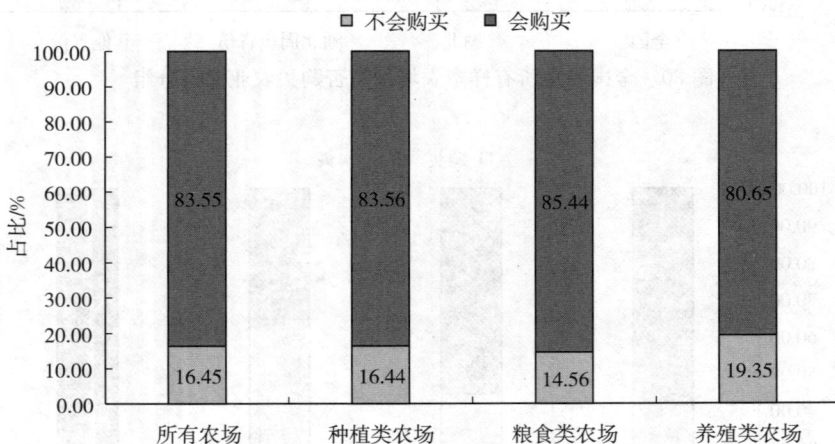

图 33　全国各类样本农场按疫情后未来是否会购买农业保险分组

（十六）疫情下家庭农场对政府的政策需求表现出多样化特征，同时对不同的政策帮扶程度也存在一定差异

全国七成样本农场期待政府能够提供产业保险和信贷支持，六成期待尽快提供产销对接的帮扶，近一半的样本农场期待给予技术帮扶，近四成期待降低土地租金。结合前面样本家庭农场受到疫情影响的情况可以发现，这些对政府政策帮扶的内容及强度具有很强的方向性。

调查结果显示，面对疫情带来的冲击，家庭农场普遍对政府扶持政策抱有期待。总体上来看，家庭农场期待程度最高的政策是产业保险扶持和信贷扶持，占比高达七成；这反映出，在疫情突如其来的冲击下，家庭农场一方面需要资金恢复生产经营，同时也改变了其风险管理观念，更倾向于保险保障。此外是产销对接帮扶，占比约为六成；而对技术帮扶和降低土地租金的需求分别达到四成和三成。而从地区维度和农场类别维度具体来看，家庭农场的政策需求又表现出一定的差异。如相对于全国其他地区，湖北省家庭农场在产业保险和信贷扶持中更需要信贷扶持，这可能是由于该省家庭农场受疫情冲击较大，急需资金以恢复生产。种植类和粮食类家庭农场除了对产业保险、信贷扶持、产销对接帮扶外，也迫切地需要政府协助降低土地租金；而养殖类家庭农场对于信贷扶持需要更为突出。

1. 从地区维度来看，家庭农场普遍希望得到农业保险、信贷扶持和技术帮扶。 在全国层面，希望得到保险扶持和信贷扶持的家庭农场比例约为 70.56％、70.29％，希望得到产销对接帮扶、技术帮扶和降低土地租金的家庭农场比例则有所下降，分别约为 60.41％、45.86％、39.8％（图 34）。

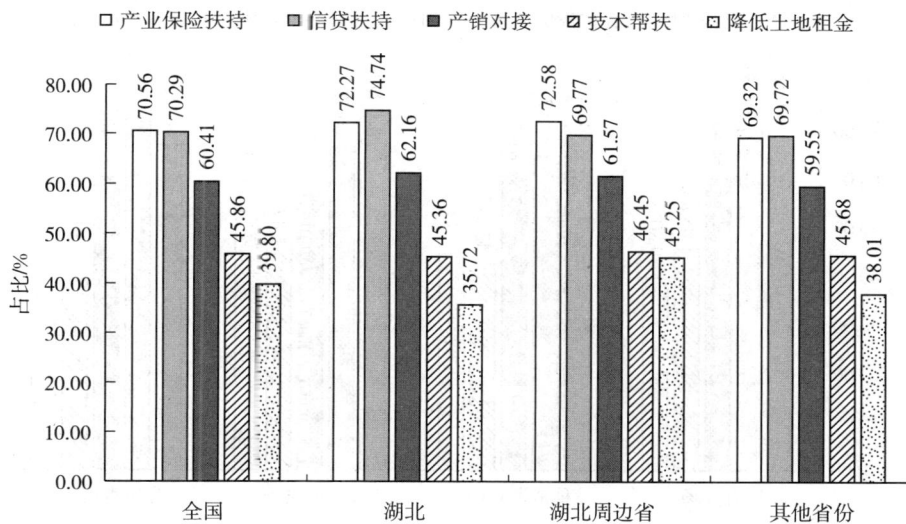

图 34　全国各地所有样本农场按疫情冲击后对政策的需求分组

作为疫情最为严重的湖北省，家庭农场希望提供的扶持政策首先是信贷扶持，占比约为 74.74％；其次是保险政策扶持，占比约为 72.27％；再次是产销对接，占比约为 62.16％；最后是技术帮扶和降低土地租金，占比分别约为 45.36％和 35.72％（图 34）。

湖北周边省份可能面临较大的疫情防控压力。家庭农场希望提供的扶持政策依次是保险政策扶持（72.58％）、信贷扶持（69.77％）、产销对接（61.57％）、技术帮扶

（46.45%）和降低土地租金（45.25%）。详见图 34。

其他省份家庭农场希望提供的扶持政策依次是信贷扶持（69.72%）、产业保险扶持（69.32%）、产销对接（59.55%）、技术帮扶（45.68%）和降低土地租金（38.01%）。详见图 34。

2. 从农场类型来看，种植类和粮食类家庭农场希望降低土地租金和技术帮扶的比例有所增加，养殖类家庭农场普遍希望得到信贷、农业保险和产销对接帮扶。种植类和粮食类家庭农场反映出相同的政策需求，希望得到保险扶持的比例高达七成，希望得到信贷扶持和产销对接帮扶的比例超过六成，希望降低土地租金和得到技术帮扶的比例均超过四成（粮食类家庭农场希望降低土地租金的比例高达五成以上）。种植类家庭农场希望得到产业保险扶持、信贷扶持、产销对接、降低土地租金、技术帮扶的比例依次为 71.13%、64.82%、61.41%、44.82%和 42.67%。粮食类家庭农场希望得到产业保险扶持、信贷扶持、产销对接、降低土地租金、技术帮扶的比例依次为 72.97%、66.37%、56.83%、53.30%和 47.30%。养殖类家庭农场希望得到信贷扶持、产业保险扶持、产销对接、技术帮扶、降低土地租金的比例依次为 74.73%、66.94%、60.48%、39.52%和 30.11%（图 35）。

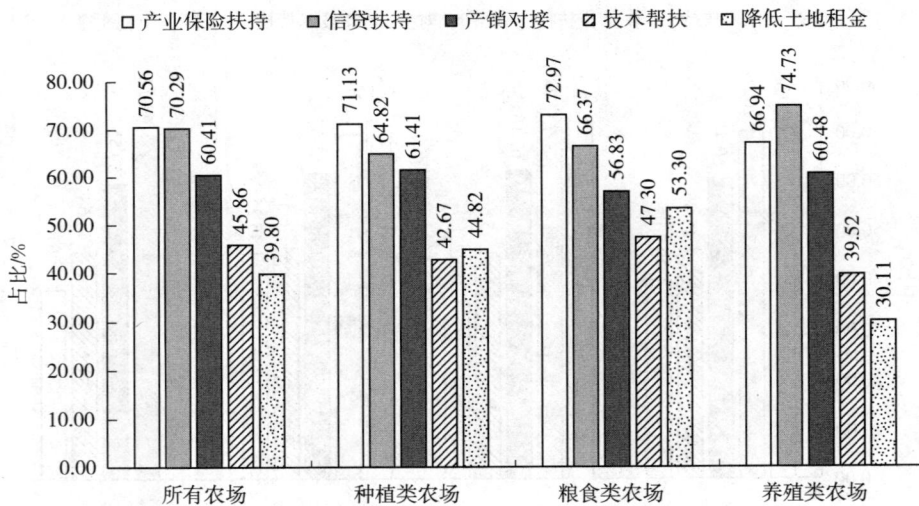

图 35　全国各类样本农场按疫情冲击后对政策的需求分组

三、对策建议

家庭农场是中国农业生产主体中十分重要的组成部分，更是商品农产品的主要供给者。课题组认为，在一定程度上，家庭农场生产经营状况的好坏，对于我国农业整体发展状况具有风向标意义；维持家庭农场良好发展形势，对实现 2020 年"三农"工作"稳产保供"以及增收等重点任务目标具有决定性的作用。

鉴于此，针对上述疫情对家庭农场生产经营的直接和间接影响，结合疫情下家庭农场遇到的需要尽快解决的问题，提出如下对策建议。

（一）最大程度确保家庭农场等各类农业生产经营主体顺利开展春耕春播以及越冬作物的田间管理，确保农业稳产增产

实事求是、因地制宜、稳慎推进封村封路工作，避免扩大该工作对农业生产的影响。第一，在保证疫情不扩散的前提下，灵活推进农业生产资料"出得去、进得来"工作，引导公路、铁路、水路等部门优先保障农业生产资料运输，充分发挥供销合作社基层组织优势，确保农资供应。加大农资市场监管力度，打假稳价。第二，为家庭农场雇工创造便利。通过加强入村劳工疫情监测，灵活满足家庭农场雇工需要，容许家庭农场在严格防控措施前提下，接送用工；同时为本村人员做好健康证明相关服务，确保外出务工顺利。第三，做好春耕春播中的各类生产服务，为各类技术服务人员入村出村开展服务创造条件，同时积极开展网络化的农业生产服务。第四，家庭农场本质上属于农业领域中小企业范畴，面向中小企业的优惠金融政策应将家庭农场纳入进来。同时，需要制定相应激励政策，鼓励银行等金融机构针对春耕春播开展专门瞄准的金融借贷服务。第五，创新利用电子信息化手段，尽快建立统一的"健康信息系统"，及时将"劳动力""产品""运输车辆"等各种生产要素的健康安全信息标识出来，避免重复的居家隔离，给健康的人和安全的物发放地区间通用的"健康码"，最大限度地推动农业复工复产。

（二）最大程度畅通农产品与市场的链接渠道，促进农场产销两旺

鉴于疫情已使家庭农场订单受到影响的现实，应采取包括帮助农场尽快补签订单等措施在内的补救措施，既着眼于当前解决农场产品积压问题也着眼于未来的"卖难"问题，切实做好农场产品"产得出、运得出、卖得好"的后半程工作，确保家庭农场等各类生产主体的生产收益不受损。第一，用好农产品"绿色通道"政策。在疫情"不传出"的前提下，积极支持本地农产品高效运出。第二，针对健康农产品经纪人制定临时激励政策，鼓励他们到本地收购农产品。第三，组织本地健康运输人员形成政府授牌的"健康运输队"，帮助本地农产品出村和外地农产品进村。第四，开展针对家庭农场等生产主体的"农超对接""农校对接"服务，鼓励本地企事业单位采购本地农产品，切实解决农产品滞销问题。第五，充分发挥流通企业、电商平台作用，推进批发市场、物流配送和销售终端互联互通，实现从批发到零售的有机衔接和高效运转。第六，强化农产品质量和市场监管，避免"劣币驱逐良币"，确保"高质高价"。

（三）建立健全农业保险市场和服务体系

本次疫情对家庭农场影响的本质是风险对农业生产的冲击，有必要以此为契机，建立健全农业保险市场和服务体系，切实为"稳产保供"目标保驾护航。第一，针对本次疫情，鼓励各地区因地制宜推出农业收入险，使农业经营收入影响降至最低。第二，以此次疫情为契机，各地农业农村部门加快制定相关政策措施，尽快落实2020年中央一号文件已经提出的使农业补贴资金更多投向农业保险领域的要求。第三，以涉农财政资金为杠杆，充分吸收和撬动社会资金，开展多元、精准的农业保险服务。第四，针对本次疫情，鼓励各地开展针对本地农产品"质量安全"的临时保险服务，比如出具质量安全证明和可追溯措施。

（四）完善农业物流仓储体系建设

"三农"是整个经济压舱石的话，物流仓储体系是这块"压舱石"的定心盘。农产品，特别是生鲜类农产品的运输问题和仓储问题同等重要，既要有确保"及时运出"的物流体系，也要有"保鲜冷藏暂存"的仓储体系以应对运输不畅风险和必要时候对市场波动进行熨平和积极调节。第一，根据市场需求，各省加快推进本省重要农产品仓储设施空间布局和建设，提升农产品应对临时"运不出、进不来"风险的能力，也是提升必要时候熨平市场波动的能力。第二，完善农产品信息平台建设，高效对接农产品供需对接。第三，建立健全农业生产和农产品市场预警机制，防范风险，尤其是防止农业再受蝗灾等黑天鹅事件的影响。

（五）引导农场调整优化生产结构与经营规模

疫情对家庭农场种养产品结构和生产经营规模的调整意愿产生了明显影响，鉴此，应引导家庭农场在调整优化生产结构和经营规模上多做文章、多下功夫，推动家庭农场发展"破困境、挖潜力、提质量、增效益"。第一，调整优化生产结构。以专业化生产、深化分工和市场需求为导向，引导种植类农场调整优化粮经作物生产结构，加强名特新优农产品生产，优化作物品种结构，促进农作物品种的升级换代，鼓励发展"一场一品"。引导养殖类农场积极加强标准化规模养殖场建设，引进优良品种，大力推进标准化生产。鼓励、支持农场大力发展绿色农业、特色农业和品牌农业。第二，调整优化土地经营规模。鼓励土地流出户与农场签订中长期流转合同，优化土地经营规模，稳定农场经营预期。鼓励有条件的地方将土地确权登记、互换并地与农田基础设施建设相结合，整合各类项目资金，建设优质高标准农田，引导土地流转给示范农场，创新租地农场形成方式。推广实物计租货币结算、租金动态调整、土地入股保底分红等利益分配方式，引导形成稳定地租，保护流转双方合法权益。

第九辑 家庭农场政策支持

浙江省家庭农场注册登记现状研究[①]

为摸清浙江省家庭农场注册登记现状，通过梳理全国各省份关于家庭农场的政策文件，比较了不同地区对于家庭农场的界定、注册名称及类型、注册条件、经营场所及经营范围等方面的相似及不同之处。另外，结合浙江省家庭农场统计数据，还分析了浙江省家庭农场的注册类型及数量、经营范围、经营规模、雇工数量、销售及贷款等方面的情况。

一、引言

据农业部统计，截至 2012 年底，全国共有符合统计标准的家庭农场 87.7 万个，其中经过工商部门注册的 1.53 万个，仅占家庭农场总数的 1.7%[1-2]。现阶段多数研究认为家庭农场应该具有企业化的法人特征，例如楼栋和孔祥智认为家庭农场的内涵之一是企业化，即必须到县级工商行政管理部门注册，成为企业化的法人主体[3]；郑风田和焦万慧认为家庭农场的生产经营具有以市场为导向的企业化特征[4]；朱启臻认为家庭农场的特征包括"一定的经营规模、以家庭劳动力为主、经营稳定性和工商注册"4 个方面[5]；高强等将家庭农场的特征归纳为"家庭经营、适度规模、市场化经营、企业化管理"等，市场化经营是指家庭农场拥有明确的市场主体地位，从事市场性生产经营活动，企业化管理是指家庭农场要以现代农业为发展方向，依靠现代企业标准化管理方法参与市场竞争[6]。

家庭农场尤其在登记管理方面，远远落后于实践[7]。目前对家庭农场的工商登记没有明确的法律规定，导致家庭农场在与其他法人主体签订销售合同时存在不便，难以为购买方开具发票，影响了其产品的销售[8]。因此，多数学者提出家庭农场要进行工商注册，家

---

① 本文原载于：蔡颖萍，周克．浙江省家庭农场注册登记现状研究［J］．湖州师范学院学报，2015，37（11）：6-11．

庭农场的农业法人化经营，可以更好地参与市场经济，并受到工商、税务、农业等部门的监督和管理，便于识别及政府政策支持。家庭农场工商注册也是家庭农场稳定性的要求，家庭农场涉及规划、计划、财产、品牌建设、农场继承等一系列问题，要求必须是"正式"企业[5,9-10]。

二、相关政策梳理

2013 年中央一号文件提出，坚持依法自愿有偿的原则，引导农村土地承包经营权有序流转，鼓励和支持承包土地同专业大户、家庭农场、农民合作社流转，发展多种形式的适度规模经营。"家庭农场"概念首次在中央一号文件中出现，引起了社会各界的高度关注。安徽、广西、河南、湖北、湖南、江苏、辽宁、山东、天津、云南、浙江等地都出台了有关家庭农场注册登记的指导意见或暂行办法，这些意见或者办法基本涵盖了以下几方面内容。

（一）关于家庭农场的界定

河南、湖北两省将家庭农场界定为：在本省行政区划内，以家庭成员为主要投资经营者，依托承包或流转取得的农村土地（包含耕地、林地、草地，水域等），从事规模化、集约化、商品化农业生产经营的，均可以依法登记为家庭农场①。山东省也是同样的界定，但是没有要求"在本省行政区划内"。

江苏、辽宁、浙江三省界定家庭农场是以家庭成员为主要劳动力或生产经营者，从事农业规模化、集约化、商品化生产经营的新型农业生产经营主体。细微的差异在于对"收入来源"的表述上，江苏省规定以家庭农场农业收入为家庭主要收入来源；辽宁省规定以家庭农场经营收入为家庭主要收入来源；浙江省规定以农业收入为家庭主要收入来源②。

云南省的界定相对简单：家庭农场是指以农村土地承包经营权流转集中经营为基础，以家庭（成员）投资和生产经营为主要形式，具有一定生产经营规模的农业生产经营主体③。湖南省的界定相对更具体：在本省辖区内，以家庭成员土地集体投资经营（其他经营形式由家庭成员约定），依托承包或流转取得的农村土地，从事规模化、集约化、商品化农业生产经营，并以家庭成员为主要劳动力、农业收入为家庭主要收入来源的农业经营

---

① 资料来源：《河南省工商行政管理局关于做好家庭农场登记管理工作的意见》，中国农经信息网，2013 年 9 月；《湖北省工商局湖北省农业厅关于做好家庭农场登记管理工作的意见》，中国农经信息网，2013 年 7 月。

② 资料来源：《江苏省工商行政管理局印发关于充分发挥工商注册登记职能做好家庭农场登记工作的意见》，中国农经信息网，2013 年 4 月；《关于充分发挥工商注册职能做好家庭农场登记工作的指导意见》，辽宁省工商局，2013 年 7 月；《浙江省家庭农场登记暂行办法》，浙江省工商行政管理局，2013 年 5 月。

③ 资料来源：《云南省家庭农场二商登记注册试行办法》，云南省工商局，2013 年 12 月。

形式①。天津市的界定相对更严格：在本市行政区划范围内，拥有本市农村土地承包经营权的自然人，依托承包或流转取得的农村土地（包括耕地、林地、草地，以及其他依法用于农业的土地），从事农业规模化、集约化、商品化生产经营的，均可以自愿申请家庭农场登记②。

总体看来，各地区对家庭农场的界定基本围绕着"以家庭成员为主要劳动力，以土地流转为依托，从事农业规模化、集约化、商品化生产经营"的要求，对于家庭农场的收入来源、是否在本辖区内，是否有农村土地承包经营权等条件各地区有不同的界定。

（二）关于家庭农场登记类型

农业部在《关于促进家庭农场发展的指导意见》中指出依照自愿原则，家庭农场可自主决定办理工商注册登记，以取得相应市场主体资格。广西、河南、天津、湖北、云南、浙江等地都出台了"投资人根据自身条件、生产规模和经营需要，家庭农场可申请登记为个体工商户、个人独资企业，符合法律法规规定条件的，也可以申请登记为合伙企业或者公司"的政策。安徽省的政策稍有差异，把公司这一类型排除在外。也有些省份比如江苏、辽宁、山东等，除了规定家庭农场登记的四种类型之外，还做了具体的要求③。

江苏省和辽宁省规定家庭农场申请登记为个体工商户的，应采取家庭经营形式；登记为个人独资企业的，投资人应以家庭共有财产出资；登记为合伙企业的，合伙人应分别属于两个以上不同家庭且合伙人之间有亲属关系；登记为有限责任公司的，股东应是有亲属关系的家庭成员。名称中含有"合伙"字样的家庭农场应当办理合伙企业注册登记；名称中含有"公司"字样的家庭农场应当办理公司注册登记。

山东省把家庭农场和农民合作社联系起来，指出家庭农场办理工商登记后，可以成为农民专业合作社的单位成员或公司的股东。农村家庭成员超过 5 人，可以以自然人身份登记"家庭农场专业合作社"。同时与河南省相似，规定家庭农场申请人可以以货币、实物、土地承包经营权、知识产权、股权、技术等多种形式、方式出资，家庭农场按个体工商户、个人独资企业、合伙企业及农民专业合作社举办的，其出资采用自行申报制；其他组织形式举办的，应符合其登记所依据的法律法规④。并且，湖北省和河南省还规定登记为个体工商户、个人独资企业、合伙企业类型的家庭农场，可按有关转型升级政策规定，申

---

① 资料来源：《湖南省工商行政管理局湖南省人民政府农村工作办公室关于开展家庭农场登记工作的意见》，湖南省工商行政管理局，2014 年 3 月。

② 资料来源：《天津市家庭农场登记办法》，天津市工商局，2013 年 12 月。

③ 资料来源：《安徽省工商局关于家庭农场注册登记的指导意见》，安徽农民专业合作社网，2013 年 12 月。

④ 资料来源：《山东省家庭农场登记试行办法》，大众日报，2013 年 5 月。

请转办为有限责任公司类型的家庭农场。

(三) 关于家庭农场登记条件

关于家庭农场的登记条件，各个地区根据实际情况做了不同的规定与要求，主要包括对投资人资格、经营范围、经营规模、土地流转等方面设置了具体的条件，部分省还根据不同的经营范围规定了经营规模的下限。

广西要求登记注册成为家庭农场，必须持有与家庭农场所在地村民委员会签署的土地承包或流转合同，合同承包期或流转期必须在 3 年以上。云南省要求家庭农场应具备的条件包括：以家庭（成员）为主要投资经营者；以农业种植、养殖为主；土地承包经营权流转年限 3 年以上[①]。

湖北省要求申请家庭农场设立登记，应具备以下条件：(1) 投资人为农村户籍或具有农村土地承包经营权的自然人。(2) 经营范围以农业种植、养殖为主，并符合国家产业政策要求。(3) 具有一定的经营规模。其中，从事粮棉油大宗农产品种植的，土地经营面积不低于 50 亩；从事养殖和其他种植的，达到县级以上（含县级）农村经济经营管理部门文件规定的基本要求。(4) 土地经营期限不低于 5 年，土地流转合同依法经乡（镇）财经所（经管站）备案。(5) 相应符合法律法规规定的个体工商户、个人独资企业、合伙企业、公司设立条件。湖南省的要求与湖北省相似，不同之处在于湖南省要求"具有经营能力的公民，以家庭成员为主要劳动力，以农业收入为主"，并要求单户农场土地经营面积在 50 亩以上，平湖区或主要从事粮棉油等大宗农产品种植的，土地经营面积在 100 亩以上。

江苏省要求申请登记的家庭农场应具备一定的土地经营规模，从事稻谷、小麦、玉米等谷物种植的，土地经营规模应为 100 亩以上；从事蔬菜、水果、园艺作物或其他农作物种植的，土地经营规模应为 30 亩以上；从事水产养殖的，土地经营规模应为 50 亩以上；从事种养相结合的，其土地经营规模应当达到上述标准下限的 70% 以上。

天津市要求申请设立家庭农场设立登记，应具备以下条件：(1) 投资人应具有本市农业户籍，包括拥有本市农村土地承包经营权的非农业户籍自然人。(2) 经营项目以种植业为主，可以兼营与主营业务相关的研发、加工、销售、服务类项目。(3) 具有经营期限 5 年以上的土地承包经营权。(4) 具有一定的土地规模，土地面积以粮食生产为主的，应在 100 亩以上；以蔬菜生产为主的，应在 10 亩以上；以果品生产为主的，应在 20 亩以上；种养结合或综合经营类家庭农场的种植规模应不低于上述标准。(5) 符合法律法规对申请登记的主体类型有关设立登记的其他条件。

---

① 资料来源：《广西家庭农场申报需要哪些材料？》，农家之友，2014 年第 3 期。

总体看来，各个地区对家庭农场登记条件的最基本要求在于土地的流转期限，要求至少三年或者五年。对于投资人是否要求具有本地农业户籍或者拥有本地农村土地承包经营权，有些地区做了规定，而有些地区没有明确的规定。对于经营规模，各个地区资源禀赋以及农业生产情况不同，规定的下限标准也不一样。

(四) 关于家庭农场登记名称

对于家庭农场登记的名称，各个地区的规定比较统一。各地文件都要求家庭农场名称中应当标注"家庭农场"字样。支持家庭农场以经营者姓名、商标作为字号，或以字号申请商标注册。以个体工商户、个人独资企业、合伙企业形式登记的家庭农场，名称由行政区划、字号、行业、"家庭农场"四个部分依次组成，合伙企业应当在名称后标注"合伙"字样。以公司形式登记的家庭农场，名称由行政区划、字号、行业、"家庭农场""有限（责任）公司"五个部分依次组成，名称中的行业表述依申请可以省略。

(五) 关于家庭农场经营场所与经营范围

各地区出台的家庭农场注册登记指导意见或者办法中，指明家庭农场经营场所（包括住所）可以是家庭住址，也可以是种植、养殖主要生产经营场所。家庭农场无法提交住所或者经营场所使用证明的，可以持乡镇、村委会出具的同意在该场所从事经营活动的相关证明办理注册登记。

对于家庭农场的经营范围，各地也做了具体的规定。安徽省规定家庭农场以种植业和养殖业为主，并可以从事农产品销售、加工、运输、储藏，以及与农业生产经营有关的技术、信息服务等经营活动，遵循法无禁止即可进入原则。广西规定家庭农场，除了农业中的谷物种植、果树园艺、水产养殖等经营方式外，结合种养的休闲观光服务也成为家庭农场可选择的经营方式之一。湖北省与湖南省规定家庭农场以农业种植、养殖为主，可兼营相关研发、加工、销售、服务类等项目，经营范围中有法律法规规定需要前置许可的，应办理前置审批文件或许可证件。江苏省与辽宁省类似，规定家庭农场经营范围以水稻、小麦、玉米等粮食作物，蔬菜、水果、园艺等经济作物或其他农作物种植以及养殖业为主要经营项目，可以种养结合或兼营相关研发、加工、销售以及相应的农场休闲观光服务等。浙江省规定家庭农场的经营范围应当根据其申请核定为"（农作物名称）的种植、销售；（家畜、禽或水产品）的养殖、销售；种植、养殖技术服务"。

最后，大部分地区对家庭农场的注册登记都是采取鼓励引导、自愿申请的原则，并且要求各级工商部门开通家庭农场绿色通道，落实专人开展行政指导、政策咨询、表格发放和材料审核等，为家庭农场提供高效便捷的准入服务。对申办家庭农场的一律免收登记费、工本费和年检验照费。同时要求工商部门要加大宣传家庭农场在推进农业规模化经营、产品标准化生产中的作用，深入农户，开展走访帮扶活动，及时发现新情况，解决新问题。

三、数据分析

地方各级工商部门制订的家庭农场注册登记办法数量众多、内容各异。对于家庭农场是否必须经工商部门注册登记后才能取得法律主体资格，规定各异。以江苏等为代表的工商部门主张采取农户自主自愿原则，而以浙江等为代表的工商部门主张采取强制登记原则，家庭农场应当依法注册登记，方能取得市场主体资格。

因此，本文以浙江省的家庭农场数据为基础，分析浙江省家庭农场的工商注册情况。表1显示，2013年宁波市经工商注册的家庭农场数量最多，达到3 514个，衢州市次之，达到2 492个，最少的舟山市是31个；浙江省家庭农场的平均注册资本在35万元以上，最高的湖州市为100多万元；注册类型中个体工商户的比例最多，个体工商户比例最高的是舟山市，达到96.8%，而衢州市比较特殊，个体工商户注册比例为46.0%，低于注册为个人独资企业53.5%的比例。然而全省注册为有限责任公司的比例都不超过10%，其中最高为杭州市的8.7%。

表1　2013年浙江省各个地级市家庭农场工商注册情况

地级市	工商登记/ 个	平均注册资本/ 万元	个体工商户/ %	个人独资企业/ %	有限责任公司/ %	其他类型/ %
杭州市	438	78.6	62.1	29	8.7	0.2
宁波市	3 514	38.4	79.1	17.6	1.8	1.5
温州市	197	37.0	83.2	14.7	1.5	0.6
嘉兴市	583	79.4	71.2	26.8	1.7	0.3
湖州市	247	100.9	61.9	35.2	2.9	0.0
绍兴市	362	70.2	91.4	7.2	1.4	0.0
金华市	243	62.5	77.0	17.3	4.9	0.8
衢州市	2 492	83.2	46.0	53.5	0.3	0.2
舟山市	31	51.5	96.8	3.2	0.0	0.0
丽水市	1 020	42.7	83.6	15.8	0.4	0.2
台州市	274	36.7	90.1	3.6	2.6	3.7

数据来源：浙江省农业厅。表2、表3、表5至表10同。

表2显示，2013年浙江省种植型的家庭农场最多，除了湖州市和舟山市之外，其他地区该类型家庭农场的比例都在55%以上，最高的是台州市，比例为87.2%；养殖型家庭农场湖州市最多，比例达到46.2%，舟山市次之，达到36.0%，其他多数在10%～

25%；种养结合型家庭农场绍兴市最多，比例达到 31.0%，杭州市次之，达到 29.0%。嘉兴市家庭农场平均常年雇工人数最高，平均 6 人，杭州市次之，平均 4.4 人，最少的是金华市，平均 1.2 人；2013 年衢州市有 6 个县（市、区）出台了家庭农场扶持政策，嘉兴市 5 个，舟山市在 2013 年还没有出台家庭农场扶持政策。

表 2   2013 年浙江省家庭农场类型、雇工及政策扶持情况

地级市	种植业/%	养殖业/%	种养结合/%	常年雇工平均数/个	出台扶持政策县（市、区）数/个
杭州市	55.2	15.8	29.0	4.4	1
宁波市	72.0	18.4	9.6	2.4	4
温州市	83.7	14.7	1.8	1.6	2
嘉兴市	72.2	15.6	12.2	6.0	5
湖州市	42.5	46.2	11.3	2.0	3
绍兴市	55.2	13.8	31.0	1.5	4
金华市	73.9	7.6	18.5	1.2	3
衢州市	72.5	17.8	9.7	2.9	6
舟山市	44.0	36.0	20.0	2.0	0
丽水市	61.5	24.4	14.3	1.7	3
台州市	87.2	5.8	6.9	2.6	4

通过近两年浙江省家庭农场工商注册数据显示，2014 年比 2013 年增长了近 1 倍，其中个体工商户比例还有所上升，从 2013 年的 71.5% 上升到 2014 年的 77.3%；个人独资企业比例有所下降，从 2013 年的 25.4% 下降到 2014 年的 18.8%；普通合伙企业的比例变化不大，略有下降；有限责任公司的比例上升了 1 个百分点。县级以上示范型家庭农场的数量有所上升，从 2013 年的 4.9% 上升至 2014 年的 6.8%（表 3）。

表 3   浙江省近两年家庭农场工商注册情况

年份	已注册的家庭农场数量/个	个体工商户/%	个人独资企业/%	普通合伙企业/%	有限责任公司/%	县级以上示范型家庭农场/%
2013	9 190	71.5	25.4	0.8	2.3	4.9
2014	17 955	77.3	18.8	0.6	3.3	6.8

以湖州市为例，根据湖州市农业局统计，截至 2015 年 3 月，所有在湖州市工商部门注册登记的家庭农场有 727 个，是 2013 年统计数据 247 个的近 3 倍。其中个体工商户 543 个，占 74.7%，平均注册资本为 52.4 万元；个人独资企业 124 个，占 17.1%，平均注册资本为 138.9 万元；有限责任公司 60 个，占 8.2%，平均注册资本为 145.2 万元；没有合伙企业形式。数据说明个体工商户的注册资本较低，规模较小，而企业或者公司的形式注

册资本较高。

湖州市不同经营范围的家庭农场，工商注册的类型稍有差异。从表4中可以看出，蔬菜、水果，茶叶、竹笋、花卉苗木、水稻、小麦等种植业类型的家庭农场注册为个体工商户的比例都很高，达到80%以上；畜禽、水产等养殖业与种养结合类型的家庭农场注册为个人独资企业的比例比其他类型的要高，在28%左右；种养结合的家庭农场注册为有限责任公司的比例比其他类型的要高，达到13.6%。

表4　湖州市不同经营范围家庭农场工商注册情况

单位：%

经营范围	个体工商户	个人独资企业	有限责任公司	合计
蔬菜、水果	84.6	8.7	6.7	100
茶叶、笋竹、花卉苗木	85.2	8.7	6.1	100
水稻、小麦、油料	83.3	6.1	10.6	100
畜禽、水产	64.7	28.4	6.9	100
种养结合	58.4	28.0	13.6	100
其他	74.7	17.1	8.2	100

数据来源：湖州市农业局。

浙江省家庭农场家庭劳动力数量2013年与2014年相近，平均每个家庭农场家庭成员劳动力为2.55人左右；2014年平均常年雇工人数2.48人，比2013年有所下降（表5）。

表5　浙江省家庭农场平均雇工情况

单位：人

年份	家庭成员劳动力	常年雇工劳动力
2013	2.54	3.45
2014	2.55	2.48

2013年，浙江省家庭农场平均经营面积为142.6亩，而2014年平均经营规模有所下降；其中耕地面积所占比例2014年略有上升，占到69.1%；耕地中通过流转的土地比例略有下降，2013年为85.4%，2014年下降到79.7%（表6）。

表6　浙江省家庭农场经营规模、耕地比例及其流转比例

年份	平均经营面积/亩	其中耕地面积比例/%	耕地中流转比例/%
2013	142.6	68.6	85.4
2014	106.1	69.1	79.7

2013年，浙江省种植业家庭农场比例为65.2%，这个比例在2014年有所上升，达到

69.6％；其他类型的家庭农场所占比例都略有下降，畜牧业家庭农场从 2013 年的 9.9％
下降至 2014 年的 8.3％，渔业家庭农场从 2013 年的 7.5％下降至 2014 年的 6.6％，种养
结合家庭农场从 2013 年的 9.8％下降至 2014 年的 8.8％（表 7）。

表 7　浙江省家庭农场类型分布情况

单位：％

年份	种植业	畜牧业	渔业	种养结合	其他
2013	65.2	9.9	7.5	9.8	7.7
2014	69.6	8.3	6.6	8.8	6.7

表 8 显示，浙江省粮食型家庭农场 2014 年相比较于 2013 年比例有所下降，从 23.4％
下降为 17.9％。不同规模的粮食型家庭农场的比例都呈现下降趋势，其中 200～500 亩规
模的下降幅度最大，从 2013 年的 7.7％下降到 2014 年的 4.3％。从表 8 中可以看出，浙
江省粮食型家庭农场的经营规模多数集中在 50～200 亩。

表 8　浙江省粮食型家庭农场经营规模情况

单位：％

年份	粮食型家庭农场占比	50～200 亩	200～500 亩	500～1 000 亩	1 000 亩以上
2013	23.4	13.5	7.7	1.5	0.7
2014	17.9	12.4	4.3	0.9	0.3

表 9 显示，浙江省家庭农场 2013 年销售产品总值平均达到 93.67 万元，但是 2014 年
下降到 60.68 万元，这可能与农场平均经营规模的下降有关。其中销售额在 10 万元以下
的农场比例有所上升，从 29.8％上升到 37.6％；销售额在 10 万～50 万元的农场比例也上
升了 2 个百分点；而销售额在 50 万～100 万元以及 100 万元以上的农场比例有所下降，特
别是销售额在 100 万元以上的农场比例从 2013 年的 19.6％下降到 2014 年的 12.3％。数
据说明家庭农场的规模有一定程度的缩小趋势。

表 9　浙江省家庭农场销售额情况

年份	年销售产品总值/万元	其中 10 万元以下家庭农场/％	10 万～50 万元/％	50 万～100 万元/％	100 万元以上/％
2013	93.67	29.8	33.7	16.9	19.6
2014	60.68	37.6	35.7	14.4	12.3

表 10 显示，2013 年浙江省获得贷款支持的家庭农场比例在 14.7％左右，2014 年稍
有下降，但幅度不大，其中获得 20 万元以下和 20 万～50 万元贷款的家庭农场比例有所
提高，获得 50 万元以上贷款的农场比例有所下降。

表 10　浙江省家庭农场获得贷款支持情况

单位：%

年份	获得贷款支持的家庭农场比例	20 万元及以下	20 万～50 万元	50 万元以上
2013	14.7	6.7	3.7	4.3
2014	14.4	7.2	4.3	3.0

四、结论

从对全国各地家庭农场的政策梳理中发现，大家普遍认为：家庭农场要有一定规模，要以家庭成员为主要劳动力，要有一定的生产经营水平，是收入的主要来源。但在农业户籍要求、雇工数量、规模大小、工商登记等方面存在不同看法。根据对浙江省家庭农场的调查，在户籍要求上，浙江省没有规定只有农业户籍才能创办家庭农场；在雇工数量上，允许一定数量的长期雇工；在工商登记上，浙江省要求必须进行工商注册登记。

家庭农场作为新型农业经营主体，进行工商登记是市场经济中获得市场主体资格的前提条件，是顺利参与市场运作的需求。不论注册性质是个体工商户还是个人独资企业，其法律上的权利义务是非常明确的，是符合法定并经一定登记程序成立的市场主体。从家庭农场的实际看，可以将经营规模、土地方位、流转期限、主要作物种类、家庭成员作为主要登记事项。从规模的角度讲，不同的农业产业有不同的规模适应性，比较综合的指标是劳动力，家庭农场应主要以家庭劳动力为主，基本没有常年雇工，在此条件上实现适度规模经营。从稳定性讲，家庭农场获得土地流转的期限应长于 10 年。从人员看，家庭成员至少有两人直接参与家庭农场的生产经营活动，提倡农业户籍人员、本村人员，但不需要限制其他人员创办家庭农场的积极性。在工商登记中，一种认为登记成无限责任，另一种认为登记成有限责任。从家庭农场作为家庭经营范畴且规模不大的角度看，无限责任的个体工商户、个人独资企业比较适合；但从家庭农场做大做强的角度看，有限责任能给予其更广阔的发展空间。但是登记成有限还是无限，取决于家庭农场的发展定位。

参考文献：

[1] 陈晓华. 大力培育新型农业经营主体 [J]. 农业经济问题，2014，35（1）：4-7.

[2] 沈月娣. 我国家庭农场法律定位若干问题的思考 [J]. 河南财经政法大学学报，2014，29（1）：108-115.

[3] 楼栋，孔祥智. 新型农业经营主体的多维发展形式和现实观照 [J]. 改革，2013（2）：65-77.

[4] 郑风田，焦万慧. 前提设定、农民权益与中国新型农业经营体系的"新四化"[J]. 改革，2013（3）：103-113.

[5] 朱启臻. 新型职业农民与家庭农场 [J]. 中国农业大学学报（社会科学版），2013，30（2）：

157 – 159.

[6] 高强，周振，孔祥智．家庭农场的实践界定、资格条件与登记管理：基于政策分析的视角 [J]. 农业经济问题，2014，35（9）：11 – 18.

[7] 何劲，熊学萍．家庭农场绩效评价：制度安排抑或环境相容 [J]. 改革，2014（8）：100 – 107.

[8] 张照新，张海阳．家庭农场发展对策 [J]. 农村经营管理，2013（4）：19 – 21.

[9] 高强，刘同山，孔祥智．家庭农场的制度解析：特征、发生机制与效应 [J]. 经济学家，2013（6）：48 – 56.

[10] 孔冬菊．家庭农场若干法律问题研究 [J]. 东北农业大学学报（社会科学版），2014，12（1）：41 – 46.

新型职业农民发展现状、问题及政策建议[①]

自 2012 年起，中央一号文件连续五年强调要 "大力培育新型职业农民"，2016 年中央一号文件明确 "将职业农民培育纳入国家教育培训规划，基本形成职业农民教育培训体系，把职业农民培养成建设现代农业的主导力量"[1]。从当前我国农业兼业化、农村空心化、农民老龄化的农业农村现实情况看，"谁来种地" "如何种好地" 是发展现代农业的首要难题，培育高素质新型农业经营主体、构建新型农业经营体系是解决该难题的根本方法[2]。新型职业农民是构建新型农业经营主体的重要组成部分，是进一步增强农业农村发展活力的关键所在，对农业现代化、城乡经济协调发展的作用举足轻重。

一、新型职业农民发展的基本情况及特点

（一）新型职业农民培育背景

自 1980 年国家肯定包产到户、1982 年允许农民可以进城务工之后，我国农村劳动力开始出现大量转移，农村季节性劳动力短缺的趋势不断显现。此后，为提高农业劳动生产率，保障粮食安全，国家开始大力进行农业科技推广。农业部更是将 2003 年确定为 "全国农业科技年"，之后，各省（自治区、直辖市）亦相继制定相应办法、措施，我国农业现代化取得了令人瞩目的进展，粮食产量实现 "十二连增"。并于 2006 年开始摆脱联合国粮食 "受助国" 的身份，转而成为粮食 "援助国"。此后，我国农业现代化发展进入新阶段，农业机械化进展迅速，大幅释放农村生产力，农村剩余劳动力数量急剧增加。

为加快农业现代化进程，为农业增效、农民增收，提高农业劳动生产率是必然，大量

---

① 本文原载于：危薇，邰亮亮，杜志雄．新型职业农民发展现状、问题及政策建议 [J]．铜陵学院学报，2016，15（5）：3-7.

农村剩余劳动力顺畅地转移到非农行业是必由之路。但我国农村劳动力长期被束缚在土地上，文化知识水平低、不具备专业技能，在此背景下，我国在 2004 年以"农村劳动力转移培训阳光工程""绿色证书培训""青年农民科技培训""农业远程培训"等工程为依托开始实施农民培训政策。一方面立足于"农村劳动力转移""统筹城乡"，以增加农民工收入为归依；另一方面立足于推广先进适用农业技术、加强农业从业人员的专业素养，以促进农业现代化、提高农业竞争力为归依。2005 年底，农业部开始启动"百万中专生计划"，主要针对具有一定文化程度的农业从业者进行培训。农民培训活动的开展大大促进了我国农业科技推广，加速了农业科技成果的有效转化，但农业的比较效益低，加上农村相对城市落后的科、教、文、卫等公共基础设施，农村青壮年劳动力被吸引到城市，由此产生了"留守老人、留守儿童"这样一个群体，我国农业农村呈现农业兼业化、农村空心化、农民老龄化的特征，"谁来种地"与"地怎么种"成为我国农业现代化进程中亟待解决的难题。发展农业现代化，出路在科技，关键在人才。因此，需要一大批以农业为职业、具有一定专业技能、收入主要来自农业的新型职业农民来引领现代农业的发展。

2007 年 1 月，《中共中央　国务院关于积极发展现代农业扎实推进社会主义新农村建设的若干意见》首次正式提出培养"有文化、懂技术、会经营"的新型农民。2007 年 10 月，新型农民的培养问题写进党的十七大报告。2012 年 8 月，中共中央、国务院印发的一号文件《关于加快推进农业科技创新持续增强农产品供给保障能力的若干意见》指出"大力培育新型职业农民"，这是"新型职业农民"首次写入中央一号文件。同年，为加快培育新型职业农民，农业部在全国启动了 100 个县的新型职业农民培育试点。

(二) 新型职业农民发展现状及特点

截至 2014 年底，全国培育各类型职业农民超过 100 万人[3]，培养了一批有文化、懂技术、会经营的新型职业农民，为实现农业现代化和建设新农村提供了有力的人才支撑。从 2012 年 8 月新型职业农民培育试点至今，经过四年的时间，各地积极探索并制定了相应规章制度。目前，新型职业农民发展呈现以下特点。

1. 国家及各省市指导意见陆续出台，新型职业农民培育有章可循。 为进一步指导试点工作的实施，农业部于 2013 年在《关于新型职业农民培育试点工作的指导意见》中明确要大力培育新型职业农民，培养和稳定现代农业生产经营者队伍，壮大新型生产经营主体。2014 年，中央加大新型职业农民培训力度，全面推动阳光工程转型，从最初的农民工培训转向新型职业农民培训，着力培养一支"有文化、懂技术、会经营"的新型职业农民队伍。2015 年，围绕培养青年农民、确保农业后继有人，农业部联合相关部门启动了"现代青年农场主计划"。同年，农业部在《关于统筹开展新型职业农民和农村实用人才认定工作》中明确要在全国统筹开展新型职业农民和农村实用人才认定工作，指出在农业领域，培养农村实用人才的主要任务就是加快培育新型职业农民。2016 年 3 月，中共中央办公厅印发《关于深化人才发展体制机制改革的意见》，该文件明确提出"人才发展体制机制改革是全面深化改革的重要组成部分"，特别要求"健全以职业农民为主体的农村实用人才培养机制"。同年 6 月，农业部、财政部发布《关于做好 2016 年新型职业农民培育工作的通知》，在遵循 2015 年工作思路的基础上强调要尊重农民意愿，充分调动农民参训的积极性和主动性，变"要我学"为"我要学"；突出培育重点，以新型农业经营主体带头人为对象，以粮食和优势、特色产业为重点领域，以教育培训为重点环节，把职业农民培养成建设现代农业的主导力量。

各省份也陆续出台了指导意见，截至 2016 年 5 月，湖南、海南、安徽、陕西、山西、江苏、四川、广西 8 个省份出台了加快推进新型职业农民教育培训的工作方案等一般性指导意见。2014 年以来，很多省份也出台了一系列瞄准性和针对性更强、内容更全面和具体的加快新型职业农民培育的政策措施，比如几乎所有试点县（市）都出台了新型职业农民认定管理办法和新型职业农民培育绩效考评办法。陕西和山西连续两年被农业部确定为新型职业农民培育整省推进省份，分别根据各自情况制定了相应工作方案和管理办法。山西省还确定了从 2015 年开始组织培训 10 万名新型职业农民、并于 2020 年人数达到 60 万的目标。同年，江苏、四川和广西也先后出台了《关于加快新型职业农民培育工作的意见》。江苏省在《意见》中明确从 2015 年开始全面扩大试点，力争每年培养 20 万名新型职业农民[4]。除此之外，各省也正陆续完善针对新型职业农民及新型农业经营主体的扶持政策（表 1）。

表 1　国家和相关省份关于新型职业农民的培育指导意见

国家/省份	时间	政策
国家	2012 年	《关于加快推进农业科技创新持续增强农产品供给保障能力的若干意见》
	2013 年	《关于新型职业农民培育试点工作的指导意见》《2013 农村劳动力培训阳光工程项目实施指导意见》
	2014 年	《2014 年农业新型职业农民培育和农业教育工作思路及要点》《国务院关于加快发展现代职业教育的决定》《现代职业教育体系建设规划（2014—2020 年）》
	2015 年	《关于做好 2015 年新型职业农民培育工作的通知》《农业部关于统筹开展新型职业农民和农村实用人才认定工作的通知》《关于做好新型职业农民培育师资库建设的通知》《现代青年农场主计划实施方案》
	2016 年	《关于做好 2016 年新型职业农民培育工作的通知》《关于深化人才发展体制机制改革的意见》
湖南	2014 年	《关于加快新型职业农民培育的意见》
海南	2014 年	《海南省新型职业农民培育实施方案》
安徽	2014 年	《关于加快推进新型职业农民培育工作的意见》

（续）

国家/省份	时间	政策
陕西	2013 年	《关于加快新型职业农民培育工作意见的通知》
	2014 年	《新型职业农民培育整省推进工作方案》
山西	2014 年	《山西省新型职业农民培训工作方案》
	2015 年	《山西省新型职业农民培育规划纲要（2015—2020 年)》
江苏	2015 年	《关于加快培育新型职业农民的意见》
四川	2015 年	《关于加快新型职业农民培育工作的意见》
广西	2015 年	《关于加快新型职业农民培育工作的意见》

资料来源：中国新型职业农民网（http：//www. nmpx. gov. cn/）。

2. 基本建立起一套新型职业农民培育制度。自 2012 年试点至今，新型职业农民培育经过 4 年的实践与探索，已经基本建立起教育培训、认定管理、政策扶持"三位一体"，生产经营型、专业技能型、社会服务型"三类协同"，初级、中级、高级证书"三级贯通"的新型职业农民培育体系。在培训内容上，主要着重于粮食等主要农产品生产以及特色农业产业的发展以提高农民收入水平；在培训模式上，根据成人学习特点和农业生产规律采取分段式、重实训、参与式的方式。在此基础上，各地因地制宜地进行积极探索创新，通过实践摸索出一套适合当地的新型职业农民培训制度。

例如，陕西凤翔县构建了以县农业广播电视学校为主体，以农业专家大院、科技园区、农民专业合作社、农业产业化龙头企业为补充的"一主四元""五位一体"紧密结合型职业农民培育新模式。隆平高科是湖南省首家"政企共建"新型农民培育的试点企业，承接了宁乡、衡东、鼎城、汉寿、隆回等 10 个试点县 1 100 名新型职业农民的培育任务，积极发挥企业的资源优势，探索出具有隆平特色的"政府＋企业＋基地（合作社）＋农户＋平台"五维新型职业农民培育模式。该模式已被农业部评为"全国新型职业农民培育十大模式"之一。广西桂平创建了"一主多元"的新型职业农民培训模式，即立足以当地农广校为主，与具有公益性的中等农业职业院校和当地农民专业合作社、农民协会、农业龙头企业强强联合，形成校校合作、校社合作、校会合作、校企合作的培育模式。项目实施过程中，农广校、中等农业职业院校、农民专业合作社、农业龙头企业充分发挥各自资源优势，共同推进培训工作循序开展。为培养农业后继者，江苏省也针对农业从业者，尤其是其中的青年人，开展了技术培训、创业培训等各种类型的培训项目。

3. 新型职业农民培育方式方法因地制宜创新意。我国幅员辽阔，地区间资源禀赋、自然条件各异，各地农业产业特征、经济社会发展水平也不一致，因此，因地制宜地采取合适的方式方法进行新型职业农民培育，对保证培训效果十分重要。基于成人学习特点和农业生产规律，农民田间学校在各地大受欢迎，以"理论学习＋现场实践"为主要学习方式。湖南培训方式多样化，采取的是"理论集中授课＋外地观摩学习＋田间集中实训＋个人实践指导"的方式。广西桂平按照关键农时、关键环节、关键技术组织安排内容，实施分段式教育培训，将培训班开在水稻、淮山、铁皮石斛等产业主产区中心乡镇，坚持"干中学、学中干"。内蒙古乌拉特前旗积极建设农业信息化，如为新型职业农民申请开通了"农业科技网络书屋"、建立了"微信群"，利用现代媒体开展教学、构建网络教育平台，这一举措极大地推进了新型职业农民的知识化进程。河北承德市采取"课堂授课与基地实训""案例教学与模拟训练"教学方式，送教下乡，进村入社，进场入企，实现了培训过程与生产过程的无缝对接。

4. 新型职业农民培育发展迅速、认定人数逐年增加、以生产经营型为主。新型职业农民培育工作经过 4 年的发展，试点范围从最初的 100 个县扩大到 2014 年 2 个整省、14 个整市和 300 个示范县，再扩大到 2015 的 4 个整省、21 个整市和 487 个示范县，覆盖面逐年增大[1]。《农业部办公厅关于新型职业农民培育试点工作的指导意见》及各省关于新型职业农民培育制度的完善、相关扶持政策的出台，大大促进了新型职业农民的发展。据新华社报道，截至 2014 年底，全国培育各类职业农民超过 100 万人[3]。由于缺乏全国官方统计，目前全国新型职业农民总数不详。培育对象以专业大户、家庭农场、农民合作社、农业企业、返乡涉农创业者等新型农业经营主体带头人为主。

各地区在加快培育的同时，还积极开展职业农民的认定工作，为提高相关激励和扶持政策的精准度奠定基础。新型职业农民的认定不仅意味着可以享受到相关优惠补贴政策，更是对农民职业技能的一种认可，对传统农民身份的一种摆脱，对农民专业务农具有很大的激励作用。2013—2014 年，湖南试点县（市）从 14 个增至 105 个，组织培训人次由 6 080 增至 3.45 万，认定发证新型职业农民从 1 469 人增至 3 157 人，增幅超过 100％。安徽省 2012 年和 2013 年在 4 个县先行先试，2014 年在 88 个农业县全面展开，2014 年培训新型职业农民 2.57 万人，认定 3 203 人。宁夏 2014 年培训了新型职业农民 1.45 万人，其中，生产经营型 7 000 人，占比 48.3％；专业技能型 6 250 人，占比 43％；社会服务型 1 250 人，占比 8.6％。截至 2015 年 4 月，陕西省已认定第一批高级职业农民 84 名，中级职业农民 399 名，初级职业农民 3 696 人，第二批高级职业农民 182 人。这 182 名高级职业农民平均年龄只有 38.6 岁，其中 55％的人年龄在 40 岁及以下，最大的年龄 55 岁，年龄最小的仅 22 岁。30 岁及以下的年轻农民有 42 人，占比超过 20％。这 182 名高级职业农民中，还有 22 名女性，占比 12％，平均年龄仅

---

① 数据来源：《2014 年农业新型职业农民培育和农业教育工作思路及要点》《关于做好 2015 年新型职业农民培育工作的通知》。

36 岁[1][2]。显然，这些职业农民呈现年轻化且以生产经营型为主的特征。

5. 新型职业农民培育与新型经营主体互融互促发展。培育新型职业农民和培育新型农业经营主体是发展中国特色现代农业的一体两面。前者意在解决"谁来种地"问题，后者重在解决"如何种地"问题，两者只有融合发展，才能相得益彰[3]。相较普通农户，农民专业合作社负责人、种植业大户、家庭农场主参与农业技术、技能培训的边际效益更高，因此新型农业经营主体带头人参与的积极性也更高。反过来，作为新型农业经营主体重要构成部分的新型职业农民，对其培育力度的加大，进一步促进了新型农业经营主体的快速发展。例如，2014 年，湖南省通过对一批素质较高、有一定规模基础、有产业扩展愿望的种养大户、专业合作社带头人开展生产经营职业农民培育，发展壮大了一批新型农业经营主体。30 亩以上的种粮大户发展到 14 万多户，家庭农场 2.9 万个，农民合作社发展到 3.6 万个，成员 216.3 万户[5]围绕培养农业后继者，2015 年农业部启动"现代青年农场主培养计划"，旨在吸引和扶持农场青年创业兴业，这也是新型职业农民培育工作中的一项新举措。

二、新型职业农民发展的问题与挑战

随着新型职业农民培育工作的深入推进，新型职业农民培育已上升为国家战略并取得显著成效。但作为新兴事物，职业农民在我国发展的时间并不长，目前仍然面临着很多问题和挑战，主要体现在以下几个方面。

（一）新型职业农民培育对象和培训内容不精准

新型职业农民是指以农业为职业、具有一定的专业技能、收入主要来自农业的现代农业从业者。因此，新型职业农民培训的对象应限定于从事或有意愿从事农业生产经营的群体[6]。但是，由于培训前的摸底调查、培训对象筛选等工作的不完善，许多地区的新型职业农民培训都不同程度地出现了培训对象和培训内容偏差的问题。比如不少地方将农民工等长期脱离农业生产的群体列为培训对象，还有些地方在培训课上教授电焊、家政、烹饪等非农就业技能。培训对象和培训内容的不精准，不能做到在农民培训问题上有的放矢，浪费人力、物力、财力，且见效甚微。造成此问题的主要原因在于以下两点：一是相关部

---

① 陕西省将新型职业农民分为生产经营型（种养大户、家庭农场主、农民专业合作社骨干等）、专业技能型（农业产业工人、农业雇员等）、社会服务型（农村信息员、农产品经纪人、农机手、代耕手、机防手、动物防疫员等）和新生代型（农科大中专毕业生、返乡青年农民工、复转军人等）四类。

② 资料来源：中国新型职业农民网（http://www.nmpx.gov.cn/）。

③ "两新融合"牵线新农民与新农业，新华网，2014 年 12 月（http://news.xinhuanet.com/fortune/2014-12/31/c_1113846719.htm）。

门未能准确理解新型职业农民的内涵；二是出于做好"政绩工程"的目的，重"量"过于重"质"，相关部门安排培训内容时以吸引更多农民来参与为依归，而非针对性地培育现代农业发展所需要的新型职业农民。仅仅追求数量上的任务"达标"不仅会造成资源浪费，更为严重的后果是政府公信力下降。

（二）培训主体单一，社会资源未能得到有效利用

社会主体的缺位是我国现下农民培训的一个不容忽视的问题。在农民培训过程中，政府全权主导，仅由政府组织实施、监督管理。主体单一致使出现了以下问题：一是社会主体的缺位使相关市场信息不能有效传达，农民培训内容不能与市场需求进行有效对接；二是出于"经济理性人"考虑，地方政府行为的利益驱动并不一定与市场利益保持一致，在农民培训项目上，地方政府所要完成的是上一级所下达的任务，因此单一的政府主体主导的培训出现政绩化、形式化的情况并不少见。社会主体的缺位主要是因为社会资源缺乏激励机制和进入该领域的渠道。比如农林院校、培训机构等社会主体都具备开展农民培训的条件和优势，但由于上述原因，这些资源都未被激活。而少数已经参与农民培训的社会培训组织由于相对分散，又缺乏有效的资源整合对接平台，并不能充分发挥其社会资源的优势。

（三）新型职业农民培训资金投入量大，效果难保障

从 2012 年新型职业农民培训启动开始，中央财政每年投入 11 亿元予以支持，各地也安排相应经费。尽管新型职业农民培育试点范围逐年扩大，示范区县也逐年增多，从培训数量上看，各地培育人次大幅增加，新型职业农民认定人数也逐年增加。我国目前新型职业农民培育实行"管、教分离"的方式，"管"主要指培训任务的按时下达和完成、培训经费的拨付与使用等方面的管理，"教"主要指具体教学单位制定培训计划和内容。而在培训过程与具体效果方面，并没有进行严格的监管。因此，出于自身利益最大化驱动，教学单位难免采用成本最小、最简单、最省心的培训方式和培训内容，即照本宣科、罔顾实用性地授课，如此显然难以达到预期效果。

（四）高级农机职业农民匮乏

农业机械化对现代农业发展的重要性是不言而喻的，近来年国家大力推动农业机械化的发展。截至 2015 年底，我国主要农作物耕种收综合机械化水平已经达到 61%，但是相应的农机技能人才不足，供不应求，尤其是农机专业高级人才严重匮乏。江苏省农机行业职业技能鉴定总站站长周宝银坦言，即便江苏的农机水平高于全国水平，但也遇到了高级农机人才匮乏的难题。高级农机技能需要系统学习和不断实践，非一朝一夕所能学成，而

由于我国农业回报率相对较低，优质劳动力普遍被吸引到城市先进工业部门，农业从业者综合素质相对较低，因此培育难度大。自2015年开始，江苏省每年都认定3万名农机新型职业农民，但仅700人能获得高级农机职业农民的认定证书。不仅江苏省，其他省份同样面临该问题，这已经成为一个全国性的问题[7]。2015年5月，《中国制造2025》已明确将农机装备列入推动的重点领域，亟须加快培育一批高素质农机技能人才。

（五）优惠扶持政策不完善，受益范围窄

很多试点地区，尤其是在2012年就已被确定为新型职业农民试点地区、在2014年又被确定为示范点的地区，其针对新型职业农民的优惠扶持政策比较完善，主要集中在土地流转、项目扶持、生产补贴、技术服务、小规模贷款、农业政策保险等方面，这对调动农民积极性具有重要作用。但在一些地方，新型职业农民还是新生事物，地方政府对新型职业农民的内涵、特征、认定条件和标准等缺乏深刻认识，对新型职业农民培育工作的重要性认识不足，尚未将新型职业农民与新型农业经营主体、现代农业之间的关系理顺；对新型职业农民认识的不足，导致面向新型职业农民的优惠扶持政策不完善、受益范围窄。例如，陕西省佛坪县在2015年才开展职业农民培育工作，2015年关于优惠扶持佛坪县的政策主要是针对中、高级职业农民实施了创业贷款贴息补助这一政策。

三、新型职业农民发展的政策建议

（一）完善培训对象筛选机制、建立有效培训供给机制

只有精准确定新型职业农民培训对象、以农村人才需求为导向精准确定培训内容和培训方式，才能确保新型职业农民培育工作的效率和效果，避免培训资源的浪费。第一，要完善培训对象筛选机制。培训前扎实的摸底工作必不可少，基于摸底情况，再结合本地区域、产业特点，才能有的放矢地遴选出一批有长期从事农业生产经营意愿、有一定文化基础、有提高自身素质需求的现代农业从业者。在确定培训对象的过程中，注意尊重农民的意愿，提高农民参训的积极性与主动性。第二，要建立以农村人才需求为导向的培训供给机制。为满足农村不同层次、不同类别的人才需求，建议构建广覆盖、多层次的梯次培训体系。

（二）建立政府主导、社会资源广泛参与的培训资源整合机制

新型职业农民培训作为准公共项目，政府主导是必然，但社会培训组织、农林院校、涉农企业等社会资源的广泛参与同样必不可少，如此才能充分发挥各方优势，统筹各方资源，保质保量地完成农民培训工作。第一，要建立农民培训的综合信息服务平台。建议由

政府主导成立资源整合平台，达成政府信息、社会主体与市场需求之间的对接，拓宽社会力量进入新型职业农民培训的渠道。如此，社会培训组织和农林院校能发挥其作为提供专业培训的优势，相关企业能发挥其作为市场参与主体的信息优势。第二，要鼓励、引导社会资金进入农民培训。农民培训的半公益性质决定了其在资金投入方面政府要义不容辞地承担主体责任，除此之外，要有序引导涉农企业、信贷机构等参与投资，构建多元化投资机制。比如，在税收、补贴等方面给予参与农民培训投资的企业、机构等一定政策倾斜，以鼓励社会资源积极参与，发挥资金在农村领域的杠杆效应。

（三）健全新型职业农民培训的监督考核机制

有效的监管机制是确保培训效果的必要条件，尤其是类似新型职业农民培训这样的准公共项目，建立有效的监督考核机制显得尤为重要[8]。第一，建议成立第三方监督考核机构，确保监督考核的公平、公正、公开。公共项目的实施，高投入低产出是常见的问题，寻租现象更是屡见不鲜，因此，成立独立的监督考核机构很有必要，尤其是在资金运作环节，建议聘请专业机构进行管理审计，做到资金使用的透明。第二，建立起一支高水平的监督考核队伍。农民培训项目的完成需要多方参与和协调，多元责任主体亦要求多元化的监督考核成员，如政府相关部门、相关专业知识专家、教育专家、非政府组织、参训农民等。

（四）加强农机人才队伍建设

农业机械化是发展现代农业的重要物质基础，发展现代农业，出路在科技，关键在人才。当前，农村发展面临人才结构性供需不平衡的问题，尤其是高级农机技能人才存在很大缺口。因此，加强农机人才队伍建设，加快培育一批高素质农机技能人才迫在眉睫。高级农机技能人才培育的难点主要在于学习的系统性和长周期，参训者机会成本高，导致参训意愿低。为此，第一，建议继续大力加强教育培训，坚持培训事业的公益性。围绕建设现代农业、培育新型职业农民的总体要求，积极争取扶持政策，健全农机化教育培训体系，加强师资队伍建设，丰富深化培训内容，创新培训形式。第二，完善农机人才专业技术职称资格认定制度。严格审核农机人才专业技术职称资格认定过程，确保职称能真正反映持有者的专业技术水平、能力。第三，健全农机人才信息服务平台。实现高级农机技能人才和农业经营主体之间的"供需对接"，使参训农民有较稳定的收益预期。

（五）强化新型职业农民培育激励机制

建立有效的新型职业农民培育激励机制，对所有参与方进行激励。第一，注重对新型职业农民培育的主管部门进行有效激励，制定严格有效的考核机制，结合考核结果进行激励。第二，鼓励农民参与培训，并努力学有所成。一是减免农民参训费用，并对取得相应技能并获得相应资格证书的参训农民给予一定培训补贴。二是除了给予一定培训补贴，对取得职业资格证书的农民要给予独享性的奖励和政策倾斜。比如在行业准入、金融信贷、农业保险、税收等方面予以一定扶持。第三，注重对农业企业、家庭农场等新型农业经营主体的激励。充分发挥新型农业经营主体在现代农业发展中的引领作用，以及农业企业主和农场主等职业农民在参与农民培训中的带头作用。比如将企业组织和参与农民培训与相关优惠政策挂钩，帮助取得职业资格证书的家庭农场主规划农场发展、提供技术支持[9]。

参考文献：

[1] 中共中央，国务院．关于落实发展新理念加快农业现代化　实现全面小康目标的若干意见［EB/OL］．（2016 - 01 - 27）［2016 - 01 - 29］．http：//www. gov. cn/zhengce/2016 - 01/27/content _ 5036698. htm.

[2] 李向红．新型职业农民培育工程构想［J］．中国农业信息，2015（23）：123.

[3] 简承渊．中央财政下拨 10. 96 亿元支持农民培训工作［N］．农民日报，2015 - 07 - 28.

[4] 江苏省人民政府办公厅．关于加快培育新型职业农民的意见［EB/OL］．（2015 - 09 - 03）［2016 - 01 - 29］．http：//www. jiangsu. gov. cn/jsgov/tj/bgt/201509/t20150903484288. html.

[5] 湖南省农业委员会．《关于构建新型职业农民培养机制体制建议》的答复［EB/OL］．（2015 - 11 - 01）［2016 - 01 - 29］．http：//www. hnagri. gov. cn/web/hnagrizw/gzhd/yata/content _ 197894. html.

[6] 郭晓鸣，高杰，王蕾．新型职业农民培训效率亟需提高［N］．农民日报，2014 - 12 - 13.

[7] 吴佩．技能人才俏　培育空间大［N］．农民日报，2015 - 12 - 02.

[8] 米松华，黄祖辉，朱奇彪．新型职业农民：现状特征、成长路径与政策需求［J］．农村经济，2014（8）：115 - 120.

[9] 夏益国，宫春生．粮食安全视阈下农业适度规模经营与新型职业农民：耦合机制、国际经验与启示［J］．农业经济问题，2015，36（5）：56 - 64，111.

家庭农场：政策需求与政策供给[①]

近年来，家庭农场等新型农业经营主体受到高度关注，特别是家庭农场在构建我国新型农业经营体系中具有基础性的地位。当前家庭农场在全国各地正值快速发展的关键时期，推进家庭农场健康发展，需要进一步发挥政策引导和扶持作用。因此我们研究了家庭农场的发展趋势，阐述了其在现代农业发展中的作用，并分析了家庭农场对扶持政策的强烈需求，然后重点梳理了现有家庭农场的相关扶持政策，包括国家层面和地方创新。我们认为政府应从各个方面对家庭农场的发展予以积极扶持，特别是在基础设施、财政补贴、金融保险、人才培养、社会化服务等方面加大政策扶持力度，增强政策的针对性与匹配性，支持家庭农场提升竞争力，促使其更好地发挥现代农业建设中的引领作用。

一、引言

"家庭农场"早在 2008 年党的十七届三中全会报告中就被提及，报告指出："有条件的地方可以发展专业大户、家庭农场、农民专业合作社等规模经营主体。"2013 年，"家庭农场"首次被写入中央一号文件，文件提出"采取奖励补助等多种办法，扶持联户经营、专业大户、家庭农场；加大专业大户、家庭农场经营者培训力度；新增农业补贴资金向专业大户、家庭农场、农民合作社等新型生产经营主体倾斜；鼓励和支持承包土地向专业大户、家庭农场、农民合作社流转，发展多种形式的适度规模经营"，明确了发展家庭农场的战略方向。此后，家庭农场受到了广泛的关注。2014 年，农业部印发《关于促进家庭农场发展的指导意见》，首次明确了家庭农场基本特征与重大意义，提出了扶持家庭农场发展的政策措施和工作要求。之后，各地家庭农场蓬勃发展，势头良好。

---

① 本文原载于：蔡颖萍，杜志雄. 家庭农场：政策需求与政策供给 [J]. 经济研究参考，2017 (45)：3-14.

　　近年来，中央高度关注家庭农场等新型农业经营主体发展。2014 年中办国办《关于引导农村土地经营权有序流转发展农业适度规模经营的意见》提出"要发挥家庭经营的基础作用，重点培育以家庭成员为主要劳动力、以农业为主要收入来源，从事专业化、集约化农业生产的家庭农场，使之成为引领适度规模经营、发展现代农业的有生力量"。自 2013 年以来，连续多个中央一号文件明确提出要建立健全相关政策，2016 年的中央一号文件中提出"积极培育家庭农场、专业大户、农民合作社、农业产业化龙头企业等新型农业经营主体，完善财税、信贷保险、用地用电、项目支撑等政策，加快培育新型农业经营主体的政策体系"；2017 年的中央一号文件又提"完善家庭农场认定办法，扶持规模适度的家庭农场"。同时，2016 年两会期间，习近平总书记提出，要以家庭农场和农民合作社为抓手，发展农业适度规模经营；《中华人民共和国国民经济和社会发展第十三个五年规划纲要》也强调，要扶持发展家庭农场等新型农业经营主体，健全有利于新型农业经营主体成长的政策体系。

二、家庭农场发展趋势及作用分析

　　家庭农场是指以农户为经营主体，主要利用家庭劳动力，生产经营规模适度，专业化、标准化、集约化、商品化水平较高，且以农业收入为主要收入来源的农业生产经营单位[1]。从国内外发展经验看，具备"家庭经营、规模适度、一业为主、集约生产"特征的家庭农场，具有产权清晰、效率明显等优势，能够迅速适应我国基本国情农情，已经成为引领农业适度规模经营、发展现代农业的有生力量。由于家庭农场主与土地有着天然的依存关系，坚持了农业家庭生产经营的优势，具有规模经济效应，因此从世界各国农业发展的实践看，无论是在"人少地多"的美国、加拿大，在"人地平衡"的法国、德国，还是"人多地少"的日本、韩国等国，农业家庭经营都是最普遍的农业经营形式[2]。现阶段，家庭农场在我国农业农村中的作用已经开始显现，发展家庭农场体现了完善农村基本经营制度的方向，有利于构建现代农业产业、生产和经营三大体系，有利于推动农业供给侧结构性改革，有利于实现农业的可持续发展[3-5]。

（一）家庭农场发展趋势分析

　　1. 从全国统计和典型监测情况看，家庭农场发展迅速，经营规模适度。近年来，我国家庭农场发展速度加快，已成为一种重要的新型农业经营主体。据农业部调查统计，截至 2012 年底，全国符合条件的家庭农场 87.7 万个，经营耕地面积达到 1.76 亿亩，占全国承包耕地总面积的 13.4%，平均经营规模 200.2 亩，其中，从事种养业的家庭农场占总数的 98.2%。2014 年起，农业部指导各地以县为单位明确家庭农场具体标准并建立名录，工商部门也就家庭农场注册登记作出了相关规定[5]。截至 2015 年底，经农业部门认定、符合当地标准①的家庭农场超过 34 万个，比 2013 年的 13.9 万个增加了 1.5 倍，平均经营规模为 150 亩左右；在工商部门注册的家庭农场达到 42.5 万户，比 2013 年的 10.6 万户增加了 3 倍多[6]。

据农业部对全国近 3 000 个家庭农场的典型监测②数据显示，样本家庭农场的年龄和知识结构正逐步改善，2015 年农场主平均年龄为 45.77 岁，比 2014 年平均年龄下降了 0.23 岁；拥有高中、中专、职高以上学历的农场主占 48.3%，比 2014 年增长了 3.3%，拥有大专以上学历的农场主占 11.23%，比 2014 年增长了 1.22%。样本家庭农场的平均经营规模略有扩大，2015 年，家庭农场平均经营土地面积 373.69 亩，比 2014 年增加了 39.52 亩，增长了 11.8%。家庭农场发展渐趋稳定，2015 年，流转租期 5 年以上的土地面积占比达到 68.26%，流转租期 10 年以上的土地面积占比达到 35.7%，都略高于 2014 年；土地流转的平均租金为 492.12 元/亩，比 2014 年的 501.01 元/亩略有下降。家庭农场收入有所增长，2015 年，家庭农场的平均净收入为 25.07 万元，比 2014 年平均增加了 6.42 万元。

2. 从发展模式看，家庭农场呈现多元化、多类型发展趋势。各地家庭农场发展中，紧密结合当地发展实际，积极探索发展模式，充分将家庭农场与社会化服务组织、村集体、其他新型主体进行联合，形成整体，发挥合力，家庭农场发展呈现多元化现象。

"家庭农场＋农业社会化服务"模式：家庭农场专心于农业生产，其所需的各类生产服务均由完备的社会化服务组织提供，从而充分发挥各自优势。作为较早探索家庭农场的地区之一，上海市一手抓家庭农场培育，一手抓农业社会化服务。如松江区从 2011 年开始推行"机农一体化"，已有 108 个农机联合互助点，通过"家庭农场＋'机农一体化'"的社会化服务，促进了农业的规模化经营。从发展趋势看，家庭农场兼具经营和服务主体功能的特征日益明显，这对于显著降低农业生产（服务）成本发挥了积极的作用[7]。

"发挥集体功能培育适度规模家庭农场"模式：一般依托村集体成立，通过股份合作方式，基本实现全员加入，并聘请职业农民进行生产管理，这类农场在提高农业组织化程度、增强农村集体经济实力方面表现出很强的优越性。如上海市嘉定区家庭农场发展模式就是典型的以集体经济为依托。村集体对农田基础设施进行了统一的布局，进行了高标准农田建设，并配套有农机中心和粮食烘干中心，对本地家庭农场的产粮进行统一收购；四

---

① 农业部根据《关于促进家庭农场发展的指导意见》以及《关于进一步做好家庭农场认定与名录建设的通知》，指导各地根据资源禀赋、劳动力转移等条件制定当地的家庭农场认定标准，农业部将通过各地农业部门认定的家庭农场纳入了年度统计。

② 2014 年农业部启动了全国家庭农场典型监测工作，在全国 31 个省（自治区、直辖市）选择 3 000 个左右即每个省（自治区、直辖市）随机选择 100 个左右的家庭农场，对其基本情况、劳动力情况、土地情况、生产经营情况、成本收益情况等指标进行跟踪监测，目前已完成样本家庭农场 2014 年、2015 年实际情况的监测工作。

川省崇州市聘请懂技术、会经营的种田能手担任职业经理人，引导农户以土地承包经营权入股，建立适应规模化种植的专业化服务体系，形成"农业共营制"模式[8]。

"家庭农场＋合作社＋龙头企业联合经营"模式：在实践中，为了获得更好的经济效益，家庭农场往往会充分利用农民合作社易于合作、信任程度高的优点，以及龙头企业的资源优势，实现二者有机结合。如浙江省海盐县万好蔬菜专业合作社与浙江万好食品有限公司（以下简称万好公司）签订蔬菜收购合同，其中15个会员家庭农场产出的蔬菜全部定点供应给万好公司，占万好公司收购蔬菜总量的90%。

"家庭农场联合与合作"模式：安徽郎溪、浙江衢州、江苏泰州等地出现了家庭农场协会或联盟等形式，以加强家庭农场之间的联合与合作。如郎溪县家庭农场通过协会实现自我管理、自我服务，且能申请联保贷款，全县400多个家庭农场通过协会获得了金融贷款；泰州市家庭农场服务联盟，吸纳家庭农场主个人会员近千名，涉农部门、金融机构、农资企业等单位会员14家，联盟成员专业化统防统治和联防联控覆盖率达93%，水稻集中育秧面积达87%，"植保＋农机"综合服务覆盖率达98.2%，农资零差价供应率达68.6%[5]。

3. 从不同区域看，家庭农场发展尚不均衡，呈现阶梯式发展趋势。 根据各省份家庭农场的发展情况分析，东部家庭农场发展已较成熟，中部发展迅速，西部相对缓慢。从发展起步看，20世纪90年代后期，浙江的嘉兴、宁波等地就已经有了家庭农场的发展雏形。一些种养大户自发或在政府组织下，集中流转土地，进行工商注册登记，参与市场竞争，逐步演变成为家庭农场。自2007年起，上海松江区开始实践百亩左右规模、以粮食生产为主的家庭农场模式，先将耕地集中流转到村集体，然后由区政府出面进行高标准农田整治，再以竞包方式流转给家庭农场经营，户均经营面积约118亩，以粮食生产为主，2013年家庭农场平均净收入10万元左右。此外，江苏、山东等省家庭农场发展也较为成熟。中部的安徽、湖北、吉林、黑龙江等省。近几年家庭农场发展迅速，安徽省郎溪县于2009年成立了"郎溪县家庭农场协会"，湖北有武汉模式，吉林有延边模式，作为家庭农场探索先行者的五大模式①都出现在东部和中部地区。西部地区的家庭农场发展起步较晚，普遍处于探索阶段，这也与地区二三产业发展、劳动力转移速度有关。

从家庭农场数量上看，截至2015年底，西部12个省（自治区、直辖市）共培育家庭农场约7.1万个，在数量上不及山东和安徽两省之和[6]。山东全省在工商部门注册登记的家庭农场4.1万个，从统计情况分析来看，从事种植业的占84.2%，平均经营耕地面积112.8亩，从事粮食生产50～200亩的占76.8%。安徽全省经工商注册登记的家庭农场超过3.5万个，较2014年增长78%，全省家庭农场经营土地面积645.55万亩，其中流转耕

---

① 家庭农场在初始发展时涌现出上海松江、浙江宁波、安徽郎溪、湖北武汉、吉林延边五大模式。

地占家庭农场经营土地面积的 79.4%，平均每个家庭农场经营土地 192.2 亩。同为粮食主产区而且土地面积远大于山东和安徽的内蒙古，家庭农场的发展数量远小于东部和中部地区省份，全区共有家庭农牧场 7 713 个，其中从事种植业的占 73.4%，种植业中从事粮食生产的占 96.2%[9]。

从政策引导看，东部地区注重从土地规模、生产规范、经营效益等方面引导家庭农场提高生产经营水平，促使家庭农场全面推行标准化生产，完善生产档案制度，建立质量可追溯体系，切实提升家庭农场市场竞争能力。同时积极引导家庭农场通过资金参股、承接订单等方式与合作社、龙头企业等结成利益共同体，通过土地经营权抵押、综合保险试点、成立专业协会等方式，解决家庭农场在融资、保险、销售等方面存在的困难。而在西部地区，部分省份尚未明确家庭农场认定标准和申报程序，支持家庭农场发展的政策措施仅停留在财政资金予以适当补贴，对家庭农场发展带动效果不明显，家庭农场管理水平参差不齐，引领带动能力也是差别较大。

（二）家庭农场在发展现代农业中的作用越来越明显

1. 家庭农场带动小规模农户的示范作用愈发明显。为提高生产效益，家庭农场对使用先进农机、引进优良品种、采用新技术、开展品牌化经营、拓宽购销渠道更积极、更主动，同时，家庭农场经营者往往具备较好的创新和市场意识，乐于接受和尝试先进技术和品种，更能有效带动周边农户转型升级，在提高农业生产经营水平、推广先进技术和品种中的作用逐步显现。如吉林省珲春市松哲专业农场对引进优良品种十分重视，自 2010 年起在 30 亩耕地上试种先玉 335 号，成功后每亩增产 200 多斤，已带动周围两个村的农户种植该品种。浙江省衢州市樊二寿家庭农场，先后引进十几种外地葡萄、油桃、脆枣品种，成功后带动周围农户扩大种植面积，推动了一轮又一轮的种植结构优化升级①。

2. 家庭农场在保障农产品供给、提升农产品质量安全中的作用日益凸显。与传统小农户相比，商品化农业生产是家庭农场的重要特征，这就要求家庭农场需要具备更高的标准化生产水平和更强的农产品质量安全意识。如浙江省通过健全扶持政策，发挥家庭农场集聚效应，打造农产品田园超市，有效保障了城乡居民"米袋子""菜篮子""果盘子"农产品供应。其中，衢州市通过引导家庭农场建立完整的田间生产记录档案，签订农产品质量安全承诺书、完善农产品质量自检设备、健全以二维码为标志的农产品可追溯制度、加强"三品"认证和品牌创建等措施，形成了多层次、广覆盖的家庭农场全程质量安全监管体系，已有 338 个家庭农场配备自检设备，396 个家庭农场建立二维码追溯体系，创建农

---

① 资料来源：作者调研。

产品放心农场 398 个，农产品质量抽检合格率达到 99.8%①。

3. 家庭农场在推动其他新型农业经营主体发展、承载农业社会化服务中的功能持续强化。 由于具有专心务农、掌握土地这一基本生产要素、从事种养这一核心生产环节、坚持家庭为基本经营单位等诸多优势，家庭农场正逐步发展成为带动和支撑其他各类主体的骨干力量。由于家庭农场对农资购买、农产品销售、加工、运输、储藏以及农业生产经营技术、信息等方面服务的需求更为集中，对通过联合与合作节约交易费用、降低生产成本的需求更为迫切。并且家庭农场经营者专业素质较高，懂农业技术，善经营管理，在农民专业合作社的组建和运行中愿意也能够发挥核心作用。如浙江省海盐县万好蔬菜专业合作社由 200 多个小农户和 15 个家庭农场组成，其中 15 个家庭农场是核心力量。随着发展规模逐步扩大，生产设施设备不断购置，家庭农场已经不仅仅是各类社会化服务组织的主要承载者，同时也开始探索为其他农户提供各类社会化服务。此外，由于其生产经营规模较稳定，生产方式较规范，产品质量安全有保障，家庭农场已经是农产品加工企业生产原料的主要提供者。

4. 家庭农场在农民增收、农业增产提效中的作用逐渐显现。 家庭农场通过流转土地发展规模经营，一方面增加了承包农户的财产性收入。如吉林省延边朝鲜族自治州图们市水口村朝鲜族人口占 98%，2000 年以后外出劳动力中有 70% 到韩国打工，耕地出现撂荒，村集体经济更是空白。为解决这一问题，2011 年底村委会牵头组织农民以承包土地入股的形式组建粮食种植专业农场，并逐年扩大经营规模，经营耕地面积达到 150 公顷，总资产达到 360 多万元，2015 年农场为农户分配股金 4 万多元，带动农民人均纯收入达到 1.1 万元，是 2006 年的 3.1 倍②。另一方面又提升了农业生产的规模效益。经营规模的扩张，大大提高了农业经营效益，对促进农民增收发挥着双重作用。整个延边朝鲜族自治州家庭农场采用农业新技术、新品种的比重高达 90% 以上，家庭农场的土地利用率平均提高了 5%，粮食产量平均增长了 15%，平均每公顷耕地增加收益 1 000~3 000 元。2015 年，全州 1 137 个家庭农场中有 98% 实现了盈利，平均每个农场盈利 30 余万元。

5. 家庭农场已成为转化农业发展方式、实现农业生态绿色化发展的重要载体。 家庭农场与传统小型农户相比，可以使分散的土地、资金和劳动力等生产要素在较大范围和较高层面上有效结合，有利于实行统一生产资料供应、技术服务、质量标准和营销运作，更加关注市场需求，有利于对农业投入品进行监管，强有力推进农业标准化和品牌化建设。而且家庭农场主从业经历丰富，年轻且受教育程度高，对于新事物、新理念的接受意愿和能力更强，相当一部分是具有生态自觉的"新农人"[10]。监测数据显示，已有一定比例的

---

① ② 资料来源：作者调研。

家庭农场更加倾向于采用资源节约、环境友好的农业生产行为[11]。

三、家庭农场对扶持政策有强烈的现实需求

我国家庭农场仍属于起步阶段，发展壮大仍面临着诸多条件限制和困难障碍，家庭农场对扶持政策需求强烈。两年监测数据显示，近60%的家庭农场认为面临的主要问题是"生产性基础设施（道路、水利、仓储等）落后"，50%以上的家庭农场认为"贷款难"，40%左右的家庭农场表示"缺乏劳动力"，这也是由于农业的弱势基础与家庭经营的薄弱之处导致的。

（一）家庭农场面临的风险更大，对融资、保险等需求强烈

由于家庭农场是规模经营主体，发展过程中土地流转、地块整理、购置农机、购买农资、改善生产设施和临时雇工都需要大量资金投入且资金周转季节性强，但大部分家庭农场自身资金不足，又缺乏有效的融资渠道。大多数家庭农场缺乏有效的抵押担保物，信息不对称、申请和审批程序复杂、金融服务的交易成本过高，使家庭农场很难从正规金融机构获得信贷支持以满足创办或经营家庭农场的资金需求；小额信贷、民间借贷规模又较小，成本相对较高，不仅难以满足家庭农场资金需求，而且增加了经营成本。同时，家庭农场由于规模较大、投入较高，面临的自然与市场风险也较大，他们几乎把全部身家都压在农业经营上，一旦出现巨灾，打击可能是毁灭性的，因此，迫切需要农业保险来规避自然灾害和价格变动等方面的风险。主要的大田作物和部分养殖业已经有了政策性保险，但一些区域性特色产业保险没有或者刚起步，而且现有的农业保险理赔金额太低，难以弥补灾害损失。河南省汝南县与息县调研发现，2016年由于政策变动，粮食价格低迷，气候异常，当年前期低温多雨、后期高温干旱，赤霉病害多发，小麦、旱稻和早稻减产现象较为普遍。据息县农业局估计，2016年全县小麦亩均减产10%左右、水稻（特别是旱稻）亩均减产20%左右。其中，某种植合作社900亩旱稻中300亩绝收，亩均减产300斤；某农业公司3 000亩小麦受灾，保险公司只赔付了70亩的损失约1万多元。汝南县受访的种粮大户中，33%的大户亩均减产约400斤。种粮大户表示，因缺乏有效抵押物而很难获得信贷支持，有的大户直言"几乎贷不到，贷款是妄想"[1]。在湖南省，据调查，80%以上的家庭农场都存在资金缺口，如新田县冷水井口乡六合圩村某家庭农场，水稻种植面积600多亩，前期投入已达70多万元，在购买插秧机和烘干等设备时，资金缺口20多万元，只能从民间借贷年息高达2分的资金，使农场主倍感压力[9]。

---

① 资料来源：作者调研。

（二）家庭农场机械化水平更高，对农业基础设施和配套用地要求增强

相对于传统农户，家庭农场生产经营面积扩大，农业科技化和机械化程度提高，对土地平整与机耕道路等基础设施依赖程度也随之提高。然而，我国农业经营中存在土地零碎、交通不便、农田基础设施条件较差的现实情况。同时，农业建设用地的审批程序较严格，相关农业部门和土地部门之间的认定标准不一致，家庭农场的辅助性用地需求长期紧张。家庭农场仓储、晒场、农机具库棚等附属设施用地政策虽然有文件规定，但具体操作难度很大，许多家庭农场的农机具只能露天停放。在河南省汝南县与息县调研发现，种粮大户普遍反映设施用地政策落实难到位，农机存放、晾晒烘干、粮食仓储等设施成了老大难问题，粮食收获后只能直接以低价卖给商贩，如碰到多雨天气，则极易遭受减产、霉变损失。汝南全县只有 1 套烘干设备①。在湖南省，据调查，不少地方农田沟渠年久失修，机耕道不配套，特别是烘干仓储设施缺乏，成为制约家庭农场规模经营的又一瓶颈。如蓝山县，按水稻总产量 20％的烘干需求，需配套日烘干 450 吨产量的烘干设备，但全县仅有日烘干 180 吨的能力，远不能满足种粮农民需求，不少家庭农场只能直接将稻谷从田间拉到广东莲州市去烘干[9]。

（三）家庭农场对从业者的基本素质要求更高，对人才需求增大

目前家庭农场绝大多数发源于传统的承包农户，从业者文化水平总体较低，缺乏技术和经营管理能力，整体素质亟待提升。懂科学技术的人才是家庭农场发展的原动力，发达国家的家庭农场经营者一般拥有农业大学学位，整体素质较高。与之相比，我国农场主的受教育程度相对较低，科学知识匮乏。而受过高等教育的大部分新生代农民毕业或进城后，再回到农村务农创业的意愿不强。在新型职业农民的培训方面，存在着"硬件"不够、"软件"不足的问题，一方面，高等及高专、高职等院校农科专业招生难；另一方面，由于种种条件的限制，农场主职业培训薄弱，先进的管理方法和科学知识不能及时得到学习与应用，这些因素的存在均严重阻碍着家庭农场的发展。如湖北省武汉市一位从事黑山羊养殖的家庭农场主反映，由于缺乏专业技术人员，建场初期山羊大量死亡，外债最多时达到 60 多万元，几近破产[5]。同时，直接服务家庭农场的农业社会化服务体系发展不充分，家庭农场生产中迫切需要的专业化服务（如农产品保鲜、加工、销售、农机服务、技能培训、劳动力转移等）供给不足；一些专业合作社提供的服务种类较为单一，仅仅涉及生产资料及信息服务方面，难以满足现代家庭农场经营活动需要，急需完善家庭农场的社会化服务体系。

---

① 资料来源：作者调研。

四、家庭农场扶持政策供给现状分析

现有的政策供给在很大程度上是基于家庭农场多方面的政策需求来设计的。据不完全统计，截至 2016 年 8 月，全国已有 26 个省（自治区、直辖市）下发了扶持家庭农场发展的指导意见，有 18 个省（自治区、直辖市）开展了省级示范家庭农场创建，有 12 个省（自治区、直辖市）出台了家庭农场工商登记办法，各级扶持家庭农场发展的财政资金已经超过 13.8 亿元，家庭农场在各级金融部门获得的贷款金额已经超过 40 亿元[①]。

（一）财政政策

2015 年，财政部、农业部印发了《关于调整完善农业三项补贴政策的指导意见》，自 2016 年起，在全国全面推开农业"三项补贴"改革，即将农业"三项补贴"合并为农业支持保护补贴，政策目标调整为支持耕地地力保护和粮食适度规模经营；用于粮食适度规模经营的补贴资金，支持对象重点向种粮大户、家庭农场等新型经营主体倾斜。鼓励各地创新新型经营主体支持方式，采取贷款贴息、重大技术推广与服务补助等方式支持新型经营主体发展多种形式的粮食适度规模经营。各地积极作为，通过直接补助、以奖代补、项目扶持等方式，给予家庭农场优先安排农业综合开发、农田水利建设、土地整治、农村道路建设等项目，支持家庭农场的农产品质量安全认证、农业生产基础设施建设、农机购置、种苗繁育、加工储运、市场营销等，为家庭农场创造良好的政策环境。

一是建立专项资金。如江苏省 2015 年针对家庭农场的财政扶持资金规模扩大达到了 9 000 万元；重庆市每年安排 3 500 万元专项补助资金，对家庭农场建设农产品初加工设施进行财政补助[5]；2017 年，财政部、农业部继续加大支农投入，如直接从事农业生产的个人和农业生产经营组织按规定购买农业机械，可以得到农机购置补贴；在辽宁、吉林、黑龙江和内蒙古实施玉米生产者补贴；专项支持家庭农场能力建设等。

二是支持示范家庭农场创建。如吉林省从 2014 年开始在现代农业发展引导资金中，单独设立了家庭农场发展项目，对示范家庭农场予以补贴[5]；福建省省级财政 2015—2020 年每年安排 1 500 万元，重点支持省级家庭农场示范场建设；湖南省从 2016 年起，每年创建省级示范家庭农场 1 000 个，全省创建省级家庭农场示范县 10 个，省级财政将加大家庭农场扶持力度，对省级示范家庭农场和家庭农场示范县给予重点支持。

三是贴息与补贴。如吉林省延边朝鲜族自治州对经营水田、蔬菜、经济作物 30 公顷以上，旱田 50 公顷以上的家庭农场进行扶持，主要包括州、县财政对家庭农场贷款各贴

---

① 数据来源：农业部农村经济体制与经营管理司。

息 30%；在原农作物政策性保险基础上，家庭农场每公顷水田提高保额 3 000 元，旱田提高保额 2 000 元，对所增保费部分，州、县两级财政各补贴 1/3；在原一次性 1 台（套）农机具购置补贴标准基础上，家庭农场可以一次性享受 5 台（套）农机具购置补贴。上海市松江区财政出资 5 000 万元建立贷款担保基金，为家庭农场提供贷款贴息，承担全部家庭农场的水稻保险费，并对家庭农场购置农机具按农机总价的 50%～70%进行补贴。

四是奖励政策。如重庆永川区对检查验收达标的家庭农场，财政一次性给予 3 万元补助。山东诸城市鼓励家庭农场品牌认证，当年通过"无公害农产品、绿色食品、有机食品和农产品地理标志"认证的每个补助 1 万元。江苏省徐州市铜山区对推广应用新技术且平均效益比普通农户高 30%以上的家庭农场，给予 3 万～5 万元的奖励。江西省南昌市对家庭农场新获得中国驰名商标的奖励 5 万元，对新获得省著名商标的奖励 2 万元，对新获得国家标志性产品的奖励 10 万元。陕西省咸阳市杨陵区对年销售业绩在 100 万元以上的家庭农场，给予实际销售收入 1%的奖励，最高不超过 2 万元。安徽省郎溪县对家庭农场创办的市、省、国家级示范农民专业合作社，分别奖励 2 万元、5 万元、10 万元。

（二）金融保险政策

人民银行和农业银行分别出台了《关于做好家庭农场等新型农业经营主体金融服务的指导意见》《专业大户（家庭农场）贷款管理办法（试行）》，重点针对家庭农场等新型农业经营主体金融需求特点，创新农村金融产品和服务方式，改善农村金融环境，拓宽多元化融资渠道，为家庭农场等新型农业经营主体提供更好的金融服务。2017 年，财政部、农业部在八大领域超过 30 项强农惠农政策中也将支持农业信贷担保体系建设。各地农业部门在扶持家庭农场发展中，切实加强同财政、金融、保险等部门的沟通合作，开展金融产品创新、发放贷款补贴、成立农业担保公司、创新担保方式、建立政策性农业保险与财政补助相结合的农业风险防范与救助机制等。

安徽省鼓励各市、县（市、区）由政府出资设立融资性担保公司，为家庭农场提供融资性担保服务。省农业信贷担保有限责任公司开发了"劝耕贷"信贷产品，打通金融服务"最后一公里"。由乡镇政府建立新型经营主体融资基本信息卡并实行分类管理，担保机构配合合作银行开展尽职调查，对"有信用（无不良记录）、有规模（流转土地 50 亩以上）、有经验（持续经营一年以上）、有效益、有主业（主业稳定、清晰）、有需求（有效需求）"的家庭农场等新型经营主体实行无抵押授信。"劝耕贷"成本不超过 6.42%，其中，银行贷款利率不超过 5.22%（即国家基准利率之上最高上浮 20%），保费费率不超过 1.2%。2016 年底，"劝耕贷"在全省 42 个县（市、区）进行试点。宿州市埇桥区作为试点区，2016 年累计向 106 个家庭农场发放"劝耕贷" 1 亿多元，占全区家庭农场总数的 11.4%。

调研过程中，很多家庭农场表示均能获得 20 万至 50 万不等的贷款，缓解了资金周转压力①。

吉林省延边朝鲜族自治州开设了家庭农场土地经营权抵押贷款。延边家庭农场取得良好成效，金融创新支持功不可没，成为一大亮点。从 2014 年开始，延边在全国率先开展"农地贷"（农村土地经营权抵押贷款）试点，家庭农场经营者持有农村土地流转合同就可到县市农业行政主管部门办理农村土地经营权证，然后直接到金融部门申请贷款。2015年，延边又进一步规范流程，简化手续，并将"农地贷"的受理银行由农业银行扩大到邮政储蓄银行和农村商业银行。2015 年全州累计发放"农地贷"1 588 笔 3.6 亿元，2016年，截至 5 月底已发放"农地贷"1 545 笔 3.7 亿元，近几年累计发放"农地贷"13 亿元，至今未出现一笔不良贷款。当地农场主反映，目前在延边经营家庭农场，贷款已不成问题②。

浙江省扩大政策性农业保险覆盖范围，开展家庭农场综合性保险试点，完善政府补助和商业保险相结合的家庭农场保险体系。如衢州市创新推出示范性家庭农场综合保险，首创农民收入保险，开拓农机具综合保险、务农人员意外伤害险、大棚内果蔬保险等险种。市农业局、财政局与安信农业保险股份有限公司联合开展了省市级示范性家庭农场综合保险工作，以全市 192 个省市级示范性家庭农场为保险对象，主要包括财产保险、收入保险、责任保险三大部分内容，并增加了农产品食品安全保险内容。平均每个示范性家庭农场保险费 2 万元，按市财政、县（市、区）财政及家庭农场 5：4：1 承担，保险总额 420 万元。当地农场主反映，综合保险非常适合家庭农场，市、县财政补助 90% 的保费，农场只需要交 2 000 元，就能得到全方位的保障，这提高了家庭农场抵御自然灾害的能力③。

（三）用地政策

2016 年 10 月，中办国办印发《关于完善农村土地所有权承包权经营权分置办法的意见》，强调加快放活土地经营权，赋予经营主体更有保障的土地经营权。此前，农业部制定了《农村土地经营权流转交易市场运行规范（试行）》来指导农村土地经营权流转交易市场建立健全交易运行规则，促进土地资源优化配置和农业适度规模经营健康发展。国土资源部等部门出台了《关于进一步支持设施农业健康发展的通知》，进一步完善了包括家庭农场在内的各类新型农业经营主体的设施用地政策，支持家庭农场等主体兴建农产品贮藏、农机具存放等农用生产设施。全国各地在推进土地流转向家庭农场倾斜、加强土地流转服务等方面进行了大量的制度创新，并且针对设施用地难的问题进一步完善相关

①②③　资料来源：作者调研。

政策。

一是鼓励农村土地向家庭农场流转，健全土地流转服务体系。安徽、上海等省份规定，本村集体经济组织成员建立的家庭农场，同等条件下可以享有土地流转后的优先承包经营权，鼓励有条件的地方整合相关项目资金，按照农业发展规划建设连片成方、旱涝保收的优质农田，优先流转给示范性家庭农场。上海市松江区完善了老年农民退养补助政策和土地退养政策，2007—2012 年，五年内农保养老金标准由每月 69.3 元提高到 359 元，征地养老生活费标准由每月 320 元提高到 680 元；对纯农业地区的老年农民自愿退出土地承包经营权的，在享受农保养老金的基础上，再增加每月 150 元的退休养老补助，达到每月 480 元。从而使流转出承包土地的老年农民得到了长期保障，有助于家庭农场对其转入的土地有稳定的经营预期。浙江省规定有条件的地区对长期流出土地农民以灵活就业人员参加社会保险的可给予适当的保费补贴。山东、安徽、浙江等省规定，要建立市、县、乡、村土地流转服务机构，为家庭农场提供法律咨询、供求登记、信息发布、中介协调、指导签证、代理服务纠纷调处等服务。

二是落实家庭农场经营用地等优惠政策。山东省规定，对家庭农场因农业生产需要，直接用于养殖的畜禽舍、工厂化作物栽培或水产养殖的生产设施用地及其相应的附属设施用地，按照国家与省里有关部门规定办理相关手续；对家庭农场所需的农产品加工场地等建设用地，在符合土地利用规划、城市建设规划和农业相关规划的前提下，由当地政府予以优先安排，按规定办理用地有关手续。安徽省对平原地区从事规模化粮食生产涉及的配套设施建设，如选址确实无法避开基本农田的，经县级国土资源管理部门会同农业部门组织论证后，允许其占用基本农田；同时，在下达年度新增建设用地计划时，要求各地对家庭农场等新型经营主体进行辅助设施建设的，单列安排不低于省下达总量 2% 的用地指标。江苏省宿迁市搭建家庭农场集群，整合集中家庭农场用地指标，统一规划建设集晾晒、仓储、机库、培育、电子商务等功能于一体的家庭农场集群综合服务中心。重庆市积极贯彻落实国家关于农业生产设施用地和附属设施用地政策，保障家庭农场生产设施用地及附属设施用地需求。

(四) 人才政策

2012 年中央一号文件首次提出"大力培育新型职业农民"，2013 年中央一号文件进一步强调"要加强农业职业教育和职业培训"，为培育家庭农场经营者提供了政策支撑。2016 年，农业部继续实施"现代青年农场主培养计划"，全国新增 1 万名现代青年农场主培育对象，开展培训指导、创业孵化、认定管理、政策扶持和跟踪服务。为了提高家庭农场经营者的整体素质和水平，各地通过职业教育、专题培训等形式，培育"有文化、懂技术、善经营"的家庭农场经营者，进一步提升其经营管理水平。

　　一是加大培训力度。浙江省要求各地建立家庭农场经营者培训制度，制定培训计划，在安排实施千万农民素质提升工程、农村实用人才培训、现代农业领军人才提升班、农村劳动力培训"阳光工程"等培训时要向家庭农场倾斜[12]；并且对家庭农场招聘涉农专业大学生以及大学生自主创业成立家庭农场从事农业生产经营的，给予一定补助或奖励。安徽省实施"青年家庭农场主"创业计划，加强对青年农民的农业职业技能、农业创业和农业实用技术普及性培训。广东省建立农技人员联系家庭农场制度，加大对家庭农场经营者的培训力度。

　　二是健全社会保障。上海市松江区通过完善社会保障政策吸引优质劳动力经营家庭农场。松江区政府在推进家庭农场经营的过程中为职业农民和非农就业农民提供了大量的政策支持，打通家庭农场家庭劳动力参加职业保险的渠道，本市户籍人员在家庭农场就业期间，可通过集体参保方式，参加本市城镇职工基本养老、医疗保险。

（五）社会化服务政策

　　2014 年中央农村工作会议提出，加快构建以农户家庭经营为基础、合作与联合为纽带、社会化服务为支撑的立体式复合型现代农业经营体系。完善的农业社会化服务，是家庭农场发展的重要支撑。安徽省通过培育发展产业联合体，为家庭农场提供社会化服务支撑。如宿州市埇桥区探索通过平台搭建、项目引导等方式培育发展产业联合体，构建以农业企业为龙头、以家庭农场为基础、以合作组织为纽带的新型农业经营组织，以有效抵御市场风险。其中，龙头公司负责生产经营计划和生产标准的制定、良种及生产资料供应、农业栽培技术服务、烘干和仓储服务、产品收购；合作社为联合体提供全程机械服务，与家庭农场签订作业服务协议；家庭农场按照龙头企业的技术标准，负责粮食生产。洼河粮食产业化联合体由 1 家农业企业、13 家农民专业合作社和 27 个家庭农场组成，拥有各类农机装备 430 台（套），联合经营土地面积 1.6 万亩，作业面积辐射达 4 万亩，病虫草害综合防治面积 4 万亩次，带动家庭农场每亩增收 248 元[①]。

　　现有政策在很大程度上促进了家庭农场的快速发展，但在政策供给过程中也存在某些问题，诸如针对性不足、力度不够（如没有针对家庭农场基础设施薄弱，土地流转等生产成本居高不下的政策设计）；政策落实不彻底、政策落地差（如设施用地政策在地方落实起来很难）；政策需求与政策供给不匹配（如很多农产品没有政策性保险）等，因此家庭农场的持续发展依然需要政策的增加与改进。

---

　　① 资料来源：作者调研。248 元分别为：以高于市场价格 0.15 元/斤的价格收购联合体家庭农场的小麦作为良种，家庭农场主每亩增加收入 165 元；烘干玉米用于饲料高于市场价格 0.07 元/斤，家庭农场主每亩增加收入 83 元。

五、对策建议

家庭农场在构建我国新型农业经营体系中具有基础性的地位，推进家庭农场健康发展，需要进一步发挥政策引导和扶持作用，特别是在基础设施、财政补贴、金融保险、人才培养、社会化服务等方面加大政策扶持力度，支持家庭农场提升竞争力，促使其更好地发挥现代农业建设中的引领作用。

第一，增强政策支持力度，加大农业基础设施项目向家庭农场的倾斜力度，支持家庭农场土地整理、高标准农田建设、水利水电、通信网络、交通道路等项目建设；修建临时设施，为农产品仓储、加工、办公等提供便利；加大对家庭农场投入机械设备与烘干设施等的支持力度，改善家庭农场的生产条件。

第二，提高政策供给的针对性、匹配性，完善财政补贴制度，从原来的普惠制的财政补贴制度重点向家庭农场等新型农业经营主体倾斜。针对当前家庭农场面临土地流转租金等生产成本持续上涨，而粮食价格又出现持续下跌的情况，亟待完善农产品目标价格补贴、调整种植结构补贴、土地流转费用补贴等制度。

第三，填补政策空缺，鼓励金融机构创新产品和服务方式，拓展农村有效担保抵押物范围，为家庭农场提供金融支持；推动各地开展家庭农场信用评定，支持金融机构为家庭农场提供授信服务；建立农业信贷担保体系把家庭农场作为重点支持主体，为其提供中长期基础设施贷款担保。完善农业保险政策，增设财政支持的政策性农业保险品种，扩大政策性农业保险覆盖面；创新开发家庭农场"基本险＋附加险"的保险产品，并给予保费补贴；开展农产品价格保险试点，探索自然灾害保险与价格保险相结合的综合性保险业务，为家庭农场建立风险防范制度。

第四，加大对家庭农场经营者的职业教育与培训力度，吸引大中专院校毕业生等具有较高素质的人群兴办家庭农场，鼓励中高等院校特别是农业职业院校毕业生到家庭农场就业。

第五，加快构建新型农业社会化服务体系，强化公共服务组织建设，大力扶持经营性服务组织发展，探索政府购买公益服务的新机制，继续扩大"政府采购"的方式，引导市场化组织开展公益性服务，创新公益服务机制；强化农业社会化服务对家庭农场支持力度，实现农业信息、科技、农产品检测、植保、农机、农资农药、农产品营销会展、农业保险、农业气象预警、农业金融等农业社会化服务平台对家庭农场服务的全覆盖；重点推进农机和谷物烘干服务网点建设，以满足家庭农场对于专业化服务的需求。

参考文献：

[1] 张红宇，张海阳，李娜．关于扶持新型农业经营主体发展的若干思考［N］．农民日报，2013－06－25.

［2］杜志雄，王新志．中国农业基本经营制度变革的理论思考［J］．理论探讨，2013（4）：72－75.

［3］杜志雄，金书秦．中国农业政策新目标的形成与实现［J］．东岳论丛，2016，37（2）：24－29.

［4］陶怀颖，赵鲲，王衍，等．如何健全家庭农场政策扶持体系［J］．农村经营管理，2016（6）：21－24.

［5］赵鲲，吴晓佳，杨凯波，等．创新发展中的家庭农场［J］．农村工作通讯，2017（2）：19－23.

［6］农业部农村经济体制与经营管理司，农业部农村合作经济经营管理总站．中国农村经营管理统计年报（2015年）［M］．北京：中国农业出版社，2016.

［7］杜志雄，刘文霞．家庭农场的经营和服务双重主体地位研究：农机服务视角［J］．理论探讨，2017（2）：78－83.

［8］罗必良．农业经营制度的理论轨迹及其方向创新：川省个案［J］．改革，2014（2）：96－112.

［9］农业部农村经济体制与经营管理司，中国社会科学院农村发展研究所．中国家庭农场发展报告2016年［M］．北京：中国社会科学出版社，2016.

［10］杜志雄．"新农人"引领中国农业转型的功能值得重视［J］．世界农业，2015（9）：248－250.

［11］蔡颖萍，杜志雄．家庭农场生产行为的生态自觉性及其影响因素分析：基于全国家庭农场监测数据的实证检验［J］．中国农村经济，2016（12）：33－45.

［12］王新志，杜志雄．我国家庭农场发展：模式、功能及政府扶持［J］．中国井冈山干部学院学报，2014，7（5）：107－117.

中国农业农村人才：概念界定、政策变迁和实践探索[①]

    农业和农村的现代化发展离不开各类人才的支撑，为此对农业农村人才进行研究具有重要的现实意义。由于农业农村人才所含类别及其概念界定纷繁复杂，我们认为可将目前农村实用人才、农业科技人才、新型职业农民和乡贤等各类人才统称为农业农村人才。与农业农村人才相关的14个主要政策文件显示国家已将人才工作上升到强国战略地位，对农业农村人才也更加重视。我们梳理政策后发现，这些不同时期的政策都是围绕当时主要经济社会发展任务展开的，当前政策则以为农业现代化提供各类人才为目标。于是我们对乡村教师、卫生技术人员、新型职业农民和大学生村官等6类人才近年发展情况进行了统计分析，也对北京帮扶式人才培养、宁夏人才激励机制、崇州职业农民培训和安徽发挥乡贤作用等地方人才工作实践进行了介绍。

    任何一项活动，不管是社会活动还是经济活动，人力资源是不可或缺和最重要的投入要素。人才是人力资源中具有一定的专业知识或专门技能，且能力和素质较高的劳动者。因此，人才是经济社会发展的第一资源。对于农业现代化、社会主义新农村建设而言，无疑农业农村人才是引领者和践行者，更是农村先进生产力的重要代表和载体[1]。那么，中国农业农村人才如何界定，发展现状如何，有哪些支持政策，有哪些地方实践，下一步应如何发展，等等，都是亟待回答的问题。本文的研究目标是在探讨相关概念的基础上，对农业农村人才相关政策及变迁、发展现状进行梳理分析，并结合地方实践提出相关政策建议，从而为农业农村现代化发展添砖加瓦。

---

    ① 本文原载于：郜亮亮，杜志雄. 中国农业农村人才：概念界定、政策变迁和实践探索［J］. 中国井冈山干部学院学报，2017，10（1）：115-125.

一、农业农村人才的概念界定和分类

概念界定是一切研究的起点。相比资本、土地资源来说，人力资源及人才的概念界定要复杂得多。农业农村现代化到底涉及哪些人才？又该如何界定和分类呢？从城乡区域角度看，农村教师、医生、文艺工作者、大学生村官、农村生产能手等都属于农村人才；从行业角度看，农业科技工作者、农机农技人才、职业农民、经营大户、经纪人等都属于农业方面人才。无论如何，两种分类都只能涵盖部分类别人才，而且某些人才既是农业人才也是农村人才。为此，本文将农业现代化和社会主义新农村（美丽乡村）建设涉及的人才统称为"农业农村人才"。除非说明问题情况下，不再机械区别农业人才和农村人才。

在政府文件的话语体系中，农业农村人才分为两类：一是农村实用人才，是指具有一定知识和技能，为农村经济和科技、教育、文化、卫生等各项事业发展提供服务，做出贡献、起到示范和带动作用的农村劳动者。按照从业领域的不同，一般划分为 5 种类型：生产型人才、经营型人才、技能服务型人才、社会服务型人才和技能带动型人才。二是农业科技人才，是指受过专门教育和职业培训，掌握农业行业的某一专业知识和技能，专门从事农业科研、教育、推广服务等专业性工作的人员。"农村实用人才"这个概念最早出现在 2003 年 12 月出台的《中共中央　国务院关于进一步加强人才工作的决定》中——"加强高技能人才和农村实用人才队伍建设"，2010 年 6 月出台的《国家中长期人才发展规划纲要（2010—2020 年）》将其列为 6 类人才队伍之一进行统筹建设。2011 年 3 月出台的《农村实用人才和农业科技人才队伍建设中长期规划（2010—2020 年）》是目前对农村实用人才和农业科技人才的概念和建设等相关问题进行了最系统最全面阐述的文件。随后，2011 年 10 月出台的《现代农业人才支撑计划实施方案》中提到的几种现代农业人才——农业科研杰出人才、农业技术推广人才、农业产业化龙头企业和农民专业合作组织负责人、农村生产能手、农村经纪人等农业科研、推广、经营人才，并没超出农村实用人才和农业科技人才的界定范围，完全可以归并进来。尽管 2011 年 12 月农业部印发的《农业科技发展"十二五"规划》又提出三支人才队伍框架——加强农业科研人才、技术推广人才和农村实用人才等三支人才队伍建设，但本文认为，这三支队伍中的农业科研人才和技术推广人才可以统称为农业科技人才。

综上，本文将农业现代化、社会主义新农村建设涉及的人才统称为农业农村人才，原则上同意将这些人才统一分成农村实用人才和农业科技人才两类。

表 1 对农业农村人才进行了简单归类。值得指出的是，这个分类并不完备，某些人才，例如"土专家"既可以是农村实用人才，也可以是农业科技人才。所以，本文认为那些将某类人才称为农村实用人才还是农业科技人才的争论意义不大。

表 1　农业人才的分类

序号	名称	含义	最大特征	所含人才
1	农村实用人才	是指具有一定知识和技能，为农村经济和科技、教育、文化、卫生等各项事业发展提供服务，做出贡献，起到示范和带动作用的农村劳动者	区位性	专业大户、家庭农场主、合作社负责人、职业农民、农村经纪人、生产服务主体、农村教师、农村医生、农村文艺工作者、"土专家""田秀才"、大学生村官、乡贤、党政人才，等等
2	农业科技人才	是指受过专门教育和职业培训，掌握农业行业的某一专业知识和技能，专门从事农业科研、教育、推广服务等专业性工作的人员	行业性	农业科研人才、"土专家"、农机人才、农技人才、农业技术推广人才、农村技能服务人才，等等

注：农村实用人才和农业科技人才的含义来自 2011 年 3 月出台的《农村实用人才和农业科技人才队伍建设中长期规划（2010—2020 年）》；"所含人才"的分类不具有唯一性。

二、农业农村人才的国家支持政策

本文所言农业农村人才的国家政策是指由中央或者部委出台的相关政策，总体分为两类：一类是综合性文件，另一类是专门针对农业农村人才的文件。分析这些政策文件的目标、概念用词和具体内容的变迁，可以发现：

第一，自 21 世纪开始，国家越来越重视人才工作，将人才工作上升到强国战略地位。

2000 年 10 月，中国共产党第十五届中央委员会第五次全体会议提出，要把培养、吸引和用好人才作为一项重大的战略任务切实抓好。同年 11 月的中央经济工作会议要求制定和实施人才战略。2001 年通过的国民经济和社会发展第十个五年计划纲要以一章篇幅明确提出"实施人才战略，壮大人才队伍"。

随后，2002 年 5 月《2002—2005 年全国人才队伍建设规划纲要》出台，这是我国第一个综合性的人才队伍建设规划，首次提出"人才强国"战略，要求从战略和全局的高度深刻认识人才在经济和社会发展中的基础性、战略性、决定性作用。

2003 年 12 月，中共中央、国务院召开新中国历史上第一次全国人才工作会议，出台《关于进一步加强人才工作的决定》（以下简称《决定》），标志着我国人才工作进入新时代。会议以全面建设小康社会宏伟目标为出发点，认为 21 世纪新阶段人才工作的根本任务是大力实施人才强国战略，要求坚持党政人才、企业经营管理人才和专业技术人才三支人才队伍建设一起抓。

2010 年 6 月，中共中央出台《国家中长期人才发展规划纲要（2010—2020 年）》，这是我国历史上第一个中长期人才发展规划，目标是更好地实施人才强国战略，着眼于为实现全面建设小康社会奋斗目标提供人才保证。规划提出人才发展的 24 字指导方针："服务发展、人才优先、以用为本、创新机制、高端引领、整体开发。"

2016 年 3 月，中共中央印发《关于深化人才发展体制机制改革的意见》，认为人才发展体制机制改革是全面深化改革的重要组成部分，从协调推进"四个全面"战略布局，贯彻落实创新、协调、绿色、开放、共享的发展理念，实现"两个一百年"奋斗目标的高度强调，必须深化人才发展体制机制改革，加快建设人才强国，最大限度地激发人才创新创造创业活力，把各方面优秀人才积聚到党和国家事业中来。这是当前和今后一个时期全国人才工作的重要指导性文件。5 月中共中央召开学习贯彻该意见的座谈会，要求各地创造性地贯彻好、落实好意见，实现人才发展与经济社会发展深度融合。

第二，同期，国家对农业农村人才工作也给予了同样的重视，态度由 20 世纪末短暂的"被动"快速转变为主动出击，将农业农村人才视为强农根本。（1）上述综合性人才政策不同程度提到农业农村人才发展问题。例如，2001 年的十五计划纲要求培养具有较高技术素质的农业产业化经营和农业科技队伍；2003 年的《决定》则根据推动农村经济社会发展和城乡协调发展的需要，大力加强农村科技、教育、文化、卫生和经营管理等实用人才队伍建设；2010 年的中长期纲要明确将农村实用人才列为重点建设的 6 支人才队伍[1]之一，将引导人才向农村基层和艰苦边远地区流动政策列为十大重大政策之一，将现代农业人才支撑计划列为十二大重大人才工程之一；2016 年体制机制改革意见简单提到要健全以职业农民为主体的农村实用人才培养机制。（2）更重要的，国家和相关部委出台了不少专门针对农业农村人才的政策文件。在人才工作被提到战略高度之前，1999 年 3 月人事部和农业部就出台了《关于加速农村人才资源开发加强农业和农村人才队伍建设有关问题的通知》（以下简称《通知》），认为农业和农村经济增长要依靠科技进步和劳动者素质的提高，这关键是要开发农村人才资源，加强农业和农村人才队伍建设。但是，该文件在第八部分提到的"加强农业和农村人才队伍建设，关键要加强领导，做好规划，狠抓落实。各级人事、农业等部门要主动争取地方党委和政府的领导和支持，把这项工作纳入农业和农村发展目标规划"，显示了当时地方党委、政府对农业农村人才工作的态度没有那么主动，此后文件都是主动出击。2007 年11 月，中共中央办公厅、国务院办公厅的《关于加强农村实用人才队伍建设和农村人力资源开发的意见》（以下简称《意见》）是 21 世纪第一个针对农业农村人才的文件；2011 年 3月，中组部联合农业部、人社部、教育部和科技部印发《农村实用人才和农业科技人才队伍建设中长期规划（2010—2020 年)》（以下简称《规划》），这是在国家中长期人才发展规划纲要制定后首个针对农业农村人才的中长期规划，目标是着眼于为发展现代农业、推进社会主义新农村建设提供有力的人才支撑；2011 年 10 月，农业部协同教育部、科技部和人社部印发《现代农业人才支撑计划实施方案》（以下简称《方案》），更具体地提出"31373 工程"[2]；

---

[1]　6 支人才队伍是指党政人才、企业经营管理人才、专业技术人才、高技能人才、农村实用人才和社会工作人才。

[2]　"31373 工程"是指：从 2011—2020 年，选拔培养 300 名农业科研杰出人才、扶持培养 1 万名有突出贡献的农业技术推广人才、3 万名农业产业化龙头企业和农民专业合作组织负责人、7 万名农村生产能手和 3 万名农村经纪人。

2011年12月，农业部印发《农业科技发展"十二五"规划》，将农业人才培养与教育培训作为四个重点任务之一；2013年1月，农业部印发关于贯彻实施《中华人民共和国农业技术推广法》的意见，其中七块内容之一是加强国家农业技术推广队伍建设。（3）2011年、2014—2016年，农业部都印发了当年人才工作要点，对当年农业农村人才工作进行了全面细致部署。

第三，不同时期农业农村人才政策设计是围绕同时期主要经济社会发展任务展开的。1999年的《通知》是为实现农业和农村经济发展目标而提出的，而且由于"乡镇企业是农业和农村经济发展的重要支柱，在国民经济中占有重要地位"，所以，要"扩大乡镇企业专业技术人员队伍……建设一支门类齐全、素质较高的乡镇企业专业技术人才大军"。2007年的《意见》是为建设社会主义新农村、实现全面建设小康社会奋斗目标的新要求而提出的。2011年的《规划》是着眼于发展现代农业、推进社会主义新农村建设，2011年的《方案》是适应加快发展现代农业、建设社会主要新农村的需要，加大对现代农业的人才支持力度而提出的。这也充分体现了农业农村人才政策与经济社会发展是深入融合的。

第四，农业农村人才政策文件中人才类别概念纷繁复杂，但逐渐清晰聚焦。（1）以2011年的《规划》为界点，"农业农村人才"成为描述与现代农业和社会主义新农村建设相关人才的统称，之前的概念主要是"农村人才资源"，也有"农业和农村的人才"说法。（2）以2007年11月中共中央办公厅、国务院办公厅的《关于加强农村实用人才队伍建设和农村人力资源开发的意见》为标志，"农村实用人才"的概念逐渐稳定下来，之前有"县乡村实用人才"的概念，1999年的《通知》提出"实施县乡村实用人才工程"，2003年的《决定》提出"继续实施县乡村实用人才工程"。（3）以2011年的《规划》为界点，"农业科技人才"的概念逐渐稳定下来，之前有"农业和农村专业技术人员""农业科技队伍"概念。

第五，农业农村人才政策关注的焦点更加突出。这些焦点包括人才的教育培养引进、评价发现、流动、激励保障、管理等方面；而且，突出市场作用原则逐渐增强，由早期的"发挥市场配置人才资源的基础性作用"转变到现在的"充分发挥市场在人才资源配置中的决定性作用和更好发挥政府作用"。

另外，在上述中央部委政策出台后，各地都积极出台了相应的政策。

三、农业农村人才的发展情况

在这一部分，我们对农村的教师、医生、农村实用人才、农业科技人才和大学生村官的发展情况进行简单的统计分析[①]。

---

① 关于农业农村人才，目前还缺乏专门统计，因此没有直接可以利用的统计资料可以使用。本文主要从相关统计资料中涉及的数据进行分析。

（一）农村专任教师

总体看，1995—2014年农村小学和初中专任教师占农村就业人员比不足1个百分点，而且呈下降趋势。从图1可知，1995年农村小学专任教师占农村就业人员0.78%，随后一路下滑到2012年的0.55%，于2013年小幅反弹到0.57%，然后又下降到2014年的0.56%。图2显示，农村初中专任教师占就业人员比也呈小幅下降趋势，由1995年的0.31%一路波动下降到2014年的0.18%。这种占比下降可能是城镇化发展的必然结果。但值得注意的是，在每个时点上，农村专任教师占比水平都低于全国同期水平。因此，从城乡一体化角度讲，农村专任教师队伍建设还有提高空间。

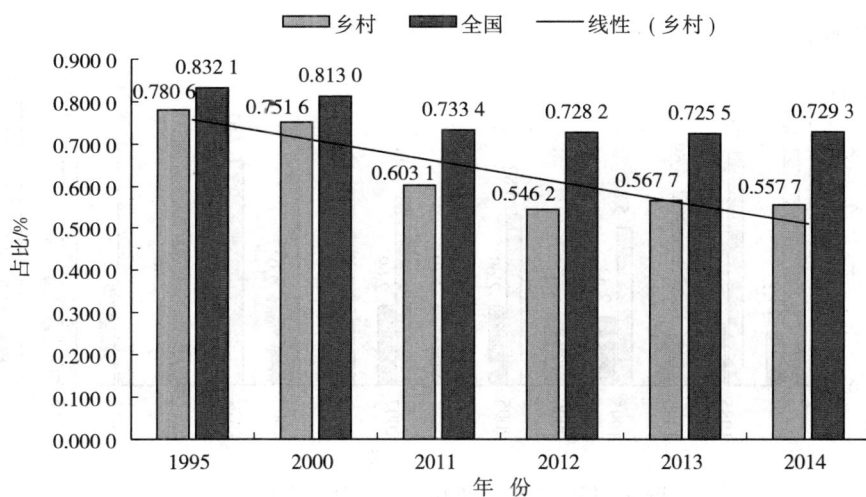

图1　1995—2014年小学专任教师占就业人员比

数据来源：基于《2015中国农村统计年鉴》数据计算。图2同。

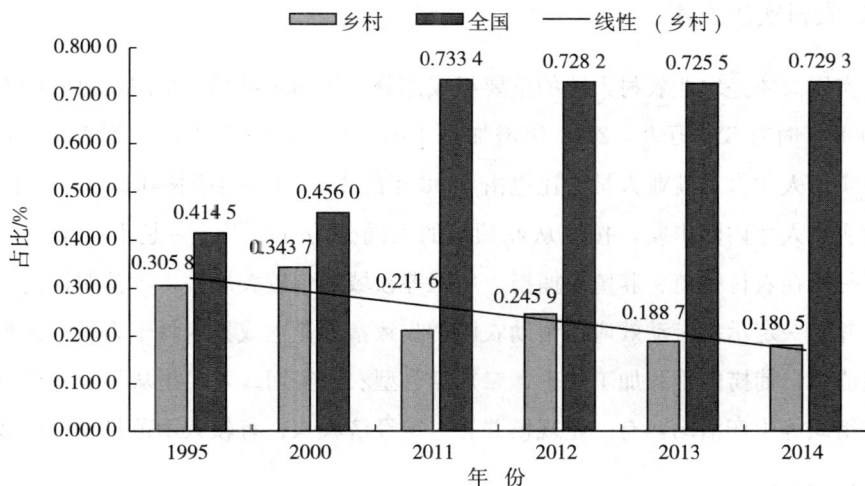

图2　1995—2014年初中专任教师占就业人员比

（二）农村卫生技术人员

卫生技术人员是影响农民健康质量的重要人才。从图 3 可知，从 1980—2014 年，农村卫生技术人员队伍平稳发展。1980 年时，农村每千人平均拥有 1.81 个卫生技术人员，随后于 1985 年突破 2 人，一路平稳增加到 2014 年的 3.77 人。在每个时点上，农村水平都低于城市水平，而且差距在短暂缩小后又呈扩大态势。1980 年，城市每千人拥有卫生技术人员 8.03 个，比同期农村高出 6 人多，约 4.5 倍，随后差距逐年下降，到 2000 年差距为 2.76 人，然后又开始扩大，到 2014 年城市比农村多出 5.93 人，约 2.6 倍。总之，农村卫生技术人员队伍建设平稳向前发展，但与城市相比依然有较大差距[1]。

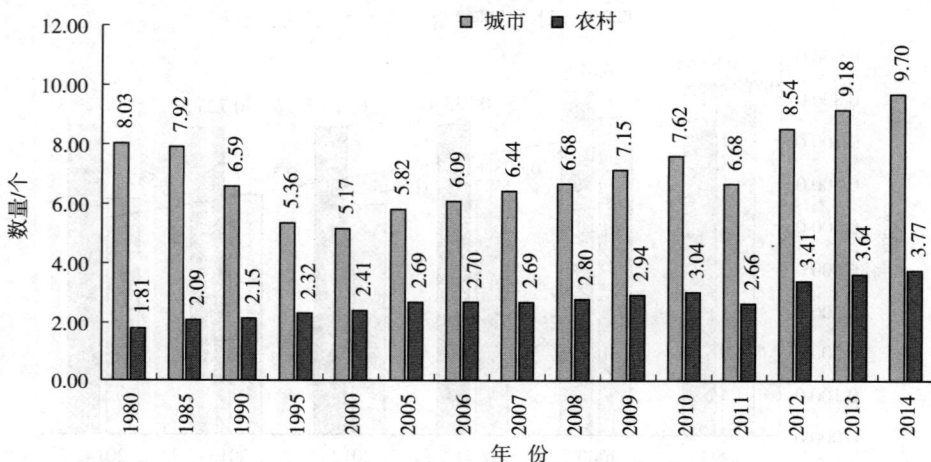

图 3　1980—2014 年每千人口卫生技术人员

数据来源：《2015 年中国统计年鉴》。

（三）农村实用人才

农村实用人才是农业农村人才的重要组成部分。从图 4 可知，全国农村实用人才快速发展，2008 年时有 820 万人，2010 年增加到 1 049 万人，2015 年增加到 1 300 万人；同时，农村实用人才占总就业人员的比也由 2008 年的 1.09% 一路增长到 2015 年的 1.68%。

农村实用人才内涵丰富，按照从业领域的不同分为五类[2]：一是生产型农村实用人才，主要是指在农村种植、养殖、捕捞、加工等领域达到较大规模，收益明显高于本地其他农户，并有一定示范带动效应、帮助农民增收致富的业主或技术骨干人员，包括种植能手、养殖能手、捕捞能手和加工能手；二是经营型农村实用人才，指从事农业经营、农村专业合作组织等生产活动，有一定规模并有一定经济收入、有较大示范带动效应或能吸纳

---

① 执业（助理）医师和注册护士的数据也呈现同样的规律。

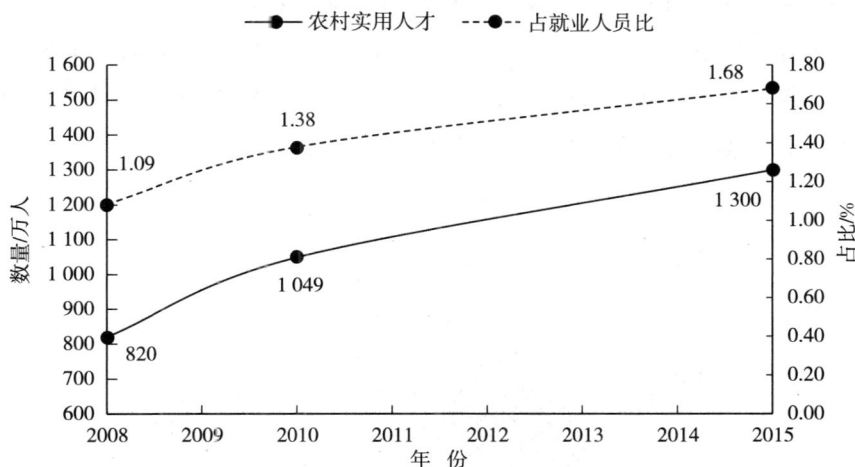

图 4　中国 2008—2015 年农村实用人才发展情况

数据来源：《2010 年中国人才资源统计报告》《农村实用人才和农业科技人才队伍建设中长期规划（2010—2020 年）》和《中国统计年鉴》。

注："占就业人员比"对应右侧坐标轴。

一定数量的劳动力就业的农村劳动者，包括经营人才、农民专业合作组织负责人和农村经纪人；三是技能服务型农村实用人才，主要指村级农业技术服务人员，即农民中专门或主要从事农业技术服务，并具有较高技术和服务水平，服务对象达到一定规模以上的农村劳动者，具体包括动物防疫员、植物病虫害综合防治员、农产品质量检验检测员、肥料配方师、农机驾驶和维修能手、农村能源工作人员等；四是技能带动型农村实用人才，指具有制造业、加工业、建筑业、服务业等方面的特长或技能，能带动其他农民掌握该技术或进入该行业，以从事该行业作为主要经济来源，本人年纯收入大大超过本地农村居民人均纯收入的农村劳动者，如铁匠、木匠、泥匠、石匠等手工业者；五是社会服务型农村实用人才，主要指在农村文化、体育、就业、社会保障等领域提供服务的各类人才，包括乡村文化艺术人才和乡村社会工作人员。

受限于数据，这里只分析 2010 年农村实用人才的结构特征。第一，2010 年时，农村实用人才中占比最大的是生产型人员，几乎占 2/5（38%），其次是经营型人才，占 30%，这两类合计约占七成；其他三类按占比高低依次为技能带动型人员（14%）、技能服务型人员（10%）和社会服务型人员（8%）（图 5）。可以预期，随着经营规模的扩大、农业生产服务体系和三产融合的快速发展，生产型人才占比会逐渐下降，而服务型实用人才占比会增长[①]。第二，总体看（图 6），2010 年实用人才的学历水平不高，还有较大提升空

———————————

① 按照 2011 年出台的《农村实用人才和农业科技人才队伍建设中长期规划（2010—2020 年）》预期，到 2015 年生产型稳定在 39%、经营型下降到 19%，技能服务型增长到 18%；到 2020 年，预计生产型小幅下降到 35%、经营型稳定在 19%，技能服务型继续增长到 20%。

间。当年初中学历的实用人才占比最大，为62%，高中学历次之，为22.7%。大专及以上学历实用人才占比不高（3.3%），小学学历人才占比为11.3%，还有0.7%是未上过学的实用人才。第三，2010年，农村实用人才队伍中90.0%没有获得专业技术职务评定[①]，在有评定的10.0%队伍中，低级职称占比很高，近七成（6.6%）（图7）。

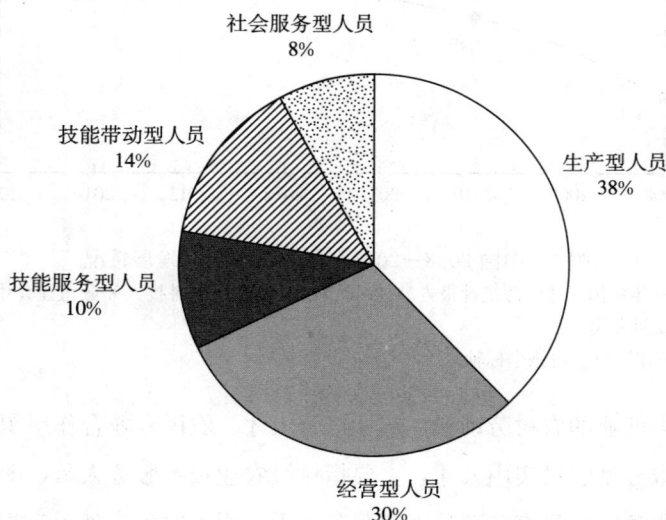

图5　中国2010年按工作类型分组的农村实用人才

数据来源：《2010年中国人才资源统计报告》。图6和图7同。

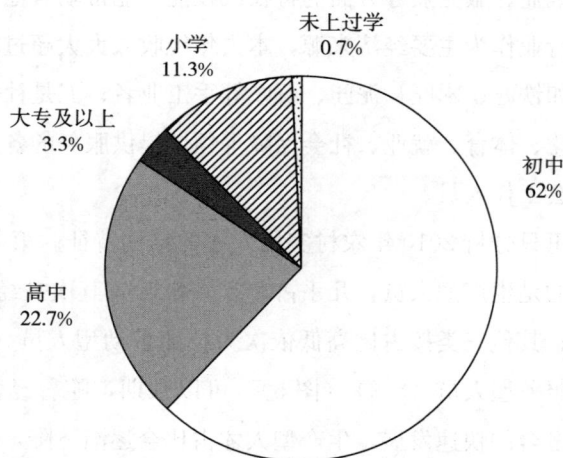

图6　中国2010年按学历分组的农村实用人才

---

① 获得农民技术员以上专业技术职务是指通过农业、人事部门评审获得农民技术员、农民助理技师、农民技师、农民高级技师称号。

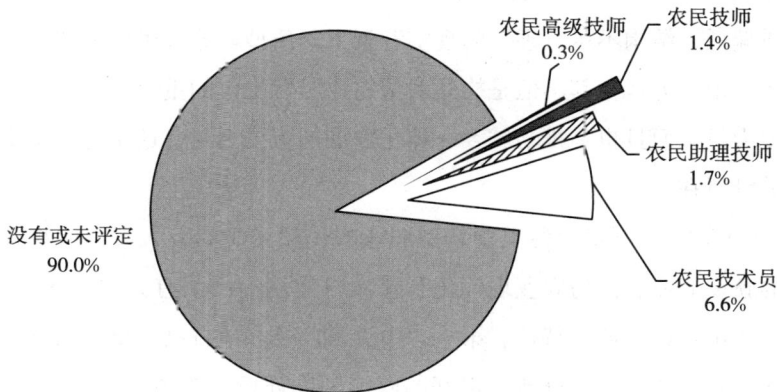

图 7　中国 2010 年按技术水平分组的农村实用人才

（四）农业科技人才

农业科技人才是农业农村人才中另一支反映农村生产力水平的重要力量。2008 年时，全国有农业科技人才 62.6 万人，其中科研人才为 6.3 万人，急需紧缺人才①只有 600 人；到了 2015 年，农业科技人才增加到 68 万人，其中科研人才增加到 8 万人，急需紧缺人才增加到 7 000 人（图 8），增长速度最快。

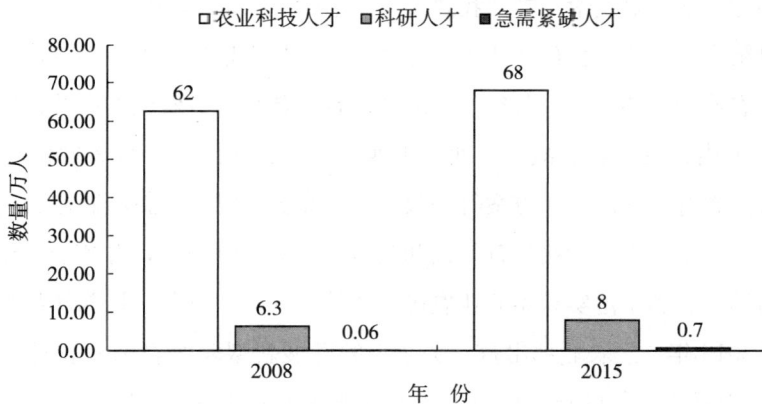

图 8　中国 2008 年和 2015 年农业科技人才

（五）新型职业农民

新型职业农民是指具有科学文化素质、掌握现代农业生产技能、具备一定经营管理能力，以农业生产、经营或服务作为主要职业，以农业收入作为主要生活来源，居住在农村

---

　　① 急需紧缺人才是指当前和今后一个时期农业科技发展急需的生物育种创新、动植物疫病防控、高效栽培养殖集成、农产品加工与质量安全等现代农业产业技术创新人才和农业资源开发保护骨干人才。

或集镇的农业从业人员。在大量农村劳动力向城市转移、留守农业人群又"总量相对不足、整体素质偏低、结构不尽合理"的现实背景下，新型职业农民成为"谁来种地、怎样种好地"问题的中坚力量，其不但是构建新型农业经营主体的重要组成部分、也是发展现代农业的主要力量，而且也是推动城乡一体化发展的重要力量，还是进一步增强农业农村发展活力的关键所在。

截至 2014 年底，全国培育各类型新型职业农民超过 100 万人[3]，这些有文化、懂技术、会经营的新型职业农民为农业现代化和新农村建设提供了有力的人才支撑。总体看，新型职业农民队伍建设有如下特征。第一，中央、部委和地方高度重视新型职业农民的培养，为新型职业农民队伍建设创造了很好的政策制度环境。自 2012 年起，中央一号文件连续五年强调要"大力培育新型职业农民"，2016 年中央一号文件明确"将职业农民培育纳入国家教育培训规划，基本形成职业农民教育培训体系，把职业农民培养成建设现代农业的主导力量"。2016 年 3 月，中共中央出台的《关于深化人才发展体制机制改革的意见》明确提出"人才发展体制机制改革是全面深化改革的重要组成部分……健全以职业农民为主体的农村实用人才培养机制"，进一步明确了职业农民培养在农业农村人才培养中的主体地位。2016 年 6 月，农业部、财政部发布《关于做好 2016 年新型职业农民培育工作的通知》，在遵循 2015 年工作思路的基础上强调要尊重农民意愿，充分调动农民参训的积极性和主动性，变"要我学"为"我要学"；突出培育重点，以新型农业经营主体带头人为对象，以粮食和优势、特色产业为重点领域，以教育培训为重点环节，把职业农民培养成建设现代农业的主导力量。各省份也陆续出台了新型职业农民发展的指导意见，截至 2016 年 5 月，湖南、海南、安徽、陕西、山西、江苏、四川、广西 8 省份出台了加快推进新型职业农民教育培训的工作方案等一般性指导意见。第二，新型职业农民的认定工作有待加快推进。认定工作是衔接教育培训和政策扶持的关键环节，有利于引导新型职业农民接受教育培训，有利于落实新型职业农民人才扶持政策，有利于培养和壮大新型职业农民人才队伍。2015 年 6 月农业部出台《关于统筹开展新型职业农民和农村实用人才认定工作的通知》，对认定工作的指导思想、基本原则和主要任务做了明确部署。各地应以此文件为指导，积极推进新型职业农民的认定工作。

（六）大学生村官

自从 2008 年起，中组部开始实施一村一名大学生村官计划。截至 2014 年底，全国共有大学生村官 18 万人，加上流转出岗的①24.8 万人，总规模达到了 42.8 万人。这些特殊

---

① 选聘的高校毕业生在村工作期限一般为 2～3 年。工作期满后，经组织考核合格、本人自愿的，可继续聘任；不再续聘的，引导和鼓励其就业、创业。

人才分布在全国 1/3 的农村，为当地的社会经济发展做出了一定贡献。目前在岗的 18 万多名大学生村官中，截至 2014 年底，进入村"两委"班子的总人数近 77 000 人，其中参加选举进入的占 70.2%。截至 2014 年底，全国大学生村官累计流动 24.8 万人，其中进入公务员队伍的 9.2 万人，占 36.9%；自主创业的 1.8 万人，占 7.4%；另行择业的 13.6 万人（包括进入事业单位的 7 万人），占 54.7%；考取研究生的 2 300 多人，占 1%。截至 2014 年，全国共有 2 万多名大学生村官共创办创业项目近 27 000 个，领办合办合作社 4 293 个，为农民群众提供就业岗位 22 万多个[4]。

四、农业农村人才工作的实践探索

（一）激励相容的帮扶式人才培养：北京经验

农村实用人才的培养是农业农村人才建设的重要内容，几乎每个省份都有相关的实践探索，积累了不少宝贵经验。北京为了探索人才培养模式和确立培养服务机制，采取"帮扶"的培养形式，即通过指导老师（专业技术人员、企业管理者、优秀实用人才等）与开发培养对象结成"帮带对子"，采取现场指导、科技帮扶、技术传授、市场引导等方式，帮带开发培养对象实现自主创业。

人才培养教育的效果取决于"师生"间的激励相容。第一，意愿要一致，即学生愿意学、老师愿意教；第二，供需必须精准对接，即老师能教学生想学的东西，或者针对不同的学生需求老师应有不同的培养方案。

北京的帮扶培养能够较好解决上面两个问题。第一，在"自愿协商"的条件下，双方签订"农村实用人才培养帮带办议书（简称协议书）"。第二，学生有强烈的学习意愿。协议书中规定"（一）甲方应积极向上，对改变自身目前现实状况（种植养殖、经营管理、民俗等技术水平，经营管理状况）、提高自身发展有强烈需求欲望，并能够提出希望获取有关知识、技能和提高效益的任务要求。（二）甲方在培养期间积极参加培训，遵守纪律，认真学习，努力实践，按时完成各阶段计划任务并能带动周围人共同进步。甲方承担风险，需投保相关保险业务"。第三，老师精准帮扶。协议书中规定"（三）乙方根据甲方提出任务要求，制定针对性的培养计划方案，围绕目标、采取措施，使甲方获取相应知识和技能，提高效益和水平"。第四，注重管理，即当地政府对人才培养工作进行科学管理。协议书中规定"（四）共同遵守市、区有关实用人才培养的规定。合作期间如遇有不可预见的事项发生，双方协商解决。（五）根据双方协定的培养时间，到期后，由监管部门组织相关专家进行考核，考核按照本镇乡《初级农村实用人才培养评价标准》执行验收。对完成培养任务的指导老师，给予相应的服务报酬和奖励"。而且，双方达成意愿后，要制定培养方案并在区县和乡镇备案。

例如，通州区潞城镇贾家疃村村民贾红莲和镇农业服务中心专家贾宝力于 2009 年签订了"农村实用人才培养帮带协议书"。贾红莲（甲方学生）进行生猪饲养，"需求是优良种母猪的培育和引进"。贾宝力（乙方师傅）的"专长是养殖理论与实践，培训方式为一周至少一次到家里指导，提高种猪培育、快速育肥等技术，生猪出栏 150 头，年纯收入 2.5 万元"。每一个培训周期结束后，都会进行检查验收。由区委组织部牵头到乡镇调研，然后直接给帮扶培养对象打电话调查，察看合约履行状况，对于成绩突出、效果好的指导教师给予奖励[5]。

（二）重产权激励的人才激励机制：宁夏经验

人才工作最核心的问题应属激励机制了。只要激励机制设计科学，他就有意愿、并采取一切行动使其为才，然后尽展其才。2012 年 10 月宁夏出台的《关于鼓励农技推广人员领办农业科技项目的意见》就是创新激励机制、使农技推广人员尽展其才的实践探索。为鼓励和支持农技推广人员不断创新农技推广服务模式，促进农业科技成果尽快转化为生产力，带动农业增产、农民增收，出台该意见。

意见主要内容包括：（1）鼓励和支持的对象为"区内公办的农牧渔业、水利、林业系统财政全额和差额拨款事业单位中具备一定农业专业技能的各类专业技术人员、管理人员，离退休农业科技人员（以下简称农技推广人员）领办各类农业项目"。（2）领办农业项目范围为"围绕全区水资源开发利用、水利工程管理和 13 个特色优势农业产业发展需求，由自治区主管部门确定的重大农业技术推广项目、现代农业示范基地建设项目、现代农业产业技术支撑项目、高效节水灌溉项目、农村饮水安全项目、五小水利工程、组建农业专业合作组织等项目"。（3）遵循如下程序"农技推广人员领办农业项目实行公开招标、个人申请、单位同意、专家论证、部门审核、上报审批等程序进行确定。公布项目：年初，自治区党委农村工作领导小组办公室商相关部门，确定本年度拟实施的农业项目，向社会公布项目名称、任务目标、期限、投标条件等，面向全区农技推广人员招标确定项目领办人；个人申请：符合条件的农技推广人员根据招标项目要求，填写申请表、经所在单位同意后，编制项目实施方案，上报自治区主管部门审核；论证审批：自治区主管部门按产业分类、分项目汇总各地申报材料，组织专家委员会逐一论证、评估，提出领办农业项目人选建议名单。自治区主管部门根据专家委员会的推荐意见，综合考评，确定农业项目领办人"。（4）管理考核。"农技推广人员领办农业项目实行合同管理、目标考核、能进能出的管理办法"。（5）扶持政策。各级财政每年要安排领办农业项目专项资金专款专用。另外，还对领办人及其团队成员的人事编制、工资福利、职称聘用等方面进行较好的管理服务，使他们安心领办农业项目；政府提供贷款贴息、引导和鼓励金融机构助其融资；对成绩特别突出的领办人，优先提拔任用，符合相应条件的，破格晋升专业技术职务任职资格，优先聘用技术岗位、优先评先评优。

实际上，人才激励机制只要使智力付出与业绩收益的连接通道畅通无阻，人才才能被用好，劳动和创造的活力才能被完全释放。相比农技推广人员只是为需求方单纯提供服务来说，让其组织团队领办项目更具激励性。第一，如 2010 年国家中长期人才发展规划纲要强调的"坚持精神激励和物质奖励相结合"，由被雇用变成主人翁，精神激励作用得以发挥。第二，领办项目带来的收益大得多，物质激励作用无限放大。原先的收益是单纯的服务劳务所得，现在的收益要远大于这种服务所得。该意见还规定"农技推广人员在领办农业项目过程中，培育出的新品种经审定后连续 5 年拥有经营权，所得收益由领办人支配。领办农业项目同时创办各类经济实体或承租、承包各类农村水利工程、示范基地、示范园区的所得收益由领办人支配"。显然，这些规定都有股权激励等产权激励的味道，还有"加强创新成果知识产权保护"的含义，效果当然不言而喻。第三，2016 年《关于深化人才发展体制机制改革的意见》强调要强化人才创新创业激励机制，鼓励和支持人才创新创业，鼓励相关人员离岗创业的实践探索。显然，宁夏的项目领办也有此中味道。

（三）以用为本的职业农民培训：崇州经验

新型职业农民是当前阶段农业农村人才的重要组成部分，是加快农业农村发展、解决"谁来种地、怎样种好地"问题的有生力量。其培养问题固然重要，但一切培养都应坚持"以用为本"的原则。只培不用、培而无用都不能形成有战斗力的新型职业农民队伍。因此，应采取系统性思维进行人才队伍建设，除了培养、提升能力使其成为人才外，还要完善配套政策，合理解决任职、社会保障、子女教育等问题，积极为各类人才干事创业和实现价值提供机会和条件，使全社会创新智慧竞相迸发。崇州的职业农民（当地又称职业经理人）队伍建设就是很好的实践探索。

崇州自 2008 年以来，立足自身实际，围绕解决"谁来种田"和"怎样种田"的问题，搭建新型职业农民人才培养、人才管理、人才发展、政策扶持"四大平台"，创造了有利于新型职业农民培育发展的良好环境，培育了一批高素质新型职业农民队伍。在整个职业农民队伍建设过程中，始终坚持的一个原则是"因需而培、培而有为、为而有效"，即以用为本进行人才队伍建设。（1）搭建培养平台，实现因需而培。通过完善选拔机制、完善培训条件、创新培训方式、建立导师制度进行全方位、精准式培训。（2）搭建管理平台，建立长效机制。一是加强评定管理。建立农业职业经理人评价委员会，制定评定标准和评定程序，探索等级评价管理机制。二是强化人才管理。建立人才信息库，及时公开诚信、技能、管理水平等信息，实行准入及退出制度。三是建立人才交流机制。鼓励农业职业经理人不受地域限制，在全市区域内自由竞聘，实现了土地股份合作社等用人主体与职业经理人的双向选择。（3）搭建发展平台，实现培而有为。引导农民自愿以土地承包经营权入股，组建土地股份合作社，公开竞聘农业职业经理，实现了科学种田。（4）搭建扶持平台，实现放心展才。结合实际，整合各级扶持政策，健全农业职业经理人政策扶持体系，给予其产业、科技、社保、金融等扶持，如农业职业经理人每培训 1 名职业农民，给予其300 元的培训费用补贴；优先推荐农业职业经理人担任村级农技推广员，给予其村级农业科技外包服务补贴；农业职业经理人以个人身份参加城镇职工养老保险的，个人缴费8%，财政补助 12%；初级、中级、高级农业职业经理人分别可信用贷款 10 万元、20 万元、30 万元，给予其银行同期贷款基准利率的 50%补贴等，进一步稳定了农业职业经理人队伍，激发了农业职业经理人创业热情。

（四）就地取"才"：因地制宜发挥乡贤作用

发展总是伴随着矛盾的显现和解决，在农业现代化和社会主义新农村建设过程中，我们也必然要处理很多错综复杂的利益关系，要协调和解决各式各样的冲突和矛盾。例如，土地确权登记颁证过程中的纠纷、集体收益分配矛盾、邻里间的家务纠纷等都是农业农村现代化绕不开的难题。这些矛盾的解决需要一种特殊的人才——乡贤，即农村中有声望、有能力的长者、贤人、能人，他们可能是老党员、老村干（退下来村干部）、老退伍军人、老族长、老组长、有威望的老人和能人等。他们因为身嵌在当地错综复杂的人际关系网络中，对矛盾双方的了解几乎没有信息损失，也能采用彼此更加认可的处理手段，最终能恰到好处地化解各种矛盾，铲除现代农业发展的路障，促进美丽乡村和谐发展。我们不否认相关部门和管理人员解决这些矛盾的可行性和积极性，但成本巨大、收效甚微。因此，应因地制宜，就地取"才"，聚当地贤才而用。很多地方已经积极发挥乡贤在农业发展和乡村治理中的作用了。

安徽泗县的乡贤志愿工作站。泗县认为乡贤是重要的社会资源，政治资源和人才资源，是建设美丽乡村的重要力量。为此，屏山乡积极组织乡贤志愿者，充分发挥乡贤人熟、地熟、事熟、村情熟的优势，在关爱青少年和留守儿童健康成长和维护社会稳定及经济发展等方面发挥优势。（1）建立乡贤志愿工作站，创新工作新载体。在村里按照品行优、威望高、口碑好的标准，从农村老党员、老村干、老退伍军人、老族长、老组长中挑选乡贤志愿者，成立"乡贤志愿工作站"，形成"乡贤抓关爱、乡贤献良策、乡贤助和谐、乡贤督效能"的"四大品牌"[6]。（2）"彭鲍村的村民张长治最近有些烦恼，自家原与隔壁留有一条 3 米宽的巷子供人通行，然而两家却在扩建房屋中产生了矛盾，谁让路一直争执不下，两家甚至占道宣示主权，结果巷子越来越窄。僵持不下的时候，同村 63 岁的张长生走进两家门，三番五次语重心长劝解后双方各让一步，成就了彭鲍村'六尺巷'的邻里佳话。'没啥窍门，就是用老百姓的法解老百姓的事。'在村中，张长生常被称作'大老执'，这是皖北对红白事操办人的称呼，衍生为群众对乡贤的别称。如今，这位活跃了半辈子的'大老执'持'证'上岗，调解大事小情，给村民解决难题。"[7]

上海嘉定的"十佳乡贤"[8]。"随着城镇化进程加快，嘉定区的很多自然村落逐步变为居民小区，但乡贤文化并未没落。当地老百姓遇到邻里矛盾和纠纷，常请'老大人'出面调处，往往能迎刃而解；很多大道理，经'老大人'一说一唱，也总能春风化雨、滋润心田。十大乡贤大多是退休公务员、教师、成功企业家等，由各村镇和群众举荐选出。'乡贤们都接地气、聚人气、扬正气。'在徐行镇钱桥村，退休老党员、75岁的张金龙腾出自家一百多平方米的两间客堂和大院等，创办了一种新模式'客堂汇'。在这个平台上，张金龙为乡亲们办了许多事情，如商议修马路装路灯、请名医来会诊、办元宵灯会等。张金龙由此也成为一名远近闻名的乡贤。72岁的乡贤龚学清是外冈镇杏花社区'老大人工作室'负责人，做过30多年教师的他干起事来格外耐心。84岁的王元昌擅长书画，他编写了一本小册子《安亭镇三字经》，并配上自己创作的插画，身先士卒做起了传统文化的传播者。"

五、政策建议

农业农村人才是实现农业现代化发展和社会主义新农村建设的关键。尽管我国非常重视人才工作，也很重视农业农村人才队伍建设，但农业农村人才的数量、质量、结构和配置方面还有很大提升空间。

（一）尽快建立健全农业农村人才认定统计机制

农业农村人才队伍的建设及其研究有三个前提条件。一是农业农村人才的界定。涉及农业农村人才的管理部门和相关研究人员应尽快对农业农村人才相关概念、类别等进行清晰界定。二是根据界定，对农业农村人才展开及时、动态的认定工作。三是尽快建立健全农业农村人才的统计机制。农业农村人才的建设及研究都要求我们能够把握任何一个时点上的真实情况，这就要求多部门统一协调，建立健全统计机制。

（二）充分发挥市场在农业农村人才资源配置中的决定性作用

无论是前期的认定和培训，还是后期的"尽展其才"，都应充分发挥市场在农业农村人才资源配置中的决定性作用。只有人才市场才能准确地判断农业农村现代化所需人才的类别和数量，只有市场才能精确比较引进人才和培养人才的成本收益，只有市场价格才能使人才的付出获得恰当的回报，进而农业农村人才的发现、培养、激励、流动才是高效的。因此，各地可因地制宜地加强农业农村人才市场的培育和建设。

（三）更好发挥政府对农业农村人才建设的引导作用

更好发挥政府对农业农村人才建设的引导作用。一是在政策层面要尊重各地差异，不搞"一刀切"，充分发挥地方政府的人才发现、认定和配置上的信息优势；二是搭建全国统一的农业农村人才信息平台，使供需双方能够便捷获得所需信息；三是健全完善农业农村人才相关的创新成果知识产权保护，这是激发劳动和创新活力的根本；四是破除人才流动障碍，打破户籍、地域、身份、学历、人事关系等制约，让市场充分发挥配置作用。

参考文献：

[1] 杜志雄. 适应新农村建设需求，培养和造就大批农村新型实用人才：在广东农村青年人才发展论坛上的演讲 [EB/OL]. [2016－12－11]. http：//blog. sina. com. cn/s/blog＿538192c40100ia3y. html.

[2] 中共中央组织部. 2010年中国人才资源统计报告 [M]. 北京：中国统计出版社，2012.

[3] 人民网. 逾十亿中央财政培训农民 [EB/OL]. （2015－07－25）[2016－12－11]. http：//paper. people. com. cn/rmrbhwb/html/2015－07/25/content＿1591294. htm.

[4] 人民网. 全国2万余名大学生村官创业 [EB/OL]. （2015－07－06）[2016－12－11]. http：//politics. people. com. cn/n/2015/0706/c70731－27259295. html.

[5] 祁梦竹，何志达，吴亚西. 通州农民务农能人贴身教练 [EB/OL]. [2016－12－11]. http：//www. beijing. gov. cn/ggfw/nm/ncxxfw/t1030488. htm.

[6] 刘安华. 充分发挥"乡贤"作用做实做细关心下一代工作 [EB/OL]. [2016－12－11]. http：//ahsx. ahxf. gov. cn/djyd/tsgz/723669.

[7] 黄锐. 安徽泗县：新乡贤"抱团"解基层大事小情 [EB/OL]. （2016－04－17）[2016－12－11]. http：//news. xinhuanet. com/politics/2016－04/17/c＿1118643452. htm.

[8] 彭薇. 乡亲都叫他们"老大人" [EB/OL]. （2015－04－17）[2016－12－11]. http：//newspaper. jfdaily. com/jfrb/html/2015－04/17/content＿85262. htm.

第十辑　其他相关研究

家庭农场发展的实际状态与政策支持：观照国际经验[①]

  家庭农场是世界范围内大多数国家最为普遍的农业经营主体。各国对家庭农场的界定和认定条件存在一定差异，尽管如此，各国都认同家庭农场的一些核心定义要素和关键认定条件。发达国家家庭农场具有类型多样、专业化经营程度高、数量逐步减少、经营规模日益扩大、以自我经营为主和家庭成员为主要劳动力、产业组织化程度高和农场收入来源多元化等特征。发达国家家庭农场的形成和发展壮大离不开相应的制度环境和支持政策，其中，农地制度是基础性制度环境，政府支持政策是坚强后盾，农业教育与培训制度是重要推进器，农业社会化服务体系是重要支撑。

  《中共中央关于推进农村改革发展若干重大问题决定》指出："有条件的地方可以发展专业大户、家庭农场、农民专业合作社等规模经营主体。"这是党和政府首次就发展家庭农场做出重大部署，自此，家庭农场迅速发展。《中共中央 国务院关于加快发展现代农业进一步增强农村发展活力的若干意见》指出："引导农村土地承包经营权有序流转，鼓励和支持承包土地向专业大户、家庭农场、农民合作社流转，发展多种形式的适度规模经营。"这是继党的十七届三中全会之后，党和政府再次就发展家庭农场做出重大部署，自此，家庭农场更受社会各界普遍关注、各级政府高度重视，地方探索发展家庭农场的热情迅速高涨，形成热潮。近年来，在各地的农业和农村发展实践中，各种类型的家庭农场不断涌现，在一些先行地区已经形成了具有代表性意义和显著特点、发展绩效良好的家庭农场模式，如浙江宁波模式、上海松江模式、吉林延边模式、湖北武汉模式、安徽郎溪模式，它们已经成为全国家庭农场的五大发展样本。其实，"家庭农场"是源于欧美的舶来名词，家庭农场的农业生产经营模式早就存在，并在发达国家广为流行。而我国的家庭农

---

  ① 本文原载于：杜志雄，肖卫东. 家庭农场发展的实际状态与政策支持：观照国际经验［J］. 改革，2014（6）：39 - 51.

场尚处于起步发展阶段，与国外尤其是一些发达国家的家庭农场相比，在发展规模、经营效率等方面仍然存在较大差距，国外家庭农场的发展经验值得研究和借鉴。

一、国外家庭农场的界定与认定条件

在世界范围内，家庭农场成为农业生产的基本单位在 19 世纪中期就已经相当普遍，其在农业经营主体中所占的份额在 20 世纪显著上升[1]。纵观世界范围内的传统农业国、转型中国家和城市化国家①，家庭农场始终是农业生产经营组织的普遍形式，并且，作为一种组织形式，家庭农场的优越性引人注目[2]。在荷兰、日本等人多地少的国家，家庭农场还是发展节地型、纵深型的农地规模化和农业集约化经营的重要途径[3]。家庭农场相比于大规模耕作农场的优越性主要表现在三个方面：一是家庭农场主比大规模耕作农场主更能做到精耕细作；二是家庭农场中的家庭内部劳动力和外雇农民，要比大规模耕作农场雇用的农业工人更勤劳、更精细；三是家庭农场无须大量的监督人员[4]。在大多数工业化国家和农业发达国家，例如，"人少地多"的美国、加拿大，"人地平衡"的法国、德国，"人多地少"的日本、韩国等，都实行以家庭农场为主的农场制度。可见，"家庭农场"这一概念在国外早已存在，但是，表 1 列举的美国、荷兰、英国、法国、日本等国的家庭农场定义和认定条件表明，到目前为止，对家庭农场还没有形成一个统一、公认的界定和认定标准。

表 1　一些国家的家庭农场定义和认定条件

国家	家庭农场的定义	家庭农场的认定条件
美国	一年中生产和销售农产品至少 1 000 美元的农场	（1）生产并出售一定数量的农产品；（2）可以获得足够的包括非农收入在内的收入，这些收入能够满足家庭生活、农场正常运营、偿还债务和维持财产等方面的需要；（3）农场主自行经营管理农场；（4）农场主及家庭成员提供实质性的劳动；（5）在农业生产繁忙季节，可以雇用季节工，也可以雇用合理数量的长期的专职农工
荷兰	家庭经营的"企业"，并且大多数是非常专业化的"企业"	（1）生产、销售农产品，农场生产经营以农业为主，收入应以农业收入为主；（2）生产经营规模（主要指土地经营面积、饲养头数等）达到一定标准并相对稳定，但是，是否属于家庭农场范畴，并不完全以农场规模来界定；（3）农场主和家庭成员为主要劳动力，雇用劳动力所占比例很小，且大都为季节工；（4）农场主是土地产权的所有者，以自有土地为主；（5）农场主自主管理运营农场；（6）农场的生产经营要对保护自然、环境、食物安全、维持生物多样性负责，这是农场的社会责任

---

①　世界银行（2008）从农业作为增长源泉和减贫手段的视角出发，将世界范围内的国家划分为三类迥然不同的农村世界：（1）传统农业国：农业是增长的主要源泉，农业对 GDP 增长的贡献率平均可以达到 32%；大多数贫困人口（70%）居住在农村地区，撒哈拉以南非洲国家属于这种类型。（2）转型中国家：农业不再是增长的主要源泉，农业对 GDP 增长的平均贡献率仅为 7%；绝大多数贫困人口（82%）居住在农村地区，中国、印度、印度尼西亚、摩洛哥、罗马尼亚等属于这种类型。（3）城市化国家：农业对 GDP 增长的贡献率平均仅为 5%；贫困人口主要分布在城市，但是仍有 45% 的贫困人口居住在农村地区，大多数拉美和加勒比地区、东欧和中亚地区的国家属于这种类型。

（续）

国家	家庭农场的定义	家庭农场的认定条件
英国	又称自耕农耕作，是指以家庭为单位，从事简单商品生产的农场。自耕农就是家庭农场主	（1）他们耕种与家庭劳动人口相适应的土地；（2）他们的耕作主要依靠家庭劳动力，即非工资劳动力；（3）他们从事简单的商品生产；（4）他们与领主之间建立契约性的土地交易关系，即他们通过购买或者租赁领主的土地以获得土地的使用权；（5）他们拥有稳定的土地财产权利，包括土地使用权、出租权或者转租权、买卖权、继承权等
法国	主要由家庭成员进行生产和经营、并以农业收入为主要经济收入来源的农业生产经营主体	（1）以生产和销售农产品为主业，主要从事特定的专业化农业活动，或者非特定的多元化农业活动；（2）以家庭为主体进行农业规模经营，主要使用家庭劳动力，农忙季节时少量雇用家庭外劳动力；（3）农场的经营规模要与家庭劳动力的供给水平相适应；（4）建立完整、正规的会计核算制度体系，实行生产经营企业化管理；（5）农场主具有较高的农业技术和经营管理水平，愿意对农场进行投资；（6）在确保环境可持续性和保护生物多样性方面发挥核心作用
日本	日本家庭经营体的概念与家庭农场比较接近。家庭农场是指以农户为中心进行家庭经营的现代农业经营主体	（1）家庭主要务农人员在相同的年劳动时间内，获得与本地区内其他产业就业者同等水平的终生收入，即家庭农场的主要收入来源为农业收入；（2）拥有足够大的土地经营规模，以通过规模效益，获得与其他产业同等的收入；（3）可以由一家农户组建，也可以由多家农户、其他农业生产法人联合组建，但农户必须在家庭农场中占支配和主导地位，其中的农户多为兼业农户；（4）购买或者租用土地面积、雇用劳动力没有限制；（5）实行土地所有权、土地经营权、耕种权的分离

资料来源：根据相关文献资料整理。

表1显示，国外对家庭农场的界定和认定条件存在一些不同，但是，都认同家庭农场的定义要素和认定条件有：第一，家庭是家庭农场的组织主体，家庭劳动力是最主要的劳动主体，坚持家庭经营的主体地位和主导作用；第二，以利润最大化目标和生产商品化农产品为专职，其收入来源主要是农业生产经营收入，坚持市场在家庭农场发展与参与资源配置中的决定性作用；第三，以"场"为生产空间基础，经营规模"适度"，适度是指在现有条件约束下，家庭农场的经营规模要与家庭成员劳动能力、当地土地流转供应、劳动力转移程度、社会化协作服务、体面收入获得等方面相匹配，坚持适度规模经营理念。依上述分析和逻辑，家庭农场是指具有独立市场决策行为能力的家庭，通过主要使用家庭劳动力从事商品农产品生产、适度规模化生产经营，具有职业和收入体面的农业微观经济组织。

二、国外家庭农场的发展态势与特点

国外家庭农场发展的特点可归纳为如下五个方面。

（一）家庭农场类型多样，专业化经营程度高

美国在建国之初就确立了农业中的家庭农场制度。以产权制度或者经营方式为视角，

美国农场可以概要地分为家庭农场、合作农场、公司农场三类。其中，合作农场大都以家庭农场为基础，公司农场大都为家庭农场所控股。所以，美国农场大部分为家庭农场，家庭农场是美国最主要的农场经营主体。2010年，美国农业部经济研究局根据农场的年总收入、农场经营者的主要职业[①]、农场的家庭或者非家庭所有权，将农场划分为家庭农场和非家庭农场。家庭农场分为小型家庭农场和大型家庭农场，各类家庭农场又有细致分类（表2）。非家庭农场的成立如同非家族企业或者非家族合作社一样，并且由雇用的经理人来经营管理农场。美国全国有10个农业生产区域，且每个区域大都实现了专业化生产，主要生产1～2种农产品，因而每个区域的家庭农场也大都实施专业化经营，有的家庭农场专司种植大田作物，有的专司种植蔬果花卉，有的专司饲养牲畜或者家禽。

表2　美国家庭农场的类型划分

类型		定义及其细分类型
小型家庭农场	年销售收入小于25万美元的家庭农场	退休型家庭农场：农场经营者已经退休，但仍然在小农场工作
		居住型/生活型家庭农场：农场经营者的主要职业不是经营农场
		职业型家庭农场：农场经营者的主要职业是经营农场，可细分为低销售收入农场（销售收入小于10万美元）和中等销售收入农场（销售收入在10万～25万美元）
大型家庭农场	年销售收入等于或者大于25万美元的家庭农场	大型家庭农场：年销售收入在25万～50万美元（含25万美元）的家庭农场
		超大型家庭农场：年销售收入在50万美元以上（含50万美元）的家庭农场

资料来源：Hoppe和David[5]表3至表6同。

荷兰在19世纪就形成了专业化的家庭农场，大多数家庭农场都专门生产某一种农产品。根据家庭农场的经营范围，荷兰家庭农场主要可以划分为大田作物家庭农场、永久性作物家庭农场、园艺业家庭农场、放牧型畜牧业家庭农场、养殖养禽业家庭农场和混合型家庭农场。2001年，荷兰专业化家庭农场的比重超过了90%，家庭农场专业化最高和分工更深、更细化的是园艺业。加拿大家庭农场的专业化经营更具特点：农业生产整体区域分布的高度专业化与家庭农场产业分工的高度专业化有机结合[6]。加拿大家庭农场主要有四类：饲畜业家庭农场、谷物家庭农场、农牧业混合家庭农场和特种作物家庭农场，其中，以经营粮食、油料和牛畜为主的家庭农场最多，约占全国家庭农场总数的60%。德国的家庭农场根据土地经营面积，也将家庭农场划分为大型、中型和小型三类家庭农场；并且种类多样化，一个家庭农场主要从事一项农业主业，主要包括粮食类家庭农场、养殖类家庭农场、蔬果花卉类家庭农场和渔业类家庭农场等。法国家庭农场按照经营内容，大体也可分为谷物家庭农场、畜牧家庭农场、蔬果家庭农场等，大部分家庭农场专门生产经

---

①　主要职业是指农场经营者花费大部分工作时间的职业。

营一种农产品，并努力突出各自产品特点。

（二）家庭农场数量逐步减少，经营规模日益扩大

美国、荷兰、德国和法国等国家庭农场发展总体上呈现数量逐步减少、经营规模日益扩大的变化趋势。1935 年，美国家庭农场 681.4 万个。根据美国农业部的调查统计数据，2007 年，共有农场 220.48 万个，家庭农场 215.19 万个，占农场总数的 97.6%；非家庭农场只有 5.29 万个，占农场总数的 2.4%。1935—2007 年，美国家庭农场数量大幅度减少，减少了 466.21 个。相应地，家庭农场的土地经营规模呈现明显的日益扩大态势，平均土地经营面积由 1935 年的 62.7 公顷/个上升到 2007 年的 169.16 公顷/个。在家庭农场中，从农场数量和资产方面看，小型家庭农场是家庭农场的主要组织形式；从农场产值方面看，大型家庭农场是农产品的主要提供者（表 3）。2007 年，小型家庭农场数量占全部农场总数、农场资产占全部农场资产总额的比重分别高达 88.4%、64.1%，其中，退休型家庭农场所占比重分别为 18.4%、12.9%，生活型家庭农场所占比重分别为 45.1%、26.0%，职业型家庭农场所占比重分别为 24.9%、25.2%；小型家庭农场产值占全部农场产值的比重仅为 16.4%。大型家庭农场数量占全部农场总数、农场资产占全部农场资产总额的比重分别仅为 9.3%、29.4%，而其产值占全部农场产值的比重达 65.9%，其中，超大型家庭农场只占全部农场总数的 5.0%，却贡献了农场总产值的 53.7%，并且主宰了主要高经济价值农作物、生猪、乳制品、家禽、肉牛的生产。

表 3　美国各类家庭农场的数量、产值与资产（2007）

家庭农场类型	农场数量所占比重/%	农场产值所占比重/%	农场资产所占比重/%	农场的平均面积/公顷
小型家庭农场	88.4	16.4	64.1	130
退休型农场	18.4	1.6	12.9	70
生活型农场	45.1	4.2	26.0	60
职业型农场	24.9	10.6	25.2	258
大型家庭农场	9.3	65.9	29.4	715
大型农场	4.3	12.2	9.3	566
超大型农场	5.0	53.7	20.1	863

在荷兰，20 世纪 50 年代初，全国大致有 40 万个家庭农场。此后，随着农业机械化的快速发展、工业化的迅速推进和农村劳动力的大量外流，家庭农场数量迅速减少，由 1980 年的 14.5 万个快速减少到 2001 年的 9.28 万个，平均每年减少 2 373 个。荷兰家庭农场数量减少的一个必然结果是家庭农场的经营规模日益扩大，大型家庭农场占全部家庭农场数量的比重不断上升。例如，荷兰奶牛业家庭农场的平均饲养规模由 1960 年的 9 头

快速扩大到 2003 年 59 头，年均扩大速率达 4.5%。温室园艺花卉家庭农场的平均面积从 1975 年的 3 664 米² 扩大到 2001 年的 9 495 米²（接近 1 公顷）。

在德国，1960 年，土地经营面积在 10 公顷以下的农场为小型家庭农场，10～30 公顷的农场为中型家庭农场，30 公顷以上的农场为大型家庭农场，并且当时小型家庭农场占全国家庭农场总量的比重为 69.3%，中型家庭农场的所占比重为 26.4%，大型家庭农场的所占比重仅为 4.3%。2007 年，土地经营面积在 30 公顷以下的农场为小型家庭农场，30～100 公顷的农场为中型家庭农场，100 公顷以上的农场为大型家庭农场，并且当时小型家庭农场占全国家庭农场总量的比重为 64.3%，中型家庭农场的所占比重为 27.2%，大型家庭农场的所占比重仅为 8.5%。可见，德国家庭农场大小的判断标准大幅上升，这反映了德国家庭农场经营规模不断扩大，大型家庭农场的所占比重不断上升。但是，中小型家庭农场依然是德国农业经济的发展主体[7]。

法国家庭农场发展也呈现数量减少与规模扩大的显著特点。1970—2000 年，法国家庭农场数量由 1970 年的 1.66 万个下降到 2000 年的 0.71 万个，家庭农场的平均土地经营面积则由 1970 年的 19 公顷增加到 2000 年 42 公顷[8]。在加拿大，目前，种植业家庭农场的平均土地经营面积达 500 公顷，其中，种植规模在 500 公顷以上的大型家庭农场占全国家庭农场总数的 10% 左右，种植规模在 100 公顷以下的小型家庭农场的所占比重为 45%。

（三）家庭农场以自我经营为主，家庭成员为主要劳动力

从经营者角度看，美国每个家庭农场都至少有一个农场主，85.3 万个家庭农场还有多个农场主，占全国家庭农场总数的 39.64%，其中，31.7% 的退休型家庭农场、34.5% 的低收入职业型家庭农场、39.8% 的中等收入职业型家庭农场、43.0% 的生活型家庭农场、48.1% 的大型家庭农场和 54.5% 的超大型家庭农场有多个农场主[5]。在多个农场主的家庭农场中，有一个经营者为第一农场主，其对家庭农场运营负主要责任的经营者，其他经营者为第二农场主。第二农场主的出现，一方面是为了满足家庭农场日常经营管理的需要，有助于顺利实现农场经营人员的新旧交替；另一方面，可以为家庭农场提供更多的资本、耕地等生产要素。而且，因为家庭农场的事务大都为家庭事务，所以，有多个农场主的家庭农场都期望家庭成员为第二农场主。实际上，70% 的第二农场主由第一农场主配偶担任，其中，在生活型、低收入职业型家庭农场中，分别有 77.5%、76.3% 的第二农场主为第一农场主的配偶。可见，美国家庭农场大都以自我经营为主，具体的自我经营方式有两种：一是夫妇共同经营，这在小型家庭农场中最为普遍；二是多代共同经营，16% 的农场主家庭农场是多代共同经营农场，最年轻经营者与最年长经营者的年龄跨度至少 20 年，这在大型家庭农场中最为普遍。

从农场主的平均年龄及年龄结构来看，美国家庭农场第一农场主具有年龄偏大的突出特征（表4）。2007年，所有家庭农场第一农场主的平均年龄为56.8岁，28.0%的第一农场主在65岁以上。退休型家庭农场第一农场主的平均年龄最高，达70岁，73.2%的第一农场主在65岁以上。低收入职业型家庭农场第一农场主的平均年龄次之，为59岁，74.7%的第一农场主在55岁以上。在生活型、中等收入职业型、大型、超大型家庭农场中，分别有40.6%、51.7%、46.2%、44.4%的第一农场主在55岁以上。可见，美国家庭农场农场主的老龄化问题突出，这可能与美国国民身体健康水平提高、卫生条件较好以及农场生产高度机械化和集约化等因素有关。

表4 美国各类家庭农场第一农场主的平均年龄及年龄结构（2007）

家庭农场类型	平均年龄/岁	不同年龄阶段第一农场主的所占比重/%				
		小于35岁	35~44岁	45~54岁	55~64岁	65岁以上
小型家庭农场						
退休型农场	70	—	—	4.8	19.0	73.2
生活型农场	52	7.2	17.6	34.5	30.4	10.2
低收入职业型农场	59	3.0	7.0	15.2	41.5	33.2
中等收入职业型农场	54	7.3	13.3	27.6	30.3	21.4
大型家庭农场						
大型农场	53	6.5	14.6	32.7	29.5	16.7
超大型农场	53	6.1	16.5	33.0	30.9	13.5

美国家庭农场的劳动力大都为家庭成员，时逢农忙有少量季节性雇工。2007年，美国每个农场平均有1.8个劳动力当量[①]，并且在家庭农场中，家庭农场的经营规模越大，所需要的劳动力当量也就越多。退休型、生活型、低收入职业型家庭农场的劳动力人数较少，基本上只有1个劳动力当量；中等收入职业型、大型家庭农场有2~3个劳动力当量，超大型家庭农场需要的劳动力人数最大，平均每个农场有8.4个劳动力当量。从各类劳动力工作时间占全部工作时间的比重来看，小型家庭农场家庭成员（包括第一农场主和配偶）工作时间的所占比重较高、雇工工作时间的所占比重较低，退休型、生活型、低收入职业型、中等收入职业型家庭农场家庭成员工作时间的所占比重分别为81.8%、73.8%、82.1%和70.4%，雇工工作时间的所占比重分别仅为5.3%、12.5%、5.8%和13.4%；超大型家庭农场家庭成员工作时间的所占比重较低、雇工工作时间的所占比重较高，家庭成员、雇工工作时间的所占比重分别为21.9%和60.7%。

在荷兰家庭农场所使用的劳动力中，家庭成员所占比重较大，雇工所占比重较小。2001

---

　① 劳动力当量是美国家庭农场年劳动使用的一个重要衡量指标，一个年均人当量等于每年2 000个小时的工作时间，或者等于每年工作50周、每周工作40个小时。

年，平均每个家庭农场有劳动力 2.89 个，其中，2 个劳动力为家庭成员，且大多为农场主夫妇，另外 0.89 个劳动力为雇工，即家庭成员劳动力与雇工劳动力的数量之比大概为 1∶0.445。在温室园艺业家庭农场中，雇工所占比重更高，1999 年，园艺业家庭农场所雇用的家庭外固定劳动力所占比重高达 65％，在季节性高峰时期还要雇用大量临时工。

英国农场有两种类型，分别是家庭农场和资本主义农场，两者之间的根本区别点是所使用的劳动力性质不同。家庭农场经营以家庭劳动力为主，家庭劳动力所产生的劳动价值融合于家庭经济；而资本主义农场完全雇用工资劳动力。英国 75％左右的家庭农场没有雇工，租赁或者半租赁经营的家庭农场也大多依靠农场主夫妇两人通过机械化和社会化服务组织经营。家庭农场规模的土地经营规模越大，所需要的工资劳动力也就越多。土地经营面积在 60 英亩①以下的家庭农场，家庭劳动力就可以分担农场全部工作，不需要工资劳动力的补充。土地经营面积为 60～100 英亩的家庭农场，所需要的家庭劳动力和家庭外劳动力大概各占 50％，但是家庭外劳动力大部分是一种具有"周期性仆从②"特点的"交换劳动力"，而不是工资劳动力[9]。

（四）家庭农场的组织化经营程度较高

美国家庭农场的组织化经营主要表现在合作化和合同化。随着家庭农场产品商品化程度的提高，以及美国农业劳动力的大量减少，许多家庭农场将农产品生产中的种子培育、农资供应、技术指导和服务、农机服务、产品运输等活动分离出来，外包给专业社会化服务机构，实行合作化生产；与农产品经销商签订产前购销合同，实行订单化生产。家庭农场与专业社会化服务机构、农产品经销商之间的合作主要通过签订合同的方式进行，合同主要有生产合同和销售合同两种类型。在生产合同中，订约人通常拥有正在生产过程中的农产品，并向农场主支付服务费；生产合同详细确定了农场主和订约人各自在投入和经营中的责任，订约人通常提供特定要素投入和服务、生产指导和技术咨询等。在销售合同中，农场主拥有正在生产过程中的农产品的所有权，提供农产品生产过程中的所有投入；销售合同确定了所交易农产品的价格（或者定价公式）、数量和质量、交付时间表。通过签订合同，合同双方都可以获得收益，农场主可以稳定、依法地获得各种专业化生产性服务，规避农资和农产品等的市场价格波动风险，提前锁定经营利润；专业社会化服务机构可以持续地获得利润，农产品经销商可以按时获得产品供应。

---

① 1 英亩≈0.405 公顷。

② 16～19 世纪，英国家庭农场中流行一种"周期性仆从"，主要是指家庭农场主将处于青年时期（长大成人至成家立业这段时期，年龄一般在 15～24 周岁）的子女送到其他家庭农场学艺，充当仆从，这种仆从要与另一家庭农场农场主签订合同，成为农场主家庭的临时成员，与农场主家庭成员同吃同住，只取衣食，不计工酬。可见，"周期性仆从"是家庭农场之间相互交换的家庭劳动力，与工资劳动力在性质上完全不同。

一般而言，相比于小型家庭农场，大型家庭农场更倾向于采用合同化经营模式（表5）。2007年，大型、超大型家庭农场的合同化经营率较高，分别有43.6%和57.2%的农场采用合同化经营模式，合同产值的所占比重分别达28.0%和45.0%；而退休型、生活型和低收入职业型家庭农场的合同化经营率较低，分别仅为1.6%、3.5%和6.9%，合同产值的所占比重也较低，分别为8.0%、11.0%和9.9%；中等收入职业型家庭农场的合同化经营率为31.0%，合同产值的所占比重为18.4%。在所有合同化经营农场中，超大型家庭农场所占比重最高，达29.1%，合同产值的所占比重更是高达64.6%；大型家庭农场次之，农场数量和合同产值的所占比重分别为18.9%和9.1%；小型家庭农场数量和合同产值的所占比重都较低，其中，退休型家庭农场的这两项指标值最低，农场数量的所占比重仅为3.1%，合同产值的所占比重仅占0.3%。

表5　美国各类家庭农场经营的合同化情况（2007）

单位：%

合同情况	小型家庭农场				大型家庭农场		非家庭农场
	退休型	生活型	低收入职业型	中等收入职业型	大型	超大型	
在本类型农场中的所占比重							
合同化经营农场	1.6	3.5	6.9	31.0	43.6	57.2	12.8
合同产值	8.0	11.0	9.9	18.4	28.0	45.0	43.2
在所有合同化经营农场中的所占比重							
合同化经营农场	3.1	15.9	13.9	16.0	18.9	29.1	3.1
合同产值	0.3	1.2	1.1	3.2	9.1	64.6	20.5

注：合同包括生产合同和销售合同；所有合同化经营农场是指合同化经营小型家庭农场、合同化经营大型家庭农场和合同化经营非家庭农场的总和。

荷兰家庭农场的组织化经营主要表现为"合作社一体化产业链组织模式"，这是荷兰农业和家庭农场高效率发展和获得强大竞争力的重要组织基础。荷兰是一个合作社较为发达的国家，在农业的大多数领域，合作社的市场占有率都在80%以上。例如，2010年，在糖和淀粉马铃薯、花卉、蔬菜水果和奶制品领域，合作社的市场占有率都分别高达100%、95%、95%和86%，而相应产业领域的家庭农场都加入了相应产业领域的合作社①，这是家庭农场成功运营的重要原因，也是确保家庭农场利益的重要保障。例如，乳业领域中的菲仕兰·坎皮纳乳业合作社一体化产业链组织模式，就是由19 000余个平均养牛85头左右的奶牛家庭农场组建菲仕兰·坎皮纳乳业合作社，由该合作社建立菲仕兰·坎皮纳乳业公司，该公司的全部股权为合作社会员家庭农场所有。在该产业链组织模式中，家庭农场是基础，是鲜奶

① 引自：《荷兰家庭农场规模渐扩，多数加入合作社》，http：//world. xinhua08. com/a/20130906/1244141. shtml（中国金融信息网国际财经栏目）。

生产的基本单位，其职责是生产安全优质的鲜奶，奶牛家庭农场可以自由选择加入和退出合作社。菲仕兰·坎皮纳乳业合作社是核心和主导，是奶牛家庭农场主以自愿自发方式组成的商业自治组织，其存在价值为全力保障会员家庭农场的经济利益，主要职责有四：一是为会员家庭农场提供种牛、饲料、技术指导、设备安装、贷款、保险、会计等农业生产性服务；二是监管、帮助会员家庭农场提升鲜奶质量；三是保证菲仕兰·坎皮纳乳业公司全部收购会员家庭农场生产的鲜奶；四是敦促和监督菲仕兰·坎皮纳乳业公司向会员家庭牧场分派红利。菲仕兰·坎皮纳乳业公司的职责是加工、销售乳制品，提高牛奶的附加值。

德国家庭农场组织化经营的途径主要是发展农民专业合作社。在德国，农民专业合作社遍布全国各个农村地区，为家庭农场提供农资供应、农产品销售和加工、信用贷款、农产品销售、政策和信息咨询等服务，是德国家庭农场社会化服务的主要承担者和重要组织载体[6]。例如，德国通过发展农机合作社，一方面提高了农机的使用效率，另一方面也提高了家庭农场的全面农业机械化水平。

（五）家庭农场的家庭收入来源多元化，存在农场主和家庭成员的兼业现象

美国家庭农场的盈利能力、收入状况与经营规模大小密切相关（表6）。从家庭农场的平均资产回报率、产权收益率和经营利润率来看，2007年，退休型、生活型、低收入职业型家庭农场的这三项指标值均为负值，中等收入职业型、大型、特大型家庭农场的这三项指标值均为正值，并且大型家庭农场的这三项指标值高于中等收入职业型家庭农场、特大型家庭农场的这三项指标值高于大型家庭农场，大型、超大型家庭农场的平均经营利润率分别达到了16.3%和25.7%。这表明，小型家庭农场大多处于经营亏损状态，而大型家庭农场大多处于经营盈利状态，经济效益十分显著。从农场总收入、净收入和净资产来看，小型、大型家庭农场的这三项指标值均为正值，但大型家庭农场的这三项指标值明显高于小型家庭农场。超大型家庭农场的平均总收入、平均净收入水平最高，生活型家庭农场的平均总收入、平均净收入水平最低，前者的这两项指标值分别是后者这两项指标值的56.09倍和169.23倍。

从农场家庭收入来看，美国家庭农场家庭收入来源多元化，家庭收入水平呈现逐步提高趋势。按照美国农业部的统计标准，美国农场家庭收入由两部分构成：一是农业净收入，即农场收入，包括农产品销售的净现金收入、农业出租收入、休耕收入、家庭农产品消费、政府支付、提供农业机械服务收入等。二是农场外收入，又可分为所挣收入和非所挣收入①两部分。20世纪60年代以来，美国家庭农场家庭收入总体上已经达到甚至超过

---

① 所挣收入，主要来自农场主场外的自主创业或者有薪工作，包括农业劳动收入、经营者和家庭成员的工薪收入、农场外经营活动净收入；非所挣收入主要包括利息、股息、社会保障收入、其他政府公共项目、赡养费、养老金、不动产或者信托净收入、个人退休金、非农财产净租金收入、非家庭成员的固定捐赠、矿物租赁使用费等。

全国家庭收入的平均水平。1960 年，美国农场家庭平均收入（4 054 美元）比全国家庭平均收入（6 237 美元）低 2 183 美元；到 20 世纪 80 年代中期，农场家庭年平均收入高于全国家庭平均收入；90 年代中期，农场家庭年平均收入达到了全国家庭年平均收入的中等及以上水平。2002 年，美国家庭农场平均收入为 6.58 万美元，2007 年增加到 8.89 万美元，6 年间增加了 2.31 万美元，年均增长 5.85%。从家庭平均净资产来看，家庭农场家庭的平均净资产也高于全国家庭平均净资产。2002 年，90.0% 的家庭农场家庭平均净资产高于全国家庭平均净资产。并且，农场家庭的平均净资产呈现逐年增长态势，由 1993 年的 36.55 万美元快速增加到 2007 年的 90.17 万美元，年均增长 9.78%。以上分析说明，美国家庭农场家庭所获得的收入已经达到甚至超过了非农场家庭的收入水平，其收入水平足以支撑其获得与非农场家庭相等甚至更高的生活水平，过上体面生活。

表 6　美国各类家庭农场的盈利情况和收入来源（2007）

盈利情况和收入来源	小型家庭农场				大型家庭农场		所有家庭农场平均水平
	退休型	生活型	低收入职业型	中等收入职业型	大型	超大型	
资产回报率/%	−1.0	−2.3	−2.8	0.9	3.5	9.9	—
产权收益率/%	−1.2	−2.9	−3.4	0.3	3.0	10.2	—
经营利润率/%	−23.1	−47.4	−48.6	5.9	16.3	25.7	—
农场平均总收入/万美元	2.51	2.32	4.31	20.43	39.90	130.14	—
农场平均净收入/万美元	0.77	0.22	0.51	5.47	10.97	37.23	—
农场平均净资产/万美元	58.10	45.90	70.50	121.10	164.90	285.20	—
农场家庭平均收入/万美元	5.52	10.17	4.45	7.62	10.96	26.82	8.89
农场收入/万美元	−0.20	−0.60	−0.51	2.90	6.30	22.65	1.17
农场外收入/万美元	5.72	10.77	4.96	4.72	4.66	4.17	7.72
所挣收入（即工资）/万美元	2.44	9.38	3.03	3.40	3.26	2.85	5.87
非所挣收入/万美元	3.28	1.39	1.93	1.32	1.40	1.32	1.85
农场外收入所占比重/%	103.6	105.9	111.4	61.9	42.5	15.6	86.8
农场家庭平均净资产/万美元	75.52	68.12	85.69	129.58	168.94	252.94	90.17
农业净资产/万美元	55.37	43.51	67.72	113.15	148.85	227.00	68.30
非农业净资产/万美元	20.15	24.61	17.97	16.43	20.09	25.94	21.87
农业净资产所占比重/%	73.3	63.9	79.0	87.3	88.1	89.7	75.8

不同类型家庭农场的家庭平均收入、平均净资产水平差异较大，大型家庭农场的家庭平均收入、平均净资产水平显著高于小型家庭农场和所有家庭农场平均水平。2007 年，退休型、低收入和中等收入职业型家庭农场的家庭平均收入分别比所有家庭农场家庭平均收入水平低 3.37 万美元、4.44 万美元和 1.27 万美元，而生活型、大型和超大型家庭农

场的家庭平均收入分别比所有家庭农场家庭平均收入水平高 1.28 万美元、2.07 万美元和 17.93 万美元，超大型家庭农场的家庭平均收入（26.82 万美元）是低收入职业型家庭农场（4.45 万美元）的 6.03 倍。退休型、生活型和低收入职业型家庭农场的平均净资产分别比所有家庭农场家庭平均净资产水平低 14.65 万美元、22.05 万美元和 4.48 万美元，而中等收入职业型、大型和超大型家庭农场的平均净资产分别比所有家庭农场家庭平均净资产水平高 39.41 万美元、78.77 万美元和 162.77 万美元，超大型家庭农场的家庭平均净资产（252.94 万美元）是生活型家庭农场（68.12 万美元）的 3.71 倍。

　　从家庭农场家庭平均收入的来源看，总体上，家庭农场的家庭收入主要来源于农场外收入，但不同类型家庭农场的来源存在明显不同，小型家庭农场的家庭收入主要来源于场外收入，农场主和家庭成员的兼业现象突出；而大型家庭农场的家庭收入主要来源于场内收入（表 6）。2007 年，所有家庭农场家庭的场内收入平均为 1.17 万美元，占农场家庭平均收入的 13.2%；场外收入平均为 7.72 万美元，占农场家庭平均收入的 86.8%。退休型、生活型和低收入职业型家庭农场家庭的场内收入均为负值，这表明，这三类小型家庭农场的家庭收入主要来源于场外收入，农场外收入所占比重分别高达 103.6%、105.9% 和 111.4%，这是这三类小型家庭农场处于亏损状态但能够继续生存的重要原因。进一步来看，这三类小型家庭农场家庭的农场外收入主要来源于场外就业，这主要是因为：第一，交通基础设施的日益改善和家庭农场家庭成员受教育程度的不断提高，使得农场家庭成员可以获得越来越多的非农业就业机会；第二，农业科技水平的日益提高和机械化程度的不断增强，大大减少了家庭农场农场主和家庭成员的劳动时间，从而使他们可以利用空闲时间从事非农工作。中等收入职业型家庭农场家庭的场内收入为正值，场内收入平均为 2.9 万美元，占家庭平均收入的 38.1%；场外收入平均为 4.72 万美元，占家庭平均收入的 61.9%，显然，这类小型家庭农场家庭收入也主要来源于场外收入，尤其是场外就业收入。大型、超大型家庭农场家庭的场内收入平均水平都显著地高于场外收入平均收入，农场内收入所占比重分别达 57.5% 和 84.4%，这表明，这两类大型家庭农场的家庭收入主要来源于场内收入。从家庭农场家庭的平均净资产来源来看，各种类型家庭农场大都来源于农业净资产，且差异不是很明显。2007 年，所有家庭农场家庭的平均净资产总额中，农业净资产所占比重为 75.8%。

　　荷兰家庭农场的家庭收入也主要有两个来源：一是农场产品的销售收入，这是主要收入来源；二是加入"合作社一体化产业链组织模式"所获得的现金分红、债券分红和债券利息等，这是家庭农场收入实现持续增长的重要保障。2010 年，荷兰家庭农场平均年收入约为 5.6 万欧元，大多数家庭农场的收入可以达到当地中产阶级水平。家庭农场加入合作社一体化组织模式，合作社对于家庭农场的收入保障主要体现在两个方面，以奶牛养殖家庭农场为例：一是确保乳制品公司用高于市场水准的价格收购会员农场的牛奶，无论会员农场当年产量是多少，都要保证全部收购；二是通过参与公司的分红，确保家庭农场可以分享到乳制品加工、批发、销售环节中的工业和商业利润。2012年，一个饲养85头奶牛的中等规模家庭农场的总收入可达到6.46万欧元，其中，销售鲜奶的净收入占总收入的比重为79.57%，从乳业公司获得的现金分红、债券分红、债券利息占总收入的比重为20.43%[①]。荷兰家庭农场的农场主及家庭成员也存在不同程度的兼业现象，主要表现为农场主到农场外就业和农场主的妻子外出择业。

三、国外家庭农场形成和发展的制度环境与政策支持

国外家庭农场发展实践与经验表明，家庭农场的生存与发展壮大，需要相应的制度环境与政策支持。

（一）农地制度：家庭农场形成与发展的基础性制度环境

土地制度是农业制度安排的基础和核心。因此，家庭农场作为一种家庭经营形式，需要以明晰、稳定的土地产权作为基础，需要创新土地流转制度和机制，保障土地经营权的合法有序转让，以实现土地适度规模集中，这是家庭农场区别于传统家庭经营的重要特征之一。美国早在独立之初，就建立了"将公有土地按大块进行划分，并以较低的价格向农户销售，以降低农户建立家庭农场的土地成本"的土地制度。1820年，美国政府修改颁布了新的《农业法》，确立了将公有土地以低价出售给农户建立家庭农场的农地制度。1862年，美国政府颁布了《宅地法》，该法规定：所有在公有土地上耕作5年以上、年满21岁的个人或者家庭可免费获赠160英亩公有土地。这种将公有土地赠给真正需要土地的人的制度，为家庭农场制度成为美国主要农业经济组织及经营制度奠定了基础。随后，美国政府相继颁布了《木材种植法》（1873）、《沙漠土地法》（1877）、《林地法》和《沙地法》（1978）、《畜牧业宅地法》（1916），这让家庭农场可以以低价甚至免费得到更多的土地。到20世纪30年代，美国可供耕种的国有土地基本分配完毕，此后，美国家庭农场经营中土地的变化，主要是通过私有土地所有者之间的买卖来实现。

荷兰一直都高度重视土地制度和土地利月方式，通过建立和完善法律制度和支持政策保障家庭农场主能够以较低的成本获得土地使用权，这是国家的重要原则。1924年以来，荷兰先后出台了《土地整理法》（1924）、《农业财产法》（1937）、《农用地转让法》（1953）、《城镇和乡村规划法》（20世纪50年代）等重要法律。这些重要法律促进了土地

---

① 引自：嵇晓雄，《中国乳业能向荷兰学点啥》，http：//economy.gmw.cn/2013 - 11/18/content _ 9518988. htm（光明网光明经济栏目）。

资源的高效利用，一方面使得家庭农场所经营的土地交易有法可循，能保障较好的土地容易转移到有生命力的农场那里，"物尽其用"；而不适合耕作的农田则能够退出农业利用并且得到保护，用于造林绿化，变成人们休闲、娱乐等的场所。另一方面，为家庭农场的各种基础设施项目提供了用地的法律和制度框架，这既有利于土地改良和整理（平整、排涝等），也有利于水资源管理。

德国在东德和西德合并后，就建立了统一的农地产权制度和土地登记制度，其中的核心内容就是对土地进行私有化改造，明确土地的私人所有权。明晰的农地产权，一方面有利于降低土地流转过程中的交易费用；另一方面，有利于家庭农场通过购买、租用原土地所有者的土地，从而促进家庭农场规模的扩大。1953 年，德国政府出台了《土地整理法》，这为家庭农场扩大经营规模提供了重要的法律保障。同时，德国政府还采取许多有效措施，鼓励土地所有者将土地出租，例如，原西德政府设立的"土地出租奖励"政策规定，如果土地的出租期限能够达到 12～18 年，则政府将给予每公顷租地 500 马克的奖金。

（二）政府因势利导的支持政策：家庭农场形成与发展的坚强后盾

在促进农业规模经营和家庭农场发展的进程中，美国、荷兰、德国、日本等国政府积极采取信贷支持、财政补贴等农业促进政策，为家庭农场的经营保驾护航，提供坚强后盾。

美国主要的农业政策工具——农业法案：自 1933 年第一个美国农业法案《农业调整法案》出台到 2014 年 2 月美国新农业法案《食物、农场及就业法案》为止，已达 81 年，美国历史上共出台了 17 个农业法案。历年美国农业法案中的一系列农业生产与保护项目，直接涉及家庭农场的发展。主要表现在以下几个方面：一是构建农产品安全网，保障农业生产和农场主收入稳定；二是在 WTO 贸易规则框架下，加大对农业和农场的财政补贴力度；三是加大对农村和农场的投资力度，促进农村农业和农场主收入增加；四是增强政策公平性支持中小家庭农场发展；五是强化对农场环境和农地质量保护的支持力度。

荷兰实行支持"有生命力的家庭农场"的政策：其基本目标是建立人与自然协调发展、可持续的和具有国际竞争力的农业，具体来看，荷兰农业政策中涉及家庭农场的主要有结构政策和环境政策。结构政策的主要内容是农业补贴，荷兰农业补贴政策主要执行欧盟共同农业政策，农业补贴的对象主要是农场主，其目标是保障农业生产稳定，提高农场主抵御自然风险和市场风险的能力，以及促进农场主收入稳定增长。环境政策的目标主要是促进荷兰农业的高度集约化和生态化发展，主要政策措施有：将土地严格划分为农业用地（又称绿色用地）和非农业用地（又称红色用地）；控制化肥、农药等农用化学品的使用；加强家庭牧场厩肥的无害化处理，控制氨、磷的释放量；鼓励家庭农场建立可持续的农业生产体系，从事绿色农业经济活动；等等。

（三）农业教育与培训制度：家庭农场形成与发展的重要推进器

高素质的农业劳动力，是促进家庭农场形成和发展的重要因素，农业教育与培训是提高农业劳动力素质的重要途径。美国农场主等农业从业者没有资格限制，完全由个人决定是否从事农业生产，但美国政府尤其是历年的农业法案中都提出了关于农场主受教育水平提高和农业从业能力培养的多种措施。例如，2008 年以来，美国农业部每年都会拨付一定数量的资金资助赠地大学扩大涉农专业学生的招生规模，以培养农业高级专门人才，提高家庭农场主等农业从业者的受教育水平。2000 年，25 岁以上的农业从业者中，接受过高等教育的比例是 41％，2010 年，这一比例增长到了 46％。2008 年美国农业法案《食物、资源保护及能源法案》建立了新从业农场主和牧场主发展项目，旨在提高他们的农业生产技能、经营管理能力和风险控制能力。美国政府还通过向农场提供财政补助的方式鼓励农场主向大学生提供农业学徒和实习机会，以助推大学生农业从业能力的培养。

在荷兰，政府非常重视对家庭农场主的教育与培训。荷兰发展农业教育有明确的目标：提高家庭农场主等农村人口素质，使他们能够正确理解和应用各种科学知识，从而使先进技术产生最大效益[10]。荷兰的农业教育分四个不同的类型和等级：一是基础教育，二是中级职业教育，三是高级职业教育，四是大学教育。家庭农场的农场主在其 5～16 岁都接受过完全免费的义务教育，即基础教育。中级职业教育是荷兰青年农民都必须要完成的学习，是家庭农场主经营农场的基本资格，也是家庭农场主从事与农业有关的其他工作起码的条件。荷兰有 5 所高等农业学院，主要培养农场主、农业经理人等。农业大学教育主要在瓦赫宁根大学开展，这所大学重点承担农业科学的高级专门人才培养和基础科研工作。

在德国，职业农民和家庭农场主的准入非常严格。根据相关法律规定，任何农民包括家庭农场主都必须经过大学教育或者农业职业教育，要经过全面的理论学习和严格的实践劳动锻炼过程，持证上岗。德国农业人才的培育和培养主要有两种方式：第一种方式是通过大学教育培养农业高级专门人才；第二种方式是通过农业职业教育与培训培养农业技能人才，达到农业从业资格。目前，只有大概 10％的农业从业人员通过大学教育培养[11]。因此，在德国家庭农场中，农场主大多是通过农业职业教育取得农场经营资格和完成岗位要求的，只有少部分农场主是通过大学教育培养出来的具有学位的农业高级专门人才。

（四）完善的农业社会化服务体系：家庭农场发展壮大的重要支撑

美国、荷兰等国家庭农场发展的实践经验表明，建设完善、高效、便捷的农业社会化服务体系，是家庭农场发展壮大的重要支撑。在美国，农业社会化服务内容丰富、领域广泛、体系完善、分工明确、服务细致。美国农业社会化服务体系主要包括公共服务体系、合作服务体系和私人服务体系三大部分。农业公共服务体系主要由政府及其相关职能部门组成，其职能是在政府财政支持下为家庭农场等农业经营主体积极开展农业科技研发与推广、政策信息等服务。合作服务体系主要由涉及营销、信贷及流通领域的各类农业合作社组成，包括供销合作社、信贷合作社和服务合作社。其中，供销合作社最重要、最具实力，具体可细分为专门提供农资的供应合作社、专门负责销售农产品的销售合作社和专门提供农产品供销社会化服务的信销服务合作社。农业合作信贷体系包括联邦土地银行、合作社银行和联邦中期信用银行，主要向农场主提供信贷服务。私人服务体系主要由私营的农资生产企业和供应企业、农产品运销企业和加工企业组成，服务路径主要是通过签订购销合同和垂直一体化，将私营企业的农资生产和供应、农产品的运销和加工，与家庭农场等农业生产者的耕作、防治防疫、收割等环节联结为一体。

荷兰针对园艺花卉、奶牛养殖等专业家庭农场的发展特点，一方面积极推进基层公共服务机构的改革和建设，鼓励基层农技人员加强与家庭农场对接，为其提供个性化、综合性服务；另一方面，以市场为导向，鼓励和促进合作社、农业协会等社会化服务主体发展。在荷兰，为家庭农场提供各种社会化服务的组织有两类：一类是家庭农场主联合建立的合作社，其目标是增强家庭农场的市场力量，以获得市场权利和达到规模经济。目前，荷兰合作社主要包括购入投入物的合作社、农产品加工合作社、农产品销售合作社、信贷合作社、拍卖合作社和其他服务性合作社（例如，保险服务合作社、仓储合作社等）。另一类是各种农业行业协会和农产品协会。农业行业协会是横向组织，包括某一农业产业部门所有的家庭农场；农产品协会是纵向组织，包括在一个生产链中的所有家庭农场，即从原材料供应商到最终产品的零售商。这些协会把家庭农场联合起来，目的是加强家庭农场主的政治地位和社会地位，从根本上保护家庭农场主的利益和合法权益。

参考文献：

[1] 乔瓦尼·费德里科. 养活世界：农业经济史 1800—2000 [M]. 何秀荣，译. 北京：中国农业大学出版社，2011.

[2] 世界银行. 2008 年世界发展报告：以农业促进发展 [M]. 胡光宇，赵冰，译. 北京：清华大学出版社，2008.

[3] 黄延廷. 现阶段我国农地规模化经营的最优模式：家庭农场经营：兼谈发展家庭农场经营的对策 [J]. 理论学刊，2013，(10)：33-37.

[4] 阿瑟·刘易斯. 经济增长理论 [M]. 周师铭，沈丙杰，沈伯根，译. 北京：商务印书馆，1996.

[5] HOPPE R A, DAVID E. Banker: family farm report (2010 edtion): structure and finances of U. S. farms [R]. Washington: Economic Information Bulletin (USDA's Economic Research Service)，2010.

[6] 夏英. 国外"家庭农场"发展探析 [J]. 中国农业信息，2013 (21)：34-37.

[7] 徐会苹. 德国家庭农场发展对中国发展家庭农场的启示 [J]. 河南师范大学学报（哲学社会科学版），2013（4）：70 - 73.

[8] 宋玉丽，王建民. 法国农业可持续发展的经验与启示 [J]. 山东农业大学学报（自然科学版），2010（1）：151 - 155.

[9] 杨杰. 英国农业革命与家庭农场的崛起 [J]. 世界历史，1993（5）：2 - 11.

[10] 厉为民. 荷兰的农业奇迹：一个中国经济学家眼中的荷兰农业 [M]. 北京：中国农业科学技术出版社，2003.

[11] 林西. 德国农业职业教育印象 [N]. 农民日报，2009 - 06 - 30.

家庭农场发展的荷兰样本：经营特征与制度实践[①]

在荷兰，家庭农场是农业系统的基础，且一直都是农业的主导组织形式。我们对荷兰家庭农场的经营特征和制度实践进行了梳理与分析后发现，荷兰家庭农场具有农产品生产高度专业化、经营规模日益扩大化、经营土地自有化、劳动力家庭成员化、经营组织合作社一体化、生产方式集约化和生态化、农场收入来源多元化等特征。健全的农地制度、因势利导的农业补贴政策、严格的生态环境保护制度与严密的农产品质量安全体系、协调运行的农业知识创新和传播体系、普惠的农村金融体系、高效的农业社会化服务体系是荷兰家庭农场健康成长、快速发展的制度支撑。因此我们认为，发展家庭农场的一个充分条件是要准确把握家庭农场的基本经营特征，一个必要条件是要有系统的制度支撑。

一、家庭农场：荷兰农业最主要的经营主体

荷兰位于欧洲西北部，国土面积约为 4.2 万千米^2，总人口约为 1 636 万人（2007 年数据），是世界上人口密度较大的国家之一，属于典型的欧洲小国，却是世界农业大国。从世界农业的视野来看，荷兰是农产品净出口额的"世界冠军"，是多项世界农业"金牌"得主：农产品出口率世界第一，土地生产率世界第一，设施农业世界一流[1]，创造了举世瞩目的"农业奇迹"。荷兰"农业奇迹"的实现，不仅得益于良好的农业基础设施、健全的合作组织和高效率的知识创新系统，也得力于有生命力的家庭农场的发展壮大。

荷兰家庭农场有着悠久的历史传统和旺盛的生命力，一直以来都是农业的主导组织形

---

① 本文原载于：肖卫东，杜志雄. 家庭农场发展的荷兰样本：经营特征与制度实践［J］. 中国农村经济，2015（2）：83 - 96.

式[2]。L. 道欧认为，家庭农场成为农业主导组织形式的主要原因有三个方面。第一，从经济学视角看，这是由农业生产的季节性所决定的。在农业领域，多数生产过程的季节性较强，这决定了农业劳动力的使用在一定程度上也具有季节性，从而使得农业生产使用劳动力的代价较高，突出表现为：一是农业劳动力的组织成本较高；二是如果要雇用家庭外部劳动力，所需要耗费的寻找成本和监督成本较高。而如果使用家庭内部劳动力，由于家庭成员在家庭农场的业绩和持续经营上具有共同利益，不需要监督其劳动，则以上相应的交易成本就会降低。因此，在荷兰农业生产领域，家庭农场的主导地位从未被大型农业企业（包括农业生产企业、农产品加工企业等）替代。第二，从心理学视角看，这是由人们对农业的认知和情感所决定的。在荷兰，农业被视为日常生活的基本来源，从事农业被视为一种特殊的生活方式；从事农业还能获得政府的价格补贴、收入补贴等。这些认知使得农民能够接受较长的工作时间和单位时间上的较低收入，也非常愿意将家庭农场以遗产的形式传给下一代。因此，荷兰家庭农场具有较强情感色彩的特征。第三，从政策视角看，这是由政府政策或反映在政策中的社会观念所决定的。长期以来，荷兰政府一直将家庭农场视为社会稳定的可靠保障、提供就业机会的来源、消除农村贫困的途径。荷兰政府的政策目标主要是鼓励农场主把经营家庭农场视为全职工作，以保持或扩大家庭农场的规模。而且，荷兰人多地少，家庭农场还是促进农地规模化经营和农业集约化经营的重要途径[3]。因此，政府努力增强家庭农场的竞争力。

在荷兰，家庭农场是一个相对模糊和宽泛的概念，可以将家庭农场界定为家庭经营的农业"企业"，并且大多数是非常专业化的"企业"，是荷兰农业的重要经营主体和具有较强活力的"细胞"。荷兰家庭农场的认定通常主要基于以下条件：（1）生产、销售农产品。家庭农场生产经营以农业为主，收入应以农业收入为主。（2）生产经营规模（主要指土地经营面积、畜禽养殖数量等）达到一定标准并相对稳定。但是，是否属于家庭农场范畴，并不完全以农场规模来界定。（3）家庭农场主和家庭成员为主要劳动力，雇用劳动力所占比例很小，且大都为季节工。一般情况下，家庭农场的经营规模与家庭劳动力的供给水平要相适应。（4）农场主是土地产权的所有者，以自有土地为主。（5）农场主自主管理运营农场。（6）家庭农场的生产经营要对保护自然和环境、保证食物安全、维持生物多样性负责。这是家庭农场的社会责任[4]。

二、荷兰家庭农场的经营特征

（一）农产品生产高度专业化

按照家庭农场农产品生产的范围，荷兰家庭农场可以划分为两类。第一类是专业型家庭农场，指专门生产某一类农产品的家庭农场，具体可分为大田种植业家庭农场；园艺业家庭农场，包括露地园艺家庭农场、温室园艺家庭农场、蘑菇种植家庭农场等①；畜禽养殖业家庭农场，包括放牧型畜禽养殖家庭农场和集约型畜禽养殖家庭农场②。第二类是混合型家庭农场，指兼营大田种植业和畜禽养殖业，且经营规模不大的家庭农场。

1996 年，荷兰家庭农场总数为 11.07 万个，其中，专业型家庭农场 9.11 万个，专业型家庭农场占家庭农场总数的比重为 82.29％；2001 年，专业型家庭农场的比重超过了90％③。家庭农场中专业化程度最高以及分工最深、最细的是园艺业家庭农场。按照种植地点，园艺业家庭农场分为温室园艺业家庭农场和露地园艺业家庭农场；按照种植园艺种类，园艺业家庭农场可细分为花卉家庭农场、蔬菜家庭农场、盆栽植物家庭农场、苗圃植物家庭农场等。其中，花卉家庭农场还可进一步细分为鲜切花家庭农场、球根花卉家庭农场等。还有些家庭农场只专门种植一两种花卉，甚至某种花卉的一两个品种。大田种植业和畜禽养殖业家庭农场的专业化也非常明显。例如，在马铃薯种植家庭农场中，有些家庭农场专门种植食用马铃薯，有些专门种植种用马铃薯，有些专门种植工业用马铃薯。畜禽养殖业家庭农场可细分为奶牛养殖家庭农场、蛋鸡养殖家庭农场、生猪养殖家庭农场等。

荷兰混合型家庭农场的突出特点是生产专业化程度较低，并且，其数量呈现快速减少的趋势。1980—2001 年，混合型家庭农场减少了 9 625 个，减幅达 50％多。混合型家庭农场数量的快速减少，反映了荷兰家庭农场生产专业化程度日益增强。

可见，荷兰家庭农场的一个突出且重要的特点就是生产高度专业化。这是荷兰农业生产率高、竞争力强的重要原因。这是因为，专业化生产有利于提高家庭农场的专业技术水平，提高产品产量和质量；有利于家庭农场的机械化作业、标准化生产；有利于促进农业分工的细化和深化，导致为家庭农场提供各种生产性服务的中介服务组织不断涌现；有利于降低家庭农场的生产成本，提高农产品市场竞争力。

（二）经营规模日益扩大化

荷兰家庭农场经营规模的衡量尺度有两个：一是平均每家家庭农场的土地经营面积或者畜禽养殖数量；二是"欧洲规模单位（ESU）"，其依据是标准毛利润，是指单位面积土地经营或者单位畜禽养殖所获得的总收入减去所产生的总成本后的毛盈利额，用欧元的现

---

① 荷兰园艺业主要包括花卉、蔬菜和其他园艺作物。其中，花卉包括露地花卉和温室花卉，蔬菜包括露地蔬菜和温室蔬菜，其他园艺作物包括蘑菇、水果和观叶植物，水果、观叶植物在荷兰园艺业中的所占比重很低。所以，荷兰园艺业家庭农场主要细分为露地园艺家庭农场（包括露地花卉家庭农场和露地蔬菜家庭农场）、温室园艺家庭农场（包括温室花卉家庭农场和温室蔬菜家庭农场）、蘑菇种植家庭农场。

② 放牧型畜禽养殖是指利用人工草场放牧的牛养殖（主要是奶牛养殖）、马养殖和羊养殖，集约型畜禽养殖是指需要有建筑物作为养殖场所的猪养殖、鸡养殖。

③ 需要说明的是，本文中所使用的数据若无特殊说明，均来源于厉为民[1]。

价表示[①]。

从大田种植业家庭农场来看，种植面积小于 1 公顷、1～10 公顷的食用马铃薯家庭农场的数量，分别由 1975 年的 2.38 万个、1.52 万个快速下降到 2001 年的 1 200 个、6 400 个，而种植面积大于 30 公顷的食用马铃薯家庭农场的数量，则由 1975 年的 350 个快速上升到 2001 年的 1 200 个；种植面积大于 10 公顷的食用马铃薯家庭农场在食用马铃薯家庭农场总数中的比重，由 1975 年的 11%快速上升到 2001 年的 42%。种植面积小于 10 公顷的谷物家庭农场在谷物家庭农场总数中的比重，由 1975 年的 82.6%下降到 2001 年的 68.6%；而种植面积大于 30 公顷的谷物家庭农场的比重，则由 1975 年的 2.0%上升到 2001 年的 5.6%。

从温室花卉家庭农场来看，温室花卉家庭农场的平均温室规模从 1975 年的 3 664 米^2 扩大到 2001 年的 9 495 米^2（接近 1 公顷）。温室规模小于 0.5 公顷的小型家庭农场在温室花卉家庭农场总数中的比重，由 1975 年的 73%下降到 2001 年的 42%；而温室规模大于 1.5 公顷的大型家庭农场的比重，则由 1975 年的 2.2%上升到 2001 年的 19.6%。

从畜禽养殖业家庭农场来看，奶牛养殖家庭农场的平均饲养规模由 1960 年的 9 头快速扩大到 2003 年的 59 头，年均扩大速度达 4.5%；并且小规模奶牛养殖家庭农场在奶牛养殖家庭农场总数中的比重逐年下降，中等规模奶牛养殖家庭农场的比重基本保持稳定，大型奶牛养殖家庭农场的比重逐年上升[5]。奶牛饲养数量为 1～30 头、30～50 头的家庭农场分别由 1975 年的 6.33 万个、1.94 万个快速下降到 2001 年的 5 800 个、7 100 个，而奶牛饲养数量为 50～100 头、大于 100 头的家庭农场分别由 1975 年的 8 200 个、600 个快速上升到 2001 年的 1.28 万个、2 300 个。种用母猪养殖家庭农场和蛋鸡养殖家庭农场经营规模日益扩大的趋势也十分明显。在这两类家庭农场中，小型家庭农场在同类家庭农场总数中的比重迅速减少，大型和特大型家庭农场的比重逐步上升。

在荷兰，家庭农场的经营规模日益扩大，大型家庭农场占家庭农场总数的比重不断上升，其中一个原因可能是家庭农场数量日趋减少。1980—2001 年，荷兰家庭农场数量由 14.5 万个快速减少到 9.28 万个，平均每年减少 2 373 个。

值得关注的一个现象是，在欧盟，荷兰家庭农场的平均土地经营面积较小，但是，以欧洲规模单位（ESU）衡量的平均经营规模却很大，在欧盟国家中独具特色（表 1）。

表 1　荷兰与欧盟部分国家家庭农场经营规模的比较（1997 年）

单位：公顷

经营规模	荷兰	丹麦	英国	比利时	法国	德国	意大利	EU - 15
农场平均面积	18.6	42.6	69.3	20.6	41.7	32.1	6.4	18.4
ESU	84.11	57.24	47.73	46.97	35.29	32.27	8.01	16.67

数据来源：厉为民[1]。

注：EU - 15 是指欧盟 15 个国家平均。

---

① 1997 年，一个 ESU 相当于 1 200 欧元。

（三）经营土地自有化，劳动力家庭成员化

在荷兰，农业的一个重要基础是私有制的家庭农场，家庭农场所经营土地的自有程度较高。土地自有程度较高（包括完全自有和自有程度为 80%～100%）的家庭农场在家庭农场总数中的比重比较大，且呈上升趋势，由 1970 年的 46.9% 上升到 1999 年的 64.9%；而主要依靠土地租赁经营（包括完全租赁和土地自有程度为 20% 以下）的家庭农场的比重比较小，且呈下降的趋势，由 1970 年的 28.6% 下降到 1999 年的 11.8%。或许与土地自有程度较高紧密相关，家庭成员在农场劳动力中的比重也较大，雇工的比重则较小。同时，荷兰家庭农场的所有权和经营管理权有机统一，家庭目标和农场经济目标高度重叠，家庭农场还要以遗产的形式传给下一代，这些因素都促使农场主家庭成员在农场经营中有高度的参与性。2001 年，平均每个家庭农场拥有 2.89 个劳动力，其中，2 个劳动力为家庭成员，且大多为农场主夫妇，另外 0.89 个劳动力为雇工。

但是，在荷兰的温室园艺业家庭农场劳动力中，雇工的比重却很高，有些家庭农场中雇工的数量比家庭成员劳动力还要多。1999 年，温室园艺业家庭农场所雇用的家庭外固定劳动力在该类农场劳动力总数中的比重高达 65%，在季节性高峰时期这类家庭农场还要雇用大量临时工。这主要是因为，在园艺业的生产经营中，劳动分工十分明确，雇工的监督成本较低。可见，雇工数量以及家庭成员劳动力与雇工比例在不同类型家庭农场之间差异很大，但总体上家庭农场还是以家庭成员为主要劳动力，这一方面确保了家庭经营在农业生产中的主体地位，另一方面也有利于家庭经营制度优势的充分发挥。同时，荷兰家庭农场经营的经验表明，以土地为主要生产要素的农业产业，家庭农场劳动力中家庭成员的比重高；反之，那些可以用货币资本替代土地的农业产业，家庭农场劳动力中雇工的比重较高。

（四）经营组织合作社一体化

荷兰家庭农场的组织化经营主要表现为"合作社一体化产业链组织模式"，这是荷兰农业和家庭农场快速发展、获得强大竞争力的重要组织基础[4]。在该种产业链组织模式中，家庭农场、合作社和公司三者组成了以股权为纽带的产业链一体化利益共同体，形成了相互支撑、相互制约、内部自律的"铁三角"关系。家庭农场是该组织模式的基础，是农业生产的基本单位。合作社是该组织模式的核心和主导，是家庭农场主以自愿自发方式组成的商业自治组织，它不以盈利为目标，其存在价值是全力保障社员家庭农场的经济利益。公司的作用是收购、加工和销售家庭农场所生产的农产品，以提高农产品附加值。

以荷兰乳业为例，其产业链组织模式就是以适度规模家庭农场为基础的"合作社一体

化"，其中，规模较大、效率较高和代表性显著的当属菲仕兰·坎皮纳乳业合作社一体化产业链组织模式（图1）。在该产业链组织模式中，家庭农场、合作社和公司三者的关系是：（1）1.9万余个养殖奶牛50～100头左右的中等规模家庭农场组建菲仕兰·坎皮纳乳业合作社，奶牛养殖家庭农场可以自由选择加入和退出合作社。加入合作社的家庭农场为社员家庭农场，其职责是生产安全优质的鲜奶。之所以合作社以中等规模家庭农场为基础，是因为中等规模家庭农场既可以承受购置机械化、信息化养殖设备的成本分摊，节约奶牛养殖规模过大导致的疫病防控、生态环境治理成本，又可以使奶牛避免"圈养"，而是"散养"在户外草场，按照动物天性成长。菲仕兰·坎皮纳乳业合作社领导层由社员家庭农场主投票选举产生。（2）菲仕兰·坎皮纳乳业合作社建立菲仕兰·坎皮纳乳业公司。该公司的全部股权为菲仕兰·坎皮纳乳业合作社社员家庭农场所有，社员家庭农场主选举组成的董事会负责经营管理该公司，该公司经理由社员家庭农场主代表组成的委员会任免。菲仕兰·坎皮纳乳业公司的职责是：收购社员家庭农场生产的鲜奶，并将其加工成各类乳制品，销往国内外；延伸鲜奶产业链，以提高和实现鲜奶的附加值。（3）菲仕兰·坎皮纳乳业合作社本身没有盈利目标，其存在价值体现为优化资源配置，以保障社员家庭农场的经济利益，其主要职责表现在以下四个方面：一是为社员家庭农场提供各类农资、农机供应和生产性服务（例如设备安装服务、技术指导和咨询服务、融资和保险服务等）；二是监管、帮助社员家庭农场提升鲜奶质量；三是确保菲仕兰·坎皮纳乳业公司[①]以较高价格（一般高于市场平均价格）全部收购社员家庭农场生产的鲜奶；四是敦促和监督菲仕兰·坎皮纳乳业公司向社员家庭农场分派红利。

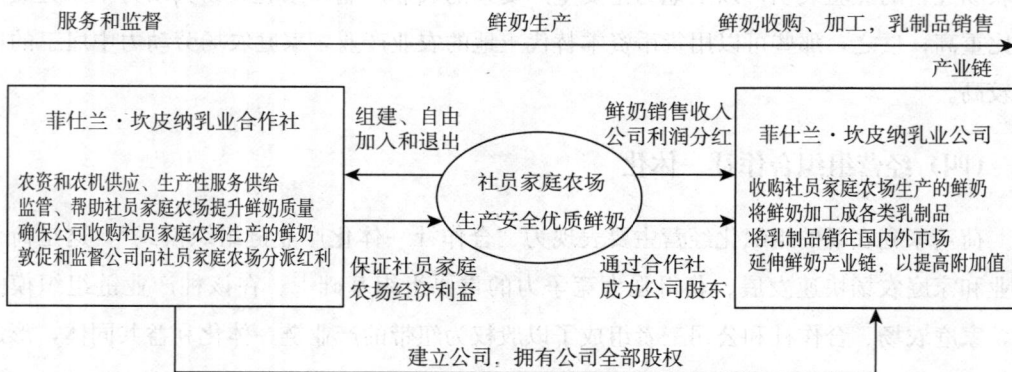

图1　以奶牛养殖家庭农场为基础的菲仕兰·坎皮纳乳业合作社一体化产业链组织模式

①　荷兰菲仕兰·坎皮纳乳业公司是由菲仕兰·坎皮纳乳业合作社（2008年由菲仕兰和坎皮纳两大乳业合作社合并组成）全资控股的跨国乳品公司，其历史可以追溯到1871年，历史悠久。目前，该公司已拥有1.9万个社员奶牛养殖家庭农场，在38个国家设有乳制品工厂和分支机构，乳制品销往100多个国家。2012年，该公司实现销售收入103亿欧元，营业利润4.82亿欧元，净利润2.74亿欧元，在全球乳制品行业中位列第五[6]。

显然，在菲仕兰·坎皮纳乳业合作社一体化产业链组织模式下，奶牛养殖家庭农场主不仅拥有自己的家庭农场，还通过组织菲仕兰·坎皮纳乳业合作社，成为菲仕兰·坎皮纳乳业公司的股东。在整个乳制品产业链中，奶牛养殖家庭农场的经济利益得到了最大化保障；在合作社主导下，奶牛养殖家庭农场主成为整个乳品产业链的主人。

（五）生产方式集约化、生态化

荷兰家庭农场在经营中高度重视高科技运用和生态环境保护，走出了一条技术密集、机械作业、资源节约、生态友好的集约化发展道路，这在畜禽养殖业家庭农场和园艺业家庭农场中体现得尤为显著和深刻。

第一，荷兰家庭农场主紧跟现代农业科技发展步伐，及时把最新的农业科技成具运用到家庭农场的生产经营和管理实践中，积聚发展潜能，使得家庭农场所生产农产品的科技含量不断提高。目前，高科技元素已深入到荷兰家庭农场生产经营的每一个环节。例如，在园艺作物种植方面，家庭农场普遍利用温室进行农业的工厂化生产，并且，荷兰玻璃温室技术在世界上处于领先地位。2001 年，在 7 009 个花卉家庭农场（包括温室花卉家庭农场和露地花卉家庭农场）中，温室花卉家庭农场 4 943 个，占 70.52%；在 3 752 个蔬菜家庭农场（包括温室蔬菜家庭农场和露地蔬菜家庭农场）中，温室蔬菜家庭农场 2 452 个，占 65.35%；在 12 317 个园艺业家庭农场中，60.01% 的家庭农场实行温室化生产。花卉家庭农场拥有的玻璃温室面积也不断增加，由 1975 年的 3 060 公顷增加到 2001 年的 5 845 公顷。

在荷兰的畜禽养殖业中，奶牛养殖家庭农场主对技术进步及先进技术应用的追求表现得非常突出（图 2）。20 世纪 50 年代及以前，荷兰奶牛养殖家庭农场普遍采用手工挤奶方式；20 世纪 60 年代初期，开始使用挤奶机挤奶并逐渐普遍使用；到了 90 年代末期，已开始使用机器人挤奶。这表明，荷兰奶牛养殖家庭农场的挤奶方式已实现了"人工挤奶→挤奶机挤奶→机器人挤奶"的转变。目前，在欧洲各国已经投入使用的 500 套挤奶机器人中，荷兰就占有 250 套，是欧洲使用机器人挤奶最多的国家。养殖奶牛所使用的饲料实现了"只使用干草→使用青贮饲料→使用青玉米饲料→使用配合饲料（增加精饲料）"的转变。进入 20 世纪 80 年代，奶牛养殖家庭农场主开始利用现代化的机器设备和高智能的计算机管理系统从事奶牛的养殖管理。进入 20 世纪 90 年代，奶牛养殖家庭农场主开始利用现代环保技术从事鲜奶生产，高度重视环境保护、食品安全和生态文明。随着农业技术的飞速进步和先进技术的广泛应用，它们对奶牛养殖家庭农场发展所产生的影响也非常显著（图 2），突出表现为：奶牛养殖家庭农场的平均奶牛头数快速增加，由 20 世纪 60 年代初期的 18 头增加到 90 年代末期的 55 头；奶牛养殖家庭农场的奶牛单产水平日益提高，由 20 世纪 60 年代初期的 4 120 千克提高到 90 年代末期的 7 525 千克。

产生的影响 平均奶牛数： 奶牛单产：	18头 4 120千克	22头 4 350千克	34头 4 875千克	48头 5 340千克	54头 5 700千克	49头 6 575千克	51头 6 975千克	55头 7 525千克
先进技术 及其应用	使用挤奶机 人工授精	增加牧场的施肥 奶牛农场专业化	冷藏奶罐车 青贮饲料	青玉米饲料 增加精饲料	饲料使用记录 引进美国良种 并进行杂交	胚胎移植	环境保护 食品安全	挤奶机器人 生态文明
	1961—1965年	1966—1970年	1971—1975年	1976—1980年	1981—1985年	1986—1990年	1991—1995年	1996—2000年

图 2 荷兰奶牛养殖业中的先进技术及其在奶牛养殖家庭农场中的应用和影响

资料来源：Horne 和 Prins[7]。

第二，荷兰家庭农场着力发展"资源节约、环境友好"的可持续生产力，以不断扩展其竞争优势，增强其市场竞争力。在本质上，农业是一个生态产业，对于农业与生态环境之间的关系，荷兰政府、家庭农场、农业企业等有着高度一致的共识，家庭农场主在经营中尊重自然秩序，特别关注生态环境保护，高度重视人与自然的和谐相处、生物多样性的维持、资源的高效和永续利用。例如，2011 年底，菲仕兰·坎皮纳乳业公司为建设高效、可持续的乳业产业链，提出了"Foqus 星球计划"，该计划包括奶牛、牛奶、生产工艺和环境等几个方面，并提出了公司社员（即奶牛养殖家庭农场）和公司应努力实现的四个并行的生态环境目标：一是环境零损害，二是矿物质能源效率年均提高 2%，三是用水量和废水量每年减少 20%，四是绿色能源采用率达到 100%。同时，该计划详细而具体地规定了饲料和添加剂的认证和使用、牛粪的处理（特别是循环利用）等，这些规定已经成为奶牛养殖家庭农场的日常行为。奶牛养殖家庭农场还积极参与自然资源管理和景观维护，实行户外放牧，并将其视为自己应尽的社会责任。截至 2012 年底，在菲仕兰·坎皮纳乳业合作社的社员奶牛养殖家庭农场中，74% 的社员家庭农场实行完全的户外放牧，8% 的社员家庭农场实行部分户外放牧，即实行户外放牧的社员家庭农场占合作社社员家庭农场总数的 82%。

（六）农场收入来源多元化

荷兰家庭农场的收入来源主要有两个：一是家庭农场所生产农产品的销售收入，这是主要收入来源；二是家庭农场加入合作社一体化产业链组织模式所获得的收益，主要包括现金分红、债券分红和债券利息等，这是家庭农场收入实现持续增长的重要保障[4]。以奶牛养殖家庭农场为例，家庭农场加入合作社一体化产业链组织模式，合作社对于家庭农场的收入保障主要体现在以下两个方面。

第一，确保乳业公司以高于市场价格的价格全部收购社员家庭农场的合格牛奶。例如，2001—2010 年 10 年间，菲仕兰·坎皮纳乳业公司有 9 年以高于市场价格的价格收购社员奶牛养殖家庭农场的鲜奶，平均每年的收购价格高于市场价格 2%，社员家庭农场的主营业务利润也因此提高了 10%～15%[6]。

第二，确保通过参与公司的利润分红，家庭农场可以分享到乳制品加工、批发、销售环节的工业和商业利润。例如，2012 年，菲仕兰·坎皮纳乳业公司全球销售收入 103 亿欧元，净利润 2.74 亿欧元。该公司净利润的 50%通过合作社分配给 1.9 万余个社员奶牛养殖家庭农场，其中，30%以现金分红和债券分红的形式按社员家庭农场对公司的牛奶供应比例发放，20%以债券利息的形式发放。2012 年，一家养殖 85 头奶牛的中等规模家庭农场的总收入可达到 6.46 万欧元，其中，销售鲜奶的净收入为 5.14 万欧元，占总收入的79.57%；从菲仕兰·坎皮纳乳业公司获得的现金分红、债券分红、债券利息等共计 1.32万欧元，占总收入的 20.43%（表 2）。来自该公司的占家庭农场收入 20.43%的分红收入，对于这家家庭农场来说非常重要。有了这份分红收入，这家家庭农场主夫妇的收入在荷兰全国就可以达到中等偏上水平；如果没有这份分红收入，他们的收入在荷兰全国就属于中等偏下水平。

表 2　荷兰一家中等规模奶牛养殖家庭农场的收入状况（2012 年）

收入状况	农场净收入	通过合作社从公司所获得的分红			总收入
		现金分红	债券分红	债券利息	
收入/万欧元	5.14	0.67	0.45	0.20	6.46
在总收入中的比重/%	79.57	10.36	6.97	3.10	100.00

资料来源：嵇晓雄[6]。

注：总收入=农场净收入+通过合作社从公司所获得的分红。

在荷兰，部分家庭农场还有农场外兼业收入。这说明，荷兰家庭农场的农场主及其家庭成员存在不同程度的兼业现象。其主要原因有：一是随着农业机械化的快速发展，机械对劳动力的替代作用日益增强，使得农场主及其家庭成员有更多的时间从事非农工作；二是工业化水平的日益提高、服务部门的大规模崛起，为农场主及家庭成员提供了大量可供选择的非农就业机会；三是有些中小型家庭农场无法或者难以通过扩大经营规模来增加收入，就必须要有农场外收入来实现其收入增长。

家庭农场获得农场外收入的方式有二：一是农场主到农场外就业，其中，有些农场主的农场外就业时间超过了其总工作时间的一半，而家庭农场经营反而成为农场主的副业。1999 年，荷兰全国有 1.35 万个家庭农场属于这种类型，占家庭农场总数的 13.29%，其中，作为副业经营的马、羊养殖家庭农场最多，达 5 400 个，占该类家庭农场总数的28.27%；大田种植业家庭农场次之，为 2 600 个，占该类家庭农场总数的 18.71%；作为副业经营的奶牛养殖家庭农场所占比重最低，仅为该类家庭农场总数的 2.82%（表 3），这反映了奶牛养殖家庭农场生产的高度专业化。二是农场主的妻子外出择业。这一方面是受经济利益驱动；另一方面是因为许多青年农场主的妻子在婚前接受过职业培训，可以更好地从事农业经营之外的工作。农场主及其家庭成员的农场外兼业，一方面为部分家庭农场收入的稳定和增长提供了保障；另一方面也为家庭农场降低经营风险提供了渠道。

表 3　荷兰作为主业经营和副业经营的家庭农场数量及其所占比重（1999 年）

家庭农场类型	农场总数/万家	主业经营		副业经营	
		农场数量/万家	所占比重/%	农场数量/万家	所占比重/%
大田种植家庭农场	1.39	1.13	81.29	0.26	18.71
园艺业家庭农场					
露地园艺家庭农场	1.06	0.93	87.74	0.13	12.26
温室园艺和蘑菇种植家庭农场	0.89	0.86	96.63	0.03	5.37
放牧型畜禽养殖家庭农场					
奶牛养殖家庭农场	2.84	2.76	97.18	0.08	2.82
马、羊养殖家庭农场	1.91	1.37	71.73	0.54	28.37
集约型畜禽养殖家庭农场	1.02	0.87	85.29	0.15	14.71
混合型家庭农场	1.05	0.89	84.76	0.16	15.24
合计	10.16	8.81	86.71	1.35	13.29

资料来源：道欧 L[2]。

三、荷兰促进家庭农场发展的制度实践

（一）健全的农地制度

土地制度是所有农业制度安排的基础和核心[8]。荷兰家庭农场的发展亦如此，健全的农地制度，是荷兰家庭农场实现规模经营和快速发展的基础性制度。荷兰的土地市场不是一个完全自由的市场，家庭农场的土地利用和土地经营必须严格遵照相关土地法律法规进行并受到特定部门制度的影响，例如欧盟共同农业政策、自然和景观政策以及环境保护制度等。1924 年以来，荷兰先后出台了《土地整理法》（1924 年）及其后续的修订版、《危机农业财产法》（1932 年）、《农业财产法》（1937 年）及其后续的修订版、《农用地转让法》（1953 年）、《城镇和乡村规划法》（20 世纪 50 年代）、《土地开发法》（1980 年）等重要的法律法规，它们为农用土地开发、土地整理、农场主获得土地等提供了法律和制度框架。例如，《危机农业财产法》规定，家庭农场主等土地承租人可以根据情况申请减免部分或者全部土地租金；在农业危机发生时，政府要向家庭农场主等农业生产者发放补贴。《农业财产法》规定，为保护承租人的合法权益，土地租赁合同必须采用书面形式，并且永久有效；更新土地租赁合同也必须依照法律进行，租金由法律确定。《农用地转让法》对控制土地价格、确保农地的农业用途和检查农地质量等做出了严格规定，以防止土地买卖可能引起的土地质量恶化、地块分割等不良现象，以及家庭农场的分割或者瓦解。《城镇和乡村规划法》规定了许多保护农业用地的措施，关注如何将耕地恢复"自然"用途和如何从保护环境的角度提高土地生产率。《土地开发法》为一般意义上的区域开发和土地利用之间建立更密切的联系提供了法律基础。

在荷兰，对退出农业经营的小型家庭农场，国家给予农场主一定的再就业津贴，条件是农场主必须售出自己的土地：或者出售给其他家庭农场，或者出售给中介机构。这种家庭农场的退出制度不但有利于家庭农场经营规模的扩大，提高整个农业系统的效率，还有利于控制土地价格的不合理上涨。需要租地的家庭农场如果要通过投标方式来租赁国有土地（特别是圩田），则要满足四个较为严格的条件：一是农场主年龄不能太大，二是农场主接受过农业职业教育，三是农场主要有务农经历，四是有一定资金。这些规定一方面有利于提高租赁土地的产出效率，另一方面有利于增强租赁土地经营权的稳定性。

综上，荷兰农业用地政策的目标是多方面、多层次的，由最初的扩大农业可耕地面积和提高土地生产率，到后来的土地使用权转让、农业用地买卖，到最后的农业用地保护，这使得荷兰的大部分农业用地都得到了有效整理并适应了现代农业的要求，促进了土地资源的高效利用和家庭农场的发展；也使得农村地区的自然和景观得到了维护和改善。

（二）因势利导的农业补贴政策

在农业补贴政策方面，荷兰主要执行欧盟共同农业政策（CAP），农业补贴的对象主要是家庭农场。CAP 开始于 1962 年，其最初目标是保障农业生产稳定，提高家庭农场主抵御自然风险和市场风险的能力，以及促进家庭农场主收入稳定增长，即农业补贴政策主要着眼于实现供给目标、市场目标和收入目标，其核心是价格支持体系，包括目标价格、干预价格和门槛价格。此后，CAP 进行了一系列重大改革。1992 年，欧盟对 CAP 进行了第一次重大改革。改革的主要内容有：降低价格支持水平，以控制农产品产量；对农场主进行直接补贴，以提高其收入水平；实施农业结构调整政策。这使得 CAP 从以价格支持为基础的补贴机制转向以价格支持和直接补贴为主的补贴机制。2000 年，欧盟对 CAP 进行了第二次重大改革。改革的主要内容有：进一步降低价格支持水平，扩大直接补贴的范围并加大其力度；同时，将农村发展置于突出位置，强调农业的多功能性和可持续性。为此，欧盟明确将"共同农业政策"转向"共同农业和农村发展政策"。2003 年，欧盟对 CAP 进行了第三次重大改革。改革的核心内容有：大幅度缩减基于农产品产量的直接补贴，而实行单一的家庭农场补贴支付机制；将农业补贴与生态环境保护、食品安全和动物福利等严格挂钩，以加大对农村发展项目的补贴力度。于是，2005 年，欧盟通过了《2007—2013 年农村发展条例》，设立了专门用于农村发展的"欧洲农业农村发展基金"。2010 年，欧盟对 CAP 进行了新一轮重大改革，公布了《走向 2020 共同农业政策——应对未来粮食、自然资源和区域挑战》，提出了 2013 年后 CAP 的改革方向：确保粮食生产，对自然资源进行可持续管理，维护农村地区的平衡发展和多样性；并明确规定，只向那些重视生态环境保护、关注动物福利、产品符合食品安全和质量标准等要求的家庭农场提供直接补贴。

纵观 CAP 的改革历程，可以发现，CAP 的政策目标不断调整，从单纯关注农业发展转向强调农业、农村并重发展，大力发展环保型农业；政策手段不断丰富和优化，由最初单一的价格支持发展到现在的价格支持、收入补贴、农村发展项目支持等多种综合补贴项目，从而充分发挥 CAP 在保障粮食安全和家庭农场主收入稳步增长、应对气候变化、保护生物多样性、建设农村生态文明、提高动物福利水平等方面的重要作用。2011 年，荷兰获得欧盟 CAP 补贴资金 9.8 亿欧元，其中，获得的直接补贴 8.17 亿欧元，获得的市场政策补贴和农村发展政策补贴 1.63 亿欧元。另外，荷兰政府还有两部分农业补贴预算：一部分是农业部农业补贴预算 5 亿欧元，主要包括欧盟 CAP 中农村发展政策补贴荷兰承担的部分、农业知识创新补贴、温室投资补贴、年轻农场主投资补贴等；另一部分是农业部直接负责的农业教育补贴预算 7.8 亿欧元，主要用于瓦赫宁根大学和其他农业教育支出以及家庭农场主等农业人才的培养[9]。

（三）严格的生态环境保护制度与严密的农产品质量安全体系

荷兰人认为，人是自然界的重要组成部分，农业是食品安全和品质、动物福利、农村可持续发展的重要基础。因而，为促进农业的高度集约化和生态化发展，建立人与自然协调发展、可持续和具有强有力国际竞争力的农业，荷兰政府出台并实施了严格的生态环境保护制度，建构了严密的农产品质量安全体系。为了迎合国际国内社会对动物福利的关注，荷兰政府制定了一些关于动物福利的法令和法规，以确保为饲养动物提供足够的成长空间、环境和条件。2011 年，荷兰"动物产业链和动物福利部"[①] 制定并颁布的《饲养动物公共健康法规》规定，在任何情况下都要照顾动物、保护动物，并确保动物免于干渴、饥饿和营养不良，免于痛苦、伤害和疾病，免于温度不适、恐惧和悲伤，以及动物的自然行为免于受到限制。同时，《饲养动物公共健康法规》对荷兰的乳业公司、乳业合作社和奶牛养殖家庭农场都提出了关于动物福利的诸多明确的要求。例如，鼓励和支持户外放牧，创建新型一体化牛舍，建立奶牛身份档案，保证奶牛的日照时间，禁止剪短、剪掉牛尾巴，不能随便去除牛角，严格限制在奶牛身上烙印，禁止使用激素催奶，合理使用兽药，尽量减少抗生素等。

其他生态环境保护制度还有：将土地严格划分为农业用地（又称"绿色用地"）和非

---

① 动物产业链和动物福利部是荷兰经济事务部设立的一个特殊部门。

农业用地（又称"红色用地"）；控制化肥、农药等农用化学品的使用；加强家庭牧场厩肥的无害化处理，控制氨、磷的释放量；鼓励家庭农场建立可持续的农业生产体系，从事绿色农业经济活动；等等。

荷兰遵从质量至上的发展理念，制定了一系列旨在保障食品安全的质量标准及检验标准。例如，荷兰制定的原奶质量安全标准，其主要内容包括确保良好的奶牛养殖环境，防止奶牛感染疾病；禁止给泌乳期奶牛使用抗生素；将挤出的奶迅速冷却到 6～8℃；禁止向牛奶中掺水；等等。再如，荷兰在畜禽养殖家庭农场中强制推行"危害分析与关键控制点计划"（HACCP），并对其实施情况进行记录，以监督和控制整个生产操作过程。在奶牛养殖家庭农场中，每头奶牛拥有自己的标牌和电子项圈，用于记录奶牛的各项生理指标，挤奶时，自动监测系统会提供奶牛当日产奶量和奶质等重要信息。荷兰还制定了牛奶质量保证规划，所制定的标准涉及兽药使用、动物健康、挤奶程序、饲料、水、卫生、消毒程序、残留物和环境等方面。

以上这些详细而具体的规定，已经成为家庭农场经营中的日常行为，使得家庭农场始终将注重生态环境保护、保证农产品质量安全作为其可持续发展的重要内容，从可持续的角度出发来做好日常生产经营中的每一个环节，用具有高度社会责任感的态度来创造社会价值。

（四）发达、高效、协调运行的农业知识创新和传播体系

荷兰有着发达、高效和协调运行的农业知识创新和传播体系，并且这个体系与家庭农场之间建立了广泛而紧密的联系与对接，这是荷兰农业获得强大、持续竞争优势的重要源泉。荷兰农业知识创新和传播体系的主要内容是农业科研、推广与教育三个支柱。第一，各种研究机构通过研究产生农业知识；第二，农业推广站、社会-经济推广协会等通过教育、示范、技术指导、咨询等形式，将农业新知识、新技术传播给家庭农场经营者，为家庭农场提供各项农业生产性服务；第三，各类教育机构通过教育提高家庭农场主等农业从业者的受教育程度，并促进农业知识和技术的传播。三者协同发展、运行。这就是荷兰著名的"OVO 三位一体"[①]。它具有四个特点：一是目标明确，即强调技术和知识的实际应用，直接为家庭农场主提供服务；二是上下互动，即既有自上而下的农业知识和技术传播，又有自下而上的信息反馈；三是广泛参与，即农业知识创新和传播体系中的相关利益主体众多，包括政府职能部门、研究机构、教育机构、农业企业、农民组织、家庭农场等；四是农业、自然资源管理和渔业部（以下简称农业部）统一对农业科研、推广和教育

---

① "OVO"是荷兰语中"科研""推广""教育"的第一个字母，其中，"研究"的荷兰语为 Onderzoek，"推广"的荷兰语为 Voorlichting，"教育"的荷兰语为 Onderwijs。

工作进行管理和协调。

荷兰的农业研究细分为四个部分：基础研究、战略与政策研究、应用研究、开发性研究，这些研究工作由各类研究机构开展，由农业部统一负责管理和协调，但不同类型研究机构所开展的研究内容各有侧重。例如，大学主要进行基础研究、战略与政策研究；研究所主要进行基础研究、战略与政策研究、应用研究；应用技术研究机构等主要进行战略与政策研究、应用研究和开发性研究；企业、合作社、家庭农场主要进行应用研究、开发性研究。

荷兰农业知识与技术推广组织主要包括政府相关职能部门（主要是农业推广站）和民间组织，它们把通过农业研究获得的最新知识和技术成果迅速传播到每个家庭农场，并在全国推广普及。面向家庭农场的农业知识与技术推广主要包括两方面内容：一是自上而下的农业知识与技术推广、农业技术指导和咨询服务，根据家庭农场主遇到的特定问题提出有针对性的解决方案等；二是自下而上的信息反馈，通过信息反馈，农业研究机构可以获得家庭农场主对农业知识与技术的需求。

荷兰农业教育体系完备，主要分为四个不同的类型和等级：一是基础教育，这是家庭农场主所有 5～16 岁的子女必须接受的免费义务教育；二是中级职业教育，这是有志从事农场经营的青年所必须接受的教育；三是高级职业教育；四是大学教育。提高家庭农场主接受农业新知识、新技术的能力，是荷兰农业教育的显著特点，也是农业新知识、新技术能得到广泛应用的基础。通过各层次农业教育培养出来的受教育程度高、实践经验丰富、农业技能较高、勤于钻研、懂经营、会管理的家庭农场主，是国家的宝贵财富。

（五）普惠的农村金融体系

在荷兰，为满足家庭农场等农业经营主体的资金需求，荷兰建立了普惠的农村金融体系。普惠金融体现了一种公平观念。所谓普惠的农村金融体系，就是能有效、全方位地为农村地区所有阶层和群体提供服务的金融体系[10]，尤其表现为正规金融在农村金融市场的渗透率和覆盖面能满足农村地区所有阶层和群体的金融服务需求。荷兰普惠的农村金融体系包括结构完善的农业贷款机构与数量庞大的农业贷款担保基金、农业发展和改组基金。

荷兰的农业贷款机构主要是荷兰合作银行（又称"Rabobank"）。早在 1886 年，荷兰就在全国各地建立了最初的地方信贷合作社，这是由各地家庭农场主依靠自己的力量筹资建立的地方农村合作银行。1898 年，为了促进地方农村合作银行之间的相互合作和加强对地方农村合作银行的监管，荷兰建立了两家中央合作银行，分别为 Raiffeisen 中央合作银行和 Boerenleen 中央合作银行。1972 年，这两家中央合作银行合并，成立了统一的中央合作银行；1980 年，统一的中央合作银行取名为"荷兰合作银行"。可见，荷兰合作银行产生于农村，是农民自己的银行，其性质是信贷合作社。目前，荷兰合作银行拥有荷兰最广泛的银行网络，包括 550 多家独立的地方合作银行、多家合作性的保险公司和专门的金融分公司，其业务范围除了为家庭农场提供贷款外，已经扩展到为合作社、农业企业等提供金融服务，并积极开拓海外业务。荷兰合作银行致力于农业和农村领域已经有近 130 年的历史，帮助家庭农场进行农业投资、扩大经营规模，为全国家庭农场主提供了 90％的农业贷款。

为促进家庭农场快速发展，荷兰早在 1951 年就设立了农业贷款担保基金。该担保基金在设立之初的目标是帮助家庭农场更好、更快、更多地获得合作银行的信贷资金，从而帮助它们提高生产率和利润率。20 世纪 90 年代后期以来，该担保基金的目标也在不断扩展，大量担保基金开始用于担保家庭农场改善工作条件、维护和改善农业生态环境、更新农机和农用设备等的贷款。目前，每年该担保基金的规模都达 1 亿欧元，所担保的农业信贷金额达 5 亿欧元，占每年家庭农场农业投资的 10％。从 2009 年开始，该担保基金转由荷兰农业部负责管理，政府每年给予其 200 万欧元财政补助。

荷兰政府还于 1963 年出资设立了农业发展和改组基金。自设立以来，该基金在家庭农场的融资中发挥了至关重要的作用。在设立之初，该基金支持的重点主要是帮助家庭农场制定发展计划、改善经营结构、购买现代化农用装备等；但自 1997 年以来，该基金支持的重点转向帮助家庭农场增强市场竞争力。该基金的一种实施方式是提供贷款利息补贴，1985 年，该基金提供的利息补贴额占基金总额的 25％，所补贴的贷款总额高达 40 亿荷兰盾。需要说明的是，该基金倾向于为新家庭农场主提供支持和帮助，大多数新家庭农场主还可以同时申请农业贷款担保基金。

（六）完善、高效、便捷的农业社会化服务体系

生产高度专业化的家庭农场需要有专门的组织为其提供各类农业生产性服务。在荷兰，为家庭农场提供社会化服务的主体主要是家庭农场主联合建立的合作社，其目标是增强家庭农场的市场力量，以获得市场权利和规模经济，提高农业系统的效率。荷兰的第一家合作社是 1874 年成立的消费合作社，此后，荷兰的合作社由小到大、由分散到集中、由综合到专业化，日益成为荷兰农业社会化服务体系中最重要的组成部分。目前，荷兰的合作社按其主要业务来划分，主要有五种类型：一是购买合作社，主要为家庭农场提供种子、肥料、农药、饲料等农资购买服务；二是销售合作社，主要采用批发、零售和拍卖等方式销售家庭农场所生产的农产品；三是加工合作社，主要对家庭农场所生产的农产品进行初加工和精深加工；四是信用合作社，主要为家庭农场提供各种信贷服务，这是家庭农场扩大经营规模的金融后盾；五是服务合作社，主要为家庭农场提供农机、病虫害防治和防疫、农产品仓储、技术咨询和指导等专业化的农业生产性服务。

虽然自 1949 年以来，荷兰各类合作社的数量不断大幅度减少，例如，购买合作社由 1949 年的 1 160 个减少到 1998 年的 36 个，牛奶加工合作社由 1949 年的 426 个减少到 1998 年的 6 个，信用合作社由 1949 年的 1 322 个减少到 1998 年的 445 个，蔬菜、水果拍卖合作社由 1949 年的 169 个减少到 1998 年的 8 个，花卉拍卖合作社由 1949 年的 18 个减少到 1998 年的 7 个；但是，各类合作社的市场份额却在不断提高，例如，购买混合饲料合作社的市场份额由 1949 年的 29％提高到 1998 年的 54％，马铃薯淀粉加工合作社的市场份额由 1949 年的 83％提高到 1998 年的 100％，花卉拍卖合作社的市场份额由 1949 年的 60％提高到 1998 年的 95％，食用马铃薯销售合作社的市场份额由 1949 年的 2％提高到 1998 年的 45％[11]。更为重要的是，在荷兰农业的大多数领域，合作社的市场份额都在 80％以上。2010 年，在糖及淀粉马铃薯、花卉、蔬菜水果和奶制品领域，合作社的市场份额分别高达 100％、95％、95％和 86％，相应产业领域的家庭农场都加入了该产业领域的合作社①，一家家庭农场常常还同时加入几家合作社。

团结与协商是荷兰"经济秩序的支柱"[12]，而合作社的本质正是团结与协商。在荷兰，合作社能够集中所有家庭农场的力量，让家庭农场主在农业产业链与价值链上处于更加有利的位置。正是有了合作社，家庭农场才可以实现专业化生产，也才可以更好地进行现代化管理。正是依靠合作社，分散的家庭农场才能够"变小为大"，家庭农场的市场力量和谈判能力才能够得到增强，从而能更好地对接社会化的大市场，其自身合法权益和经济利益也才能够得到更好的保障。

四、简要结论与启示

荷兰虽是世界、欧洲小国，却创造了世界的"农业奇迹"，其中一个重要原因是有生命力的家庭农场的发展壮大。荷兰家庭农场一直都是农业的主导组织形式，具有农产品生产高度专业化、经营规模日益扩大化、经营土地自有化、劳动力家庭成员化、经营组织合作社一体化、生产方式集约化和生态化、农场收入来源多元化等特征。同时，农地制度、农业补贴政策、生态环境保护制度、农产品质量安全体系、农业知识创新和传播体系、农村金融体系、农业社会化服务体系是荷兰家庭农场健康成长、可持续发展的制度支撑。

从荷兰家庭农场发展经验中可以得到的启示是：

第一，发展家庭农场的一个充分条件是要准确把握家庭农场的基本经营特征。2013 年中央一号文件首次提出，要"引导农村土地承包经营权有序流转，鼓励和支持承包土地

---

① 资料来源：《荷兰家庭农场规模渐扩，多数加入合作社》，中国金融信息网国际财经栏目（http：//world. xinhua08. com），2013 年 9 月 6 日。

向专业大户、家庭农场、农民合作社流转，发展多种形式的适度规模经营"。这是党和政府对家庭农场发展做出的重大部署。同时，各地各种类型的家庭农场也不断涌现，已经形成全国家庭农场发展的五大样本，即浙江宁波模式、上海松江模式、吉林延边模式、湖北武汉模式、安徽郎溪模式。这表明，家庭农场正在迅速成为中国的一种新型农业经营主体，发展空间巨大。但是，发展家庭农场需要具备一个充分条件，即准确把握家庭农场的基本经营特征，并且既要参照荷兰家庭农场的经营特征，又要考虑中国的基本国情和农情。2013 年，在总结各地尤其是全国五大样本家庭农场的发展实践的基础上，农业部界定了家庭农场的基本内涵：以家庭成员为主要劳动力，从事农业规模化、集约化、商品化生产经营，并以农业收入为家庭主要收入来源的新型农业经营主体。显然，这个内涵为准确把握中国家庭农场的基本经营特征提供了线索。

具体来看，中国家庭农场的基本经营特征主要有：（1）家庭是家庭农场的组织主体，家庭劳动力是其最主要的劳动主体，不排斥雇工，但必须坚持家庭经营的主体地位。（2）以农业为主业，以农业收入为主，不排斥兼业，但不能"包罗万象"，必须坚持专业化生产的基本方向。（3）以集约化生产和生态化生产为手段，坚持有利于生态文明建设的基本原则，实现较高的土地产出率、劳动生产率和资源利用率。（4）以适度规模经营为基础，适度性主要体现在经营规模要与家庭成员的劳动生产能力和经营管理能力相匹配、要与当地的土地流转供应和农村劳动力转移程度相匹配、要与获得体面的收入和社会身份相匹配三个方面。

第二，发展家庭农场的一个必要条件是要有系统的制度支撑。荷兰的经验表明，家庭农场不能"单打独斗"、不能"包打天下"。所谓不能"单打独斗"，是指家庭农场的生产经营需要政府的制度保障和政策支持，这些制度和政策为家庭农场的生产经营提供稳定的环境、强大的知识和科技支撑、有效的金融支持等。所谓不能"包打天下"，是指家庭农场不应该、也不可能包揽农业产前、产中、产后的所有环节，而是重点经营农业的产中环节，但需要农业社会化服务体系的配合。

由此，发展家庭农场的一个必要条件是要有系统的制度支撑。其中：（1）农地制度是基石。建立明晰而稳定的农村土地产权体系，探索土地承包关系保持稳定并长久不变的具体实现形式；创新农村土地流转机制，建立和完善农村土地产权交易市场[13]，充分发挥市场在农村土地流转中的决定性作用，保障土地经营权合法有序转让。（2）农业财政补贴制度是坚强后盾。各级政府要将家庭农场纳入财政支农政策范围，并予以倾斜；增强财政支农政策的精准性、指向性，提高农业补贴政策效能。（3）农业知识和科技创新体系是重要推进器。引导农业知识、技术等先进生产要素流向家庭农场，促进家庭农场要素结构升级，激励家庭农场开展应用性农业科技创新活动；支持有条件的家庭农场建立试验示范基地，担任农业科技示范户的职责。培养家庭农场经营后备人才。（4）生态环境保护制度和农产品质量安全体系是重要屏障。引导家庭农场主树立生态文明理念，提高生态价值意识和生态责任意识[14]，牢固树立节约资源的意识，激励家庭农场主积极参与生态文明、美丽乡村建设。（5）农村金融体系是重要支撑。鼓励中国农业银行等正规银行机构将家庭农场纳入信贷支持范围；引导小额信贷公司、村镇银行创新信贷管理体制，优化信贷管理流程，积极支持家庭农场发展；拓宽家庭农场的抵质押担保物范围，鼓励、支持家庭农场积极参与政策性农业保险。（6）农业社会化服务体系是重要保障。建立健全以家庭农场为重要服务对象的农业社会化服务体系，鼓励基层农技人员加强与家庭农场对接，为其提供精细化服务；鼓励农业社会化服务组织开展面向家庭农场的各类农业生产性服务。鼓励家庭农场牵头组建、参与农民合作社。

参考文献：

[1] 厉为民 . 荷兰的农业奇迹：一个中国经济学家眼中的荷兰农业 ［M］. 北京：中国农业科学技术出版社，2003.

[2] 道欧 L. 农场组织 ［M］ // 道欧 L，鲍雅朴 J. 荷兰农业的勃兴：农业发展的背景和前景 . 厉为民，檀学文，王永春，等，译 . 北京：中国农业科学技术出版社，2003.

[3] 黄延廷 . 现阶段我国农地规模化经营的最优模式：家庭农场经营：兼谈发展家庭农场经营的对策 ［J］. 理论学刊，2013（10）：33 - 37，127 - 128.

[4] 杜志雄，肖卫东 . 家庭农场发展的实际状态与政策支持：观照国际经验 ［J］. 改革，2014（6）：39 - 51.

[5] 刘玉满，李静 . 荷兰以家庭农场为基础发展现代奶业 ［J］. 中国农村经济，2005（9）：71 - 77.

[6] 嵇晓雄 . 中国乳业能向荷兰学点啥 ［EB/OL］.（2013 - 11 - 18）［2014 - 11 - 05］. http：//economy. gmw. cn.

[7] HORNE P，PRINS H. Development of dairy farming in the Netherlands in the period 1960 - 2000 ［J］. Hague Agricultural Economics Research Institute，2002.

[8] 高强，刘同山，孔祥智 . 家庭农场的制度解析：特征、发生机制与效应 ［J］. 经济学家，2013（6）：48 - 56.

[9] 李健华 . 芬兰、冰岛、荷兰农业补贴政策的基本情况及特点 ［J］. 世界农业，2012（10）：65 - 69.

[10] 戴宏伟，随志宽 . 中国普惠金融体系的构建与最新进展 ［J］. 理论学刊，2014（5）：48 - 53.

[11] 白伊曼 J. 合作社 ［M］ // 道欧 L，鲍雅朴 J. 荷兰农业的勃兴：农业发展的背景和前景 . 厉为民，檀学文，王永春，等，译 . 北京：中国农业科学技术出版社，2003.

[12] 希尔菲斯 H. 团结与协商：经济秩序的支柱 ［M］ // 道欧 L，鲍雅朴 J. 荷兰农业的勃兴：农业发展的背景和前景 . 厉为民，檀学文，王永春，等，译 . 北京：中国农业科学技术出版社，2003.

[13] 赵振华 . 关于赋予农民更多财产权利的思考 ［J］. 理论学刊，2014（2）：51 - 54.

[14] 赵美玲，马明冲 . 基于战略视角的农村生态文明建设探析 ［J］. 理论学刊，2013（7）：72 - 75.

中国家庭农场研究进展与展望[①]

知来路，明去处。为探索家庭农场未来的研究方向，我们以 1998—2018 年中国知网（CNKI）数据库收录的以"家庭农场"为主题词的 800 篇中文社会科学引文索引（CSSCI）文献为分析对象，运用文献计量和知识图谱方法，着重对家庭农场研究的知识演进路径和核心主题进行阐释。我们发现既有研究文献存在多学科共同关注、研究内容逐渐丰富、研究方法从规范分析趋向实证分析等特征，但是仍存在对家庭农场微观层面研究不足等问题。

一、引言

家庭农场是政府突出抓好和重点培育的新型农业生产主体，学界也从理论层面论证了家庭农场的重要性，如，家庭农场在整个中国农业生产经营体系中，是农户经济发展的基本方向[1]，是最适合农业生产的实践者和组织形式[2-3]，并且在农业生产中具有稳定的主导地位[4]。家庭农场作为重要和合意的农业生产主体，伴随着其数量的快速增加，家庭农场界定标准不统一、经营规模不连片、融资困难等现实性问题也陆续出现。

为了更好地解决这些问题，确保家庭农场在实践中健康发展，理论研究与实践的良好互动是必不可少的。当前，家庭农场相关主题的中文文献数量较多，那么，相关文献的整体研究现状、进展和趋势如何？研究内容主要集中在哪些方面？下一步的研究方向是什么？这些问题值得深入探讨和解答。已有的家庭农场相关研究综述主要集中在定性分析[5-6]，计量分析文献为数不多[7]，所选时间跨度较小，未能够深入分析家庭农场研究的发展脉络、核心研究主题等。

---

① 本文原载于：夏雯雯，杜志雄. 中国家庭农场研究进展与展望 [J]. 经济体制改革，2020 (1)：31 - 87.

因此，作为对已有文献的补充，通过扩大家庭农场相关文献研究的时间维度，借助文献计量和知识图谱的方法，全面而客观地对家庭农场的研究现状进行分析，以期更为准确地总结出家庭农场研究进展及进一步研究方向。鉴于此，本文对 CNKI 数据库中收录的以"家庭农场"为主题词的期刊论文进行深度挖掘，揭示家庭农场的研究现状；进一步分析家庭农场研究的发展脉络、核心主题等；为家庭农场的后续理论研究提供参考方向。

二、数据来源及研究方法

（一）数据来源

本文选择 CNKI 数据库中的期刊论文为数据源，以"家庭农场"为主题词，"来源类别"选择"CSSCI"[①] 为来源数据库[②]，时间限定在 1998—2018 年[③]。截至 2018 年 12 月 11 日，通过对总目录、纪要等相关程度较低的非学术性文献进行删除后，最终筛选出 800 篇论文作为分析样本。

（二）研究方法

为克服传统文献综述过度依赖于主观性判断的不足，运用文献计量和知识图谱方法，更为客观地剖析家庭农场研究的发展脉络和热点主题。知识图谱[④]通过图形学、集成应用数学等学科的理论与模型来探究知识的发展规律，属于科学计量学的范畴。在进行文献计量分析时，通过呈现可视化的成像，直观地展现出某一领域的整体图景及研究进展，发现学科领域的核心著者、核心机构、知识演进路径及核心关键词，并通过一系列可视化图谱的绘制形成对学科发展前沿的探测。

---

① CSSCI 数据库中包括 CSSCI 来源期刊和扩展期刊。

② 选择"CSSCI"为来源数据库主要是因为其收录的期刊比较有权威性和影响力，能够代表当前家庭农场研究的重要和前沿方向。另外，也有一部分原因是，如果不限定期刊来源数据库，共搜索结果 11 755 条，结果较多，不便于可视化分析。

③ 选择 1998 年作为分析样本的起始年，主要有以下三点考虑：一是参考王振等［我国家庭农场的缘起与发展［J］. 西北农林科技大学学报（社会科学版），2017（2）］在实践层面对家庭农场划分的两个阶段：1983—1990年是国营农场中的职工家庭农场的发展阶段、1990—2013 年是家庭农场的发展范围扩大到整个农村的阶段。由于本文的讨论对象为脱离了国营农场大帽子下的家庭农场，因此，1990 年之前发表的论文不予考虑。二是通过 CNKI数据库搜索 1990—1997 年以"家庭农场"为主题词的论文发表情况，共计 882 篇，通过题目、期刊来源等筛选后，并逐一阅读，共有 8 篇文献符合研究主题，平均每年 1 篇，基本可忽略不计。三是 CSSCI 数据库是 1998 年开始创建，且 1998 年有 10 篇文献与"家庭农场"主题相关，不容忽略。因此，为了保持研究的全面性和代表性，本文选择 1998 年作为分析样本的起始年份。

④ 采用的知识图谱分析软件是美国德雷赛尔大学陈超美教授开发的应用 Java 语言的一款可视化软件，该软件能对特定领域文献集合进行计量分析。

三、结果分析

（一）家庭农场研究现状

通过对作者、机构等反映家庭农场研究现状的文献进行识别，从而更好地把握家庭农场研究的知识演进路径和核心主题。

1. 作者。 统计分析的 800 篇文献中共有 839 位作者，其中发表 5 篇及以上的作者有 14 位，占总发文者的 1.67%。其中，姜长云、黄宗智、杜志雄等为家庭农场研究的中坚力量（表 1）。姜长云较早提出包含小农户、家庭农场等在内的农业产业组织创新，为新型农业生产经营主体后续的功能定位和协作关系研究奠定了基础；黄宗智为中国家庭农场的发展指明了道路，即中国应该走适度规模的"小而精"的家庭农场；杜志雄属于较早把家庭农场研究从宏观层面转向依据微观数据进行家庭农场生产经营行为研究的学者。因此，可以推断，家庭农场研究的核心带头人基本形成。

表 1　1998—2018 年发文量 6 篇及以上的作者和篇数

单位：篇

作者	发文量	作者	发文量
姜长云	13	孔祥智	8
黄宗智	13	张新光	7
杜志雄	12	兰勇	7
高强	11	郭熙保	6

2. 发文机构。 800 篇研究文献中，署名机构（按二级单位统计）共计 550 个，发文量 10 篇及以上的二级机构共 8 个（表 2）。中国人民大学农业与农村发展学院、中国社会科学院农村发展研究所、中国农业大学人文与发展学院等是开展家庭农场研究的主要单位。

表 2　1998—2018 年发文量 10 篇及以上的单位

单位：篇

单位	发文量	单位	发文量
中国人民大学农业与农村发展学院	23	中国农业大学经济管理学院	12
中国社会科学院农村发展研究所	19	安徽大学经济学院	12
中国农业大学人文与发展学院	19	中国社会科学院经济研究所	10
华中农业大学经济管理学院	13	美国加利福尼亚大学洛杉矶校区历史系	10

（二）家庭农场研究的知识演进路径

家庭农场研究的知识演进路径主要在于探讨家庭农场研究 1998—2018 年的发展过程，

主要从文献的年度、发展脉络和突变词分析三个方面进行梳理和归纳。

1. 文献的年度分布。文献数量是衡量相关领域研究进展的重要指标。家庭农场的研究过程根据相关文献数量大致可以分为两个阶段（图 1），整体上，家庭农场研究具有明显的政策导向性。（1）1998—2012 年。该阶段发文量较少，主题的关注度较低。由于政府并未对家庭农场过多关注，因此，家庭农场相关研究也并未获得学界的持续关注。（2）2013—2018 年。此阶段发文量实现激增，2013 年的发文量是 2012 年的 4.6 倍，2015 年达到 127 篇的峰值。2013 年家庭农场论文数量激增的主要原因大概是家庭农场开始成为与专业大户、农民合作社并列的新型生产经营主体之一。此后，每年的中央一号文件对家庭农场都有涉及[①]，从每年 100 篇左右的家庭农场相关主题研究的文献数量可以看出，学界也持续保持着对家庭农场研究的关注度。

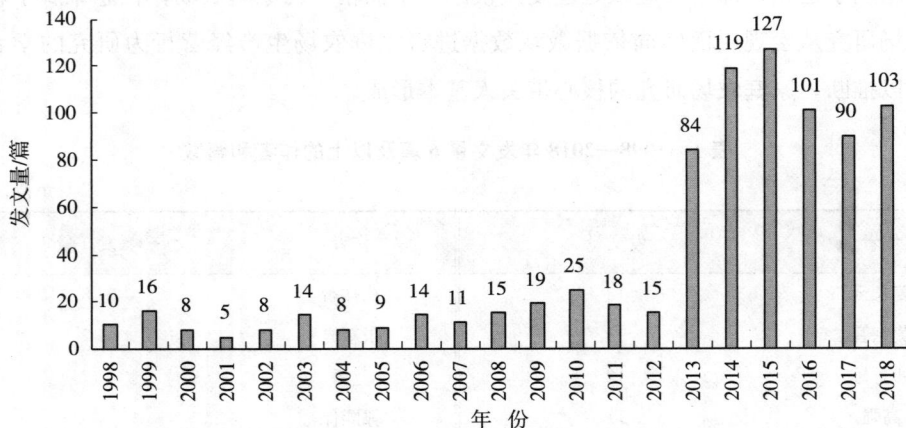

图 1　中国知网 CSSCI 数据库 1998—2018 年以"家庭农场"为主题词的每年发文量

2. 发展脉络。家庭农场研究的发展脉络可以从家庭农场研究的研究视角、研究内容和研究方法三个角度进行分析。

家庭农场相关研究的研究视角从经济学、管理学相对单一角度逐渐过渡到经济学、管理学、社会学、金融、法律等多角度。宁淑惠从经济学的角度进行切入，认为发展规模化的家庭农场制是实现农业增长的有效途径[8]；贾大明认为发展家庭农场能够调动农垦企业职工的生产积极性[9]；张乐柱等认为"公司＋家庭农场"的组织模式创新了农业经营方式[10]。2015 年出现的"法律地位"节点词，表明一些学者开始以法律视角审视家庭农场的发展。高海认为应该从家庭农场经营者等角度完善家庭农场的立法构造，从而健全全国家庭农场的规范性[11]；肖鹏认为家庭农场立法的缺失阻碍了家庭农场的发展和培育，应

---

①　2013 年首次提出家庭农场概念；2014 年提出"按照自愿原则开展家庭农场登记"；2015 年提出"鼓励发展规模适度的农户家庭农场"；2016 年提出"积极培育家庭农场"；2017 年提出"完善家庭农场认定办法，扶持规模适度的家庭农场"；2018 年提出"培育发展家庭农场"。

该首先明确家庭农场的民事主体地位[12]。2016 年出现的"农村金融"的节点词，表明一些学者开始关注到家庭农场发展过程中遇到的金融困境。邓道才等分析了家庭农场的借贷需求和借贷行为的影响因素[13]。另外，万江红和苏运勋从社会学角度论证了家庭农场与村庄之间的关系[14]。

　　家庭农场相关研究的研究内容从论证家庭农场存在的合理性和迫切性转向对家庭农场的具体内涵、法律定位、具体生产经营行为的背后逻辑以及家庭农场健康良好运行的政策保障的探讨。2008 年以前学者们侧重于探讨家庭农场是实现农业现代化的手段，并未把家庭农场当成独立的生产主体进行研究。2013 年以后，以家庭农场为独立研究对象①的论文数量开始激增，研究内容不断广化和深化，出现了诸如"土地流转""新型农业经营主体""新型职业农民""金融""适度规模经营""粮食安全""经营绩效"等节点词。

　　家庭农场相关研究的研究方法从规范性分析逐渐侧重于实证性分析。家庭农场提出初期，学者们对其概念、发生机制、效应等从理论逻辑层面的分析明显多于实证分析。随着研究成果的不断积累，越来越多的文献开始从家庭农场的微观视角实证分析家庭农场的适度规模经营区间、合作行为、社会化服务行为等。赵金国和岳书铭运用 DEA 方法得出粮食类家庭农场的最优规模效率为 50 亩以下[15]；沈茹和王树进利用 Logistic 模型分析了家庭农场产前、产中、产后社会化服务需求的影响因素[16]。

　　综上所述，家庭农场研究呈现出多学科逐渐交融、内容逐渐深化、方法从规范分析逐渐趋于实证分析的特征。起初，家庭农场作为新兴的农业生产主体，学者们需要从理论逻辑等层面论证它存在的合理性和重要性；后期，随着现实中家庭农场数量的不断增多，家庭农场开始成为能够承担国家政策目标实现的生产主体，一系列问题也陆续出现，如家庭农场的法律地位、融资困境、适度规模区间、生产效率等。因此，学者们围绕家庭农场现实中存在的问题或者根据理论基础推断出家庭农场可能面临的问题开展更具体的研究。

　　3. 突变词分析。为了能够直观展现家庭农场研究热点的历史和未来，对文献进行了"突变检测计算"②，得出突变词时序列表③（表 3）。1998—2012 年的突变词有劳动生产率、小农、家庭承包经营、社会化服务、规模经营等，其中规模经营具有相对持久的突变时间段。规模经营是家庭农场区别于小农户的基本特征，学者们的研究内容包括规模经营的优势、规模经营的表现形式、规模对家庭农场生产行为的影响、适度土地规模区间等。

---

　　① 并非指 2013 年之前不存在以家庭农场为研究对象的论文，只是数量极少。如陈纪平，家庭农场抑或企业化：中国农业生产组织的理论与实证分析 [J]. 经济学家，2008（3）；董亚珍、鲍海军，家庭农场将成为中国农业微观组织的重要形式 [J]. 社会科学战线，2009（10）；黄延廷，家庭农场优势与农地规模化的路径选择 [J]. 重庆社会科学，2010（5）。

　　② "突变检测计算"可以用于检测某一学科内研究兴趣的骤增程度，其结果中一组突现的动态概念和潜在的研究问题代表着某一领域的研究热点。

　　③ 突发性节点为深黑色色块的部分代表着其对应的主题在相应的年份出现了发文量激增。

2013 年家庭农场主题发文量的激增带来了大量突变词的出现，如家庭农场、新型农业经营主体、土地流转、现代农业、职业农民、财政金融等，侧面说明家庭农场研究开始引起学者的重视，研究内容不断广化。能够发现，2016 年未有新的突变词出现，或许表明家庭农场的研究内容逐渐深化。

表 3　Burst 探测关键突变词时序列表

突变词	突变强度	开始年	结束年	1998—2018 年
劳动生产率	3.816 6	1998	2011	
农场	7.234 1	1999	2010	
小农	9.970 9	2007	2013	
家庭承包经营	3.960 8	2008	2013	
社会化服务	3.581 5	2008	2014	
规模经营	6.781 2	2009	2015	
家庭农场	60.481 5	2013	2014	
专业大户	8.887 6	2013	2014	
农业经营主体	7.370 1	2013	2014	
现代农业	6.822 9	2013	2014	
新型农业经营主体	5.045	2013	2014	
农民合作社	4.706 4	2013	2014	
职业农民	4.240 1	2013	2014	
农村基本经营制度	3.775 2	2013	2014	
土地流转	14.397	2013	2015	
新型经营主体	6.496 4	2013	2015	
财政金融	5.139 4	2013	2015	

注：■代表突变的时间区间。

（三）家庭农场研究的核心主题

论文中的关键词①是对文章核心主题的高度精练，图 2 所示的"关键词共现知识图谱"和表 4 所展现出的高频次和中心度②的关键词③能够客观地反映出 1998—2018 年学界

---

① 关键词是对论文研究内容和研究主题的高度概括，通过对某个时段论文关键词的梳理，可以了解到某一主题的研究内容、研究方向和研究热点。

② 中心度可以挖掘出在整个网络中起战略作用的关键节点，揭示关键词之间的内在联系。节点的中心度越高，起连接与传递信息的关键词越多，在整个网络中的"媒介"作用能力越强［赵俊芳、安泽会，我国大学学术权力研究热点及知识可视化图谱分析［J］．复旦教育论坛，2014（5）］。

③ 并非所有的关键词都具有较强的指向性，如"农业""三农问题"较为笼统，因此在统计时剔除了类似词汇。"家庭农场"与研究对象一致，虽然难以表明研究的倾向性，但是由于本文包含的文献是以"家庭农场"为主题词，因此予以保留。

所关注的核心主题。下面主要对表 4 中出现频次和中心度较高的前五位关键词进行阐释。

图 2　关键词共现知识图谱

表 4　家庭农场研究中高频次和中心度的关键词（前五位）

频次排序		中心度排序	
关键词	频次	关键词	中心度
家庭农场	371	家庭农场	0.84
新型农业经营主体	111	新型农业经营主体	0.42
规模经营	61	规模经营	0.22
土地流转	53	土地流转	0.14
农业现代化	43	农业现代化	0.13

追踪文献发现，表 4 所示的关键词可以概括为新型农业经营主体和规模经营两类关键词。当前，土地经营权流转是家庭农场实现规模经营的主要路径选择，可以认为"土地流转"和"规模经营"属于一类关键词；农业现代化的概念相对宽泛，一般认为，家庭农场是新型农业经营主体中实现农业现代化的重要实践者和推动者[17]，规模经营是真正实现农业现代化的手段之一[18]。因此可以认为关键词"农业现代化"所涉及的研究内容能够通过"规模经营"等关键词所涉及的研究内容展现。当然，为了更好地阐释这两类关键词所涉及的研究内容，有必要先对家庭农场的内涵做进一步了解。

1. 家庭农场的内涵。学者们对家庭农场的发育形式、特征等存在诸多讨论。在家庭农场发育方面，有一些学者认为家庭农场是我国家庭经营制度的继承和完善，从传统家庭经营的"小农户经济"或种植专业大户中孕育和发展[19-20]。还有一些学者认为家庭农场保留了"小农户"家庭经营的优势，同时又克服了小农户经营的弊端，从而有助于破解中国未来农业市场经营主体的稳定性和持续性难题，是制度成本最低而制度效率最高的农业微观组织形式[19,21-22]。

那么，如何界定家庭农场？农业农村部认为它是规模化、集约化、商品化的生产经营主体。规模化是指经营土地面积必须达到一定的规模；集约化是指农业生产要素能够得到有效使用，并且农业技术和机械化水平较高；商品化指家庭农场的农产品进行市场交易并以追求利润最大化为基本目标。依此为基础，杜志雄和肖卫东更进一步指出，家庭农场是具备职业和收入体面的微观农业经济组织[23]；并且，家庭农场具有企业的性质，生产主体是新时代的职业农民[24]。反之，也有观点认为，家庭农场只是处于农户与农业企业之间的中间型经营组织[25]。

家庭农场的界定标准中，规模化方面存在一些分歧，主要体现在土地规模的大小。一些学者认为土地的规模化经营是家庭农场最基本的特征，或者，更进一步说，只有达到一定的经营规模才能称之为家庭农场。另外一些学者认为，由于中国人多地少资源禀赋的约束，在当前农村劳动力转移不完全的背景下，如果过度追求土地规模的增加会挤压小农户的生存空间。所以，各地应当根据实际情况界定家庭农场的规模，有时，拥有 10 亩土地的家庭也可以称为家庭农场，"小而精"的家庭农场模式适合我国的基本国情[26]。

综上，家庭农场是当前适合农业生产的生产主体，但是家庭农场的具体界定标准仍未完全统一。

2. 新型农业经营主体。新型农业经营主体是这些年的研究热点。党的十八大报告中提出"培育新型农业经营主体"①，家庭农场作为新型农业经营主体的主力军，在整个新型农业经营体系中占据主体地位[27]。具体表现为，家庭农场是小规模农户提高农业生产经营水平的示范带动者，是组建和领办农民合作社的核心参与者，是农产品加工企业生产原料的主要提供者[28]。家庭农场在整个农业生产链条中，处于农产品的供给方，而其他主体是需求方或供给方与需求方的结合体[29-30]。另外，与其他新型农业经营主体相比，家庭农场对农业信息的需求主要集中在生产端，经营绩效最高[31-32]。

综上，家庭农场在新型农业生产经营主体中，主要是农产品的供给方，那么，家庭农场是否能够肩负国家粮食安全的使命、生产效率如何等一系列涉及家庭农场生产经营方面的问题需要进一步深化研究。

3. 规模经营。家庭农场的规模经营不仅存在于土地规模扩大的生产领域，也存在于农业生产性服务领域，农业的规模经营可以通过以分工为基础的专业化服务来实现[33]。其中，土地规模是家庭农场区别于小农户的基本特征，土地经营权的流转是形成土地规模的路径选择。那么，如何完善土地经营权的流转、解决土地流入期限较短等制约土地稳定性经营的问题呢？一些学者认为应当充分发挥政府的作用，以搭建便捷的土地流转交易平

---

① 新型农业经营主体主要包括家庭农场、合作社、龙头企业、社会化服务组织等。

台等方式确保土地租金的透明化等。另外，提高农业信贷的可得性，也能够加快农业土地规模化的步伐[34]。

家庭农场的土地规模区间、土地规模对于农业生产经营的影响等是学者密切关注的问题。家庭农场的土地规模要"适度"，区间应该在 6.67～20 公顷[35]。另外，土地规模的扩大对于家庭农场的非效率投资行为呈现出抑制效应[36]，并不必然带来非粮化现象[37]。

综上，规模经营是家庭农场的重要特征，并且涉及诸多研究内容，包括规模经营实现之前的推动机制、规模经营实现过程中的规模范围问题、规模经营实现后对家庭农场生产经营的影响问题。已有文献已经注意到这些问题并展开了研究，但是仍值得进一步深化，比如，家庭农场的土地规模对农场采纳绿色生产技术的影响等。

四、结论与展望

通过对 1998—2018 年 CNKI 中"CSSCI"数据库收录的 800 篇家庭农场研究论文进行文献计量和知识图谱分析，更加直观且客观地揭示了国内家庭农场研究进展以及核心研究主题。研究发现：（1）姜长云、黄宗智、杜志雄等为家庭农场研究的核心带头人；中国人民大学农业与农村发展学院、中国社会科学院农村发展研究所等是开展家庭农场研究的主要单位。（2）家庭农场研究大致经历了两个阶段：1998—2012 年以"家庭农场"为主体的论文数量较少，且并未把家庭农场作为独立的研究主体；2013 年开始，论文数量呈井喷式增长，表现出明显的政策导向性。（3）家庭农场研究呈现出研究视角不断多元化、研究内容不断广化和深化、研究方法从规范研究趋于实证研究的特征。（4）家庭农场研究的核心主题主要为新型农业经营主体和规模经营。

基于以上研究进展，为家庭农场的进一步研究提出可能的方向：（1）注重理论研究与实践问题的良好互动，理论研究要解决如何促进现实中家庭农场良好发展及如何发挥家庭农场作用的问题。结合当前国家对"三农"问题的总体部署，以下关于家庭农场的问题需要进一步研究，如，如何从破解融资难、完善农业保险等方面促进家庭农场的发展？家庭农场作为现代农业技术的率先使用者，在多大程度上能够带动周边小农户或者是否能够为周边的小农户起到良好的示范作用？家庭农场由于存在雇工现象，可以吸纳当地劳动力就业，吸纳的劳动力是否为当地的贫困户，是否能够为当地贫困问题的解决贡献一分力量？等。（2）家庭农场的生产要素配置效率、合作行为、绿色生产行为、农产品销售行为、农资购买行为等较为具体的生产经营行为需要进一步深化。家庭农场作为较为新兴的生产主体，可能会面临小农户以前所面临的生产经营问题，也可能会遇到新的生产经营问题，因此，在家庭农场发展过程中，需要对这些问题逐一进行解答。（3）应该注重调研数据的代表性和真实性。目前，家庭农场研究方法逐渐偏重于实证研究，实证研究往往需要调研数据的支撑，调研数据的质量决定了实证研究结果的可靠性，进而决定了政策建议与现实的贴合度。

参考文献：

[1] 张红宇. 中国现代农业经营体系的制度特征与发展取向 [J]. 中国农村经济，2018（1）：23-33.

[2] 杜志雄. 家庭农场处于农业产业振兴核心地位 [J]. 农村经营管理，2018（5）：22-23.

[3] 韩朝华. 个体农户和农业规模化经营：家庭农场理论评述 [J]. 经济研究，2017（7）：184-199.

[4] 联合国粮农组织. 2014年家庭农业的创新 [R]. 罗马：联合国粮农组织，2015.

[5] 刘惠芳，王青. 我国家庭农场研究综述 [J]. 江苏农业科学，2014，42（5）：448-450.

[6] 刘佳男，石英，侯满平. 我国家庭农场的研究综述 [J]. 东南大学学报（哲学社会科学版），2015，17（S2）：58-60.

[7] 黄琦，陶建平. 2008—2014年家庭农场研究动态及展望：基于文献计量方法 [J]. 经济体制改革，2016（4）：83-88.

[8] 宁淑惠. 对新形势下家庭农场制的思考 [J]. 生产力研究，1998（3）：15-17.

[9] 贾大明. 从家庭农场的发展看农垦农业管理体制的改革 [J]. 中国农村经济，1999（4）：52-56.

[10] 张乐柱，金剑峰，胡浩民. "公司＋家庭农场"的现代农业生产经营模式：基于温氏集团案例研究 [J]. 学术研究，2012（10）：94-97，128.

[11] 高海. 美国家庭农场的认定、组织制度及其启示 [J]. 农业经济问题，2016，37（9）：103-109，112.

[12] 肖鹏. 家庭农场的民事主体地位研究 [J]. 中国农业大学学报（社会科学版），2016，33（2）：95-101.

[13] 邓道才，唐凯旋，王长军. 家庭农场借贷需求和借贷行为的影响因素研究：基于安徽省168户家庭农场的调研数据 [J]. 宁夏社会科学，2016（4）：96-104.

[14] 万江红，苏运勋. 村庄视角下家庭农场的嵌入性分析：基于山东省张村的考察 [J]. 华中农业大学学报（社会科学版），2016（6）：64-69，144.

[15] 赵金国，岳书铭. 粮食类家庭农场：规模效率实现及其适度规模界定 [J]. 东岳论丛，2017，38（4）：128-134.

[16] 沈茹，王树进. 家庭农场社会化服务需求及其影响因素分析：基于安徽省水稻种植户的调查数据 [J]. 湖南农业大学学报（社会科学版），2014，15（6）：11-16.

[17] 冯蕾. 我国农业适度规模的经营主体与路径选择 [J]. 重庆社会科学，2013（9）：84-88.

[18] 厉以宁. 走向城乡一体化：建国60年城乡体制的变革 [J]. 北京大学学报（哲学社会科学版），2009（6）：5-19.

[19] 杜志雄，王新志. 中国农业基本经营制度变革的理论思考 [J]. 理论探讨，2013（4）：

72 - 75.

[20] 高强，刘同山，孔祥智. 家庭农场的制度解析：特征、发生机制与效应 [J]. 经济学家，2013 (6)：48 - 56.

[21] 伍开群. 家庭农场的理论分析 [J]. 经济纵横，2013 (6)：65 - 69.

[22] 刘灵辉. 农地自由流转下家庭农场土地适度规模化研究 [J]. 西北农林科技大学学报（社会科学版），2015 (2)：153 - 160.

[23] 杜志雄，肖卫东. 家庭农场发展的实际状态与政策支持：观照国际经验 [J]. 改革，2014 (6)：39 - 51.

[24] 万江红，管珊. 无雇佣化的商品化：家庭农场的发展机制分析：基于皖南平镇粮食家庭农场的调研 [J]. 中国农业大学学报（社会科学版），2015 (4)：110 - 117.

[25] 高帆，张文景. 中国语境中的"家庭农场" [J]. 探索与争鸣，2013 (6)：57 - 61.

[26] 黄宗智. "家庭农场"是中国农业的发展出路吗？[J]. 开放时代，2014 (2)：176 - 194.

[27] 郭熙保，冷成英. 我国家庭农场发展模式比较分析：基于武汉和郎溪调查数据 [J]. 福建论坛（人文社会科学版），2018 (11)：171 - 180.

[28] 张红宇，杨凯波. 我国家庭农场的功能定位与发展方向 [J]. 农业经济问题，2017 (10)：4 - 10.

[29] 何劲，熊学萍，祁春节. 家庭农场产业链主体共生关系：生成机理、影响因素及优化路径选择 [J]. 农村经济，2018 (10)：30 - 35.

[30] 徐洪波，鄢康. 家庭农场的纵向协作模式选择 [J]. 华南农业大学学报（社会科学版），2018 (6)：1 - 9.

[31] 韩旭东，杨慧莲，李艳，等. 网络销售何以影响新型农业经营主体品牌建设？：基于全国 3 360 个家庭农场和种养大户的实证研究 [J]. 农林经济管理学报，2018 (5)：495 - 507.

[32] 高鸣，习银生，吴比. 新型农业经营主体的经营绩效与差异分析：基于农村固定观察点的数据调查 [J]. 华中农业大学学报（社会科学版），2018 (5)：10 - 16.

[33] 黄祖辉. 科学辨析家庭农业、家庭农场与农业规模经营 [J]. 中国农民合作社，2014 (4)：47 - 48.

[34] 郭熙保，龚广祥. 信贷市场对家庭农场农地流入决策的影响 [J]. 社会科学战线，2018 (8)：70 - 77.

[35] 郭熙保. "三化"同步与家庭农场为主体的农业规模化经营 [J]. 社会科学研究，2013 (3)：14 - 19.

[36] 王丽霞. 经营规模与家庭农场投资效率：抑制还是提升？[J]. 南京农业大学学报（社会科学版），2018 (5)：98 - 108，158.

[37] 张宗毅，杜志雄. 土地流转一定会导致"非粮化"吗？：基于全国 1 740 个种植业家庭农场监测数据的实证分析 [J]. 经济学动态，2015 (9)：63 - 69.